海安年鉴

HAIAN YEARBOOK

2022

海安年鉴编纂委员会 编

方志出版社

图书在版编目（CIP）数据

海安年鉴. 2022 / 海安年鉴编纂委员会编. —
北京：方志出版社，2022. 11
ISBN 978-7-5144-5447-5

Ⅰ. ①海… Ⅱ. ①海… Ⅲ. ①海安—2022—年鉴
Ⅳ. ①Z525. 34

中国版本图书馆CIP数据核字（2022）第234147号

责任编辑：徐 宏
责任校对：刘玉霞
责任印制：梅中英
出 版 者：方志出版社
地 址：北京市朝阳区潘家园东里 9 号（国家方志馆4层）
邮 编：100021
网 址：http://www.zgfzcb.cn
发 行：方志出版社图书营销中心（010-67110500）
印 刷：南京新世纪联盟印务有限公司
开 本：889 × 1194 1/16
印 张：31.25
字 数：1243千字
版 次：2022年11月第1版
印 次：2022年11月第1次印刷
定 价：288.00元

编纂机构和编审人员

海安年鉴编纂委员会

主任委员　于立忠　谭　真

副主任委员　张　浩　卢　林　周　平

委　　员　章晓丽　杨国来　王群飞　陈希韩　吴　兰
张志刚　杨　斌　许金龙　凌　勇　臧　忠
谢国华　段海峰　周颖亚　华志刚　于俊卿
王　晨　刘成亮　吴　晶

海安年鉴编辑部

主　　编　杨　斌

副 主 编　唐仲荣　陈　远

编　　辑　季陈娟　赵蓉蓉　李天姝　李国良　贲柠华
陈　萍　张　梅

图片支持　海安市融媒体中心　海安市摄影家协会

审稿人

（以姓氏笔画为序）

丁飞飞	丁晓峰	马　卫	王开余	王文之	王均桦
王国平	王国华	王晓群	王鸿俊	毛中海	田美娟
史根生	吉传稳	吕　远	朱　栋	朱海笑	任　镇
刘　燕	刘华骥	刘爱萍	刘海建	许　栩	许祥法
严　荔	严　星	严俊颖	李　逸	李仁平	李凌云
李海建	杨云根	杨进军	吴　丹	吴金祥	吴秋月
余　澄	沈　俊	沈建平	张　华	张　虎	张　明
张　健	张加勤	张羽翼	张树林	张铁志	张海军
陆从俊	陆晓静	陆海鸥	陈　峰	陈　惠	陈　焱
陈　强	陈文进	陈兴斌	陈佳妮	陈莉莉	陈银君
邵婷婷	茆根明	林惠红	杭永宏	杭亚军	季　陈
季　然	金　华	周　健	周龙彬	周海军	赵　雨
赵　孟	荀　忠	施汉平	祝春涛	袁忠汉	顾维斌
顾登峰	徐　译	徐　峰	徐劲松	奚海宁	唐玉婷
曹　寅	曹　强	曹艳阳	崔　剑	彭　瑞	蒋爱东
韩　俊	韩湘云	景　凯	景圣余	傅晓军	储张刘
储晓慧	谢　斌	蔡宏建			

编辑说明

一、《海安年鉴》是由中共海安市委、海安市人民政府主办,海安年鉴编纂委员会负责编纂的地方综合性、资料性年度文献。创刊于1999年,《海安年鉴(2022)》为第24卷。

二、《海安年鉴(2022)》以马克思列宁主义、毛泽东思想、邓小平理论、“三个代表”重要思想、科学发展观、习近平新时代中国特色社会主义思想为指导,坚持辩证唯物主义和历史唯物主义的立场、观点和方法,全面记述2021年海安市基本面貌和各行各业的发展情况,为各级部门决策提供依据,为社会各界人士及海内外客商提供研究海安、投资置业的系统资料。

三、《海安年鉴(2022)》收录时限为2021年1月1日至12月31日,个别事物适当追溯、下延,以保持内容资料的完整性和连续性。收录内容以现行海安市行政区划为界,凡在区域范围内的机关、团体、企事业单位有价值的信息和资料,不论归属,均予收录。

四、《海安年鉴(2022)》采用分类编辑,分为类目、分目、条目3个层次,部分分目下设副分目。卷首设影像海安、目录、特载、大事记,主体部分设海安概貌、中共海安市委、海安市人民代表大会、海安市人民政府、政协海安市委员会、海安市纪委监委、群众团体、法治 军事、经济管理、开发区及园区建设、对外及港澳台经济、乡村振兴、农业、工业、建筑业、商贸服务业、金融业、城市建设、交通 物流、生态环境、教育、科技、文化、卫生健康、体育、社会生活、公共安全、街道 镇 场、人物 荣誉29个类目,卷尾设附录、索引。与《海安年鉴(2021)》相比,调整类目3个,其中,新增类目2个(乡村振兴、公共安全);调整类目1个,将城乡建设调整为城市建设。同时对部分分目进行调整。全书设249个分目,18个副分目,1099个条目,表85张,随文插图110幅。部分条目设附、链接、阅读延伸,链接主要摘录媒体的相关文章,阅读延伸摘取有关调研报告的内容或对正文做诠释说明。全书以条目为主要信息载体和基本结构形式。

五、《海安年鉴(2022)》资料由各单位、各部门提供,单位负责人主审,年鉴编辑部负责编辑修改,最后由年鉴编委会审核。凡全栏目或多个栏目系同一作者的,只在最后一个条目末署名。年鉴彩页图片由市融媒体中心、市摄影家协会及本刊图片库供稿,随文插图由各单位、各部门提供,已知作者均在图片下方署名,未知作者均注明提供图片的部门。

六、《海安年鉴(2022)》数字、计量单位等用法按现行图书出版规定执行并保持局部统一。主要数据以市统计部门公布的为准,价格以现价为主,不变价予以注明。关于时间的表述,1912年1月1日之前的使用朝代年号纪年,括注公元年份;1912年1月1日之后的使用公元纪年。

七、《海安年鉴(2022)》对所涉及的部分机构名称使用规范化简称,缩略语在首次出现时给予注释或标注全称。行文中江苏省简称省、全省,海安市简称市、全市。

八、《海安年鉴(2022)》为便于检索,目录详细至条目,索引根据年鉴内容和事物性质编制主题词索引,所在信息均可由目录、索引、书眉查验。

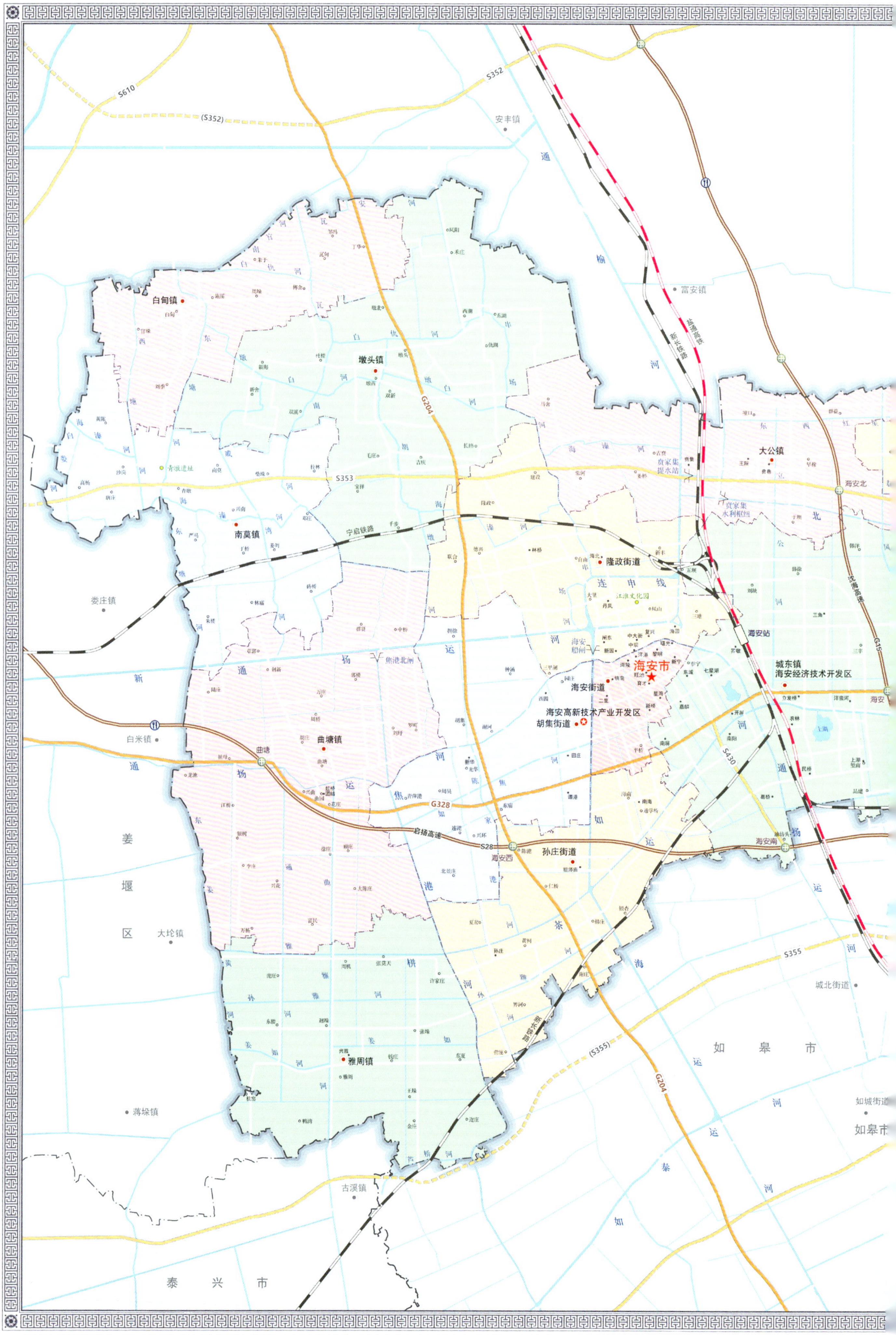

海安市自然资源和规划局　海安市民政局　海安市住房和城乡建设局　海安市交通运输局　海安市水利局　海安市文化广电和旅游局　联合监制　　南通市测绘院有限公司　编制

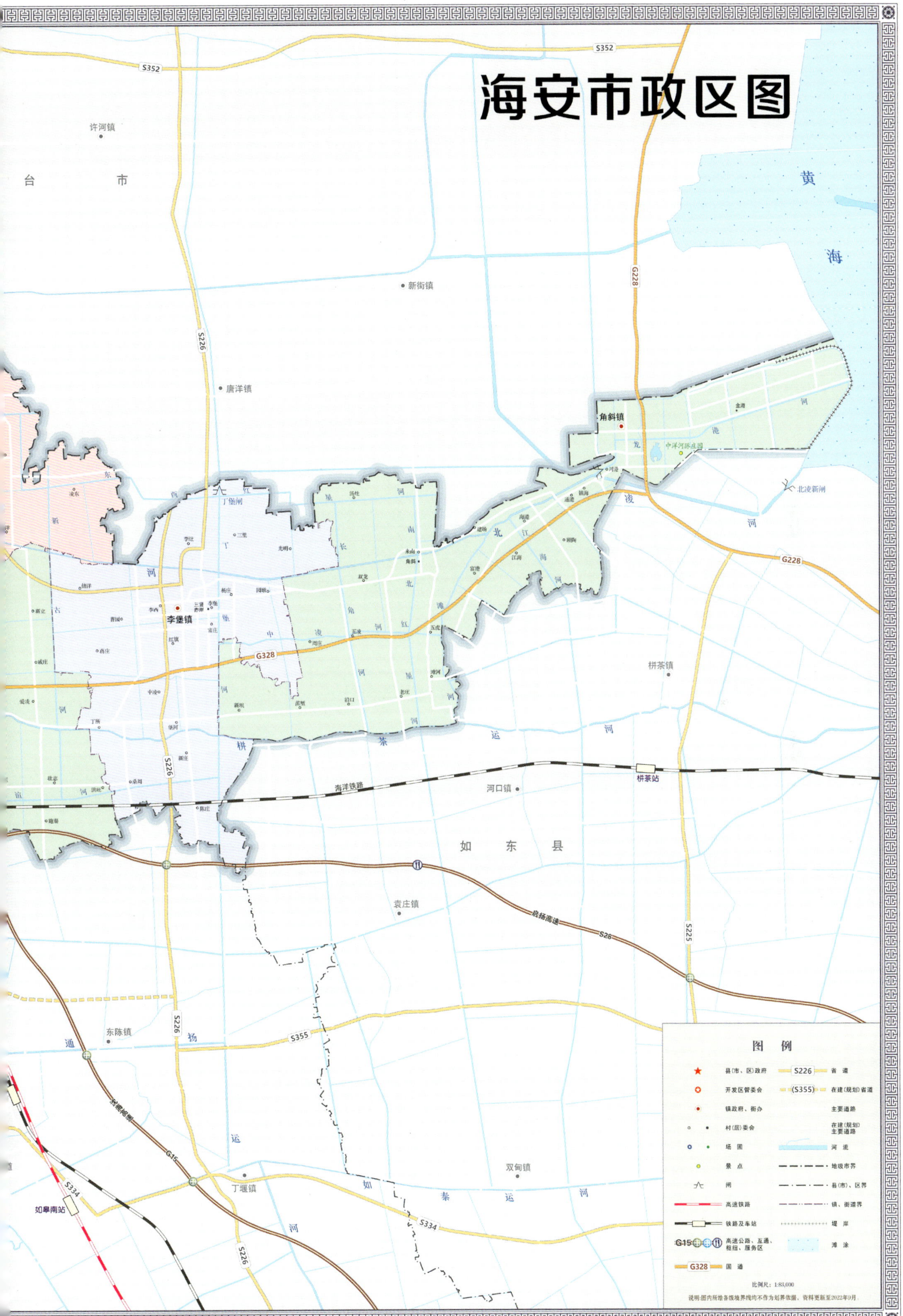

审图号：苏F（2022）7号 统一书号：125530·374 2022年9月编制

海安市自然资源和规划局　海安市民政局　海安市住房和城乡建设局　海安市交通运输局　海安市水利局　海安市文化广电和旅游局　联合监制　　南通市测绘院有限公司　编制

审图号：苏F（2020）5号　统一书号：125530 · 375　2020年8月编制

海安新通扬运河生态区 瑞海集团/供图

数字海安 2021

辖区面积	1184平方千米
年末常住人口	87.00万人
年末户籍总人口	90.77万人
地区生产总值	1343.09亿元
工业应税销售	2370.10亿元
规模工业主营业收入	1815.07亿元
固定资产投资完成额	572.08亿元
一般公共预算收入	69.50亿元
金融机构年末存款余额	1818.74亿元
城镇居民人均可支配收入	54799元
农村居民人均可支配收入	28104元

荣誉海安 2021

全国综合实力百强县（市）第28位

全国工业百强县（市）第20位

全国创新百强县（市）第11位

2017—2020年度平安中国建设示范县（市）

国家电子商务进农村综合示范县（市）

全国绿色种养循环农业试点县（市）

全国农业社会化服务创新试点县（市）

“四好农村路”全国示范县（市）

2021年1月14日，中国人民政治协商会议海安市第十四届委员会第五次会议在市行政中心报告厅开幕　　姜　明/摄

2021年1月15日，海安市第十六届人民代表大会第五次会议在市文化艺术中心开幕　　姜　明/摄

1 于立忠作市委工作报告

2 谭真主持会议

3 2021年7月26—28日，中国共产党海安市第十四次代表大会在市文化艺术中心召开　　姜　明/摄

海安市科技发展大
中共海安市委 海安市人民政府
2021年3月8日

2021 年 3 月 8 日，海安市科技发展大会在中洋金砖酒店举行　　姜　明 / 摄

2021 年 6 月 5—6 日，第八届“创新创业在海安”主题活动在中洋金砖酒店举行　　姜　明 / 摄

2021 年 12 月 25 日，第八届“两院专家走进海安”主题活动在中洋金砖酒店举行　　市科技局 / 供图

2021年3月28日，总投资50亿元的阿尔法电子机械南通有限公司海安项目奠基开工

顾华夏／摄

2021年5月12日，“枢纽海安 科创新城”江苏海安（上海）高质量发展恳谈会在上海举行

市融媒体中心／供图

2021年6月18日，“枢纽海安 科创新城”全方位对接上海大会在上海国家会议中心举行，18个重大产业项目集中签约

姜　明／摄

2021年，中欧班列（海安—东盟）被中国国家铁路集团有限公司纳入图定计划，实现定点、定线、定车次、定时、定价的常态化开行。图为2021年5月26日，海安商贸物流产业园一景　　姜　明／摄

2021年7月16日，328 国道海安段快速化、黄海大道通扬河桥改造工程开工仪式举行　　姜　明／摄

2021年9月16日，江苏中洋集团股份有限公司在浙江杭州举办的中国质量（杭州）大会上获第四届中国质量奖提名奖。图为中洋河豚庄园

中洋集团／供图

2021年11月，江苏威尔曼科技有限公司获评国家第六批制造业单项冠军示范企业。图为公司员工在高密度印制电路板智能车间赶制订单　　顾华夏／摄

2021年12月，海安高新技术开发区获评国家级绿色园区。是月，江苏天楹环保能源成套设备有限公司入选江苏省第二批绿色工厂

姜　明／摄

2
3
1 4
5

1 2021年9月20日，首届海安乡贤大会暨2021青墩文化艺术节主旨大会在中洋金砖酒店举行 姜 明/摄

2 2021年9月20日，首届海安乡贤大会暨2021青墩文化艺术节主旨大会上举行乡贤访谈 姜 明/摄

3 2021年9月19日，"老家真好"主题文艺演出在市文化艺术中心大剧场举行 姜 明/摄

1

2

3

4

5

4 2021年9月20日，海安工商总会成立大会召开
姜　明／摄

5 2021年9月20日，粤港澳（海安）协同创新中心成立
姜　明／摄

2021年3月3日，海安市立发中学新校区启用仪式举行

濮端建／摄

2021年4月16日，黑龙江工商学院长三角产教融合园区奠基仪式在上湖创新区举行

姜　明／摄

2021年9月4日，海安市教育发展大会在江苏省海安高级中学博雅剧场召开

姜　明／摄

2021年10月30日，海安市文化发展大会在市文化艺术中心举行。图为“海安市文化发展基金”注入仪式　　濮端建／摄

海安获“中国文学之乡”称号

2021年4月24日，海安好人馆揭牌开馆
姜　明／摄

2021年4月30日，海安市召开创建全国文明典范城市工作推进会　　濮端建／摄

1
2
3

1 2021 年，海安稻麦单产连续 16 年全省第一，先后获批全国农业社会化服务创新体系、全国绿色种养循环农业试点县（市）。雅周现代农业园成为首批省级现代农业产业示范园。图为雅周现代农业园鸟瞰图 姜 明 / 摄

2 2021 年，江苏大成科技集团有限公司入选第七批农业产业化国家重点龙头企业。鑫缘茧丝绸集团股份有限公司被认定为国家级农业国际贸易高质量发展基地。图为鑫缘集团厂区 姜 明 / 摄

3 2021 年，海安获批国家电子商务进农村综合示范县（市）。图为 2021 年 5 月 14 日，“振兴乡村经济 主播助农公益万里行”活动海安分站启动仪式上，40 多种海安特色农副产品品牌在京东、腾讯、抖音、主播进行时等平台同步直播 濮端建 / 摄

1 2 海安以推进社会治理现代化试点为抓手，平安建设质效持续攀升，先后获评全国法治县(市)创建先进单位、全国信访工作三无县(市)，实现全国普法先进县(市)“六连冠”，连续15年获评江苏省平安县(市)，政法工作绩效连续8年南通第一。图为2021年12月15日，在北京举行的平安中国建设表彰大会上，海安市被授牌命名为平安中国建设示范县(市、区、旗)

市委政法委／供图

3 2021年10月11日，海安市委宣传部、市教育体育局联合市实验小学开展网络安全宣传周启动仪式暨校园日主题宣传活动

翟慧勇／摄

2021年4月20日，以“文明健康　绿色环保”为主题的南通市第33个爱国卫生月推进活动暨海安市国家卫生城市授牌仪式在市文化艺术中心举行

市卫健委／供图

1 海安县第一个中共支部——营溪支部诞生地

2 华中新四军、八路军总指挥部成立纪念地

3 1940年11月，参加苏北临时参政会的部分代表合影

4 新四军“联抗”部队（鲁苏皖边区游击总指挥部直属纵队、鲁苏战区苏北游击指挥部第三纵队司令部）战士苦练刺杀本领

5 1941年，苏中地区百姓参加“二五减租”斗争

1946年，海安战斗中华中野战军指挥员正在观察敌情

夺取新民主主义革命伟大胜利

江海導報

慶祝泰縣海安溱潼解放！

第七四六號

蔣匪兵敗如山倒！

泰縣城解放

海安溱潼同告光復

本報前方急訊：泰縣城蔣匪已於一月二十一日下午慌忙撤逃，我軍當即入城，進行軍事管制，民主政府業已入城辦公。

又訊：海安守敵已於一月廿日撤逃，溱潼敵於十六日撤逃，我軍進街後，正恢復秩序中。

在收復李堡的一天

丁所西場也解放

許多土匪更清楚了

回歸生產

1949年1月23日，《江海导报》报道海安解放的消息

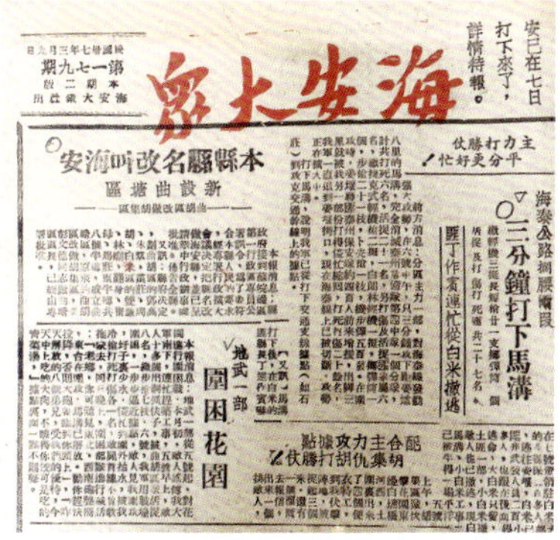

海安大眾

第一七九期

本縣縣名改叫海安

新設曲塘區

三分鐘打下馬溝

主力打勝仗 平分更好忙！

部一武地

花園

1948年3月9日，《海安大众》刊登紫石县更名为海安县的公告

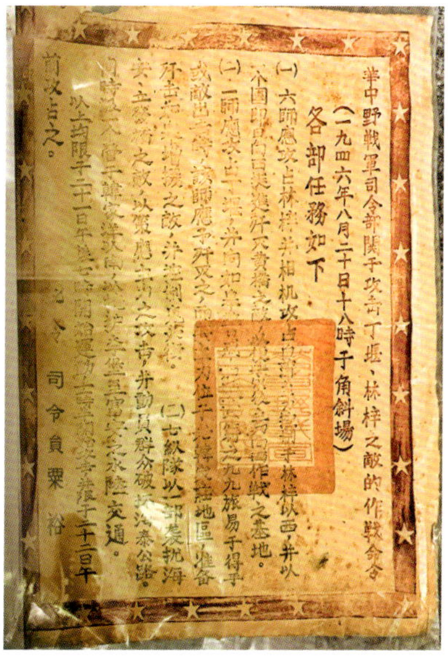

華中野戰軍司令部關于攻奇丁堰、林梓之敵的作戰命令

（一九四六年八月二十日十八時于角斜場）

各部任務如下

司令員 粟裕

1946年，华中野战军司令部作战命令

1946年8月，华中野战军在行军途中遇到敌机轰炸，重机枪手向敌机开火

1951年4月，在“抗美援朝”的号召下，海安新兵营成立，图为欢送现场

1966年3月24日，中共中央华东局、南京军区在海安召开角斜“红旗民兵团”命名大会

20世纪70年代大搞农田基本建设，努力改变生产条件

20世纪50年代海安影剧院

完成社会主义革命和推进社会主义建设

1951年4月，海安三里闸落成典礼

1957年，海安老城河桥全景

1957年1月，海安中楹桥落成留影

1977年，原海安体育馆

1965年12月25日，瓦甸人民公社于庄大队群众修筑圩堤

20世纪70年代青墩遗址考古发掘现场

1950年1月26日，海安县第一届各界人民代表会议召开

20世纪80年代缩棉扩桑

20世纪80年代“百万雄鸡下江南”

1996年，海安被文化部表彰为全国文化先进县

1997年8月，海安县获“中国禽蛋之乡”称号

滩涂围垦

1992年8月，经南通市人民政府批准，海安经济技术开发区建立

20世纪80年代的海安镇人民中路

进行改革开放和社会主义现代化建设

1999年10月1日，海安花鼓在北京举办的中华人民共和国成立50周年联欢晚会中心表演区演出

2004年，新长铁路旅客列车通车

2008年8月，海安籍击剑运动员仲满在北京奥运会男子佩剑赛个人决赛中获得冠军

2010年4月，江苏联发纺织股份有限公司在深圳证券交易所挂牌上市

2012年2月，海安获授“中国建筑之乡”称号

海安城区航拍

2013年，海安获评全国粮食生产先进单位

2021年2月，海安宁蒗支教团获评全国脱贫攻坚先进集体

海安火车站

全民健身运动

海安凤山港务

上湖创新区全景

开创中国特色社会主义新时代

2020年11月，海安获评全国文明城市

2018年6月8日，海安撤县设市大会在市文化艺术中心召开

2021年9月29日，纪念角斜“红旗民兵团”命名55周年大会举行

海安市人民医院

2020年12月30日，盐通高铁开通运营，海安迈入高铁时代

海安船闸

本栏目图片由市摄影家协会提供

2021年6月28日，海安市城南实验小学开展“童心向党迎七一”主题活动

翟慧勇／摄

1
2
3

1 2021年6月21日，海安市在体育中心、火车站、苏中七战七捷纪念馆、文化艺术中心等重要节点布置绿雕，献礼中国共产党成立100周年。图为苏中七战七捷纪念馆广场主题绿雕 姜 明／摄

2 火车站广场绿雕 姜 明／摄

3 文化艺术中心广场绿雕 姜 明／摄

2021年6月26日，海安市党员领导干部参观新落成的东洲公园、七星湖公园两大党建主题公园，并举行重温入党誓词活动

濮端建／摄

2021年6月26日，海安市庆祝中国共产党成立100周年座谈会暨市"两优一先"表彰会议举行

濮端建／摄

2021年6月25日，海安开发区举行“致敬百年 筑梦经开”庆祝中国共产党成立100周年暨海陵之夏专题文艺晚会。图为“光荣在党50年”纪念章颁发仪式

海安开发区 / 供图

2021年6月29日，海安高新区在江苏省海安高级中学体艺馆举行庆祝中国共产党成立100周年文艺演出暨区街“两优一先”表彰大会

海安高新区 / 供图

2021年6月16日，海安市委组织部联合海安高新区、胡集街道举行全市首场“光荣在党50年”纪念章颁发仪式，向胡集街道辖区32名50年以上党龄的老党员代表颁发纪念章 顾华夏／摄

2021年7月1日，“庆党的百年华诞，展海安红色记忆”七一赞歌海安市庆祝中国共产党成立100周年专题文艺演出在市文化艺术中心大剧院上演 濮端建／摄

2021年6月23日，海安建工系统举办“百年匠心 筑梦未来”庆祝中国共产党成立100周年文艺演出　濮端建／摄

2021年6月30日，江苏文凤化纤集团有限公司举行“我心向党、砥砺前行”庆祝中国共产党成立100周年系列活动

文凤集团／供图

2021年6月28日，以“航程”为主题的庆祝中国共产党成立100周年大型主题图片展在海安市文化艺术中心举办

濮端建／摄

2021年7月1日，海安市胡集街道谭港村在党群服务中心广场举行“永远跟党走”红色快闪活动　　顾华夏／摄

1 2021年3月13日，党史学习教育动员会议在海安市行政中心召开

濮端建／摄

2 2021年4月8日，海安市墩头镇小学教育集团在新四军“联抗”烈士陵园通过朗诵、合唱、舞蹈、情景剧表演以及老党员现场讲述等形式，讴歌党的光辉业绩，回顾党的奋斗历史，传承红色基因

周　强／摄

3 2021年5月11日，《海安革命历史简明读本》首发暨海安党史学习教育百姓宣讲团成立仪式在市图书馆报告厅举行

市融媒体中心／供图

4 2021年6月11日，南通市达欣工程股份有限公司举行“永远跟党走”万人学党史知识竞赛决赛　姜　明／摄

1 2
3
4

1 2021年6月9日，海安市举行“重走七战七捷路”大型全媒体新闻行动启动仪式　姜　明／摄

2 2021年6月25日，海安市李堡镇举行“李堡三捷”纪念碑揭幕仪式　李堡镇／供图

3 2021年6月29日，海安市举行苏北第一届参政会会址纪念馆揭牌仪式　史志工委／供图

4 2021年9月3日，海安市白甸镇洪家滩精神传承馆开馆　白甸镇／供图

1 2021年6月9日，海安市档案馆组织实验小学学生参观“海安印迹”主题展览　　市档案馆／供图

2 2021年7月3日，海安市委宣传部给党员、少先队员代表作习近平总书记在庆祝中国共产党成立100周年大会上的重要讲话精神宣讲　　姜　明／摄

3 2021年7月13日，海安市城南实验小学组织少先队员代表到市委党校内的“四史”教育馆参观　　翟慧勇／摄

4 2021年10月7日，海安93岁的抗美援朝老兵杨正怀向少先队员讲述自己参加抗美援朝的故事　　翟慧勇／摄

1
2
3 4

目　录

特　载

大事记

海安概貌

中共海安市委

海安市人民代表大会

海安市人民政府

政协海安市委员会

海安市纪委监委

群众团体

法治　军事

经济管理

开发区及园区建设

对外及港澳台经济

乡村振兴

农 业

工　业

建筑业

商贸服务业

金 融 业

城市建设

交通　物流

生态环境

教　育

科 技

文 化

卫生健康

体　育

社会生活

公共安全

街道 镇 场

人物 荣誉

附 录

索 引

苏中七战七捷纪念碑

特　　载

同心共筑枢纽海安　聚力共建科创新城·打造“五个海安”，建设“五个强市”

海安市紧紧围绕“枢纽海安 科创新城”发展定位，加快构建现代化经济体系，深入推进治理体系和治理能力现代化，全力打造枢纽海安、智慧海安、健康海安、平安海安、宜居海安，加快建成产业强市、文化强市、教育强市、科技强市、人才强市，努力建设现代化中等城市、创新型工商城市。

全力打造“五个海安”　携手促进共同富裕

枢纽海安　经纬未来

海安市紧紧围绕“枢纽海安 科创新城”发展定位，主动“链接”长三角，共谋一体化发展，综合经济实力跨越提升，发展质量效益“振翅高飞”，加速成为长三角北翼性价比最高、创新氛围最浓、营商环境最好、综合竞争力最强的“科创新城”。持续推动枢纽、物流、产业三大优势转换，打造出一条高质量发展的新跑道，连续9年在南通市综合考核中名列第一，在全国县域经济综合竞争力百强榜、全国创新百强县（市）中列第24位、第11位，先后入选“中国最具发展潜力百佳县市”“中国最具幸福感城市”。

7月2日，海关总署发布进境肉类指定监管场地名单，海安保税物流中心（B型）进境肉类指定监管场地名列其中，成为苏中地区首家进境肉类指定监管场地。这将为促进海安食品产业和冷链物流业转型升级，对南通外向型经济发展尤其是肉类进口起到积极推动作用。

8月24日12时，“皖吉祥898”轮徐徐离泊，标志着上海港ICT海安项目首航驶离海安凤山港，这是海安对接上海、服务长三角地区发展、践行长三角一体化国家战略的关键一步。随着沪苏通铁路、盐通高铁开通运营，连南贯北、承东启西的海安全面融入沿海高铁大动脉，全面拥抱“高铁时代”，融入“上海1小时经济圈”，形成交通新格局，海安正快速成为京沪第二通道上的重要节点。

10月12日3时55分，一列41车满载纸品、耐磨层、五金工具、柴油机、纺织品、聚氯乙烯等货物的海安至越南河内安员站的跨境班列，从位于海安商贸物流园的上海铁路局海安物流基地缓缓驶出。这是海安至东盟中欧班列正式列入铁路运行图后首次开行。以铁路物流为代表，公路港、铁路港、航运港、金融港、信息港“五港合一”，立足长三角、辐射中西部、服务全中国、联通海内外的“枢纽海安”正在崛起。

2021年1月20日，“中国（海安）家居艺术小镇”盐通高铁冠名列车G8354从上海虹桥首发　濮端建／摄

海安市持续推进枢纽经济承载平台建设。海安商贸物流园坚守专业发展轨道、把住发展方向、抓住发展重点，功能平台不断集聚、运行活力不断激发、运营实效不断提升。至2021年，累计落户物流项目20多个，总投资近120亿元；新认定AAA、AAAA级物流企业10多家，入驻AAA级以上物流企业9家、省重点物流企业6家，先后形成200多条物流专线连通全国各地。三大期货交割库通过物流成本和效率优势吸引供应链相关联企业形成“利益共同体”，现货交易量和期货交割量继续保持30%以上的增幅发展。

海安既拥有保税物流、期货交割、多式联运、大宗物资交易四大功能平台，又先后建立起有色金属、塑料原料、纺织材料、生鲜冷链以及木材、粮食“六大物资集散中心”，各大商贸物流功能平台都呈现出“车来车往”“货进货出”的良好发展势头。

智慧海安　数字赋能

海安市认真贯彻落实中央、江苏省、南通市关于市域治理体系和治理能力现代化工作部署要求，全力打造共建共治共享的智慧城市治理新格局。

不断强化数据赋能，加大数据汇聚广度，梳理归集45个部门的592项数据资源，全市人口、信用双公示、商品房备案等数据已实现全量入库，初步建成100多万自然人基本信息的人口库、近20万在营企业的法人库、3万多条信用信息的社会信用库，归集数据量近1.4亿条。同时，不断拓展数据赋能深度，以便民服务为落脚点，在“我的海安”App陆续上线通信行程卡、疫情数据采集、购药采集、招生报名等功能，以助推发展为着力点，建设“工业企业绩效评价管理系统”，促进产业转型升级和企业提质增效。

为提升工作效率，做好全市信息化系统集约化建设，全市39个部门的82个业务系统已迁移或直接部署至云平台，实现全市自建业务系统的资源集约、统一管理和共享共用。电子政务业务系统运维建设也在不断完善，网络信息安全管理能力持续增强，电子政务网、云平台、公共信用信息平台、智慧海安软件、县乡一体化平台等系统通过等保三级测评。

“智慧海安”建设惠及全市，为海安总体布局谋划了新篇章，全面加强了全域治理效能。市镇坚持融合联动，完成10个镇级指挥中心建设，推动公安、城管等12个重点部门进驻，落实区镇“1+2+N”人员配备，坚持齐抓共管。探索出“大数据+指挥中心+综合执法队伍”新模式，在全国文明城市创建、疫情防控、危化品和非法流动加油专项整治、极端天气应急指挥中发挥重要作用，依托市、镇、村、网格四级联动指挥的一体化运行平台，整合全市36条政务服务便民热线，实现“统一受理诉求”。

不断加强智慧城市顶层设计，围绕《海安市“十四五”智慧城市发展建设规划》目标，有序推动环境监管平台、“4+N”基础数据库、城市部件库、安全监管平台等基础平台建设。“智慧水利”项目平台在汛期可进行快速诊断、及时预警，为防汛业务精细化管理提供先进可靠的支撑手段，有效地提升海安防御内涝灾害的能力。深度开展智慧小区建设试点，整合车牌识别、无人机、智慧灯杆、消防设备等前端物联感知资源，实现异常情况的布控、预警，便于部门、社区对所辖小区的管理以及异常信息的响应。创新打造“人口信息智慧校验”监测预警平台，将户籍迁出、死亡注销、判决服刑等信息与财政资金发放信息比对，对异常情况发出预警，有效避免财政资金被违规领取。

健康海安　精准服务

海安市牢固树立“大健康”统领下的“大基层、大卫生、大保障”工作理念，不断健全“政府主导、部门协作、社会参与”的工作机制，开出大健康的“海安处方”。

紧盯“大基层”，加快紧密型县域医疗卫生共同体建设，推行远程医疗服务，推广“互联网+医疗健康”新模式，赋能“健康海安”建设。实行镇村医疗机构一体化管理，推动“大基层”试点在重点领域、关键环节率先突破，出台《村卫生室服务能力建设评价工作实施方案》，将村卫生室建设列入乡村振兴计划。先后投入8000多万元，新建、扩建、改建225家标准化卫生服务站。海安率先获评“江苏省基层卫生十强县（市）”，46家村卫生室建成省示范村卫生室。

坚持以人民为中心，积极倡导健康生活方式，努力实现“治病为中心”向“健康为中心”转变。注重宣教，倡导健康理念。充分利用微信公众号等新媒体和校园等阵地，深入开展多形式、多层次的健康知识宣传教育活动；制作内容丰富、满足群众健康需求的健康处方、知识读本、宣传视频，倡导健康生活方式。健体强身，提升健康质量。把传统武术、花样跳绳等引入校园，形成“一校一品”健康运动特色，丰富学生课后延时服务内容。海安原创的三门球运动项目已推广至全省400多所学校。北凌农民体育运动会连续举办58年，培养出奥运冠军仲满以及陈进等10多名全国知名运动员、农民健身代表。

积极推动家庭医生签约服务，常住人口签约率51.6%，重点人群签约率84.4%，实现镇村全覆盖。实施“百岁老人健康有约”服务，为192名百岁老人开展精准、贴心的“一对一”医护服务。“互联网+护理服务”惠及3000多人次。建立“居家为基础、社区为依托、机构为补充、医养相结合”的老年健康服务体系，建设为老人提供助餐、助医、助聊等15项规范化免费服务的居家养老服务中心，服务6万多名老年人。2021年，对192名在册百岁老人实施“百岁老人健康有约”为民办实事项目。

持续实施“海陵名医工程”，推动医疗卫生服务能力全面提升。海安有全国中医药创新骨干人才1人、江苏省名中

海安市着力打造“百岁老人健康有约”志愿服务项目，为百岁老人提供上门义诊、看病就医绿色通道服务。图为2021年3月31日，签约家庭医生团队为老人提供一对一上门服务　　市卫健委／供图

医2人，建成2个省级重点专科、28个南通市级重点专科，建立“市级医院为龙头、乡镇卫生院为纽带、村卫生室为基础”三级联动的市域医疗服务体系，实现“小病不出村、大病不出市”。

平安海安　全城联动

2021年12月15日，海安市在平安中国建设表彰大会被授牌命名为2017—2020年度平安中国建设示范县（市、区、旗），成为江苏获此殊荣的五个县（市、区）之一，南通唯一，市委书记于立忠参会并受到习近平总书记接见。

强化三项机制，持续激发平安建设新动力。建“强”组织领导机制。成立由市委书记、市长任“双组长”的平安建设领导小组，建立健全平安建设工作协调机制，配齐配强镇级专职政法委员，构建市镇村三级上下贯通、协调有力的工作体系。强化经费保障，全市每年用于平安建设经费1亿元以上。建“严”工作推进机制。市委主要负责人切实履行平安建设第一责任人责任，建立“每月一听”月度汇报、“每季一晒”季度巡查、“半年一评”现场观摩机制，通过市委主要负责人率队观摩、区镇党委书记当场汇报、市委常委现场点评，形成马上干、互相比、共提高的浓烈氛围。建“优”考评导向机制。将平安建设作为党政综合考核必考内容，党政干部一手抓“经济报表”、一手抓“平安报表”成为常态。设立“长安法治建设杯”，对绩效排名前三名的区镇街道分别授予金杯、银杯、铜杯，并给予奖励；对年度综合绩效考核排名前三位以及后两位的区镇街道负责人，由市委组织部、市委政法委联合开展“谈优谈差”，有力促进平安建设各项措施落实。

构建三大体系，持续彰显平安建设新效力。强化立体化治安防控体系，建成江苏省首批升级版现代技防城。依法打击各类违法犯罪，万人刑事案件年发案率保持26.2%以下，“八类”刑事案件年发案数南通最低。2021年，电信诈骗案件比上年下降42.1%，反诈宣传知晓率、满意率南通第一，防诈反诈经验在全省推广。完善矛盾纠纷多元化解体系。健全矛盾纠纷排查预警和调处化解综合机制，形成党委政府主导、综治中心搭台、调处中心牵头、“三调一裁”联动、五大对接运行、专业调处支撑的矛盾纠纷多元化解新格局。“抓早抓小抓实效”工作经验被《长安》《群众》杂志刊发；“六位一体”劳资纠纷调处、“八位一体”交通事故联调快处等经验在全省、南通市推广。健全群防群治工作体系。市镇两级分别组建200人、50人的专业巡防队伍，全面推行网格化等级巡防。率先成立平安志愿者联盟，发展志愿者5.2万余人，常态化开展治安巡逻防范、平安法治宣传等志愿服务，形成以专业巡防为主体、义务志愿巡逻为补充的治安巡防工作格局。

2021年，海安市推动住宅小区加装电动自行车禁入系统。图为7月13日，市城管局工作人员在住宅小区电梯内张贴“关于对高层建筑内电动自行车违规停放、充电行为开展集中治理的公告”　　市城管局／供图

力推二大工程，持续积聚平安建设新实力。扎实推进三级平台提档升级工程。投入1亿多元，高标准建成市镇村综治中心。在此基础上，升级建立社会治理现代化指挥中心，市级中心为正科级事业单位，镇级指挥中心按“1+2+3+N”（1名主任、2名事业人员、3名购买服务人员、N个进驻部门）模式配备人员，实现人员配备足、运行机制优。着力推进科技赋能工程。组建智慧之剑系列数据战队9支，搭建平安建设数据模型20余个，有效提升精准预测预警预防能力。打造智慧小区新样板，着力建设全域感知、精细服务的高安防水平、高生活品质居民小区。搭建危化品车辆监管平台，率先应用图像识别技术抓拍行人、非机动车闯红灯等交通违法行为，全市1300部住宅小区电梯加装防电动车侵入报警设备，不断提升公共安全智慧化监管水平。务实推进实有人口服务管理工程。强化实有人口动态管控，易肇事肇祸等严重精神障碍患者免费救治救助实现100%，社区矫正对象、刑满释放人员重新犯罪率低于南通平均水平，青少年违法犯罪率南通最低。

创新三大举措，持续释放平安建设新活力。网格化社会治理机制全省放样。通过转隶基层辅助力量实现城乡798个网格“一格一专职”，落地实施“四级十六档”专职网格员岗位报酬，网格员成为村（社区）“两委”人员主要来源。严格落实网格事项准入制，推行“巡办分离”机制，实现问题隐患发现率和12345政务热线群众诉求、110非警务警情“一升一降”。2018年、2019年连续两年在全省做经验介绍，网格规范达标率全省第一，“警网融合”工作经验被中央政法委《政法动态》刊载推广。社会治理综合体率先试水。省内首先探索在镇级整合人民调解委员会、综治中心、社会治理现代化指挥中心、网格化服务管理中心、多元解纷综合服务中心“一委四中心”，打造以网格为主基础、指挥中心为主平台、资源整合为主途径的多功能社会治理综合体，实现受理诉求一扇门、服务群众一条龙、指挥调度一盘棋、基层治理一张网。社会心理服务实效明显。建立市镇村三级社会心理服务平台249个、心理咨询室126个、心理疾病治疗机构（门诊）59个，孵化心理协会、慧心社等心理健康服务社团组织12家。2019—2021年，举办心理健康讲座3624场次，接待心理咨询1.26万人次，受理心理咨询个案6781件，先后缓解5700多名患者症状，有效防止因心理问题引发个人极端事件。

宜居海安　生态福地

海安位于南通、盐城、泰州三市交界处，东临黄海、南望长江，连南贯北、承东启西，通江通海通上海，是全省构建滨海特色城镇带的7个中等城市之一，也是省级综合交通枢纽城市、长三角经济区重要节点城市。同时，海安是全国著名的教育之乡、装备制造之乡、建筑之乡、茧丝绸之乡、河豚之乡、纺织之乡、花鼓之乡、紫菜之乡和长寿之乡，先后获得全国文明城市、国家卫生城市、全国绿化模范城市、全国无障碍环境示范城市、全国新时代文明实践中心建设试点城市等数十项国家级荣誉称号。

海安是公众认可的生态宜居城市，森林覆盖率、林木覆盖率均居南通第一。社会事业发达，高考高分段人数连续多年雄居全省榜首，素有“全国教育看江苏、江苏教育看南通、南通教育看海安”之美誉。社会保障体系健全，三级医疗卫生网络不断健全。海安统筹推进乡村生态宜居建设，环境治理取得新成效，镇村面貌彰显新特色。

在注重生态宜居水平提升的同时，海安的文明程度也再创新高。2018年，海安启动全国文明城市创建工作。海安把市民的文明素养提升作为文明城市创建的核心，深入开展“文明新风16讲”专题行动，全面推进文明倡导、文明劝导、文明规范、文明实践，不断深化文明餐饮、文明遛狗、文明旅游、文明上网、文明交通等系列主题活动，文明礼貌、诚实守信已经内化为海安人的生活习惯，外化为海安人的行为自觉。三年磨一剑，2020年11月，海安一举摘得“全国文明城市”桂冠，实现“首创必成、高分创成”的承诺。2021年4月30日，市委、市政府召开全国文明典范城市创建工作动员大会，号召全市上下重整行装再出发、厉兵秣马再奋进，以决战的姿态、必胜的信心，乘势而上、再接再厉，巩固拓展全国文明城市创建成果，积极投入到全国文明典范城市创建工作中，确保海安首批迈入全国文明典范城市行列。

2021年9月13日，省住房和城乡建设厅公布江苏省美丽宜居城市建设第二批试点城市名单，海安成功入选。海安市紧紧围绕“美丽海安”“宜居城市”目标定位，以创建全国文明典范城市、省级安全发展示范城市等为抓手，深入推进美丽海安建设，突出绿色发展，建设彰显生态之美的低碳花园城市，突出共建共享，建设宜居宜业幸福城市，不断补齐城市人居环境建设短板，提高城市的宜居性，打造环境优美、人文醇美、建设精美的美丽宜居城市，让人民群众更有获得感、幸福感和安全感，全力打造现代化中等城市，走出一条生产发展、生活富裕、生态良好的文明发展道路。

加快建设“五个强市”　提升百姓“幸福指数”

产业强市　夯实发展根基

海安全面实施“工业立市”“产业强市”战略，以产业能级提升为主线，以专业园区、产业招商、创新驱动为重点，以调结构、提质效、优服务为抓手，深耕时尚锦纶、纺织丝绸、新材料、装备制造、汽车及轨道交通等十大产业集群，县域经济发展蹄疾步稳。2021年，全市十大产业集群开票销售总额1500亿元。海安分别列2021年中国工业百强县（市）榜单和中国创新百强县（市）第20位、第11位。

项目是产业的根本，园区是产业高质量发展的主阵地。2021年，海安全力推进十大重点产业“链长制”招商，围绕“强龙头、补链条、建集群”，有针对性地招引一批产业标杆性企业和引擎性项目，推进产业链式发展，高档功能性面料纺织项目签约落户常安纺织园，南通永久新能源有限公司、江苏融塑新材料有限公司等一批“链主”企业及上下游企业相继落户，亚太轻合金（南通）科技有限公司、南通曙光新能源装备有限公司、南通汇优嘉医用材料有限公司等“二期”“三期”项目纷纷上马。重点建设的电子信息产业园、常安纺织科技园、机器人及智能制造产业园等十大专业园区，承载能力加速提升，为企业提供类型丰富、配套完善的各类平台。两岸（海安）中小企业产业合作示范园正式揭牌，海安全力深化对台合作，打造创新创业、产业升级新高地。

产业的发展还需要科技创新的支撑。2021年，海安率先成立科技创新委员会，构建“1+13+1”政策体系，推出“人才强市36条”，引进国家级领军人才10人、高层次创新创业人才171人；聚焦转型升级，加大高端合作力度，高水平建设一批院士工作站。全市新增国家制造业单项冠军示范企业1家、专精特新“小巨人”企业4家，省级工程研究中心、企业技术中心各5家，产学研合作项目227个，原创性科技成果20项。

海安大刀阔斧推进产业集群培育，加速向产业链高端迈进，向创新链高端转型，向价值链高端延伸。市领导挂帅，市科技局、市发展改革委等10个部门牵头培育十大产业集群，将产业招商、央地共建、培大扶强、产学研合作、创建特色产业基地等融入培育工作，不断做优产业质态。重点产业集群运行态势同比全线上扬，其中，新材料、汽车及轨道交通产业增长速度超50%，机器人及智能制造、电子信息产业增长速度超30%。

行业商会与产业融合发展一直是海安组织工业经济工作的重要抓手。10月23日，海安工业经济联合会成立，为产业协同发展和实体经济培育赋能加力。11月22日，中国天楹—苏中建设战略合作暨EPC项目正式签约，这是继苏中建设与鹏飞集团、联发集团携手组团后的又一次跨产业领域串联，对推动建筑业和制造业等产业融合发展、打造新的经济增长极具有重大意义。

2021年11月17日，在"新华字典之父"魏建功120周年诞辰之际，海安市举行魏建功纪念馆开馆仪式　姜　明／摄

文化强市　丰富城市内涵

海安是江海文化的发源地、红色文化的集聚地、教育文化的丰产地、群众文化的示范地、丝绸文化的传播地。数千年的文化积淀记载着璀璨瑰丽的华章典故，涵养了先辈们追江赶海的豪迈胸襟，铸就了海安这座城市改革、创新、开放、包容和重工厚商、尊贤尚功的文化特质，成为推动高质量发展走在前列的强劲引擎。2021年，海安获评"中国文学之乡"。

高质量组织"三送"工程。年内，累计送戏190场次、送展览100场次、送培训100场次。文化艺术中心举办免费公益培训班30个，大剧院高质量演出60场。举办"乐一天"农民艺术节231场、"万里千家"惠民文艺演出924场。

让市民感悟文化民生建设带来的多彩生活，少不了文化阵地的建设。523文化产业园、慧源文化传播集团通过江苏省级文化产业示范基地复核，新增魏建功纪念馆、中丝鑫缘生物科技有限公司两个南通市级文化产业示范基地。文化艺术中心内，61间功能室一应俱全。

文化"家底"越厚重，文化自信就越强。深耕历史、传承文化，海安在推进非物质文化遗产和文物保护上从来都是不遗余力。焦宝林扎染立屏《水浒一百零八人物图》获中国民间文艺山花奖。苏北第一届参政会会址纪念馆、海安非物质文化遗产馆、魏建功纪念馆建成并对外开放。南京大学考古队对青墩遗址、吉家墩遗址及周边区域开展考古勘探调查，为后期青墩遗址的保护利用工作奠定基础。

文艺界活力迸发，创作氛围浓厚。话剧《索玛花盛开的地方》获江苏省文华奖，歌曲《你是民族英豪》、杂技《逐梦空天——男女集体爬杆》获江苏省文华奖优秀节目奖，小品《过江》《猎杀》《那顿年夜饭》、小戏《一碗红烧肉》4件作品入围江苏省第三届小戏小品展演终评，《猎杀》获评优秀剧目，《猎杀》编剧获评优秀编剧。

海安做足"文化+旅游"文章，推动文化产业项目建设，以文化产业带动旅游产业发展。2021年，海安入选南通市重点文化产业项目11个，数量南通第二。成功举办2021年国际河豚文化高峰论坛暨第十一届中国海安河豚节；开展"振兴乡村经济、主播助农公益万里行"海安站活动；举办2021年中国·海安523文化艺术节暨"一带一路"国际文化交流节、"枢纽海安·科创新城"全方位对接上海文旅推介活动等。进一步增强海安文旅对周边地区的辐射力及在长三角地区的影响力。

2021年10月30日，海安市召开文化发展大会。会议全面解读"关于加快建设文化强市的意见"及相关配套政策文件，"关于加快建设文化强市的意见"分35条详细阐述"文化强市"的实现路径，针对平台建设、市场开拓、文化消费、文旅产业、产品创作、要素保障等制定30余项奖励措施，包含财政奖补、税费优惠、金融扶持、项目用地等方面，其中，22项明确具体奖励数额，单项最高奖励400万元。会议要求，更加注重文化精品生产和高尖人才培养，更加注重文化产业高质量发展，更加注重创新体制机制推动文化建设，更加注重加快文化与经济、科技、旅游、教育等融合发展，着力实施先进文化引领、文化培根铸魂、文化共享惠民、文化名品建设、文化传承创新、文化产业振兴、文化人才集聚七大工程，全面实现文化凝聚力、文化服务力、文艺创作力、产业竞争力、文化影响力五方面显著提升，建成地域文化特色鲜明、全民文化素养良好、文化事业繁荣、文化产业发达、文化体制更具活力，具有较强影响力、竞争力的文化强市。会上，举行海安"中国文学之乡"授牌仪式。举行海安市文化发展基金和文化事业专项资金注入仪式，市委、市政府设立2亿元文化发展基金和2000万元文化事业专项资金，资助、扶持全市文化事业和文化产业。举行"云签约"仪式，海安市委宣传部与澳门卫视、澳门商报国际传媒集团有限公司，海安市文广旅局与澳门中国国际旅行社有限公司分别签订战略合作框架协议；海安市政府与3名国家级工艺美术大师签订合作协议，与北京大学中文系签订魏建功中国古典文献学奖合作协议。颁发青墩文化集体奖、青墩文化杰出贡献奖、青墩文化个人奖、青墩文化志愿使者奖、青墩文化耕读传家奖、青墩文化后起之秀奖，104个集体、个人获奖。邀请中国政法大学校董、国际投资促进会会长王平、南京艺术学院原党委书记管向群、江苏省文联副主席刘旭东、江苏省作协副主席汪政等参加"凝聚智慧、汇集力量，共话海安文化发展"访谈活动。

教育强市　推动跨越发展

海安历来有崇文重教、尊师厚学的优良传统，是一片教育发达、人文荟萃的热土。连续支教33年的海安宁蒗支教教师群体被授予全国脱贫攻坚先进集体和江苏"时代楷模"荣誉称号，西场初级中学教师蒋蓉所在的滇西支教团队获评2021年度全国"最美教师团队"；海安中、高考成绩持续领跑江苏省、南通市，走进名牌高校的海安学子络绎不绝。优质教育资源"遍地开花"，吸引高素质、高水平人才在海安扎根。海安先后获评全国义务教育发展基本均衡县、全国特殊教育先进市、全国农村成人教育先进单位等多项荣誉，两次被表彰为江苏省全面实施素质教育先进市，并获得江苏省学前教育、义务教育、高中教育等6项省级荣誉。海安教育呈现出持续健康高位发展的良好态势。

深入实施教育优先发展战略，全面落实立德树人根本任务，加快推进教育现代化建设。2020年秋季学期起，海安65所中小学全面开展课后延时服务。2021年，海安率先把课后服务内容纳入教研活动的重要内容，系统化研究、一体化设计，服务水平和服务质量不断提升，吸引全市5.02万名中小学生参加课后延时服务，参与率96.5%。"十四五"期间，海安规划新建改建幼儿园14所、小学11所、初中3所、高中2所、高等院校（分校）12所。

2021年9月4日，海安市召开教育发展大会。会议总结海安教育事业改革发展取得的显著成绩。会议发布关于加快建设教育强市的意见和关于完善市委教育工委运行机制的实施办法、关于调整市委教育工作领导小组成员的通知、市委教育工作领导小组议事规则、海安市教育强市建设工作考核办法、关于进一步加强全市学校规划建设的实施方案、海安市职业教育高质量发展实施意见（2021—2025年）等"1+6"系列政策意见，制定31项具体任务。会议要求以"六个一流"（一流的领导体制、一流的教育体系、一流的办学条件、一流的教育质量、一流的师资队伍、一流的教育效应）为目标，力争2025年在全省率先实现教育现代化，建成全国有声誉、全省居前列、系统有影响、群众有好评的教育强市。会议解读"关于加快建设教育强市的意见"文件起草过程和相关内容。会上，阿尔法电子机械（南通）有限公司和江苏省海安高级中学签订捐资协议书，阿尔法电子机械（南通）有限公司连续5年每年出资100万元设立"阿尔法奖学金"和"阿尔法奖教金"。市教育体育局、海安高新区、江苏省海安高级中学、南通理工学院、阿尔法电子机械（南通）有限公司、江苏东材新材料有限公司负责人发言。

海安市实验小学贯彻落实"双减"政策，将传统武术引入校园，丰富学生课后延时服务内容。图为2021年11月15日，学生在表演武术操　　姜　海／摄

科技强市　赋能产业升级

海安始终把科技创新工作摆在全市发展大局的核心位置，坚持高质量发展导向，深入实施创新驱动发展战略，深化科技体制改革，积极开展企业创新能力提升三年行动，强化企业主体地位，加快新旧动能转换，努力打造全省创新驱动发展示范地区。2015年12月，海安成为全省科技创新体制综合改革两个县级试点城市之一。2017年3月，省政府专题发文推广海安科技创新体制综合改革试点经验。2018年12月，海安成为全国首批创新型县（市）建设52个地区之一，全省5家，江苏长江以北唯一。海安连续四年被通报表彰为全省推动科技政策落实和科技体制改革成效明显的地区。

创新成果加速转化，需要创新载体提供"主心骨"。海安深入实施"机关部门服务企业科技行""创新创业在海安""两院专家走进海安"等活动，推动校企精准对接，加快科技成果向海安集聚。至2021年，"创新创业在海安"主题活动累计达成产学研合作项目近2000个，支付合作经费超12亿元。

2021年3月8日，海安市召开科技发展大会。会议发布新出台的"1+13+1"科创政策体系，即"关于深化科技体制改革加快建设科技强市的意见"文件总纲、13项工作机制、1个配套政策；发布"海安科技创新重点任务分解表",涉及40个牵头单位,十二大类指标,204项细化任务;发布"关于加快创新驱动推动经济高质量发展的政策意见",36条政策支持科技改革、载体建设、企业创新,在海安转化的科研成果最高能获100万元奖励,优秀科技成果可获20万元奖励,获省级竞赛一等奖的青少年可获1000元奖励,科技创新在支持制造业创新发展的基础上,融入建筑业、农业、民生等海安发展的各领域,形成全领域、全方位的创新格局。会议要求组织开展"四个三"科技创新工程。实施"三大改革",破除体制机制的束缚力。坚持以机构创新为核心,构建协调联动管理新体制;以支持创新为引领,构建多元化投融资新体系;以激励创新为导向,构建利益合理分配新模式。立足"三大领域",释放科技创新的统筹力。以"卡脖子"难题为突破,打好关键技术攻坚战;以"高精尖"产业为标杆,打好企业培育攻坚战;以"大数据"应用为方向,打好数字经济攻坚战。强化"三大支撑",激发科技创新的聚合力。以重大载体为抓手,打造标志性平台创新高地;以海陵英才为引领,打造高端类人才创新高地;以融合发展为路径,打造一体化协同创新高地。优化"三大保障",激发科技创新的原动力。以政府采购为后盾,在招投标领域给予优先使用;以尊重创新为原则,在知识产权上给予优先保护;以财政扶持为补充,在政策对接上给予优先兑现。与会人员共同观看《海安市科技体制改革成果回眸》专题片。市第十三批科技镇长团以及南通理工学院、海安高新区、海安农村商业银行、中国天楹股份有限公司、江苏铁锚玻璃股份有限公司、亚太轻合金(南通)科技有限公司、江苏中洋集团股份有限公司、江苏省苏中建设集团股份有限公司、江苏派锐电子有限公司负责人做交流发言。

人才强市　厚植人才沃土

海安牢牢抓住人才是第一资源的"牛鼻子",实施人才强市战略,不断厚植人才发展沃土,激发人才创新创造活力,为全市经济社会高质量发展提供坚实的人才保证和广泛的智力支撑。区域人才综合竞争力跃居全省第五、长江以北第一。

实施"领军人才+创新团队+创新项目"的精准引才模式,对高层次人才和团队予以专项经费补助;支持引导院士、海外博士等专家到海安进行技术项目对接;灵活认定海安高层次人才,使其享受相关政策待遇。在"人才新政40条"基础上,出台相关补充意见,向一线高技能人才、实用型人才倾斜,实施"海陵名家""海陵名师""海陵名医"工程,进一步放大政策效应,构筑起海安"产业集聚人才、人才引领产业"的发展格局。

不断优化人才创新创业环境,在人才扶持、人才培养、人才服务上下功夫,厚植人才成长沃土,全方位打造人才"生态圈",让各类人才有更多获得感、成就感和归属感。

一大批创新型高层次人才的加盟,加快海安产业提质增效步伐。"十三五"期间,海安累计获国家科技进步二等奖2项、国家技术发明二等奖1项,省科学技术奖11项、省企业技术创新奖1项。省科技成果转化专项资金项目2018年立项2个,2019年立项1个,2020年立项2个,2021年立项1个。海安入选省制造业创新转型成效明显地区,列2021年中国创新百强县(市)第11位。

(市融媒体中心)

赓续百年奋斗路　踔厉奋发新征程·学党史　悟思想　办实事　开新局

百年征程波澜壮阔,百年初心历久弥坚。海安市积极开展党史学习教育,持续掀起党史学习教育热潮。坚持将党史学习教育和"四史"宣传教育融合推进,采用多种形式,组织全市各级党组织和广大党员干部在全面学、系统学、深化学上下功夫。注重从党的百年奋斗和非凡历程中深刻感悟马克思主义的真理力量和实践力量,把学党史和悟思想贯通起来,用好红色资源,构建宣传矩阵,推动党的创新理论深入人心。坚持把学习党史同总结经验、观照现实、推动工作结合起来,融合推进"我为群众办实事"实践活动、"两在两同"建新功行动,成效明显,先后3次在省、南通市"我为群众办实事"实践活动座谈会上做经验介绍。坚持以习近平新时代中国特色社会主义思想为指引,从百年党史、党的十九届六中全会精神、省和南通市党代会精神中汲取发展动力,抓好"十四五"开局各项工作。

海安市掀起党史学习教育热潮,凝聚干事创业奋进伟业

2021年,海安市委、市政府认真学习贯彻习近平总书记系列重要讲话指示精神,严格按照中央、省和南通市委决策部署,在南通市委党史学习教育领导小组办公室和第八巡回指导组的指导帮助下,紧扣"学党史、悟思想、办实事、开新局"目标要求,围绕"六专题两实践"持续发力,周密部署、精心安排、扎实推进,高质量推进党史学习教育不断走深走实。中央电视台、《人民日报》《求是》《光明日报》《新华日报》、党史学习教育官网、"学习强国"学习平台、中国新闻图片网等省级以上媒体报道海安做法900多次。中央第五指导组、省委第四巡回

指导组均对海安党史学习教育给予充分肯定。

高标意识学党史，在理论武装中坚定历史自信

以上率下，全面学习。市委中心组、市委常委会第一时间集中学习习近平总书记在党史学习教育动员大会上的重要讲话精神和省、南通市委动员会议精神，专题研究部署全市党史学习教育工作；组织集中收听收看庆祝中国共产党成立100周年大会，部署学习宣传贯彻习近平总书记"七一"重要讲话精神和党的十九届六中全会精神。市领导带头研读4本指定书目、4本参考书目，及时跟进学习习近平总书记最新重要讲话指示精神。市委中心组举办专题读书班4期，组织集中学习24次，交流研讨10次，邀请外交部前部长李肇星，江苏省社科院党委书记、院长夏锦文，江苏省委党校法政部主任陈蔚，南通市委宣讲团成员、南通市纪委副书记、监委副主任姚胜等理论专家到海安授课。市委党校举办各类班次53个，实现党员干部党史教育培训全覆盖。市委书记于立忠带头讲党课4次，全市科级以上领导干部讲专题党课2258场，高质量召开专题组织生活会1865场，持续掀起学习习近平总书记"七一"重要讲话精神、党的十九届六中全会精神热潮。

建强机制，系统学习。制定出台以"六专题两实践"为重点工作安排的实施方案，全面落实"三学"工作要求，每月制订下发学习通知、学习参考、督查提示。召开市委党史学习教育领导小组办公室会议9次、巡回指导工作会议7次，累计开展巡学1105次，考学5123人次，举办党史知识竞赛等各类赛学活动376场。针对"两新"组织党组织、流动党员、年老体弱党员等不同群体党员，开展上门送学、网络助学，向流出党员邮寄内含指定书目和党章党徽的"红色能量包"，在流入党员密集的社区、企业、项目一线等设立党史学习教育"红色驿站"，确保流动党员"流动不流学"。海安"风筝"工作法入选《光辉百年——江苏组工那些事》，"学、导、谈、测、查"五步推进法被"学习强国"学习平台推广。

2021年11月10日，海安市城南实验小学少先队员们在课堂上阅读红色书籍

翟慧勇／摄

创新载体，深化学习。用好"学习强国""海安党史微课堂"等学习平台，编制《海安革命历史简明读本》《七位名嘴讲"七一"重要讲话精神》等学习资料，编印《习近平总书记"七一"重要讲话精神学习知识问答》，不断拓展学习载体、丰富学习内涵。精心制作《七位名嘴讲"七一"重要讲话精神》等22集理论宣讲视频，在海安发布、网信海安、文明实践云平台等新媒体上广泛传播。围绕"后继有人"这个根本大计，创新建立"课程+读本+基地+活动"四位一体青少年党史学习教育体系，打造"课堂式""体验式""创作式""实践式"四种教育模式。将党史学习教育融入中小学思政课教学，研发36节情境思政课，实现点单学党史，中央第五指导组观摩红色情景思政课并给予充分肯定。全市各学校组织红色经典阅读、中国发展图片展、"马克思主义·青年说"等研学活动1535场，覆盖青少年超过9万人。

高点站位悟思想，在宣传阐释中赓续红色血脉

实境感悟凝心聚魂。深入挖掘苏中七战七捷纪念馆、高凤英烈士纪念馆、中共营溪支部纪念馆等海安红色资源内涵，建成运行苏北第一届参政会会址纪念馆、市"四史"教育馆、海安革命纪念馆等一批红色场馆，精心打造东洲公园和七星湖公园两大党建主题公园，组织全市各级党组织开展党史学习教育现场教学4126场，保护利用红色资源做法得到党史学习教育中央第五指导组充分肯定。积极开展地方党史"六进"活动，向区镇、部门、企业、学校、社区、家庭文化室等赠送地方党史书籍6000余册，不断推动海安红色文化传承发展。

党史宣讲入脑入心。发挥海安理论宣讲优势，组织市委宣讲团、百姓名嘴、先进典型等深入基层开展对象化、分众化、互动化宣讲活动4338场，受众人数近40万人次。创新开设"理论集市 宣讲超市"53场，该特色做法得到中央文明办调研组、中央第五指导组充分肯定，中央文明办秘书局局长赵树杰盛赞海安百姓名嘴宣讲"活色生香"，做法可复制可推广。先后承办南通市"四史"宣传教育现场推进会暨理论宣讲交流会、南通市"燎原式"宣讲党的十九届六中全会精神活动启动仪式。名嘴宣讲获得南通市"永远跟党走 奋进新征程"主题理论宣讲比赛一等奖。

宣传教育百花齐放。围绕"党的庆典、人民的节日"，举办"庆党的百年

华诞，展海安红色记忆”七一赞歌专题文艺演出、航程——庆祝中国共产党成立100周年图片展、“永远跟党走”红色故事演讲大赛等系列活动109场，参与群众超20万人次。在全市城市主干道口、广场绿地等设置10米以上大型景观39处、大型公益宣传牌136块，新增更换道旗近5500组，张贴宣传画一万多张，发放张贴“共产党员户”标识42000张。3件作品获得第五届江苏省文华奖（南通共4件），15件作品获南通市第三届文学艺术大赛奖项。杂技剧《征途》、群舞“七战七捷显神威”、表演唱“百万雄鸡下江南”等48个群众自编自演的红色文艺节目登上百姓舞台，用群众喜闻乐见的形式推动党的创新理论“飞入寻常百姓家”。

媒体矩阵同频共振。深入开展全媒体行动，市融媒体中心开设党史学习教育专题专栏10个，刊发信息和报道1627篇，“重走七战七捷路”大型全媒体新闻行动被南通市评为网络文化红色记忆特别奖。采集编发简报155期，“党史学习教育抓实‘三步、四级、八争’”等做法被江苏省党史学习教育简报刊用4次，南通市简报刊用40余次。市委书记于立忠撰写的理论文章在《新华日报》《唯实》《党的生活》《群众》“学习强国”学习平台、《南通日报》等报刊媒体发表，全市县处级以上领导干部、各区镇街道部门负责人在《海安日报》等发表党史学习教育理论文章105篇，评论、心得体会400余篇。3张名嘴宣讲图片在“中国共产党在江苏历史展”中展出。

高效推进办实事，在“两在两同”中践行初心使命

“三张清单”构建闭环。建立以“项目清单、责任清单、效果清单”为主要内容的“三张清单”，构建起“调研—谋划—公示—实施—反馈—达效”办实事工作闭环。组织各级党员干部深入基层走访调研，经过层层筛选、逐级把关，最终形成“网上医院”建设、“三扶两创”关爱服务等两批实事项目1280个，同时明确专人负责专班推进，严格做到“台账式管理”和“销号式落实”。全市科级以上领导干部全部领办“我为群众办实事”具体任务，带头开展“深扎根、大排查、抓落实、解难题”基层走访调研，在经济建设、科技攻关最前沿勇攀高峰，在乡村振兴、服务群众第一线勇于奉献。

“四级网络”共同推进。依托新时代文明实践“中心+所+站+点”四级网络共同推进，市委书记于立忠在中共营溪支部纪念馆发布12个“我为群众办实事”重点项目，点燃“海陵薪火传承火炬”。深化“村居吹哨 党员志愿者报到”项目，全市8085名在职党员全部到村（社区）报到，常态化开展结对共建、志愿服务，报到率100%。打造群众身边的“十分钟志愿服务圈”，组织党员志愿者“十送”“实践套餐”到群众身边2000多份，引导党员干部在联系基层、服务群众中弘扬伟大建党精神。

“多线发力”实事办实。开展“‘两在两同’建新功 ‘三提三争’开新篇”主题活动，全市各级党组织成立“攻坚有我”党支部186个，为群众代理代办各类事项4万多件，976名科级党员干部协助企业开展“科技行”，对接产学研项目700多个，相关做法在江苏、南通组工信息刊登推介。全市两批1280个“我为群众办实事”项目全部完成，组织群众满意度调查，收集问卷3万余份，平均满意度99.8%，有效解决了民生改善、经济发展、社会治理、防疫抗台等多条战线上一批“硬骨头”“老大难”问题。

高质谋划开新局，在思想引领中增强发展动力

聚焦项目建设，全面开展“党旗在项目一线高高飘扬”活动。坚持“项目为王”，全市各部门成立项目服务专班56个、项目攻坚党支部82个，完成项目建设服务600多个。突出专班推进，通过聚焦要素保障，强化沟通协调，力促项目早落地、早开工、早见效，切实做到项目推进堡垒筑在一线、党员冲在一线、服务落在一线。2021年，全市新开工10亿元以上重大项目27个，年度省级重大项目数南通第一，夺得南通市项目考评流动红旗。2021年，海安完成地区生产总值1343.09亿元，比上年增长9.1%；实现一般公共预算收入69.5亿元、固定资产投资572.08亿元、社会消费品零售总额414.38亿元。获评2017—2020年度平安中国建设示范市，在全国工业百强县（市）、创新百强县（市）排名中分列第20位、第11位。

聚焦窗口服务，扎实开展“三亮三比三评”活动。结合文明典范城市创建，持续对窗口单位开展巡查，推动各窗口单位提升服务效能。市行政审批局设“党员服务岗”和“党员示范岗”124个，全体党员统一佩戴党徽上岗，亮明身份，晒出服务承诺；非党员设“永远跟党走”服务牌205个，自觉接受群众监督；积极举办政务服务系统业务技能竞赛，推出“安心办”等系列措施；以“窗口天地宽 服务当先锋”为主题，评选“示范窗口”“服务标兵”等105人次，推动形成了“比位次、争上游，比创新、争突破，比作风、争一流”的良好风气。

聚焦各行各业，深入开展“党建带群建”活动。组织工青妇等群团部门围绕“奋进现代化 跑赢新赛程”主题，开展“花开有声”女性关爱、“燃情夏月”劳模宣讲、“乐业海陵”四学四送、“筑梦海安”人才招引、“家雁归巢”学子返乡等系列活动56次；充分激发“两新”组织活力，打造“海捷达”“海纳e能”等十“海”品牌，推出“先锋憩息亭”“爸妈食堂”“红色管家”等惠民项目，累计开展活动819场，受益群众超50万人次，3家“红色物业”示范点通过省、南通市验收，切实凝聚起全市上下共谋发展的强大合力。（市委宣传部）

海安新通扬河生态区

大事记

1 月

3日 中央电视台国防军事频道《讲武堂》栏目播出节目《敢教日月换新天》之《走进革命老区县⑤海安》，时长48分钟。

6日 海安市被命名为2018—2020周期国家卫生城市。

7日 江苏联发纺织股份有限公司参与的“基于机器视觉的织物智能整花整纬技术产业化研究及应用”项目、鑫缘茧丝绸集团股份有限公司参与的“天然染料纺织品印染关键技术及产业化”项目以及江苏铁锚玻璃股份有限公司牵头完成的“极端服役条件下高性能特种安全玻璃的研发及产业化”项目获省科学技术三等奖。

11日 海安市召开领导干部会议。于立忠任海安市委书记，谭真任海安市委委员、常委、副书记，被提名为海安市市长候选人。

13日 “开启新征程、书记话开局”南通市大型全媒体访谈活动走进海安，市委书记于立忠接受南通市全媒体访谈。

14日 江苏天楹环保能源成套设备有限公司生产的“生活垃圾焚烧炉”和南通市通润汽车零部件有限公司生产的“车用螺旋千斤顶”通过“江苏精品”国际认证联盟认证。

14—16日 中国人民政治协商会议海安市第十四届委员会第五次会议在市行政中心报告厅召开。

15—18日 海安市第十六届人民代表大会第五次会议在市文化艺术中心召开。

18日 孙庄街道百岁休闲农庄获评2020年全国休闲农业与乡村旅游五星级企业，南通唯一。

△ 海安市中医院、海安高新区中心卫生院分别开出首张医疗电子票据，标志着海安市医疗机构医疗票据电子改革取得成功。

19日 鑫缘茧丝绸集团股份有限公司获评全国民族团结进步示范单位。

△ 海安市城东镇被命名为“第三批江苏省生态文明建设示范乡镇（街道）”。

20日 “中国（海安）家居艺术小镇”盐通高铁冠名列车G8354从上海虹桥首发。

22日 国家重点研发计划“蓝色粮仓科技创新”重点专项黄渤海循环水精准养殖与清洁生产模式示范项目启动会在海安市举行。

23日 海安市召开乡村振兴示范村、先进村培育动员部署会议。

26日 海安市退役军人服务中心获评全国示范型退役军人服务中心。

△ 南通市烈士纪念设施建设管理工作会议在海安召开。

29日 江苏省工业和信息化厅党组成员、机关党委书记姜良率省企业防控组到海安督查企业疫情防控工作落实情况。

是月 亚太轻合金（南通）科技有限公司、南通跃通数控设备股份有限公司和江苏威尔曼科技有限公司获批江苏省工程研究中心。

△ 江苏鹏飞集团股份有限公司获评首批省服务贸易重点企业。

△ 南通苏中大宗物资物流中心多式联运项目通过验收，成为全省第一批5个多式联运示范工程项目之一。

2 月

1日 海安市获评创建全国无障碍环境示范市。

2日 海安市第五届“草根上讲台 乡音传理论”理论宣讲志愿者风采展示活动决赛在市文化艺术中心举行。

3日 南通市供应链金融工作现场会在海安召开。

5日 2021年海安市春节联欢晚会在市文化艺术中心举办。

△ 海安市举行“选好即开考，上任就奔跑”“弘扬‘三牛’精神，走在时代前列”新一届村（社区）“两委”班子集体出征仪式。

△ 南通东华软件有限公司、西信科技有限公司入选江苏省规划布局内重点软件企业和专精特新软件企业培育库。

8日 举行“感恩城市英雄”暨2021年海安市疫情防控青年突击队（志愿队）集结出征仪式。

19日 海安市在南通市机关作风建设大会上，获南通市2020年度综合考核第一等次，海安经济技术开发区、海安高新技术产业开发区获2020年度省级以上开发区绩效考核第一等次。

20日 台湾得力实业股份有限公司投资的“高档功能性面料纺织”项目签约落户海安开发区常安纺织园，注册资金1亿美元，设备投入4亿元。

22日 海安市曲塘镇人武部获评省国防动员工作先进单位，是全省唯一一家受表彰的乡镇基层人民武装部。

△ 海安高新区—加百裕（昆山）电子有限公司锂电池生产项目签约仪式在昆山举行，总投资约3亿美元。

25日 海安宁蒗支教团在全国脱贫攻坚总结表彰大会被表彰为全国脱贫攻坚先进集体。

△ 海安市在江苏省民族宗教局长会议上做《情系西部共同发展奋力谱写民族团结崭新篇章》经验交流，全省仅3家县（市）级交流。

△ 海安市滨海新区周庄村村民周新、张远银、唐志民获评2月“江苏好人”。

3 月

3日 海安市举行立发中学新校区启用仪式。

4日 省政协“有事好商量”协商议事工作专题调研组到海安市开展调研。

5日 3月“月月看、家家到”暨上半年项目集中开工活动在海安开发区举行，集中开工亿元以上项目110个，总投资658.8亿元，其中10亿元以上重大项目28个。

△ 江苏省自然资源厅副厅长袁

晓军率队到海安，督导检查安全生产工作。

6日 中国共产党海安市第十三届纪律检查委员会第六次全体会议在市行政中心召开。

△ 海安市机关作风建设大会在市行政中心召开。

7日 安徽省六安市叶集区委书记赵珞率队到海安考察。

8日 海安市召开科技发展大会。

9日 “弘扬张謇精神，助力海安新征程”座谈会在市行政中心召开。

11日 省生态环境厅党组成员、副厅长于红霞带队到海安调研生态安全缓冲区建设工作。

△ 江苏鹏飞集团股份有限公司、南通双弘纺织有限公司、江苏鹰球集团有限公司被认定为江苏省工业企业质量信用AAA级企业，江苏飞亚化学工业有限责任公司、南通市通润汽车零部件有限公司、江苏江海机床集团有限公司被认定为江苏省工业企业质量信用AA级企业。

12日 海安市人民政府与中国农业银行南通分行签订政银战略合作协议。

13日 全市党史学习教育动员会议在市行政中心召开。

16日 江苏省委党史工办二级巡视员赵民强率队到海安调研党史教育基地情况。

△ 由南通市卫健委、南通市医学会主办的“献礼建党百年，我为百姓做好事”专家新春走基层大型巡讲走进海安。

17日 江苏铁锚玻璃股份有限公司承担的低放废液热泵蒸发系统台架性能试验见证活动在海安举行。

△ 北京新四军暨华中抗日根据地研究会一师苏中分会会长黄寒冰率队到海安参观考察。

17—18日，中国科学院科技战略咨询研究院副研究员、中国高新区研究中心主任刘会武一行到海安高新区，开展省级高新区“以升促建”咨询调研和现场考察。

18日 南通理工学院—苏中集团投资共建建筑产业学院签约仪式在南通理工学院海安校区举行。

2021年3月6日，海安市机关作风建设大会在市行政中心召开　市纪委监委／供图

26日 南通市“凝聚‘新’力量，献礼一百年”新联会互学观摩交流活动走进海安。

△ “南通红色记忆”融媒体新闻行动走进海安新四军联抗烈士陵园、苏北临时参政会会址、苏中七战七捷纪念馆。

28日 阿尔法电子机械（南通）有限公司海安项目在电子信息产业园开工奠基。

29日 海安市获评江苏省食品安全示范城市。

30日 兴鹿（海安）新材料有限公司高性能锦纶帘子布项目在海安高新区时尚锦纶产业园开工奠基。

△ 海安市获评江苏省2020年度推进高质量发展先进县（市、区）。

30—31日，江苏省商务厅副厅长孙津率队到海安考察。

31日 广西壮族自治区河池市政协副主席、东兰县委书记黄贤昌率队到海安考察学习。

△ 2021年“苏韵乡情”乡村休闲旅游农业（南通）专场推介暨第十一届海安梨花节在大公镇开幕。

△ 南通市副市长赵闻斌到海安调研督导新冠病毒疫苗接种工作。

是月 江苏省苏中建设集团股份有限公司总承包的伊泰华府世家住宅工程项目、参与建设的国家北方足球训练基地一期工程足球场项目获2020—2021年度第一批中国建设工程鲁班奖。

4　月

1日 南通市首家县级海内外警侨联动服务中心海安分中心举行揭牌仪式。

△ 鑫缘茧丝绸集团股份有限公司获评全国丝绸标准化工作先进集体。

9日 连云港市灌南县委副书记马伟率队到海安考察学习农村人居环境整治方面的经验做法。

10日 南通检察机关企业刑事风险防控普法宣传周暨“精准普法月月行”活动在海安市人民检察院启动。

△ 海安市公共卫生应急体系南莫卫生应急综合楼奠基仪式举行。

△ 两岸企业家峰会中小企业合作及青年创业推进小组到海安调研。

12日 苏州市委副书记朱民率队到海安考察。

13日 南通市副市长王晓斌率队到海安调研科技创新工作。

14日 南通市委常委、组织部部长封春晴率队到海安调研党建联系点以及乡村振兴示范村、先进村建设情况。

15日 “慧聚上湖 智造未来”上湖中科创新广场孵化基地举行开园仪式，12个项目集中签约入园。

△ 中央文明办调研组到海安调研新时代文明实践中心建设情况。

△ 海安市举行上湖创新区（中意海安生态园）创新发展恳谈会暨重大项目集中签约仪式，8个项目集中签约。

△ 江苏省交通运输厅一级巡视员丁军华、省铁路集团副总经理程飞率队到海安调研铁路货运体系建设情况。

△ 科技部中国农村技术开发中心副主任陈成带队到海安调研国家创新型县（市）建设工作。

△ 黑龙江省高校与海安市企业人才合作对接交流会举行。

15—24日 海安市31家企业参展第129届中国进出口商品交易会。

16日 全国政法队伍教育整顿中央第六督导组副组长杜万华率队到海安督导。

△ 中央文明办“新增广贤文”编写工作研讨交流会在海安举行。

△ 黑龙江省大学生就业创业实训基地（上湖创新区）揭牌仪式暨黑龙江工商学院长三角产教融合园区奠基仪式在海安市上湖创新区举行。

△ 2021年江苏省老年人体育节海安分会场启动仪式暨南通市太极拳俱乐部联赛在海安市体育中心举行。

19日 南通市商会高质量发展推进会暨镇街商会工作现场会在海安举行。

△ 江苏联发纺织股份有限公司与江苏省苏中建设集团股份有限公司在苏中集团总部举行“印尼环球纺织高档服装面料”项目苏中集团总承包签约仪式，项目总投资1.9亿美元。

20日 以“文明健康、绿色环保”为主题的南通市第33个“爱国卫生月”推进活动暨海安市国家卫生城市授牌仪式在海安举行，海安市被授予国家卫生城市牌匾。

21日 海安市人民政府—南京银行南通分行政银战略合作协议签约仪式举行。

△ 南通市法治公安建设现场推进会暨执法管理委员会工作会议在海安召开。

△ 南通市政协专职常委、一级调研员，南通市委党史学习教育第八巡回指导组组长李振冲率队到海安开展党史学习教育工作巡回指导。5月19日、6月16日、10月28日，一行多次到海安巡回指导。

△ 海安市第十一届“新华杯”全民读书节启动仪式暨全民红色阅读“七进”活动发布仪式在实验小学举行。

22日 南通市“梦想小屋”集中建设推进会在海安召开。

2021年4月15—24日，海安市组织31家企业参展中国进出口商品交易会，图为鑫缘集团展位 市商务局／供图

23日 海安市举行退役军人“戎耀之家”建设授牌仪式。

24日 以“共享河豚文化 寻味精美海安”为主题的2021年国际河豚文化高峰论坛暨第十一届中国海安河豚节在中洋金砖酒店开幕。

△ 海安好人馆开馆仪式暨“文明海安 荣耀盛典”活动在海陵公园举行。

25日 南通市“新时代政法英模”先进事迹巡回报告会海安专场在市人民法院举行。

27日 南通市“奋进现代化·跑赢新赛程”媒体见面会走进海安。

△ 海安入选2021年中国文化建设百佳县（市），列第45位。

28日 南通市委常委、秘书长姜东到海安开展“我为群众办实事”之联系群众大走访活动。

△ 安徽省商务厅开发区处处长张弘强率队到海安考察。

28—29日 省新联会在海安市开展“苏新·聚力量”观摩学习交流活动。

29日 省财政厅副厅长倪国强率队到海安调研高标准农田建设情况。

△ 盐城市射阳县委书记唐敬率队到海安考察。

30日 海安市召开创建全国文明典范城市工作推进会。

△ 海安经济技术开发区高科技创业园—中国银行海安支行、图灵机器人—中国银行海安支行战略合作签约仪式在中国银行海安支行举行。

5月

2日 江苏省副省长、公安厅厅长刘旸率队到海安公安基层一线调研指导。

5日 中国共产党海安市第十三届委员会召开第十一次全体会议。

10日 南通跃通数控设备股份有限公司的“一种木质门扇双面雕刻机”项目、江苏兴华胶带股份有限公司的“一种环保耐寒聚氯乙烯弹性体组合物的制备方法”项目、江苏铭利达科技有限公司的“冲模装置”项目入选中国专利奖预获奖项目。

11日　淮安市人大常委会常务副主任、一级巡视员唐道伦率队到海安考察教师队伍建设情况。

△《海安革命历史简明读本》首发暨海安党史学习教育百姓宣讲团成立仪式在市图书馆举行。

△　省打好污染防治攻坚战指挥部办公室副主任、省生态环境厅环境监察专员英剑波率队到海安调研省考以上重点断面综合整治情况和生态安全缓冲区建设情况。

△　人力资源和社会保障部农村社会保险司司长刘从龙率队到海安调研城乡居民基本养老保险工作。

12日　“枢纽海安 科创新城”海安(上海)高质量发展恳谈会在上海市举行,会议上达成战略合作6项,集中签约项目18个。

△　扬州市高邮市委副书记郑志明率队到海安考察。

14日　由工业和信息化部工业文化发展中心、海安市人民政府、振兴乡村经济主播助农公益万里行组委会共同主办的“振兴乡村经济 主播助农公益万里行”活动海安站启动仪式在中洋金砖酒店举行。

△　南通市知识产权质押融资“入园惠企”洽谈会暨海安政策发布专场活动在海安举行。

17日　南通市新一届村(社区)妇联班子“履新启航六件事”发布仪式在海安市委党校举行。

18日　南京市秦淮区委副书记王晓卫率队到海安考察新时代文明实践中心建设工作。

△　省人大常委会委员、省人大社会建设委主任委员陈正邦率队到海安调研养老服务体系建设情况。

△　南通市政协副主席施学雷一行到海安就“弘扬张謇企业家精神 培育新时代优秀民营企业家”开展调研。

19日　省粮食和物资储备局二级巡视员张国钧率核查组到海安现场核查落实2020年度粮食安全责任制情况。

21日　南通市税务师行业党建工作现场推进会在海安召开。

△　海安市现代农业产业示范园列首批省级现代农业产业示范园认定名单榜首,全省仅17家,南通唯一。

22日　中国·海安523文化艺术节暨“一带一路”国际文化交流节在王府邦瑞国际大酒店开幕。

△　全省蚕桑产业高质量发展现场推进会在海安召开。

23日　中国天楹股份有限公司董事长严圣军获评“张謇杯”杰出企业家,江苏联发纺织股份有限公司党委书记、董事长薛庆龙获评杰出通商,江苏海迅实业集团股份有限公司等13家企业获评南通市优秀民营企业。

24日《南通市第七次全国人口普查公报》显示,海安是南通所有县(市)中常住人口唯一增长的县(市)。

25日　南通市副市长王洪涛率队到海安检查铁路桥涵限高防护架增设和船舶碰撞桥梁隐患治理工作。

26日　第六届中国·海安五金机电博览会在华中五金机电城开幕。

△　由南通双弘纺织有限公司、东华大学共同完成的“再生聚酯纤维高品质纱线高效低耗纺纱关键技术及产业化”项目通过国家级科技成果鉴定。

27日　南通市“‘志’敬百年 追梦江海”志愿服务接力活动暨海安市“凝聚志愿力量 致敬百年华诞”青年志愿服务示范观摩活动在城东镇蓉和怡心园举行。

28日　徐州市沛县政协主席郝敬彬带队到海安考察全国文明城市创建工作。

31日　海安参加在山西太原举行的科技镇长团“高校行”暨南通—太原产业·人才对接推介活动。活动中,举行太原理工大学海安研究院、太原科技大学(海安)就业创业实践基地揭牌仪式。

△　省政府外事办公室一级巡视员黄锡强率队到海安调研“中国—乌兹别克斯坦中医药中心”合作项目建设情况。

是月　中国工程院张洪程院士创新试验基地落户雅周现代农业园。

△　海安市作为南通唯一的县(市、区)获评省推动科技政策落实和科技体制改革成效明显地区,并且连续四年获此殊荣。

2021年5月22日,中国·海安523文化艺术节暨“一带一路”国际文化交流节开幕

市文广旅局/供图

6　月

1日　海安市“百年光辉路,童心永向党”党史学习教育进校园活动在大公镇举行。

2—5日　全省“5G+工业互联网”首站高级研修班在海安市举办。

3日　江苏省政府副秘书长、办公厅主任、参事室主任谢润盛率队到海安调研中丝鑫缘生物科技有限公司。

4日　南通市挥发性有机物清洁原料源头替代推进现场会在海安召开。

5日　海安市乡村振兴局挂牌成立。

5—6日　海安市举办第八届“创新创业在海安”主题活动。活动中，举行海安市科技创新委员会、海安农商银行科技支行揭牌仪式。“科创贷”首批贷款项目、重大原创性成果项目、人才创业项目、高科技投资项目等40个项目现场签约。

8日　牧原集团海安30万头现代化生猪养殖项目楼房猪舍投产。

9日　南通市委常委、组织部部长封春晴率队到海安调研“我为群众办实事”实践活动开展情况，乡村振兴示范村、先进村培育和全国“红色村”建设等情况。

△　海安市“重走七战七捷路”大型全媒体新闻行动启动仪式在苏中七战七捷纪念馆举行。

△　南通市“感党恩、听党话、跟党走”残疾人先进典型事迹巡回报告会走进海安。

△　省工业和信息化厅、南通市工业和信息化局相关负责人到海安市综检中心调研中小企业公共服务示范平台建设工作。

9—23日　海安名品境外展——墨西哥&巴西工业装备线上专场在海安举办。

10日　广西壮族自治区防城港市委副书记于英杰率队到海安考察海洋渔业发展情况。

△　海安市人民政府与中国投融资担保股份有限公司签订投资合作协议。

△　南京市政协副主席朱晓琳带队到海安调研“有事好商量”协商议事活动开展情况。

11日　省委党史学习教育第四巡回指导组组长、省文旅厅原一级巡视员方标军，省委党史学习教育第四巡回指导组副组长、省文联事业部主任、一级调研员万来存率队到海安巡回指导。

△　白金光学科技光学产品项目签约仪式在海安举行，总投资约30亿元。

△　滨海新区富港村港丰谷物农地股份合作社获评2020年度国家农民合作社示范社。

16日　省委宣传部未成年人思想道德建设处处长赖海燕率队到海安调研乡村“复兴少年宫”建设工作。

18日　“枢纽海安·科创新城”全方位对接上海大会在上海国家会议中心举行。

19日　中国少年先锋队海安市第三次代表大会开幕式举行。

△　“风”颂百年华章，“筝”当时代先锋——海安市流动党员庆祝中国共产党成立100周年暨党史学习教育专题活动在省会议中心举行。

20日　“永远跟党走”海安市级机关庆祝中国共产党成立100周年歌咏比赛暨全市“光荣在党50年”纪念章发放仪式在文化艺术中心举行。

22日　南通市委常委、常务副市长单晓鸣率队到海安调研供应链金融公共服务平台建设情况。10月27日，一行再次到海安调研。

△　省自然资源厅二级巡视员、省安全生产第六督导组副组长史照良率队到海安督导安全生产工作。

26日　海安市委举行庆祝中国共产党成立100周年活动。

27日　海安市公安局举行“平安海安”一号行动暨社会面治安大清查启动仪式。

28日　以“航程”为主题的庆祝中国共产党成立100周年大型主题图片展在市文化艺术中心开展。

△　南通市老科技工作者协会组织建设座谈会在海安召开。

29日　苏北第一届参政会会址纪念馆和“四史”教育馆落成。

△　南通市副市长王晓斌带队到海安调研科技创新型企业发展情况和重点断面水环境整治工作。

7　月

1日　“庆党的百年华诞，展海安红色记忆”七一赞歌海安市庆祝中国共产党成立100周年专题文艺演出在市文化艺术中心举行。

△　曲塘镇党委获评省先进基层党组织。

3日　海安市在京企业家商会成立。

6日　中国作家协会副主席、中华文学基金会理事长、中国作家协会军事文学委员会主任徐贵祥，中华文学基金会副理事长兼秘书长、中国作家出版集团管委会副主任鲍坚一行到海安调研“中国文学之乡”创建工作。

7—11日　第十一届江苏书展海安分展在海安新华书店和泛书房举办。

8日　外交部原部长李肇星到海安做“家国情怀，大国外交——讲中国故事”专题讲座。

△　海安市实验小学北校区开工仪式在新通扬河生态区举行，校区占地4.1公顷，总建筑面积3.31万平方米，总投资2.8亿元。

11日　中南宇众新能源科技（海安）有限公司生产基地项目在海安开发区开工奠基，项目总投资20亿元。

12日　省教育厅副厅长、党组成员，省委教育工委委员王成斌率队到海安调研教育工作。

13日　海安市“苏科贷”合作地区绩效评估获全省县（市、区）组第一名。

△　南通市“七彩的夏日”暨海安市乡村“复兴少年宫”全国试点建设活动启动仪式在明道小学举行。

△　海安市举行“海纳‘雁’能，‘银’领振兴”——首批新生代金融骨干挂职出征仪式。

14日　海安市开具首张水生动物电子检疫证明。

16日　党史学习教育中央第五指导组组长、贵州省人大常委会原副主任孙永春率队到海安调研红色资源保护利用情况。

△　328国道海安段快速化、黄海大道通扬河桥改造工程开工仪式举行。

△ 广西壮族自治区河池市东兰县委书记徐迪克率队到海安考察。

△ 海安市召开争创省双拥模范城“七连冠”动员大会。

△ 海安市科技局获评江苏省科技创新发展奖先进单位（集体）；联发纺织获评首届江苏省科技创新发展奖优秀企业。

19日 海安市举行职工学习贯彻习近平总书记“七一”重要讲话暨第七届劳动者大舞台活动。

△ 南通市人大常委会副主任葛玉琴率队到海安调研乡村振兴工作。

△ 海安市兴华胶带、鹰球集团、东材新材料、昌荣机电4家企业入选第三批国家级专精特新“小巨人”企业。

20日 海安市消防救援大队宁海路消防救援站选派5名消防队员到郑州参加抢险排涝。8月2日，完成任务后，平安返回。

21日 南莫镇唐庄村唐庄入选江苏省传统村落名录。

23日 中国共产党海安市第十三届委员会第十二次全体会议举行。

△ 如皋市委副书记丁兴华率队到海安考察学习高新区发展、高科技产业培育、“双创”平台建设先进经验和做法。

24日 海安市第十六届人民政府第十一次全体（扩大）会议召开。

26—28日 中国共产党海安市第十四次代表大会召开。

28日 中共海安市第十四届委员会第一次全体会议召开。

29日 在第六届“创客中国”暨2021年江苏省中小企业创新创业大赛南通市区域赛中，海安4家企业获一等奖，9家企业分获二、三等奖，获奖总数占南通三分之二。

是月 海安市房地产交易税收一体化平台上线。

△ 海安入选2021年国家电子商务进农村综合示范县。

8 月

1—4日 中国天楹股份有限公司两次派出医废收运车辆及人员驰援扬州，缓解当地医疗废物收集处置压力。

4日 海安市举行“‘两在两同’筑堡垒 ‘攻坚有我’争先锋”——市级机关暨卫健、交运、物业行业党委党员志愿者赴基层一线抗疫执勤出征仪式。

7—8日 海安市开展全员核酸检测和进境货物疫情防控实战演练。

11日 海安市启动电动自行车上牌和电动车信息登记牌核发工作。

2021年7月21日，南莫镇唐庄村唐庄入选江苏省传统村落名录。图为唐庄俯瞰图

南莫镇／供图

12日 南通市委常委、组织部部长封春晴率队到海安督查指导疫情防控工作。

△ 海安市获南通市2020年质量工作考核县（市）组第一名。

17日 海安市文化艺术中心入选2021年度省“最美公共文化空间”打造对象。

19日 南通市人大常委会副主任陈俊率队到海安调研重大产业项目及乡村振兴战略实施推进情况。11月4日，一行再次到海安调研实体经济运行情况。

24日 上海国际港务（集团）股份有限公司ICT（Inlandcon-tainerterminal）海安项目在海安市凤山港首班试航。

25—26日 南通市智慧广电乡镇（街道）建设推进会在海安市召开。

27日 海安市召开机关作风效能建设推进会。

31日 南通市副市长王晓斌率队到海安调研能耗“双控”工作。

△ 中铁上海设计院集团海安有限公司揭牌仪式在中洋金砖酒店举行。

△ 江苏海迅铁路器材集团股份有限公司获评2021年度省五星级上云企业。

△ 海安跨境电商产业园被认定为南通市跨境电商综试区产业园。

△ 海安高新区跻身省级高新区前10强。2020年，应税销售超千亿元，成为长江以北第一家超千亿元的省级高新区，在南通市17个开发园区高质量发展考核中列第二位，列4家高新区之首。

△ 海安市12家单位入选2020年度南通市放心消费创建先进示范单位。

△ 海安南京大学高新技术研究院、海安上海交通大学智能装备研究院申报的2021年省创新能力建设专项资金（新型研发机构奖补）项目获立项。

△ 江苏省苏中建设集团股份有限公司入围2020年度全省建筑业百强企业榜单，列综合实力类第三位。

是月 江苏辛巴新材料科技股份有限公司在“新三板”挂牌上市。

9月

1日 中国科学院杰出青年科学家、国家体系结构实验室高通量计算中心主任、中科睿芯科技集团公司董事长范东睿率队到海安考察，推动数字化经济合作。

△ 南通市人大常委会副主任黄卫成率队到海安调研贯彻落实《江苏省宗教事务条例》情况。

2—3日 海安市政协参加在北京召开的全国政协系统党的建设工作经验交流会，并在分组会议上做交流发言。

4日 海安市教育发展大会在省海中博雅剧场召开。

△ 全市“乡村振兴 法治同行”乡村振兴促进法普法宣传活动启动仪式举行。

6日 江苏弘琪工业自动化有限公司获第九届“创业江苏”科技创业大赛暨第十届中国创新创业大赛江苏赛区高端装备制造行业赛第三名。

7日 南通市政协副主席陈本高率队到海安调研乡村振兴示范村、先进村培育工作。

8日 海安西信科技有限公司入选2021年度省工业互联网服务资源池名录，获三星级认定。

9日 省政协副主席王荣平率队到海安调研“有事好商量”协商议事工作。

△ 省委统战部副部长、省侨办主任王华，南通市委常委、统战部部长王小红一行到海安考察统战工作。

10日 雅周镇获评省级耕地保护激励单位。

11日 海安市侨商总会第二次会员大会暨党建带群建“金秋圆梦季”主题活动启动仪式在中洋金砖酒店举行。

12日 中国农业科学院副院长、中国工程院院士万建民到海安考察宁香粳9号水稻培育情况。

13日 海安市入选江苏省美丽宜居城市建设试点城市，曲塘镇美丽宜居小城镇建设项目入选综合类试点项目，固废资源化利用水平提升项目、无障碍环境示范城市建设项目入选专项类试点项目。

14日 南通市委副书记、南通市沿江科创带领导小组组长沈雷率队到海安调研沿江科创带建设工作。

△ 苏州市相城区委常委、相城高新区党工委书记、元和街道党工委书记王执晴率队到海安考察调研，推动家具产业深度合作。

△ 广西壮族自治区环江毛南族自治县党委书记陈斌带队到海安考察。

△ 南通市副市长潘建华带队到海安调研外贸工作和部分重点纺织企业发展情况。

15日 南通市退役军人服务保障体系建设和“红色先锋”志愿服务工作推进会在海安召开。

△ 海安市举办“汲取党史营养、开拓质量新局”首席质量官职业技能竞赛活动。

△ 中国天楹股份有限公司获评江苏省产教融合型试点企业。

16日 省委组织部组织三处处长骆宇飞率队到海安调研行业党建、非公企业党建工作。

△ 省乡村振兴局党组成员、副局长卓炜带领调研组到海安调研乡村振兴工作。

△ 南通市委常委、组织部部长封春晴到海安开展安全生产社会稳定大排查大整治专项行动和疫情防控督导工作。

17日 海安市举办2021年中秋台商联谊会。

19日 海安市工商总会召开成立大会。

20日 海安市首届乡贤大会暨2021年青墩文化艺术节主旨大会在中洋金砖酒店召开。

23日 海安市举行应急医院新建工程开工仪式。

△ “庆丰收 感党恩”海安市2021年“中国农民丰收节”系列活动正式启动。

△ 海安市杨庄村入选第二批全国乡村治理示范村。

24日 上港集团ICT海安项目首航仪式举行。

25日 鑫缘茧丝绸集团股份有限公司入围中国民营企业制造业500强榜单，江苏省苏中建设集团股份有限公司入围中国民营企业500强榜单。

26日 江海洄游生物保护科技创新联盟成立大会在海安召开。

28日 省委宣传部政策法规研究室二级调研员张意德率队到海安开展行政处罚案卷和“放管服”改革工作专项检查。

△ 南通市第十二届运动会暨第三届全民健身运动会（老年部）门球比赛开赛仪式在海安举行。

△ 南通市新型农村社区治理观摩交流会在海安召开。

29日 南通市委、市政府、军分区纪念角斜“红旗民兵团”命名55周年大会在海安文化艺术中心大剧场举行。

△ 江苏省军区副政委江静一行到海安考察。

△ 杰士德集团高端精密导轨项目签约落户海安开发区，项目总投资50亿元。

30日 海安市首届健身舞龙大赛在城南实验中学举行。

是月 海安市4家休闲农业主体入选2021年江苏省乡村休闲旅游农业“一园两基地”推介名单。中能牡丹主题创意园、雅周农业怡然葡萄主题创意园入选主题创意农园，锦湖生态农业园入选农耕实践基地，蓉和怡心园入选康美基地。

10月

9日 南通市第十三次党代会精神宣讲报告会暨海安市第十六届人民政府第十二次全体（扩大）会议召开。

△ 海安市综合检验检测中心入选2021年度国家中小企业公共服务示范平台，南通唯一。

11日 长三角两岸企业家海安行暨两岸（海安）中小企业产业合作示范园揭牌仪式在中洋金砖酒店举行。

12日 南通市副市长潘建华率队到海安调研部分重点企业和金融机构运行情况。

△ “华艺杯”全国纺织非物质文化遗产扎染职业技能邀请赛决赛在海安开赛。

△ 海安至东盟中欧班列被正式列入铁路运行图后首次开行。

△ 江苏天成科技集团有限公司入选农业产业化国家重点龙头企业，南通唯一。

14日 海安在南京召开建设文化强市座谈会。

18日 海安市人民政府与南京农业大学签约战略合作框架协议。

19日 海安市举行“两在两同”志愿行 共建文明典范城——“‘爱立方’580时间银行”项目新闻发布暨第三届“001好人基金”礼遇活动。

20日 省人大常委会委员、省人大监察司法委主任委员莫宗通带队到海安调研检查工作。

△ 全省林业有害生物防控业务培训班在海安举行。

△ 海安市胡集街道周吴村入选第十一批全国“一村一品”示范村，南通唯一。

21—22日 省农业农村厅畜牧处副处长成荣、省耕环站首席专家殷广德率队到海安调研省绿色种养循环农业试点工作。

22日 泰州市姜堰区政协、海安市政协就区域交通一体化发展情况联合开展考察。

23—30日 中国·海安第八届乡村旅游节暨墩头第六届荷花艺术节在墩头镇举办。

25日 江苏联发纺织股份有限公司获江苏省省长质量奖，中国天楹股份有限公司获江苏省省长质量奖提名奖。

26日 黑龙江工商学院长三角产教融合（立发）园区启用仪式在海安举行。

△ 江苏铁锚玻璃股份有限公司入选2021年江苏省百强创新型企业榜单。

26—27日 省农业农村厅副厅长沈毅、南通市副市长赵闻斌率队到海安调研秋收秋种工作。

27日 全省城市交通管理工作现场攻坚会在海安召开。

△ 海安市李堡司法所获评全国模范司法所。

28日 海安市第十一届市领导网友见面会暨“海安十大网络正能量项目”发布会在市行政中心举行。

△ 海安市美术、书法、摄影、民间工艺优秀作品展开幕暨海安非物质文化遗产馆开馆仪式在市文化艺术中心举行。

30日 海安市召开文化发展大会。会上，海安获授“中国文学之乡”称号。

是月 海安市城东镇、曲塘镇、角斜镇、大公镇、墩头镇、李堡镇、白甸镇入选2021年全国千强镇。

11 月

1日 南通市“四史”宣传教育现场推进会暨理论宣讲交流会在海安召开。

2日 南通市人大常委会党组副书记姜永华率队调研海安市人大常委会特色亮点工作。

△ 海安浩驰科技有限公司、江苏骆氏减震件有限公司、江苏盈泰新材料科技有限公司、南通中力科技有限公司、南通远景电工器材有限公司入选2021年省级工业企业技术中心。

3日 海安籍专家吉训明的“低氧与缺血适应防治缺血性脑卒中新技术体系的创研及推广应用”项目获国家科学技术进步奖二等奖。

4日 南通市委书记王晖率队调研海安贯彻落实南通市第十三次党代会精神、全面冲刺全年目标任务等工作。

5日 盐城市大丰区委副书记陈允春、副区长韦国带领大丰区农业代表团到海安考察。

△ 南通市人大常委会副主任、市总工会主席葛玉琴率队到海安调研产业工人队伍建设改革工作，并慰问部分南通市劳模。

8日 江苏威尔曼科技有限公司入选全国第六批制造业单项冠军示范企业，通润汽车零部件有限公司、江苏铁锚玻璃股份有限公司通过第三批制造业单项冠军复核。

10日 南通市第一人民医院与海安市人才工作办公室举行人才医疗服务合作签约仪式。

△ 海安市召开市、镇两级人大换届选举工作推进会。

△ 雅周现代农业园入选全省数字农业农村基地（管理型），江苏长三角农业科技股份有限公司获评全省数字农业农村基地（生产型）。

11日 海安市召开国有企业改革发展大会。

15日 金麟甲第特色步行街开工仪式在海安新通扬河生态区举行。

16日 “弘扬匠心精神、筑就锦绣中华”第三届长三角预制构件技能竞赛江苏南通科达分赛区比赛在海安举行。

17日 魏建功纪念馆开馆仪式在城东镇蓉和怡心园举行。

18日 海安籍科学家万宝年当选中国科学院院士，刘加平当选中国工程院院士。

19日 省政协学习委员会原主任刘松汉、省委党校马克思主义学院院长布成良率队到海安调研政协工作。

20日 南通市“‘智’进赶考路、对话‘一把手’”大型融媒体活动走进海安，市委书记于立忠接受访谈。

22日 中国天楹—苏中建设战略合作暨EPC项目在中国天楹股份有限公司总部签约，涉及4个EPC项目50亿元合同额。

23日 南通市副市长赵闻斌、陈冬梅分别到海安调研区域治水工作和教育工作。

△ “我国民族企业家的楷模张謇——实业报国 教育兴邦”特展开幕式暨沈启鹏作品捐赠仪式在市博物馆举行。

24日 海门区委副书记徐加明率队到海安考察乡村振兴工作。

△ 海安市升高糕点作坊、辉宏酒坊、龙鼎米酒坊、牛德来食品有限公司、殷记食品厂、张一麻油加工厂、呈惠食品厂7家食品小作坊入选省“名特优”小作坊。

△ 江苏省苏中建设集团股份有限公司承建、南通市第七建筑安装工程有限公司参建的鸡西市人民医院门诊、医技、病房综合楼项目；华新建工

集团有限公司参建的曲江·国际中小学项目;华新建工集团有限公司参建的华山医疗养生中心主体工程建设项目获2020—2021年度中国建设工程鲁班奖。至此,海安建筑企业累计获鲁班奖42项。

25日　共青团江苏省委组织部部长夏威率队到海安调研县域共青团基层组织改革试点工作。

26日　南通市政府副秘书长陈林率队到海安检查考评省级双拥模范城创建工作。

△　南通市"四好农村路"高质量发展工作推进会在海安召开。

△　江苏省扶贫"三会"暨南通市老区扶贫基金会、海安市"两会一处"助学金发放仪式在海安黄桥老区人才培训中心举行。

28日　海安市吴兴宝家庭获评2021年"全国最美家庭"。

29日　海安市召开十四届市委巡察工作会议。

△　海安入选2021年"四好农村路"全国示范县(市、区),南通唯一。

30日　省生态环境厅四级调研员王蒲一行到海安核查创建省级生态文明建设示范市工作。

是月　海安市李堡镇光明村、杨庄村分别入选2021年全国乡村特色产业亿元村、第二批全国乡村治理示范村。

△　海安市综合检验检测中心申报的"国家桑蚕标准化区域服务与推广平台"项目获批2021年度国家农业标准化区域服务与推广平台项目。

12　月

1日　南通市干部教育培训现场教学点"十佳讲解员"评选决赛暨成果展示会在海安举行。

△　南通市委副书记、宣传部部长沈雷率队到海安调研宣传思想文化工作和乡村振兴工作。

△　西蒙电气(中国)有限公司被认定为江苏省跨国公司地区总部和功能性机构。

3日　全省公安工作调研座谈会苏中片会在海安召开。

6日　海安市南莫镇第二届"寻梦水乡·蟹逅青墩"文旅节在青墩遗址博物馆广场开幕。

7日　海安市入选2021年全国营商环境百强县(市),列第24位。

8日　海安市召开全国文明典范城市创建工作推进会。

9日　南通市副市长王凯率队到海安调研工业企业发展情况。

10日　海安市举行首批医疗卫生人员参与入境接驳转运工作送行仪式,30名医疗卫生人员在昆山进行为期1个月的接驳转运工作。

11日　全市"华章日新竞风流砥砺奋发共前行"一线党代表荣退履新主题活动暨"两在两同""攻坚有我"服务项目发布仪式在市文化艺术中心举行。

13日　新时代南通产业工人队伍建设改革观摩推进会在海安召开。

△　南通市"燎原式"宣讲党的十九届六中全会精神活动启动仪式在海安举行。

△　南通市委常委、组织部部长封春晴率队到海安调研流动党员教育管理工作。

14日　南通市民族宗教基层基础业务知识培训班暨现场观摩会在海安举行。

△　省人大常委会农委副主任姜葵、省人力资源社会保障厅就业促进处一级调研员李生财率队到海安调研落实2021年省政府民生实事项目及推进农民就业创业情况。

15日　海安市获评2017—2020年度平安中国建设示范县。市委书记于立忠到北京参加平安中国建设表彰大会,并接受习近平总书记接见。

16—17日　省直南通组、无锡组省人大代表联组到海安考察,了解海安高质量发展情况。

17日　海安入选2021年中国创新百强县(市)榜单,列第11位,较上年进4位。

20日　全省就业培训"云眸工程"试点上线仪式在海安举行。

△　曲塘镇获评2021年江苏"味稻小镇"。

21日　南通市委组织部副部长、老干部局局长、离退休干部工委书记袁鸿飞率队到海安观摩老干部志愿服务工作。

△　"百年党史青春说"南通市青年讲师宣讲活动在海安举行。

23日　江苏省委政法委副书记田洪率队到海安调研政法工作情况。

△　学习贯彻党的十九届六中全会精神南通市委宣讲团报告会在海安举行。

△　雅周镇兴雅社区入选南通市首批"一村(社区)一品"新型农村社区治理十大品牌。

24日　海安市科技镇长团十周年座谈会在中洋金砖酒店举行。活动中,举行海安市科技镇长团工作站揭牌仪式。

25日　海安大米种植基地优质产品品鉴评比活动在南通季和米业有限责任公司举行。

△　2021—2022赛季NYBO青少年篮球公开赛(南通赛区)在海安市体育中心开赛,这是海安市首次举办的国家级青少年篮球比赛。

△　鑫缘茧丝绸集团有限公司、江苏天楹环保能源成套设备有限公司、江苏华艺服饰有限公司获评2021年江苏省绿色工厂。

28日　南通市委书记王晖率队到海安开展南通市委十三届二次全会项目观摩活动。

30日　海安市召开健康海安建设推进大会。

△　南通市委党史学习教育第八巡回指导组副组长王鹏率队到海安指导党史学习教育工作。

31日　中共海安市委十四届二次全体会议在市文化艺术中心召开。

是月　海安市白甸镇周垛村洪家滩"十涝十排"纪念地入选首批省级水利遗产名录。

△　海安科技与科普文明实践志愿服务项目入选中国科协首届科技志愿服务项目,全省唯一。　　(市档案馆)

青墩文化遗址

海安概貌

海安名片

【中国茧丝绸之乡】 1965年，海安县蚕茧总产134.9吨，名列苏北第一。1971年，蚕茧总产1512吨，成为苏北第一个蚕茧万担的县。1981年，蚕茧总产4113.7吨，夺得全省第一，以后连年居全省首位。1997年8月，海安被评为“中国茧丝绸之乡”。2002年，蚕茧总产1.81万吨，跃居全国第一。2008年，蚕茧总产1.95万吨，连续8年全国县级排名第一。此后海安蚕桑业有所收缩，但在全国仍有重要地位。2015年，“海安桑蚕茧”获评国家地理标志保护产品。2016年，海安被评为优质茧丝生产基地、中国丝绸流行面料生产基地。鑫缘茧丝绸集团获中国质量奖提名奖。此后，鑫缘集团不仅在江苏海安，而且在广西、安徽、山东等地建立桑园产业基地，带动20多万户蚕农增收和几十家丝绸企业发展。2021年，海安蚕茧总产5200吨。

【中国禽蛋之乡】 海安是禽蛋生产大市。1978年后，海安农民叩开农牧结合的大门，走出一条“种养加出”的致富之道，被誉为“海安之路”。20世纪80年代中期以后，海安之路愈走愈宽。家禽饲养量名列全省前茅，1997年家禽饲养量4307万羽，禽蛋产量13.97万吨，被中国农学会中国特产之乡推荐暨宣传活动组织委员会评为“中国禽蛋之乡”。此后10多年，家禽年饲养量稳定在4000万~5000万羽之间。2010年后，有所下降。2021年，海安家禽年末存栏1794.66万羽，年内出栏1355.81万羽，饲养量3150.47万羽。

【中国湖桑之乡】 1951年，胡集、双楼、仁桥等乡组织合作桑园7处，引进栽种湖桑6744株。1960年1月，海安利用150千米河堤栽植乔木桑，《新华日报》头版头条报道海安县河堤桑园化的消息，并发表评论员文章《百年大事一年办》。20世纪60年代后期，为不占用大田栽桑，海安利用河堤、圩堤、渠道、路边及田埂栽桑。1969年，全县“三堤一边桑”2333.33公顷，《新华日报》《蚕业科学》载文报道，中央人民广播电台、省电台曾拍摄新闻纪录片放映。1983年，海安实施缩棉扩桑决策，至1986年拓植新桑园4293.33公顷。全县桑园1.01万公顷。21世纪初，缩粮扩桑，至2002年，全县新增桑园2400公顷，桑园总面积1.02万公顷。海安湖桑叶厚大而疏，多津液，少椹；饲蚕，蚕大，得丝多，蚕桑产业一度成为海安致富产业。2004年，海安被国家林业局命名为“中国湖桑之乡”。2008年，海安桑园9466.67公顷。此后，因园区开发和市场因素，桑园面积有所减少。2021年年末，全市桑园面积4000公顷。

【中国河豚之乡】 1993年，海安河豚人工培育开始起步，是国内最早进行河豚人工培育研究的地方。1994年，江苏中洋集团与南京师范大学生命科学学院合作研究开发河豚的人工养殖技术，当年繁殖成功的几十万尾小河豚，最终成活2000多尾。1996年，开展河豚养殖控毒技术和健康养殖技术研究，并与南京师范大学生命科学学院、县卫生防疫站联合攻关，获得重大进展，解决了长江河豚规模化养殖问题。1998年，江苏中洋集团全面调整养殖结构，低价抛售所有鳗鱼、甲鱼，大规模养殖河豚，拉长河豚产业链，提供商品鱼种苗、技术、饲料。2000年，江苏中洋集团拥有并申报河豚养殖核心技术专利——控毒及健康养殖。2002年，江苏中洋集团制定河豚省级地方系列标准。2003年，卫生部在海安召开全国首次养殖河豚安全利用工作会议。2004年开始，江苏中洋集团向国家质检总局申请“南通长江河豚国家地理标志产品保护”。2005年，中洋河豚获省名牌产品称号。2007年2月，国家质检总局发文，批准对南通长江河豚实施地理标志产品保护的公告。南通长江河豚成为南通历史上第一个地理标志产品，也是继阳澄湖大闸蟹之后中国鲜活水产品的第二个地理标志保护产品。2008年，江苏中洋集团国家河豚良种场建成并投入使用，全县河豚产量867吨。2009年，海安被中国渔业协会授予“中国河豚之乡”称号。2014年，海安河豚获得中国地理标志证明商标。2019年，海安通过“中国河豚之乡”复评。2021年，举办国际河豚文化高峰论坛暨第十一届中国海安河豚节，持续放大“河豚之乡、休闲海安”旅游品牌影响力。

【中国建筑之乡】 海安是江苏著名的建筑之乡。20世纪六七十年代，海安建筑工人开始走出海安，到外地施工。80年代，从新疆至青岛、从大庆到上海、从南京到北京、从海南岛到内蒙古大草原，海安建筑队伍都留下一串串闪光的足迹，并有千人队伍跻身于国际建筑市场，在苏联、约旦、科威特、伊拉克等国施工。1990年，由市民和专家投票评出中华人民共和国成立40年来上海“十佳建筑”，海安建筑队伍承建的曲阳新村高层住宅楼名列榜首。1991年，海安建筑队伍承建的北京天文台兴隆观测站2.16米天文望远镜观测室，获得中国建设工程鲁班奖。1992年1月26日，省政府授予海安县“建筑之乡”称号。1997年，海安列江苏24个“建筑之乡”综合实力第四位。2002年，海安再次被省政府命名为“建筑之乡”，江苏省苏中建设集团率先获评国家特级资质总承包施工企业。2004年，全县建筑业首次实现施工产值超百亿元。2007年，海安县被省政府命名为“建筑强县”。2011年2月12日，县委、县政府将农历正月初十命名为“海安建工节”。2012年2月1日，中国建筑业协会在海安举行授牌仪式，海安成为江苏省第一个、全国第七个“中国建筑之乡”。是年，建筑业施工产值672.3亿元，入库税金8.8亿元，承建高层建筑3486幢，其中29层以上超高层建筑1099幢。2016年，海安被列为江苏省建筑产业现代化城市。2021年，海安市完成建筑业施工产值1901亿元，建筑工程获中国建设工程鲁班奖5项、国家优质工程奖1项、詹天佑奖4项、中国安装之星奖1项。

【中国民间艺术（龙舞）之乡】 海安龙舞有龙灯舞、苍龙舞、扁担龙舞、人龙舞、手龙舞、草龙舞等系列龙舞，最著名的是罗汉龙舞（龙灯舞的一支）、苍龙舞。罗汉龙舞雄浑豪放，苍劲有力；苍龙舞精致秀美，优雅轻盈。龙舞以隆政街道新丰村丁家罗汉龙最为出名。丁家龙已有传人二十代，舞艺成熟。丁家龙仿效杂技堆宝塔技法，在不使用任何器械的情况下，凭空叠罗汉，由引龙人、舞龙人逐个踩肩而上，形成三层相加、四层相叠的"宝塔"形状。其时龙头昂首向天、龙球劲抖、龙尾扫地、龙身翻腾，恰似蛟龙出水，腾云驾雾一般，难度之高、场面之惊险、技艺之精湛，令人叹为观止。1986年年底，参加省首届音乐舞蹈节，丁家龙"站、蹲、跪、坐、躺"五舞生花，反身拧、龙摆尾、里外滚、大起花等十八般舞艺样样叫绝，一座"四层宝塔"的生动场面，赢得经久不息的热烈掌声。丁家龙舞获得特等奖，受到时任全国舞蹈家协会主席吴晓邦的高度赞赏，誉为"中国龙舞之一绝"，并与舞龙人合影留念。此后，上海、江苏、中央电视台纷纷为之录像播出。是年，苍龙舞在中南海为中央领导人献艺，获得好评。1988年，参加北京国际旅游年舞龙大赛，获优秀表演奖；参加广州全国首届广场民间舞蹈大赛，获"金孔雀杯"大奖。2001年1月下旬，丁家龙参加北京市第十五届龙潭庙会暨中华优秀民间花会大赛，获得金奖。2002年3月20日，江苏省文化厅命名海安县为"江苏省民间文艺之乡"。2003年3月1日，文化部社图司命名海安县为"中国民间艺术(龙舞)之乡"。是年9月，海安龙舞获第五届江苏省"五星工程"金奖。2008年，文化部将原有"中国民间艺术之乡"和"中国特色艺术之乡"名称统一为"中国民间文化艺术之乡"，海安成为"中国民间文化艺术之乡"。2013年，海安罗汉龙、苍龙舞被列为江苏省非物质文化遗产项目。2020年，苍龙舞传承人仲美娟、罗汉龙传承人丁永生入选省级非物质文化遗产传承人，苍龙舞传承人华江明入选南通市级非物质文化遗产传承人。2021年，海安市将健身龙舞列入"十四五"期间体育重点建设项目，胡集街道龙舞队代表江苏省组队参加中华人民共和国第十四届运动会广场龙舞自选套路比赛，获广场龙舞城市街道(社区)组季军和唯一的"最佳人气奖"。（海 鉴）

自然地理

【地理位置】 海安市位于南通市北部，地处南通、泰州、盐城三市交界处。东临黄海，东南与如东县接壤，西与泰州姜堰区、泰兴市毗邻，南连如皋市，北依盐城东台市。2018年，海安撤县设市。市境西宽东窄，东西直线距离最长71.1千米，南北最宽39.25千米，轮廓酷似一把金钥匙，市域地理坐标北纬32°32′~32°43′、东经120°12′~120°53′。全市总面积1183.57平方千米，海岸线长8.55千米。海安是苏中地区交通枢纽，是江苏省委、省政府确定的两个县级枢纽城市之一，水陆交通四通八达，沈海(沿海、盐通)高速与启扬(江海)高速，204国道、328国道、228国道、353省道、226省道、403省道与430省道，宁启电气铁路、宁启铁路与新长铁路和海洋铁路均交会于海安，连申航道(通榆运河)与通扬运河、如海运河、焦港运河、栟茶运河等均以海安为交汇点，拥有南通地区唯一的千吨级内河港口凤山港，成为江苏东部沿海地区承东启西、连南贯北的"公、铁、水"现代综合交通枢纽和长三角北翼重要的"节点城市"。

【地质 地貌】 海安是江积、河积、海积平原区，分别为古潟湖相沉积和黄泛冲积、海相沉积、长江冲积而成。地貌特征是地势低平，平原约占78.3%；水网密布，域内河道纵横、沟渠稠密、湖荡众多。海安地貌按成因、地理位置、成陆先后和地貌显示等可划分为里下河低洼圩田平原、长江三角洲微凹平原、三角洲平坦平原3个区域。域内各级河道、沟渠、池塘密布成水网，尤以西北部地区最为明显。（海 鉴）

【气候】 海安地处中纬度黄海之滨、北亚热带的北侧，受季风气候影响，气候温和，雨水充沛，日照充足，四季分明。常年主导风向东南风、东风，春夏季多东南风，秋季多东北风到东风，冬季多西北风、北风、东北风。主要自然灾害有风、水灾、旱灾、低温冻害等。2021年，海安市降水总量与常年(1981—2010年)相比偏多且分布不均，其中5月、7月、10月的降水量较常年异常偏多。7月降水量549.9毫米，降水量≥25毫米的大雨日数7天、≥50毫米的暴雨日数5天，均超过历史同期最大值；年暴雨日数6天，超过历史同期最大值。气温较常年偏高，月平均气温均高于常年平均值，其中，2月、3月、6月、9月的平均气温较常年异常偏高。2月平均气温8.6℃、平均最高气温13.8℃，9月平均最高气温29.7℃，均超过历史同期最高值。1月极端最低气温-10.0℃，超过历史同期最低值。日照正常。

海安市里下河水乡 姜 明/摄

气温　2021年，海安市年平均气温17.0℃，较常年同期偏高1.7℃。全年≥35℃的高温日数7天，7月12—15日出现连续高温，年极端最高气温37.0℃，出现在7月14日。年极端最低气温-10.0℃，出现在1月8日。

降水　2021年，海安市年总降水量1385.0毫米，较常年偏多36%。全年日降水量≥50毫米的暴雨日6天，分别出现在7月5日、7月8日、7月26日、7月27日、7月28日、10月14日，一日最大降水量102.6毫米，出现在7月5日。6月13日入梅，入梅较常年偏早（常年平均入梅日6月20日）。7月11日出梅，出梅正常（常年平均出梅日7月13日），梅雨期28天，略偏长。海安国家气象观测站测得梅雨量363.9毫米，较常年偏多78%。各区镇梅雨量差异较大，白甸镇梅雨量501.0毫米，全市最多。梅雨期间出现较大范围的短时强降水、雷暴大风、强雷电等强对流天气，6月26—27日、7月8日出现局部暴雨，7月4—5日出现暴雨转大暴雨、局部特大暴雨，7月9—10日出现暴雨、局部大暴雨，最大降雨强度每小时71.6毫米。全年，出现2段5天以上的连阴雨天气。其中，7月25—29日，出现连续5天的阴雨天气，累积降水量237.8毫米；10月6—11日出现连续6天的阴雨天气，累积降水量50.9毫米。

日照　2021年，海安市年日照时数1964.3小时，较常年偏少5%，年日照百分率44%。

台风（大风）　2021年7月24—29日，受第6号台风“烟花”影响，海安市出现较强降水和大风天气，海安国家气象观测站测得累积降水量237.8毫米，瞬时极大风速每秒19.1米、海堤每秒26.8米。9月12—15日，受第14号台风“灿都”影响，海安市出现大风天气，海安国家气象观测站测得瞬时极大风速每秒17.6米。

强对流天气　2021年4月29日傍晚起，海安市大部分地区出现雷阵雨、雷暴大风等强对流天气，海安国家气象观测站测得瞬时极大风速每秒16.6米、大公镇每秒20.0米、李堡镇每秒19.5米，热港村出现直径10~20毫米的短时冰雹。4月30日傍晚起，大部分地区出现雷阵雨、雷暴大风、冰雹等强对流天气，海安国家气象观测站测得瞬时极大风速每秒23.4米、雅周镇每秒30.4米、滨海新区每秒26.6米、李堡镇每秒24.3米，大公镇、海安开发区、李堡镇等区镇出现直径10~40毫米的冰雹，最大重量约30克。5月14—17日，出现连续降水天气。其中，5月15日大部分地区出现雷阵雨、雷暴大风和短时强降水等强对流天气，海安国家气象观测站测得瞬时极大风速每秒17.1米、海堤每秒34.6米、滨海新区每秒24.4米、李堡镇每秒21.4米，南莫镇降雨强度每小时20.1毫米。7月15—16日，部分地区出现雷阵雨、雷暴大风和短时强降水天气，白甸镇瞬时极大风速每秒22.6米。

寒潮　2021年，海安市出现8段寒潮天气，分别出现在1月5—7日、1月15—17日、1月25—27日、2月28日至3月2日、11月6—8日、11月21—23日、11月29日至12月1日、12月16—18日、12月24—26日。其中，1月5—7日最低气温降幅11.2℃，7日最低气温-9.1℃，8日最低气温-10.0℃，超过常年历史最低值（1984年1月，-9.8℃）。

雾霾　2021年，海安市出现大雾37日和霾18日。其中，3月、4月、12月的月大雾日数7天；1月27日、4月28日、11月26日、12月10日、12月22日、12月23日出现最小能见度低于50米的强浓雾。（彭　伟　彭小燕）

【水系　水文】海安市地势平坦，河网稠密，地面高程在1.6~6.0米之间（废黄河高程），处于引江的末梢和排水入海的尾部。全市以328国道、204国道为界划分为河南、河北、河东3个自然区域，分属两个不同的水系，即长江水系和淮河水系。河南、河东地区属长江水系。由焦港河、如海运河、通扬运河和丁堡河引水灌溉，由栟茶运河、北凌河经小洋口闸、北凌新闸排水入海。该地区河网正常水位2.05米，历史最高水位4.76米（1954年7月23日），历史最低水位0.59米（1953年6月11日）。通扬运河以北地区属淮河水系。该地区总面积422.4平方千米，占全市总面积38.1%，其北部为低洼圩区，总面积254平方千米，占全市总面积22.9%，地面高程平均2.5米，最低的仅1.6米。由新通扬运河、通榆河引水，经省里下河地区的四大港（射阳港、黄沙港、新洋港、斗龙港）排水入海，该区河网正常水位1.1米，历史最高水位3.57米（1991年7月11日），历史最低水位0.37米（1978年5月8日）。2021年，海安市汛期降雨总量偏多，强降水过程频繁。水位总体正常，高水位历时短。汛期上、下河平均水位2.60米和1.29米，均与往年平均水位相当。7月28日11时50分，通扬河水位3.69米，超警戒水位0.69米；7月30日9时55分，串场河水位2.44米，超警戒水位0.54米。汛期台风数量正常，第6号台风“烟花”、第14号台风“灿都”灾害影响较小，未造成人员伤亡。

全市有一级河7条，长196千米，为通榆河、栟茶运河、焦港河、北凌河、新通扬运河、如海运河、通扬运河。二级河38条，长480.7千米，为江海河、滩河、沿港河（长角河）、角沿河、沿港河、中凌河、丁堡河、红星河、友谊河、新古河、春风河、风景河、如焦河、中横河、陈家港河、章海河、曲雅河、通雅河、孙雅河、姜如河、姜黄河、芦桥河、海溱河、官扬河（瓦南河）、东塘河、串场河、戚湾河、白娄河、墩南河、白仇河、官河、墩白河、瓦安河、曹丁河、立公河、西塘河、洋蛮河、胡墩河。三级河346条总长1277千米，四级河1128条总长1371千米。

（陈　菁）

建置沿革

【历史沿革】海安是南通地区成陆最早的地方，5000多年前，海安就有人类居住。夏、商、西周属“海阳”地。西周以后至战国，先后属吴、越、楚。据现存的明清时期《如皋县志》记载，春秋时期，海安、如皋一带称郧，又名海阳（今立发）。吴曾在此与鲁、卫、宋相会。秦代属东海郡。西汉元狩六年（前117）始属海陵县地。东晋义熙七年（411）始建宁海县。南朝泰始七年（471）析宁海县西境置海安县。不久海安县废，地仍属宁海县。唐初宁海县省入海陵县。唐景龙二年（708）分海陵县东境置海安县。唐开元十年（722），海安县省入海陵县，直至明洪武初年，海陵县省入泰州。1940年新四军东进抗日，苏中地区先后建立抗日民主政权，由于战争形势不断变化，海安地区行政区划变迁频仍。1943年1月建立紫石县，属苏中第三行政区，县名缘于爱国民主人士、原江苏省省长韩国钧的字紫石。1945年10月，苏皖边区成立，紫石县属苏皖边区第一行政区。1948年3月，紫石县改名海安县，仍属苏皖边区第一行政区。海安东部为黄海，因海水经常浸淹农田，遂取名海安，取"永不扬波"之意。1949年4月，苏皖边区政府撤销，成立苏南、苏北人民行政公署，海安县属苏北泰州行政区。1950年1月，海安县划归苏北南通行政区。1953年1月，撤销苏南、苏北两个行署区和南京特别市，建立江苏省，海安县属江苏省南通专区。1971年，南通专区改为南通地区。1983年，江苏省各地区行政公署撤销，实行市管县体制，海安县隶属南通市。2018年，撤销海安县，设立县级海安市。海安市由江苏省直辖，南通市代管。

【建置区划】 1949年，海安县有172个乡镇，1952年调整为155个，1956年调整为79个。1958年，改建30个人民公社。1959年调整为40个人民公社，1962年调整为42个。1963—1983年，在43~44个之间变化。1983年，撤社建乡，辖40个乡、3个镇。1986年，李堡乡并入李堡镇，角斜、西场、胡集、南莫、墩头5个乡撤乡建镇。全县有县属镇8个，乡34个。1992年，大公、隆政、吉庆（烈士）、双楼、雅周、仁桥6个乡先后撤乡建镇。1995年6月、8月，分别撤销沿口乡、仇湖乡，设立沿口镇、仇湖镇。年底，撤并乡镇，乡镇总数由42个调整为34个。2000年又调整合并为29个，2001年合并为22个，2004年合并为14个。2011年合并为10个区镇。2016年1月，撤销海安镇，设立中城、南城、西城、北城4个街道，由海安高新技术产业开发区代管。2018年，海安撤县设市，以原海安县行政区划为海安市行政区划。2020年5月，海安市变更部分行政区划，中城街道更名海安街道，南城街道更名孙庄街道，西城街道更名胡集街道，北城街道更名隆政街道，4个街道行政区域不变。2021年年末，全市辖海安街道、孙庄街道、胡集街道、隆政街道，城东镇、曲塘镇、李堡镇、角斜镇、大公镇、雅周镇、南莫镇、白甸镇、墩头镇，205个行政村（含村居合一）、32个社区，有国家级开发区1个（海安经济技术开发区，与城东镇区镇合一）、省级高新区1个（海安高新技术产业开发区）、沿海重点园区1个（老坝港滨海新区，与角斜镇区镇合一）。 （海　鉴）

人文风情

【人口】 新中国成立后，生活水平逐步提高，人口迅速增长。1953—1957年、1962—1970年出现两次人口生育高峰。1971年后计划生育工作逐步加强，人口出生率逐步下降。20世纪90年代，海安进入第三次人口生育高峰，倡导新型生育观，人口增长得到合理控制。1998年，总人口98.9万人，首次出现负增长，人口自然增长率-0.67‰。此后，人口逐年减少。2021年年末，海安市户籍总人口90.77万人，比上年减少6375人。其中，男性44.72万人、女性46.05万人；年龄构成为0~18岁10.02万人，18~34岁14.59万人，35~59岁36.70万人，60岁及以上人口29.46万人。全年出生人口3719人，人口出生率4.1‰；死亡人口9081人，人口死亡率10.0‰；人口自然增长率-5.9‰。迁入人口4486人，迁出人口5446人，净（负）增加人数6375人。全市人口密度每平方千米767人。年末常住人口87.00万人，比上年下降0.5%。城镇化率69.57%，比上年提高0.81个百分点。

【民族】 20世纪90年代前，海安人口以汉族为主，但也有为数不多的少数民族。后随着经济快速发展，少数民族人口逐年增加，大部分属于婚迁或务工人员。2021年，海安市人口以汉族为主，另有少数民族36个，少数民族常住人口4146人，其中，景颇族2人，塔吉克族1人，锡伯族1人，拉祜族1人，佤族2人，高山族3人，哈萨克族3人，裕固族3人，维吾尔族4人，京族4人，仫佬族8人，土族10人，达斡尔族12人，羌族11人，黎族17人，畲族16人，哈尼族18人，水族20人，纳西族20人，普米族22人，藏族24人，傈僳族32人，傣族38人，仡佬族49人，朝鲜族56人，瑶族61人，蒙古族95人，白族105人，满族162人，回族163人，壮族309人，布依族301人，彝族363人，侗族517人，土家族696人，苗族997人。此外，有穿青人148人。 （王　晶）

【方言】 海安市方言隶属江淮方言区。江淮方言受官话的影响形成上江官话与下江官话。海安地处长江下游地区，在江淮方言区中隶属通泰片，为下江官话。境内方言因地理位置不同分为海安话、东路话、南乡话、下河话四类。东路话又因李堡、角斜近代有启海移民而操吴语，形成当地人能说两种话的现象。海安市区居民大多说海安话，并以市区为中心，向东、向西15千米左右的扇形区域构成方言小区。其他方言有向海安话靠拢，再向普通话贴近的趋势。下河话受海安话影响较明显，南乡话次之；东路话，向海安话靠拢的速度相对较慢。

【风俗】 海安市地域在宋、元、明、清时分属泰州、如皋及东台诸邑，民间风俗源流分别与此三地相通。市内以东西向的通扬运河和南北向的串场河为地理分界线，分为3个区域，因自然条件不同，故生产、生活方式有明显差异，形成3个风俗文化区域。河南地区，过去以种植杂粮为主，养猪为其主要副业，乡民相对贫困，民性热情好客，拘守礼数，进取精神相对淡薄。河北地区，以种植水稻为主，渔业养殖为副，百姓出门临河，大都以舟代步，社会流动性较差，民性俭朴，能吃苦耐劳，观念意识相对保守。河东人过去以赶小海（取鱼、捉虾、拾贝）和烧盐为主，农家副业以手工钩结著称。民国初年，一些启海人移居于此，废灶兴垦，带入启海习俗。河东民性精明强干，善于经营，而又勤劳耐苦，敢于开拓。因此，河东地区历来为全市较富之区。海安市区、曲塘、李堡为传统三大重镇，商业繁荣，尤以粮食业与海货为最，商家习俗也多与此相关。中华人民共和国成立后，河南旱改水，河北沤改旱，全域稻、麦、棉、桑普遍种植，自然条件的改善和生产方式的一体化，使风俗区域差异有所缩小。20世纪80年代实行经济改革后，工业、建筑业和商贸服务业、现代农业迅速发展，交通四通八达，社会流动性极大提高，现代信息传播迅速，地区之间声气相通，海安与移民文化、宗教文化、外来文化等交相碰撞、渗透，互为融合、吸收，群众传统的乡土观念发生变化。加之海安深厚历史文化的积淀，孕育了当代海安人勤劳耐苦、海纳百川、创新超越、不断进取、崇文重教的品性，城乡一些风俗逐渐融合于整个现代社会的时尚之中，演变发展成具有海安特色的民俗风情。

【文化遗存】 青墩新石器遗址　位于海安市区西北20多千米的南莫镇青墩村，总面积7万多平方米。1973年首次发现。1977—1979年3次发掘，试掘面积515平方米，出土大量新石器时代的陶器、玉器、石器、骨器、古尸骨骸和麋鹿角等古生物亚化石及稻谷、核桃等实物资料1000多件，其中带柄穿孔陶斧为国家一级文物，鹿角制作的耒和三叉形投掷器在江苏系首次发现，刻纹骨簪、鹿角具有重要的研究意义。2002年10月，省政府公布其为江苏省文物保护单位。2006年5月，国务院公布青墩遗址为第六批全国重点文物保护单位。

吉家墩遗址　位于海安市区偏北约5千米左右的隆政街道隆政村九组，与西北边青墩遗址相距仅10多千米，是江淮东部地区青墩文化的组成部分。1987年村组开挖鱼塘时，在吉家墩西南约100米处发现古人类的居住遗迹及墓葬遗存，南通博物苑考古专家勘探鉴定为新石器时期居住遗迹。吉家墩遗址还发现新石器时代极其罕见的“树皮葬”现象。

立发桥石碑　清同治年间（1862—1874）立发桥石碑于清同治元年（1862）三月立，由陈士绂、范征华、陈士登、丁远慎、僧静华等募捐建造款，顾元辂题跋，仲续馀书写，金元章修造，此碑现存于立发中学内。民国年间如皋立发桥石碑，立于1915年，由如皋沙元炳撰文，顾锡爵书写，倪景山镌刻。碑文主要记载了立发桥地区在春秋、宋朝、清朝等时期的历史，叙述了鲁哀公十二年（前483）吴、鲁、卫、宋等会于郧和吴凿邗沟导淮入海、宋代设海陵监和如皋移县以治等史实，说明了立发桥在历史上的重要地位。

平倭冢记碑　位于城东镇西场办事处刘景韶纪念馆前院半亭内。碑高196厘米，宽88厘米，碑基高36厘米，为明代嘉靖三十九年（1560）如皋县知县童蒙吉立。碑文记载明代嘉靖三十九年夏，浙江海防兵备副使刘景韶率兵在西场设伏围困倭寇三昼夜，取得斩敌大酋长以下1572人，活捉15人的战绩。1982年，省政府公布为省文物保护单位。

韩国钧故居　建于清代光绪三十二年（1906），坐北朝南四进式宅院。厅、廊、庑、轩齐全，槅门、窗扇雕花，古树、奇石映衬。每进有天井相隔，回廊通连，院壁上四体石刻镶嵌。院内存有数十个石鼓、砖雕、字碑，收藏古今字画千幅。门厅上挂国防部原部长张爱萍为故居题额，正厅高悬国民党元老于右任、陈果夫、吴稚晖，江苏省原副省长冷遹贺寿匾，抱柱为清代协办大学士翁同龢题联。故居颇具官宦之家的气派，文人宅第的风雅，人称“韩公馆”。后花园火车厢式小花厅为联合抗日座谈会会址，1982年省政府公布为省文物保护单位。2013年5月国务院公布韩公馆为第七批全国重点文物保护单位。2021年，获评国家AAAA级旅游景区。

广福教寺大殿　广福教寺（又名广福禅寺）大殿建于唐代贞观二十年（646），宋代景定年间（1260—1264）扩建，清康熙浙江提督学政陆舜重建。民国年间毁于战火，唯存大雄宝殿。中华人民共和国成立后，大殿一度为省海安中学图书馆，1992—1993年原拆原建于易址的新广福禅寺内。

宋井　位于省海安中学校园（原广福教寺内），井口直径80厘米，井深8.8米，弧形井砖，凹凸榫连接。省海安中学按省古建专家提出的保护方案，拨款施工，使宋井得以保护，并为校园增添一处历史景点。2003年，公布为县级文物保护单位。2004年，公布为南通市文物保护单位。

楠木厅　为清代前期建筑，面阔3间，建筑面积92平方米，主要木结构均为珍贵的楠木，梁柱粗壮，青石柱础，透空木雕，庄重古朴，为苏中地区不可多见的上品居宅。楠木厅原坐落于海安中大街12号，为清顺治云南按察司副使崔之四居宅，后数易其主。1995年8月，旧城改造时为海安交通旅社客房，县政府组织285名民工，将楠木厅主体木结构整体抬移至韩国钧故居西侧。1998年，公布为南通市文物保护单位。2013年5月国务院公布韩公馆为第七批全国重点文物保护单位时，楠木厅亦在其中。

【特产名品】 海安河豚　1993年，海安河豚人工培育开始起步，是国内最早进行河豚人工培育研究的地方。1994年，江苏中洋集团与南京师范大学生命科学学院合作研究开发河豚的人工养殖技术，当年繁殖成功的几十万尾小河豚，最终成活2000多尾。1996年，开展河豚养殖控毒技术和健康养殖技术研究，并与南京师范大学生命科学学院、县卫生防疫站联合攻关，获得重大进展，解决了长江河豚规模化养殖问题。1998年，江苏中洋集团全面调整养殖结构，低价抛售所有鳗鱼、甲鱼，大规模养殖河豚，拉长河豚产业链，提供商品鱼种苗、技术、饲料。2000年，江苏中洋集团拥有并申报河豚养殖核心技术专利——控毒及健康养殖。2002年，江苏中洋集团制定河豚省级地方系列标准。2003年，卫生部在海安召开全国首次养殖河豚安全利用工作会议。2007年，国家质检总局批准对南通长江河豚实施地理标志产品保护，这是继阳澄湖大闸蟹之后中国鲜活水产品的第二个地理标志保护产品。2009年，海安被中国渔业协会授予“中国河豚之乡”称号。2014年，海安河豚获得国家地理标志证明商标。至2021年，海安拥有世界上规模最大的河豚生态养殖基地，“河豚之乡、休闲海安”成为海安一张亮丽的名片。

海安大米　海安素有“鱼米之乡”美称，是国家商品粮基地县、全国绿色食品原料标准化生产基地、江苏首个稻麦单产“吨粮县”。拥有5000多年的稻作历史，气候湿润，土壤肥沃，日照充沛，水质清冽，得天独厚的自然环境以及中国“禽蛋之乡”的有机肥优势，助力稻米品质的提高。水稻生产技术曾多次放样全国，获评全国首个抛秧县。海安大米米粒饱满充实，粒形椭圆，心腹白少而小；成饭后颗粒饱满，柔软适口，米香宜人，色泽油亮洁白，食之绵、韧、劲、爽。海安大米在国内众多评比中多次获得“金奖大米”“优质食味大米”“江苏好大米特等奖”等殊荣。2014年，海安大米获得国家地理标志证明商标。2018年，海安大米作为全省稻米产业唯一代表获评“江苏十大人气地理标志品牌”。2021年，在全省率先组建海安大米产业联盟，南通季和米业有限责任公司等8家企业获授权使用“海安大米”区域公用品牌。

海安脆梨　海安大公镇盛产“五水一高”梨（爱甘水、新水、幸水、筑水、丰水、新高优质梨），被中国绿色食品发展中心认定为绿色食品A级产品，其中，丰水、新高梨分获昆明世博会银奖和铜奖；爱甘水梨获江苏省果品评比一等奖；新高梨因个大、耐贮、味甜深受上海市民喜爱。大公镇以梨花为媒，在于坝村连续成功举办11届梨花节，打造“赏梨花景、吃农家菜、购土特产、怡田园情”一站式农业观光休闲之旅。2015年，大公镇以“五水一高”梨申报海安脆梨国家地理标志商标。2021年，海安建国家庭农场选送的“秋月梨”获评全国十佳“中华好梨”。

海安紫菜　海安老坝港是条斑紫菜的原产地和加工基地，经过近30年的发展，拥有海上紫菜养殖基地、全国最大的现代化紫菜育苗基地、江苏省省级紫菜良种场，是原农业部、财政部首批农业科技跨越计划——紫菜产业链项目实施单位。2015年，海安紫菜被评为国家地理标志产品。海安主要紫菜产品有调味海苔、烤海苔、干海苔、紫菜粉、切条海苔、桶装即食海苔等多种休闲食品系列，主要出口日本。

海安麻虾酱　海安地区河网密布，盛产麻虾，李堡地区尤甚。麻虾又名糠虾，皮壳软薄，味道鲜美独特。春夏秋时节，不管是集市还是乡间，都有“麻虾”的叫卖声。海安历史上有加工麻虾酱的传统，人们买回麻虾加上生姜、葱、蒜等，熬成麻虾酱，味道独特，是火锅、面食、凉拌、烹饪的上佳佐料。海安麻虾酱在南京华润苏果、大润发、上海文峰、千家惠等大型超市以及各个连锁店销售，畅销全国。2015年，海安麻虾酱被评为国家地理标志产品。

海安香芋　海安雅周地区土壤为高沙土，最适宜香芋生长。雅周香芋质地细腻，干香可口，易酥不糊，营养丰富，红烧、清煮或与荤菜搭配各具风味，香而不黏，供鲜食。药用能宽肠胃，充肌肤，调中补虚。2015年，海安香芋被评为国家地理标志产品。

小方柿　作为海安地方特色果品有40多年的栽培历史，1982年江苏省果树资源普查时在李堡镇光明村农户庭院发现一种矮化型柿树，后来经南京农业大学有关果树专家、原江苏省农林厅园艺处领导实地考察，1986年通过省级鉴定，编入《南通市果树品种志》，1992年江苏省农作物品种审定委员会审定通过，并正式定名。海安小方柿具有树体矮小、早果性好、丰产、稳产、果实色艳、无核、皮薄、质优、自然脱涩等优良性状；果肉朱红色，纤维短细、少，质地黏，浆液多味甜，富含维生素及多种微量元素，品种优良，营养丰富，适于鲜食。

冰雪酒　作为海安地方传统名酒，有近300年历史，现存最早出窖的冰雪酒为清光绪二十九年（1903）。冰雪酒由海安丁所人季心庭依据祖辈秘制配方，博采众多黄酒之长，窖藏配制而成。1930年被作为海安名特产品报送省政府参展，获“江苏省酒类产品展览奖”。后因战乱，冰雪酒生产经营被迫中断。1957年，海安酿酒厂特聘季心庭之子季声远恢复酿制冰雪酒，季氏将冰雪酒秘制配方献给国家。20世纪90年代，公私合营海安酒厂易名“品王酒业”，冰雪酒秘制配方亦由“品王酒业”绝密传承。冰雪酒以优质纯粮白酒为基，选用当归、红花、蜜香、地茆、玉竹、陈皮、大枣等中药浸泡，加入冰糖、白砂糖、生板油再行精工酿制，封缸陈化而成。酒性温而不燥，酒质浓而不腻，色清亮、香醇正、味柔和，入口微甜，芳香四溢，具有补血、和血、理气、顺气之功，调肝健脾、养心、润肺之能，为壮神遣兴、健体强身之佳品。

糯米陈酒　海安糯米陈酒有150多年的历史，最早可追溯到清道光十年（1830），无锡高车渡人蒋文枢到海安开创“蒋鼎兴酱园”，研制出糯米陈酒，尔后推广而之。糯米陈酒选用优质糯米为原料，采用传统制作工艺结合新的科学技术，经糖化发酵、长期陈酿、精心过滤制成，具有原色原味的特点。酒味醇浓甜美，酒度在14度左右，内含人体所需的葡萄糖和多种氨基酸，是一种糖分适当、酸度适宜、营养丰富的低度饮料酒，兼具舒气、健胃、养血、暖腹等多种功效，特别适合妇女服用。“三塘”糯米陈酒先后获评江苏省优质食品称号、轻工业部优质产品，获首届中国黄酒节一等奖、首届中国食品博览会银奖。2019年，江苏品王酒业集团股份有限公司“三塘”糯米陈酒“江苏老字号”。

鑫缘蚕丝被　作为鑫缘茧丝绸集团股份有限公司（简称鑫缘集团）重点研发和生产的产品，用料讲究、做工精致、品种规格众多，获评“中国名牌产品”，深受国内外消费者的喜爱和追捧。海安是“中国茧丝绸之乡”，为蚕丝被生产提供优质原料保证。鑫缘集团是蚕丝被国家行业标准的主要起草单位，富有科技含量和独有专利技术的蚕丝被生产加工工艺、国内最高端最齐全的检测检验设备、完善的质量保证和售后服务体系，保证蚕丝被品质超群。“鑫缘”获评“南通老字号”，“鑫缘”白厂丝、双宫丝获中国出口商品品牌证明书。2011年，鑫缘集团承担中央代表团慰问西藏和平解放60周年6.3万条蚕丝被礼品生产加工任务，受到国家部委和西藏各界好评。2021年，“鑫缘”品牌价值约34.1亿元，

"鑫缘"纯桑蚕丝获"江苏精品"认证。

焦氏扎染　焦宝林是中国工艺美术大师、江苏省非物质文化遗产南通扎染技艺代表性传承人，从事扎染文化产业和艺术的研发、创作和传承工作40多年，创作的扎染艺术作品在国际各级大奖赛或博览会上屡获大奖，其中《水浒108人物图》获中国民间文艺界最高奖"山花奖"。焦氏扎染范围广阔，有服饰品、日用品、欣赏品等；题材广泛，有山水、人物、花鸟、佛教等，以人物为主；形式多样，有壁挂、挂轴、长卷画、屏风等；技法独特，结扎方法松紧有致，以"松"给予染料以渗透的余地而产生"水墨"效果，以"紧"防其渗透而保证图案的清晰度。（海　鉴）

经济社会发展

【经济发展】　改革开放以后，海安市先后获评全国百强县、全国中小城市综合实力百强县、全国绿化模范县、全国文化先进县、全国体育先进县、全国特殊教育先进县、全国科技进步先进县、全国文明城市、国家卫生城市、平安中国建设示范市等荣誉。2021年，海安市实现地区生产总值1343.09亿元，比上年增长9.1%。人均地区生产总值15.40万元，比上年增长9.7%。一般公共预算收入69.50亿元，一般公共预算支出139.42亿元。固定资产投资572.08亿元。农林牧渔业总产值142.90亿元。工业应税销售2370.10亿元，高新技术产业产值占规模以上工业比重40.2%。服务业应税销售1320.05亿元，社会消费品零售总额414.38亿元。外贸进出口总额209.51亿元，实际利用外资3.61亿美元。城镇化率69.57%。海安名列全国工业百强县（市）、创新百强县（市）第20位、第11位。

【产业特色】　海安农业以现代畜牧业、蚕桑业、现代渔业为主要特色，先后获评中国禽蛋之乡、中国湖桑之乡、中国河豚之乡。2021年，布局"一根丝、一条鱼、一只蛋、一滴油、一粒米""五个一"农业产业格局，继续推动南通市蛋鸡、稻米、渔业三大产业联盟建设，获评全国蛋鸡产业示范样板县、全国绿色种养循环农业试点县（市）、农业社会化服务创新试点县（市）。坚持"工业强市、物流天下"发展战略，工业、服务业成为海安经济发展的主体。重点培育高端纺织、高端装备、新材料、电子信息、机器人及智能制造、节能环保、现代建筑、现代家具、现代医药及大健康、粮食物流十大产业集群，2021年十大产业（除现代建筑）集群开票销售总额1500亿元，成立南通首家县级工业经济联合会。海安是中国茧丝绸之乡、中国建筑之乡，获批电梯设备、建材机械、锻压设备、磁性材料四个国家火炬特色产业基地，拥有鹏飞集团股份有限公司、铁锚玻璃股份有限公司、通润汽车零部件有限公司、亚太轻合金科技有限公司、中国天楹股份有限公司、江苏威尔曼科技有限公司6家全国制造业单项冠军示范企业。海安是江苏省委、省政府确定的两个县级枢纽城市之一，持续推进"枢纽、物流、产业"三大优势融合发展。2021年，组建服务业投资中心，南通市跨境电商综试区海安产业园获批，进境肉类指定监管场地经海关总署批准，海安获评国家电子商务进农村综合示范县（市）。海安市三次产业结构由2020年的5.9∶52.6∶41.5调整为5.7∶54.0∶40.3。

【社会民生】　进入新世纪后，海安坚持民生优先，致力民生改善，社会事业不断取得进步。教育教学质量持续领先，高考高分段人数领跑全省，中考综合指标多年列南通市首位，2021年教育现代化省级监测得分超92分，课后延时服务经验做法在南通市推广。开创中国教育史上群体支教先河，先后派教师到云南、新疆、西藏、陕西等驻点支教，宁蒗支教群体获评江苏"时代楷模"、全国脱贫攻坚先进集体。文化事业焕发新活力，成立海安市融媒体中心（传媒集团），建成文化艺术中心、博物馆新馆、图书馆新馆、青墩遗址博物馆等公共文化设施，举办15届青墩文化艺术节、首届乡贤大会等重大活动，海安市获评"中国文学之乡"。实施"健康海安"战略，全力抗击新型冠状肺炎疫情，海安市获评国家慢性病综合防控示范区，全面推进紧密型县域医疗卫生共同体建设。完善城区"15分钟健身圈"服务功能，体育中心建成开放，2021年全市人均体育场地面积3.81平方米，城乡居民体质测试合格率93.4%，经常参加体育锻炼人口比例40.54%。深化平安法治海安建设，先后获评全国法治县（市）创建先进单位、全国信访工作三无县（市）、平安中国建设示范县（市），实现全国普法先进县（市）"六连冠"，连续15年获评江苏省平安县（市），政法工作绩效连续8年居南通第一。积极应对人口老龄化，推进"链式养老"服务和医养融合发展，做实做细家庭医生签约服务，2021年全市常住人口签约率52.46%，重点人群签约率87.75%，首诊签约5.46万人、"点单式"签约4.81万人。2017年起全面推进乡村振兴，2020年实现建档立卡人口全部脱贫，海安被确定为省建立解决相对贫困长效机制试点市，2021年人居环境整治工作获省政府督查激励。2021年，城镇、农村居民人均可支配收入分别为5.48万元、2.81万元。新增城镇就业1.09万人，城镇登记失业率1.71%。社保覆盖面有效提升，城乡居民养老、医疗保险参保人数分别为36.21万人、51.19万人。

（陶虹蓉）

行政中心大楼

中共海安市委

HAIAN YEARBOOK 2022 海安年鉴

重要会议

【市委十三届全体会议】 市委十三届十一次全体会议 2021年5月5日召开，市委委员32人出席会议。会议指出,中国共产党海安市第十四次代表大会于2021年7月召开，各基层党（工）委和相关职能部门要高度重视、及早谋划、精心组织好镇党委换届和市党代表选举工作。会议强调，要强化组织领导，全面贯彻落实中央、省委和南通市委要求，准确掌握换届政策，强化管党治党的主体责任；要坚持统筹兼顾，正确处理好换届与正常工作秩序的关系；要加强教育引导，结合党史学习教育和庆祝中国共产党成立100周年系列活动，宣传市第十三次代表大会以后的经济社会发展成就、党的建设成果和先进典型，宣传换届工作的重大意义、重要政策和纪律要求，发挥党的思想政治工作优势，加强干部党性教育和换届纪律教育，确保换届工作圆满完成。会议审议通过《关于召开中国共产党海安市第十四次代表大会的决议》《中国共产党海安市第十四届委员会、纪律检查委员会组成原则》。

市委十三届十二次全体会议 7月23日召开，市委委员27人出席会议，市纪委委员列席会议。会议听取市第十四次党代会筹备工作情况报告，市第十四次党代会议程、日程安排的建议，关于十四届市委委员、候补委员及市纪委委员候选人预备人选和出席南通市第十三次党代会代表候选人初步人选酝酿构成情况的说明，市第十四次党代会代表产生和代表资格初审情况、市第十三次党代会代表资格终止和停止人员情况的报告，确定出席南通市第十三次党代会代表候选人预备人选名单。讨论通过市第十四次党代会议程、日程安排的建议，市第十四次党代会代表产生和代表资格初审情况的报告、市第十三次党代会代表资格终止和停止人员名单。讨论并原则通过海安市第十三届委员会向市第十四次党代会的工作报告和海安市第十三届纪律检查委员会向市第十四次党代会的工作报告，讨论通过全会决议。

【中国共产党海安市第十四次代表大会】 2021年7月25日，市委书记于立忠主持召开市十四次党代会代表团召集人会议，听取市委副书记张浩关于大会筹备工作情况的介绍，提出大会议程、日程安排意见，代表团队划分意见，大会主席团成员、秘书长、代表资格审查委员会和代表提案审查委员会成员建议名单。会议对其他事项做情况说明。

是日，市十四次党代会举行预备会议。于立忠做筹备工作报告。会议通过大会主席团成员、秘书长名单，代表资格审查委员会、代表提案审查委员会成员名单以及大会议程。

是日，市十四次党代会主席团召开第一次会议。会议通过大会日程安排，酝酿产生主席团常务委员会委员，通过执行主席分组名单，提名通过副秘书长名单及秘书处机构名单，通过代表资格审查报告，通过列席人员和特邀嘉宾名单。

是日，市十四次党代会代表资格审查委员会召开会议。会议审议《关于中国共产党海安市第十四次代表大会代表产生和代表资格初步审查情况的报告》，讨论通过《中国共产党海安市第十四次代表大会代表资格审查委员会关于代表资格的审查报告（草案）》。代表资格审查委员会认为，市十四次党代会代表选举工作组织周密、程序规范、选出的代表资格有效。38个选举单位选出代表320人。

是日，参加市第十四次党代会的党代表320人和列席人员232人报到。

是日，根据市十四次党代会日程安排，参加党代会的各代表团在各代表团会场传达代表团召集人会议精神。各代表团推选产生代表团正、副团长，代表队队长，并向代表征求对大会议程、日程（草案）的意见。按照民主集中制原则，代表们参与酝酿大会主席团成员、秘书长和代表资格审查委员会、代表提案审查委员会成员名单。同时，参加党代会的各代表团进行换届纪律专题培训。党代表们签订严肃换届纪律承诺书，并观看换届警示教育片。

7月26日，市十四次党代会在市文化艺术中心开幕。市委书记于立忠代表中共海安市第十三届委员会做《奋进新时代、跑赢新赛程，在全面建设社会主义现代化新征程中勇立潮头》工作报告。报告回顾总结2016—2020年海安经济社会发展取得的主要成绩和基本经验，明确2021—2025年海安经济社会发展的指导思想和奋斗目标。市纪律检查委员会以书面形式向大会做《坚定不移推进党风廉政建设和反腐败斗争，全力护航海安全面建设社会主义现代化新征程》工作报告。报告回顾2016—2020年工作，提出2021—2025年全市党风廉政建设和反腐败工作建议。

7月27日，市十四次党代会举行主席团第二次会议。会议听取各代表团审议报告情况的汇报，讨论通过大会选举办法（草案）。于立忠做市委委员、候补委员和市纪委委员人事安排及出席南通市第十三次党代会代表候选人推荐情况的说明，并征求意见，确定候选人建议名单。会议布置推选监票人工作。举行主席团第三次会议。会议听取各代表团讨论选举办法（草案）、酝酿候选人建议名单和选举大会监票人建议名单的情况汇报。根据主席团第二次会议要求，各代表团对有关事项进行讨论、酝酿；会议确定正式候选人，审议通过总监票人、副总监票人和监票人名单。会议审议通过市委工作报告决议（草案）和市纪委工作报告决议（草案）。

是日，市十四次党代会举行各代表团活动，各代表团传达主席团第三次会议精神，进行换届纪律培训，传达上级严肃换届纪律要求。同时，继续分组审议市委工作报告和市纪委工作报告。

7月28日，市十四次党代会在市文化艺术中心举行第二次大会。大会表决通过选举办法，表决通过选举监票人和总监票人、副总监票人名单，选举产生市委委员34人、市委候补委员7人、市纪委委员13人和出席南通市第十三次党代会代表54人。

是日，市十四次党代会举行主席团第四次会议。会议报告选举结果，确定市委委员、市纪委委员和出席南通市第十三次党代会代表当选人名单，确定市委候补委员候选人名单。举行主席团第五次会议。会议报告选举结果，确定市委候补委员当选人名单，讨论决定市委十四届一次全会和市纪委全会主持人。

是日，市十四次党代会在市文化艺术中心举行第三次大会。于立忠代表新当选的市委委员讲话。会议表决通过《中国共产党海安市第十四次代表大会关于中共海安市第十三届委员会工作报告的决议》《中国共产党海安市第十四次代表大会关于中共海安市纪律检查委员会工作报告的决议》。

7月28日，市十四次党代会闭幕。

【市委十四届全体会议】 市委十四届一次全体会议　2021年7月28日在市文化艺术中心召开，新一届市委委员、候补委员出席会议，市纪委委员列席会议。会议讨论通过选举市委常委、书记、副书记的办法，选举产生中共海安市第十四届委员会常委、书记、副书记，于立忠当选市委书记，谭真、张浩当选市委副书记，于立忠、谭真、张浩、严长江、夏鹏飞、杨春红、王巧荣、张明星、郝三旺、卢林、张勇华当选市委常委。会议讨论通过中共海安市纪律检查委员会常务委员会委员、书记、副书记名单，杨春红担任市纪委书记。

市委十四届二次全体会议　12月31日在市文化艺术中心召开。会议全面贯彻党的十九大和十九届历次全会以及中央经济工作会议精神，落实省第十四次党代会、省委经济工作会议和南通市第十三次党代会部署要求，回顾总结2021年工作，研究部署2022年工作，动员全市上下同心共筑枢纽海安、聚力共建科创新城，在现代化建设新征程上绘就美丽海安共富发展新篇章。市委书记于立忠代表市委常委会做《同心共筑枢纽海安、聚力共建科创新城，在现代化建设新征程上绘就美丽海安共富发展新篇章》工作报告。市委副书记、市长谭真做会议小结并布置工作。会议肯定2021年工作成效。会议审议并通过《中国共产党海安市第十四届委员会第二次全体会议决议》。会议结束后进行市级机关形象测评。

【市委常委会会议】 2021年，海安市第十三届市委常委会召开13次会议，即十三届市委常委会第100次会议至第112次会议。海安市第十四届市委常委会召开15次会议，即十四届市委常委会第1次会议至第15次会议。

1月13日，十三届市委常委会召开第100次会议。会议传达学习习近平总书记在中央政治局第二十五次集体学习时的重要讲话精神，研究贯彻落实意见。听取疫情防控工作情况汇报，研究部署下一阶段工作。讨论海安市人民政府工作报告（讨论稿）、海安市2020年国民经济和社会发展计划执行情况与2021年计划草案的报告、海安市2020年预算执行情况和2021年预算草案的报告，海安市十六届人民代表大会第五次会议相关事项、政协海安市第十四届委员会第五次会议相关事项。学习《江苏省防范和惩治统计造假、弄虚作假督察工作规定》。会议还讨论其他事项。

2月9日，十三届市委常委会召开第101次会议。会议研究党的建设工作，传达学习十九届中央纪委五次全会、十三届省纪委六次全会，全国、全省宣传部长会议，全省、南通市“扫黄打非”工作会议等会议精神，研究相关贯彻落实意见。学习《江苏省贯彻〈中国共产党机构编制工作条例〉实施办法》，讨论面向优秀村（社区）党组织书记择优选聘镇、街道事业人员的实施意见。研究安全生产工作，传达学习全国安全生产电视电话会议及省续会精神和全省深化安全生产三年专项整治推进会精神，研究贯彻落实意见。听取基于司法大数据的2020年度海安经济社会运行风险分析报告。讨论关于成立城区市政桥梁等城建重点工程指挥部的通知。会议还讨论其他事项。

2月24日，十三届市委常委会召开第102次会议。会议讨论海安市委关于市委常委工作分工的通知，海安市人民政府关于市政府领导班子成员工作分工的通知，海安市重点产业“链长制”招商工作分工安排，2021年产业集群培育工作组织体系，2021年重点专业园区挂钩领导名单，市委常委、市人大常委会主任、市政协主席、党员副市长党建工作联系点的调整方案以及市级“河长”分工。传达学习省打好污染防治攻坚战指挥部视频会议精神。学习省、南通市关工委工作会议主要精神，讨论2020年关工委主要工作情况和2021年工作要点。讨论海安市委常委班子主体责任清单，海安市纪委监委监督责任清单，关于开展“聚力争先”机关作风效能建设主题教育活动的实施意见，海安市现代工业综合体项目建设管理意见。传达学习中央、省、南通市政法工作会议精神，讨论政法和信访稳定工作会议方案及相关表彰名单。讨论2021年江苏省劳动模范和先进工作者人选推荐名单。

3月4日，十三届市委常委会召开第103次会议。会议传达学习习近平总书记在中央政治局第二十七次集体学习时的讲话精神，研究贯彻落实意见。传达全省党史学习教育动员会精神，研究关于开展党史学习教育的实施方案、关于成立市委党史学习教育领导小组的方案。传达学习《中共中央办公厅国务院办公厅印发〈关于常态化开展扫黑除恶斗争巩固专项斗争成果的意见〉的通知》精神，研究政法队伍教育整顿工作。举行市委全面深化改革委员会会议，研究相关改革工作，讨论关于深化科技体制改革加快建设科技强市的意见、关于加快创新驱动推动经济高质量的政策意见、关于优化工程建设项目审批服务推动实现“拿地即开工”的实施意见（试行）。讨论纪委十三届六次全会报告及相关会议方案，研究2020年市委巡察工作总结及2021年工作思路。讨论海安市人大常委会2021年度工作要点、政协海安市委员会2021年度工作要点、关于加强全市农村宅基地和住房建设管理的指导意见、关于进一步深化安全生产三年专项整治工作的意见、党建工作会议方案及表彰名单。会议还讨论其他事项。

3月20日，十三届市委常委会召开第104次会议。会议学习《中国共产党地方组织选举工作条例》，传达学习全国、全省、南通市组织部长会议精神，研究贯彻落实意见。学习《中国共产党统一战线工作条例》，传达学习全国、全省、南通市统战部长会议精神，研究贯彻落实意见。传达学习南通市中小学心理健康教育工作部署会议精神，研究贯彻落实意见。讨论关于做好镇领导班子换届工作的通知、关于镇领导班子换届人事安排的建议原则。传达学习南通市第十二届纪委六次全会精神，研究贯彻落实意见。学习《中共中央办公厅国务院办公厅印发〈关于加强新形势下重大决策社会稳定风险评估机制建设的意见〉的通知》。会议还讨论其他事项。

3月27日，十三届市委常委会召开第105次会议。会议传达学习习近平总书记在中共中央政治局第二十八次集体学习时的重要讲话精神。学习南通市纪委监委、财政局关于加强支出发票规范管理的提醒函。听取全市事业单位雇员制人员事业身份确认审核工作情况汇报，研究干部人事工作。会议还讨论其他事项。

5月5日，十三届市委常委会召开第106次会议。会议传达学习《中共中央纪委机关、中共中央组织部、国家监察委员会关于严肃换届纪律加强换届风气监督的通知》，江苏省、南通市相关会议精神及“十个严禁”纪律要求，研究贯彻落实意见；观看省委组织部宣传片《严肃换届纪律“十个严禁”》；传达学习省纪委关于认真贯彻中央和省委部署要求为市县乡领导班子换届提供纪律保证的通知。研究应急管理和安全生产工作，学习习近平总书记关于防灾减灾工作系列重要论述，听取应急管理、防灾减灾工作情况汇报，研究下一步工作安排；传达学习国家、省、南通市安全生产相关会议精神，研究贯彻落实意见；听取1—4月安全生产工作情况汇报，研究下一步工作安排。讨论海安市委全面深化改革委员会2021年工作要点、海安市委关于调整市委全面深化改革委员会组成人员的通知、海安市委关于调整市委全面深化改革委员会专项小组的通知。研究党的建设工作。传达学习中共中央关于加强对“一把手”和领导班子监督的意见精神，研究贯彻落实意见。讨论市委换届有关方案、决议（草案）、建议。审议关于设立海安市城市更新服务中心的方案。会议还讨论其他事项。

5月18日，十三届市委常委会召开第107次会议。会议传达学习国务院总理李克强在经济形势部分地方政府主要负责人视频座谈会上的讲话精神，研究贯彻落实意见。传达学习省委办公厅、省政府办公厅美丽江苏建设总体规划（2021—2035年）主要精神和工作要求，研究贯彻落实意见。传达学习上级庆祝中国共产党成立100周年安保维稳相关会议精神，通报安保维稳（信访）工作情况，研究下一步工作安排。传达学习省政府关于加强融资平台公司经营性债务管理进一步做好地方政府隐性债务风险防控工作的若干意见和省政府办公厅关于规范融资平台公司投融资行为的指导意见精神，研究贯彻落实意见。讨论海安市2021年推进防灾减灾救灾重点工作实施方案。会议还讨论其他事项。

5月25日，十三届市委常委会召开第108次会议。会议传达学习《中共中央纪委关于认真学习贯彻〈中共中央关于加强对“一把手”和领导班子监督的意见〉的通知》。研究干部人事工作。讨论换届考察会议推荐参考人选等。

6月12日，十三届市委常委会召开第109次会议。会议研究市委第十四次党代会报告起草和重点调研课题分解工作。讨论关于开展推动红色村组织振兴建设红色美丽村庄试点工作的实施方案、关于深入实施“海陵英才”计划及若干政策的补充意见。传达学习政法队伍教育整顿相关会议精神，研究“十佳人民满意政法干警”及提名奖表彰名单。传达学习南通市庆祝中国共产党成立100周年安保维稳推进会精神。听取南通市委办公室关于2021年一季度党建工作督查情况的反馈、关于海安市“两优一先”拟表彰对象产生情况的汇报。研究干部人事工作。

7月2日，十三届市委常委会召开第110次会议。会议传达学习习近平总书记在庆祝中国共产党成立100周年大会上的重要讲话精神，研究贯彻落实意见。研究依法治市工作，传达学习省委全面依法治省工作会议精神和南通市委全面依法治市委员会第四次会议精神，研究贯彻落实意见，讨论法治海安建设规划（2021—2025年）、市委全面依法治市委员会2021年工作要点以及海安市委全面依法治市委员会、各协调小组及办公室组成人员名单。传达学习《中共中央办公厅关于印发党委（党组）网络意识形态工作责任制实施细则的通知》，听取上半年意识形态工作情况汇报，研究下一步工作打算。听取“有事好商量”协商议事工作情况汇报。传达学习习近平总书记在中央政治局第二十九次集体学习时的重要讲话和省委书记娄勤俭在省委常委会上的讲话精神，研究贯彻落实意见。传达学习《中共中央、国务院关于加强基层治理体系和治理能力现代化建设的意见》，讨论关于调整海安市市域治理体系和治理能力现代化领导小组的通知。传达学习《中共中央、国务院关于新时代加强和改进思想政治工作的意见》，研究贯彻落实意见。会议还研究其他事项。

7月12日，十三届市委常委会召开第111次会议。会议专题研究市委换届拟提拔或进一步使用人选考察对象。

7月23日，十三届市委常委会召开第112次会议。会议研究海安市乡村“复兴少年宫”全国试点建设实施方案。讨论市第十四次党代会报告（讨论稿）、市纪委工作报告。会议还研究其他事项。

7月28日，十四届市委常委会召开第1次会议。会议研究干部人事工作，市委、市政府领导分工相关事项，重点专业园区挂钩领导名单，城区市政桥梁等城建重点工程指挥部调整事项，相关议事协调机构调整事项。

8月9日，十四届市委常委会召开第2次会议。会议传达学习习近平总书记关于疫情防控工作的重要指示批示精神，听取海安市疫情防控工作情况汇报，研究下一步工作举措。听取关于开展县域共青团基层组织改革试点工作的汇报，讨论海安市共青团基层组织改革实施方案、海安市共青团基层组织改革工作领导小组名单。研究网络安全和信息化工作，讨论海安市委网络安全和信息化委员会2021年工作要点、海安市委关于调整市委网络安全和信息化委员会组成人员的通知。传达学习南通市委书记王晖在县（市、区）委书记座谈会上的讲话精神。研究党的建设工作。传达学习江苏省委书记娄勤俭在党史学习教育专题党课上的报告精神，研究贯彻落实意见。研究全面深化改革工作，讨论海安市国企改革三年行动实施方案、海安市持续深化工业企业“亩产论英雄”改革实施办法、海安市区镇街道统计管理体制改革方案。会议还研究其他事项。

8月12日，十四届市委常委会召开第3次会议。会议举行市委教育工作领导小组会议，研究教育工作，传达学习关于民办教育的相关文件精神，听取2021年秋季招生工作情况汇报，研究教育强市意见及相关配套政策。会议还研究其他事项。

8月28日，十四届市委常委会召开第4次会议。会议传达学习省委十三届十次全会精神，研究贯彻落实意见。学习中央纪委国家监委关于纠治“四风”有关工作提示，南通市纪委监委关于在全市开展领导干部违规经商办企业和违规借贷两类问题专项治理的通知。讨论《关于充分发挥退出领导岗位干部作用的意见》。会议还研究其他事项。

9月9日，十四届市委常委会召开第5次会议。会议传达学习国务院总理李克强关于上半年经济形势和做好下一步经济工作的讲话精神，研究贯彻落实意见。学习新修订的《中华人民共和国安全生产法》《江苏省信访条例》。学习《中华人民共和国退役军人保障法》，研究贯彻执行工作。传达学习江苏省市、县、乡三级人大换届选举工作会议精神，讨论海安市人大常委会党组关于做好市镇两级人民代表大会换届选举工作的意见及日程安排表。讨论海安市坚决遏制“两高”项目盲目发展、严格落实能耗“双控”工作的实施方案，解读相关能耗核算公式统计业务。讨论关于实施政府民生实事项目人大代表票决制的指导意见、关于规范提升在职村干部经济待遇的实施意见、海安市美丽宜居城市建设工作实施方案、海安市城市建设管理综合行政执法体制调整方案。听取关于建立全市市管干部廉政档案的情况汇报。研究首届新时代“张謇式”优秀企业家和杰出海商推荐人选名单、海安工商总会轮值会长和副会长候选人建议名单。研究讨论文化发展大会表彰方案、会议方案。

9月23日，十四届市委常委会召开第6次会议。会议学习新修订的《中华人民共和国兵役法》，研究贯彻执行工作。听取市域治理工作情况汇报，研究下一步工作打算。研究国有企业相关工作，讨论关于加强企业国有资产监督的意见、海安市市属国有企业负责人薪酬管理暂行办法、海安市市属国有企业“三重一大”事项报告备案实施办法。会议还研究其他事项。

9月28日，十四届市委常委会召开第7次会议。会议讨论海安市贯彻落实省安全生产第十一巡查组巡查南通反馈意见涉及海安问题整改方案。讨论海安市突出环境问题领导包案化解工作方案。听取长三角两岸企业家海安行暨“两岸（海安）中小企业产业合作示范园”授牌仪式筹备情况汇报，讨论深化海台经济文化交流合作若干措施。会议还讨论其他事项。

10月23日，十四届市委常委会召开第8次会议。会议传达学习中央人大工作会议精神。研究党的建设工作，学习《中国共产党组织工作条例》。听取十三届市委巡察工作总结，研究十四届市委巡察五年规划。研究文化强市工作。会议还研究其他事项。

10月30日，十四届市委常委会召开第9次会议。会议听取秋冬季疫情防控工作情况汇报，研究部署下一步工作。传达学习中央民族工作会议精神，研究贯彻落实意见。讨论关于成立刘万春理论宣传名嘴孵化工作室的方案。会议还研究其他事项。

11月6日，十四届市委常委会召开第10次会议。会议传达学习南通市委书记王晖到海安调研讲话精神。传达学习省委、省政府贯彻落实中共中央国务院关于新时代加快完善社会主义市场经济体制意见的实施意见。讨论关于健全基层农业服务体系组建区域农业服务中心助推乡村振兴的实施意见。会议还研究其他事项。

11月19日，十四届市委常委会召开第11次会议。会议学习《中共中央关于新时代坚持和完善人民代表大会制度加强和改进人大工作的意见》，研究贯彻落实意见。讨论关于加强海安市国有企业融资领域廉政风险防控的实施意见、关于推进十四届海安市委巡察工作高质量发展的实施意见、中共海安市委常委会议事决策规则。听取南通市新一届人大代表候选人初步人选调整情况和海安市新一届人大代表候选人初步建议人选推荐情况汇报。研究干部人事工作。

12月2日，十四届市委常委会召开第12次会议。会议传达学习全国拓展新时代文明实践中心建设工作电视电话会议主要精神。讨论关于推进美丽海安建设的实施意见、关于进一步压实常态化精准化疫情防控“四方”责任的实施意见、海安市全面推进紧密型县域医疗卫生共同体建设实施方案、关于调整海安市基本药物制度补助标准的请示、海安市生态环境保护工作约谈暂行办法、南通市新一届人大代表候选人预备人选名单以及其他事项。

12月17日，十四届市委常委会召开第13次会议。会议传达学习平安中国建设表彰大会精神，研究贯彻落实意见。传达学习中央经济工作会议和南通市委常委会扩大会议精神，研究贯彻落实意见。传达学习习近平总书记在中共中央政治局第三十五次集体学习时的重要讲话精神，研究贯彻落实意见。传达全国宗教工作会议精神，研究贯彻落实意见。传达学习住房和城乡建设部关于广州市大规模迁移砍伐城市树木有关问题的通报。传达学习习近平总书记关于统计工作的重要讲话和指示批示精神。听取全市信访稳定工作情况汇报，研究下一步工作打算。会议还研究其他事项。

12月23日，十四届市委常委会召开第14次会议。会议传达学习省委经济工作会议精神，研究贯彻落实意见。传达学习《中共中央办公厅印发〈关于加强和改进新时代市县政协工作的意见〉的通知》精神，研究贯彻落实意见。传达学习省委人才工作会议精神，讨论关于加快建设人才强市的若干政策意见。通报江苏省第二轮生态环境保护例行督察公开问题，学习《江苏省通榆河水污染防治条例（2018修订）》，讨论江苏省第二轮生态环境保护例行督察公开问题整改工作方案。研究健康海安建设工作，讨论相关实施方案、意见。传达学习全省安全生产和应急管理工作座谈会精神，研究贯彻落实意见。学习省委巡视工作领导小组关于编制市县党委巡察工作规划的指导意见。会议还研究其他事项。

12月30日，十四届市委常委会召开第15次会议。会议传达学习南通市委十三届二次全会精神，研究贯彻落实意见。研究确定2022年主要经济指标。讨论市委十四届二次全体会议工作报告及方案。讨论海安市第十七届人民代表大会第一次会议、政协海安市第十五届委员会第一次会议相关事项。传达习近平总书记对做好"三农"工作重要指示、国务院总理李克强部署要求和中央农村工作会议精神，研究贯彻落实意见。听取2021年海安市意识形态工作情况汇报。学习中央纪委国家监委关于10起违反中央八项规定精神典型问题的公开通报。会议还研究其他事项。

【专题会议】 2021年2月19日，海安市召开2020年度总结表彰大会。会议动员全市上下以先进典型为榜样，以更昂扬的斗志、更饱满的热情、更实干的作风，推动各项工作再上台阶。市委书记于立忠到会讲话。市委副书记、市长谭真宣读表彰决定和通报。

4月30日，海安市召开创建全国文明典范城市工作推进会。会议肯定全国文明城市创建取得的优异成绩，部署全国文明典范城市创建工作任务，并对创建工作提出具体要求。海安开发区、海安高新区、市公安局、市城管局、市住房和城乡建设局、市市场监管局、海安楹强环境服务有限公司负责人做表态发言。

6月26日，海安市召开庆祝中国共产党成立100周年座谈会暨市"两优一先"表彰会议，表彰一批在发展改革工作中涌现出来的优秀共产党员、优秀党务工作者和先进基层党组织。会议通报江苏省、南通市"两优一先"表彰名单，宣读市委表彰决定，并为受表彰对象颁奖。部分受表彰对象做交流发言。

12月21日，海安市召开创建省双拥模范城"七连冠"工作推进会。会议要求，各单位、各部门要充分认识创建省双拥模范城工作的重要意义，切实将双拥各项工作做细做实做到位。市退役军人事务局负责人汇报前一阶段创建省双拥模范城"七连冠"工作开展情况，并部署下一阶段工作。 （市委办公室）

重要决策

【构建现代产业体系决策】 2021年，海安市深入实施工业立市、产业强市战略，加快构建现代产业体系。先进制造业加快发展。新增规模以上工业企业114家，实现工业应税销售2370.1亿元，规模以上工业总产值比上年增长26.2%。"5123"工业大企业培育收官，天楹集团、文凤集团、鑫缘集团应税销售超100亿元，8家企业超50亿元。成功认定星级上云企业58家，其中，五星级1家、四星级16家。9家企业入选"江苏精品"重点培育名单，3家企业获评中国专利优秀奖。威尔曼科技有限公司获评国家级制造业单项冠军示范企业，联发纺织股份有限公司获评省长质量奖，文凤集团通过省质量信用AAA级现场评审。完成建筑业施工产值1901亿元，比上年增长5.6%，苏中集团、华新集团、达欣集团进入省建筑业前50强。现代服务业提质增效。新增规模以上服务业企业48家，招引小鹏汽车、全季酒店等一批品牌首店，中科创新广场投入使用，营利性服务业营业收入比上年增长23.7%。组建服务业投资中心，培育壮大省级生产性服务业集聚示范区3个，入驻企业超4000家。海安商贸物流产业园蝉联全国优秀物流园区，铁路物流基地到发量130万吨，凤山港集装箱吞吐量1.7万标箱，保税物流中心进出区货物值3.2亿美元。海安进境肉类指定监管场地通过海关总署验收。海安获评国家电子商务进农村综合示范市。现代农业持续做精。稻麦年单产连续十六年居全省首位，深入开展扩桑行动，生猪产能恢复良好，绿色优质农产品比重逐年提高。中洋集团获评中国质量奖提名奖。天成集团入围国家级农业龙头企业，南通唯一。新增国家级农民合作社示范社3家。农业项目数、农业项目完成投资数居南通前列。高标准农田及高效节水灌溉建设工作获省政府督查激励。金融活水精准滴灌。全市各项贷款余额1606.25亿元，其中制造业贷款余额319.31亿元。省市综合金融服务平台新增接入企业2672家，新增融资额65.6亿元。企业通过供应链金融公共服务平台完成原料采购6.95亿元，实现供应链金融融资4.25亿元。"科创贷"风险补偿资金提供信贷支持2.28亿元。新增主板签约入轨企业8家、"新三板"挂牌企业1家。

【推进项目建设决策】 2021年，海安市坚持"大抓项目"导向，深入开展市场化招商、"链长制"招商、共享平台招商，组织各类招商推介活动，项目建设稳步推进。完成固定资产投资572亿元，比上年增长6.6%；高技术产业投资占比39.9%，南通第一。省、南通市重大产业项目开工，投资额完成年度计划的162%。新签约重大项目10个，其中20亿元以上项目7个；新招引科创类项目20个。鹏飞集团、亚太轻合金等二期、三期重大项目开工建设。

【扩大开放开发决策】 2021年，海安市扩大开放开发，集聚发展新动能。坚持内引外拓，完成外资到账3.61亿美元，西蒙电气（中国）有限公司获批江苏省跨国公司功能性机构，实现外资总部经济企业零的突破；完成境外投资中方协议额2681万美元，境外承包劳务营业额1.4亿美元；实现外贸进出口总值209.5亿元；支持服务贸易、服务外包企业拓展业务，鹏飞集团获评省重点服务贸易企业；出口信用保险统保平台扩围提质，举办海安名品境外展（墨西哥巴西工业装备线上专场）；海安跨境电商产业园获评南通市跨境电商综试区；中欧班列被纳入中国国家铁路国际运行图，实现双向运行。加快融入长三角一体化，举办"枢纽海安、科创新城"海安（上海）高质量发展恳谈会、全方位对接上海大会，设立长三角区域招商机构36个，签约亿元以上项目96个；上港集团ICT项目签约，铁海快线常态化开行，与同济大学、江苏大学签订人才培养计划；名特优农产品进入上海连锁销售网络，文旅宣传招商推介会在上海、江苏苏州、浙江嘉善等地举办；建设沿海生态景观带，堤顶路建设实现区域内全线贯通，长江珍稀鱼类休闲观光中心园区对外开放。优化提升营商环境，制定出台关于进一步优化营商环境的若干举措，提出差异化服务举措28条；深化“放管服”改革，海安开发区、海安高新区首批全链审批赋权事项精准衔接，企业开办服务评价连续两年列全省第一位；推进工程建设项目审批改革制度，实现项目“拿地即开工”；上线运行“政策通”服务平台，释放减税降费红利，新增减税降费优惠3.5亿元，缓征中小企业税款1.9亿元；培育企业信用“领头羊”，威尔曼科技有限公司通过省级信用示范创建。

【加快城乡融合发展决策】 2021年，海安市加快改善城乡面貌，推进现代化中等城市、创新型工商城市建设，入选省美丽宜居城市建设试点。建立城市更新服务中心，有序推进丝厂、糖果厂等区域更新。城市规划展览馆建成开放，党校综合楼、金融服务中心投入使用。黄海路通扬河桥建成通车，328国道快速化改造工程有序推进，新通扬线桥梁改造完工，火车站出站通道建成使用，新长铁路工务段顺利进驻。创建全国文明典范城市，启动运行电动车禁入管控系统电梯1318部，样板化改造老旧小区2个，获评省物业管理示范小区3个，建成垃圾分类达标示范点20个。农村人居环境整治工作获省政府督查激励，全省率先全域通过三年行动目标任务调度销号。海安入选“四好农村路”全国示范县，雅周镇东夏村入选全国红色村试点，李堡镇杨庄村入选省级特色田园乡村。推动片区开发，上湖创新区中科创新广场孵化基地、立发中学新校区交付使用，上湖医院工程主体封顶，黑龙江工商学院首批师生入驻长三角产教融合（立发）园区，太原理工大学海安研究院、中国科学院金属所检测分支机构等4个项目正式签约。完成新通扬河生态区征收扫尾工作，生态廊道竣工开放，海安外国语学校投入使用，启动建设实验小学北校区、金麟甲地特色步行街等工程。完成高铁新城、西南科教新城初步规划。

【践行绿色发展理念决策】 2021年，海安市践行绿色发展理念，改善生态环境质量。投入污染防治项目资金9.5亿元，PM2.5平均浓度历史最优，南通市考以上断面平均水质优Ⅲ比例100%，落实土壤环境安全保障。常安纺织产业园生态环境政策集成改革试点在全省放样，排污权抵押贷款案例入选南通十佳改革创新案例，率先建成南通首家危废集中收集贮存试点。遏制“两高”（高耗能、高排放）项目盲目发展，实现重点用能“两高”项目“一企一档”。统筹能耗“双控”和有序用电，精准管控规模以上工业企业和重点用能单位能源预算，引导企业有序用电、有保有限、错峰生产。中国天楹获评国家环保装备制造业规范企业，双弘纺织获评国家工业产品绿色设计示范企业。市河长制办公室获评全国先进集体。高新区创成国家绿色园区，南通唯一。 （陶虹蓉）

【实施乡村振兴决策】 2021年，海安市围绕“南通争一流、全省创特色、全国有影响”的目标定位，乡村振兴实绩考核列全省第一等次，稻麦年单产连续十六年全省第一，雅周现代农业园以全省最高分获省级现代农业产业示范园认定，“寻味海安”平台入选省数字农业农村新技术新产品新模式优秀案例，天成集团获评国家级农业龙头企业。高质量完成“15+35”个乡村振兴示范村、先进村培育，“杨庄路径”“刘圩样板”系列品牌放样南通；富港村率先开展农民集中居住试点；农村人居环境整治获省政府督查激励；周吴村、杨庄村分别获评全国“一村一品”示范村、全国乡村治理示范村，丁所村、唐庄获评省传统保护村落。农村居民人均可支配收入、低收入农户人均可支配收入持续增加；村集体经济实体化运行试点成效明显，杨庄村、富庄村共同投资的海安市三贤农业发展有限公司吸引海安农商行首批乡村振兴贷500万元；认定新型职业农民208人，并纳入社保对接，形成全省探索共同富裕的“海安经验”。

（市委办公室）

重要活动

【习近平“七一”重要讲话精神学习贯彻】 2021年7月1日，海安市委、市人大常委会、市政府、市政协负责人集中收看收听庆祝中国共产党成立100周年大会实况直播。7月2日，十三届市委常委会召开第110次会议，传达学习习近平总书记在庆祝中国共产党成立100周年大会上的重要讲话精神。7月8日，海安市党史学习教育专题党课暨市委中心组学习（扩大）会议召开，市委书记于立忠为全体党员干部上党课。将学习习近平总书记“七一”重要讲话精神列入各级党委（党组）理论学习中心组学习计划、纳入党校必修课程，各级党组织、广大党员干部通过党委（党组）中心组学习、集中宣讲、学习培训等形式学习习近平总书记重要讲话精神。发挥领导干部、专家学者、百姓名嘴、先进典型等作用，采取通俗化、特色化、文艺化的宣讲方式，面向基层、群众开展对象化、分众化、互动化宣讲。创设流动党员“云端牵线”模式，“三学”（网络助学、联合送学、实践促学）联动推动深入学习习近平总书记“七一”重要讲话精神。

【中共十九届六中全会精神学习宣传贯彻】 2021年11月19日，海安市委书记于立忠主持召开市委中心组学习会，领学党的十九届六中全会精神。11月22日，市委中心组学习（扩大）会议召开，会议将学习全会精神列入各级党委（党组）理论学习中心组学习计划，邀请省委党校法政部主任陈蔚做“以史为鉴 再启新程——深入学习党的十九届六中全会精神”专题讲座。发挥陈志杰理论名师工作室、刘万春理论宣讲名嘴孵化工作室作用，开展“党的十九届六中全会精神进乡村”宣讲系列活动；组织市委宣讲团、百姓宣讲团到各区镇（街道）和部门开展专题宣讲，组织基层党组织书记、理论宣讲志愿者开展基层微宣讲，将全会精神送到农家庭院、车间田头、红色阵地。《求是》杂志连续两期刊登海安宣讲图片，《人民日报·海外版》《新华日报》、"学习强国"学习平台等省级以上媒体报道海安相关宣讲做法。

【"'两在两同'建新功 '三提三争'开新篇"行动】 2021年，海安市委、市政府贯彻落实省委"两在两同"建新功行动要求，部署"'两在两同'建新功 '三提三争'开新篇"（同人民想在一起、干在一起，风雨同舟、同甘共苦，在现代化新征程上建新功；提升履职本领，争做担当有为好班子；提升实干本领，争做决战决胜强堡垒；提升服务本领，争做攻坚有我红先锋）主题活动实施方案。疫情第一时间发出"攻坚有我"红色动员令，2300多个基层党组织投入疫情防控阻击战，在交通卡口、集中隔离点等重点区域成立攻坚党支部26个，设立党员先锋岗656个。组建党建服务红盟，通过"群众点单—组织派单—党员接单"订单式服务，解决群众急难愁盼问题1564件。围绕乡村振兴、项目建设、文明城市创建等工作，成立攻坚党支部82个，各条线机关党员1100多人化身"红代办"提供审批事项"一条龙"式服务。选派新生代企业家20人、新生代农场主68人、金融骨干开展挂职锻炼活动。完善"群众吹哨、党员报到"机制，常态化开展"幸福党建来敲门"活动，开展"我为群众办实事"实践活动480场次，机关党员2895人下沉结对社区，帮助指导各类经济体766家，帮扶各类群体1100余人，为群众代理代办各类事项4万多件。 （市委办公室）

督办调研

【督查督办】 2021年，海安市委办公室重点做好市委全会、常委会等市委重要会议精神贯彻落实情况和市重大工程、重点工作推进情况的督查工作。做好市委主要领导批示的督查工作，全年办理市领导信访件、批示件等300余件，解决基层各类问题200余件。督办运转上级领导交办信件3件。常态化服务市委常委会、市主要领导联席会议和市党政专题会议，组织召开年度总结表彰大会、市第十四次党代会、市委十四届二次全会等重要会议，举办教育发展大会、首届乡贤大会、文化发展大会、健康海安大会、投资贸易合作洽谈会、"创新创业在海安""中科院专家走进海安"等重大活动，完成南通市落实"两个责任"月度检查等系列重要活动，助推全市高质量发展综合考核、项目建设考核等取得优良成绩。

【信息调研】 2021年，海安市委完善调研制度，深入调研全市经济和社会发展方面的重点、难点、热点课题，完成调研文章数十篇。市委办公室编印《市委常委会会议纪要》24期、《调研与信息》12期、《党政专题会会议纪要》4期、《市委常委议军会会议纪要》1期，报送信息4000余条，被上级录用800余条，其中，数条信息被省委领导批示，多条信息被省委办公厅《快报》《信息专报》《江苏信息》以及南通市委办公室《南通信息》《南通信息快报》等内刊录用，被省委办公厅评为党委信息工作先进单位，1人获评全省信息工作先进个人。起草各类重要文稿200余篇，制发市本级公文300余件，办理请示、报告等下级收文50余件。运转各类电报和上级党委政府文件9000余份。督办上级各类交办件、市领导信访件、批示件等600余件。做好党内规范性文件审查、报备工作，向市委报备各类党内规范性文件32件，及时率、报备率、合法合规率均为100%。率先在南通市完成新一届市委法律顾问和法律专家库换届选聘工作，聘请市委法律顾问4人、法律专家库成员10人。 （市委办公室）

巡察工作

【概况】 2021年，海安市纪委监委完成十三届市委巡察全覆盖，全面复盘分析十三届市委13轮巡察工作。十三届市委第十三轮巡察发现问题139个，提出工作建议41条，市委组织部选人用人和市委宣传部意识形态工作专项检查组分别反馈问题36个、9个。出台《中共海安市委2021—2026年巡察工作规划》《关于推进十四届海安市委巡察工作高质量发展的实施意见》，启动十四届市委首轮巡察，开展"巡镇带村""巡部门延伸基层"常规巡察、为民办实事环境整治类项目专项巡察、涉粮问题专项联动巡视巡察，发现问题129个，提出巡察建议1份，移交问题线索22件。开展优秀巡察报告互评活动，1份报告获评南通市优秀巡察报告。《数字化巡察助力村级巡察提质增效》在中央纪委国家监委网站刊登，经验做法被中央纪委推介；《海安市四措并举，推动巡察整改落实落细》《以小细节为抓手，提升巡察整改质效》被江苏省纪委内网刊用；《巡察推动解决医疗机构利用建档立卡户违规套取医保基金问题》被南通市委巡察工作领导小组评为"2020年度市县优秀巡察案例"。接受成都市青白江区、南通市通州湾示范区等地巡察机构到海安学习交流。

【十四届市委第一轮巡察工作动员部署会】 2021年10月9日，十四届海安市委第一轮巡察工作动员部署会在市职教园区报告厅召开。市委常委、市纪委书记、市监委主任、市委巡察工作领导小组组长杨春红出席会议并做动员讲话，市委常委、组织部部长、统战部部长、市委巡察领导小组副组长张明星主持会议。会议全面回顾十三届市委巡察全覆盖工作，部署十四届市委第一轮巡察工作任务。宣读关于抽调参加第一轮巡察工作人员的决定、关于抽调部分优秀干部到巡察机构锻炼的决定，对十四届市委第一轮巡察组组长进行授权任职及任务分工。市场监督管理局、李堡镇主要负责人做表态发言。

【十四届市委巡察工作会议】 2021年11月29日，十四届海安市委巡察工作会议在市行政中心东附四楼报告厅召开。市委书记于立忠出席会议并讲话，要求深入领会习近平总书记关于巡视工作的重要论述，准确理解把握政治巡察内涵要求；要坚定不移深化政治巡察，彰显新时代巡察“利剑”作用；要充分发挥巡察监督保障作用，推动海安高质量发展走在前列；要切实强化巡察“再监督”机制，扎实做好巡察“后半篇文章”。于立忠强调，要主动担当作为，推动全面从严治党取得更大战略性成果；要加强领导，履职尽责，形成工作合力；要加强规范，完善制度，形成机制合力；要加强协作，同频共振，形成队伍合力。市主要负责人出席会议。市委常委、市纪委书记、市监委主任、市委巡察工作领导小组组长杨春红主持会议。

【巡察工作组织推进】 2021年，海安市推行市委巡察整改和成果运用督查督办协作联动机制，建立巡察发现问题线索研判制度，实施“123工作法”（1个底稿、2份报告、3张清单），执行巡察员“十不准”规定、“巡察后评估”制度、考勤制度、回避制度、保密制度等，加强专、兼职巡察员管理。落实“双底稿”（每人每日工作底稿、巡察报告问题底稿）工作制度，开展市委第十三轮巡察“双底稿”互评活动，8个问题底稿参加评选。提高巡察工作质量，将谈话作为发现问题的重要方法，组织“巡察谈话的方法和技巧”巡前专题培训。

【巡察监督协调联动】 2021年，海安市纪委监委出台《关于进一步增强“四项监督”联动协作提升巡察监督工作质效的意见（试行）》，强化派驻纪监组等部门间信息互通、监督互动。市委巡察办公室联合党风室开展国有资产管理专项督查，市委第三巡察组与市电子监察中心联合对部分餐饮场所燃气泄漏安全保护装置安装运行情况开展明察暗访。深化与市委组织部、市审计局等部门、单位协作，开展选人用人专项检查、意识形态工作责任制落实情况专项检查、审计监督和审计整改情况专项巡察。坚持上下联动，集中组织收看中央第九督导组指导督导江苏所做的专题培训辅导，配合中央第九督导组完成调研，接受南通市委巡察第二指导督导组调研督导巡察工作，做好涉粮问题专项巡视巡察材料报送、人员对接、办公安排等工作。

【巡察问题整改落实】 2021年，海安市先后召开十三届市委第十三轮巡察政府投资工程变更遗留项目、审计整改情况专题反馈会和十三届市委第十三轮巡察“回头看”集中交办会，下发《关于市委第十三轮巡察“回头看”落实上轮巡察整改不力问题的通报》，压实整改责任。强化反馈问题整改，3名市委、市政府分管领导参加市委第十三轮巡察反馈会，并与分管联系单位党组织主要负责人开展谈心谈话5人次。坚持“及时交办+集中交办”，解决群众身边突出问题12件。推进日常监督，制定《关于建立健全市委巡察整改和成果运用督查督办协作联动机制的意见》，将整改落实情况作为巡察监督检查的重要内容，派驻纪监组、巡察组等参加被巡察单位巡察整改专题民主生活会。加强信息化建设，按要求用好中央巡视巡察工作网络平台单机版，做好“海安智慧巡察”整改督查工作，推动纪（工）委、监督检查室、派驻纪监组、巡察组、党风室等做好“线上+线下”审核工作。深化成果运用，制定“发现问题线索研判制度（试行）”，采取定期研判和随时研判相结合的方式，发现问题线索76条。形成《关于改制遗留租赁土地管理中存在问题的专题报告》，供市委决策参考。

【巡察干部队伍建设】 2021年，海安市纪委监委制定《关于建立2021年度市委巡察人才库的实施办法》，组建81人的市级巡察员人才库，进行动态管理，实行“一次一组建，一次一授权”。选派巡察干部1人参加南通市委巡察，分别安排新提拔科级干部4人、工作人员6人到市委巡察机构锻炼3个月、1年。加强政治建设，将学习习近平总书记重要讲话精神作为“第一议题”集中学习36次，围绕发扬自我革命精神等主题开展交流研讨12次。开展学习交流，组织青年干部参加纪监微讲堂等大练兵活动，邀请南通市纪委监委、南通市委巡察组的专家到海安开展专题讲座4次。确定重点课题15项，3份调研报告获评南通市纪检监察优秀调研成果。

（市委巡察办公室）

组织工作

【概况】 2021年，海安市组织工作在南通市党的建设考核中列第一位，实现“六连冠”。“红色村”建设全国试点，“五彩海陵・幸福海训”品牌获中央组织部干部教育局领导肯定，行业商会党建被全国工商联党组书记徐乐江批示，村书记专职化管理获南通市委组织部领导批示。海安先后在江苏省基层党建重点任务推进会、基层干部队伍建设座谈会、“红色村”试点研讨会上交流发言。南通市新生代企业家挂职锻炼动员部署会、党员教育现场观摩会、税务师行业党建现场推进会、干部教育培训成果展示会在海安召开。推进重点创新项目和重点课题调研，《人民日报》、中央电视台等国家级主流媒体推介海安组织工作70余次，省、南通市组工信息刊载海安做法32次。

【基层党组织建设】 2021年年末，海安有基层党组织2303个，其中，党（工）委75个，党总支301个，党支部1927个。市委组织部以提升基层组织力为重点，深化党支部“标准+示范”建设，优化农村、社区、非公企业、社会组织、机关事业单位、国有企业六大领域党建标准化建设细则。开展“星级”达标创建活动，表彰五星级基层党组织145家，三星级及以上党组织占比89.3%，精准转化软弱涣散党组织12个。坚持“美学党建”，构建“一个党建展示馆、两个党建主题公园、‘三横三纵’党建示范带”的“1233”党建阵地体系。按照“重点培育、分类指导、示范带动、整体推进”的思路，培育党建工作示范点，打造中瑞税务师事务所“税瑞同心”党建服务中心、浙江商会“浙里美”党建文化传播中心等示范典型24个。

【党员队伍建设】 2021年年末，海安市党员总数5.85万人，其中女性1.41万人，占

24.1%。农牧渔民2.15万人，占36.75%；离退休人员1.41万人，占24.1%。研究生811人，占1.38%；大学本科1.21万人，占20.68%；大学专科1.01万人，占17.26%；中专4550人，占7.77%；高中、中技1.09万人，占18.63%；初中及以下2万人，占34.19%。党员年龄在35周岁以下9344人，36~45周岁7146人，46~55周岁8852人，56~60周岁5616人，61周岁以上2.76万人。新发展党员960人。开展组织系统庆祝中国共产党成立100周年十大活动，颁发“光荣在党50年”纪念章1.07万枚。推进“两在两同”建新功（同人民想在一起、干在一起，风雨同舟、同甘共苦，在现代化新征程上建新功）、“三提三争”（提升履职本领，争做担当有为好班子；提升实干本领，争做决战决胜强堡垒；提升服务本领，争做攻坚有我红先锋）开新篇主题实践活动，1233个攻坚支部、2.2万名党员助力疫苗接种、核酸检测、防汛抗台等工作。打造党员队伍建设“四季向党”品牌，推进发展党员“拓源提质”行动，排查整顿发展党员违规违纪问题，拓展流动党员教育管理，建立“三知三解”集中服务联系月机制，“风筝·云端”工作法入选“光辉百年——江苏组工那些事”。做好新中国成立前老党员生活补助提标工作，累计走访生活困难党员和老党员6688人，发放慰问金275.01万元。

【换届工作】 2021年，海安市成立换届工作领导小组，在南通率先完成市镇领导班子换届，9个镇87个党委、51个政府、11个人大岗位人员全部配备到位，选举产生新一届市委领导班子，选举南通市党代表54人。选优配强乡镇领导班子队伍，新提拔35岁以下干部28人，其中30岁以下9人，党委班子中35岁以下干部占比41.4%，大学及以上学历占比95.4%，64人有2年以上乡镇工作经验；换届后，各镇党委班子平均年龄37.3岁，有女干部26人，9个镇均配备“四方面人员”（镇、场、街道在编在岗的优秀事业编制人员，镇、场、街道所辖优秀村、社区党组织书记和主任，优秀大学生村官，事业编制驻村第一书记）2人以上。完成村“两委”（村党支部委员会、村民委员会）换届205个，村“两委”委员平均年龄37.7岁，村党支部书记平均年龄39.3岁。2月5日，举行全市新一届村（社区）“两委”班子集体出征仪式。加强换届政策宣传和业务指导，建立巡回指导督察组，开展换届纪律专题学习50余场次，培训人员近2万人次。

【干部选拔任用】 2021年，海安市抓好后备干部培养，出台“十四五”干部队伍建设规划以及青年人才管理办法，举办年轻干部座谈会，开展“93后”年轻干部、人武部部长、公安干警专题遴选，选调第十批优秀青年人才33人，选派优秀年轻干部37人到上级机关、先进地区、金融系统及国有企业实践锻炼，选派招商干部到昆山挂职的做法获南通市市长吴新明肯定。优化调整开发区管理体制机制，实施国有企业改革三年行动计划，出台《海安市市属国有企业领导人员管理办法》，调整配备领导班子。制定《进一步激发退出领导岗位干部担当作为的意见》，选派37人担任驻村“第一书记”、疫情防控隔离点“点长”、环境整治“河道长”、重特大项目“招引员”。

2021年2月5日，海安市举行新一届村（社区）“两委”班子集体出征仪式

市委组织部／供图

【干部教育培训】 2021年，海安市将学习贯彻习近平新时代中国特色社会主义思想、中共十九届六中全会以及习近平总书记在庆祝中国共产党成立100周年大会上重要讲话精神作为干部教育培训的首要任务，实施春、秋季集中办学，打造“科技创新”“文化强市”“生态文明”“从严治党”等品牌班次，举办质量强市、金融业务能力、市域治理现代化等重点专题研修班，累计举办主体班、专题班、研修班312期，培训干部1.7万多人次。落实上级调训任务，选派科级以上领导干部81人参加各类培训，南莫镇余星星获评省委党校第25期乡镇党委书记进修班优秀学员。举办第25期青年干部培训班，创新“五位一体”（军事训练、理论教育、实践锻炼、民情调查、总结交流）培养模式。创建优质现场教学点、优质培训课程，打造“红色足迹”“绿色乡情”“蓝色密匙”“青色底蕴”“金色纽带”五个主题的现场教学点40个，中共营溪第一支部纪念馆等7个教学点入选南通市干部教育培训现场教学点培育项目库，苏中七战七捷纪念馆等5个教学点入选南通市干部教育培训十大精品线路，新华社、《光明日报》先后推介海安经验做法。

【干部监督管理】 2021年，海安市结合市委第十三轮巡察，对市人民检察院、江苏瑞海投资控股集团有限公司等7家单位同步开展领导班子政治建设、选人用人以及担当作为专项检查，构建"1+3+N"监督体系（年度1次集中自查，领导班子政治建设、领导班子担当作为、党委或党组选人用人3个"专项检查"，N个责任主体"联席共查"）经验做法被《中国组织人事报》推介。抓实选任监督，落实职数预审、"凡提四必"（干部档案凡提必审，个人有关事项报告凡提必核，纪检监察机关意见凡提必听，反映违规违纪问题线索具体、有可查性的信访举报凡提必查）等制度，强化基层党委（党组）干部选拔任用工作规范性指导审核。执行个人有关事项报告制度，完成省管、南通市管干部集中填报和正科职以上干部279人的基本信息采集。优化"12380"举报平台，落实提醒函询诫勉制度。注重正向激励，推进"两个担当"（干部为事业担当，组织为干部担当），落实"三项机制"（干部鼓励激励机制、干部容错纠错机制、干部能上能下机制），市、镇两级鼓励激励168人、能上能下33人，精选代表性较强案例46个，编印《案例选编》4期，13篇被省、南通市刊用。

【党员干部现代远程教育】 2021年，海安市委组织部融合基层治理网格和线上平台网络，在基层村民小组创设"远教客厅"60个，相关做法被《中国组织人事报》专题推介。实施远程教育示范站点三年轮选制度，评选示范站点20个、优秀学用案例10个，"七色彩虹"线路管理法获南通市通报表扬。自主摄制8集党员教育电视片《了不起的奋斗者》，讲活榜样故事；《凌琳的朋友圈》被新华社客户端刊载，阅读量超过147万人次；《与妻书》等8部作品获南通市级以上荣誉；微视频《我的谭港亲人》入选全国优秀电教片展播；《苏中七战七捷》《三十三年的接力支教》获第十六届全国党员教育电视片观摩交流活动一等奖，《养殖场里的仇大夫》获三等奖，获奖层次和数量实现历史性突破。

【"两新"组织党建】 2021年，海安市有非公企业4082家、社会组织2820家，546家建立党组织，覆盖党员8106人，选派党建工作指导员219人，全年吸纳高知分子、产业工人、技术骨干等"两新"（新经济组织和新社会组织）职工入党460人。加强"两新"组织党务工作者"四级五专"（以初级、中级、高级、特级为标准，以专门渠道进入、专业能力培训、专职资格认证、专项实绩考核、专属待遇保障为内容）专业化体系建设，选派新生代企业家两批40人到机关部门挂职锻炼，江苏联发纺织股份有限公司董事长薛庆龙获评全省特级"两新"组织党务工作者，南通市达欣工程股份有限公司刘厚纯、江苏鹏飞集团股份有限公司王家安等4人获评高级"两新"组织党务工作者。开展"两新"组织党史学习教育，建立"1234"工作机制（学好习近平总书记关于党史的一系列重要论述"一套教材"，抓实党组织书记集中培训、党员普遍轮训"两个培训"，推进集中教育、实境教育、线上教育"三种教育"，开展"两新"党建典型培树宣传活动、新生代企业家挂职培养锻炼活动、"永远跟党走"群众性主题宣传教育活动、"我为群众办实事"实践活动"四大活动"），打造"海捷达""海纳e能"等品牌，推出"先锋憩息亭""爸妈食堂""红色管家"等惠民项目，累计开展"我为群众办实事"800余项，受益群众超10万人次。出台《海安市行业系统党建三年行动计划（2021—2023年）》，新成立交通运输（快递）、互联网等十大行业党委。建立"红领津贴"制度，落实"两新"领域经费补贴253.2万元。疫情期间，组织卫生健康、交通运输、物业行业"两新"党员6000余人到基层一线抗疫执勤，设立党员"责任区""先锋岗"1200多个，组建党员先锋队577支，累计捐赠物资超500万元。

【机关党建】 2021年，海安市推动机关党建和中心任务、业务工作深度融合，"党建红盟项目融"相关经验做法被《南通日报》等推介。围绕庆祝中国共产党成立100周年，先后开展"红色经典大家唱""红船精神大家谈""红堡党课大家讲""红领先锋大家行"系列活动，1000余名机关党员干部参与歌唱活动，线上、线下观看人数超40万人次；征文活动收到党员干部投稿96篇；39人选拔推荐参加集中赛党课活动。持续实施机关党建创新创优书记项目，申报立项项目61个，评选优秀项目10个。模范机关创建工作调研报告获南通市机关党建优秀调研成果一等奖。市级机关工委获评全省机关党建工作先进集体。

（曹晓婕）

宣传工作

【学习型党组织建设】 2021年，海安市落实"三学"（巡学、考学、赛学）工作机制，创新实施"学、导、谈、测、查"五步推进法。发挥市委中心组龙头作用，开设领导干部读书班，开展实地参观调研等活动。推行党委（党组）理论学习中心组"三立"（立规促学、立范示学、立业伴学）工作法，围绕"学党史悟思想""学党史办实事"等专题开展集中学习活动23次，交流研讨10次。举办学习秘书培训会，实现基层党委（党组）理论学习中心组学习"巡学、巡考、巡查"全覆盖。在《海安日报》开设"学习与研究"专栏，刊发市委中心组成员、处级领导干部等理论文章105篇。推进"学习强国"学习平台使用，海安稿件被"学习强国"学习平台录用数量南通市领先。

【核心价值观培育践行】 2020年，海安市下发《践行社会主义核心价值观，争做最美海安人主题实践活动意见》《关于在全市持续开展"我们的节日"主题系列活动的通知》，结合全国文明城市创建、新时代文明实践活动，进一步发挥传统节日思想熏陶和文化教育等功能，将中华优秀传统文化更好融入现代生产生活，促进核心价值观落细落小落实。开展新冠肺炎防控宣传，评选发布10批100名"最美抗疫先锋"，交警大队曲塘中队民警王汉文家庭获评江苏省"最美抗疫先锋"。组织开展典型选树，海安赴宁蒗支教教师群体被省委宣传部授予"江苏时代楷模"称号。全面排查海安当代、近代、古代文化精英、大国工匠、杏林名医等各类优秀人才，向"南通群英馆项目”推荐李文瑞、魏建功、周成虎等170多人。高质量举办2020年南通市文化、科技、卫生“三下乡”活动。

【新闻舆论引导】 2020年，海安市紧扣中心宣传，聚焦学习贯彻中共十九届五中全会精神、决胜全面建成小康社会等重大主题，坚持每月开展“全面小康看海安”全媒体采访走进基层行动，展示海安高水平建成小康社会的进展情况和显著成效；常态化开设好《新时代新作为新篇章》《学习苏州“三大法宝”》《坚决打赢脱贫攻坚战》等专栏，全面展示海安高质量发展的生动实践。强化主题宣传，聚焦“创新创业”主题全方位宣传，邀请人民网、新华网、《新华日报》等中央、省级主流媒体到海安参加新闻发布会；开设《决胜全面小康 决战脱贫攻坚》《打好污染防治攻战》《新时代新作为新篇章》《学习苏州“三大法宝”》等专栏，营造向上向好的良好氛围。注重民生宣传，办好《法治热线》《民生热线》《政风行风热线》等民生类栏目，组织媒体及时跟踪报道城市重点工程建设、城建交通工程、民生实事工程等民生热点，提升市民群众对政府工作的认同感。围绕“六稳六保”“高质量发展”“决胜全面建成小康社会”等工作，组织从项目建设、企业复工、外贸经济、春蚕养殖、小麦收割等不同条线和主题，多角度、深层次挖掘新闻素材。新华报业传媒集团、省广播电视总台全媒体先后到海安开展“书记访谈”活动，专题采访市委主要负责人并进行重点报道。南通市级以上媒体录用海安稿件2100篇（条）以上，其中，中央电视台报道39条（《新闻联播》2条），《人民日报》30次，《人民日报·海外版》40次。《新华日报》刊用海安新闻稿件120多篇，其中，头版22篇、头版头条2篇。依托“中科院专家走进海安”“创新创业在海安”等活动，邀请中央、省、南通市级媒体到海安采访，中央电视台、《科技日报》《新华日报》《文汇报》《新民晚报》及人民网等40多家媒体报道相关活动，突显“枢纽海安、物流天下”“产业高地、幸福之城”“河豚之乡、休闲海安”“创新创业型城市”等城市名片。新冠肺炎疫情期间，上级媒体报道海安疫情防控、复工复产稿件600多篇，其中，中央电视台《新闻联播》栏目、财经频道分别报道海安抗“疫”复工复产做法，《新华日报》、交汇点、荔枝云等省级媒体用稿70篇，“学习强国”学习平台录用稿件85篇。“网信海安”官微推出《E问E答》专栏，累计发布77期300条疫情通报信息。

【理论宣讲】 2021年，海安市创新“飞常6+N”冬训、“6大课堂+特色做法”模式，开展冬训摄影大赛、“文明实践冬训课”“土味冬话”“码上冬训”等特色活动，党员冬训参训率100%，获评省基层党员冬训工作示范市。陈志杰理论名师工作室常态化开展活动，深化百姓名嘴“30×50孵化工程”（市名嘴骨干班成员30人，每人结对村居理论宣讲志愿者50人，走村入户宣讲），全年开展理论宣讲4000余场，受众人数超40万人次。成功举办第五届“草根上讲台，乡音传理论”风采展示活动。组建“市委党史宣讲团”“党史百姓宣讲团”，分众化、多层次开展“四史”（党史、新中国史、改革开放史、社会主义发展史）和“七一”重要讲话精神宣讲。开展“理论集市 宣讲超市”活动50余场，中央文明办领导赞扬“海安百姓名嘴宣讲‘活色生香’，做法可复制可推广”。强化市、镇、村三级联动，拓展“板凳课堂”“理论大篷车”等理论工作空间，打造“梨小宣”“庭院微聊会”等理论传播品牌，孵化培养基层宣讲骨干。打造22集理论宣讲短视频并上线新媒体。3张反映海安理论宣讲的图片在省委党史学习教育图片展中展出。“百姓名嘴孵化工程”作为工作方法首例入编中央文明办一局编写、学习出版社出版的《建设新时代文明实践中心工作方法100例》中“学习传播科学理论的大众平台”类目，江苏唯一。央视网、《人民日报》客户端、《光明日报》《新华日报》《雷锋》杂志、“学习强国”学习平台等省级以上主流媒体聚焦报道海安市理论宣讲特色做法近200篇。

【网络宣传管理】 2021年，海安市举办“传承红色基因 自媒永跟党走”庆祝中国共产党成立100周年探寻红色之旅、“海纳e能 追寻红色足迹”“观经典电影 听红色故事”专题活动。举办“文明海安幸福年”首届网络春晚，网络直播观看人数90多万人。市网络文化协会联合市声乐协会举办“唱支歌儿给党听”——海安市庆祝中国共产党成立100周年网络歌会，200多人现场观看，网络直播观看人数70多万人。海安网信基层基础工作“四立方”工作法获省委宣传部、省委网信办领导高度肯定，

2021年，海安市墩头镇“党史宣讲轻骑兵”将党史学习教育送到庭院。图为5月25日，在宝祥村老党员、伤残军人汤志福家中，党史宣讲人员通过读书、看图、讲故事和道情表演等形式宣讲党史

墩头镇／供图

"海安创新网评'四立方'品牌 打通党的理论传播'最后一米'"获评江苏省网信工作创新奖。海安"实施民生畅通工程 走实网上群众路线"案例获评全省网信系统十大优秀案例。互联网"海纳e能"项目、"爱心白菜 助农增收"宣传图片入展省党史馆。海安网络作家协会工作室入选全省网络文明素养实践教育基地。"当好'四兵'共筑网络文化生花结果"项目获评南通市网络文明建设优秀案例。 （奚海宁）

精神文明

【文明典范城市创建】 2021年，海安市坚持推进文明典范城市创建，提升文明城市品质。加密城乡主次干道、商业大街、城市出入口醒目位置的公益广告，新增各类特色公益小品，将公益宣传载体延伸至手机视频彩铃、电视开机画面。组织各村居制作以"创建文明城市，让我们生活更幸福"为主题的宣传册页，面向居民发放，宣传文明创建成果。持续推行"海安文明新风16讲"，广泛开展文明倡导、文明劝导、文明规范、文明实践四大行动。组织由市场监管局、公安局、城管局、社区组成的"一场四方"管理队伍53人进驻城区7个农贸市场，加大联合执法管理力度。将"门前五包"工作纳入管理红黑榜，提升商户履责自觉。发挥无人机全天候、高机动优势，整治违停车辆。维修、更新塌陷及异响窨井盖964个，修补改造破损道板路面3262平方米，安装小区电瓶车充电桩5787个，加装城区电梯电动自行车禁入系统1641个，拆除区镇（街道）露天垃圾池改设垃圾桶1214个。整治非法小广告，监督清理张贴的小广告1.33万处，同色覆盖802处。开展"文明养犬，遛狗牵绳"活动，加大捕捉、收容流浪犬和无主犬力度，捕捉流浪犬873只。

【新时代文明实践活动】 2021年，海安市建立文明实践"123456"工作体系（组建一支志愿队伍，统筹网上、网下两个阵地，实现市、镇、村三级全面覆盖，形成社会化参与、项目化设计、标准化推进、制度化激励"四化"推进机制，打造理论宣讲、教育服务、文化服务、科技与科普服务、健身体育服务五大服务平台，升格理论、文明、德法、文化、文艺、社科六类实践基地），构建"1+17+231+5000"四级网格（1个市级实践中心加强顶层设计，打造"中央厨房"；17个实践所派送"四季套餐"，志愿服务队规模不断扩大；231个实践站速递"营养快线"，服务群众；5000个实践点创建"家常菜系"，建设"10分钟志愿服务圈"），打造八大服务平台。实施"五单"（百姓点单、中心派单、志愿接单、圆梦销单、群众评单）闭环工作法，开设文明实践"集市超市"。百姓名嘴"30×50孵化工程"文明实践项目入选《建设新时代文明实践中心工作方法100例》。南莫镇板凳讲习所、大公镇邻里连心项目分获第六届江苏志愿服务展示交流会金奖、银奖。海安开发区580志愿服务站等16个先进典型入选南通市2021年度学雷锋志愿服务先进典型。海安市文明实践工作经验在《党建》杂志2021年第10期上刊载。李堡镇实践所工作案例入选《建设新时代文明实践中心怎么干》，南通唯一。

【文明单位创建】 2021年，海安市开展2019—2021年度江苏省和2019—2020年度南通市文明镇、文明村、文明社区、文明单位、文明校园创建活动。62家单位获省级表彰，其中，曲塘镇等6个镇获评省文明镇，胡集街道谭港村等17个村获评省文明村，海安街道星海社区等3个社区获评省文明社区，江苏海迅实业集团股份有限公司（本部）等30家单位获评省文明单位，实验小学等6所学校获评省文明校园（中小学）。李堡镇等6个镇获评南通市文明乡镇，胡集街道田庄村等20村获评南通市文明村，海安街道复兴社区等12个社区获批南通市文明社区，市委办公室等45家单位获评南通市文明单位，南通双弘纺织有限公司等15家单位获评南通市文明单位（"两新"组织），城南实验小学等23所学校获评南通市文明校园。

【群众性精神文明创建】 2021年，海安市坚持每季度在各村（居）发布一次"善行义举榜"，在各单位设立一次"最美人物榜"，在全市评选一次"海安好人"。朱盼盼、张冬晴获评"南通好人"，孝老爱亲典型周云英获评第二届"南通市道德模范"，见义勇为典型周新、张远银获评"江苏好人"，诚实守信典型唐志明获评"中国好人"。完善海安市道德模范与身边好人奖励帮扶和礼遇实施办法，4名道德典型当选市人大代表、市政协委员。在海陵公园内辟地400平方米建设海安好人馆，展陈海安各类道德典型的感人事迹。举办"文明海安、好人之城"荣耀盛典活动，表彰2020年度"海安好人"20人。深化文明家庭建设，海安街道吴兴宝家庭获评全国最美家庭。推进移风易俗、文明殡葬，倡导厚养薄葬，成效显著。建立省、南通市级文明单位半年述职制度，推进年度群众性精神文明创建和文明共建工作。依托江苏文明单位在线平台，发动文明单位参与抗疫，带头落实"一米线"、文明餐桌行动、母婴室设置等日常管理要求。

【未成年人思想道德建设】 2021年，海安市持续加强未成年人思想道德建设，未成年人成长指导中心累计接待时长3000多分钟，送讲座到基层56场次，受众8000多人次。实施"新时代好少年"月度评选机制，每月发布"新时代好少年"5人，11人获评"南通市新时代好少年"，1人获评"新时代江苏好少年"。开展"童"字系列活动，18篇作品获省级奖项，6名教师获评省优秀指导老师，3所学校获省优秀组织奖。开通校园"525心理专用热线"70多部，录制心理健康专题视频微课20多节，开展主题宣讲、团体辅导、专题展览等活动近百场次，受惠学生和家长2万多人次。

【乡村"复兴少年宫"全国试点建设】 2021年5月，中共中央宣传部、中央文明办部署全国推进乡村"复兴少年宫"建设工作，海安作为全国50个试点县（市、区）之一，率先在全国开展乡村"复兴少年宫"建设试点工作。7月13日，南

2021年11月12日，海安开发区文化站、乡村“复兴少年宫”邀请糖画制作非物质文化遗产传承人陈峰到新生幼儿园开展糖画制作辅导，真实展现民俗文化的丰富内涵与独特魅力

海安开发区／供图

通市“七彩的夏日”暨海安市乡村“复兴少年宫”全国试点建设活动启动。海安乡村“复兴少年宫”旨在让所有未成年人有真正意义上的文化获得感，依托政策、资金和志愿服务力量，联合“家校社”三级管理网络，构建学校专业教师、文明单位工作者、爱心志愿服务、民间非物质文化遗产工艺和返乡高校学生5支队伍，打造乡村“复兴少年宫”道德培育、文体娱乐、劳动实践、文明新风类活动项目，发挥“一阵地一特色，一宫一品牌，一月一主题”的品牌效应，探索一条可持续、可复制、可推广的“海安样本”。是月23日，依托新时代文明实践阵地，海安全面铺开市、区镇（街道）、社区（村）、学校“四级网络”示范点建设。9月28日，海安市“复兴少年宫”正式对外开课。分为阵地培训和配送服务两部分，开设非物质文化遗产勾针、非物质文化遗产糖画、趣味手工、戏曲等课，先后到实验小学、教师发展中心附属小学、城南实验小学、新生幼儿园讲课6次，近千名学生参与。

【志愿服务】 至2021年年末，海安市有注册志愿者26.4万人，占常住人口30.34%。志愿服务总时长756万小时，人均时长28.64小时。活跃志愿者22.72万人，活跃度86.1%。

附

海安市志愿服务组织选介

福缘志愿者服务大队 2021年，海安福缘志愿者服务大队下设20支特色小分队，有志愿者2472人。实施拥抱老兵品牌项目，联合新时代文明实践中心、退役军人事务局在海安高新区新桥社区建立拥抱老兵服务中心。实施“福佬”空巢行动项目，联合城南实验小学共同服务平桥村、二里社区、新桥社区“空巢老人”500余户。实施“福娃”项目，开展“福娃大团聚，亲子活动”“疫情防控送温暖”等活动。7月28日，运送价值20余万元的救援物资支援河南抗灾。福缘志愿者服务大队被省退役军人事务厅评为百支优秀志愿服务队，获评AAAA级社会组织。人民网、美丽江苏网、《南通日报》《江海晚报》等媒体先后报道福缘志愿者服务大队30多次。

惠心志愿服务社 2021年，海安惠心志愿服务社有注册志愿者1259人，获评江苏省巾帼志愿服务十佳组织。关注困境儿童，实施“童趣惠学”“守护花开”“多彩童年”等公益项目，“童趣惠学”项目获南通市第六届公益项目大赛银奖。组建“N+1”成长共同体，由“社工、教师、社区志愿者、家长志愿者”组成的11个帮扶小组为特殊家庭儿童或特殊儿童13人提供接送上学、做饭、送教上门等个性化服务140次。开展“成长驿站”活动18次，通过学科辅导、心理游戏，培养孩子学习兴趣，增进社会交往。组织“家长沙龙”活动8次，搭建家长交流平台。加强队伍建设，4人参加南通市首届未成年人司法社会工作人才培训，1人获评优秀学员，2人被聘请担任南通市未成年人司法社工。

义工联合会 2021年，海安义工联合会有注册志愿者超过6000人，常态化开展各类公益活动200多场。12月5日，启动“爱不孤读”项目，通过读书分享会、读书进校园、图书捐赠等活动形式，关注农村留守儿童。组织慰问一线防疫人员和隔离人员，推出微信公众号“志愿者日记”专栏，传递抗疫正能量。开展“豫见海安，义路同行”爱心援助活动，筹集价值50多万元的救援物资驰援河南。

（市文明办）

统战工作

【概况】 2021年，海安市强化统一战线工作，坚持教育培养、政治引领、服务发展、团结融合、凝聚人心。3月24日，召开全市统战工作会议、市委统一战线工作领导小组会议，会议通报2020年全市统战工作情况，部署2021年统战工作安排。9月9日，省委统战部到海安调研，对海安统战工作给予肯定。探索实施统战工作实践创新项目，海安开发区“联动高校以‘侨’架‘桥’合作共建‘为侨服务工作站’”、滨海新区“五措并举绽放民族团结之花”、曲塘镇“弘扬爱国主义精神 促进宗教和谐发展”等13个统战工作实践创新项目亮点纷呈。11月17日，市委统战部组织2021年基层统战工作实践创新项目观摩考评活动。全面加强党对统战工作的领导，开展党史学习教育系列活动、中共十九届六中全会精神系列学习活动和庆祝中国共产党成立

100周年系列活动，11月9日，举办《中国共产党统一战线工作条例》专题培训。商会党建工作获中共中央统战部领导批示；鑫缘茧丝绸集团有限公司获评全国民族团结进步示范区示范单位，全省唯一；海安宁蒗支教展馆、韩国钧故居获评全省百家统战基地；全省首家县级"华创苑"在海安成立；南通市首家国有企业党外知识分子联谊会在海安成立；二里社区、苏中纺织有限公司、明道小学获评省级"红石榴家园"；海安列南通市党的建设（统战工作）考核第一位。

【新的社会阶层人士统战工作】 2021年，海安市持续打造网络统战"凝新荟"基地、海安新联会"星火联盟"基地、城市印象"文创工作室"等新的社会阶层人士统战品牌，在全省产生广泛影响。3月26日，南通市委统战部率队到海安开展"凝聚'新'力量，献礼一百年"新联会互学观摩交流活动，南通市及各县（市）区委统战部分管部长、相关业务科室人员、新联会负责人等50多人参加活动。4月28—29日，由省新联会主办的"苏新·聚力量"学习观摩交流活动在海安举行，全省各地新的社会阶层人士代表50余人参加活动，观摩组一行先后参观韩国钧故居、营溪支部纪念馆、海安新阶层"星火联盟"基地、苏中七战七捷纪念馆和城市印象"文创工作室"。市新的社会阶层人士积极参与社会志愿服务，市新的社会阶层人士联谊会（简称市新联会）与义工联联合开展关爱自闭症患儿公益活动。

【党外人士统战工作】 2021年，海安市做好党外人士统战工作，持续巩固和发展爱国统一战线。1月28日，海安市党外知识分子联谊会召开三届二次理事会，会议宣读会长、副会长职责分工，讨论2021年海安市党外知识分子联谊会工作意见，分解全年工作任务并交流2021年工作计划。全年，举办党外人士培训班2期，近100人参训。4月12日，海安市党外青年干部培训班开班，48人参训，培训采取理论知识学习和现场参观学习相结合、座谈交流和典型发言相结合。10月27日，第九期党外代表人士培训班开班，50人参训，培训采取分期短训形式，培训内容根据培训对象类别分层次安排。11月12日，海安市党外知识分子联谊会国有企业分会成立，这是南通市首家国有企业党外知识分子联谊会。会员由6家市属国有企业、4家区镇国有企业、12家驻海安国有企业的党外知识分子组成，首届会员33人。

【非公经济领域统战工作】 2021年，海安市创新推动非公领域统战工作，加强新生代企业家教育培养。选派首批新生代企业家20人到机关开展为期半年的挂职锻炼，新生代企业家按照"每月列席一次机关党组会、参与单位一项重要工作"等锻炼要求，全面融入挂职单位，加强党性锤炼，了解机关办事流程。同时，为新生代企业家选配党员企业家担任导师，围绕"四个一"协议（每月进行一次谈心谈话、组织开展一次创业调研、互邀参加一次党日活动、合作推进一个技改项目），开展互助互学，推动资源共享。3月9日，海安召开"弘扬张謇精神，助力海安新征程"座谈会，会议宣读"关于选派首批新生代企业家挂职锻炼的通知"，向全市民营企业家发出"弘扬张謇精神，助力海安新征程"的倡议，发布基层商会组织"弘扬张謇精神，助力海安新征程"服务项目，举行党员企业家导师和新生代民营企业家青蓝结对仪式。12月4—6日，在无锡举办非公经济代表人士培训班，全市青年一代非公经济代表人士28人参训。培训期间，举办"学习十九届六中全会精神 做新时代优秀民营企业家"交流座谈会并开展现场教学。

【民族宗教工作】 2021年，海安市维护民族宗教领域和谐稳定，将民族宗教工作纳入网格化服务管理，做好防范化解民族宗教隐患前端处置工作，实现民族宗教工作精细化、动态化服务管理全覆盖。推进民族宗教知识进党校常态化，及时将中央民族工作会议精神纳入市委常委会和市委党校主体班学习内容，并在市委党校开设《江苏省宗教事务条例》专题辅导课。

实施"法治+民族团结"创新项目，打造大公镇石榴籽公共法律服务驿站、隆政街道少数民族公共法律服务站、海安街道红石榴法治文化长廊等特色品牌项目。关爱少数民族群众，10月23日，海安市民族团结进步宣传月启动仪式在隆政街道海北医院举行，南通市民宗局、农工党南通市委、南通市民促会"送医下乡"小分队在海北医院门诊大厅开展义诊活动，相关领导与6户少数民族家庭结对并向少数民族家庭代表赠送慰问品。二里社区少数民族之家获评江苏省首批"红石榴家园"，鑫缘茧丝绸集团有限公司获评全国民族团结进步示范区

2021年4月27日，南通市苏中纺织有限公司开展"民族团结一家亲 同心爱党学党史"主题活动　　周　强／摄

示范单位。

9月1日，南通市人大常委会组织到海安调研贯彻落实《江苏省宗教事务条例》、行政执法“三项制度”（行政执法公示制度、执法全过程记录制度、重大执法决定法制审核制度）相关情况，并实地了解崇福观、莲花广场相关项目建设情况及发展规划。12月7日，海安市民族宗教事务基层基础建设试点动员部署会召开。是月14日，南通市民族宗教基层基础业务知识培训班暨现场观摩会在海安举行，南通市各县（市、区）民宗局相关负责人，基层基础试点乡镇（街道）统战委员及试点村（居）相关负责人等参加，与会人员实地观摩试点单位曲塘镇、海安街道民族宗教事务基层基础建设情况。

【侨务统战工作】 2021年，海安市坚持将亲侨暖侨作为重要工作，成立全省首家县级“华创苑”，精准服务，汇集侨心、侨资、侨智。9月8日，海安市曲塘中学与马来西亚安顺三民独立中学举行缔结友好学校线上签约仪式，共同推动海外华文教育事业新发展。曲塘中学学生家长、江苏文歌塑料科技有限公司副经理赵加锋，匈牙利江苏经济、科技、文化交流促进会会长申爱华，分别向安顺三民独立中学捐赠5万元和价值2万元的教学设备。9月20日，海安市举办首届乡贤大会暨2021年青墩文化艺术节，会上启动“海安海外联络驿站”，以“一个海安人，就是一座驿站”的理念，深化交流合作。

【海安成立全省首家县级“华创苑”】

2021年11月26日，海安市“华创苑”成立揭牌仪式举行，这是江苏首家县级“华创苑”。海安市“华创苑”是市委统战部（市侨办）、海安开发区共同打造的侨商产业集聚区和华侨华人创新创业基地，涵盖整个海安开发区，由上湖创新区、商贸物流园区、中意海安生态园、科创园、软件园、常安现代纺织科技园、台商产业园“一区六园”组成，重点聚焦机械及高端装备制造、现代纺织、新材料新能源、机器人及智能制造等产业，持续招引海内外高层次人才及团队。揭牌仪式上，市行政审批局推介企业服务联盟，为企业服务专员8人颁发聘书；海安开发区招商局推介投资环境；3个侨资项目签约入驻海安市“华创苑”；海外高层次人才做创业分享；海外“人工肾”项目进行线上路演。 （王 姝）

机构编制

【行政机构编制管理】 2021年，海安市推进机构编制管理规范化，利用“一体化”信息平台，做好机构编制实名制管理和全市编制财政人事综合信息系统维护工作。依托南通市事业单位监管与服务平台，完成400家事业单位2020年度报告公示工作，事业单位法人设立17家、变更162家、注销33家。用好编制资源，强化重点领域体制机制保障。设立科技创新委员会，服务科技创新工作；设立乡村振兴局，保障乡村振兴战略实施；加强未成年人审判组织建设，在海安高新区人民法庭增挂“少年案件审判庭”牌子；增设高等教育科，服务教育强市；落实“双减”（减轻义务教育阶段学生过重作业负担和校外培训负担）试点任务，增设校外教育培训监督管理科。统筹下达教育、卫生用编进人计划，优先保障教育、卫生、公共服务等重点领域用编需求，加快推进全市中小学、公立医院和基层医疗卫生机构“三定”（定机构、定编制、定职能）工作。

【事业单位改革】 2021年，海安市贯彻中央和省委关于深化事业单位改革工作的要求，加强事业单位管理，做好事业单位改革调研准备工作。明确调研重点，有针对性地调研市财政局、农业农村局、住房和城乡建设局、文化广电和旅游局、教育体育局等部门，了解部门及所属事业单位基本情况和运行状态，听取事业单位编制精简人员整合建议，研究“小散弱”及职责相近或交叉重叠事业单位整合方案。推进撤并整合，加大“小散弱”事业单位撤并和职责相近事业单位整合力度，选取住建、卫生等系统内单位开展改革试点，采取“撤三建一”“撤二建一”等方式先行撤并整合部分事业单位，优化事业单位机构设置。

【机构编制监督检查】 2021年，海安市加强机构编制管理，实现区镇、部门进人控编、职数使用规范化。推进政府购买服务限额管理，优化升级海安市编外人员管理系统，完善政府购买服务限额使用流程。规范公安部门编外人员使用管理，实现公安系统编外辅助人员力量充足合理。开展机构编制执行情况跟踪问效工作，调研、评估镇、街道审批、服务、执法“三整合”改革后运行情况，及时发现问题并提出整改建议。12月27日，南通市机构编制工作暨基层“三整合”改革现场会在海安召开。依托事业单位监管与服务平台，完成公立医院信用等级评价工作。

【开发园区管理体制改革】 2021年，海安市进一步整合行政资源，创新园区管理体制，推动工作重心向经济发展、投资服务等方面聚焦，实现规范化管理。强化编制资源动态调整和创新挖潜，提高开发园区服务效能。制定省级以上开发园区全链审批赋权首批清单，依法赋予开发园区市级经济管理权限9项，承接事项由开发园区行政审批局承办。开展全链审批赋权事项业务培训，建立开发园区审批服务“一窗综合受理”模式，规范行政审批流程，提高承接能力和审批效率。拟订上报规范管理机构促进开发园区创新发展实施方案，明晰开发园区与属地管理职责，探索开发园区在招商引资、企业服务等领域推行“去行政”的措施办法。

【综合行政执法体制机制改革】 2021年，海安市创新综合执法体制机制，建立“大数据+指挥中心+综合执法队伍”综合执法模式，创建省综合行政执法改革暨指挥中心建设先行试点县。推进权力事项“清单化”，牵头制定、公布综合行政执法职责事项清单，厘清职责边界，减少执法层级；编制乡镇（街道）权力清单，下放经济发达镇行政权力269项、一般镇140项、街道132项。推进信息数据“聚合化”，迁移部署37个部门97个业务系统，归集46个部门596项数据，整合视频监控资源形成智能监控网，开发环境监管、工业企业绩效评价管理、扬尘一体化监管、智慧小区和安全生产风控等创新应用。推进指挥调度“联动化”，出台综合行政执法改革暨指挥中心建设考核办法，完善联动指挥制度，采用“指挥中心+部门进驻”的方式，构建以指挥中心为中枢的综合执法联动指挥体系；建立综合行政执法“一张图”，线上设置联动处置模块，实现综合行政执法“一平台、一张图、一网办”。推进执法管理“专业化”，组建市级综合执法队伍7支，各镇、街道成立综合行政执法局，下沉编制48人，建立“司法行政+主管部门+镇街道”执法人员培训机制。

【基层整合审批服务执法力量改革】

2021年，海安市进一步优化“1+4”运行模式（加强党的全面领导，审批服务一窗口、综合执法一队伍、基层治理一网格、指挥调度一中心），构建简约高效基层治理体系，李堡镇获评全省推进基层整合审批服务执法力量工作先进单位、南通市综合行政执法改革示范镇。制定优化提升基层整合审批服务执法力量实施方案。对标“赋予乡镇（街道）经济社会管理权限指导目录”，赋予乡镇（街道）建设、物业、市容环卫、市政工程、城市绿化、无照经营等行政处罚权52项。市委编办与市司法局、市行政审批局等部门，联合重点评估涉改镇、街道“三整合”改革后情况。推进省基层“三整合”改革示范镇建设，优化职能机构设置，实现一类事项由一个局办统筹、一件事情由一个局办负责；建好为民服务窗口，公安局、自然资源和规划局、市场监管局、税务局等机构进驻为民服务中心；建强综合执法队伍，按区域设置综合执法中队，实现执法分片全覆盖；健全指挥调度中心，构建立体化、全覆盖的联动指挥体系。整合网格化服务管理、综治、多元解纷、人民调解等要素，形成基层治理整体合力。依托镇域治理现代化指挥中心，整合条线视频监控资源，实现实时监控、智慧监管。完善为民服务中心办事指南和工作规程，实现“一口受理、一窗通办、集成服务”。

（吴　静）

党校教育

【干部培训】 2021年，海安市委党校开设主体班次11期，培训干部近2100人次。优化干部教育方式，所有市委常委均走进党校登台授课。春季、秋季7个主体班次同时开班，综合采用案例式、研讨式、情境模拟式等形式，实现大班集体授课、小班专题提升。创新培训方式，青干班首次开设军事训练、辩论会、调研成果汇报会、书记座谈会等课程，经验做法被“学习强国”学习平台、人民网、新华网、交汇点等多家媒体报道。成立海安市求真培训服务有限公司，承接外地各类班次和机关部门、区镇（街道）联合办学等培训班47个，培训人数4800多人次。串联现场教学点38个，打造“五彩海陵、幸福海训”现场教学路线5条。海安市委党校获评南通市党校系统高质量办学先进单位。

【科研资政】 2021年，海安市委党校围绕经济社会发展过程中的各个专题开展研究，撰写科研文章。在《南京理工大学学报》《廉政文化研究》《纳税》《江苏党校报》等报刊发表各类文章31篇、网评34篇，1篇文章获南通市庆祝中国共产党成立100周年理论研讨会三等奖，3篇文章入选南通市委党校庆祝中国共产党成立100周年高层论坛。获省、南通市各级立项课题10项，其中2项课题结项，并获省党校系统优秀等级。围绕海安经济社会发展大局开展调查研究、撰写资政报告，9篇被市委领导批示，其中5篇被市委主要领导批示。

【理论研究与宣讲】 2021年，海安市委党校实施“名师工程”“青蓝工程”，组建“求真”青年学习小组，提升教师队伍素养。4名教师入选市委党史学习教育宣讲团、市委十九届六中全会精神宣讲团，宣讲团成员及党校教师先后到机关部门、区镇（街道）、社区、企业开展理论宣讲80多场，受众5000多人次。教师王霞执教的“‘双碳’目标下建设人与自然和谐共生的现代化”获评南通市党校系统精品课。多名教师在市主题演讲比赛中获一等奖。联合市委组织部录制远程E教“党史十讲”及其他网络课程近20节，3门课程入选南通市干部教育培训优质课程。

【教育设施建设】 2021年2月，总投资1.8亿元、占地2公顷的市委党校新校区建成并试运行，成为集教育、培训、会务、餐饮、住宿等为一体的多功能中心。6月29日，“四史”教育馆建成开馆。展馆面积499平方米，分为门厅和展区两个部分，门厅设有馆名墙和签名区，展区设有序厅和“雄关漫道真如铁”“江

2021年2月，海安市委党校新校区建成并试运行　　市委党校／供图

山如此多娇”“谁持彩练当空舞”“风景这边独好”四个展区及宣誓区，展区利用实物、景观、雕塑、影片、微视频等展示方式，呈现中国共产党党史、新中国史、改革开放史、社会主义发展史的发展历程和内在逻辑。至年底，接待参观学习近90批次，参观人数近3000人。

（陈　露）

老干部工作

【概况】 2021年，海安市有离退休干部党组织113个，离休干部181人、退休干部1.04万人。擦亮“红枫家园”党建品牌，相关经验做法被省委老干部局《情况交流》推广，在南通市离退休干部党建工作现场推进会上做经验交流。12月21日，离退休干部“银发生辉·心耀江海”志愿服务工作现场推进会在海安召开，大公镇做经验交流。注重调查研究，形成高质量调研报告7篇，在各类媒体用稿300多篇。实施“素质提升”工程，开展全市离退休干部党组织书记政治理论、党建业务培训，122人参训。海安市老干部工作考核列南通市第一位。《人民日报》、交汇点、新华网、《中国老年报》、“学习强国”学习平台等媒体先后报道、推介海安老干部工作。

【老干部党建工作】 2021年，海安市发挥“红枫家园”党建品牌示范效应，按照组织设置好、领导班子好、工作制度好、组织活动好、作用发挥好、工作保障好等六个方面30条标准，打造离退休干部党建示范点15个。推动“一支部一品牌一特色”全覆盖，“凤山夕阳别样红”等8个党建品牌获评南通市“十佳品牌”和优秀品牌，获奖数南通第一。出台关于开展“红枫家园”离退休干部党建品牌创建活动的实施意见，按“三有两落实”标准（有支部书记工作室、党员活动室、红枫志愿服务站，落实文体活动、功能发挥阵地），创设“红枫驿站”12个。建立离退休干部党组织按期换届提醒督促机制，指导23个党支部完成换届选举，新增党总支、党支部7个。

【老干部服务管理】 2021年，海安市提升“三有一落实”（有就医绿色通道、签约家庭医生、医疗特困帮扶机制，落实好离休干部提高享受医疗待遇政策）精准化，依托“安康通”养老信息服务平台，将181名离休干部列为政府购买服务对象，拓展送学上门、家政服务、精神慰藉等服务内容。打造离休干部家庭签约医生“1+3”模式（1名离休干部签约3家医院），完善签约医生考核细则，结合定期巡查、电话抽查等方式加强督查。坚持走访慰问，进一步完善特困老干部帮扶机制，为122名特困对象落实帮扶资金。实行“一对多”“多对一”离退休干部结对帮扶机制，关心关爱老干部。照顾易地安置离休干部，帮助解决生活困难12个。举办领导干部荣誉退休仪式2次。加强流动离退休干部党员教育管理，筹备组建驻上海、南京等地流动离退休干部党员党支部，建好支部活动室，实现活动有阵地、学习有场所、交流有平台。

【老干部作用发挥】 2021年，海安市继续实施“银发生辉”红枫志愿服务工程，健全420余人的“银发人才库”，推动老干部志愿服务向纵深发展。建立红枫志愿服务星级评定、积分奖励办法，评选表彰红枫志愿优秀服务项目10个、志愿先进服务站10个、志愿服务先进个人20人。构建“银发生辉”红枫志愿服务“大队、中队、站所”三级架构，授牌老党员工作室16个，建立分队10支、中队15个、站所106个，拥有志愿服务者3045人。组建“五百志愿”服务队，围绕“八个助力”（助力宣传新思想、基层党的建设、乡村振兴、矛盾调解、社区管理、高质量发展、文明创建、育苗成长），开展服务197场次，服务群众2万余人。成立老干部社区志愿服务联盟，推行“五联五共”（组织联建共谋、阵地联创共用、活动联办共抓、党员联抓共管、保障联促共享）模式，实施老干部助力社区治理创新项目，形成“支部扛旗、团队唱戏、就近就地、助力助推”机制。完善“红枫连心桥”“银发农医”、资政助企、“老园丁”结对助学、红枫“三微服务四季行”等特色志愿服务项目。实施“红枫”党建指导员结对帮带“两新”党组织志愿服务项目，先后指导32家“两新”组织建立党的组织，帮助82家“两新”规范党务工作，培育市级党建示范点12个。

【老干部文体活动】 2021年，海安市老干部局构建政治学习“四动”（优先推动、上下联动、共享互动、示范带动）机制，举办党史学习教育专题报告会、十九届六中全会精神宣讲会、离退休干部党支部书记培训班、科级退休干部专题读书班等活动19场，培训老干部2317人次。开展“回望百年路，助力新征程”主题党日活动和“我看建党百年新成就”专题调研活动，主题党日微视频在全省推广，南通唯一。举办老干部庆祝中国共产党成立100周年“十个百”系列活动启动仪式，开展百年党史宣讲、百个故事征集、百堂微型党课等活动，相关经验做法获“学习强国”学习平台推介。组织“红色故事”访谈，汇编形成14万字的《红色海安复兴之路》。发挥“云端课堂”作用，组织参加全省老干部系统党史知识网上竞答活动，参与人数超万人；“海安老干部”微信公众号推出“党史故事100讲”“党课在线”等栏目；参加中国老年杂志社“学党史 讲故事”朗诵云展播，获优秀组织奖；参加南通市“忆党情 颂党恩”老书记讲党课微视频创作活动，《老英雄的初心》等5部作品获奖，获奖数南通第一。举办“翰墨书盛世，丹青颂党恩”庆祝中国共产党成立100周年书画摄影作品展、“欢庆百年华诞，高歌敬颂党恩”海安市老干部大学庆祝中国共产党成立100周年文艺演出、第八届“海安农商行杯”老干部棋牌球比赛，承办南通市第十二届运动会暨第三届全民健身运动会老年部门球比赛，老干部大学《晚晴》期刊编辑印发庆祝中国共产党成立100周年专刊。组织市青松艺术团、诗书画研究会、京剧协会等文化、文艺团体开展文化传承、送戏下乡等志愿服务活动210余场。筹划老年教育，新设立海安开发区文化综合服务中心、海安高新区社区教育中心办学点。

（市委老干部局）

海安人民广场

海安市人民代表大会

重要会议

【概况】 2021年年初，海安市第十六届人民代表大会第五次会议召开。全年，市人大常委会召开常委会会议13次，听取和审议专项工作报告21项，形成审议意见7项，作出决议、决定8项，依法任免126人次。召开主任会议16次，听取工作汇报17项。

【十六届人民代表大会第五次会议】

2021年1月15—18日，海安市第十六届人民代表大会第五次会议在市文化艺术中心举行。会议听取市政府工作报告、海安市国民经济和社会发展第十四个五年规划和二〇三五年远景目标纲要草案、海安市2020年国民经济和社会发展计划执行情况与2021年国民经济和社会发展计划草案、海安市2020年预算执行情况和2021年预算草案，并提请大会审议。会议听取市人大常委会工作报告、市人民法院工作报告、市人民检察院工作报告，同意并决定批准。大会通过议案审查报告，通过关于市人民政府工作报告的决议、关于海安市国民经济和社会发展第十四个五年规划和二〇三五年远景目标纲要的决议、关于2020年国民经济和社会发展计划执行情况与2021年国民经济和社会发展计划的决议、关于2020年预算执行情况和2021年预算的决议、关于市人大常委会工作报告的决议、关于市人民法院工作报告的决议、关于市人民检察院工作报告的决议。

【市十六届人大常委会会议】 2021年，海安市第十六届人大常委会召开13次会议，即市十六届人大常委会第38次会议至第50次会议。

1月6日，市十六届人大常委会召开第38次会议。会议学习江苏省委全会、南通市委全会、海安市委全会精神。听取和审议2020年预算执行情况和2021年预算（草案）编制情况的报告及市人大常委会相关调查情况的报告、海安市2020年国民经济和社会发展计划执行情况与2021年国民经济和社会发展计划草案的报告、关于编制“海安市国民经济和社会发展第十四个五年规划和二〇三五年远景目标纲要草案”的说明及市人大常委会相关调查情况的报告。市人民政府书面报告2021年政府民生实事工程计划。审议并表决通过内务司法工委更名为监察和司法工委的议案。表决通过补选南通市第十五届人民代表大会代表的议案和相关人事任免议案。被任命人员进行宪法宣誓。会议讨论海安市人大常委会工作报告（讨论稿）。

1月12日，市十六届人大常委会召开第39次会议。会议听取相关人事任免议案。审议通过相关人事任免议案。听取、审议并表决通过市人大常委会有关任免议案，表决通过市十六届人民代表大会第五次会议的有关事项。被任命人员做拟任职发言，并进行宪法宣誓。

2月26日，市十六届人大常委会召开第40次会议。会议学习省委书记娄勤俭在省十三届人大四次会议、南通市委书记徐惠民在南通市十五届人大五次会议、海安市委书记于立忠在海安市十六届人大五次会议上的讲话精神。开展“民法典”法律知识讲座。讨论海安市人大常委会2021年度工作要点。

4月6日，市十六届人大常委会召开第41次会议。会议学习《中华人民共和国全国人民代表大会议事规则》。听取和审议2020年海安市环境状况和环保目标完成情况暨生态文明建设议案（2017—2020年）办理和突出环境问题清单完成情况报告。审议海安市人大常委会关于加强新颁布法律法规贯彻实施的决议（草案）。听取部分南通市人大代表报告履职情况。听取和审议相关人事任免议案。书面报告2021年度重点督办建议和关于开展闭环监督管理工作的实施意见。做出海安市人大常委会关于加强新颁布法律法规贯彻实施的决议。形成关于2020年海安市环境状况和环保目标完成情况暨生态文明建设议案（2017—2020年）办理和突出环境问题清单整改情况的审议意见。表决通过相关人事任免议案。对部分南通市人大代表履职情况进行满意度测评。被任命人员做拟任职发言，并进行宪法宣誓。

5月27日，市十六届人大常委会召开第42次会议。会议学习《中华人民共和国科学技术进步法》。听取和审议市政府“关于深入践行新发展理念，推动高质量发展走在前列的议案”办理情况的报告，关于人大代表评议市司法局、商务局工作整改意见办理情况的报告。听取、审议并通过相关人事任免议案。被任命人员做拟任职发言，并进行宪法宣誓。

6月17日，市十六届人大常委会召开第43次会议。会议听取、审议并表决通过相关人事任免议案。被任命人员做拟任职发言，并进行宪法宣誓。

7月22日，市十六届人大常委会召开第44次会议。会议听取、审议并表决通过相关人事任免议案。被任命人员做拟任职发言，并进行宪法宣誓。

7月29日，市十六届人大常委会召开第45次会议。会议学习习近平总书记在庆祝中国共产党成立100周年大会上的重要讲话精神。听取和审查市政府关于新增地方政府债券纳入预算管理草案的报告、关于请求批准2020年度市本级及高新区财政收支决算草案的报告，做出关于批准市政府新增地方政府债券纳入预算管理的决议、关于批准2020年市本级及高新区财政收支决算的决议。听取和审议市政府关于2020年度市本级预算执行和其他财政收支情况的审计工作报告，形成相关审议意见。听取和审议市政府关于2021年上半年国民经济和社会发展计划执行情况的报告、关于2021年上半年预算执行情况的报告，形成相关审议意见。审议通过相关人事任免决定。对政府相关报告进行满意度测评。

8月31日，市十六届人大常委会召开第46次会议。会议听取、审议并表决通过相关人事任免议案。被任命人员做拟任职发言，并进行宪法宣誓。

9月25日，市十六届人大常委会召开第47次会议。会议学习《中华人民共和国安全生产法》。听取和审议市政府关于“七五”普法规划实施情况的报告及“八五”普法规划起草的说明，做出海安市人大常委会关于开展第八个五年法治宣传教育的决议。听取和审议市政府关于加强高中教育，推进海安教育持续高质量发展的报告；市政府关于全市“三农”工作人才队伍建设情况报告；市政府、市人民法院关于2020年度市人大常委会决议、决定、审议意见执行办理情况的报告。形成相关审议意见。听取和审议市政府关于2021年民生实事工程办理情况的报告、关于2020年度国有资产管理情况的综合报告，形成相关审议意见。听取和审议市政府关于城乡污水管网建设、“五送”活动（2017—2020年）办理质效的报告。讨论决定市镇人大换届选举工作相关事宜。表决通过关于提请通过调整海安市第十六届人大常委会代表资格审查委员会组成人员名单的议案和相关人事任免议案。对政府相关报告进行满意度测评。

11月26日，市十六届人大常委会召开第48次会议。会议学习习近平总书记在中央人大工作会议上的重要讲话精神和《中华人民共和国审计法》。听取和审议市人大常委会任命的“一府两院”工作人员报告履职情况，市人民法院关于“民法典”贯彻实施情况的报告，市人民检察院关于民事检察工作情况的报告，市人大常委会执法检查组关于《中华人民共和国大气污染防治法》执法检查的报告。形成相关审议意见。听取和审议市政府关于2021年民生实事项目调整的议案、关于2021年市本级财政预算调整（草案）的议案，做出关于批准市政府2021年民生实事项目调整的决议、关于批准2021年市本级财政预算调整方案的决议。听取和审议市审计局关于2020年度市本级预算执行和其他财政收支审计整改情况的报告，专题询问审计查出问题的整改情况。表决通过相关人事任免议案。被任命人员进行宪法宣誓。

12月16日，市十六届人大常委会召开第49次会议。会议根据代表资格审查委员会提出的报告，确认327名当选代表的代表资格全部有效。对新一届市镇两级人民代表大会一次会议的准备和新当选代表的培训工作提出要求。

12月28日，市十六届人大常委会召开第50次会议。会议学习中共十九届六中全会精神。听取和审议市政府关于海安市贯彻实施新颁布法律法规工作情况的报告。审议相关部门对重点审议意见办理情况的报告。听取和审议市政府关于2021年市政府民生实事工程办理情况的报告，关于市十六届人大五次会议代表建议办理情况的报告。听取和审议牵头部门对10件重点督办建议办理情况的报告。听取和审议市政府关于2021年国民经济和社会发展计划执行情况与2022年国民经济和社会发展计划（草案）的报告，市政府关于2021年预算执行情况和2022年预算（草案）的报告，2022年度民生实事候选项目计划安排报告。形成相关审议意见。市政府书面报告2021年法治政府建设情况。听取“两院”（市人民法院、市人民检察院）部分员额人员履职情况报告。表决通过人大街道工委委员产生及任免办法。做出关于召开市十七届人大一次会议的决定，表决通过列席人员名单，听取有关事项的说明。讨论人大常委会工作报告稿。表决通过相关人事任免议案。组织观看市政府2021年度民生实事工程办理情况和市人大常委会2021年度重点及2020年跟踪督办建议完成情况的专题片。对相关政府报告和“两院”部分员额人员履职情况进行满意度测评。被任命人员进行宪法宣誓。

人大监督

【预算审查监督】 2021年，海安市人大常委会贯彻落实“预算法”和中央关于加强预算监督管理的新要求，创新互动式审查方式，建立人大代表参与财政预算预审监督制度，常态化开展预算联网查询活动，推进全口径预算审查监督，实现预算审查由程序性审查向实质性审查转变。组建预算审查小组，引入代表直接参与，拓展监督重点向支出预算和政策转移，全面审查预算草案。常态化开展预算联网监督工作，结合教育、文化、卫生、科技、农村环境整治等民生热点问题，定期组织市人大代表参加预算联网监督查询活动。定期邀请预算审查咨询专家组成员、常委会委员、基层一线人大代表在线监督，构建横向联通、纵向贯通的“互联网+”人大预算联网监督平台。开展审计突出问题专题询问，将问题较多的责任单位列为整改督查重点，推动以询促改，实现“审计一个单位、整改一批问题、规范一个系统”；将审计整改结果与下年度部门预算编制挂钩，建立问题清单，实行台账管理，限期整改，对账销号。

【经济工作监督】 2021年，海安市人大常委会综合运用实地走访、专家座谈、代表建言等方式，开展“十四五”发展调研，服务保障人民代表大会审查批准规划；专题听取市政府“十四五”专项规划编制情况报告，重点关注制造业、现代服务业、生态文明、科技创新、数字经济等领域发展；听取审议市政府计划执行情况报告，推进年度计划与五年规划相衔接，实现清单式闭环监督管理。通过现场考察、座谈调研等方式，持续跟踪督查“关于加快推进工业经济高质量发展，全力打造长三角北翼产业高地的议案”“关于深入践行新发展理念，推动高质量发展走在前列的议案”两个“一号议案”办理情况；专题听取审议市政府议案办理情况报告，重点关注现代产业打造、大企业培育、创新驱动、绿色发展、重大项目建设等方面问题，提出针对性建议。组织相关区镇和部分人大代表，对部门工作进行“再评议”；听取审议市政府专题报告，督促部门落实评议意见并办好代表建议。

【生态环境监督】 2021年，海安市人大常委会落实区镇生态环境状况报告制度，下发关于进一步健全完善区镇生态环境状况报告制度的指导意见。配合南通市人大常委会开展生态环境保护工作情况调研并上报调研成果。开展环境状况、环保目标完成情况及突出环境问题清单制定落实情况监督，听取审议市政府关于全市环境状况和环保目标完成情况暨生态文明建设议案落实情况的报告、关于2020年突出环境问题清单的报告；组织生态文明建设专题调研并做“环境保护法”专题辅导；调研海安市2020年突出环境问题清单整改落实情况并向主任会议报告。开展"决胜高水平全面建成小康社会推进情况"专题询问,调研空气质量优良天数比率、地表水达到或好于Ⅲ类水体比例、森林覆盖率指标情况。围绕城乡污水收集处理一体化规划、资产兼并收购工作进展、污水收集处理基础设施建设及运营管理现状,开展城乡污水处理一体化专题调研。

【民生事业监督】 2021年,海安市人大常委会围绕生态环境建设,联动镇、街道人大开展镇人民代表大会(街道议政代表会)环境报告和执法检查活动,建立健全闭环长效机制。聚焦评议整改,听取和审议关于评议市司法局、商务局工作整改意见办理情况的报告,开展组合监督,推动重难点问题解决;听取2020年市人大常委会决议、决定、审议意见执行办理情况,2021年民生实事工程完成情况的报告,开展城乡污水管网建设和"五送"活动(2017—2020年)办理质效"回头看"并进行满意度测评,落实人大决议、决定、审议意见和相关实事工程。聚力公共服务,听取关于加强高中教育、推进海安教育持续高质量发展的报告,推动中小学课后延时服务提质扩面,关注2021年教育重点工程建设情况,持续做强做优教育品牌;调研养老服务、镇村农贸市场升级改造等工作,开展镇、村企业安全生产督查,保护特定群体权益。

【司法监督】 2021年,海安市人大常委会出台"人大常委会监督市人民法院、市人民检察院工作暂行办法",细化监督内容、阐明监督程序及方法;依法任命人民陪审员69人;听取和审议"两院"办案质效情况报告、员额人员履职情况报告,组织专业人员抽查卷宗,全面了解"两院"受理、办结案件情况和法官、检察官办案质效。听取和审议市人民法院刑事、商事、参与"府院联动"推进企业破产重整、"民法典"贯彻实施、"切实解决执行难"等工作情况报告,听取和审议市人民检察院公益诉讼、未成年人检察工作、服务保障民营经济发展等工作情况报告。《关于实施"一体三联一加强"切实解决执行难的调查报告》获市委书记批示。开展行政复议和行政诉讼专项调研,通过座谈、走访、个案解剖等方式,了解案件基本情况、特点和暴露问题,结合法治政府建设工作要点,提出加大监督纠错力度、强化纠纷化解、补齐基层一线能力不足等建议。

【执法检查】 2021年,海安市人大常委会听取市政府关于《中华人民共和国安全生产法》《江苏省保护和促进华侨投资条例》《江苏省保护和促进台湾同胞投资条例》《中华人民共和国体育法》《江苏省全民健身条例》《中华人民共和国中医药法》《中华人民共和国治安管理处罚法》贯彻实施情况的报告,开展《中华人民共和国大气污染防治法》执法检查,提升法律法规实施效果。做好规范性文件备案审查工作,提高行政行为监督水平。加强综合分析和交办督办,依法及时解决群众信访问题,维护公民、法人和其他组织的合法权益。

【专项工作评议】 2021年,海安市人大常委会创新评议方式,由监督人向监督事转变,聚焦工作成效。开展推进污水管网建设和"五送"(送戏、送电影、送图书、送展览、送培训)工作评议,将全市所有污水管网建设工程和各年度"五送"活动情况列入监督范围,各区镇人大上下联动开展评议。检查污水管网规划和建设使用情况、污水处理厂负荷率和达标排放率;关注"五送"活动开展情况,对文化人才培训、文化服务百姓点单、文化品牌精品打造提出建议;组织评议"回头看",重点评议对象单位2017—2021年工作情况,增强监督效能。开展政府性基金、专项国债、区镇财政资金、平台融资、村级资金专项审计并形成资金使用绩效审计报告,规范政府行为。

【工作案例入选"建党百年·新时代人大工作巡礼"】 2021年9月8日,"海安人大:拓展制度化民主实践"入选全国人大常委会"建党百年·新时代人大工作巡礼"大型系列报道活动,以4000多字、5张图片、4分钟视频,综合报道展示海安人大常委会"小切口"精准推进民生监督、搭建代表为民履职立体平台和组织代表活动成效,在全国人大常委会官网、官方微信公众号、官方客户端以及《中国人大》同步推出,全国仅10个县(市)入选。

人大任免

【概况】 2021年,海安市人大常委会依法规范任免126人次。按照法定时间节点、程序要求,依法组织任前法律知识考试、任前承诺等人事任免和宪法宣誓活动。"一府一委两院"负责人33人和员额法官、检察官17人向市人大常委会提交履职报告,接受满意度测评。

【人员任免】 海安市第十六届人大常委会第38次会议决定任命许应军为市人大常委会法制委副主任委员,并报市第十六届人民代表大会第五次会议备案。任命许应军为市人大常委会监察司法工委主任,免去其市人大常委会内务司法工委主任职务;任命陈光明为市人大常委会财经工委会副主任,免去其市人大常委会信访督办室副主任职务;任命韩世洋为市人大常委会办公室副主任,免去其市人大常委会财经工委副主任职务;任命张媛媛为市人大常委会监察司法工委副主任。任命段海峰为市财政局局长,免去潘世华市财政局局长职务。接受顾国标、陈鹏军辞去南通市第十五届人民代表大会代表职务,并报南通市人大常委会备案。免去张英祥市人民检察院检察委员会委员、检察员职务,陆锦林市人民检察院检察员职务。

市第十六届人大常委会第39次会议决定任命谭真为市人民政府副市长、代理市长。任命吉临兆为市人大常委会财经工委副主任委员、社会建设委委员,许应军为市人大常委会社会建设委委员。接受于立忠辞去市人民政府市长职务,免去陈鹏军市人民政府副市长职务,并报市第十六届人民代表大会第五次会议备案。

市第十六届人大常委会第41次会议决定任命罗正锡为市人大常委会环资

城建工委主任，邱元为市人大常委会人事代表工委副主任；免去童明昆市人大常委会环资城建工委主任职务。接受童明昆、陈关飞、吴忠林辞去市人大常委会委员职务，并予以备案。任命杨国来为市政府办公室主任，王晨为市教育体育局局长，任镇为市科技局局长，刘成亮为市住房和城乡建设局局长，吴金祥为市卫生健康委主任，王勇为市金融监管局局长。免去夏卫军市政府办公室主任职务，章晓丽市教育体育局局长职务，罗正锡市科技局局长职务，许金龙市住房和城乡建设局局长职务，卢礼华市卫生健康委主任职务，仲伟平市金融监管局局长职务。任命王永进为市人民法院审判委员会委员，免去其市人民法院立案庭副庭长职务。任命陆晓妹为市人民检察院副检察长。

市第十六届人大常委会第42次会议决定任命孙康为市人民政府副市长，曹铖为市人民政府副市长，并报市人大常委会备案。任命袁加根为市市场监管局局长，免去其市民政局局长职务；任命于俊卿为市民政局局长；免去朱志亮市市监管局局长职务。任命丁金林为市监察委委员。任命吉振宇为市人民法院审判员，免去韩良骍市人民法院审判员职务。分别免去丁仁清、徐小宏、魏旭市人大常委会立发街道（筹）工委、洋蛮河街道（筹）工委、西场街道（筹）工委副主任职务。免去石高山、李卫军、陈希芳、顾敏玲、黄俊山、崔荣稳市人大常委会立发街道（筹）工委委员职务，王传威、田桂华、仲荣森、吕斌、陶艳、崔蓓蓓、蔡琴市人大常委会洋蛮河街道（筹）工委委员职务，王万章、朱忠银、陈亚冬、杭永兰、姜哲、储瑞龙市人大常委会西场街道（筹）工委委员职务。

市第十六届人大常委会第43次会议决定任命孙康为市公安局局长，免去葛志祥市公安局局长职务。任命秦昌东为市人民法院副院长、审判委员会委员、审判员。免去葛志祥市人民政府副市长职务，接受戴晓晨辞去市人民政府副市长职务、任智峰辞去市人民法院院长职务，并报市人大常委会备案。免去任智峰市人民法院审判委员会委员、审判员职务。

市第十六届人大常委会第44次会议决定任命严长江为市人民政府副市长，郝三旺为市人民政府副市长，并报市人大常委会备案。

市第十六届人大常委会第45次会议决定免去卢林市人民政府副市长职务，并报市人大常委会备案。

市第十六届人大常委会第46次会议决定任命周小军为市人民政府副市长，并报市人大常委会备案。任命徐毅为市监察委副主任，钱文亮为市监察委委员。

市第十六届人大常委会第47次会议决定任命景慧为市人民法院审判员，免去毛国彬市人民法院审判员职务。免去张元春市人民政府副市长职务，并报市人大常委会备案。

市第十六届人大常委会第48次会议决定任命马小飞为市人民政府副市长，并报市人大常委会备案。分别任命钱祥健、花平、姚峰、吉清海、沈宏华为市人大常委会财经工委、农业农村工委、环资城建工委、教科文卫工委、人事代表工委主任；任命何继生为市人大常委会民宗侨台工委主任，免去其市人大常委会环资城建工委副主任职务；任命储祥兰为市人大常委会信访督办室主任，免去其市人大常委会隆政街道工委主任职务；任命周时兰为市人大常委会隆政街道工委主任，免去其市人大常委会研究室副主任职务；分别免去吉临兆、王希桂、罗正锡、崔世平、张育、周道、郭恒俊市人大常委会财经工委、农业农村工委、环资城建工委、教科文卫工委、民宗侨台工委、人事代表工委、信访督办室主任职务。任命许金龙为市发展改革委主任；任命顾维斌为市人力资源和社会保障局局长，免去其市水利局局长职务；任命陈峰为市水利局局长，谢国华为市统计局局长，单蓓为市行政审批局局长。免去周小军市发展改革委主任职务，钱祥健市行政审批局局长职务，沈宏华市人力资源和社会保障局局长职务，花平市统计局局长职务，王勇市金融监管局局长职务，王启涛市监察委副主任职务。

市第十六届人大常委会第50次会议决定任命陆秋艳为市商务局局长，陆从俊为市金融监管局局长。免去冯永进市商务局局长职务。任命彭翔为市人大常委会研究室副主任，储鹏飞为市人大常委会环资城建工委副主任。任命钱义华为市人民检察院检察员、检委会委员。免去仲维建市人民检察院检察员职务，贲华市人民法院审判员职务。

人大代表工作

【人大代表换届选举】 2021年，海安市139个市级选区和343个镇级选区按时

2021年12月10日，海安市大公镇马舍村百岁老人在志愿者陪同下到人大代表选举投票点投票

市人大常委会办公室／供图

足额选出市人大代表327人、镇人大代表832人。落实组织领导，成立市级选举委员会、选举委员会办公室及8个职能工作组，组建镇选举委员会、街道选举工作领导小组和选举办公室，明确责任分工，建立工作周报机制，开展分阶段培训。严把选民登记关，统筹人口普查、全民核酸检测、户籍底册、村委会换届选举、网格化管理五类表格，交叉对比数据，确保选民应登尽登；严把候选人推荐关，在10人以上选民联名推荐的基础上，由组织部门牵头考察审核候选人的基本条件和政治素质；严把选举投票关，分镇、街道组织模拟演练培训，10个挂钩指导组开展巡回指导，督促依法组织投票选举。建立预案机制，做好疫情精准防控，有序进行“双码”（健康码、行程码）查验、场所消毒；开展选举工作宣传，把握动员部署、选民登记、张榜核对、候选人推荐、投票选举等环节，推出给选民的6封信；做好应急预案管理，构建干扰选举违法行为快查快处机制，保障选举顺利完成。

【代表作用发挥】 2021年，海安市有省人大代表5人，南通市人大代表62人（含南通市直代表组17人），市人大代表320人，镇人大代表736人。市人大常委会不断拓展代表活动，组织各级人大代表进村居、进企业、进窗口，助民惠企促发展。引导各级人大代表回选区、到一线，围绕乡村振兴战略、常态化疫情防控、污染防治、民生工程等内容，召开基层代表座谈会，面对面听取群众建议，先后梳理为民办实事清单2156条，办理1978条，提供法律服务234次，化解矛盾纠纷189起。分产业组织专业代表到园区、进企业，实地了解企业生产经营情况，听取企业在生产经营项目建设、融资需求、证照办理等方面的问题，提出针对性建议537条，化解各类生产难题184件，促成优质项目签约42个。组织代表跟随群众、企业家走进服务窗口，全程体验证照手续办理中的堵点、难点，形成改善流程建议34个；结合基层站所和机关部门政风行风测评，开展专题询问13场，形成问题清单，明确办理时限和反馈方式，发挥人大代表监督作用。

【代表建议办理】 2021年，海安市第十七届人大五次会议期间，市人大常委会收到代表建议379件，确定重点建议9件。从收到的办理回复情况看，解决或基本解决的（A类件）326件，占建议总数的86%；解决中或已列入计划解决的（B类件）39件，占建议总数的10.3%；因受条件限制或其他原因暂不能解决的（C类件）14件，占建议总数的3.7%。从收到的代表对建议办理反馈意见看，代表满意件378件，满意率99.7%；基本满意件1件，基本满意率0.3%；无不满意件。

海安市第十七届人大五次会议优秀代表建议一览表

表1

序号	建议人	建议标题	序号	建议人	建议标题
1	万伏初	关于加强居家养老、社会化养老培育扶持力度的建议	9	梅广稳	关于进一步提高中小学校课后延时服务质效的建议
2	徐　剑	关于把镇村废弃老旧电线杆纳入镇村安全监管和环境整治的建议	10	邓加忠	关于建立企业发展数据库、推进企业高质量发展的建议
3	严国和	关于持续加强细微安全和城市微空间治理，推动深化文明城市创建、不断提高百姓获得感的建议	11	丁加祥	关于合理利用企业闲置土地的建议
4	张　育	关于推动区镇农贸市场升级改造的建议	12	徐向东	关于试点建设社区食堂，打造老年人助餐服务网络的建议
5	卢　君	关于进一步突出普法重点、优化普法方式，切实提升普法质效的建议	13	刘幼成	关于增强通扬河生态区辐射带动力，高质量推进城市北郊规划建设的建议
6	王希桂	关于加强农技推广服务人才队伍建设，助推产业振兴的建议	14	王启涛	关于重视加强区镇政府性债务管理的建议
7	刘万春	加强业主委员会建设，提升物业服务水平的建议	15	靖　建	关于帮助企业绿色发展的建议
8	崔世平	关于进一步精准校企对接，提升职业教育服务经济社会发展能力的建议	—	—	—

（崔荣欣）

海安中央广场

海安市人民政府

重要会议

【市政府全体（扩大）会议】 2021年，海安市第十六届人民政府召开3次全体（扩大）会议。

4月30日，海安市十六届人民政府召开第十次全体（扩大）会议。会议回顾总结一季度工作，安排部署二季度工作，动员全市上下振奋精神再出发，科学谋划谱新篇，奋力开启全面建设社会主义现代化新征程。市委书记于立忠到会讲话，市委副书记、市长谭真做工作报告。市主要负责人参加会议。

7月24日，海安市十六届人民政府召开第十一次全体（扩大）会议。会议学习贯彻习近平总书记“七一”重要讲话精神，回顾上半年工作，部署下半年任务，动员全市上下落实上级最新要求，围绕“枢纽海安 科创新城”战略定位，坚定信心、鼓足干劲，比学赶超、奋发有为，以优异的成绩全面完成年度各项目标任务，奋力实现“十四五”精彩开局。市委书记于立忠到会讲话，市委副书记、市长谭真做工作报告。市主要负责人参加会议。

10月9日，海安市十六届人民政府召开第十二次全体（扩大）会议。市委书记于立忠宣讲南通市第十三次党代会精神并提出要求，市委副书记、市长谭真做工作部署。市主要负责人参加会议。

【市政府常务会议】 2021年，海安市第十六届人民政府召开15次常务会议，即市十六届人民政府第48次常务会议至市十六届人民政府第62次常务会议。

1月12日，海安市十六届人民政府召开第48次常务会议。会议传达学习《江苏省残疾预防和残疾人康复实施办法》，听取残疾儿童康复工作相关情况汇报。听取校园（含办学机构）和校车安全、医疗卫生安全、化工行业领域及电力（含电力工程）安全生产专项整治工作情况汇报。讨论2021年政府工作报告（征求意见稿）及“十四五”规划和2035年远景目标纲要（草案），与会人员发表意见和建议。传达学习《江苏省防范和惩治统计造假、弄虚作假督察工作规定》文件精神，并听取相关工作情况汇报；讨论海安市餐厨废弃物管理工作实施意见；讨论通过关于审计机关事业人员享受特岗津贴的请示。

2月5日，海安市十六届人民政府召开第49次常务会议。会议传达学习国家和省召开的安全生产工作会议精神，听取海安海洋渔业和滩涂养殖业安全生产、农业机械及农业龙头企业安全生产、文化旅游行业安全生产、康复社会服务机构安全专项整治工作情况汇报。讨论海安市环境空气质量生态补偿办法。讨论海安市现代工业综合体项目建设管理意见。讨论关于临时调整海安市蒸汽最高销售价格的请示、关于申请购置经营和业务保障用车的请示、关于设立滨海新区金港社区的请示。会议还讨论其他事项。

3月3日，海安市十六届人民政府召开第50次常务会议。会议讨论海安市工程建设领域行政审批制度改革方案。讨论关于深化科技体制改革加快建设科技强市的意见，关于加快创新驱动推动经济高质量发展的政策意见。讨论关于印发海安市农村村民建住宅管理办法（试行），关于印发海安市集体经营性建设用地入市管理办法（试行）。讨论关于进一步深化安全生产三年专项整治工作的意见、海安市农村产权交易管理办法、海安市农村承包土地经营权抵押贷款试行办法。听取铁路运输（含铁路工程）安全、农村建房和非报监项目安全生产、水利（含水利工程）安全专项整治工作汇报。讨论海安市知识产权质押融资补助实施办法（试行）、海安市融资担保风险分担业务管理办法、海安市供应链金融公共服务平台建设实施方案、海安市人民政府关于扩大禁止使用高排放非道路移动机械区域的通告。会议还讨论其他事项。

4月15日，海安市十六届人民政府召开第51次常务会议。会议传达学习《防范和处置非法集资条例》，并听取相关工作情况汇报。讨论海安经济技术开发区、海安高新技术产业开发区全链审批赋权（第一批）清单。讨论海安市市区人才优先购买普通商品住房实施办法。讨论关于海安市管道燃气配气价格核定的请示、关于调整海安市城乡居民基本养老保险基础养老金标准的请示、关于给获评第二届“海安最美警察”的10人记三等功的请示。会议还讨论其他事项。

5月8日，海安市十六届人民政府召开第52次常务会议。会议传达学习国务院、江苏省政府廉政工作会议和全省安全生产电视电话会议精神，讨论海安市全面贯彻落实国务院安全生产委员会开展深化江苏安全生产专项整治指导工作实施方案。传达学习习近平总书记关于防灾减灾系列重要论述，听取相关工作情况汇报，讨论海安市2021年推进防灾减灾救灾重点工作实施方案。讨论海安市人民政府2021年规范性文件立项计划目录、关于促进3岁以下婴幼儿照护服务发展的实施意见、关于提高海安市被征地农民养老待遇的请示、关于调整海安市重度残疾人护理补贴对象保障标准的请示等。学习习近平总书记理论文章《把握新发展阶段，贯彻新发展理念，构建新发展格局》。会议还讨论其他事项。

5月26日，海安市十六届人民政府召开第53次常务会议。会议听取关于新出让土地商品房项目调整建筑设计规范的请示。研究关于深入实施“海陵英才”计划及若干政策的补充意见。讨论关于支持海安市供应链金融公共服务平台建设的政策意见。听取海安市行政复议体制改革实施方案、关于试行集中办理行政复议案件的通告和海安市全面推行证明事项告知承诺制工作方案的汇报。

6月30日，海安市十六届人民政府召开第54次常务会议。会议学习《中华人民共和国乡村振兴促进法》《中共中央、国务院关于构建更加完善的要素市场化配置体制机制的实施意见》。听取并研究海洋渔业安全生产工作情况。听取燃气安全专项整治工作情况汇报。研究海安市持续深化工业企业“亩产论英雄”改革实施办法、市本级政府投资项目管理办法、关于鼓励交通物流业发展若干政策的意见、关于促进海安市建筑企业开拓市场的若干政策意见、海安市基本公共服务领域市以下共同事权和支出责任划分改革方案的通知、海安市市级财政专项资金管理办法的通知、海安市区镇街道统计管理体制改革方案、关于提高全市分散农户生活污水治理示范村建设奖补资金标准的请示。会议还讨论其他事项。

8月5日，海安市十六届人民政府召开第55次常务会议。会议听取并研究危废处置协调保障工作情况。听取关于2020年以后行政复议和行政诉讼有关情况的通报。讨论海安市业主大会和业主委员会的指导规则、海安市机动车停放服务收费管理暂行办法。研究关于支持商贸物流产业园功能平台建设的若干政策意见。讨论海安市首台（套）重大装备认定办法、关于制定海安外国语学校中小学学费及住宿费标准的请示、关于调整海安市蒸汽最高销售价格的请示。会议还讨论其他事项。

9月3日，海安市十六届人民政府召开第56次常务会议。会议学习《中华人民共和国安全生产法》（新修订）。听取建筑施工安全生产专项整治工作情况汇报。学习《中华人民共和国退役军人保障法》。学习《江苏省信访条例》修订要点，听取海安市学习宣传贯彻情况汇报。讨论海安市严格落实能耗“双控”工作实施方案。研究关于支持家具产业高质量发展的若干政策意见、关于规范提升在职村干部经济待遇的实施意见、海安市房地产市场平稳健康发展长效机制工作实施方案、海安市美丽宜居城市建设工作实施方案、海安市农村生活污水治理专项规划、海安市2021—2022年冬春水利建设工作实施意见、海安市房屋建筑面积计算管理技术规定（2021年版）、海安市贯彻实施新颁布法律法规工作方案、海安市城市建设管理综合行政执法体制调整方案。

9月19日，海安市十六届人民政府召开第57次常务会议。会议听取和研究燃气安全、既有建筑安全专项整治工作。讨论海安市市属国有企业投资管理办法。听取海安市贯彻落实省安全生产巡查反馈意见整改方案。讨论关于加强企业国有资产监督的意见、海安市市属国有企业负责人薪酬管理暂行办法、海安市市属国有企业“三重一大”事项报告备案实施办法、关于进一步完善国有企业法人治理结构的实施意见、海安市市级国有资本经营预算管理办法、关于临时调整海安市蒸汽最高销售价格的请示。

10月9日，海安市十六届人民政府召开第58次常务会议。会议专题研究海安丝厂周边区域改造工程项目房屋征收补偿安置工作，讨论海安丝厂周边区域改造工程项目房屋征收补偿安置方案。

10月23日，海安市十六届人民政府召开第59次常务会议。会议学习中央人才工作会议精神。听取并研究关于支持文化事业文化产业高质量发展的若干政策意见（送审稿）、海安市中小企业转贷应急资金管理办法（送审稿）、关于推进养老服务高质量发展的实施意见（送审稿）、关于委托区镇（街道）行使农村宅基地行政执法权的实施意见（送审稿）、关于临时调整海安市蒸汽最高销售价格的请示。会议还研究其他事项。

11月6日，海安市十六届人民政府召开第60次常务会议。会议学习《中共中央、国务院关于完整准确全面贯彻新发展理念做好碳达峰碳中和工作的意见》。听取和研究消防安全专项整治工作。研究关于深化“大数据+网格化+铁脚板”机制推动网格化服务管理提质增效的工作意见（送审稿）、关于促进城乡统筹改善居住条件的暂行办法及配套措施（送审稿）、海安市广场舞活动管理暂行办法（送审稿）、海安市2021—2025年法制宣传教育规划（送审稿）、海安市水环境质量提升实施方案（送审稿）、海安市文化和旅游突发事件应急预案（送审稿）、关于更新公务用车的请示。

12月2日，海安市十六届人民政府召开第61次常务会议。会议研究2022年城乡建设工作意见（送审稿）、2022年交通运输重点工程建设工作意见（送审稿）、2022年城市管理工作意见（送审稿）。听取并研究关于推进美丽海安建设的实施意见（送审稿）。学习南通市生态环境保护工作约谈暂行办法，研究海安市生态环境保护工作约谈暂行办法。研究海安市全面推进紧密型县域医疗卫生共同体建设实施方案（送审稿）、关于调整海安市基本药物制度补助标准的请示和关于进一步压实常态化精准化疫情防控“四方”责任的实施意见（送审稿）。听取并研究进一步强化源头治理持续改善大气环境质量的实施方案（送审稿）、关于府院联动处置工作机制的实施意见（送审稿）、海安市2020年度公示地价体系成果（送审稿）、海安市城乡物流服务一体化发展三年行动计划（2021—2023年）实施方案（送审稿）。

12月23日，海安市十六届人民政府召开第62次常务会议。会议传达全省政府性债务管理领导小组会议、安全生产和应急管理工作座谈会，住房和城乡建设部关于广州市大规模迁移砍伐城市树木有关问题的通报精神。研究海安市“三线一单”生态环境分区管控实施方案（送审稿）、海安市残疾预防和残疾人康复实施办法（送审稿）、海安市政府投资项目工程变更管理暂行办法（送审稿）。听取并研究江苏省第二轮生态环境保护例行督察公开通报问题整改工作方案（送审稿）、关于落实健康中国行动推进健康海安建设实施方案（送审稿）、2022年健康海安建设（卫生城市管理）考核办法（送审稿）等其他事项。

（市政府办公室）

重要施政

【全方位对接上海】 2021年，海安市积极融入上海协同创新产业体系，加快交通互联互通、城市功能衔接、文化交流融合、公共服务共享，亚元新材料、典堂建筑等一批10亿元以上重大项目落户海安，近20个上海投资项目相继开工。6月18日，“枢纽海安 科创新城”全方位对接上海大会在上海国家会议中心召开，海安与上海共同启动产学研合作项目和公共服务合作项目12个，包括集成电路创新中心共建、智能分拣混合可回收物机器人的研发及产业化、医疗联合体技术合作、学科建设战略合作等，集中签约涉及汽车精密零部件、智能装备制造、新型靶向药物、机器人、数字产业等领域重大项目18个。上海铁路局海安物流基地继续推进“一票到底”服务方式，全年货物吞吐量130万吨。凤山港务码头发挥航线与箱源优势，加强与航运企业、物流企业、制造企业等供应链合作，完成集装箱吞吐量1.8万标箱。上港集团ICT（海安）项目落地，凤山港货物享受上海港同等便利。（李天亦）

【经济社会高质量发展】2021年，海安市持续推进经济社会高质量发展，全力打造“五个海安”、加快建成“五个强市”。壮大产业集群，完善现代产业体系，重点培育高端纺织、高端装备、新材料等十大产业集群；高质量建设十大专业园区，加速向产业链高端迈进，向创新链高端转型，向价值链高端延伸，加快“产业强市”建设；聚焦十大产业链条，推行产业“链长制”招商和共享平台招商，全年举办各类招商推介活动164次，签约重大项目10个，新开工重特大工业项目27个，高端制造业项目竣工实现零的突破。枢纽、物流、产业三大优势有效转换，发展质量效益“三提升”，围绕建设长三角重要陆港城市、国家物流枢纽城市，打通铁路港口多式联运通道，主动“链接”长三角，海安进境肉类指定监管场地正式获海关总署批准，上海港ICT海安项目在凤山港的首班试航，海安至东盟中欧班列常态化运行。创造性出台“1+13+1”科创政策体系，推动科技创新由制造业领域向建筑业、农业、社会事业等全领域拓展，科技银行挂牌成立，供应链金融平台建成运营。系统谋划、统筹推进各类人才队伍建设，培育好乡土人才、民生人才、产业技能人才，年内引进国家级人才10人、高层次创新创业人才156人。全面加快现代化中等城市、创新型工商城市建设步伐，打造宜居宜业生态福地，叫响“上善海安、幸福之城”城市品牌。

【民生实事工程】2021年，海安市政府实施15项民生实事工程。1.促进就业创业。提供就业岗位3.15万个，其中高校毕业生岗位8301个；支持成功自主创业2718人；完成各类培训2.3万余人；新增高技能人才1920人、新型职业农民208人。2.济困扶弱助残。完成困难老人居家适老化改造900户、贫困残疾人家庭实施无障碍改造100户；为贫困残疾人562人发放辅助器具，为残疾儿童186人提供基本康复服务；为持证残疾人2万多人购买重大疾病补充和意外伤害保险；实施因病支出型贫困家庭医疗救助项目，发放救助资金81户203人次182.44万元。3.助力强农惠农。完成高标准农田项目3400公顷；改造里下河地区圩口闸钢闸门171座；建成农产品寄存点13个。4.加强公益优抚保障。享受长期照护保险服务5200人；新增托育服务机构10家、幼托班级18个；累计发放拥军优待卡2.2万张。5.提升养老服务。新建星湖养老院，新增护理型床位200张；建成隆政街道日间照料中心；3个社区试点“爸妈食堂”项目，8个城区居家养老服务站开设助餐服务；完成全市百岁老人家庭医生签约及电子健康档案录入，签约医生上门服务1480人次，市、镇专家上门服务511人次。6.改善教育教学环境。交付使用幼儿园2所、小学2所，城东镇中心幼儿园主体建成，南屏小学主体结构封顶；更新教室照明1566间，新增空调1870台；学生参与课后服务5.33万人，参与率98.9%。7.提档医疗服务水平。市应急医院开工建设；李堡、南莫卫生应急综合楼（发热门诊）基本完工；核酸检测实验室获PCR技术验收合格证书并投入使用；完成市人民医院、中医院互联网医院软件功能建设。8.丰富群众文体生活。完成送戏190场，送展览100场，送培训100场；开办公益培训班40个；大剧院举办演出60场；凤山书院、城市书房对外开放，打造村史馆、农村大舞台各22个；举办农民艺术节231场、惠民文艺演出924场；新增体育场所6个，配备健身器材1000件。9.提高交通便利程度。改造农桥70座；实施农村公路亮化工程150千米、“一事一议”财政奖补路52千米；引进共享电动单车，投放车辆5000辆，设置站点800处。10.开展环境综合整治。建成降尘智能化监管系统，全市31处工地安装设备33套；新增雾炮车5台、空气质量微型监测站31个；整治农村黑臭水体38条；完成分散农户生活污水设施建设1.8万户。11.加强公共安全建设。在27个小区建成地面电动车集中充电设施175处，新增充电点位3699个；加装电动自行车禁入系统1800部；完成新时代技防城智能化建设（一期）项目；处置报废钢瓶1万只；5家食品快速检测室投入使用。12.开展法律援助服务。建成街道（办

“共享助力车”项目是海安市2021年为民办实事项目之一，全年投放车辆5000辆，设停放点800处。图为2021年4月21日，工作人员在对车辆进行挂牌、检测及各项配套施工

濮端建／摄

2021年7月2日，海安市城市规划展览馆建成开馆　　顾　瑾／摄

事处）公共法律服务中心7个，受理法律援助案件1406件。13.实施便民政务服务。推进海安开发区、海安高新区精准赋能，办理赋权事项370件；组织市县一体化平台业务操作培训8场200人次；加快服务大厅标准化、适老化建设；设置政务大厅综窗，实现“一窗受理、一网通办”；实施“一件事”改革4批，发布“一件事”标准化指南60个；免费刻制印章3957套，政银合作免费代办273件，防雷检测政府买单。14.推进智慧城市建设。完成智慧小区综合管理平台开发；新增5G基站836个，智慧家庭用户4万余户；建成“三千兆”示范小区4个。15.建设“三馆二中心”。城市规划展览馆开馆，安全教育体验馆开工建设，科普馆完成设计施工一体化招标，残疾人综合服务中心完成深化设计和预算编制，教师发展中心建设有序推进。

（市政府办公室）

服务型政府建设

【行政审批服务】 2021年，海安市政务服务大厅受理办件290.72万件。完善项目预审办法，强化供地标准、投资强度、亩均税收等方面预审工作，探索化解项目建设审批过程中污染物总量、能源消耗等问题，全年完成集中预审项目48个、项目核准备案592个、环评审批193个。加强审管对接，提升工程建设项目审批管理系统有效应用，实现工程建设项目现场联合验收；开展区域评估，形成“多评合一”“多规合一”；对符合“拿地即开工”审批条件的项目开展“一对一”上门服务。至年底，办理施工许可证350个，联合验收竣工备案159个，项目登记225个。开展“容缺受理”审批服务，在规定期限内协助补全缺少的材料，实现代办、帮办超前服务。至年底，各区镇新开工亿元项目137个，其中列入省、市、县级重点项目25个，总代办环节1644个，已完成代办环节1208个，代办完成率73.48%。赋权海安开发区、海安高新区立项、环评类市级经济管理权限9项，累计办理项目立项、环评审批444个。推进“一件事”（对企业、群众需办理的事项进行一窗受理、一次告知、一表申请、一套材料、一次提交、一次反馈、一次分办、一窗出件、一号服务、一键评价）改革，强化部门联动，编制出台“一件事”标准化服务指南60个，民生类“一件事”办件量35.83万件。推进“跨省通办”，与山东省惠民县行政审批局签订“跨省通办”合作框架协议，为两地企业和群众提供“异地办”“就近办”政务服务。开展“窗口争光”工程，设“党员服务岗”“党员示范岗”124个、“永远跟党走”服务岗205个，获省委、南通市委党史巡回指导组高度肯定。

【公共资源交易】 2021年，海安市公共资源交易大厅进场交易项目960宗，交易额105.69亿元。优化交易模式，推广“不见面”交易方式，供应商实现线上交易竞争，在南通市率先采用电子保函，增加投标保证金缴纳方式，为3559家投标单位提供服务，降低企业交易成本6.28亿元。创新交易管理，

2021年9月9日，海安市行政审批局企业征信窗口因优质高效服务收到企业主赠送的锦旗　　濮端建／摄

建设市限额以下公共资源交易一体化监管平台，构建“零起点交易、全品目覆盖、一体化监管”的公共资源交易模式；动态备案招标代理机构，全面放开招标代理市场，完成招标代理机构备案26家；开展标后评估，重点抽查274个工程建设项目的招标文件、项目评审情况，通报整改存在问题。创优服务方式，制定海安市区镇公共资源交易管理办法，推广区镇公共资源交易项目电子化交易；精准服务重大项目，开展“一对一”指导，实现提前介入、有效沟通、主动服务。（韩　静）

【“12345”在线平台服务】2021年，海安市“12345”热线平台有话务人员38人，其中新增话务外包人员21人，实行“7×24小时”全时段接听。受理工单12.74万件次，其中，省级工单93件次、南通市级工单5719件次，热线接通率100%，满意率99.7%。拓展民生服务，与“我的海安”App联动推进，适时有序开通开锁服务、家电维修、水管疏通、家政服务等民生类服务。创新打造“12345”服务特色品牌，将“12345”工作与新时代文明实践相结合，探索建立办件流程监督、协同实地查看、第三方抽检回访等机制，建立信息互通共享机制，遇到重大、突发事件时，第一时间上报流转处置。将政务服务便民热线整合工作列入党史学习教育“我为群众办实事”项目，全市36条政务热线归并整合到“12345”热线，实现“一号申请、一窗受理、一网通办”。受理规范有效，定期开展受理人员业务培训，严格信息保密查询制度，建立疫情防控、社保缴纳、上学报名、恶劣天气、停电停水等特殊状况下应急机动机制，确保每一个电话、每一个咨询、每一个诉求都能得到响应。（胡　蓉）

【政务公开】2021年，海安市政府全方位推进主动公开，依托政府网站发布信息2.02万条，更新信息公开目录信息9641条、政务动态信息1.04万条、人事招考信息49条。深化重大项目批准、公共资源配置、社会公益事业等重点领域专栏建设，优化营商环境。规范依申请公开，办理政府信息公开申请249件（含2020年度转接办理8件），其中，予以公开及部分公开198件；因依申请公开引发行政复议11件、行政诉讼1件，主要集中在拆迁安置和人事待遇等领域。全年没有因信息公开被行政复议认定违法或行政诉讼败诉的情况。

【政务信息平台建设】2021年，海安市优化公众获取公开信息主要渠道，完善政府信息公开目录、政府信息公开指南、法定主动公开内容等专栏设置。强化政府门户网站内容建设，确保动态类栏目更新时间不超过2周、政策解读类不超过6个月。加强政务新媒体建设，全市拥有政务新媒体9个，坚持“互联网+政务新媒体+政务服务”理念，运行维护实现专人监督管理，实时发布权威信息。（市政府办公室）

【机关事务服务】2021年，海安市机关事务服务中心规范公车、公房使用管理，年底联合市纪委监委、城管局对各党政机关开展公车、公房使用检查考核。逢节必查公务用车使用情况，9月发布“关于开展公务用车使用管理监督工作检查的通知”，督查全市公务车辆使用管理情况；下沉一级检查办公用房使用情况，督促新搬迁学校办公用房超标问题整改。做好市行政中心后勤服务工作，服务会议2400场次；加强设备设施日常巡检，对到期合同及时组织招标；实施暖心工程，新建理发室，医务室增设除颤仪，公共场所安装香芬机，食堂购置饭菜加热板、保温烘灯，更换卫生间脚踏和电梯钢丝绳；规范财务结报流程，强化预算绩效管理，为64个部门、单位提供财务结算服务。做好市行政中心安全防范工作，建立驻行政中心各单位安全防范网络，明确安全工作负责人和安全员，并签订责任书；加强每日巡查和月度大检查，消除安全隐患；联合消防大队开展消防演练，建立网格化管理系统；与市信访局、公安局等部门联网，建成并运行人脸智能化识别系统；接待外来人员2万人次，全年安全无事故。（吴信林）

市政府投资项目工程建设

【概况】2021年，海安市政府投资项目工程建设中心承建工程项目31项，其中，竣工17项、在建5项、前期招标9项，总投资约11.44亿元，建筑面积约25万平方米。承建的市图书馆、人民医院门急诊综合楼、实验小学改扩建综合楼等工程获评省“扬子杯”优质工程奖1项、南通市“紫琅杯”优质工程奖3项、南通市“优质结构工程”1项。落实《保障农民工工资支付条例》，开展保障农民工工资支付专项检查15次，法律宣讲3场。落实信访工作责任制，处理全国根治欠薪线索反映平台信访件2件、“12345”信访件1件、网格化服务管理平台信访件5件，群众满意度100%。

【重点工程建设】2021年，海安市政府投资项目工程建设中心按序时推进重点工程建设，实验小学改扩建工程、实验中学综合楼、人民医院南莫院区门急诊病房综合楼、肿瘤医院发热门诊、曲塘中心卫生院发热门诊、烈士陵园改造工程、金融服务中心（清分中心）等项目按期建成并交付使用。中医院急救中心、科研教学楼工程完成施工。海中教师办公楼拆除重建、李堡中心卫生院发热门诊等工程完成主体结构验收，进入内外装饰阶段。市应急医院工程序时推进主体结构施工。

【工程建设监管】2021年，海安市政府投资项目工程建设中心聚焦安全生产，开展“安全生产月”活动，组织施工一线安全生产宣讲3场；开展建设工程领域安全生产深化提升、庆祝中国共产党成立100周年安全生产集中攻坚等专项行动，围绕深基坑、高支模、脚手架等环节，排查整治安全隐患；开展集中建设工程安全生产检查24次，发现问题280条，下发整改通知单188份，罚款2.72万元，全年无安全生产责任事故。聚焦成本控制，发挥专业技术人员优势，从功能作用、技术可行、施工合理、成本节约等方面优化设计方案，节约建设投资约180万元；合理设置招标要求，引导良性竞争，组织工程招投标17项，节减资金4327.32万元；深入市场调研，合理确定主要材料价格，提高控制价准确率；规范变更审批流程，强化变更原因、变更方案、变更费用审核，全年项目平均变更率1.36%。（吴　鹏）

外事及港澳台事务

【外事服务】 2021年，海安市出台境外公民和机构安全保护工作机制，规范出国管理。把好出访、到访审批关，实现入境人员闭环转运，防范化解疫情境外输入风险。全年出访团组1批，审批通过待出访2批。开展疫情常态化防控下的友好交往，海安与乌克兰梅利托波尔市缔结国际友好城市并达成合作意向，海安中医院与乌兹别克斯坦塔什干诊所合作建立的“中国江苏—乌兹别克斯坦中医药中心”项目签署战略合作框架协议。

【港澳事务】 2021年，海安市借助召开乡贤大会、投资贸易合作洽谈会等重要节庆活动，汇聚在中国香港、澳门的海安同乡在招商引资、加快经济建设、提升城市影响力上发挥积极作用。9月20日，粤港澳（海安）协同创新中心成立。启动澳门—海安文化嘉年华，海安与澳门在开通旅游专线、缔结友好学校等方面谋求合作。优化营商环境，以法律服务、绿色通道等措施，服务好在海安的港商、澳商。（市政府办公室）

【台湾事务】 2021年，海安市强化对台招商力度，制定对台招商三年行动方案、2022年对台招商引资工作要点和对台招商引资考核办法，先后到上海和江苏苏州、昆山、吴江等地拜访台企，洽谈项目。优化营商环境，实施“深化海安—台湾经济文化交流合作若干措施”（惠台政策60条），优化台商台企服务保障。9月17日，举办2021年中秋台商联谊会，上海和江苏苏州、南通等地台协负责人及部分台商代表参加活动。海安获批国家级涉台园区两岸（海安）中小企业产业合作示范园，南通唯一。10月11日，长三角两岸企业家海安行暨两岸（海安）中小企业产业合作示范园揭牌。（张　明）

信访工作

【信访工作责任落实】 2021年，海安市加强信访队伍建设，举办2021年度群众工作能力提升专题研修班，各区镇（街道）分管信访工作负责人、专职信访干部，重点涉访部门分管信访工作负责人或专兼职信访干部以及市信访局中层以上干部80人参加培训。做好重要时期、重点工程推进过程中的信访维稳工作。开展新修订的《江苏省信访条例》法治宣传活动，成立以市委常委、政法委书记为组长的市依法治理违法信访行为小组，维护信访秩序。

【信访源头防范治理】 2021年，海安市加强信访源头预防，分析群众信访反映的潜在性、现实性和趋势性问题，编发社情民意热点周报、信访摘报、信访专报，印发“海安市信访工作情况通报与研判”10期，发放“两函一单”（信访风险警示函、责任追究建议函，重点问题交办单）94份，实现矛盾早发现、早防范、早处置。

【信访矛盾化解】 2021年，海安市实施“一战两整治”专项行动，用好“阳光信访公开评议”“信访矛盾攻坚专班点单服务”等多元化解机制和重大疑难涉访涉稳案（事）件联合协调处置机制，推进集中治理重复信访、化解信访积案专项工作，信访事项化解率、群众满意率、重复信访治理率持续上升。至年底，中央交办重复信访治理件177件，结案177件，结案率100%。省交办重复信访治理件141件，结案116件，结案率82.3%；城乡建设领域重点信访问题113件，化解88件，化解率77.9%，结案率、化解率均居南通前列。海安获评省信访工作示范县（市、区），南通唯一。（钱海兵）

人事管理

【公务员管理】 2021年年末，海安市实有公务员（含参照公务员法管理的工作人员）3207人，新招录147人。启动新录用公务员“三比三争・幸福启航”主题实践活动，建立公务员实践锻炼基地10个，相关经验做法被《南通组工信息》推介。开展试用期满公务员“比武练兵・竞训赋能”测试活动，提升会写、会讲、会办能力。加强职位管理，制定《海安市公务员公开转任实施办法（试行）》，规范办理转任、调任、辞职、辞退等审批工作。推进公务员职务与职级并行，年内晋升公务员职级115人次。出台《海安市公务员考核实施细则（试行）》，实现平时考核、年度考核、专项考核相贯通，全年对118人记三等功、792人予以嘉奖。（曹晓婕）

【事业单位人员管理】 2021年，海安市招聘事业单位工作人员457人（不含退役士官），其中，招聘青年人才22人、优秀村（社区）党组织书记7人，教育体育系统招聘教师229人，卫生健康系统招聘医技人员80人，市、区镇事业单位招聘工作人员119人。完成事业单位工作人员2020年度统计及上报工作、岗位考核备案工作，1.22万人参与考核，其中，2520人被确定为优秀等次、13人被确定为不合格等次，2287人申报嘉奖奖励。办理事业单位工作人员市内外流动89人次，其中，进市23人次、出市20人次、市内流动46人次。事业单位聘用合同签订率、岗位设置和人员聘用信息入库率均在95%以上。

【人事考试培训】 2021年，海安市组织教育、卫生、高层次人才公开招聘或选调工作人员考试7次，组织机关事业单位公开招聘政府购买服务人员或国有企业公开招聘工作人员考试13次，累计服务考生近3500人次；组织2021年事业单位招聘工作人员1次，累计服务考生4000余人次。为周边县（市）提供考试服务10次。组织2021年度机关事业单位工人9人参加岗位升级考核，4人参加技师考核；组织2021年度机关事业单位工勤人员职业素质提升培训考核，295人报名，合格人数260人。人事考试项目规范管理达标率100%。（王　敏）

【工资管理】 2021年，海安市稳妥推进"2020年度应休未休年休假人员"7400人的工资报酬发放工作。完成机关、事业单位养老保险制度改革后退休人员一次性退休补贴发放审批581人，机关、事业单位工作人员年初工资正常晋级审批1.53万人次。分别办理公务员、事业单位到龄人员退休手续87人、210人。调整区镇工作补贴标准3337人次。完成2020年度机关一次性奖金审批约3200人，事业单位奖励性绩效工资审批约1.2万人。调整教育、卫生系统岗位聘用后工资，审批教育系统班主任津贴1427人。核定2021年各类新进人员工资待遇459人。调整20世纪50年代退职人员等特殊群体生活补贴。

（曹晓婕　王　敏）

对口协作

【概况】 2021年，海安市继续与陕西略阳、云南宁蒗等地在互访交流、劳务协作、产业合作、资金使用、人才交流、社会帮扶等方面推进深度协作。对口协作略阳工作亮点突出，海安、略阳签订"海略对口协作框架协议"，常态化开展党政领导互访交流活动，持续结对帮扶略阳6个镇15个村、12所学校、2家医院，实施消费帮扶，采购、帮助销售略阳地区农畜牧产品1300多万元，捐赠各类资金104.78万元，海安市对口帮扶略阳县联络组被江苏省委、省政府表彰为脱贫攻坚和对口帮扶支援合作先进集体。海安宁蒗支教教学特色与模式被广泛推广，海安宁蒗支教团被中共中央、国务院授予"全国脱贫攻坚先进集体"称号。

【人才交流】 2021年，海安市选派优秀教师、医生、农业技术人员21人到陕西省略阳县、留坝县开展支教、支医、支农、活动，其中，选派影像科、麻醉科、心内科等专业医疗技术骨干和管理人员9人到略阳县开展为期1~12个月的医疗技术协作、挂职交流，选派初中教师4人、幼儿园园长2人、幼儿园老师2人到略阳县开展教育协作交流活动。接收略阳县医务人员6人到市人民医院、市中医院进修学习，接受教育管理人员和教师20人到海安市跟岗学习。

【劳务协作】 2021年，海安市持续深化劳务协作，到陕西略阳，湖南平江，山西运城、古交等地开展专场招聘活动，招引130余人到海安就业；与山西古交市、稷山县，湖南郴州市临武县、桂阳县和岳阳市平江县，重庆黔江区，四川犍为县，河南辉县、卢氏县等地签订劳务合作协议。对口支援略阳，举办小型现场招聘会3场，吸纳略阳员工104人乘包车到海安就业；举办劳务协作培训班，培训对象100人，其中脱贫人口52人；帮助略阳农村劳动力实现劳务协作就业548人，其中脱贫人口538人；帮助略阳农村劳动力到海安就业114人，其中脱贫人口63人。

【产业扶贫】 2021年，海安市驻略阳工作组推动汉中籍安徽客商在接官亭镇何家岩社区建设杜仲初加工暨仓储项目，项目总投资300万元，年底前建成并投运。引进泰州市山水设计有限公司特色农产品产业链项目，项目总投资500万元，完成投资400万元。引进上海国源中企实业公司与陕西兴州佳安农业科技有限公司合作绿色循环现代农业产业园项目，总投资1850万元，完成投资1400万元。黄蜀葵试种、标准化肉羊养殖示范基地、矿山固废利用等项目稳步运转。全年，实施苏陕协作项目15个，总投资5.7亿元，其中苏陕协作资金7010万元，9个产业项目通过土地流转、务工、产品回收等多种方式带动群众308户1183人增收，6个公益项目进一步改善提升基础设施。

（李天亦　王　敏　何春光　刘胜男）

2021年7月14日，海安市人社局—辉县市人社局人力资源合作座谈会在海安召开

汪海林／摄

东洲公园

政协海安市委员会

重要会议

【概况】 2021年，海安市政协召开全体会议1次、常委会会议8次、主席会议20次、专题协商会议4次、对口协商会议4次。

【政协海安市第十四届委员会第五次会议】 2021年1月13—16日在海安市行政中心召开。会议听取和讨论《政府工作报告》《海安市国民经济和社会发展第十四个五年规划和二〇三五年远景目标纲要草案》及其他相关报告。审议并一致同意李春旺代表市十四届政协委员会常务委员会所做的工作报告和蔡祝平所做的提案工作情况报告。选举增补政协海安市第十四届委员会副主席1人、常务委员1人。表彰2020年度政协工作先进集体、先进个人、优秀提案和优秀社情民意。组织委员考察海安经济建设、社会事业重点工程，开展专题培训，委员们积极参政议政，提出意见和建议。

【政协常委会会议】 2021年，海安市政协召开8次常委会会议，即政协海安市第十四届常委会第20次会议至第27次会议。

1月8日，市政协十四届常委会召开第20次会议。会议协商通过召开政协海安市第十四届委员会第五次会议的决定（草案），政协海安市第十四届委员会第五次会议议程（草案）、日程（草案），政协海安市第十四届委员会常务委员会工作报告、提案工作情况报告大会报告人的决定（草案），政协海安市第十四届委员会第五次会议秘书处负责人名单（草案）。决定有关人事事项。讨论政协海安市第十四届委员会常务委员会工作报告（讨论稿）、提案工作情况报告（讨论稿）以及政府工作报告（征求意见稿）。市政协各专委会向常委会报告2020年工作情况。

1月15日，市政协十四届常委会召开第21次会议。市委书记于立忠做协商提名讲话，提名卢忠平为市政协副主席候选人，建议增补景世泽为市政协常委候选人。

1月16日，市政协十四届常委会召开第22次会议。会议听取各界别组关于市委书记于立忠讲话精神和相关报告讨论情况的综合汇报，各界别组关于讨论候选人名单、大会选举办法（草案）、大会选举监票人建议名单、大会决议（草案）情况的汇报，提案委员会关于提案征集情况的汇报。通过候选人名单、大会选举办法（草案）、大会选举监票人建议名单。审议市政协十四届五次会议决议（草案）。

5月20日，市政协十四届常委会召开第23次会议。会议协商通过关于调整部分市十四届政协委员的决定，关于部分区镇（街道）政协工委、政协工作组负责人任免的决定。

6月17日，市政协十四届常委会召开第24次会议。会议围绕“加强乡村人才队伍建设，助力乡村振兴和农业现代化”进行专题协商、建言献策。协商通过“市政协关于加强乡村人才队伍建设，助力乡村振兴和农业现代化的建议案”。通过有关人事事项，增补葛志祥为政协海安市第十四届委员会委员。

9月15日，市政协十四届常委会召开第25次会议。会议围绕“健全社区管理和服务机制，推进基层社会治理现代化”进行专题协商、建言献策。协商通过“市政协关于健全社区管理和服务机制，推进基层社会治理现代化的建议案（草案）”。

11月10日，市政协十四届常委会召开第26次会议。市政协提案委负责人报告2020年以后市政协重点协商议政成果落实转化情况及十四届政协五次会议以后政协提案督办情况；市委组织部相关负责人就市政协相关人事调整做说明；市政协党组成员就专委会、政协工作组、区镇（街道）政协工委负责人调整做说明。协商讨论有关人事事项。

12月22日，市政协十四届常委会召开第27次会议。会议通报2021年政协建议案、提案、社情民意信息办理情况。表彰2021年政协工作先进集体、优秀委员，优秀提案、社情民意信息，“有事好商量”协商议事优秀典型案例、议事室、召集人。协商通过关于召开政协海安市第十五届委员会第一次会议的决定，政协海安市第十五届委员会第一次会议议程（草案）、日程（草案），关于政协海安市第十四届委员会常务委员会工作报告、提案工作情况报告大会报告人的决定，政协海安市第十五届委员会第一次会议各工作组负责人名单。协商讨论政协海安市第十四届委员会常务委员会工作报告（草案）和提案工作情况的报告（草案）。确定政协海安市第十五届委员会委员名单。各专门委员会进行书面述职。

协商建言

【“有事好商量”协商议事室】 2021

2021年9月9日，省政协到海安调研“有事好商量”协商议事工作，图为调研江苏金洲粮油集团“有事好商量”协商议事室

市政协办公室／供图

年，海安市开展“有事好商量”协商议事活动916次，1.2万人次参加，其中，政协委员980人次，群众代表4200多人。协商成果转化为高水平意见建议82条、高质量提案16条、高价值社情民意信息26条。8月24日，海安市委常委开展党建工作巡查，实地察看“有事好商量”协商议事室。8月底至9月初，开展协商议事室联络员集中业务培训9批次。打造“有事好商量”协商议事室示范点30多个，开展优秀典型案例、协商议事室、召集人评选活动，《人民政协报》、“江苏政协”微信公众号录用稿件7篇。推进协商议事室智慧化建设，投资200多万元为所有协商议事室配备多媒体一体机。率先建立政协常委企业“有事好商量”协商议事室6家。9月9日、24日，江苏省、南通市相关领导先后到海安检查指导“有事好商量”协商议事工作。

【专题协商】 2021年第一季度，海安市政协围绕城区老小区既有多层住宅加装电梯，召开协商座谈会3次。完善“关于城区老小区既有多层住宅加装电梯的建议案”报送市委、市政府，获市委书记批示，经验做法被《人民政协报》、人民政协网、江苏省政协网、新华网、新浪网等媒体报道。

第二季度，围绕“加强乡村人才队伍建设、助力乡村振兴和农业现代化”开展调研，组建专题调研组，先后召开市委、市政府相关部门负责人，区镇、村居负责人，部分政协委员和部分农业农村新型经营主体四个层面专题座谈会，形成意见建议10条。市委书记于立忠批示“该建议案所涉内容涉及面广，政策关联性强，报告既有广度，又有深度，所提建议总体可行。”

第三季度，围绕“健全社区管理和服务机制，推进基层社会治理现代化”开展调研。组建专题调研组3个，召开“管理”“服务”对象座谈会2次，收集海安街道、城东镇立发办事处各社区人口、户数，社区干部配备和变动情况、报酬待遇，社区网格员配备、待遇和工作情况等，函致浙江省11个地级市政协学习建设经验，提出意见建议11类38条，获市委、市政府专门批示。市委召开社区工作人员队伍建设专题会议，市委办公室、市政府办公室下发关于规范城市社区在职干部薪酬待遇的实施意见。

第四季度，围绕“推进海陵名医工程，培育更多优秀人才”开展调查研究，组成专题调研组，学习省内外先进地区经验做法，召开公立医院管理人员、医疗卫生领域专家和人才工程培养对象代表座谈会，提出建议18条。

2021年4月9日，海安市政协召开“城区老小区既有多层住宅加装电梯”专题协商会

市政协办公室／供图

民主监督

【民主评议】 2021年，海安市政协分别在海安高新区、海安开发区、李堡镇、曲塘镇召开情况说明会4场，成立评议调查组29个，其中，区镇8个、街道7个、政协工作组14个，300余人次参加评议，征集、整理形成各类意见建议67条。围绕稳就业、保就业，用工保障服务，职业技能培训，基层服务建设等四个方面开展评议，并对重点内容进行“回头看”。召集多方会商，针对落实过程中的困难确定解决方案，实现协商解决与民主监督有机融合。

【污染防治工作专项监督】 2021年，海安市政协实施环保观察员制度和“5+N”工作法（将大气、水、农业面源污染防治及化工、印染行业整治作为污染防治攻坚战的五项重点内容，由政协主席担任总督察长，5名副主席各率一组，5个专委会分工负责、协同推进），开展打好污染防治攻坚战专项民主监督工作，形成“深入打好污染防治攻坚战专项民主监督季度工作专报”报送市委、市政府，专报围绕大气、水、农业面源污染防治及化工、印染行业整治，问题“回头看”专项民主监督等方面回顾整治工作情况，提出提升建议。社情民意“综合施策深入打好农业面源污染防治攻坚战”通过南通市政协流转审批，报送省政协。创新工作“协商式监督的言值与气质”在《人民政协报》《江苏政协》报刊上刊登。

参政议政

【概况】 2021年，海安市政协围绕市委、市政府的中心工作，聚焦群众关心的热点难点问题，紧扣海安高质量发展走在前列，深入调查研究，积极建言献策。市政协收到委员提案280件，立案235件，涉及办理单位62家，办复率100%，提案办理满意率、基本满意率100%。开展多层次、多形式的提案督办活动，落实委员

2021年10月22日，海安市政协、姜堰区政协联合考察区域交通一体化发展情况座谈会在海安召开　　市政协办公室／供图

建议，达到“提得认真、商得深入、办得满意”效果。发挥政协制度优势，推动跨区域协同治理，与泰州市姜堰区政协联合推动区域交通一体化发展。

【提案工作】 2021年，海安市7件重点提案均由市委、市政府领导领办督办，市委书记、市长分别领衔督办“弘扬张謇企业家精神，培育新时代企业家”“实施城市更新，打造健康、宜居海安”重点提案，每名政协主席会议成员共同参与督办重点提案1件，推动重点提案办理。落实面对面沟通协商，部门与提案者面商率100%。提案工作取得新成效，市人社局针对企业用工保障服务相关提案，建立健全用工服务专员制度，助力企业招才引智，62家企业通过人力资源公司招聘务工人员2992人；针对教室安装新风设备保障师生健康的提案，市委、市政府加大校园基础设施建设预算投入力度，投资900万元用于采购、安装、调试教室空调设备。

阅读延伸

关于弘扬张謇企业家精神，培育新时代企业家的建议（摘要）

习近平总书记2020年11月在江苏南通考察时强调，作为中华文化熏陶出来的知识分子，张謇在当时内忧外患的形势下，意识到落后必然挨打、实业才能救国，积极引进先进技术和经营理念，提倡实干兴邦，起而行之，兴办了一系列实业、教育、医疗、社会公益事业，帮助群众，造福乡梓，是中国民族企业家的楷模。民营企业家富起来以后，要见贤思齐，增强家国情怀、担当社会责任，发挥先富帮后富的作用，积极参与和兴办社会公益事业。要勇于创新、奋力拼搏、力争一流，为构建新发展格局、推动高质量发展做出更大贡献。

为更好地贯彻落实习近平总书记的重要讲话精神，进一步弘扬张謇企业家精神，培育更多新时代企业家，建议如下：

一、教育培育，引领企业家在实业报国认识上有新高度。充分发挥各级组织和商会作用，开展主题活动：学习先贤张謇、传承优秀品质、肩负社会担当、贡献个体力量。通过集中培训、参观学习、讨论交流等多种形式，引领企业家在政治上、思想上、行动上和党中央保持高度一致，树立并强化实业报国的观念，企业家要能提高认识，将张謇的精神传承与办好个人的具体企业有机结合。

二、奖励激励，支持企业家在创新发展上有新投入。进一步优化营商环境，持续深化不见面审批（服务）改革。坚持问题导向，认真落实好政策扶持和人才引进、科技创新机制等措施，特别是在土地、用工、金融等方面持续发力，构建“亲”“清”新型政商关系。创新“政—商—企”互动机制，建立企业家问政会制度，认真倾听企业家声音，主动解决好企业生产运营中遇到的困难问题，不断激发民营企业家创新活力，营造重商、亲商、安商、扶商的浓厚氛围。激发企业家在技术创新、管理创新、市场开拓方面的积极性，增强创新和加快发展的热情。

三、搭建平台，引导企业家在社会事业上有新贡献。以“百企联百村，共走振兴路”行动为载体，动员全市民营企业家、商会组织制定帮村帮户结队共建措施，让企业家这些先富起来的群体，在扶危济困、爱心捐献上贡献力量，在助残脱贫上有所作为。搭建好东西部共建共享发展平台，提供项目共建、技术和市场共享、劳务输出和企业管理互帮互补等方面合作的新机遇。

四、自律自治，塑造企业家在诚信经营上的新形象。加强监督管理，增强企业家法治思维，依法惩戒企业在用工、金融、经营等方面的违法行为。强化商会行业自律，弘扬正气，在全社会营造诚信经营的良好商业氛围。

五、广泛宣传，展现企业家在干事创业上的新风尚。利用宣传媒体和平台，在“5·23”南通企业家日之际，多频次、多形式宣传张謇企业家精神，报道海安优秀企业家奋斗历程中大胆创新、勇于开拓、责任担当等可贵的精神品质，激发企业家发展正能量。组建海安优秀企业家事迹报告团，在全市巡回宣讲，大力弘扬新时代海安企业家敢为人先、永争第一的首创精神，爱岗敬业、造福社会的奉献精神，矢志不渝、爱拼敢赢的奋斗精神，营造尊重和激励企业家干事创业、争当新时代“张謇式企业家”的社会氛围。

关于实施城市更新，打造健康、宜居海安的建议（摘要）

在经济高速发展和城镇化快速推进过程中，城市发展较多地注重追求速度和规模，整体性、宜居性不强。海安城市建设应以高水平建成全国文明城市、国家卫生城市为新起点，将建设重点由房地产主导的增量建设，逐步转向以提升城市品质为主的存量提质改造，更好地建成“健康海安”“宜居海安”。为此建议如下：

一、城市建设部门，在硬件的设计、改造、完善方面提升品质。

第一，要更新城市设计理念，加强建筑设计管理，优化城市空间和建筑布局，加强新建高层建筑管控，加快推进新型城市基础设施建设和改造。第二，科学有序进行老旧小区改造提升，合理确定改造内容，科学编制改造规划和年度改造计划，有序组织实施。开展完整居住社区设施补短板行动，因地制宜对居住社区市政配套基础设施、公共服务设施等进行改造和建设。第三，完善城市生态系统，加强绿色生态网络建设，特别是瞄准“健康海安”“宜居海安”目标，建设更为方便、畅通的休闲绿地、健身步道，推动发展城市新业态，完善和提升城市功能。

二、城市管理部门，在服务与管理的软件方面持续发力。

加强居住社区功能完善，推动物业服务企业大力发展线上线下社区服务业，满足居民多样化需求。建立党委领导、政府组织、业主参与、企业服务的居住社区治理机制，提高物业管理水平。开展美好环境与幸福生活共同缔造活动，发挥居民群众主体作用，共建共治共享美好家园。

【社情民意】 2021年，海安市政协编报《社情民意》36期，其中29份社情民意信息得到相关部门书面办理答复。市政协从了解民意、撰写稿件、上报信息、整理编辑、审签报送等方面，规范社情民意工作。市政府办公室制定市政协社情民意信息办理工作任务分解表，得到市政府主要负责人、分管领导签阅。针对委员们提出的进一步杜绝餐饮浪费现象、保护海安优质种源促进农业发展、完善停车收费管理、主城区红绿灯实施精细化管理等信息，各相关部门积极对待并办理落实。

海安市政协十四届五次会议优秀提案一览表

表2

序号	提案者	案由
1	刘晓峰	关于提升应急救治能力有效应对重大疫情防控的提案
2	刘凤鸣	关于引智培智、搭建平台，提升企业创新能力的提案
3	王荣健	关于文旅、酒店行业疫情防控常态化时期高质量发展的提案
4	王　清	关于继续加快推进老旧生活区改造升级和配套管理的提案
5	陈礼荣	关于切实打造疫情下“稳企业、促创业、保就业”的务实环境的提案
6	曹剑华	关于建立垃圾分类处理机制，建设生态文明城市的提案
7	周　平	关于规范农村建房，建设美丽乡村的提案
8	顾宝梅	关于加强国有资产管理的提案
9	刘才进	关于加快推进农村生活污水管网建设的提案
10	范小磊	关于整合海安红色资源 打造海安红色旅游的提案
11	蔡红卫	关于加强婴幼儿洗浴场所管理的提案
12	冒朝阳	关于加大海安文化产业发展的提案
13	钱小娣	关于改进人才市场招聘现场安排及增强管理的提案
14	许习白 严咏梅	关于进一步做好课后服务工作的提案
15	黄婧婧	关于发展壮大实体经济持续打造制造强市的提案
16	吉拥海	关于推动建筑产业、家具产业跨界融合发展的提案
17	陈旭明	关于扩大海安“家具市场”影响和完善“家具物流”配套的提案
18	袁加根	关于加强大数据共建共享更好地服务海安市民的提案
19	孙友庚	关于建立社区居家养老服务中心的提案
20	景　凯	关于在青少年中普及“民法典”常识的提案
21	席亚萍	关于对工程及道路飞尘加强监管和整治的提案
22	开发区政协工委	关于科学谋划推进乡村振兴发展的提案
23	李德余	关于增加体育活动设施的提案
24	翟慧勇	关于对已有建筑外墙安全和幕墙维护加强管理的提案
25	缪小平	关于留住到海安就业青年人才的提案
26	沈宏华	关于重视和加强城市（区）地下空间开发利用的提案
27	崔　剑	关于对道路交通安全专项整治的提案
28	陆模珍	关于加强人社局便民窗口服务管理的提案
29	王启涛	关于推进文化城市建设的提案
30	任　镇	关于通过科技创新引领海安高质量发展的提案
31	陆爱红	关于培养高素质农民助力乡村振兴的提案
32	贾伯根	关于实施城市更新，打造健康、宜居海安的提案
33	贲友兰	关于打造海安非遗集聚区，做优做强非遗文化产业的提案
34	田　尧	关于教室安装新风设备保障师生健康的提案
35	工商组	关于弘扬张謇企业家精神，培育新时代企业家的提案
36	茆根明	关于大力实施乡村振兴进一步规范农村村民建房管理的提案

文史编研

【概况】 2021年，海安市政协制定文史顾问工作制度，保障文史顾问常态化、规范化开展工作。全力筹备苏北第一届参政会会址纪念馆，20天形成展陈大纲初稿1.6万字，23天完成定稿。编撰苏北第一届参政会会址纪念馆布馆资料汇编《红旗十月满天飞》，计23万字，图片45张。拍摄访谈片《初心恒远热土芳华》、记录专题片《十月红旗》，完成"华指"（华中新四军八路军总指挥部）纪念馆展陈大纲并制作访谈专题片。拟定《海安特色村庄》征集方案（草案），组织文史顾问与各区镇（街道）总撰稿人校正审阅，完成稿件、图片征集工作。编印十四届政协五年工作回眸画册，收集人民政协史相关资料。组织市政协书画联谊会会员及部分市内知名书画家参加南通市政协举办的《奋斗》大型书画展。

【"岸芷·书香"委员读书活动】 2021年，海安市政协打造"岸芷·书香"政协委员读书活动品牌，建立岸芷悦读书吧，成立岸芷读书会，开设岸芷移动讲堂，组建岸芷书香名师团，开展岸芷思享会和岸芷读书心得评优活动，开辟"岸芷书香"微信公众号专栏。以"智慧政协"线上读书平台、"总平台+悦读书吧+委员书房"三类线下平台为阵地，建成"机关+基层"两级读书会并设立委员书房，下发关于共同加强"委员书房""职工书屋"建设的通知，常态化开展移动讲堂、思享会、读书心得评选等读书活动。依托泛书房建立"岸芷·书香政协"总平台，下设"书香政协·委员书吧""书香政协·报告厅"。至年底，建成读书会41个、委员书房41家，开展读书交流会、主题征文、演讲、诵读等线上线下读书活动95场，征集委员读书心得219篇。市政协代表南通县（市、区）级政协在全省政协宣传思想工作座谈会暨委员读书活动经验交流会上做经验介绍。

政协委员工作

【概况】 2021年，海安市有南通市住海安政协委员23人。市政协委员313人，分布在17个界别。新调整委员11人，增补委员19人。市政协加强党的建设，结合党史学习教育，组织政协委员30余人到井冈山开展为期5天的履职能力提升培训，20多人撰写学习体会并择优刊登于《海安日报》。全年参加培训人数760人次，南通机关党建网以《用精神"灯塔"照亮前行道路》报道海安政协委员培训工作。发挥区镇（街道）政协工委引领作用，组织新任政协工委负责人参加"有事好商量"协商议事工作专题培训。紧扣"党政关注、群众关切、社会关注、政协所能"，坚持党政点题与群众出题、委员荐题与政府为民办实事项目相结合，精选重点协商课题30个，由分管主席领办、各专门委员会督办。

【委员履职管理】 2021年，海安市政协加强委员考核、服务和管理，发挥好委员主体作用。每月的政府常务会，根据会议内容，轮流安排相关工作组、政协工委委员参加；在专题协商、民主评议、化工行业专题监督、主席会议考察活动中，有针对性地邀请相关部门委员和提案人参与活动；政府相关部门的听证会、说明会，安排行业专家委员参加，确保专业对口、所提意见切中要害、遇到问题有人解读。实施"市政协主席会议及党组成员联系常委，常委联系委员"制度，联合党支部，加强党员委员管理。修订完善委员服务与管理办法，政协工作组、政协工委考核办法，委员履职考核细则等制度。建立委员履职档案，开展季度通报、半年点评、年度述职总结活动。强化督促指导，推动工作组、区镇（街道）政协工委有序开展协商议事、考察调研、提案督办等活动。评选优秀政协委员，遵循评选条件和比例，促进各组、各工委之间相互学习提升。

（任静晶）

2021年11月17日，海安市政协组织主席会议考察活动，专题考察政府为民办实事项目　　市政协办公室／供图

海安开发区场外廉政讲堂

海安市纪委监委

重要会议

【全市党风廉政建设和反腐败工作情况通报会】 2021年1月22日，全市党风廉政建设和反腐败工作情况通报会在海安市行政中心东附四楼报告厅举行。市委常委、市纪委书记、市监委主任杨春红通报2020年度十大清风惠民项目，全市党风廉政建设和反腐败工作情况，2021年纪检监察总体工作思路。市纪委委员、老干部代表、党代表、人大代表、政协委员及市政府政风行风监督员代表等80余人参加活动。

【全市领导干部警示教育大会】 2021年2月7日，全市领导干部警示教育大会在海安市行政中心东附四楼报告厅召开。市委书记于立忠出席会议并讲话，市委副书记、市长谭真主持会议。于立忠强调，全市党员干部要以案为戒、警钟长鸣，勇于自我革命，始终保持忠诚干净担当的政治品格；要始终保持对初心的坚守，以更高的思想自觉筑牢信仰之基；要始终保持对人民的赤诚，以更强的公仆意识履行好为民之职；要始终保持对制度的敬畏，以更严的尺度标准落实应尽之责；要始终保持对清廉的追求，以更实的修身律己绷紧纪律之弦，以自我革命精神加强自我检视、自我教育、自我提高。与会人员观看警示教育片《时代之问》。

【市纪委十三届六次全会】 2021年3月6日，中国共产党海安市第十三届纪律检查委员会第六次全体会议在市行政中心东附四楼报告厅召开。会议深入学习贯彻习近平总书记重要讲话和中央纪委五次全会、江苏省纪委六次全会精神，总结工作、分析形势，部署2021年海安市党风廉政建设和反腐败工作。市委书记于立忠出席会议并讲话，要求各级党组织把学习贯彻习近平总书记重要讲话精神作为重大政治任务，坚决把思想和行动统一到中央和省委、南通市委的决策部署上来，始终把管党治党作为最根本的政治责任，以更加坚韧的定力纵深推进全面从严治党；要一刻不停推进党风廉政建设和反腐败斗争，推动纪检监察工作高质量发展；要聚焦服务中心大局，确保中央和省、南通市决策部署落地见效。市委常委、市纪委书记、市监委主任杨春红代表市纪委常委会做《深入推进新时代纪检监察工作高质量发展，为海安开启全面建设社会主义现代化新征程提供坚强保证》的工作报告。会议审议通过市纪委常委会工作报告和全会决议。

2021年3月6日，中国共产党海安市第十三届纪律检查委员会第六次全体会议在市行政中心东附四楼报告厅召开　　市纪委监委／供图

【全市机关作风效能建设推进会】 2021年8月27日，海安市召开全市机关作风效能建设推进会，播放《以“归零”心态再燃干事创业激情之火》作风效能专题片，实名通报曝光典型问题39个。市委书记于立忠出席会议并讲话，要求狠抓落实，高质高效完成既定目标；优化服务，全力打造一流营商环境；强化治理，持续增进改善民生福祉；严格管理，全面展现良好精神风貌。会议总结工作成绩，剖析存在问题，号召各级党员干部认真贯彻落实市第十四次党代会精神，凝心聚力、真抓实干，以严实的作风、务实的举措，努力实现“十四五”开好局、现代化起好步。市委副书记、市长谭真主持会议。

【市委反腐败协调小组会议】 2021年12月2日，海安市委反腐败协调小组会议在市行政中心东附四楼报告厅召开，市委常委、市纪委书记、市监委主任、市委反腐败协调小组组长杨春红主持会议并讲话，市委反腐败协调小组成员、各成员单位分管领导和联络员列席会议。杨春红要求各成员单位发挥各自职能优势，切实强化协作配合，进一步在统筹协调上提质增效，在工作机制上健全完善，在制度执行上严格规范，在队伍管理上抓紧抓实，将反腐败协调工作的制度优势充分转化为治理效能，在更深层次上推动形成惩治腐败的整体合力，开创海安党风廉政建设和反腐败斗争的新局面。

（季军华）

党风廉政建设

【概况】 2021年，海安市纪委监委深化以案促改，聚焦监督办案中发现的系统性、区域性问题，制发纪检监察建议10份，推动完善制度17个，4份建议获评南通市优秀纪检监察建议。在国企融资领域，针对市场闭塞、制度缺失、监管松散和队伍薄弱等廉政风险隐患，探索构建“三管一督”全流程监管体系，协助市委出台国企融资领域廉政风险防控实施意见。在工程建设领域，针对限额以下公共资源交易权力集中、资金密集、管理分散等情况，建设限额以下公共资源交易一体化监管平台，实现品类全上线、单位全覆盖、金额全纳入，做到“线下无交易，网上全留痕”。在养老惠民领域，针对基层群众保险基金被侵吞问题，开发惠民资金发放预警系统，落实惠民政策。花某违法问题的纪检监察建议及专项治理案例获评南通市“以案促改”优秀案例。举办“学百年党史·传优秀家风”廉政书画展，选送的书法作品获评省级二等奖。参加“弘扬清风正气，共建廉洁南通”微视频创作评比活动，7项作品获奖，市纪委监委获优秀组织奖。创新廉政教育方式，成立“我是纪法宣讲人”廉政宣讲团，分层分类组织纪法宣讲60余场，受教育人数5000余人次。

2021年9月14日，海安市“我是纪法宣讲人”宣讲团队在群众中开展法纪法规宣讲和方针政策宣传
翟慧勇／摄

【政治监督】 2021年，海安市纪委监委推进政治监督具体化、常态化，实现精准有效监督问责。开展疫情防控监督，严明疫情防控工作纪律，采取“四不两直”（不发通知、不打招呼、不听汇报、不用陪同接待，直奔基层、直插现场）方式开展监督检查100余次，形成督查报告26份，交办防控措施落实不严、组织管理不到位等问题453个，立案10件，运用“第一种形态”（经常开展批评和自我批评，让“红红脸，出出汗”成为常态）处置70人，通报曝光2批3起，落实疫情防控责任。开展地方政府隐性债务监督，聚焦融资成本高于8%的债务整改情况开展专项监督，层层压实债务整改主体责任，防范化解风险隐患；查处国有平台公司融资贪腐问题，立案7件，挽回经济损失1000余万元。开展污染防治攻坚领域监督，执行环境信访问题责任追究实施办法，化解环境污染领域陈年旧案50余件，严肃处理履职不力、持续落后的区（镇）负责人，立案2件，追责问责11人。开展换届风气监督，建立健全情况通报、资格联审等机制，立案查处选举不合规、扰乱选举会场等问题3件3人；严把换届人选政治关、廉洁关，完成1157名人选廉政意见回复工作，提出否定意见3人。

【作风建设】 2021年，海安市纪委监委加强党的作风建设，查处违反中央八项规定精神问题30件78人，实名通报曝光典型案例10期32件72人。深化违规吃喝问题专项治理，下发规范单位公务消费支出提醒函，严肃“不得收受礼品礼金”纪律要求，紧盯重要节点开展明察暗访，立案20件60人。开展公务用车领域突出问题专项治理，严查违规配备使用公务用车、公车私用、私车公养等问题，立案1件，规范公务用车管理。严肃查处不担当、不作为、乱作为等问题，通报形式主义、官僚主义问题8期31起39人，为基层松绑减负。

【政治生态优化】 2021年，海安市纪委监委选聘政风行风监督员22人，常态化开展落实全面从严治党“两个责任”（落实党风廉政建设责任制过程中，党委负主体责任、纪委负监督责任）情况督查，实现发现问题、推动整改、追责问责有效衔接。坚持“一案双查”（既查党员领导干部的违纪问题，又查执纪过程中是否存在违规违纪行为），依法问责79人、党组织2个。开展政治生态监测评价，做实做细分析评估、成果运用。

【“5·10”思廉日主题活动】 2021年5月10日，海安市第14个“5·10”思廉日主题活动在市文化艺术中心举行。市主要负责人参加活动。活动分“学百年党史·传优秀家风”廉政书画展、“我是纪法宣讲人”廉政宣讲团启动仪式、纪检监察史廉政专题讲座3个部分。市委书记于立忠要求，“我是纪法宣讲人”廉政宣讲团要准确把握党风廉政建设和反腐败工作新要求，发挥党风廉政建设宣传教育的先导作用，精心组织系列宣讲活动，彰显廉政宣传教育效果，持续推动全面从严治党向纵深发展、向基层延伸。于立忠强调，全市各级党委（党组）要全面落实新时代党的建设总要求，大力推进党建“十大工程”，切实担负起管党治党政治责任；广大党员干部要从百年党史中汲取智慧力量，清清白白做人、干干净净做事，为打造“五个海安”、建设“五个强市”提供坚强保证。各区镇(街道)均开展廉政教育活动,筑牢党员干部廉洁自律防线。

(季军华)

监督执纪问责

【概况】 2021年,海安市各级纪检监察组织受理群众信访举报368件,运用"四种形态"(第一种形态:经常开展批评和自我批评、约谈函询,让"红红脸、出出汗"成为常态;第二种形态:让党纪轻处分、组织调整成为违纪处理的大多数;第三种形态:让党纪重处分、重大职务调整的成为少数;第四种形态:让严重违纪涉嫌违法立案审查的成为极少数)批评、教育、帮助和处理1362人次。出台进一步增强"四项监督"(纪律监督、监察监督、派驻监督、巡视监督)联动协作提升监督工作质效的意见、市委巡察反馈问题处置督查督办工作实施办法,成立派驻纪检监察协作组4个,构建以审查调查为核心的监审、巡审联动工作模式,形成一体化工作机制。发挥派出监察员办公室职能,统筹调配区镇(街道)监督办案资源,实行例会制度,督导协同监督办案。至年末,派出监察员办公室指导协助各区镇(街道)纪(工)委完成自办案件352件,比上年增长11.9%。

【审查调查】 2021年,海安市纪委监委立案查处各类违纪违法案件557件,其中,采取留置措施16件,查处科级干部违纪违法案件38件。重点查处利用政府融资平台监管漏洞大搞权钱交易的金融案件,归纳国企融资四大乱象八大高危廉政风险点。聚焦工程腐败,归纳工程建设领域常见腐败手段5种。查办海安种子有限责任公司存在的"靠企吃企"、内外勾结侵吞国有资产等突出问题,总结种子购销、繁育、储存、运输四个阶段套取国有资金的4种腐败手段。统筹办案质量和安全,制度化推进案件质量规范管理,精品案件首批入选江苏省精品案例汇编。

2021年5月11日,海安高新区开展"铭党史 颂清廉"廉政教育活动

顾华夏/摄

【专项整治】 2021年,海安市实施"清风惠民"项目,开展养老、医保、耕地等重点领域突出问题专项整治,立案查处89件105人,推动解决民生问题184个;实施敬老院内部管理、河道沟塘发包等协同监督项目39个,立案111件,占案件总数20%。推进欺诈骗取医保基金专项整治,督促职能部门对64家定点医院、286家药店开展医保基金流失责任倒查,严肃查处对入院病人重复收费、扩大收费范围等套取医保基金问题,立案审查14件17人,移送公安机关立案侦查1家。开展利用城市公共停车设施谋私贪腐问题专项整治,发现主管部门管理人员收受贿赂、优亲厚友、违规减免包月停车费等问题线索25条,立案6件7人,规范停车收费管理。聚焦土地审批使用、部门执法等环节,紧盯违规占用基本农田等突出问题,摸排农村乱占耕地建房,立案审查48件48人,解决各类问题184个。常态化开展扫黑除恶工作,组织政法系统问题线索和办结案件"回头看",立案查办5件。集中整治违规经商办企业和违规借贷问题,立案查处党员领导干部和公职人员违规从事营利活动4件4人,查办"影子公司"问题2件2人。

(季军华)

海安法治文化广场

群众团体

海安市总工会

【概况】 至2021年年底，海安市有基层工会1916家，其中独立基层工会1822家；会员20.58万人，其中进城务工人员9.84万人。市总工会通过全国文明单位复检，统一集体协商行业标准案例入选全国总工会集体协商指导手册，推进职工思想政治引领工作获《工会信息》推介2次。“党工共建 融合发展”案例获评全省创新发展优秀成果，党员职工教育短视频《致匠心》获“百年风华”全省党员教育全媒体作品创作大赛三等奖，新业态群体工会组建、关爱务工人员子女“团圆·圆梦”行动经验做法全省交流。深化“产改”（产业工人队伍建设改革）工作，在全省率先编制产业工人队伍建设改革“十四五”规划，南通“产改”现场观摩推进会在海安召开，“产改”工作获省、南通市调研评估组好评，多次接待观摩团到海安学习交流。注重职工能力素质提升，举办职工职业技能大赛15场次，3.8万人参加；“圆梦行动”学历提升惠及106人，工会圆梦就业实践基地开展公益培训34场次。丰富职工业余活动，开展送宣讲、送法律、送安全、送讲座、送电影进基层360多场次，惠及职工5万多人。发挥模范带头作用，评选劳模工匠、文明职工、最美娘家人、五一巾帼标兵等70多人，3人获南通市五一劳动奖章，9人获评江苏省劳动模范。全市各级工会获国家级荣誉3项，南通市级以上荣誉111项。

【工会重要会议】 市总工会十五届四次全委（扩大）会议 2021年1月27日，海安市总工会召开十五届四次全委（扩大）会议，市总工会十五届委员会委员、经审委委员、女职委委员，系统、行业、直属工会干部以及受表彰的先进个人等参加会议。市总工会主席代表市总工会第十五届常委会做工作报告，与会人员书面审议市总工会经费审查委员会工作报告、女职工委员会工作报告。会议总结2020年工会工作，部署2021年工作任务。表彰第十二届“十佳文明职工标兵”、第十四届“十佳外来务工人员”。举行市总工会第十五届委员会第四次全体会议选举，王华、贲可梁当选市总工会第十五届委员会副主席，王奎梅、李卫军当选市总工会第十五届委员会常委会委员，替增补丁邦俊等12人为市总工会第十五届委员。

市总工会第十五届委员会第五次全体会议 6月30日，海安市总工会召开第十五届委员会第五次全体会议，会议审议通过关于海安市总工会第十五届委员会委员替增补等调整的决定（草案），杨海燕当选市总工会第十五届委员会主席，顾登峰当选市总工会第十五届委员会常委会委员。

【产业工人队伍建设改革】 2021年，海安市拥有“产改”试点企业80家，打造试点行业品牌8个，涌现出中国天楹股份有限公司、南通市达欣工程股份有限公司（简称达欣集团）、江苏鹏飞集团股份有限公司、南通双弘纺织有限公司（简称双弘纺织）等示范单位。持续推进“产改”，将“产改”纳入全面深化改革工作、新一轮党建“十大工程”以及全市年度目标绩效考核体系，多次召开“产改”联席会议暨工作推进会，举办“产改”工作业务培训班。江苏省、南通市相关领导到海安调研“产改”工作7次，市总工会先后到射阳县、张家港市开展“产改”交流学习3次。12月13日，新时代南通产业工人队伍建设改革观摩推进会议在海安召开。坚持分类推进，率先将“产改”工作向行业、小产业集群延伸，指导建立胡集街道、市纺织行业“产改”指导站，网格化建立“产改”联络员、指导员、观察员队伍，打造海安“产改”样本。

【工会组织建设】 2021年，海安市开展百人以上企业工会组建及会员入会“百日攻坚”行动，新建工会76家，发展会员5000余人。3月11日，丝艾工业科技（海安）有限公司工会成立。3月18日，市保安服务集团有限公司召开工会首届一次代表大会，职工900多人入会。5月10日，南通业顺机械制造有限公司工会召开首届一次会员代表大会。是月11日，盛邦家具海安有限公司工会召开首届一次会员代表大会。是月21日，南通铭泰机床有限公司工会召开首届一次会员代表大会。6月15日，南通中力科技有限公司工会委员会召开首届一次会员代表大会。是月18日，南通裕弘服装有限公司工会召开首届一次会员代表大会。是月18日，南通福宝宝服饰有限公司工会召开首届一次会员代表大会。是月28日，海安市首家网约送餐员工会——澍泽配送服务有限公司工会召开首届一次会员代表大会，美团网送餐员200多人入会。7月2日，江苏鸿杰立

2021年12月13日，新时代南通产业工人队伍建设改革观摩推进会议在海安召开
市总工会／供图

新材料科技有限公司工会召开首届一次会员大会。9月6日，江苏铭鹏装备有限公司工会召开首届一次会员代表大会。是月29日，海安辉熠软件科技有限公司（饿了么）工会成立。

推动职工之家建设，江苏工会服务网实名制录入会员9.4万多人。推进“结对建家”活动，按照“六有”（有依法选举的工会主席，有独立健全的组织机构，有服务职工的活动载体，有健全完善的制度机制，有自主管理的工会经费，有会员满意的工作绩效）工会建设标准，组织基层工会结对33家，建立村企工会联建项目18个，选树典型7个，获评南通市工会“三联三促”（活动联搞，促进村企深度融合；服务联手，促进百姓获得感增强；组织联建，促进基层组织更加坚强有力、充满活力）优质项目4项。选树党建带工建“三亮三比”（亮身份、亮承诺、亮标准，比技能、比业绩、比作风）市级示范单位，培植双弘纺织、达欣集团、鹏飞集团等典型。出台非公企业兼职工会主席履职补贴制度。征集基层职工代表提案58件，评选基层工会工作创新成果30件。深化劳模创新工作室“薪火零距离行动”，成立海安市纺织行业劳模工匠联盟，评选职工科技创新成果、先进操作法、“五小”成果（小发明、小创造、小革新、小设计、小建议）等近60项。

【职工思想引领】 2021年，海安市总工会开展党史学习教育，举办“我是党的螺丝钉”海安市党建带群建“夏月活力季”主题活动启动仪式暨“学党史·办实事”劳模先进事迹报告会，制作劳模宣讲视频，聘请劳模工匠代表28人到企业班组宣讲40多场次，实现劳动教育中小学全覆盖。江苏飞亚化学工业集团、双弘纺织职工思想政治工作分别获评省、南通市职工思政优秀案例。加强职工书屋建设，命名海安职工书屋示范点33家，达欣集团、海安启弘纺织有限公司分别获评全国、省职工书屋示范点。2月5日，举行江苏威尔曼科技有限公司“云上书吧”职工书屋授牌仪式，开展“悦读润童心 工会伴你行”职工亲子读书活动，职工及子女40多人参加。7月19日，“中国梦·劳动美·科创城”海安市职工学习贯彻习近平总书记“七一”重要讲话精神暨第七届劳动者大舞台活动在市文化艺术中心大剧场举行，南通市、海安市相关领导为市“关爱·圆梦”就业实践基地授牌，发放学历提升优秀学员证书，向参加“团圆圆梦”活动的外来务工人员子女赠送礼包。10月18日，全市产业工人主题思政课在常安现代纺织科技园举行，园区产业工人近100人参加活动。

【职工关心关爱】 2021年，海安市工会系统关心关爱职工，开展节日走访、高温慰问，助困、助学、助医、抗疫等活动，发放慰问金、慰问品1.56万人次300多万元。组织劳模、优秀职工340多人疗休养，为“八大群体”（货车司机、快递员、护工护理员、家政服务员、商场信息员、网约送餐员、房产中介员、保安员）、劳模、新业态劳动者、困难职工近700人免费体检，发放劳模荣誉津贴、劳模春节慰问金30多万元。慰问在海安过年的外来务工人员，协助政府发放稳岗补贴3300多人84.78万元。落实“小微企业”工会经费支持政策，应返尽返4434家企业1815.13万元。新建户外劳动者爱心服务站11家、女职工康乃馨服务站12家。指导单独签订工资集体专项合同682份、行业工资专项集体合同7份、区域性集体合同21份。关心职工安全，组织网上安康课堂学习培训教育和竞赛答题活动；在江苏海建股份有限公司开展“百团进百万企业千万员工”安全生产宣讲活动，一线员工代表近100人参加。关爱外来务工人员及子女，开展“团圆·圆梦”活动，组织部分外来务工人员孩子及家属到海安开展“六个一”（走一次海安红色之旅，搞一个团圆聚餐，看一场电影，看一台文艺演出，体验一次爸妈工作生活，满足一个微心愿）活动。

【职工权益维护】 2021年，海安市总工会加强职工法律援助，维权律师办理劳动人事争议案475件。4月27日，市总工会党组书记走进市电台“法治热线”直播间解读《保障农民工工资支付条例》并现场解答听众问题。开展职工法律宣传活动，维护职工合法权益。5月18日，市总工会在海陵公园开展法治宣传活动，发放《法治生活宝典》《民法典与生活同行》《保障农民工工资支付条例》等法律读本800多份。7月9日，举办全市职工法律知识竞赛决赛。12月4日，市总工会联合海安街道工会开展宪法宣传活动，邀请专业律师提供现场法律咨询服务，发放“新就业形态劳动者入会知识50问”、宪法知识宣传折页400多份。（高美卉　陈素兰）

共青团海安市委

【概况】 至2021年年底，海安市拥有14~35周岁青年16.43万人，团员3.04万人，其中新发展团员1610人。共青团海安市委拥有下级组织2840个，其中，团委93个、团工委3个，团总支153个、团支部2468个、毕业生团组织123个。2021年，海安市被确立为全国县域共青团基层组织改革试点地区。成立海安市青少年事务服务中心，入驻青年社会组织7家、孵化志愿服务项目6个，推动政府向注册青年社会组织采购扁平化、项目化的社会服务。开发“海”青春微信小程序，发挥青年之家、青年学习社、青春驿站等团属阵地优势，引导商户会员单位入驻，构建横向到边、纵向到底的全覆盖式青年活动场所。举办“情定海陵 ‘缘’来有你”2021年海安户外集体婚礼、“花好月正圆，海城结姻缘”海安青年交友联谊、青年人才读书沙龙等活动，启动“爱在海陵·2022”青年交友联谊活动，开展“书为媒”人才专场、“花为媒”企业专场、“茶为媒”卫生系统专场、“歌为媒”教育系统专场等交友联谊活动。农业青年贲翔入围首届全国乡村振兴青年先锋评选，青年人才孟祥敦“智能柔性机器人开发”项目获评江苏省青年创新创业大赛（科技创新初创组）三等奖。共青团海安市委获评江苏省团属报刊宣传工作2021年度先进典型、南通市“梦想改造+”关爱计划优秀组织奖。

【团组织建设】 2021年，共青团海安市委按照“青年在哪里，团组织就建在哪里”，巩固社会领域团组织组建，新增社会领域团组织372家，新建青年之家4个，引导入驻社会组织85家，开展活动528场，参与人数3.25万人。创新建立“懂”书记工作室2间，配备专职“懂”书记15人、兼职“懂”书记60人，覆盖区镇（街道）13个、产业园区10个、商圈5个，联系服务非公领域青年2万多人。宣传片《江苏海安：创新赋能 非公企业团组织数量与活力并重》在团中央媒体平台、团省委非公团组织培训会上展播，放样全省。拓展行业领域覆盖，成立教育行业团工委、建筑行业团工委，推进互联网行业、农业农村行业等团工委建设。联合市委组织部、市财政局出台关于进一步巩固和深化新时代党建带团建工作的实施意见，明确各区镇（街道）每年党建经费中团建经费占比不低于8%。出台“海安党建带团建、队建巡查清单”，将党建带团建、队建工作纳入市级党委巡察监督内容和基层党组织书记党建工作述职内容。加强队伍建设，出台关于进一步加强团干部队伍建设管理的实施意见，构建团干部“选育管用”一体化培养机制，建立专职、挂（兼）职、聘用制和团员青年选拔模式，组建“1+2+N”（区镇、街道配备专职团干部1人，从企业、银行领域选拔挂职或兼职团干部各1人，凝聚地域内新兴领域青年力量）团干部队伍，发挥“1+N”（村、社区在“两委”成员中明确1名团干部的基础上，发挥村、社区青年委员作用）团干部队伍力量。

【青少年思想引领】 2021年，海安市各级团组织开展“联青服务日”活动100多场，圆梦微心愿80多个。招募青年志愿者1500多人，组建疫情防控青年突击队90多支，服务疫苗接种、卡口执勤、核酸检测、数据统计等领域。动员青年志愿者助力文明典范城市创建，开展“河小青”美丽江苏建设、垃圾分类、公益宣传等各类活动100多场。加强爱国主义教育，深入挖掘红色资源，苏中七战七捷青年学习社、“红色火种”青年学习社线路分别入选南通市级青年学习社、青年学习社线路。从海安“百姓名嘴”骨干班中选拔青年名嘴6人，结对孵化区镇（街道）、村（社区）红色青年理论宣讲员60人，组建红色青年理论宣讲队6支，组织“百年党史青春说”活动，各级共青团组织开展党史理论宣讲40多场。

【青少年成长护航】 2021年，海安市加强青年组织建设，先后召开青年工作联席会议第二次全体会议、青年联合会三届三次常委会、中国少年先锋队海安市第三次代表大会。9月30日，海安市首个社区少工委——海安街道复兴社区少工委成立。加强重点青少年管理，继续实施重点青少年三级分色服务管理机制，结合青少年不良行为类型、是否有再犯可能、家庭人员构成、工作生活环境等因素，科学划分“三色”（红色、黄色、绿色）关注等级。建立海安市未成年人一站式办案中心，落实询问、心理疏导、身体检查、证据提取、亲职教育等功能，加强未成年被害人隐私保护。关爱困境青少年，推进“梦想改造+”关爱行动，高标准建成梦想小屋32间；4月22日，南通市“梦想小屋”集中建设推进会在海安召开；6月17日，海安在江苏省“梦想小屋”集中交付仪式上交流发言，南通唯一。联合市委政法委、市公安局、海安中专、南通理工学院海安校区拍摄反诈视频《青春无诈》，在江苏共青团B站官方账号、“江苏政法”微信公众号等省级媒体平台展播，总点击量突破2万人次。

【海安获批全国县域共青团基层组织改革试点地区】 2021年，海安市被确立为全国县域共青团基层组织改革试点地区。在全省率先召开市委常委会会议和市委全面深化改革委员会会议，专题研究审议《海安市共青团基层组织改革实施方案》。成立县域共青团基层组织改革试点工作领导小组，在全省首创市委主要负责人担任改革领导小组组长。承办江苏省县域共青团基层组织改革试点互学互检、非公企业团组织负责人示范培训班等活动，共青团江苏省委专题调研海安县域共青团基层组织改革试点工作。基层组织改革相关做法获团中央领导肯定。 （共青团海安市委）

海安市妇联

【概况】 2021年，海安市拥有区镇（街道）妇联13个，村妇联209个，社区妇联27个。市妇联获评全国维护妇女儿童权益先进集体，滨海新区妇联主席练亚琴获评全国妇联系统先进工作者，朱兴乔家庭、吴兴宝家庭分别获评第十二届全国“五好家庭”、2021年全国“最美家庭”，蒋浩家庭等3户家庭获评2020年江苏省“最美家庭”，丁年凤家庭等6户家庭获评2021年南通市“最美家庭”。召开基层妇联工作阵地建设现场推进会，推进区镇（街道）妇女儿童服务阵地均衡化发展。组织“姐妹微家”花开四季主题活动，分类指导微家规范化建设，新申报南通市示范“姐妹微家”3家、最美“三八红旗手”工作室3家，新增南通市最美“三八红旗手”工作室2家。强化信息宣传，“海安妇联”微信公众号全年编发推送346条，其中工作动态类信息205条。多篇稿件被南通市级以上媒体录用，“学习强国”学习平台21篇、《中国妇女报》2篇、“江苏女性e天地”5篇、省妇联“women+”187篇、江苏女性网和南通女性网866篇。结合党史学习教育，组织“春泥护花”送党史、送法律、送健康到基层活动15场，录制高凤英、吕秀凤英烈事迹音频资料，参与“学党史 江海巾帼说”宣讲活动。发挥巾帼宣讲团作用，开展党史理论、“七一”重要讲话、十九届六中全会精神宣讲活动500多场次。开展党建带群建“春风润物季”启动仪式暨三八国际妇女节111周年纪念活动。举办“誓言越百年 永远跟党走”——《巾帼如歌》学习贯彻习近平总书记“七一”重要讲话精神主题活动，在线点击量14.21万人次。深入培育各级各类巾帼示范基地，海安霞山农场等3家基地获评2021年江苏省妇女“双学双比”活动示范基地，市人才交流服务中心获评江苏省巾帼文明岗。三八国际妇女节期间，表彰海安市城乡妇女岗位建功先进集体35个、岗位建功先进个人80人。强化巾帼企业走访，协调解决企业问题和需求6件。深化巾帼建功活动，组织全市69家巾帼文明岗与村（社区）、巾帼企业结对开展常态化活动。以巾帼典型洪芳事迹陈列馆为核心，打造城乡妇女岗位建功教育实践基地。江苏泛书房创客空间被命名为首批南通市巾帼公益实践基地，海安惠心志愿服务社获评2021年江苏省巾帼志愿服务十佳组织。

【妇女组织建设】 2021年，海安市妇联结合村（社区）“两委”换届，完成237个村（社区）妇联换届选举工作，实现村（社区）妇联主席进“两委”班子100%，其中86个村（社区）妇联主席由女（副）支书、（副）主任兼任。深入推进“两新”组织（新经济组织、新社会组织）、机关事业单位等妇联组织建设，新建海安街道中大街商业一条街、惠心志愿服务社、市人民医院妇联。结合党史学习教育，在南通率先落实村（社区）妇联班子“履新启航六件事”（开展一次妇情走访、亮晒一份履职承诺、开展一轮全员培训、实施一项破难行动、领办一件开门实事、培育一批工作样板），实施三级妇联执委“我为群众办实事”项目3858件。推进“一执委一实事”，完成三级妇联执委实事项目3846件，统筹资金上百万元，覆盖受益妇女儿童上万人。举办全市村（社区）妇联主席培训班，提升基层妇联主席政策理论水平和工作能力。组织村（社区）女书记（主任）加入南通市村（社区）女书记（主任）联盟，联合市委组织部组织首批村（社区）女书记结对共建，优选8对女支书以老带新，助力新生代女书记快速成长。

【妇女儿童权益维护】 2021年，海安市深化“大数据+网格化+铁脚板”联动协同社会治理机制和妇女议事“家家访 月月谈”工作机制，联合市域治理中心、法院、检察院等部门和区镇（街道）排查并分流处置婚姻家事纠纷事项180件、家庭暴力事项24件。2家优秀妇女议事会、1名优秀妇女议事人、2例优秀妇女议事案例在南通市党建带群建“夏日活力季”活动中获表彰。关爱妇女儿童心理健康，实施“心晴计划”，联合市第三人民医院建立海安市妇女儿童心理咨询服务中心。推进平安家庭创建、“网格+妇儿维权”工作，评选表彰海安市平安家庭标兵户30户、金牌老舅妈15人、最美“双员”（巾帼网格员、妇情信息员）30人，推荐上报南通市最美“双员”9人。海安街道妇联在全省妇女儿童维权一线接访人员能力提升培训班上做“维护妇女权益 护航家庭幸福”案例分享。结合三八维权周、国际消除对妇女暴力日等开展系列宣传活动，发放宣传资料3000多份，接受咨询服务500多人次。选录村（社区）妇女议事会依法维护妇女儿童权益、基层妇女维权工作者下沉基层调解行动优秀案例50个，编印《海安市妇女儿童维权案例汇编》。邀请市人民法院员额法官为基层妇女维权工作者做婚姻家庭矛盾纠纷调解专题讲座，举办学习“民法典”知识竞赛活动，基层妇女维权工作者、区镇（街道）妇联主席等近120人参加。开展“金秋圆梦·培育种子 维权起航”行动，组织基层妇女维权工作者100人到海安高新区法庭跟班见习，提升基层妇女维权工作者实战业务水平。组织全市机关和企事业单位工作人员、妇女群众及家庭成员参与南通市第七届家庭学法达人赛，市妇联获评优秀组织奖。

【妇女儿童公益服务】 2021年，海安市组织申报并实施省、南通市和市级妇女儿童公益服务项目，累计争取资金30多万元，服务贫困母亲、困境儿童2000多人。海安惠心志愿服务社《“守护花开”和谐家庭环境营造——关爱儿童健康成长计划》获省级立项，滨海新区《渔家阿嫂在海边》获南通市级立项，隆政街道《让爱住我家——反家庭暴力普法宣传公益项目》等12个项目获市级立项。

【困难妇女儿童关爱保护】 2021年，海安市关爱困难妇女儿童，加大爱心母婴室建设力度，拥有母婴室41家。持续开展农村妇女“两癌”免费筛查，发放帮扶资金2人2万元。慰问农村贫困母亲，落实帮扶资金372人16万元。新建“爱心助学班”2个，累计拥有“爱心助学班”42个，资助贫困学子1036人50多万元。开展“99公益日”线上、线下募捐活动，组建团队266个，募集资金27万多元，列南通市第一位。

【家庭家风建设】 2021年，海安市加强家教家风传承，依托市妇联微信公众号，开设“让家更有力量”防控疫情、优秀家风家教故事展播、“最美家庭”事迹宣传等专栏，以王汉文家庭为原型的《一个家，千万家》家庭教育小品在南通家庭文化节展演。开展寻访“最美家庭”活动，选树2021年海安市“最美家庭”10户、“最美家庭”提名家庭10户。推动“家长学吧”扩容提质，累计拥有“家长学吧”45家，其中南通市示范“家长学吧”24家，总数居南通首位。发挥各村（社区）家长学校作用，开设父母学堂，举办文化传承、教育讲座、亲子游戏等专题活动926场，举办家庭教育系列课堂237场，受益家长2300多人。成立家庭教育讲师团，持续开展家庭教育新思想、新理论、新理念送教宣讲活动，累计举办各类家庭教育讲座440多场，受益家长近2万人次。围绕“科学规划告别拖延”“‘双减’背景下如何陪伴孩子”等专题举办家庭教育公益大讲坛，线下300多人参加，线上点击量5万多次。深化“三全”（社区全域、父母全程、家庭全类型）家庭教育支持行动，7个省级试点社区通过氛围营造、档案建设、创新活动载体，营造“推门可见、社区可感、家家参与”的家庭教育氛围。先试先行启动联合家访，线上采集未成年人家庭教育基础信息档案5.22万份，依托联合家访工作机制开展中小学生心理健康家庭教育指导服务，联合家访学生家庭2500多户。联合市农业农村局开展“争创美丽庭院（阳台）”行动，表彰市“美丽庭院（阳台）”18户、“美丽庭院（阳台）”提名奖15户、网络最佳人气奖1户。组织参与南通市“秀秀南通美好家园 晒晒我家美丽庭院”网络大赛，24户家庭获评“百佳美丽庭院（阳台）”，市妇联获优秀组织奖。（市妇联）

海安市科协

【概况】 2021年，海安市科协按照《全民科学素质行动计划纲要实施方案》要求，助力海安新时代文明实践建设，提升全民科学素质。加强基层组织建设，出台海安市科学技术普及机制实施方案，加大对获市级以上科普示范基地、新成立企业科协、优秀科技志愿者、青少年科学竞赛等方面奖励力度。调整2021年海安市全民科学素质工作领导小组成员单位，10个区镇科协组织完成换届。建立健全街道、园区基层科协组织，指导高新技术企业成立科协组织，新增企业科协112家。海安市科技志愿服务大队获长三角优秀科技志愿服务组织奖。

【科普示范建设】 2021年，海安市启动科普馆建设，发挥科普教育基地、示范社区、惠农服务站等载体作用，提升科学技术传播力。结合科普惠农兴村计划、社区科普益民计划，开展科普示范基地、村、社区创建活动，获批南通市科普惠农服务站1家、科普示范社区2家、科普示范基地2家；雅周现代农业园、南通乐百年健康产业开发有限公司、海安青少年近视防控科普馆、江苏省海安高级中学、海安市曲塘中学、海安市实验小学6家单位获批省级科普教育基地。海安科技与科普文明实践志愿服务项目入选中国科协首届科技志愿服务项目，江苏唯一。

【科普宣传】 2021年，海安市进一步整合科普资源，推动科普资源共享共建。以“百年回望：中国共产党领导科技发展”为主题，开展全国科技活动周暨第三十三届科普宣传周活动。依托新时代文明实践中心（所、站）活动平台，开展科技志愿联合服务行动，举办“科普冬宴送基层，文明实践耀乡野”“科普服务送基层，文明实践暖春行”“我为百姓办实事”“三微三心”文明实践系列活动。联合自然资源规划局、生态环境局等单位开展全国“爱鸟周”40周年活动。全年，组织全国科普活动日、科技工作者日等各类主题宣传活动60场次，发放资料2万份，受益群众60多万人次。

【重点人群科学素质提升】 2021年，海安市发挥市委组织部、市教育局、市人社局、市农业农村局等全民科学素质领导小组成员单位作用，聚焦重点人群科学素质工作，组织文化、科技、卫生“三下乡”、青少年科技创新大赛、农民科学素质网络知识竞赛、科普大篷车进校园、产业工人素质提升等活动，提升全民科学素质。深化领导干部科学素质提升行动，组织科技干部到浙江大学参加科技创新培训。加强科学教师队伍建设，探讨“双减”（有效减轻义务教育阶段学生过重作业负担和校外培训负担）背景下开展科技活动和科学教学的新定位，举办科学教师专题培训，开展跨学段同课异构、STEM工作坊、学生科技创新成果展和专家讲座等活动，推进青少年科学素养建设。江苏省海安高级中学机器人社团选派3支代表队参加第二十届江苏青少年机器人竞赛，分获机器人综合技能项目一、二、三等奖，并获团体奖；海安中等专业学校徐子雅“新型自动送料可计数远程控制高效成形弯曲器”项目获南通市青少年科技创新市长奖，海安中等专业学校郭广新获耕耘奖，海安中等专业学校获摇篮奖。

【老科技工作者协会工作】 2021年，海安市老科技工作者协会发挥科技专业优势，继续做好助力科学普及、企业技术创新、乡村振兴等工作。开展科普宣传活动25场次，受众人数1.08万人次；组织科技下乡活动10次，受众3500人次；开展义诊、健康咨询6场次，发放科普宣传资料5600份，受众510人次。助力申报高新技术企业4家，申请专利36项，引进科技成果24项，实施产学研合作项目28个。积极建言献策，6篇调研文章被南通市老科协立项，3篇获奖；8篇调研文章被市委、市政府领导批示。海安市老科协获评全国科普日活动先进集体。海安分别获评省老科协南通市老科协科技创新服务示范基地2个、4个。海安开发区分会、李堡镇分会分别获评省、南通市老科协示范会员之家，李堡镇分会获南通市老科协特色工作奖。

（市科协）

海安市侨联

【概况】 2021年，海安市拥有归侨侨眷1万余人，海外侨胞约6300人。市侨联拥有侨商总会、侨谊会、侨青会、华侨医疗保健中心、华侨武术文化社、侨联乒乓球队、侨联歌舞艺术团、海外文化交流中心、华侨摄影学会9个社团组织，拥有美国海安同乡会、加拿大海安同乡会、安哥拉海安商会暨同乡会3个海外同乡会。海安侨领13人分布于美国、加拿大、俄罗斯、阿联酋等多个国家和地区的海外侨社团。

【侨联组织建设】 2021年，海安市侨联以“党组织在哪里，侨联组织就建到哪”为目标，建立健全园区侨联2家、侨联小组12个，品牌化打造侨胞之家、新侨驿站、为侨服务工作站等活动阵地，基本实现基层组织全覆盖。瑞恩电气、海安开发区科创园获评省新侨创新创业基地，海安青墩遗址博物馆获评华侨文化交流基地。5月27日，海安市侨联召开七届十次全委会，景圣余当选市侨联第七届委员会主席。9月11日，市侨商总会第二次会员大会召开。会议选举产生第二届理事72人、监事3人，王良明当选第二届理事会会长，席亚萍当选第二届监事会监事长，聘请李春涛任创会会长、周杰祥任名誉会长、吉志军任秘书长。会上，成立侨商总会党支部，董桂香当选支部书记。12月16日，海安市归侨侨眷第八次代表大会召开。会议选举产生侨联委员21人，景圣余当选市侨联第八届委员会主席，王婷婷当选副主席兼秘书长。会议表彰归侨侨眷先进个人14人、侨联系统先进集体6个和侨联系统先进工作者10人。

【侨界参政议政】 2021年，海安市侨联依托“有事好商量”协商议事平台，组织侨界政协委员深入基层一线开展调研，聚焦化解重大风险、精准脱贫、污染防治等热点难点问题建言献策，参与社会治理。王良明、席亚萍获评优秀政协委员，席亚萍关于对工程及道路飞尘加强监管和整治的建议获评优秀政协提案。对接5家企业开展服务企业“科技行”活动，走访调研侨企56家，召开侨企负责人座谈会10余场次，为侨商企业发展出谋划策。推荐10多家优秀侨企加入南通市侨商联合会，组织侨企外出考察交流。依托中意生态园与新侨创新创业基地，助力新侨创新创业。

【为侨服务】 2021年，海安市侨联走访慰问困难侨眷、重点侨领80多人次，发放慰问品、慰问金3万多元。实施关爱侨界“空巢”家庭大走访行动，集中座谈、入户走访侨界“空巢”家庭73户。联合市民政局，将年满80周岁的侨界“空巢”老人18人纳入常态化关爱服务网络。组建“心侨”志愿服务队，为侨界“空巢”老人提供生活照料、医疗保健、精神抚慰等服务，惠及300多人次。节日期间，组织各区镇（街道）开展针对性联谊活动近30场，近千人次参加。侨联歌舞艺术团编排新曲目6个，开展公益演出20余场次，观众超1500人次；承办“侨见海安”摄影作品征集活动，收到摄影作品566幅，择优选定入展作品60幅，先后在市侨商总会第二次会员大会、首届乡贤大会和市行政中心展出，观展人数逾千人。发动基层组织摸排全市侨情信息，入库数据4229条，占南通市三分之一，受到省侨联通报表扬。发挥警侨联动服务中心作用，为南通业盟新材料股份有限公司海外并购提供法律咨询。化解涉侨矛盾，接待并妥善处理信件2件，接待到访14人次，为归侨侨眷解决问题8件。

【海外联谊】 2021年，海安市侨联依托侨谊会，开展全方位、多领域海外联络联谊。建立海外乡亲联系群16个，邀请海外华人华侨社团到海安考察投资8批次，接待海外侨胞40余人次。10月13—14日，承办“创业中华·筑梦江苏”侨商海安行活动，美国、加拿大、西班牙等10余个国家和地区的侨商近200人参加活动。海安市人民政府与江苏省侨商总会签订战略合作协议，达成初步合作意向2项。同时，举行省新侨创新创业基地、省华侨文化交流基地授牌仪式。

【侨务宣传】 2021年，海安市侨联出台新闻宣传工作激励办法（试行），向全市各侨联小组和海外侨胞、归侨侨眷等侨界人士征集收看庆祝中国共产党成立100周年大会直播热议21条、感悟视频3个；组织基层侨联干部、侨眷收看党的十九届六中全会新闻发布会，征集学习心得14篇，被上级侨联组织采用4篇。制作发布拜年视频《五彩侨联 侨连五洲》、工作宣传片《以“侨”架“桥”连五洲 同圆共享中国梦》。“创业中华·筑梦江苏”侨商海安行相关报道被人民网、交汇点等主流媒体报道，在江苏公共·新闻频道播出。在《海安日报》上开辟“侨商风采”专栏，集中宣传海安重点侨商16人的典型事迹；收集整理28家侨企素材，制作“侨企风采秀”视频。开展涉侨法律法规宣传，发放宣传册1000余份。

（顾　颖）

海安市工商联

【概况】 2021年，海安市工商联系统会员总数3879个，拥有8家镇级商会、6家街道商会、28家行业商会、2家海安异地商会、5家异地海安商会、5家综合类商会。9月19日，海安市工商总会成立。市民营经济纠纷调解中心“多元化解纠纷 护航民企发展”入选全国工商联法律服务创新案例。市工商业联合会获评全国“五好”县级工商联。

【工商联重要会议】 市工商联（总商会）十一届五次执委（扩大）会　2021年3月9日，市工商联（总商会）召开十一届五次执委（扩大）会，市政协副主席、工商联（总商会）主席（会长）蔡祝平代表十一届执行委员会做《继往开来再出发 砥砺奋进谱新章 在服务高质量发展中开启工商联工作新征程》工作报告。会议通报市工商联系统获上级表彰情况，表彰2020年度工商联（总商会）综合工作先进集体10个、单项工作先进集体23个、先进个人14人。增补刘伟峰、严九江、吴碧娟、陈刚、閰传胪为工商联（总商会）十一届执行委员。

市工商总会成立大会　9月19日，海安工商总会召开成立大会。会前，举行海安工商总会第一届理事大会和海安工商总会一届一次会长会议。会议宣读海安工商总会一届一次会长会议选举结果，江苏联发集团股份有限公司党委书记、董事长薛庆龙当选首任轮值会长，江苏鹏飞集团股份有限公司董事长、总经理王家安任党支部书记。举行海安工商总会党支部授牌仪式，海安工商总会轮值会长、副会长授牌仪式。表彰首届新时代“张謇式”优秀企业家和“杰出海商”。

市工商业联合会（总商会）第十二次代表大会　12月26日，海安市工商业联合会（总商会）召开第十二次代表大会。会议听取并讨论海安市委及南通市工商联领导讲话。听取并审议市工商业联合会（总商会）第十一届执行委员会工作报告。选举产生市工商业联合会（总商会）第十二届执行委员会。召开市工商业联合会（总商会）第十二届执行委员会第一次会议，赵剑波当选主席（会长），黄婧婧当选常务副主席（副会长）（挂职），储雪松、范志军当选副主席（副会长）（驻会），陆晓静当选秘书长，选举产生常务委员59人，推选薛庆龙、储呈平、赵剑波、黄婧婧等20人出席南通市工商联第十四次代表大会。审议通过市工商业联合会（总商会）第十二次代表大会决议。

【工商联组织建设】 2021年，海安市工商总会成立。新组建商会4家。1月30日，海安街道商会召开成立大会，江苏鹰球集团有限公司董事长申承秀当选第一届理事会会长、支部委员会书记。5月9日，市机动车检测维修协会召开成立大会，海陵机动车检测有限公司高晓梅当选第一届理事会会长，吉皓任支部委员会书记。7月3日，在京企业家商会召开成立大会，苏中建设集团有限公司京津冀区域总经理王义宏当选第一届理事会会长，北京艺茹建筑装饰工程有限公司董事长徐宝银任支部委员会书记。9月10日，隆政街道商会召开成立大会，南通文凯化纤有限公司总经理邓锦高当选第一届理事会会长，南通奥里斯特机械有限公司董事长吴厚余任支部委员会书记。组织6家商会完成换届工作。4月29日，化纤业总商会召开第三次会员代表大会，中山合成纤维有限公司董事长杨忠国当选会长。9月8日，节能环保业商会召开第四次会员大会，江苏巨邦环境工程集团股份有限公司董事长常琦当选会长。9月29日，汽车零部件业商会召开第三次会员代表大会，江苏鹰球集团有限公司董事长申承秀当选第三届理事会会长。12月10日，化纤加弹业商会召开第三次会员大会，双丰锦纶有限公司董事长、总经理包德贤当选会长，南通恒诚制线有限公司董事长孙贵任支部委员会书记。12月15日，化纤锦纶业商会召开第三次会员大会，南通文凯化纤有限公司董事长、总经理邓锦高当选会长，江苏鸿顺合纤科技有限公司董事长王义军任支部委员会书记。12月24日，化纤制线业商会召开第三次会员大会，南通通源纱线有限公司董事长、总经理周国银当选会长，南通中祥线业有限公司董事长卢崇国任支部委员会书记。

【工商调查研究】 2021年，海安市工商联完成全国上规模民营企业调研、区域民营企业营商环境调研、民营企业光彩事业调查、民营企业运行状况调查、民营企业劳动关系状况监测专项调研工作。围绕“弘扬张謇企业家精神，培育新时代优秀民营企业家”组织工商组政协委员开展“有事好商量”专题协商，《弘扬张謇企业家精神，培育新时代企业家》提案被列为市重点提案，市委书记领办，年度获评优秀政协工作小组。会同相关部门、行业商会组织撰写《海安市民营经济发展报告》《海安市家具产业发展报告》《海安市软件产业发展报告》，并入编南通市民营经济报告。陈锦璜、董桂香、张英来分别调研和答复第十六届人民代表大会第五次会议期间《关于传承和弘扬“张謇精神”培育壮大优秀企业家队伍的建议》《关于加强对中小微企业管理人员培训的建议》《关于弘扬张謇精神成立海安企业家学院的建议》的提案，于清山、陈春恺、唐忠年分别调研和答复市政协十四届委员会第四次会议期间《关于加快推进电工电气产业板块集聚集约发展的建议》《学习张謇企业家精神，提升新生代企业家爱国主义情怀与社会责任感》《推动企业文化建设，实现企业百年传承》的提案。

【商会活动】 2021年，海安市举办多次商会交流活动，展示商会风采。3月9日，“弘扬张謇企业家精神，助力海安新征程”座谈会在市行政中心东附四楼报告厅召开，会议选派陈敏等新生代企业家20人到部门挂职锻炼，发出“弘扬张謇企业家精神，助力海安新征程”的倡议，发布基层商会组织服务项目，举行党员企业家导师和新生代民营企业家青蓝结对仪式。4月19日，南通市商会高质量发展推进会暨镇街商会工作现场会在大公镇召开。5月21日，海安市民营企业家座谈会召开，会议发布《海安市首届“张謇式”优秀民营企业家、杰出海商评选方案》。6月1日，全国工商联党组到海安专题调研商会党建工作。10月20日，西藏自治区党委统战部到海安调研全国“五好”县级工商联建设。

（市工商联）

海安市文联

【概况】 2021年，海安市拥有镇文联10家、文艺家协会18家，拥有国家级文艺家协会会员51人。出台进一步加强文艺阵地管理的实施办法、关于加强协会工作的实施意见（试行），修订市文联意识形态工作责任制实施细则，实现规范化管理。5月27日，召开海安市文联第七届二次全委会扩大会议，会议宣布有关人事调整，徐进不再担任文联主席，增补王勤、朱万川、仲明、吴爱华、吴松、张怀海、范小磊、周龙彬、杨得智、段武明、徐勇、钱莉、崔柳健13人为文联委员。9月10日，海安经济开发区文联成立大会暨全市区镇文联建设推进会召开，至年底实现区镇文联组织全覆盖。全面启动文联所属协（学）会换届工作。11月18日，召开市文联协（学）会换届动员会议，文联所属18个协（学）会主席团成员参加会议。12月，出台《海安市文联所属协（学）换届工作方案》，成立换届工作领导组。12月29日，召开市文联协（学）会换届工作领导小组会议，全体领导小组成员参会，会上讨论各协会主席团及理事成员名单，并对换届工作提出要求。市戏剧家协会、市摄影家协会、市舞蹈家协会、市群众文化学会先后完成换届选举。

【文联组织建设】 2021年，海安市13个文联所属协（学）会届满，有序推进换届工作。9月6日，海安市戏剧家协会召开第五次代表大会。会议选举产生新的理事会，朱万川当选市戏剧家协会主席，吴爱华、范从岩、洪伟当选副主席，范从岩兼任秘书长，特聘张贵驰为名誉主席，特聘许庆坤、高小燕、倪斌、江道义、周建平为顾问，选举产生新的理事会会员15人。12月12日，海安市摄影家协会召开第七届会员代表大会，会员代表55人参加。会议听取并审议海安市摄影家协会第六届理事会工作报告；审议并通过修改后的《海安市摄影家协会章程》；选举产生市摄影家协会第七届理事会，姜海当选主席，王秋高、吴海涛、周皖芹、胡仁杰、景圣红、翟慧勇当选副主席，景圣红兼任秘书长，特聘杨一秋、董玉龙为名誉主席，特邀周杰祥、卢寒、顾俊、徐松山、王罗、崔明为艺术顾问。是日，海安市舞蹈家协会召开第七届主席团、理事会成立会议。会议选举产生市舞蹈家协会新一届主席团和理事会，葛志华当选主席，王瑾、王兴华、邓少云、朱智平当选副主席，朱智平兼任秘书长，特聘杨培杰为名誉主席，选举产生新的理事会会员16人；审议通过《海安市舞蹈家协会章程》。12月13日，海安市群众文化学会第七届换届选举会议召开，大会审议通过第七届理事成员名单，吴丹当选市群众文化学会会长，邓少云、仲娴静、黄海涛当选副会长，周富萍当选秘书长。

【文艺交流研讨】 2021年，海安市文联围绕建党百年组织《永远跟党走》文艺作品征集、“遥望西泠”——西泠印社社员作品展、“阳光颂”——百幅优秀书画作品展、“我为妈妈庆生”——诗文朗诵会、“七一赞歌”——海安市庆祝中国共产党成立100周年专题文艺演出等系列庆祝活动。4月5日，市文联联合市委宣传部、市文广旅局在市图书馆举办“风也起身”——成秀虎诗歌分享会，省作家协会副主席、文艺评论家协会主席汪政，《青春》杂志执行总编李樯和中国散文家协会副会长、中国文艺评论家协会会员鲍家成出席活动。7月29日，市文联组织文艺家代表50余人参观苏北第一届参政会会址纪念馆，举办学习贯彻习近平总书记“七一”重要讲话精神学习讲座。市文联、省作家协会、南通市文联先后组织到海安开展文艺采风活动，其中市文联在李堡镇采风创作的作品刊载于《三角洲·青墩》。

【文艺惠民】 2021年，海安市文联常态化开展文艺志愿者活动，为群众送上文艺服务。5月24日，南通市第十六届“五月风”文艺展示活动“丰碑下”——海安市庆祝中国共产党成立100周年文艺演出在苏中七战七捷纪念碑广场举行，《第一面党旗》《你是民族英豪》等12个节目以海安红色故事为素材创作并采取实景演出，数百人观看。联合慧源书城，在泛书房举办“慧源夜校”，每月举办文艺志愿讲坛活动2次以上，全年举办24期；编印《2020慧源夜校》，先后推出“百年辉煌——不忘本来、面向未来”“红色经典电影导赏”等红色主题讲座10期。2020年“五月风”——抗击疫情“我们艺起来”主题展及演出活动获2020年江苏省文联工作创新奖提名奖、南通市文联工作创新奖。

（谭承燕）

海安市残联

【概况】 2021年，海安市残联坚持改善残疾人生活品质，促进残疾人全面发展和共同富裕，提升社会保障、就业创业、康复服务、托养照护、教育文体等各项残疾人工作，残疾人事业持续健康发展。出台加强残疾人托养服务工作实施办法，制定残疾人个性化服务项目，新增托养对象126人，其中，寄宿制托养13人、日间照料29人、居家托养84人。3月，省残联到海安调研残疾人工作，先后考察523残疾人艺术家文创基地、残疾人托养服务中心、天仙儿童康复中心等地。市残联党组书记、理事长王健获评全国残疾人工作先进个人。

2021年3月24日，省残联到海安市523残疾人艺术家文创基地考察

市残联／供图

【残疾人证管理】 2021年，海安市优化残疾评定程序，提供便利化评残服务，组织机构集中评残11次，评残人数1200多人。联合市医保局开展长期照护保险失能（失智）和残疾类别等级评定，为重度失能人员1000多人提供上门评残服务并发放残疾人证。持续推进残疾人证10年到期换证工作，为800多人换发新残疾人证。开展残疾人证管理专项治理，进一步清理“假、错、空”残疾人证，清查残疾人证办理过程中的违规问题。调查持证残疾人基本状况，完成持证残疾人2.15万人信息采集工作，入户登记率98.33%。

【残疾人康复服务】 2021年，海安市实施残疾人精准康复服务，落实辅具适配工作，发放轮椅等各类辅具800多件。做好假肢、矫形鞋适配筛查，为肢体残疾人和残疾儿童53人安装假肢、配备矫形鞋。落实精神残疾人免费服药政策，新增免费服药精神残疾人117人，全年为1424人提供免费发药服务。发放低收入白内障患者手术补贴241人。协调市卫生健康委，全面筛查发育异常儿童，宣传儿童康复政策，做好残疾儿童康复训练转介，新增进入机构训练的儿童65人，累计为残疾儿童238人提供免费基本康复服务。推进残疾人家庭无障碍改造工作，改造困难残疾人家庭127户。联合市卫生健康委推进家庭医生签约服务全覆盖，签约服务残疾儿童和持证残疾人1.9万人。

【残疾人脱贫解困】 2021年，海安市残联联合太平洋财产保险公司为持证残疾人2万人购买重大疾病补充和意外伤害保险，年总保费60万元。为低保内重度肢体、智力、精神持证残疾人781人购买2021年度“医保南通保”，总保费23.18万元。协调市医保局，为重度残疾人1.05万人代缴2022年度居民医疗保险。持续开展“家电圆梦”“阳光浴室”等助残公益项目，向困难残疾人家庭免费发放基本家用电器105件，安装太阳能热水器15台。发放残疾学生教育专项补贴及奖励52人7.98万元，残疾人机动轮椅车燃油补贴33人8580元，残疾人驾驶证培训补贴7人7000元。联合保险公司救助发生重大疾病的困难残疾人，发放救助金92户50.5万元。

【残疾人文体活动】 2021年3月3日，第22个全国爱耳日，海安市残联开展专家讲座、义诊和免费听力检测。4月2日，第14个世界自闭症日，举办“给我一个拥抱，点亮蓝色星空”公益活动。全国助残日期间，举办维权和无障碍改造讲座，联合志愿者服务队开展家电发放、走访慰问、励志征文、政策宣传等助残活动。举办“感党恩、听党话、跟党走”残疾人先进典型事迹专场报告会，400多人参加。联合南通市残联、南通市红十字会举办“情满中秋 爱有归处”关爱残疾人母亲活动，赠送中秋爱心礼包50人。组织国际残疾人日系列活动，联合爱心企业走访慰问困难残疾人60多人；开展“折翼天使”进社区活动，80多人参加。选送听障儿童2人参加省、南通市演讲比赛，1人进入省决赛，海安获优秀组织奖。在南通市级以上媒体上发表新闻稿件90多篇，10多篇报道入选南通市残疾人事业好新闻评选活动。残疾人运动员6人代表江苏省参加第十一届全国残疾人运动会乒乓球项目（大众组）比赛，3人分别获听力残疾组第二名、第五名和第七名。 （朱婷婷）

海安市红十字会

【概况】 海安市红十字会建于1990年10月，单独设置，正科级建制。2021年，海安市有红十字基层组织131个，其中，教育系统71个、卫生系统44个、区镇（街道）16个。红十字会员7.85万人，其中，成人会员6109人、青少年会员7.24万人。红十字注册志愿者1350人。推进红十字青少年工作，建立红十字青少年关爱救助机制，仇湖小学、李堡中心小学、西场小学等6所学校获评南通市红十字会工作规范化管理达标学校。

【红十字会组织建设】 2021年1月，海安市实现区镇（街道）红十字会组织全覆盖。新建海安街道旺池社区和城东镇立发办事处界墩村、西场办事处新立村博爱家园，累计拥有7家。海安街道如意紫都博爱家园获评省、南通市优秀博爱家园。江淮文化园建设红十字救护志愿服务站。加强应急救护师资队伍建设，新增应急救护师资认定3人，其中，2人获省五星级红十字应急救护师资认定，1人获省四星级红十字应急救护师资认定。9月10日，海安市红十字会召开五届三次理事会，增补第五届理事会理事、常务理事，曹铖当选市红十字会会长，增选红十字会副会长2人。

【红十字志愿服务活动】 2021年，海安市红十字会根据市红十字会自然灾害和突发事件应急预案（试行），做好筹资募捐和救灾备灾工作，接收社会各界捐款约39万元、捐物51万余元。1月，市红十字会获评江苏省红十字会系统抗击新冠肺炎疫情先进集体。开展无偿献血、造血干细胞捐赠等志愿活动，弘扬“人道、博爱、奉献”的红十字精神。实施“暖暖农情”项目，联合市委组织部加强第一书记所在村帮扶救助工作指导，发放“暖暖农情”博爱基金8500元。10月，联合市人民医院启动“博爱光明行”项目，支持海安贫困白内障患者实施复明手术，术后满意度100%。开展养老照护活动，至11月底，完成养老照护知识培训518人，志愿者上门服务50户76人。开展“博爱送万家”活动，发放救助款物32.32万元，其中，南通市红十字会下拨救助物资2.32万元、专项资金10万元，市红十字会自筹资金20万元，惠及困难群众1500多人。组织“红十字博爱送健康”活动，联合市红十字人民医院、市红十字中医院举办咨询义诊30场，服务群众7500多人。实施“救在身边·校园守护”项目，组织公益性救护培训13场，中小学生7110人参加。参与“99”公益日活动，“海安救在身边”“海安博爱光明行”项目分别筹集资金8.73万元、5.05万元。 （刘胜男）

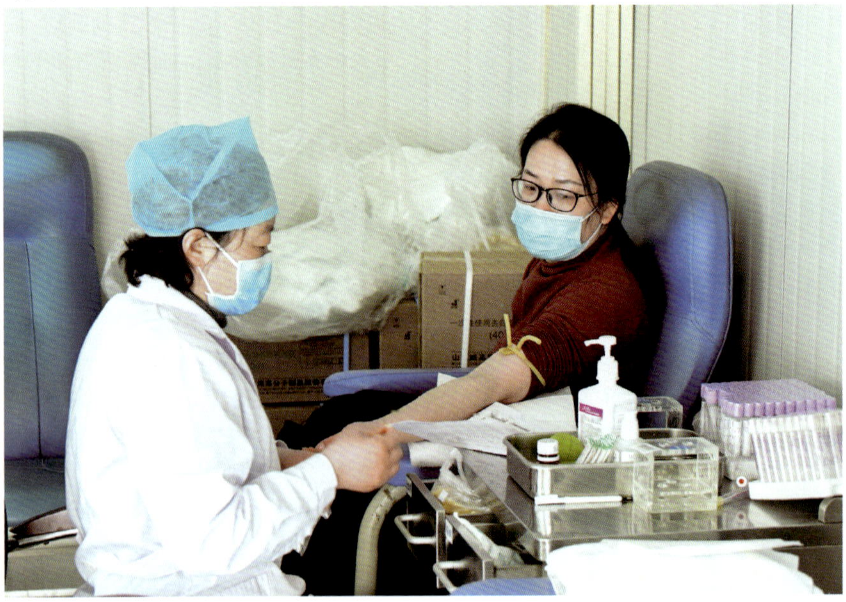

2021年2月22日，海安市民在献血屋参加无偿献血活动 顾华夏／摄

角斜红旗民兵团史绩陈列馆

法治　军事

政法委及社会综合治理

【概况】 2021年，海安市政法系统围绕“五个更目标”（政治更安全、社会更安定、基层更安稳、人民更安宁、网络更安靖），深入开展“五个年行动”（稳定风险问题攻坚突破年、服务保障发展固本强基年、社会治理现代化全面推进年、法治思想学习践行落实年、政法队伍教育整顿提升年），实施“5·23”重点实事工程，推动政法工作高质量发展。海安市获评平安中国建设示范县，南通唯一。网格员知晓率、网格服务满意率、法治建设满意度等指标保持省、南通市领先。南通市打击治理电信网络诈骗违法犯罪现场推进会、南通市政法重点工作暨市域社会治理现代化试点工作现场推进会先后在海安召开。海安市委政法委获评庆祝中国共产党成立100周年南通市安保维稳工作先进集体、南通市2020年度政法工作优胜单位。

【公共安全维护】 2021年，海安市落实“防风险、保安全、护稳定”要求，编报研判专刊77期，交办各类问题线索316条，重大事件预警率100%，完成中国共产党成立100周年安保维稳工作。创新区镇“第一书记”定点下访制度，化解突出信访问题156件。加大涉法涉诉案件化解力度，成功化解上级转交办案件30件。挂牌整治洋蛮河办事处、江苏省海安中等专业学校两个重点地区，全面排查整治各类治安隐患。加大铁路治安联防动态监管水平，建优配强专职护路队员，铁路沿线重点部位监控覆盖率100%、联网率100%。推进平安校园、平安社区、平安企业等基层系列平安建设活动20项，形成全民参与综治平安建设合力。实施“平安畅行”工程，重大交通事故数比上年下降13.22%。依法打击各类违法犯罪，刑事案件立案数比上年下降27.21%，万人刑事发案率保持南通最低水平，“八类”（故意杀人、故意伤害致人重伤或者死亡、强奸、抢劫、贩卖毒品、放火、爆炸、投毒）案件立案数比上年下降4.5%。5月13日，南通市公安机关打击治理电信网络诈骗违法犯罪现场推进会在海安召开。常态开展扫黑除恶斗争，查封、扣押、冻结黑恶资产4200多万元。建成苏中地区首批全省升级版技防城，相关经验做法在南通市创建全国治安防控体系建设示范城市推进会上做交流。

【基层社会综合治理】 2021年，海安市坚持共建、共治、共享，推广建设镇级社会治理综合体，整合人民调解委员会、综治中心、镇域社会治理现代化指挥中心、网格化服务管理中心、多元解纷综合服务中心等资源，推动派出所、法庭、司法所、信访办公室等治理力量“整编”进驻，明确诉求受理、纠纷调处、法律服务、心理疏导、分流督办、研判预警等岗位职责，构建基层社会综合治理新格局。加快推进市域社会治理现代化，建立“大数据+指挥中心+综合执法”工作机制，探索危险化学品、群租房、易肇事肇祸精神障碍患者三大创新应用。推行巡办分离机制，提升问题隐患发现率、上报率、处置率。参与危险化学品监管、非法加油车辆过程管控等专项行动，分析研判线索556件次，联合取缔非法流动加油车24辆，行政处罚8起，累计罚款32.24万元。归并整合36条政务热线，累计受理群众诉求12.74万件，综合满意率南通第一。推动驻村（社区）辅警462人转隶专职网格员，实现城乡798个网格“一网格一专职”全覆盖，专职网格员人均年保障提高至5.8万元。落实网格事项准入机制，47项159条社会治理事项纳入网格化服务管理清单。

【平安法治建设】 2021年，海安市依托“大数据+网格化+铁脚板”机制，在市、镇两级分别组建200人、50人的专业巡防队伍，全面推行网格化等级巡防。率先成立平安法治志愿者联盟，累计发展志愿者5.2万余人，常态化开展治安巡逻防范、平安法治宣传等志愿服务，形成以专业巡防为主体、以义务志愿巡逻为补充的治安巡防工作格局。依法打击各类违法犯罪，万人刑事案件年发案率保持在0.26%以下，“八类”刑事案件年发案数南通最低。电信诈骗案件数量比上年下降42.1%，防诈反诈经验全省推广。增强精准预测预警预防能力，组建“智慧之剑”系列数据战队9支，搭建平安建设数据模型20余个；率先应用图像识别技术抓拍行人、非机动车闯红灯等交通违法行为；在全市1300部住宅小区电梯加装防电动车侵入报警设备，提升公共安全智慧化监管水平。

【法治护航发展】 2021年，海安市政法系统强化执法司法供给，依法严惩破坏市场竞争秩序、侵害市场主体合法权

2021年1月29日，海安市司法局普法志愿者到工地向进城务工人员宣讲“民法典”
姜 明/摄

益犯罪，加强反垄断和反不正当竞争执法司法，落实少捕慎诉慎押刑事司法政策，平等保护各类市场主体合法权益。建立健全重大项目优先保障、行业商会结对共建等机制，构建放心投资、安心经营、专心发展的法治化营商环境。依法处置停产歇业企业，推动产业转型升级，实现资源优化配置。启动“八五”普法活动，落实“谁执法谁普法”“谁管理谁普法”“谁服务谁普法”，依托“法律明白人”等载体开展习近平法治思想学习宣传、“民法典”宣讲等活动。发挥法学会“智库”作用，建成南通市首家基层法学会工作站，相关经验做法获中国法学会领导批示推广。

【法治文化节】2021年12月4日，海安市第十七届法治文化节暨第二届“最美普法人”颁奖典礼在市文化艺术中心举行。此届文化节以“乡村振兴 法治同行”为主题，深入开展法治宣传进村入户、法律服务精准供给、法律援助解困惠民、矛盾纠纷多元化解、网格治理提质增效、法治实践融合并进“六大行动”，以法律服务和法治保障助力乡村振兴。司法部普法与依法治理局发表贺函，充分肯定海安市法治工作成绩，认为海安市充分发挥法治文化节平台作用，形成较好社会影响。活动中，举行第二届“最美普法人”颁奖仪式。与会领导、嘉宾参观洋蛮河法治文化园、李堡多元解纷中心等社会治理实践点。

（朱子文）

法治政府建设

【概况】2021年，海安市召开全面依法治市委员会第五次会议、全面依法治市委员会办公室第三次全体（扩大）会议，审议通过《法治海安建设规划（2021—2025）》《市委全面依法治市委员会2021年工作要点》。印发《海安市党政主要负责人履行推进法治建设第一责任人职责评价办法（试行）》《海安市法治建设项目查评实施办法》，制定党政主要负责人履行推进法治建设第一责任人履职清单，开展年度书面述职和现场述职。健全综合治理执行难工作联席会议机制，制定《关于加强综合治理从源头切实解决执行难问题的实施意见》。出台《海安市2021年法治政府建设考核办法实施细则》，将法治建设纳入全市绩效考评指标体系，占比10%以上；在各区镇（街道）年度综合考评中，设置“长安法治杯”竞赛项目，实现法治建设与经济社会发展同步考评。实行责任制“三进”工程（进镇、街道综合考核体系，进机关目标绩效考评责任书，进党政领导干部成绩单），建立法治政府建设“月听、季晒、年评”机制，落实“一票否决”和法治建设提示函制度。推进领导干部“2421”学法制度（每年党委、党组中心组集体学法活动不少于2次，个人自学不少于4次，科级干部每年形成2篇学法体会，年终组织1次述法活动）和决策先学法、行政必依法、年终必述法机制，将集中学法纳入市委常委会、政府常务会第一项议程。开展城乡基层“援法议事”，落实“1234”援法议事工作法（整合一支多元共治队伍，统筹线上线下两块阵地，做实“听议评”三个关键环节，推进善治共享四化模式），建成“援法议事”村居27个，凤山村“援法议事筑平台、法治乡村惠民生”项目获评全省城乡基层“援法议事”典型范例。市委依法治市办公室获评江苏省依法治省工作成绩突出单位，市法治宣传领导小组办公室被司法部表彰为全国“七五”普法工作先进集体，非诉化解、法律服务等工作获省司法厅领导批示肯定。市自然资源和规划局被省自然资源厅表彰为法治建设工作成绩突出集体，辖区内所有学校均创成南通市依法治校示范校。

【依法决策】2021年，海安市落实《重大行政决策程序暂行条例》，召开政府法律顾问座谈会，研究分析政府法律顾问工作，为市政府做出重大决策、出台重要文件、重大项目签订把好“法律关”，全年审核《关于促进3岁以下婴幼儿照顾服务发展的实施意见》等文件12件，审核“关于与南京林业大学开展校地战略合作的请示”等重大合同、招商引资协议11件。建立政府部门“三定”方案合法性审查工作机制，明确不得以征求意见、会签、参加审议等方式代替合法性审查。针对决策执行机关在跟踪重大行政决策执行情况和实施效果环节相对薄弱的问题，选定巡游出租车运价改革、机动车停放服务收费管理作为重大行政决策后评估项目，通过走访调研、召开座谈会、问卷调查等形式，全面评估决策实施效果，推进重大行政决策科学化、民主化和法治化。

【依法行政】2021年，海安市建立健全权力清单并实行动态管理，依法界定、合理划分综合执法部门执法权限，编制生态环境、城市管理等7个领域执法事项职责清单。强化规范性文件管理，严把规范性文件事前立项申报、事中合法性审查、事后清理评估等关口，确认公布行政规范性文件制定主体56个。组织各区镇（街道）、部门申报市政府年度规范性文件立项计划，召开座谈会、论证会论证文件出台的必要性、可行性，科学编制年度计划。完善规范性文件报备制度，对一经登记的规范性文件，由市政府办公室通知提醒、市司法局指导完善，规范性文件报备率、及时率、规范率均100%。细化规范性文件审核流程，严格审核标准，市政府规范性文件出台前法核率100%。加强规范性文件合法性审查，组织起草单位对与“民法典”不一致的《海安市农村承包土地的经营权抵押贷款试行办法》《海安市业主大会和业主委员会指导规则》开展调研并启动修订程序。强化规范性文件动态管理，印发《关于开展规范性文件实施后评估工作的通知》，开展涉长江流域保护和涉行政处罚内容规范性文件专项清理，突出规范性文件事后监管。

【行政执法监管】2021年，海安市推进综合执法体制改革，建立“大数据+指挥中心+综合执法队伍”综合执法新模式，率先建成并实战化运行市镇一体化联动指挥平台。探索“司法行政+主管部门+乡镇街道”多维执法监督模式，进一步优化“1+4”运行模式（加强党的全面领导，审批服务一窗口、综合执法一队伍、基层治理一网格、指挥调度一中心)，加强部门间、市镇间统筹协调，构建简约高效基层治理体系。实行日常监督、个案监督、专项监督相结合，实现执法要素和执法过程全监督。开展重点领域行政执法监督检查，从市场监管、城市管理、交通运输、文化市场、自然资源、生态环境等重点执法部门中随机抽取执法案卷36本，查看“亮证执法”制度落实以及出具执法文书、主动告知当事人执法事由、执法依据、权利义务等内容，梳理问题75项。率先试点运行江苏省行政执法监督平台，实行“四网”模式(市镇两级行政执法信息网上录入、执法程序网上流转、执法活动网上监督、执法人员网上管理)，全流程归集“四类”行政行为(行政许可、行政检查、行政处罚、行政强制)办案信息，海安在南通市政法领域全面深化改革推进会上做交流发言。出台《海安市全面推行证明事项告知承诺制工作方案》，公布第一批实行告知承诺制的证明事项53个、行政事项14个。加强行政执法队伍管理，清理因调离、退休、辞职等原因不再承担行政执法任务人员204人，拟新增行政执法人员207人，注销重复办理的行政执法证件37本；分批次、分领域对行政执法人员、法治分管负责人、法规科负责人开展培训，建立行政执法人员“线上+线下”培训考试统一管理制度，邀请省、南通市法学专家15人进行专题授课。

【行政权力监督】 2021年，海安市完善行政权力监督体系，实现重大行政决策、行政规范性文件、行政合同协议等合法性审查全覆盖。畅通政府热线、市长信箱、网站留言栏、政务微博、微信公众号等社会监督渠道，及时受理、妥善解决、按时反馈群众和企业对重、难点问题的关切。结合人大监督、纪检监察监督、司法监督、社会舆论和群众监督，构建内外结合的行政权力监督体系。落实重大事项向人大及其常委会报告、向政协通报制度，研究办理人大代表建议、政协委员提案，办复率、满意率均100%。加强审计专门监督，围绕重大政策落实、财政支出绩效和经济责任履行等重点领域，加大对公共资金、国有资产、国有资源和领导干部履行经济责任情况的审计力度。全面推进政务公开，实行“互联网+政务公开”，定期举行网友见面会、新闻发布会。推动政府信息标准化、规范化公开，细化重点领域专栏内容，及时公开建设工程、政府采购、产权交易、土地交易等信息。规范依申请公开，把好受理审查和法制审核关，市政府信息公开复议诉讼案件零败诉。加强政策解读和新闻发布工作，规范突发事件信息发布，重大事项随时发布，重大决策部署第一时间发布，维护政府公信力。

【行政复议与应诉】 2021年，海安市制定行政复议案件审理规则，率先完成行政复议体制改革，成立行政复议应诉服务中心，通过政府购买服务的方式选定法律助理3人协助行政复议应诉工作。发挥内部监督效能，行政复议机关和行政执法协调监督委员会针对监督中发现的问题，及时制发行政执法监督意见书、行政复议意见书和建议书，纠正违法或不当行政行为，从源头上规范和促进依法行政。畅通行政复议渠道，通过《海安日报》、市政府门户网站等媒体，主动公示行政复议工作流程、办事指南。创新案件审理模式，结合案审会与实地调查，重视现场调查，引入“质证”“辩论”等程序。将行政争议的实质化解比重纳入考核，实行行政复议案件败诉累进扣分，促进矛盾纠纷实质性化解。 (范田晶)

公安

【概况】 2021年，海安市坚持改革引领，积极探索基层治理、基础管控、专业打击、智慧巡防新模式，优化警务运行机制。率先推行政法一体化执法办案中心建设，实现公、检、法、司等部门无缝对接，入围江苏公安“六六战略”先进实践示范点。10月27—28日，全省城市道路交通管理工作现场攻坚会在海安召开。推进基层所队业务用房建设，李堡、雅周所队先后建成并投入使用。加强公安队伍建设，推行队伍教育整顿、党史学习教育和全警实战练兵，肖峰获评全国公安系统二级英雄模范，王益娟获评全国公安机关成绩突出女民警，市公安局在南通市公安局县级公安机关综合考核、执法质量考评中获评优秀等级。城南、城北、城东派出所获评全国一级公安派出所，曲塘、李堡、大公、雅周派出所获评全国二级公安派出所。市公安局获评2019—2021年度江苏省文明单位，市看守所获评全省公安机关抗击新冠肺炎疫情成绩突出集体。

【安全保卫】 2021年，海安市健全联合研判机制，实施“平安海安”一号行动，完成重大活动安保维稳任务。强化日常信访办理，加大矛盾排查化解、情报收集研判、信访积案攻坚及重点投诉信访案件核查力度，公安信访形势总体平稳。提升应急处突力量，成立蓝盾突击队、机动合成队、摩托化快反队，优化应急预案，调处重大矛盾纠纷20多起，未发生有影响的暴力恐怖、个人极端、群体性案(事)件。依托市公安局合成作战中心开展涉稳风险研判，遇重大节假日、重要敏感时期，及时搜集掌握可能危害国家安全和影响社会政治稳定的重大事件、重大群体性事件信息和不稳定因素。常态化做好疫情防控工作，先后开展“四不两直”(不发通知、不打招呼、不听汇报、不用陪同接待，直奔基层、直插现场)检查督查21次，成立24小时数据研判处置专班，核查数据6万多条，受理涉疫行政案件31起、行政处罚23人。加强巡逻防控，成立由机关、巡特警、城区、李堡、曲塘五支分队组成的160人机动合成队，做优18人防暴处突作战单元、5人战术小组，成立摩托化快反队。开展多轮重点人员排摸，按照“一人一档”要求，将重点人员列入管理。以党政中心、学校、医院、水电油气和繁华商业场所为重点，科学划分“135分钟快速反应圈”，适时提升勤务等级，囤积应急力量。

【刑事侦查】 2021年，海安市严打盗抢骗、黄赌毒、食药环、制售假、非法集资等各类违法犯罪，"八类"案件破案率100%，命案连续28年全破。开展"冬季攻势""百日攻坚""秋冬打防"专项会战，侦破民生侵财类案件1461起，抓获犯罪嫌疑人1115人，侵财案件发案率比上年下降32.6%。严厉打击黄赌毒违法犯罪，先后破获黄赌毒刑事案件18起，"3·30"网络开设赌场案被省公安厅列为督办案件。5月13日，南通市打击治理电信网络诈骗违法犯罪现场推进会在海安召开，电信诈骗案件发生率比上年下降41.7%。组织防诈反诈"清楼清厂"集中宣传行动，有效劝阻案件50多起，避免损失500多万元，电信网络诈骗警情比上年下降54%。高标准打造街面巡防支点警务服务站，完成长江路智慧警务服务站升级改造，街面刑事案件比上年下降24.8%。

【经济侦查】 2021年，海安市公安系统破获经济类案件54起，挽回经济损失800多万元。推进非法集资风险点摸排及重点人员管控，涉稳基础信息全部录入金融风险防控预警平台，非法吸收公众存款类陈案办结率100%。开展非法流动加油专项整治及打击假币犯罪专项行动，查处固定加油点8处、非法流动加油违法行为34起，扣押非法流动加油车36辆，查获汽油8吨、柴油16吨，办理刑事案件4起，行政处罚10起。收缴假币9.8万元，警银收缴比例80%，南通第一。探索建立警企联通新模式，新建警务服务室2家，超前防范化解建筑行业矛盾纠纷48起，为建筑企业挽回经济损失1亿多元。

【禁毒工作】 2021年，海安市严打毒品犯罪，推进禁种铲毒，狠抓制毒流向，加强易制毒化学品经营企业和使用单位巡查督导。建设多元禁毒队伍，坚持源头治理，实现社会面禁毒宣传全覆盖。先后到四川、广东等地破获"10·27"贩卖相思树皮案，"11·5"走私、贩卖咖啡因案等新型毒品案件，缴获各类毒品300多克。

【110接处警】 2021年，海安市"110"报警服务台接听报警求助电话35.04万起，比上年上升6.60%。其中有效报警19.28万起，比上年上升1.11%。通过"110"快速指令抓获违法犯罪嫌疑人113人，破获案件309起。

【出入境管理】 2021年，海安市在行政服务中心出入境窗口设立"一号窗口"，为紧急事项、特殊群体申请人员开辟"绿色通道"，实现急事急办、特事特办，提供加急服务16人次，在南通市公安局"全访评"民意监测中群众满意率保持100%。率先推行外国人四级网格化管理工作机制，立足"警格+网格"，成立城东所外国人管理服务站。建成南通首家县级警侨联动服务分中心，落实风险预警、走访服务、权益保障等警侨联动工作机制，成功处置境外求助9起。

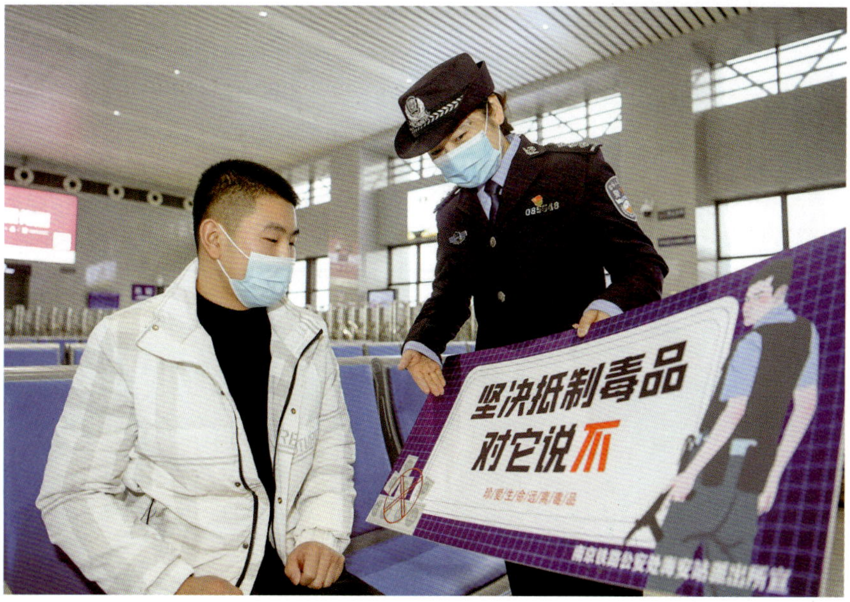

2021年1月26日，南京铁路公安处海安站派出所和市公安局巡特警大队联合在市火车站开展"健康人生 绿色无毒"宣传活动 姜 明/摄

【户籍管理】 2021年，海安市依托"一标三实"（标准地址，实有人口、实有房屋、实有单位）基础信息集中采集，清理标准地址42万个，安装二维码门牌41.5万块。加强疑难复杂户口处置，落实专人解决无户口、重复户口等遗留问题，定期与市民政局、市卫生健康委对接数据，核查死亡未注销人员。固化流动人口"以房登记""以业登记"双向登记模式，落实居住地管理服务工作责任，登记流动人口10万多人，注销8万多人。

【边防警务】 老坝港边防派出所成立于1974年，隶属南通市公安局边防支队，同时是海安市公安局下辖的公安业务部门。2021年，老坝港边防派出所接处警588起；报立刑事案件46起，破获4起；受理治安案件88起，查处71起；调处各类纠纷275起，化解群体性事件2起。

【执法服务管理】 2021年，海安市公安系统推进"六六战略"（创新、主动、融合、智慧、规范、精准六大警务，砺剑、织网、护航、强基、靖网、铸警六大工程）示范点创建，构建集成化、集约化执法办案机制，《江苏公安简报》推介海安经验做法。加强执法管理，实体化运行执法办案管理中心，办理速裁案件244起。出台《海安市公安局行政案件快速办理工作规范（试行）》，制定快办执法标准，行政案件快办率48%。优化执法监督，持续开展执法突出问题专项整治，发布日提醒191期、周通报48期、月度执法质量考评通报12期。实行接处警积分管理，核查出警延时、录像与警情反馈不一致等执法不规范行为，累计监测警情8.17万起，督促整改问题9800条。完善执法保障，建成政法一体化执法办案中心，创新涉案财物公检法一体化管理，实现"一案一档一物一码"。细化执法服务，组织"开门纳谏""问需于企"上门走访恳谈系列活动，征集意见建议137条。 （王 晶）

检　察

【概况】 2021年，海安市检察机关统筹推进刑事检察、民事检察、行政检察、公益诉讼检察工作，推进新时代过硬检察队伍建设，刑事繁简分流办案团队获评全省优秀检察办案团队，4人分别获评全省守正有为检察人、优秀办案检察官、未成年人检察业务能手、控告申诉业务竞赛业务能手，1人入选全省法治巡讲人才库。开展队伍教育整顿，出台“明确违规经商办企业政策界限的实施意见”，获市委书记批示，并在海安市级机关推广。自觉接受市委巡察和人大监督，主动邀请人大代表、人民监督员参与工作通报、案件听证等活动20次。依托“12309”中国检察网，发布重大案件信息130条、案件程序信息1138条、生效法律文书526份。市检察院获评2021年度全国检察宣传先进单位。

【刑事案件检察】 2021年，海安市检察机关受理审查逮捕案件140件，批准和决定逮捕118件；受理审查起诉案件614件，审结601件，提起公诉533件。审前羁押率22.68%，羁押必要性审查建议采纳率100%，提出监外执行、财产刑执行等纠正意见304件。案件比1.01，比上年下降38%，南通最低。强化检察机关与监察机关办案衔接，办理职务犯罪6件6人。设立市政法一体化办案中心派驻检察室，实现刑事案件繁简分流，获南通市委、政法委书记批示，相关经验做法获省人大、省人民检察院领导肯定。

【民事案件检察与行政案件检察】 2021年，海安市检察机关聚焦民事检察，发出民事再审检察建议2份、民事审判程序违法行为监督检察建议12份、执行监督检察建议14份、民事支持起诉书12份；畅通民事非诉执行监督渠道，助力解决“执行难”；落实“根治农民工欠薪”要求，追讨欠薪208人300多万元。围绕行政检察，发出行政审判程序违法行为监督检察建议4份、行政非诉执行监督检察建议12份，化解行政争议9件；联合市自然资源和规划局制定《关于在土地执法查处领域加强协作配合的实施方案》，确保农地农用、耕地安全。

【公益诉讼检察】 2021年，海安市检察机关办理公益诉讼案件76件，发出诉前检察建议72件。开展“检护耕地”公益诉讼专项活动，办理土地资源保护案件25件，督促收回盘活土地4宗64.8万平方米，拆除违法建筑物6.6万平方米。聚焦食药安全，对销售含禁药成分减肥食品的犯罪行为提起刑事附带民事公益诉讼，诉请法院判令被告人15人公开赔礼道歉并支付赔偿金269万余元。针对烈士纪念设施管理保护职责向相关职能部门和区镇人民政府发出诉前检察建议，市人民检察院在南通市烈士纪念设施管理保护专项行动部署会上做经验交流。

2021年6月10日，海安市人民检察院召开公开听证会，邀请部分人大代表、人民监督员参加听证会

市人民检察院／供图

【检察为民服务】 2021年，海安市检察机关出台《院领导班子成员接待群众来访和干警接访锻炼工作意见》，接待信访人员41人次，化解信访积案18件。护航民企发展，制定《涉案企业合规第三方监督评估机制实施办法》，落实“少捕慎诉慎押”政策，通过举行公开听证，依法对民营企业人员7人做出不起诉决定。助力生态保护，办理非法捕捞水产品犯罪案件2件，促成生态环境赔偿磋商协议5份，缴纳赔偿金76万余元。推进“检网融治”，市人民检察院干警结对787个网格办结“我为群众办实事”项目4个。参与“断卡”“净网”行动，起诉电信网络诈骗犯罪23件，“李某某等5人诈骗案”入选最高人民检察院推进网络空间治理典型案例。呵护未成年人成长，办理未成年人犯罪案件11件、侵害未成年人犯罪案件13件，1起案件入选江苏未检案例汇编，1份“检察关注函”获评全省优秀。贯彻落实新修订的“未成年人保护法”“预防未成年人犯罪法”，推动执行侵害未成年人强制报告制度，检察官法治副校长普法宣讲实现全市中小学校全覆盖。设立“安心驿站”未成年人一站式办案中心，市人民检察院获评网络领域“省级青少年维权岗”。深化法治扶贫，救助特困刑事被害人30件38人，发放司法救助金16.65万元。坚持以案释法，落实“谁执法谁普法”责任制，开展“精准普法月月行”活动45场次，“孙某某故意伤害案”获省人民检察院检察长批示肯定，2起案件分别入选最高人民检察院典型案例、省人民检察院典型案例。　（刘合臻）

法 院

【概况】2021年，海安市人民法院受理各类案件1.45万件，比上年增长12.16%，其中，受理旧存案件751件、新案件13790件，刑事案件574件、民商事案件9316件、执行案件4651件。审执结各类案件1.28万件，比上年增长10.77%，其中，刑事案件542件、民商事案件8317件、执行案件3964件。改革司法体制，推进院庭长办案常态化，全年院庭长办案5228件，占结案总数40.77%；推动民事诉讼繁简分流，成立速裁法庭6个，18名调解员入编速裁队伍，运用“要素式审判”（将法官认定案件事实时所考虑的事项展示给当事人，让当事人围绕案件要素举证、质证）审结速裁案件5814件。深化智慧法院建设，推动“数助决策”应用研究实质化运行，中国司法大数据研究院社会治理研究中心专题到海安调研“数助决策”工作。加强队伍建设，坚持“四项教育”（政治教育、党史教育、警示教育、英模教育），办结交办线索60件；开展常态化业务培训，累计培训1300余人次；实施“青蓝工程”，为14名青年干警配备“授业导师”；强化人才梯队建设，16名青年干警结对先进典型30人跟班学习；聚焦“6+3”专项整治，制定整治措施38条，并逐一销号；落实“三个规定”（《领导干部干预司法活动、插手具体案件处理的记录、通报和责任追究规定》《司法机关内部人员过问案件的记录和责任追究规定》《关于进一步规范司法人员与当事人、律师、特殊关系人、中介组织接触交往行为的若干规定》），执行“月报告”制度，修订完善规章制度33项。市人民法院被最高人民法院评为司法宣传和通联工作先进单位，海安高新区法庭获评全省优秀人民法庭，司法行政装备科获评全省信息化先进集体。3篇论文获南通市级以上奖项，1篇案例入选《中国法院2021年度案例》。各1人获评全省优秀法官、全省法院舆论引导工作先进个人、全省法院党建工作先进个人。

2021年9月15日，中国司法大数据研究院到海安开展“数助决策”暨智慧法院建设专项调研　　市人民法院／供图

【刑事案件审判】2021年，海安市人民法院审结各类刑事案件542件，刑事罚金入账超1600万元。实施“一站式”简案快办工作机制，推行“刑拘直判”（在刑拘期限内完成刑事侦查、审查起诉和审理判决），在一体化办案中心设立刑事速裁法庭，速裁程序适用率40%。打击各类刑事犯罪，依法审结职务犯罪案件6件，盗抢骗、黄赌毒等案件176件，集资诈骗、非法吸收公众存款等案件11件，危害食品药品安全犯罪案件3件，典型网络诈骗、泄露个人信息、利用网络赌博等案件30件。

【民事案件审判】2021年，海安市人民法院审结普通民商事案件7651件，为经济困难当事人减免诉讼费23万余元，发放救助金41.99万元。深化少年家事审判，审结婚姻家庭案件1014件，对涉诉离异家庭未成年子女实行常态化回访。将道路交通纠纷处理中的诉前伤情鉴定纳入司法轨道，依托道路交通事故损害赔偿纠纷“网上数据一体化处理”平台调解纠纷591件，成功率83.12%。妥善处理劳动争议、劳务合同纠纷292件，为职工111人追索劳动报酬420.18万元。

【金融案件审判】2021年，海安市人民法院审结破产清算案件24件，资产处置税费入库3910万元，盘活土地8.67万平方米，分流安置职工2322人。设立破产企业职工救助基金，对破产企业职工债券不能清偿或清偿率过低、破产企业特困职工给予适当补助。扩大府院联动机制辐射范围，构建盘活低效闲置用地新模式，帮助市场主体有序退出，相关经验做法获市委、市政府主要领导批示肯定。

【案件执行】2021年，海安市人民法院执结各类案件3964件，执行到位标的额12.57亿元。完善执行与破产衔接机制，“执转破”（执行案件移送破产审查制度）案件24件，解决执行积案778件。创新执行联动工作模式，联合市委政法委、市市域治理现代化指挥中心出台执行进网格工作实施意见。实施“诉讼诚信”工程，向公安机关移送“拒执罪”（拒不执行判决、裁定罪）线索28件，判决14件，实现“拒执罪”自诉零突破。推进司法网拍，成交金额2.22亿元，拍卖税收入库2300余万元，“百万保证金悔拍被没收案”入选南通市中级人民法院2021年度司法网拍十大典型案例。

【诉讼服务】2021年，海安市人民法院推行非诉纠纷解决机制，诉前调解成功

2370件。开设专业化调解工作室，物业纠纷诉调对接工作室获评全省类型化纠纷诉调对接先进集体。联合市邮政公司建成雅周支云e站，实现网上立案、联系法官、流程信息查询、文书查询、网上阅卷、网上调解、网上庭审等多种诉讼需求。设立“全域诉服”窗口，构建“全市域、全通道、全事项、全时间”诉讼服务体系，推进跨区域跨层级立案、阅卷一窗通办。全年网上立案5452件，占民事总立案数65.17%；跨域立案74件，立案数南通第一。深化立案登记制成果，确保年底立案“不打烊”，《江苏省海安市人民法院用好考核“指挥棒”谱好年底立案“曲”》被最高人民法院《司法改革动态》刊用，相关经验获最高人民法院分管院长批示肯定。

【智慧法院建设】 2021年，海安市人民法院加强智慧法院“五智”（智慧诉服、智慧审判、智慧执行、智慧警务、智慧政务）融合建设，推行审理、执行全流程办案无纸化，建立审理案件中间库，实现办案流程网上运行。推动信息化应用，完成核心网络及设备网安全建设升级改造。推进四大公开平台（审判流程信息公开网、裁判文书网、执行信息公开网、庭审公开网）建设，升级科技法庭系统37个，在驻所法庭开庭207次。

【司法为民服务】 2021年，海安市人民法院主动融入市域社会治理体系，对接市域治理指挥中心平台，实行网格员、基层调解组织线上“派单”，打造纠纷社会化流转中枢。联合市妇联启动家事调解员“种子培育计划”，组织基层妇女维权工作者101人进行调解跟班见习。加强普法宣传，组织“民法典”宣讲118场次，召开新闻发布会6场，开展巡回审判65次，微信公众号推出普法文章490余篇。曲塘法庭“照料姨母分得四成遗产案”为南通地区首例适用“民法典”案件，被《人民法院报》《中国妇女》等媒体报道。设立建设工程案件巡回法庭，开展护航建筑业高质量发展宣传周活动。聚焦审判工作中“三农”（农业、农村、农民）问题，一则反映农村建房问题的信息被南通市委办公室采纳。联合市工商联打造法企联治联调联创机制，入选全省法治市场建设优秀实例。实质化运行民营经济纠纷调解中心，获评全省重点培育商事调解组织。（花　卉）

司法行政

【概况】 2021年，海安市司法行政系统锁定“四有目标”（服务中心有力、综合绩效有位、重点业务有为、群众满意有感），实施“六项工程”（定向引航工程、法治统筹工程、法务供给工程、法惠民生工程、固本强基工程、从严治警工程），出台法治海安建设规划（2021—2025年）和法治政府、法治社会建设实施意见，压实法治建设第一责任人责任，推动法治融入社会治理，法治建设满意度全省第六，南通第一。改革行政复议体制，设立行政复议应诉服务中心，实现机构、人员、编制“三到位”，采用和解、调解等方式结案44件。推动江苏省行政执法管理和监督综合平台应用试点工作，执法案件录入量在县级试点地区列第一位。加强队伍建设，部署公证、律师行业突出问题专项治理，自查作风方面问题705条，出台制度机制16项。9月29日，南通市司法所分类建设工作推进会在海安召开，海安建成大型司法所3个、中型司法所12个，李堡、曲塘司法所分别获评全国模范司法所、全省优秀司法所。11月26日，南通市加强基层法治建设暨深化城乡基层“援法议事”现场会在海安召开。市法治宣传教育领导小组获评2016—2020年全国普法工作先进单位，市司法局连续两年获评全省高质量发展先进司法局，全省司法行政高质量发展绩效评价29项指标中22项列第一位。

【人民调解】 2021年，海安市创新乡镇多元解纷综合服务中心建设，将矛盾纠纷排查融入网格，打造“15分钟调解服务圈”，累计化解矛盾纠纷1.7万余件，矛盾纠纷调解率南通第一。开展重要时点矛盾纠纷排查专项行动，摸排出劳资、民间借贷、疫情防控、婚姻家庭等领域矛盾纠纷并妥善处置。依托省非法金融活动信息监测平台，司法所和法律服务所开展月度涉黑涉恶线索滚动排查，推进民间借贷纠纷多元化解。畅通欠薪纠纷援助通道，对群体性、疑难复杂纠纷进行集体研究会商，年内顺利化解南通宏耀家具有限公司敖某等33人、南通风行装饰工程有限公司周某某等41人追索劳动报酬纠纷等案件。完善非诉化解机制，推进非诉中心（分中心）与市

2021年8月25日，海安市城东镇蓉塘社区法律顾问联合社区网格员深入辖区，向群众宣传微信扫码注册“苏解纷”小程序　崔海琴／摄

域治理现代化指挥中心联网对接，推广“苏解纷”非诉服务平台，苏解纷非诉服务业务应用检测指标覆盖度、活跃度、效能度均列全省第一。

【社区矫正与安置帮教】 2021年，海安市强化社区矫正人员分类管控，严格执行社区矫正管理工作规定，提升社区矫正法治化、专业化水平。在重点时期，集中开展遵纪守法专题教育，通过加大信息化核查频次、不定期飞行检查等方式加强监督管理，有效防范脱管现象。联通网格化大平台，运用现代科学技术手段开展电子定位、远程督察等活动，实现智能监管。打造智慧矫正中心，实施特殊人群服务管理强基工程，实行见面听声、蓝信定位、夜间巡查等制度，实现智慧矫治、精准矫治、融合矫治，社区矫正对象312人、安置帮教对象1754人全部在管在控。

【公共法律服务】 2021年，海安市加快构建“中心+站点”“线上+线下”相结合的法律服务网络，推动城乡一体化发展。制定下发《海安市司法局关于公共法律服务进园区实施方案》，护航园区企业发展；将法律援助申请指引服务延伸到区镇（街道）、村（社区），规范胡集街道、隆政街道等新设法律服务中心建设；规范村（社区）法律顾问工作管理，打造市镇共建项目15个，征集发布十大典型案例，用好“法润民生群”线上阵地。依托15个镇（街道）公共法律服务中心设立立法民意征集区，围绕《江苏省中小企业促进条例（修订草案）》等征集立法民意15条。推行“法援惠民生·拓展工程”，落实“负面清单”制度，推进“五个一”（推出一份服务项目清单、配备一名家庭法律顾问、落地一件职工权益维护实事、研发一批特殊法律服务产品、开展一次全覆盖宣传）法律助残项目，拓宽法律援助受理范围。加强基层法治，培育“法律明白人”1515人、学法中心户838户，网格覆盖率100%。组建百名律师公益服务团，开展企业法治讲座82场次，协调解决合同、工资等矛盾纠纷947件。全年办理法律援助申请1315件，接待各类咨询6534人次，2个案例入选省法律援助基金会优秀案例，10余个案例在《新华日报》《江苏法制报》等媒体刊载。

【法律服务行业管理】 2021年，海安市加大法律服务行业突出问题专项治理力度，自查作风方面问题705条，出台整改机制16项。开展法律服务人员办案卷宗专项督查行动，市司法局、市人民法院联合核查审结案件，引导法律服务机构依法依规执业。由市律师协会牵头，在收费指引范围内适当实行价格浮动，引导律师行业合理、公平、有序收费。市司法局、市工商联、市律师协会以及各行业商会，成立十大主导产业链法律服务联盟，深化惠企利企行动，引导企业规避法律风险，护航企业招投标、贸易、投资等商事活动。开通远程视频公证，全年办理各类公证事项5944件。

【法治宣传教育】 2021年，海安市出台“八五”普法规划，建立“三单两书”（责任制清单、问题反馈单、任务提示单，普法通知书、工作评价书）制度，推动尊法学法守法用法。落实“谁执法、谁普法”机制，部门开展普法联动行动78场次，以案释法活动68场次。推进法治社会、法治乡村建设，部署村居法律顾问“五个一”（推出一份月度指引，印发一套工作日志，开展一轮走访调研，发布一批服务案例，参与一批共建项目）活动，开展“法治宣传进村入户、法律服务精准供给、法律援助解困惠民、矛盾纠纷多元化解、网格治理提质增效、法治实践融合并进”六大行动，实施学法用法示范户、“法律明白人”培育工程，设立“普法集市”、开展法治宣讲、提供法律服务960余场次。推进基层法治文化阵地提档升级，新增南通市法治文化建设示范点9个，新建洋蛮河法治公园、东洲法治文化走廊等法治文化阵地8个。（范田晶）

仲 裁

【土地承包仲裁】 2021年8月7日，海安市下发“关于调整农村土地承包仲裁委员会成员的通知”，明确仲裁委员会由副市长牵头，市农业农村局、自然资源和规划局、妇联等部门主要负责人和部分农民、法律、经济代表20人组成，委员会在市农业农村局下设办公室，聘请仲裁员32人。区镇（街道）农经部门、村经济合作社负责镇、村级土地承包纠纷调解工作，相应建立农村土地承包调解委员会及镇村两级调解组织，区镇（街道）全部成立农村土地承包纠纷调解委员会，所有行政村均建立村级调解小组，拥有镇级调解员42人、村级调解员398人。全年，市仲裁委员会收到仲裁申请5起，其中，调解3起、开庭审理1起、不予受理1起。（张 曼）

【劳动人事仲裁】 2021年，海安市劳动人事争议仲裁院立案处理劳动人事争议案件650件，其中，裁决结案163件、调解结案417件、撤诉结案70件，案件调撤率74.92%。涉及劳动者789人，为劳动者挽回劳动报酬、经济补偿、赔偿金、工伤保险待遇等损失2706.83万元。加强劳动争议源头治理，通过召开劳动争议风险防控座谈会、邀请参加庭审旁听、发放仲裁建议书等方式，引导企业规范用工。持续巩固“六方联动”（人民调解、劳动仲裁、行政监察、法律援助、法院审判、检察监督）劳动争议调处机制，调解集体争议7件。建设职工法律援助工作站，拓宽职工法律援助范围，办理劳动争议援助案件257件，占仲裁案件总数的39.54%。（王 敏）

人民武装

【概况】 2021年，海安市人武部、市委组织部、市委编办联合出台“关于加强基层人民武装干部队伍建设的若干措施”，开展专武部长重点培养对象遴选活动，调整配强专武部长6人次，考察选配专（兼）职专武干事15人次。举办第三届“十佳民兵”评选活动。角斜“红旗民兵团”党委获评省先进民兵党组织，市人武部获评南通市征兵工作先进单位、新闻宣传工作先进单位、信息服务工作先进单位。2人分别被省军区表彰为备战打仗先进个人、新闻宣传先进个人，1人获南通军分区嘉奖，各2人被南通军分区表彰为优秀机关干部、十佳党管武装好书记，各1人被南通军分区表彰为十佳优秀专武干部、征兵工作先进个人。12月23日，市委常委议军会暨国动委会议召开，会议集中学习《国务院、中央军委民兵建设“十四五”规划》和中央军委国防动员部贯彻落实部署精神，研究解决市民兵训练基地升级改造、老坝港民兵哨所建设等事宜。

【思想政治建设】 2021年，海安市全面贯彻习近平强军思想，始终坚持党对军队的绝对领导，坚决拥护和落实军委主席负责制，坚持党管武装工作制度。常抓学习教育，提高政治站位，深入学习贯彻党的十九届六中全会精神，学习军委主席习近平关于党对军队绝对领导、关于强国必须强军等重要论述。利用角斜红旗民兵团史绩陈列馆、苏中七战七捷纪念馆等红色教育基地开展现场教学、交流分享、“微党课”大比拼等党史军史学习教育活动，筑牢官兵思想根基，强化使命担当。加强国防教育，营造关心国防、支持国防的社会氛围。市人武部负责人到海陵中学、长江路幼儿园等学校为师生做《誓死捍卫祖国领土的喀喇昆仑铁拳》卫国戍边英雄的事迹报告。角斜“红旗民兵团”开展爱国主义教育进校园，指导角斜幼儿园组织全园性“小兵训练营”游戏活动。注重新闻宣传报道，在省级以上媒体累计用稿76篇，其中，国家级69篇（头版头条2篇）、省级7篇。

【军事训练】 2021年，海安市人武部围绕应急应战任务，落实战备值班制度，修订完善应急处突预案，指导区镇（街道）按照民兵应急排标准完善战备库室，配套携行物资和专业器材，战备值班分队保持备勤常态化。从严开展各类军事训练，首长机关人员每季度参加省军区机关业务集中领训，年度军事训练考核成绩优异；组织民兵专业分队集训和民兵应急连（排）轮训备勤，获评省军区、南通军分区考核验收优秀等次；先后选派3类民兵分队骨干参加南通军分区跨区联训及“四会”（会讲、会做、会教、会做思想工作）教练员集训；6月，高标准完成南通市防汛分队跨区联训承办任务。

【国防动员】 2021年，海安市人武部推动民兵整组，建立基干民兵“三类队伍”（应急分队、专业分队、特殊分队），形成规模适当、布局合理、结构科学、重点突出的民兵组织建设新格局，接受省军区年度民兵工作检查验收，获优秀等次。推进基层人民武装部规范化达标建设，将基层规范化建设工作列入年度武装工作考评重要内容，至年底，13个区镇（街道）规范化建设全部完成。率先在大公镇试点推行“部站一体化”运行模式，将基层武装部和退役军人事务站融合抓建。落实兵员征集“一年两征”新部署，发挥“军邮一家亲”“飞鹤义务宣传队”等特色队伍流动宣传作用，完成年度征集任务。全面提升征兵质量，大学生新兵占比97.3%。挖掘“企业带编入伍”政策优势，企业带编入伍人数创历史新高，相关经验做法被国防部网站转载。

2021年9月13日，海安市人武部组织参观角斜红旗民兵团史绩陈列馆，通过集体宣誓、参观史料等形式，赓续红色基因，传承“红旗精神” 濮端建／摄

【角斜“红旗民兵团”命名55周年纪念大会】 2021年9月29日，南通市委、市政府，军分区在海安市文化艺术中心召开角斜“红旗民兵团”命名55周年纪念大会，省军区、南通市、海安市相关领导和民兵代表等参加活动。角斜“红旗民兵团”政治委员周树群做《弘扬光荣传统、践行强军使命，努力锻造新时代国防后备“红旗”劲旅》工作汇报，角斜“红旗民兵团”始终传承“听党指挥、忠于祖国、爱军尚武、乐于奉献、开拓进取、奋发有为”红旗精神，紧跟时代发展，在“保卫海防、建设海防，决胜全面小康、乡村振兴建设，践行使命、创新转型”中，走出一条具有“红旗”特色的新时代民兵发展之路。先后荣获全国民兵工作先进单位，江苏省军区基层建设标兵单位、战备训练先进单位等多项殊荣。老民兵代表曹莲凤出席中国人民解放军建军90周年纪念大会。五年间，多人立功受奖和受提拔使用，所在区党工委书记3人被表彰为“关心国防建设好领导”。海上民兵参与海上应急救援30多次，提供有价值军事情报线索50多条，多人立功受奖。《中国国防报》头版头条报道角斜“红旗民兵团”经验做法。与会人员观看纪念角斜“红旗民兵团”命名55周年专题片《红旗劲旅 铿锵前行》，参观角斜红旗民兵团史绩陈列馆。

（张志荣）

武装警察

【概况】 2021年,武警海安中队突出思想政治建设首位首抓,聚力练兵备战,抓安全保稳定,高质量推动中队建设。加强队伍建设,通过集中学习、个人自学、讨论交流等方式学习《军队基层建设纲要》《中国共产党军队党的建设条例》等文件,提高政治素养。组织基层风气整治活动,坚守"三个绝对"(部队绝对忠诚、绝对纯洁、绝对可靠)政治要求,严守"六项纪律"(政治纪律、组织纪律、廉洁纪律、群众纪律、工作纪律和生活纪律),自觉接受官兵监督、民主评议。加强官兵思想政治建设,开展各类主题教育活动,落实经常性教育,做好"一人一事"思想工作,稳定官兵思想。开展篮球对抗赛、台球等各类文体活动,丰富官兵业余生活。

【军事管理】 2021年,武警海安中队坚持管理要严、安全靠建,依法从严管理,持续开展"条令年"活动,加强规章制度教育,培养官兵法治意识。倡导"以队为家、建队爱家"理念,提高内务建设质量,落实经常性工作。做好安全管理,培养安全底线思维,加强在外人员跟踪管控。提升官兵业务素质,开展执勤教育,修订完善中队战备方案,加强应急训练和情况处置训练,提高反应和处置能力。坚持按纲施训、科学组训,打牢官兵体能、技能基础,提升训练质效。提升教学水平,细化教学分工,培养骨干力量。开展执勤安全教育整顿活动,优化调整组勤模式,开展实战演练。

【后勤保障】 2021年,武警海安中队建好后勤队伍,强化后勤人员的岗位认同及纪律观念,强化岗位自训及岗位练兵,后勤人员水平显著提升,特别是炊事员的炊事技能及责任心明显提升。落实各项制度,坚持大项开支由支委会集体把关,经济民主组每月审查经费及伙食账目、进行财务公示;教育引导官兵养成"节约一粒米、一度电"的良好习惯,把勤俭节约落到实处;收集官兵伙食意见,协调炊事员制定食谱,创新饭菜花样;严把食物价格关和入口关,每天全面消毒所有餐具,严格落实分餐和食物留验制度。加强营区营房设施维护保养,需要更换的及时购买更换,同时强化官兵爱护营产营具意识,尽量减少故意损坏或操作不当损坏的情况发生,延长营产营具使用寿命。　　(武警海安中队)

人民防空

【人防指挥体系建设】 2021年,海安市人民防空围绕平时服务、急时救援、战时防空的工作目标,持续推进人防指挥体系建设。加强防空警报系统管理,在社区、学校等重点防护单位增设便携式防空警报4台,开展防空警报系统季度性巡查,全市警报器状态良好,"9·18"全省统一试鸣鸣响率100%。加强人防专业队伍建设,组建通信保障、防化防疫、治安、消防等人防专业队伍,重点开展供水、供电、供气和消防专业抢修训练。结合"5·12"全国防灾减灾日、国庆节、国家公祭日等重要时间节点,组织人防演习演练。

【人防知识宣传】 2021年,海安市结合国际民防日、科普宣传周、全国防灾减灾日等节点开展国防、民防专题宣传教育活动,普及防空防灾知识技能。市人防办公室、市人武部、市教育体育局等单位联合开展防空防灾知识进校园、进社区宣传活动,推动社区民防工作标准化、常态化。组织房地产企业、人防工程建设单位、物管单位等企业法人培训班,宣传人防法律法规和物业管理条例,落实人防工程建设、使用、维护相关法律责任。　　(市政府办公室)

双拥共建

【拥军优属】 2021年,海安市推进省双拥模范城"七连冠"创建,成立以市委书记为组长、市长为第一副组长、相关领导为副组长、各部门主要负责人为成员的双拥工作领导小组,并将双拥工作列入市级机关目标绩效考核和区镇(街道)经济社会发展目标责任书考核。7月6日,海安市召开军供保障工作领导小组暨全国重点军供站创建工作会议。7月16日,争创省双拥模范城"七连冠"动员大会在市行政中心召开,会议具体部署创建工作各项目标任务。建军节前夕,海安各级机关部门、区镇(街道)与驻海安部队结对共建,开展走访慰问活动。7月31日,市委书记率队慰问市消防救援大队、武警海安中队。建立双拥主题公

2021年12月21日,一座"军地融合"主题雕像亮相市双拥文化园,成为主城区一道靓丽的风景　　濮端建/摄

园、双拥主题街区、双拥主题广场，打造双拥文化阵地，11月24日，海安市举行“双拥一条街”开街仪式。新增拥军优属服务点109家。11月26日，南通市检查组到海安检查省级双拥模范城创建工作并给予充分肯定。建立军地互办实事“双清单”制度，分别为驻海安部队、部队官兵购置办公设备和意外伤害保险，发放驻海安部队和海安籍立功受奖官兵奖励金48万余元。（陈宇峰）

【拥政爱民】2021年，海安市人武部开展国防教育“进校园、进机关、进企业”活动，先后组织国防教育30余次。发挥“军邮一家亲”拥军品牌力量，按需更新百户结对现役军人家庭信息，上门解难帮困。开展“双创双扶”活动，落实季度入户走访慰问制度，结对帮扶曲塘镇富民村贫困户29户。推动军地共建共享，组织民兵力量支援地方重点工程建设、乡村振兴和生态文明构建，在疫情防控、防汛防台、维稳处突和应急救援中发挥突击队作用。（张志荣）

退役军人事务

【概况】2021年，海安市加强退役军人思想政治引领，提升退役军人服务保障水平，全面落实各项优待抚恤政策，多措并举推进安置就业创业，有序开展拥军褒扬工作，退役军人和其他优抚对象的获得感、幸福感、尊崇感得到提升。南通市烈士纪念设施建设管理工作会议、南通市红色先锋志愿服务运行现场推进会在海安召开。退役军人在各自岗位上彰显风采，姜小亮获江苏省“最美退役军人”提名，陈志银、钱生彬、刘文秀分别获评南通市“最美退役军人”“最美退役军人”提名和“最美军嫂”。市军事运输供应站获评全国重点军用饮食供应站。

【退役军人服务保障体系建设】2021年，海安市持续巩固退役军人服务保障体系建设“五有”（有机构、有编制、有人员、有经费、有保障）和“全覆盖”成果，开展“大走访、大调研”和季度观摩活动，制定《海安市基层退役军人服务中心（站）建设及运行规范》《海安市退役军人服务中心（站）工作指南和任务清单》及《海安市退役军人服务保障高质量发展绩效评价考核细则》等文件，提升标准化和规范化建设水平。推进南通市五星级退役军人服务站创建工作，各区镇（街道）、村（社区）退役军人服务站创建率分别为75%、76%，创建率列南通市第一位，角斜镇滩河村退役军人服务站、孙庄街道营溪村退役军人服务站获评江苏省红色精品退役军人服务站。推动“戎耀之家”建设，建立退役军人“戎耀之家”创建长效机制，为20家机关、企事业单位授牌，区镇（街道）建成“戎耀之家”10家，市税务局“戎耀之家”获评江苏省优秀“戎耀之家”。9月30日，海安市退役军人企业家联合会成立，江苏海迅实业集团股份有限公司董事长仲跻和当选会长。

【就业安置】2021年，海安市推进退役军人就业安置工作，组织2021年度转业干部、士官和退役士兵适应性培训，实地参观海安企业。市退役军人事务局联合市人社局、江苏省海安中等专业学校、江苏联发集团股份有限公司等40多家企业举办退役军人专场招聘会，提供就业岗位1200多个。协助南通市退役军人事务局举办“大众创业 万众创新”退役军人专场招聘会。组织2家退役军人创办企业参加省、南通市退役军人创业产品展陈活动。建成市退役军人适应性培训、个性化培训承训机构。9月26日，海安市2021年度退役军人光荣返乡欢迎仪式暨适应性培训动员大会在市文化艺术中心小剧场举行，市人武部、人社局、区镇（街道）相关领导和军转干部、转业士官、秋季退役士兵等参加。9月30日，退役军人企业家联合会成立，搭建退役军人就业创业平台。11月22—23日，海安召开2021年度军转干部、符合政府安排工作条件退役士兵选岗安置会，实现安置工作“三满意”（政府、部队、个人满意）目标。

【优待抚恤】2021年，海安市发放抚恤补助资金1.18亿元。加强优抚数据精细化管理，推进享受国家抚恤补助优抚对象年度确认试点工作。落实医疗保障工作，组织重点优抚对象参与免费体检、短期疗养和医疗巡诊，为重点优抚对象免费缴纳城乡居民医疗保险、办理意外伤害保险。实施优抚对象家庭关爱宜居工程，完成改造26户。完成新版“残疾军人证”换证工作，换证合格率100%。推动“通通优”拥军卡发放工作。

【褒扬纪念】2021年，海安市发挥烈士纪念设施红色教育阵地作用，在清明节、烈士纪念日等时间节点举办大型纪念活动，缅怀革命先烈。加强烈士纪念设施管理和英雄烈士保护工作，完善烈士纪念设施管理制度。全面摸清烈士纪念设施和散葬烈士墓情况，推进区镇烈士纪念设施改造修缮工作。1月28日，南通市烈士纪念设施建设管理现场会在海安召开。加快重点工程建设，烈士陵园提升改造项目完成主体工程，新四军联抗烈士陵园人物馆、史迹陈列馆完成布展，苏中七战七捷纪念馆连廊工程、粟裕同志纪念馆移转布展工程有序推进。

【“红色先锋”志愿服务】2021年，海安市成立退役军人“红色先锋”志愿服务办公室，印发《海安市退役军人“红色先锋”志愿服务工作方案》，构建“5+9+11”（政策法规、创业就业、拥抱老兵、思想政治与红色文化、军供保障5个服务团，医疗救助、就业创业、红色宣讲、法律援助、防灾减灾救援、挂钩帮扶、便民共建、双拥联络、拥军褒扬锣鼓9个服务队，应急互助、拥军褒扬锣鼓、关爱帮扶、职业介绍、健康保障、家政保洁、居家养老、助耕助种、红色宣讲、党员教育管理、拥军爱民11个服务分队）服务模式，打造“红色先锋”志愿服务海安品牌。4月29日，海安市退役军人“红色先锋”志愿服务常态化、规范化开展启动仪式在曲塘镇举行。9月15日，南通市退役军人“红色先锋”志愿服务运行推进会在海安召开。海安市退役军人“红色先锋”志愿服务支队、海安街道福缘志愿服务大队、城东镇洋蛮河办事处退役军人“红色先锋”志愿服务大队获评江苏省百支优秀退役军人志愿服务队。（陈宇峰）

海安智能制造展示中心

经济管理

宏观经济管理

【固定资产投资管理】2021年，海安市投资规模平稳向好，完成固定资产投资572.08亿元，比上年增长6.6%。其中，第一产业投资2.39亿元，第二产业投资399.88亿元，第三产业投资169.80亿元。工业固定资产投资399.87亿元，比上年增长21.9%，增幅列南通市第二位。高技术产业投资228.26亿元，占固定资产投资的39.9%，比上年提高2.79个百分点。投资结构优化改善，高新产业投资占比持续走高，完成高新技术产业投资244.06亿元，比上年增长14.7%，占工业投资的61%。技改投资拉动明显，完成技改投资210.09亿元，占工业投资的52.5%；加大技改投入，全年奖励技改投入超500万元的企业6032万元。工业企业生产性设备投入核查确认25.15亿元，其中，超1000万元的企业62家，超5000万元的企业8家。

【项目投资管理】2021年，海安市新开工亿元以上项目144个，其中10亿元以上重特大工业项目27个。鹏飞资源综合利用成套装备、亚太航空航天用合金构件等4个项目入选省级重大项目，阿尔法机械、兴鹿新材料等14个项目入选南通市级重大项目。新竣工亿元以上项目130个，其中10亿元以上工业项目8个。新开工技改类项目29个，其中10亿元以上重特大项目15个。向上申报专项债券资金项目16个，下达资金8.4亿元；申报综合奖补资金项目15个，下达资金324万元；中央预算内投资下达海安市凤栖花园一期、二期项目资金5359万元；江苏东材新材料有限责任公司的年产2万吨OLED显示技术用光学级聚酯基膜项目入选省技术改造升级—高端化改造升级项目；亚太轻合金（南通）科技有限公司的航空用高新能高精密特种铝型材制造项目入选省级战略性新兴产业项目，争取资金1600万元。（于　燕）

【国资国企改革】2021年，海安市推进国有企业改革，完善和出台关于加强企业国有资产监督的意见、市属国有企业负责人薪酬管理暂行办法等20个政策文件，编制国有企业改革三年行动方案，召开国有企业改革发展大会，鼓励国有企业通过投资入股、并购重组等方式入股非国有企业，完成国有企业公司制改革16家。优化国有资产布局，新组建海安产业投资控股有限公司，整合中投海安担保、惠业转贷、通融保理、贸融科技等公司国有股权，明确金融服务和产业投资平台定位。举办“枢纽海安 科创新城”全方位对接上海大会国有企业改革发展恳谈会，与2家企业签订战略合作协议。（纪　贤）

2021年11月11日，海安市国有企业改革发展大会在市行政中心召开　姜　明/摄

【国有资产监督管理】2021年，海安市加强国有企业监督，配齐配强国有资产监管力量，争取行政编制3个、事业编制2个；落实向人大报告国有资产管理情况制度，组织年终述职考评，完成2020年国有企业经营目标绩效考核，制订2021年国有企业经营目标考核方案。加强国有资产管理，全年组织经营性国有资产拍卖11次，审批报废及调拨资产163笔6029万元；推进“资产云”管理系统建设，发挥公物仓调剂功能，加强行政事业单位资产整合与共享共用；市国资办、市机关事务服务中心加强办公用房权属管理，做好部分国有资产维修、搬迁、移交、取缔、鉴定等工作，对到期房屋面向社会公开招租、拍租、签订租赁合同，收缴年度租金18.76万元；市机关事务服务中心及时做好机关小区外墙落水管、路面维修和排水管道、车棚顶改造服务。（纪　贤　吴信林）

营商环境建设

【概况】2021年，海安市营商环境持续优化，列全国营商环境百强县市第24位、江苏第8位。优化审批服务，坚持“一窗受理、一网办结、一站式服务”，推行企业开办环节“六合一”（营业执照办理、公章刻制、银行开户、税务办理、社保登记、公积金开户六个事项一人通办、全链服务），开展免费代办、免费刻章、免费寄送服务，企业开办全流程0.5天办结率95%以上。深化“放管服”改革，推行“证照分离”；放宽小微企业、个体工商户登记经营场所限制，试行“一照多址”；推进“一业一证”改革，将涉及的多张许可证整合成一张行业综合许可证，实现“一证准营”。提升政务服务便利度，整体推进镇（街道）为民服务中心、村（社区）便民服务中心标准化建设，扩展“跨省通办”“邮寄办”范围，减少群众跑动次数；完善重点项目代办帮办工作机制，推行“项

目专员”星级管理模式。规范公共资源交易，鼓励面向中小微企业采购，采购金额不低于总预算的30%；取消政府采购投标保证金，减轻中小微企业资金周转压力；放开招标代理准入市场，扩大代理机构数量，完善双向选择机制。优化水电气等接入服务，打造“海电速办”电力营商环境品牌，建立政企协同办电的信息共享平台，推进“一窗受理”“一次过户”“一链收资”“一键审批”服务，实行电力接入外线工程行政审批手续并联办理和限时办结，全年减少企业外线工程出资1935万元。精简办税资料和流程，新增减税降费优惠3.5亿元，缓征中小企业税款1.9亿元；打造海安“政策通”服务平台，完善新办企业“一表制”工作机制，新办企业涉税业务办理压缩至0.5个工作日；升级注销清税服务，税务注销即时办结，一般注销10个工作日内办结。打造开放共享公共环境，搭建府院间协调联动机制，召开府院联动联席会10多次。规范市场监管，推行行政执法公示制度，深化“双随机一公开”监管、信用监管；加强知识产权保护，完成知识产权质押融资77笔3.6亿元，万人发明专利拥有量增幅及总量苏中领先；优化企业破产重组流程，提升执行合同质效。丰富营商服务“海心安”品牌内涵，推动“小嘉热线”“邻声有我”发挥更大效能，实现全市营商服务“好差评”工作全覆盖。

（荀　忠）

【政务营商环境建设】 2021年，海安市以打造长三角最佳营商环境为目标，拟定“拿地即开工”实施办法，优化再造审批流程，实施项目预审、豁免审图、工程质监安监手续后置等举措，实现工程建设审批全流程网上办理。推进企业开办日结常态化，“全链通”新办企业4379户，其中半天办结4024户。开辟企业登记自助服务区，提供“一对一”导办代办服务；拓宽企业登记办理渠道，实现企业名称网上核准、营业执照“全链通办”；将公章刻制、发票申领、社保登记、住房公积金企业缴存登记纳入银行网点免费代办服务。推进电子营业执照互信共享，率先实现电子营业执照在商品预售房许可和户外广告审批事项中的应用。构建三级政务服务体系，设置无差别受理窗口、自助服务机，推动政务服务向基层网点延伸。推进企业注销便利化，企业可通过“一网登录、一次认证、一键预约、一网共享、同步办理、信息反馈”方式，享受网上一站式注销服务。在南通率先开展企业登记档案自助查询改革试点。设置“不动产登记”综合窗口，实现二手房交易“一窗受理、分类流转、有序办理、一站办结”。主动对接、推进企业上市工作进展，完成公司上市目标。优化政务服务，增设老年人专座，配齐基础设施，开展专人咨询引导、协助填表等服务。

（韩　静）

2021年7月26日，海安市企业登记档案自助查询系统在南通率先上线运行

市行政审批局／供图

【法治营商环境建设】 2021年，海安市优化法治化营商环境，审核营商环境政策12件、涉企重大决策9件、市政府合同12件，修订妨碍公平竞争文件2件。实行“温度执法”，对246家市场主体实施轻微违法行为不予行政处罚，165家市场主体从轻或减轻处罚。市司法局联合市工商联、市律师协会以及各行业商会成立十大主导产业链法律服务联盟，推动法律服务与产业链深度融合。组织33名律师研发建筑行业全生命周期法律服务产品，为建筑企业提供法律服务指南。公布第一批告知承诺制证明事项清单，减少办事群众、企业提供证明材料7674份，依法快速办理涉企公证1547件。推广公证“最多跑一次”，编印公证办理指引，提供上门服务、远程办证等服务260余件。

（范田晶）

【金融营商环境建设】 2021年，海安市坚持每季度召开银政联席会议，适时调整金融工作年度和季度考核办法，推动金融机构服务实体经济，全市制造业贷款余额、占比两项指标列南通第一位。引导区镇企业批量导入全省综合金融服务平台，海安制造业贷款总量列南通第一位。以建筑业为试点，打造全国首家全场景供应链金融公共服务平台，提升企业融资便利度，加权平均融资成本4.51%。依托省和南通市综合金融服务平台实施“一网通”工程，设立“科创贷”风险补偿资金，出台《海安市知识产权质押融资补助实施办法（试行）》，运营农商银行科技支行，联合高投集团、毅达资本和市内优质民资共同设立科创基金，支持中小微企业融资。

（何红梅）

自然资源管理

【概况】 2021年，海安市国土总面积11.84万公顷。新增建设用地规模指标

466.67公顷，流量指标1333.33公顷。3个项目获省点供指标24.67公顷。第一批土地征收成片开发方案获省政府批准，涵盖19个片区，总规模1566.67公顷。出让各类土地208宗288.73公顷，累计成交额超100亿元。完成建设用地标准编制，获批国有建设用地开发利用监管省级试点。盘活闲置低效用地64宗242.67公顷。立案查处土地违法案件36宗6.4公顷，比上年下降11.6%。土地利用"五化并进"（土地规划减量化、计划指标市场化、耕地保护优质化、土地利用集约化、服务监管实时化）新型城镇化标准化国家级试点高分通过验收，新增省级标准1个、南通市级标准2个，标准化建设获省表彰。制定《海安市自然资源统一确权登记总体工作方案》，完成103.81千米河流确权登记。办理农村房地一体不动产确权登记15.5万宗。开展自然资源法规宣传普及，印发普法宣传资料3万余份，在《新华日报》《海安日报》、海安自然资源和规划网站等媒体上发布普法宣传信息30余次。海安市获评2020年度省自然资源节约集约利用资金奖励地区，获200万元奖励。

【地籍管理】 根据2020年度国土变更调查成果，海安市国土总面积11.84万公顷，其中，耕地5.18万公顷、园地0.85万公顷、林地0.27万公顷、草地0.09万公顷、城镇村及工矿用地2.90万公顷、交通运输用地0.34万公顷、水工建筑用地0.06万公顷、水域1.62万公顷、湿地0.25万公顷、其他0.28万公顷。2021年1月，自然资源部下发海安市2020年度变更调查遥感监测图斑1163个，总面积417.38公顷。10月，自然资源部下发海安市2020年变更调查成果，2020年变更调查总面积11.84万公顷，其中，农用地7.60万公顷、建设用地2.89万公顷、未利用地1.35万公顷。

【测绘管理】 2021年，《海安市"十四五"基础测绘规划》编制完成，2021年度《海安市城区图》更新完成，测量标志自查和标志点普查维护工作常态化推进。丰富智慧海安时空信息云平台矢量数据和遥感影像数据质量、现势性，开展兴趣点更新、矢量电子地图制作、影像电子地图制作、专题数据更新发布等工作。12月22日，海安市时空信息云平台及地理空间框架数据更新维护项目通过验收。

【土地储备】 2021年，海安市编制《2021年度海安市土地储备计划》，通过省自然资源厅专家论证，并备案。按照土地储供联动和闭环管理要求，做好自然资源部土地储备监测监管系统升级试点工作。市政府办公室出台《海安市低效闲置工业用地收储流程》，通过收储方式盘活低效闲置工业用地242.87公顷。完成"十四五"城乡低效用地调查入库工作、"十四五"城乡低效用地专项规划和年度实施计划编制单位招标工作。加强储备土地及地面资产监管，实行属地管理，定期组织人员巡查监管储备土地。

【土地征收及安置补偿】 2021年，《海安市2021年第一批土地征收成片开发方案》获省批复，全市获批建设用地8个批次358.93公顷。新增用于农村一、二、三产乡村振兴项目7宗约5公顷，保障城东镇中心幼儿园、墩头镇中心幼儿园、市应急医院、南通角斜110千伏输变电工程等项目建设用地需求。海安高新区阿尔法电子机械项目、大公镇鹏飞资源综合利用项目、海安开发区亚太轻合金管材生产项目获江苏省自然资源厅点供计划指标，新增建设用地24.67公顷。完善《海安市集体土地征收办法（试行）》，探索实施集体经营性用地入市制度，海安被省自然资源厅确定为国有建设用地开发利用监管试点地区和首批集体经营性建设用地入市试点地区，编制《海安市建设用地标准》。严格执行批后实施程序，及时办理拨付征地补偿安置费用手续，确保项目第一时间进入供地程序。全年，办结征收项目29个，征地面积51.58公顷，涉及安置人口313人，拨付征地补偿费用0.53亿元，其中汇入市人力资源和社会保障局对接社保专户0.32亿元，被征地农民实现"即征即保、应保尽保"。

【土地执法监督】 2021年，自然资源部、省自然资源厅下发海安市卫片图斑1414个1131.34公顷，其中，自然资源部综合监管系统14批次712个648.3公顷，省"日监测"卫片16批次702个483.04公顷。认定违法用地7宗3.55公顷，其中，1宗拆除，2宗取得农转用批文，1宗组卷上报，其余调整规划、完善用地手续。9月，通过国家自然资源督察南京局2021年耕地保护督查检查。

【不动产统一登记】 2021年，海安市开展农村不动产确权登记工作，6月4日，海安市农村房地一体不动产确权登记证书首发仪式在胡集街道周吴村举行，全市首批139户村民领到农村房地一体不动产证。至年底，全市登记农村房地一体不动产宗地数11.6万宗，颁发不动产权利证书宗地数9.7万宗，基本实现"应登尽登"。完成北凌河海安段、焦港河海安段以及曹丁河等9条市域内河道的统一确权登记工作。推行不动产登记"环节最少、材料最简、时间最短"，不断提升不动产登记便利度。推行存量房批贷前置，存量房转移抵押合并办理常态化；设立交易、税务、登记综合受理窗口，存量房缴费与登记实现一窗办结；实行水电气联动过户；增设综合自助申报智能终端，提供"全天候"服务，初步实现不见面领证；"交房（地）即发证"形成常态化，全年办理交房即发证2684套、交地即发证163宗；权利人可通过"我的海安"App、"线上苏小登·南通e证通"服务平台、"江苏政务服务"App查询名下所有不动产登记情况。全面推行银行业务"线上苏小登·南通e证通"平台办理，银行抵押业务外网受理、内网审批，实现预告登记及转本登记。10月19日，瑞海投资控股集团有限公司取得海安市首张工业用地预告登记证明。小微企业办理不动产登记实现享受减免费用优惠政策"零申报"，无须提供任何证明材料。在海安市农村商业银行分支网点设立抵押登记便民服务点，企业贷款"即办即批即放"。实现企业不动产登记专员全程代办。不动产登记中心外网办件率列南通第一位。

【自然资源信息化建设】 2021年，海安市“智慧守土”系统正常运行，更新维护“第三次全国国土调查”成果以及城镇开发边界、生态空间管控区域图形数据20余项，完成21批次547条征地地块审核、68个项目的地质灾害危险性评估资质和项目备案，累计完成勘测定界400余次，业务系统访问量2.21万人次，使用视频终端5.20万人次。整理2010年（含）前历史供地数据4754条，初步核验确定矢量坐标，征供一体数据库初步建成。

【自然资源依法行政】 2021年，海安市全面推进自然资源法治建设，收到涉及自然资源依申请信息公开事项88件，均及时按程序答复申请人，处理办结率100%。深化行政审批制度改革，编制自然资源和规划政务服务事项145项，其中，行政许可41项、行政给付1项、行政确认54项、行政奖励18项、行政裁决2项、其他行政权力16项、公共服务事项13项，事项维护及时、完整、精准率100%，系统办件量和办件覆盖率100%，所有依申请政务服务事项完成数据归集至南通市县一体化在线政务服务管理平台率100%。全年，发布政务事项信息382项，编制审批结果目录31项。构建“双随机一公开”监管、重点监管、信用监管综合运用的新型监管机制，建立随机抽查对象名录库和执法检查人员名录库、随机抽查工作方案，动态管理人员名录，实现监管事项全覆盖。

【国家级新型城镇化标准化试点项目通过验收】 2018年10月，海安市土地利用“五化并进”新型城镇化标准化试点入选国家标准化管理委员会第三批试点项目。围绕试点目标，建立涉及基础标准、土地规划减量化标准、计划指标市场化标准、耕地保护优质化标准、土地利用集约化标准、国土服务监管实时化标准、管理标准等66个标准的标准体系，在新型城镇化国土资源管理中的土地规划、土地开发利用、耕地和农田保护、节约集约利用和监督管理等方面，全面实施标准。2019年11月27日，国家新型城镇化标准化江苏试点评估会在海安召开。2021年，编制的南通市地方标准DB3206/T1027—2021《土地利用“五化并进”工作指南》和DB3206/T1028—2021《工业用地效益绩效评价指标体系》、江苏省地方标准《耕作层土壤再利用操作规范》通过国家标准化管理委员会考核验收。

（赵海群）

财　　政

【概况】 2021年，海安市财政运行总体健康良好，实现财政总收入265.08亿元，其中一般地方公共财政预算收入69.5亿元，比上年增长7.7%（其中，实现税收收入57.06亿元，比上年增长6.6%；非税收入12.44亿元，比上年增长13.2%）。财政总支出264.2亿元，其中一般公共预算支出139.42亿元，比上年增长8.2%。海安成为南通唯一入选2020年全国县级财政管理绩效综合评价前百名的县（市、区），列第61位。地方政府隐性债务风险评定等级由红转橙。市财政局预算执行情况和资金使用单位预算执行情况获财政部江苏监管局通报表扬，获评全省预算绩效管理工作优秀市（县）财政部门。

2021年海安市一般公共预算收入、市本级一般公共预算收入完成情况表

表3　　　　单位：万元

项　　目	总预算数	执行数	同口径增长率	项　　目	总预算数	执行数	同口径增长率
一般公共预算收入合计	695000	695021	7.69%	市本级一般公共预算收入合计	180000	130344	0.4%
一、税收收入	571002	570612	6.55%	一、税收收入	65000	65172	0.4%
增值税	255797	255079	8.88%	增值税	32000	30170	−4.9%
所得税	112699	113230	2.60%	所得税	13350	13150	−31.9%
其他地方税收收入	202506	202303	5.98%	其他地方税收收入	19650	21852	57.3%
二、非税收入	123998	124409	13.22%	二、非税收入	115000	124409	13.2%
专项收入	48620	45431	75.57%	专项收入	43611	45431	75.6%
行政事业性收费收入	27557	28390	−23.76%	行政事业性收费收入	35389	28390	−23.8%
罚没收入及其他收入	47821	50588	8.17%	罚没收入	11000	15352	28.9%
				其他收入	25000	35236	1.1%

2021年海安市一般公共预算支出、市本级一般公共预算支出完成情况表

表4 单位:万元

项　　目	一般公共预算支出			市本级一般公共预算支出		
	调整预算数	决算数	同口径增长率	调整预算数	决算数	同口径增长率
一般公共预算支出合计	1441900	1394200	8.23%	1105366	1051971	13.01%
1.一般公共服务支出	122945	118326	10.85%	88626	78939	19.85%
2.国防支出	775	711	−4.95%	777	702	−5.14%
3.公共安全支出	59271	57385	7.93%	55452	49934	8.01%
4.教育支出	211763	204998	0.76%	203873	197198	5.78%
5.科学技术支出	74079	71711	1.37%	57833	57313	27.15%
6.文化旅游体育与传媒支出	25203	24402	24.00%	20262	17973	32.47%
7.社会保障和就业支出	232254	224928	8.48%	202799	194428	5.51%
8.卫生健康支出	129221	125103	25.24%	125439	122491	26.86%
9.节能环保支出	26913	26055	28.38%	21859	19661	12.43%
10.城乡社区支出	229335	222003	−6.44%	47477	46266	6.91%
11.农林水支出	119462	115506	10.76%	72133	70212	3.29%
12.交通运输支出	36675	35502	56.57%	36857	35499	57.55%
13.资源勘探信息等支出	8055	7654	29.33%	7906	7529	32.69%
14.商业服务业等支出	2680	2593	−33.67%	5333	2581	−33.29%
15.金融支出	563	544	38.78%	565	544	38.78%
16.援助其他地区支出	3602	3487	1.19%	3500	3487	1.19%
17.自然资源海洋气象等支出	11574	11204	30.98%	11794	11204	30.98%
18.住房保障支出	95909	92909	34.16%	90078	87356	26.14%
19.粮油物资储备支出	1021	988	237.20%	2620	988	237.20%
20.灾害防治及应急管理支出	3922	3797	29.59%	5003	3276	50.41%
21.其他支出	955	133	−97.35%	731	129	−97.43%
22.债务付息支出	45467	44013	4.68%	44200	44013	4.68%
23.债务发行费用支出	256	248	41.71%	249	248	41.71%

【财政政策】 2021年,海安市持续巩固减税降费成效,减税降费规模8.2亿元,保障各类市场主体享受政策红利。发挥财政资金效能,支持构建核心企业、上下游企业、金融机构、监管部门多方参与、紧密协作的供应链金融生态体系;加强银政企合作,设立普惠金融发展风险补偿基金,梳理整合"苏科贷""科创贷""苏微贷"等普惠金融产品,降低科创型企业与中小微企业的融资门槛和成本。优化财政服务经济政策,调整优化促进新型工业化和现代服务业发展、创新型城市建设、人才培养引进等政策,推进"5123"大企业领航工程、各大产业链培育等工作;加快设立科创人才、绿色发展等子基金,与毅达资本签订2亿元科创人才子基金合作协议。及时兑现新型工业化发展、科技创新、外贸发展、建筑业开拓市场、化工园区转产转型等各类政策奖扶资金3.11亿元,促进企业健康发展。

【财源培植】 2021年,海安市积极培植优质财源,化解财政收支平衡矛盾。依法依规组织收入,坚持依法征收、应收尽收,杜绝提前征收、收"过头税"等现象。提升征管能力,市财政局、市税务局等部门联合开展税收政策研究,加强经济运行动态分析,排查挖掘税源;规范区镇间税源流动,完善建筑业税收及环保税协同共治体系,专项治理城镇土地使用税等。统筹财政资源,加大政府性基金预算、国有资本经营预算与一般公共预算的统筹使用力度;争取上级专项资金,加大暂付款清理消化力度,盘活财政存量资金,强化结余结转资金管

理，全年争取到账资金18.37亿元，收回财政存量资金6.3亿元。强化预算执行，落实“过紧日子”要求，硬化预算约束，压缩非急需、非刚性支出，兜牢“三保”（保基本民生、保工资、保运转）底线，实现财政收支平衡。

【财政支出】 2021年，海安市优化支出结构，坚持优先保障民生，民生支出115.81亿元，占一般公共预算总支出的83%。支持生态环境建设。落实生态环境保护和污染防治资金2.52亿元，拨付改厕资金2697.14万元；支持碳达峰行动，提高农村保洁员队伍待遇。支持农业农村发展。筹资4.16亿元整治农村黑臭水体38条，疏浚河道99条，拆坝建涵156处，改造圩口闸171座、危桥11座；筹资1.68亿元建设高标准农田3133.33公顷；发放涉农补贴4.6亿元。支持教育文化事业发展。筹资1.16亿元推进省海中东扩、实验小学改扩建等教育重点工程建设和薄弱学校改造项目，安排专项资金5297万元提升教学整体环境、保障课后服务经费，发放助学金1.30万人次1146万元；落实公共文化建设资金2654万元支持市图书馆、博物馆新馆、体育中心等基础设施建设，安排资金2276万元支持文化精品创作、推进文旅融合发展。提升公共卫生服务水平。落实人均基本公共卫生提标补助资金6873万元，药品零差率销售基层医疗卫生机构补助资金1.66亿元，公立医院改革发展支持资金1224.44万元，应急医疗体系建设、核酸检测、医学观察点运转、增配负压救护车等项目资金4400万元。加大社会保障各项支出。拨付各类优抚和城乡社会救助经费3.04亿元，统筹各类就业补助8300万元，拨付养老保险补助及离退休人员专项补助12.73亿元，落实城乡居民基础养老金补助4.34亿元，拨付照护险补助2449万元。提升社会治理能力。落实智慧警务服务站及执法岗亭升级改造资金216.8万元，安排资金1542.85万元推进“所队合一”业务用房及公安业务技术用房改扩建等工程，落实新建全市道交案件审理中心暨开发区法庭审判业务用房建设资金3956.72万元。

【财政监管】 2021年，海安市加强财政基层基础工作管理，市财政局强化区镇财政业务包括收入组织、预决算编制、债务规模管控等方面的指导，合理安排区镇财政人员参加业务培训，提升基层财政管理水平。加强预算绩效管理，组织2021年单位整体与项目绩效目标规范性、合理性、匹配性审核，审核单位整体绩效目标197个、项目绩效目标2088个。加强财政资金存放管理，完成5亿元财政间隙资金定期存放招投标；推进电子票据改革，全面清理纸质票据，经验做法在《新华日报》推广。加强政府采购监督管理，加大政府采购信息披露力度，按照政府采购法律法规开展联合惩戒，促进公平竞争。加强财政投资评审管理，制定《海安市政府投资项目工程变更管理暂行办法》，规范政府投资工程变更管理，全年评审工程预算项目396个51.28亿元。推进法治财政标准化管理，编制年度重大行政决策目录，做好规范性文件的制定、审核和清理，依法办理行政执法审核6起、行政许可事项10起、行政处罚2起、依申请公开3起。 （纪　贤）

税　务

【概况】 2021年，海安市税务局聚焦减税降费、优化营商环境，完成重点企业、重大项目、重要行业的税收分析报告42篇，获市委、市政府主要领导批示肯定18次，《关于推动上市工作“加速跑”做大做强税源经济的建议》获南通市领导批示肯定。市税务局与工商联共促海安经济社会高质量发展的做法获省人大常委会领导批示在全省推广学习。税务基层行政执法标准化试点项目通过省社会管理和公共服务标准化试点评估验收。市税务局被国家机关事务管理局、中共中央直属机关事务管理局、国家发展改革委、财政部表彰为全国节约型机关，被省退役军人事务厅表彰为优秀“戎耀之家”，被南通市委、市政府表彰为南通市全国双拥模范城“七连冠”创建工作先进集体。6月18日，海安市税务局原南城、北城、西城税务分局分别更名为海安、隆政、胡集税务分局并举行挂牌仪式。

【组织收入】 2021年，海安市税务局围绕组织收入中心，坚持预算法定、协调共治、以数控税和底线思维，强化收入质量评价，确保应收尽收。全市组织各项税费收入155.19亿元，比上年增长16.67%，其中，税收收入101.8亿元，首次超百亿元，比上年增长6.4%；入库社保费50.01亿元，比上年增长45.55%；地方公共财政预算收入57.1亿元，比上年增长6.63%。

2021年6月18日，海安市税务局原南城、北城、西城税务分局分别更名为海安、隆政、胡集税务分局并举行挂牌仪式

袁　岳/摄

2021年海安市税务收入情况一览表

表5 单位：万元

项　　目	2021年	2020年	增长率	项　　目	2021年	2020年	增长率
总计	1551997	1330219	16.67%	13.耕地占用税	2855	7135	−59.98%
一、税收收入合计	1018027	956786	6.40%	14.环境保护税	3220	2607	23.54%
1.国内增值税（含免抵调）	511325	468606	9.12%	15.消费税	1102	830	32.86%
其中：直接征收	462444	422606	9.43%	16.车辆购置税	20206	20328	−0.60%
免抵调	48881	46000	6.26%	中央级收入	446971	421248	6.11%
2.营业税	−53	289	−118.38%	一般公共预算收入区县（税务统计口径）	584463	546257	6.99%
3.企业所得税	219594	198464	10.65%	其中：正常性税收	584463	546257	6.99%
4.个人所得税	63524	77531	−18.07%	一次性税收	0	0	—
5.资源税	907	617	47.00%	二、非税收入合计	33902	29860	13.54%
6.城建税	27037	24370	10.94%	1.教育费附加及地方教育附加	25730	24044	7.01%
7.房产税	31849	25730	23.78%	2.工会经费	3375	3130	7.83%
8.印花税	12040	12518	−3.82%	3.垃圾处理费	484	729	−33.68%
9.土地使用税	19887	18739	6.12%	4.残疾人就业保障金	2283	1912	19.43%
10.土地增值税	32229	36059	−10.62%	5.文化事业建设费	1	18	−97.25%
11.车船税	4981	4798	3.82%	6.社会保险收入	500068	343574	45.55%
12.契税	67323	58166	15.74%	—	—	—	—

【减税降费】 2021年，海安市落实减税降费优惠5.66亿元；减免税收2.74亿元，其中政策减免2.52亿元。办理延期缴税3982户次2.2亿元。市税务局成立税费优惠政策落实工作领导小组，建立完善工作例会、政策落实情况反馈、政策落实风险分析应对等工作机制，系统梳理相关政策，加强辅导培训，确保各项税费优惠直达基层和市场主体，直接惠企利民，实现优惠政策应享尽享。

【征管改革】 2021年，海安市税务局贯彻落实《中共中央办公厅、国务院办公厅关于进一步深化税收征管改革的意见》和省税务局"50条"要求，构建纳服机构主导、延伸点补充、税费并重、线上线下融通、一体通办的管理体制。推行"以数治税"，强化铜、铝、锌等大宗物资生产企业发票风险防控。探索税种联动管理机制，形成多部门共同参与、多税种齐抓共管、统筹分析、综合施策的发展格局。深入分析长亏不倒企业、长期利润不分配企业，加强集体审议，应对总成效5.55亿元。

【纳税服务】 2021年，海安市税务局开展"千名税干进万企，促进发展送春风"专题"走帮服"活动和"春雨润苗"专项行动，先后走访企业450余户次，纾解难题160多个，助力企业对接贷款24.6亿元。细化税收营商环境指标监测实施方案，按日提醒偏差、按周评价通报、按月汇总分析。坚持问题导向，率先招募"税务体验师"；开设"税莫愁"专家门诊，为纳税人、缴费人提供"一对一、面对面"咨询辅导，需求反馈和问题解决率100%。推行"办税服务一次成"，实施不动产交易、企业开办等事项"一件事、一次办"，纳税人办税次数比上年下降55%以上。加强办税智慧化宣传，引导纳税人、缴费人优先使用电子税务局、"江苏税务"App、"个人所得税"App等办理业务，非接触式办理比例94.1%，南通第一。推进"房地产交易税收一体化平台"试点，实现基础信息自动带入、业务审核系统判别、资料报送电子化，办税时长减少50%以上，相关做法获省税务局领导肯定。 （袁　岳　孙杨洋）

审　计

【概况】 2021年，海安市审计局出具审计报告和专项审计调查报告43篇，查出违纪违规金额及管理不规范金额14.78亿元，减少财政拨款5130万元，提交审计专报14篇，移送案件线索9件。加强审计科研调研，审计论文、信息被南通市级以上媒体采用548篇次。市审计局获评全国审计机关通联宣传先进单位、江苏省审计通联宣传工作先进单位、南通市审计工作综合考核一等奖等集体荣誉11项，获评全国内审先进工作者、南通市审计领军人才等个人荣誉15人次。"以需求为导向做实做深研究型审计"经验做法获"审计署"微信公众号推广;《用“七战七捷”精神开启审计工作新征程》微党课获评省审计系统“学习百年党史、凝聚奋进力量”十佳微党课;《加快投资审计转型,规范投资审计监督》《新时代以高质量审计服务高质量发展》《改革区镇审计管理体制,开创区镇审计工作新局面》等材料分别在全国工程审计年会、省审计学会“审计监督助推江苏高质量发展”研讨会、省改革强审工作推进会议上做经验交流。陕西略阳和江苏连云港、阜宁、昆山、宜兴等审计部门8批次到海安学习交流。

【财政预算执行审计】 2021年,海安市审计局整合审计力量,实施“同级审”工作,揭示污水处理费2590.03万元、排污费274.34万元未及时缴库;至2020年年底,全市商住用地未使用面积39.5万平方米,7宗土地欠缴土地出让金3.21亿元等问题。整改后收缴财政资金4558.5万元,查补税费1838.32万元,盘活存量资金1.33亿元,原渠道归还资金2.07亿元,挽回损失7019.77万元,清理往来账款981.38万元。制定和完善制度办法74项,向纪检等机关移送案件线索17件,立案查处12人。

【领导干部经济责任审计】 2021年,海安市审计局将预算执行审计、重大产业项目专项审计、部门单位内部控制审计、网络安全和信息化建设专项审计、自然资源离任审计等融入10个单位领导干部经济责任审计中,实现一审多果、一果多用。查出主要问题金额9361.52万元,原渠道归还5.37万元,挽回损失22.79万元,清理往来444.69万元。市市场监管局主要负责人经济责任审计发现账面暂存款余额590.82万元,3处建筑面积1720.05平方米的固定资产闲置等问题。市皮肤病医院主要负责人经济责任审计发现医院购置的办公大楼(含店面房)未办理产权证书。将自然资源资产离任审计融入墩头镇经济责任审计,发现安置房空置面积3.81万平方米、标准厂房租金84.9万元未收取到位、1.41万平方米土地闲置未开工建设、污水处理量不足、资产维护较差等问题。

【政府投资工程审计】 2021年,海安市审计局制定出台“政府投资建设项目中介机构协审服务(限额标准以下)备案管理办法(试行)”等办法,登记备案造价咨询机构37家,规范政府投资建设项目协审服务。推进投资审计转型,升级投资审计管理系统,构建动态预警体系,识别控制投资风险。在结算审计项目869个核减1.61亿元的基础上,抽审监督项目147个,再核减1323万元。白甸镇周垛安置房项目核减3751.88万元,追回超付工程款264.52万元;328国道快速化工程跟踪审计发现未按规定办理环境影响评价文件、现场施工不规范等问题;披露22宗商住建设用地已供未用、用而不足,推进5宗土地完成拆迁安置工作,收缴欠缴土地出让金1.44亿元,1宗土地解除用地协议3675万元。

【民生资金审计】 2021年,海安市审计局持续强化民生资金审计监督,提高民生资金效益。学校食堂管理情况审计发现12所学校6057万元食材采购未公开招标,7所学校向非中标供应商采购食材423.87万元;盐城市滨海中小学教育经费审计发现公办学校违规接收复读生1065人,家庭经济困难学生720人次未享受资助,违规收取入学挂钩费用1398.38万元,套取学生伙食费26万元用于发放补助等问题。房地产开发项目公共配套用房移交及管理审计发现约1550平方米社区用房未配建移交、2.26万平方米社区用房未按规定办理产权过户登记手续;南通市海门区保障性安居工程审计促进财政部门退还城市基础设施配套费1629.98万元,拨付老旧小区改造引导资金153万元,收取公租房租金87.96万元。社保基金审计促进市人力资源和社会保障局追回已死亡人员养老金1.03万元、5人重复享受的养老金12.84万元。

【内部审计】 2021年,海安市修订完善区镇工作考核办法,将区镇审计工作纳入市政府对区镇年度经济社会发展目标责任制考核。实行局领导班子成员挂钩联系区镇审计工作制度,常态化开展调研和指导工作。10个区镇完成审计项目67个,查出违纪违规及管理不规范金额1.68亿元,非金额计量问题71个,归还原渠道资金113.61万元,移送案件线索62件,立案处理24件47人,促进建章立制50个,组织中介机构审计核减工程款9234万元。部门信息系统绩效审计发现海安智慧停车运营管理平台系统设计存在缺陷,导致收费不准确。市市场监管局经济责任审计发现未制定网络安全责任制度、未明确专门网络安全工作机构;市行政审批局经济责任审计发现政务服务“一张网”系统、履约金管理系统等5个系统均未按规定开展等级保护定级、备案、测评工作。通过举办内审培训班、局机关培训、以审代训等方式加强内审人员培训,对市农业农村局村集体经济组织内部审计工作中的审计程序、文书规范等方面提供指导。开展内部审计项目质量检查和优秀内部审计报告评选活动,选送5个项目参评南通市审计局、南通市内审协会优秀内部审计项目,获一等奖2个、二等奖2个、三等奖1个。内审研讨文章获省内审协会二等奖2篇、三等奖1篇,获南通市内审协会一等奖1篇、二等奖2篇。

【审计督察整改】 2021年,海安市落实审计整改工作“三交办”(交整改责任单位、交主管单位、交分管副市长),推动审计整改闭环管理。审计委员会建立审计整改协调机制,压实主体责任;市政府专题召开审计整改推进会,向21家主管部门和责任单位下发“问题清单”和整改交办单。市人大常委会建立审计整改询问制度,要求未整改到位的单位主要负责人到会应询、回答问题;纪委监委开展审计整改专项巡察,推动2018—2020年审计未整改到位的27家单位落实审计整改责任,74个整改问题销号40个。

【审计信息化建设】 2021年,海安市打造数字审计机关,推动项目“双主审”(项目业务主审、大数据分析主审)制度全覆盖,整理210个村2019—2020年财务数据,采集南通扶贫系统中18个部门的教育、低保、医保、救助等数据,为审计项目提供分析疑点。创新开发操作指引,公立医院主要领导经济责任审计全过程操作指引系统固化审计项目全流程操作,自动生成项目全过程电子档案,实现“人人能用、人人会用、人人会做”。开发扩充综合联网审计平台中的审计模型260个，模型覆盖预算执行、地方税收、社会保障、经济责任、财务账表复查、公务消费监管、医保基金、跨行业审计等范围。研究推广《国家税务总局网络版财务管理系统前台采集数据处理办法》，解决税务部门财务数据无法集中采集并导入AO的问题，相关做法在全省税务审计组推广运用。

【专项审计】 2021年，海安市开展重大产业项目推进情况专项审计，发现部分项目推进缓慢、亩均税收较低、投资拉动效应不明显等问题，市政府出台《海安市持续深化工业企业“亩产论英雄”改革实施办法》《海安市项目审核工作暂行办法》等，成立项目预审委员会，进一步加强招商引资项目预审核工作。实施优化营商环境情况专项审计，揭示政府投资工程建设项目招标文件存在对投标人不公允条款、履约担保方式未按照规定推行银行保函制度、14家企业用水报装办理时长超时限等问题，促进市公共资源交易中心退还施工单位履约保证金22.3万元。开展国有企业内控制度审计，发现内控制度缺失、治理结构不健全、未经集体决策审批调度大额资金、多缴纳保障性住房人防易地建设费、工程管理不规范等金额问题26个、非金额问题46个，管理不规范金额31.25亿元，挽回直接经济损失1.79亿元，向纪委监委移送案件线索6件；市委审计委员会出台《海安市市属国有企业审计监督专员管理办法（试行）》，专题召开国企改革发展大会，13份审计专报得到市政府主要负责人批示，市政府和国有企业专管部门出台制度16项，瑞海集团等7家国企出台或修订制度25项。

【审计科研】 2021年，海安市审计局联合南京审计大学开展投资审计转型、国企内控制度审计、审计操作指引等科研课题研究，用理论成果转化推动审计工作实践。推动投资审计转型，从提高审计效率、优化审计资源配置的角度研究工程审计转型问题，探索大数据技术在审计项目中的应用，形成研讨文章《政府投资审计转型与大数据应用》。《国有企业内部控制专项审计调查实践与思考》确定国企关键风险领域，分析问题背后原因，推动海安国企治理体系和治理能力现代化。加强审计操作指引，依托公立医院主要领导人员经济责任审计操作指引开发基础，拓展应用学校、部门、区镇经济责任审计项目，《审计项目执行管理标准化》为审计项目的准备阶段、实施阶段、报告阶段、审计整改、项目归档的全流程操作固化提供理论支撑和实践建议。（全　蕾）

统　计

【概况】 2021年，海安市统计局在南通市率先探索改革区镇（街道）统计管理体制，成立统计工作委员会，市长任主任，分管副市长任副主任，区镇（街道）、部门主要负责人为成员，明确机构及成员单位职责。印发区镇街道统计管理体制改革方案，明确健全统计工作机构、配备足额人员力量、建立双重考核机制、明确岗位工资系数、保障报酬水平等任务。加强部门业务指导，先后分四个组到市发展改革委、市商务局等11个部门开展走访、座谈活动，提升部门统计工作水平。推进统计法治进党校，将“统计法”纳入领导干部主体班次学习内容。在市委常委会、市政府常务会上传达学习《江苏省防范和惩治统计造假、弄虚作假督察工作规定》等文件，在市电视台“法治热线”直播间向初任公务员、企业负责人宣讲统计法律法规。加大统计执法检查力度，与210家新增入库企业签订统计守法诚信承诺书、法律告知书，对全市136家企业开展“双随机”（随机抽取检查对象、随机选派执法检查人员）执法检查。加强统计队伍建设，建立平时考核制度，优化考评方法，强化过程管理；选派统计干部到省级机关、区镇挂职锻炼，参加业务培训，组织参与党委、政府重点工作；常态化举办统计微课堂、悦读分享、青年干部学习沙龙、青年干部理论学习社等活动；优化干部梯队，按标准晋升职级干部3人，提拔1人；组织区镇（街道）、村居、企业统计人员业务培训31期，950人次参加。

【统计调查】 2021年，海安市统计局按照国家统计报表制度和省、南通市统计工作部署要求，规范统计数据收集、审核、上报等各环节，完成一、二、三产业相关专业年报和定期统计报表任务。拓展专项统计内容，开展一系列反映海安经济社会发展、民计民生民意和疫情影响的专项统计调查。坚持数据分析与业务跟进并重，同步统计“数库”和“智库”，为市委、市政府科学决策提供参考，撰写的统计分析《海安市建筑业转型升级对策研究》《海安市新型农业经营主体发展调查研究》《海安农村空巢老人养老情况调查分析与对策思考》获市委书记批示。组织数据质量核查，加大统计数据全流程控制，依法依规做实数据，消除风险隐患。推进“升规纳统”（将达到规模或限额统计标准的单位纳入国家统计局联网直报范围），组织“一套表”单位核查，全面核实单位真实性，及时退出不合规单位，开展“准四上”（规模以上工业企业、资质等级建筑业企业、限额以上批发零售住宿和餐饮企业、规模以上服务业企业）单位监测，对符合入库标准的企业实现应统尽统。

【统计服务】 2021年，海安市统计局严把数据审核关、监测关，牵头创建“数据海安”平台，为部门数据互联共享提供硬件条件。服务“勇当全省排头兵 追赶跨越比贡献”月度评估，逐一落实涉统指标，分解考核指标，建立月度数据动态跟踪表，及时掌握考核指标完成情况。服务亿元产业项目建设，抓好项目建设的投资入库、“四上”入库和转化达产，加强事前、事中、事后全流程统计监测。全年，编印《统计年鉴》1本、《统计手册》1册、《统计月报》11册，撰写统计公报1篇、统计分析57篇、工作信息222篇、经济信息315篇。（市统计局）

物价管理

【价费管理】 2021年，海安市政府下发“关于印发海安市2021年价格调控目标责任制实施意见的通知”，将价格调控目标责任分解到各相关部门。宣传贯彻各项收费政策,落实清费降本减负相关举措,动态调整各类收费目录清单。2月、12月两次调整非居天然气销售价格。2月、8月、9月、10月、12月五次调整蒸汽价格,核定管道燃气配气价格为每立方米0.755元。5月,修订完善商品房价格备案规则,全年受理备案项目130余次。8月,制定海安外国语学校小学、初中学费及住宿费收费标准。11月,出台中小学课后服务收费正式标准,小学、初中每生每学期300元,普通高中参照执行。开展《海安市机动车停放服务收费管理暂行办法》后评估及修订工作,修订城镇生活垃圾处理费征收管理办法。（王均桦）

【成本监测】 2021年,海安市开展农本调查,优化农本调查点,落实"一品三点九户"(每个调查品种至少3个调查点,每个点至少3户调查户),完成2021年农户存售粮、农资购买专项调查以及小麦、粳稻、桑蚕茧直报工作。推动成本监审,完成海安市城区2019—2020年度生活垃圾处理定价、污水处理成本调查。加强监测预警,密切跟踪66种居民生活必需品价格监测;拓宽价格监测领域,新增工业、农业企业价格监测点各1家。提高价格数据分析质量,在《海安日报》《经济运行月报》等平台发布民生价格信息50篇、大宗商品价格信息及月数据分析12篇,8篇价格分析被省价格监测平台录用。（翟小静）

【价格认定】 2021年,海安市推进"三涉一调"(涉刑事和行政案件财物价格认定及复核裁定、涉税财物价格认定、涉纪检监察案件财物价格认定和价格纠纷调解)价格认定工作,办理价格认定事项410件,认定金额11亿元。创新建立涉案认定驻点服务机制,在市公安局执法办案中心设立价格认定工作室,实行每周固定日专人驻点服务;涉案事项平台办理实现"全程线上"服务目标。涉税事项价格认定年核增计税收入近3亿元,年增加税款近3000万元;存量房基准价格维护更新实现389个住宅小区全覆盖。调解价格争议事项20多起,调解成功率100%。（黄飞飞）

【价格监督检查和反不正当竞争】 2021年,海安市市场监管局围绕重点时段、重点环节、重点行为,加大不正当价格行为查处力度。参与"双减"(减轻义务教育阶段学生过重作业负担和校外培训负担)联合检查,对44家教育培训机构价格行为开展检查,协调解决退费纠纷10余起。组织商品房销售、停车收费、殡葬服务等领域执行收费公示和明码标价制度专项检查,对涉企收费、转供电价格开展监督检查。加强反不正当竞争执法,建立由市市场监管局牵头,市发展改革委、市司法局等多部门参与的公平竞争审查部门联席会议机制,率先推行招标文件公平性审查制度,获省、南通市肯定。5月29日,东部家具产业基地商业秘密保护维权联系点揭牌。（张益龙）

市场监督管理

【概况】 2021年,海安市有在册企业3.95万家,其中外资企业423家;注册个体工商户8.85万家;农民专业合作社604家。严格市场监督管理,不断强监管、防风险、提质量、促消费,推动市场监管改革创新,市场秩序规范有序。市综合检测中心获评国家中小企业公共服务平台,申报的"国家桑蚕标准化区域服务与推广平台"项目获2021年度国家农业标准化区域服务与推广平台项目立项。海安市获评省级食品安全示范城市、实施知识产权战略成效明显地方,质量、知识产权等方面工作经验在省、南通市会议上交流推广。加强干部队伍建设,开展"强基础、塑形象、勇担当"主题教育活动,举办"短精特"专题培训班24期,受训1772人次。

【计量管理】 至2021年年底,海安市拥有强检计量器具使用单位1205家,计量器具制造单位9家,在用强检器具1.37万台(件),定量包装产品生产企业84家,重点用能单位6家,集贸市场30家,医院43家,加油站56家,眼镜店110家。抽查商超、市场等经营主体338家,对辖区内56家加油站实行检查全覆盖。检查定量包装商品3395批次,抽检362批次,净含量合格率98.9%;检查在用衡器3485台(件);抽检眼镜制配单位110家。申请备案的强检计量器具使用单位1017家,备案强检计量器具1.04万台。

【质量管理】 2021年,海安市开展春耕化肥、燃气灶具及配件、成品油、翻新轮胎等产品质量监管专项整治,突出抓好电动自行车监督检查。组织产品质量抽检,协助上级部门做好未抽到样、拒检处理、异议处理等工作。对烟花爆竹、电动自行车、电缆、成品油等开展自主抽检,其中,烟花爆竹5批次、电缆4批次、成品油49批次,全部合格;电动自行车6批次,2批次不合格。按要求及时处理上级移送的11家单位的15个不合格产品,并完成整改复查。

【标准化工作】 2021年,海安市新增标准化试点项目国家级1个、省级2个,省、南通市地方标准6项;在建标准化试点项目国家级3个、省级5个;市企业主导、参与发布国家标准9项、行业标准3项、团体标准1项。推进全市镇村人居环境整治提升标准化建设工作,申报地方标准5项。组织全市重点企业标准化管理人员55人参加标准总监培训,推动15名企业负责人、技术专家在对口领域的全国专业标准化技术委员会任职。主动对接多家全国标准化管理委员会和专业院所,将标准化工作贯穿于十大产业集群培育和重点工业大企业培育,市综合检验检测中心获批成立全国模具标准化技术委员会锤锻模工作组。

【认证认可工作】 至2021年年底,海安市拥有强制性产品认证获证组织43家、证书342张,管理体系认证获证组织945家、证书1819张,服务认证获证组织45家、证书75张,自愿性工业产品认证获证组织192家、证书1516张。新增环境管理体系认证证书183张、质量管理体系认证(ISO 9000)证书457张、中国职业健康安全管理体系认证证书163张。分别接受国家、省级"双随机"认证检测领域检查1家、4家,市市场监管局抽查中国强制性产品认证(CCC)获证企业4家、管理体系认证获证组织10家，组织查处未经CCC认证擅自生产销售列入目录内产品相关案件5件。

【检验检测】 至2021年年底，海安市综合检验检测中心具备341个产品、536项参数的检验检测能力，按计划完成到期计量标准复查考核18项、社会公用计量标准项目新建标7项。完成《海安木制家具产品检验检测中心建设方案》，对接国家家具质量监督检验中心（上海）并达成初步合作意向。推进强检计量器具受理、核查、备案工作，受理863家企业1.22万台（件）强检器具申报，受理结办率100%。检定全市57家加油站点1200台（件）加油机、1.92万台燃气表、1.84万台（件）压力表和235件出租车计价器等强制计量器具，免费检定33家集贸市场的1911台（件）衡器和43家医院卫生指导站的1421台（件）医疗器械。开展食品安全动态监测抽检1800批次，不合格95批次，完成南通市市场监管局下达的35批次产品质量专项监督抽查任务。接受社会委托检验出具报告证书2.72万份，其中，计量检定证书2.64万份，产品检验检测报告814份。

【广告监管】 2021年，海安市市场监管局强化广告导向监管，部署开展防范非法集资行动、“护苗助老”整治行动、违法违规商业营销宣传整治行动、校外培训机构广告监管等专项执法行动，累计检测广告7000余条，签订承诺书141份，查处广告违法行为21件，下发处罚决定书24件，罚没款38.02万元。

【消费维权】 2021年，海安市市场监管局接处消费纠纷投诉5950件，办结率95%，调处成功率90%。加强“两反两保”（反垄断、反不正当竞争，保护知识产权、保护消费者权益）工作，建成东部家具产业基地商业秘密维权联系点。培育互联网在线平台纠纷解决企业10多家、线下实体店无理由退货承诺主体92家，累计退货1.17万件，金额28.02万元。

【市场监管综合行政执法】 2021年，海安市开展非法流动加油车专项执法，出动执法人员839人次，开展联合检查83组次，抽检油品26批次，不合格1批次。开展货车非法改装专项整治，通过集中排查、重点检查、突击抽查、专项治理等方式，强化危险货物运输车辆、自卸货车等5类重点货车生产改装行为监管，发现大吨小标车辆7台次。开展“惊雷2号”反走私专项行动，联合第三方检验机构，集中抽样检测成品油19批次，出动执法人员60余人次，对辖区内56家加油站开展全覆盖检查。

2021年3月14日，海安市市场监管局开发区分局开展“诚信市场，放心消费”主题宣传活动

向中林／摄

【质量强市】 2021年，海安市加强质量标准基础建设，推进镇村人居环境整治提升标准化建设工作，市综合检验检测中心获全国模具标准化技术委员会锤锻模工作组标准化试点立项。海安市获评全省2020年知识产权工作真抓实干成效明显地方，南通唯一。全市获中国专利优秀奖3项。推进高新技术企业知识产权贯标备案登记178家，12家企业省贯标绩效评价考核合格，完成知识产权质押融资4.27亿元，创历史新高。5月29日，成立海安市家具质量合作社，60多家企业入驻。中洋集团获中国质量奖提名奖，联发集团获省长质量奖，天楹集团获省长质量奖提名奖，铁锚玻璃、鹏飞集团获南通市市长质量奖。铁锚玻璃、威尔曼科技、双弘纺织等9家企业入选“江苏精品”第二批重点培育企业，文凤集团、铁锚玻璃分别获评江苏省质量信用AAA、AA级企业。

【市综合检验检测中心获评国家中小企业公共服务示范平台】 2021年，海安市综合检验检测中心入选工业和信息化部2021年度国家中小企业公共服务示范平台（技术服务类），全省系统唯一。市综合检验检测中心强化资质能力建设，有序开展家具、变压器、食品等领域资质能力扩项，年内投入超300万元购买检测用仪器设备。中心累计有110项参数通过省级资质认定（CMA）现场评审，具备341个产品、536项参数的检验检测能力。打造企业服务平台，与高校科研院所开展合作，在技术开发、人员培训、标准制定、工业设计、产品测试等方面为中小企业提供全方位服务。8月，获评省工业和信息化厅支持专精特新“小巨人”企业高质量发展推荐示范平台。助力产业品牌塑造，发挥省锻压机械产品质检中心作用，组建产业服务工作组，指导行业企业起草、制定4项国家及行业标准，协助35家企业制定产品标准并在国家级平台公示，服务南通超力卷板机制造有限公司等多家企业申报或参评江苏省首台（套）重大装备、江苏省科学技术奖、“江苏精品”以及发明专利等。 （张益龙）

海安开发区管委会

开发区及园区建设

海安经济技术开发区

【概况】 海安经济技术开发区（简称海安开发区）始建于1992年，1996年获批省级开发区，2006年经过整合获批省级经济开发区，2021年升格为国家级经济技术开发区。先后经过三次区划调整，是长三角北翼开放开发重要平台，先后获批国家知识产权示范园区、国家高新技术产业标准化区域试点、全国模范劳动关系和谐工业园区、省工业和信息化融合示范园区等。2021年，海安开发区规划控制面积180平方千米，户籍人口14.79万人。完成地区生产总值313.95亿元，比上年增长9.88%，其中，第一产业增加值11.07亿元、第二产业增加值247.37亿元、第三产业增加值177.2亿元。实际到账外资1.6亿美元，完成外贸进出口总额110亿元。获批江苏自贸试验区联动创新发展区，入选第四批省大众创业万众创新示范基地（全球化企业方向）。

【产业发展】 2021年，海安开发区打造现代纺织、新材料、机器人及智能制造"一主一新一特"产业集群，集聚高端装备、新材料新能源等产业板块。实现农业总产值21.71亿元，比上年增长6.68%，新增农业产业化国家重点龙头企业1家。实现工业总产值638.48亿元，比上年增长39.78%；完成工业投资1554.34亿元，比上年增长41.9%。新增规模以上工业企业38家，累计有规模以上工业企业368家、亿元以上企业131家。新增规模以上服务业企业14家，限额以上批发、零售及住宿餐饮企业15家；完成服务业应税销售392.84亿元。新世嘉纺织品（南通）有限公司、江苏增光新材料科技股份有限公司（简称增光新材料）签约"创业板"入轨。海安保税物流中心（B型）进境肉类指定监管场地获批运营。上海国际港务（集团）股份有限公司ICT（海安）项目开航。中欧（东盟）国际班列被列入全国铁路运行图。

【招商引资】 2021年，海安开发区赴上海市、深圳市、苏州市等地开展专题招商活动6场，与上海市静安区曹家渡街道、上海天安智谷工业园分别签订战略合作协议；参加环球城市招商引资推介大会、南通—芬兰经贸合作对接交流会、东亚企业家太湖论坛等推介招商活动约20批次，被环球城市招商引资推介大会评为2020年度投资发展环境质量十佳园区。全年，签约10亿元以上重大项目22个，其中江苏杰士德集团精密直线导轨生产项目总投资50亿元，港汇（海安）纺织科技有限公司、南通得力纺织科技有限公司、中德智造谷等项目总投资约20亿元。

2021年，海安开发区打造现代纺织、新材料、机器人及智能制造产业集群，集聚高端装备、新材料新能源等产业板块。图为海安开发区工业园区　　海安开发区／供图

【项目建设】 2021年，海安开发区新开工1亿元以上工业项目25个（含高端制造业项目3个），其中20亿元以上项目8个、10亿元~20亿元项目10个；新开工1亿元以上服务业项目5个。新竣工1亿元以上工业项目15个。新增工业设备投入11.05亿元，比上年增长1.02%，其中江苏东材新材料有限责任公司（简称东材新材料）新增设备投入3.6亿元。江苏慧源文化传播集团有限公司书城连锁经营服务标准化试点项目被列入国家级服务业标准化试点项目。亚太轻合金（南通）科技有限公司三期项目被列入省重大产业项目。

【科技创新】 2021年，海安开发区完成高新技术产业投资73.60亿元，比上年增长8.0%。累计有高新技术企业93家。完成产学研合作项目85个，新增技术合同备案交易额18亿元。完成专利授权总量1500件，实现知识产权质押贷款1.5亿元。企业研发投入占营业收入的2.8%。上湖中科创新广场孵化基地入驻项目16个。引进外国专家5人，培育、引进国家级人才2人，入选省"双创"团队1个、省"双创"人才6人。天成科技公司入选第七批农业产业化国家重点龙头企业。东材新材料、南通昌荣机电有限公司被认定为国家专精特新"小巨人"企业，联发集团连续3年入选省百强创新型企业；泛书房创客空间获批省级众创空间；增光新材料、美亚药业海安有限公司等5家企业获批省级研发平台。江苏晟驰微电子有限公司、江苏弘琪工业自动化有限公司获省中小企业创新创业大赛一等奖。海安上海交通大学智能装备研究院获省科技计划奖补资金70万元。西信科技有限公司入选省级工业互联网网络建设服务商单位，江苏海迅铁路器材集团股份有限公司获评省工业互联网发展示范企业（五星级上云企业）。

【基础设施建设】 2021年，海安开发

区推进新型小城镇建设，南屏集镇区加快打造都市新空间，韩洋集镇区全面提升整体形象，立发集镇区整体搬迁进入扫尾阶段。保障328国道快速化改造等市级重点工程建设。完成葛家桥工业园等6处约3千米污水管网建设。推进全省环境政策集成改革试点，建成常安现代纺织园公共服务中心。盘活闲置低效用地104.07公顷，腾出城市建设用地166.67公顷，列全省55个国家级工业主导型开发区土地集约化利用第九位。

【海安开发区高科技创业园】 2021年，海安开发区高科技创业园以江苏图灵智能机器人有限公司、新宝机器人科技（南通）有限公司、海安交睿机器人科技有限公司等一批行业优质企业为引领，以产业研究院为支撑，构建机器人及智能制造全产业链发展格局。新招引科技型、创新型项目37个和高层次创业项目8个。入选省"双创"计划2人，入选市"海陵英才"计划6人。新增高新技术企业10家。图灵机器人焊接针刺线系统获评南通市首台（套）重大装备认定。继续保持海安重点专业园区考核第一等次。成为入选《中国机器人工业年鉴2021》的五家专业型园区之一。

【海安软件科技园】 2021年，海安软件科技园列全省省级服务外包示范区年度综合评价考核第14位；连续三年获评中国数字服务暨服务外包领军企业特色园区，江苏唯一。园区企业税收突破4000万元，软件企业年开票销售3.6亿元，新增5000万元、1亿元软件企业各1家。东晖检测技术（江苏）有限公司通过省检验检测机构资质（扩项）认定。南通东华软件有限公司入库江苏省"专精特新"软件企业培育库。西信科技有限公司入选2021年江苏省工业互联网服务资源池单位，获三星级认定；获评南通市现代服务业高质量发展领军企业，海安唯一。5家企业入选江南通市工业互联网及智能制造服务资源单位。

【常熟高新区海安工业园】 常熟高新区海安工业园前身为常安现代纺织科技园。2012年3月，海安县政府与常熟市政府签订共建合作协议，2014年获批省"南北共建园区"，2019年12月获批省生态环境政策集成改革试点产业园区，致力于打造创新型高端绿色纺织园区。园区规划面积7.8平方千米，分3期建设完成。2021年，园区加大招商引资和项目建设力度，开展专题招商活动12次，招引项目6个，在建项目9个。30家企业实现投产，累计有规模以上企业22家、1亿元以上企业16家、高新技术企业9家。新增产学研合作项目5个；新申请纺织类发明专利20件，累计有纺织类专利95件；完成知识产权质押融资500万元。开展产学研对接活动，组织70余家企业参加第八届"创新创业在海安"纺织丝绸专场科技成果发布会，36家企业参加"两院专家走进海安"现代纺织科技成果发布会。新招引高校毕业生和蓝领技术人才380人。落实生态环境政策集成改革试点工作，3家企业获蒸汽补贴160万元、污水处理补贴40万元；核减13家企业的污染物许可排放量，为企业节约环保编制经费10万余元；为5家企业发放排污权抵押贷款3075万元，南通常安能源有限公司获批中国清洁发展机制基金优惠贷款6900万元；污水集中预处理项目、热电联产二期项目、危险废物集中暂存库项目等环境基础设施建设有序推进。全年，园区实现开票销售49.25亿元，比上年增长29.6%。海安启弘纺织科技有限公司建成省级企业技术中心、工程技术研究中心，被列入国家经编毛绒产品开发基地。

【中国东部家具产业基地】 2021年，中国东部家具产业基地实现销售350亿元。新建各类厂房45万平方米，新招租企业63家。基地获评省级生产性服务业优秀服务机构、南通市优秀民营企业、南通市小微企业创新创业示范基地。稳步推进绿岛项目，加快家具涂料集中存储中心、危险废物收存转运中心、废活性炭脱附再生利用中心"三大中心"建设，继续打造行业"绿色标杆"。5月29日，海安市家具质量合作社在基地挂牌成立，首批吸纳50余家家具企业入社。东部木工机械设备市场通过竣工验收，建成华东首个智能化木工机械体验展示中心。 （陈颖毅）

江苏省海安高新技术产业开发区

【概况】 江苏省海安高新技术产业开发区（简称海安高新区）始建于1995年，名为海安民营工贸园区。2009年6月，更名为海安工业园区。2011年10月，改名为海安高新技术产业开发区。2012年8月，省政府批准筹建省级高新区。2018年9月，省政府批准成为省级高新区。2021年，海安高新区完成工业开票销售1000亿元，完成服务业一般纳税人应税销售440亿元，完成一般公共预算收入22.36亿元。承办中国长丝织造行业技术创新研讨会。台商产业园获评两岸（海安）中小企业产业合作示范园。海安高新区列南通市沿江科创带建设考核第一位；入选2020年全省高新区创新驱动发展综合评价前10位，获省高新区奖励资金410万元；获评国家级绿色园区。

【产业发展】 2021年，海安高新区重点发展汽车及零部件、时尚锦纶、智能装备、新材料、节能环保、电子信息等产业，布有电子信息产业园、时尚锦纶产业园、高科技创业园、高新区台商产业园、粮食物流产业园等专业园区。实施工业大企业培育工程，拥有100亿元企业3家、50亿元企业1家、30亿元企业2家、20亿元企业4家、10亿元企业5家、亿元企业130家；新增规模以上工业企业52家，累计395家；新增星级上云企业18家，累计50家；主板上市企业2家，"新三板"挂牌企业8家。江苏文凤化纤集团有限公司（简称文凤化纤）、鑫缘茧丝绸集团股份有限公司（简称鑫缘集团）入选2021年江苏民营企业制造业100强，江苏铁锚玻璃股份有限公司（简称铁锚玻璃）、江苏天楹环保能源成套设备有限公司（简称天楹环保）入选2021年江苏民营企业创新100强。江苏中洋集团股份有限公司获中国质

2021年7月24日，海安市举行“高创智谷 智汇未来”海安高新区科创园开园暨首批项目入驻仪式 濮端建／摄

量奖（提名奖）、中国天楹股份有限公司（简称中国天楹）获评省长质量奖（提名奖）。文凤化纤获评省质量信用AAA级企业，铁锚玻璃获评省质量信用AA级企业。江苏威尔曼科技有限公司被工业和信息化部认定为第六批制造业单项冠军示范企业，海安唯一；江苏兴华胶带股份有限公司（简称兴华胶带）、江苏鹰球集团有限公司被认定为专精特新“小巨人”企业；兴华胶带获两化融合管理体系贯标认证。南通江中光电有限公司、南通新源特种纤维有限公司、天楹环保被认定为省级专精特新“小巨人”企业。江苏瑞恩电气股份有限公司获评省级服务型制造示范企业，海安唯一。铁锚玻璃参与制定动车组玻璃隔声性能试验方法国家标准。新增规模以上服务业企业年度入库6家，月度入库8家；新增规模以上批发零售和住宿餐饮企业年度入库10家，月度入库7家。全季酒店对外营业。

【招商引资】 2021年，海安高新区招引项目33个，其中，康龙电子项目总投资5亿美元，加百裕电子项目、晶硕光学产品项目总投资3亿美元以上，楹瑞再生资源利用项目总投资1亿美元；白金科技光学产品项目总投资30亿元，融塑新材料生产项目总投资20亿元，格桑花纺织项目总投资10亿元。完成外资到账1.4亿美元。新增外贸进出口企业35家，完成外贸进出口总额51亿元。新招引知名连锁便利店5家、新消费体验店3家，海安首店3家。

【项目建设】 2021年，海安高新区新开工10亿元以上重特大工业项目9个，其中，50亿元项目1个、20亿元项目4个、10亿元项目4个；续建重特大工业项目完成设备投资额26.36亿元；新竣工10亿元以上工业项目5个，达产工业项目2个。新开工亿元以上服务业项目5个，旅游项目投入9亿元。海安高新区获评2021年南通市项目建设先进省级开发园区。

【科技创新】 2021年，海安高新区新认定高新技术企业39家，累计拥有高新技术企业145家、“瞪羚企业”5家、科技型中小企业174家、科创型企业17家。新增南通市科创项目17个。实施技改项目75个，总投入12.96亿元。实施产学研合作项目181项，重点院所产学研合作项目占比60%，文凤化纤和南通大学合作的“5D/3F锦纶功能性超细丝束的关键技术及产业化”项目获2021年度江苏省科学技术奖三等奖。新增发明专利授权422件，累计发明专利2012件，每万人发明专利拥有量67件。知识产权质押助力25家企业融资1.28亿元，“苏科贷”助力企业融资8000万元。浚丰太阳能（江苏）有限公司光伏组件智能制造车间获评省智能制造示范车间，南通中力科技有限公司技术中心获评省级企业技术中心，天楹环保、江苏华艺服饰有限公司（简称华艺服饰）、海安南京大学高新技术研究院被认定为南通市工业设计中心。累计拥有南通市级以上研发机构200余家，其中，国家级工程技术中心1家、国家级企业技术中心1家，省重点实验室2家、省级企业技术中心23家、省级工程技术研究中心33家、省级工程技术中心4家，院士工作站1家、博士后科研工作站4家、省级研究生工作站23家。成立海归青年服务站，引进高层次创新创业人才45人，其中，国家级人才3人、海外人才25人、创业人才13人，招引蓝领技能人才5307人。7月24日，“高创智谷 智汇未来”海安高新区科创园开园，首批项目入驻。海安高新区获评省大众创业万众创新示范基地。

【基础设施建设】 2021年，海安高新区电子信息产业园路网工程全面铺开，开元大道南沿线（支一路—南海大道）完成道路及雨污管网施工；金属表面处理中心投入运营；污水处理中心土建竣工，生化池完成蓄水实验。时尚锦纶产业园完成兴鹿新材料二期、格桑花纺织等项目用地范围内房屋搬迁、清障工作，弘盛新材料110千伏变电所启动专项设计。台商产业园延长蒸汽管道5千米，台商产业园服务中心和台胞接待站有效运行，邻里中心新装修员工宿舍楼1栋。粮食物流园启动园区规划方案设计，通海河南侧道路管网基本建成，季和米业码头竣工。此外，承担市重点工程建设保障任务53项，为城市更新、项目搬迁、挂钩复垦等实施房屋搬迁2310户；完成纬赋花园提升改造，供电南和供电北小区、闸东小区等雨污分流改造；完成恒海路、海福路、隆政工业小区污水管网、西园大道新建泵站等污水管网建设项目；园区污水处理厂二期扩建工程进场施工。

【海安高新区获评国家级绿色园区】2021年，海安高新区被工业和信息化部认定为2021年度绿色园区，江苏仅3家、南通唯一。2021年空气质量优良天数占比83.38%，企业中水回用率30%，工业固体废弃物（含危废）处置利用率100%，165家企业建设并运行光伏发电、沼气发电等可再生能源应用设备。园区致力发展循环经济、低碳经济，创建资源节约型和环境友好型园区，打造一批绿色工厂、绿色产品、绿色供应链企业和“两型”（资源节约型、环境友好型）工业企业。鑫缘集团被认定为第二批国家循环经济示范试点企业，江苏万淇生物科技股份有限公司、鑫缘集团等企业入选工业和信息化部第四批绿色工厂，鑫缘集团、天楹环保、华艺服饰获评省绿色工厂，中国天楹是江苏节能环保产业集群样板企业。（孙 锋）

海安老坝港滨海新区

【概况】海安老坝港滨海新区成立于2011年10月，由原老坝港经济开发区、角斜镇、老坝港镇，按照省级开发区模式合并而成。2021年年底，海安老坝港滨海新区行政区域面积145.6平方千米，其中滩涂面积33平方千米，户籍总人口6.10万人，下辖1个社区、20个行政村。2021年，海安老坝港滨海新区实现地区生产总值72.99亿元，比上年增长9.78%；完成一般公共预算收入2.56亿元，比上年增长21.9%；工业应税销售53.22亿元，服务业应税销售25.26亿元；固定资产投资额18.14亿元，外贸进出口总额3亿元。

【产业发展】2021年，海安老坝港滨海新区优化产业定位，推动传统家具、石材产业向高端化、链式化、绿色化发展，重点发展新材料、智能装备制造、资源综合循环利用等新兴产业，打造南黄海休闲旅游度假区。家具、石材园区实现全口径税收5053万元，比上年增长132.9%。园区内98%企业通过环境影响评估验收。实现工业开票销售53.22亿元，其中规模以上工业企业开票销售28亿元。新增规模以上工业企业4家，其中月度新增规模以上工业企业2家，累计有规模以上工业企业49家；2021年开票销售超亿元工业企业5家，累计有开票销售超亿元工业企业13家。新增3星级上云企业4家。江苏鼎尚电子材料股份有限公司在“新三板”挂牌，南通航力重工股份有限公司完成股份制改造。完成服务业应税销售25.26亿元，营利性服务业营业收入9.94亿元，服务业投资1.32亿元，社会消费品零售总额2.5亿元。月度新增限额以上服务业企业4家，年度新增规模以上服务业企业2家、限额以上服务业企业3家。完成温泉展示中心、强村加油站2个千万元项目，推进黄海旅游度假区游客集散中心建设。

【招商引资】2021年，海安老坝港滨海新区组建工业、服务业、人才招引和综合服务招商小组，在上海、广东深圳、湖南长沙、江苏苏州等地举办招商推介活动20余次，邀请市领导参与洽谈项目24次，签约项目30个，其中10亿元重特大项目（新稷科技项目）年内开工建设。招引总部经济21家，新增税收贡献超1200万元。全年实现外资到账711万美元。

【项目建设】2021年，海安老坝港滨海新区同步推进23个1亿元以上项目建设，其中，20亿元项目1个、10亿元项目4个、5亿元项目1个。完成海安市考核确认新开工1亿元以上项目25.5个（考核折算数），完成投资额25亿元。完成南通市考核确认新开工10亿元重特大项目1个（典堂建筑工程项目），完成南通市考核确认新竣工20亿元重特大项目1个（博润新能源项目），完成南通市考核确认续建重特大项目投资额10.75亿元，比上年增加2.2亿元。

【科技创新】2021年，海安老坝港滨海新区完成产学研项目9个。新增高新技术企业1家，累计8家，研发投入占营业收入比重3.1%。完成工业技改设备投入3062万元。全年获专利授权406件，其中发明专利授权5件；有效发明专利总量133件；万人发明专利拥有量22件。1个创新团队、2个创业项目入选江苏省“双创”计划，东部家具产业基地获评南通市小微企业创业创新示范基地。（钱 磊）

江苏海安商贸物流产业园

【概况】江苏海安商贸物流产业园（简称海安商贸物流园）成立于2012年12月，是全国优秀物流园区、中国最具投

2021年4月7日，海安老坝港滨海新区博润新能源项目设备安装现场　姜 明/摄

海安商贸物流产业园内的上海铁路局海安物流基地一片繁忙景象

海安商贸物流产业园／供图

资价值商贸服务业集聚区、江苏唯一的省级专业物流园区、南通唯一的省级服务业综合改革试点区域，国内三大期货交易所（上海期货交易所、大连商品交易所、郑州商品交易所）在园区设立有色金属、塑料粒子、棉纱、棉花交割库。2021年，园区畅通国际班列、内河码头“大通道”，筑牢进境肉类、跨境电商“强阵地”，加快完善综合交通运输区域、国内与国际循环体系，“产、销、储、运”一体化全产业链综合服务优势日益彰显。东盟班列纳入全国铁路固定线条，实现定时定点定班次开行；进境肉类指定监管场地通过海关总署验收，正式封关运营；上海国际港务（集团）股份有限公司（简称上港集团）ICT（海安）项目落地开航，凤山港货物享受上海港同等便利；海安跨境电商产业园被认定为南通跨境电商综合试验区海安产业园。海安保税物流中心2018年5月封关运营后，累计进出口货运量近10万吨、货值近5亿美元。

【项目建设】 2021年，海安商贸物流园强化全员招商，专门成立海安鑫海招商管理有限公司，组建专业招商队伍，以上海为驻点，以长三角地区为核心圈，重点围绕冷链产业链，招引前延后伸配套项目；围绕生产性服务业，招引总部经济、跨境电商、供应链管理等生产服务类项目；围绕排他性功能，招引平台运营类项目。新招引滨鹏纸品仓储加工交易中心项目，聚力打造华东地区乃至全国纸品及纸浆交易、中转、分拨中心，并申报纸浆交割库、海安至俄罗斯中欧班列开行的主营单位。9月24日，举行上港集团ICT（海安）项目首航仪式。ICT项目作为沪苏物流的创新模式，通过衔接“一键式+一站式”线上与线下融合的信息系统服务平台，将上海港港口综合服务前置延伸到货源腹地，全面打通海港运输通道“最后一公里”。强化资源保障，完成2宗地块土地征收成片开发方案报批，园区生态空间管控区域调整方案获省自然资源厅批复，编制园区“十四五”期间项目用地红线图。

（吴晓华）

海安市上湖创新区（中意海安生态园）

【概况】 海安市上湖创新区（中意海安生态园）规划建设面积9.8平方千米，核心区距离海安火车站约3.5千米，距离沈海高速海安道口约1千米。园区设置“区域创新创业集聚区、中意国际合作承载区、城市转型发展引领区、健康宜居生态示范区”四大功能区，打造海安创新核心区、发展新引擎。2014年10月，中意海安生态园成立，是国内第六个国际生态合作园区，也是中欧合作共建园区中唯一落户县级城市的政府间合作项目。2018年1月，上湖创新区开工建设。2019年10月，上湖创新区（中意海安生态园）党工委、管委会成立。2021年，园区强化产业发展研究，完成产业发展规划和“十四五”规划编制，明确“构建完善的科创生态圈”的发展目的和定位，着力发展“专业型技术研发设计、综合性科技服务”为重点的科技创新产业和“低碳环保科技、智能设备制造、现代建筑三大总部基地以及特色平台经济+精品金融、商务服务+城市公共服务等”为重点的现代服务业。6月，设立海安上湖产业投资有限公司。

【基础设施建设】 2021年，海安市上湖创新区加强市政配套建设，园区公交定制专线开通运行，综合能源站建设形成实施方案，环湖东入口公共停车场进场施工。城市照明工程有序推进，完成西湖北街、东湖南街路灯安装和新城路、开发区实验学校周边道路路灯调试，完成创新北路、东路路灯用电方案设计。市政基础设施一期工程加快推进，康福路、东湖南街、西湖北街等道路竣工通车，栟茶河景观桥完成施工图设计。启动市政道路二期工程设计。完成上湖大道北侧、开发大道西侧两宗土地挂牌出让工作。注重生态环境建设，完成生态环境保护规划编制，开展园区内河道治理工程初步设计工作。河湖生态绿化工程环湖区域部分全面完工，实施西季乌荡河、新生中心河闸站防洪工程，打造防洪、生态双重保护圈，巩固湖面整治成果。上湖水质主要指标达到地表水Ⅲ类水标准。完成西湖北街樱花大道、东湖南街乌柏大道、康福路银杏大道等道路绿化工程。

【产业招商】 2021年，海安市上湖创新区强化专业园区建设，挂牌成立园区建设指挥部及办公室，与市科技局等部门联合成立招商引资工作小组，专职人员入驻园区正常办公，做到每月会商、每月外出招商。加强与海安开发区服务业局、城东镇洋蛮河办事处等单位联动，每月定期会商项目招引、重点项目矛盾协调等事项。把准全市共享平台招商实施方案等政策文件，启动编制产业招商地图，主动联系对接科技镇长团，建立每月定期联动交流机制，推动招商信息资源、成果共享。全年，组织到上海、深圳、杭州等地开展招商对接活动12次，线上对接客商30余批次，举办"慧聚上湖·智造未来"系列活动。

【项目建设】 2021年，海安市上湖创新区上湖医院主体结构封顶，完成主楼外窗幕墙框架安装和检验病理实验室等专项实施方案。黑龙江工商学院长三角产教融合园区一期完成试桩作业，黑龙江省大学生就业创业实训基地挂牌运行，首批学生600人到海安入住长三角产教融合（立发）园区。天楹国际中心方案通过市城市规划委员会评审。总部集聚区和人才公寓完成概念方案设计并报市城市规划委员会审定。悦上湖花园、万科春晓雅苑、荣润云樾湖庭等居住项目加快建设。

【科技创新】 2021年4月15日，海安上湖中科创新广场孵化基地开园运营，象大人工智能、中科蓝海智能视觉、卡斯特交通产品研发、一木高端家居设计、中科电工防水插座研发等12个项目集中签约入园。上湖中科创新广场项目由中国科技开发院与深圳市神州通投资集团有限公司共同投资建设，总投资18亿元。孵化基地规划建筑面积5万平方米，可接纳120家科技企业入驻，聚集各类创新创业人才3000多人。至年底，累计签约入驻企业16家，常驻人员60多人。科技镇长团工作站挂牌入驻上湖中科创新广场，太原理工大学产业研究院等项目正式签约。同方飞立科创园一期开工建设。苏中智慧建筑产业学院形成规划方案。

【上湖创新区创新发展恳谈会】 2021年4月15日，海安市举行上湖创新区（中意海安生态园）创新发展恳谈会暨重大项目集中签约仪式。黑龙江省教育厅、中国科学院、太原理工大学、中国科技开发院相关部门负责人，黑龙江省25所高校就业处负责人以及30家市外高科技企业负责人，海安市级机关部门及各区镇主要负责人，部分重点企业、单位、金融机构负责人参加活动。恳谈会上，海安市政府与中国科学院金属研究所、太原理工大学签署战略合作协议，上湖科技文化发展基金、上湖科技金融服务中心、天楹国际中心、苏中建筑产业学院等8个重大合作项目正式签约。高铁春、房文斌等嘉宾及企业家代表做交流发言。海安上湖创新区负责人做投资环境推介，市委组织部、市发展改革委、市科技局分别做相关政策推介。

（刘华骥）

海安上湖环湖景观　　姜　明/摄

海安苏台农业合作示范区 雅周现代农业园区

【概况】 雅周现代农业园区成立于2013年5月，位于国家级生态镇雅周镇，四面环河（东至前进河、南至掘龙河、西至姜黄河、北至张雅河），涉及周机村、庞庄村、迴垛村、东楼村，核心区占地面积6.94平方千米。2018年7月，海安苏台农业合作示范区管理办公室成立，挂海安市雅周现代农业园区管理办公室牌子，与雅周镇合署办公，正科级建制单位。园区先后发展成为海安国家级现代农业示范区核心区、南通国家级现代农业示范区所属八大重点园区之一以及江苏省智能农业示范园，获批国家AAA级景区和全国休闲农业与乡村旅游四星级园区。2021年，园区以品牌引领农业高质量发展，怡然葡萄采摘园获评省级主题创意农园，锦湖稻麦科技示范园获评省级农耕实践基地；"金禾元"牌大米获第五届"前黄杯"江苏好大米金奖、"红颜"草莓获第九届江苏"紫金杯"优质草莓品鉴活动金奖。园区获评全国农村创业园区、全省数字农业农村基地、江苏省"星创天地"，园内企业江苏长三角农业科技股份有限公司获评省级生产型数字农业农村基地。

【基础设施建设】 2021年，海安苏台农业合作示范区（雅周现代农业园区）清理、清淤辖内渠道7.5千米，维修涵洞、涵闸、水渠1.2千米，兴建蓄水池2座。构建完善园区农产品冷链物流体系，建成果蔬冷藏保鲜中心650平方米，改造提升稻米冷藏库900平方米。建成四星级农产品质量安全监管站，常态化开展农产品质量安全监管和监测工作。海安市西南片区区镇农业服务中心落户雅周农业园，为园区项目业主提供"零距离"农业服务。由江苏国惠农业规划设计研究院有限公司规划建设园区（百度）全景农业展示平台，实现园区信息一键获取、全方位展示。

【项目招引与建设】 2021年，海安苏台农业合作示范区（雅周现代农业园区）在上海、广东、浙江以及江苏盐城、宿迁等地开展招商活动20次，接待投资洽谈60起，参观考察客商360余人次。新招引亿元以上项目5个，新开工亿元以上项目4个，新竣工亿元项目3个。探索采用“国企建设+园区投资+企业租赁+综合考评”项目建设新模式，依托海安润海现代农业发展有限公司，合作推进现代农业项目3个，其中，农业废弃物循环利用项目年底前完成主体工程建设，果蔬连栋温室建设项目启动建设，现代化组培繁育中心项目进行建设方案论证。加快盘活低效项目，运用司法手段盘活火龙果联合王国项目的存量资产和土地资源，引导森农庄园、怡然园艺家、瑞宏生态休闲苑等农旅项目重新规划运营。

【科技创新】 2021年，海安苏台农业合作示范区（雅周现代农业园区）先后到南京、苏州、扬州等地与各大高等院校、科研院所开展合作洽谈，达成产学研合作项目2个。中国工程院院士张洪程创新试验基地落户园区，依托张洪程领衔的稻麦绿色丰产“无人化”栽培技术研究团队，打造海安首家“无人农场”示范样板，相关智能农机和管控设备完成招投标工作。与苏州农业职业技术学院签约共建校企合作示范基地，共同实施霞山农场现代农业（水果）综合科技试验示范项目。与中国中化集团有限公司、汉肥生物科技有限公司达成合作，常态化为园区项目业主提供生产技术指导、水溶肥技术应用、土壤改良等服务。鼓励、引导入园企业与高等院校、科研院所深化合作，探索“引进+培养+培训”现代农业人才培育模式，年入园培训农民400人次以上。

金秋时节的雅周现代农业园区　　李慎凯／摄

【园区获评全省数字农业农村基地】

2021年，海安市雅周现代农业园被省农业农村厅认定为全省数字农业农村基地（管理型），南通唯一。园内企业江苏长三角农业科技股份有限公司获评全省数字农业农村基地（生产型）。园区立足数字园区和智慧农业建设，推进互联网技术与农业生产相整合，引领推动现代农业转型升级，建成优质水稻繁育、精品蚕桑示范、特色果蔬种植三大农业创新板块。园区“互联网+农业”覆盖率超65%。农业信息化覆盖率100%，实现农业设备“一键遥控”，农业资源数据“一键获取”。加快农业数字化平台创新应用，搭建智慧农业大数据平台、“寻味海安”电商平台、“智慧农场管家”服务平台。推动农产品专柜入驻“寻味海安”电商平台，开展电商平台运用培训60人次，实现全园农产品在线选购、同城配送。18家规模以上企业接入大数据综合应用服务平台，设置物联感知节点300多个，日有效数据量数十万条。

【雅周现代农业园摄影大赛】 2021年5月30日，第二届海安市雅周现代农业园摄影大赛开幕式在雅周现代农业园区公共服务中心广场举行，国家、省摄影家协会的摄影家20多人和众多摄影爱好者参加活动，聚焦园区“生态之美、耕作之精、游玩之趣和丰收之喜”。开幕式上，举行园区招商项目集中签约仪式、张洪程院士创新基地揭牌仪式、江苏省省级现代农业产业示范园揭牌仪式等。活动为期四个月，同期举办地方特色农产品展销、第一届摄影大赛获奖作品展、“国缘杯”迷你健康马拉松、蚕宝宝养成记等系列活动。

（刘华骥）

海安保税物流中心

对外及港澳台经济

利用外资及港澳台资

【概况】 2021年，海安市利用外资和港澳台资稳量提质，利用外资新签协议55个，新签协议额10.77亿美元，实现利用外资3.30亿美元，招引兴鹿新材料、加百裕电子等6个总投资1亿美元以上项目；利用港澳台资新签协议31个，新签协议额6.01亿美元，实现利用港澳台资2.36亿美元。推动西蒙电气（中国）有限公司（简称西蒙电气）、海安荣威运动用品有限公司（简称荣威运动）、海安金锻工业有限公司、齐克庞德电子（江苏）有限公司（简称齐克庞德）等重点企业进入省跨国公司地区总部和功能性机构培育库，其中西蒙电气被认定为跨国公司地区功能性机构，实现海安外资总部经济零的突破。举办省商务厅驻外经贸代表、境外机构江苏代表与海安三方国际交流会，建立面向欧美等重要国家和地区的联动招商机制。在南通率先成立并实体化运行外商投资企业投诉工作站。持续推进外资和港澳台资承载平台建设，海安开发区获批江苏省自由贸易试验区联动创新发展区。海安高新区、海安开发区在南通省级以上开发园区考核中分列第一、二等次。

2021年外国和中国港澳台地区在海安直接投资情况表

表6

指　标	新签协议数		实际投资（万美元）
	合同数（个）	合同金额（万美元）	
按企业登记注册类型分组			
港澳台商投资企业	31	60113	23630
与港澳台商合资经营企业	10	16169	7882
与港澳台商合作经营企业	0	0	0
港澳台商独资经营企业	21	43944	15748
外商投资企业	55	107732	32995
中外合资经营企业	23	22217	9314
中外合作经营企业	0	0	0
外资企业	31	85252	23419
合伙企业	1	263	262

【招商引资】 2021年，海安市持续推进“链长制”招商，新签约亿元以上项目203个，新开工10亿元以上重特大项目27个。新材料、节能环保等5个产业链设立或使用产业基金，高端装备、机器人及智能制造、纺织丝绸等9个产业链与科研院所形成合作，新材料产业链、机器人及智能制造产业链、现代家具产业链和文旅康养产业链等“链长”变“为我招商”为“跟我招商”。将招商活动与河豚节、523文化艺术节、乡贤大会、对接上海大会、网上推介会等活动相结合，挖掘优质资源。市级层面先后举办专题招商活动3次，组织参加南通投资促进周、精准招商周活动6次，全市举办各种类型的招商推介活动180次。

2021年10月11日，长三角两岸企业家海安行暨两岸（海安）中小企业产业合作示范园揭牌仪式在海安举行　　濮端建／摄

【平台建设】 2021年，海安市在南通率先成立并实体化运行外商投资企业投诉工作站，破解企业安全、环保、融资等发展难题，营造良好营商环境。9月20日，首届海安乡贤大会上，成立海安海外联络驿站，搭建好招商引资载体平台。10月11日，长三角两岸企业家海安行暨两岸（海安）中小企业产业合作示范园揭牌仪式在海安举行。活动现场，海安开发区与苏州市台协、苏州吴江区台协签订战略合作协议，海安高新区与上海市台协签订战略合作协议，全国台湾同胞投资企业联谊会江苏区青委会与海安市青年联合会签订合作协议，直线导轨项目、商业广场项目、智能制造项目、运动自行车及零部件项目等10个台资项目集中签约。

【投资贸易洽谈会】 2021年12月17日，海安市委、市政府举办中国·海安投资贸易合作洽谈会，意大利、乌克兰等国家和地区的客商代表、国内知名企业负责人以及在海安投资的客商代表近600人参加活动。洽谈会上，表彰北材南通金属科技有限公司罗小毅、南通宇华新材料科技有限公司李明颖、海安启弘纺织科技有限公司刘伟峰、江苏三零面粉海安有限公司谢彬、南通冠优达磁业股份有限公司戴加兵、阿尔法电子机械（南通）有限公司李柱根、江苏美申美克精密机械（南通）有限公司刘晓飞、南通容润新材料科技发展有限公司卫剑群、江苏铭鹏装备有限公司李俊、南通市兆弟建材科技有限公司覃进武为“十佳来海投资企业家”，南通晓星变压器有限公司金大荣、齐克庞德电子（江苏）有限公司袁小刚、海安上海交通大学智能装备研究院刘超、海安南京大学高新技术研究院唐少春、江苏天楹环保能源成套设备有限公司何志刚、海安万达广场商业管理有限公司刘威、江苏博鸿起重机械有限公司郑声良、江苏维尔克汽车内饰件有限公司赵远、创能电气科技（南通）股份有限公司乐斌、江苏加富新材料科技有限公司章斌为“十佳新海安人”。洽谈会上，集中签约项目24个，其中，外资及港澳台资项目14个，总投资约7.3亿美元；其他项目10个，总投资约29.5亿元。（田梦雯）

附

台商产业园

海安开发区台商产业园 海安开发区台商产业园是省级苏台（海安）两岸产业合作园，2018年规划建设，致力打造百亿元级台商企业集聚区。2021年，园区获评两岸（海安）中小企业产业合作示范园。一期用地200公顷，累计入驻台资企业16家。年内，举办专题对台招商活动10次，其中，在上海、浙江等地举办招商活动5次，邀请台商到海安考察3次，在海安举办台企专题活动2次。新招引台资项目10个，其中，总投资3亿美元、注册1亿美元以上项目3个，分别是南通得力纺织科技有限公司高档功能性面料项目、鑫鑫直线精密机械（苏州）有限公司直线导轨项目和台湾宝成集团商业综合体项目；总投资1亿美元、注册3000万美元项目3个，分别是明珩健康科技（南通）有限公司项目、运动自行车及零部件项目和智能制造项目；总投资3000万美元、注册1000万美元项目4个，分别是钛箔新材料项目、寰宇新材料科技（江苏）有限公司商用智能化洗涤成套设备项目、阿兰斯精密设备（南通）有限公司电线电缆高分子材料项目、江苏卡利森办公设备有限公司智能家居项目。新开工台资项目5个，其中，土建项目2个，分别是江苏帝标工业科技有限公司项目、南通宇华新材料科技有限公司二期项目；租赁厂房项目3个。新竣工台资项目4个，分别是帝全自动化机械项目、美事满工具项目、捷安特轻合金一期项目、华胤钢结构项目。不断提升园区整体形象，筹划园区淡水路及智能交通系统建设，在苏通大桥、董浜枢纽及园区重要交通道口设置宣传牌。

海安高新区台商产业园 海安高新区台商产业园位于海安高新区核心区域，邻近启扬高速、204国道、328国道。园区总体规划6平方千米，一期规划用地面积259.07公顷。重点围绕先进装备制造、电子信息、汽车零部件、新材料等高新技术产业打造台商集聚特色产业园区。2021年，园区获评两岸（海安）中小企业产业合作示范园核心园区。园区建设指挥部制定“加快高新区台商产业园建设的实施意见”。水、电、气、污水管网等基础设施全部配套到位，根据台湾地名将园区主干道命名为花莲路、澎湖路、嘉义路、桃园路等。高标准打造台资高科技创业园，建有8栋两层厂房11万平方米。江苏创鼎精密科技有限公司等7家生产型企业、南通优聘企业管理有限公司等5家服务型企业落户园区。建有可容纳2万人的邻里中心，拥有中央厨房和健身娱乐设施，宿舍设施齐备，为园区企业提供员工生活配套服务。

强化产业招商，优化组建重大项目、苏南、上海、珠三角、台湾五个招商小组，并与市委台湾工作办公室共同组建一个招商小组，有招商人员11人。强化委托招商，设有委托招商机构12处，其中，台湾8处，台商集聚区上海、苏州、昆山、深圳4处；选聘招商顾问4人、委托招商大使18人；完善充实“1+1+X”委托招商体系，即一名招商负责人联系一个委托招商机构和若干委托招商大使，年初与委托招商大使签订协议。重视以商引商，通过服务落户海安的台商企业、走访园区重点企业，建立招商合作关系，佳威科技（海安）有限公司、南通口木车件有限公司等公司介绍多条有效项目信息。深化协会合作，与上海市台协、昆山台协、中国台湾工商协进会等建立合作关系，展开互访交流活动。全年，举办招商活动19场，邀请市领导拜访洽谈台资项目21个，区主要负责人领衔招商洽谈台资项目32个，邀请台商到海安考察洽谈75批次，每月开展“台商沙龙”活动。新增台资首谈项目72个，招引台资项目11个，其中，白金科技镜头滤光片项目总投资5亿美元，加百裕锂电池项目总投资3亿美元，晶硕光学隐形眼镜项目总投资1亿美元，另有总投资3000万美元项目2个、总投资1000万美元项目6个。台资实际到账项目6个，到账金额2430万美元。注重科技创新，园区台企申请发明、实用新型专利16项，完成高新技术企业认证1家，宝燕工业科技（南通）有限公司与南京大学新材料研究院开展产学研合作。组织凯钲五金制品（南通）有限公司、宝燕工业科技（南通）有限公司、江苏长隆装饰材料科技有限公司等企业参加中国国际进口博览会、“江苏优品·畅行全球”线上国际展会、上海国际家居装饰材料展，扩大市场竞争力。

（刘华骥）

对外及港澳台贸易

【概况】2021年，海安市实现外贸进出口总额209.51亿元，比上年增长19.4%，占南通市外贸进出口总额的6.2%。出口总额161.07亿元，比上年增长18.8%；进口总额48.44亿元，比上年增长21.2%。海安开发区获批江苏自由贸易试验区联动创新发展区，被赋予14项省级管理事项。坚持重点外贸企业“市级负责人一对一挂钩”及50强重点外贸企业跟踪反馈机制。深入推进“5520”重点外贸企业培育计划（至2025年年底，新增进出口总额10亿元以上企业5家，5亿元以上企业5家，亿元以上企业20家），荣威运动进出口总额首次突破10亿元，南通市康桥油脂有限公司首次突破5亿元，中南宇众新能源科技（海安）有限公司、齐克庞德、南通昂申金属材料有限公司、江苏鑫港企业有限公司4家企业首次突破1亿元。11月5日，鑫缘茧丝绸集团股份有限公司代表江苏以

"国、色、天、香"为主题参展第四届中国国际进口博览会，全省仅10家企业参展，成为南通市首家参展中国国际进口博览会的企业，展示包括鑫缘丝绸服饰家纺产品、鑫缘丝绸文化创意产品、鑫缘蚕丝蛋白护肤品、桑叶茶、养生酒等近百个精品。

【外贸企业扶持】 2021年，海安市积极争取上级外经贸发展专项资金支持，助力外贸、服务贸易企业稳定发展。获批中央财政外经贸发展专项资金56.24万元（推动服务贸易创新发展事项）。获批省商务发展专项资金491万元，其中，服务外贸稳中提质316万元，服务贸易量质提升125万元，江苏鹏飞集团股份有限公司获评首批省级服务贸易重点企业，获50万元扶持资金。续建海安本级出口信用保险统保平台。9月26日，举办全市外贸扶持政策宣讲暨企业合规管理培训活动，重点外贸企业负责人、中国国际商会南通商会会员企业负责人等120余人参加活动，专题培训外贸发展形势、外贸政策、"通贸贷"业务等。

【跨境电商】 2021年，海安跨境电商产业园被认定为南通市跨境电商综试区产业园。依托保税物流中心（B型）功能优势，先期启动"1210"（保税跨境贸易电子商务）监管模式，优化跨境电商服务。园区内企业高频次对接知名B2B跨境电商平台，以"9710"（跨境电商B2B直接出口）贸易方式开展出口业务，加快开拓国际市场。沃德丰汽车用品（南通）有限公司、南通峰澜纺织有限公司等9家企业通过跨境平台实现出口超1亿元。海安名品境外展（墨西哥巴西工业装备线上专场）影响广泛。

【海安名品境外展】 2021年6月9日，海安市政府主办，市商务局、市贸促会承办，浙江米奥兰特商务会展股份有限公司执行承办的海安名品境外展（墨西哥巴西工业装备线上专场）在海安开幕，中国、墨西哥及巴西政府、商协会和企业家代表等100余人参加开幕式。展会为期15天，获墨西哥会展行业协会、巴西工业机械进口商协会在海外的支持。展会主要搭载外贸大数据分析技术，以墨西哥、巴西买家商品需求信息为核心，打造集在线数字展示、在线数字资讯、在线大数据服务、在线数字撮合、在线数字商洽、在线数字服务等功能于一体的全套线上数字展会服务。50家海安企业参展，墨西哥、巴西的100多家采购商与中国企业互动洽谈。展品类别主要涵盖工程机械、机床设备、农业机械等各类机械设备，以及金属制品、仪器仪表、运输工具产品等。开幕式当天，举办机械行业数字化营销与转型研讨会，墨西哥、巴西两国代表人员介绍投资环境。展会期间，举办"数字贸易周"活动，搭建外贸领域的产品直播及洽谈间，实现在线看产品、在线谈订单、在线看工厂、在线签订单。全市参展企业累计上传产品数量872个，搭建数字展厅50个；通过大数据搜索查询买家数据1042个，海安参展企业获买家推荐1364条，获询盘61次，产生贸易信息3339条；安排"一对一"数字商洽会议104场；获贸易意向采购金额202万美元。 （田梦雯）

境外经济技术合作

【概况】 2021年，海安市新批境外投资项目5个，实现境外投资中方协议投资额2681万美元。对外直接投资总额3682万美元。完成境外承包劳务营业额1.4亿美元。新派对外劳务人员912人，累计在外劳务人员1942人。升级海安市外派劳务（对外投资合作）服务中心功能，打造集开展境外投资、对外承包工程和对外劳务合作业务于一体的综合服务平台。《对外劳务合作企业经营服务规范》被列入第二批南通市地方标准制修订项目。叫响境外承包工程海安品牌，华新建工集团有限公司、苏中建设集团股份有限公司（简称苏中集团）取得商务部认定的对外援助成套项目总承包企业资格，全市对外承包工程企业承接境外工程8个，合同额6215万美元。

【境外投资】 2021年，海安市跟踪推进江苏鹏飞集团股份有限公司、江苏联发集团股份有限公司（简称联发集团）、中国天楹股份有限公司、南通市达欣工程股份有限公司、南通苏中建设有限公司等重点企业境外项目建设、疫情防控及工人安稳情况。研究出台"关于鼓励企业'走出去'的若干政策意见"，引导企业在"借船出海"、抱团发展、融合发展等方面挖潜能、拓思路，深耕海外市场。推动外经贸协同发展，联发集团与印度尼西亚规模最大成衣生产商之一的PTU合作，在印度尼西亚投资建设高档梭织服装面料项目，项目总投资1.9亿美元，位于印度尼西亚中爪哇省肯德尔工业园，占地17.13公顷，总建筑面积12万平方米。鼓励海安建筑企业承包境外项目工程，联发集团印度尼西亚项目由苏中集团中标土建和钢结构项目，总承包合同价约2100万美元。引导企业创新境外投资方式，通过直接投资、国际并购、兼并重组、设立产业合作园区等多种途径到境外投资。

【对外劳务】 2021年，海安市新派劳务人员912人，比上年增加184人，其中，南通苏中建设有限公司派出9人、江苏苏中建设集团股份有限公司派出14人、江苏鹏飞集团股份有限公司派出177人、江苏五湖人力资源有限公司派出115人、海安兴达劳务信息有限公司派出8人、南通国联国际经济合作有限公司派出59人、南通市达欣工程股份有限公司派出530人，劳务人员实际收入总额1173万美元。期末在外人员1942人。建立对外劳务市场长效管理机制，研究制定《对外劳务合作企业经营服务规范》行业标准并在全市范围内推广执行。市商务局、市市场监管局、市公安局等多部门联合开展对外劳务市场专项整治工作，清理整顿对外承包工程企业违规违法经营行为、对外劳务合作企业违规违法经营行为，全面排查、集中处置境外劳务纠纷投诉，保障劳务人员合法权益。加大对外劳务宣传引导，印发整治公告及海安市具有对外劳务经营资格的企业名单公告。约谈部分重点企业，强调健全合规经营管理制度，严格遵守国内外法律法规，依法规范诚信经营，自觉履行社会责任。 （田梦雯）

海安新农村建设

乡村振兴

综述

【概况】 2021年,海安市高质量推进乡村振兴各项任务,建成省级农业产业化示范联合体8家,累计培育各级农业龙头企业116家,其中国家级3家、省级20家,数量列南通第一。新型主体队伍迅速壮大,创建省市县级示范家庭农场220家,培育新型合作农场81家,其中62家通过南通市级认定。累计持证职业农民4.48万人,占从业人员的67.5%,新认定新型职业农民208人,并纳入社保对接,财政补贴30%。推广农业农村大数据建设应用,接入省物联网平台设备218组,新增数据量372万条,全省第一。启动镇村人居环境整治提升五年行动,人居环境整治工作获省政府督查激励。开展美丽宜居乡村创建,培育"15+35"乡村振兴示范村、先进村,杨庄村获评全国乡村治理示范村、省特色田园乡村。全市累计有李堡镇光明村(绿浪蔬菜)、大公镇群益村(鑫缘蚕茧)、南莫镇邓庄村(食用菌)、大公镇于坝村(桃、梨)、隆镇街道新丰村(蚕桑)、胡集街道周吴村(花卉苗木)、老坝港(紫菜)等全国"一村一品"示范村镇7个;累计有江苏省传统保护村落2个(丁所集镇、唐庄)。落实经济薄弱村扶持政策,52个经济薄弱村建设标准厂房14.34万平方米、商业用房2705.49平方米,每村年保底收益17万元。全市新(换)发放土地确权证书110本,确权登记颁证率99.1%。农村集体经济管理日益规范,全市各村完成村营收入2.67亿元,比上年增长9.45%。全市农村居民可支配收入2.81万元,人均纯收入5201元,分别比上年增长11.6%和4.58%。

【乡村振兴示范村和先进村培育】 2021年,海安市围绕南通市委、市政府提出的建设"产业兴旺、生态宜居、乡风文明、治理有效、生活富裕"乡村振兴示范村、先进村要求,梯度培育乡村振兴示范村15个、乡村振兴先进村35个,形成每村由市委常委、部门主要负责人挂钩培育的工作格局,片区化推动全市乡村振兴示范"串点连线成片"。全市乡村振兴示范村、先进村吸引镇、村、民营资本投资额4.2亿元。"8+10"个村进入南通市级乡村振兴示范村、先进村行列,形成"谭港模式""刘圩经验""杨庄路径"等一批典型品牌。 (焦娅雯)

农村改革

【农村产权交易】 至2021年年底,海安市农村产权交易涉及农村集体经营性资产、农户承包地经营权、农村养殖水面经营权等11大类。农村产权交易累计成交标段4219个,成交总金额12.2亿元;2021年度农村产权交易成交标段640个,成交总金额1.95亿元,溢价金额833万元。全面推行农村产权线上交易,交易资金一律通过市级监管账户收付。全省首笔农产品出售线上竞价交易在海安市成交。各区镇陆续开展稻谷和玉米出售线上竞价交易。 (孙宝潭)

【农村集体"三资"管理】 2021年,海安市各村完成村营收入2.67亿元,比上年增长9.45%。村营收入55万元的村全覆盖,100万元以上的村105个,占总村数的51.22%。农村集体资产管理效益明显增加,村集体资产出租、资源发包、资金营运取得收入1.36亿元;村级二、三产项目强势推进,全市有税收的项目3491个,奖励到村5739.96万元,比上年增长10.85%;扶持集体经济发展项目效益逐步显现,65个南通市经济薄弱村扶持项目、55个省财政扶持村级集体经济建设项目取得收益1658万元。加强集体资产监督管理,各村建立由村党组织书记、村经济合作社社长、村民委员会主任、村会计、村监委会主任和民主理财小组组长组成的财务审批小组,审核各项支出;建立以村民代表为主、有关村干部共同参加的5~7人民主理财小组,按月开展民主理财活动,按季组织实施以财务公开为重点内容的村务公开活动;通过"三资"监管平台实施分级审批制度,实时监管,2000元以上的资金支出由农经部门负责审核支出,2万元以上的资金支出必须由区镇(街道)分管负责人审核支出;经市人民政府批准,市财政每年安排专项经费30万元用于开展村集体经济组织内部审计,每年审计三分之一的村及合作农场,三年轮审一遍。

【村干部专职化管理】 2021年,海安市出台《关于进一步规范提升在职村干部经济待遇的实施意见》,推行村干部专职化管理,建立"五级二十档"村干部职级报酬体系。村干部按月发放的岗位报酬有所增加,村干部岗位报酬平均每月2742.87元、每年3.29万元,年均岗位报酬比上年增加5664元。村干部报酬总额有所增加,平均每人每年7.77万元,扣除个人负担保险部分约每人每年6.23万元,比上年增加5100元,增幅8.9%。村干部养老保险水平极大提高,全市村干部养老保险缴纳基数人均7741.83元,远高于最低保障水平。

(周国平)

【土地确权登记】 2021年,海安市在基本完成承包地确权登记颁证工作基础上,开展"回头看"行动,巩固和提升农村土地承包经营权确权登记颁证工作成果。实行市镇村三级分工联动、市级发放权证工作常态化,及时办理农户确权、变更手续,全市新(换)发放证书110本,确权登记颁证率累计99.1%。按照应发尽发要求,11月通过招投标对前期暂缓确权、后期申请确权的三个组进行前期资料收集和现场指导工作。

(张 曼)

【全省首笔农产品销售线上交易在海安完成】 2021年6月11日9时30分,江苏省农村产权交易平台首笔农产品(小麦)销售线上交易在海安宏院谷物农地股份合作社进行。交易底价每吨2300元(每斤1.15元),交易数量165吨,经过4家投标人8轮自由竞价,由南通瑞益生物科技有限公司以每吨2440元(每斤1.22元)的价格竞拍成功,最终成交额40.26万元、溢价率6.09%。省农业农村厅领导在《农民日报》2021年8

月19日综合新闻版发表文章，点名表扬海安做法。（孙宝潭）

农村经济

【农旅融合发展】 2021年，海安市策应全省“苏韵乡情”乡村休闲旅游农业发展，参与申报省“一园两基地三活动”（主题创意农园，农耕实践基地、康美基地，休宿创意推介主题活动、伴手礼文创设计主题活动、乡土地标菜文化传播主题活动），雅周农博葡萄园、中能牡丹生态园获评省主题创意农园，雅周锦湖生态农业园获评省农耕实践基地，蓉和怡心园获评省康美基地。各区镇举办特色乡村旅游节庆活动，提升海安乡村旅游知名度和影响力。3月31日，“苏韵乡情”乡村休闲旅游农业（南通专场）推介暨中国海安第十一届梨花节在大公镇举办。10月23—30日，第八届海安乡村旅游节暨墩头第六届荷花艺术节在南通乐百年健康小镇举办。12月6日，南莫镇举办第二届“寻梦水乡·蟹逅青墩”文旅节。12月16—31日，曲塘镇举办第八届羊肉美食文化节。

（谢润泽 肖娟 金欣）

【数字文旅乡村建设】 2021年，海安市南莫镇青墩村通过江苏公共文化云“文旅e乡村”小程序开展数字文旅乡村建设，打造基层公共数字文旅新模式。中秋、国庆期间，海安文化艺术中心、海安青墩村文化站通过“文旅e乡村”小程序举办线上知识竞答活动2场，在“文旅e乡村”小程序的村主页增设“民俗竞猜”入口，利用“无门槛、有互动、抽红包”等趣味答题方式，丰富村民文化生活，吸引群众8000余人参与，总答题次数破8万次，其中近3000人获得微信红包，实现基层公共文化服务与乡村旅游深度融合。9月起，“文旅e乡村”小程序青墩村主页改版上线VR全景功能，将青墩村的乡土文化、乡村美景、旅游特色等乡村旅游全貌展示在互联网上，直接地展现在大众面前，带领乡村“走出去”。

【主播助农公益活动】 2021年5月14日，由工业和信息化部工业文化发展中心、海安市人民政府、振兴乡村经济主播助农公益万里行组委会共同主办的“振兴乡村经济·主播助农公益万里行”活动海安站启动仪式在中洋金砖酒店举行。相关领导，30名网红主播以及10家海安媒体、20家文旅及乡村旅游产品企业代表约200人参加启动仪式。活动为期2天，开设4个直播间，海安麻虾酱、中洋河豚、海安大米等40多种海安特色农副产品品牌在京东、腾讯、抖音、主播进行时等平台同步直播，借助电商直播“带货”形式，拉动海安农副产品销量，宣传海安特色文化。市融媒体中心开展“融媒体+助农”直播带货活动，拓展农产品销售渠道，助力乡村振兴。在京东直播平台开设中国特产·海安馆，海安特色农副产品通过直播间在“京东618”“双十一”等时段返场，持续增强海安影响力。（金欣）

2021年8月25日，海安市融媒体中心在雅周镇许家庄村直播销售莲藕 姜明/摄

【农村电商发展】 2021年，海安市新增线上交易额8万元以上的农产品电商（网店）42家，做大做强原有农产品电商（网店）18家，完成农产品网上销售额约19.32亿元。继续推动海安优质农产品直达社区“寻味海安”项目，建成生鲜驿站14个，其中，海安城区10个、南通市区4个；寄存点26个，其中，海安城区2个、南通市区24个。“寻味海安”入驻银联“云闪付”平台，增加销售额80多万元。“寻味海安”农产品直供社区软硬件平台入选省数字农业农村新技术新产品新模式优秀案例推介名录，南通唯一。全年，“寻味海安”平台交易额1031万元。（周卫）

【新型经营主体培育】 2021年，海安市累计有各级农业龙头企业116家，其中，国家级3家（南通最多）、省级20家、南通市级56家、海安市级37家。江苏天成科技集团有限公司（简称天成集团）入选2021年度全国蛋品行业头部企业，全国仅10家。天成集团获评农业产业化国家重点龙头企业，南通盛大饲料有限公司、江苏中洋生态鱼类股份有限公司、江苏家惠生物科技有限公司获评江苏省农业产业化重点龙头企业，江苏康瑞生态农业有限公司、南通北海农庄有限公司、江苏麦迪逊农业科技有限公司、南通锦宏牧业有限公司、海安海龙粮油有限公司获评南通市农业产业化重点龙头企业。全市累计有农民专业合作社621家，各级示范社141家，其中，国家级示范社10家、省级20家、南通市级71家、海安市级40家。海安港丰谷物农地股份合作社、海安香香果蔬种植专业合作社获评国家农民合作社示范社，海安市城东农民用水户协会获评全国农民用水合作示范组织。全市4027个规模经营户被录入农业农村部家庭农场名录系统。年内，新增省级示范家

庭农场6家、南通市级示范家庭农场11家，全市累计有省、市、县级示范家庭农场220家。海安俞万家庭农场入选全国家庭农场典型案例，江苏仅2例，农场负责人于清荣获评江苏省劳动模范。海安五一家庭农场负责人陆华获评全国粮食生产先进个人。全市培育新型合作农场81家，其中，集体经营类32家、合作经营类49家，62家通过南通市级2020年认定，2021年新增19家全部进行海安市级现场验收。2020年度南通市级奖补资金、海安市级各类奖补资金均拨付到村。全年，围绕农业特色产业，开展种养专业和电子商务培训班18期，培训农民2291人次。新认定新型职业农民208人，纳入社保对接，给予财政补贴30%。

（杨　亮　张　华　程　成　王　庆　罗　勤）

2021年12月，江苏天成科技集团有限公司被认定为农业产业化国家重点龙头企业

市农业农村局／供图

2021年海安市拥有南通市级以上农业龙头企业一览表

表7

序号	企业名称	认定层级	序号	企业名称	认定层级
1	鑫缘茧丝绸集团股份有限公司	国家	21	南通盛大饲料有限公司	省级
2	江苏中洋集团股份有限公司	国家	22	江苏中洋生态鱼类股份有限公司	省级
3	江苏天成科技集团有限公司	国家	23	江苏家惠生物科技有限公司	省级
4	南通家惠油脂发展有限公司	省级	24	南通市奇香饼干食品厂	南通市级
5	江苏海辰科技集团有限公司	省级	25	南通市百味食品有限公司	南通市级
6	海安兰波实业有限公司	省级	26	江苏大公山羊市场有限公司	南通市级
7	江苏康德蛋业有限公司	省级	27	南通华强布业有限公司	南通市级
8	海安农副产品批发市场有限责任公司	省级	28	南通三盛鑫生物科技有限公司	南通市级
9	海安市婷婷农副产品有限公司	省级	29	南通汇益食品有限公司	南通市级
10	南通嘉纶食品有限公司	省级	30	江苏龙顺米业有限公司	南通市级
11	海安润思达食品有限公司	省级	31	南通福尔生物制品有限公司	南通市级
12	南通季和米业有限责任公司	省级	32	南通穗兴粮油收储有限公司	南通市级
13	南通市德心食品有限公司	省级	33	海安市江山米业有限公司	南通市级
14	江苏苏鹏禽业发展有限公司	省级	34	海安市苏豪制丝有限公司	南通市级
15	江苏苏琪食品有限公司	省级	35	海安市天香米业有限公司	南通市级
16	南通游龙肠衣食品有限公司	省级	36	江苏永昌粮业有限公司、	南通市级
17	南通金旺农业开发有限公司	省级	37	江苏康利饲料有限公司	南通市级
18	江苏西隆粮油贸易有限公司	省级	38	亚太星原农牧科技海安有限公司	南通市级
19	南通泰和食品有限公司	省级	39	江苏金洲粮油食品有限公司	南通市级
20	江苏三零面粉海安有限公司	省级	40	海丰米业海安有限公司	南通市级

续表7

序号	企业名称	认定层级	序号	企业名称	认定层级
41	南通升环木业有限公司	南通市级	61	江苏祝润米业有限公司	南通市级
42	南通穗邦农业科技发展有限公司	南通市级	62	南通绿之纯食品有限公司	南通市级
43	南通天成现代农业科技有限公司	南通市级	63	江苏桂陵饲料有限公司	南通市级
44	南通泓源畜牧有限公司	南通市级	64	南通业华国际贸易有限公司	南通市级
45	南通市吉佑畜牧有限公司	南通市级	65	南通王中王食品有限公司	南通市级
46	南通尔康生物有机肥料有限公司	南通市级	66	南通海菲食品有限公司	南通市级
47	南通绿源生物能源有限公司	南通市级	67	南通龙湖山庄有限公司	南通市级
48	江苏省富阳牧业有限公司	南通市级	68	江苏新之润饲料有限公司	南通市级
49	南通科飞生态农业发展有限公司	南通市级	69	江苏盛大生物科技有限公司	南通市级
50	南通市金桥生物肥料有限公司	南通市级	70	江苏聚仁粮油贸易有限公司	南通市级
51	南通昌润食品有限公司	南通市级	71	南通龙洋水产有限公司	南通市级
52	海安百岁休闲农庄有限公司	南通市级	72	南通金伟农畜牧科技有限公司	南通市级
53	南通壹号食品有限公司	南通市级	73	里下河米业南通有限公司	南通市级
54	江苏怡然园艺有限公司	南通市级	74	江苏富海生物科技有限公司	南通市级
55	海安市申宇明胶有限公司	南通市级	75	江苏康瑞生态农业有限公司	南通市级
56	海安理昂生物质发电有限公司	南通市级	76	南通北海农庄有限公司	南通市级
57	南通沪源精制米厂	南通市级	77	江苏麦迪逊农业科技有限公司	南通市级
58	江苏邦利牧业有限公司	南通市级	78	南通锦宏牧业有限公司	南通市级
59	北大荒粮食集团南通西隆贸易有限公司	南通市级	79	海安海龙粮油有限公司	南通市级
60	南通海陵肥料有限公司	南通市级			

2021年海安市拥有南通市级以上农民专业合作社示范社一览表

表8

序号	企业名称	示范级别	所在区镇（街道）	序号	企业名称	示范级别	所在区镇（街道）
1	海安市婷婷禽蛋专业合作社	国家级	城东镇	13	海安丰乐谷物种植农地股份合作社	省级	雅周镇
2	海安市苏鹏禽业专业合作社	国家级	曲塘镇	14	海安苏合农副产品销售专业合作联社	省级	曲塘镇
3	海安市福宝蔬菜专业合作社	国家级	李堡镇	15	海安澄鑫草制品专业合作社	省级	南莫镇
4	海安市惠农草制品专业合作社	国家级	雅周镇	16	海安晓兰谷物种植专业合作社	省级	城东镇
5	海安市绿华农机专业合作社	国家级	墩头镇	17	海安市蓝天秸秆利用专业合作社	省级	南莫镇
6	海安市兴业食用菌专业合作社	国家级	角斜镇	18	海安市真德畜禽专业合作社	省级	胡集街道
7	海安市富民酱菜专业合作社	国家级	曲塘镇	19	海安市绿环畜禽生态养殖专业合作社	省级	曲塘镇
8	海安港丰谷物农地股份合作社	国家级	角斜镇	20	海安市青墩团结葡萄农地股份合作社	省级	南莫镇
9	海安香香果蔬种植专业合作社	国家级	海安街道	21	海安市泰宁物业农村社区股份合作社	省级	城东镇
10	海安市城东农民用水户协会	国家级	城东镇	22	海安市通港渔业专业合作社	省级	角斜镇
11	海安雅欣谷物种植农地股份合作社	省级	雅周镇	23	海安市伟农禽业专业合作社	省级	李堡镇
12	海安尚品谷物种植专业合作社	省级	雅周镇	24	海安市文正特种养殖专业合作社	省级	墩头镇

续表8

序号	企业名称	示范级别	所在区镇（街道）	序号	企业名称	示范级别	所在区镇（街道）
25	海安市仲辉禽蛋专业合作社	省级	李堡镇	61	海安恒祥禽蛋专业合作社	南通市级	李堡镇
26	海安市白甸镇西博大米专业合作社	省级	白甸镇	62	海安恒益羊业专业合作社	南通市级	城东镇
27	海安百祥山羊专业合作社	省级	城东镇	63	海安龙祥禽蛋专业合作社	南通市级	隆政街道
28	海安琴顺蔬菜专业合作社	省级	李堡镇	64	海安市宜友生猪专业合作社	南通市级	胡集街道
29	海安美丰谷物种植专业合作社	省级	墩头镇	65	海安德心生猪专业合作社	南通市级	曲塘镇
30	海安通扬羊业专业合作社	省级	南莫镇	66	南通科牧禽业专业合作社	南通市级	曲塘镇
31	海安市禾丰植保专业合作社	南通市级	角斜镇	67	海安瑞欣谷物种植专业合作社	南通市级	雅周镇
32	海安市白甸镇博大水产专业合作社	南通市级	白甸镇	68	海安市白甸镇春奎大棚蔬菜专业合作社	南通市级	白甸镇
33	海安市民鑫农机专业合作社	南通市级	墩头镇	69	海安汉谷龙米业专业合作社	南通市级	角斜镇
34	海安市绿色园蔬菜生产专业合作社	南通市级	大公镇	70	海安永宏水产专业合作社	南通市级	角斜镇
35	海安市苏中山羊专业合作社	南通市级	大公镇	71	海安焦氏谷物种植专业合作社	南通市级	城东镇
36	海安市宏润畜禽专业合作社	南通市级	城东镇	72	海安长盛山羊专业合作社	南通市级	曲塘镇
37	海安保田强农农机专业合作社	南通市级	城东镇	73	海安雅园果蔬专业合作社	南通市级	雅周镇
38	海安市戚庄兔业专业合作社	南通市级	城东镇	74	海安益康食用菌专业合作社	南通市级	南莫镇
39	海安农源农副产品销售专业合作联社	南通市级	海安街道	75	海安真德畜禽专业合作社	南通市级	胡集街道
40	海安市黄陈水产专业合作社	南通市级	南莫镇	76	海安市华达果蔬专业合作社	南通市级	角斜镇
41	海安市华茂禽蛋专业合作社	南通市级	角斜镇	77	海安市群益蚕业专业合作社	南通市级	大公镇
42	海安开路先锋农机专业合作社	南通市级	李堡镇	78	海安市腾浩草业专业合作社	南通市级	城东镇
43	海安市华江粮食专业合作社	南通市级	大公镇	79	海安进梅秸秆综合利用专业合作社	南通市级	雅周镇
44	海安市南阳兔业专业合作社	南通市级	城东镇	80	海安乾源水产养殖专业合作社	南通市级	墩头镇
45	海安海通农副产品销售专业合作联社	南通市级	海安街道	81	海安王俊水稻专业合作社	南通市级	墩头镇
46	江苏苏鹏禽业专业合作联社	南通市级	曲塘镇	82	海安明轩坊家禽专业合作社	南通市级	墩头镇
47	海安市瑞康米业专业合作社	南通市级	雅周镇	83	海安万源水稻专业合作社	南通市级	墩头镇
48	海安润华水产专业合作社	南通市级	墩头镇	84	海安裕泰谷物农地股份合作社	南通市级	角斜镇
49	海安市镇海渔业专业合作社	南通市级	角斜镇	85	海安角斜农业服务专业合作社联合社	南通市级	角斜镇
50	海安市富农水稻专业合作社	南通市级	李堡镇	86	海安鼎仓谷物农地股份合作社	南通市级	角斜镇
51	海安润农果蔬种植专业合作社	南通市级	大公镇	87	海安凌天谷物农地股份合作社	南通市级	角斜镇
52	海安市大洋农机专业合作社	南通市级	大公镇	88	海安益丰农地股份合作社	南通市级	大公镇
53	海安葛桥羊业专业合作社	南通市级	城东镇	89	海安凌鼎农地股份合作社	南通市级	大公镇
54	海安市壮志蔬菜专业合作社	南通市级	城东镇	90	海安宏院谷物农地股份合作社	南通市级	大公镇
55	海安市嘉纶畜禽专业合作社	南通市级	隆政街道	91	海安兴壮谷物农地股份合作社	南通市级	城东镇
56	海安圆梦农机专业合作社	南通市级	雅周镇	92	海安新立农地股份合作社	南通市级	城东镇
57	海安市白甸镇袁兵草莓专业合作社	南通市级	白甸镇	93	海安周机谷物种植农地股份合作社	南通市级	雅周镇
58	海安市溪水湖水稻专业合作社	南通市级	墩头镇	94	海安鹏展谷物种植农地股份合作社	南通市级	雅周镇
59	海安市毛庄众望农机专业合作社	南通市级	墩头镇	95	海安追梦谷物种植农地股份合作社	南通市级	雅周镇
60	海安港沪禽蛋专业合作社	南通市级	角斜镇	96	海安甸上谷物种植农地股份合作社	南通市级	白甸镇

续表8

序号	企业名称	示范级别	所在区镇（街道）	序号	企业名称	示范级别	所在区镇（街道）
97	海安联鑫谷物种植农地股份合作社	南通市级	城东镇	100	海安沿润谷物农地股份合作社	南通市级	角斜镇
98	海安石庄永润农地股份合作社	南通市级	城东镇	101	海安金满田农地股份合作社	南通市级	雅周镇
99	海安廪实谷物农地股份合作社	南通市级	角斜镇				

2021年海安市拥有南通市级以上示范家庭农场一览表

表9

序号	农场名称	示范级别	经营类型	经营面积（公顷）	地　址
1	海安昌银家庭农场	省级	粮食	36.60	城东镇壮志村
2	海安开路先锋家庭农场	省级	粮食	19.53	李堡镇李灶村
3	海安春园家庭农场	省级	园艺	10.00	白甸镇周垛村
4	海安弘圣家庭农场	省级	粮食	14.00	曲塘镇周桥村
5	海安文霞家庭农场	省级	园艺	28.00	白甸镇周垛村
6	海安胜兰家庭农场	省级	种养结合	粮食5.33公顷 水面8.27公顷	白甸镇刘季村
7	海安俞万家庭农场	省级	粮食	67.00	隆政街道联合村
8	海安升和家庭农场	省级	粮食	35.33	墩头镇宝祥村
9	海安仁明家庭农场	省级	园艺	7.33	大公镇古贲村
10	海安禹颃家庭农场	省级	种养结合	粮食50公顷 羊600只	大公镇于坝村
11	海安金百莲家庭农场	省级	粮食	26.67	白甸镇周垛村
12	海安永丰家庭农场	省级	种植业	21.27	曲塘镇群贤村
13	海安永安家庭农场	省级	种养结合	粮食43.33公顷 猪80只	大公镇常河村
14	海安素琴水稻种植家庭农场	省级	粮食	46.13	南莫镇黄陈村
15	海安国梅家庭农场	省级	粮食	68.33	城东镇壮志村
16	海安长培家庭农场	省级	粮食	41.33	墩头镇长培村
17	海安周小兵家庭农场	省级	粮食	550.00	大公镇王院村
18	海安惠琴家庭农场	省级	粮食	36.67	雅周镇迥垛村
19	海安春荣家庭农场	省级	粮食	34.27	墩头镇禾庄村
20	海安十八槐家庭农场	省级	粮食	107.80	隆政街道海北村
21	海安鸿慧家庭农场	省级	粮食	61.33	雅周镇鸭湾村
22	海安鎏鑫家庭农场	省级	粮食	33.47	角斜镇老庄村
23	海安建顺家庭农场	省级	粮食	32.00	李堡镇新庄村
24	海安许惠家庭农场	省级	粮食	38.73	城东镇爱凌村
25	海安南莫联心家庭农场	省级	粮食	35.00	南莫镇黄陈村
26	海安平生家庭农场	省级	畜牧	2000.00	李堡镇陈庄村
27	海安源田家庭农场	省级	蔬菜	13.93	城东镇壮志村

续表9

序号	农场名称	示范级别	经营类型	经营面积（公顷）	地　址
28	海安红梅家庭农场	省级	蔬菜	10.00	大公镇凌东村
29	海安可新家庭农场	省级	粮食	42.00	李堡镇蒋庄村
30	海安荣昌家庭农场	省级	粮食	38.67	南莫镇高杨村
31	海安海丰艺园家庭农场	省级	粮食	28.80	李堡镇新庄村
32	海安鱼翔家庭农场	省级	水产	10.00	南莫镇沙岗村
33	海安冬艺家庭农场	省级	水产	7.53	白甸镇官垛村
34	海安祥之平家庭农场	省级	水产	10.47	墩头镇双溪村
35	海安五一家庭农场	省级	粮食	35.33	墩头镇千步村
36	海安群桃果蔬家庭农场	省级	园艺	7.20	大公镇群益村
37	海安红军家庭农场	省级	粮食	48.40	南莫镇砖桥村
38	海安永诚家庭农场	省级	粮食	20.40	曲塘镇群贤村
39	海安志春家庭农场	省级	粮食	35.87	角斜镇滩河村
40	海安华丰家庭农场	省级	粮食	43.33	墩头镇双溪村
41	海安大兔子家庭农场	南通市级	粮食	14.13	角斜镇范堑村
42	海安嘉宝家庭农场	南通市级	水产	6.53	南莫镇黄陈村
43	海安兄弟家庭农场	南通市级	粮食	20.13	隆政街道建设村
44	海安家欣家庭农场	南通市级	粮食	45.47	城东镇三丰村
45	海安丰顺家庭农场	南通市级	种养结合	粮食32公顷 羊200只	大公镇群益村
46	海安周宝进家庭农场	南通市级	粮食	19.80	雅周镇雅周村
47	海安陆小春家庭农场	南通市级	粮食	30.00	雅周镇王垛村
48	海安于清红家庭农场	南通市级	粮食	33.33	雅周镇钱庄村
49	海安张荣家庭农场	南通市级	种养结合	32.13	城东镇丰产村
50	海安绍俊家庭农场	南通市级	粮食	34.67	墩头镇禾庄村
51	海安恰贵家庭农场	南通市级	粮食	34.67	隆政街道德兴村
52	海安金田家庭农场	南通市级	粮食	27.47	胡集街道胡集村
53	海安林晓家庭农场	南通市级	粮食	77.33	白甸镇邹冯村
54	海安添旺家庭农场	南通市级	粮食	21.67	曲塘镇万杨村
55	海安晓峰家庭农场	南通市级	种养结合	粮食17.33公顷 蛋鸡2500羽	大公镇星河村
56	海安智创家庭农场	南通市级	粮食	88.67	角斜镇滩河村
57	海安仁飞家庭农场	南通市级	粮食	78.00	李堡镇中凌村
58	海安颖鑫家庭农场	南通市级	粮食	30.27	城东镇民桥村
59	海安佳丰家庭农场	南通市级	粮食	23.60	南莫镇黄陈村
60	海安远大家庭农场	南通市级	粮食	39.53	城东镇石庄村
61	海安佟鑫家庭农场	南通市级	粮食	62.53	南莫镇于桥村
62	海安鹏鹏家庭农场	南通市级	粮食	31.00	角斜镇沿口村

续表9

序号	农场名称	示范级别	经营类型	经营面积（公顷）	地　址
63	海安润阳家庭农场	南通市级	粮食	80.00	胡集街道胡集村
64	海安润泽家庭农场	南通市级	粮食	41.47	白甸镇白甸村
65	海安宝荣家庭农场	南通市级	粮食	27.53	雅周镇许家庄村
66	海安三农家庭农场	南通市级	粮食	55.33	墩头镇毛庄村
67	海安满德家庭农场	南通市级	粮食	21.73	大公镇北凌村
68	海安建国家庭农场	南通市级	园艺	3.60	曲塘镇刘圩村22组
69	海安一朵家庭农场	南通市级	粮食	47.67	城东镇刘缺村20组
70	海安俊伟家庭农场	南通市级	粮食	35.67	李堡镇储洋村19组

2021年海安市拥有南通市级以上新型合作农场一览表

表10

序号	新型合作农场名称	播种面积（公顷）		经营模式				序号	新型合作农场名称	播种面积（公顷）		经营模式			
		夏	秋	村集体统一管理	村组干部分片管理	委托能人参与管理	合作经营			夏	秋	村集体统一管理	村组干部分片管理	委托能人参与管理	合作经营
1	角斜镇五凌村合作农场	24.27	24.27	√				13	隆政街道联合村合作农场	22.33	22.33	√			
2	角斜镇沿口村合作农场	34.47	35.33		√			14	白甸镇白甸村合作农场	63.73	62.60	√			
3	角斜镇江海村合作农场	36.93	36.53	√				15	白甸镇周垛村合作农场	21.33	21.33	√			
4	角斜镇新坝村合作农场	28.33	28.80	√		√		16	城东镇石庄村合作农场	35.93	35.93	√			
5	角斜镇顾陶村合作农场	38.13	6.27	√		√		17	城东镇新立村合作农场	107.87	107.87	√	√		
6	角斜镇富港村合作农场	133.33	137.47		√			18	城东镇爱凌村合作农场	—	24.73				√
7	角斜镇范埑村合作农场	24.53	33.20	√				19	城东镇壮志村合作农场	—	29.00				√
8	胡集街道北景庄村合作农场	28.40	28.40	√				20	城东镇施奉村合作农场	—	20.67				√
9	孙庄街道黄柯村合作农场	28.93	28.93	√				21	南莫镇青墩村合作农场	22.67	22.67	√			
10	孙庄街道谢庄村合作农场	30.00	30.00	√				22	南莫镇砖桥村合作农场	22.40	22.40	√			
11	孙庄街道仁桥村合作农场	21.00	21.00	√				23	南莫镇柴垛村合作农场	51.40	51.40	√			
12	孙庄街道夏岔村合作农场	—	20.07				√	24	雅周镇庞庄村合作农场	58.40	58.40	√			

续表10

序号	新型合作农场名称	播种面积（公顷）		经营模式				序号	新型合作农场名称	播种面积（公顷）		经营模式			
		夏	秋	村集体统一管理	村组干部分片管理	委托能人参与管理	合作经营			夏	秋	村集体统一管理	村组干部分片管理	委托能人参与管理	合作经营
25	雅周镇张垛村合作农场	21.00	21.00	√				44	曲塘镇银树村合作农场	31.80	31.80		√		
26	雅周镇王垛村合作农场	35.60	35.60	√				45	曲塘镇李庄村合作农场	63.87	64.20	√			
27	雅周镇许家庄村合作农场	59.87	60.00	√				46	城东镇堑南村合作农场	—	0.00				√
28	雅周镇周机村合作农场	52.67	52.67	√				47	李堡镇储洋村合作农场	—	30.87				√
29	雅周镇迮庄村合作农场	20.33	20.33	√				48	李堡镇丁所村合作农场	—	21.33				√
30	雅周镇杭窑村合作农场	30.20	30.20	√				49	李堡镇堡河村合作农场	—	22.80				√
31	大公镇仲洋村合作农场	41.47	42.27	√				50	李堡镇陈庄村合作农场	—	20.80				√
32	大公镇北凌村合作农场	22.87	24.40		√			51	李堡镇新庄村合作农场	—	21.20				√
33	大公镇星河村合作农场	41.33	40.80	√				52	角斜镇周庄村合作农场	—	30.80				√
34	大公镇凌东村合作农场	27.73	30.80	√				53	胡集街道青萍港村合作农场	—	27.60				√
35	大公镇王院村合作农场	38.00	22.73	√				54	白甸镇施溪村合作农场	—	21.47				√
36	墩头镇仇湖村合作农场	54.00	54.00	√				55	南莫镇黄陈村合作农场	—	24.27				√
37	墩头镇凤阳村合作农场	23.53	23.53			√		56	大公镇贲集村合作农场	—	23.87				√
38	曲塘镇郭楼村合作农场	21.20	21.00	√		√		57	城东镇品建村合作农场	—	25.73				√
39	曲塘镇罗町村合作农场	21.33	21.80	√		√		58	城东镇韩洋村合作农场	—	22.40				√
40	曲塘镇大陈庄村合作农场	26.20	26.20	√				59	墩头镇毛庄村合作农场	—	21.20				√
41	曲塘镇富民村合作农场	41.33	41.33	√				60	墩头镇新海村合作农场	—	15.53				√
42	曲塘镇兴花村合作农场	25.13	28.67	√				61	李堡镇中凌村合作农场	—	32.87				√
43	曲塘镇万杨村合作农场	35.20	43.60	√				62	李堡镇园墩村合作农场	—	23.27				√

【周吴村获评全国“一村一品”示范村】 海安市胡集街道周吴村通过引进海安园林绿化苗木基地项目，依托江苏镜虹农业科技有限公司、盈拓生态园两大平台，发展多彩苗木示范产业和生态休闲旅游特色产业，打造绿色优美乡村，先后获评南通市特色田园乡村、南通市美丽宜居乡村和国家森林乡村等。2021年，周吴村总面积3.84平方千米，农业用地面积266.67公顷，其中，苗木、花卉面积106.67公顷、面上绿化种植面积85.33公顷，绿化苗木面积占全村农业用地面积的72%。全村农业经济收入4258万元，苗木、花卉主导产业年产值2566万元，占农业经济收入的60.26%。11月，胡集街道周吴村（花卉苗木）入选农业农村部第十一批全国“一村一品”示范村。

【光明村获评全国乡村特色产业亿元村】 海安市李堡镇光明村是蔬菜生产重点村，深耕“田园经济”“设施农业”等经营模式，发展成江苏省菜篮子工程生产基地、江苏绿色食品生产基地，先后获评全国农村优秀学习型村居、江苏现代农业示范村等。2021年，光明村农业总产值1.61亿元，农民人均纯收入2.78万元。全村标准设施蔬菜种植面积466.67公顷以上，品种以大白菜、香菜、莴苣、冬瓜为主，蔬菜种植效益平均每公顷24万元。全村建有蔬菜专业批发市场12个，拥有农民经纪人100多人，组建专业合作社2家、社员300多人，带动周边1700多户农户增收致富。光明村被农业农村部评为全国乡村特色产业亿元村。（谢润泽）

镇村建设

【镇村规划】 2021年，海安市镇级国土空间规划招标确定设计单位，开展立发老集镇修建性详细规划编制。城镇开发边界试划成果报省自然资源厅，并深化7个专题研究，拟订《海安市基本农田核实整改补足和城镇开发边界划定方案》。开展“多规合一”实用性村庄规划编制，根据《海安市镇村布局规划（2020版）》，全市行政村中174个行政村需编制村庄规划，35个完全撤并行政村不需要编制村庄规划。至年底，174个行政村村庄规划编制方案全部完成并通过专家论证。（赵海群）

【重点中心镇建设】 2021年，海安市各重点中心镇加快推进城镇、园区区间路改造建设、公园绿地建设、休闲游园建设，以及教育、医疗、文化等社会事业设施建设，提高基本公共服务水平。滨海新区强村加油站项目竣工，温泉展示中心、培训中心项目开工建设。曲塘镇老双楼集镇区改造、6个老旧小区雨污水分流改造完成，曲水美食广场全面投入使用，曲塘镇美丽宜居小城镇建设项目入选江苏省美丽宜居城市建设第二批试点项目（综合类）。李堡镇以丁所老集镇改造，推进新老镇区同步发展。大公镇农业核心展示区、精品示范区、永康之家项目先后竣工并投入使用，农贸市场综合体项目封顶。墩头镇仇湖集镇改造工程启动。白甸镇汉铭文化教育基地项目竣工并投入使用。

【村庄建设】 2021年，海安市按照“生态优、村庄美、产业特、农民富、集体强、乡风好”要求，重点围绕“特色产业明显、生态环境优美、居住相对集中”等方面，逐步培育形成“一村一业，一村一品”。全市首个村民集中居住示范区项目在滨海新区富港村开工建设。全市美丽宜居村庄建成率96.9%。建成乡村振兴先进村（生态宜居类）7个，其中2个村入选南通市级乡村振兴先进村（生态宜居类）。李堡镇杨庄村入选省特色田园乡村，全市首个。南莫镇唐庄村唐庄入选省传统保护村落。（刘　鑫）

【农村人居环境整治】 2021年，海安市人居环境整治工作获省政府督查激励，年度考核评估蝉联南通市第一名、江苏省第一等次，4个区镇进入南通市前十强。启动镇村人居环境整治提升五年行动，以“四清四化”（清理垃圾、清理路道、清理河道、清理杂物，实现河道净化、庭院绿化、道路亮化和村庄美化）为基础，开展“全民清洁日”“村庄清洁行动四季战役”、人居环境整治大提升等专项行动，《海安市高新区农村环境长效治理案例》入选中国城市环境卫生协会2021年环卫行业示范案例。推进人居“三大革命”（厕所革命、垃圾革命、污水革命）。开展农村“厕所革命”，新建无害化卫生户厕7661座，整改达标户厕2536座，建成农村公共厕所183座，厕所粪污得到处理或资源化利用的行政村覆盖率100%；推进农村生活垃圾分类治理，在白甸镇、曲塘镇、李堡

2021年11月30日，海安市在滨海新区富港村举行村民集中居住示范区开工仪式

滨海新区／供图

镇、大公镇全域开展农村生活垃圾分类试点工作，全市农村设置分类垃圾桶23.1万只、二分类亭1274个、三分类亭138个、四分类亭1927个，建成易腐垃圾处置中心7座，建成有机垃圾堆肥阳光房79座，农村生活垃圾集中收运处理的行政村覆盖率100%；强化农村生活污水治理，实施分散式生活污水治理1.8万户，行政村污水处理覆盖率100%。实施“三大专项整治”（整治农业废弃物、整治农药包装废弃物和废旧农膜、整治违章破落建筑）。农作物秸秆机械化还田4.53万公顷，离田5.33公顷，秸秆综合利用率95%以上；畜禽规模养殖场污染治理率100%，规模养殖场粪污处理设施配套率100%；回收农药包装废弃物198.6吨、1092.3万件，集中回收利用废旧农膜1038吨；查处拆除违法建设272处、2.36万平方米。加强废品收购、建材经营、车辆修理等行业和拆迁区域等堵点、盲区整治，将农村电力线、通信线和广电线“三线”纳入农村公共基础设施管护，清理断头线、缠绕线、悬挂线和断杆废杆等问题3000多处。实施全域治理，将人居环境整治提升工作从集镇推进到村组、道路、河道和农田。出台政策引导社会资本和居民自身参与集镇改造，创建城镇管理示范街；开展农村公路路域环境整治，建成“美丽农村路”16条60千米，“平安示范路”10条40千米，获评全国“四好农村路”示范县（市）；加强2000公顷骨干林带管护，新增省级绿美村庄5个；加快农村生态河道建设，创建生态河道162条，完成38条（段）农村黑臭水体整治工作，疏浚农村河道34条（段）。

【人居环境示范片区建设】 2021年，海安市抓好人居环境示范片区建设，新建人居环境示范点84个，建成率90.69%。海安获评全国卫生城市，全市所有行政村均创成省级卫生村，10个区镇全部创成省级以上卫生镇，其中开发区、高新区、曲塘镇、南莫镇、大公镇创成国家卫生镇。全市累计创建省级健康镇3个、健康村（社区）31个。全市累计创建省级生态文明建设示范镇9个、省级生态文明建设示范村11个。（乔爱华）

乡风文明

【文明新风培育】 2021年，海安市深化文明家庭建设，80%以上的村级文明家庭奖牌张贴到户。常态开展“好公婆、好媳妇、好妯娌”等特色评选活动，开展“传家训、立家规、扬家风”主题活动，海安街道吴兴宝家庭获评全国最美家庭。依托新时代文明实践四级网络，深化“用好村级红色大喇叭，办好综合文化大礼堂，建好村民互助朋友圈，排好文体活动安排表”等“六大规定动作”，开设“文明集市”，通过“播、展、评、演”等方式，引导群众践行主流价值；各村（居）实践站将移风易俗“四树五禁”（树喜事新办，树丧事简办，树神事不办，树诸事俭办；禁乱放鞭炮，禁吹吹打打，禁过度焚香，禁互相攀比，禁天价彩礼）纳入村规民约；在村民小组下延设置5000多个实践点，实施“板凳课堂”“老兄弟围聊会”“港经庭”等20多个理论宣讲项目，打造庭院式“微聊会”，聊出乡村“文明之美”。在李堡镇试点“村规民约与乡村治理”共建服务项目，村居法律顾问入村开展“村规民约”审议、宣讲和践行等系列活动。开展文明镇、村（社区）创建活动，6个镇获评2019—2021年度省文明乡镇，17个村获评省文明村，3个社区获评省文明社区。

（市文明办）

【群众文化活动】 2021年，海安市继续实施“三送”工程，完成送戏190场，围绕“倾情服务，覆盖盲点，文化暖心，点亮生活”宗旨，排练一系列反映脱贫攻坚、乡村振兴等时代主旋律的优质节目，围绕老百姓喜闻乐见的经典戏剧进行复排，做好下沉推送；完成送展览100场，包含书法美术摄影、精品艺术、群众文化活动、非物质文化遗产传承与保护、全民阅读、图书推介、博物馆馆藏文物展示等多项内容；完成送培训100场，汇集声乐、器乐、舞蹈、小品曲艺、戏剧、书法、美术、摄影、非物质文化遗产技艺等多项精品培训班次，不断创新为民办实事服务供给；举办免费公益培训班40个，根据各区镇反馈的群众需求，制定培训计划、统筹培训时间；大剧院累计演出60场，反响很好；举办“乐一天”农民艺术节231场、“万里千家”惠民文艺演出924场，将活动送到乡村田头、街头巷尾、工厂学校，丰富全市人民群众的文化生活；24小时城市书房（凤山书院）建成并常态化对外开放；建成村史馆22个、农村大舞台22个。持续开展“市民文化季”系列活动100余场。（金 欣）

【文明殡葬】 2021年，海安市推进文明殡葬长效管理，实行逝者“死亡—火化—安葬”全程信息化跟踪，严防装棺重葬、新建坟头，全市未发现一例装棺重葬行为，红白理事会上门宣传文明节俭理念，群众办丧开支有效减少，全市平均守灵时间由7天以上缩短为4天，平均安葬率稳定在85%左右。稳步实施《海安市殡葬服务设施专项规划（2020—2030）》，全市规划布点各类殡葬服务设施130多处。加快公益性殡葬设施建设，市财政预算2000万元分两年对新建的镇村公益性殡葬设施进行奖补；提档升级市殡仪馆，原火化区改造完成，安福园项目加快推进，规划建设骨灰堂、集中守灵中心；全市建成镇级公益性公墓14处、骨灰堂8处、集中守灵中心1处、经营性公墓1处，生态葬区1处，村级集中安葬点19处，公益性骨灰安放设施实现区镇全覆盖。开展装棺重葬、乱埋乱葬、坟头硬质化行为专项整治，交办复垒、隐蔽或未清理到位坟墓200多处，全部整治到位。净化殡葬用品和服务市场，取缔石棺制售点1处，发现并交办乐队参与送葬行为6起。开展清明祭扫宣传月活动，福海园公墓设置示范性生态安葬区。（市民政局）

乡村治理

【农村基层组织建设】 2021年，海安市雅周镇东夏村入选全国“红色村”试点，制定《海安市关于开展推动红色村组织振兴建设红色美丽村庄试点工作的实施方案》，安排资金2780万元。开展星级达标创建活动，表彰五星级村党组织95个，精准转化软弱涣散党组织12个。巩固“1233”党建阵地体系，农村领域首批计划培育南通市级示范点6个。全市205个村完成第十二届村民委员会换届选举，36个社区完成第七届城市社区居委会换届选举，村（社区）书记、主任“一肩挑”100%。出台《海安市村（社区）干部队伍建设五年行动计划纲要（2021—2025年）》，深化村党组织书记专职化管理。市、镇、村三级联动做好“定制村干”跟踪培养和管理保障，2018级“定制村干”15人到岗任职，2021级17人签约入学。出台《海安市关于规范提升在职村干部经济待遇的实施意见》，加强基层干部激励。以党建引领乡村振兴，出台《海安市组织工作助推乡村振兴九项措施》，建立海安市（李堡）乡村振兴学院以及海安市委党校、海安农商银行2个乡村振兴实训基地；在全国率先推出新生代农场主挂职村“两委”举措，选派年龄35岁左右的农场主20人到村挂职锻炼；开展“海‘纳’雁能，‘银’领振兴”挂职活动，选派金融骨干48人到村挂职；选派退出领导岗位的党员干部10人到村担任驻村“第一书记”。（曹晓婕）

【新型农村社区建设】 2021年，海安市开展“一村（社区）一品”新型农村社区建设，打造和谐有序、绿色文明、创新包容、共建共享、充满活力的新型农村社区，雅周镇兴雅社区获评南通市首批“一村（社区）一品”新型农村社区治理十大品牌，李堡镇杨庄村、城东镇界墩村获评提名品牌。9月28日，南通市新型农村社区治理观摩交流会在海安召开。按照“土地集约化、资产股份化、居住城镇化、管理属地化”总体思路和“健全治理架构、助推身份转换、完善服务体系、重建邻里文化”建设目标，探索农村集中安置区社区治理体系建设，此项工作入选江苏省第二批现代社区治理创新实验项目。至年底，全市135个安置区设置居民组，建立治理网格，管理属地化格局基本形成，10个规模安置区社区建制方案基本成熟。（市民政局）

【杨庄村获评全国乡村治理示范村】 海安市李堡镇杨庄村走“宜居宜业、产业兴村”之路，打造三产融合发展田园乡村，即“南‘农’、北‘工’、中间三产核心区”。在示范村创建核心区，实施中康农业项目，建设温室设施大棚基地，建成智能农业园管理平台。整合挖掘村级创业园闲置厂房，以新招项目入园，增加税收返还收入。加强同南通明诺电动科技股份有限公司合作，建成环卫保洁智慧管理平台。全村域实现垃圾智慧分类，村庄“亮化、绿化、美化、净化”，成为省人居环境示范点。推进“赤园红旅”群众文化园建设，助推乡风文明。全村建设5个集党小组活动和文明实践为一体的“先锋驿站”，壮大“草根文艺达人”队伍，讲好杨庄故事，传思想、做志愿、育文明。党务、村务、财务网上公开，助推治理有效，引进乡村治理智慧管理平台，提升“红色杨庄”发布质量，打造“杨庄网格”便民服务平台，运用“摘星式”文明户评比方法，让村规民约落地有声。杨庄村先后获评南通市乡村振兴示范村、江苏省特色田园乡村、全国文明村。2021年10月，被中央农村工作领导小组办公室、中央宣传部、农业农村部、民政部、司法部、国家乡村振兴局共同认定为第二批全国乡村治理示范村。（海　鉴）

2021年10月，海安市李堡镇杨庄村获评第二批全国乡村治理示范村。图为杨庄村红色老区主题园 姜　明／摄

富民强村

【金融扶贫】 2021年，海安市李堡镇入选江苏银保监局服务乡村振兴试点示范乡镇。继续开展“百企联百村，共走振兴路”行动，为胡集街道钟涵村江苏新之润饲料有限公司饲料生产项目等25个项目逐一落实银行机构，提供点对点融资配套服务。推进“整村授信”“阳光信贷”等信贷新模式，为全市201个行政村、24万户农户家庭批量授信140亿元。海安农商银行为江苏富阳牧业有限公司养殖的500头成年奶牛办理动产融资登记，获批授信300万元，这是全市首笔生物活体抵押贷款。年底，全市涉农贷款余额1231.5亿元，较年初增加149.8亿元，两项指标均列南通第一位。（何红梅）

【产业扶贫】 2021年，海安市聚焦产业帮扶重点，打造产业带动增收星级示范点，探索新型经营主体带动低收入户发展模式，支持农业龙头企业、农业园区等拓展专岗，开发基层公益性岗位，优先安置“无法离乡、无业可扶”且有劳动能力的低收入人口。市“两会一处”（市老区开发促进会、市乡村振兴

促进会、南通市老区扶贫基金会海安办事处）组织实施产业扶贫项目13个，其中，实施省扶贫示范项目（还本贴息）3个，借款总额50万元，帮扶10个特困家庭脱贫不返贫；实施南通市产业扶贫项目5个，贴息20万元；实施海安市产业扶贫项目5个，贴息20万元，带动428户农户1153人增加收入（含低收入和建档立卡户67户134人）。实施光伏扶贫工程，首批确定在20个乡村振兴示范村、先进村建设光伏电站，实现南通市级乡村振兴示范村、先进村全覆盖；每村建设100千瓦光伏电站，总规模2000千瓦，总投资684.74万元，其中，市慈善总会出资100万元、市老促会出资100万元、20个村自筹484.74万元，市慈善总会和市老促会按照每10千瓦1万元标准进行补助；帮扶低收入户651户，帮促低收入人口1137人。充分利用帮扶资产效益，合理分配黄桥老区标准厂房帮扶资产效益62.44万元，帮助原建档立卡低收入农户793户；将省级乡村振兴衔接资金和试点县资金年度收益全部投入黄桥老区基础设施补短板项目，支持雅周镇王垛村、胡集街道青萍港村拓宽道路、安装便民路灯。启动"强村加油站"项目建设，新建滨海新区金港大道加油站、204国道白甸加油站和226省道以西、328国道以北李堡加油站，帮扶9个村。实施"电靓乡村"行动，完成"百镇千村"乡村电气化项目96个。

（陆志强　田梦雯　吴舜宇）

【教育扶贫】 2021年，海安市按照新增中央投资支持以县城为主要载体的新型城镇化基础设施教育领域项目工作要求，7个项目申请国家乡村振兴专项债券，总额度1.84亿元。市教育局组织开展"精准资助、走访结对"资助育人活动，走访家庭经济困难学生4361人，结对帮扶原建档立卡、低保等困难家庭学生2027人。落实困难家庭学生资助经费2319.31万元，2.45万人次受益。墩头镇中心小学王桂圣"我为群众办实事——扶困助学在行动"事迹在"学习强国"学习平台发布。实施江苏省"滴水·筑梦"、南通市"润苗·筑梦"、黄桥老区人才培训中心（海安中专）贫困学子等7项扶贫助学工程。11月26日，在海安中专举行江苏省扶贫"三会"（老促会、扶贫基金会、扶贫开发协会）"滴水·筑梦"暨南通市、海安老区扶贫基金会助学金发放仪式，发放助学金108.5万元，其中，省"三会"资助36万元、南通"三会"资助40.5万元、市"两会一处"资助32万元，437人受到资助。1人被广东国华纪念中学录取。

（陆志强　何春光）

【阳光扶贫】 2021年，海安市将建档立卡低收入人口、低保对象、特困人员750人纳入城乡居民基本养老保险，总代缴2021年保费金额7.05万元；对60周岁以上人员15人，财政按有关标准给予一次性补缴，总补缴保费0.82万元。依托"阳光惠民"系统，做好全市扶贫济困资金和涉农资金监管工作，全年走访3.2万人次，发放慰问金378.28万元。

（王　敏　陈法甫）

【医保扶贫】 2021年，海安市统筹发挥基本医疗保险、大病保险、医疗救助三重保障制度综合梯次减负功能，科学制定居民医保筹资标准，增强居民医保抗风险能力。做优基本医保南通市级统筹工作，实现基本医保、生育保险、大病保险、医疗救助等筹资缴费标准及待遇标准与南通市一致。统筹后，海安职工、城乡居民基本医疗保险政策范围内住院报销比例分别为83%、72%，其中城乡居民实际报销比例提高25%。加大因病支出型贫困家庭医疗救助力度，将因病支出型贫困患者救助基金起付线由3万元降低为1万元，救助81户203人182.44万元。市医保、民政、财政等部门联合建立救助对象精准识别机制，实施参保救助2.54万人，救助金额3230.12万元。

（陈法甫　吴谢晖）

【贫困风险防范】 2021年，海安市做好新一轮低收入人口认定工作，以全国防返贫监测信息系统和南通"阳光惠民"监管平台为依托，民政、卫健、医保、残联、扶贫等部门实现数据和信息共享，健全联动风险预警、研判和处置机制，动态监测预防返贫，实现全市范围内早发现、早帮促。市财政为建档立卡低收入人口购买意外伤害、重大疾病等商业保险，降低原建档立卡低收入对象致贫、返贫风险。全市建档立卡低收入人口意外伤害、重大疾病补充保险参保人数1.36万人，覆盖全市所有建档立卡低收入人口，总保费162.99万元，人均保费120元。扩大农业保险覆盖面，在全省率先开办秸秆离田和水稻有机肥保险，将大棚、山羊、蚕茧等特色险种的财政补贴比例提升至80%，分散化解农业生产经营风险。全市农业保险总保费规模9160.68万元，其中，中央和省级财政补贴3099.27万元，南通市财政补贴92.4万元，海安市按60%或80%比例补贴目录内高效险种保费2463.43万元、非目录内高效险种保费195.94万元；实施理赔5584.49万元。

（陈法甫　王　庆）

海安苏台农业合作示范区

农　业

综　　述

【概况】2021年，海安市实现农林牧渔业总产值142.90亿元，比上年增长6.4%，其中，农业产值61.30亿元，增长10.8%；林业产值0.41亿元，增长5.6%；牧业产值48.68亿元，下降0.6%；渔业产值16.84亿元，增长12.2%；农林牧渔服务业产值15.67亿元，增长7.2%。实现农林牧渔业增加值85.95亿元，比上年增长6.0%，农业农村经济继续保持持续向好、稳中有进的态势。粮食生产全省"十六连冠"，全年粮食播种面积7.99万公顷，总产62.37万吨，比上年增长0.02%；粮食综合单产每公顷7817千克，比上年下降0.09%。"海安大米"入选省区域公用品牌，曲塘镇获评省"味稻小镇"，全市累计有省"味稻小镇"5个。入围上海主供蔬菜基地2家。桑园投产面积4000公顷，桑蚕发种13万张，生产鲜蚕茧5200吨，产值3.1亿元。水产养殖面积1.44万公顷，水产品总产量4.87万吨。生猪存栏33.7万头、家禽存栏1366万只，肉蛋奶总产量22.31万吨，畜禽规模养殖占比98%以上。完成高标准农田建设3400公顷、高效节水灌溉建设400公顷，建成南通市首个高标准稻麦种植示范区，高标准农田占比继续保持南通市第一，高标准农田及高效节水灌溉建设工作获省政府督查激励。农业综合机械化水平92.1%。推进特色农业全程机械化示范基地建设，投入3000万元提升特色农业机械化水平，吸引社会资本2亿元，新增特色农机装备近8000台(套)，全市特色农业机械化水平65.9%。

2021年海安市农林牧渔业产值、增加值情况表

表11　　　　单位：万元

指　　标	2021年	2020年	增长率
农林牧渔业产值（现行价）	1429022	1343355	6.4%
一、农业产值	612997	553137	10.8%
其中：粮食作物	253385	261864	−3.2%
棉花	0	0	—
油料	9140	7738	18.1%
蔬菜	291304	240386	21.2%
其他	59168	43149	37.1%
二、林业产值	4114	3897	5.6%
三、牧业产值	486777	489925	−0.6%
其中：生猪	181367	164085	10.5%
家禽	51523	52642	−2.1%
禽蛋	115315	129706	11.1%
蚕茧	24890	39952	−37.7%
其他	112688	103540	8.8%
四、渔业产值	168424	150157	12.2%
其中：海水产品	39056	20998	86.0%
淡水产品	129368	129159	0.2%
五、农林牧渔服务业	156710	146239	7.2%
农林牧渔业增加值（现行价）	859547	810821	6.0%
一、农业	446023	409498	8.9%
二、林业	1939	1855	4.5%
三、牧业	213133	217707	−2.1%
四、渔业	99924	89798	11.3%
五、农林牧渔服务业	98528	91963	7.1%

（市统计局）

加快发展冷链物流和脱水蔬菜加工等项目，万吨冷链港、富海生物饲料加工二期工程及内港码头建设项目被列为省农业农村重大项目省级示范项目。谋划农业农村领域减排固碳措施，持续抓好长江"十年禁渔"、化肥农药减量增效、畜禽粪污资源化利用等重点工作，实施养殖池塘生态化改造66.67公顷，秸秆综合利用率95%，绿色优质农产品占比67.8%。海安市获批全国绿色种养循环农业试点县(市)、农业社会化服务创新试点县(市)，胡集街道周吴村获评全国"一村一品"示范村，雅周现代农业园获评省级现代农业产业示范园，3个农业园区入选全国农村创业创新园区。　　　　（焦娅雯）

【农业普法宣传】2021年，海安市参加省农业农村系统首届农业法治文化节活动成果丰硕，市农业农村局获优秀组织奖，选送的4件作品获文艺节目类一等奖、摄影类二等奖、书法类三等奖和绘画类三等奖。开展乡村振兴专题调查研究，《构建"五项机制"，深耕普法"最后一公里"——基于海安农业农村普法的困境分析及对策研究》获农业农村部法规司专题征文三等奖，《汇聚"五治"合力打通乡村治理"任督二脉"——基于新冠疫情防控对乡村治理的思考》获农业农村部政策与改革司专题征文三等奖。参加省农业农村厅举办的"讲学法用法故事暨法治文化巡演基层行"和第五届"情暖三农·送法下乡"普法宣传活动，打鼓说唱《谱写乡村振兴新华章》入选展演优秀作品，普法工作获省农业农村厅表扬。　　　　（鲁　燕）

【鑫缘集团获评全国农业国际贸易高质量发展基地】2021年，鑫缘茧丝绸集团股份有限公司(简称鑫缘集团)入选

全国农业国际贸易高质量发展基地，全省仅五家，南通市唯一。鑫缘集团是全国农产品加工示范基地、首批农业产业化国家重点龙头企业和全国农村一、二、三产业融合领军企业等，在海安建立优质高产蚕桑种养标准化生产示范基地，在全国率先推行“公司+基地+农户+工厂+高校科研院所+品牌质量”的茧丝绸产业化高质量经营模式，年产优质鲜茧4500吨，带动海安7万户蚕农从栽桑养蚕中实现年收入近5亿元，带动城乡劳动力1万多人就业。　（焦娅雯）

种植业

【概况】2021年，海安市种植小麦3.66万公顷、水稻3.72万公顷，稻麦统计年单产每公顷1.60万千克，连续十四年稻麦年单产过吨粮，连续十六年稻麦年单产保持全省第一。2006—2021年，全市稻麦年单产平均每公顷1.59万千克，比南通市平均高1087.5千克，比全省平均高1803千克，在江苏非稻麦高产最佳区域连续十六年创造出全省最高产量。蔬菜播种面积1.80万公顷，总产量74.34万吨，总产值8亿元。油料播种面积3710公顷，总产量1.57万吨，其中规范化种植油菜533.33公顷，比上年增加320公顷，入围上海主供蔬菜基地2家。果树种植面积913.33公顷，果品产量2.06万吨，产值2.45亿元。

2021年海安市农作物播种面积和产量情况表

表12

指　标	播种面积（公顷）	单产（千克/公顷）	总产量（吨）		
			2021年	2020年	增长率
农作物播种面积	104650	—	—	—	—
一、粮食合计	79780	7817	623660	623531	0.02%
1.谷物合计	76420	7958	608116	607647	0.08%
（一）夏收谷物	36780	6227	229038	230317	−0.56%
（1）小麦	36640	6230	228249	229458	−0.53%
（2）大元麦	140	5636	789	859	−8.15%
（二）秋收谷物	39640	9563	379078	377330	0.46%
（1）稻谷	37200	9720	361584	359798	0.50%
（2）玉米	2430	7185	17460	17496	−0.21%
（3）其他谷物	10	3400	34	36	−5.56%
2.豆类合计	3010	4119	12397	12748	−2.75%
（1）大豆	2590	4320	11189	11178	0.10%
（2）蚕豌豆	390	2828	1103	1465	−24.71%
（3）其他豆类	30	3500	105	105	0.00%
3.薯类（五折一）	350	8993	3147	3136	0.35%
二、油料合计	3710	4242	15738	15683	0.35%
（一）花生	440	4125	1815	1804	0.61%
（二）油菜籽	3260	4269	13916	13872	0.32%
（三）芝麻	10	700	7	7	0.00%
（四）其他油料	—	—	—	—	—
三、药材	350	—	—	—	—
四、蔬菜（含菜用瓜）	18010	41275	743370	708303	4.95%
五、瓜类（果用瓜）	870	56042	48757	48633	0.25%
六、其他农作物	1930	—	—	—	—
其中：青饲料	140	—	—	—	—
绿肥	50	—	—	—	—

（市统计局）

【小麦种植】 2021年，海安市种植小麦3.66万公顷，统计单产每公顷6230千克，比上年减少44千克，年单产连续十三年列全省第一。6月1日，扬州大学、省农技推广总站、南通市作栽站组成专家组联合对海安许惠家庭农场测产验收，实收“农麦88”0.17公顷，平均单产每公顷9606千克，创历史新高。小麦春季化除应防面积1.8万公顷，实际防治9333.33公顷。纹枯病应防面积1万公顷，实际防治面积3333.33公顷。恢复肥、拔节肥追施面积2万公顷左右。

【水稻种植】 2021年，海安市种植水稻3.72万公顷，统计单产每公顷9720千克，比上年增加48千克，连续九年列全省第一。实施水稻良种推广补贴，“南粳9108”等优质食味水稻品种种植面积3.54万公顷，占全市水稻种植面积的95.16%。水稻出售价格每千克3.06元，比周边高出0.1元，稻谷每公顷产值2.97万元，创历史新高。9月12日，中国农业科学院副院长、中国工程院院士万建民到海安考察指导水稻生产，专题调研水稻新品种“宁香粳9号”。

【麦稻绿色高质高效示范创建】 2021年，海安市建成水稻666.67公顷示范片1个、333.33公顷示范片4个、66.67公顷示范片10个和核心示范方174个，示范面积3746.67公顷。建成秋播小麦66.67公顷示范片14个、核心示范方179个。10月，对全市174个水稻核心方进行测产，平均理论单产每公顷1.08万千克，实现既定产量目标。根据定点调查，水稻示范片内平均实产每公顷1.03万千克，比示范片外平均增加588千克，增产6.1%；每公顷净收益1.01万元（麦熟土地租金计入成本），比示范片外增收1902元。10月24日，扬州大学农学院等单位组成的专家组对海安禹頎家庭农场核心方进行实产验收，实收两块田面积0.25公顷，平均单产每公顷1.18万千克，最高田块单产每公顷1.21万千克。10月27日，由省农技推广总站等单位组成的专家组对组织南莫镇联心家庭农场核心方进行实产验收，两块田面积0.16公顷，平均单产每公顷1.11万千克。10月28日，由扬州大学等单位组成的专家组对海安长垎家庭农场进行实产验收，实测两个点，折算单产每公顷1.13万千克。海安稻麦绿色高质高效创建工作进入全省第一方阵，全省13家，南通市唯一，在省级考核中连续十三年保持南通第一。

【“海安大米”品牌培育】 2021年，海安市获授权使用“海安大米”区域公用品牌的企业有南通季和米业有限责任公司、江苏龙顺米业、南通沪源米业、江苏祝润米业、南通锦湖农业生态有限公司、海安俞万家庭农场、海安许惠家庭农场、海安五一家庭农场。在全省率先组建海安大米产业联盟，采用“区域品牌+企业品牌”，打造优质食味稻米品牌，“海安大米”入选江苏农业区域品牌目录。对6.67公顷以上的种植大户提供优质食味水稻良种补贴。实施水稻绿色高质高效创建项目，建立中、高端稻米核心示范方174个，面积3746.67公顷。推进“海安大米”产业联盟建设，组织全市174个种植大户与南通相关企业签订产销协议，建立7666.67公顷种植基地，共同打造3746.67公顷核心种植基地，并建立质量可追溯体系。加大“海安大米”品牌推广力度，“海安大米”种植基地选送优质大米参加各级各类品鉴会屡获佳绩，南通季和米业有限责任公司“季和”牌大米获评中国粮油区域领导品牌、“季和”牌御膳米获评“中国好粮油”产品，南通锦湖农业有限公司获第五届“江苏好大米”评鉴推介会“江苏好大米”金奖，“海安大米”种植基地“小兵”大米获第七届江苏百姓品米节特等奖，海安俞万农场“俞之佳”大米、南通锦湖农业生态有限公司“金禾元”大米获南通市优质大米品种品鉴会金奖。1月20日，第二届南通市优质大米品种品鉴会暨稻米产业联盟年度会议在南通市季和米业公司召开。12月24日，采取现场直播方式，组织“海安大米”种植基地优质产品评比品鉴活动，吸引9.6万多人次参与。

【油料种植】 2021年，海安市夏熟油菜播种面积3260公顷，总产1.39万吨，实现“双低”（低芥酸、低硫甙）油菜种植全覆盖，品种以“沣油737”“邡油777”为主，搭配种植“秦油10号”“荣华油10号”。借助实施国家耕地轮作制度试点项目（油菜），规模种植（1.33公顷连片）油菜266.67公顷，组织江苏金洲粮油食品有限公司与种植大户签订产销协议。海安立宁家庭农场在全省率先组织油菜毯状苗机插示范6.67公顷。南通家惠油脂发展有限公司生产的“家惠小榨浓香菜籽油”获评“中国好粮油”产品。

（林昌明）

【蔬菜种植】 2021年，海安市蔬菜播种面积1.80万公顷，新增韭菜、菠菜、脱水青菜等叶菜类蔬菜166.67公顷，年产蔬菜70.83万吨，产值近8亿元与上年持平，完成蔬菜稳产保供任务。设施蔬菜栽培面积约4000公顷，产值4.2亿元。年初，菜价出现历史性高价，青菜最高价每千克6元，甘蓝、大白菜每千克1元，亩产值超万元。全市建成绿色蔬菜产业基地2个，面积20公顷。市果蔬栽培指导站与南通科技职业技术学院等合作的《蔬菜工厂化育苗技术集成创新与推广应用》获南通市农业科学技术一等奖。江苏中康农业有限公司落户李堡镇杨庄村，建成连栋大棚13.33公顷，投产生产富硒蔬菜。南通穗邦农业科技公司的大棚香菇生产基地获评省农业农村厅“味美菜园”。南通九禾农业科技公司选送的蘑菇、南通穗邦农业科技公司选送的香菇在扬州世界园艺博览会举办的首届江苏“好鲜菇”评比品鉴会中，获江苏“好鲜菇”银奖和金奖。

【瓜果种植】 2021年，海安市果树种植面积913.33公顷，比上年减少40公顷，主要是青州冬桃不适应海安栽培，后期裂果严重，从而淘汰；果品产量2.06万吨，产值2.45亿元，比上年明显增加。省农业农村厅总农艺师唐明珍到曲塘镇海安建国梨园指导，省农业科学院原党委书记、国家梨产业技术体系岗位专家常有宏到海安指导梨树生产管理。加强瓜果种植技术培训，先后邀请省农业农村厅总农艺师唐明珍、中国中化集团有限公司葡萄种植首席专家许长岭、国家梨产业技术体系徐州综合试验站站长盛宝龙等到海安，围绕草莓、葡萄、梨树种植举办培训会6场次，听课人数300人次。海安春园家庭农场选送的水果黄瓜获江苏省“好黄瓜”品鉴推介会“江苏好品牌黄瓜”特等奖。海安升和家庭农场选送的“美都西瓜”“4K西瓜”分获第三届江苏“好西甜瓜”品鉴推介活动江苏“好西甜瓜”特等奖、金奖，南通旭峰农业科技公司选送的“84-24西瓜”获金奖。海安建国家庭农场选送的“秋月梨”在扬州世界园艺博览会举办的梨产业发展大会暨中国“中华好梨”品鉴评比中，获全国十佳“中华好梨”，《南通日报》《海安日报》和“学习强国”学习平台等媒体相继报道；南通新高果业公司、海安俊鑫生态农庄、墩头镇果园等选送的梨果同时在扬州世界园艺博览会上获金奖6个、银奖3个。海安霞山家庭农场、海安轩霞家庭农场选送的草莓获省“紫金杯”优质草莓评比金奖，海安春满园种植有限公司、海安圣园农庄等3家单位获银奖，品种为“红颜”“妙香三号”。海安红阳家庭农场选送的“白凤水蜜桃”获江苏省优质桃银奖。海安瑞祥家庭、海安九久乐家庭农场选送的“阳光玫瑰葡萄”在南通市优质果评比中，分别获得金奖和铜奖。

（陈爱山）

【种植补贴】 2021年，海安市落实小麦良种补贴，补贴2020年和2021年秋播6.67公顷以上的种植大户，补贴品种“扬麦23”“镇麦12”“农麦88”。全市核定2020年补贴面积1.35万公顷，惠及种粮大户539户；核定2021年补贴面积1.75万公顷，补贴资金300万元。全市小麦主体品种突出，2020年、2021年优质中、强筋小麦品种种植面积占比保持在90%以上。落实农业支持保护，核定2021年耕地地力保护补贴面积4.39万公顷，每公顷补贴1800元，惠及种植户18.46万户，补贴7894.05万元。落实2021年实际种粮农民一次性补贴，核定补贴面积7.21万公顷，每公顷补贴206.4元，惠及种植户12.99万户，补贴1487.66万元。落实2021年稻谷实际生产者补贴，核定补贴面积3.38万公顷，补贴资金4066.35万元，全部通过涉农补贴“一折通”直接发放到户，其中，3.33公顷以下的补贴面积为1.34万公顷，每公顷补贴750元，惠及种植户10.81万户，补贴资金1006.38万元；3.33公顷以上（含3.33公顷）补贴面积2.04万公顷，每公顷补贴1500元，惠及种植户930户，补贴资金3059.97万元。落实2021年优质稻米良种补贴，补贴6.67公顷以上的种植大户，补贴品种“南粳9108”，补贴面积1.69万公顷，惠及种植户636户，补贴资金254.11万元。实施国家耕地轮作制度试点项目（油菜），补贴1.33公顷以上连片油菜种植大户，补贴面积229.46公顷，每公顷补贴2250元，补贴资金51.63万元。实施国家耕地轮作制度试点项目（大豆），补贴1.33公顷以上连片大豆种植大户，补贴面积180.65公顷，每公顷补贴1758.6元，惠及种植户36户，补贴资金31.77万元。

（林昌明）

【良种推广】 2021年，海安市主推水稻品种“南粳9108”185万千克，种植面积占水稻总面积的85%。推广中、强筋小麦品种“农麦88”“镇麦12”“扬麦23”“扬麦29”485万千克，种植面积占小麦总面积的90%。推行优质稻麦品种“订单式种植”，引导规模化生产适销农产品，“农麦88”小麦收购价每千克2.64元，比普通小麦每千克至少高0.14元。全市6666.67公顷“农麦88”小麦平均单产每公顷7577.55千克，总产值增加707.24万元。3月23日，市农业农村局、市种子公司邀请安徽皖垦种业股份有限公司和市内部分种植大户召开糯稻订单种植恳谈会，签订2021年“订单种植”面积733.33公顷。5月9日、5月22日两次组织种植大户与江苏宇宸面粉有限公司对接“农麦88”等强筋小麦收购。

（管怀锦）

【病虫害防治】 2021年，海安市农作物病虫发生总体偏重，均得到有效控制，海安远成农机专业合作社获评第六批省级“五有五好”（有合法的组织机构、有健全的章程制度、有规范的服务行为、有专业的服务人员、有一定的服务能力，内部管理好、人员素质好、防治效果好、服务信誉好、经济效益好）专业化病虫害防治服务组织。小麦病虫发生6.36万公顷次，防治6.90万公顷次，挽回损失5.25万吨，病虫危害损失率1%。油菜病虫发生2666.67公顷次，防治3333.33公顷次，挽回损失3180吨，病虫危害损失率2.3%。水稻病害重于虫害，纹枯病和稻瘟病局部田块大发生（流行），病虫害累计发生面积16万公顷次，防治面积17.33万公顷次，挽回损失

2021年2月19日，海安市墩头镇华丰家庭农场内村民在给小麦喷洒农药

翟慧勇／摄

11.64万吨，实际损失0.95万吨，病虫危害损失率2.60%。农药使用量继续保持负增长，农药使用量（商品量）933.65吨，比上年减0.51%；折纯量231.35吨，比上年减少0.54%。病虫专业化统防统治覆盖率64%，绿色防控产品应用占比88%。“加拿大一枝黄花”防控和农药包装废弃物回收处置工作取得明显成效，海安列南通市农药包装废弃物回收处置工作年度考评第一位。全市建成5个省级绿色防控示范区，其中，稻麦示范区3个、草莓示范区1个、葡萄示范区1个，示范区总面积166.67公顷，墩头镇水稻病虫绿色防控示范区获评省A级示范区。（于宝富）

蚕桑业

【概况】2021年，海安市投产桑园面积4000公顷，主渠道发种8.1万张，加上社会发种4.9万张，实际饲养量13万张，平均张产茧40千克，生产鲜蚕茧5200吨，产值3.1亿元。继续开展扩桑三年行动，促进蚕桑产业高质量发展，新栽桑177.85公顷。重点培育桑园面积0.67公顷至1.33公顷的养蚕专业户和1.33公顷至3.33公顷的蚕业家庭农场，建成配套高标准小蚕共育室的高效规模现代蚕业示范园区2个，新建蚕业农场44家，累计258家。配合山东广通蚕种集团有限公司改良并推广“菁松·皓月”蚕品种，改良后蚕体健壮、抗性强、发病少，获蚕农好评。因南方主产区大面积减产、茧源紧张等因素影响，春蚕茧收购价格大幅度上扬，平均每千克64元，比上年同期收购价格高近20元，创历史新高。鑫缘茧丝绸集团股份有限公司收购春蚕茧1500吨，均价63.52元，加上二次补价超过65元，茧质为历史最好水平。中秋茧鲜茧收购价格平均每千克54元，创历史同期最高。市蚕桑站获评2021年度全省蚕桑工作先进单位。

【全省蚕桑产业高质量发展现场推进会在海安召开】2021年5月22日，全省蚕桑产业高质量发展现场推进会在海安召开，全省蚕桑主产县（市、区）农业农村局、蚕桑站、蚕种生产单位负责人和蚕桑生产新型经营主体、蚕桑科研教学单位专家、桑茧丝绸行业协会代表参加会议。会议交流蚕桑产业发展成效，深入分析产业发展态势，表彰海安为江苏省现代蚕桑产业技术集成创新示范基地，组织实地观摩雅周镇张莫天现代蚕业示范园、江苏蚕源种业有限公司、中丝鑫缘生物科技有限公司等地。省农业农村厅总农艺师唐明珍指出海安的蚕桑全产业链具有引领性、创新性，许多经验做法值得各地学习借鉴。（黄俊明　葛玉洁　王　军）

【江苏蚕源种业有限公司】江苏蚕源种业有限公司是海安市政府将原海安蚕种场整体划转给市城建集团承接管理后，由市城建集团出资在雅周现代农业园内新建的蚕种生产基地，2019年8月20日注册登记，注册资本1亿元。公司规划占地75.33公顷，总建筑面积1.4万平方米。经营范围为蚕种培育、销售，蚕种收烘，干蚕、蚕具销售，桑蚕新品种选育及技术研究，丝绸制品销售等。2021年，公司加快全国蚕种繁育示范基地建设，生产一代杂交蚕种3.5万张，配发一代杂交蚕种8.06万张，冷藏浸酸一代杂交蚕种6.61万张，冷藏原种1818张，拥有种质资源品种100个。全面完成《江苏省首批蚕种质资源保护名录》中的22份蚕种质资源、37份素材类蚕种质资源和从南通园艺蚕桑站转移引进的41份蚕种质资源的规范保护。完成全国蚕品种审定实验室鉴定春秋两期试验任务。推动智慧型农业企业转型升级，引进智能化养蚕生产设备及智慧蚕业大空间温湿控制系统，实施“三年培促”计划，培养专业技术岗位人才，引进高校蚕桑专业技术人才6人。加快基础设施建设，9栋钢结构蚕室及周边配套设施建成投入使用，智能化养蚕设备正式上线，稚蚕饲育中心、良繁保护中心、家蚕种质资源基因库和科研开发中心工程项目主体封顶，总长6845米的田间内部硬质渠和7263米的桑园田间机耕路硬化建设工程通过验收。公司被省农业农村厅评为省级蚕遗传资源保种场、优势特色种苗中心。（孙慧斌）

畜牧业

【概况】2021年，海安市生猪年末存栏33.7万头，年内上市61.15万头，饲养量94.85万头，其中，能繁母猪2.54万头；家禽年末存栏1366万只，年内出栏1302.57万只，饲养量2668.57万只；山羊年末存栏31万只，年内出栏60.67万只，饲养量91.67万只。肉蛋奶总产量22.31万吨。规模养殖持续稳定发展，生猪规模养殖占比97.3%，蛋禽规模养殖占比99.03%，肉禽规模养殖占比99.27%，奶牛规模养殖占比100%。继续推进恢复生猪生产优惠扶持政策落实，给予10家规模猪场贷款贴息、7家规模猪场扩能增量奖励、6家引进种猪企业奖补，超额完成上级下达的生猪稳产保供考核任务。新创建4家省级畜牧生态健康养殖示范场，12家单位通过复检，累计有生态健康养殖技术应用场482家。海安通过基层兽医机构防控非洲猪瘟等重大动物疫病效能评估，成为全省第三批、南通市第一家通过评估的单位。海安获评2021年度畜牧业统计监测工作综合考评优秀生产监测县、优秀市场监测县。（许秀平　丁小波）

【畜产品质量追溯管理】2021年，海安市将规模养殖信息全部录入江苏省农产品质量追溯管理平台，实现畜产品可追溯管理。全市769户养殖户信息被录入平台，其中，蛋鸡养殖户457户、肉羊养殖户157户、奶牛养殖户1户、肉牛养殖户1户、生猪养殖户153户，将传统的生产档案、基地巡查、产品检测、打印标签、投入品使用、合格证使用等数据实行平台共享。年内，督查、巡查3230次；产品抽检任务数2075份，实际抽检产品3357份；打印追溯标签16.34万份；颁发食用农产品合格证、追溯二维码“二码合一”合格证14.08万份。（朱长春）

2021年海安市畜牧业生产情况表

表13

指　　标	单位	2021年	2020年	增长率
大牲畜年末存栏数	头	2200.00	2200.00	0.0%
其中：乳牛	头	1500.00	1500.00	0.0%
生猪年末存栏量	万头	33.70	28.91	16.6%
其中：能繁殖的母猪	万头	2.54	2.60	−2.3%
肥猪年内出栏量	万头	61.15	45.53	34.3%
羊年末存栏量	万只	31.00	30.64	1.2%
羊年内出栏量	万只	60.67	53.86	12.6%
家禽年末存栏量	万只	1366.00	1350.76	1.1%
家禽年内出栏量	万只	1302.57	1322.45	−1.5%
兔年末存栏量	万只	1.81	1.83	−1.1%
兔年内出栏量	万只	4.52	5.30	−14.7%
肉类总产量	吨	77414.00	61201.00	26.5%
其中：猪肉产量	吨	48886.00	33700.00	45.0%
牛肉产量	吨	160.00	39.57	304.0%
羊肉产量	吨	7483.00	5760.00	29.9%
禽肉产量	吨	20885.00	21701.00	−3.8%
牛奶产量	吨	7446.00	7320.00	1.7%
禽蛋产量	吨	138265.00	147580.00	−6.3%

（市统计局）

【海安获批全国蛋鸡产业示范样板市】

海安市是禽蛋生产大市，20世纪80年代初因“百万雄鸡下江南”闻名全国。90年代，连续10年饲养量超3400万只，列全国县（市）之首。2005年突破5000万只，被原农业部命名为“中国禽蛋之乡”，形成集种苗繁育、饲料加工、商品蛋鸡示范养殖、蛋品深加工、有机肥料生产于一体的完整产业链。2018年，江苏现代农业（蛋鸡）产业技术体系将海安推广示范基地列为8个示范基地之一，先后取得科技成果5项（南通市农业科学技术推广二等奖1项、三等奖4项），增收、节支12.23亿元，推广覆盖率81.87%。2018—2020年，连续三年在省蛋鸡产业技术体系考核中获优秀等次。2020年，被国家蛋鸡产业技术体系列为“一县一业”示范基地。2021年，被列为全国“一县一业”蛋鸡产业示范样板县（市）。全市存栏蛋鸡1300多万只，蛋鸡养殖自动化占比60%以上；建有蛋品加工厂21家，设计年加工鲜蛋能力15万吨；饲料加工企业43家，年生产饲料160多万吨，生产总值约35亿元。10月11—12日，江苏现代农业（蛋鸡）产业技术体系2021—2022年度项目实施方案编制工作交流会在海安召开。10月21—23日，国家蛋鸡产业技术体系服务县域经济发展（海安市）工作推进会暨执行专家组会议在海安召开，会议举行海安市成果转移转化中心揭牌仪式和海安市蛋鸡全产业链技术协同推广联盟成员单位授牌仪式。　（储新生）

渔　业

【概况】 2021年，海安市水产养殖面积1.44万公顷，其中，淡水养殖面积4573公顷、海水养殖面积9808公顷。水产品产量4.87万吨，比上年增长2.58%，其中，淡水养殖产量3.34万吨，淡水捕捞量7010吨；海水养殖产量1990吨，海洋捕捞量6290吨。特色水产品放养面积1.21万公顷，占全市养殖面积的82.8%。渔业产值16.84亿元，比上年增

2021年海安市渔业生产情况表

表14

指　　标	单位	2021年	2020年	增长率
水产品总量	吨	48650	47425	2.6%
一、海水产品	吨	8280	8116	2.0%
鱼类	吨	2790	2710	3.0%
甲壳类	吨	1635	1505	8.6%
贝类	吨	1190	1121	6.2%
藻类	吨	1365	1400	−2.5%
其他	吨	1300	1380	−5.8%
二、内陆水产品	吨	40370	39309	2.7%
鱼类	吨	31788	31049	2.4%
甲壳类	吨	4968	4720	5.3%
贝类	吨	3444	3370	2.2%
其他	吨	170	170	0.0%
在总产量中：养殖产量	吨	35350	34269	3.0%

（市统计局）

长12.2%。海安渔业工作多次获上级肯定，获省水生动物病害测报工作绩效考评三等奖、南通市首届水产技术职业技能竞赛团体三等奖，渔业种质资源普查工作获省农业农村厅通报表扬，市农业农村局渔业渔政管理科获省渔业无线电管理站表扬。南通农洋水产有限公司获评国家级水产健康养殖和生态养殖示范区。

【水产种质资源管理】 2021年，海安市开展首次水产种质资源普查活动，制定《海安市水产种质资源普查活动方案》，9月17日，召开水产养殖种质资源普查动员会，摸清全市水产种质资源情况。全市有水产苗种生产企业5家，主要种类包括四大家鱼（青鱼、草鱼、鲢鱼、鳙鱼）和斑点叉尾鮰、河豚、刀鲚等。南通华鎏水产有限公司获评省级水产良种（繁育）场，南通龙洋水产有限公司、海安兰波实业有限公司、海安市仇湖水产良种场通过省级水产良种（繁育）场复审验收。

【渔政管理】 2021年7月11日，海安市首张水生动物电子检疫证明在仇湖水产良种场开具。7月12—13日，开展渔业资源增殖及生态补偿放流活动，在全市一、二级河道等非养殖区放流鲢鱼、鳙鱼、草鱼、鳊鱼等夏花鱼苗501万尾、中华绒螯蟹V期幼蟹135千克。9月7日，市农业农村局与南通海警局海安工作站举行“海上渔业执法协作配合办法”签约仪式，双方就联合执法、案件移送、渔业事故处置等达成共识，开展联合执法。继续开展海洋养殖渔船减船转产工作，13艘养殖渔船申请退出海洋养殖生产，并进行拆解。

【长江禁渔工作】 2021年3月1日，海安市政府召开长江禁捕禁售工作会议，布置和推进长江禁捕禁售工作。市农业农村局、市市场监管局等联合开展市场经营场所长江禁售专项检查、河道巡查3次，查获无证捕捞案件1起，清理网具10多只，海安电视台跟踪报道巡查情况。江苏中洋集团股份有限公司（简称中洋集团）致力于长江珍稀鱼类保护性开发，作为唯一一家企业单位加入江海洄游生物保护科技创新联盟。至年底，中洋集团养殖8个长江珍稀物种、10多个其他珍稀物种，拥有刀鱼、中华鲟、扬子鳄、松江鲈鱼野生资源库和全国唯一的河豚原种场，建有全国现代渔业种业示范场、长江珍稀鱼类繁育中心，率先突破河豚、刀鱼、鮰鱼、松江鲈鱼的人工繁殖，年培育优质鱼苗2亿尾，娃娃鱼、鮰鱼、鲟鱼、刀鱼、胭脂鱼、龙纹斑、暹罗鳄7个新兴品种进入规模化养殖，年产量6000多吨。（贲秀林）

2021年，江苏中洋集团股份有限公司继续致力于长江珍稀鱼类保护性开发，并作为唯一一家企业单位加入江海洄游生物保护科技创新联盟。图为中洋集团厂区　姜　明/摄

农业基础建设

【农田水利工程建设】 2021年，海安市实施重点水利工程项目7个。实施农村河道疏浚整治项目，疏浚整治县级河道1条、乡级河道2条、村级河沟31条，拆坝建涵（桥）156座。实施农村黑臭水体整治项目，整治农村河道、沟塘黑臭水体61条（处）。实施圩口闸闸门改造项目，改造圩口闸钢闸门171座。实施险工圩堤培修达标项目，圩堤退圩加固15千米，新建圩堤护岸2.5千米。实施红星灌区续建配套与节水改造项目，整治输水渠道9条，长15.31千米，建设护岸长度30.41千米，疏浚引排沟渠长度8.74千米，拆建灌溉泵站3座。实施海安市2021年国家水土保持重点工程项目堑南小流域综合治理项目，整治河道3条，长4.11千米，种植乔灌木2803株，撒播草籽固坡3.83万平方米，开展保土耕作的耕地面积1.25平方千米。实施农村生态河道建设工程，打造生态河道18条，长51千米。（陈　菁）

【高标准农田建设】 2021年，海安市实施完成2020年高标准农田建设项目11个，涉及10个区镇，建设面积3466.67公顷，总投资约2亿元。除雅周镇张垛村66.67公顷高标准农田建设外，新安排3400公顷。7月，所有项目通过南通市验收。同步建成140公顷品建村高标准稻麦种植示范区，是南通市唯一的高标准稻麦种植示范区。实施2021年度高标准农田建设项目8个，涉及8个镇、街道，建设高标准农田3133.33公顷、高效节水灌溉333.33公顷，总投资约1.68亿元。海安高标准农田建设工作突出，农民日报社江苏记者站专题到海安采风；3月23日，南通市农村工作会议组织参观海安市高标准农田现场；4月29日，省财政厅、省农业农村厅到海安开展高标准农田建设工作调研；8月，财政部监管局到海安开展农田建设补助资金绩效评价。

2021年海安市高标准农田建设项目情况表

表15

镇（街道）	项目数	建设面积（公顷）	其中高效节水灌溉面积（公顷）	项目类别
墩头镇	1	466.67	33.33	财政补助
南莫镇	1	513.33	60.00	财政补助
曲塘镇	1	526.67	60.00	财政补助
城东镇（立发办事处）	1	506.67	66.67	财政补助
城东镇（洋蛮河办事处）	1	226.67	20.00	财政补助
城东镇（西场办事处）	1	360.00	—	财政补助
胡集街道	1	333.33	66.67	财政补助
孙庄街道	1	200.00	26.67	财政补助
总计	8	3133.34	333.34	—

（魏东生）

农业机械化

【概况】 2021年，海安市农业机械原值10.56亿元，净值7.71亿元，比上年增加0.75亿元，农机总动力71.14万千瓦，拥有各类农业机械7万台（套），主要农业机械有小型拖拉机3300台，大、中型拖拉机1661台，联合收割机1462台，水稻插秧机2120台，植保机械1.10万台，机电排灌泵站近3900座，其中排涝车口280座。农业综合机械化水平92.1%。

全市完成机耕面积7.68万公顷，机播面积8.21万公顷（含机直播和机插），机灌面积4.88万公顷，机收面积7.90万公顷，机植保面积8.34万公顷。全市农机经营总收入6.58亿元，比上年增加800万元。在农机经营活动中，购买联合收割机、插秧机及大、中型拖拉机外出跨区作业1150台次，完成跨区机收面积5.87万公顷；引导高速插秧机跨区作业780台次，完成跨区机插面积5.67万公顷；全市农机跨区作业总收入1.13亿元。

【农业生产全程全面机械化】 海安市围绕布局“一根丝、一条鱼、一只蛋、一滴油、一粒米”“五个一”产业格局，集成示范推广新技术新装备，重点支持蔬菜精量播种、精准施药等绿色高效机械装备和技术推广应用，集中打造一批特色产业全程机械化示范园区。2021年，海安特色农业机械化率65.9%。推广高端智能化农机装备，开展粮食生产“无人化农场”建设，聚焦特色农产品优势区、现代农业示范区、农业高新技术产业示范区等，打造一批农艺技术先进、机具配置完整、机械化水平高的特色产业农机化技术示范园（基地），引领农业生产全程全面机械化发展。

【农机科技推广】 2021年，海安市享受省级以上农机购置补贴资金2448.84万元，推广新增各类先进实用农机具1512台（套），其中，新增大、中型拖拉机120台，烘干机141台，高速插秧机259台，联合收割机20台，自走式喷杆喷雾机40台，其他机械932台。五一家庭农场完成3.33公顷的油菜机械化试验示范。在全市开展水稻密苗移栽种植试验示范工作，建立3个示范点，示范应用面积10.67公顷。海安入选全省蛋鸡规模养殖机械化示范县试点评价主试点县，全省仅两家。

【秸秆机械化还田及捡拾打捆】 2021年，江苏省继续对秸秆机械化还田给予作业补助，补助标准为每公顷300元，补助对象为实际种植户。2021年，海安市实现稻麦秸秆还田作业补助面积3.88万公顷，其中，夏季三麦秸秆还田2.85万公顷，秋季水稻秸秆还田1.03万公顷。市财政对当年纳入省财政购机补贴目录内的新增秸秆捡拾压捆机及实行秸秆机械化捡拾打捆并及时清运离田的给予补贴。全市夏季完成麦秸秆捡拾打捆作业面积约2080公顷，秋季完成稻秸秆捡拾打捆作业面积约1493.33公顷。

（杨 进）

农业产业化

【概况】 2021年，海安市有农业龙头企业116家，实现销售收入406.05亿元，比上年增长5.6%，其中，省级以上农业龙头企业23家，实现销售收入253.78亿元，比上年增长11.48%。10家省级以上农业龙头企业成为海安“一根丝、一条鱼、一只蛋、一滴油、一粒米”“五个一”主导产业的龙头企业，占比近半。海安润思达食品有限公司、南通昌润食品有限公司的冷链仓储，南通美净食品配送有限公司、南通思诚食品配送有限公司的农产品配送，百岁农庄、北海农庄、江淮文化园的休闲农业，江苏西隆粮油贸易有限公司、北大荒粮食集团江苏丰垦贸易有限公司的批发贸易等，逐步打通农业全产业链。产业化发展动力机制不断完善，继续推动南通市蛋鸡、稻米、渔业三大产业联盟建设。

（张 华）

【农业园区】 2021年，海安市有省级农业园2个，分别是江苏省现代农业产业示范园（雅周现代农业园）、江苏省农业现代化产业园（海安现代禽蛋产业园）；南通市农业标准园8个，分别是大公镇优质水稻产业园、大公镇牧青禽蛋养殖标准园、海安高新区优质水稻产业园、海安高新区果蔬标准园、曲塘镇德心生猪养殖标准园、曲塘镇优质水稻产业园、角斜镇天成畜禽养殖标准园、城东镇婷婷禽蛋养殖标准园。各区镇（街道）根据产业发展情况，打造出李堡镇智慧农业园区、大公东部农业科技产业园、海安高新区都市现代农业园区、海安开发区甜蜜现代农业园区等一批特色农业产业园。海安市雅周现代农业园、海安高新区都市农业园区、壮志现代农业园入选《全国农村创业创新园区（基地）目录（2021）》。

【海安创成省级现代农业产业示范园】 2021年5月24日，海安市现代农业产业示范园以全省第一的名次获评首批江苏省省级现代农业产业示范园，全省仅17家，南通唯一。园区规划总面积1.43万公顷，其中核心建设区1866.67公顷，以稻米、蚕桑为主导产业。园区核心区的雅周现代农业园区，建成水稻良种繁育基地和蚕源种业繁育基地，实现园区稻米、蚕桑两大主导产业良种全覆盖，新品种、新技术、新农机推广普及率超过98.5%，蚕源种业公司蚕种基地先后投入养蚕机和抽屉式多层移动蚕台设备等智能化设备。园区将科技、观光、采摘、休闲、度假等多种功能融为一体，持续深化农旅融合发展，采摘园种植有火龙果、车厘子等多个特色品种，每年入园采摘的游客超过10万人次。打造多位一体大数据综合应用服务平台，通过“园区企业+农业大数据中心+项目专员”运营模式，提供农产品全生命周期数字化服务，实现生产、市场之间涉农数据互通共享。

附

农业园区选介

角斜镇天成畜禽养殖标准园 角斜镇天成畜禽养殖标准园创办于2011年10月，位于海安市角斜镇友谊路西侧滩涂垦区。2021年，园区占地面积75公顷，建筑面积7.5万平方米，实现开票销售3.56亿元，比上年增长22.8%。全面提高蛋鸡养殖水平和规范化管理水平，与扬州大学签订“天成集团规模化蛋鸡养殖场疫病防控与诊断技术研究与应用”技术服务合同。规范公司“死淘鸡”无害化处理，新购进病死畜禽无害化处理设备。做好鸡粪收集处理，投资600多万元新建500立方米发酵罐1台，3台发酵设备日可处理鲜鸡粪180吨，实现鸡粪环保处理零污染。

李堡镇智慧农业园区 李堡镇智慧农业园区覆盖海安市李堡镇杨庄、红旗、园墩、光明四个村，辐射三里村、李灶村，核心区建设总面积约300公顷，以高效设施蔬菜产业、文旅产业、红色教育实践基地建设为主导产业。2021年，园区入驻南通奕森食品加工项目和中康农业园建设项目。中康农业园建设项目总投资超亿元，其中500万元用于园区基础设施建设。园区加强与对口食品加工院校产学研合作，优化食品加工流程，提高园区产品附加值。在光明村、园墩村建成5个中等以上规模的蔬菜等农产品购销合作组织和企业，畅通园区农产品流通渠道，年销售总额1.2亿元以上。 （王佳熙）

【农业项目建设】 2021年，海安市新开工建设农业重大项目34个，续建农业重大项目6个，实际完成总投资约31亿元。加快发展冷链物流和脱水蔬菜加工项目等，新开工亿元项目28个，总投资24.15亿元。万吨冷链港、富海生物饲料加工二期工程及内港码头建设项目被列为省农业农村重大项目省级示范项目。在全省乡村振兴实绩考核中，海安农业农村重大项目获11.9分（满分12分），进入全省第一方阵，列南通市第一。农业农村重大项目储备库中储备2022年实施项目20个。 （周永法）

2021年海安市重大农业项目情况表

表16

序号	项目名称	建设起止时间	建设单位	建设规模或主要内容	总投资（万元）	当年计划投资（万元）	当年完成投资（万元）	年度投资完成率（%）	项目建成投产成效情况
1	禽蛋制品深加工流水线项目	2021-01—2021-12	海安市婷婷农副产品有限公司	建设全框架钢筋混凝土结构生产车间5760平方米，新上蛋品深加工设备流水线	3500	3500	3500	100	完成全部年度计划投资，厂房和加工设备全部建设到位，试加工蛋饺等蛋制品，达产后年增加收益500万元以上
2	滩涂特种水产养殖项目	2021-04—2021-12	海安浦港水产品有限公司	新建鳗鱼养殖场3万平方米	10000	10000	10000	100	鳗鱼养殖标准池全部建设完成并投入生产，达产后年收益增加800.12万元
3	润星“青年鸡”养殖项目	2021-01—2021-12	南通润星养殖有限公司	新建25万羽“青年鸡”养殖房，新上智能化养殖设备	1150	1150	1150	100	项目建成投产后，年养殖“青年鸡”25万羽，收益100万元以上
4	向上休闲主题教育农业园项目	2021-01—2021-12	江苏汉铭文化发展有限公司	项目占地10.4公顷，建设集农业种养、农事实践、休闲观光、餐饮食宿于一体的综合农业园，其中主题教育馆等设施建筑面积2万平方米	10000	10000	10000	100	土建工程及闲置资源盘活投入完成年度计划

续表16

序号	项目名称	建设起止时间	建设单位	建设规模或主要内容	总投资（万元）	当年计划投资（万元）	当年完成投资（万元）	年度投资完成率（%）	项目建成投产成效情况
5	高标准农田建设项目	2021-01—2021-10	海安市农业农村局	项目数11个，全市治理面积3400公顷	18115	18115	18115	100	项目完工。新增节水灌溉面积1606.67公顷，其中高效节水灌溉面积400 公顷；新增农田林网防护面积66.67公顷；新增粮食生产能力602.85万千克
6	李堡镇南通奕森食品有限公司建设项目	2021-01—2021-12	南通奕森食品有限公司	新建农产品果脯加工厂房1.2万平方米，投入6000万元购置生产设备	10000	10000	10000	100	项目建成后填补海安果品加工空白，达产后年销售约1亿元，带动就业人数50人
7	顾陶村自动化规模养殖项目	2021-04—2021-12	申亚兵	项目总占地面积1.67公顷，建设标准化养殖房5栋	1100	1100	1100	100	项目建成后可年养殖蛋鸡15万只，实现收益200万元以上
8	滨海新区天成有机肥加工项目	2021-01—2021-11	南通天成现代农业科技有限公司	新建钢结构厂房1.2万平方米，新上有机肥发酵罐及配套设施2套等	2000	2000	2000	100	项目建成后，年提升收益350万元
9	水稻、小麦秸秆加工和综合利用项目	2021-04—2021-12	海安市鸿泰新材料有限公司	新建秸秆纤维化车间2000平方米、收储大棚1万平方米，新上秸秆天然纤维生产线1条	2500	2500	2500	100	项目建成后，年加工农作物废弃物2万吨，带动用工50人，实现年收益500万元
10	宜农生猪规模养殖场项目	2021-03—2021-09	南通市宜农农业发展有限公司	项目流转土地3.91公顷，建设猪舍及配套设施5万平方米	5000	5000	5000	100	竣工投产后，年饲养生猪5万头
11	优质西瓜生产基地项目	2021-01—2021-10	海安市永华果蔬合作社	项目流转土地84公顷，搭建标准钢架大棚	1200	1200	1200	100	项目建成后投入西瓜种植，每公顷平均产值9万元以上
12	雅周镇牧原猪业项目	2021-01—2021-06	牧原集团	建设现代化生猪养殖机构	15000	15000	15000	100	项目建成后，年出栏生猪10万头以上
13	滨海新区范堑村种植服务联盟项目	2021-03—2021-12	范堑村鼎仓谷物农地股份合作社	项目流转土地138.67公顷，新建烘干中心1座，占地0.53公顷，建设粮食仓储仓库480平方米、烘干房680平方米、农用仓库560平方米、管理用房1280平方米、水泥场地3620平方米；购置秸秆打捆机、生产垃圾清运车各1台；成立服务联盟，整合联合收割机8台、大型拖拉机11台、插秧机10台、无人机2台、植保机4台等农机资源	1100	1100	1100	100	项目建成后服务周边种植面积200公顷，带动100户农户从事稻麦种植
14	雅周张莫天现代蚕业示范园项目	2021-01—2021-11	雅周镇张莫天村经济合作社	项目总投资1050万元，规划建设26.67公顷的蚕业示范园区，一期重点建设标准化桑园和养蚕设施，流转土地面积20公顷，建筑面积6000平方米，建设标准化小蚕、大蚕蚕室，配套建设智能智慧管理监测设施及基础设施等	1050	1050	1050	100	引进海安宏新制丝有限公司，建成自动标准化小蚕共育室860平方米、大棚养蚕房3500平方米、自动上蔟室1080平方米和蚕沙无害化处理池2座

续表16

序号	项目名称	建设起止时间	建设单位	建设规模或主要内容	总投资（万元）	当年计划投资（万元）	当年完成投资（万元）	年度投资完成率（%）	项目建成投产成效情况
15	德心生猪养殖场扩建项目	2021-03—2021-08	南通德心食品有限公司	新建育肥猪新场区1.1万平方米，新上配套养殖设备	1200	1200	1200	100	项目建成后，年饲养并出栏生猪1万头以上
16	生猪标准化养殖项目	2021-04—2021-10	海安天蓬富禽生态养殖专业合作社	项目占地3.33公顷，一期建筑面积4000平方米；新建标准化猪舍7栋以及保育社、育肥社、附属生活区等辅助工程，购置自动喂料系统、环保治污设备等主要设备；项目建成达产后，形成年出栏3万头生猪的养殖能力	3000	3000	3000	100	7栋猪舍投入养殖，年出栏生猪1万头以上
17	墩头镇食品加工项目	2021-03—2021-10	南通市欣周食品有限公司	新建厂房2000平方米，新上禽蛋清洗、腌制、卤制、包装及污水处理设施等	1100	1100	1150	104.55	项目建成投产后，主要从事禽蛋制品生产加工，实现年销售3000万元以上
18	康硕食品冷链配供项目	2021-03—2021-09	海安康硕食品有限公司	项目租赁厂房2380平方米，其中，冷链厂房1200平方米、鲜鸡蛋包装厂房1050平方米、办公用房130平方米；新建预冷库13座；新上消毒、检测、恒温设备各1台，加工设备3台，冷藏车10辆，鸡蛋包装线1台（套）	5000	5000	5000	100	项目建成投产后，主要从事蔬菜、肉制品加工、冷藏、配送，实现年销售8000万元以上
19	垃圾分类示范镇创建项目	2021-04—2021-12	曲塘镇人民政府	购置垃圾分类车辆等，采购垃圾分类亭、分类桶等，改造垃圾房等，实施曲雅路环境提升改造工程	2600	2600	2600	100	项目建成投产后，为全镇各村提供农村生活垃圾收集和分类处理服务
20	墩头镇圩口闸闸门及启闭结构改造项目	2021-04—2021-12	海安新农村建设管理有限公司	改造圩口闸51座，将混凝土闸门改造为钢闸门（铸铁闸门）	1200	1200	1200	100	完成全部计划投资，项目建成后确保墩头镇3333.33公顷基本农田安全度汛
21	拥徐智能种植大棚建设项目	2021-04—2021-10	江苏麦迪逊农业科技有限公司	新建智能玻璃温室1.6万平方米，新上水肥一体化喷滴灌、三通水肥智能一体机等相关智能生产设备，建设内部休闲景观通道3000平方米、展示厅500平方米	4500	4500	4500	100	高效种植设施建成并实现智能化管理，投产后年产值约5000万元，带动周边农户就业50人以上
22	鹏程鳗鱼工厂化养殖项目	2021-03—2021-12	江苏华鎏海洋科技有限公司	项目流转土地2.67公顷，新建钢结构工厂化养殖池1.8万平方米	5000	5000	5000	100	项目竣工投产，年养殖鳗鱼产值3000万元以上，带动就业20人
23	世纪果园项目	2021-01—2021-11	南通盛雅农业发展有限公司	建设智能玻璃温室2万平方米，配备物联网、水肥一体化、智能锅炉等设备	5000	5000	5000	100	项目竣工投产，年产值约3000万元以上
24	游龙家禽食品加工项目	2021-01—2021-12	南通游龙肠衣食品有限公司	新建食品加工厂房、生产线	10000	10000	10000	100	项目建成投产后，实现年销售1亿元以上，年出口额1000万美元，带动就业30人
25	向阳奶牛场产能提升项目	2021-04—2021-12	江苏省富阳牧业有限公司	新建牛舍6800平方米、挤奶厅3000平方米，配套建设设施大棚房2000平方米，投入1200万元配套建设相关生态挤奶设备等	3500	3500	3500	100	牛舍、挤奶厅开工在建，设施大棚房建成，生态挤奶设备支付定金200万元

续表16

序号	项目名称	建设起止时间	建设单位	建设规模或主要内容	总投资（万元）	当年计划投资（万元）	当年完成投资（万元）	年度投资完成率（%）	项目建成投产成效情况
26	李堡杨庄高效设施建设项目	2021-04—2021-10	海安市杨庄农业科技有限公司	项目占地14.04 公顷，新建连栋温室大棚、连栋PC阳光板大棚和连栋薄膜温室大棚，运用物联网技术，配套建设智能浇灌系统、环境控制系统、土地富硒质量监控系统等	2000	2000	2000	100	钢架连栋大棚搭建完成
27	李堡杨庄富硒生态园建设项目	2021-04—2021-10	南通中康农业信息咨询有限公司	项目总投资1.2亿元，占地14.05公顷，新建连栋温室大棚、连栋PC阳光板大棚和连栋薄膜温室大棚，运用物联网技术，配套建设智能浇灌系统、环境控制系统、土地富硒质量监控系统等	2500	2500	2500	100	标准钢架连栋大棚搭建完成，组织内部配套种植设施建设
28	生物饲料加工设备投入项目	2021-02—2021-12	江苏家惠生物有限公司	新建饲料加工厂房，新上水产预混饲料车间设备	1200	1200	1200	100	项目建成，完成设备安装
29	富海生物饲料加工二期工程及内港码头建设项目	2021-01—2021-12	江苏富海科技有限公司	新建厂房约1.4万平方米，启动内港码头建设	10000	10000	10000	100	厂房全部建成，进行两栋厂房内部装修并组织部分设备安装
30	玫瑰花种植和观赏项目	2021-01—2021-12	海安恩典农业科技有限公司	新建玻璃智能温室3.95万平方米，配套建设无水栽培槽、水肥一体化喷滴灌、三通水肥智能一体机、点滴管物联网应用LED显示屏等	10000	10000	10000	100	智能温室及种植设施建成
31	中辉食品工业园三期工程及入驻企业设备安装项目	2021-01—2021-12	中辉食品工业园区及入驻加工集中区的企业	新建厂房 5 栋3万平方米，新上各种食品加工生产线16条，招引入驻食品加工企业16家	16000	16000	16000	100	建成厂房4栋
32	家得福农产品物流园项目	2021-01—2021-12	家得福有限公司	新建物流仓库3.7万平方米，其中，冷库1栋、加工中心1栋、交易中心2栋	10000	10000	10000	100	仓库、冷库土建工程全部完成，组织设备安装和场地建设
33	牡丹、元宝枫、芍药种植与观光及牡丹籽油加工产业融合项目	2021-01—2021-12	江苏中能木本植物油有限公司	新增牡丹、元宝枫、芍药种植面积26.67公顷，新建厂房与展销中心1万平方米	12000	12000	12000	100	沟渠等基础整理、苗木种植全部完成，加工厂房建成，生产设备安装中
34	万吨冷链港项目	2021-02—2022.12	海安万吨冷储物流有限公司	项目总投资30亿元，一期重点建设冷链港，用地面积25.27公顷，建筑面积42万平方米，新建20万吨冷库、城市大厨房、供应链中心等	150000	60000	60000	100	项目在建
35	苏中农产品冷链物流项目	2020—2021	南通国宇物流有限公司	新建农产品物流仓库、冷库5幢，建筑总面积4.04万平方米	18000	3000	3000	100	项目建成后，实现农产品年销售5亿元以上

续表16

序号	项目名称	建设起止时间	建设单位	建设规模或主要内容	总投资（万元）	当年计划投资（万元）	当年完成投资（万元）	年度投资完成率（%）	项目建成投产成效情况
36	旺金干果、坚果加工产业园项目	2020—2021	南通市旺金商贸有限公司	新建干果、坚果食品加工厂房2栋、仓库2栋、交易中心1栋等厂房约5.4万平方米，新上生产加工设备	18500	8486	8486	100	项目建成后填补海安干果、坚果食品加工空白，带动种植户1000户，提供就业岗位80个，实现年销售3亿元以上
37	中辉食品加工集中区项目	2019—2021	中辉江苏食品工业园投资开发有限公司	建设食品加工厂房28栋，建筑总面积7.2万平方米，新上食品加工生产线	38000	10000	10000	100	项目建成后可吸纳28家农产品和食品加工园区，解决就业岗位500个以上
38	蚕种繁育基地建设工程项目	2020—2021	海安城建集团	新建桑蚕稚蚕共育基地、良种保护中心、家蚕种质资源基因库等10万平方米	15000	4993	4993	100	项目建成后可带动8万户农户栽桑养蚕，辐射服务桑园面积4666.67公顷
39	规模猪场建设项目	2020—2021	海安牧原农牧有限公司	用地面积约22.33公顷，建设猪舍及配套设施25万平方米	100000	10000	10000	100	项目建成后，年饲养生猪存栏30万头、出栏20万头
40	保税物流中心二期工程建设项目	2020—2021	江苏海安商贸物流集团有限公司	总建筑面积4.21万平方米，主要建设冷冻库2栋	30000	22000	22000	100	冷库土建工程全部完工，进行设备安装
			合计		557015	305994	306044	—	—

说明：农业农村重大项目的认定，根据江苏省农业农村厅制定的农业重大项目考核细则，将实际总投资1000万元以上且属于稳产保供、产业融合、要害工程、绿色发展等领域的有效投资，认定为农业重大项目，不再区分亿元项目、千万元项目

【农业产业联盟】 2021年，海安市蛋鸡、稻米、渔业三大产业联盟分别有成员单位30个、35个和66个；三大产业联盟项目投资总额3.19亿元，实现销售收入53.04亿元；拥有农产品品牌94个，其中新创品牌8个；与30家科研院所建立合作关系，推广引进应用"三新"（新品种、新技术、新工艺）9个。以江苏天成科技集团有限公司为盟主的蛋鸡产业联盟，实行优质价收购，保护成员利益，打造全产业链经营。以南通季和米业有限责任公司为盟主的稻米产业联盟，推行统一种植模式，实行全程质量追溯，探索稻米"粮食银行"新模式。以南通龙洋水产有限公司为盟主的渔业产业联盟，共同打造全国淡水优质苗种、生态成鱼、健康水产食品及高端渔业开发利用的生产供应基地等。 （张　华）

【物联网与智能农业】 2021年，海安市新增农业物联网示范点16个，其中，智慧农场示范点10个、智能化养殖项目6个，全市累计培育农业物联网示范点110个。县域智能化设施栽培面积87.67公顷，占比21.56%；县域智能化设施畜禽养殖面积72.22万平方米，占比60.29%；县域智能化设施水产养殖面积830.71公顷，占比47.65%。智能农业在规模农业中的占比稳步提升。全市接入省物联网平台设备218组，新增物联网数据372.5万条，列全省第一位。雅周现代农业园区获评省级数字农业农村基地。 （周　卫）

【天成集团获评农业产业化国家重点龙头企业】 2021年12月，江苏天成科技集团（简称天成集团）被农业农村部、国家发展改革委、商务部等联合认定为第七批农业产业化国家重点龙头企业，成为海安首家获此殊荣的畜牧企业。天成集团以饲料生产为龙头，突出发展蛋鸡全产业链，促进一、二、三产融合发展，成为集饲料生产、种鸡繁育、商品鸡养殖示范、品牌蛋销售、蛋品深加工、医药新材料和省级工程研究中心等多元发展的综合性企业集团。在发展农业产业化过程中，以饲料加工为龙头带动家庭农场和种植农户，以蛋品深加工为龙头带动家庭牧场和养殖农户，推动种养一体化联动发展，形成"哑铃型"种养带农增收的"天成模式"。通过建立联合体、订单保价收购原料和二次返利等措施，强化"公司+基地+家庭农场+合作社"利益联结机制，年内统一优价收购鸡蛋2.5万吨，带动增收1500万元，带动种粮农户增收1万余户，带动农户发展畜禽水产养殖业4000余户。2021年，天成集团销售超30亿元，4月天成集团被中国饲料工业协会评为2020年十强水产动物饲料企业，12月天成集团被中国农业产业化企业协会认定为蛋品行业头部企业。 （储瑞华）

中国天楹股份有限公司

工　业

HAIAN YEARBOOK 2022 海安年鉴

综　述

【概况】2021年，海安市实现规模以上工业总产值1843.11亿元，比上年增长28.25%，其中，轻工业产值694.55亿元，比上年增长20.97%；重工业产值1148.56亿元，比上年增长29.08%。实现工业应税销售2370亿元，总量江苏长江以北第一，其中规模以上工业应税销售1722亿元，比上年增长12.6%。海安市工业规模企业数、亿元企业数均居全省第一方阵。全市有规模以上工业企业1135家，比上年增加114家，其中私营工业企业972家；实现主营业务收入1835.29亿元，比上年增长23.65%；完成利税183.29亿元，比上年增长36.99%；实现利润131.06亿元，比上年增长52.80%。应税销售超1亿元工业企业312家，比上年净增6家，超10亿元、20亿元、50亿元、100亿元企业分别为28家、15家、8家、3家。重点培育高端纺织、高端装备、新材料、电子信息、机器人及智能制造、节能环保、现代建筑、现代家具、现代医药及大健康、粮食物流十大产业集群，十大产业（除现代建筑）集群开票销售总额超1500亿元。海安始终坚持“工业立市、产业强市”战略，持续推动制造业向高端化、信息化、智能化、绿色化方向转型，获评全省制造业创新转型成效明显地区，列全国工业百强县（市）第20位。

2021年海安市规模以上工业企业主要经济指标情况表

表17

指标名称	企业单位数（个）	工业总产值（亿元）	资产总计（亿元）	营业收入（亿元）	研发费用（亿元）	利润总额（亿元）	利税总额（亿元）	从业人员平均人数（人）
总　计	1135	1843.11	1523.23	1835.29	52.12	131.06	183.29	134256
内资企业	1053	1641.51	1370.16	1633.74	45.01	115.07	161.93	115615
集体企业	2	1.68	2.72	1.52	0.06	0.10	0.16	232
股份合作企业	2	7.72	4.74	7.12	0.18	0.51	0.88	350
有限责任公司	63	165.79	193.89	168.64	4.99	12.87	18.12	11903
国有独资公司	1	1.56	46.56	1.97	0.00	0.03	0.12	260
其他有限责任公司	62	164.23	147.33	166.67	4.99	12.84	18.00	11643
股份有限公司	14	71.26	94.35	75.57	2.59	4.14	5.55	5464
私营企业	972	1395.07	1074.45	1380.89	37.18	97.44	137.22	97666
私营独资企业	12	9.35	7.35	9.63	0.29	0.23	0.56	1337
私营合作企业	1	0.33	0.12	0.33	0.01	0.03	0.03	15
私营有限责任公司	920	1285.96	930.41	1274.00	32.57	88.43	124.44	89000
私营股份有限公司	39	99.43	136.57	96.93	4.30	8.76	12.19	7314
港、澳、台商投资企业	32	131.80	83.79	132.74	4.48	11.25	14.26	10205
合资经营企业（港或澳、台资）	20	98.30	50.96	99.06	3.67	8.41	10.45	6091
港澳台商独资经营企业	12	33.50	32.83	33.68	0.81	2.84	3.82	4114
外商投资企业	50	69.80	69.28	68.81	2.63	4.74	7.10	8436
中外合资经营企业	24	28.25	26.56	27.82	0.75	1.54	2.53	2501
外资企业	26	41.55	42.73	40.99	1.88	3.20	4.57	5935
在总计中：亏损企业	185	118.12	191.05	117.04	2.67	−5.28	−2.56	15202
在总计中：国有控股企业	6	24.51	107.75	25.88	0.62	1.70	3.28	1598
在总计中：轻工业	474	694.55	526.14	705.29	17.17	38.74	57.05	54869
重工业	661	1148.56	997.09	1130.00	34.95	92.32	126.24	79387
在总计中：大型企业	12	333.26	170.81	335.57	10.15	34.32	42.61	24676
中型企业	77	508.83	373.17	528.69	16.54	50.05	66.00	37086
小型企业	918	942.17	912.48	914.65	24.57	45.51	72.96	70866
微型企业	128	58.85	66.77	56.39	0.87	1.17	1.73	1628

2021年海安市主要工业产品产量表

表18

指标名称	单位	2021年产量	比2020年增长
小麦粉	万吨	30.08	15.50%
大米	万吨	23.55	2.19%
饲料	万吨	96.25	19.35%
精制食用植物油	万吨	3.09	37.17%
鲜、冷藏肉	万吨	1.44	38.82%
饮料酒	千升	594.28	6.50%
纱	万吨	10.49	31.76%
布	亿米	3.99	16.72%
印染布	亿米	3.59	10.84%
蚕丝	吨	4057.54	6.43%
蚕丝及交织机织物（含蚕丝≥30%）	万米	299.50	−16.04%
服装	万件	3243.88	6.21%
人造板	万立方米	6.51	−25.92%
机制纸及纸板（外购原纸加工除外）	万吨	12.16	11.91%
多色印刷品	万对开色令	10.77	39.54%
涂料	万吨	2.52	34.30%
合成纤维单体	万吨	0.73	45.85%
化学纤维	万吨	34.55	−7.51%
塑料制品	万吨	8.32	−5.07%
水泥	万吨	58.79	−2.20%
商品混凝土	万立方米	227.11	−5.83%
夹层玻璃	万平方米	77.91	108.57%
耐火材料制品	万吨	16.45	29.92%
钢材	万吨	13.70	22.11%
铝材	万吨	6.18	25.16%
钢结构	万吨	4.20	7.63%
铸铁件	万吨	5.52	34.55%
金属切削机床	台	1319.00	27.93%
金属成形机床	台	5931.00	1.25%
起重机	吨	1139.00	−68.82%
泵	台	14733.00	18.65%
阀门	万吨	2.94	15.55%
滚动轴承	万套	6.40	−90.74%
工商用制冷、空调设备	台（套）	1364.00	−26.27%
建筑工程用机械	台	548.00	−4.36%
水泥专用设备	万吨	20.64	30.79%
变压器	万千伏安	2585.99	−34.47%
高压开关板	面	111.00	24.72%

【工业产业结构】 2021年，海安市推动传统产业高新化与布局战略性新兴产业“双轮驱动”，聚焦重点产业细分领域，稳步推进产业基础高级化和产业链现代化，发展10条优势产业链和8条培育产业链，以高端纺织、高端装备2个千亿级产业集群为龙头，节能环保、新材料等8个百亿级产业集群为骨干的现代产业体系加速形成。系统谋划布局科技制高点，发挥中洋河豚毒素、鑫缘生物蛋白、铁锚核机械手、天楹等离子体处置等行业龙头企业的技术领先优势，出台“一企一策”精准扶持政策，发展生物医药、航空、核工业等新兴产业，推进高新技术产业化。加快电子信息产业园、常安纺织园、海安高新区台商产业园、海安开发区台商产业园、机器人及智能制造产业园、粮食物流产业园、商贸物流园、时尚锦纶产业园、雅周现代农业园区、上湖创新区（中意海安生态园）“十大专业园区”建设，延伸产业链条，创新服务平台，加速产业向园区集聚，累计落户10亿元以上重大项目36个。

【工业转型升级】 2021年，海安市注重工业领域科技创新，年净增工业应税销售50%以上源自产学研合作。推进数字产业化和产业数字化，出台《海安市关于加快“5G工业互联网”数字赋能的若干政策意见》，新增星级上云企业58家，总数149家，列南通第一位。新增国家中小企业公共服务示范平台1家、省级企业技术中心5家、省工程研究中心1家，9家企业通过工业和信息化部“两化融合”管理体系贯标认证。推进“亩产论英雄”改革，出台《海安市持续深化工业企业“亩产论英雄”改革实施办法》，以亩均税收、亩均销售、度电税收、度电销售、科技创新等指标综合评价全市工业企业，将全市工业企业分为A、B、C、D、T五类，综合运用差别化政策，提升资源配给效率，促进产业转型升级和企业提质增效。至年底，收录参评企业1979家，建成全市工业企业数据库及“云图”。深入实施品牌战略和标准化战略，首次实现国家级、省级、南通市级质量奖“大满贯”。

续表18

指标名称	单位	2021年产量	比2020年增长
低压开关板	面	1042.00	11.68%
太阳能电池（光伏电池）	万千瓦	242.44	69.68%
半导体分立器件	亿只	1.31	−77.87%
电子元件	亿只	12.58	26.95%
环境监测专用仪器仪表	台	1724.00	12.31%
自来水生产量	万立方米	5811.00	11.30%

（市统计局）

【工业大企业培育】 2021年，海安市打好“5123”工业大企业培育工程“收官战”，新增规模以上工业企业114家，总数1135家，实现亿元企业312家，较同期净增6家，超10亿元企业26家，新增50亿元、30亿元企业各1家。江苏文凤化纤集团有限公司（简称文凤化纤）、中国天楹股份有限公司（简称中国天楹）、鑫缘茧丝绸集团股份有限公司（简称鑫缘集团）开票销售超100亿元。聚焦打造“专精特新、单项冠军双名城”，引导企业提档升级、做优做精，江苏威尔曼科技有限公司（简称威尔曼科技）获评国家级制造业单项冠军企业，江苏东材新材料有限责任公司（简称东材新材料）、南通昌荣机电有限公司（简称昌荣机电）、江苏鹰球集团有限公司（简称鹰球集团）、江苏兴华胶带股份有限公司（简称兴华胶带）获评国家级专精特新“小巨人”企业，海安累计创建国家级制造业单项冠军企业6家，国家级专精特新“小巨人”企业11家。（顾宇飞）

高端纺织产业集群

化纤产业链

【概况】 2021年，海安市从事化纤生产的企业200多家，其中，亿元以上企业43家、10亿元以上企业5家、100亿元以上企业1家，化纤产业实现开票销售284.72亿元，比上年增长19.13%。围绕打造千亿级化纤产业，建设海安高新区锦纶功能新材料产业园、墩头镇化纤差别化产业园和海安开发区常安纺织园，形成“己内酰胺（CPL）—聚酰胺—化纤—织造—终端产品”一体化的完善产业链，打造以锦纶特色为主、其他化纤为辅的海安化纤产业。全产业链有锦纶6聚合切片年设计生产能力100万吨、锦纶66聚合切片年设计生产能力20万吨，锦纶丝年产量近50万吨，锦纶丝约占全国市场份额的八分之一。高标准培育行业单打冠军，推动文凤化纤、江苏弘盛新材料股份有限公司（简称弘盛新材料）等行业骨干企业与中国化学纤维工业协会、中国纺织科学研究院开展合作，文凤化纤入选2021年中国民营企业500强榜单，南通东屹高新纤维科技有限公司（简称东屹高新纤维）产品市场占有率进入全国前四，21家企业入选专精特新中小企业培育库。

【产业发展】 2021年，海安市推进化纤产业数字化与智能化发展，明确海安化纤行业“十四五”期间智能制造方面聚合及纺丝工艺模拟仿真智能化、仓储及物流管理智能化两个重点研究方向；引导弘盛新材料、海安市华荣化纤有限公司、中平神马江苏新材料科技有限公司、南通市泓丰捻线有限公司（简称泓丰捻线）等重点企业加快产业智能化转型，泓丰捻线获评南通市智能示范车间。打造智慧产业集群，加快推进“互联网+”建设，新增东屹高新纤维、启弘科技、南通海盟纺织科技有限公司（简称海盟纺织）等星级上云、“两化融合”管理体系贯标企业；推动原始创新，文凤化纤“5D/3F锦纶功能性超细丝束的关键技术及产业化”获2021年度江苏省科学技术三等奖。先后在浙江、广东广州以及江苏南京、苏州等地开展化纤产业招商推介活动近10次，其中，6月，在浙江诸暨举办小型产业专题招商推介活动，10多家诸暨袜业重点企业参加交流；9月，在苏州太仓举办“太海联动，合作共赢”化纤产业招商推介会，20多家太仓化纤企业参加活动。4月，接待

海安市打造千亿元级锦纶产业基地，实施锦纶产业规模化、集群式发展。图为2021年4月12日，江苏文凤化纤集团有限公司车间内工人们在赶制锦纶产品订单

翟慧勇／摄

韩国汇维仕株式会社考察团到海安考察交流。签约化纤产业项目3个，分别是10亿元强链项目（江苏融塑新材料有限公司PA6切片、PA改性复合材料项目）、10亿元补链项目（南通格桑花纺织品有限公司高档纺织品项目）、1亿元补链项目（巨鼎环保新材料南通有限公司玄武岩纤维项目）。盘活化纤项目2个，分别是1亿元强链项目（海安京通新材料科技有限公司锦纶纺丝项目）、1亿美元补链项目（南通元品纺织科技有限公司花边项目）。新开工重大项目8个，分别是兴鹿（海安）新材料有限公司锦纶帘子布项目、江苏汇优嘉医用材料有限公司医用防护材料项目、南通双晨包装制品有限公司锦纶用钢桶制造项目、江苏安岚新材料科技有限公司锦纶新材料生产项目、南通汇兴源物联网技术有限公司可降解塑料粒子生产项目、南通凯大纺织有限公司高端纺织项目、南通汇优洁医用材料有限公司熔喷布生产项目、南通永大管业股份有限公司锦纶多功能新材料生产项目。续建重大项目4个，分别是弘盛新材料功能增强颗粒、差别化纤维纺丝（配套切片生产线）项目，江苏海美新材料有限公司装饰膜、覆膜板项目，南通富邦纺织有限公司投资新建的纺织面料织造及整理项目，江苏聚安新材料有限公司投资新建的尼龙改性材料生产项目。

【研发创新】 2021年，海安市拓展中国纺织科学研究院海安纤维新材料研究院（简称中纺院海安分院）和海安化纤产业合作深度，中纺院海安分院与南通市华安袜业有限公司（简称华安袜业）、南通盛州电子科技股份有限公司、南通双弘纺织有限公司（简称双弘纺织）、海盟纺织等多家企业签订合作协议，与华安袜业合作项目金额100万元，与弘盛新材料合作开发功能性产品，并共建省级以上检测（研发）中心。推进苏中石墨烯锦纶创新联盟建设，石墨烯创新联盟实施新产品开发项目化、团队化战略，建立纺丝、纺纱、织造、成衣创新产业链，江苏江山红化纤有限责任公司、南通业盟新材料股份有限公司合作生产的锦纶石墨烯T恤、短袖推向市场后取得较好反响。抓好化纤科技型企业培育工作，化纤产业年增加高新技术企业6家，形成以30多家高新技术企业为主导的优质企业集群，7家化纤生产企业申报2021年度高新技术企业。

【产业研究】 2021年，海安市加强化纤产业研究，委托东华大学编制《海安市化纤产业“十四五”规划》，并通过会议、走访、座谈等多种方式做好规划宣传工作；市化纤业总商会、文风化纤参与制定国家锦纶绿色工厂标准。抓好化纤产业专家团队建设，借助中国化学纤维工业协会理事会改选、中国纺织科学研究院机构改革，适时调整、充实海安化纤产业咨询委员会专家库人员。开展高端纺织化纤产业发展研讨，邀请中国军事科学院、中国化学纤维工业协会、中国长丝织造协会专家到海安开展高端纺织、化纤产业研讨，中国长丝织造行业技术创新研讨会在海安举办。

【中国长丝织造行业技术创新研讨会】 2021年4月15日，以“科技创新与数字经济”为主题的中国长丝织造行业技术创新研讨会在海安举行，长丝织造企业、地方政府、高校代表近250人参加会议。会议解读纺织产业“十四五”科技创新重点及政策，介绍2020年长丝织造行业运行情况及“十三五”期间取得的科技成就，提出长丝织造科技工作重点。会议推介海安高新区经济社会发展及锦纶产业情况、江苏江山红化纤有限责任公司石墨烯PA6及其纤维产品的研发。会议发布“牛牌杯”2021年度中国长丝织造协会技术创新优秀论文奖和“海阳·恒申杯”2020年中国长丝织造行业经济效益50强入围企业名单。

（刘华骥）

纺织服装产业链

【概况】 2021年，海安市从事纺织服装生产的企业300余家，纺织服装产业完成开票销售258.48亿元，比上年增长12%。江苏联发纺织股份有限公司（简称联发纺织）、江苏省华强纺织有限公司（简称华强纺织）、双弘纺织入选2020年中国棉纺织行业营业收入百强榜，联发纺织、江苏华艺服饰有限公司（简称华艺服饰）入选中国服装行业百强企业，海安市联发制衣有限公司、华艺服饰入选江苏省服装行业五十强企业。华艺服饰成为中国扎染非物质文化遗产基地，获评江苏省绿色工厂。华艺服饰、江苏金秋弹性织造有限公司被中国纺织工业联合会评为纺织行业专精特新中小企业。双弘纺织获评国家差异化绿色纱线开发基地、纺织行业创新示范科技型企业、棉纺织行业绿色制造创新型企业、江苏省智能制造示范车间、江苏省博士后创新实践基地、江苏省文明单位，双弘纺织“高端再生聚酯系列纱线”获评江苏省专精特新产品。不断开拓市场，组织行业企业参加上海中国国际纺织面料及辅料（春夏）博览会、上海中国国际服装服饰（秋冬）博览会、第六届江苏省纺织品博览会、江苏省服装产业集群（园区）发展大会等。稳步推进常安纺织产业园省生态环境政策集成改革工作，园区企业完成年开票销售49.25亿元，比上年增长29.6%，其中亿元以上企业16家。

【产业发展】 2021年，海安市组建纺织服装产业链招商专家委员会，编制和完善纺织产业全景图、现状图、分布图和招商路径攻略图，组织到浙江、广东、福建、北京以及苏南等纺织产业重点地区开展专题招商活动12次。签约项目6个，分别是投资3亿美元的台湾得力高档功能性运动面料项目，投资1亿美元的香港万汇高档家纺面料及医用材料项目，投资10亿元的苏州巨元高端再生纤维、地毯项目，投资10亿元的南通华翔纺织有限公司高档工业用布与家纺面料项目，投资3亿元的南通荣事成纺织有限公司高档家纺、服装及箱包用纺织品项目，投资1亿元的南通莱晋纺织科技有限公司高档功能性面料项目。新投产江苏德法瑞新材料科技有限公司二期项目、江苏越承纺织科技集团有限公司高档纺织面料生产项目等纺织服装项目8个，东屹高新纤维二期项目试生产，海安伟润纺织科技有限公司项目开工建设。

【研发创新】 2021年，海安市成立纺织服装产业科技创新办公室，与重点高校、国家和省级行业协会建立合作关系；组织行业骨干企业参加中国纱线质量技术论坛、棉纺企业自动化智能化升级改造技术研讨会、中国长丝织造协会供应链研讨会、中国纺纱智能化技术论坛等各类技术研讨会、江南大学“新针织·新生态·新未来”针织科技创新发展大会，组织企业到江南大学纺织服装工程学院教育部针织技术研究中心开展智能纺织学习交流活动，召开“合源环境”海安地区印染企业合作交流会；协助企业培育、聘请科技创新技术骨干，聘请省纺织工业协会名誉主席、教授级高级工程师谢明担任纺织服装产业科技创新咨询委员会委员，两次邀请专家团队到海安开展技术指导。举办两次科技成果发布会，6月5日，组织70多家企业参加第八届“创新创业在海安”纺织丝绸专场科技成果发布会，江南大学、青岛大学等高校的专家发布智能纺织和绿色印染科技成果；12月25日，召开“两院专家走进海安”现代纺织科技成果发布会，发布成果85项。新增高新技术企业11家。新增产学研项目20个，其中，100万元以上项目2个，30万元以上项目4个；重点高校项目11个。联发纺织与东华大学合作的“衬衫用新型微纳米色织面料的研发”项目入选南通市产业科技创新“揭榜挂帅”项目。双弘纺织与东华大学共同完成的“再生聚酯纤维高品质纱线高效低耗纺纱关键技术及产业化”项目科技成果通过中国纺织工业联合会组织的鉴定，认定项目技术达国际先进水平；项目拥有自主知识产权，申请国家发明专利8件，获授权5件；项目团队主持制定国家标准1项、行业标准2项、团体标准1项。联发纺织获江苏省科技创新发展优秀企业奖。

（刘华骥）

现代丝绸产业链

【概况】 2021年，海安市有茧丝绸深加工企业42家，其中规模以上企业15家，实现开票销售121.9亿元，比上年增长30%以上。建成以鑫缘集团为龙头，以江苏恒源丝绸集团有限公司（简称恒源丝绸）、南通中邦丝织有限公司、海安市苏豪制丝有限公司等一大批丝绸规模企业为支撑的茧丝绸特色产业群。鑫缘集团参加第四届中国国际进口博览会，获评全国丝绸标准化工作先进单位、中国纺织服装品牌竞争力优势企业、江苏省品牌服装产业链重点跟踪培育企业，“鑫缘”获评“南通老字号”，“鑫缘”牌纯桑蚕丝被获“江苏精品”认证，“鑫缘”牌白厂丝、双宫丝获中国出口商品品牌证明书，“鑫缘”品牌价值约34.1亿元。鑫缘集团获评第八批全国民族团结进步示范单位，入选中国服装行业“双百强”（营业收入、利润总额）企业、中国民营企业制造业500强、江苏民营企业200强。

【产业发展】 至2021年年底，海安市建成现代蚕业园区2个，获评江苏省现代蚕桑产业技术集成创新示范基地。鑫缘集团作为中国纺织技术创新示范企业、全国丝绸行业创新企业，建有国家蚕丝加工技术研发分中心、博士后科研工作站和全国丝绸行业唯一的国家桑蚕茧丝产业工程技术研究中心，累计承担国家、省级科技项目30多项，12项新产品获全国丝绸创新产品金奖，17项科研成果获省部级以上科技进步奖，其中1项获国家科技进步二等奖。5月，鑫缘集团被农业农村部认定为2021年农业国际贸易高质量发展基地，全省仅5家企业入选。江苏蚕源种业有限公司建成全省重点蚕种基地，9栋钢结构蚕室及仓储区、蚕沙处理中心等配套设施建成投入使用，智能化养蚕设备正式上线，蚕种繁育一库三中心（家蚕种质资源基因库和稚蚕饲育中心、良繁保护中心、科研开发中心）工程主体封顶，总长6845米的田间内部硬质渠和7263米的桑园田间机耕路硬化建设工程通过验收；引进蚕桑专业技术人才6人，实施“三年培促”计划，培养专业技术岗位人才。年内，在浙江、上海、江苏苏州开展茧丝绸产业招商活动3次，新招引创新智慧型农业企业项目1个。

（刘华骥）

高端装备产业集群

电梯产业链

【概况】 海安市电梯产业起步于20世纪70年代中期，经过长期培育和发展，逐步形成特色鲜明、链条完整、影响较大的电梯产业集群，2007年被科技部认定为国家火炬计划电梯设备产业基地，先后获评中国电梯制造特色产业基地、长三角区域电梯产业集群示范基地、江苏省电梯特色产业集群、江苏省电梯部件优质产品生产示范区、南通市新型工业化特色产业基地等，建有国家火炬计划海安电梯部件检测公共服务平台、国家火炬计划特色产业基地、电梯部件成果推广公共服务平台、国家机械工业职业技能鉴定中心电梯行业分中心鉴定站及海安中专电梯综合实训中心。2021年，全市注册从事电梯整机及零部件生产的企业65家，其中，规模以上企业26家，亿元以上企业12家，完成开票销售53.1亿元，比上年增长18%。行业骨干企业威尔曼科技获评国家级专精特新“小巨人”企业、制造业单项冠军企业，江苏兴华胶带股份有限公司（简称兴华胶带）、昌荣机电获评国家知识产权优势企业、国家级专精特新“小巨人”企业，海安市申菱电器制造有限公司（简称申菱电器）、江苏海迅实业集团股份有限公司（简称海迅集团）、昌荣机电、威尔曼科技、上海爱登堡电梯江苏有限公司（简称爱登堡电梯）获评国家级“两化融合”管理体系贯标企业，兴华胶带获中国专利优秀奖，申菱电器、兴华胶带承担省重大科技成果转化专项项目，南通海迅特雷卡电梯产品有限公司获评省四星级上云企业。培育南通中力科技有限公司、申菱电器、南通江中光电有限公司、兴华胶带、江苏莘翔机电股份有限公司5家企业上市。

【产业发展】 2021年，海安开发区、海安高新区及行业龙头企业组建12人的专兼职招商队伍，制作产业全景图、产业现状图、区域分布图和招商攻略图，

借助行业展览、联席会、产学研活动、专题招商推介活动等，开展产业链专题招商推介活动8次。组织行业企业参加廊坊国际电梯展览会、泛长三角区域电梯行业联席会等，推广海安电梯产业。收集10亿元以下项目首谈信息15条；新注册项目4个，其中10亿至50亿元项目1个；新招引产业基金1项。上海永环摩擦材料有限公司环保型电梯曳引机制动片项目投产运行，完成开票销售609.83万元。申菱电器高端电传动减速器生产项目，兴华胶带平衡补偿链制造项目，南通联翔机械有限公司无油压缩机、电梯部件项目等有序推进。开展政会企、银会企、校会企等“直通车”活动，与政府部门、银行、高校建立工作交流和合作机制，在海迅集团组织产业工人培训，帮助南通鑫弘电梯产品有限公司、南通迅达橡塑制造有限公司（简称迅达橡塑）、南通润雅机电科技有限公司获取“苏科贷”贷款1000万元。

【研发创新】 2021年，海安市聘请中国电梯协会原理事长李守林担任电梯产业科技创新专家，组织行业企业与中国科学院、上海交通大学、东南大学、江苏理工学院等高校院所开展线上、线下产学研对接活动10余批次，3家企业成功与高校开展合作，爱登堡电梯与上海交通大学合作电梯层门锁质量提升及优化应用技术研发项目合作经费10万元，迅达橡塑与上海交通大学合作电梯平衡补偿链智能检测系统研发项目合作经费30万元，兴华胶带与江苏理工学院合作电梯平衡补偿链回转式寿命实验机测控系统研发项目合作经费80万元。7家企业申报（复审）通过高新技术企业认定。

（刘华骥）

锻压机械产业链

【概况】 2021年，海安市从事锻压机械生产的企业94家，其中，规模以上企业73家，超亿元企业14家，实现年销售近70亿元。海安形成以江苏江海机床集团有限公司（简称江海机床）、海安海太铸造有限公司、上柴动力海安有限公司等为龙头，海安金锻工业有限公司（简称金锻工业）、江苏鹏飞海太机械有限公司、南通亨特管业有限公司等70多家骨干企业为支撑的锻压产业集散地。行业拥有南通航力重工股份有限公司（简称航力重工）、江苏力威剪折机床有限公司（简称力威剪折机床）、中机锻压江苏股份有限公司（简称中机锻压）、南通市超力卷板机制造有限公司（简称超力卷板机）4家专精特新“小巨人”企业，南通巨大机械制造有限公司、航力重工、恒久、江海机床、超力卷板机5家省级以上企业研发平台，航力、通微、金泽、恒久、江海、东海、华城7个国家驰名商标，37家高新技术企业。南通联振重工机械有限公司、南通市嘉业机械制造有限公司（简称嘉业机械）在“新三板”挂牌。

海安市中菱电器制造有限公司是海安高端装备产业集群的代表性企业，多次承担省重大科技成果转化专项项目，获评国家级“两化融合”管理体系贯标企业。图为2021年8月12日，公司员工在车间生产　　翟慧勇／摄

【产业发展】 2021年，海安市锻压机械行业7家企业参与“一带一路”合作项目建设，其中，南通艾迈特机械有限公司产品销往东欧、西亚部分地区，实现开票销售总额5230.46万元，比上年增长31.3%；南通盛利重工机械制造有限公司（简称盛利机械）产品销往俄罗斯，实现开票销售5120.74万元，比上年增长35.62%。重大项目进展顺利，南通土力机械制造有限公司实现开票销售1.02亿元，实施的土力机械工程钻杆项目竣工；江苏格莱富智能装备有限公司模具快换装置生产项目、江苏汇洋精锻有限公司节能精密模锻件生产技改扩建项目有序推进。加强与强企、名企合作，江苏海神振典机械有限公司与扬州峰明光电新材料有限公司、南通奥里斯特机械有限公司（简称奥里斯特机械）与北京华德液压工业集团有限责任公司、盛利机械与武昌船舶重工集团有限公司、嘉业机械与中原特钢股份有限公司等展开合作，其中，嘉业机械实现开票销售总额7555.41万元，比上年增长8.2%。组织行业企业参会参展，5月30日至6月1日，组织中机锻压、江苏威扬重工科技有限公司等企业到山西太原开展产业、人才对接推介活动。

【研发创新】 2021年，海安李堡科技（锻压机械）产业园（简称李堡锻压产业园）获评江苏省创业创新示范基地；搭建李堡锻压产业园创业创新公共服务云平台，强化政府部门间数据共享；全面升级李堡锻压产业园网站、微信公众号等平台，搭建市场化运作的涵盖信息服务、政策发布、金融服务、创业服务（含行政审批）等功能（模块）于一体的、基于“互联网+创业”的开放式小镇创业创新公共服务平台；建立江海集团锻压机械企业研究院，完善从主辅机配套到成套生产线工艺、装备“一条龙”服务；

建立锻压机械装备产业技术联盟、锻压机械装备研发与制造公共服务平台，为基地内企业提供研发、检测、人才培养等相关技术服务。推动产学研合作，南通升辉机械有限公司与东华大学共同研发一种可自动调节高温蝶阀的控制法，奥里斯特机械与江苏大学合作研究电炉热能再利用，南通联源机电科技股份有限公司与北京科技大学合作研发高端振动筛，力威剪折机床与江苏大学共同研发双泵控折弯机，中机锻压与北京机电研究所合作研发双作用全液压打桩锤，江海机床与太原科技大学合作高性能智能化大型液压滚切剪设备的研发及产业化，南通鹏威机床有限公司与上海大学合作研究机床用复合材料制备与应用技术。

（刘华骥）

电工电气产业链

【概况】 电工电气产业在海安发展约40年，产业规模逐步扩大，产品结构日趋优化，产品质量和档次也逐年提高。至2021年年底，海安市有电工电气企业72家，其中，10亿元以上企业2家、亿元以上企业19家，实现开票销售92.11亿元，比上年增长16.22%。江苏亚威变压器有限公司（简称亚威变压器）获批省级工程技术研究中心，南通西东电器有限公司、南通苏源恒炫电气有限公司（简称恒炫电气）、江苏海通电器有限公司（简称海通电器）获批南通市级工程技术研究中心，瑞恩电气、江苏北辰互邦电力股份有限公司（简称北辰互邦）、南通中菱电力科技股份有限公司在“新三板”挂牌，培育瑞恩电气、北辰互邦在主板上市。

【产业发展】 2021年，海安市加快推进电气电工产业招商，研究制定电工电气产业“链长制”招商实施方案、关于支持海安市电工电气产业招商的若干政策意见，编制电工电气“十四五”规划，制作产业全景图、产业现状图、区域分布局和招商攻略图，形成专题招商报告。借助行业展览、行业论坛、产学研活动、专题招商推介活动等，主动对接行业专家及世界500强企业负责人，寻求合作机遇，先后开展产业链专题招商推介活动5次。持续关注国内外电力装备展会，12月，组织产业链企业参展第三十届上海国际电力设备及技术展览会、第二十二届上海国际电工装备展览会，扩大企业对外知名度。加强重点企业培育，瑞恩电气谋划进入“新三板”创新层，完成1000万元定向增发，落实合格投资者50人；恒炫电气与东吴证券、大信会计师事务所、锦润律师事务所签订合作协议，做好“新三板”上市企业内部准备工作；南通华为电力设备有限公司完成“新三板”上市尽职调查工作。参与“一带一路”建设，利用巴西、东南亚、中亚、非洲等国家和地区对电力投资刚性需求的机会，以央企每年200亿至300亿美元的海外电力投资为依托，在亚威变压器柬埔寨工厂、江苏临海电气有限公司老挝项目等原有海外生产基地的基础上，继续发挥高性价比的竞争优势，扩大销售渠道。深入摸排产业链重点企业，归纳出优势产品5项、优势技术10项，助推军地融合发展。

【研发创新】 2021年，海安市引导亚威变压器、瑞恩变压器等集群龙头企业牵头整合海安电工电气产业链资源，与中国电力科学研究院、国网电力科学研究院、上海交通大学、浙江大学、东南大学、华北电力大学等高校院所开展合作10次，利用高校电力大数据中心推动产业内大数据、“互联网+”和智能装备发展，解决产业内装备数据传输和运程控制问题，推动电工电气产业“补链、扩链、强链”有效落地。针对柔性直流输电技术、高效节能变压器等产业链短板，新增产学研合作项目9个，合作经费206万元。邀请中国电器工业协会变压器分会秘书长孙延宏到瑞恩电气、亚威变压器等企业走访，帮助企业分析变压器行业前景，分享变压器检测平台资源。瑞恩电气获评2018—2020年工业和信息化部“两化融合”管理体系贯标企业，江苏大正电气有限公司、南通盛洋电气有限公司、南通市百威电气有限公司、南通东恒电气有限公司、海通电器获评三星级上云企业，江苏源通电气有限公司获评四星级上云企业。

（刘华骥）

建材机械产业链

【概况】 海安市建材机械产业起步于20世纪70年代初期，实现从生产加工型向质量品牌型方向转变，从辅机配套向主机成套方向迈进。2021年，全市有建材机械重点生产企业40多家，其中规模以上企业25家。实现开票销售43.57亿元，比上年增长17.32%。主要产品以水泥机械为主，包括回转窑、管磨机、辊压机、立磨、烘干机等主机设备，均化库、散装车、除尘设备等相关配套辅机产品，产业集群特色鲜明、关联度大、产业链完整。鹏飞集团、江苏海建股份有限公司（简称海建公司）是中国建材机械制造20强企业、中国水泥机械龙头企业以及辊压机、回转窑、管磨机等产品的行业标准主要起草单位。年内，鹏飞集团完成2项国家标准编制，参与2项行业标准编制，主持编写《江苏省建材行业协会团体标准T/JSJCXH1—2021水泥工业用回转窑》，这是省建材行业协会第一个团体标准。海建公司起草的固体废物焚烧用回转窑团体标准文本通过国家标准化管理委员会审核，企业获评省守合同重信用企业，并通过A级“两化融合”管理体系认定。鹏飞集团获南通市市长质量奖，同时成为海安第二家海关高级认证企业。

【产业发展】 2021年，海安市借助中国环保产业协会、中国环保机械行业协会等行业组织，先后到浙江、广东、上海、江苏昆山等地开展建材机械产业招商9次，邀请8家投资单位到海安考察，招引产业类项目2个，在谈项目信息6个。强化项目建设力度，重点抓好鹏飞集团焙烧及热解回转窑产业化，海安土力机械制造有限公司（简称土力机械）钻机钻杆及工程机械配套件，南通众铭防护装备有限公司（简称众铭防护装备）人防、通风、消防设备制造，希姆肯重工机械设备（南通）有限公司（简称希姆肯重工）矿山机械生产等重点项目建设，鹏飞集团新项目厂房和设备基本投入到位，土力机械新项目竣工达产，众铭防护装备新项目启动厂房建设，希姆肯重

工新项目积极解决土地问题。策应“一带一路”倡议，鼓励企业加强国际产能合作，鹏飞集团开拓非洲、中东、东南亚、中亚等新兴市场，承建俄罗斯、蒙古国、阿塞拜疆等10多个国家的水泥生产线总承包项目，带动建材行业设计、施工、产能、装备、技术全方位“走出去”。5月27日，商务部国际经济合作事务局到鹏飞集团调研。海建公司、南通奥普机械工程有限公司、江苏振强机械科技股份有限公司等企业克服疫情困难，有序推进对外合作。助力企业拓宽经营思路，组织企业参加中国进出口商品交易会、上海国际动力传动展览会、环境治理供需对接洽谈会、“金环”对话会等系列活动，开展工业互联网、星级上云、土壤修复、能源技术评价等专题培训。

【研发创新】 2021年，海安市建材机械企业强化校企合作，编制企业技术需求手册，收集高校科技成果汇编，建立双向交流机制。加强与国家级、省级行业协会对接，邀请江苏省产业技术研究院谷行樾一行到鹏飞集团调研，双方就建立产业联合创新中心和技术需求展开研讨。以科技创新驱动转型升级，20多家企业与中国科学院、凯盛建材设计研究院、上海交通大学等近30家高等高校院所开展产学研合作，研发新产品，扩大向化工、电力、矿山、环保、煤炭、冶金、港口等领域提供成套机械设备和服务的能力，促进产业向节能、环保、大型化、智能化、信息化、成套化方向发展。年内，到上海交通大学、浙江大学、南京农业大学等高校院所开展产学研活动8次，6家企业与高校达成合作，合作金额235万元。鹏飞集团与清华大学合作低阶煤洁净利用热解技术装备的研发及产业化项目，合作金额30万元，项目获2021年度省碳达峰碳中和科技创新专项资金立项，累计获授权发明专利10件、实用新型专利9件；南通升辉机械有限公司与东华大学合作新型高性能翻板技改项目，合作金额30万元；南通贝思特机械工程有限公司与南京理工大学合作涂装智能化生产线研发及产业化项目，金额100万元；江苏振强机械科技股份有限公司与南京大学合作电磁振动给料机数字化变频控制系统研究项目，合作金额30万元；南通亚威机械制造有限公司与同济大学合作散装机称重系统机械结构设计项目，合作金额30万元；南通奥普机械工程有限公司与南京理工大学合作堆取料机的相关研发项目，合作金额15万元，年内新增授权（发明）专利10个。 （刘华骥）

汽车及零部件产业链

【概况】 2021年，海安市有汽车及零部件产业链企业22家，其中，规模以上企业12家，亿元以上企业12家。实现开票销售47.68亿元，比上年增长20.51%。通润汽车零部件通过全国制造业单项冠军示范企业复评，生产的车用螺旋千斤顶通过“江苏精品”国际认证联盟认证。江苏鹰球集团有限公司（简称鹰球集团）获评第三批国家级专精特新“小巨人”企业，南通新源特种纤维获评江苏省专精特新“小巨人”企业。江苏莘翔机电有限公司获评省工业互联网发展示范企业（四星级上云企业）。南通新源特种纤维有限公司（简称新源特种纤维）获批江苏省（新源）摩擦密封用特种纤维工程技术研究中心，江苏铭利达科技有限公司（简称铭利达）获批江苏省（铭利达）汽车轻量化零部件压铸成形工程技术研究中心，江苏骆氏减震件有限公司（简称骆氏减震件）获批江苏骆氏减震件有限公司技术中心。江苏万力机械股份有限公司（简称万力机械）获评省“两化融合”管理体系贯标认证企业。新源特种纤维、铭利达参与国家标准制定。

【产业发展】 2021年，海安市抓住“5G+工业互联网”发展机遇，推动汽车及零部件产业企业加大自动化、智能化投入，南通明诺电动科技股份有限公司（简称明诺科技）“云销售”额占总销售额比重超四分之一，推进通润汽车零部件、骆氏减震件等特定企业加快“上云”进度。组织通润汽车零部件、明诺科技、南通贝思特机械工程有限公司等行业重点企业到山东、北京、辽宁等汽车产业集聚地开展产业招商活动8次。总投资5亿元的南通宇润汽车配件有限公司汽车核心零部件项目落户曲塘镇，年底前厂房封顶；做好佳威科技（海安）有限公司汽车零部件项目开工前服务工作；按序推进上海力睿精密金属海安有限公司精密汽车配件材料项目厂房建设。组织行业重点企业参加第三届中国（南京）工业节能环保技术装备展览会、第四届中国国际进口博览会、德国慕尼黑环保技术博览会等，助力企业拓展市场。

【研发创新】 2021年，海安市主动对接汽车类高校院所，采取组织行业企业到高校院所、参加“创新创业在海安”“中科院专家走进海安”等活动，主动邀请专家到海安开展产学研技术交流活动。江苏省汽车工程学会秘书长徐爱民、东南大学副教授张宁和中国科学院自动化研究所副研究员姜安等专家点对点指导明诺科技清扫车无人驾驶、整车改装等技术，为企业产销打通关键环节。新源特种纤维与扬州工业职业技术学院、明诺科技与南通大学签订产学研合作协议，明诺科技与上海大学签订路面清洁度检测及环卫车作业路径规划管理合作协议。全年，签订产学研合作项目13项，其中，国际合作项目4项，30万元以上合作项目11个。 （刘华骥）

航空航天及轨道交通产业链

【概况】 2021年，海安市有航空航天及轨道交通产业链企业15家，其中，亿元以上企业4家，50亿元以上企业1家。实现开票销售93.13亿元，比上年增长76%。铁锚玻璃通过国家级制造业单项冠军示范企业复评，与江苏大学共建的研究生工作站获批省优秀研究生工作站示范基地。海迅铁路器材获省工业互联网发展示范企业（五星级上云企业）。

【产业发展】 2021年，海安市健全企业服务机制，助力企业开拓市场。继续对接南通城市轨道交通有限公司，协助海迅集团再次中标南通地铁铁道器材供应项目，南通曙光机电工程有限公司等6家企业中标机电供应项目，其中2家签订供货协议。引进中铁上海设计院集团有限公司与海安市城建开发投资集团有限公司合作。8月31日，中铁上海设计院集团海安有限公司揭牌成立。万力机械与成都云内动力有限公司、铁锚玻璃与中国中车集团有限公司达成产业配套合作。铁锚玻璃科创板上市工作有序推进。引进总投资10亿元的曙光阖合轨道交通有限公司地铁结构件项目，年底前厂房完成封顶。

【研发创新】 2021年，海安市梳理航空航天及轨道交通产业链企业技术需求并整理成册，组织企业到"双一流"院校开展产研对接交流活动。铁锚玻璃与中国科学院上海硅酸盐研究所合作透明陶瓷项目，南通市苏东钢结构有限公司和江南大学合作"关于物联网技术的大跨钢结构健康监测系统开发技术"项目，苏创能电器有限公司与上海应用技术大学开展防爆变频器散热系统仿真设计及测试的合作，繁华玻璃与南京大学合作智能玻璃研发与产业化项目，恒业制丝与上海交通大学合作开发"基于气动软体机械手的丝织品拾取系统"，江苏中航重工机床有限公司与上海交通大学合作研发航空器构架成形设备项目，鹰球集团与中南大学合作高性能粉末冶金制品项目，组织海迅集团、鹰球集团与同济大学国家工程研究中心对接合作"高速列车轮轨路面增粘装置研制及产业化"项目。 （刘华骥）

新一代新材料产业集群

【概况】 2021年，海安市新一代新材料产业集群有亿元企业19家，规模以上企业近60家，规模以上企业实现开票销售115.62亿元，比上年增长48.65%。亚太轻合金获评国家级制造业单项冠军示范企业1家。东材新材料获评国家专精特新"小巨人"企业，海安浩驰科技有限公司（简称浩驰科技）获评省专精特新"小巨人"企业，南通冠优达磁业股份有限公司（简称冠优达磁业）、江苏盈泰新材料科技有限公司（简称盈泰新材料）获评南通市专精特新"小巨人"。29家企业获批高新技术企业。5家企业获批省级以上技术中心。8家企业获评省三星级上云企业。

【产业发展】 2021年，海安市新一代新材料产业集群培育办公室注重智慧招商、产业链招商、知名企业招商，创新启动"链长制"招商，由市领导任链长，下设新材料产业"链长制"招商工作推进小组，各区镇和海安开发区新材料产业园招商队伍为主要力量，建立月度工作例会制度、招商联动机制、招商信息共享机制，定期召开招商推进会、招商分析报告会，面向区镇发布《海安市新材料产业"链长制"招商工作评价办法》。全年，组织到北京、上海、广东深圳和江苏南京、苏州、无锡等新材料产业聚集区域开展智慧招商活动20余批次，其中，举办新材料产业招商推介活动4次。主动对接上海有色金属行业协会和江苏省新材料行业协会等上级行业组织，抢抓长三角一体化发展机遇，寻求区域产业转移招商信息。全年，完成亿元以上首谈信息30条，新签约项目3个，新注册项目11个，新开工项目1个（10亿元的南通亚元新材料有限公司项目），新投产项目1个（投资1亿元的江苏通淮新材料有限公司项目），预审通过或初审通过项目6个。推进东材新材料功能性光学聚酯薄膜生产线项目，亚太轻合金轻量化环保型铝合金材料项目等5个重点项目建设，亚太轻合金项目部分厂房封顶，其余4个项目均建成并投产。服务行业企业发展，组织晨朗集团、浩驰科技等重点企业参加江苏省"英才名匠"产业人才培训、省重点产业链优质中小企业上市培育专题活动、南通市涉税风险公益讲座等培训活动6场次，提升企业高层管理和学习能力。定期组织银政企对接活动，多渠道解决企业发展资金难题，跟踪服务冠优达磁业主板上市、飞亚化工股改等工作。加强企业对外交流，引导东材新材料、浩驰科技参加第六届"创客中国"暨2021年江苏省中小企业创新创业大赛，南通昂申金属材料有限公司参加中国国际铝工业展览会。

【研发创新】 2021年，海安市新材料产业集群内25家企业与高校院所开展产学研合作，其中新增20家，支付合作经费600余万元。推进冠优达磁业与南京大学加快产学研转化，推进省磁性材料院士工作站建设；引导亚太轻合金、江苏中科亚美新材料股份有限公司等企业与江苏大学、中国科学院嘉兴轻合金技术工程中心等高校院所开展产学研合作。开展行业单打冠军、"两化融合"、专精特精"小巨人"等培育工作，助推晨朗集团、亚太轻合金、东材新材料等行业龙头企业发展。聘请都有为、赵玉涛、程凡宝等新材料产业领域专家作为海安新材料产业经济顾问。中国科学院都有为院士团队计划投资2亿元，在海安设立江苏省产业研究院磁性材料研究所。江苏大学副校长赵玉涛、南京航空航天大学材料科学与技术学院副院长陈照峰在第八届"创新创业在海安"新材料分会场现场发布科技研发成果。邀请南京大学教授唐少春走访行业企业，指导海安新材料产业发展工作。海安南京大学高新技术研究院入选省级中小企业公关服务示范平台、南通市工业互联网及智能制造服务资源池。东材新材料"年产2万吨OLED显示技术用光学级聚酯基膜"项目获批省技术改造升级—高端化改造升级项目。 （刘华骥）

新一代信息技术产业集群

【概况】 2021年，海安市新一代信息技术产业集群有企业200余家，其中，规模以上企业33家，亿元企业11家。电子类元器件产业链规模以上企业实现开票销售54.59亿元。获评高新技术企业9家，省级工程技术研究中心2家。威尔曼科技获评国家级制造业单项冠军示范企业。江苏晟驰微电子有限公司（简称晟驰微电子）入围第六届"创客中国"中小企业创新创业大赛500强，创建省级示范智能车间，董事长崔文获省第九届人才创新创业大赛二等奖。威尔曼科技在海安中专设立"威尔曼奖学金"。阿尔法电子机械项目开工建设并入选省级重大项目。

【产业发展】 2021年，海安市聘请中国电子信息产业发展研究院电子信息研究所所长温晓君担任海安新一代信息技术产业专家，调研海安产业发展情况，撰写产业规划并通过专家评审。聚焦电子元器件、智能电子终端等重点行业，以上海、广东深圳、江苏昆山等区域为重点方向，以优质亿元项目与芯片设计、高端集成电路上下游企业项目作为招引对象，制定产业招商地图，采取行业招商、以商招商等方式，精准引进优质产业。重点拜访、接待客商80余批次，邀请市主要领导洽谈项目6个，先后在广东深圳、天津、上海、江苏昆山等地区举办招商推介活动、战略对接活动11次。新增新一代信息技术产业类项目信息50多条，对接洽谈数据服务器生产、柔性电路板、电子零部件等项目30多个。借助专业力量招商，与中国半导体照明/LED产业与应用联盟、中国电子电路行业协会、中国半导体行业协会等5家协会合作招商。建立项目“ABC”表（A表为重点推进项目，B表为较成熟项目，C表为持续跟踪项目），分类强力推进重点项目14个，成功签约加百裕（昆山）电子有限公司锂电池生产项目、白金光学科技光学产品项目、康龙电子均热片项目3个重特大项目。全流程服务项目建设，实行“能开则开、能快则快、重大必开、开必规范”，推进阿尔法电子机械项目开工建设。高效推进续建项目，推动金属表面处理中心、润泽水务中心尽快建成运行，江苏创鼎精密科技有限公司电子智能设备制造项目、佳威科技（海安）有限公司电子零部件生产项目2个重特大项目按序建设。阿尔法电子机械（南通）有限公司海安项目获批省级重大项目。

大力培育优质企业，走访西蒙电气（中国）有限公司、威尔曼科技、齐克庞德电子（江苏）有限公司等行业内龙头企业，召开电子信息业商会会员企业座谈会，点对点提供精准服务，鼓励企业加快转型升级，做优做强做精主营业务。推进企业智能化改造，将智能车间培育向在建项目延伸，晟驰微电子芯片智能生产车间获评2021年江苏省、南通市和海安市示范智能车间。威尔曼科技依托工业互联网平台，推进“数字工厂”建设。

【研发创新】 2021年，海安市与北京大学上海微电子研究院合作共建的海安集成电路技术创新中心试运营，为4家企业提供服务，与电子科技大学共建技术转移中心，与江苏左恩环境科技有限公司、江苏海泰锻压设备有限公司等5家公司达成技术服务合作。推进6家新一代信息技术业企业与科研院校签订产学研合作项目，合作金额287万元。晟驰微电子参加第六届“创客中国”暨2021年江苏省中小企业创新创业大赛，获企业组全省第四名，入围第六届“创客中国”中小企业创新创业大赛500强；公司董事长崔文获第九届中国江苏人才创新创业大赛总决赛二等奖。组织企业参加“创新创业在海安”“两院专家走进海安”成果发布会，邀请电子科技大学、中国科学院微电子研究所等专家发布科研成果。12月28日，组织威尔曼科技、晟驰微电子、江苏双双高新科技有限公司、江苏恩达通用设备集团有限公司等12家企业参加海安高新区第五届科创文化周产业交流——集成电路产业发展研讨会。　（刘华骥）

机器人及智能制造产业集群

【概况】 2021年，海安市有机器人及智能制造企业100余家，实现开票销售10亿元，比上年增长20%。累计获批国家高新技术企业29家，省民营科技型企业27家。海安是全国机器人产业联盟理事单位、省智能装备产业联盟理事单位，也是长江以北唯一的机器人特色产业基地，先后获评省智能装备产业园示范基地、省股权交易中心机器人及智能制造企业挂牌培育基地、南通市机器人特色产业基地、南通市创业创新示范基地等。海安机器人及智能制造产业园集聚江苏图灵智能机器人有限公司（简称图灵机器人）、江苏来福传动科技有限公司、江苏洛柳精密科技有限公司（简称洛柳精密）、江苏弘琪工业自动化有限公司（简称弘琪自动化）等80多家机器人及智能制造企业，先后与上海交通大学、苏州大学、常州大学、中国科学院自动化所和北京机电研究所5家单位联合成立机器人研究院，与哈尔滨工业大学、武汉大学等多家高校建立联合研发中心，初步形成集机器人设计与研发、本体制造、核心零部件、机器人集成及自动化生产线的全产业链发展格局。

【产业发展】 2021年，海安市与常州市国家大学科技园、上海海洋大学国家科技园签订高科技项目离岸孵化和人才招引合作协议，在深圳、江苏苏州等地开展机器人及智能制造专业招商活动。全年，引进科创类项目15个，其中，合泰自动化、佐尔智能2个项目被认定为亿元项目，申瑞梁科技、精匠智能、禾贝智能、格尔减速机、贺颖科技5个项目被认定为纯机器人亿元项目。跟踪推进续建项目建设，宝碟自动化、英迈杰机械、美事满数控设备及电动工具、海灥智能、冠通智能5个项目投产运行；万石智能制造产业园项目加快推进19幢工业厂房主体工程封顶；佐尔智能项目、合泰自动化项目主体工程完工；世纪福智能项目、拓创科研仪器项目主体工程竣工，加快路道管网建设。加快推进待建项目建设，显赫智能项目完成土地挂牌工作，力促川崎—新宝机器人项目、益颖机械项目签约。加速器项目进展良好，入驻科创园（二期）项目8个，其中，机器人本体项目1个、系统集成项目5个、产业配套项目1个、其他项目1个，均投产运营。

培育壮大行业龙头企业，跃通数控被省工业和信息化厅认定为省智能制造领军服务机构；图灵机器人实现年开票销售1.6亿元，稳居国产工业机器人本体生产全国第二、长三角地区第一；洛柳精密实现年产值6000万元。推动企业与资本融合、科技与金融对接，江苏腾海投资控股集团有限公司、海迅集团、海安交大智能科技发展有限公司、南京银行海安支行组建的“金融机构+社会资本”投贷联动基金正式运营，推

南通跃通数控设备股份有限公司是海安市机器人及智能制造产业集群的代表性企业，被省工业和信息化厅认定为省智能制造领军服务机构。图为2021年5月24日，员工在安装调试用于木门生产的自动化生产设备　　姜　明／摄

进敦汇资本创投基金设立及项目落地；图灵机器人、江苏新控智能机器科技有限公司获深圳市高新投集团有限公司股权投资，加快在科创板上市；图灵机器人、江苏拓创科研仪器有限公司成为首批获得银行千万元信用贷款的企业；南通巨升非晶科技股份有限公司、南通益颖机械科技有限公司成为“新三板”入轨企业。推动企业对外交流合作，组织南通广益机电科技有限公司参加亚洲林业装备、园林机械及园艺工具展，第十一届江苏国际农业机械展览会，中国国际森林草原灾害防控装备和智慧林草展览会，第十八届中国（上海）国际园林景观产业贸易博览会；图灵机器人参加深圳国际机器人及自动化设备展览会、厦门智能制造展览会、广东机床展及自动化展览会；跃通数控参加中国广州国际家具生产设备及配料展览会（广州展）、中国国际门业展览会暨中国国际集成定制家居展览会（北京展）等。

【研发创新】 2021年，海安市机器人及智能制造产业新增高新技术企业10家，累计29家。完成20家科技型中小企业入库评价。跃通数控柔性装饰线条定尺锯、图灵机器人焊接针刺线系统获南通市“首台套”重大装备认定。实施产学研合作项目60多个。海安上海交通大学智能装备研究院校级平台作用进一步放大，研究院及孵化企业签订产学研合作及技术合作协议30个，合同金额1200万元。海安苏州大学先进机器人研究院与南通宏顺厨具制品有限公司研发的玻璃打孔、磨边成套设备实现产业化。常州大学海安高新技术产业研究院与海盟纺织研发的能源管理项目，合同备案金额1000万元。组织企业参加“通创荟”科技创业大赛，弘琪自动化入围全国赛，海安上海交通大学智能装备研究院“绳驱动超冗余蛇形机器人——智能充电柔性机器人”获江苏省赛优秀团队奖，江苏沥环科技有限公司“LOV水质微分析系统的研发和产业化”获南通市赛三等奖。参加“创客中国”创新创业大赛，弘琪自动化“具有天车对接功能的晶圆植球产线”、图灵机器人“焊接针刺线装备及智能制造产线”、海安上海交通大学智能装备研究院“绳驱动超冗余蛇形机器人——智能充电柔性机器人”晋级江苏省赛，分获三等奖、优秀奖、优秀奖。利用机器人科技展馆，搭建机器人产业开放式资源共享平台，展馆全年接待客商400余批次，开展科普、观摩等活动50余次。（刘华骧）

节能环保产业集群

环保装备产业链

【概况】 2021年，海安市环保装备产业覆盖水污染治理、大气污染治理、固体废物处理处置与资源化利用、生态修复治理与保护、环境服务等领域。全市有环保装备企业65家，其中规模以上企业40家。实现开票销售62亿元，其中，开票销售20亿元以上企业1家，1亿元以上企业10家。海安市节能环保业商会通过AAAAA级社会组织复评。江苏天楹环保能源有限公司（简称天楹环保）入选工业和信息化部2021年环保装备制造业规范条件企业，获评省绿色工厂。

【产业发展】 2021年，海安市细分环保装备产业上、下游缺失环节，瞄准目标企业项目，开展产业链招商。借助中国环保产业协会、中国环保机械行业协会等行业组织，先后到浙江、广东、上海、江苏昆山等地开展产业招商9次，邀请8家投资单位到海安实地考察，招引产业类项目5个，其中，5亿元以上项目3个、1亿元项目2个，在谈项目信息29个。推动重点强链补链项目建设，海安楹瑞资源循环利用有限公司总投资1亿美元的再生资源分选中心项目，用地2.2公顷，设备投入7500万元。重点抓好紫石固废处置中心、匙鸣环保纺织废料资源化利用、上海电气危废处置中心二期焚烧及刚性填埋等重点项目建设。加强重点项目跟踪服务，靠前解决项目建设中的资金、用地、用工、审批、排污指标等问题，推动项目早开工、早建成、早投产、早达效。策应“一带一路”倡议，鼓励企业开拓境外市场，天楹集团“越南河内生活垃圾焚烧发电”项目投入试运行，中标马尔代夫、印度尼西亚雅加达、法国巴黎等大型垃圾焚烧发电项目及固体废弃物处置综合服务运营项目。做优企业服务，组织环保专家库成员到27家企业开展环保体检活动，强化节能环保装备制造业与环保第三方服务业资源整合与配套协作，组织企业参加中国环博会、中国国际进口博览会、上海动力传动展、环境治理供需对接洽谈会、"金环"对话会等系列活动，开展工业互联网、星级上云、土壤修复、能源技术评价等专题培训。

【研发创新】2021年，海安市梳理环保装备企业需求，编制企业技术需求手册，收集高校科技成果汇编，建立双向交流机制，破解企业技术瓶颈。聘请中国环保机械行业协会秘书长于鸿立为市环保装备产业专家，邀请专家到海安实地指导产业发展。加强与国家级、省级行业协会对接，先后到上海交通大学、浙江大学、南京农业大学等高校院所开展产学研活动8次，21家企业与19家科研机构合作产学研项目23个，累计支付合作经费857万元。其中，南通市金宏电化设备有限公司与中国科学院过程工程研究所合作200万元"流态化三维电催化氧化处理有机氨氮废水新技术研发"项目，明诺科技与南京农业大学资源与环境科学学院合作30万元"农村有机废弃物资源化综合利用"项目。天楹环保"TYPG-30医疗废物等离子体气化集中处置成套装备"获省"首台套"重大装备认定。江苏国瑞特环保工程技术有限公司、海安普豪生物能源有限公司入选省科技副总项目，江苏巨邦环境工程集团股份有限公司、南通笑宇环保科技有限公司获评省三星级上云企业，天楹环保、明诺科技获评南通市工业设计中心。（刘华骥）

新能源产业链

【概况】2021年，海安市新能源产业有规模以上企业20多家，实现开票销售125.17亿元。新能源产业涉及光伏电池及组件生产、光伏电站及其配套产业、太阳能光热利用、风电配套设备、新型储能电池、垃圾发电等，在海安开发区内建有省级光伏光电产业园。在光伏领域，除硅料提纯外，江苏福克斯电气集团有限公司（简称福克斯集团）、浚丰太阳能（江苏）有限公司（简称浚丰太阳能）、江苏礼德铝业有限公司、欧贝黎新能源科技股份有限公司（简称欧贝黎新能源）、南通青墩太阳能发电有限公司等企业形成单晶硅拉棒切片、电池片及组件、光伏支架、组件边框、镀膜玻璃、焊带接头等较为完整的产业链；在其他新能源领域，南通曙光新能源装备有限公司（简称曙光新能源）、南通艾迈特机械有限公司等公司的产品广泛应用于风力、天然气、沼气、水力等新能源发电机组。

【产业发展】2021年，海安市开展光伏行业调研，形成专题调研报告。聘请中国可再生能源学会副秘书长梁媛为新能源产业顾问，邀请其到海安调研，为海安新能源产业发展出谋划策。省政府投资基金参股的南通江海产业发展投资基金与海安开发区设立专项投资基金——海福新能源股权投资基金合伙企业（有限合伙），完成对福克斯集团太阳能电池、组件项目首笔出资。项目总投资10亿元，海福新能源股权投资基金出资2亿元。项目招引与建设取得新突破，重点强链项目有中南宇众新能源科技（海安）有限公司投资20亿元的光伏设备及元器件制造项目落户海安开发区，重点补链项目有加百裕（昆山）有限公司总投资3亿美元的锂电池生产项目。加大企业扶大培强力度，推荐福克斯太阳能加入中国光伏行业协会，福克斯集团获评省专精特新"小巨人"企业，浚丰太阳能获评四星级上云企业。

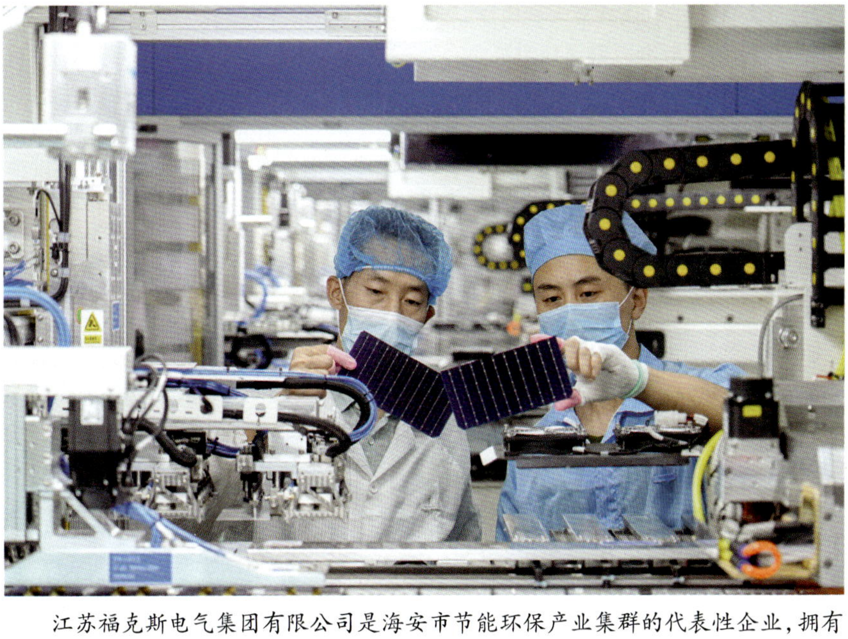

江苏福克斯电气集团有限公司是海安市节能环保产业集群的代表性企业，拥有较为完整的新能源产业链。图为2021年10月11日，公司员工在生产车间赶制订单　　姜　明／摄

【研发创新】2021年，海安市实现新能源产业规模以上企业与高校院所产学研合作全覆盖，拥有省级以上科技研发中心5家。欧贝黎新能源承接国家"863"重点科技项目，与中国科学院合作建有院士工作站，成立企业研究院。实施30万元产学研合作项目3个，分别是欧贝黎新能源与中国科学院半导体研究所合作30万元"新型柔性光伏太阳能组件制造的研究"项目，与中国科学院电工研究所合作30万元"智慧能源互联网控制及大数据分析系统的开发"项目；曙光新能源与河北工业大学合作30万元"MVR含盐废水处理换热涡流防垢装备研发"项目。（刘华骥）

现代建筑产业集群

参见《建筑业》

现代家具产业集群

【概况】2021年，海安拥有家具生产企业440家，其中规模以上企业28家，规

模以上企业实现开票销售22.6亿元，比上年增长27%。市政府印发“关于支持家具产业高质量发展的若干政策意见”，从引进优质项目、企业创新可持续发展、发展家具创意产业等8个方面对家具产业提供政策支持，设立5000万元的家具产业发展基金。海安市东部家具行业协会被中国家具协会评为中国家具产业集群共建先进单位，获评江苏省AAAAA级社会组织。

【产业发展】2021年，海安市编制现代家具产业招商全景图、现状图、分布图、攻略图，先后到浙江嘉善、四川成都等地开展招商推介，加强与中国家具协会、上海家具行业协会、四川家具进出口商会等行业协会交流，江苏欧岭户外用品有限公司等4个亿元项目落户滨海新区。江苏海德瑞智能家居有限公司、江苏沙特斯家居有限公司智能家居项目建成投产，木材交易市场一期项目建成。12月8日，海安开发区与苏州相城高新区签署战略合作框架协议，共同推动包括家具产业在内的交流合作。加强优质企业培育，美勒森家居科技有限公司（简称美勒森家居）获评南通市服务型制造示范企业、南通市工业设计中心，东部家具产业基地（海安）管理发展有限公司获评南通市小微企业创业创新示范基地。

【研发创新】2021年，海安市聘请南京林业大学家居与工业设计学院院长徐伟担任海安市产业科技创新咨询委员会委员，市政府与南京林业大学签订家具产业产学研校地战略合作协议。市家具产业培育办公室邀请南京林业大学专家到海安开展两场家具产业科技成果发布会，实地指导企业发展。南通跃通数控设备股份有限公司、江苏真磊新材料有限公司等与中国林业科学研究院木材工业研究所、南京林业大学开展产学研合作。年内，5家家具企业实施信息化改造，14家企业开展质量、环境、职业健康、供应链、能源、诚信等管理体系认证，3家企业聚焦智能家具发展，获得25项软件著作权。美勒森家居参与起草的板式家具团体标准由省家具行业协会发布。

【第三届东部家具采购节】2021年5月29日，第三届中国东部家具原辅材料、机械设备采购节暨“一带一路”家具材料贸易洽谈会在海安东部家具城开幕。浙江、上海以及江苏南京、苏州、南通、盐城等地区的近万名家具原辅材料采购商、家具企业负责人及材料市场入驻商家参加活动，近千个家具材料品牌参展，其中，主会场内设置约200个标准展位，东部家具材料市场内设立家具材料综合展区、木业展区、机械设备展区。除拥有线下展位外，采购节还打造线上直播间，通过抖音、快手等平台同步直播展会现场，吸引约8万人次线上观展。开幕式上，举行海安家具质量合作社、东部家具产业基地商业秘密保护维权联系点、中国东部家具直播基地揭牌仪式以及中国家具协会职业技能培训中心——海安基地合作签约仪式。

（刘华骥）

现代医药及大健康产业集群

【概况】2021年10月，海安市将生物医药及大健康产业纳入产业集群培育体系，成立海安市生物医药及大健康产业发展领导小组，由市级领导任组长，市卫生健康委挂钩负责生物医药及大健康产业培育发展，海安开发区、海安高新区、市发展改革委、市卫生健康委牵头负责产业园建设，拟定《现代医药及大健康产业高质量发展的实施意见》。全市有生物医药企业34家，其中，规模以上企业14家，5家企业未形成销售；全产业实现开票销售18.39亿元。

【产业调研】2021年11月，海安市先后对美亚药业海安有限公司、江苏紫石中药饮片有限公司、中丝鑫缘生物科技有限公司、江苏康德蛋业有限公司、江苏俊启生物科技股份有限公司、中洋集团等企业开展专题调研，详细了解企业发展现状、摸清企业实情、了解企业需求。结合省委、省政府“关于促进全省生物医药高质量发展的若干举措”，详细解读科技创新、人才招引、奖励扶助等相关政策，鼓励企业抓住有利时机，加大科技投入，强化产学研合作，促进成果转化，大力提升产品竞争力，使产品尽快上规模，形成产业化。根据调研情况，明确做强做大现代医药和大健康产业集群，进一步培育壮大生物提取和保健产品的市场主体，抓龙头培育、抓招商引资、抓项目建设、抓产业链延伸和产品开发，同时向医药中间体延伸，向保健食品延伸，向医疗器械延伸；进一步加强平台建设，做优园区平台，建好市场平台，建好科研平台；进一步促进现代医药和大健康产业融合发展，把现代医药和大健康产业集群打造成新的经济增长点。

（刘华骥）

粮食物流产业集群

参见《交通 物流·粮食物流》

信息技术与制造业融合

【概况】2021年，海安市大力发展数字经济，组织开展“数字赋能”行动，加快“5G+工业互联网”应用，做好行业“机器换人”试点示范，提升行业自动化、智能化水平。加强市级层面设计，市域治理现代化指挥中心（大数据中心）发挥数据服务主体作用，兼顾社会性（公益性）和市场性（经济性）；分行业、分门类，组织企业培训、观摩和交流，加强数字经济宣传普及；市委组织部、市委党校加强针对性培训，邀请专业人才场景教学，并将数字经济作为必修课程纳入干部培训科目；注重理论研究，制定《海安市关于加快“5G+工业互联网”数字赋能的若干政策意见》。利用国家通信二级干线节点资源和优势，服务企业实施技术改造行动，推动传统产业企业向高新技术企业方向转型升级。加强数字通信建设安全管理，提升供电服务水平。10月7日，开展以“5G+工业互联网”和“数字赋能”为主题的“月月看、家家到”活动，实地观摩联发纺织、跃通数控等11处“5G+工业物联网”“数字赋能”建设工作点。

【企业上云】 2021年，海安市持续推进企业信息基础设施上云、平台系统上云、业务应用上云等，培育出一批上云标杆示范企业，鼓励具有产业链带动能力的龙头企业通过网络化制造系统和工业互联网平台，打通生产制造端和管理运营端各个环节的数据流动，实现产品设计、制造、销售和采购等全产业链协作能力。4月，举办5G产业联盟工业互联网海安高峰论坛活动，邀请移动信息化和企业数字化专家专题宣讲企业信息化建设及案例、企业上云、工业互联网等内容，全市130家重点企业参加活动。海迅铁路器材获评省五星级上云企业，海安累计有省五星级上云企业6家；新增省四星级上云企业16家，累计25家；新增省三星级上云企业41家，累计118家。海安星级上云企业总数列南通市第一位。

【“两化融合”管理体系贯标】 2021年，海安市深入企业集中开展调研，及时掌握企业信息化、智能化发展水平，帮助企业运用互联网信息技术，打通产品设计、生产制造、销售服务各个环节。同时，实时采集各环节数据，运用“云计算”优化企业运营管理流程，无缝连接企业上、下游产业链。11月，南通市工业和信息化局两次邀请信息科技专家到海安开展“千企询访”智能制造提升服务专题活动，先后走访申菱电器、威尔曼科技、江苏恩达通用设备集团有限公司、兴华胶带、海迅集团、爱登堡电梯等企业，开展智能制造和工业互联网建设诊断服务。万力机械、西蒙电气、中力科技、品德网络等21家企业通过工业和信息化部“两化融合”管理体系贯标认证，全市累计48家企业通过认证。

【企业技术创新】 2021年，中洋集团获评省工程研究中心，东屹高新纤维、海安光易通信设备有限公司、增光新材料、天楹环保、江苏欧凯包装科技有限公司、江苏维尔克汽车零部件有限公司、王佳胶带科技（海安）有限公司7家企业技术中心获评南通市级企业技术中心，浩驰科技、骆氏减震件、盈泰新材料、中力科技、南通远景电工器材有限公司5家企业技术中心获评省级企业技术中心。海安累计省级以上企业技术中心47家，其中，国家级企业技术中心3家，建筑行业企业技术中心5家，保有量继续列南通市第一。38个技术创新项目入选江苏省重点技术创新项目导向计划，其中，17个项目入选新产品研发类项目，19个项目入选关键核心攻关类项目，2个项目入选标准领航产品类项目。8个产品入选省新技术新产品目录。

【首台（套）重大装备推广】 2021年，超力卷板机“W12F数控四轴反挠曲滚弯成形机”、图灵机器人“焊接针刺线装备及智能制造产线”、江苏麦斯铁机械有限公司“GHL2000-12000大型数控折弯机”、天楹环保“医疗废物等离子体气化集中处置成套装备”、南通市恒达机械制造有限公司“JKY75/65-4.0真空挤出机”、海建集团“固废垃圾焚烧用回转窑”获南通市级重大装备及关键部件首台（套）认定。天楹环保“医疗废物等离子体气化集中处置成套装备”获省级首台（套）重大装备及关键部件认定。海安累计拥有省级以上首台（套）重大装备19台（套），南通市级40台（套）。

（史根生）

工业项目建设

【概况】 2021年，海安市持续开展“重特大项目突破年”活动，新开工10亿元以上工业项目27个，其中20亿元以上高端制造业项目5个，高端制造业项目数列南通第一位。新竣工10亿元以上工业项目16个。新达产10亿元以上工业项目8个。4个项目入选省级重大项目，14个项目入选南通市级重大项目。积极向上争取资金，申报中央预算内投资计划支持海安市凤栖花园一期、二期建设项目5359万元；申报专项债券资金项目16个，获专项资金8.4亿元；申报综合奖补资金项目15个，获专项资金324万元；东材新材料“年产2万吨OLED显示技术用光学级聚酯基膜”项目入选省技术改造升级—高端化改造升级项目；亚太轻合金“航空用高新能高精密特种铝型材制造”项目入选省级战略性新兴产业项目，获专项资金1600万元。推动机关党建工作与项目建设深度融合，建立项目攻坚党支部、党建联盟等，举办“党建红盟项目融”海安市机关党建联盟助力项目攻坚观摩活动，助力项目建设高质高效推进。

【技改项目推进】 2021年，海安市新开工技改类项目29个，其中10亿元以上重特大项目15个。提档升级技改项目建设，推动项目建设数字化、智能化、绿色化改造，“双碳”型项目有凯瑞锝光伏材料项目、繁华玻璃项目等，产业转型升级项目有汇优洁医用材料项目、东材新材料项目等，“智转数改”型项目有联发纺织项目、福克斯新能源项目等，盘活闲置资源提质增效再开发项目有汇优嘉医用材料项目、海威光电科技项目等。

【重大项目推进】 2021年，海安鹏飞资源综合利用成套装备、亚太航空航天用合金构件、阿尔法特种作业机器人、万吨智慧冷链港4个省重大项目有力推进，年内全部开工建设，超序时完成年度投资额。鹏飞资源综合利用成套装备、亚太航空航天用合金构件、阿尔法特种作业机器人、兴鹿工程塑料、汇优嘉医用防护物资、伟润纺织、万洋车载智能控制装置、东屹纺织二期、曙光哈芬槽、风可纳漩涡气泵、富尔达智能门窗、申菱电传动减速器、万吨智慧冷链港、新通扬运河生态文化园14个项目入选南通市重大项目，项目数居南通前列。四季度，组织申报2022年省级、南通市级重大项目，3个项目入选2022年省级重大项目投资计划，20个项目入选2022年南通市级重大项目，入选数分别居全省县级城市、南通市前列。

2021年海安市亿元以上工业项目建设情况表

表19 单位：亿元

序号	项目名称	企业名称	项目名称及主要内容	总投资	2021年投资	至2021年年底项目进展情况	项目所在区镇
1	锦纶工业丝、锦纶工业布生产项目	兴鹿（海安）新材料有限公司	新购置聚合生产线2条、浸胶线3条以及螺杆挤压设备、纺丝设备等设备362台（套），新建厂房及配套设施；项目建成后，年产锦纶工业丝8万吨、锦纶工业布8万吨	50.00	9.20	厂房主体在建	高新区
2	航空用高性能高精密特种铝型材制造	亚太轻合金（南通）科技有限公司	总建筑面积10.1万平方米；购置3轴CNC加工中心、焊接机器人、时效炉及空压机等设备；项目建成后，年产航空高性能高精密特种铝型材1000吨	20.00	5.07	主体封顶，部分设备安装	开发区
3	高端色织面料织造、印染、后整理及服装制造项目	海安伟润纺织科技有限公司	总建筑面积10.5万平方米；购置日本津田驹喷气织机、拉幅涂层机等主要设备及相关配套设备800台（套）；项目建成后，年产色织布2600万米、色织后整理1.2亿米、染色印花布6000万米、纱线染色1.8万吨、高档服装1000万件	20.00	4.34	厂房主体封顶	开发区
4	高档新型环保功能性面料项目	常安现代纺织工业园区开发有限公司	总建筑面积13.2万平方米；购置国内同行业先进设备；项目建成后，年产高档新型环保功能性面料1.05亿米	20.00	3.50	厂房主体封顶	开发区
5	智能纺织机械及装备制造项目	常安现代纺织工业园区开发有限公司	总建筑面积13.2万平方米；购置国内同行业先进设备；项目建成后，年产高档新型环保功能性面料1.05亿米	20.00	5.10	厂房主体封顶	开发区
6	高档服饰面料织造项目	江苏越承纺织科技有限公司	总建筑面积10.2万平方米；购置定型机、印花机等先进设备；项目建成后，年产高档服饰面料7万吨	20.00	4.47	厂房主体封顶	开发区
7	东部家具产业园300兆瓦屋顶分布式光伏发电项目	江苏福克斯电力工程有限公司	租赁东部家具产业园厂房屋顶，使用270瓦组件112万块，安装太阳能电池板方阵，建成年产300兆瓦屋顶分布式光伏发电系统	20.00	12.00	并网发电	开发区
8	常安纺织园325兆瓦屋顶分布式光伏发电项目	江苏福克斯电力工程有限公司	租赁常安纺织园厂房屋顶，建设年产325兆瓦屋顶分布式光伏发电系统	20.00	7.95	并网发电	开发区
9	台商产业园400兆瓦屋顶分布式光伏发电项目	江苏福克斯电力工程有限公司	租赁台商产业园厂房屋顶，建设年产400兆瓦屋顶分布式光伏发电系统	20.00	12.00	并网发电	开发区
10	室外移动机器人生产项目	阿尔法电子机械（南通）有限公司	用地17.53公顷，总建筑面积11.2万平方米；购置Mazak五轴加工中心、Haas成型冲压机、德国FEIN全自动激光切割机等设备850台（套）；项目建成后，年产高精度定位机器人15万台（套）、大中型割草机器人6万台（套）、轮椅式机器人5万台（套）	20.00	5.06	厂房主体封顶	高新区
11	医用材料生产项目	南通汇优洁医用材料有限公司	新建厂房及配套设施；购置计量泵、熔喷喷丝板等设备880台（套）；项目建成后，年产医用外科口罩2.5亿只、KN95口罩0.5亿只、熔喷布3000吨、无纺布1万吨	20.00	5.77	厂房主体封顶	高新区
12	升旭200兆瓦屋顶太阳能分布式光伏发电项目	海安升旭新能源有限公司	利用江苏弘盛新材料股份有限公司等厂房屋顶，安装450瓦单晶硅光伏组件44.44万块，装机容量200兆瓦；项目建成后，年发电量约1.70亿千瓦时	20.00	12.05	并网用电	高新区
13	特瑞思190兆瓦屋顶太阳能分布式光伏发电项目	南通特瑞思光电科技有限公司	利用江苏铁锚玻璃股份有限公司等厂房屋顶，安装450瓦单晶硅光伏组件44.45万块，装机容量190兆瓦；项目建成后，年发电量约 1.65亿千瓦时	20.00	12.62	并网用电	高新区

续表19

序号	项目名称	企业名称	项目名称及主要内容	总投资	2021年投资	至2021年年底项目进展情况	项目所在区镇
14	海安鹏飞资源综合利用成套装备项目	江苏鹏飞集团股份有限公司	新建厂房建筑面积10万平方米；购置数控加工中心、数控重型卧式车床等设备120台（套）；项目建成后，年产面向固危废、冶金矿渣、煤炭、污泥处置等领域资源综合利用大型智能成套装备40台（套）	20.00	12.34	厂房主体封顶	大公镇
15	年产6700万米高性能复合面料织造及印染精加工项目	南通东屹高新纤维科技有限公司	总建筑面积5.94万平方米；购置拉幅定型机、转移复合机等主要设备1145台（套）；项目建成后，年产功能性面料6700万米	10.00	2.82	厂房主体封顶，订购部分设备	开发区
16	超白压延玻璃深加工项目	江苏凯瑞锝光伏材料有限公司	购置磨边机、镀膜机、钢化炉等设备60台（套）；项目建成后，年产盖板玻璃1140万平方米、浮法背板玻璃1140万平方米	10.00	2.41	厂房主体封顶	高新区
17	高端电传动减速器生产项目	海安市申菱电器制造有限公司	购置车铣复合中心、外圆磨床、内圆磨床、齿轮刨成磨床等主要设备；项目建成后，年产高端电传动驱动装备及配套产品20.40万台（套）	10.00	2.67	厂房主体封顶	高新区
18	钢桶生产加工项目	南通双晨包装制造有限公司	新建厂房及配套设施；购置钢板印涂线、马可铁印涂线等设备54台（套）；项目建成后，年产20升钢桶200万只、50升钢桶100万只、200升钢桶150万只	10.00	2.29	厂房主体封顶	高新区
19	被动房建材生产项目	典堂建筑工程（江苏）有限公司	新建厂房等主要建筑面积5.02万平方米；购置德国威力原装木材优选横截据、ALC流水线、导向锯设备406台（套）	10.00	1.55	厂房主体封顶	滨海新区
20	漩涡气泵生产项目	南通风可纳风机科技有限公司	用地2.67公顷，总建筑面积5万平方米；购置数控车床、CNC加工中心、自动取件机器人等设备210台（套）；项目建成后，年产漩涡气泵22万台	10.00	2.20	厂房主体封顶	曲塘镇
21	精密模具、精密注塑产品生产项目	海安德凯模塑有限公司	用地2.47公顷，总建筑面积5万平方米；购置CNC、EDM、成型机等设备160台（套）；项目建成后，年产精密模具500套、精密注塑产品100万套	10.00	1.70	厂房主体封顶	曲塘镇
22	工业自动控制系统装置制造项目	南通鑫振界智能科技有限公司	用地3.06公顷，新建厂房等主要建筑物5.6万平方米；购置数控加工中心、表面电泳流水线等设备；项目建成后，年产自动化设备5万台、自动控制装置3000台（套）	10.00	1.63	厂房主体封顶	李堡镇
23	色织超弹纤维生产项目	江苏弘盈新材料有限公司	总建筑面积5.4万平方米；购置德国巴马格高速加弹机100台、日本NSK数控切割机6台、意大利SKF全自动倒筒机230台；项目建成后，年产涤棉复合有色纱4万吨、涤纶高弹有色纱5万吨、涤棉高弹色纱1万吨	10.00	2.27	厂房竣工，安装设备	大公镇
24	新型建材项目	南通亚元新材料有限公司	购置H型钢门型埋弧机、数控切割机等主要设备100台（套）；项目建成后，年产高端建材6万吨	10.00	2.36	厂房主体封顶	南莫镇
25	隧道用抗震哈芬槽生产线制造项目	南通曙光新能源装备有限公司	新建厂房等主要建筑5.2万平方米；购置哈芬槽自动化生产线10条；项目建成后，年产隧道用抗震哈芬槽100万米	10.00	2.36	厂房主体封顶	开发区
26	明欧210兆瓦屋顶太阳能分布式光伏发电项目	南通明欧金属制品有限公司	利用南通永大管业股份有限公司等厂房屋顶，安装450瓦单晶硅光伏组件44.48万块，装机容量210兆瓦；项目建成后，年发电量约1.75亿千瓦时	10.00	7.12	并网用电	高新区

续表19

序号	项目名称	企业名称	项目名称及主要内容	总投资	2021年投资	至2021年年底项目进展情况	项目所在区镇
27	办公文教用品生产项目	福特莱纸业（江苏）有限公司	用地面积2.09公顷，总建筑面积2.1万平方米；购置卷筒分切机、平张分切机、纸张压纹机等设备87台（套）；项目建成后，年产文件夹9000万只、笔记本8000万本、手工纸20万包	5.00	0.20	厂房主体在建	曲塘镇
28	彩印包装项目	江苏美丞彩印有限公司	用地面积2.20公顷，总建筑面积2.8万平方米；购置全自动高速彩印机、自动模切机等生产设备215台（套）；项目建成后，年产彩色包装盒1万吨	5.00	2.00	厂房主体在建	白甸镇
29	装配式建筑结构件生产项目	南通久盟装配式建筑有限公司	用地面积2.4公顷，总建筑面积2.2万平方米；购置桁架机生产线、压板机生产线、拉丝机生产线等主要设备36台（套）；项目建成后，年产装备式结构件1万吨	3.00	1.00	基础设施在建	大公镇
30	建筑新材料生产项目	江苏亿众建筑科技有限公司	总建筑面积2.5万平方米；投入5000万元，购置光纤激光切割器、冲压剪切机、喷涂设备等；项目建成后，年产建筑新材料铝制品25万平方米、配套制品25万平方米	2.00	0.70	竣工投产	开发区
31	体育用品制造项目	海安嘉悦体育用品有限公司	购置自动下料机2台、激光下料机2台、冲床6台、折弯机1台以及喷涂流水线1条、包装流水线3条等；项目建成后，年产健身器材6000吨	2.00	0.40	竣工投产	开发区
32	阀门生产项目	江苏融通阀门有限公司	新建厂房；购置数控车床、数控加工中心等国产设备214台（套），机器人打磨系统、智能装夹换机系统等进口设备67台（套）；项目扩建后，年产蝶阀、排气阀、消火栓、止回阀、闸阀等阀门31.33万台	2.00	0.40	竣工投产	高新区
33	高端纺织项目	江苏宇之瑞纺织科技有限公司	用地面积1.55公顷，总建筑面积2.5万平方米；购置加弹机、经编机、缝纫机等设备；项目建成后，年产化纤布8000吨、毛毯600万条	2.00	0.40	竣工投产	李堡镇
34	电气设备五金配件制造项目	南通铭力亚正智能科技有限公司	用地1.55公顷，总建筑面积2.4万平方米；购置CNC加工中心、数控车床、组装线等设备58台（套）；项目建成后，年产智能控制器600万件	2.00	0.90	厂房主体在建	李堡镇
35	伺服电机生产项目	日鼎智控科技江苏有限公司	用地2.45公顷，建筑面积1.89万平方米；购置多功能自动绕线机、加工中心、液压床等主要设备74套；项目建成后，年产伺服电机28万台	2.00	0.80	厂房主体在建	大公镇
36	卫生材料及医药用品制造项目	江苏美梵生物科技有限公司	用地1.17公顷，建筑面积3万平方米；购置棉柔巾自动分卷机、全自动切卷机、全自动干巾流水线等设备近60台（套）；项目建成后，年产化妆棉、洗脸巾（棉柔巾）1000余万件，消毒巾、运动湿巾150万件，医疗器械类产品1000万支，化妆棉、彩妆类产品240万包	2.00	1.00	完成施工图设计和审查	雅周镇
37	环保设备生产项目	南通日鼎环保设备有限公司	用地1公顷，新建厂房及配套设施等建筑面积0.87万平方米；设备投入2000万元，购置液压机、激光切割机等设备80套；项目建成后，年产环保设备300套	3000万美元	0.60	厂房主体在建	南莫镇
38	塑料包装生产项目	江苏百优特包装科技有限公司	用地2.21公顷，总建筑面积2.65万平方米；购置全自动电脑控制凹版印刷机、高速柔板印刷机等主要设备47台（套）；项目建成后，年产BOPP热熔胶贴标1000吨、PVC热收缩膜套标1500吨、PET热收缩膜套标1000吨	1.50	1.00	厂房主体在建	大公镇

续表19

序号	项目名称	企业名称	项目名称及主要内容	总投资	2021年投资	至2021年年底项目进展情况	项目所在区镇
39	精密机械生产项目	合泰（南通）精密机械有限公司	用地2.53公顷，总建筑面积2万平方米；投入6000万元，购置弯管无损检测设备、数控机床、自动化成套生产线等设备；项目建成后，年产数控弯管机1000台	1.00	0.50	厂房主体竣工，设备进场安装试产	开发区
40	环保除尘设备、电磁线生产项目	江苏昱恒电气有限公司	总建筑面积1.9万平方米；投入6167万元，购置高压耐压实验设备、数控龙门导轨磨床、高速连续挤压机等相关设备；项目建成后，年产除尘设备3000套、电磁线1万吨	1.00	0.50	竣工投产	开发区
41	金刚石砂轮生产项目	海安玻克超硬材料有限公司	用地面积0.93公顷，总建筑面积1.7万平方米；投入3256万元，购置罩炉、火花机等相关设备；项目建成后，年产金刚石砂轮20万片	1.00	0.50	竣工投产	开发区
42	流灿商场展示道具生产项目	南通流灿装饰有限公司	用地面积1.47公顷，总建筑面积2万平方米；购置数控下料、激光切割、真空镀膜等设备；项目建成后，年产展示道具1200套	1.00	0.50	竣工投产	开发区
43	针织布生产项目	南通铭鑫纺织有限公司	用地面积1.47公顷，总建筑面积约1.7万平方米；投入2500万元，购置染色、印花、定型、烘干等设备25台（套）；项目建成后，年产全棉、磨毛涤纶印花布8000万米	1.00	0.60	竣工投产	开发区
44	纺织布生产项目	南通和泰纺织科技有限公司	新建织造印染楼、整经楼；购置整经、织布、烘干、染色、定型、检验等生产设备460台；项目建成后，年产高档面料800万米、高档辅料1800万米	1.00	0.40	竣工投产	开发区
45	全自动智能柔性自动化设备项目	佐尔智能科技（海安）有限公司	购置注塑机、CNC加工中心、激光切割机、自动折弯机等主要设备862台（套），其中模具650套；项目建成后，年产输送设备300台（套）、塑料制品4万套、模具200套	1.00	0.40	竣工投产	开发区
46	格莱思顿500千瓦屋顶太阳能分布式光伏发电项目	格莱思顿电气（江苏）有限公司	购置电能质量分析仪、三相程控标准源、电能模拟试验器等主要设备150台；项目建成后，年产电能质量治理装置1.2万台	1.00	0.40	竣工投产	开发区
47	数控机床生产项目	江苏铭鑫重工科技有限公司	新建钢结构厂房；购置机床、车床、镗床、行车等主要设备46台（套）；项目建成后，年产数控机床208台	1.00	0.50	厂房主体竣工，设备进场安装试产	开发区
48	压缩机用滤清器及工业除尘器环保设备生产项目	上海超曼滤清器有限公司	新建厂房及配套设施；购置卧式车床、数控车床、冲床等92台（套）；项目建成后，年产压缩机滤清器100万套、工业除尘器环保设备500套	1.00	0.50	竣工投产	开发区
49	RFID Inlay标签、AG玻璃生产项目	齐克庞德电子（江苏）有限公司	购置RFID绑定机、AG玻璃生产线、分切机、复卷机等设备97台；项目建成后，年产RFID Inlay标签7.5亿片、AG玻璃9万片	1.00	0.50	竣工投产	开发区
50	石墨烯电热膜生产项目	江苏利物盛电子科技有限公司	新建生产厂房等主要建筑物面积1.5万平方米；购置自动储料计量系统、高真空混合系统、全自动连续涂布机等设备23台（套）；项目建成后，年产石墨烯电热膜200万平方米	1.00	0.50	竣工投产	高新区
51	铝合金窗组装车间、综合楼项目	江苏天泽门窗装饰有限公司	新建厂房及配套设施；购置双头切割机、单头切割机、组角机等主要设备35台（套）；项目建成后，年产各类门窗50万平方米	1.00	0.50	竣工投产	高新区
52	磁芯生产项目	南通冠优达磁业有限公司	新建1个车间；购置排坯机、磨床等设备约200台（套）；项目建成后，年产磁芯7200吨	1.00	0.50	竣工投产	高新区

续表19

序号	项目名称	企业名称	项目名称及主要内容	总投资	2021年投资	至2021年年底项目进展情况	项目所在区镇
53	互感器铁芯、变压器卷铁芯生产项目	南通汇兴源物联网技术有限公司	购置分条机、横剪机、外圆磨床、成型机、铁心铁损测试仪等设备30台（套），新建互感器铁芯和节能变压器卷铁芯生产线；项目建成后，年产互感器铁芯1000吨、节能变压器卷铁芯50吨	1.00	0.50	竣工投产	高新区
54	五金配件生产项目	南通天畅电气有限公司	新建厂房等建筑；新建四条生产线；项目建成后，年组装家用电力器具专用配件300万件	1.00	0.50	竣工投产	高新区
55	天窗电机生产项目	江苏启达机电有限公司	引进自动化电机装配生产线、电机转子全自动化生产线等进口设备17台（套），购置自动涂敷机、天窗耐久测试台等国产设备45台（套），新建一体无人化智能化电机生产线3套；项目建成后，年产天窗电机整机170万台（套）	1.00	0.50	竣工投产	高新区
56	无油压缩机、电梯部件生产项目	南通联翔机械有限公司	新建厂房及配套设施；购置立式加工中心、磨床等国产设备105台（套）；项目建成后，年产无油压缩机5万套、电梯部件10万套	1.00	0.50	竣工投产	高新区
57	仪表自动化设备生产项目	江苏拓创科研仪器有限公司	用地1.22公顷，总建筑面积1.06万平方米；购置光纤激光切割器、龙门加工中心等相关设备；项目建成后，年产实验科研仪器350套、高压标准管阀件2万套	1.00	0.50	竣工投产	开发区
58	汽车零部件、紧固系统冲压件生产项目	江苏常标汽车零部件有限公司	用地1.62公顷，总建筑面积1.2万平方米；购置连续高速冲压机、立体仓储、连续电炉、产品检测等相关设备；项目建成后，年产紧固系统冲压件1.20万吨	1.00	0.50	竣工投产	开发区
59	轨道交通防护设备项目	南通众铭防护装备有限公司	用地2.33公顷，总建筑面积1.3万平方米；购置折弯机、数控车床、电焊机等设备240台（套）；项目建成后，年产轨道交通防护设备10万套	1.00	0.80	主体工程在建	高新区
60	建筑装饰材料生产项目	江苏天泽装饰新材料有限公司	用地1公顷，总建筑面积1.4万平方米；购置喷涂中心、前处理线等设备180台（套）；项目建成后，年产各类铝合金门窗1万套、幕墙2万平方米	1.00	0.60	竣工投产	高新区
61	生物质材料生产项目	江苏富海生物科技有限公司	用地2.67公顷，总建筑面积1.6万平方米；购置自动化生物质生产线5条；项目建成后，年产各类生物质材料3万吨	1.00	0.50	竣工投产	高新区
62	机械部件加工项目	海安海太铸造有限公司	用地1.53公顷，新建厂房等建筑1万平方米；购置钢丝绳捻股机、旋击机、涂塑机等设备190台；项目建成后，年产机械部件10万组	1.00	0.60	竣工投产	高新区
63	纺纱项目	南通凯大纺织有限公司	用地1.67公顷，新建厂房等建筑1.1万平方米；购置清花机、粗纱机、细纱机等设备118台（套）；项目建成后，年产纺纱10万平方米	1.00	0.60	竣工投产	高新区
64	锦纶多功能羽毛纱项目	南通永大管业股份有限公司	用地2.33公顷，新建厂房等建筑1.86万平方米；购置冷水机组等国产设备230台（套）；项目建成后，年产锦纶多功能羽毛纱制线8800吨	1.00	0.60	竣工投产	高新区
65	金属涂覆、机械加工项目	江苏鼎锃科技有限公司	用地2.01公顷，新建厂房等建筑1.3万平方米；购置冲床、滚丝机、铆接机等主要生产设备35台（套）；项目建成后，年产预埋滑槽50万米、金属紧固件100万套	1.00	0.40	厂房主体竣工，设备进场安装	滨海新区

续表19

序号	项目名称	企业名称	项目名称及主要内容	总投资	2021年投资	至2021年年底项目进展情况	项目所在区镇
66	智能家居、家具制造项目	江苏浦创新材料科技有限公司	用地2.26公顷，新建厂房等建筑3.7万平方米；购置气动断料机、自动双面刨、木工平刨床等主要设备57台（套）；项目建成后，年产酒店家具5000套、木质门3万套、木饰面5万平方米	1.00	0.40	竣工投产	滨海新区
67	新型建材（微晶）技术研发及生产项目	江苏恩沛新材料科技有限公司	用地2.67公顷，新建厂房等建筑1.9万平方米；购置龙门吊、圆盘锯、单臂锯等设备；项目建成后，年产新型建材（微晶）材料25万立方米	1.00	0.40	竣工投产	滨海新区
68	轻木和泡沫芯材制品、风力发电叶片根端盖板、密封条制品生产项目	江苏千品新材料科技有限公司（二期）	用地2.67公顷，新建厂房等建筑1.5万平方米；购置自动切片机、双端切片机、开槽机等设备81台（套）；项目建成后，年产轻木和泡沫芯材3600套、风力发电叶片根端盖板3000套、密封条3600万米	1.00	0.60	竣工投产	滨海新区
69	钢丝绳生产项目	江苏嵘璞钢绳有限公司	用地2.36公顷，总建筑面积1.95万平方米；购置水箱拉丝机、高速拉丝机、捻股机等设备196台（套）；项目建成后，年产钢丝和钢丝绳1.20万吨	1.00	1.00	厂房主体在建	滨海新区
70	移动式智能科技箱房生产项目	众公智能科技（海安）有限公司	用地1.33公顷，总建筑面积8680平方米；购置焊接机器人、加工中心、数控剪折机等设备35台（套）；项目建成后，年产移动式智能科技箱房3000套	1.00	0.40	厂房主体在建	曲塘镇
71	石油设备及配件生产项目	南通凯能石油装备有限公司	用地1.1公顷，总建筑面积7227平方米；购置数控车床、加工中心、磨床等设备68台（套）；项目建成后，年产闸板及阀座配件1.50万套、阀门整机5000台	1.00	0.50	厂房主体在建	曲塘镇
72	机械压力机、液压机配件制造及智能模具生产项目	海安赛能机械科技有限公司	用地1.38公顷，总建筑面积1万平方米；购置螺旋压机、液压件、数控立车等设备21台（套）；项目建成后，年产工程机械模锻件1.80万套、机械压力机配件120台	1.00	0.70	三证办理齐全	曲塘镇
73	新型UPVC、PPH塑胶板材、型材、管阀件生产项目	江苏格来美塑胶科技有限公司	用地1.67公顷，总建筑面积1.5万平方米；购置注塑机、全自动分配料混合系统、模具等设备435台（套）；项目建成后，年产塑料板材4000吨、塑料管材1500吨、塑料型材500吨、塑料管阀件800吨	1.00	0.50	厂房主体在建	曲塘镇
74	自动化涂装设备生产项目	江苏骄拓智能科技有限公司	用地1.15公顷，总建筑面积7075平方米；购置割管机、数控卷牙机、真空炉等设备202台（套）；项目建成后，年产涂装整厂自动化设备20套、不锈钢保温杯10万套	1.00	0.70	三证办理齐全	曲塘镇
75	传动设备零部件生产项目	江苏联凯铁链有限公司	用地1.58公顷，总建筑面积1.3万平方米；购置链条自动对焊机、链条自动编绕机、链条自动贡拉机等设备68台（套）；项目建成后，年产传动设备、电梯链条4000吨	1.00	0.60	厂房主体在建	曲塘镇
76	光伏支架生产项目	坚真机械南通有限公司	用地1.85公顷，总建筑面积1.4万平方米；购置立车车床、激光切割机、全自动焊接等设备55台（套）；项目建成后，年产光伏支架6000吨	1.00	0.60	厂房主体在建	曲塘镇
77	新型塑料零部件生产项目	哈弗亚新材料（江苏）有限公司	新建厂房等建筑1万平方米；购置设备押出机、混料机、激光切割机等设备245台（套）；项目建成后，年产高性能管材500万米、配件阀门380万只	1.00	0.50	竣工投产	曲塘镇

续表19

序号	项目名称	企业名称	项目名称及主要内容	总投资	2021年投资	至2021年年底项目进展情况	项目所在区镇
78	精密紧固件生产项目	盛欣海电子科技（江苏）有限公司	新建厂房等建筑1万平方米；购置冷镦机、切割机、CNC加工中心等设备；项目建成后，年产精密紧固件2000吨	1.00	0.50	竣工投产	曲塘镇
79	工业胶带生产项目	王佳胶带科技（南通）有限公司	新建厂房等建筑1万平方米；购置涂胶机、分切机、测试设备等设备167台；项目建成后，年产胶带400万件	1.00	0.50	竣工投产	曲塘镇
80	工程机械结构件生产项目	海安世益机械科技有限公司	新建厂房等建筑1万平方米；购置机关切割机、加工中心等设备132台（套）；项目建成后，年产工程机械配件1.20万台（套）	1.00	0.50	厂房封顶，设备进场安装试产	曲塘镇
81	汽车零部件生产项目	南通市宇润汽车配件有限公司	新建厂房等建筑2万平方米；项目建成后，年产丝杆600万件，轮扳手800万件，金属螺母、固定套2200万件，塑料螺母、摇杆手柄、扳手保护套500万件	1.00	0.50	竣工投产	曲塘镇
82	广益植物保护机械项目	南通市广益机电有限责任公司	用地1.88公顷，总建筑面积5800平方米；购置数控车床、数控冲床等设备68台（套）；项目建成后，年产植保机械2000台（套）	1.00	0.40	竣工投产	李堡镇
83	食品加工项目	南通市奕森食品有限公司	用地1.6公顷，总建筑面积1.13万平方米；购置浸泡式喷洗机、果品分级挑选机、滚筒式洗涤机等设备277台（套）；项目建成后，年产果脯1500吨、饮料600吨	1.00	0.50	厂房主体在建	李堡镇
84	光学玻璃项目	南通东朔光电科技有限公司	用地0.72公顷，总建筑面积约8300平方米；购置PVB中间膜生产线、硬质涂层机、真空镀膜机等设备46台（套）；项目建成后，年产车用玻璃LED车灯200万套	1.00	0.50	厂房主体在建	李堡镇
85	医疗器械生产项目	江苏广达医材集团有限公司	用地1.77公顷，总建筑面积1.2万平方米；购置自动缝纫机、自动裁剪机、自动吸塑机等设备88台（套）；项目建成后，年产手术巾4000万条、腹部垫2000万条、纱布卷1000万米、纱布片2000万片	1.00	0.80	厂房主体在建	李堡镇
86	吸塑包装项目	博特尔包装（江苏）有限公司	新建厂房等建筑3.2万平方米；项目建成后，年产塑料包装盒（杯）4万吨	1.00	0.50	竣工投产	大公镇
87	自动化设备、不织袋生产项目	广德精密电子（海安）有限公司	新建厂房等建筑1万平方米；项目建成后，年产自动化设备50套、包装袋300万只	1.00	0.50	竣工投产	大公镇
88	电子产品生产项目	海安玖泰电子科技有限公司	新建厂房等建筑1万平方米；项目建成后，年产电子元器件2500个、绝缘制品2000万个、电磁波屏蔽元器件1500万个	1.00	0.50	竣工投产	大公镇
89	制刷机械项目	如海制刷（南通）有限公司	新建厂房等建筑1万平方米；项目建成后，年产制刷自动化设备100台	1.00	0.50	竣工投产	大公镇

【项目服务】 2021年，海安市坚持每月举行市主要领导参加的“月月看，家家到”观摩活动，现场巡查点评区镇项目建设情况；在项目建设考核中新增“专班推进”指标，市发展改革委、市商务局等52个部门成立项目服务专班，开展“党旗在项目一线高高飘扬”活动、“送服务到一线”活动，加快推进重大项目建设；强化项目服务保障，配强项目代办员队伍，提升审批效率；升级机关部门挂钩服务重点项目制度，将120个在建项目分解挂钩到具体市领导和责任部门，确保项目建设有效协调、及时推进；市纪委监委牵头开展“双督导、周通报”，及时解决项目建设过程中出现的问题。逐个排定亿元以上项目推进举措，紧盯施工建设、设备安装、投入运行等关键环节，制定10亿元以上重特大项目个性化推进路径图，实施重大项目竣工达产百日攻坚行动，力促项目早竣工投产、快达产达效。全年，110个项目开工，86个项目竣工。盘活低效用地242.87公顷，严格审核设备投入、亩均税收等，实现投资强度和亩均产出“双

提升”。按照“一个园区，一个领导机构、一支招商队伍、一个考核办法、一套推进机制”要求，高标准打造机器人及智能制造产业园、电子信息产业园、锦纶新材料产业园等十大专业园区，为重大项目落户提供优质载体。

【智能示范车间创建】 2021年，海安市持续推进示范智能车间培育，举办海安市示范智能车间培训暨智能车间创建推进会，邀请专家开展智能化改造专题辅导，示范智能车间创建取得新突破。新增双弘纺织高端生态混纺纱智能车间、浚丰太阳能光伏组件生产智能车间、晟驰微电子芯片智能生产车间、东材新材料光学级聚酯基膜智能生产车间4个江苏省示范智能车间，累计有省示范智能车间12个。新增天成科技高档畜禽水产饲料智能制造车间、东材新材料特种聚酯薄膜智能生产车间、欧凯包装脱氧剂智能生产车间、飞亚化学壬基化二苯胺车间、泓丰线业纱线智能制造车间、福克斯新能源太阳能组件智能生产车间、双弘纺织高端生态混纺纱智能车间、浚丰太阳能光伏组件生产智能车间、晟驰微电子芯片智能生产车间9个南通市示范智能车间，累计有南通市示范智能车间22个。新增双弘纺织高端生态混纺纱智能车间、浚丰太阳能光伏组件生产智能车间、晟驰微电子芯片智能生产车间、三零面粉面粉生产智能车间、骆氏减震件橡胶生产密炼智能车间、金洲粮油植物油智能化生产车间6家海安市示范智能车间，累计有市示范智能车间15个。（于　燕）

工业企业

【概况】 2021年，海安市应税销售1亿元以上工业企业（集团）312家，比上年增加47家，其中，10亿元以上企业28家，比上年增加3家；50亿元以上8家，比上年增加1家；100亿元以上3家，与上年持平。全市规模以上工业企业按开票销售和入库税金各占50%，综合排出全市100强，给予表彰，颁发奖牌。入库税金最高的是联发集团，入库税金1.85亿元；开票销售最高的是鑫缘集团，开票销售112.87亿元。龙源风电、齐克庞德、万洲胶粘、恩达通用、双双布业、美加力、信拓建材、圣德曼科技、中山合纤、珀泰蓝卫浴、水务集团、北辰互邦、富邦纺织、恒安建材、宏熙道具、竣昌科技、华新热电、佶立电子、凯美纺织、万淇生物、宏申化工21家企业新入选工业百强企业，天成科技、浚丰太阳能、汇优洁、跃通数控、海美新材料、联兴色织、金余纺塑、昭华精铸、林德曼、千品新材料、新业机电、游龙肠衣、嘉禾化纤、家惠生物、汉特汽车、升辉装备、亨特管业、繁华玻璃、华银毛绒、鼎鑫电气、中机锻压等退出工业百强企业。

【联发纺织】（高端纺织产业）江苏联发纺织股份有限公司（股票代码：002394）位于海安市城东镇恒联路88号，创建于1955年，具有从棉花加工至成衣生产的完整产业链，是全球高档色织面料生产商和全球高档品牌衬衫制造商之一，色织布生产规模全球第二，综合实力连续10多年列全国色织行业前四强、江苏省色织行业首位。公司获全国纺织行业质量奖，先后获评国家色织产品开发基地、国家火炬计划重点高新技术企业、全国纺织工业先进集体、中国纺织行业技术创新示范企业、省优秀民营企业、省优秀企业、省信息化与工业化融合示范企业、省创新型领军企业、省管理创新示范企业、省劳动和谐模范企业等。2021年，公司占地100公顷，员工近万人，发展成集棉纺、色织、印染、家纺、制衣、贸易以及污水处理、热电供应于一体的大型纺织企业，年产纱线3万吨、色织面料1亿米、印染布7200万米、家纺面料7200万米、服饰1000万件，具备污水处理能力每日2万吨、供热能力每小时150吨。实现应税销售15.42亿元，比上年增长7.6%。

【铁锚玻璃】（装备制造产业）江苏铁锚玻璃股份有限公司位于海安市长江西路128号，创建于1984年，主营安全玻璃深加工的研发、生产、销售与服务，发展成国内生产轨道交通安全玻璃的骨干企业。产品主要应用于汽车用安全玻璃及天窗总成、轨道交通用风挡安全玻璃及侧窗总成、飞机等特种安全玻璃、船用特种玻璃及总成件、核电用玻璃及核设施装备用机械手五大领域，是全球重要的动车、高铁前挡玻璃生产基地。至2021年年底，公司有厂房等主要建筑30多万平方米，配备国内外先进设备300多台（套），累计投资总额30多亿元。“铁锚”商标被认定为中国驰名

2021年，浚丰太阳能（江苏）有限公司对生产流程和关键工序技术进行自动化、智能化改造，建成南通市示范智能车间。图为7月7日，工人在智能制造车间操作

顾华夏／摄

商标。参与制定12项国家标准、3项行业标准。拥有授权国家专利110件，其中发明专利18件。承担的项目获评国家重点新产品4项、省高新技术产品15项，获中国机械工业科学技术一等奖1项、中国产学研合作创新成果奖二等奖1项、省科技进步奖3项，获评省重大科技成果转化项目2项、省科技支撑计划项目1项。2021年，公司实现开票销售27.76亿元，入库税金1.38亿元。

【亚太科技】（新材料产业）亚太轻合金（南通）科技有限公司位于海安开发区海防路29号，创建于2008年7月，是江苏亚太轻合金科技股份有限公司全资子公司，注册资金2.5亿元。公司主营产业为汽车零部件，主要生产高端精密变型用交通用工业铝材，产品主要应用于汽车热交换系统、汽车底盘系统、发动机系统、新能源车身系统、设备制造、轨道交通、通信等行业，主要客户有博世、大陆、电装、采埃孚、法雷奥等国际知名汽车零部件企业。亚太轻合金一期、二期项目占地21.87公顷，拥有国内领先的铝加工设备134台（套），其中，铝熔炼及配套设备25台（套）、管线设备33台（套）、挤压设备26台（套）、新能源车身件设备24台（套），质量检验设备26台（套），年产能12万吨。2021年，公司总资产19亿元，员工1040人，实现开票销售24.43亿元，入库税金9530万元。

【西蒙电气】（电子信息产业）西蒙电气（中国）有限公司位于海安开发区西蒙路1号，创建于2002年12月，是西班牙西蒙控股集团投资的外商独资企业，专业生产智能开关、照明灯具、环境电器等多元化产品。至2021年年底，公司占地面积10.67公顷，有员工近1500人。拥有全自动数控设备，应用世界先进的设计制造软件UGII及PROE，结合CAD、CAM、CAE等软件，在设计、制造、销售、采购、物流、财务、人力资源管理等方面采用ERP、CRM等计算机信息处理技术，建立覆盖全公司的信息管理网络。公司通过德国汉德公司ISO 9001和ISO 14001质量环境体系认证及ISO 45001职业健康安全体系认证，以产品质量和性能测试为主的实验室通过中国合格评定国家认可委员会认可。公司拥有百余项国家授权专利，产品通过国家“CCC”强制认证，在低压电器附件产品领域处于国内行业领先位置，产品先后被用于国家体育场（鸟巢）、国家游泳中心（水立方）、中央电视台、首都国际机场T3航站楼、上海世博会、广州“亚运新城”等重点工程，与万科、绿地等国内知名房地产公司建立长期战略合作关系。2021年，公司实现开票销售11.02亿元，入库税金1.28亿元。

【睿木自动化】（机器人及智能制造产业）南通睿木自动化科技股份有限公司（简称睿木自动化）原南通跃通自动化科技有限公司，位于海安开发区东海大道（中）2号，创建于2006年9月，是集木门智造解决方案提供、开发研究与产品制造于一体的国家高新技术企业，中国木竹产业技术创新战略联盟理事单位，国家知识产权优势企业以及江苏省专精特新“小巨人”企业、服务型制造示范企业、“两化融合”贯标重点培育企业。公司建有江苏省机械工程技术研究中心、企业技术中心和研究生工作站；研制开发专用于门扇和门框加工的两大类20余种数控自动化产品；申请PCT专利8件，获授权国家发明专利17件、实用新型专利55件；承担的项目先后获中国专利优秀奖、中国林业产业创新奖（一等奖）各2项，多次获评国家重点新产品、高新技术产品、火炬计划项目，获批省科技成果转化资金、省工业和信息产业转型升级专项资金等；2项产品获评江苏省首台（套）重大装备产品；参与起草全部木门自动化设备的行业标准，参与“十二五”“十三五”国家林业重点研发计划项目，承担国家重点研发计划“面向定制式木工家具制造的机器人自动化生产线”。TATA集团、江山欧派、现代筑美、欧派家居、梦天集团等全国知名木门企业购置公司190多条数控木门自动化生产线，产品出口加拿大、日本、以色列等50多个国家和地区。2021年，公司开票销售1.13亿元，入库税金560.52万元。

【中国天楹】（节能环保产业）中国天楹股份有限公司（股票代码：000035）公司位于海安高新区黄海大道（西）268号，创建于2006年12月，是一家从事城市环境服务和废弃物末端处理及再利用的大型国际化上市公司。公司具备废弃物处理全产业链，业务范围覆盖垃圾分类中转、智慧环卫、生活垃圾焚烧发电、餐厨垃圾处理、危险废弃物处理、建筑垃圾处理、污泥处理、渗滤液处理以及全产业链各节点的装备制造等领域。自主研发垃圾焚烧发电、智慧环卫整体解决方案、餐厨垃圾及危废垃圾处理等核心技术和装备，等离子体飞灰熔融装置是全球节能环保行业内的首台（套）。2021年，公司业务覆盖34个国家，建成全球最大的等离子飞灰处置项目和全球第一个等离子医疗废弃物处置项目，垃圾日处理量8.4万吨，在全球有400余座固废处理设施，二氧化碳年均减排量220万吨。累计拥有专利1000多件，其中，授权专利502项、发明专利32项、实用新型专利455项、外观专利15项。公司有职工7.3万人，实现开票销售29.93亿元，入库税金1.01亿元。

【澳凡家具】（现代家具产业）江苏澳凡家具有限公司前身为上海诚龙木业有限公司，创建于1996年，是一家具有独立自主经营进出口权的大型家具生产企业。2017年，在海安东部家具基地成立江苏澳凡家具有限公司，占地面积30公顷，建筑面积14.5万平方米，员工近千人，是华东地区最大的实木家具生产基地。澳凡家具从德国、意大利购进先进生产设备，在沿用传统榫卯结构基础上融入现代工艺，实现传统家具现代化。澳凡家具获评中国家具行业十佳健康品牌、中国家具行业十佳品牌（实木）；公司获评中国保护消费者基金会“3·15”放心消费诚信会员单位，获深圳家具研究开发院颁发的“绿色家具产品推荐证书”等。2021年，公司实现应税销售1.64亿元，比上年增长26.3%。

【中丝鑫缘生物科技有限公司】（现代医药及大健康产业）中丝鑫缘生物科技有限公司位于海安高新区铭豪路25号，

2017年10月，由中国丝绸工业有限公司、鑫缘集团等共同投资建立。公司集成创新桑蚕茧丝资源循环利用技术，建立桑蚕茧丝绸产业生态循环经济体系，实施桑蚕茧丝资源开发功能性有机桑叶绿（红）茶、雄蚕蛾、蚕蛹油、蚕蛹食品、蚕丝护肤品、桑黄等生物科技工程，打造桑蚕茧丝资源综合利用示范基地。集成创新丝胶丝素提取等技术，利用蚕丝开发高质量蚕丝护肤品生产线。集成桑叶茶活性成分定向富集和生物转化技术，利用专有桑叶开发功能性桑叶茶及其代用茶饮品生产线。集成膨化等技术，开发蚕蛹食品生产线。集成桑枝培育桑黄等食用菌关键技术，建立桑蚕资源开发基地。配套建设桑蚕茧丝资源研发科研检测中心、新产品开发中心、科研成果展示中心等，与西南大学、苏州大学、江苏科技大学等合作单位和鑫缘集团建立产学研合作关系。2021年，公司实现开票销售1.15亿元，比上年增长14.3%。

【金洲粮油】（粮食物流产业）江苏金洲粮油食品有限公司位于海安高新区开元大道199号，创建于2011年1月，是以农产品粮油加工、粮食仓储、小包装食用油、PET制品、印刷包装、贸易与物流为一体的民营企业，是中国食用油加工50强企业、葵籽油和菜籽油加工10强企业，中国粮食行业协会理事单位，全国放心油示范企业，江苏省农业产业化重点龙头企业，江苏省粮食行业优秀企业，江苏省高新技术产业瞪羚企业。“家惠”牌植物油被评为国家级“放心油”产品，“样样红”“家惠”商标被认定为江苏省著名商标、江苏省名牌产品。公司产业分四大板块，第一板块为粮食油脂仓储，粮食仓储量4.5万吨，油脂储罐量15万吨；第二板块为原料加工及精炼生产线，年加工大豆或菜籽30万吨，年精炼一级菜籽油、葵籽油、玉米油、亚麻籽油、芥花籽油22万吨；第三板块为9条小包装全自动油脂灌装生产线，年灌装能力30万吨；第四版块为产业链前延后伸，年生产包装箱2000万只和各种规格PET瓶及标签标贴8000万只，实现上、下游产品及产业链全配套。2021年，公司总资产11亿元，有员工345人，实现开票销售70.58亿元，入库税金1977万元。

2021年海安市应税销售亿元以上工业企业情况表

表20 单位：万元

序号	单位名称	区 镇	2021年应税销售（不含免税销售）	2020年应税销售	增 幅
1	江苏永通新材料科技有限公司	高新区	835391	867691	−3.7%
2	南通家惠油脂发展有限公司	高新区	378214	326140	16.0%
3	鑫缘茧丝绸集团股份有限公司	高新区	336032	275186	22.1%
4	江苏金洲粮油食品有限公司	高新区	325073	273293	18.9%
5	江苏淮湛实业发展有限公司	高新区	281066	453735	−38.1%
6	南通华强布业有限公司	开发区	278367	341361	−18.5%
7	南通市康桥油脂有限公司	开发区	274938	261936	5.0%
8	江苏弘盛新材料股份有限公司	高新区	251925	207323	21.5%
9	亚太轻合金(南通)科技有限公司	开发区	245472	168736	45.5%
10	海安市鑫缘丝绸有限公司	开发区	235216	210304	11.8%
11	海安鑫缘丝线有限公司	开发区	221808	178466	24.3%
12	江苏福克斯新能源科技有限公司	开发区	221646	251229	−11.8%
13	江苏福克斯电气集团有限公司	开发区	205323	239834	−14.4%
14	海安亿云棉业有限公司	开发区	187464	231260	−18.9%
15	江苏福克斯电力工程有限公司	开发区	182358	211359	−13.7%
16	海安荣威运动用品有限公司	开发区	178251	46456	283.7%
17	江苏铁锚玻璃股份有限公司	高新区	174724	162780	7.3%
18	江苏鹏飞集团股份有限公司	大公镇	169241	142728	18.6%
19	江苏东材新材料有限责任公司	开发区	161442	81810	97.3%
20	江苏联发纺织股份有限公司	开发区	154213	143362	7.6%

续表20

序号	单位名称	区 镇	2021年应税销售（不含免税销售）	2020年应税销售	增 幅
21	南通市金桥化工有限公司	开发区	151778	189472	−19.9%
22	浚丰太阳能（江苏）有限公司	高新区	129444	156370	−17.2%
23	江苏物浜实业有限公司	开发区	124826	104487	19.5%
24	南通双弘纺织有限公司	曲塘镇	123744	92693	33.5%
25	西蒙电气（中国）有限公司	开发区	108562	88461	22.7%
26	江苏文凤化纤集团有限公司	高新区	107492	92138	16.7%
27	海安联发棉纺有限公司	开发区	106515	55035	93.5%
28	北材南通金属科技有限公司	开发区	94397	0	—
29	南通双弘纺织科技有限公司	曲塘镇	94202	68854	36.8%
30	南通建桥食品机械有限公司	开发区	93897	5825	1511.8%
31	江苏亚威变压器有限公司	高新区	91857	79786	15.1%
32	南通市百威电气有限公司	开发区	84785	59007	43.7%
33	南通弘厦纺织科技有限公司	开发区	81203	113471	−28.4%
34	江苏威尔曼科技有限公司	高新区	78619	67986	15.6%
35	江苏咖位实业发展有限公司	高新区	78606	46	172131.5%
36	南通匀海车辆部件有限公司	高新区	76876	54902	40.0%
37	江苏华洋尼龙有限公司	墩头镇	76858	50014	53.7%
38	南通市通润汽车零部件有限公司	开发区	75845	65595	15.6%
39	江苏三零面粉海安有限公司	高新区	74454	47212	57.7%
40	江苏天楹环保能源成套设备有限公司	高新区	73081	85638	−14.7%
41	海安新奥燃气有限公司	高新区	71665	51748	38.5%
42	南通联发印染有限公司	开发区	70636	73136	−3.4%
43	江苏富邦纺织有限公司	高新区	67939	5429	1151.5%
44	江苏金大包装材料科技有限公司	开发区	67092	66380	1.1%
45	海安市鹰球粉末冶金有限公司	高新区	65259	65472	−0.3%
46	江苏华艺服饰有限公司	高新区	63199	53624	17.9%
47	上海圣德曼铸造海安有限公司	高新区	62618	58747	6.6%
48	江苏省海安石油化工厂	高新区	62330	49810	25.1%
49	江苏晨朗电子集团有限公司	开发区	61571	46606	32.1%
50	江苏礼德铝业有限公司	高新区	61254	51192	19.7%
51	海安万众粉末冶金有限公司	高新区	61244	61666	−0.7%
52	南通宏熙展示道具有限公司	大公镇	61196	10877	462.6%
53	南通中力科技有限公司	高新区	59789	46701	28.0%
54	南通米兰特电气有限公司	高新区	58084	48115	20.7%
55	江苏佰匡纳实业有限公司	开发区	58004	87978	−34.1%

续表20

序号	单位名称	区 镇	2021年应税销售（不含免税销售）	2020年应税销售	增 幅
56	海安龙源海上风力发电有限公司	滨海新区	56916	51308	10.9%
57	海安市海海毛绒制品有限公司	高新区	56205	37866	48.4%
58	南通江中光电有限公司	高新区	55859	44439	25.7%
59	南通海迅电梯部件有限公司	开发区	55839	20775	168.8%
60	南通海迅机械制造有限公司	开发区	54903	20255	171.1%
61	上海水星家纺海安有限公司	开发区	54033	41113	31.4%
62	江苏易和机械科技有限公司	开发区	53757	19416	176.9%
63	南通晓星变压器有限公司	开发区	53543	70871	−24.4%
64	江苏盈泰新材料科技有限公司	开发区	53037	37317	42.1%
65	齐克庞德电子(江苏)有限公司	开发区	52641	23738	121.8%
66	南通帅泽新材料科技有限公司	曲塘镇	51730	36503	41.7%
67	江苏瑞恩电气股份有限公司	高新区	51475	40454	27.2%
68	海安市海萃针织品有限公司	高新区	51233	29888	71.4%
69	海安海汇实业有限公司	高新区	50708	29911	69.5%
70	南通中尧特雷卡电梯产品有限公司	高新区	50240	47298	6.2%
71	南通季和米业有限责任公司	高新区	49349	35945	37.3%
72	江苏铭利达科技有限公司	高新区	48802	28394	71.9%
73	江苏海建环保科技有限公司	曲塘镇	48440	32835	47.5%
74	江苏海建机械科技有限公司	曲塘镇	48246	17207	180.4%
75	南通佑家机械制造有限公司	开发区	45803	16255	181.8%
76	江苏海迅实业集团股份有限公司	开发区	45549	17093	166.5%
77	江苏迅通铁路器材有限公司	开发区	45548	13191	245.3%
78	南通三优佳磁业有限公司	高新区	44755	16896	164.9%
79	南通远景电工器材有限公司	曲塘镇	44625	28367	57.3%
80	江苏海迅铁路器材集团股份有限公司	开发区	44594	16205	175.2%
81	南通东迅机械制造有限公司	开发区	44048	15957	176.0%
82	江苏江海机床集团有限公司	李堡镇	43823	35625	23.0%
83	江苏昱恒电气有限公司	开发区	43237	21784	98.5%
84	万洲胶粘制品（江苏）有限公司	李堡镇	42987	34558	24.4%
85	南通市万通钢管有限公司	开发区	42690	29720	43.6%
86	江苏伊顿电气科技有限公司	高新区	42428	58383	−27.3%
87	南通乐达纺织科技有限公司	开发区	42343	38272	10.6%
88	南通常安能源有限公司	开发区	42247	29129	45.0%
89	海安启弘纺织科技有限公司	开发区	41350	34249	20.7%

续表20

序号	单位名称	区　镇	2021年应税销售（不含免税销售）	2020年应税销售	增　幅
90	江苏美玮实业有限公司	开发区	41201	75126	−45.2%
91	上柴动力海安有限公司	开发区	41132	41343	−0.5%
92	海安市嘉禾化纤有限公司	墩头镇	40915	30983	32.1%
93	江苏天翔家纺有限公司	开发区	40818	31370	30.1%
94	南通汉能达制衣有限公司	开发区	40474	20953	93.2%
95	中平神马江苏新材料科技有限公司	高新区	40391	37990	6.3%
96	南通佳景健康科技股份有限公司	开发区	39610	25796	53.5%
97	江苏飞亚化学股份有限公司	高新区	39111	33061	18.3%
98	海安金锻工业有限公司	开发区	38754	30268	28.0%
99	南通启迅机械制造有限公司	开发区	38699	12756	203.4%
100	南通迅唐机械制造有限公司	开发区	38666	12767	202.9%
101	南通晋辉翔机械制造有限公司	开发区	38519	12790	201.2%
102	南通明光电线有限公司	南莫镇	37985	32160	18.1%
103	江苏联发环保新能源有限公司	开发区	36356	29187	24.6%
104	江苏欣鑫纺织科技有限公司	开发区	35829	20220	77.2%
105	江苏双双高新科技有限公司	高新区	35222	22662	55.4%
106	江苏恒广新能源科技有限公司	开发区	35023	48511	−27.8%
107	江苏江海节能设备科技有限公司	李堡镇	34439	29116	18.3%
108	南通亿丰饲料设备有限公司	开发区	33752	25051	34.7%
109	海安市宏发特种化纤有限公司	高新区	32915	22641	45.4%
110	南通冠优达磁业股份有限公司	高新区	30773	16578	85.6%
111	江苏佳鸿轻合金科技有限公司	南莫镇	30672	34909	−12.1%
112	江苏佛来特机电成套设备有限公司	高新区	30430	29384	3.6%
113	南通鑫范新型建材有限公司	曲塘镇	30411	34706	−12.4%
114	江苏源通电气有限公司	高新区	30377	24949	21.8%
115	江苏骆氏减震件有限公司	开发区	30097	25009	20.3%
116	江苏鑫钻新材料科技有限公司	高新区	29634	27974	5.9%
117	南通东屹高新纤维科技有限公司	开发区	29374	24678	19.0%
118	美事满工具（海安）有限公司	开发区	29349	2172	1251.5%
119	江苏鹏飞海太机械有限公司	高新区	29317	20256	44.7%
120	海安中油燃气有限责任公司	曲塘镇	29312	25518	14.9%
121	礼德新能源江苏有限公司	高新区	29121	16735	74.0%
122	江苏天楹环保科技有限公司	高新区	29077	29281	−0.7%
123	南通市鼎杰化纤有限公司	高新区	28566	26634	7.3%
124	海安浩驰科技有限公司	开发区	28508	20292	40.5%

续表20

序号	单位名称	区　镇	2021年应税销售（不含免税销售）	2020年应税销售	增　幅
125	南通九州化纤有限公司	白甸镇	28457	24162	17.8%
126	江苏融通阀门机械有限公司	高新区	28389	29861	−4.9%
127	江苏华威铜业有限公司	高新区	28354	16755	69.2%
128	江苏菱安光电科技有限公司	高新区	28135	27889	0.9%
129	人民电器集团江苏斯诺成套设备工程有限公司	高新区	27972	39750	−29.6%
130	南通华锦成化纤科技有限公司	南莫镇	27971	19157	46.0%
131	海安华诚新材料有限公司	开发区	27510	15507	77.4%
132	江苏广达医材集团有限公司	李堡镇	27317	47350	−42.3%
133	江苏康德蛋业有限公司	开发区	27098	20465	32.4%
134	海安海太铸造有限公司	高新区	27094	23926	13.2%
135	南通金余纺塑有限公司	墩头镇	26950	30477	−11.6%
136	江苏蓝强粮油有限公司	曲塘镇	26612	17434	52.6%
137	江苏兴华胶带股份有限公司	高新区	26126	22488	16.2%
138	江苏万力机械股份有限公司	高新区	26074	24409	6.8%
139	南通奥普机械工程有限公司	曲塘镇	25462	21757	17.0%
140	海安信拓建材有限公司	开发区	25414	31212	−18.6%
141	江苏恩达通用设备集团有限公司	高新区	25353	23133	9.6%
142	江苏北辰互邦电力股份有限公司	开发区	25051	20768	20.6%
143	江苏双双布业有限公司	高新区	25015	25211	−0.8%
144	南通永大管业股份有限公司	高新区	24921	21245	17.3%
145	海安华新热电有限公司	高新区	24547	18058	35.9%
146	江苏海美新材料有限公司	高新区	24468	20940	16.8%
147	南通凯信家具有限公司	曲塘镇	24388	14706	65.8%
148	海安市中山合成纤维有限公司	墩头镇	23886	24984	−4.4%
149	佳力士添加剂(海安)有限公司	开发区	23281	16967	37.2%
150	海安市万力铸造有限公司	高新区	23087	19540	18.2%
151	海安佶立电子科技有限公司	高新区	22930	8771	161.4%
152	江苏占姆士纺织有限公司	开发区	22885	35995	−36.4%
153	江苏铧迈新材料科技有限公司	大公镇	22815	14879	53.3%
154	海安市恒安建材有限公司	高新区	22772	17663	28.9%
155	江苏天成蛋业有限公司	滨海新区	22751	14247	59.7%
156	江苏家惠生物科技有限公司	高新区	22222	18188	22.2%
157	南通宏申化工有限公司	开发区	22165	13106	69.1%
158	江苏海建股份有限公司	曲塘镇	22139	34871	−36.5%

续表20

序号	单位名称	区 镇	2021年应税销售（不含免税销售）	2020年应税销售	增 幅
159	江苏美勒家具科技有限公司	开发区	21822	19559	11.6%
160	珀泰蓝智能卫浴科技（江苏）有限公司	大公镇	21801	18608	17.2%
161	南通乐亿达纺织科技有限公司	大公镇	21735	18628	16.7%
162	南通科达建材股份有限公司	高新区	21434	25809	−17.0%
163	南通众润混凝土有限公司	高新区	21418	30755	−30.4%
164	南通昂申金属材料有限公司	开发区	21342	12300	73.5%
165	南通联兴色织有限公司	高新区	21084	21513	−2.0%
166	南通中丽锦纶科技有限公司	墩头镇	21065	12991	62.1%
167	江苏华艺时装集团股份有限公司	高新区	21046	17339	21.4%
168	海安市鹰球磁性元器件有限公司	高新区	20890	18198	14.8%
169	海安市申菱电器制造有限公司	高新区	20883	19174	8.9%
170	江苏普隆磁电有限公司	高新区	20872	13891	50.3%
171	南通市鑫发实业有限公司	高新区	20703	22313	−7.2%
172	江苏华洋新材料有限公司	高新区	20662	0	—
173	江苏诚超铝业有限公司	南莫镇	20609	26255	−21.5%
174	海安市联发制衣有限公司	高新区	20517	18483	11.0%
175	海安市天星电工材料有限公司	曲塘镇	20487	14503	41.3%
176	江苏铁锚明信交通科技有限公司	高新区	20337	17624	15.4%
177	江苏文通管业有限公司	高新区	20228	12489	62.0%
178	江苏合源纺织科技有限公司	开发区	20136	12324	63.4%
179	桑达化工（南通）有限公司	开发区	20093	14842	35.4%
180	江苏明江阀业有限公司	南莫镇	19943	12900	54.6%
181	江苏裕铭铜业有限公司	大公镇	19499	15993	21.9%
182	南通兴东机械设备有限公司	开发区	19485	21291	−8.5%
183	海安宏宇合金材料有限公司	开发区	19047	13654	39.5%
184	江苏康利饲料有限公司	开发区	18992	11440	66.0%
185	上海利安润滑设备制造海安有限公司	开发区	18862	16351	15.4%
186	海安添鑫丝业有限公司	曲塘镇	18857	12513	50.7%
187	南通菲希尔测试仪器有限公司	开发区	18789	17095	9.9%
188	力保龙锦纶（江苏）有限公司	高新区	18783	12739	47.4%
189	海安市通源纱线有限公司	墩头镇	18733	14910	25.6%
190	南通昌荣机电有限公司	开发区	18704	16072	16.4%
191	江苏竣昌科技有限公司	高新区	18603	12035	54.6%
192	海安凯美纺织科技有限公司	开发区	18465	15720	17.5%
193	丝艾工业科技（海安）有限公司	开发区	18459	2931	529.7%

续表20

序号	单位名称	区 镇	2021年应税销售（不含免税销售）	2020年应税销售	增 幅
194	海安市华荣化纤有限公司	大公镇	18421	14820	24.3%
195	上海贤拓铝业科技海安有限公司	大公镇	18377	13034	41.0%
196	海安市水务集团供水有限公司	高新区	18056	14404	25.4%
197	南通明诺电动科技股份有限公司	李堡镇	18037	16786	7.5%
198	海安市晋宏化纤有限公司	开发区	17660	14873	18.7%
199	南通中邦丝织有限公司	开发区	17495	14447	21.1%
200	南通汉特汽车零部件有限公司	高新区	17449	16177	7.9%
201	南通海迅特雷卡电梯产品有限公司	开发区	17415	14018	24.2%
202	海安双宝实业有限公司	高新区	17405	12242	42.2%
203	海安市全鑫纸业有限公司	墩头镇	17124	12617	35.7%
204	欧贝黎新能源科技股份有限公司	高新区	17056	2152	692.6%
205	江苏鸿顺合纤科技有限公司	墩头镇	16975	16045	5.8%
206	江苏恒源丝绸集团有限公司	高新区	16940	12575	34.7%
207	南通市丝博广讯新材料有限公司	大公镇	16890	17343	−2.6%
208	海安腾昱智能科技有限公司	高新区	16655	12465	33.6%
209	南通苏源化纤有限公司	墩头镇	16619	11332	46.7%
210	海安冠益纺织科技有限公司	开发区	16619	10810	53.7%
211	南通泰怡皮件有限公司	高新区	16471	10565	55.9%
212	南通科星化工股份有限公司	白甸镇	16453	16000	2.8%
213	江苏澳凡家具有限公司	滨海新区	16369	12959	26.3%
214	海安汇珏网络通信设备有限公司	开发区	16340	14683	11.3%
215	上海爱登堡电梯江苏有限公司	开发区	16109	27113	−40.6%
216	江苏图灵智能机器人有限公司	开发区	16085	9643	66.8%
217	江苏越承纺织科技有限公司	开发区	15720	10615	48.1%
218	江苏荣神建筑钢品有限公司	大公镇	15654	14144	10.7%
219	南通恒瑞电镀有限公司	高新区	15615	12917	20.9%
220	江苏鼎鑫电气有限公司	开发区	15600	14345	8.8%
221	南通万事达建设工程有限公司	高新区	15585	11156	39.7%
222	海安市恩达通用设备有限责任公司	高新区	15533	14794	5.0%
223	南通市海王电气有限公司	高新区	15447	12221	26.4%
224	海安市兄弟合成纤维有限公司	墩头镇	15411	16273	−5.3%
225	江苏中丽新材料有限公司	高新区	15357	7969	92.7%
226	海安鑫祥混凝土有限公司	高新区	15223	13843	10.0%
227	江苏恒泽安装工程股份有限公司	高新区	15173	15131	0.3%
228	宝燕工业科技(南通)有限公司	高新区	14729	10260	43.5%

续表20

序号	单位名称	区　镇	2021年应税销售（不含免税销售）	2020年应税销售	增　幅
229	美加力新能源科技（海安）有限公司	开发区	14518	11417	27.2%
230	南通亨特管业有限公司	高新区	14363	13518	6.2%
231	江苏铭安电气有限公司	高新区	14301	10800	32.4%
232	江苏纬洲化纤有限公司	墩头镇	14206	13137	8.1%
233	江苏万淇生物科技股份有限公司	高新区	14061	11105	26.6%
234	海安市荣盛铝业有限公司	南莫镇	13879	8414	65.0%
235	南通瑞诚高分子材料有限公司	南莫镇	13835	8389	64.9%
236	江苏繁华玻璃股份有限公司	开发区	13824	17023	−18.8%
237	南通海盟纺织科技有限公司	开发区	13810	9040	52.8%
238	南通美铭锦纶有限公司	墩头镇	13791	12214	12.9%
239	南通耀舟新材料有限公司	白甸镇	13762	22900	−39.9%
240	江苏铭磊化纤有限公司	白甸镇	13747	20503	−32.9%
241	江苏互生纺织科技有限公司	高新区	13649	10533	29.6%
242	江苏鹏飞集团海安建材设备有限公司	大公镇	13433	11580	16.0%
243	南通卓尔机电有限公司	高新区	13400	12695	5.6%
244	江苏新世嘉家纺高新科技股份有限公司	开发区	13357	8899	50.1%
245	海安瑞康建筑材料有限公司	高新区	13332	5769	131.1%
246	江苏昭华精密铸造科技有限公司	开发区	13262	13402	−1.0%
247	南通华银毛绒制品有限公司	开发区	13261	11150	18.9%
248	凯钲五金制品（南通）有限公司	高新区	13125	7264	80.7%
249	南通苏源恒炫电气有限公司	高新区	13118	14119	−7.1%
250	沃德丰汽车用品（南通）有限公司	墩头镇	12942	5812	122.7%
251	南通臻越纺织材料有限公司	高新区	12908	6451	100.1%
252	南通容润新材料科技发展有限公司	李堡镇	12894	12090	6.6%
253	江苏辛巴新材料科技股份有限公司	曲塘镇	12870	16536	−22.2%
254	南通煜圜新材料科技有限公司	开发区	12844	0	—
255	江苏世纪长江电缆有限公司	曲塘镇	12768	15680	−18.6%
256	海安市通用粉末冶金厂	高新区	12737	11405	11.7%
257	江苏鑫港企业有限公司	开发区	12724	10058	26.5%
258	江苏新业重工股份有限公司	大公镇	12692	14551	−12.8%
259	斯可馨家具（海安）有限公司	开发区	12675	9374	35.2%
260	南通贝思特机械工程有限公司	白甸镇	12660	8927	41.8%
261	南通弘祥包装材料有限公司	开发区	12581	14117	−10.9%
262	南通东海机床制造集团有限公司	李堡镇	12459	17642	−29.4%
263	美亚药业海安有限公司	开发区	12374	7153	73.0%

续表20

序号	单位名称	区　镇	2021年应税销售（不含免税销售）	2020年应税销售	增　幅
264	江苏联发领才织染有限公司	高新区	12306	8180	50.4%
265	南通海江铝业有限公司	开发区	12288	7411	65.8%
266	南通市迈克尔化纤有限公司	李堡镇	12241	6148	99.1%
267	海安市中丰合成纤维有限公司	墩头镇	12239	12241	0.0%
268	南通联荣建材有限公司	曲塘镇	12202	13722	−11.1%
269	江苏中邦纺织集团有限公司	开发区	12192	11676	4.4%
270	海安巨鼎混凝土有限公司	开发区	12136	12052	0.7%
271	江苏天威变压器有限公司	高新区	12088	10102	19.7%
272	海安光易通信设备有限公司	开发区	12086	8276	46.0%
273	南通明慧金属材料有限公司	李堡镇	11986	8082	48.3%
274	江苏鑫缘丝绸科技有限公司	开发区	11814	11150	5.9%
275	江苏诚业化纤科技有限公司	大公镇	11713	7803	50.1%
276	江苏璞腾油气装备有限公司	李堡镇	11663	5438	114.5%
277	江苏坚美塑业有限公司	曲塘镇	11662	9215	26.6%
278	江苏铭鹏装备有限公司	大公镇	11610	9251	25.5%
279	南通市兆弟建材科技有限公司	雅周镇	11564	4908	135.6%
280	南通亚威机械制造有限公司	白甸镇	11516	10705	7.6%
281	中丝鑫缘生物科技有限公司	高新区	11514	10074	14.3%
282	江苏瑞安特重型机械有限公司	高新区	11350	2716	318.0%
283	南通跃通数控设备股份有限公司	开发区	11261	14455	−22.1%
284	江苏永盟建筑钢品有限公司	大公镇	11235	7596	47.9%
285	海安金通新材料科技有限公司	开发区	11192	8747	28.0%
286	海安华强染整有限公司	滨海新区	11122	12045	−7.7%
287	仟禧多（南通）包装制品有限公司	高新区	11091	14229	−22.1%
288	南通耐维特电源有限公司	高新区	11041	10705	3.1%
289	南通联荣集团有限公司	曲塘镇	11024	12754	−13.6%
290	海安市中祥线业有限公司	墩头镇	11016	9304	18.4%
291	江苏正红彩印有限公司	白甸镇	10941	17597	−37.8%
292	江苏艾丽森纺织科技有限公司	开发区	10900	8305	31.2%
293	南通德和布业有限公司	雅周镇	10828	10089	7.3%
294	南通金威复合材料有限公司	开发区	10787	8709	23.9%
295	海安凯文纺织科技有限公司	开发区	10685	2764	286.6%
296	江苏莱特凯机械有限公司	南莫镇	10491	10344	1.4%
297	江苏新途电气设备有限公司	高新区	10425	4272	144.0%
298	江苏四新界面剂科技有限公司	白甸镇	10386	6766	53.5%

续表20

序号	单位名称	区　镇	2021年应税销售（不含免税销售）	2020年应税销售	增　幅
299	南通宏顺厨具制品有限公司	开发区	10265	7846	30.8%
300	江苏临海电气有限公司	开发区	10265	9413	9.0%
301	海安能达电气有限公司	高新区	10249	5042	103.3%
302	江苏大同宝富纺织科技有限公司	开发区	10222	9001	13.6%
303	南通土力机械制造有限公司	高新区	10216	9028	13.2%
304	江苏增光新材料科技股份有限公司	开发区	10180	10040	1.4%
305	南通格莉诗服饰有限公司	大公镇	10125	10515	−3.7%
306	南通睿睿防水新技术开发有限公司	李堡镇	10110	8376	20.7%
307	南通市苏东钢结构有限公司	高新区	10104	8277	22.1%
308	江苏瑞吉达建材科技有限公司	曲塘镇	10097	8659	16.6%
309	南通市锦丽丝顿抽纱制品有限公司	大公镇	10074	4894	105.8%
310	海安联和纺织科技有限公司	开发区	10064	11121	−9.5%
311	海安市东方特种建材有限公司	李堡镇	10041	10135	−0.9%
312	江苏锦瑞金属制品有限公司	高新区	10005	7511	33.2%

2021年海安市工业百强企业一览表

表21　　　　单位：万元

序号	纳税人名称	所在区镇	开票销售	入库税金
1	江苏联发集团股份有限公司	开发区	497629	18580
2	江苏铁锚玻璃股份有限公司	高新区	277649	13820
3	中国天楹股份有限公司	高新区	299283	10139
4	南通市康桥油脂有限公司	开发区	450501	6678
5	江苏省华强纺织有限公司	开发区	600330	4518
6	亚太轻合金（南通）科技有限公司	开发区	244327	9530
7	江苏文凤化纤集团有限公司	高新区	1099060	3832
8	江苏弘盛新材料股份有限公司	高新区	341327	4242
9	西蒙电气（中国）有限公司	开发区	110230	12844
10	江苏鹏飞集团股份有限公司	大公镇	185972	4062
11	江苏金洲粮油食品有限公司	高新区	705785	1977
12	江苏亚威变压器有限公司	高新区	175131	3242
13	南通市通润汽车零部件有限公司	开发区	83432	4546
14	鑫缘茧丝绸集团股份有限公司	高新区	1128716	1659
15	南通双弘纺织有限公司	曲塘镇	222348	2496
16	江苏鹰球集团有限公司	高新区	177362	2294
17	江苏华艺时装集团股份有限公司	高新区	83174	4032
18	江苏东材新材料有限责任公司	开发区	175592	2082
19	江苏晨朗电子集团有限公司	开发区	64836	4674

续表21

序号	纳税人名称	所在区镇	开票销售	入库税金
20	江苏省海安石油化工厂	高新区	62286	7290
21	南通冠优达磁业股份有限公司	高新区	74001	2752
22	江苏海迅实业集团股份有限公司	开发区	479488	1245
23	江苏通海线业有限公司	墩头镇	122050	1659
24	海安龙源海上风力发电有限公司	滨海新区	58672	3893
25	南通中尧机电制造有限公司	高新区	68646	2622
26	海安新奥燃气有限公司	高新区	69324	2506
27	南通中力科技有限公司	高新区	63721	2890
28	江苏威尔曼科技有限公司	高新区	77254	1933
29	齐克庞德电子(江苏)有限公司	开发区	50705	4387
30	海安海太铸造有限公司	高新区	55326	3094
31	上海水星家纺海安有限公司	开发区	54671	3360
32	南通晓星变压器有限公司	开发区	50692	3609
33	南通科达建材股份有限公司	高新区	89411	1427
34	南通佳景健康科技股份有限公司	开发区	39441	5118
35	南通江中光电有限公司	高新区	55262	1956
36	江苏瑞恩电气股份有限公司	高新区	49871	2539
37	江苏飞亚化学工业集团股份有限公司	高新区	39047	4303
38	南通米兰特电气有限公司	高新区	57076	1705
39	江苏广达医材集团有限公司	李堡镇	59863	1574
40	江苏万力机械股份有限公司	高新区	55055	1754
41	海安市申菱电器制造有限公司	高新区	46146	1487
42	万洲胶粘制品（江苏）有限公司	李堡镇	43678	1543
43	南通乐达纺织科技有限公司	开发区	45229	1457
44	海安金锻工业有限公司	开发区	38535	1798
45	上柴动力海安有限公司	开发区	42910	1433
46	海安荣威运动用品有限公司	开发区	164423	670
47	江苏礼德铝业有限公司	高新区	100174	725
48	江苏兴华胶带股份有限公司	高新区	34691	1753
49	江苏融通阀门机械有限公司	高新区	29045	2235
50	南通汉能达制衣有限公司	开发区	37486	1432
51	南通中邦纺织有限公司	开发区	42446	1054
52	江苏海建股份有限公司	曲塘镇	116716	573
53	江苏坚美塑业有限公司	曲塘镇	35490	1317
54	江苏铭利达科技有限公司	高新区	44073	1005
55	江苏欣鑫纺织科技有限公司	开发区	35290	1187
56	江苏金大包装材料科技有限公司	开发区	70094	661
57	海安市天星电工材料有限公司	曲塘镇	114368	540
58	江苏恩达通用设备有限公司	高新区	40552	924
59	江苏恒源丝绸集团有限公司	高新区	34471	1015
60	江苏双双布业有限公司	高新区	103760	476

续表21

序号	纳税人名称	所在区镇	开票销售	入库税金
61	美加力新能源科技（海安）有限公司	开发区	22786	1479
62	南通联荣集团有限公司	曲塘镇	39826	762
63	南通常安能源有限公司	开发区	40155	733
64	海安信拓建材有限公司	开发区	26310	1054
65	南通奥普机械工程有限公司	曲塘镇	26066	1165
66	江苏骆氏减震件有限公司	开发区	30495	845
67	江苏明江阀业有限公司	高新区	19874	1651
68	海安中油燃气有限责任公司	曲塘镇	29625	820
69	南通鑫范新型建材有限公司	曲塘镇	31188	786
70	上海圣德曼铸造海安有限公司	高新区	63517	482
71	海安市中山合成纤维有限公司	墩头镇	52524	509
72	江苏盈泰新材料科技有限公司	开发区	53547	506
73	珀泰蓝智能卫浴科技（江苏）有限公司	大公镇	21405	1225
74	江苏福克斯电气集团有限公司	开发区	693727	355
75	江苏源通电气有限公司	高新区	29608	768
76	上海利安润滑设备制造海安有限公司	开发区	18455	1641
77	江苏美勒家具科技有限公司	开发区	20131	1264
78	南通四季安琦针织有限公司	墩头镇	32306	687
79	海安市水务集团供水有限公司	高新区	26389	838
80	江苏北辰互邦电力股份有限公司	开发区	50677	500
81	江苏富邦纺织有限公司	高新区	70618	408
82	南通科星化工股份有限公司	白甸镇	18784	1285
83	海安市恒安建材有限公司	高新区	23377	881
84	江苏澳凡家具有限公司	滨海新区	20120	1029
85	海安汇珏网络通信设备有限公司	开发区	28117	691
86	南通宏熙展示道具有限公司	大公镇	20000	1021
87	江苏竑昌科技有限公司	高新区	18415	1039
88	南通众润混凝土有限公司	高新区	22024	794
89	海安华新热电有限公司	高新区	23854	710
90	海安市海海毛绒制品有限公司	高新区	166519	337
91	海安佶立电子科技有限公司	高新区	22671	759
92	海安启弘纺织科技有限公司	开发区	39933	464
93	海安凯美纺织科技有限公司	开发区	18180	1029
94	江苏万淇生物科技股份有限公司	高新区	18264	999
95	南通昌荣机电有限公司	开发区	20758	766
96	江苏江海机床集团有限公司	李堡镇	77557	344
97	上海爱登堡电梯江苏有限公司	开发区	18823	798
98	南通宏申化工有限公司	开发区	21406	634
99	海安市金鑫纸业有限公司	墩头镇	17150	858
100	南通明诺电动科技股份有限公司	李堡镇	18214	815

（顾宇飞）

海安中洋金砖酒店

建筑业

综　述

【概况】 2021年，海安市拥有建筑企业637家，比上年增加84家；建筑业施工产值1901亿元，比上年增长5.6%；施工面积2.14亿平方米，比上年增长1.5%。施工产值超500亿元企业1家，超200亿元企业1家，超100亿元企业3家，超50亿元企业2家，超10亿元企业7家。建筑业入库税收17.2亿元，3家企业进入海安市税收基金10强，江苏省苏中建设集团股份有限公司（简称苏中集团）居榜首。苏中集团列“2021年中国民营企业500强”第142位、“中国企业500强”第323位。3家企业进入“江苏建筑业百强企业（综合实力类）50强”，11家企业入围南通市建筑业“双三十强”企业。全市建筑业从业人数35.18万人，其中，到省外施工人数23.16万人，省内施工人数12.02万人。全市有一级注册建造师1971人。

【建筑强企发展】 2021年5月19日，南通市建筑行业协会发布2020年度南通市建筑业“双三十强”企业及“三优”（优秀企业、优秀企业家、优秀企业经理）评价结果，其中，苏中集团、华新建工集团有限公司（简称华新集团）、南通市达欣工程股份有限公司（简称达欣集团）、江苏信拓建设（集团）股份有限公司（简称信拓集团）、江苏新龙兴建设集团有限公司（简称新龙兴集团）、南通苏中建设有限公司（简称南通苏中）6家企业获评2020年度南通市建筑业竞争力三十强企业，江苏润宇建设有限公司（简称润宇公司）、南通工泰建设有限公司（简称工泰公司）、江苏国恒建设发展有限公司（简称国恒公司）、南通丰汇建设有限公司（简称丰汇公司）、南通通宇建设工程有限公司（简称通宇公司）5家企业获评2020年度南通市建筑业最具成长性三十强企业，17家企业获评2020年度南通市建筑业优秀企业，7人获评南通市建筑业优秀企业家，23人获评南通市建筑业优秀企业经理。

6月30日，江苏省住房城乡建设厅、省统计局、省商务厅联合发布2020年全省建筑业百强企业名单，3家企业进入“综合实力类”50强，苏中集团、华新集团、达欣集团分别列第3位、第13位、第22位。

9月25日，全国工商联发布“2021年中国民营企业500强”榜单，苏中集团以营收总额640.27亿元列第142位。

9月26日，中国企业联合会、中国企业家协会发布“2021中国企业500强”榜单，苏中集团列第323位，连续20年进入该榜单。

【建筑产业转型升级】 2021年，海安市持续扩大建筑业务领域，一批建筑龙头企业经营业务向市政、路桥、水利等领域拓展，部分建筑企业围绕施工主业涉足房地产、建材生产、投融资等大建筑领域，初步形成专业覆盖宽、产业链条长、产品附加值高的发展新格局。新增非房建项目4591个，比上年增长7.8%，占新签项目比重36.3%，其中，苏中集团非房建项目合同额超80亿元，华新集团公建、市政等项目占比30%。新增EPC（工程总承包）项目8个，总建筑面积近45万平方米。新增一级资质建筑企业11家，其中江苏天楹之光光电科技有限公司填补城市及道路照明工程专业承包一级资质空白。

【建筑产业现代化建设】 2021年，海安市策应“双碳”（碳达峰、碳中和）目标，发挥省级建筑产业现代化示范城市、国家级装配式建筑产业基地引领作用，推进装配式建造、数字建造、绿色建造。新建装配式建筑71.74万平方米，占新开建筑面积比重33.6%；新建成品住房67.93万平方米，占新建住房面积比重41.87%，“三板”（预制内外墙板、预制楼梯板、预制楼板）应用项目87.18万平方米。达欣集团2项工程获评全国绿色施工示范工程。加强装配式建筑全过程监管和指导，落实装配式建筑混凝土预制构件生产供应单位生产技术能力登记管理制度，推广使用装配式建筑智慧管理平台，实现PC构件和施工过程全监督。组织装配式建筑实操培训2期，培训一线管理人员和操作人员97人。 （刘　丹）

生产经营

【概况】 2021年，海安市建筑企业完成施工总产值1901亿元，其中，建筑工程产值1843.3亿元，安装工程产值56.4亿元，其他建筑业产值1.3亿元；装饰装修产值58.97亿元；在外省完成建筑产值1298亿元。竣工产值1150.3亿元。房屋建筑施工面积2.14亿平方米，其中新开工面积4730.5万平方米。签订建筑合同额2605.3亿元，其中新签订建筑合同额1250.9亿元。在建建筑工程1.27万项，其中新开工3935项。承建高层建筑（10层及以上）8128幢，其中超高层（建筑高度超过100米）1687幢；承建单跨24米以上工程10项，10万平方米小区及配套工程467项。

【国内市场】 2021年，海安市建筑行业在全国形成超100亿元市场3个、超50亿元市场8个、超20亿元市场12个。引导企业开拓EPC、基础设施建设、城市更新等市场，苏中集团新签非房建项目71个，面积282.17万平方米，合同额80.09亿元；华新集团新签非房建项目53个；达欣集团新签市政项目4个、EPC项目4个，总建筑面积22.6万平方米。深化军地融合发展，1家企业加入军队采购网平台，1家企业承接部队修整工程。推进“央地共建”，苏中集团与中国中铁四局集团有限公司签订战略合作协议，华新集团与中国中铁大桥局集团有限公司开展项目合作。

【国内市场拓展】 2021年，海安市建筑企业持续发力重点市场，开拓新兴市场，在上海、浙江、山东等地开展产业招商活动6次以上。9月18日，华润置地有限公司相关领导到华新集团开展“总对总”交流座谈。11月2日，达欣集团与旭辉集团股份有限公司2021年总承包工程战略合作签约仪式在上海举行。11月22日，苏中集团与中国天楹签订战略合作协议。新招引现代建筑产业项目8个，分别是10亿元南通富尔达科技有限公司项目，5亿元典堂建筑工程（江苏）有限公司项目，2亿元江苏锐剑科技有限公司项目以及1亿元江苏施特思钢结构制造有限公司项目、永盟绿建科技（南通）有限公司项目、江苏晧森新材料科技有限公司项目、长申新型建材（海安）有限公司项目、江苏恩沛新材料科技有限公司项目。加大项目建设推进力度，升维科技有限公司铝模爬架项目实现投产，一期工程有序推进，安全教育体验中心交付使用；国盛钢结构工程（海安）有限公司建筑用钢结构和装配式制造项目一期投产，二期加快推进；布雷尼建筑科技（江苏）有限公司ALC墙体材料项目设备安装到位并试产；沃思钢结构科技（江苏）有限公司构件生产项目投产运营；江苏锐剑科技有限公司改性沥青防水卷材、保温材料、防水材料生产项目加快厂房建设。

【**国外市场拓展**】 2021年，海安市建筑企业积极拓展国外市场，实现境外工程营业额超1亿美元。承接海外项目30个，其中达欣集团在以色列承接项目14个，完成合同额3844万美元。推进建筑业企业与工业企业跨界联合，苏中集团承揽联发集团2100万美元印度尼西亚高档面料项目，与中国天楹签署4个合同额50亿元的EPC环保产业项目战略合作协议；达欣集团在以色列承接12个项目；南通苏中在伊拉克、尼日尔承接新项目。 （刘　丹）

质量安全

【**概况**】 2021年，海安市建筑业坚持“质量立业”“精品立企”原则，加大建筑行业安全生产监管力度，市建管局先后分区镇（街道、办事处、园区）、建筑施工企业、在建工程项目部三大层次召开安全生产工作动员会与推进会9次，拟制、下发安全生产文件46份至各区镇、建筑公司和在海安的建筑企业项目部，不断提高建筑工程质量。加强企业品牌建设，新增中国建设工程鲁班奖5项（总承包1项、参建4项，1项工程总承包、参建均获奖）、国家优质工程奖1项、中国土木工程詹天佑奖4项、中国安装工程优质奖（“中国安装之星”）1项。开展建筑施工领域安全生产专项整治，安全生产形势总体平稳，14项工程获评全国安全生产标准化建设工地，4项工程获评全国市场质量信用A等用户满意工程。

【**建筑工程创优**】 2021年，海安市建筑企业承建（参建）的多项工程获全国建筑业大奖。4项工程获鲁班奖，分别是苏中集团承建、南通市第七建筑安装工程有限公司（简称南通七建）参建的黑龙江省鸡西市人民医院门诊、医技、病房综合楼工程，华新集团参建的陕西省华山医疗养生中心主体工程建设项目、陕西省曲江·国际中小学项目，江苏苏中建设总承包有限公司参建的内蒙古鄂尔多斯市蒙古族学校项目。达欣集团承建的齐齐哈尔医学院大学生活动中心体育馆获国优工程奖。4项工程获詹天佑奖，分别是苏中集团承建的甘肃省兰州市欧洲阳光城二期（住宅楼）1—4号楼项目、山西太原幸福里二期项目、河北省石家庄市贾村城中村改造（一期）项目，华新集团承建的山西省太原幸福里二期项目。苏中集团承建的海澜集团营业用房建设（马儿岛艺术文化主题度假酒店）1号楼工程获评“中国安装之星”。

14项工程获评全国安全生产标准化建设工地，分别是苏中集团施工总承包的邯郸罗兰翡丽4、5、7、8号住宅楼及部分地下车库项目，太原水峪村城中村改造项目（一期）5、6、7、S-3、S-4、S-5号楼和换热站项目，沈阳亿嘉首府项目，南京秦淮区宜家南侧地块——秦淮区观门口危旧房改造地块经济适用住房项目，乌鲁木齐中海·萃景苑二期（一标段）项目；华新集团施工总承包的辽宁省（华润幸福里）住宅、商业（三期-2）（沈阳）项目，山东省日照华润中心14号-A、14号-B项目，湖北省中农联荆州智慧云仓城一期一标段项目；达欣集团施工总承包的上海闵行区浦江镇浦江拓展大型居住社区39-01地块住宅项目，河北唐山市路北区城中村边各寨一村、边各寨二村棚户区改造项目，黑龙江省齐齐哈尔飞鹤东方御一标段、飞鹤东方御二标段项目，南京浦口高新区审计大数据中心项目，新疆碧桂园·黄金时代二期项目；南通华汇建筑工程有限公司施工总承包的江苏省桃源里1号、2号（含精装修）、3号、4—7号楼（含精装修）、商业及附属用房、地下车库（含人防）、配电房2非、配电房3号工程项目。

4项工程获评全国市场质量信用A等用户满意工程，分别是达欣集团承建的铂悦犀湖1—5号工程，紫竹锦江小区1—7号住宅及地下车库、幼儿园工程，泰华城府小区工程，东鸿艺境B-19地块二期工程。

附

海安市建筑企业名优建筑工程选介

鸡西市人民医院门诊、医技、病房综合楼　项目位于黑龙江省鸡西市鸡冠区兴国东路114号，施工总承包单位为苏中集团，南通七建参建。总建筑面积8.76万平方米，地下1层、地上15层，建筑高度61.95米。2015年4月5日开工，2019年8月20日竣工。工程应用全国建筑业10项新技术中的8大项、21小项。获国家实用新型专利4件，获评国家级QC成果3项，获评省级工法4个。2021年12月，被中国建筑业协会评为2020—2021年度中国建设工程鲁班奖。

齐齐哈尔医学院大学生活动中心体育馆　项目位于黑龙江省齐齐哈尔市建华区卜奎北大街西侧齐齐哈尔医学院内，承建单位为达欣集团。项目为框架结构，屋面为网球架钢结构，总建筑面积1.25万平方米，地下一层、地上四层，建筑高度23.8米。2018年5月31日开工，2020年5月31竣工。项目应用全国建筑业10项新技术中的7大项16小项。获评国家级QC成果5项、国家级BIM大赛奖2项、省级工法5个，获评黑龙江省建筑业新技术应用示范金牌工程、黑龙江省建筑业绿色施工示范工程、全国建设工程项目施工安全生产标准化工地，多次被黑龙江省建设主管部门列为观摩现场。2021年12月6日，被中国施工企业管理协会评为2020—2021年度国家优质工程奖。

兰州市欧洲阳光城二期（住宅楼）1号至4号楼 项目位于甘肃省兰州市城关区北滨河东路，承建单位为苏中集团。总建筑面积22.61万平方米，建筑高度159.3米。2015年8月开工，2019年1月竣工。项目应用全国建筑业10项新技术中的9大项、23小项。获国家实用新型专利2项，获评国家级QC成果3项、省级工法2个，获评甘肃省建设工程文明工地、兰州市建设工程“白塔奖”、甘肃省建设工程“飞天奖”。2021年9月，被中国土木工程学会评为中国土木工程詹天佑奖优秀住宅小区金奖。

山西太原幸福里二期项目 项目位于山西省太原市万柏林区，施工总承包单位为苏中集团。总建筑面积13.35万平方米，由2栋46层及1栋38层住宅楼组成，最高建筑高度142.7米。2017年2月开工，2020年12月竣工。项目应用全国建筑业10项新技术中的10大项、28小项。获国家实用新型专利3项，获评国家级QC成果1项、省级QC成果2项、省级工法2个，获评太原市优质结构工程、太原市优良工程、山西省优质结构工程、山西省安全文明标准化工地、山西省“太行杯”土木建筑工程大奖。2021年9月，被中国土木工程学会评为中国土木工程詹天佑奖优秀住宅小区金奖。

石家庄市贾村城中村改造（一期）项目 项目位于河北省石家庄市308国道以西、贾村村东、建华南大街两侧，承建单位为苏中集团。总建筑面积14.29万平方米。2017年12月开工，2019年11月竣工。项目应用全国建筑业10项新技术中的9大项、21小项。获国家实用新型专利2项，获评国家级QC成果5项、国家级BIM奖2项、省级工法1个，获评河北省结构优质工程、河北省“安济杯”工程。2021年9月，被中国土木工程学会评为中国土木工程詹天佑奖优秀住宅小区金奖。

山西太原幸福里项目 项目位于山西省太原市万柏林区晋祠路56号，施工总承包单位为华新集团。总建筑面积24.26万平方米，由1号至6号商住楼、二期地下车库组成。2017年2月开工，2019年12月竣工。项目获国家实用新型专利3件，获评国家级QC成果3项、省级工法2个，获评太原市优良工程、山西省“太行杯”土木建筑工程大奖。2021年9月，被中国土木工程学会评为中国土木工程詹天佑奖优秀住宅小区金奖。

海澜集团营业用房建设（马儿岛艺术文化主题度假酒店）1号楼工程 项目位于江苏省江阴市新桥镇飞马水城内，承建单位为苏中集团。总建筑面积11.77万平方米，其中，地上9层、建筑面积8.4万平方米，地下1层、建筑面积3.37万平方米；建筑高度48.9米。2015年11月8日开工，2018年7月3日竣工。项目应用全国建筑业10项新技术中的8大项、15小项，省10项新技术中的3大项、3小项。获国家实用新型专利3件，获评国家级QC成果2项、省级工法2个、省级科技成果鉴定2件，获评中国建筑工程装饰奖、江苏省“扬子杯”优质工程奖、江苏省建筑业新技术应用示范工程。2021年2月，被中国安装协会评为2020—2021年度中国安装工程优质奖（中国安装之星）。

【工程质量管理】 2021年，海安市加强建筑工程质量管理，开展专项检查，做好施工图审查、工程检测等工作，保障项目建设需要。新受监项目285个，建筑面积535.38万平方米。其中，公建项目25个，建筑面积27.92万平方米；商品住宅项目40个，建筑面积199.05万平方米。开展日常监督抽查979次，工程质量巡查33次。监督竣工验收100次，建筑面积287.66万平方米。竣工验收商品房项目10个，分户验收2114户，建筑面积45.25万平方米；竣工验收公共建筑项目14个，建筑面积19.5万平方米。出具监督报告204份，收到不合格检测报告200份，签发抽检通知书245份，出具整改通知单42份、停工通知书14份。对全市16家有资质的预拌混凝土企业组织质量专项大检查，原材料及混凝土质量基本处于受控状态；联合区镇（街道）查处无资质预拌混凝土企业，关闭无资质预拌混凝土企业70家。加强施工图审查，受理民用项目43个，审查建筑面积49.79万平方米，查处违反工程建设标准强制性条文88条、违反工程建设强制性标准871条；受理工业项目186个，审查建筑面积223.83万平方米，查处违反工程建设标准强制性条文246条、强制性标准4154条；受理

江苏省苏中建设集团股份有限公司承建的海澜集团营业用房建设（马儿岛艺术文化主题度假酒店）1号楼工程获中国安装工程优质奖 市建管局／供图

岩土工程勘察报告197份，查处违反工程勘察标准强制性条文4条；受理消防设计文件审查61项，审查面积88.9万平方米；受理民用建筑设计方案绿色设计审查23项；协调报送海安市外机构审查项目38个，审查面积236.43万平方米。

【建筑安全管理】 2021年，海安市建管局开展建筑施工领域安全生产深化提升行动，重点排查起重机械、高支模、深基坑、脚手架、消防安全、有限空间作业等安全隐患，检查项目1161个，发现隐患9171条，对各类安全生产隐患按照登记、挂牌、整改、验收、报告、销号等程序实现闭环管理。加强消防审查验收管理，设计审查61件、消防验收项目131个，出具消防验收意见书131份、消防验收备案凭证217份，开展验收备案抽查52次，建筑面积344.88万平方米，督促整改建设工程消防隐患2581条。依托苏中智慧建筑产业学院，举办新开工建设工程开工前“安全责任告知、专题警示教育、安全公开承诺”教育培训班7期，新开工建设工程的建设、勘察、设计、施工、监理、监测、检测单位及各分包单位相关负责人989人参训。

（刘　丹　刘　鑫）

建筑科技

【概况】 2021年，海安市建管局大力推动产学研合作，建立健全以企业为主体的技术创新体系，引导建筑企业加大工法、成果、新技术应用示范工程的申报力度。多次邀请专家到海安举办BIM（建筑信息模型）、装配式建筑、转型升级等专题讲座。各建筑企业推广运用信息化技术，加强数字建造技术应用，推进BIM技术在施工和运营维护全过程的集成应用，实现工程建设项目数据共享和信息化管理。全市建筑企业获国家发明专利15项、全国性BIM奖15项、国家级QC成果85项，主编国家标准1项，参编行业标准7项、地方标准13项。华新集团获批省建设科技创新成果1项。苏中集团获批江苏省博士后创新实践基地、科技创新基地。江苏特建技术股份有限公司（简称江苏特建）获评高新技术企业，建筑企业唯一。3月18日，苏中集团与南通理工学院投资共建的苏中智慧建筑产业学院签约仪式在南通理工学院海安校区举行。

【建筑科研】 2021年，海安市建筑行业多次开展产学研对接活动，组织行业企业到高校开展产学研对接活动8次。6月4日，举办“创新·转型·高质量发展”第八届“创新创业在海安”建筑业专场活动，聘请住房和城乡建设部原总工程师、中国建筑业协会第六届理事会会长王铁宏任海安产业科技创新专家咨询委员会特聘专家，邀请建筑行业专家做“数字化转型升级的机遇与挑战”“建筑工业化智能建造平台解析和实践”辅导讲座。苏中集团与南通理工学院共同合作“上湖医院新建工程EPC工程总承包施工关键技术研究”。华新集团与苏州科技大学合作开展装配式装修课题研究。南通科达建材科技股份有限公司（简称科达建材）分别与吉林建筑大学、扬州工业职业技术学院开展“灌芯装配式混凝土剪力墙结构技术”和“新型阻燃聚氨酯保温材料制备及性能”研究。江苏特建与上海电力大学合作共建特电云智慧用电研发中心。苏中集团获批江苏省新型建筑工业化创新基地。科达建材、南通联荣集团有限公司获评江苏省四星级上云企业，南通万事达建设工程有限公司、南通荣光建筑钢品有限公司、南通鑫范新型建材有限公司、江苏昊持建筑科技有限公司获评三星级上云企业。

【85个QC小组获国家级表彰】 2021年，苏中集团50个QC小组、华新集团10个QC小组、达欣集团7个QC小组、南通七建1个QC小组、信拓集团1个QC小组、润宇公司1个QC小组、工泰公司1个QC小组被中国建筑业协会表彰为全国工程建设优秀QC小组。苏中集团11个QC小组、达欣集团1个QC小组被国家工程建设质量奖审定委员会表彰为全国工程建设优秀QC小组。华新集团1个QC小组、信拓集团1个QC小组被中国施工管理企业协会表彰为全国工程建设优秀QC小组。

【建筑业供应链金融试点】 2021年，海安市建筑业作为供应链金融试点行业在南通率先开展试点工作，创新建立建筑业供应链金融服务平台。1月，成立南通贸融科技有限公司，组建供应链金融公共服务平台项目决策委员会，相关工作获南通市委主要领导肯定。累计有18家核心企业、81家上游供应商、14家金融机构接入建筑业供应链金融服务平台，全年完成交易912笔、6.96亿元，完成融资539笔、4.25亿元。金融机构融资业务通用标准接口获国家软件著作权。

（刘　丹）

建筑管理

【概况】 2021年，海安市加大建筑企业转型升级、科技创新、人才支撑、对外合作，组建建筑业服务中心，打造一站式综合性服务平台，为建筑企业提供全周期服务保障。各建筑企业加快建立现代企业制度，打造与企业自身状况相匹配的法人治理结构，加强风险管控，提升市场竞争力。成立维护建筑业稳定发展专班，累计推动复工项目超70个，指导企业稳妥应对诉讼案件近200起。加强建筑行业协会建设，运用“请进来+走出去”的方式，组织160多家企业1000多人次参加各类活动58场次。建好企业职工学习平台、职工书屋、文化活动中心，“苏中集团”微信公众号获评全国建筑业最具影响力微信公众号，《苏中建设报》《苏中建设年刊》分别获评行业精品报纸、优秀期刊；达欣集团被全国总工会评为职工书屋示范点。苏中集团、达欣集团各1人获评江苏省劳动模范，达欣集团1人获评江苏省五一劳动奖章，苏中集团1人获评南通市技术能手。马和军劳模创新工作室党支部获评南通市十佳劳模创新工作室党支部。华新集团获评南通市五一劳动奖状，苏中集团海安上湖医院新建工程项目部获评

"南通市工人先锋号"。达欣集团杭小建《问题到我为止,永做岗位主人翁》先进事迹先后在南通电视台、海安电视台报道。4月1日,成立海安市建筑行业党委。住房和城乡建设部以及江苏省、南通市相关领导先后到海安调研EPC工程管理、企业党建工作、供应链金融试点等工作,均给予肯定。

【建筑行业企业管理】 2021年,海安市持续推进建筑企业信用管理工作,结合集中抽查和日常市场行为开展信用考核,苏中集团、达欣集团、华新集团列建筑工程总承包企业前三名,南通市顺联建设工程有限公司、南通龙樾建设工程有限公司、南通平盛建设工程有限公司列市政公用工程总承包企业前三名。加强监理单位管理,组织企业在监项目专项检查,检查监理企业28家,下发整改通知书10份、专项检查通报1份,通报批评3家企业并要求限期整改。

【工程造价管理】 2021年,海安市加强工程造价管理,按月发布建筑材料价格信息12期,为工程建设单位、施工单位、造价咨询单位工程造价编制和审核提供依据。通过走访、座谈等方式调研政府投资的EPC项目,及时发现、提前分析工程结算中可能出现的问题,尽可能减少工程造价纠纷。优化现场安全文明施工管理,核定现场安全文明措施费考评费960份、扬尘污染防治费550份。

【工程检测管理】 2021年,海安市按照"省住房城乡建设厅关于实行建设工程质量检测综合报告制度的通知",建立基本落实建设工程质量检测综合报告制度,实现工程质量检测项目应检尽检。下发"加强建设工程地基基础检测备案管理的通知",要求所有拟进入海安行政区域内从事建设工程地基基础检测业务的检测机构必须办理备案手续,并纳入日常监督管理。对全市桩基检测单位检测人员持证、检测规范性、检测痕迹、原始记录等开展检查,要求检测机构依托监管平台实时上传所有工程桩基静载试验数据。

【建筑行业职工权益维护】 2021年,海安市建管局严格按照程序和时限规定开展行政处罚,维护行政相对人合法权益,约谈6家建筑企业主要负责人,涉及项目123个,移交行政处罚案件62件。协调处理进城务工人员工资、工程款纠纷、建筑安全、文明施工、工地扬尘污染等矛盾纠纷,受理各类信访件超400件,均在规定时间范围内处理。将扫黑除恶工作与建筑行业发展、安全生产相结合,深入基层企业和项目部摸排查找问题,完善线索摸排制度、信息报送制度和保密工作制度,规范推进建筑行业扫黑除恶工作。落实在建项目实名制管理、按月足额发放工资、专用账户及银行代发等制度,协调处理进城务工人员欠薪案件131起,落实拖欠工资1288人2733万元。

【建筑职工职业技能竞赛和文体活动】 2021年,海安市建工系统举办职工职业技能大赛2次。8月26—27日,第十一届职工职业技能大赛(建筑施工BIM技术应用)暨市建工系统第十八届职工职业技能竞赛举行,6家建筑企业的28名选手进入决赛,苏中集团周长玉获理论、实操一等奖。赛后,邀请BIM专家做建筑施工BIM技术应用专题培训。9月29日,第十一届职工职业技能大赛暨建工系统第十八届职工职业技能(安全员)竞赛举行,32家建筑企业的70多名选手参赛,达欣集团王平获一等奖。

【全市建筑业发展工作会议】 2021年2月22日,海安市委、市政府在行政中心东附四楼报告厅召开全市建筑业发展工作会议,市主要负责人、分管建筑业的负责人参加会议。会议指出,要在建设建筑产业学院、助力建筑企业做大做强、融入"双循环"格局、科技创新、建筑产业合作方式、抢占改革先机、对接金融资本市场、培育新型建筑人才、帮助企业抵御风险等方面有新研究、新探索、新突破。会议回顾总结2020年海安建筑业工作,谋划部署2021年建筑业工作任务。会议为获中国建设工程鲁班奖、国家优质工程奖、中国土木工程詹天佑奖、"中国安装之星"、新晋升的高资质企业和在"拓市场、扩规模、争先锋"活动中取得优异成绩的企业颁奖。

【城建档案管理】 2021年,海安市城建档案馆接收建筑工程档案290项,入库4500卷;新增村镇建设档案1.02万卷;在省村镇建设档案管理系统录入案卷12.4万卷。接待查档人员750人次,提供档案4600多卷次。优化档案服务,对300多个建设工程项目的档案人员提供竣工档案编制业务指导。开展建筑工程声像档案同步接收工作,进馆工程项目声像电子档案接收率100%,接收新建工程电子档案4500多卷。

(刘 丹 刘 鑫)

建筑企业

【概况】 2021年,海安市拥有建筑企业637家,其中,特级资质企业3家;一级资质企业53家(总承包23家,专业30家),比上年增加11家;二级资质企业132家(总承包41家,专业91家),比上年增加9家;三级资质企业255家(总承包205家,专业50家),比上年增加54家;劳务资质194家,比上年增加10家。

【苏中集团】 江苏省苏中建设集团股份有限公司简称"苏中集团",成立于1949年2月,1998年12月成立股份公司,2005年6月改制为自主经营、自负盈亏的民营企业。注册资本金4.23亿元。苏中集团是全国首批房屋建筑工程施工总承包特级资质企业,拥有对外签约权,以工业与民用建筑为主,集建筑设计、设备安装、装饰装潢、市政公用工程、消防工程及海外工程业务于一体,具备承建城市综合建设、大型公用设施、超高层、大型工业厂房等工程的总承包能力。2021年,公司施工总产值超过750亿元,纳税超20亿元,其中在海安入库税收超7亿元,地方税收贡献居南通市建筑企业榜首。

【华新集团】 华新建工集团有限公司简称"华新集团",创建于1969年10月,

2006年成为国家房屋建筑工程施工总承包特级资质企业，具有商务部援外成套项目总承包企业资格、建筑工程甲级设计院、房屋建筑工程施工总承包一级资质、市政公用工程施工总承包一级资质，以及起重设备安装工程、机电设备安装工程、建筑装修装饰工程、地基与基础工程、钢结构工程专业承包一级资质，是集工程总承包、设计施工一体化、建设投资运营、建筑工业化于一体的综合性集团。2021年，华新集团完成施工总产值238亿元，施工面积2033万平方米，在海安入库税收2.29亿元。

【达欣集团】 南通市达欣工程股份有限公司简称"达欣公司"，始建于1974年5月，2006年易名南通市达欣工程股份有限公司，2014年组建南通市达欣工程集团。2018年12月26日，由国家住房城乡建设部核准晋升为施工总承包特级资质建筑企业，同时获建筑工程、人防工程双甲级设计资质。2021年，达欣集团完成施工产值136.9亿元，国外施工产值5446万美元。在海安入库税收超1.5亿元。施工面积1423.67万平方米，其中新开工面积315.22万平方米。承接10万平方米以上的规模项目及小区65项、25层及以上工程29项、EPC项目68.22万平方米、装配式项目255万平方米。

【信拓集团】 江苏信拓建设（集团）股份有限公司简称"信拓集团"，创建于1974年，注册资本3.22亿元，拥有国家房屋建筑工程施工总承包一级资质，是一家集建筑施工和房地产开发、房产营销、物业管理、建筑材料制造于一身的大型综合性企业集团。2021年，信拓集团完成施工总产值118亿元。在海安入库税收1.08亿元。承建的工程项目获评国家级、省级QC小组成果8项，国家专利2项，省、南通市级优质（结构）工程32项；获省、南通市级建筑施工标准化星级工地5项，省级建筑业新技术应用示范工程1项，省级绿色智慧示范区星级工地1项。

【新龙兴集团】 江苏新龙兴建设集团有限公司简称"新龙兴集团"，始建于1975年3月，前身为立发建筑站。1998年4月，改制为自主经营、自负盈亏的民营企业，更名为南通市立发建筑安装工程有限公司。2002年5月，更名为南通市龙兴建筑安装工程有限公司。2007年6月，更名为江苏新龙兴建设发展有限公司。2008年4月，晋升为国家房屋建筑工程施工总承包一级资质企业，同时兼有市政基础工程总承包二级资质，建筑起重设备安装、建筑防水、防腐保温、装修装饰工程等专业承包资质。2014年4月，更名为江苏新龙兴建设集团有限公司，公司注册资金1.61亿元。2021年，集团注册资本增加至3.16亿元。完成施工产值118.86亿元，施工面积近2200万平方米，其中新开工面积450万平方米；竣工面积380万平方米。职工中有高级职称人员4人、中级职称人员26人，注册一级建造师13人，注册造价工程师1人。

【南通苏中】 南通苏中建设有限公司简称"南通苏中"，成立于1985年，具有国家房屋建筑工程施工总承包一级、建筑机电安装工程专业承包一级资质，拥有商务部批准的对外承包工程经营资格（对外签约权）和对外援助成套项目A级实施企业资格，是一个集房屋建筑、机电设备安装、消防安装、压力容器及管道安装、钢结构安装、起重设备安装、装修装饰工程、房地产开发、酒店服务业为一体的大型综合性企业集团。2021年，南通苏中完成施工产值近86亿元，施工面积659万平方米，年平均施工人数8650人。在海安入库税收2608万元。承建的工程合格率100%，获省优质结构工程2项。

【润宇公司】 江苏润宇建设有限公司简称"润宇公司"，创建于1968年10月，是国家建筑工程施工总承包一级资质企业。公司业务包括建筑施工、房地产开发、餐饮业、服务业等多个经济板块，先后获评全国守合同重信用企业、中国工程建设诚信典型企业、企业信用评价AAA级信用企业、江苏省建筑业最具成长性百强企业、南通市建筑业成长性三十强企业及国家、省、市级优质工程奖120多项。2021年，润宇公司完成施工产值61.8亿元，施工面积621万平方米，年平均施工人数6000多人。在海安入库税收3500万元。承建的工程获省优质工程2项、省级安全文明标准化示范工地5项、省建筑业新技术应用示范工程1项。获评国家级QC成果1项、国家实用专利1项、省级工法1项、湖北省地方标准1项。

2021年海安市一级以上资质建筑企业一览表

表22

序号	企业名称	资　质	备　注	序号	企业名称	资　质	备　注
1	江苏省苏中建设集团股份有限公司	特级资质	—	5	江苏新龙兴建设集团有限公司	一级资质（总承包）	—
2	华新建工集团有限公司			6	南通苏中建设有限公司		
3	南通市达欣工程股份有限公司			7	江苏润宇建设有限公司		
4	江苏信拓建设（集团）股份有限公司	一级资质（总承包）	—	8	南通工泰建设有限公司		

续表22

序号	企业名称	资质	备注	序号	企业名称	资质	备注
9	江苏国恒建设发展有限公司			33	南通睿睿防水新技术开发有限公司		
10	南通海洲建设集团有限公司			34	江苏格然装饰工程有限公司		
11	江苏大公建设有限公司			35	南通谷鑫实业有限公司		
12	南通丰汇建设有限公司			36	江苏乾扬建设工程有限公司		
13	南通通宇建设工程有限公司			37	南通市紫石古典园林建筑工程有限公司		
14	江苏隆辉建设股份有限公司			38	江苏堃基建设工程有限公司		
15	南通市华泰建设有限公司			39	南通水秀环境科技有限公司		
16	南通华东建设有限公司			40	江苏苏中建设集团岩土工程有限公司		—
17	江苏洲洋建设工程有限公司	一级资质（总承包）	—	41	江苏福尚建筑装修装饰工程有限公司		
18	南通市第七建筑安装工程有限公司			42	南通冠通建筑有限公司		
19	南通华汇建筑工程有限公司			43	江苏金钱龙建设有限公司		
20	南通永固建设有限公司			44	南通中广建设工程有限公司	一级资质（专业承包）	
21	南通市苏东建设工程有限公司			45	江苏沪瑞建设有限公司		
22	江苏伟瑞建筑工程有限公司			46	金世昌（南通）建设工程有限公司		
23	江苏苏中建设总承包有限公司			47	南通亿鸿建筑机械租赁有限公司		新晋升
24	南通南建工程建设有限公司			48	南通丰塔机械设备租赁有限公司		新晋升
25	南通市华厦建设有限公司			49	江苏耀诚建设有限公司		新引进
26	江苏品建建筑工程有限公司		新引进	50	南通鸿磊建设有限公司		新引进
27	南通华安建筑装饰集团有限公司			51	江苏泓旌机电设备工程有限公司		新晋升
28	江苏恒泽安装工程股份有限公司			52	南通万事达建设工程有限公司		新晋升
29	江苏特建技术股份有限公司	一级资质（专业承包）	—	53	南通欣松建筑安装工程有限公司		新晋升
30	南通鼎泰建筑装饰工程有限公司			54	南通力隆机械设备有限公司		新晋升
31	南通成功建筑装饰工程有限公司			55	江苏天楹之光光电科技有限公司		新引进
32	江苏河马机电工程有限公司			56	江苏星河建筑装饰工程有限公司		新引进

（刘　丹）

海安全球家具博览中心

商贸服务业

综　　述

【概况】2021年，海安市构建多元化、特色化、高端化现代服务业发展体系，服务业保持良好发展态势。完成服务业增加值541.05亿元，比上年增长8.4%。完成服务业应税销售1320.05亿元，比上年下降26.9%。新增规模以上服务业企业59家，总数296家。完成营利性服务业营业收入63.73亿元，比上年增长23.7%。完成规模以上服务业投资171.89亿元，比上年下降16.7%。实现社会消费品零售总额414.38亿元，比上年增长16.4%。接待游客350.54万人次，实现旅游总收入51.88亿元。海安市列全国服务业百强县第23位。

2021年海安市商品销售情况表

表23　　单位：亿元

指　　标	2021年	2020年	增长率
一、社会消费品零售总额	414.38	356.06	16.38%
（一）按销售单位所在地分组			
城镇	345.32	296.83	16.34%
乡村	69.05	59.23	16.58%
（二）按行业分组			
批发零售业	356.53	306.59	16.29%
其中：批发业	65.93	56.54	16.61%
零售业	290.60	250.05	16.22%
住宿餐饮业	57.85	49.47	16.94%
其中：住宿业	2.68	2.36	13.56%
餐饮业	55.17	47.11	17.11%
二、社会消费品销售总额	1481.82	1302.40	13.78%
其中：批发业	1121.33	989.85	13.28%
零售业	289.83	254.88	13.71%
住宿业	5.13	4.37	17.39%
餐饮业	65.53	53.30	22.95%

【生产性服务业发展】2021年，海安市开展“现代服务业繁荣发展三年行动”，推进期货交割、保税物流、多式联运、现货交易等功能性平台建设。推动生产性服务业专业化发展，向价值链高端延伸，南通东华软件有限公司（简称东华软件）入选省规划布局内重点软件企业和专精特新软件企业培育库。推动制造业和服务业业态集聚融合，海安开发区入选省级“两业融合”（先进制造业和现代服务业深度融合）试点园区，2家企业入选省级“两业融合”试点企业。落实“一带一路”倡议，持续推进“枢纽、物流、产业”三大优势融合发展，先后举办五金机电展、家具博览会、石材展等大型行业会展，枢纽效应更加凸显，海安商贸物流园蝉联全国优秀物流园区，铁路物流基地到发量130万吨，凤山港集装箱吞吐量1.7万标箱，保税物流中心进出区货物值3.2亿美元。海安—东盟方向中欧班列常态化开行，被纳入中国国家铁路集团有限公司图定计划。海安进境肉类指定监管场地通过海关总署验收，跨境电商产业园被认定为南通市跨境电商综试区产业园。上海港集团ICT（海安）项目落地开航，全面打通海港运输通道“最后一公里”。

2021年5月26—27日，第六届中国·海安五金机电博览会举行，参展产品涵盖电动工具、工具五金、日用五金等多个类别。图为展会现场　　濮端建／摄

【新兴服务业培育】2021年，海安市积极应对疫情影响，大力培育新兴服务业。电子商务加速发展，疫情期间制定政策，支持企业发展电子商务业务，支持农产品通过“寻味海安”等线上平台销售，创新无接触消费模式。整合快递公司资源，结合保税物流中心和旺金干坚果产业园等平台，发挥电商产业园作用。百国百品进口商品直营中心充分运用电商平台、直播等新模式，实现线下体验、线上销售相融合。服务外包产业

集聚发展，海安软件科技园获评中国数字服务暨服务外包领军企业特色园区，在南通市科技企业孵化器2021年度绩效星级评定中获评四星级。西信科技有限公司（简称西信科技）入选省工业互联网服务资源池，获评南通市现代服务业高质量发展领军企业。

2021年3月31日，第十一届海安梨花节在大公镇开幕　姜　明／摄

【生活性服务业发展】 2021年，海安市优化居民消费环境，不断促进生活性服务业向高品质提升。培育医疗健康、养老托育、家政服务等消费热点，发展“首店经济”“体验经济”“宅经济”。持续开展“海安幸福购”“海量优惠·安享消费”暨“颂党恩、惠民生”等系列消费促进活动100余场，常态化举办房产、汽车、农产品等展销会，全市社会消费迅速回暖，市场运行监测工作连续九年列南通市第一位。全年，发放政府消费券7批850万元，撬动消费4317.68万元。加大旅游市场开发力度，打造苏中旅游集散地。举办2021年国际河豚文化高峰论坛暨第十一届中国海安河豚节，放大“中国河豚之乡”品牌效应；举办里下河捕鱼节、梨花节、523文化艺术节等文旅活动，促进文化、旅游、商贸融合发展。

【服务业项目建设】 2021年，海安市加快服务业重大项目建设，优化服务业重点项目编排，实行服务业项目“AB表”考核机制，有效带动全市服务业投资稳步增长。新开工亿元以上服务业项目15个，其中南通市考核确认亿元以上项目6个，万吨冷链港项目入选省级重大项目。鼓励社会资本进入养老服务行业，发展民办养老机构，加快高端颐养项目招引，不断满足中高端人群健康养老需求。

2021年海安市新开工亿元以上服务业项目建设情况表

表24

序号	项目名称	建设单位	建设规模、内容及功能定位	总投资（亿元）	所在区镇
1	海洋广场项目	海安中洲一号置业有限公司	总建筑面积1.5万平方米，建设一个集海洋世界、文旅、高端商超、餐饮等于一体的商业综合体	1.50	海安开发区
2	希尔顿欢朋酒店项目	南通金北实业有限公司	总建筑面积2.5万平方米，主要建设希尔顿欢朋酒店和配套商业	2.00	海安开发区
3	邮政物联大厦项目	海安保障性住房投资建设有限公司	总建筑面积4.8万平方米，主要建设邮政物联大厦及配套设施	1.20	海安开发区
4	中储粮二期项目	中央储备粮南通直属库有限公司	中储粮续建工程，续建7幢平房仓，建筑面积7070平方米	1.00	海安高新区
5	中骏商业综合体项目	上海骏泰房地产开发有限公司	总建筑面积6.6万平方米，建设一个购物、餐饮、文化、休闲、娱乐等一站式的城市商业综合体	5.00	海安高新区
6	海润汽车物流项目	江苏海润汽车科技有限公司	用地面积1.67公顷，建筑面积约2.6万平方米，建设汽车用品销售、物流及汽车库	1.50	海安高新区
7	中外运苏中物流中转基地项目	江苏海安商贸物流集团有限公司	主要建设1幢仓库、物流车间、配电房、地下泵房、消防水池、门卫及配套设施等，总建筑面积2.05万平方米	5.00	海安商贸物流园
8	铁路二号线仓储物流项目	海安众合投资建设有限公司	主要建设仓库、加工车间、配电房、消防水池及地下水泵房、门卫室等，总建筑面积2万平方米	1.00	海安商贸物流园

续表24

序号	项目名称	建设单位	建设规模、内容及功能定位	总投资（亿元）	所在区镇
9	海安万吨冷链港一期A区项目	海安万吨冷链物流有限公司	总建筑面积18.11万平方米，规划建设4个冷链车间、4个展示展销配送中心及附属配套用房	11.00	海安商贸物流园
10	健康养老项目	南通好时健康养老项目	总占地面积0.6公顷，总建筑面积1.1万平方米，总床位300张，以海安花庄医院为主体，打造医养结合的养老服务场所	1.02	曲塘镇
11	仓储物流项目	江苏威尔豪斯供应链管理有限公司	新建丙一类普通货物仓库2栋及相关配套设施，总建筑面积约1.3万平方米	1.10	曲塘镇
12	仓储物流项目	海安市光阳燃气有限公司	新建8000平方米丙一类仓库1栋和3000平方米生产综合楼1栋，配套建设一个自动化消防控制中心	1.00	曲塘镇
13	大公商业综合体项目	海安元华置业有限公司	占地面积1.44公顷，规划建筑面积1.95万平方米，建设集超市、影院、农贸市场、餐饮、家教中心、娱乐等辅助商业于一体的商业综合体	1.20	大公镇
14	孝亲养老项目	海安市孝亲疗养院	占地面积0.77公顷，总建筑面积约1.22万平方米，主要建设养老护理综合楼1幢、护理综合楼3栋及其他配套设施，具备康复诊疗、康复训练、居家养老等服务功能	1.00	墩头镇
15	试验中心、研发中心项目	江苏江山红化纤有限责任公司	总建筑面积1.09万平方米，建设有试验中心、研发中心、行政办公楼、智能服饰车间及检验中心	1.00	墩头镇

（杨莉莉）

批发与零售

【概况】 2021年，海安市实现批发和零售业零售总额356.53亿元，比上年增长16.29%，其中，批发业65.93亿元，比上年增长16.61%；零售业290.60亿元，比上年增长16.22%。实现批发和零售业销售总额1411.16亿元，比上年增长18.12%，其中，批发业1121.33亿元，比上年增长19.31%；零售业289.83亿元，比上年增长13.71%。限额以上批发和零售单位383家，比上年增加29家，其中，批发业259家，比上年增加27家；零售业124家，比上年增加2家。限额以上批发和零售单位实现营业收入796.82亿元，利润总额4.04亿元，其中，批发业营业收入741.31亿元，利润总额3.25亿元；零售业营业收入55.51亿元，利润总额7988万元。

【商品交易市场】 2021年，海安市拥有有形商品交易市场42个，其中，农贸市场28个，副食品、工业品等市场16个（泰宁和沿海市场两种均有）；从业人员近万人；实现成交额340.7亿元，比上年增长5.87%。亿元以上商品交易市场20个，与上年持平；年末累计有摊位7251个，比上年减少2个，其中年末出租摊位6425个，比上年减少109个，摊位出租率89%，营业面积73.78万平方米；实现成交额169.72亿元，比上年下降1.91%。

【商场与超市】 2021年，海安市拥有规模以上商场超市30家，其中，具有独立法人资格25家，属于分支机构5家。注册资本在500万元以上的商场超市20家。经营面积超1万平方米以上城市综合体5家。美好、7-11等知名连锁24小时便利品牌相继落户海安。

2021年，海安市创建全国文明典范城市，市农副产品批发市场无论是“外在颜值”还是内部管理，都得到质的提升，让“菜篮子”拎出幸福感。图为新华农贸市场摊位一角

濮端建／摄

2021年海安市亿元以上商品交易市场情况表

表25

指　　标	市场数（个）	摊位数（个）	出租摊位数（个）	出租率	营业面积（平方米）	成交总额（亿元）
一、按经营环境分						
露天式	2	482	479	99%	31600	29.70
封闭式	18	6769	5946	88%	706165	140.02
二、按经营方式分						
以批发为主	11	2925	2614	89%	368970	85.07
以零售为主	9	4326	3811	88%	368795	84.66
三、按市场类别分						
综合市场	2	1396	1202	86%	59372	19.53
综合贸易市场	2	1396	1202	86%	59372	19.53
工业消费品综合市场	1	736	554	75%	42900	12.71
其他综合市场	1	660	648	98%	16472	6.82
专业市场	18	5855	5223	89%	678393	150.20
生产资料市场	4	879	806	92%	162833	20.31
建材市场	1	600	593	99%	66033	10.21
金属材料市场	1	78	78	100%	48000	2.79
机械设备市场	1	102	46	45%	39000	1.13
其他生产资料市场	1	99	89	90%	9800	6.18
农产品市场	5	1360	1239	91%	50100	39.04
肉禽蛋市场	1	102	99	97%	3000	8.10
其他农产品市场	4	1258	1140	91%	47100	30.94
食品、饮料及烟酒市场	3	414	355	86%	58087	9.43
其他食品饮料及烟酒市场	3	414	355	86%	58087	9.43
日用品及文化用品市场	1	278	278	100%	50000	1.50
小商品市场	1	278	278	100%	50000	1.50
家具、五金及装饰材料市场	5	2924	2545	87%	357373	79.92
家具市场	1	1000	794	79%	30000	40.10
装饰材料市场	3	1566	1497	96%	292373	38.76
五金材料市场	1	358	254	71%	35000	1.06

（市统计局）

附

海安市商场、超市选介

海安万达广场　海安万达广场位于市区黄海西路与镇南路交叉口。2018年11月落户海安，2020年6月25日正式开业。广场总建筑面积10万平方米，总投资10亿元，拥有1个儿童主题街区、11家主次力店、12个首进海安的全国知名连锁品牌，停车位近1000个，是海安单体规模最大的商业综合体。2021年，海安万达广场组织策划千余场活动，覆盖197天。疫情期间，结合万达小程序、抖音、联联周边游等平台，搭建线上直播平台，完成线上直播促销活动200多场。累计服务海安市民860万人次，直接带动就业岗位超800个。

海安文峰大世界　海安文峰大世界位于海安市区宁海南路2号。2000年6

月落户海安，9月对外营业。总建筑面积5.5万平方米，先后获评江苏省价格诚信先进示范企业、江苏省放心消费先进单位等。2021年，经营国内外知名品牌300多个。拥有员工800多人。完成营业额4.5亿元，比上年增长18%。

海安苏果超市 苏果超市（海安）有限公司是一家集批发、配送、加工、零售于一体的大型连锁企业。2006年签约进驻贵都广场，2007年1月对外营业。2021年，拥有购物广场、平价店、社区店、标准超市、便利店、“好的”便利店六大主力业态，直营店、加盟店近2000家。经营面积近4.15万平方米，其中苏果海安贵都广场购物中心营业面积近2万平方米。员工330人。完成营业额1.15亿元，比上年下降11.5%。

（田梦雯）

2021年4月24日，第十一届中国海安河豚节上嘉宾在参观河豚文化创意展示区

姜 明／摄

住宿与餐饮

【概况】 2021年，海安市实现住宿和餐饮业销售额70.66亿元，比上年增长22.54%，其中，住宿业5.13亿元，比上年增长17.52%；餐饮业65.53亿元，比上年增长22.95%。实现住宿和餐饮业零售额57.85亿元，比上年增长16.94%，其中，住宿业2.68亿元，比上年增长13.56%；餐饮业55.17亿元，比上年增长17.11%。全市拥有限额以上住宿单位9家，实现营业收入1.54亿元；限额以上餐饮单位29家，实现营业收入5.47亿元。全市有超五星酒店1家、五星级精品酒店1家、四星级酒店1家、三星级酒店10家、二星级饭店1家。亚朵酒店、美仑酒店等知名连锁酒店落户海安。举办河豚创新烹饪大赛、海安乡土特色菜肴烹饪大赛等活动，有效扩大海安餐饮品牌影响力。

【河豚美食】 2021年，海安市举办第十一届中国海安河豚节，持续做精河豚餐饮文化，将其与中国元素、传统文化、餐饮礼仪完美整合，打造新时期美食新体验。“中洋河豚”市场覆盖率超过70%，品牌价值近80亿元。4月24日，河豚创新烹饪大赛在中洋金砖大酒店举行，全国30家有影响力的河豚特色餐饮企业制作56道河豚烹饪菜品参赛。大赛邀请中国烹饪大师胡畏等国家级评委5人，评出金奖1个、银奖2个、铜奖3个，评选出中国河豚烹饪大师、中国河豚烹饪名师各10人。活动期间，在中洋金砖酒店举办中洋河豚文化美食赏鉴活动，传统河豚烹饪与创意创新相结合的河豚菜品吸引众多嘉宾品尝。

【海安乡土特色美食】 2021年，海安市持续打造海安乡土特色餐饮品牌，挖掘海安乡风食俗和人文内涵，促进海安餐饮市场繁荣。品牌建设实现突破，评定“海安老字号”17个，鑫缘茧丝绸获评“南通老字号”，累计有“江苏省老字号”1个、“南通老字号”2个。开展“十大海安味道”评选活动，8.82万人次参与投票，中洋河豚、麻虾炖蛋、里下河杂鱼、李堡百叶、沙岗猪头肉、曲塘羊肉、雅周老鹅、红烧鲥鱼、奶汤竹蛏、冷冷10道海安特色菜入选。6月23日，海安市举办第十一届职工技能大赛暨2021年海安乡土特色菜肴烹饪大赛，全市各餐饮企业、机关和企事业单位食堂选送25人参赛，集中展示香煎双鲜、农家面糊、红烧老鹅、小蒜蒸咸肉等海安特色地方菜。

附

海安星级酒店选介

海安中洋金砖酒店 海安中洋金砖大酒店位于海安市区中坝南路100号。2012年建成并对外营业。总投资超过15亿元，总面积12万平方米，地上40层，地下2层，总高度200米，主楼顶层设有直升机停机坪。酒店设有500多个客床位、5万平方米的餐饮裙楼，兼具音乐厅、歌剧院、国际会议中心、体育健身中心、俱乐部、娱乐休闲中心等配套功能。2021年，酒店拥有员工380人。实现年营业收入1.28亿元，比上年增长7.5%。接待住宿3.97万人次。承接国际河豚文化高峰论坛、首届乡贤大会、长三角两岸企业家海安行暨两岸（海安）中小企业产业合作示范园揭牌仪式等大型会议和活动693场。

海安宾馆 海安宾馆位于海安市区海陵路8号。1991年创建，是海安首家星级饭店、绿色饭店，先后获评全国绿色旅游饭店、江苏省知名品牌酒店、江苏省餐饮名店、江苏省百佳餐饮A级单位等。宾馆占地面积1.4公顷，拥有客房60间（套），大型宴会厅2个，中型会议室1个，小型会议室3个。2021年，

酒店拥有员工48人。实现年营业收入993.37万元，比上年增长4.55%。接待住宿9146人次。（田梦雯）

电子商务

【概况】2021年，海安市有电子商务交易企业176家。电子商务销售企业154家，实现销售额31.84亿元，其中，跨境销售的企业18家，实现销售额1.78亿元。电子商务采购企业82家，实现采购额9.09亿元，其中，跨境采购的企业2家，实现采购额143万元。高端数码电商企业南通宜盾普进出口有限公司实现销售1.5亿元。知名化妆品电商江苏娇顿生物科技有限公司年销售额近亿元，年发包裹200万单。百国百品进口商品直营中心充分运用电商平台、直播等新模式，实现线下体验、线上销售相融合。举办"振兴乡村经济·主播助农公益万里行"海安站活动、市融媒体中心"融媒体+助农"线上销售活动等，以网络红人及记者现场体验、公益直播的方式，宣传推广海安特色农产品，拓展海安农副产品销售渠道，助力乡村振兴。海安商贸物流园加快发展跨境电商，提供品牌孵化、电商直播、营销策划等配套服务，培优做精跨境贸易电子商务综合服务平台，海安跨境电商产业园获批南通跨境电商综合试验区产业园。海安获评国家级电子商务进农村综合示范县。

【海安获评国家级电子商务进农村综合示范县】2021年，海安市被商务部表彰为国家级电子商务进农村综合示范县。海安市先后出台多项扶持政策，支持全市企业发展电子商务，电子商务蓬勃发展。开展电商示范企业、示范村、示范园区、示范镇、示范县等创建活动，创建20多个省级以上电子商务示范项目。打造农产品直供社区平台——"寻味海安"微信小程序和生鲜驿站，采用"线上小程序、线下一间房"运营模式，创新无接触消费模式，推动城乡生产与消费有效对接。（田梦雯）

软件和服务外包

【概况】2021年，海安市有规模以上软件和信息技术服务业企业10家，实现营业收入2.14亿元，利润总额4373万元。持续深化"两业融合"，推进融合试点培育工作，海安开发区入选省级"两业融合"试点园区，威尔曼科技、海迅集团入选省级"两业融合"试点企业。服务外包产业集聚发展，海安软件科技园获评中国数字服务暨服务外包领军企业特色园区，在南通市科技企业孵化器2021年度绩效星级评定中获评四星级。西信科技入选省工业互联网服务资源池单位。（杨莉莉）

【海安软件科技园】2021年，海安软件科技园列全省省级服务外包示范区年度综合评价考核第14位；连续三年获评中国数字服务暨服务外包领军企业特色园区，江苏唯一。园区企业税收突破4000万元，软件企业年开票销售3.6亿元，新增5000万元、1亿元软件企业各1家。东晖检测技术（江苏）有限公司通过省检验检测机构资质（扩项）认定。南通东华软件有限公司（简称东华软件）入库江苏省专精特新软件企业培育库。西信科技入选2021年江苏省工业互联网服务资源池单位，获三星级认定；获评南通市现代服务业高质量发展领军企业，海安唯一。西信科技、东华软件、海安南京大学高新技术研究院、海安上海交通大学智能装备研究院、江苏品德网络科技有限公司5家企业入选南通市工业互联网及智能制造服务资源单位。（陈颖毅）

旅游服务

【概况】2021年，海安有国家质量等级旅游景区（点）7家，其中，AAAA级2家，AAA级5家。国家旅游星级饭店8家，其中，四星级1家、三星级6家。旅行社18家。接待市内外游客350.54万人次，比上年增长24.97%；实现旅游总收入51.88亿元，比上年增长24.98%；完成旅游项目投入27.16亿元。海安博物馆通过AAAA级景区评定，苏中七战七捷纪念馆通过AAA级景区复核。魏建功纪念馆、元鸿木雕博物馆获评南通市级文化产业示范基地。22家景区景点厕所通过国家级A级旅游厕所评定。

2021年海安市国家质量等级旅游景区一览表

表26

等级	名称	地址
AAAA级	江淮文化园	海安市凤山北路33号
	海安博物馆	海安市宁海北路58号
AAA级	苏中七战七捷纪念馆	海安市长江中路68号
	七星湖生态园	海安市黄海大道38号
	乐百年百草养生文化园	海安市墩头镇仇湖村1组
	角斜红旗民兵团史绩陈列馆	海安市滨海新区拥军路1号
	新四军联抗纪念馆	海安市墩头镇千步村32组

2021年海安市旅行社一览表

表27

旅行社名称	地址
南通交通国际旅行社有限公司	海安开发区迎宾路120号5幢
南通市海阳旅行社有限公司	海安市中坝南路15号117室
南通乐游国际旅行社有限公司	海安市长江中路142号

续表27

旅行社名称	地　　址
南通亚泰国际旅行社有限公司	海安市曙光西路53-9号
南通天地人和旅行社有限公司	海安市黄河路9号南通义乌国际商贸城11幢108室
南通乐嘉国际旅行社有限公司	海安市宁海中路19号
南通畅行国际旅行社有限公司	海安市中坝南路4号3幢154室
南通亚东国际旅行社有限公司	海安市永安南路151号城南花苑45幢101-2室
南通沪通国际旅行社有限公司	海安市长江中路122号江淮文化园游客中心
海安四通国际旅行社	海安市通榆中路101号
江苏金砖旅游发展有限公司	海安市中坝南路98号
南通非凡国际旅行社有限公司	海安市曙光东二路68-2-102
南通凤凰国际旅行社有限公司	海安市通榆中路38号
南通祥和国际旅行社有限公司	海安市旺池路8号
丹娜国际旅游（江苏）有限公司	海安市晓星大道8号
南通玩美假期国际旅行社有限公司	海安市永安中路2号
南通乐程旅行社有限公司	海安市江海东路30号1幢
南通驴友之家旅游有限公司	海安市南屏花苑37号楼

2021年海安市星级旅游饭店（宾馆）一览表

表28

星　级	星级饭店名称	地　　址
★★★★	王府大酒店	海安开发区通榆中路98号
★★★	海安市海安宾馆有限公司	海安高新区海陵路8号
	海霸皇大酒店	海安高新区通榆中路35号
	海安北国风光大酒店有限公司	海安高新区黄河路8号
	南通芃祥酒店管理有限公司（都市花园酒店）	海安开发区长江东路38号3幢
	海安奎泽大酒店	海安市南莫镇华星路88号
	海安辰洋大酒店有限公司	海安市雅周镇钱庄村三组
★★	黄山宾馆	海安高新区通榆中路38号

【旅游项目建设】 2021年，海安市招商落户旅游项目9个，完成旅游项目投入27.16亿元。联发詹姆士衬衫王国、中丝鑫缘大健康园、鑫缘丝绸文化艺术中心、元鸿木雕博物馆4个工业旅游点通过复核。加快江淮里历史文化街区建设，完成江淮文化展示厅、游客中心、沿河景观小品、凤山书院等建设，金麟甲第商业步行街开工建设。中洋海洋广场项目启动建设，项目位于海安市主城区安泰路南侧、中坝南路西侧，规划占地面积1.8公顷，建筑面积1.5万平方米，主要由海洋世界文旅、高端商超、海安特色农产品精品展销馆、中洋鱼天下产品展销馆、渔人码头餐饮一条街和大型海洋主题广场组成，集新型商业、文化景观于一体的大型商业综合体。

【旅游招商推介】 2021年，海安市文旅宣传推介成效明显，先后参加澳门国际旅游（产业）博览会、苏州大运河文化旅游博览会、上海进出口博览会等重要展会，通过展会布展宣传海安文旅资源。举行全方位对接上海大会文旅推介活动、侨商海安行活动等，进一步扩大海安文旅对周边地区的辐射力及在长三角地区的影响力。6月18日，以“情定美丽海安，共赴文化盛宴”为主题的“枢纽海安·科创新城”全方位对接上海大会文旅推介会在上海虹桥枢纽国家会议中心举行。10月13日，“创业中华·筑梦江苏”侨商海安行——文旅康养“链长制”招商推介会在王府邦瑞大酒店举行，探讨开展文旅康养项目合作。

【旅游节庆活动】 2021年，海安市持续叫响“河豚之乡、休闲海安”，先后举办国际河豚文化高峰论坛暨第十一届中国海安河豚节、523文化艺术节暨“一带一路”国际文化交流节，不断放大海安旅游品牌影响力。开展“振兴乡村经济、主播助农公益万里行”海安站活动，利用网络直播平台的优势传播海安文旅。继续打造“一镇一品”旅游节庆品牌，举办梨花节、荷花节等特色节庆活动。

第十一届中国海安河豚节　2021年4月24日，国际河豚文化高峰论坛暨第十一届中国海安河豚节在中洋金砖酒店开幕，文化界名人、客商、游客等千余人参加开幕式。此届河豚节以“共享河豚文化，寻味精美海安”为主题，为期38天。活动期间，举办国际河豚文化高峰论坛、河豚创新烹饪大赛、河豚文创产品设计大赛、长三角融媒主播海安打卡行等系列活动。4月23日，以“踏青吻春河豚肥”为主题的长三角融媒主播海安“打卡”行活动在中洋河豚庄园举办，10余家融媒体中心的主播参加活动。4月24日，国际河豚文化高峰论坛在中洋金砖酒店举办，中国水产流通与加工协会、省作家协会、省餐饮行业协会、扬州大学等协会和高校的专家参加论坛，分享河豚文化的渊源与发展，探讨全面推动河豚产业高质量发展。是日，举办河豚创新烹饪大赛。各区镇设立文化旅游产品展示区，展示海安地域风情及特色民间工艺产品。

“爱家乡、游海安”活动 年内，市文化广电和旅游局先后组织“爱家乡、游海安”活动3次。5月8日，组织文广旅系统青年学习小组成员开展“爱家乡·游海安”党史学习教育一日游活动，青年学习小组先后到高凤英烈士纪念馆、新四军联抗烈士陵园、角斜红旗民兵团史绩陈列馆缅怀革命先烈，并在角斜红旗民兵团史绩陈列馆宣读“文明旅游倡议书”。7月16日，联合墩头镇文化站、关工委组织南京工业大学志愿者团队及其支教儿童先后到新四军联抗纪念馆、高凤英烈士纪念馆、营溪支部纪念馆、海安文化艺术中心及复兴社区参观。10月4日，联合海安惠心志愿服务社组织留守儿童群体开展“留守儿童欢歌笑语游海安”活动，先后参观滨海新区海边、中洋河豚庄园及角斜红旗民兵团史绩陈列馆。

【旅游市场管理】 2021年，海安市推进旅游行业安全生产专项整治，3月25日，召开文广旅行业安全生产工作会议暨“百团进百万企业千万员工”宣讲会，各区镇、街道相关人员，文化站站长，各文广旅企业主要负责人近200人参加会议。会议总结回顾2020年全市安全生产工作，部署2021年文广旅行业安全生产各项任务，开展贯彻落实习近平总书记关于安全生产重要论述宣讲。强化安全监管力度，开展安全生产培训、应急演练、应知应会考试，明确安全生产主体责任。6月23—24日，省文化和旅游厅执法监督局检查组到海安开展文化和旅游场所综合督导检查。与企业签订安全生产责任状，聘请安全中介机构专家对行业企业开展安全检查。全年，检查、复查文化、广电和旅游企业367家次，发现安全隐患401条，南通市级检查通报的73条问题隐患全部整改到位。组织文化、广电和旅游安全生产专业委员会活动5次。健全完善文化、广电和旅游行业应急救援预案和应急信息报告制度，持续推进行业企业标准化台账、应急救援队伍建设和消防安全评估工作。开展“安全生产月”、庆祝中国共产党成立100周年安全生产集中攻坚行动、既有房屋建筑安全专项整治、安全生产大排查大整治等活动。开展危化品使用安全专项整治等活动，建立风险档案并采取有效管控措施。通过设置咨询热线、发放宣传折页、参加《应急之声》电台专题节目，宣传普及行业企业落实安全生产主体责任的政策法规。严格规范市场秩序，督促营业性演出场所、星级酒店、旅行社等经营单位落实疫情防控主体责任。开展不合理低价游、旅游包车、酒店经营行为等旅游行业专项整治，查处无运营资质包车1辆。保护旅游者和经营者合法权益，及时受理涉及文化和旅游行业投诉19起。推进文化、娱乐行业有序复工复产，8月30日，组织全市38家文化娱乐场所召开文化娱乐行业复工复产工作会议暨文明典范城市创建工作推进会。会上，系统讲解《重点场所重点单位重点人群新冠肺炎疫情常态化防控相关防护指南（2021年8月版）》。

【景区景点厕所提档升级】 2021年，海安市实施景点景区厕所提档升级工程，组织实地勘察全市17家景区景点的27个旅游厕所，发放旅游厕所满意度调查问卷60多份，征集意见建议20多条，并

2021年4月24日，国际河豚文化高峰论坛暨第十一届中国海安河豚节在中洋金砖酒店开幕　　市文广旅局／供图

召开专题会议细化景点景区厕所提档升级计划。22家景区景点厕所通过国家级A级旅游厕所评定，且均在百度地图或高德地图上进行位置标注，涵盖旅游景区、旅游线路沿线、交通集散点、旅游餐馆、旅游娱乐场所、休闲步行区等处，海安景区景点厕所实现数量充足、干净无味、实用免费、管理有效。

【景区景点】 海安博物馆（韩国钧故居） 海安博物馆为国家AAAA级景区，由韩国钧故居和新馆两部分组成。韩国钧故居是全国重点文物保护单位，是民国时期江苏省省长韩国钧的故居（又称韩公馆），是一组保存完好的晚清建筑群。1988年，韩公馆正式对外开放，为全国重点文物保护单位。是年，海安博物馆成立并设于韩国钧故居内，同年正式对外开放。韩公馆青砖小瓦，穿堂四进，厅庑廊轩齐全，火巷回廊俱备，是保存完好且不可多见的晚清建筑群之一。韩公馆门前有一条石板街，最早形成于南宋时期，有800多年历史，清朝康熙六年（1667），海安钱文有出资铺就。韩公馆内有镂空砖雕的门楼，穿堂四进的晚清建筑、韩国钧胸像，以及建于清顺治年间（1644—1661）的楠木厅等。后花园内奇花异草、古树名木甚多，有一株180多年的广玉兰，为韩国钧亲手移植，香港《文汇报》曾载文称为“广玉兰王”；馆内还有一盆130多年的珍珠黄杨，为韩国钧生前的珍玩之物。

新馆位于韩国钧故居东侧，占地面积0.63公顷，建筑面积5163平方米，总投资约5000万元，2019年8月5日投入试运行，对公众实施免费开放。新馆是一座以海安城市精神为核心，以海安地域文化为主题，以传统与创新融合为背景的地方综合性博物馆。以海安历史发展为脉络，以重要历史时期为节点，重点突出海安地方历史文化特点和优势，融合传统陈列、互动体验、高科技观览等展示方式，系统展示海安的人类生产、生活活动及其文化创造，彰显海安江淮重镇、鱼米之乡、经济繁荣、人文荟萃、人杰地灵的地域个性。

江淮文化园 国家AAAA级旅游景区，占地17.33公顷，仿中国古典园林景观，3万平方米湖面环绕。整个园区由白龙故里景区、先贤景区、凤山书院景区和中国名人艺术馆群景区四大景区组成。白龙故里景区包括数万平方米的白龙湖，数十座亭、台、楼、阁、榭、轩、廊、桥，以及几百种奇花异草、古树、奇石，特别是国家一级珍稀保护树种——红豆杉，在景区成功移植成林；先贤景区恢复的是海安古建筑，为与海安结缘的三位历史贤人文天祥、范仲淹、胡瑗（安定）而建，是纪念先贤，启发教育后人，发扬传承中华传统文化的地方；凤山书院景区亦是海安古景观的恢复，是历代先贤大儒、学者敦教化倡文明的重要场所；中国名人艺术馆群景区则由数座古式建筑和11栋欧式建筑结合而成，作为国内外有影响的艺术家办培训、搞创作、办展览的基地，有10多名艺术大家、名家走进江淮文化园景区，并陆续布展、开馆，有侯康乙赏石艺术馆、刘万年艺术馆、吴向明国礼艺术馆、胡建雄书法艺术馆、王建梓艺术馆、罗杨书法艺术馆6个艺术馆开馆。

苏中七战七捷纪念馆 国家AAA级旅游景区、全国百家“红色旅游”经典景区、全国爱国主义教育示范基地、原南京军区青年官兵传统教育基地、江苏省全民国防教育示范基地、江苏省文物保护单位以及30多所大中院校的校外德育基地。纪念馆位于海安市长江中路68号，占地2.1公顷，建有纪念碑、陈列馆（纪念馆）、国防园、碑廊等景点。1986年，原南京军区、中共江苏省委、江苏省人民政府联合在海安兴建苏中七战七捷纪念碑。纪念碑碑身由古铜色花岗岩砌成，高27米，被誉为世界上最大的刺刀。碑名由中国共产党中央顾问委员会原常委姬鹏飞题写，碑文由原南京军区、中共江苏省委、江苏省人民政府撰写。1999年新建纪念馆，馆名由国务院原副总理、国防部原部长张爱萍题写。纪念馆外形为7支步枪。馆内设14个展厅，分别陈列着历史图片、革命文物、史料以及领导考察的图片。国防园展示中国人民解放军使用过的大炮、坦克、飞机、导弹等各种武器。碑廊以“捷”字为主题，刻有各个时期名人名家的“捷”，其中就有毛泽东的墨宝。此外纪念馆还建有临时展厅、茶座、多功能报告厅、贵宾休息室、大中小型会议室及广场等。开馆以后，先后接待迟浩田、张震、曹刚川、姬鹏飞、陈丕显、彭冲、洪学智、叶飞等党和国家领导人，成为集旅游、休闲、观光、教育于一体的多功能场所，年接待量40万人次。

新四军联抗纪念馆 国家AAA级旅游景区、江苏省文物保护单位、江苏省重点革命烈士纪念建筑物保护单位，是苏中地区抗日战争年代保存下来的规模较大的陵园式纪念馆。位于海安市墩头镇千步村32组，占地约3.33公顷，建筑面积2000余平方米。主要纪念建筑物有标门、纪念碑、明理堂、联抗烈士墓、联抗司令黄逸峰骨灰安葬处、新四军联抗纪念馆（兴东泰特区委史料陈列室、新四军联抗烈士事迹陈列室）、联抗书画馆、逸峰阁等。1944年11月，为纪念在抗战中牺牲的161名将士，新四军联抗烈士陵园建立，黄逸峰题写“明理堂”匾额。1982年，新四军和华中抗日根据地研究会上海分会联抗史研究组和海安县党政军民各界为新四军联抗部队烈士纪念碑重刻碑铭。1987年、1988年时任全国人大常委会副委员长的陈丕显、叶飞先后为陵园和《联抗四年》题词，1991年国防部原部长张爱萍为联抗烈士纪念碑题书。1995年陵园史迹被列入《中国博物馆志》。改革开放后，纪念馆环境不断修葺，联抗史料不断充实，在建园60周年之际兴建新四军联抗纪念馆（兴东泰特区委史料陈列室、新四军联抗烈士事迹陈列室），2005年9月10日正式开馆。

角斜红旗民兵团史绩陈列馆 国家AAA级旅游景区、全国唯一的乡镇民兵史绩陈列馆，江苏省爱国主义教育基地、原南京军区青年官兵传统教育基地、江苏省全民国防教育先进单位。陈列馆始建于1969年。1991年3月角斜红旗民兵团命名25周年之际，迁至海安市滨海新区（角斜镇）拥军路1号，中国共产党中央顾问委员会原常委姬鹏飞题写馆名。2016年，投入500多万元，改造升级陈列馆。改造后，占地面积约

0.73公顷，建筑面积1648平方米。内设6个展室，采用声、光、电及多媒体等现代表现手法，集中展示角斜红旗民兵团在抗日战争、解放战争、新中国建立初期、命名初期、改革开放时期、区镇合一等各个阶段的光辉历程。馆藏有民兵团发展过程中获得的各种奖章、奖品等文物资料，以及领导的题词、考察角斜的照片等。

乐百年百草养生文化园　国家AAA级旅游景区，位于海安市墩头镇仇湖村1组乐百年健康小镇内。乐百年健康小镇占地约200公顷，总投资超过30亿元，初步建成都市牧场（一期）、百草养生文化园（含森林嘉年华）、休闲度假功能区、康健文化苑（一期）、家庭农场体验区、生态住宅区（一期）、旅游集散中心及员工生活配套区以及运河观光带等八大功能块，打造集康养、理疗、文化、休闲、旅游、运动于一体的特色小镇。2019年10月1日，正式开园。

七星湖生态园　国家AAA级旅游景区，位于海安开发区黄海大道38号，占地126.67公顷，水上面积33.33公顷，园内7个小岛、3个半岛、1个月亮广场形成“七星拱月”。整个生态园分为主入口广场区、景观大道区、中心广场区、旅游度假区、生态湿地区、体育休闲区、传统人文区和水上活动区八大功能区。象征21世纪的螺旋喷泉有丰富多变的水形态。中心大道全长300米，两侧建有欧陆风情商业街。临湖的月亮广场面积1.2万平方米，可以同时容纳近万游人停留观景；广场建有苏中地区最大的张拉膜观景台，登上观景台，波纹广场畔的芙蓉塘水生花卉展示中心以现代手法再现海安历史的“三塘十景”。

附

旅游线路

海安精华一日游

上午：游览全国重点文物保护单位、民国江苏省省长韩国钧的故居、国家AAAA级旅游景区【韩公馆（海安博物馆）】→参观海安首个AAAA级旅游景区【江淮文化园】，重现海安历史名胜→参观AAA级旅游景区【苏中七战七捷纪念馆】，瞻仰天下第一“刺刀”的雄伟。

中午：品尝中国河豚之乡的天下第一鲜——【河豚】。

下午：游览国家AAA级旅游景区【乐百年健康小镇】，骑马、游湖、观鸟、休憩，体验森林嘉年华、水上高尔夫、中医药养生，沉浸于里下河地区怡人的田园牧歌式生活→前往【北海生态山庄】，享用海安乡土风味的农家菜。

海安历史文化一日游

上午：游览全国重点文物保护单位、民国江苏省省长韩国钧的故居、国家AAAA级旅游景区【韩公馆（海安博物馆）】，了解海安数千年来的历史变迁→前往全国重点文物保护单位青墩遗址，参观【青墩遗址博物馆】，探寻六千年前江海文明的起源。

中午：在青墩遗址附近享用海安非物质文化遗产美食【沙岗猪头肉】。

下午：前往【魏建功纪念馆】，回顾《新华字典》编纂者魏建功的生平往事→参观【刘景韶平倭纪念馆】，回顾明代兵民英勇抗倭的历史→返回市区，游览海安首个AAAA级旅游景区【江淮文化园】，观瞻天下第一亭、天下第一书案。

海安红色教育一日游

上午：在城区参观【苏北第一届参政会会址】和全国重点文物保护单位、国家AAAA级旅游景区【韩公馆（海安博物馆）】，追忆彪炳史册的苏中联合抗战→参观国家AAA级旅游景区【苏中七战七捷纪念馆】，瞻仰天下第一“刺刀”的雄伟。

中午：品尝河鲜、海鲜等海安特色菜。

下午：至江苏省首家大型红色报纸展览馆【慧源红色报馆】，重温中国共产党的光辉历程→至海安东部参观【角斜红旗民兵团史绩陈列馆】，感受红色岁月的澎湃激情→在【蓉和怡心园】享用晚餐，晚餐后返程回家。

海安乡村休闲一日游

上午：游览国家AAA级旅游景区【乐百年健康小镇】，骑马、游湖、观鸟、休憩，体验森林嘉年华、水上高尔夫、中医药养生，沉浸于里下河地区怡人的田园牧歌式生活。

中午：在【龙湖山庄】享用江海地域风情的农家土菜，采摘新鲜果蔬，体验农家观光游览项目。

下午：游览全国休闲农业与乡村旅游示范点【中洋河豚庄园】，近距离观赏河豚、中华鲟、扬子鳄、娃娃鱼等珍稀鱼类→在【中洋金砖酒店】，享用中国河豚之乡的天下第一鲜【河豚】及螺蛳、鲥鱼、河蚌等充满海安乡土风情的四季时令珍馐。

海安休闲之旅二日游

第一天：

上午：至中国河豚之乡——海安，参观并入住江海新地标【中洋金砖酒店】→游览全国重点文物保护单位、民国江苏省省长韩国钧的故居、国家AAAA级旅游景区【韩公馆（海安博物馆）】，了解海安数千年来的历史变迁。

中午：品尝中国河豚之乡的天下第一鲜——【河豚】。

下午：参观【陈雷故居】，欣赏历史建筑的别致韵味；游览海安首个AAAA级旅游景区【江淮文化园】，观瞻天下第一亭、天下第一书案→参观【元鸿木雕博物馆】，观赏整木雕刻的立体清明上河图，惊叹中华文化精益求精的大国工匠精神。

晚上：在酒店品尝海安特色菜品，欣赏城区夜景。

第二天：

上午：前往海安西北的里下河地区，游览【西治乡村旅游集聚区】，观赏里下河水泊美景，可到区内袁兵、春奎等多家采摘园进行草莓、葡萄等瓜果和蔬菜采摘活动。

中午：在【洪家滩樱桃园】品尝里下河河鲜等农家菜。

下午：游览海安首个AAAA级旅游景区【江淮文化园】，观瞻天下第一亭、天下第一书案。返程回家。

海安全景之旅三日游

第一天：

上午：至中国河豚之乡——海安，

游览全国休闲农业与乡村旅游示范点【中洋河豚庄园】，近距离观赏河豚、中华鲟、扬子鳄、娃娃鱼等珍稀鱼类。

中午：在海安滨海新区享用天下第一鲜【河豚】及南黄海特色海鲜美味。

下午：参观【角斜红旗民兵团史绩陈列馆】，感受红色岁月的澎湃激情→前往城区，在江苏省级工业旅游点【鑫缘大健康园】和【鑫缘丝绸艺术中心】了解丰富多彩的蚕桑丝绸产品，体会蚕桑文化、丝绸文化的深厚底蕴。

晚上：入住江海新地标【中洋金砖酒店】，品尝海安特色菜品，欣赏城区夜景。

第二天：

上午：游览全国重点文物保护单位、民国江苏省省长韩国钧的故居、国家AAAA级旅游景区【韩公馆（海安博物馆）】，了解海安数千年来的历史变迁→游览海安首个AAAA级旅游景区【江淮文化园】，观瞻天下第一亭、天下第一书案。

中午：品尝河鲜、海鲜等海安特色菜。

下午：游览国家AAA级旅游景区【乐百年健康小镇】，骑马、游湖、观鸟、休憩，体验森林嘉年华、水上高尔夫、中医药养生，沉浸于里下河地区怡人的田园牧歌式生活。

晚上：在【北海生态山庄】享用海安乡土风味的农家菜。

第三天：

上午：至【雅周现代农业园】体验四季如春的绿色生态→至【盈拓生态园】，享受采摘果蔬、休闲垂钓、棋牌品茗乐趣。

中午：在【盈拓生态园】品尝美味农家菜。

下午：至【占姆仕衬衫王国】，了解中国纺织业的发展历程，体会从棉、纱、布到成衣的奇妙过程。返程回家。

（金　欣）

供销合作

【概况】 2021年，海安市供销社系统实现商品销售56.12亿元，比上年增长49.1%。农产品销售总额44.08亿元，比上年增长145.5%，其中农产品电商销售额14.5亿元。出售农业生产资料额4.42亿元，比上年下降20.65%；购进农产品总额44.1亿元，比上年增长66.5%。农产品批发市场交易额39.25亿元，比上年增长21.6%。水溶肥、有机肥销售915吨，废旧农膜回收、农药包装废弃物回收1236.6吨。冷链物流业营业额290万元。实现农业社会化服务面积1.13公顷。供销社基层网点覆盖90%以上行政村，新增基层社社员数3468人。改造薄弱基层供销社1家，累计20家；提档升级农村综合服务社4家，累计95家；新建农民专业合作社3家，累计34家。

【供销合作社综合改革】 2021年，海安市供销总社深化供销合作社综合改革，围绕推进农业现代化、推动供销合作社由流通服务向全程农业社会化服务延伸，打造为农服务综合平台，助力乡村振兴。通过功能提升、原地改建等方式将李堡供销有限公司打造为海安供销社系统首家功能完备、机制健全的乡镇为农服务综合体。9月，李堡供销有限公司召开第一次社员大会，建立健全海安首家基层社“三会制度”。推动社村合作共建，打造新型农业服务主体，滨海新区富港村和雅周镇许家庄村、庞庄村与村集体经济组织组建综合性服务联盟，高新区俞湾农业服务联合社提供“耕、种、管、收、售及秸秆回收制粒综合利用”全产业链服务。11月，成立海安市供销系统综合改革领导组和政策指导组；市委副书记张浩任市供销系统综合改革领导组组长，副市长丁兴育任副组长；副市长丁兴育任市供销系统综合改革政策指导组组长，市政府办公室副主任于萍任副组长。“关于批准注册海安市供合投资管理有限公司的请示”“关于推进供销系统资产处置工作的请示”获市长办公会议讨论通过。

【农资配供】 2021年，海安市有农资销售网点410个，供销社系统农资网点150个，海安、李堡、王庄、韩洋4处农资配送中心。新建韩洋农资仓储库，建筑面积1500平方米，位于城东镇韩洋村22组，可存储化肥、农药2000吨。海安惠民农资有限公司正常淡季可存储农药、化肥3万吨，有运输卡车4辆、厢车8辆，年配送化肥、农药3.5万吨，为1000多户种田大户直接配送到田头。继续推行农药零差率统一配供。全市实现农业社会化服务面积1.13万公顷，统防统治面积1.89万公顷次，测土配方施肥面积130.67公顷次，覆盖农业生产耕、种、管、收、售各个环节，延伸至农户田头、家门口。

【农药包装废弃物和农膜回收利用处理】 2021年，海安市加大“两废”（农药包装废弃物和废旧农膜）回收宣传力度，扩大知晓范围。市委农村工作办公室、市农业农村局、市供销总社联合下发“关于加强农药包装废弃物及废旧农膜回收处理工作意见”；市供销总社招标印制“两废”回收宣传标语450条，下发全市所有区镇、街道；印发“两废”回收宣传手册10万份发至全市农户手中；印制回收解缴台账1800本下发至全市410个农资网点和16个废旧农膜回收点；海安融媒体中心拍摄、制作、播放“两废”回收宣传片；市农业农村局牵头召集区镇、街道分管负责人和相关部门人员，召开动员会，全面部署宣传推进“两废”回收工作，并推行年终考评机制，取得较好效果。全市农药包装废弃物回收和农膜回收利用网点实行“五统一”（统一标牌标识、统一回收价格、统一回收制度、统一回收台账、统一集中处置）。海安惠民农资有限公司承担全市农药经营网点和种田大户的农药包装废弃物集中收集、转运、分拣及短期储存任务，解缴至上海电气南通国海环保科技有限公司进行无害化处置。全年，回收农药包装废弃物198.6吨，1092.3万件；处置208.4吨，1146.2万件。集中回收解交废旧农膜1038吨，其中，棚膜561吨、地膜176吨、秧盘143吨、秧苗覆盖塑料编织布158吨。

【社有资产管理】 2021年，海安市供销总社加强资产规范管理，保管好资产改制资料和土地证、房产证等台账，管理好社有闲置剩余资产，及时自查租赁资产情况。按“全面谋划、逐镇推进、分类实施、统筹发展”原则，对零星资产、出租资产、可开发利用资产、基层有限公司（含市社持股的农资分公司）、已移交区镇管理资产、已出让未结算资产，逐区镇、逐资产拟定处置方案。至年底，全市供销系统有58宗资产待盘活处置。小面积零星资产16宗，其中，商业用途14宗、工业用途2宗，总占地面积2.38公顷，房屋建筑面积1.11万平方米。租赁资产16宗，其中已收储10宗，总占地面积4.36公顷，建筑面积1.47万平方米，年租金7.17万元。可开发利用资产8宗，其中已收储6宗，总占地面积8.40公顷，建筑面积5173平方米。基层有限公司（含市社持股的农资分公司）20家，总注册资本1769.28万元，市供销总社控股51%～65%不等，总占地面积5.66公顷，建筑面积3.01万平方米。已移交区镇管理资产8宗，总占地面积2.18公顷，建筑面积1.17万平方米，均整体打包、无偿划交给雅周镇属地管理。已出让利用尚未结算的资产1宗，位于市区海化路的原海安县汇源水泥厂资产，占地3.33公顷。

附

海安市供销合作总社社有企业选介

海安惠民农资有限公司 成立于2004年，位于海安市通榆北路188号，是海安市供销合作总社系统农资经营龙头企业，被商务部列为全国首批“万村千乡市场工程”试点企业。2021年，公司拥有农资分公司、经营部146家，形成以公司为龙头、分公司为载体、经营部为终端的农资连锁经营网络，承担全市70%的农业生产资料组织、调运与配供。2月，公司克服疫情影响，组织化肥1万吨、农药150吨，保证春耕生产和需要。针对农村土地流转形成的种田大户，公司转型升级，建立开发部，将300户大客户列为农业经营主体，提供农资供应、配方施肥、农机作业、统防统治、收储加工等系列化服务。拓宽进货渠道，建立国内40多家知名厂家的品牌总代理、总经销。在售复合肥、尿素品牌有史丹利、金正大、施可丰等，农药品种齐全，有杀虫剂、杀菌剂、拌种药、除草剂，在售品牌有青岛海利尔、湖南新长山、江苏邦盛等。全年，销售化肥5万吨，其中，复合肥3.6万吨、尿素1.4万吨，碳铵销量少；销售农药500吨；完成销售收入1.8亿元。根据农时季节，适时印发《惠民农情》16期1.6万份，指导农业生产。

海安惠民农资总公司孙庄分公司

成立于2007年，位于海安市孙庄街道孙庄村中心组。2021年，公司占地0.23公顷，其中，门市部建筑面积200平方米，仓库建筑面积1300平方米。下设盐港、夏岔、孙庄、黄柯、韩桥、界河、吴舍、朱舍、营溪9个经营部。春耕备化肥500吨，秋播备化肥400吨。全年，销售复合肥968吨、尿素374吨，农药销售收入80万元，实现总销售收入400万元。完成农药包装废弃物回收1万元。农药、化肥供应孙庄地区外，还销往泰州姜堰等地。

海安众兴再生资源有限公司 成立于2017年9月，位于海安市河滨西路2号，是海安再生资源回收利用龙头企业。2021年，按照《海安市废旧农膜回收利用工作实施方案》，进一步规范提升网点建设，实现“五有”标准（有防渗回收场地、有专业回收人员、有统一标牌标识、有统一回收解交台账、有一定农膜储存量）。改造下属网点16个，整合社会网点22个，累计有废旧农膜回收网点38个，员工100人。公司组建服务团队，建立废旧农膜回收微信群，与回收网点和种田大户保持联系，提供预约上门服务。全年，集中回收解交废旧农膜1038吨，其中，棚膜561吨、地膜176吨、秧盘143吨、秧苗覆盖塑料纺织布158吨。此外，回收废钢铁11.64万吨、废有色金属1941吨、废塑料3489吨、废纸4551吨。公司与3家废塑料加工企业签订合作协议。

李堡供销有限公司 成立于2020年8月，位于海安市李堡镇新建东路2号。2021年9月，李堡供销有限公司召开第一次社员大会，建立健全海安首家基层社“三会制度”，实现由流通服务型向全程农业社会化服务延伸。加强基础设施建设，投入100万元，在原生产资料部场地上翻建水泥场地3300平方米；投入100万元，建设农药包装废弃物回收分拣中心、废旧农膜回收中心、废钢铁等废金属回收中心；建立农药包装废弃物集中暂存中心、压缩包装短期储存集中解交中心。公司有铲车、10吨货车、厢式货车各2辆，压块机2台，轧钢机1台，抓钢机1台，地磅、活性炭吸附设备2套。公司作为海安惠民农资有限公司配送中心，仓库建筑面积400平方米，可储存化肥1万吨，年配送化肥1万吨。收购废钢铁2000吨，回收废弃物200吨，完成销售收入2032.84万元。投资20万元与安禾冷库共建农产品冷链物流销售中心，聚焦鲜活农产品，形成“田头+市场+农业经营主体+基层供销社”新经营模式，年销售蔬菜1069吨，完成销售额1100万元。

海安烈南农业服务专业合作社联合社 成立于2019年7月，位于海安市墩头镇千步村。2021年，联合社有五一家庭农场、吉庆供销公司、千步综合服务社、千步村集体经营组织等核心成员，设生产合作部、土地合作部、供销合作部、劳务合作部，农机库、农资库、粮库、烘干室、办公用房等建筑面积1700平方米，配备拖拉机、插秧机、收割机、植保无人机等农业机械化设备27辆（台），投入100万元新购置大米加工设备。流转540户农户土地128.67公顷，一年一熟麦一熟稻，全部实行机械化作业。全年，联合社完成小麦销售182万元，水稻销售368万元；向农户提供机插秧、烘干等服务，完成服务费收入23.2万元。

（吴建华　范　平　陈克成）

粮食储备与管理

【概况】 2021年，海安市粮食收购量超40万吨，粮食销售量超50万吨，收购秩序良好，市场总体平稳。完成粮食优质优价收购数量8万吨。完成1.1万吨粳稻、1.4万吨小麦轮出，1.6万吨粳稻、1.9万吨小麦轮进，150吨食用油、290吨冻猪肉轮换。把牢储备粮质量安全关，加强抽样检查工作，检查政策性粮食出入库质量样品90个，检查粮食库存质量样品31个以及地方储备成品粮大米样品6个、面粉样品1个、食用植物油样品1个，所有抽检样品各项质量指标均达国家规定质量标准。高质量完成粮油安全储备工作，"一符四无"（粮食仓储数量账实相符，粮食仓储无虫害、无鼠雀、无霉变、无事故）率100%，"一符三专四落实"（粮食仓储数量账实相符，粮食仓储专仓储存、专人保管、专账记载，粮食仓储数量落实、质量落实、品种落实、地点落实）率100%。开展"粮食科技活动周""食品安全周"宣传活动，发放安全宣传材料360余份，全年粮食行业生产安全、食品安全零报告。保障涉粮专项巡察工作有效开展。海安粮食安全责任制考核列南通市第一位。

【粮食品牌建设】 2021年，海安市继续加强粮食品牌产品和核心企业培育，江苏金洲粮油集团（简称金洲粮油）入选中国食用油加工企业50强、菜籽油和葵花籽油加工企业10强。南通家惠油脂发展有限公司（简称家惠油脂）"家惠"牌小榨浓香菜籽油、南通季和米业有限责任公司（简称季和米业）"季和"牌御膳米入选"中国好粮油"产品，"季和"牌大米获评中国粮油区域领导品牌。助力企业开拓市场，先后组织江苏三零面粉有限公司（简称三零面粉）等参加第十六届全国粮油产销企业订货会暨第四届中国粮油泰山论坛，组织季和米业参加国家粮食产业（功能稻米）技术创新中心2021年发展建设研讨会、南通稻米产业联盟举办的水稻品种及栽培现场观摩活动，组织重点粮油企业参加大公梨花节、雅周丰收节等节庆活动，推介海安粮油产品，扩大海安粮食品牌影响力。

【储粮安全管理】 2021年，海安市加强储备粮管理，建立健全地方储备粮管理制度7类79条。强化仓储设施管理，落实粮食出入库质量检测。高标准做好粮食信息化工作，推进8家储备粮承储企业与省级应急物资储备管理云平台实现信息化数据互通共享，实现在线监管全覆盖。抓好储粮安全和生产安全工作，与各储备粮承储企业签订安全生产责任书。开展政策性粮油库存检查，重点检查市内11家政策性粮食企业，接受扬州检查组到海安的交叉检查，委派2人参加南通检查组到苏州的交叉检查。针对扬州检查组在江苏西隆粮油贸易有限公司检查发现的3个问题，及时整改到位。开展17家政策性粮食企业危险化学品使用安全专项治理。深入粮食行业14家规模以上企业、27家规模以下企业开展安全风险辨识工作。全年，累计检查企业116家次，涉及人员310人次，全市粮食储备和安全生产形势稳定向好。

【粮食流通监管】 2021年，海安市贯彻落实《粮食流通管理条例》，进一步提升依法管粮能力，全市粮食流通市场稳定有序。严格执行省粮食和物资储备局"关于认真做好粮食收购企业备案管理的通知"，完成辖区内76家粮食收购企业备案管理。加强粮食流通日常监管，深入夏秋粮收购现场，通过调查询问、查验台账、农户随访等方式，全面检查各收购库点收购资质、收购行为、收购服务等。全年，开展夏秋两季粮食收购监督检查17次，出动检查人员35人次，检查收购主体59个次；开展"双随机一公开"检查6次17家次，全市未出现卖粮难和"打白条"现象。

【省粮食行业协会常务理事会议在海安召开】 2021年3月30日，江苏省粮食行业协会四届四次常务理事会议在海安召开，会议由金洲粮油承办，全省粮食行业相关领导、专家及企业负责人等130多人参会。会议专题推介海安粮食物流产业园，听取中国粮食行业协会副会长、省粮食行业协会会长刘习东做四届四次常务理事会工作报告，表决通过增补2家理事单位、9家常务理事单位，表彰2019—2020年度全省粮食行业优秀企业、优秀企业家和粮食行业协会先进单位、先进工作者等。参会人员先后参观中储粮南通直属库、三零面粉、季和米业、金洲粮油。 （陆　佳）

通信服务

【概况】 2021年，海安市新改建5G基站940个，其中，电信399个、移动450个、联通91个，新建5G机房85个，其中，电信37个、移动35个、联通13个，布放大芯数光缆608千米，其中，电信258千米、移动230千米、联通120千米，占用管孔资源434千米，其中，电信186千米、移动168千米、联通80千米，实现海安主城区5G全覆盖，海安开发区、海安高新区等工业园区基本覆盖，有5G网络需求的企业专项覆盖。全市5G用户数55万户，其中，电信17.5万户、移动31万户、联通6.5万户，出口带宽1640G，其中，电信800G、移动800G、联通40G。"5G+"互联网应用66个，其中，电信56个、移动7个、联通3个。江苏欧凯包装科技有限公司"5G+智慧工厂"基于5G和天翼云，通过MES系统整合生产资源，优化生产流程，生产效率提升50%。河马电子工程有限公司"5G+智慧烟感"通过"5G+NB-IOT"网络（物联网），实现烟感报警远程监控、实时查看，累计生产销售超8000套。瑞恩电气"5G+AR"远程诊断应用，实现"一带一路"国外客户远程检修维护，年至少节省维修综合成本100万元。 （史根生）

【电信】 2021年，电信海安分公司推进智慧海安建设，加快5G建设，优化4G网络，拓展出口带宽。推广应用"5G+工业互联网"，以企业上云为载体，服务企业"技改数转"。继续推进市域治理现代化指挥中心建设，支撑资源基础数据库构建，拓展综合执法、环境监管创新应用，承接"12345"热线话务工作。启动智慧小区建设，与中国天楹合作建设"海安市智慧小区综合管理平台"并汇集至市域治理现代化指挥中心，吉祥水岸小区“大数据+网格化+铁脚板”小区实践新模式成为标杆。助力疫情防控，利用天翼云、AI、大数据等新技术、新装备，推出智能体温筛查、防疫监控、隔离智能门磁、疫情快报、疫情防控外呼机器人、云会议、云教育等项目。8月7—8日海安市全员核酸检测中，连夜协调配置核酸采样点手机终端600个，在所有核酸采样点新装视频监控设备259个，并发挥信息化优势，将各监控点数据全部汇集至市域、镇域两级指挥平台，保障市域治理现代化指挥中心实时全面掌握情况。加快建设“数字乡村”，推进新基建在农业农村的推广应用，“平安乡村”项目创新成果获中国电信股份有限公司江苏分公司管理提升项目三等奖。采用“村村享平台”作为农村智能综合信息服务平台，实现市域、镇域、村域治理一体化；助力行政村启用“监控大屏+天翼看家”App模式，建成示范村199个；率先建设曲塘镇刘圩村村域治理指挥中心智能化项目，通过智慧党建、网格化管理、民生诉求、社会面监控、民政信息公开、乡村情况展示等应用，提升村域“最后一公里”治理效能；通过智慧手环等智慧应用提升村民安全感、幸福感。

（电信海安分公司）

【移动】 2021年，移动海安分公司有营业服务网点279家，遍布城乡，实现自然区镇一级网点服务全覆盖，服务个人客户超59万户、家庭宽带客户超25万户。加强移动网络建设，实现网络质量和满意度双领先。精准高效建成5G网络，实现主城区、重点区镇及高铁全覆盖，一般区镇有覆盖，党政机关、火车站、汽车站、大型医院、大型商场、部分重点企业深度覆盖；依托综合业务接入区，根据“5GC—RAN”组网规划，加强基础资源建设，基于一张光缆网架构，完善配线光缆及分纤点部署；打造千兆宽带网络，GPON和10G GPON相结合满足业务快速开通，千兆接入能力100%，按小区户型结构，定制千兆融合服务方案，打造品质宽带；推进重点工业园区、重要企业网络预覆盖，实现有线网络光纤覆盖率100%。做好全网综合业务接入能力储备，全市互联网出口带宽720G，实现20G带宽进园区企业、千兆带宽进家庭。推进数智化城市建设，推出智慧医疗、智慧水利、校园“阳光食堂”、5G智慧工厂，打造“治理有效”乡村振兴平台、“无人化”智慧农场等民生项目。优化客户服务，提升“网+云+DICT”整体能力、生态合作能力、网格经营能力等，建立集成交付体系。

（移动海安分公司）

【联通】 2021年，联通海安分公司深化划小体制机制改革，强化大市场统筹，聚焦目标市场、战略业务、重点区域、重要客户，做好价值经营。打造2I（交付）专职队伍和社区经理专职队伍，推进“双优小区”（5G网络与千兆宽带覆盖小区）创建，持续开展智慧社区营销，累计完成“双优小区”营销活动43场。进一步维护好卫生、教育、文化、工业等行业大客户，拓展教育、卫生等条线多个ICT项目，签约总金额突破500万元。

（联通海安分公司）

专营专卖

【盐业经营】 2021年，海安市盐业有限公司实现盐斤销售2.17万吨，完成销售收入2176万元。巩固小包装盐市场主渠道，根据海安市场实际情况，调整品种结构，根据不同时段、不同渠道，开展差异化营销，促进小包装淮盐销售；加大渠道整合力度，将海安地区划分为重要及次重要流通渠道、传统农贸渠道和特通渠道3个经营渠道；做好重要商超维护工作，扩大淮盐陈列排面比例，提升淮盐品牌影响力；加大餐饮、饭店、工厂食堂等特通渠道市场收复力度，建立客户档案，提升淮盐销量。提升大包装盐市场占有率，根据不同地区、不同用户需求，寻求合适供应商，降低采购价格，稳保大包装盐市场占有率。加强食盐市场管理，检查农贸市场、农村商贸集散地30多个，食盐零售终端近1000家，学校食堂、餐饮店、食品加工企业（作坊）380多家，行政约谈涉盐经营户近100人次，查处涉盐违法案件5起，其中，立案查处3起、结案2起，罚款到账1.04万元，案涉盐斤1.93吨，市盐业公司先行登记保存、扣押和封存各类涉嫌违规盐产品约0.6吨，有效规范海安食盐市场秩序。

（王　虹）

【烟草专卖】 2021年，海安烟草分公司销售卷烟2.95万箱，比上年增长1.46%。省内烟销量1.33万箱，比上年增长0.99%；一、二类烟销量1.96万箱，比上年增长12.53%；重点品牌烟销售2.84万箱，比上年增长1.89%；细支烟销售2781.73箱，比上年增长31.58%。完成销售收入13.29亿元，比上年增长8.24%。

加强烟草专卖管理，深入推进“百日会战”“利剑7号”“利剑8号”专项整治行动，查处违法卷烟503.02万支，案值523.02万元；推进部门协作，分别与海安邮政管理局、南通海警局海安工作站、商丘市烟草专卖局签订执法协作协议，持续开展寄递渠道卷烟贩假贩私专项打击行动，查获寄递案件111起，涉案卷烟146.88万支，案值33.01万元。监管质效再提升，开展电子烟专项整治行动，排查出电子烟专卖店40户，持证户售卖电子烟13户，劝阻13户持证户将电子烟全部下架；全面监管辖区内“二次批发、左右价格、扰乱市场”的违法违规大户、隐形大户等，依法取缔违法违规大户2户；营造校园周边无烟环境，中小学周边100米范围内的46户零售户全部注销或变更经营地址，100米~200米范围内的148户零售户全部登记在册，幼儿园周边50米范围内的5户零售户注销2户。行政服务再推进，推进行政许可从“零跑腿”向“零材料”升级，网上受理申请2281件，新办与延续类事项网上申办率98%以上；加强许可证后续监管，整治清理虚假客户、违规客户292户，其中，歇业185户，注销17户，收回1户，责令停业63户，主动停业24户，取消经营资格2户。

开展“五个一”结对共建活动（一名管理员工、一名客户经理、一名专卖稽查员、一名工业销售代表和一个诚信互助小组结对共建），与工业企业联手在全市诚信客户互助小组召开26场品牌宣讲会，零售户432户、行业内部员工119人次参与活动。持续推动“金丝利”推广运营，“金丝利”会员消费人数12.96万户，会员消费笔数21.05万笔，消费金额601.6万元。推进“金丝利零售”加盟终端建设，6家“金丝利零售”加盟店开门营业，16家苏果合作终端6月完成升级；推广“金丝利零售学院”学习，海安地区完成初级认证人数2220人，占总客户数53.6%；借助诚信互助小组线下活动，集中指导客户合理使用“金丝利·家”，累计注册用户3.19万户，其中活跃用户1.76万户，活跃用户占比55.1%；新安装“金丝利·通”双屏机39户，其中，24户正常运行，15户待银行账户开通。组织参加“我为品牌培育做贡献”主题实践活动、“百人万店”零售终端卷烟主题陈列竞赛活动、全省晶彩杯“开口营销”大赛等活动，海安地区零售户2人获全省“开口营销”大赛一等奖，1人获二等奖，6人获三等奖。有序开展文明吸烟环境建设工程，建成吸烟室1个、吸烟区5个、吸烟点104个。卷烟配送安全无事故。（陈长斌）

【石油经营】2021，海安石油分公司完成石油零售销量12.39万吨，比上年减少4.25%；非油品销售5973.86万元，比上年减少7.19%。加强网点建设，城北加油站于2月开业，三丰加油站于10月开业，冠宇加油站竣工，新生站加氢项目、城西加油站建设有序推进。开展成品油市场综合整治，落实加油站五千米责任区，打击“自留黑”车辆26辆。开展柴油客户排查，加大商贸物流园自建罐客户开发力度。强化安全管理，组织38座在营加油（气）站开展全员安全培训工作，指导加油（气）站建立并完善员工安全教育培训记录本；全面自查设备设施使用、维护、修理等管理工作，跟踪检查基础工作、输油管线、油罐及附件、加油机、IC卡系统、电气设备、监控报警系统、消防器材等，日常开展销售企业设备和计量大检查，确保安全正常有序运营。

（海安石油分公司）

中介服务

【劳务中介】2021年，海安市持续加强人力资源服务机构管理，严格规范人力资源服务机构审批流程，开展人力资源服务机构日常巡查和专项检查，按照省、南通市人社部门统一部署和要求，组织开展全市人力资源服务机构年检并将年检结果进行公示，全市13家人力资源服务机构依法公示企业营业执照、许可证、收费标准、举报投诉电话，保障求职人员知情权。年内，办理求职登记4562人，成功介绍就业1896人。

（王　敏）

【房产中介】2021年，海安市有房产中介255家，比上年增加10家；办理二手房交易4996套，比上年增加52套。规范房地产中介市场秩序管理，建立健全代理新建商品房销售和从事存量房交易中介机构备案管理机制，加强存量房交易资金监管，促进房地产市场平稳健康发展。（刘　鑫）

【公证服务】2021年，海安市公证处应对疫情影响，开通线上咨询、公证预约、“公证云平台”和“远程视频公证”办证等服务，扩容“最多跑一次”服务项目，六大类15个公证服务项目被纳入范围。参与市重大项目建设现场监督，在立发医院地面建筑物及房屋内部附属物评估服务机构确定活动现场，选派业务骨干全程参与摇号过程监督。开展公证便民行动，在继承公证等事项中不必提供相应证明，以当事人诚信为承诺担保，再进行事中、事后核查，减少证明材料200余份。做优出国劳务涉外公证，专门成立涉外业务小组，创新推出海外远程视频公证举措，为市民提供便捷服务约200人次。全年，办理各类公证事项5944件。（范田晶）

【保安服务】2021年，海安保安集团在海安地区率先成立区域现金处理中心，帮助商业银行节约运营成本约1.5亿元，在南通地区实现经济效益15亿元。人防大队服务129家单位，客户满意率98%以上。押运大队押钞车行车100多万千米，做到人、车、弹、标的安全万无一失。提升服务质量，派驻在全市109个银行网点的保安成功制止诈骗案件8起，避免群众财产损失150余万元。组建夜间巡防队伍，每月参与巡防142人次，每组每次徒步10千米，累计发现违法犯罪嫌疑人18人，为群众做好事100余件，扩大企业影响力。

（王　晶）

海安万达广场

金融业

金融运行

【概况】 2021年年末，海安市金融机构本外币存款余额1818.74亿元，比年初减少20.18亿元，下降1.1%。其中，住户存款1103.79亿元，比年初增加110.37亿元，增长11.1%；非金融企业存款536.33亿元，比年初减少54.92亿元，下降9.3%；财政性存款20.18亿元，比年初减少2.79亿元，下降12.1%；机关团体存款152.42亿元，比年初减少72.05亿元，下降32.1%；非银行业金融机构存款5.37亿元，比年初减少0.72亿元，下降11.8%；境外存款0.65亿元，比年初减少0.07亿元，下降9.1%。金融机构本外币贷款余额1606.25亿元，比年初增加195.02亿元，增长13.8%。其中，境内住户贷款373.53亿元，比年初增加55.57亿元，增长17.5%；非金融企业及机关团体贷款1232.68亿元，比年初增加139.43亿元，增长12.8%；境外贷款436.35万元，比年初增加227.36万元，增长108.8%。全市有银行机构23家。保险机构34家，实现保费收入31.19亿元，比上年增长7.18%。典当行1家，年末典当余额758.54万元，比上年下降39.28%。证券公司营业部4家，累计证券交易额1380.9亿元，比上年下降7.3%。融资性担保机构4家，在保余额97.8亿元。应急转贷基金2支，应急转贷规模54.56亿元。

2021年海安市金融机构本外币存贷款情况表

表29　　单位：万元

项　　目	2021年	2021年为2020年%	项　　目	2021年	2021年为2020年%
各项存款	18187374	98.90	各项贷款	16062534	113.82
一、境内存款	18180844	98.91	一、境内贷款	16062098	113.82
（一）住户存款	11037873	111.11	（一）住户贷款	3735334	117.48
1.活期存款	1737687	105.38	1.短期贷款	1364415	112.79
活期储蓄存款	1737687	105.38	消费贷款	226994	107.10
2.定期及其他存款	9300186	112.25	经营贷款	1137421	114.00
定期储蓄存款	6024880	111.70	2.中长期贷款	2370919	120.36
（二）非金融企业存款	5363270	90.71	消费贷款	2048776	115.54
1.活期存款	2200550	102.12	经营贷款	322143	163.75
2.定期及其他存款	3162720	84.17	（二）非金融企业及机关团体贷款	12326764	112.75
（三）广义政府存款	1725987	69.75	1.短期贷款	5220027	103.50
1.财政性存款	201837	87.85	2.中长期贷款	6560652	122.93
2.机关团体存款	1524150	67.90	3.票据融资	544091	98.97
（四）非银行业金融机构存款	53715	88.21	4.各项垫款	1995	91.15
二、境外存款	6529	90.86	二、境外贷款	436	208.80

（市统计局）

【综合金融服务】 2021年，海安市坚持每季度召开银政联席会议，及时传达金融、信贷相关政策，适时将供应链金融公共服务平台推进、存贷比等工作和指标纳入季度考核。协调化解涉贷问题，欧贝黎集团公司债务化解取得进展，稳妥解决海安市方园阀门铸钢厂破产清算和南通升环木业有限公司贷款联保等问题。年末，全市制造业贷款余额319.31亿元，占总贷款余额19.88%，两项指标继续保持南通第一。以建筑业为试点，打造全国首家全场景供应链金融公共服务平台。至年底，市建筑业供应链金融服务平台接入金融机构14家、核心企业18家、供应商82家，实现供应链融资538笔，金额4.25亿元，加权平均融资成本4.51%。新增省、南通市综合金融服务平台接入企业2672家，新增融资额65.6亿元。金融服务科技创新，设立“科创贷”风险补偿资金，推动江苏银行海安支行等金融机构为56个科技项目和2家“科创贷”备案企业提供2.28亿元信贷支持；出台《海安市知识产权质押融资补助实施办法（试行）》，邮储银行海安支行等金融机构为江苏海美新材料有限公司等企业办理知识产权质押贷款2.46亿元；设立海安高投毅达科技创新创业投资基金，支持高成长型科技企业发展。

【普惠金融发展】 2021年，海安市多次召开普惠金融领域贷款提质扩面工作推进会，推动各银行机构增加普惠领域信贷投放规模和质效，全市普惠型金融重点领域贷款余额占总贷款余额的17.95%，比年初提升1.91个百分点。成立市金融监管局机关金融服务小分队，开展普惠领域融资需求调查，为符合条件的小微企业、个体工商户以及新型农业经营主体提供信贷支持，解决海安银锡绣品有限公司、桦桦数控经营部等一批小微企业的融资需求，海安农商银行全年发放“小微贷”突破1亿元。

【绿色金融发展】 2021年，海安市结合常安纺织园生态环境政策集成改革试点，推动绿色金融发展，各银行机构累计为常安纺织园内32家企业发放贷款9亿元。江苏银行申报的常安纺织园热电联产二期项目和江苏泓润生物质能科技有限公司镇江市餐厨废弃物及市政污泥协同处理二期工程2个绿色低碳项目获中国清洁发展机制基金优惠贷款8000万元。推广排污权抵押贷款，海安农商银行在企业排污权交易价格的基础上放大五倍为企业提供融资，累计为5家纺织企业发放2600万元的排污权抵押贷款。11月5日，江苏合源纺织科技有限公司获南通市首笔排污权抵押千万元贷款。至年底，全市节能环保项目及服务贷款余额68.96亿元，较年初增加3.8亿元。

【金融监管与风险防控】 2021年，海安市不断规范金融监管行为，完善现场监管的流程、频次、设备等，并在重大决策、重要提醒等方面嵌入法审环节。通过召开监管例会、月度指标分析、季度整改提示、开展年度检查等方式，推动各地方金融组织提升合规经营意识，全市12家地方金融组织均处于正常监管状态，联合会商25家投融资企业设立、变更事项，11月各地方金融组织集中更换统一编号的监管提示牌。开展“防范非法集资宣传月”主题宣传活动，累计发放宣传资料10多万份，悬挂标语或张贴海报1120多处，《海安日报》刊印防范和处置非法集资宣传信息13万份，海安电台、海安电视台报道相关信息约20次。开展非法集资风险专项排查整治行动6批次，检查1272家机构（个人），重点对海安峰融创业投资有限公司、南通嘉乐投资管理中心（有限合伙）2家投资机构开展私募领域风险专项排查，及时处置“鲸买网”“数享易购”等非法集资风险信息。 （何红梅）

资本市场服务

【证券交易】 2021年，海安市有证券公司营业部4家，分别是华泰证券海安营业部、海通证券海安营业部、南京证券海安营业部、中山证券海安营业部。全年，4家证券机构累计证券交易额1380.9亿元，比上年下降7.3%，其中，华泰证券海安营业部1161.5亿元，比上年下降4.16%；海通证券海安营业部98.73亿元，比上年增长46.92%；南京证券海安营业部108.95亿元，比上年下降97.74%；中山证券海安营业部11.72亿元，比上年下降66.99%。

【企业上市】 2021年，海安市完善上市企业培育体系，全面梳理全市利润规模超2000万元的企业，排定南通冠优达磁业有限公司、江苏瑞恩电气股份有限公司、江苏飞亚化工集团、江苏铁锚玻璃股份有限公司等22家企业为上市重点培育企业。南通冠优达磁业有限公司完成辅导备案，江苏瑞恩电气股份有限公司、南通科达建材科技股份有限公司进入创新层，江苏海美新材料有限公司、美勒森家居科技有限公司等8家企业主板签约入轨，江苏辛巴新材料科技股份有限公司挂牌“新三板”，南通业盟新材料股份有限公司、江苏泽宇森碳纤维科技股份有限公司完成股改申报。至年底，海安市累计有主板上市企业3家，“新三板”挂牌企业17家，江苏股权交易中心挂牌企业152家，新增股权融资额2.92亿元。 （何红梅）

2021年1月24日，中国建设银行海安支行“心蓝通”志愿者在白甸镇官垛村居民点宣传防范非法集资常识
徐劲柏／摄

银行业

【概况】 2021年，海安市有银行机构23家，银行业存贷款指标保持南通市领先。稳企业保就业政策有效落实，发放延期贷款政策激励资金31笔、0.71亿元，支持小微企业办理延期贷款本金71.46亿元；发放普惠小微企业信用贷款零息支持资金9.22亿元，支持小微企业信用贷款23.06亿元，信用贷款占比59.1%。支持构建经济新发展格局，引导银行业金融机构深入企业推广绿色金融产品，发放“光伏贷”913笔、1.02亿元，办理“苏科贷”61笔、金额2.28亿元，办理知识产权质押融资业务47笔、2.46亿元。选择建筑业为突破口，搭建信息流、物流、资金流“三流合一”供应

链公共服务平台。助力乡村振兴，推动“寻味海安”小程序入驻中国银联“云闪付”App，产生交易1.9万笔，交易金额80万元。参与“百企联百村 共走振兴路”行动，年末全市村企贷款余额51.68亿元。全市建成普惠金融服务点228个，其中，智能点3个、综合点59个、支付点166个。

【商业银行金融生态环境建设】 2021年，中国人民银行海安市支行综合运用央行评级、综合评价、执法检查等手段，紧密监测法人机构流动性；强化“大金融”范畴风险监测、预警，加强法人银行业金融机构风险监测分析；坚决执行金融业重大事项报告制度，按季通报制度执行情况。加大金融知识普及力度，制定《2021年海安市存款保险宣传工作实施方案》《2021年海安市“存款保险宣传月”活动方案》，组织银行业金融机构做好存款保险日常宣传及5月、9月集中宣传工作；举办银校对接活动，在全市所有小学开展反洗钱学习活动；利用“3·5”雷锋日、“3·15”消费者权益日等时间节点开展金融消费者保护宣传；在2个国债服务直达站、228个普惠金融服务点等地开展农村地区反洗钱知识宣传。增强金融监管合力，监督指导法人机构反洗钱工作，推动洗钱案立案1起；中国人民银行海安市支行、市公安局、市人民检察院等部门建立协作机制，侦破跨境赌博案件21起，涉案资金4000万元，抓获犯罪嫌疑人数42人，冻结、扣押资金3325万元；全面夯实外汇监督管理，现场核查货贸企业36家，发现出口不（少）收汇企业6家。

【惠民服务】 2021年，海安市银行业创新推进惠民举措，推行国库直接支付，为全市贫困学生直接拨付补助资金71笔、7.1万元；及时办理汇算清缴退税，兑现政策红利，累计办理个人所得税汇算清缴及代扣代缴手续费退税7.02万笔、3817.86万元。跨省异地电子缴税取得新成效，10家企业签订三方协议。推动金融纠纷多元化解，辖区银行业金融机构所有营业网点公布投诉电话，建立金融消费者权益保护投诉咨询处理台账，接受投诉6次，均依法合规、及时办理并答复；中国人民银行海安市支行、市人民法院联合制定金融纠纷诉调对接工作规程、调解员工作职责，成立海安金融纠纷调解中心，调解中心成功调解金融纠纷事件10起，累计金额4000多万元。

【区域现金处理中心建成】 2021年10月29日，南通现金处理中心（海安）挂牌运营。海安现金处理中心属于“双重代理、一站服务、全面覆盖、多点备份”区域中心模式，是南通市北三县（市）区域内首个试点项目，承担海安市、如皋市、如东县500多家金融网点的区域现金处理业务，提供储存配送业务、托管业务、一站式金融外包服务业务，由市属国有企业海安市保安服务集团有限公司的控股子公司运营。总建筑面积7006平方米，其中，清分中心1110.82平方米、标准金库场地4777平方米，功能区涵盖业务库、尾箱库、外币库、重空凭证库、贵金属库、受库区、装卸库等。

（陈惠敏）

附

海安市商业银行选介

中国农业发展银行海安市支行 农发行海安市支行位于海安市中坝南路20号，成立于1997年3月。2021年年末，本外币各项存款余额6.66亿元，比年初减少0.96亿元；本外币各项贷款余额92.96亿元，比年初增加11.22亿元。有效服务国家战略，获批长江大保护类贷款项目2个，金额15.4亿元，用于生态涵养工程建设。支持地方政府重大项目建设，获批改善农村人居环境中长期贷款项目1个，金额1.5亿元，用于海安市公共卫生应急体系建设。全年，投放中长期贷款16.9亿元，中长期贷款余额85.15亿元，较年初增长8.84亿元。支持小微企业发展，投放普惠小微（授信1000万元以下）企业贷款1750万元，与中投融资担保海安有限公司、海安市海陵融资担保有限公司以及海安开发区中小企业融资担保有限公司建立合作关系。

（农发行海安市支行）

中国工商银行股份有限公司海安支行 工商银行海安支行位于海安市人民西路3号，成立于1990年12月。2021年，工商银行海安支行下设海安曲塘支行、海安李堡支行、海安西楹桥支行、海安中楹桥支行、海安奥星支行、海安文明支行、海安城南支行和海安开发区支行，有员工146人。实现中间业务收入2.31亿元，比上年下降1482万元。实现拨备前利润5.56亿元，净利润4.92亿元。本外币各项存款余额119.19亿元，比年初减少1.55亿元。人民币个人储蓄存款时点余额69.64亿元，比年初增加6.27亿元；人民币对公存款时点余额46.51亿元，比年初下降8.26亿元。本外币各项贷款余额156.59亿元，比年初增加23.27亿元，其中，本外币公司贷款余额133.8亿元，比年初增加17.6亿元；本外币个人贷款余额22.78亿元，比年初增加5.66亿元。加大客户拓展力度，新开对公结算账户1744户，其中有效账户1365户；新开有效机构客户16户；净增法人信贷客户9户、小企业信贷客户137户、普惠信贷客户224户；净增国际业务客户13户；个人全量客户43.7万户，比年初新增2.78万户；新增个人有效客户2.2万户；发放信用卡8590张，新增启用客户1990户。强化“G-B-C”场景全流程营销，开立海安立发片区城市更新项目拆迁款定期存单1.25亿元。服务地区经济发展，普惠金融小微企业贷款余额13.74亿元，比年初增加5.86亿元；制造业贷款余额19.76亿元，比年初增加1763.55万元；数字供应链贷款余额4.78亿元，比年初增加2.18亿元。加强风险管控，不良贷款余额4473.9万元，不良率0.29%，实现不良额、不良率双下降。

（工商银行海安支行）

中国农业银行股份有限公司海安市支行 农业银行海安市支行位于海安市中坝南路25号，成立于1991年5月。2021年，本外币各项存款余额191.36亿元，比年初增加18.99亿元；本外币各项贷款余额155.29亿元，比年初增加3.39亿元。重点领域信贷工作稳步推进，普惠贷款余额26.03亿元，比年初增加8.49亿元；农户贷款余额9.38亿元，比年初增加2.52亿元，农户贷款户数1357户，比年初增加130户；个人生产经营余额6.01亿元，比年初增加1.48亿元；个人住房贷余额28.83亿元，比年初增加4.55亿元。强化客户服务，提升获客效率，新增个人有效客户5.36万户、个人贵宾客户3627户；新开本外币对公账户2053户，比上年净增527户；新拓展日均5万元以上对公客户383户，新增机构类有效客户22户、国际业务有效客户38户；新增信用卡有效客户6447户，实现信用卡分期交易2.6亿元。调整优化信贷结构，持续推进项目营销储备，获批10个项目贷款，审批总金额36.3亿元，投放17.03亿元；成功营销14个项目，项目总投资53.36亿元，全行可承贷项目贷款金额32.17亿元；推进"一项目一方案一授权"普惠贷款运作模式，新增"一项目一方案一授权"项目6个（法人条线3个、个贷条线1个、农户条线2个），项下用信客户数320户，发放贷款9.21亿元（其中，小微客户6.09亿元，农户1.54亿元），用信率80%。加大市场营销力度，建立以贵宾客户和私人银行客户为重点的分层营销体系；加快推进数字化转型，上线智慧类场景项目42个，个人掌银月均活跃客户数净增3万户，累计有效存量客户掌银注册数18万户；场景获客成效显著，新增消费场景商户6户，场景建设获客数超1.7万户；推进创新投行业务发展，实现票据业务流量47.68亿元，金融市场交易9.3亿元。坚持抓好风控案防，资产质量总体稳定，不良保持"双降"，清收不良贷款本金1587.72万元、利息127.07万元，核销清收贷款本息54.54万元，年末不良贷款余额1480.37万元，不良率0.1%。（吴文婷）

中国银行股份有限公司海安支行 中国银行海安支行位于海安市长江中路18号，成立于1990年12月。2021年，实现拨备前利润3.20亿元，营业净收入3.91亿元，税后净利润2.18亿元；本外币各项存款余额135.73亿元，比年初减少13.20亿元；本外币各项贷款余额115.05亿元，比年初增加4.11亿元。加强网点建设，完成中国银行海安金海国际支行装修改造。10月20日，金库并入海安市区域现金处理中心。11月，完成全行10家网点19台依附式ATM集中清机上收任务，ATM清机、现金装箱、现金清点、账务处理、账实核查等全部集中到支行处理。创新打造"复兴壹号"智慧党建平台，隆政街道"幸福党建来敲门"、胡集街道"留工助企送春风"等活动亮点纷呈，新上线胡集街道、白甸镇、隆政街道等镇（街道）"复兴壹号"。全年，中国银行海安支行"复兴壹号"上线29户，注册人数8000余人；各网点"复兴壹号"上线率100%，上线人数累计800余人。推动重点领域业务发展，叙做全量分期4.02亿元，比上年增长35.8%；成功营销海安商贸物流园5亿元和联发集团5.5亿元中国进出口银行贷款的资金监管，开立南通骏安房地产开发有限公司、海安欣瑞置业有限公司等房地产企业资金监管账户，发行海安开发区建设投资有限公司4.65亿元PPN（非公开定向债务融资工具）项目；叙做"融易达"业务3.5亿元，叙做全省首笔线上"区间宝Ⅱ"、线上单卖期权业务。支持地方科技创新发展，举办"高企融资服务直通车"活动，主动上门对接77户科技型企业，意向授信金额5亿元，取得授信批复32户，投放贷款2.7亿元。7月9日，与市科技局协办"聚力高企、共赢未来——高企融资服务直通车海安站"成效发布会。推进普惠金融发展，年末普惠金融贷款余额18.49亿元，其中，公司普惠贷款余额11.81亿元，个人普惠贷款余额6.68亿元。开展金融知识宣讲，保护金融消费者权益，4月28日，中国银行海安人民西路支行成功堵截一起电信诈骗事件，挽回老年客户损失2万余元，9月28日获南通市公安局嘉奖。加大风险管控力度，清收化解不良贷款8872万元，年末不良贷款余额7656万元，不良率0.67%，较年初下降0.75%，实现不良余额与不良率双降。（张　进）

中国建设银行股份有限公司海安支行 建设银行海安支行位于海安市长江中路116号，成立于2005年4月。2021年，获评2019—2021年度江苏省文明单位，支行营业部获评中国银行业协会2021年度文明规范服务千佳示范单位。本外币各项存款余额166.15亿元，比年初减少约6亿元；一般性存款日均余额176亿元，比年初增加31.98亿元；个人存款余额突破100亿元，个人日均存款比年初增加18.3亿元，个人时点存款比年初增加14.2亿元。本外币各项贷款余额143.71亿元，比年初增加20.95亿元；对公贷款余额113亿元；普惠贷款余额22.34亿元，比年初增加6.21亿元。信贷结构持续优化，为亚太轻合金（南通）科技有限公司办理固定资产贷款2亿元，为海安开发区办理住房租赁贷款3.3亿元，为海安市人民医院新增授信1亿元。加大新客户拓展力度，普惠客户1853户，比年初增加572户；"惠懂你"App授信客户1345户，比年初增加538户。加强风险管理，全额回收欧贝黎集团不良贷款3.76亿元，不良和逾期贷款实现双降。提升数字化经营能力，上线海安市灵活就业人员线上缴费平台、法院客户政融支付"一案一码"项目、海安智慧停车项目，实现市区130余处街边停车自主收费功能，场景获客2600人，活跃"龙支付"客户1200余人。（陆　敏）

江苏海安农村商业银行股份有限公司 海安农商银行位于海安市长江中路88号，由原江苏海安农村合作银行改制组建而成，2011年2月28日挂牌对外营业。2021年，资产总额763.63亿元，比年初增加56.28亿元，增幅7.96%。本外币各项存款余额579.70亿元，比年初增加31.20亿元；本外币各项贷款余额452.55亿元，比年初增加48.33亿元。推进机构体制改革，创新设立微贷专营支行，累计走访商户4.64万户；推进业务部"营销+管理"运营模式改革，业务部贷款比年初净增10亿元；成立科技支行，累计授信56.31亿元，用信余额46.84亿元；成立按揭贷款中心，实施按揭贷款统一上收集中办理。增强支农、支小和服务实体效能，实体贷款余额440.19亿元，制造业贷款余额207.87亿元；开展"共筑党建联盟，推动乡村振兴"主题活动，推动各党支部与全市行政村共建全覆盖，合力开展整村授信、网格营销等活动。持续开展增户扩面，新增授信户数5.39万户，体验用信户数2.5万户，新增用信户数6835户。稳步开展整村授信工程，对全市10.46万户农户授信140亿元，授信覆盖面60.93%。助力企业发展，创新推出"苏农贷""苏科贷""光能贷""技改贷""稳供贷"等多款信贷产品；推出"惠民助企暖心贷"专项信用贷款产品，至年末用信余额10.55亿元；开发供应链金融业务，成功对接贸融平台，累计为4家上游客户办理供应链融资8笔、1044.32万元；发展绿色信贷，在全市率先开办排污权质押贷款、动产"奶牛"抵押贷款。

（王婷婷）

中国邮政储蓄银行股份有限公司海安市支行 邮储银行海安市支行位于海安市中坝南路25号，成立于2008年4月。2021年，获评南通市文明单位。本外币各项存款余额157.23亿元，比年初增加7.21亿元；本外币各项贷款余额43.14亿元，比年初增加12.38亿元。夯实基础金融业务，加快储蓄存款业务发展，稳妥做好代发客户的开发营销；开展保险理财客户营销储备活动，销售保险1.27亿元，其中，长期期交保险销售1086万元，保障型保险销售2491万元；依托"企业+场景"营销模式，开展信用卡营销"雷霆行动"，实现收件4865张，新客3894户，激活首刷率87.61%；对接洽谈海安汽车分期合作经销商，自主营销签订2家，实现放款330万元；持续开展周边市场、商超走访和零贷客户综合营销，新增收单786户，联动年日均余额5714万元。零售信贷量质齐升，抓好优质大客户开发和维护，拓展小额贷款和小企业贷款，发展经营性贷款，持续营销消费贷款，年末，零售信贷总余额38.18亿元，其中，小额贷款结余7.4亿元，非房消费贷结余3.18亿元，住房贷款结余22.61亿元，小企业贷款5.05亿元；贷款年净增8.43亿元，其中，小额贷款年净增2亿元，非房消费贷年净增0.4亿元，住房贷款年净增4.4亿元，小企业年净增1.69亿元；创新发展知识产权质押贷款，4月投放海安首笔知识产权质押融资贷款，至年底，累计办理知识产权质押贷款31笔，放款金额1.46亿元。公司业务提质增效，公司存款年日均余额18.02亿元，比上年净增2.42亿元；公司拓客开户新增285户；公贷余额4.9亿元，比上年净增3.9亿元；贸融、票据等低风险业务发生量15亿元；获取全省首个职工社会养老保险基金管理中心账户资格，拉动公司存款年日均增长9000万元；落地全国中邮首单"理财投资+承销"一体化业务3亿元，实现中间业务收入375万元。强化风险案防管理，全年依法合规经营。

（顾世梅）

2021年海安市主要商业银行本外币存贷款情况表

表30 单位：亿元

行　别	各项存款		各项贷款	
	年末总量	比年初增加	年末总量	比年初增加
农业发展银行海安市支行	6.66	−0.96	92.96	11.22
工商银行海安支行	119.19	−1.55	156.59	23.27
农业银行海安市支行	191.36	18.99	155.29	3.39
中国银行海安支行	135.73	−13.20	115.14	4.11
建设银行海安支行	166.15	−6.00	143.71	20.95
交通银行海安支行	12.85	−8.45	21.17	1.34
中信银行海安支行	18.11	−14.72	30.39	−2.01
光大银行海安支行	14.02	−22.61	28.37	4.57
华夏银行海安支行	12.61	−4.86	11.46	0.49
广发银行海安支行	25.17	−9.10	23.80	−7.63
平安银行海安支行	2.23	0.15	1.63	−0.10
招商银行海安支行	44.44	−6.13	40.99	−8.35
浦东发展银行海安支行	17.04	−5.11	20.40	1.14
兴业银行海安支行	34.31	−1.24	41.90	18.47
民生银行海安支行	29.38	−16.53	26.75	−2.88
浙商银行海安支行	43.07	4.66	22.90	2.75
南京银行海安支行	70.74	9.03	44.33	2.90
江苏银行海安支行	81.97	17.55	81.75	19.45

续表30

行别	各项存款		各项贷款	
	年末总量	比年初增加	年末总量	比年初增加
邮储银行海安市支行	157.23	7.21	43.14	12.38
常熟农商银行海安支行	8.95	2.66	15.06	3.77
昆山农商银行海安支行	9.49	0.57	18.78	3.82
海安农商银行	579.70	31.20	452.55	48.33

（何红梅）

保险业

【概况】 2021年年末，海安市有保险行业经营机构34家，其中，财产保险机构14家、人寿保险机构20家。各保险机构实现保费收入31.19亿元，比上年增长7.18%。财产险保费收入8.89亿元，比上年增长5.5%；赔付金额5.87亿元，赔付率66.1%。人寿险保费收入22.30亿元，比上年增长9.1%；理赔给付及其他各类给付5.17亿元。4月28日，海安市保险行业协会召开第三届会员代表大会第六次会议。

2021年海安市财产保险业务基本情况表

表31　　单位：万元

业务类别	承保数量	承保金额	保费收入	赔付金额
合计	21281205	296334699.18	88867.50	58702.93
企业财产险	1265	4481200.05	2007.34	1294.37
家庭财产险	42907	15139057.62	1049.43	487.80
工程险	91	128923.43	144.17	32.45
总车辆险	318819	177024792.02	51236.41	34987.03
商业车辆险	151344	129730575.46	37835.82	21349.46
电销渠道（商业险）	2346	894081.96	337.78	285.19
交强险（汽车）	156625	45540046.80	12933.38	13232.74
交强险（摩托车）	7361	837227.80	102.42	119.64
交强险（拖拉机）	1143	22860.00	27.02	0.00
货运险	5280	437553.10	275.20	54.93
船舶险	147	56694.38	196.33	91.47
责任险	12188	4832723.38	5556.77	2482.63
保证险	238	6217.71	159.66	0.17
信用险	28	23633.39	7.09	0.00
人身意外险	229535	80271789.18	4284.12	1010.12
健康险	40518	12546963.77	15113.00	12548.98
农险	20626608	178179.09	8757.19	5712.87
其他险	3581	1206972.06	80.77	0.10

说明：承保数量计量单位中，车险为辆，其余为件

2021年海安市人寿保险业务基本情况表

表32 单位：万元

业务类别		保费收入	理赔给付	其他给类给付
合　计		223022.13	14122.31	37612.51
营销业务	小计	176328.33	10690.99	10969.10
	短期健康险	4165.69	1335.49	0.00
	意外险	3231.19	1153.03	0.00
	一般寿险	121408.75	7073.48	2923.97
	分红类保险	46586.20	966.19	7947.57
	万能寿险	929.92	163.08	97.20
	投连险	6.59	−0.28	0.36
团险业务	小计	5252.36	3193.33	70.96
	短期健康险	2565.46	2123.37	0.00
	意外险	1926.20	1041.67	0.00
	一般寿险	690.50	28.29	17.63
	分红类保险	70.20	0.00	53.33
	万能寿险	0.00	0.00	0.00
	投连险	0.00	0.00	0.00
银邮代理	小计	39433.28	237.81	26572.45
	短期健康险	75.17	154.07	0.00
	意外险	17.46	2.31	0.00
	一般寿险	17794.87	17.49	549.19
	分红类保险	21530.66	63.94	26021.92
	万能寿险	15.12	0.00	1.34
	投连险	0.00	0.00	0.00
其他业务	小计	2008.16	0.18	0.00
	经代业务	0.09	0.00	0.00
	电销业务	2008.07	0.18	0.00

（市统计局）

【保险惠民服务】 2021年海安市各保险行业经营机构发挥专业优势，支持地方经济社会发展，中国人寿海安支公司在海安独家主承保“江苏医惠保”1号，人保财险海安支公司开发生猪期货价格保险、地方财政补贴型稻麦秸秆离田补偿保险和水稻施用“沼液”种植保险，紫金财险海安支公司承担“南通海安路救办”职能。实施公益帮扶，履行好社会责任。中国人寿海安支公司与城东镇施秦村、海安街道曙光社区文明结对共建；与海安慈善总会共同设立慈善保险保障基金；连续13年为海安百岁老人捐赠意外保险保障，年内为150名百岁老人捐赠372万元意外保险保障；为全市优抚对象、退役军人捐赠2200万元意外保险保障；为全市失独家庭2200人捐赠700万元意外保险保障。中国人寿财险海安市支公司分别帮扶雅周镇周机村和海安街道新宁社区5000元，资助角斜镇富港村贫困户8000元，定期走访慰问富港村退伍军人、孤儿。优化保险理赔服务，有效处置“4·30”风灾后保险赔付工作，人保财险海安支公司处理受灾案件4871起，中华保险海安支公司处理家财险报案20多起。

（程太和）

附

海安市保险行业经营机构选介

中国人寿保险股份有限公司海安支公司 中国人寿海安支公司是中国人寿保险股份有限公司在海安的分支机构，位于海安市中坝南路11号，成立于1996年9月。2021年，公司下辖1个营业部、15个营销服务部，主要开办有普通寿险、健康保险、意外伤害保险、大病医疗保险、分红保险、养老保险等多个种类险种，销售网络遍布全市。实现总保费8.88亿元，比上年增长0.77%，其中，首年期交保费收入1.45亿元，十年期交及以上期交保费收入7834.33万元，短险保费收入5930.28万元，占海安寿险市场份额36.68%，经营绩效考核列南通第一位、全国百强县公司第17位。赔付客户19.26万人次，赔付金额6508.13万元。连续21年获评省、南通市、海安市（县）文明单位，获评江苏省诚信单位、南通市“青年文明号”。

发挥专业优势，助力乡村振兴。通过“政策保险+商业保险”“基本保障+补充保障”双重覆盖产品体系，在海安独家主承保“江苏医惠保”1号，为海安市3000多家企业、个体工商户提供团体保险保障，覆盖职工8万余人，保险保障金额240亿元；承保全市老年人保险、计划生育保险、拥军保险、扶贫保险等惠民保险，为全市12万名老年人提供29.7亿元保险保障；为全市2.8万人次计生家庭，提供12.8亿元计生系列保险保障；为全市9万人提供225亿元小额人身意外保险，为全市9万多名中、小学生提供27.86亿元学生平安险和学生医疗保险保障。从销售主导向销售与服务并重转型，多措并举满足客户多样化需求。线上打造“中国人寿”App，提供保单电子化回访、电子化通知、智能语音导航、智能在线客服、智能外呼服务，上线保单复效、客户资料变更等保全业务。线下开展“悦己生活 关爱女性”“小画家”“700健行”等系列活动，建立评价、反馈、改进长效服务机制。开展放心消费创建、保险公众宣传活动，邀约网友、客户召开见面会，听取建议；建立柜面党员示范岗，在柜面设置服务体验区，邀约客户参观体验和洽谈业务。完善主责条线风险管控人员考核及评价体系，设立职场风控信息员，开展风控辅导式培训教育，守牢风险防控底线。

（程太和）

中国人民财产保险股份有限公司海安支公司 人保财险海安支公司位于海安市长江中路126号，成立于1996年9月。2021年，公司实现保费收入4.60亿元，比上年增长9.58%。获评2019—2020年度海安市文明单位、2019—2020年度南通市文明单位、2020年度南通市放心消费创建示范单位等。持续推进农业保险提标、扩面、增品，开发并制定符合地方需求的生猪期货价格保险承保政策和条款，并签发全省第一单；开发地方财政补贴型稻麦秸秆离田补偿保险和水稻施用“沼液”种植保险，并分别签发全国第一单；签订海安牧原农牧有限公司育肥猪保险项目，创海安市育肥猪保险企业客户保费新高。4月25日，第二次中标海安职工大病保险项目，合同服务期三年；5月12日，在海安市医保局举行签约仪式，新一轮海安市职工大病保险项目正式启动；11月，城乡职工大病保险险种单人次支出赔款155.9万元，为2013年开办海安市城乡居民大病保险后单人理赔最高金额。4月30日晚，海安地区出现大范围雷暴大风天气，公司第一时间启动大灾紧急预案，多部门联动，组织近300人次到一线查勘，实现“2日查勘、5日完成定损赔付、结案率96.6%”的高效模式，此次累计处理受灾案件4871起，其中农房受灾户数4663户，支付赔款金额1705.93万元。

（吴彬冰）

中国太平洋财产保险股份有限公司海安支公司 太平洋财产保险海安支公司位于海安市通榆中路46号101室，成立于2002年8月。2021年，公司完成保费1.28亿元，比上年增长2.56%。全面拓宽险种，尤其是非车小额险种，不断加强与政府相关部门合作，主动服务企业，车险保代、个代团队以及非车业务团队经营取得新进展。优化客户服务，理赔专业、规范、高效，创新推广增值服务，与长江集团、东风集团的4S店开展客户节活动，提升公司品牌效应。

（太平洋财产保险海安支公司）

阳光财险保险股份有限公司海安支公司 阳光财险海安支公司位于海安市中坝南路38号，成立于2006年11月。2021年，公司实现保费收入2067万元，其中，车险业务保费收入1010万元，企业财产保险、人身意外伤害险和健康险、责任信用保险等非车业务保费收入1057万元。探索多元化业务拓展，建立网电、直管、车商、银保、重客经代、综拓六大营销渠道。逐步扩大各个领域保障范围，拓展安全生产责任保险、食品安全责任保险、环境污染责任保险等险种。支持政府普惠医保产品发展，作为“医保南通保”海安市定点服务机构，组织公司全员进街道宣传推广，提供“一对一”网点服务。全面推进线上化、智能化服务创新，不断升级以“一站投”“闪赔”“一键赔”“疾先锋”以及智

2021年7月8日，中国人寿保险股份有限公司海安支公司开展全国保险公众宣传日活动 中国人寿海安支公司／供图

能客服机器人“小阳”为特色的全线上智慧服务模式。（丁 洁）

紫金财产保险股份有限公司海安支公司 紫金财险海安支公司位于海安市永安中路1号1幢108室，成立于2017年3月。2021年，公司产品体系完整，涵盖机动车辆保险、企业财产保险、农业保险、责任保险、信用保证保险和意外保险及短期健康险等13个大类200多个险种，获评2020年度南通市放心消费先进单位。注重服务实体经济和支持区域发展，中标相关单位运营期的物业责任险、环污责任险和财产一切险项目，实现非农保费收入1467万元。全面推进市场营销、核保核赔、客户服务等系统改造升级，优化承保、理赔服务效率和质量。承担“南通海安路救办”职能，做好政府委托的交通事故救助及社会公共事业服务，垫付抢救费用153件，垫付金额近467万元，成功追偿156件，追回金额471万元。（翟海燕）

中国平安财产保险股份有限公司海安支公司 平安财险海安支公司位于海安市开发区通榆中路98号，成立于2012年10月。2021年，公司实现保费收入1.01亿元，其中，车险保费收入8679万元，财产险保费收入832万元，人身意外伤害险和健康险保费收入624万元。创新推出特色服务，提供年检代办、预约修车、道路救援等80多种车服务。支持政府普惠医保，开展“江苏医惠保1号”进社区、进乡镇、进医院、进企业、进商场宣传推广活动。加大“平安好车主”App推广力度，打造“一个权益（会员权益），一个活动（拼团夺宝），四大服务（无感加油+优惠代驾+优惠年检+机构特色）”六大核心品牌服务。优化理赔体验，推出“AI智能定损”“一键理赔”，实现最快30秒赔付。

（平安财险海安支公司）

中国人寿财产保险股份有限公司海安市支公司 中国人寿财险海安市支公司位于海安市江海西路13号，成立于2008年4月。2021年，公司实现保费收入7487万元，比上年增长4.57%，获评江苏省文明单位。不断拓展保险营销渠道，参与到政策性农险、环境污染责任险、“医保南通保”等民生保险，政策性农险实现保费收入300余万元，农民工工资支付履约保证保险实现保费收入9.97万元，“医保南通保”实现保费收入179万元。（温水妹）

中国太平洋人寿保险股份有限公司海安支公司 太平洋人寿保险海安支公司位于海安市城东镇黄海大道（东）2号，成立于2002年12月。2021年，公司实现保费收入3303万元，比上年增长7.6%。13个月保费继续率94.26%，25个月保费继续率84.02%。优化客户服务，创新推出“太保蓝本”免费增值服务，解决客户就医问题。推广“太平洋保险”App，提供线上自助操作领款、变更、理赔等各项业务。专门设置老年人“爱心窗口”“爱心座椅”“无障碍通道”等特色服务，为老年化人群提供全程专人服务。加强公司内部管理，优化队伍结构，业务人员获五星级讲师等多个省级以上荣誉。（袁春艳）

中华联合财产保险股份有限公司海安支公司 中华保险海安支公司位于海安市通榆中路88号，成立于2004年10月。2021年，公司营业面积800平方米，有正式员工11人、营销代理人员28人，主要经营机动车险、企业财产险、家庭财产险、工程保险、船舶保险、货物运输保险、责任保险、信用保证保险以及短期的健康保险和意外伤害险等险种。实现保费收入1902.53万元，比上年增长20.32%，其中非车险1162.53万元，占比61%。注重经营转型，拓展非车渠道营销，建立车商渠道部、重客渠道部。履行好社会责任，公司是海安食品安全责任险、农业保险共保体，承保全市所有民警、辅警的人身意外伤害，承担全市2万多户居民燃气用户家财险责任。“4·30”风灾后，及时处理家财险报案20多起，实现次日全部结案。健全消费者投诉机制，全年未造成一起有效投诉，客户服务评级B级。

（王美芹）

其他非银行金融机构

【典当】 海安德天典当有限公司位于海安市江海西路1号，成立2005年11月。2021年，公司有从业人员6人，实收资本1580万元，与上年持平。开展典当业务1555笔，比上年增加166笔。典当总额8587.51万元，比上年增长52%，其中，房地产5369.4万元、动产2165.94万元、财产权利1052.17万元；绝当发生额10.51万元。实现利息收入206.67万元，其中，房地产71.38万元、动产56.37万元、财产权利78.92万元。年末典当余额758.54万元，比上年下降39.28%。

【融资担保】 2021年，海安市有中投融资担保海安有限公司、海安开发区中小企业融资担保有限公司、海陵融资担保有限公司、江苏省农业融资担保有限责任公司海安分公司4家担保机构，在保余额97.8亿元。中投融资担保海安有限公司探索产业链、供应链担保和电子保函、履约担保等新模式，在保余额76.23亿元。海安开发区中小企业融资担保有限公司在省普惠金融发展风险补偿基金和市风险补偿基金项下，扩充免收担保费、免抵押、质押“小微贷”业务，为南通百讯纺织有限公司等22家企业提供担保7250万元。2支应急转贷基金应急转贷规模54.56亿元，其中，海安惠业转贷服务有限公司转贷规模38.2亿元，海安中小企业应急互助基金应急规模16.36亿元。（何红梅）

海安广电中心

城市建设

综　述

【概况】 2021年，海安市围绕“让城市更美丽”目标，促进城市建设高质量，改善城市水环境、改善人居环境、改善交通环境、提升城市形象、提升园林绿化、提升市政公用设施建设与服务水平，入选省美丽宜居城市建设试点，全力打造美丽宜居的现代化中等城市、创新型工商城市。开展城市更新行动，组建更新服务中心，建立更新项目库，丝厂区域更新示范先行。城市规划展览馆对外开放，党校综合楼落成投用。黄海路通扬河桥及宁海路南延、草坝路等市政道路建成通车。多点规划布局人才公寓，在建安置房87万平方米。加快推进片区开发，上湖创新区中科创新广场孵化基地开园运营，上湖医院主体封顶，黑龙江工商学院长三角产教融合（立发）园区正式启用；新通扬河生态区生态廊道建成，海安外国语学校投入使用，特色步行街等项目开工建设；高铁新城、西南科教新城完成初步规划。样板化改造老旧小区2个，获评省物业管理示范小区3个。打造共建共治共享的市域社会治理新格局，智慧城市建设实现新突破，智慧小区管理平台上线运行。持续改善市容市貌，优化垃圾处置收费办法，环卫智能化监管平台投入使用。小城镇建设有序有力，整治撤并集镇13个，滨海新区沿海生态景观带建设稳步推进，曲塘镇入围省美丽宜居小城镇建设试点。市政公用事业服务水平不断提升，安全供电63.26亿千瓦时，安全供水7242万吨，安全供气2.35亿立方米，城乡污水处理一体化高效推进，新建污水管网70千米。

【全市城乡建设管理大会】 2021年1月23日，海安市城乡建设管理大会在市行政中心召开，会议进行现场直播，各区镇（街道）设分会场。会议上，下发《海安市2021年城乡建设工作意见》《海安市2021年交通工程建设意见》《海安市2021年城市管理工作意见》及相关工程建设计划表、交办单。会议确定2021年海安城乡建设重点工程726项，其中，城市建设重点工程219项，交通运输重点工程29项，城市管理重点工程39项，区镇重点工程439项。

【全省美丽宜居城市建设试点城市创建】 2021年5月，海安市编制美丽宜居城市建设试点项目增补计划，研究确定垃圾处理终端资源化利用示范项目、无障碍环境示范城市建设项目、新通扬运河滨水交往空间特色塑造项目、城市废弃采土坑生态修复——上湖河湖生态空间特色塑造项目、城市红色基因保护与传承项目、安平路周边住区宜居环境提升项目、吉祥如意既有住区乐居环境提升项目、曲塘镇美丽宜居小城镇建设项目8个项目为海安市美丽宜居城市建设试点申报项目。9月13日，海安市入选江苏省美丽宜居城市建设第二批试点城市，固废资源化利用水平提升项目、无障碍环境示范城市建设项目入选省级专项类试点项目，曲塘镇美丽宜居小城镇建设项目入选省级综合类试点项目。海安市获南通市2021年度美丽宜居城市建设水平高质量考核第一。（刘　鑫）

城市规划

【规划编制】 2021年，海安市推进《海安市国土空间总体规划（2021—2035）》编制，完成现状基数转换、相关专题研究、城镇开发边界试划等工作，形成国土空间规划阶段性成果（文本、说明、主要图纸），《海安市国土空间规划城市体检评估》成果通过专家论证。完善“三线”（城镇开发边界、永久基本农田保护红线、生态保护红线）划定，优化城区用地布局，城镇开发边界试划成果报省自然资源厅审核，《海安市生态空间管控区域优化调整方案》获省政府批准。有序开展城镇开发边界内控制性详细规划编制、高铁片区控制性详细规划编制、立发老集镇修建性详细规划编制，完善西南新城控制性详细规划方案。《海安市西南新城控制性详细规划》经第六次市规划委员会审查通过，《立发老集镇修建性详细规划》经第七次市规划委员员审查通过。

【规划管理】 2021年，海安市核发建设项目选址意见书46件，用地面积80.8万平方米；建设用地规划许可证240件，面积443.86万平方米；建设工程规划许可证768件，面积847.69万平方米；临时建设工程许可证72件；规划核实165件，面积280.27万平方米。出具设计要点197份，规划公示65份。召开规划委员会预审会和规划委员会会议8次。龙信晏园、广纳·玲珑溪等30项房地产开发项目，鑫缘集团总部大厦、道恒建设大厦2个总部大厦，高新区实验小学等5所学校工程规划设计方案审批通过。

【海安市城市规划展览馆开馆】 2021年7月2日，海安市城市规划展览馆对外开放。展馆位于市文化艺术中心，是海安首个全面展示城市规划和建设的专业性展馆。展馆总建筑面积约6000平方米，布展面积4800平方米，运用全国首创的“五位一体”数字沙盘、4D影院、360度全息成像、互动屏与互动球幕等高科技展项，设置初识海安、底蕴海安、鸿图海安、寻梦海安四大主题展区，以“水”元素贯穿整个布展设计，展示海安的城市空间格局演变、新一轮城市空间发展战略、新一轮城市总体规划以及各层次规划编制成果、建设“枢纽海安 科创新城”的发展愿景，彰显海安“海纳百川”的城市魅力。（赵海群）

新通扬河生态区

【概况】 新通扬河生态区位于海安市中心城区北部，东起通榆路，西至朝阳北路，南起新通扬运河，北至连申线，规划面积约7.1平方千米。2021年，新通扬河生态区继续紧扣“北部宜居新城、绿色生态空间、文化传承社区”发展定位，争创省级美丽宜居城市示范点。《海安市新通扬河生态区控制性详细规划》获批，正式命名生态区内17条道路。稳步推进智慧城市建设，构建城市大数据平台和综合服务智慧平台，实现对区内交通、供水、排水、供能等基础设施及各类要素资源集中统筹管理。5月1日生态廊道正式对外开放，凤栖花园、山河宸院打造生态宜居小区，道教文化中心、碧桂园金麟甲第、中骏世界城入驻，海安外国语学校、实验小学北校区、海陵中学北校区全方位满足教育需求，全面叫响“宜居、宜业、宜游”城市品牌。

【重点工程建设】 2021年，海安市新通扬河生态区生态工程高效推进，生态廊道基本成型，广福路实现贯通；新通扬河流域河道整治工程串场河部分基本完成，通海河、龙江河部分有序推进。路网体系日趋完善，人才路、经九路竣工通车，经一路、经五路、经六路等道路及绿化、交通安全设施工程建设加快推进。配套工程有序推动，凤栖花园（一期）建设项目室内工程基本完工，二期项目配套工程启动施工，三期项目完成试桩检测；海安道教文化中心工程一期室外工程基本完成，二期工程开工建设；海安外国语学校9月投入使用，实小北校区工程、大地幼儿园工程加快建设，海陵中学北校区工程、瑞海科创园工程、教师发展中心工程、残联综合服务中心工程大力推进；山河宸院项目、中骏世界城项目加快建设。

【文旅项目推广】 2021年，海安市新通扬河生态区启动金麟甲第特色步行街项目建设，项目规划建筑面积1.4万平方米，总投资超2亿元，打造“饮食+旅游+文化+商业”的宋式主题商业街区。11月15日，举行金麟甲第特色步行街开工仪式，同步推进中华老字号品牌、非物质文化遗产等文旅项目的拓客、品牌推广工作。12月，举行国家级工艺美术大师艺术馆暨古钟博物馆奠基仪式。生态廊道五星级酒店项目有序推进，多次对接希尔顿、凯悦、铂尔曼等意向合作单位。新通扬河生态区“5G+”生态环境提升、智慧文旅打造项目公开招标。旅游推广成效显著，相继开展“情定海陵、缘来有你”集体婚礼、五一“古韵国风游园节”“瑞海杯”首届球类邀请赛、“理论集市”新时代文明实践活动、“潮向新通扬”国庆嘉年华等系列活动，年接待游客15万人次。 （瑞海集团）

城市基础建设

【交通畅通工程】 2021年，海安市立足“窄马路、密路网、开放街道”建设，打通断头路，改造瓶颈路，累计改造城区道路2.19千米，新建城区道路0.7千米，黄海路通扬河桥、草坝路、宁海路、安泰路西延等道路工程建成通车，实小南巷、图书馆周边等完成交通微循环改造，提升城区道路通行能力。328国道快速化改造工程序时推进，353县道、212南娄线、新通扬线4座桥梁改造工程等建成通车。

【生态环境工程】 2021年，海安市继续开展以消除城市黑臭水体、消除污水直排口、消除污水管网空白区“三消除”，整治工业企业排水、整治“小散乱”排水、整治阳台和单位庭院排水“三整治”，提升城镇污水处理综合能力、提升新建污水管网质量管控水平、提升污水管网检测修复和养护管理水平“三提升”为主要内容的城镇污水处理提质增效精准攻坚“333”行动，完成B区（永安路以东、老通扬河以南、中坝路以西、江海路以南、宁海路以西、长江路以北）、H区（如海河以东、老通扬河以北、新通扬河以南、通榆路以西）、J区（连申线以东、黄河路以南、通榆路以西、新通扬河以北）约11.1平方千米区域的污水处理工程建设。完成3座污水提升泵站、75千米污水管网、雅周污水处理厂改造、城北污水处理厂尾水湿地提标改造工程建设。启动城北污水处理厂扩

2021年海安市主要交通畅通工程建设情况表

表33

工程名称	工程规模（长×宽）	总投资（万元）	建设进度
黄海大道通扬河桥改造工程	1000米×60米	9800	竣工通车
草坝路建设工程	1190米×30米	7600	竣工通车
宁海路南延工程	700米×40米	4340	竣工通车
安泰路西延工程	600米×20米	2390	竣工通车

2021年，海安市完成实小南巷、图书馆周边等交通微循环改造工程，有效改善城市交通局部堵点，提升道路通行能力。图为优化后的市图书馆周边道路

市城建集团/供图

2021年海安市生态环境工程建设情况表

表34

工程名称		工程起止点	工程规模	总投资（万元）	建设进度
河道生态综合整治工程		周济河	小焦港河—翻身河1350米	1500	完工
		界牌河	通榆河—迎宾路1450米	2400	完工
“盲肠河”整治工程		海中西侧	150米	500	完工
		安康小区	270米	600	完工
“333”提质增效工程		城区长江路以北地区	—	15000	完工
污水管网盲区覆盖建设工程	界牌河两侧	通榆路—迎宾路	3000米	1800	完工
	界墩花苑北侧	界墩花苑北侧	1700米	520	完工
	大里村罗家套小型污水处理设施及配套污水管道	罗家套区域	—	600	完工
河道生态修复续建工程		翻身河	4450米	1000	完工
		立新河	3360米	2000	完工

建、恒泽污水处理厂提标改造工程。实施界墩花苑北侧等3处污水管网盲区覆盖工程，周济河、界牌河等4条河道生态综合整治工程，海中西侧、安康小区“盲肠河”整治工程。实施翻身河、立新河生态修复，提升城区河道水质。

【公园景观绿化工程】 2021年，《海安市城市绿道规划》编制完成，并通过专家评审。实施城市“微空间”整治提升工程，涉及38个地块8.6万平方米。完成黄海大道跨通扬河周边绿化工程、新华路绿化提升工程、宁海路南延道路景观工程等6条道路绿化工程，曹平河、红光河等4条河道两侧绿化工程，海安南高速道口、西场高速道口等5个高速出口节点绿化提升工程。完善城区空闲地块绿化增补工程，实施苏北第一届参政会会址绿化工程、实验小学南巷绿化工程、图书馆周边绿化工程等13项绿化增补工程和2处废沟塘整治绿化工程，推进城区主次干道两侧46处绿化残缺整治。海安建成区绿地面积1330.57公顷，绿化覆盖面积1412.34公顷，绿地率41.32%，绿化覆盖率43.86%，人均公园绿地面积14.86平方米，基本建成“10分钟绿地休闲圈”。

【亮化工程】 2021年，海安市实施火车站、汽车站及苏中建工大厦（28层）周边标志性建筑亮化建设工程，建设线性光源1.2万米。日常养护法治广场、行政大楼北侧公园、海陵公园、人民广场等公园7792盏景点亮化设施。巡查、维修主次干道3.04万盏照明设施，累计巡查170余班次，维修维护路灯1230余处，城区亮灯率100%。

【市政设施维护管理】 2021年，海安市

2021年海安市公园景观绿化工程建设情况表

表35

工程名称	工程起止点	总投资（万元）	建设进度
黄海大道通扬河桥绿化工程	星湖湾—迎宾路	150	完工
草坝路绿化工程	河滨路—人民路	450	完工
宁海路南延绿化工程	东海大道—栟茶河	200	完工
广场南路西延工程	永安路—海南大道	150	完工
朝阳路续建绿化工程	人民西路—江海西路	1	完工
新华路绿化提升工程	中坝北路—凤山北路1160米	120	完工
平桥河绿化工程	永安路—海南路	180	完工
曹平河绿化工程	红光河—界河	120	完工
界河绿化工程	永安路—海南路	160	完工
红光河绿化工程	焦港河—钟庄路	60	完工
曲塘高速道口绿化工程	—	2177	完工
西场高速道口绿化工程	—	2581	完工
海安南高速道口绿化提升	—	1490	完工
海安西高速道口绿化提升工程	—	1063	完工
204国道与328国道互通绿化工程	—	591	完工

继续推进红绿灯盲区覆盖工作，完成镇南路口、海光路口等8个路口交通安全设施建设。推进隔离护栏建设，按照文明典范城市创建要求，更换护栏渐变段400米，安装镇南路（黄海大道以南）、江海路（永安路以西）隔离护栏2500米。推进长江路、中坝路、黄海路、通榆路、人民路等城区主次干道标志、标线规范化建设，累计完成标线更改、施划1万余平方米，标牌覆膜、更换500余平方米。加强城市智能安防建设，新建“炸街车”抓拍点2处、高空“鹰眼”4组、可变车道违法抓拍点2处、禁区卡口抓拍点18处。全力推进城区环境“销声”，全面梳理城区问题井盖852处，完成曙光西路（中坝路—永安路）、宁海路（长江路—江海路）、永安路（江海路—长江路）186处井盖治理。（刘　鑫）

智慧城市建设

【概况】 海安市出台《海安市“十四五”智慧城市发展建设规划》，制定《海安市2021年智慧城市建设工作意见》《海安市2021年智慧城市建设考核办法》，加快推动智慧城市建设。推进载体平台建设，45家部门和单位注册资源目录接入市数据共享交换平台，发布数据资源596项；启动“政务+公安”中心项目建设，实现公安数据在政务领域的脱敏应用，全年归集数据量近1.4亿条；涵盖自然灾害、安全生产、应急物质及队伍、各类公共设施的海安市应急管理指挥信息化系统建成并通过验收；开展智慧小区建设试点，完成智慧小区综合管理平台开发；“我的海安”App累计注册用户近17万人。加快基站建设，新增5G室外站点836个，完成“一城两翼”、乡镇人流密集区域和重点工业园区5G网络基本覆盖；布放大对数光缆488千米，占用管孔资源354千米，建成50个室分系统、通信局房275个、室外一体化机柜78个；新增智慧家庭9.91万户。

【智慧政务】 2021年，海安市启用南通市县一体化在线政务服务平台，部署2136个行政审批、政务服务事项。同时，向基层投放自助服务设备，覆盖34个市级部门及全部镇村，实现“十五分钟医保经济圈”、个体工商户设立登记等自助服务功能延伸到基层，推动基层政务服务由8小时窗口办向“全天候”智能办跨越。探索“线上+线下”服务模式，在“线上”推广“南通百通”和“我的海安”等便民服务平台，引导群众认证“掌上”办理。

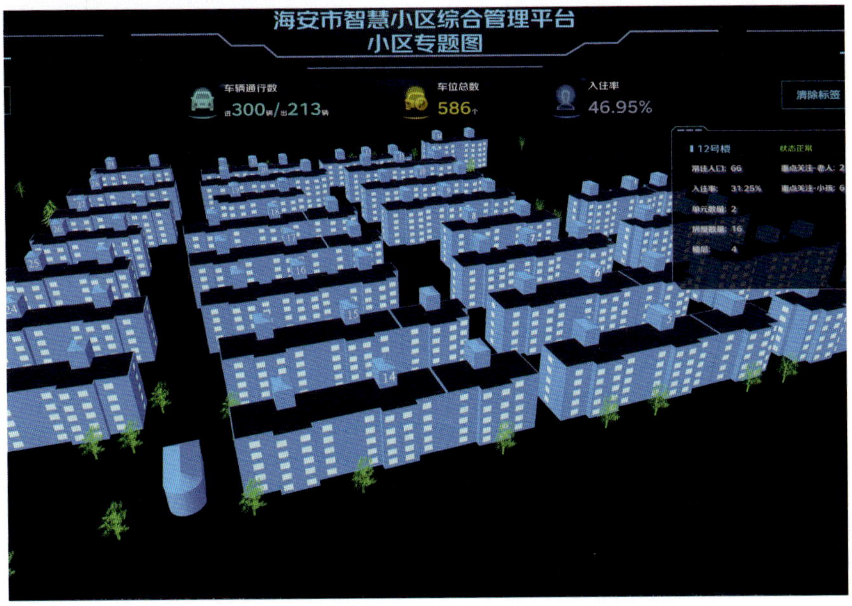

2021年，海安市将“推动智慧城市建设”列为政府为民办实事项目之一，启动智慧小区试点建设工作。图为海安市智慧小区综合管理平台小区专题图

市市域治理现代化指挥中心／供图

【智慧文化】 2021年，海安市建成数字化图书馆、博物馆，实现线上访问。市图书馆增加数字化服务元素，提供自助借阅设备、电子阅读机、触摸屏、朗读亭、数据统计平台等一系列数字化设施设备，办证、借还、检索书目等均可直接通过机器终端进行，手机图书馆、电子书借阅操作简单快捷，实现知网资源下载、各类报刊在线阅读。新增省智慧校园示范校1所、合格学校14所，累计建成省智慧校园57所，建成率88.89%。（徐　宇）

【智慧卫生】 2021年，海安市智慧卫生接入智慧小区综合管理平台，设置疫情上报、居家隔离、防疫知识宣传、消息发布等功能，数据实时与市疫情防控指挥部对接。与全市各大医院服务平台对接，提供家庭医生签约、预约健康体检、远程监控医疗、移动医疗等在线服务，设置个人健康档案、体检报告在线查询等功能。推动健康医疗信息整合、共享和利用，实现健康信息全网共享，为小区居民提供更加多样、高效、安全的智慧医疗服务。基于“江苏省人口和计划生育综合平台”掌握各类人口计生动态信息，为小区居民提供计划生育、优生优育和生殖健康等宣传服务。市居家养老服务中心与居家养老信息线上互联互通。（刘胜男）

【智慧交通】 2021年，海安市123个路口实现定制自适应控制策略，常态化开展信号灯规范设置和配时优化工作，减少绿灯空放时间。完成人脸识别三期项目验收，部署推进四期项目建设，新增监控点位80处、曝光大屏13处、非机动车逆行抓拍设备20处。在城区重点路段增设雷视一体机，提高路况感知智能水平。在城区设置易堵路口可变车道2个，新增直行待行区2处和行人自助过街装置。继续推广智慧停车管理系统，推进城区智慧停车三期项目建设。

【智慧警务】 2021年，海安市推进新时代技防城智能化、智慧技防小区和智慧安防示范样板区建设，新增重点要害部位、城乡道路补盲点位340多个，建成

示范智慧小区8个。制定发布"2021年海安市公安局数据采集目录",涵盖公安内部专题数据9000多万条、社会面数据1000多万条。组织专人实行数据标准化治理,实名标准化数据200多万条。做强9支"智慧之剑"数据战队,搭建人房分离核查模型、常住人口疫苗接种分析模型等数据模型60多个。

(王　晶)

【智慧城管】 2021年,海安市完成餐饮油烟在线监控、全密闭智能建筑垃圾运输车辆监管、建设工地防尘降尘智能化监管三项平台建设。餐饮油烟智慧平台实时掌握166家餐饮单位油烟排放信息,逐步形成监管闭环。健全建筑垃圾收运体系,逐步实现收集、运输、处置一体化。推进防尘降尘智能化监管系统安装,对全市新开工5000平方米以上的26处建设工地安装28套设备,推进施工现场智能化、全方位、全时段管理。

(王宇洋)

城市更新

【概况】 2021年4月23日,南通市委机构编制委员会办公室批复,撤销海安市住房和城乡建设局所属的海安市住房建设服务中心、海安市住房保障服务中心和海安市直管公房服务中心3家事业单位,设立全省首家正科级城市更新服务中心,统筹负责海安市城市更新中心的日常服务工作。全市确定"三年实现房等人、五年更新显成效"的"十四五"城市更新工作总体目标,提出"安置先行、滚动开发、资金平衡、多方联动、整体提升"阶段性实施城市更新的工作方针。按照"应排尽排、统一建库、两轨并行、滚动更新"原则,摸排城区2000年前建设的小区基本情况,初步建立海安市城市更新项目库,待更新地块40个,占地面积约253.73公顷,占主城区总面积的6.3%,房屋总建筑面积约225万平方米。启动海安丝厂周边区域、糖果厂区域城市更新试点项目,完成江海中路32号楼搬迁、交房、拆除工作,启动"水上村庄"危房搬迁工作,建设海园城市更新驿站。

【江海中路32号楼搬迁】 2021年,海安市全面完成江海中路32号楼搬迁项目,涉及被搬迁户13户,其中,商业10户、住宅3户。2020年10月启动实施搬迁工作,2021年1月12日开签协议,是月22日,全面完成搬迁、交房和拆除工作。

【海安丝厂周边区域征收】 2021年,海安市启动实施海安丝厂周边区域房屋征收,项目东至小焦港河、西至永安中路、北至华府天地和润洋花园、南至海光西路区域,建筑面积6.2万平方米、土地面积5.95万平方米,涉及房屋征收户数356户(村民120户、居民232户、非居业主4户)。5月,成立海安丝厂周边区域更新指挥部,完成海安丝厂资产移交工作。11月18日,正式启动协议签订。至年底,完成353户征收任务。

【海安糖果厂区域更新】 2021年,海安市首次创新采取"群众自愿、政府引导、政策支持、资金平衡"模式,实施海安糖果厂区域滚动开发更新,实行原地回迁安置。海安糖果厂区域城市更新项目涉及苏建新区、幸福园小区,占地面积约1.07公顷,均为国有土地,区域总户数175户,其中,成套住宅158户(苏建新区122户、幸福园小区36户)、商业16户、企业1户,房屋总建筑面积2.24万平方米。7月22日至8月6日,拟定并公布更新方案,公开征求群众意见。10月,市政协搭建"有事好商量"平台,邀请群众代表,征询公众意见。12月10日,召开海安糖果厂区域城市更新动员培训会议,正式启动实施该区域城市更新工作。

【城市更新驿站建设】 "水上村庄"位于海安城区人民东路39号,是市交通运输局下属企业原航运公司公房,总建筑面积约1800平方米,土地面积近2800平方米,住户71户,经专业机构鉴定为D级危房。2021年9月,市人民检察院启动公益诉讼诉前程序,向市交通运输局发出检察建议,要求依法对"水上村庄"区域危房进行解危治理。11月27日,市政府召开处理方案会商会,研究"水上村庄"住户等棚户区危房户整体解危方案,决定建设城市更新驿站,提供给"水上村庄"住户过渡居住。会后,市交通运输局与相关住户签订搬迁协议。12月21日,城市更新驿站正式开工建设。项目由海安城市动迁改造有限公司投资建设,总投资约700万元,总用地面积3588.85平方米,总建筑面积1314.52平方米,由6栋单层建筑组成,其中,1号至4号楼为单层住宅建筑、5号楼为社区服务用房,总设计住户31户,每户面积约38平方米,另建服务中心、城市更新展览室等配套用房6间。

(刘　鑫)

【老旧小区改造】 2021年,海安市持续推进老旧小区改造,为新华新村、城南花苑等11处老旧小区配置充电桩、老年人活动中心、小区绿地等。改造凤凰花苑等3个老旧小区电力设施,清理废旧电杆2182根。更换人民路、草坝路无噪音井盖175个,投入资金293万元。

(刘　鑫　吴舜宇)

【历史建筑保护】 2021年,海安市全面开展历史建筑普查、测绘、建档工作,年底完成全市历史建筑文献、历史建筑测绘规范和标准、历史建筑基础数据、外业核查等基础资料收集工作。江苏省海安高级中学古井、大门旧址、水塔、紫石楼4处历史建筑挂牌。投入300多万元修复陈雷故居。

(赵海群)

房地产开发

【概况】 2021年,海安市完成房地产投资64.59亿元,比上年下降15.4%。商品房施工面积619.66万平方米,比上年增长18.0%。商品房销售面积271.23万平方米,比上年增长9.4%;商品房销售额256.92亿元,比上年增长18.0%。销售备案商品住房92.83万平方米,比上年下降19.69%,合计

7250套，比上年下降18.36%。住房销售均价每平方米11422元，比上年增长15.87%；成交金额106.03亿元，比上年下降6.94%。商品房待售面积20.27万平方米，比上年增长7.4%，其中，住宅待售面积6.51万平方米，比上年增长64.0%；商铺待售面积10.91万平方米，比上年下降10.4%。完成房地产开发企业资质年检47家，其中，二级资质44家、三级资质2家、四级资质1家，新增房地产开发企业5家。

【房地产市场监管】 2021年，海安市加强商品房预售资金监管，监管银行13家；监管项目61个；监管商品房416幢32995套，总面积380万平方米；监管资金入账198亿元，已支付176亿元，账户余额22亿元。组织对8个商品房项目进行交付查验，查验总面积52.44万平方米，其中住宅45万平方米。做好出让土地情况调查工作，8月，组织调查拟出让的4个地块周边情况。出台《海安市关于促进城乡统筹改善居住条件的暂行办法》，将企业单位人才和职工群体、海安市常住居民二孩和三孩家庭、海安市常住居民家庭首套刚需及特定改善型需求群体、挂钩复垦弃宅进城农民群体、新市民群体五类人群纳入改善性住房范围，并相应予以购房价格优惠。12月11—13日，举办海安房地产博览会，15家企业的20个楼盘参展，成交46套。

【房地产交易监管】 2021年5月，江苏省房地产交易税收一体化平台在海安率先试点上线，市房产交易中心、市不动产登记中心、市税务局合作完成“一窗式”受理改革。全年，办理商品房交易备案8388件，面积107.44万平方米。办理个人存量房交易备案4997件，面积58.41万平方米；办理单位存量房交易备案91件，面积5.25万平方米。办理房屋租赁登记备案491件，面积13.16万平方米。拍卖房产备案93件，登记面积2.72万平方米。商品房网上合同备案8033件（计8311套），面积109.12万平方米，合同金额117.57亿元。完成商品房网上合同备案入网登记信息输入61项，新建楼盘63幢。办理已备案合同变更核查96宗，办理已备案合同撤销90宗。办理保障房安置补偿协议备案313件，面积4.44万平方米；办理拆迁安置房交易备案39件，面积0.52万平方米。办理在建工程抵押备案12宗，备案抵押物价值16.02亿元。配合法院进行预查封和解除预查封8次，其中，预查封登记6件、解封登记2件。

【房屋安全监管】 2021年，海安市加强房屋安全管理，逐步规范房屋安全鉴定市场，新增备案房屋安全鉴定机构2家，经备案允许在海安开展业务的房屋安全鉴定机构11家。配合工业企业办理房屋产权证，审核房屋安全鉴定报告并备案10份。开展既有建筑安全隐患排查整治行动，对建成区范围内2处危房进行房屋安全鉴定并推进解危。加强白蚁防治管理，灭治施工73处。

【房产测绘管理】 2021年，海安市完成商品房预测绘成果审核62件，面积263.48万平方米。受理商品房预测绘266幢，收集整理商品房预测图纸光盘70张，将预测数据导入测绘审核系统，审核通过后出具预测备案意见表。完成商品房现场查勘及实测绘成果审核46件，面积149.06万平方米。将商品房实测数据导入交易备案系统，完善73幢商品房的楼盘表，出具备案意见24份，同时推送给市不动产登记中心，推送成果后出具新建楼盘告知表，交由市不动产登记中心办理首次登记。办理存量房面积复核会商19件。完成工业项目（新建）测绘成果审核备案及现场查勘201件（505幢），面积305.45万平方米。完成个人自建房面积测绘成果复核50件，面积1.5万平方米。出具备案意见表249份。（刘　鑫）

公用事业

【供电】 电力供应　至2021年年末，海安市有电力客户46.67万户，其中，高压用户4159户，低压居民用户38.91万户、非居民用户7.34万户。全年，海安全社会用电量67.83亿千瓦时，比上年增长13.74%。第一产业用电量1.33亿千瓦时，比上年增长20.1%；第二产业用电量51.46亿千瓦时，比上年增长13.82%，其中工业用电量50.91亿千瓦时，比上年增长13.88%；第三产业用电量7.11亿千瓦时，比上年增长19.4%。城乡居民生活用电量7.94亿千瓦时，比上年增长7.72%。供电量63.26亿千瓦时，比上年增长13.96%。售电量61.83亿千瓦时，比上年增长14.34%。7月14日21时20分，海安电网调度负荷113.55万千瓦，创历史新高，比上年最高值增长10.73%。线损率2.93%，比上年降低0.34个百分比。

电网建设　至年底，全市有公用变电站35座，其中，500千伏变电站1座、220千伏变电站6座、110千伏变电站17座、35千伏变电站11座。主变压器57台，总容量2027.5万千伏安；配电变压器9489台，总容量316.26万千伏安。220千伏线路24条500.1千米、110千伏线路41条503.5千米、35千伏线路26条198.8千米、20千伏线路39条268.33千米、10千伏线路360条4916.97千米。年内，实施主网项目31个，总投资1.4亿元，110千伏大公变输变电工程、220千伏赤岸变110千伏配套送出工程、110千伏大公变10千伏配套工程按期投运，110千伏角斜变输变电工程、110千伏西热变输变电工程、220千伏赤岸变10千伏配套送出工程开工建设，110千伏立发变2号、3号主变扩建7项迎峰度夏重点工程按期投运。实施配网项目165个，总投资7318.74万元，新建线路长度147.6千米。实施农网项目1012个，总投资3891万元，新增改造线路长度48.19千米。实施业扩配套项目289个，总投资2604万元。

电力服务　全年，市供电公司开展不停电作业2733次，比上年增长45%，减少停电22.57万时户数。开展客户用电安全大检查，协助解决问题32个。12月5日，国网江苏综合能源服务有限公司与海安市政府签订行政中心办公大楼

2021年10月29日，海安市供电部门电力工人在胡集街道胡集村施工现场架设线路

顾华夏／摄

能源托管项目合同，每年可节电约63.8万千瓦时。（吴舜宇）

【供水】 2021年，海安市实现安全供水7242万吨，售水量5816万吨，水质综合合格率100%。新增自来水用户10040户，累计44.36万户，用水人口94万人，用户满意度99%。完成管网精准改造99.96千米；户表改造8495户，周期表更换8433户。12月30日，引江区域供水三期工程正式通水。东海大道快速化通道改造、李堡蒋富路乡村振兴工程、东部供水能力提升工程（滨海新区柳居路—开元路—临港路、滨海新区滨海北路）、李城线项目（海安开发区段）等供水管道工程建设加快推进。实施草坝路、宁海路南延供水改造工程，实施老坝港蚕种场、双楼职中区域供水管网建设工程，惠及300户家庭和20多家企业。完成海安农场及周边909户职工家庭管线改造工程。实施万达广场、凤栖花苑、华新壹品三期、文晶雅苑、界墩花苑、老坝港新城花苑等35个新建小区接水工程和锦航化纤、亿众科技、华青纸业等178个工商业项目接水工程。强化供水设施运行维护和技改升级，对深度处理工艺实施局部技术改造，完成清水池全面清淤和消毒；优化水源、水质监视、控制、检测和传输系统，实现在线连续检测原水、成品水、管网水水质，并实时发布供水水质信息报告；推动涉水材料检测和实验室等级建设。有序推进供水设施防寒保暖、城区供水管道及全市范围内管径300毫米以上供水管道的维修、维护工作，维修管径100毫米以下管道2.03万处、管径100毫米以上管道1115处，打造城市核心区半小时抢修服务圈。建立城区消防栓维护档案，确保1600余个消防栓安全运行。

【污水处理】 2021年，海安市污水处理总量3912.7万吨，比上年增长8%；污水处理后达标排放744万吨，排放口水质稳定达一级A标准，处置污泥3500吨。滨海新区13座村庄集中式污水处理设施正常运行，日处理生活污水约72吨。统筹推进城乡污水管网一体化建设，《海安市城乡污水处理一体化专项规划》通过专家评审和市规划委员会审议。水务产业一体化建设进程加快，市水务集团对收购的9家城乡污水处理厂、10个尾水生态湿地、四大畜禽粪便中心、43座污水提升泵站、425.9千米雨污水管网、排水监控中心实施统一运维管理，完成恒泽污水处理有限公司股权转让工作，完成紫石固废处置中心项目建设。污水设施改造建设按序时推进，新建污水管网70千米，提标改造污水处理厂1座，接到污水处理厂的管网长度75千米，接到污水处理设施的管网长度48千米；完成城镇污水处理“333”提质增效工程雨污管网清淤498千米，物探578千米；界墩花苑北侧主管及支管建设工程、雅周至孙庄污水主管网建设工程、白甸白古线污水管网建设工程全线竣工；城区活水畅流工程投入使用；城北污水厂扩建工程完成初步设计，城北污水厂湿地提标改造工程开工建设；恒泽污水厂扩建工程进入方案调整研究阶段；智慧水务运行平台项目稳步推进；完成1.7万户的农村污水治理项目建设。中水回用水价及生态适用补贴政策正式出台。（水务集团）

【供气】 管道燃气供应 2021年，海安市继续推进天然气管网建设，建成中压管线48.31千米、低压管线137.16千米，老旧燃气管网全部清零改造到位，实现安全供气2.35亿立方米。汽车加气站销气150万立方米。海安有管道燃气企业2家，分别为海安新奥燃气有限公司和海安中油燃气有限责任公司。海安新奥燃气有限公司负责经营新204国道以东的海安高新区（除孙庄、胡集地区）及海安开发区、滨海新区、李堡镇区域，累计建成天然气管线2178.8千米，拥有居民用户15.27万户、工商业用户1399家，年总销气量1.89亿立方米。海安中油燃气有限责任公司负责经营新204国道以西的海安高新区（孙庄、胡集地区）及曲塘镇、白甸镇、墩头镇、南莫镇、雅周镇、大公镇、海安农场区域，累计建成天然气管线482.73千米，拥有居民用户约8700户、工商业用户144家，年总销气量约3600万立方米。12月30日，海安市城建开发投资集团有限公司（股比50%）、新奥（中国）燃气投资有限公司（股比35%）、江苏洋口港管网有限公司（股比15%）共同组建合资公司——海安市惠海天然气管网有限公司。

瓶装液化气供应 全市有10家石油液化气公司，年销售瓶装液化气1.14万吨。实行全市范围内瓶装液化气统一配送服务，实现供应、运输、使用环节全链条管理，完成城区餐饮场所121户“瓶改管”改造。

安全供气　年内，海安市开展城镇燃气安全集中整治行动，召开燃气安全工作会议14次，组织检查15次。推进餐饮场所安装燃气泄漏安全保护装置；警示约谈企业6家；查处燃气违法储存行为2起，行政拘留2人；查处燃气企业违法违规供气行为2起，立案处罚企业2家，罚款2.5万元。（刘　鑫）

市域治理

【概况】2021年，海安市推进市镇两级区域治理现代化指挥中心建设，打造共建共治共享的市域社会治理新格局。率先整合36条政务服务便民热线，汇聚网格员上报、市长信箱、智慧城管、“110”非警务报警等受理的群众诉求，全面提升联动指挥效能。梳理归集45家部门的592项数据资源，启动工地扬尘监管一体化平台、智慧小区综合管理平台、工业企业绩效评价系统、环境监管平台、综合执法一张图、“政务+公安”双网双中心、安全监管平台等基础支撑平台和软件项目建设，紧扣市域社会治理一张图和网格化实战应用平台，采集更新人口、出租房、重点人群等17类数据76万余条。全市网格员累计巡查走访上报事件12.40万件。

【载体平台建设】2021年，海安市加强基础信息资源库建设，初步建成100多万名自然人基本信息的人口库、近20万家在营企业的法人库、3万多条信用信息的社会信用库，归集数据量近1.4亿条；按照集约化建设要求，全市39个部门82个业务系统迁移或直接部署至云平台，实现全市自建业务系统资源集约、统一管理和共享共用。数据赋能助力经济社会发展，“我的海安”App累计注册用户近17万人，上线通信行程卡、疫情数据采集、购药采集、招生报名等功能，启动疫情防控、人口校验、诉源治理、智慧小区、工业企业绩效评价、综合执法、环境监管、违章搭建等数据应用。开展智慧小区建设试点，至年底，完成智慧小区综合管理平台开发，建设城市、小区、楼栋三级专题图、物业和物联感知管理平台以及业主移动端应用，平台具备智慧小区各项业务接入能力。打造“人口信息智慧校验”监测预警平台，将民政殡仪馆死亡数据、市卫生健康委员会死亡登记等信息与财政资金发放信息比对，对异常情况发出预警，试运行阶段，发现线索5000余条。打造工业企业绩效评价管理系统，根据《海安市持续深化工业企业“亩产论英雄”改革实施办法》要求，整合市发展改革委、市税务局、市供电公司、市生态环境局、市住房和城乡建设局等各部门的数据，实现各部门动态数据和行为数据集合，建成工业经济库、企业效益评价、经济运行分析、手机移动端“四大版块”，全貌展示工业经济高质量发展运行态势。

【网格建设】2021年，海安市贯彻落实《江苏省城乡网格化服务管理办法》，制定出台《海安市关于深化“大数据+网格化+铁脚板”机制推动网格化服务管理提质增效的工作意见》，提升网格化服务管理水平。至年底，全市划分专属网格70个、综合网格798个，并配备专职网格员798人、兼职网格员6076人。落实网格标准化建设，完成“全要素网格通”终端系统升级，为专职网格员配备制服和平安巡逻车。组建网格微信群816个，全市专职网格员每日宣传方针政策、传授平安法治知识、收集社情民意等。细化网格巡查清单，优化专属网格建制，编辑《优秀事件快报》282期，网格员参与疫情防控工作经验得到省、南通市肯定。海安市网格员助力群众知晓率列全省第二位、满意度列南通第一位，网格化服务管理水平监测评价列南通第一位。

【网格融合建设】2021年，海安市推动“党建网格”建设，系统推进基层党组织体系与网格体系同步升级，培育南莫“红网行动”、孙庄“红色网格”特色品牌。以“平安前哨”工作站推动“警格+网格”思想、平台、机制、系统、力量五大融合发展，出台《海安市“平安前哨”工作站建设运行规范（试行）》，以镇级指挥中心管理为主体，推动派出所警务室和网格中心一体化建设，市指挥中心和市公安局分别以20%的分值进行双向考核，工作经验在全省推广。创新“网格+”机制，推动“三官一律一员”进网格，落细落实“消防网格建设、诉前网格建设、妇联网格建设、水利网格建设、民宗网格建设”五大“网格+”建设，法官、检察官、警官、律师、人民调解员进网格指导开展法律法规宣传、矛盾纠纷化解、治安防范活动，每季度评比表彰优秀

2021年，海安市创新基层治理，推进网格融合建设。图为4月8日，社区民警、调解员、网格员等共同参与社区矛盾纠纷调解　市委政法委／供图

消防网格长，将全市38个重点家庭纳入网格，每周进行走访。探索“执行进网格”“检网融合”机制，提升社会治理现代化水平。

【网格员队伍建设】 2021年，海安市制定《海安市专职网格员日常管理规定（暂行办法）》《网格员月度星级考评办法》《海安市网格员上报信息奖励办法》等系列文件，强化网格员待遇保障，工作突出的网格员优先被纳入村居“两委”班子候选人，累计发放网格员“一事一奖”60多万元。以海安市网格员教育培训制度为基础，细化网格员业务培训工作，先后开展廉政建设、隐患排查、矛盾排查化解等专题培训27场次。9月13日，海安市举行市网格学院揭牌暨市域治理现代化培训班开班仪式，年内举办两期培训。通过“星级网格员”“最美网格员”评比、每月“格格到”“百人入千户”推磨式检查、月度“以会代训”、单项技能比武、全市网格员“学党史 守初心 践使命”主题演讲比赛等活动，促进网格员能力提升，全市专兼职网格员多次参与庆祝中国共产党成立100周年活动、创建省级安全发展示范城市点位、疫情防控、网格大巡查大走访大排查等专项行动。 （胡 蓉）

城市管理

【概况】 2021年，海安市城市管理体制改革务实推进，9月，根据《海安市城市建设管理综合行政执法体制调整方案》要求，调整市城市建设管理综合执法大队架构，开发区中队和高新区中队分别下沉至两区，实现城市建设管理领域每个区域只存在一支队伍管执法。执法水平不断提升，巩固深化城市管理执法队伍“强基础、转作风、树形象”专项行动，严格执行执法“三项制度”（行政执法公示制度、执法全过程记录制度、重大执法决定法制审核制度），12月开展“厚植为民情怀、提高执法水平”主题教育活动。深耕“人民城管”服务品牌，围绕法治宣传、“城管开放日”、与嘉麟社区结对共建等主题，开展“城管梦·百姓情”文艺会演、城市管理主题微电影（摄影）展播等系列活动。民生工程提质增效，实施炜赋锦绣花园、凤凰花苑提升类、完善类改造工程；4月，主城区引进共享电单车系统，投放助力车5000辆，设置电子围栏和站点约800处；推进27个物业小区建成充电设施170余处、充电点位3700余个，35个小区1500余台电梯加装电动车禁入系统。

【市容秩序管理】 2021年，海安市开展市容秩序专项整治，规范取缔流动摊点1284处、占道经营950处、非法小广告1.57万处。主城区施划非机动车停车位约6.5万米，暂扣拖离违停非机动车734辆。拆除存在安全隐患的户外广告370处，面积4305平方米。推行“智慧停车”管理系统，整合停车资源。持续开展违建领域安全隐患整治专项行动，推进金来大酒店、H酒店、江海东路25号楼等重点领域拆除工作，建成区范围内拆除违法建设522处，面积约3.2万平方米。开展无违建小（社）区建设和违建治理“红色管家”培育，申报无违建小区8个，争创无违建小区示范点8个，培育违建治理“红色管家”3个。

【环境卫生管理】 2021年，海安市突出城市主次干道、商业大街、公园广场等重点地段环境卫生管理，加强背街小巷、老旧小区等区域环境整治，全面落实市容环卫责任区制度，签约率100%。垃圾治理提速扩面，编制《海安市生活垃圾分类专项规划》，打造省级垃圾分类达标小区14个、南通市级垃圾分类达标小区80个，“三定一督”（生活垃圾定时投放、定点投放和定人督导）小区30个，“四分类”（生活垃圾分可回收物、厨余垃圾、有害垃圾、其他垃圾四类投放和收集）小区10个。12月，举办海安市“垃圾科学分类 文明你我同行”专题文艺巡演。规范餐厨废弃物管理，城区范围收运覆盖率100%。健全建筑垃圾收运体系，逐步实现收集、运输、处置一体化。加强餐饮油烟管理，开展餐饮店油烟治理“回头看”行动，日常检查城区餐饮店油烟设施安装、使用935家；完成海安市智慧餐饮油烟监管平台建设，实时掌握166家餐饮单位油烟排放信息，逐步形成监管闭环；现场勘查新增餐饮店，督促安装油烟净化设施，接收勘查单位362家，符合要求361家；开展餐饮油烟夜查整治行动12次，下发整改通知书26份，立案查处1家。海安天楹环保能源有限公司等离子体飞灰资源化示范工程建成投运，全年产生飞灰全量达标处置。

【物业行业管理】 2021年，海安市组织编制“十四五”物业服务行业发展规划，规范物业行业管理。开展“物业管理提升年”活动，推动业主委员会成立和到期业主委员会改选，至年底，全市成立业主委员会120个、物业管理委员会67个。发挥物业行业党委的示范作用，成立物业行业党支部10个，拥有党员51人。强化组织阵地建设，联合海安瑞海物业管理有限公司、上海东湖物业管理公司海安分公司、江苏中杰物业管理有限公司等物业公司打造“初心园”“红色走廊”等党建示范项目。

（王宇洋）

海安火车站

交通　物流

综　述

【概况】 2021年，海安市全面推进交通运输规划研究，完成“十四五”及中长期综合交通运输发展规划编制工作。新长铁路扩能改造、328国道南移、临海高速等重大交通项目被纳入省、南通市上位规划并加快研究，形成阶段性成果。率先在南通市出台“农村公路管养体制改革方案”，全面推行“路长制”，进一步提高农路管养效能。夯实安全基础，开展铁路桥涵限高防护设施专项整治、船舶碰撞桥梁隐患专项治理等行动，组织交通工程质量安全专项检查7次，下发检查通报7份。推进码头整治，完成非法码头拆除取缔和纳规提升工作。加强交通执法，开展交通运输执法领域突出问题专项整治行动，落实行政执法“三项制度”（行政执法公示制度、执法全过程记录制度、重大执法决定法制审核制度），常态化开展道路、水路、工程等领域执法检查。启动农村桥梁改造、农村道路亮化、农村通居工程、农路党史宣传、公路航道的清网护路、普法宣传、关爱司机、简化办事程序等“我为群众办实事”项目。疫情期间，市交通运输局、市公安局、市卫生健康委等部门在8个高速国道卡口、1个水上卡口、火车站和汽车站成立决战抗疫临时党支部，组建党员先锋队，1.18万人参与查验。加强疫情期间交通现场管控，指导汽车站、火车站、出租企业常态化做好交通运输工具和场站消毒通风工作。

【交通重点工程】 2021年，海安市328国道快速化工程开工建设并有序推进，累计投资4.5亿元，项目获评江苏省公路水运工程平安工地建设省级示范工程。完成328国道辅道工程30千米改造提升工作。实施安防提升工程50千米，改建农村公路桥梁6座，建设桥梁主动防撞设施111座、被动防撞设施46座，建成铁路限高架170个。续建黄海大道西延工程，连接海安高新区与曲塘镇主干道。李城线（353县道）建设工程、县乡道大中修工程、南娄线（212乡道）道路建设工程完工并通车，其中李城线（353县道）建设工程获评南通市品质工程、南通市平安工地示范工程。新通扬线桥梁改造工程建成通车。海安火车站地下通道改造工程投入使用。

【海安获评“四好农村路”全国示范市】 2021年，海安市拥有农村公路2372千米，其中，县道382千米、乡道920千米、村道1069千米。围绕建设“四好农村路”（建好、管好、护好、运营好农村公路），海安市优化路网结构，实施通居工程，实现市区至区镇一级公路连通、相邻区镇二级公路连通，村组、居民集中居住点通四级及以上公路，村委会通双车道四级及以上公路，规划发展村庄和重点自然村等级公路通达率100%；提升安全水平，实施农村公路亮化工程三年行动计划，累计建成太阳能路灯450千米，安装路灯4860盏；改善农路环境，开展路域环境整治，完成路田分隔、路宅分家；实施农村道路“路长制”和“四好农村路”积分银行，推进城乡客运一体化，形成县、乡、村三级物流体系。11月，海安市入选“四好农村路”全国示范市，南通唯一。　（陆明煜）

交通设施

【铁路】 至2021年年底，海安市境内铁路总里程118.05千米，其中，新长铁路海安段37.2千米、海洋铁路海安段17.7千米、盐通铁路海安段16.45千米、宁启复线铁路海安段46.7千米，宁启复线铁路海安段包括主线32.6千米、车站枢纽连接线9.2千米、物流园专线1.1千米、大宗物资中心专线3.8千米。

【公路】 至2021年年底，海安市公路通车总里程2586.01千米，其中，按公路隶属分，国道115.07千米（国家高速17.78千米）、省道86.18千米（省高速33.23千米）、县道382.72千米、乡道920.33千米、村道1081.72千米；按公路等级分，高速51.01千米、一级公路302.24千米、二级公路481.27千米、三级公路184.66千米、四级公路1566.83千米。公路密度约每百平方千米218千米。根据《国家公路网规划（2013—2030年）》和《江苏省省道公路网规划（2011—2020年）》，全市干线公路网为2条高速（沈海高速公路、启扬高速公路）、3条国道（204国道、328国道、228国道）、3条省道（353省道、226省道、430省道）。海安基本形成以“四纵三横一联”国省道为骨架、以方格网状县道为动脉、以乡村公路为“毛细血管”的公路网络，国省干线区镇覆盖率100%，基本实现省级以上开发区、工业园区、重点旅游区和镇一级公路互联互通。

【航道】 至2021年年底，海安市辖区拥有航道53条573.62千米，其中，等级航道9条184.62千米，等外级航道45条389千米。等级航道中三级航道3条，连申线25.48千米，通扬线29.32千米（其中与连申线共线13.35千米），通榆运河2.86千米（1994年定级）；五级航道2条，焦港河22.05千米，串场河22.44千米；六级航道2条，栟茶河（南通市规划五级）49.87千米，老通扬河27.91千米；七级航道2条，丁堡河14.66千米（其中栟茶河以南为南通市规划六级），江海河3.38千米。海安船闸是南通市第一座千吨级双线船闸。

【港口】 至2021年年底，海安市拥有内河港口企业62家，码头泊位98个，其中，千吨级泊位30个、300吨级泊位35个，泊位总延长约6865米，最大靠泊能力1000吨，堆场面积近25.6万平方米，库场面积约4.02万平方米，港作机械124台，年货物吞吐能力1100万吨。凤山港务公司作为南通唯一从事内河集装箱运输的港口企业，年集装箱吞吐量1.7万标准箱，年件杂货物吞吐量14.8万吨。

（陆明煜）

交通运输

【道路客运】 2021年，海安市完成公路客运量172万人次，比上年下降34.7%；

客运周转量1.38亿人千米，比上年下降26.7%。南通汽运集团海安分公司客运站及下属站周转量4843.07万人千米；飞鹤公交公司行驶里程1048万千米。全市累计拥有道路客运企业4家（南通双丰汽车服务有限公司、海安顺欣外事旅游汽车服务有限公司、海安龙腾汽车租赁有限公司、南通汽运实业集团有限公司海安分公司）；公交企业1家（海安市飞鹤公共交通有限公司）；巡游出租公司4家（海安市大达客运出租公司、海安市吉成汽车出租有限责任公司、南通市京安出租汽车服务有限公司、海安市万众汽车出租有限公司），拥有巡游出租车237辆（运力配额346辆）。

附

南通汽运实业集团有限公司海安分公司 海安市飞鹤公共交通有限公司

2021年，南通汽运实业集团有限公司海安分公司、海安市飞鹤公共交通有限公司实行转型融合发展，不断拓展公路客运市场。调整优化运输结构，常熟班、张家港班实行大改中、中改定制运营，启东班实行“厂企接送+班线路牌”运营，提高车辆使用率和班次实载率；开通周末校园直通定制班车，稳客源保存量求增量；开展托运联程联运合作，将海安至南通东站12时30分班次作为顺丰业务专用车，青岛、济南班线与如皋实行联程联运。专项提升公交服务，新增市政府微循环班线和上湖定制1号线微循环公交线；将108路和311路优化延伸至凌东公交回车场，解决大公镇凌东村、仲洋村居民出行乘坐公交难的问题；推进公交智能化建设，一期工程建成，实现从智慧车辆、智能电子站牌、“掌上公交”App到后台监控一体化的科技管理模式；国庆长假期间，免费开通所有公交车辆，14.95万人次享受免费公交服务；建成充电桩59组并全部正常使用，投入运行营运电车186辆。统筹拓展定制班线，改造定制班线，将2辆19座中型高一级车辆挂线海安至张家港、海安至常熟；增加定制班线，及时与对开公司联系将8辆49座大型高一级车辆全部挂线海安至南通；承接厂企定制车，利用早、晚班车辆实行“厂企接送+班线路牌”运营，承接上柴动力海安有限公司、海安康德蛋业有限公司员工通勤定制车，提高车辆利用率。全面梳理存在运纪隐患的领域、环节，制定和完善各项管理制度，常态化开展运纪稽查工作；加大车站3000米范围内长途班车稽查力度，对违反者按进站协议扣单、补票；强化公营车“三料”（油料、物料、配件材料）管控，杜绝“三私”行为（私自带客、私自带货、私自向旅客收费或变相私自收费）发生，实现降本增效目标。

加强营销推广，拓展包车业务市场，成立租包车业务拓展攻关组，与海安10家旅行社签订长期用车合同；优先保障政府应急用车，组建疫情应急运输突击队，24小时待命做好应急运输任务。新增海安顺欣外事旅游汽车服务有限公司、海安腾龙物流有限公司、海安燕信化学品物流有限公司、海安外国语学校、海安市城建集团车辆维修业务，加强与中国天楹和中国太平洋保险海安营销部事故车推送业务合作，完成小型客车事故返修105辆次，营收33.58万元。扩大私家车保险全员营销力度，完成私家车保险1180辆。力推房屋站场招商，提高存量资产利用率，在候车厅内设置商业、广告区域，增加经营收入。开展全员推广旅游营销、全员参与旅游体验活动，先后组织西藏、新疆、云南等24个长线旅游定制团，区镇下属站组织短线游，促进“班线+旅游”同增长。

强化安全综合治理，做好宣传、培训、检查、排查、整改等重点环节安全工作。开展事故警示教育，定期组织召开好事故分析会，每月组织一次综合大检查。加强教育培训，以换季教育、应急处置教育、路口控速教育为重点，所有从业驾驶员每月必须参加脱产学习不少于2课时，866车队每月开展“送课到车厢”活动1次；加强监控人员报警处置率、轨迹比对、在线巡查等保障性项目质量考核；实施公交车辆动态监控，加大农村混合公路危险路口、隐形路口、事故多发路口和路段安全提醒力度，深化智能调度路口语音自动提醒。强化严管严控，各车队每月开展驾驶员谈话谈心活动，通过家企联系，掌握驾驶员8小时以外的信息；坚持现场值班管理，对所有驾驶员进行面对面安全嘱咐，对下属站发班车辆进行微信视频提醒；建立应急管理常态化机制，配备和调整反恐防恐应急队伍，定期进行消防演练。

【道路货运】 2021年，海安市完成公路货运量1635万吨，比上年增长12.2%；货物周转量33.07亿吨千米，比上年增长9.5%。新增各类货车1459辆，累计拥有营业性载货汽车7231辆10.14万吨，其中集装箱运输车辆141辆4807吨。道路货运经营业户3300户，其中，道路货物运输企业694家、个体经营业户2606家；从事危险品货物运输4家。

【铁路运输】 2021年，海安火车站发送旅客191.2万人次，比上年增长47.86%。完成铁路货运量141.8万吨，比上年增长3.16%，其中，发货56.85万吨、到货84.95万吨。

【水路运输】 2021年，海安市完成水路货运量1893万吨，比上年增长12.5%；周转量116.15亿吨千米，比上年增长19.3%。拥有水路货运企业11家，其中，危险品运输企业1家、沿海运输企业7家。新增运输船舶23艘，其中最大载重吨12.05万吨。累计拥有运输船舶385艘、载重吨位26.76万吨，总吨位23.70万吨，主机总功率10.53万千瓦。

（陆明煜）

交通管理

【概况】 2021年，海安市加强交通安全管理，立案查处交通违法案件315件，接处“96196”交通热线139起、“12345”政府热线247起，完成市域治理现代化指挥中心交办单136件，开展重大案件集体讨论76次，举行重大行政处罚案件听证会3次，道路运输违法违规信息异地抄告45起。推进道路运输安全生产、交通运输（铁路、邮政、水上）安全生产、船舶碰撞桥梁隐患治理、危险化学品使用安全专项治理“四大整治”，召开安全会议36次，下发安全文件34份、通知58个。组织执法检查136次，发出整改通知书39份，“双随机、一公开”检查企业33家。开展“安康杯”竞赛、“百团进万企千万员工”安全生产学习宣讲等活动，组织安全生产大检查8次。围绕消防安全专项整治“百日攻坚行动”，开展消防安全专项整治三年行动、夏季火灾防控、2021年冬季和2022年春季火灾防控等工作。建立健全企业安全生产体系，落实安全教育培训，建立安全生产台账。市交通运输局联合市公安局开展超载超限执法活动，检查车辆7541辆，查处“百吨王”（车货总重达100吨以上的严重超限超载违法货运车辆）9辆。市交通运输局、市公安局、市文广旅局建立联合执法机制，重大节日期间对汽车站、火车站等区域开展客运市场集中整治行动。做好海安火车站、汽车站、高速出口、国省干线等点位的疫情防控工作。加强与姜堰、东台等周边地区交通执法部门联系，做好朱楼大桥、梁一大桥和北凌新闸水质监测点的交通管控工作。

【城乡客运管理】 2021年，海安市优化公交线路布局，调整公交线路4条，开通微循环公交1条、毗邻公交1条、园区公交2条。鼓励应用新能源公交车辆，购置纯电动公交车29辆，新能源公交车车辆占比82.67%。加强公交基础设施及智能化建设，公交站亭（牌）维修项目竣工验收，完成28座老旧站亭和70个损坏站牌维护工作。长江路智能化公交站牌投入使用，“海安公交”App正式上线。跟踪巡游出租车运价改革执行情况和实施效果，完成决策后评估工作。推进绿色交通宣传，开展公交出行绿色宣传周活动，组织国庆期间免费乘坐公交体验活动。开展非法营运智能化整治，核查“7—19客”（7米19座）客车19辆。完成智慧公交建设一期工程并启动二期智慧公交再提升工程，在长江中路东—东湖路西—镇南路建成智能化公交站牌10组。海安市获评江苏省城乡交通运输一体化发展水平AAAAA级。

【海事管理】 2021年，海安市开展船载危化品运输、“三无”（无船名船号、无船舶证书、无船籍港）船舶、内河通航水域船舶碰撞桥梁隐患等水上交通安全专项整治行动，查处桥区水域水上交通安全违法行为46起。推进内河非法码头整治，加强非法码头拆除水域的船舶停靠管理，拆除非法码头106座。水上搜救电话“12395”接处警64次，水上应急救援14次。严格船舶管理，开展船舶污染登船监督检查327艘次、固体废物船舶检查114艘次、船舶封仓检查92艘次，组织船舶燃油质量抽检117起，查处不按规定收集送交、违规处置船舶污染物的案件16起。（陆明煜）

【水域管理】 2021年，海安市围绕长江大保护开展水域安全生产专项整治百日攻坚行动、“蛟龙行动”、长江禁渔等专项行动。全市拥有装备冲锋救援艇14艘，组织有效训练10次，350多人次参加；开展规模化联合执法、演练6次，参与“10·10”意外溺水事件等救援活动6次。市公安局水上警察大队处置涉水警情213起，办理涉水刑事案件6起，取保候审27人；办理涉水治安案件53起，处置纠纷52起，救助51起，成功救助落水人员10人。市公安局联合市交通运输局、市水利局整合“先锋搜救”等社会力量，加强水警硬件建设和数字化提升，开展联合执法、演练、水警业务技能训练。实施生态河道建设项目60多个，开展打击非法捕捞提升水生态专项行动，市公安局参与市、镇河长制巡河80次，参与人员301人次，协助巡视通榆河、北凌河、东西红星河等干流河道19条。（王　晶）

【火车站场管理】 2021年，海安火车站完成运输收入1.70亿元，比上年增加7132.84万元。加强运输组织分析，规范调车计划编制和调车分类线使用，加快车辆周转，减少站内保有量，办理货物列车5545列、12.62万辆，其中，解体2879列、6.31万辆，编组2666列、6.30万辆。做好常态化疫情防控工作，以车站防控、职工防护运输为重点，坚持落实旅客佩戴口罩、进出站测温、重点场所消毒检查、重要活动防疫风险评估、职工防疫教育引导、应急准备等各项工作制度，车站全年实现职工零感染。强化安全风险管理，重新修订车务段安全风险控制表和安全风险提示卡，建立督查考核长效机制。开展严重故意违章集中整治、惯性“两违”（违章、违纪）整治、营业线（邻近）施工安全专项整治、客站疫情防控专项检查、轨旁设备安全专项整治、站台端布防穿越入侵报警系统使用管理专项整治等安全专项整治活动。车站实现安全生产4530天。推进标准化创建工作，在中国铁路上海局集团有限公司组织的各项竞赛中取得好成绩。车务段“安康杯”接发列车竞赛中，海安站获团体第三，车站值班员获个人全能第三、实际操作第一，助理值班员获个人全能第二的成绩；车务段“安康杯”调车竞赛中，海安站获团体第一、调车长获个人全能第一、实际操作第一，连结员获个人全能第二、实际操作第一的好成绩；车务段客运竞赛中，海安站获团体第二，客运员获个人全能第二、理论第一，售票员获个人全能第一、理论第一；海安站客运一班获评集团公司优秀工班。稳步实施运输组织改革，重新划定外勤助理工作内容，将4名列尾作业员调剂到其他车间。（陆明煜）

物　流

【概况】 2021年，海安市陆港枢纽优势进一步彰显，商贸物流产业园拥有保税物流、期货交割、多式联运、大宗物资交易四大功能平台，建立有色金属、塑料原料等六大物资集散中心，再次获评全国优秀物流园区、全国最具价值内陆港，当选首届江苏省物流产业促进会副会长单位。进一步培大扶强物流业发展，出台“关于鼓励交通物流业发展若干政策的意见”，形成物流成本现状调研报告。江苏铁联物流有限公司常态化运营沪苏通铁海快线班列、海安至东盟国际货运班列。苏中大宗物资物流中心多式联运项目通过省交通运输厅验收，成为全省第一批15个多式联运示范工程项目之一。南通市跨境电商综合试验区海安产业园正式获批。进境肉类指定监管场地通过海关总署验收，正式封关运营。上港集团ICT（海安）项目落地开航，成为上海港唯一落户县级城市的项目，全面打通海港运输通道"最后一公里"。（陆明煜）

【期货交割】 2021年，海安商贸物流园有上海期货交易所有色金属交割库、大连期货交易所塑料粒子交割库以及郑州商品交易所棉花交割库，运营铝、锌、PP、PE、PVC、棉花6个品种期货交割和现货交易业务，初步形成一定规模的交割库集群。三大交割库总吞吐量122万吨，现货交易量和期货交割量继续保持30%以上的增幅发展。百金汇交割库到达量24万吨、现货交易量19万吨、期货交易量5万吨，正盛交割库到达量32万吨、现货交易量31万吨、期货交易量5万吨，银隆交割库到达量8万吨、现货交易量8万吨、期货交易量6万吨。新招引滨鹏纸品仓储加工交易中心项目，打造华东地区乃至全国纸品及纸浆交易、中转、分拨中心，并作为纸浆交割库申报和海安至俄罗斯方向中欧班列开行的主营单位。

【铁路物流】 2021年，上海铁路局海安物流基地到发量142.8万吨，比上年增长39.45%，超过周边地级市铁路货运站场到发量，约占新长线海安至宿迁段14个铁路货运站到发总量的四分之一。海安铁路物流基地为合作企业节约物流成本2.4亿元以上，其中为130余家海安企业节约物流成本6000万元以上。策应"一带一路"建设，海安至东盟中欧班列被纳入全国铁路运行图，10月12日正式开行，班列从海安出发，72小时后经广西凭祥口岸出境，在越南谅山口岸入境后抵达河内安员站，全程约2300千米，用时5~7天。常态化开行后，班列按照铁路运行图规定的频率和时间开行，周一至周五发车，每列按照不少于41车编组。至年底，发送中欧班列34列1373车（含回程）2746标箱。

【多式联运】 2021年，海安市继续引导拥有铁路专用线单位与大中型企业联系，减少公路运输量，增加铁路运输量。上海铁路局海安物流基地继续推进"一票到底"服务方式，提高"公铁"多式联运效率，开行芦潮班列333列、北仑班列131列。凤山港务码头拥有4个千吨级泊位，开展江海河联运业务，打造内河枢纽节点港；10月，创新开通ICT业务，融入长三角一体化发展；发挥航线与箱源优势，加大与航运企业、物流企业、制造企业等供应链企业合作空间，全年完成集装箱吞吐量1.85万标箱。

【保税物流】 2021年，海安市保税物流中心实现进出区货物值3.2亿美元、进出口贸易额1.5亿美元，完成进出口货物量7.5万吨。海安保税物流中心（B型）进境肉类指定监管场地封关运营，南通市跨境电商综合试验区海安产业园正式获批。海安保税进口商品直营中心成为海安消费增长点。有序推进海安保税物流中心二期（EPC）工程项目建设，总建筑面积约4万平方米。（吴晓华）

【农村物流】 2021年，海安市制定《海安市城乡物流服务一体化发展三年行动计划（2021—2023年）实施方案》，按照"资源共享、多站合一、功能集约、便利高效"要求，推动交通、邮政、农业、供销、商务等部门的节点资源衔接共享，逐步形成以市级农村物流中心为核心、镇级服务站和村级服务点为支撑的农村物流网络节点体系。全面总结利用镇村公交托运邮件进村经验，邮政海安分公司与海安飞鹤公交公司签订交邮合作协议，试运营交邮融合线路1条（李堡—陈庄）。（陆明煜）

【粮食物流】 2021年，海安市按照"政府推动、市场运作、社会参与、企业自主"基本原则，推动粮食物流产业从原粮储存向粮油食品精深加工、特色加工和主食工业集聚，从单一的粮食产业向一、二、三产业融合发展，通过招引和培育大企业发展，实现粮食收购、储存、销售、加工、物流、检测等方面互联互通，做到生产链、供应链、服务链无缝对接，形成"产购储加销"全产业链粮食产业体系。全市有粮食行业国家重点龙头企业1家、省级重点龙头企业3家，年产值超亿元企业10家、超5000万元企业9家、超1000万元企业16家。

高起点规划粮食物流产业发展，3月10日、8月10日，市领导两次召集相关部门、区镇负责人，研究粮食物流产业园建设工作，确定拓展园区规划面积至218.8公顷。完善粮食物流产业园组织机构和办事机构，在市级层面成立粮食物流产业园建设指挥部，指挥部办公室设在季和米业；成立招商引资工作小组，从市发展改革委、市粮食购销有限公司、海安高新区服务业局、隆政街道抽调6人，专门对接产业园招商引资工作。通过外出实地考察、接待客商到访、重点项目研讨等，推进项目招引工作。在杭州、常州、苏州等地召开粮食产业推介会和园区招商活动；到安徽合肥、六安参观粮食机械生产企业，学习安徽省粮食物流中心库安全宣传教育基地建设经验，洽谈合作意向；围绕中储粮南通直属库、南通昌润食品有限公司、三零面粉等已落户项目，发掘其上下游产业链，通过以企招企、精准招商，招引相关配套企业，尤其是水饺、汤圆等速冻食品加工企业到海安投资。完成新开工（落户）亿元项目4个，分别是中储粮南通直属库扩建2.8万吨仓容项目，江苏富海生物科技有限公司（简称富海生物）1号、3号、4号生产车间建设项目，江苏宏博机械制造有限公司牡丹花籽油加工设备项目，金洲粮油码头智能化项目。

实施产学研合作项目5个，三零面粉与江南大学，富海生物与长江大学，金洲粮油与国家粮食和物资储备局科学研究院、无锡中粮工程科技有限公司，江苏万淇生物科技股份有限公司与常熟理工学院开展产学研合作。全市有稻麦试验示范基地3个，分别是锦湖生态农业有限公司、海安宝进家庭农场、海安俞万家庭农场，引进稻麦新品种60个。构建园区公共服务平台，与中国科学院、江南大学等单位签订产学研合作协议，组织园区内企业参加粮油产业论坛、国家粮食产业（功能稻米）技术创新中心2021年发展建设研讨会以及各类产销会，提升园区企业核心竞争力。

国家发展改革委、省粮食和物资储备局多次到海安调研指导粮食物流产业发展工作，均给予好评。

附

海安粮食物流产业园

海安粮食物流产业园位于海安城区连申线西侧和北侧区域，是省级粮食物流产业园，园区分为南、北两区，占地面积101.13公顷，总投资16.27亿元。产业园南区在连申线西侧，总用地面积20公顷，主要以金洲粮油为龙头，是一家集农产品精深加工，粮油食品、调味品、休闲食品、高中档小包装油、塑料制品及彩色印刷包装生产，粮油仓储及物流于一体的民营企业集团。产业园北区在连申线北侧，总用地面积82.13公顷，集聚中储粮南通直属库、三零面粉、季和米业、南通昌润食品有限公司、富海生物等龙头企业，建设粮食仓储物流区、粮食精深加工区、粮食机械加工区、现代粮食冷链物流区、区域性粮油检验监测中心区。园区引进一批大型粮食流通和加工企业，形成集大米、面粉、食用植物油、饲料等粮食加工以及粮食仓储、物流、检测于一体的粮食产业集群，拥有稻米年加工能力30万吨、面粉年加工能力18万吨、油脂年加工能力30万吨、饲料年加工能力10万吨（富海生物），粮油仓储能力47万吨，1000吨级粮食专用码头4座，粮食年中转能力500万吨。2021年，产业园销售收入超100亿元，码头吞吐量突破200万吨。新规划在连申线北侧拓展园区建设，新规划园区总面积218.8公顷。

（陆　佳　刘华骥）

【邮政速递】 2021年，海安市邮政行业有各类营业网点45个，其中，城市网点7个、农村网点38个；营业投递部10个。邮政信筒信箱52个、邮政报刊亭7个。各类汽车94辆，其中投递专用汽车66辆。邮路124条，总长度8557千米。完成邮政业务收入2.30亿元，实现收支差4299.5万元。深化军邮共建，联合市人武部举办“军邮一家人”征兵宣传活动，依托45个邮政网点，200多名志愿投递员开展邮车流动宣传和“点对点”讲解，发放征兵宣传材料5000多份；建军节，开展“三微三心”（微宣讲守初心、微服务暖人心、微聊会聚人心）文明实践活动。发展农村电商，与江苏农芯农业科技有限公司合作搭建“寻味海安”线上平台，提供市域物流支撑体系，共建城区海安农村电商服务中心实体店和雅周红色东夏蔬菜基地，建成“线上+线下”海安农村电商流通平台。联合海安高新区党工委、管委会举办“‘史’志不渝跟党走 ‘邮’映百年颂辉煌”邮票展览，组织“邮票上的党史百年”微宣讲，庆祝中国共产党成立100周年。“架起军邮共建‘连心桥’”获评2020年度江苏邮政“十佳服务新事”，公司获评交通运输公益文化建设优秀单位；雅周、韩洋支局分别获评2019—2020年度南通市“青年文明号”、2021年南通市“青年文明号”创建集体。

（蒋婷婷　葛乐意）

2021年，中国邮政集团有限公司江苏省海安市分公司与江苏农芯农业科技有限公司合作搭建“寻味海安”线上平台，提供市域物流支撑体系，共建城区海安农村电商服务中心实体店，建成“线上+线下”海安农村电商流通平台。图为寻味海安电商服务体验中心　　市邮政公司／供图

【上港集团ICT（海安）项目首航】 2021年9月24日，上港集团ICT（海安）项目首航仪式在凤山港举行，货物从凤山港出发至上海洋山港，再经由洋山港发往美国洛杉矶。ICT（内陆集装箱码头）项目将上海港港口服务前置到海安凤山港，集装箱进入海安ICT场站视同进入上海港，线上直接衔接上港集团信息化管理服务平台，提供一站式服务、可视化信息平台、运输轨迹实时更新、实物动态实时查询等服务，线下以陆改水、以散改集，构建“宜水则水、宜铁则铁、宜公则公”物流模式，为苏中、苏北地区制造业和外贸企业提供成本更低、效率更高、手续更简的综合保障服务，实现水运、港口、企业良性互动、多方共赢。

【海安进境肉类指定监管场地投入运营】 2021年5月20日，海安保税物流中心（B型）进境肉类指定监管场地通过海关总署视频验收；7月2日，获海关总署批准，属苏中地区首家；7月25日，举办揭牌仪式。海安保税物流中心（B型）进境肉类指定监管场地按照“监管场地标准化、冷链周转平台化、监管工作智能化、运营管理规范化”建设要求，建有专用查验平台285平方米、储存冷库3060平方米，配备全热交换机、双螺杆式冷凝机组等专业设备与冷藏集装箱存储区域，具有进境肉类的监管、查验作业以及进口肉类保税仓储等功能，降低外贸企业在仓储、物流等环节的贸易成本。

（吴晓华）

海安七星湖生态园

生态环境

环境质量

【空气环境】 2021年，海安市环境空气中二氧化硫、二氧化氮、颗粒物（PM10）、颗粒物（PM2.5）指标年均值分别为每立方米11.6微克、23.3微克、60.0微克和32.5微克，自然降尘浓度年均值为每月每平方千米2.27吨。全年空气质量优良天数310日，优良率84.1%。降水总体呈弱酸性，降水酸碱度均值7.67，酸雨频率0。二氧化硫排放量351吨，氮氧化物排放量686.76吨。全市每天的空气质量都在南通市空气质量数据发布平台上发布，同时在海安市政府网、海安电视台及时发布空气质量报告及预报。

【水环境】 2021年，海安市以长江水作为饮用水源，应急备用水源地水质符合国家地表水环境质量Ⅲ类标准，水质达标率100%。地表水总体水质为轻度污染，国考北凌新闸、朱楼桥、富安梁一大桥，省考东湖桥、袁庄水站、南新桥、向阳桥、李堡东桥，南通市考西楹桥、盐地场桥、隆田路桥、仲洋桥、壮志桥、贲茆庄桥、瓦甸南桥水质监测断面优Ⅲ类比例100%，海安有水质监测数据后首次实现地表水优良率100%。4座地下水测井质量综合指标类别均为Ⅳ类。工业废水排放总量1697.57万吨，工业废水中主要污染物化学耗氧量（COD）排放量514.09吨，城市生活污水排放量（全市各区镇进入污水处理厂量）3050.74万吨。

【声环境】 2021年，海安市区区域声环境白天平均等效声级值56.1分贝，质量等级为一般。全市道路交通噪声白天加权平均等效声级值64.6分贝，质量等级为好。功能区噪声除二类区夜间和4a类区夜间外，其余功能区昼夜间噪声达标率均为100%。

【固体废物】 2021年，海安市工业固体废物产生量40.96万吨，其中危险废物产生量2.57万吨；工业废物综合利用量36.20万吨，处理量2.22万吨，贮存量1660吨。城镇污水处理厂9座，实际处理污水量3912.7万吨，产生污泥量3500吨。污泥规范化处置率100%。

（谭俊梅）

生态保护区域管控

【概况】 2021年，海安市生态保护重要区面积119.33平方千米，主要包括海安市内部河网及沿海滩涂区域。海洋生态红线区域调整方案经省级同意，报国家待批。原海洋生态保护红线区为老坝港旅游休闲娱乐区，保护类型为重要滨海旅游区，管控类别为限制类红线区，面积13.83平方千米，生态保护目标为典型海洋自然景观和历史文化古迹。调整至海安市海域最东侧，北至安台线，南至安如线，总面积不变，生态保护目标调整为典型海洋自然景观。启动沿海生态风情景观带建设，海岸线湿地及地质环境整治修复示范项目通过省级验收。做好海安沿海滩涂和里下河省级湿地公园两个自然保护地撤销工作。（赵海群）

【沿海生态风情景观带建设】 2021年，海安市启动湖海联动温泉康养基地项目建设，作为南通市江海生态长廊10个示范段工程之一，围绕“一带（沿海生态景观带）”“一湖（景观湖堤内湖）”“一路（滨海南路景观路）”“一环（滨海10千米环形步道）”，打造沿海生态景观带，海岸线全长5.8千米（包括北陵新闸0.38千米）。项目总投资5.45亿元，建设堤顶路（南至如东界，北至东台界）里程5.4千米、海滨环形步道10千米，完成长江珍稀鱼类休闲观光中心、观光农业基地等提档改造工程，长江珍稀鱼类休闲观光中心对外开放，完成生态修复120公顷。（钱 磊）

土地资源保护

【耕地保护】 2021年，海安市实际划定永久基本农田4.01万公顷。严格落实补充耕地制度，土地增减挂钩任务333.33公顷，实际完成面积386.01公顷，其中，建库中132.07公顷，待入库208.87公顷，工矿废弃地复垦45.07公顷；耕地占补平衡项目任务133.33公顷，实际完成159.6公顷，其中，2021年度占补平衡项目新增122.93公顷，2020年度高标准农田1%占补平衡项目新增36.67公顷。2021年度“旱改水”土地整治项目任务66.67公顷提前于2020年实施完成，4月获南通市验收确认，新增水田面积74.6公顷。开展耕作层土壤剥离再利用工作，全年表土回填总面积28.67公顷，表土回填总土方量约7

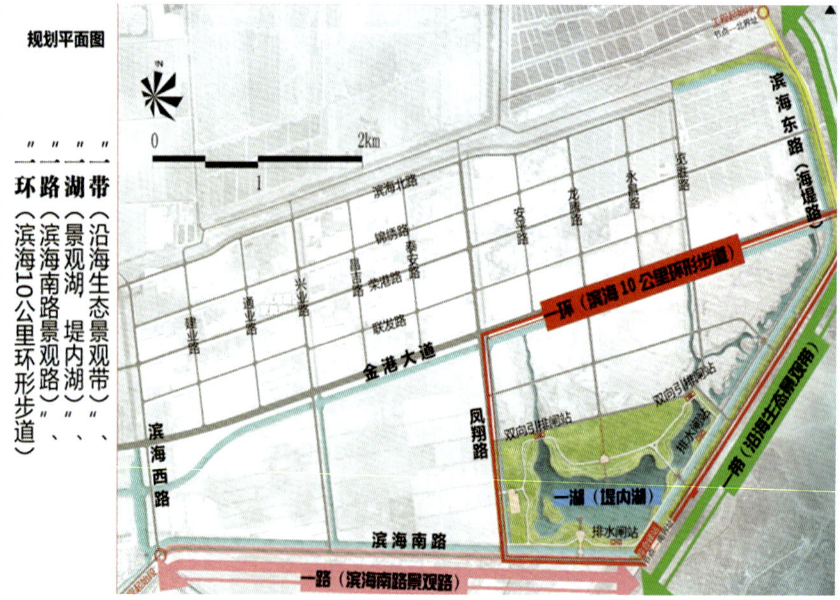

海安市沿海生态风情景观带规划平面图　　滨海新区／供图

万立方米。开展耕地保护工作，评选先进村20个，雅周镇获评2021年度省级耕地保护激励单位。（赵海群）

【土壤保护】 2021年，海安市稳步推进化肥减量增效和耕地质量保护提升工作，在全省水稻侧深施肥现场观摩会上做经验介绍。持续深化测土配方施肥，全年开展取土化验160个、田间试验9个，免费为300多个种植大户、家庭农场等新型经营主体开展个性化测土配方服务，测土配方施肥技术覆盖率稳定在90%以上。全年化肥用量比上年减少0.68%。开展化肥减量增效示范工作，建立稻麦化肥减量增效示范区（方）14个、园艺作物化肥减量增效示范方7个，示范总面积3300多公顷；重点示范应用“商品有机肥+缓释肥”、水稻缓混侧深施肥、小麦种肥同播等化肥减量增效新技术、新模式，示范应用商品有机肥、缓释肥、配方肥等近1万吨，水稻侧深施肥示范面积2000多公顷。加强耕地质量建设，通过增施有机肥、秸秆还田、轮作轮耕等措施，实现耕地质量稳定提升。全市耕地平均亩用畜禽粪便、沼液等优质有机肥近1吨、秸秆还田近300公斤；6600多公顷蔬菜基地实行轮作。2020年全市耕地质量等级平均为3.11，比2017年高0.23，达国家农业全面现代化指标要求。规范耕地质量管理，定期采集分析土壤、植株样品，调查主要作物肥料施用情况，建立耕地资源管理信息系统和配方施肥专家咨询系统，指导土壤培肥改良和科学施肥。全市建立县级以上耕地质量监测点27个、土壤重金属污染监控点50个、土壤墒情监测点2个、耕地质量调查点80个、主要农作物施肥情况定点调查农户153个。（丁华萍）

水资源保护

【河长制工作】 2021年，海安市继续全面推行河长制，全市有市级河长20人、镇级河长175人、村级河长349人，覆盖各级河道及所有沟塘。聘任民间河长36人、企业河长19人、警察河长24人、医院河长72人，多领域参与巡河、治河、护河。出台《海安市2021年河长制工作考核办法》，定期开展述职活动，全年累计述职150人次；组织召开河长制部门联席会议6次、水环境质量改善问题会办会8次，会议现场通报暗访问题35个；通过《海安市河长制工作半月报》定期通报部门及区镇街道河长制工作推进动态、重点工作完成情况、国考和省考断面水质、交办督办工作完成情况等。将农村生态河道建设与乡村振兴建设同步推进，把河长制公园与海安精神、水利精神深度融合，洪家滩“十涝十排”纪念地入选首批省水利遗产。全市39条界河全部与友邻县（市）建立协同保洁治理机制，采取一年一换轮流保洁或共同“以河养河”生态保洁的方式；完成如海界河整治工程，项目总投资812万元。

【水资源管理】 2021年，海安市严控用水总量，压减地下水取水量，计划用水管理率100%。强化对高耗水行业用水户的监督管理，对2家纺织印染企业开展用水审计，对3家纺织印染企业开展水平衡测试。开展电子证照改革，完成存量纸质取水许可电子证照转换251张，完成率100%。强化水源地达标建设，完成水源地一级保护区遗留的一户居民房屋搬迁工作，委托省水文水资源勘测局南通分局编制水源地长效管护评估报告。开展江海河、南北红星河、东西红星河、长角河、丁堡河、海溱河、串场河、瓦南河、东姜黄河九条河道的生态状况评价。

【水土保持监管】 2021年，《海安市“十四五”水土保持发展规划》编制完成。市水利局运用先进科技开展“地空结合、人机结合、立体交叉”智慧巡河，全面完成2021年度遥感监管违法违规项目认定及查处工作，查处疑似违法违规图斑153个，发放整改通知书115份。完成生产建设项目水土保持方案审批32项，完成海安高新区与海安开发区拓展区域水土保持区域评估审批工作。实施海安市2021年国家水土保持重点工程项目——蛏南小流域综合治理项目，整治河道3条，长4.11千米，种植乔灌木2803株，撒播草籽固坡3.83万平方米，开展保土耕作的耕地面积1.25平方千米。（陈 菁）

其他资源保护

【林业资源保护】 2021年，海安市出台《海安市全面推行林长制工作实施方案》《海安市2021年林业工作意见》，将林业工作纳入“城镇建设管理杯”及各区镇经济社会发展目标责任书考核。重点推进“两河两路”（新通扬运河、串场河，

2021年6月8日，海安市开展林业害虫监测工作　周　强/摄

海启高速、盐通铁路）重点绿化工程，新通扬运河和串场河绿化建设基本完成，进入管护养护期。全年，净增造林面积33.33公顷，低效林改造项目新造林面积50公顷，建成5个省级绿美村庄。挖掘林木种苗产业潜力，将苗木特色镇村打造为贯彻落实乡村振兴战略和推动林业高质量发展的示范样板，获批省特色苗木镇1个、特色村2个，向省争取林业发展资金320.1万元。做好“双随机、一公开”系统检查工作，完成8个林业事项的抽查及系统录入工作。

【野生动植物保护】 2021年，海安市加强野生动植物养殖（种植）和经营利用管理，开具植物检疫证68份，救护野生动物7次。推进长江珍稀特有鱼类保护，做好长江禁捕禁售工作，开展市场经营场所长江禁售专项检查、河道巡查3次，中洋集团作为唯一一家企业单位加入江海洄游生物保护科技创新联盟，致力于长江珍稀鱼类保护性开发。强化野生动植物保护宣传，开展3月3日“世界野生动植物日”、5月20日“呵护自然，人人有责”主题宣传活动。

【湿地资源保护】 2021年4月，海安市启动省级地质勘查专项资金项目——海安市海岸线湿地及地质环境整治修复示范项目工程，由地球化学勘查与海洋地质调查研究院实施，总长度1.4千米，总投资额485万元。至年底，完成堤顶生态廊道种植、新垦闸两侧平台景观改造、边坡挂网客土喷播试验、堤外湿地修复等工程建设，并通过省级验收。

【矿产资源保护】 2021年，海安市优化矿业结构，保护和治理矿山地质环境，《海安市“十四五”矿产资源总体规划》编制完成。6月，省自然资源厅专家检查海安绿色矿山建设情况。根据自然资源部反馈意见，清理全国矿业权登记信息及发布系统、矿业权管理信息系统采矿权子系统相关过期矿业权数据，8月底清理完成。海安全境（水域除外）为砖瓦用黏土资源禁止开采区，全市6家砖瓦企业均在黏土采矿区内合法取土。开展富硒土壤资源调查研究，“海安市富硒土地资源与开发利用示范项目”立项，基于该项目的“海安市富硒土地资源调查及开发利用研究”被江苏省自然资源厅确定为2021年度科技计划指导性项目。查明辖区内石油探明剩余可开采储量863万吨，海安是江苏油气建设的重点区域，江苏油田分公司、浙江油田分公司和华东油田分公司在境内进行石油探采，开采区域主要集中在李堡镇、高新区等，但是油区油井分散，含油构造面积较小，油品品质一般。 （赵海群）

节能减排

【工业节能降耗】 2021年，海安市全社会能源消费总量298.2万吨标准煤，能耗强度比上年下降1.1%。出台《海安市坚决遏制“两高”项目盲目发展、严格落实能耗“双控”工作的实施方案》，建立“两高”项目（高耗能和高排放项目）清单，实施动态管理。全面摸清重点企业用能底数，开展节能审查意见落实情况检查，做好用能精准科学有效管控。完善节能监察机构，加强节能监察队伍建设。对4家企业开展节能诊断、21家企业开展重点耗能企业节能专项监察，加强节能审查事中事后监管整改，提升企业能源利用效率。构建绿色制造体系，海安高新区创成国家级绿色工业园区（南通市唯一），鑫缘茧丝绸集团股份有限公司、江苏天楹环保能源成套设备有限公司和江苏华艺时装集团股份有限公司入选省工业和信息化厅第二批绿色工厂。江苏天楹环保能源成套设备有限公司获批国家环保装备制造业规范条件企业，南通双弘纺织有限公司获评国家第三批工业产品绿色设计示范企业。

2021年海安市规模以上工业企业分行业综合能耗情况表

表36

指标	综合能源消费量		产值单耗	
	指标值（吨标准煤）	比2020年增长（%）	指标值（吨标准煤/万元）	比2020年增长（%）
全部工业企业	1114333.74	−3.53	0.0605	−23.54
农副食品加工业	21881.34	−24.54	0.0153	−36.80
食品制造业	7299.06	−0.45	0.1275	−21.65
酒、饮料和精制茶制造业	40.82	−5.90	0.0204	−5.19
纺织业	314043.70	7.29	0.1366	−19.10
纺织服装、服饰业	16253.31	7.91	0.0931	−4.53
皮革、毛皮、羽毛及其制品和制鞋业	389.48	0.72	0.0432	−8.77
木材加工和木、竹、藤、棕、草制品业	3274.18	180.91	0.0226	17.44
家具制造业	4686.92	−72.89	0.0325	−70.41
造纸和纸制品业	9884.97	−0.86	0.1319	25.28
印刷和记录媒介复制业	729.36	17.47	0.0322	59.90
文教、工美、体育和娱乐用品制造业	57737.15	16.46	0.0730	−21.49

续表36

指　　标	综合能源消费量		产值单耗	
	指标值（吨标准煤）	比2020年增长（%）	指标值（吨标准煤/万元）	比2020年增长（%）
石油、煤炭及其他燃料加工业	33.33	−31.80	0.0058	0.48
化学原料和化学制品制造业	69891.64	−2.07	0.0374	−24.80
医药制造业	4109.41	−70.46	0.0204	−51.50
化学纤维制造业	69819.96	−4.91	0.0598	−21.84
橡胶和塑料制品业	26185.64	21.61	0.0752	7.81
非金属矿物制品业	79880.09	−12.68	0.0781	−30.67
黑色金属冶炼和压延加工业	11527.18	3.87	0.0997	−17.13
有色金属冶炼和压延加工业	13841.21	−5.51	0.0545	−18.60
金属制品业	59663.32	−2.79	0.0604	−11.47
通用设备制造业	36875.52	−7.95	0.0341	−16.26
专用设备制造业	13598.25	−2.62	0.0145	−19.65
汽车制造业	10069.65	−0.62	0.0420	−13.66
铁路、船舶、航空航天和其他运输设备制造业	1098.69	−17.87	0.0032	−60.43
电气机械和器材制造业	43646.93	−6.58	0.0140	−35.53
计算机、通信和其他电子设备制造业	21557.83	−24.09	0.0268	−47.91
仪器仪表制造业	18806.31	17.00	0.0397	4.98
其他制造业	267.25	−82.18	0.1136	−70.63
废弃资源综合利用业	427.69	932.57	0.0723	741.46
金属制品、机械和设备修理业	723.97	−0.51	0.3653	22.08
电力、热力生产和供应业	192856.99	−8.80	1.1063	−18.00
燃气生产和供应业	373.63	381.80	0.0039	282.60
水的生产和供应业	2858.96	5.90	0.1187	−10.60

【节水型社会建设】 2021年，海安市用水总量5.06亿立方米，国内生产总值用水量每万元37.97立方米，工业增加值用水量每万元4.48立方米。市政府办印发《关于下达2021年度实行最严格水资源管理制度目标任务的通知》，分解落实节水行动实施方案和节水目标任务。严格规范取水许可审批，强化计划用水规范管理，加强对重点取用水户的监督管理，对2家用水单位开展用水审计、5家取用水单位开展水平衡测试。加大节水型载体建设力度，南通常安能源有限公司获评2020年度省级节水型企业，贲家集水利枢纽工程管理所获评2020年度省级节水型机关，红星灌区获评2021年度省级节水型灌区，新认定4家县级节水型学校。 （叶　洁）

【土地节约集约利用】 2021年，海安市构建新增建设用地计划与批而未供存量土地盘活相挂钩的“增存挂钩”机制，提升新上项目的存量建设用地使用比例。全面实行工业用地“土地出让合同+投资发展监管协议”配置方式，强化项目履约情况监管。贯彻落实耕地保护制度和节约用地制度，坚持“以亩产论英雄”，促进节地水平和产出效益双提升，海安开发区、海安高新区分别在国家级和省级开发区土地集约利用综合评价中列南通市第一位。编制《江苏省海安市低效用地再开发专项规划（2021—2025年）》，将亩均产出、效益低的企业纳入低效用地再开发计划，全年开发再利用低效用地176.2公顷，通过督促开发、协商转让、收回重新出让等方式调整盘活闲置低效用地64宗242.87公顷。加强项目落户土地要素保障，及时做好已办理农用地转用和土地征收审批手续新增建设用地的土地划拨、出让等供应手续；加强已供项目土地动态巡查管理，跟踪项目开竣工进展，促进项目用地提质增效。海安市获评2020年度省自然资源节约集约利用资金奖励地区，获200万元资金奖励。海安开发区在全省55个国家级工业主导型开发区土地集约利用综合评价中列第9位、南通市第1位；海安高新区列全省97个省级工业主导型开发区第8位、南通市第1位。（叶　洁　赵海群）

【绿色建筑建设】2021年，海安市以《江苏省绿色建筑发展条例》《海安市绿色建筑规划（2018—2030）》等文件为指导，推进建筑节能工作，新建民用建筑全面达65%以上节能水平，着力提升二星级以上绿色建筑比例，全市各类政府投资的公益性建筑以及大型公共建筑，率先按二星级以上绿色建筑标准设计建造。全年，新增绿色建筑129.92万平方米，其中，居住建筑92.33万平方米，公共建筑37.59万平方米。取得绿色建筑设计标识项目2个，建筑面积8.15万平方米，新增建筑能效测评项目4个。推广使用绿色新型墙体材料和散装水泥，新型墙体材料产量4.2亿块，占墙材总产量的100%；新型墙体材料建筑竣工面积377万平方米，占建筑总竣工面积的98%；散装水泥发放量57.6万吨，预拌混凝土供应量234万立方米，预拌砂浆供应量22.6万吨。（刘　鑫）

【农业循环经济】2021年，海安市有农村户用沼气池存量6000余只，能正常使用的1000余只，未有新增户用沼气池。加强户用沼气池安全使用管理，提高沼气综合使用效益，推广猪（禽）—沼—粮（果、菜、鱼）等生态循环农业模式，实现农业废弃物资源多级循环利用，减少农业投入品使用。全市有50立方米以上沼气工程75处，按要求报废拆除9处。海安普豪生物能源有限公司2016年申报实施的中央预算内投资2兆瓦畜禽粪便处理沼气发电项目于11月9日通过南通市级项目竣工验收，全年运行平稳，发电上网在500多万千瓦时，年处理畜禽粪便5万吨，为农业种植提供沼液肥8万吨。启动实施国家级绿色种养循环农业试点项目，项目总投资1000万元，在全市成立集收集、处理、配送、施用于一体的粪肥还田服务主体11家，初步建立以市场运作为主、政府引导为辅的粪污还田资源化利用有效机制，实施粪肥还田种养循环面积6666.67公顷，畜禽粪污综合利用率95%以上。（李仁全　丁华萍）

【公共机构节能】2021年，海安市公共机构人均综合能耗、单位建筑面积能耗分别比上年下降11%、10%，单位建筑面积能耗考核在全省高质量发展考核中列南通市第一位，公共机构节能考核列南通市高质量发展考核第一位，相关工作经验在全省交流。纳入管理的290家公共机构争创节约型示范单位，城南实验中学获评2021年度江苏省公共机构节能低碳示范单位，海安市实验中学通过2016年度示范单位复核，44家单位被国家机关事务管理局、国家发展改革委等认定为第一批节约型机关建成单位。8月23日，举行2021年公共机构节能宣传周活动启动仪式暨助力实现"双碳"目标签名活动，向机关干部发放《江苏省公职人员低碳生活手册》。（吴信林）

污染防治

【大气污染防治】2021年，海安市完善环境空气质量考核协调机制。实施月度经济指标考核、季度污染防治攻坚考核，签订经济目标责任书，督促相关行业严格落实大气污染防治措施；在全市64个环境空气质量监测微站设立点位长，建立点位长考核制度、点位长办公室联系部门制度及考核细则。突出重点行业废气治理。排查机械行业企业421家，发现问题企业364家，全面推动整治；完成115台工业炉窑整治及"回头看"任务；完成75个源头替代项目，南通市首次挥发性有机物清洁原料源头替代推进会在海安召开；加强扬尘管控，推广智慧喷淋系统，优化雾炮车运行机制，各区镇配齐雾炮车；推动非道路移动机械编码登记、路查路检及入户抽测工作，登记非道路移动机械2571台，2254台通过审核，1874台完成领牌；做好秸秆"双禁"（秸秆焚烧、禁抛）工作，实施市镇村三级"双禁"工作机制，全年未有火点被上级通报；加大烟花爆竹禁限放区域宣传和执法力度，减少重点时段集中燃放烟花爆竹对空气质量的影响。深化重点区域和时段大气治理。扩大重点区域范围，将省控站点周边重点区域范围由3千米扩大至5千米，对周边各类涉气污染源实施分类治理，每月定期调度污染源清单和整治进展；全年，排查省控站点周边污染点源1010个，每日巡查周边重点区域；污染天气应急管控期间，及时传达上级预警，严格落实《南通市空气质量异常预警和应急管控方案》。加强科技监管力量。在原有16个微站（6参数）基础上增加TVOC监测因子变7参数评价微站，在主城区设置8个7参数评价微站，增加3千米范围内企业监控微站23个，累计新增微站48个；常态化开展VOC走航监测和颗粒物走航监测，用监测数据及时发现各类污染源。（谭俊梅）

【扬尘治理】2021年，海安市紧盯重点工程，实施带网覆盖、雾炮车洒水车应急降尘，快速处置扬尘突发情况。设立扬尘治理"红黑榜"，通报"红榜"点位17个、"黑榜"点位109个，对未落实扬尘管控要求的"黑榜"工地增收环境保护税。6月，海安市施工工地扬尘一体化在线监控平台正式启用，对全市新开工5000平方米以上的26处建设工地安装28套防尘降尘智能化监管系统，该系统具有运输车辆未冲洗抓拍、工地扬尘控制指挥、环境实时监测控制三大功能，推进施工现场智能化、全方位、全时段管理。（王宇洋）

【水污染防治】2021年，海安市抓实三级网格巡查，建立"市级部门—镇（街道）—村"水环境网格化巡查机制，通过网格员定期巡查和职能部门不定期抽查协同，确保水环境问题及时被发现、及时被有效处置。完善汛期水质保障工作，实施汛期水质提升专项行动，编制水质提升方案，开展省考以上断面综合整治，检查各类雨污混流口有无管控措施、排涝泵站或闸控有无蓄积污水、断面周边有无影响水质的农业种植行为、远离断面区域有无预留秸秆集中堆放点、各类企业有无理清雨污水排放去向等。实现断面流域综合整治"一体化"，对水质存

2021年11月15日，海安市河道护理员在洋港河上对水生植物进行常态化护理

濮端建／摄

在异常波动的断面开展加密监测，采用“卫星遥感大数据+人工智能”和“水基因”微站技术精准溯源，发现的问题由市委、市政府交办，纪委监委督办，高效推进问题整改落实；再摸排、再整治15个南通市考以上断面污染点源719个。水污染重点工程有序推进，完成海安开发区农田退水生态净化项目建设、全市14家集中隔离点污水消杀工作、雅周区域集中治污工程、城北污水厂湿地提标改造工程；延伸城乡污水管网40千米，完成8个安置房小区雨污分流改造工程和1.7万户农户生活污水治理任务；建设18条农村生态河道，整治农村黑臭水体61条，疏浚农村河道34条，拆坝建涵（桥）156座。持续推进河湖“清四乱”（清理乱占、乱采、乱堆、乱建问题）常态化、规范化工作，清理沉船385条、网箱320口、围网97口、网簖168口、笼网561口、搬罾15个。《海安市区域治水总体方案》通过南通市水利局组织的专家组评审，全市划分7个片区，分别开展片区化治理，1区（里下河片区）、3区（海安主城区）两个先行区完成区域治水工程建设，两个区域409平方千米的水网实现有序流动。（谭俊梅）

【海洋污染防治】2021年，海安市实施浒苔绿潮联防联控，制定《2021—2022年度海安市浒苔绿潮联防联控工作实施方案》；完成海安在“两沙”（蒋家沙、竹根沙）海域的3家紫菜养殖企业9500台筏架以及相关配套网帘、缆绳的回收任务；争取海洋补助资金670万元，推广新材料、新工艺，发放覆塑PVC缆绳1069千米。市政府办公室印发《海安市海洋养殖渔船减船转产报废拆解补助项目实施方案》，13艘养殖渔船申请退出海洋养殖生产，并进行拆解。（赵海群　贲秀林）

【土壤污染防治】2021年，海安市完成重点行业企业遗留地块摸排，并将其列入2021年度土壤污染防治工作计划。建立土地划拨收储环节土壤污染防治工作联动机制，市生态环境局、市行政审批局、市自然资源和规划局、市发展改革委加强污染地块联动监管。组织辖区内64家土壤污染重点监管单位开展土壤和地下水自行监测、隐患排查等工作，对其周边土壤（地下水）开展监督性监测。加强建设用地土壤污染风险管控，推进全市43个地块完成土壤污染状况调查。实施省考地下水点位（范雪琴）达标整治，完成地下水污染防治分区划定。

【固体废物污染防治】2021年，海安市推进危险废物安全专项整治三年行动，落实安全生产集中攻坚行动，完成海安市河润油料有限公司、海安市东洋化工厂、江苏华愉化工有限公司关闭遗留固废处置。推进危险废物全生命周期监控系统使用，对危险废物实施二维码、全生命周期监管，至2021年年底，填报使用979家企业，使用数量列南通市第一位。探索“固管+网格+执法+第三方”危险废物“4+”联动监管模式，实施南通市危险废物集中收集贮存试点工作，率先建成南通市首家小微企业危废集中收集贮存单位——海安蔚蓝环保服务有限公司（简称蔚蓝环保），第二家试点单位实施方案编制完成并获南通市批准。5月24日，蔚蓝环保领取危险废物经营许可证，正式投产运行，专门服务海安小微危险废物产生单位。蔚蓝环保占地1850平方米，总投资500万元，危险废物暂存库一次最大暂存量为800吨、年最大中转量为5000吨，收集包含农药废物、染料涂料等21大类、159小类的危险废物。蔚蓝环保开发“江小环”环保管家（ERP系统），对接江苏省危险废物全生命周期监控系统，实现试点区域内小量危险废物产生、收集、贮存、转移到利用处置全过程规范化管理，至年底，纳入系统的小型产废单位450余家。（谭俊梅）

【国考断面“保Ⅲ增Ⅲ”溯源整治攻坚行动】2021年，海安市全面开展国考断面“保Ⅲ增Ⅲ”溯源整治攻坚行动，排查出污染源181处，并制定专项整治方案，实施销号式管理。市水利局与市公安、检察机关联合打击电捕鱼等涉水治安案件54起、非法取土案件1起，罚没款26万多元。投入保洁费用5000万元，其中市财政投入骨干河道2100万元，做好一、二、三级通航河道“市场化运作、机械化保洁”机制提标扩面工作；将界河纳入保洁范围，形成长效保洁机制；推行三、四级不通航河道及沟塘水上种植（花卉、蔬菜）、水下养鱼模式，投入经费约55万元，放养鱼苗20万尾，提升水体自净能力。抓好流域协同共治，在“保Ⅲ”工作中，主动与东台市对接，加强船舶污染管控，联动治理；在“增Ⅲ”工作中，与如皋市、如东县共建区域水环境共治共享联防机制，实施区域间活水畅流，引入新鲜

生态流量。（陈 菁）

环境监督管理

【生态文明建设】 2021年，海安市强化生态文明制度体系建设，编制《海安市生态文明建设规划》《海安市"十四五"生态建设与环境保护规划》《海安市"十四五"节能环保产业发展规划》，印发《海安市生态环境保护责任清单》《海安市生态环境保护约谈暂行办法》。完善生态环境考核机制，市生态环境局牵头对生态文明建设实施考核，开展服务企业、村庄"环保行"活动，全市80家机关部门服务企业268家、村庄209个。9月起，开展污染防治百日攻坚行动。生态文明示范创建取得突破，海安市创建省级生态文明建设示范市通过省生态环境厅核查，城东镇获评第三批江苏省生态文明建设示范镇，海安实现示范镇全覆盖。完成第二轮省环保督查综合协调和资料调阅相关工作，调阅资料29批164条，及时交办整改相关问题。完成17个占用生态空间问题点位核查，推动问题化解处置。持续跟踪10个生态安全缓冲区建设运维管理情况，完善出水监测设施，启动城北污水处理厂缓冲区提标改造工程。

【重点行业绿色发展】 2021年，海安市开展重点行业绿色发展调研，从经济、能耗、用地等方面实施综合评价，科学确定新建项目准入条件，引导低效产能退出，加快企业改造升级。优化园区生态环境管理，推进常安纺织园生态环境政策集成改革试点和限值限量管理，完善监测监控能力建设，探索形成高效的环境资源配置方式和先进的生态环境监管模式。用好环境经济政策，获省级环保资金补助864万元。创新排污权抵押贷款服务，累计提供贷款12笔，合计金额6200余万元，生态资产权益"贷"动绿色转型案例入选"南通市2021年度十佳生态环境治理改革创新案例"。加强排污权交易和储备，登记出让申请11个，申请回购9家企业"富余排污权"。完善区镇间水环境质量生态补偿机制。在南通率先开展环境空气质量生态补偿工作，出台《海安市环境空气质量生态补偿办法（试行）》，以细颗粒物（PM2.5）平均浓度、臭氧平均浓度、优良天数比例、臭氧污染天数、空气质量目标完成情况等指标考核各区镇，各区镇上缴赔偿资金800万元，下发补偿资金600万元。

【环境执法监管】 2021年，海安市坚持环保突击检查、交叉检查、专项行动、联合执法常态化，开展环保"双随机"检查12次，检查污染源企业478家，立案调查327家；针对行业性、区域性、季节性环境问题，开展各类专项执法80余次；开展日常检查2000余次，出动执法人员6460人次；立案环境行政处罚案件251件，处罚金额1317.94万元；实施查封、扣押案件20件，实施限产、停产案件2件，移送公安机关处以行政拘留案件21件，办理环境污染刑事案件13件。签订生态环境损害惩罚性赔偿协议53份，涉及金额109万元，韩某通过渗坑排放酸洗废水生态环境损害赔偿磋商案件入选省生态环境损害赔偿十大提名表扬案例。发放排污许可证269张，占南通核发总量的21%。57家企业入选南通市监督执法正面清单，10家企业获应急管控豁免资格。

【环境信访调处】 2021年，海安市印发《海安市环境保护责任清单》《海安市突出环境问题领导包案化解工作方案》，由海安市主要领导按业务分工和挂钩联系区镇对重大信访件包案，部门按照"管行业必须管环保"包案，区镇（街道）按照"属地管理"原则包案的"三包"联动工作机制。构建"信访办理、调查核实、反馈回访、跟踪督查"四步工作法，建立"一牌、一卡、一网格"（环境信访公示牌、环境信访联系卡、环境网格）的基层信访工作模式，将环境信访化解在基层。全年，受理环境信访2827件，比上年下降7.3%。

【环境监测体系建设】 2021年，海安市完成13个水质自动站新建（搬迁）工作，新增空气微站48个。推动128家重点排污单位自动监控设备与生态环境部污染源监控平台联网、192家企业污染源自动监控设备与省生态环境厅污染源在线监控平台联网，累计817个污染源监控点实现联网，全市污染源监控联网率100%；深化两个省级以上园区自动监控平台信息集成和应用拓展。推行无人机、走航车等高技术手段开展"天、地、空"执法专项行动，利用在线监控、用电监控推进非接触式执法，全年运用科技手段查处环境违法案件13件。

【环境应急管控能力建设】 2021年，海安市完成189家企业突发环境事件应急预案备案工作，海安开发区、海安高新区及海安电子信息产业园三级防控体系建设方案通过评审。实施环境隐患排查，委托专家检查120家重点风险企业，整改问题514个。9月29日，举行社会化环境救援力量签约授旗仪式，南通市首家社会化环境应急救援队伍成立。

【环境宣传教育】 2021年，海安市强化互联网领域生态环境宣传和舆论引导，宣传报道先进典型，公开揭露环境违法违规行为。配合省、南通市实施VOCs专项执法行动、"江河碧空"蓝天保卫行动等大气污染防治十大关键举措，开展专题宣传活动。市生态环境局分管负责人走进海安电台《法治热线》栏目，解读《排污许可管理条例》实施注意事项。引导市民树立绿色环保观念，举办"世界环境日""国际生物多样性日""全国低碳日"等主题宣传活动，组织两支民间文艺队，进社区、进农村开展生态文明文艺专场演出20场，观众4100多人次。筛选年度典型案例形成宣传汇编，开展市域全覆盖公开宣讲活动，3000余人次参加活动。开展环保设施向公众开放活动以及志愿活动，增强公众对环境保护工作的参与度。健全信息公开制度，完善有奖举报等激励机制和公众听证制度，保障公众环境知情权、监督权和议事权；推进企业环境治理信息公开，列明企业应当公开及鼓励公开的环境治理信息清单，133家重点排污单位实现环境治理信息上墙公开；依托"江苏企业环保脸谱"App，鼓励企业"争绿争星"，提升污染治理水平。（谭俊梅）

江苏省海安高级中学

教　　育

综　述

【概况】2021年，海安市有各级各类学校148所，其中，高中4所、完全中学2所、初中24所、九年一贯制学校1所、小学48所、幼儿园67所、特殊教学学校1所、职业教育学校1所。全市学校占地面积315.75万平方米，校舍建筑面积168.49万平方米，固定资产总值27.54亿元。在校学生8.87万人，其中，高中生1.03万人、初中生1.65万人、小学生3.71万人、幼儿1.88万人、特殊儿童179人、中职生5897人。在职教职工9289人，专任教师7784人，其中，高中教职工1523人、初中教职工2054人、小学教职工2834人、幼儿园教职工2177人、特殊教学学校教职工36人、中等职业学校教职工665人。市财政一般公共预算教育经费20.39亿元，比上年增长0.24%。财政专项投入取得新突破，用于学前教育补助1.55亿元、薄弱学校改造3523万元、中小学智慧黑板（一体机）2019万元、教室空调945万元、教室照明更新680万元、小学电脑689万元、全市教职工增量绩效1.19亿元。教育资源持续扩容增位，新增学前教育学位2340个，小学学位4230个，初中学位1050个。全市学龄儿童入学率100%，小学毕业生升学率104.23%，初中毕业生升学率100.24%。中、高考再创佳绩，中考700分以上、高考600分以上人数及占比继续位居省、南通市领先地位，南通市高考文理科第一名均在海安。对口高考本科上线人数109人、达线率30.62%，本科上线人数和达线率均创新高。在江苏省义务教育学业质量监测中，海安学生学业成绩标准达成指数、高层次思维能力指数以及学习自信心指数等均处于省、南通市领先地位。在国家四年级和八年级科学、道德与法治学业质量监测中，海安学生学业成绩、学习兴趣与方法等均处于全国、全省前列。教师参加基本功比赛及优课竞赛，获省级一等奖4人次，南通市级一等奖以上30多人次；参加省级以上征文评比，获国家级等级奖2人次，省级一等奖44人次、二等奖243人次、三等奖343人次。学生参加各类竞赛，获国家级奖23人次、省级奖183人次、南通市级奖379人次。

【教育基础设施建设】2021年，海安市编制"十四五"教育布局规划，启动南屏小学、高新区实验小学、实验小学北校区、海陵中学北校区等10所校园规划建设。实施教育为民办实事工程6项、重点工程22项、改薄工程19项。建成彩虹、闸东、通瑞、孙庄、南屏、韩洋6所幼儿园及外国语学校，完成实验小学、开发区实验小学、实验中学、黑龙江工商学院产教融合基地4个改扩建工程。有序推进南屏小学、高新区实验小学、实验小学北校区、滨海新区金港学校、城东镇中心幼儿园、大地幼儿园、海中教师科研楼建设，实施凤鸣幼儿园、海陵中学北校区、高新区实验幼儿园（二期）改造。建成白甸初中、丁所初中2个教师周转房。为全市中小学教室安装空调，海安成为苏中、苏北地区率先实现中小学教室空调、智慧黑板和健康照明全覆盖的县级市。按照新增中央投资支持以县城为主要载体的新型城镇化基础设施教育领域项目工作要求，7个项目申请国家乡村振兴专项债券，总额度1.84亿元。

【"双减"政策落实】2019年，海安市在省、南通市率先启动"双减"（有效减轻义务教育阶段学生过重作业负担和校外培训负担）教育改革，通过走访调研、召开相关专题座谈会，听取校长、教师、家长、学生等多方意见，2020年秋季出台"关于海安市课后延时服务的意见"，2021年3月完善出台"关于海安市进一步提升中小学课后延时服务质效工作意见"，并作为先行先试经验在南通市推广。课后延时服务优先保障残疾儿童、留守儿童、困境儿童、进城务工人员随迁子女、家庭经济困难儿童和中低年级学生等亟须服务群体。小学课后服务时间安排在周一至周四放学后，每天延时服务2课时，结束时间原则上不迟于18时，初中课后服务的时间安排在周一至周四放学后，每天安排晚自习。海安市关于课后延时服务的系列做法被"南通市关于进一步减轻义务教育阶段学生作业负担和校外培训负担的实施意见"采纳。同时，开展中小学周末、寒暑假托管服务试点，并向学前教育延伸。强化学校育人主体地位，推动课堂教学全面提质增效，全面压减作业总量和时长。深化校外培训机构治理，不再审批新的面向义务教育阶段学生的学科类校外培训机构，加强校外培训监管，海安实现学科类校外培训机构全部"清零"。市教师发展中心积极回应"双减"新形势下社会与家长需求，组织到8所学校开展驻校"双减"调研，随机听课28节，访谈教师129人，座谈或问卷调查学生305人，以座谈、问卷调查、随机对话等形式与家长358人交流，并形成调研报告；指导、拍摄、制作"慧学南通"、江苏省名师空中课堂、国家基础教育精品课336节；研发海安市线上答疑平台，组织骨干教师累计为学生、家长答疑超10万人次。

【"五育"融合发展】2021年，海安市教育系统开展"学党史知识""讲党史故事""当红色导游"等党史学习教育专题活动，相关活动亮相《新闻联播》习近平总书记2022年新年贺词节目，获评全省中小学思政育人特色学校1所、全国少先队优秀集体1个，获评"新时代好少年"海安市级45人、南通市级11人、省级1人，获评"三好学生"南通市级63人、省级10人。分学段召开教育教学质量分析会、研讨会、现场推进会，稳步推进教育评价和课堂教学改革，南通立学课堂有效推进，李庚南实验总校海安实验区揭牌，2021年中、高考各项核心指标在全省、南通市持续领先。推进"一校一品""一生一运动项目"建设，坚持以比赛促发展，获南通市全运会50金、45银、46铜和团体亚军，获南通市级以上校园足球、篮球、排球、乒乓球、健美操等比赛一等奖15个，4所学校通过全国足球特色学校评审。持续开展"一校一特色""一生一特长"艺术创建活动，推进传统文化进校园，组建市少儿艺术团，举办第八届中小学校园艺术节、"阳光下成长"

优秀节目展演和书画作品展评，校园艺术节展演节目获南通市特等奖和一等奖13个、省一等奖2个，获评江苏省艺术教育特色学校、全国中小学中华优秀传统文化传承学校各1所，市教育体育局多次获评先进集体和优秀组织奖。制定下发劳动教育与综合实践基地建设管理办法，推进劳动育人工程，争创全国劳动教育改革试验区，组织参加劳动课程案例评选，获省、南通市一等奖6个，教育部点名表扬海安市劳动教育实践做法。

【教育督导】 2021年，海安市开展教育督导管理规范年行动，深化新时代教育督导体制机制改革，4月底，海安市政府履行教育职责情况高分通过南通市督导考评。常态化开展责任督学挂牌督导工作，6个责任区101名督学到校督查1084人次，听课评课825节，解决问题701个，发放整改通知单133份，撰写发布宣传报道385篇，实现全市中小学、幼儿园责任督学挂牌督导全覆盖。聚焦重点领域，开展校园疫情防控、校园和校车安全、心理健康、体育与健康课和体育活动、"作业、睡眠、手机、读物、体质"五项管理等专项督导，6个督学责任区提交专项督导报告22份。开展国家级学前教育普及普惠、义务教育优质均衡发展县（市、区）创建活动，市政府于11月9日召开创建座谈会，省义务教育优质均衡发展县（市、区）评估申报材料通过南通市教育局审核后报省教育厅复核。

【学生资助】 2021年，海安市加强学生资助政策宣传，开展"苏乡永助"资助育人主题活动、慈善文化进校园活动、学生资助政策进社区宣讲活动和家访大病困难学生行动，市学生资助中心发放"海安市学生资助政策简介暨告家长书"9万份。全年，落实困难家庭学生资助经费2319.31万元，2.45万人次受益，其中，免除非义务教育学费、保教费1.20万人次1341.35万元，发放各学段助学金1.22万人次835.90万元，发放低收入家庭学生专项奖学金175人19.85万元，发放中等职业教育国家奖学金7人4.2万元，补助患大病重症儿童13人医疗费用16.11万元，办理大学生生源地信用助学贷款76人79.45万元。市学生资助工作在省教育厅、省财政厅绩效评价中获评优秀。

【教育志愿服务】 2021年，海安市教育系统围绕全国文明典范城市创建和新时代文明实践工作，组织线上、线下网络文化主题活动。开展"小手拉大手，文明一起走"道德实践活动，成立文明新风师生宣讲团，定期走进学校、社区、家庭进行理论宣讲近200场。开展"我给家长上堂课""我给父母写封信"等活动，让1.9万多名学生带动家庭成员共同提升文明素养。全年，市教育服务平台6500余名志愿者开展志愿服务活动1569场，开展市级示范活动11次，惠及群众5万余人。"百年百场""爱在延续5+2，课后延时服务""微光成炬，战疫有师""复学后心理复位""赓续百年初心，担当育人使命"等30多项活动被"学习强国"学习平台、《人民日报》等媒体推广宣传，1700多篇活动报道发表在《人民日报》《江苏教育报》《海安文明实践》等报刊上。40余人获各级表彰。"绘声慧色"亲子阅读项目获评江苏省社区教育品牌项目，"我为学生开车门"项目被《人民教育》、江苏文明网等媒体专题报道。（何春光）

学前教育

【概况】 2021年，海安市有成型幼儿园67所，其中，公办60所、民办7所，不存在无证幼儿园；省优质园47所，南通市优质园13所、合格园7所。幼儿（不含托班）总数1.87万人，学前三年毛入园率100%，其中，普惠性幼儿园和公办幼儿园在园人数1.71万人，民办1605人，普惠性覆盖率占比91.4%；省、南通市优质幼儿园在园人数1.79万人，占比95.65%。海安籍儿童和流动人口子女实现就近入学，城区大班额问题得到大幅度缓解，较好地实现普及、普惠目标。市财政投入近1.6亿元，新建闸东幼儿园、彩虹幼儿园、高新区孙庄幼儿园，改扩建城东镇韩洋幼儿园、李堡镇曹园幼儿园。新开幼儿园3所，其中公办幼儿园2所（彩虹幼儿园和闸东幼儿园），新增公办学位1350个。新增南通市优质幼儿园3所，南莫镇中心幼儿园通过省优质园现场复审。17家幼儿园获评南通市第十一批依法治园示范园。

【幼儿园课程建设】 2021年，海安市作为首批区域推进幼儿园课程游戏化建设项目单位，获省幼儿园课程游戏化项目专家组视导好评，3家幼儿园的课程游

2021年7月21日，海安市校外辅导站志愿者在暑期组织学生开展文体活动
翟慧勇／摄

戏化项目获评南通市幼儿园课程游戏化建设优秀项目，2家幼儿园申报南通市幼儿园课程游戏化建设项目。贯彻落实教育部《关于大力推进幼儿园和小学科学衔接的指导意见》，第二实验幼儿园与城南实验小学、长江路幼儿园与实验小学2对学校成为江苏省首批幼小衔接结对试点单位，7对学校成为南通市幼小衔接结对试点单位，长江路幼儿园和实验小学、大公镇中心园和大公镇中心小学召开幼小衔接推进会，第二实验幼儿园开展幼小衔接专题研讨活动，长江路幼儿园开展的"走进共生园，学做小学生"活动被"学习强国"学习平台报道。常态化开展阳光体育运动，推动校园足球和幼儿体操等多项体育运动。第二实验幼儿园、长江路幼儿园获评全国足球特色幼儿园，5家幼儿园获评南通市足球特色幼儿园；仇湖幼儿园女子舞龙队"荷花龙"获省第八届体育节展示项目金奖，师生舞龙活动先后被《人民日报》《中国教育报》、南通电视台等媒体报道；曲塘镇中心幼儿园80名幼儿参加南通市第三届全民健身运动会快乐体操获12个第一，在南通市"逸美杯"小学幼儿园竞技体适能比赛三个项目中均获一等奖。

【学前教育发展共同体建设】 2021年，海安市推动"五大联盟""六大共同体"和"省、南通市项目园"三大幼教发展团队建设，聚焦不同关注重点，常态化开展线上线下学习、现场教研活动，发挥示范辐射和引领作用，将园长、业务园长、骨干教师带入课程改革中，促进共同体队伍发展。全年，组织联盟共同体教研活动14次、项目园活动2次、微小园专题活动1次，承办南通市科学领域活动1次。提升幼师队伍专业素养，组织幼儿园全体老师参加区域推进幼儿园课程游戏化建设专题培训。第二实验幼儿园丁月玲获评江苏省教育系统先进个人，大公镇中心幼儿园戴小红获评幼儿园正高级教师，长江路幼儿园季恒获省"领航杯"信息化教学能手大赛一等奖，第三实验幼儿园夏雨樊、高新区实验幼儿园冯玲玲获省青年教师基本功竞赛二等奖、南通市基本功大赛一等奖，第二实验幼儿园周珏枘获南通市基本功大赛一等奖，第三实验幼儿园周小丽获南通市幼儿园音乐教学展评活动一等奖。开展"砥砺十年奠基未来"学前教育宣传月活动，推选案例参与南通市学前教育宣传月优秀案例评选，获视频案例一等奖3个、二等奖4个，图文案例一等奖4个、二等奖5个。

附

海安市幼儿园选介

海安市长江路幼儿园 长江路幼儿园是2015年海安市政府投资新建的一所局直幼儿园，2017年升格为省优质园。2017年新增华新园区，2020年新增城南园区。2021年，长江路园占地面积1.41公顷，建筑面积9068平方米；华新分园占地面积0.39公顷，建筑面积2677平方米；城南分园占地面积1.2公顷，建筑面积7252平方米。班级41个，在园幼儿1853人，教职工162人，专任教师大专以上学历占比100%，其中，幼儿园高级教师5人、中级教师11人，12人获评南通市及海安市骨干教师、学科带头人。幼儿园获评南通市依法治园示范园。作为江苏省首批幼小衔接结对试点园（校），长江路幼儿园与实验小学开展"走进共生园，学做小学生""火红暑期，共生同行"和市级幼小衔接汇报、研讨等活动，相关活动被"学习强国"学习平台报道。推动信息技术与课程深度融合，承办"领航杯"南通市幼儿园信息化教学能手比赛、海安市第二期教育技术逐月行暨江苏省网络名师工作室现场交流等活动，申报南通市电教专项课题，教师季恒获省"领航杯"信息化教学能手大赛一等奖。坚持科学领域探索研究，"基于课程统整的幼儿科学探究项目化学习研究"获省教育科学"十四五"规划课题立项，举办"探索奥秘玩转科学"科技节活动、"走进科学教育"市级专题展示、交流活动等。培育特色体育活动项目，获南通市第三届快乐体操比赛团体一等奖；开展足球嘉年华、趣味足球联赛、足球班本课程等活动，参加海安市"海胜杯"幼儿足球比赛获一等奖，申报2021年全国足球特色学校；开展舞龙进校园、龙舟进班级、龙灯进家庭等活动，传承海安龙舞文化。

海安市七星湖幼儿园 七星湖幼儿园位于海安经济技术开发区七星湖生态园畔，2018年10月28日开工建设，2019年9月投入使用。2021年，幼儿园占地面积1.42公顷，建筑面积1.26万平方米。班级20个，在园幼儿658人，教职工73人，获评南通市依法治园示范园、南通市第六批足球特色幼儿园。幼儿园建有足球场地150平方米，开设足

2021年9月27日，海安市七星湖幼儿园的孩子们组成中国地图，挥舞国旗迎接国庆 姜　明/摄

球特色课程，聘请专业足球教练教学。推进南通市“双减”试点工作，推出延时托管服务，开设舞蹈类、足球类、机器人等特色服务项目，获南通市教育机器人竞赛团体二等奖。注重红色文化教育，“传承红色文化，浸润七彩童年”获批南通市中小学校“一校一品”党建文化品牌项目，海安幼儿园唯一，并获海安市党建文化品牌项目建设成果一等奖。省级课题“幼儿游戏中浸润优秀传统文化的实践研究”有序推进。每周四展播“七星湖畔，花开有声”公众号专题活动，师幼系列活动被人民网、《中国教育报》等媒体报道100多次，“学习强国”学习平台报道3次。

海安市墩头镇仇湖幼儿园 仇湖幼儿园位于海安市墩头镇仇湖村23组，创建于1970年，先后获评江苏省优质幼儿园、江苏省平安校园、南通市绿色学校等。2021年，幼儿园占地面积0.57公顷，建筑面积1900平方米。班级5个，在园幼儿104人，教职工22人，获评保教质量五星级幼儿园、南通市依法治园示范园。幼儿园传承“荷”文化“龙”精神，是海安乡村学前教育的名片。幼儿园组建10人女子舞龙队，在传统龙舞的基础上加入“荷”元素，“荷花龙”获海安市首届健身舞龙大赛一等奖第一名，参加南通市全运会开幕式，作为南通市唯一代表参加省第八届农民体育节，获展示项目金奖。保教保育质量不断提升，迎接省幼儿园课程游戏化项目专家组视导，向全市幼儿园开放活动，均获好评。《给鸭鹅搭个窝》获南通市建构游戏案例一等奖，《小龙人成长记》获海安市园本课程方案一等奖。教师参加南通市课堂教学展评获一等奖。全年，615篇稿件被各级媒体录用，其中，《人民日报》1篇、《中国教育报》2篇、“学习强国”学习平台1篇，南通电视台、海安电视台多次报道幼儿园特色活动。

（何春光）

小学教育

【概况】 2021年，海安市有小学48所，其中，省级实验小学10所、南通市新优质学校10所，5所学校实施集团化办学，所有小学均达省定办学标准。全市小学在校学生3.72万人，义务教育毛入学率100%。教职工数4888人，其中专任教师4545人，实验小学周振宇获评省“苏教名家”培养对象，城南实小秦美娟获评省特级教师，实验小学姚国艳在省、长三角班主任基本功大赛中均获一等奖。继续推进集团化办学，3月13日成立墩头镇小学教育集团，分设墩头校区、仇湖校区、吉庆校区和双溪校区。加大优质学校培育，白甸镇中心小学、角斜镇角斜小学获评南通市新优质学校，全市累计有10所小学获评南通市新优质学校，实现区镇全覆盖；西场小学获评全国传统文化传承学校；城南实小获评全国营养与健康示范学校，全国仅92所学校获此殊荣；实验小学获评全国生态文明教育先进学校。

【红色教育】 2021年，海安市小学推进党史学习教育，引领全体少先队员“高举队旗跟党走”，开展“红领巾奖章”争章活动。城南实小依托省课程基地项目，将红色文化融入“幸福教育”体系，红色教育活动刊载于《人民日报》7月1日专刊、国庆专刊，在中央电视台《新闻联播》《朝闻天下》栏目播出。墩头镇小学教育集团将红色教育与课外实践相结合，培养学生爱祖国、爱家乡的情怀。实验小学“百诵百课庆百年 共生党建谱华章”获评省“一校一品”党建文化品牌项目。大公镇中心小学于爱芬辅导的“红领巾寻访”活动获全国特等奖。海师附小胡蓉获省“党在我心中 行知伴我成长”演讲比赛特等奖。

【课后延时服务】 2021年，海安市实现所有小学课后服务全覆盖，参与服务的学生数3.62万人，参与率97.2%，居南通（县、市、区）前列，《光明日报》《现代快报》《江苏教育报》“学习强国”学习平台等主流媒体先后16次报道海安课后服务的经验做法，打造优质课后延时服务“海安样本”。实验小学将传统武术引进校园，创编武术操，学校武术操比赛先后被“学习强国”学习平台、人民网、《中国教育报》《新华日报》等媒体报道；明道小学教育集团创编击剑操课程，将击剑运动与明道文化有机融合；南莫镇中心小学推广沙画艺术项目，获评“丝路杯”青少年国际优秀沙画教学机构，5名同学获国际沙画比赛铜奖。

【绿色评价体系建设】 2021年，海安市贯彻落实国家“双减”政策，以“立学课堂”为抓手，构建绿色评价体系，以学科育人推动学生全面发展。城南实小深耕

2021年4月15日，墩头镇小学教育集团仇湖校区组织开展“赏牡丹 赞家乡”课外实践活动。图为师生和家长欣赏着盛开的牡丹花 周 强／摄

"整体建构"教学改革，探索儿童高质量质态数学学习的方法与路径，教学改革成果获省一等奖。实验小学承办全市小学低年级语文学科素养绿色评价活动，探索优化学习途径。曲塘小学教育集团通过游艺闯关的形式，全面了解学生学习情况，以"乐评"让学生实现"乐学"，江苏电视台"公共·新闻频道"专题推介其经验做法。

【小学教科研工作】 2021年，海安市实验小学实施的"指向学生共生品格提升的项目学习课程建设"和海师附小实施的"'三向'童心教育课程建设"两项省基础教育内涵建设项目结项，获评省优秀项目。明道小学教育集团实施的省前瞻性教学改革实验项目"'明道文化'引领下的特色课程建设"结项。城东镇西场小学建成玉成文化课程中心，建筑面积2600平方米，设有建功字典馆、国粹京剧馆、贞子书法馆、健康连厢馆、蚕桑种子馆五个特色场馆，实施的"'玉成'优秀传统文化课程建设"项目入选省中小学课程基地与学校文化建设项目。5月，海安市小学教育高质量发展论坛——构建以校为本的教育质量体系在实验小学西校区举办，实验小学共生团队展示项目学习成果。海安市"指向小规模学校质量提升的区镇学校集团化办学改革试验"研究课题获批南通市教育改革发展战略性与政策性研究专项课题。

【西场小学获评全国中华优秀传统文化传承学校】 2021年11月，海安市城东镇西场小学被教育部评定为第三批全国中小学中华优秀传统文化传承学校。西场小学中华优秀传统文化传承项目是"京剧"。2016年9月，西场小学成立"和润京韵"少儿京剧社团，在全市率先开展京剧进校园活动。社团成立后，学员选拔采取自愿报名和老师挑选双向结合的方式，训练内容包括京剧唱腔、身段、化妆、服饰等，在课程设置上，学校逐步融入物态文化建设、学科课堂教学、校园常态活动、校本课程开发，全校所有学生都能学习京剧选段，了解京剧文化，感受京剧文化熏陶，不断推广国粹京剧，传承优秀传统文化。中国政府网、教育部官方网站、新华网、《光明日报》等50多家新闻媒体相继报道学校京剧艺术走进乡村校园的情况。

【魏建功语言文字馆揭牌成立】 2021年12月13日，海安市语言文字工作会议暨魏建功语言文字馆揭牌仪式在西场小学举行，南通市、海安市教育系统相关负责人以及海安市小学语文学科骨干教师代表等约120人参加活动。国家级教学名师周建忠做"文字的发展与语言的魅力"专题讲座。西场小学依托魏建功语言文字馆，创新开设魏建功"新华字典"课程，举办"母语文化节"活动，提高学生汉字意识，增长汉字知识，养成良好的汉字书写习惯。与会人员参观校园，实地考察玉成文化课程中心物型场馆建设。

附

海安市小学选介

海安市实验小学教育集团 实验小学前身是在北宋大儒胡瑗讲学旧址上兴建的凤山书院，清光绪三十三年（1907）改建为凤山学堂。学校累计培养江苏省特级教师12人，获全国体育工作示范学校、中国好老师公益行动基地校、中国STEM教育创新行动计划领航学校等国家级荣誉10项，获省文明校园、省和谐校园、省平安校园等省级荣誉40多项，获南通市文明校园、南通市促进教育事业发展先进集体、南通市教师发展示范校等南通市级荣誉300多项，《人民教育》《中国教育报》、中国教育电视台等媒体先后专题报道学校办学成果。2021年，学校拥有2个校区，占地面积8.21公顷，建筑面积4.77万平方米。班级数92个，在校学生5242人，在职员工324人，其中专任教师313人。9月，东校区改扩建工程全面竣工。西校区（长江路小学）获评南通市依法治校示范校。

学校注重党史学习教育，承办、举办海安市青少年党史宣传教育工作现场观摩活动、党史学习教育百场主题教育宣讲进校园活动等，实施的"百诵百课庆百年 共生党建谱华章"项目获评省"一校一品"党建文化品牌项目，开展的"党的故事我来讲——争做红领巾讲解员"实践体验活动被《中国儿童报》"红领巾集结号"微信公众号、"学习强国"学习平台等媒体报道20多次。稳步推进融合教育，先后组织教师参加南通市康教融合教育专题研讨暨康复培训活动、南通市特殊教育资源教师研修班及海安市融合教育资源中心建设专题培训活动，参与省第二期特殊教育提升计划和特教发展工程建设，获评南通市三星级融合教育资源中心学校。创编武术操课程，作为"一校一品""一生一运动"项目常态推进。实施"立学课堂"改革，依据不同年级和学科特点分别推行"30+10"课堂（新授课）和"15+25"课堂（练习课）教学模式，探索建立骨干教师"领航课"、成熟教师"校级课"、年轻教师"组内课"三课联动模式。坚持"五育"（德育、体育、美育、智育与劳动教育）并举，通过校园"四节"（读书节、科技节、体育节、艺术节）、项目学习、大课间、家校共育等活动分年级部推进，三年级部"知农具 行农事 溯文化 明志向"项目学习活动被"学习强国"学习平台、中国视窗等媒体报道。打造名师工作室、未名教育家讲坛、未名读书会、青年教师发展学院等校本研修平台，引领教师成长，周振宇入选中国陶行知研究会首批"未来教育家成长计划"培养对象、省"苏教名家"培养对象，陆晓林获评正高级教师，姚国艳、孙学军等在省级大赛中获一等奖，教师获各级竞赛等级奖160人次、文章发表获奖432人次、媒体宣传报道132次。科研再创佳绩，"共生教育三十年实践探索"获省基础教育类教学成果奖，省中小学品格提升工程"指向学生共生品格提升的项目学习课程建设"结项并获评优秀项目。落实"双减"政策，为5700多名学生提供作业辅导、微课程、社团等课后服务活动。在各级比赛中，近600人次获南通市及以上奖项，其中，朗诵社团获省特等奖15人次、全国一等奖5人次，机器人、电子焊接、民乐团、合唱、葫芦工坊、啦啦操、篮球、足球等社团获南通市团体特等奖、一等奖，学校课后服务工作多次被省级以上媒体宣传推广。

海安市城南实验小学教育集团

城南实验小学是2012年海安县政府为民办实事工程，2012年8月开工建设。2013年正式启用。2018年9月，原西南学校启用，小学部作为城南实小西校区。2018年9月成立海安市城南实验小学教育集团。2019年，原高新区海南小学并入城南实小西校区，原开发区实验小学成为城南实小东校区。2021年，学校拥有本部校区、东校区、西校区、少年宫一年级校区4个校区，占地面积14.8公顷，建筑面积5.4万平方米。班级160个，在校学生8870人，教职工455人，其中专职教师448人。东校区改扩建工程交付使用，西校区、南校区（开发区南屏小学）新校园建设工程年底前实现主体封顶。西校区法治、安全宣传在《中国教育报》刊发，获评南通市依法治校示范校。学校获评全国营养与健康示范学校、省文明校园、南通市首批三星级融合教育资源中心、海安市教育质量五星级学校。

学校依托省课程基地与学校文化建设项目实施，将红色文化融入学校“幸福教育”体系，开发“6个100”（讲100个红色故事、唱100首红色歌曲、忆100位革命英雄、知100场伟大战役、观100部红色电影、访100个红色基地）课程，唱响“童心向党”主旋律；“红色运动会”《开学第一课》均获“学习强国”学习平台推介，“强国征程幸福启航”入学仪式向南通市开放，“民族一家亲”活动照刊载于7月1日《人民日报·海外版》《中国日报》头版，“祝福祖国”活动照刊载于《人民日报》国庆专刊，少先队员红色寻访活动被中央电视台《新闻联播》《朝闻天下》报道。落实“双减”政策，学校课后服务工作经验在南通市交流，被“学习强国”学习平台多次报道，低年级数学学科绿色评价现场对全市开放。每个学科研制并合理运用“知识清单”，控制学生作业总量；优化大课间活动，研发室内健身操，继续布置体育家庭作业，开展线上跳绳比赛；改进课后服务方案，根据学段特点开展不同类型的社团活动，体育社团活动延伸到周六、周日；加强课后服务管理，提倡周内书包不回家，全校近99%的学生参加课后服务，满意度高。深化教学改革，数学团队申报的“整体建构：儿童高质量质态数学学习的实践探索”获江苏省基础教育成果评审一等奖，语文骨干参研的“指向素养发展的小学语文共生教学探索”获省基础教育成果评审二等奖。科研成果丰硕，教师提交微型课题成果750多项，近400篇文章在报刊发表或在论文评比中获奖。学校承担的3项省级“十三五”规划课题均结题，出版课题研究成果著作《小学数学整体建构教学》《回归“原点”的教育关怀》；在江苏省教育科学“十四五”规划课题评审中，1项课题被列为省重点，5项被批准立项；2项南通市“立学课堂”教研专项课题和1项南通市教育技术专项课题通过审核。许卫兵主持的全国教育科学“十三五”规划教育部重点课题“指向整体建构的小学数学简约教学资源建设”形成教学资源课219节，分享给全国28个省223所学校，并代表江苏参加全国第六届教育创新成果博览会。实施“五育”并举，建立科学绿色评价体系，“评选五好学生，推进‘五育’并举”获南通市教育评价改革典型案例一等奖；开办足球、篮球、田径等体育社团，创意绘画、泥塑等美术社团，古筝、二胡、琵琶、舞蹈、合唱、主持等音乐社团，编程、无人机、智能家居、电子焊接等科技社团，学生参加各级比赛屡获佳绩，其中，团体比赛中，获2个省一等奖、1个省级荣誉，12个南通市一等奖、1个二等奖；个人比赛中，3人获全国比赛等级奖，8人获省级比赛等级奖，100多人获南通市级比赛等级奖。加强教师队伍建设，承办南通市“四有”好教师团队建设展示活动，在南通市“四有”好教师团队建设考核中获特等奖，经验成果省级发表，《江苏教育报》《教育视界》等省级媒体专栏刊发学校教师队伍建设经验。教师参加教育行政部门组织的课堂教学、基本功大赛，1人获省级奖，10人获南通市级奖，58人次获海安一等奖；执教省、南通市级公开课50多节，海安市公开课近100节；1人获评江苏省特级教师，1人被授予南通市五一劳动奖章，新增南通市学科带头人3人、南通市骨干教师5人，顾梅颖的先进事迹在南通市第37个教师节庆祝大会上宣讲。

2021年3月18日，海安市城南实验小学西校区举行“走进春天，放飞梦想”主题活动，孩子们在操场上尽情放飞风筝 翟慧勇／摄

海安市教师发展中心附属小学

教师发展中心附属小学创建于1991年，2001年获评江苏省实验小学。2021年，学校有曙光、海光两个校区，占地面积4.3公顷，建筑面积2.56万平方米。班

级58个，在校学生3124人，教职工181人，其中，专职教师176人；省特级教师1人，南通市、海安市学科带头人、骨干教师50多人。海光校区作为全国智能研修应用平台试点校，11月接受省智慧校园评审领导小组评估认定。

教师专业素养显著提升，培育四季花青年社，青年社成员参加江苏省辅导员风采大赛、省“行知杯”演讲比赛均获特等奖，参加海安市班会课、队课、红领巾宣讲等比赛均获一等奖，青年社成员开展的德育活动，多次被“红领巾集结号”微信公众号、“江苏少先队”微信公众号等媒体转载报道，多篇德育论文、寻访案例在省级以上报刊发表，2人被南通市少工委表彰，团队领衔人袁亚琴的事迹被《中国新闻日报》报道。注重党史学习教育，开展“童心向党礼赞百年”系列活动，在“党的故事我来讲”“追梦成长”“讲好党史故事”等主题诵读、演讲比赛中，6名学生获市一等奖，李岸泽获南通市一等奖，教师胡蓉在省“党在我心中”演讲比赛中获特等奖；红领巾寻访活动先后被美丽江苏网、搜狐网、“江苏少先队”微信公众号等媒体报道，寻访案例被《少先队活动》《辅导员》推介。家校共育助力学生成长，新开通心理服务热线，增设“心语信箱”，先后开展心理健康知识讲座、入户家访等活动，覆盖到全体学生。课题研究扎实开展，实施的“‘三向’童心教育课程建设”结项，并获评省级优秀项目。“双减”政策有效落实，组建近30个校级社团，其中，花样篮球、非物质文化遗产花鼓、智能家居等社团颇具影响；举办艺术节、读书节、科技节、英语节等多样文艺活动；学生参赛屡获奖项，“三独”（独唱、独舞、独奏）比赛中4人获南通市一等奖、6人获海安市一等奖，14人在海安市书画现场大赛中获奖。学科建设成效显著，先后承办海安市小学六年级语文主备课教学研讨活动、守护童年生态的小学数学“疑思”教学研讨活动和海安市名师工作室教学研讨活动等，各学科教研组开展骨干教师示范课、青年教师汇报课等教学研究活动，语数教研组研发“慧学南通”一年级微课资源40多节。（何春光）

中学教育

【概况】2021年，海安市拥有普通中学31所，在校学生2.68万人，其中，初中25所1.65万人、普通高中6所（海安高级中学、曲塘中学、实验中学、立发中学为四星级高中，南莫中学、李堡中学为三星级高中）1.03万人。教职工总数3577人（专任教师3288人），其中，初中教职工数2054人（专任教师1917人），高中教职工数1523人（专任教师1371人）。海陵中学获评江苏省文明校园。海安高级中学获评省中小学思政育人特色学校、首批北京大学博雅人才共育基地，实验中学通过省四星级普通高中复审，立发中学通过省四星级普通高中晋星评估，南莫中学获评南通市文明校园、南通市依法治校示范校、消防安全标准化建设先进学校、南通市优秀学生集体、南通市“五好”乡村教工之家。

【初中教育】2021年，海安市提升初中硬件设施，所有初中教室LED护眼灯、智慧黑板和空调安装到位，海陵中学先后投资280万元翻新改造食堂各功能区，老坝港初中等学校食堂“煤改电”“煤改气”工程收工，李堡初中“景贤”文化硬件设施铺装基本到位，曲中附中建成教师健身中心，南莫中学兴建教工停车场（棚），孙庄初中新建报告厅、停车场、微型消防站、乒乓球室和健身房，双楼初中为教师办公室安装空调、配备电脑，丁所初中翻建教师宿舍，白甸初中投资500多万元新建教师公寓楼并投入使用。

深化初中教学改革，修订完善《海安市初中教育教学质量星级评估细则》，淡化“分数评价”，促进学生全面健康成长。11月，在紫石中学召开初中教育教学高质量发展现场会暨课堂教学改革推进会，6所学校集中展示各学科同课异构风采。海安加入李庾南教学实验区，力推南通“立学课堂”改革。9所农村初中组建乡村初中教育教学联盟，定期开展优势学科课堂教学研讨、阶段教学质量调研。李堡初中和丁所初中强化校际合作，实施学科中心教研组项目，坚持同一教研组集体备课。12月，开展2020—2021学年度海安市初中教育教学质量评估，评定四星级学校19所、三星级学校5所。

践行“五育”并举，全面发展素质教育。孙庄初中持续开展“生命安全与心理健康”主题系列教育活动。李堡初中编印手足双门球校本教材。7月12—15日，大公初中女子足球队代表海安参加南通市青少年校园足球联赛（初中组）总决赛，获一等奖。7月7日，开发区实验学校舞蹈《穿透硝烟的曙光》获南通市第八届中小学生校园艺术节中学甲组一等奖第一名。南通市“三独”比赛中，海陵中学器乐合奏获一等奖第一名，囊括8个单项一等奖，在第十六届全国青少年书信大赛（海安赛区）中，3人获一等奖，学校获优秀组织奖。墩头初中顾传曦参加南通市独奏比赛获一等奖。隆政初中坚持“特色育人”办学理念，11月9—15日举行第十七届“金色隆中”校园文化艺术节。仇湖初中依托乐百年小镇、雅周初中依托雅周现代农业园、宇烁农场等社区资源，开展劳动实践活动。角斜初中利用校园花圃打造劳动实践基地，常态化组织家长和学生开展劳动实践教育活动。

突出内涵发展，提升办学品位。城南实验中学实施“三飞工程”（骨干名师头雁领飞、优秀教师群雁齐飞、青年教师雏雁起飞），10多名教师先后获省和南通市教学比赛一等奖。曲中附中以内涵项目引领学校文化建设、特色打造和品质提升，《农村“诗艺”课程基地》获评江苏中小学课程基地和学校文化建设项目。西场初中结合南通“立学课堂”要求，打造“五趣课堂”（情境激趣、探究生趣、释疑增趣、实用悟趣、迁移延趣），省“趣用”数学课程基地项目结项。角斜初中以海安“守常务本、精教优学”课改模式为蓝本，形成“五学”（独学、互学、示学、深学、悟学）特色教学模式。墩头初中顾正群获南通市中小学班主任基本功大赛初中组一等奖。以初中教师为骨干成员的海安舞龙队获全国群众赛事活动二等奖。

优化课后服务，落细“双减”“双增”（增加学生参加体育、艺术、运动的机会，增加学生在体育、音乐、美术等学科的学习时间）。2021年秋季学期起，全市所有初中各年级为学生提供晚自习服务，参与课后服务学生占比99.1%，各学科严格控减学生作业时间，各学校广泛开展社团活动，满足学生个性化发展需求。城南实验中学承办市教育发展大会学校考察活动。胡集初中开展“双减”背景下“立学课堂”教学系列研讨活动。孙庄初中做好课后服务，强化“教足教好”，推动“作业瘦身”。老坝港初中利用延时服务时间，组织开展阅读、绘画、书法、合唱、田径、篮球、足球、排球及劳动等社团活动。大公初中唐蓉获省少先队活动辅导技能展示大赛（初中组）特等奖。

【高中教育】 2021年，海安市普通高中品牌建设扩容增量，海安高级中学举办省高品质示范高中创建主题研讨会，“轻负高质：高中数学教学30年探求”获省教学成果奖（基础教育类）特等奖，校长吕建作为全省基础教育工作者代表在省委教育工委学习习近平总书记“七一”重要讲话精神座谈会上做学习心得交流发言，海安中学校友万宝年当选中国科学院数学物理学部院士，刘加平当选中国工程院土木、水利与建筑工程学部院士；曲塘中学与马来西亚安顺三民独立中学结为友好学校；实验中学综合楼正式投入使用；李堡中学与淮阴工学院、徐州工程学院等部分省属高校结对共建优质生源基地。全面育人成效显著，86人获评省、南通市三好学生、优秀学生干部，9个班级获评南通市优秀学生集体；海安高级中学马晗翔获第30届全国中学生生物学竞赛银牌，海安高级中学宋敬哲获第38届全国中学生物理竞赛银牌，实验中学获省青少年田径锦标赛暨县组田径比赛（第二赛区）团体总分第七名。开展志愿服务项目1562个，受众数十万人次，1000多篇活动报道发表在《人民日报》《江苏教育报》《南通教育》《海安文明实践》等媒体上。

【立发中学新校区启用】 2021年3月3日，海安市立发中学举行新校区启用仪式。新校区位于海安上湖创新区，按照省四星级高中16轨标准规划建设，项目总投资2.5亿元，占地面积8.53公顷，总建筑面积5.38万平方米，主要项目包括教学楼、宿舍楼、综合楼、报告厅、食堂、体育馆、400米标准田径运动场地等。2019年9月开工建设，2020年10月主体工程竣工，2021年1月完成办公、生活及教育教学设施设备安装，2月整体搬迁到位。

2021年9月8日，海安市曲塘中学与马来西亚安顺三民独立中学通过云端签订协议，缔结为友好学校　　市教育体育局／供图

附

海安市中学选介

海安市海陵中学　海陵中学是2004年8月在省海中附属实验学校基础上成立的，2006年5月成为股份制民办学校，2011年转为公办学校。学校先后获评国家级语言文字规范化示范校、全国养成教育实验学校、全国语文教改示范校、江苏省最具影响力初中、江苏省初中教学管理创新特色学校、江苏省STEM实验学校、江苏省品格提升工程学校、江苏省健康促进金牌学校、江苏省文化建设特色学校等。2021年，学校有2个校区，占地面积11.07公顷，建筑面积7.15万平方米。累计投资280万元翻新改造食堂，9月新食堂投入使用。班级81个，学生4401人，教师311人，专职教师286人。学校获评南通市第十一批依法治校示范校。

学校探索“双减”教育新态势，开辟课外“第二课堂”，与南通市跃龙中学、略阳县乐素河初级中学开展结对帮扶校际合作活动，举办“家长学堂”活动。学生在省、南通市比赛中成绩突出，学生中3人获省中小学生金钥匙科技竞赛（初中组）特等奖，5人获评“江苏省好少年”，6人获评“南通市好少年”，1人获省“七彩语文杯”现场大赛一等奖；参加“领航杯”省中小学生信息素养提升实践活动，获创客项目一等奖3个、人工智能项目二等奖2个、无人机项目二等奖2个；5人获南通市现场绘画比赛一等奖，1人获南通市“领航杯”英语口语比赛一等奖，在南通市“我们的节日”经典诵读大赛、南通市第六届“学宪法讲宪法”演讲比赛中均获一等奖；参加南通市“三独”比赛，器乐合奏获一等奖第一名，囊括8个单项一等奖。

重视教育科研，学校成功申报省教育科学“十四五”规划课题，1项南通市级课题结题，27项微型课题结题，丁义国“指向轻负优质的初中‘经历语文’30年探索”获省基础教育类教学成果一等奖，“学习强国”学习平台专题报道。

注重培养青年教师，开展青年教师课堂教学竞赛活动、主题演讲比赛等，青年教师中1人获省青年教师教学基本功大赛一等奖、1人获二等奖，4人获南通市优课评比一等奖。12月30日，举办首届教职工表彰大会。

做真做实劳动教育，将劳动素养纳入学生综合素质评价体系，《南通教育》《江海晚报》等媒体多次报道学校劳动教育举措；推动劳动教育和综合实践教育课程资源"双向融合"，每周六下午分批组织初一学生到雅周农业园社会实践基地参加劳动实践；将劳动养成教育融入校园文化建设，开展"劳动最光荣"主题班会，举办"劳模大讲堂""大国工匠进校园""校园厨艺大赛"等活动，获南通市中小学生厨艺大赛团体二等奖。

海安市城南实验中学 城南实验中学创办于2013年，先后获评全国青少年校园足球特色学校、江苏省学生体质健康促进工作优秀监测点校、江苏省健康促进学校（金牌）、江苏省青少年科技教育先进学校、江苏省初中教学团队建设特色学校、江苏省绿色学校等。2021年，学校占地面积9.99公顷，建筑面积6万平方米，班级52个，在校学生2673人，教职工240人，其中专职教师227人。

落实"双减"政策，精心备课打造课堂高地，注重课堂趣味性、提问阶梯式、知识结构化。同时，针对不同学习层级的学生、不同的教学内容，布置不同层级的作业。英语教研组在南通市初中英语"教—学—评"一体化创新实践研究系列活动中做经验交流。9月4日，学校承办市教育发展大会学校考察活动，展示学校社团活动现场，接受落实"双减"常规要求、延时服务等方面检查，获广泛好评。推进"南之风"双语诵讲、"南之力"阳光体育、"南之禾"文学写作、"南之炫"艺术、"南之光"科学等"南之"系列社团，举办双语诵讲大赛、阳光体育运动会和校园文化艺术节等活动，提升学生素养。蒋雨彤、张子沐、肖桂雯获"七彩语文杯"中学生与社会作文现场大赛省一等奖，10人在南通市级比赛中获特、一等奖和第一名；学校代表队获省中小学网络运动会（初中组）一等奖，学校男、女子篮球、足球队在市比赛中均获一等奖；全年累计126人次在海安市级以上比赛中获奖。

加强教师队伍建设，实施"三飞工程"，开展青蓝师徒结对，加大教研组和主备课活动建设，组织命题解题比赛、读书沙龙、优课展示等活动，促进教师专业成长。许亚洲获南通市第十八届园丁奖，陈亚楠获省青年教师教学基本功大赛一等奖，曹婷获省优课评比二等奖，12人获南通市级教学比赛一等奖，教师在省级报刊上发表论文49篇，获批南通市级教科研课题4项，19项南通市级课题结题。

江苏省海安高级中学 江苏省海安高级中学前身是私立紫石中学，1939年秋由著名爱国人士、原江苏省省长韩国钧创办，1956年改名为海安县中学，1997年8月更名为江苏省海安高级中学。学校先后获评全国文教先进单位、全国群众体育先进单位、中国特色体育项目示范学校、全国体育田径传统校先进单位、全国未成年人思想道德建设工作先进单位等。2021年，学校占地面积13.19公顷，建筑面积7.55万平方米。班级55个，在校学生2670人。教职工328人，其中专职教师293人；特级教师4人、高级教师151人，南通及海安名师、学科带头人、教学骨干38人。海安中学校友万宝年当选中国科学院数学物理学部院士，刘加平当选中国工程院土木、水利与建筑工程学部院士。

加强师生党史学习教育，开展"永远跟党走，奋进新时代"主题活动，举办建党百年书画、摄影展，校长吕建参加省委教育工委学习习近平总书记"七一"重要讲话精神座谈会，学校获评江苏省中小学思政育人特色学校。紧扣立德树人，创设育人载体，深化育人方式转变，探索"双减双增"同步落实的省海中路径。12月11日，举行光影艺术课程基地暨摄影博物馆揭牌仪式。校长吕建在南通市属事业单位"书记论坛"上做经验交流，副校长董裕华在中国教育学会高中教育专业委员会年会暨普通高中新课程新教材实施国家级示范区交流研讨会上做主题发言。《江苏教育报》以《把"冷冰冰"的分数变成"活生生"的人》为题专题报道教育评价改革，"依托成长记录平台评价育人的海中实践"获评南通市教育评价改革典型案例特等奖。

注重艺术、体育教育，为学生创设多元环境，提供多样选择，满足学生个性化需求。组织参加省、南通市级比赛屡获佳绩，获省中小学生校园艺术节展演（中学组）班级合唱、话剧一等奖和器乐二等奖，获南通市第八届中小学生校园艺术节展演（中学组）班级合唱、民乐、戏剧3个第一，林琦获南通市乒乓球比赛男子单打冠军，男子足球队获南通市校园足球联赛总冠军，啦啦操社团获南通市啦啦操比赛一等奖。4月3日，承办江苏省中学生田径运动会。

建构与完善拔尖创新后备人才培养机制，拓宽科技素质教育，创新人才培养载体，激发学生科技创新活力，学校获评首批"北京大学博雅人才共育基地"，成为江苏省普通高中与高校"双高"协同培养拔尖创新人才示范校。宋敬哲获全国中学生物理竞赛银牌，马晗翔获全国中学生生物学竞赛银牌，包钦文、许瑞轩获全国青少年无人机大赛"旋翼编程挑战赛"项目（高中组）全国季军（一等奖），校模拟政协小组在全国青少年模拟政协活动中获22项次团体与个人奖项。

创建教师发展示范基地校、高品质示范高中，建设"四有"（有理想信念、有道德情操、有扎实学识、有仁爱之心）好老师团队，搭建教师专业发展平台，推进教育科研。董裕华获第五届"明远教育奖"。"'轻负高质'高中数学教学30年探求"获省教学成果特等奖（基础教育类）。高三（9）班获评南通市优秀学生集体。教师在省、南通市级教学竞赛中成绩突出，徐仁杰在省高中物理优秀课评比、省高中物理实验创新评比中获一等奖，杨丽丽、张锋分获南通市高中地理、数学青年教师教学基本功大赛一等奖，吴琼获首届南通市中小学青年教师教学竞赛（高中英语组）一等奖，万如生获南通市高中思想政治优秀课评比暨"立学课堂"展示一等奖。9月，承办省首批高品质示范高中建设立项学校第12期主题研讨活动。11月，校长吕建到云南省楚雄州双柏县落实教育帮扶工作。

江苏省曲塘高级中学 曲塘中学创办于1952年，1998年升格为省重点中学，2004年转评为首批省三星级普通高中，2013年2月晋升为省四星级普通高中。2021年，学校占地面积8.03公顷，建筑面积7.12万平方米，新建成学生生活服务中心、水族馆、农业生态园。班级45个，在籍学生2118人。教职员工298人，其中专职教师259人。

落实“立德树人”根本任务，推动“立学课堂”课堂教学改革，形成独具特色的曲中样本。面向全省开展“立学课堂”公开教学研讨活动，承办南通市、海安市各类学科研讨活动。师生在南通市级以上比赛中屡获佳绩，崔晋睿获“苏教国际杯”省中学生阅读与写作大赛特等奖，朱栋栋获南通市中小学教师实验教学技能大赛（高中生物组）一等奖。课题成果丰富，南通市教育科学规划课题“促进农村高中学生双语阅读经验的课程开发研究”结题。江苏省南通第一中学、盐城市建湖教育代表团等到学校交流学习。全面落实“双减”政策，开设人文素养、科技创新、艺术体育等18个社团；持续推进“龙舞课程”建设，打造“龙文化”校园特色品牌，舞龙队获南通市第十二届运动会一等奖；举办校园文化艺术节、校园合唱节等文艺活动，丰富学生课余生活。

作为南通市首批国际理解教育基地，加强国际交流合作，9月8日，举行曲塘中学与马来西亚安顺三民独立中学缔结友好合作学校线上签约仪式。重视文化交流，推动优秀文化传承，筹建“红学家”蒋和森的纪念馆，教师刘晓江出版专著《明义题红诗研究》，教师高进平举办美术作品展。打造“关心教育”（关心学生成长、关心教师发展、关心社会）品牌，举办双职工结婚纪念仪式、庆祝第37个教师节暨“铭豪基金”（奖教）发放仪式、“联发奋进奖学金”颁奖仪式、“情系小凉山、心系同龄人”爱心捐助等活动，《人民日报》报道教师王霖伯支教故事。

（何春光）

中等职业教育

【概况】 2021年，海安市职业教育建成“中职与中技并行，中、高职衔接，高等成教以及各类社会培训为一体”的现代职教办学体系，全市有公办职业学校1所（江苏省海安中等专业学校）、民办职业学校1所（海陵技工学校），职校在校生5843人，其中，海安中等专业学校在校生4970人、海陵技工学校在校生873人，函授学生2000多人。开设机电一体化技术、工程造价、大数据与会计、电子商务、计算机网络技术、婴幼儿托育服务与管理、电梯工程技术等五年一贯制高职专业7个，中职专业32个，中技专业19个。2021年，全市职校招生2005人，其中，市内招生1389人、市外招生616人。职校毕业生1966人，其中，职教高考1535人、就业学生313人；职教高考本科达线109人，本科达线率和上线人数均创历史新高；海安籍学生247人，在海安就业率96%，稳定就业200人。

【海安中专华新锦龙学院成立】 2021年12月30日，江苏省海安中等专业学校（简称海安中专）与海安华新锦龙酒店管理有限公司举行校企合作签约暨海安中专华新锦龙学院揭牌仪式，海安中专相关负责人，海安中专烹饪专业校企合作相关企业负责人，海安华新锦龙酒店管理有限公司相关负责人、烹饪带教师傅代表，教师代表、家长代表、学生代表等100余人参加活动。海安中专华新锦龙学院是海安第一家校企共建共管产业学院、企业学院。海安中专与海安华新锦龙酒店管理有限公司早于2010年开启校企合作，学院设置在企业中，拓展校企合作宽度、深度和广度，推进校企合作制度化、规范化、体系化，促进学校为地方经济发展输送高素质技术技能人才。

附

海安市中等职业院校选介

江苏省海安中等专业学校 海安中专历经多次资源整合，由原海安县海陵职业中学、南通市广播电视大学海安分校、江苏省海安农业工程学校、海安教师进修学校（海安艺术学校）、江苏省双楼中等专业学校、海安市技工学校、海安市建筑工程学校先后合并而成。2010年，建成江苏省省级社区学院和江苏省职业教育课程改革实验学校，2011年2月升格为江苏省四星级中等职业学校、江苏省高水平示范性职业学校，2012年更名为江苏省海安中等专业学校，同年成为江苏联合职业技术学院海安办学点，2015年在原江苏广播电视大学海安学院基础上成立海安开放大学，2016年建成江苏省高水平现代职业学校。办学层次涵盖中高职（技）全日制教育、成人学历教育、社会培训三大板块。2021年，海安中专有海安、双楼两个校区，海安校区占地面积29.87公顷，建筑面积11.87万平方米；双楼校区占地面积12.13公顷，建筑面积8万平方米。在职在编教职工567人。全日制教育在校生4960人，其中，五年制高职1110人、三年制中职3188人、中高技662人；成人学历教育在籍生2000人；社会培训6776人次。建成1个国家级产教融合实训基地（电梯），建有计算机、机电2个省级现代化专业群，计算机、机电一体化2个省级现代专业实训基地，省级建筑施工特种作业人员考核基地、中小学生职业体验中心和南通市级智能装备操控职业体验中心，网络系统建设与运维、网店运营推广、业财一体信息化应用、工业机器人操作与运维四个“学历证书+若干职业技能等级证书”试点项目。大力推进产教融合、校企合作，建立餐饮、建筑、机器人、电梯4个职教产教联盟和1个华新锦龙产业学院。依托劳动就业培训中心和建筑技能培训中心，开展退役士兵、就业重点群体、建档立卡贫困家庭、技术工人等多专业、多行业非学历培训，获批省建筑信息模型技术员职业技能培训机构、南通市定点退役士兵职业技能培训机构、海安市唯一一家退役士兵适应性培训机构。5月，建筑施工特种作业人员考核基地正式运行。师生在各级比赛中屡获奖项，获省技能大赛二等奖2个、三等奖7个；选送的5个作品获第十二届省中等职业学校“文明风采”活动优秀作品，学校获优秀组织奖；选送的9个作品在省技工院校首届嘉年华活动中获奖；获南通市第二届职业教育（中职）教学成果奖二等奖1项；获南通市职业学校技能大赛一等奖11个、二等奖19个、三等奖30个；徐子雅获南通市第二届青少年科技创新市长奖，指导教师郭广新获耕耘奖，学校获摇篮奖；获南通市职业学校课堂教学大赛等级奖7项；男子足球队获南通市青少年校园足球联赛总决赛（中专组）特等奖。（何春光）

普通高等教育

【概况】2021年，海安市有五年一贯制高等职业教育的江苏联合职业技术学院海安中专办学点和本科层次的南通理工学院海安校区、黑龙江工商学院海安校区3所高等教育院校。海安中专在校全日制五年一贯制高职生1121人，其中，21级362人、20级326人、19级208人、18级129人、17级96人。黑龙江工商学院海安校区组织毕业生603人到海安培训，100余人与海安企业签订实习协议。南通理工学院在海安本科生6909人，其中，21级4580人、20级2329人，2021年起建筑学院学生在海安完成四年学业。

【南通理工学院与苏中集团共建建筑产业学院】2021年3月18日，南通理工学院与江苏省苏中建设集团股份有限公司投资共建建筑产业学院签约仪式在南通理工学院海安校区举行，南通理工学院董事长陈明宇与苏中集团董事长笪鸿鹄共同签署投资协议。2014年起，南通理工学院与苏中建设集团就科技研发、人才培养等方面开展校企合作。2020年，苏中建筑产业学院在南通理工学院揭牌成立。2021年，双方在原有合作基础上，投资2亿元建设实体建筑产业学院。

附

海安市高等教育院校选介

江苏省联合职业技术学院海安中专办学点 江苏省联合职业技术学院海安中专办学点于2012年设立。2021年，学院开设机电一体化技术、工程造价、大数据与会计、电子商务、计算机网络技术、婴幼儿托育服务与管理、电梯工程技术五年一贯制高职专业7个，2021年五年制高职在籍生1108人，其中，17级97人、18级121人、19级208人、20级325人、21级357人。毕业生107人，就业率99.06%，在海安就业率96.2%。

南通理工学院海安校区 南通理工学院海安校区位于国家级海安经济技术开发区，2016年投入使用。校区规划总用地56.67公顷，总建筑面积40余万平方米，办学规模约1.5万人。2021年，海安校区有建筑工程学院、计算机与信息工程学院、传媒与设计学院、商学院4个二级学院，工程管理、土木工程、工程造价、安全工程、软件工程（嵌入式培养）、数字媒体技术（嵌入式培养）、计算机科学与技术（嵌入式培养）、网络工程（嵌入式培养）、数据科学与大数据技术（嵌入式培养）、人工智能、物流管理（省重点一流专业）、财务管理、电子商务（省重点一流专业）、金融工程、酒店管理、市场营销、标准化工程、环境设计、视觉传达设计、数字媒体艺术（嵌入式培养）20个本科专业，在校生6909人。

基础建设推进有序，校区配套功能逐步齐全。建成2.82万平方米的4栋学生公寓及管理用房并交付使用，建成2500千伏安配电房，完成4500千伏安配电房变压器扩容改造工程，增加一路200毫米进水，加装一套无负压供水设备；建成道路1300余平方米，新建学生公寓区晾晒设施，安装围网1000余米；铺设电缆线约1.7万多米、强弱电管约4万米、雨污水管约3000米、消防自来水管约1500米；6.23万平方米的五期建设项目按期开建；完成2万平方米的科创楼装修工程并交付使用。

教学管理逐步规范，教学效果得显著提升。严格规范教学管理，实现对校区青年教师、首次在校区授课的教师随堂听课全覆盖，全年累计听课451人次，提出教学建议243条；组织三期教学检查，查阅校区教研室活动资料7份，检查教师观摩听课资料280人次，巡查课堂教学33节次，反馈质量问题及建议43条。及时做好教学资源建设与布局调整工作，新建标准化考场43间，新建多媒体教室46间，搬迁多媒体教室21间，新建计算机机房及实验室14间，调整搬迁实验室6间。着力培养青年教师，开展青年教师教学沙龙活动4次（每学期两次），青年教师专业成长路径讲座2次，“学习通”使用研讨会2次，线上、线下混合式教学研讨1次。优化教学服务，组织教师座谈会2次，参加教师76人次，提出意见和建议36条；组织学生座谈会4次，参加学生200余人次，提出各类建议及意见30条，会后均及时研究解决。

深化“三全”育人体系（全员育人、全程育人、全方位育人），落实立德树人根本任务。完善学生教育、管理、指导和服务综合体系，围绕学生“养成教育”，开展大学生思想政治教育系列活动。加强学生工作队伍建设，组织19名新进辅导员参加网上辅导员岗前培训班；开展庆祝中国共产党成立100周年系列活动，抗疫、抗洪志愿服务活动，“印象通理工”摄影、征文、书画和微视频征集活动，草地音乐节等各类活动182项，丰富学生课余文化生活；做好“奖助学贷”工作，设置勤工俭学岗位80个，累计发放奖学金74.92万元、助学金442.94万元；规范建立学生档案，加强心理健康教育，完成心理辅导61人次；完善学生管理制度，举办公寓文化艺术节系列活动，评选星级宿舍220间，党员示范宿舍、积极分子示范宿舍175间，展示宿舍文化建设风采展等学生作品72部；通过“信仰公开课”“主题团日活动”“微团课”“马克思主义青年说”等形式，加强意识形态教育工作；鼓励学生积极投身社会实践活动，开展大学生“三下乡”（文化、科技、卫生下乡）社会实践。

加强校区文化建设工作，初步形成多层次文化育人氛围。全年，举办紫琅大讲坛2场，学术、科普等其他各类讲座45场，各类研讨交流活动11场；全面开展学院专业文化建设，邀请在海安校区的4个二级学院院长到校区开展学院文化建设研讨活动；成立文体益智类教职工兴趣活动小组7个、学生社团52个，定期开展活动；设立文化艺术中心，举办校园文化艺术节、达人秀比赛、元旦晚会等。

依托海安各类资源办学，社会服务功能进一步提升。学校与苏中集团合作投资共建建筑产业学院，与达欣集团签订战略合作协议，与天楹集团、联发集团、鑫缘集团、象大科技、中洋集团、华艺时装集团等企业开展校企合作；加强与海安市科技镇长团合作，利用资源平台推进校区专业教学、思政教育、文化建设等工作；推进“海陵英才”计划工作，举办“双选会”活动2批次，69家企业、600余名学生参与，64名学生签订就业协议，2名2021届毕业生在“海陵英才”计划签约单位就业；8月31日，与洋蛮河办事处共建的为侨服务工作站揭牌成立；作为海安市家具质量合作社发起单位之一，参与海安市家具产业质量提升行动，至年底，海安市家具质量合作社吸纳62家企业加入；实施“一校一乡镇、一院一社区”项目，在海安高新区科创园众创空间、西场村设立志愿者服务站，在上湖社区建立留守儿童“四点半”助学站，在苏中七战七捷纪念馆和角斜红旗民兵团史绩陈列馆设立南通理工学院大学生思想政治教育实践基地，校区团委开展的“四点半学堂”“垃圾安家”“鲁班传人”和“扶娃”计划等活动深受海安民众好评，相关活动被海安电视台报道。

黑龙江工商学院海安校区 黑龙江工商学院海安校区由黑龙江工商学院和海安市上湖创新区共同投资兴建的长三角产教融合园区和立发园区组成。这是落户海安的第二所综合类高等院校。2021年4月16日，黑龙江工商学院长三角产教融合园区奠基仪式在上湖创新区举行，总投资约10亿元，规划用地约18.67公顷，重点打造“一平台、两中心、三基地、四产业”四个功能模块（一平台即东北应用型高校——长三角创新发展平台，两中心即高素质应用型人才培养中心、高水平科技研发中心，三基地即高端人才汇聚与培养基地、科技成果转移与转化基地、创新创业实践与服务基地，四产业即智能制造产业、智慧建筑产业、纺织服装产业、现代服务产业）。5月13日，海安市人社局驻黑龙江工商学院人才服务站揭牌仪式暨校地合作与人才引进推介会在学校举行。10月26日，在原海安立发中学校园基础上改扩建的黑龙江工商学院长三角产教融合（立发）园区启用。启用仪式上，黑龙江工商学院与中国天楹股份有限公司、南通东华软件有限公司、江苏中洋集团股份有限公司等八家公司签订校企合作协议。年内，应届毕业生603人到基地培训，100余人与海安企业签订实习协议。（何春光）

成人教育与社会教育

【概况】 2021年，海安市报考成人高考1866人次，其中，免试488人、专科起点升本科652人、高中起点升本科13人、高中起点升专科713人；应考人数1866人，实际参加考试1550人，参考率83.06%。全市报名参加省自学考试1476人次；毕业68人，其中，专科毕业20人、本科毕业48人。继续教育学时验核7300多人，合格率100%，学时认证率100%。完善和巩固以市开放大学（社区学院）为龙头、10个区镇社区教育中心为骨干、227个居民学校为基础的社区教育三级网络运行体系，在县（市）级层面上实施社区教育公共课程建设、社区教育教师专业化成长和培育学习型组织三大项目，在区镇层面上各社区教育中心打造区域社区教育特色品牌，形成“一镇一品”“一镇多品”发展格局。全市各区镇社区教育中心师资队伍结构较为合理，专、兼职教师人数基本能够满足区域教育培训需求，市教育体育局将社区教育教师培训纳入市级中小学骨干教师培训体系。市、镇两级财政每年按人均2元的标准安排社区教育专项资金，主要用于社区教育培训、事业补助和考核奖励。5月28日，江苏开放大学老年学历教育海安班开班，首次招收本科和专科段学员62人。规范校外教育培训监管工作，8月31日在市教育体育局增设校外教育培训监督管理科，9月1日建立校外培训机构联合治理联席会议制度，有成员单位45家，全年召开3次联席调度会。

【开放教育】 2021年，海安开放大学招收成人学历教育学生604人，其中，江苏开放大学招生351人，大连理工大学、福建师范大学招生253人，累计在籍人数2000余人。学校规范组织教学活动，面授教学、教科研、毕业作业答辩等方面严格执行教学要求，获评国家开放大学江苏分部网上教学优秀单位、优秀管理团队，江苏开放大学办学系统学生思想政治教育工作先进集体。教师1人获评江苏开放大学思想政治教育先进个人，1人获评福建师范大学优秀班主任。学生1人获评国家开放大学优秀毕业生，1人获评大连理工大学优秀学生，2人获评福建师范大学优秀学员，1人获评江苏开放大学优秀学员标兵；2人获国家开放大学奖学金，7人获江苏开放大学奖学金，其中，1人获特等奖，1人获一等奖，2人获二等奖，3人获三等奖；2人获北京大学学位证书，6人获国家开放大学学位证书，8人获西南大学学位证书，16人获福建师范大学学位证书，2人获江苏开放大学学位证书。

【社区教育】 2021年，海安市全面推广社区教育公共课程，在全省率先推出“社区教育公共课程表”，做到年度60个公共课程开齐开足且保质保量，各区镇社区教育中心在此基础上推进自主课程、特色课程建设，形成“公共课程+自主课程+特色课程”海安社区教育新模式。社区教育专项培训成效突出，全市组织各类教育培训4.91万人次，其中，农民教育培训1.24万人次、职工教育培训4522人次、青少年校外教育培训4510人次、老年教育培训7218人次、科普教育培训1.12万人次、职业技能培训2541人次、闲暇教育培训5660人次。社区教育创建活动成绩突出，全市获评省级社区教育品牌1个、省级社区教育项目奖6个、南通市级社区教育品特工程2个、南通市级社区教育特色基地6个、南通市优秀学习型组织7个。学习型社会建设稳步推进，开展各类学习型组织创建和扶持群众学习团体活动，市教育体育局与市文明办联合组织海安市第五批优秀学习型组织表彰激励活动（每两年一次），评选市级优秀学习个人150人、学习型家庭100个、学习型组织50个。

【校外教育机构管理】 2021年，海安市建立“区镇教管办+科室”双监管模式，召开全市校外培训机构监管工作推进会3次，组建工作组14个，全面治理校外培训。由教体部门牵头，推进公安、城管、消防、卫健等部门参与联合治理，组织大规模联合检查5次、重点部门职合执法6次，联合督查校外培训机构130家，对50多家机构下发“海安市校外培训机构整改通知书”，拆除店招、宣传海报等210余块。创新组建“街道村居+学校”的双网格队伍监管网络，将街道、村、居网格管理延伸至校外培训机构监管，网格员配合教育主管部门开展校外培训机构前期摸底、日常巡查、信息报送、专项整治等工作；组建学校校外培训机构义务监督员队伍，向学校周边的校外培训机构开展政策宣传，监督、举报学校周边的校外培训开展情况。通过发布“告家长书”、发送短信提醒、开办“家长课堂”等方式引导家长理性为孩子报名参加校外教育培训。引导学科校外培训机构转型发展，召开学科类校外培训机构“营转非”政策宣讲会，分批次约谈洪恩教育等7家计划“营转非”学科类校外培训机构负责人，动员其注销学科类校外培训；制定“海安市中小学校外培训服务类别鉴定指引”，成立中小学校外培训服务类别鉴定专家库，防范发生假借非学科类培训项目实际开展学科类培训服务等逃避监管行为。全面压减学科培训，全市原有证照齐全学科类校外培训机构129家，至年底实现全部“清零”，其中，转型81家、注销46家、依法终止办学2家。（何春光）

特殊教育

【概况】 海安市特殊教育学校是全日制九年义务教育学校，2020年9月起，新增学前康复班。2021年，在校学生179人，教职工36人，其中专任教师31人。学校设立多感官情景室、感统训练室、家政室、蒙氏训练室、康复室、心理咨询室、音乐室、美工室、电脑室等专用教室，强化康复教育，突出生活教育，开设生活语文、生活数学、艺术休闲、感统训练、生活适应等课程，开发校本课程“玩转魔方”，全面推进融合教育实施。江苏省“十三五”规划课题“特殊教育指导中心推进区域融合教育的实践研究”结题，自筹课题“自闭症儿童融合教育课程形态及支持体系构建的实践研究”有序开展。教师发表省级以上论文8篇，15人次在省第八届智障教育微课大赛、南通市融合教育优课评比等活动中获等级奖。

【融合教育资源中心建设】 2021年，海安市已建成的35家融合教育资源中心通过南通市教育局、南通市民政局、南通市卫健委、南通市残联联合认证，其中，5家获评南通市三星级融合教育资源中心；新建融合教育资源中心18家。市特殊教育指导中心完善资源中心工作制度，建立健全《海安市融合教育服务清单制度》《海安市融合教育集体审议制度》《海安市融合教育个别化教育制度》等。加强教师培训，1月，组织10名教师参加省融合教育资源中心特教专职教师上岗培训，全员合格；9—12月，先后组织融合教育资源中心教师参加南通市康教融合培训、南通市融合教育专题培训（管理者、小学、幼儿园），开展海安市融合教育专题培训。12月，省特教发展工程专家组到海安第一实验幼儿园、实验小学、开发区实验学校调研。开展海安市疑似特殊儿童筛查评估活动，合理安置特殊儿童，为重残儿童提供“送教上门”服务。完善《海安市融合教育资源中心课程实施方案》，做好普通学校特殊需要学生个别化课程实践研究，省级重点课题“自闭症儿童融合教育课程形态及支持体系构建的实践研究”通过中期评估。（何春光）

教师队伍

【概况】 2021年，海安市在职教职工9289人，其中专任教师7784人。委托培养乡村教师定向师范生80人，引进高层次教育人才7人、名校优生15人，招聘事业编制中小学教师227人、幼儿园教师48人。完成中小学、幼儿园教师资格定期注册6600人，新认定中小学、幼儿园教师资格588人。优化教师队伍结构，开展师资情况专题调研，重新编制中小学“三定”方案，核定中小学、幼儿园教职工编制和领导职数。开展区镇教育集团内教师交流，探索实施城乡教师“组团式交流”，新安排义务教育学校交流教师482人，占应交流教师数的19.5%。加强师德专题教育，举行新入职教师宣誓，实施教师公开承诺，推进“四有”好教师团队建设。

【名师队伍建设】 2021年，海安市继续实施“海陵名师”工程，组建专业发展共同体7个，开展多样化教学研讨活动16场，聘请专家开展学术讲座3场，发挥团队传、帮、带作用，新增县级名师工作室1家，累计18家。出台《海安市教学骨干暨“1115”培养工程实施方案》，搭建“市、区镇、学校”三级一体骨干教师培养平台，探索“统筹规划、分级实施、骨干引领、梯级提升、全员提高”教师培养有效途径，新增乡村骨干教师培育站3家，累计13家。全年，评审通过中小学正高级教师6人、中小学（幼儿园）高级教师69人、一级教师168人、高级讲师3人、讲师5人；初定中小学一级教师2人、二级教师245人；新增南通市级学科带头人36人、骨干教师62人、教坛新秀32人。推荐1人参评国家级教学名师，周振宇获评“苏教名家”

培养对象，李勤、秦美娟获评省特级教师，周万喜获评省优秀教师，丁月玲获评省优秀教育工作者，许亚洲获南通市园丁奖，李忠东当选“感动南通·教育人物”，姜海蓉提名“感动南通·教育人物”，周振宇家庭获评南通市首批“教育世家”。

【师资培训】 2021年，海安市协助开展省、南通市师资培训项目37个，100多人参培；开展海安市级专题培训10个，1300多人次参加；开展19个学科教师全员培训，7000多人参加。组织义务教育学校校长、新任校园长、青年干部3个干部培训班，198人参加培训。开展教体系统财务与审计、幼儿园教育科研等管理岗位人员培训班6个，近千人参加培训。常态化开展新教师培训，培训新教师505人。分批组织教师参加“江苏省信息技术应用能力提升2.0工程”全员培训，7269人参加培训。组织思政、信息等学科骨干教师160多人到苏州大学、江苏大学集中培训。组织教师3万余人次参加省、南通市各类网络培训。组织全市教师参加《开学第一课》培训学习，完成率91.4%，列南通市第一位。组织参加省级师德师风及法律法规知识竞赛，参赛率98.8%，合格率99.2%。组织参加南通市党史学习教育网络竞赛，参赛率99.38%。继续与南通大学联合举办学前教育专业本科函授班，设3个班级，在籍学员66人；2021年报到注册新生23人，毕业23人，取得学士学位4人，PETS-3英语考试通过者4人。

【教育干部队伍建设】 2021年，海安市教育体育系统创新干部推荐方式，开展“伯乐荐马”活动，首次以信函形式致系统内近150名校（园）长，邀请其实名推荐优秀管理人才和可培养对象，经组织和个人推荐相结合，建成300多人的后备干部人才库。创新干部培养模式，将优秀青年干部培训班针对不同对象、不同层次分为不同梯队班次，开展滚动培养，全市65名优秀青年干部分别在市委党校、浙江大学、教师发展中心开展为期4个多月的集中培训，内容涵盖市内名校长讲座、社会实践、跟岗学习、综合考核以及活动展演等。全年，组织或委托高校开展干部培训10个班次，900多人参加培训。创新干部选任机制，年轻干部占新提拔干部比重40.6%。

（何春光）

教学研究

【概况】 2021年，海安市教师发展中心全面指导各学校教育研究工作，每学期调研视导工作均覆盖到全市所有中小学、幼儿园，研训员人均听课量超过120节，全面检查教师执行教学常规的基本状况。开展课程改革、学生作业、学生一日生态专项调研以及常态化逐校调研等，形成调研报告与指导意见。抓实基层科研过程管理，实行结题等级制度和动态指标制度，结题微型课题604项，在研省、南通市规划教育课题126项。构建“互联网+项目化学习”教学模式，初步建成优质资源库，以幼儿园、小学、初中、区镇为单位组织“教育技术逐月行”暨江苏省网络名师工作室现场交流研讨活动5期，1000多人次参与线上和线下活动，展示近60节项目化学习公开课、10多个项目化学习成果，举办20多场项目化学习微讲座，5家单位做教育信息化建设经验介绍。

【课堂教学改革】 2021年，海安市制订《关于深入推进基础教育课堂教学改革的工作方案》，多次召开课堂教学改革专题会议，明晰“守常务本、精教优学、共生发展”海安课改路径。推进“立学课堂”建设，分3次召开各小学、初中和高中学段校长、分管校长会议，交流、总结各校前期课改情况，从学校层面动员部署“立学课堂”改革。先后承办南通市小学美术单元式本真教学研讨暨课堂教学展示活动、南通市初中美术优课评比暨“立学课堂”教学观摩活动、南通市区镇小学“践行立学课堂，促进教师发展”专题研讨活动，放样展示海安课堂教学改革成果。海安高级中学与海陵中学“三四五”课堂教学模式、曲塘中学“导学课堂”教学模式、实验中学“262”课堂教学模式、立发中学“三案导学”课堂教学模式、紫石中学“三案六环节”课堂教学模式、实验小学“共生课堂”、城南实验小学“简约教学”模式等产生较好影响。

【教育科学研究】 2021年，海安市教育系统结题微型课题604项，在研省、南通市规划教育课题126项，海陵中学丁义国主持的“经历语文：让初中生的语文学习回归本原”获省教育研究成果奖二等奖，6项成果获省教学成果奖（基础教育类），其中特等奖、一等奖、二等奖各两项。做好2021年度省、南通市教育科学“十四五”规划课题选题申报工作，46项课题通过南通市初评推荐报省。注重基层科研骨干培养，暑期在南通大学举行海安市幼儿园教育科研骨干素养提升研修班。编辑《海安教育研究》4期，累计发行84期。收集编撰南通教育大事记（海安部分）。

【电化教育教学研究】 2021年，海安市推进信息技术与学科教学深度融合应用，海安获南通市教育信息化应用能力大赛优秀组织奖，承办南通市教师信息化教学能手比赛（幼儿园组），组织参加南通市信息化教学能手大赛获一等奖4人（其中2人为一等奖第一名）、二等奖3人，参加省信息化教学能手大赛获一、二等奖各1人；组织参加南通市首届电教业务技能大赛获团体总分第一名，1人获综合总分第一名和资源应用技能得分第一名；选送作品参加南通市多媒体教育软件比赛，获一、二等奖各5件，《快乐指法练习》获全国典型作品奖；组织参加南通市小学综合实践活动基本功比赛获一等奖2人、二等奖1人；组织参加南通市中小学生电脑制作活动获一等奖9人，省中小学生电脑制作活动获一等奖3人。新增省智慧校园示范校1所、合格学校14所，累计建成省智慧校园57所，建成率88.89%。6项南通市教育技术专项课题结题，新申报“十四五”教育技术专项课题7项。海安在南通市教育技术中心年终考核中获优秀等级。

（何春光）

教育协作

【概况】 2021年，海安市增派33名优秀教师到新疆伊宁、云南宁蒗、西藏拉萨、陕西略阳、广西东兰、江苏建湖等地开展教育合作交流工作，至年底，海安在省内外支教教师67人，其中，云南宁蒗29人、西藏拉萨3人、新疆伊宁6人、陕西略阳4人、陕西留坝1人、广西东兰16人、江苏建湖8人。选派研训员通过线上教学展示、专题讲座、课堂随诊、主题对话、沙龙研讨等多种方式，对云南宁蒗、陕西略阳、贵州独山等地开展研训活动，输送先进教育理念和优质教研资源，深入探讨教学改革和课堂建设，促进教育教学水平提升，帮助西部贫困地区人民整体脱贫。海安支教群体先进事迹先后被《人民日报》《中国青年报》和新华网等媒体专题报道。南通艺术剧院创作的、反映江苏"时代楷模"——海安市宁蒗支教教师群体故事的话剧《索玛花盛开的地方》启动巡演。

2021年1月31日，话剧《索玛花盛开的地方》在海安大剧院上演　　姜　明／摄

【略阳支教】 2021年，海安、略阳两地教育部门签订教育对口协作协议，海安市8所学校与略阳县12所学校修订完善结对协作协议。8月，市教育体育局选派朱晓波、宋红霞、夏正甫、穆玉秀到略阳县荣程中学开展为期一年的教育教学集中帮扶工作，继续在荣程中学开设"海安班"。2021年中考，略阳"海安班"48名学生成绩全部达普通高中录取线，是略阳县所有初中班中唯一全体达高中线的班级，"学习强国"学习平台、《汉中日报》等媒体进行报道。10月，选派2名幼儿园园长、2名幼儿教师到略阳县开展一个月左右的教育协作交流活动，指导幼儿园教学工作，开展幼儿教师保教培训。11月，略阳县教育体育局选派教育管理人员和教师20人到海安跟岗学习一周。结对帮扶学校之间常态化开展线上、线下教育协作交流活动。海安8所学校的85名教师与结对学校教师加强在线教学互动交流，两地学校实现线上教学资源共享。海安市第一实验幼儿园派出2名教师到略阳县育红幼儿园交流；海安市实验小学数学组以视频会议的形式向略阳县东关小学数学教研组开放课堂教学研讨课和教研组例会活动；海安市城南实验中学全体教师共同参与和略阳县白水江、何家岩初级中学的线上交流活动，每个学校利用一天时间展示、开放学校管理、课堂教学等工作；海安市海陵中学与略阳县荣程中学进行网络直播交流，海陵中学丁义国校长做《落实"双减""双增"，实现"合作参与"品格提升》的直播报告；省海中与略阳县天津高级中学开展关于课堂教学的线上研讨交流活动；此外，明道小学、紫石中学、海安中专也相继与结对学校开展交流活动。

【宁蒗支教】 2021年9月，海安继续选派刘爱琴、朱永祥、高永平、蒋国政、朱传军到云南宁蒗民族中学、云南宁蒗第二中学支教。至年底，在宁蒗支教海安教师29人，其中，宁蒗民族中学22人、宁蒗第二中学7人；海安累计选派教师10批290人次到宁蒗支教帮扶。2月，江苏海安宁蒗支教团被中共中央、国务院授予"全国脱贫攻坚先进集体"称号。4月1日，由江苏教育报刊总社主办的海安宁蒗支教团队深度宣传专题座谈会在南京市双门楼宾馆召开，省及海安市教育系统相关领导、海安宁蒗支教教师代表、宁蒗地区教师代表和宁蒗学生代表近20人参加会议，会议总结海安宁蒗支教教师在异地支教背景下教学质量提升的做法和经验，探讨宁蒗支教教育教学特色与模式，《中国教育报》《中国教师报》等10多家媒体报道活动情况。9月，海安教师蒋蓉所在的滇西支教团队在中央宣传部、教育部、中央广播电视总台联合主办的"闪亮的名字2021——最美教师"发布仪式上被评为"最美教师团队"，全国唯一。12月，根据宁蒗支教团队教育教学业绩申报的江苏省基础教育教学成果奖"促进少数民族山区区域教学质量整体跃升的团队支教模式33年探索"获江苏省特等奖。是月，海安宁蒗支教展馆入选江苏百家统战基地。展馆于2019年6月成立，分七大展区，展陈海安支教教师在云南宁蒗生活的大量原始物件。　（何春光）

海安高新区高科技创业园

科　　技

综　述

【概况】 2021年，海安市围绕“枢纽海安 科创新城”发展定位，持续推进科技体制改革，大力优化创新环境，加快建设科技强市，较好地完成年度各项目标任务。在南通率先召开科技发展大会，高规格组建海安市科技创新委员会，“1+13+1”科创政策体系（“关于深化科技体制改革加快建设科技强市的意见”文件总纲，强化科技管理体系机制、政府采购支持创新产品机制、拓展科技型企业投融资机制等13项工作机制，“关于加快创新驱动推动经济高质量发展的政策意见”）落地见效。完成高新技术产业投资244.06亿元，占全部产业投资的42.66%。高新技术企业培育取得新成效，净增高新技术企业28家，总数402家。重大科技成果培育取得新突破，获批首批江苏省碳达峰碳中和科技创新专项重大科技成果转化项目1个。科技金融结合取得新飞跃，科技银行挂牌运营，海安高投毅达科创基金正式设立。平台建设取得新进展，新增省级企业工程技术研究中心5家，累计75家。科技合作取得新进展，举办第八届“创新创业在海安”“两院专家走进海安”活动，新增产学研合作项目227个，原创性成果转化项目20个。全年，获专利授权7174件，其中发明专利授权1084件；有效发明专利总量5066件；万人发明专利拥有量56件；获中国专利奖3个。主导或参与制定国家、行业标准12项，建成省级以上标准化试点示范项目4个。中洋集团获中国质量奖提名奖，江苏联发集团获省长质量奖。海安连续四年被省政府表彰为推动科技政策落实和科技体制改革成效明显地区，苏中县（市）唯一；列2021年中国创新百强县（市）第11位，较上年提升4位。省委全面深化改革办公室《江苏改革简报》专题刊发《海安市探索形成科技创新“基层工作法”》。海安科技与科普文明实践志愿服务项目成为全省唯一项目入选中国科协科技志愿服务项目先进典型，全国仅30个。市科技局被省政府表彰为首届江苏省科技创新发展奖先进单位，全省仅50家，苏中苏北县级科技部门唯一，同时获评全省科技统计工作成效突出单位。

【科技体制改革】 2021年，海安市全面加强科技创新顶层设计、统筹协调，组建海安市科技创新委员会，由市委书记、市长共同担任主任，市委、市政府相关领导担任副主任，市科技局、市人才工作办公室、市发展改革委、市财政局、市行政审批局等18个部门主要负责人担任成员。建立联席会议制度，研究部署创新发展工作，形成大科创委协调议事机制。市科创委下设办公室，负责科创委日常管理工作。市科技局增设改革创新科，增核3个行政编制，负责市科创委办公室日常工作，牵头组织全市科技体制改革等工作。10个区镇设立科技人才局或科技人才办公室，配备科技人才服务专职人员，实行专岗专用。10个重点产业集群培育部门成立产业科技创新办公室，核增中层职数，形成“1个部门、1个职能科室、对接N个产业”工作培育机制。海安形成“横向到边、纵向到底”网络化科技工作推进机制。

【国家创新型县（市）建设】 2021年，海安市加强科技政策供给，深入推进创新型县（市）建设。围绕国家创新型县（市）指标体系和科技创新体制综合改革任务，研究出台“1+13+1”的科创政策体系，在管理体制优化、拓展创新领域、企业主体培育、重大载体提升、功能平台打造、金融支持科技、人才强市建设、创新环境营造等方面开辟新路，优化创新创业生态，激发全社会创新活力。启动国家级高新区创建工作，加快创新核心区建设、“一区一战略产业”培育、特色创新体系构建等工作。依托“海陵英才”等人才计划，加强与高校科研院所合作，创新人才招引模式，引育并重，广纳现代建筑、现代农业、“名医、名师、名家”、涉外等优秀人才。开展“机关部门服务企业科技行”活动，副科职以上干部700多人结对服务企业搞创新。将建设国家创新型县（市）指标分解到部门、区镇，引导企业开展关键核心技术研发。全面升级激励政策，创新设立2000万元“科创贷”风险补偿资金、对科创板上市企业给予600万元补助等一系列针对性政策。培育创新型重点企业，鼓励行业龙头建设企业研究院，面向产业开展共性技术研发、重大核心产品攻关和科技成果转化。推进产学研合作，建强研究院、实验室、工作站、工程技术中心、检验检测中心等创新功能平台，加快建设中国海安（家具）知识产权快速维权中心。探索组建服务科技发展投资公司，统筹负责科技产业基金投资管理、公共服务

2021年5月13日，海安—黑龙江工商学院校地合作与人才引进推介会在海安举办

张　弛／供图

2021年6月5日，海安农村商业银行科技支行揭牌运行　　市金融监管局／供图

平台建设等工作。加强科技创新金融支持，健全天使、创业、风投、产业链等基金运作机制，推进绿色金融改革、供应链金融、“科技+保险”“科技+担保”等探索实践，发展“苏科贷”“科创贷”、科技大型设备融资租赁、知识产权质押融资、“首台（套）”保险等科技金融产品。

【科技金融】 2021年，海安市放大科技银行效应，构建银行支撑、担保支持、创投优先、财政扶持的科技金融运行机制。6月5日，海安农村商业银行科技支行揭牌运行，开拓科技贷、知识产权质押贷、环保贷等业务，构建“科技+金融”新模式。扩大“苏科贷”融资规模，持续跟进“苏科贷”业务，广泛征集科技型企业“苏科贷”金融需求，优化工作流程，扩大受惠企业面。“苏科贷”业务累计备案企业66家，备案金额2.44亿元。海安获评全省“苏科贷”绩效评价A类合作地区，列全省县（市、区）第一位。新增“科创贷”业务，海安市与海安农商行、中国银行海安支行、江苏银行海安支行合作成立“科创贷”，2000万元风险补偿资金以4∶3∶3划入三家银行，至年底完成1100万元贷款备案。全面启动“高企贷”业务，海安市与省生产力促进中心、中国银行海安支行共同设立“高企贷”，举办高企融资服务直通车成效发布会，完成“高企贷”放款3.19亿元。创新设立科创基金，11月26日，江苏高科技投资集团、南京毅达资本管理企业与海安产业投资控股有限公司、海安瑞海城镇化投资建设有限公司、江苏天勤投资有限公司等签署海安高投毅达科创基金合作协议，基金总规模5亿元，首期规模2亿元，由南京毅达资本管理企业具体运作。探索发展科技保险，主动对接市保险协会，推进“首台（套）”保险，中机锻压江苏股份有限公司为产品“YC-3500双作用全液压打桩锤”投保35.3万元，保单总额5888万元。　　（市科技局）

科技人才

【人才引进】 2021年，海安市深入推进“海陵英才”计划，发布“人才强市”36条，新增海安籍院士2人，引进国家级人才10人、高层次创新创业人才156人、高层次人才创业项目50个，其中，13人入选省“双创人才”，2个团队入选省“双创团队”。建好用好科技镇长团，2012—2021年，江苏省及南通市累计选派高校院所专家和省级机关部门骨干82人到海安任职；5月31日，参与承办省科技镇长团“高校行”暨南通—太原产业·人才对接推介活动，海安上湖创新区与太原理工大学合作建立的太原理工大学海安研究院、海安市人力资源和社会保障局与太原科技大学合作建立的太原科技大学（海安）就业创业实践基地正式揭牌；12月24日，召开市科技镇长团十周年座谈会，活动中举行海安市科技镇长团工作站揭牌仪式、科技人才联络站“十城联动”启动仪式。用好“引才引智直通车”招聘求职平台，累计注册企业625家，年内发布大专及以上岗位需求6000余个；优化平台服务功能，除

2021年5月31日，海安市承办的科技镇长团“高校行”暨南通—太原产业·人才对接推介活动在山西太原举行　　市委组织部／供图

设立招聘信息发布、人才在线求职、人才政策查询、高校毕业生档案查询、现场招聘会、网上招聘会、新闻公告等主要服务功能外，拓展人才政策查询、高校毕业生档案查询、招考信息发布等功能，逐个细化每条人才政策的实施办法，提供申报条件、申报材料、享受标准、申报程序、办理地点等资料网上下载服务。

【人才培养】 2021年，海安市继续在文化、教育、卫生等领域实施海陵“名家、名师、名医”三大工程，培养民生人才队伍，年内选拔培养“三名”人才174人。实施海陵乡土人才培育工程，制定《海安市乡村振兴农业带头人培养奖励办法》《海安市星级乡土人才选拔培养管理办法》，从能工巧匠、经营管理、现代农技、回乡创业四个方面，评选出首批“星级乡土人才”100人。深入11家新设博士后科研工作站单位调研指导，新增博士后6人。4月20日，举办海安市首次博士后工作专题培训讲座，邀请省资深博士后工作专家鲜峰做业务指导，全市17家已设立博士后科研工作站和54家拟申报设立博士后科研工作站单位、区镇、人社服务机构相关人员参训。选派8人参加第九届中国江苏人才创新创业大赛，江苏维尔克高分子材料有限公司李赛获三等奖。组织参加2021年南通市博士后创新创业大赛暨南通市博士后事业20周年展，中国天楹在站博士后吕丽娜获三等奖，陈忠立、张巧云、韩飞飞获评南通市优秀博士后工作者，鑫缘集团陈忠立代表设站单位做博士后工作经验交流；活动期间，海安举办博士后人才和项目合作洽谈会，吸引博士10余人到会对接洽谈。苏中集团、超力卷板机、双弘纺织获批江苏省博士后创新实践基地，天楹集团博士后科研工作站获批江苏省示范博士后站，南通唯一。

附

海安市关于加快建设人才强市的若干政策意见（摘要）

一、创新创业人才支持政策

1.创业项目扶持。实施“海安英才计划”，对符合海安市战略性新兴产业发展需要，带技术、带项目、带资金到海安市创业的高层次人才（团队），经评审确认，给予团队200万～600万元、个人100万～500万元创业启动资助，重大顶尖人才项目，可一事一议，不设上限。

高层次人才（团队）在海安创业，根据实际需要，由落户区镇（园区）提供办公、研发和生产用房等物理空间，租金实行“三免两减半”；自行租赁场地的，三年内租金由落户区镇（园区）给予全额补贴。可按需申请租赁型精装修人才公寓，三年内给予租金优惠。在海安首购商品房自住的，按人才类别给予购房优惠或20万～100万元一次性购房补贴。

2.创新项目支持。企业全职引进符合海安市战略性新兴产业发展需要的高层次创新人才（团队），经评审确认，给予团队200万～300万元，个人50万～200万元资金资助。

对企业全职新引进的高层次创新人才（团队），三年内，按照院士（国家“两院”院士、发达国家院士）每月1万元，国家级人才（国家重大人才工程入选者、长江学者、国家杰青以及相当层次海内外高层次人才）每月7000元，省“双创计划”资助对象每月6000元，南通市“江海英才计划”资助对象每月5000元，“海安英才计划”资助对象每月4000元的标准发放生活津贴。

高层次人才（团队）到海安全职创新，可按需申请租赁型精装修人才公寓，三年内给予租金优惠；在海安首购商品房自住的，按人才类别给予购房优惠或20万～100万元一次性购房补贴。

3.项目配套奖励。落户海安的高层次创新创业人才（团队）获省级以上人才专项资金支持的，且企业运行质态良好的，按照资助经费1∶1给予等额配套奖励；入选南通市“江海英才计划”的，市财政配套70%。配套奖励与“海安英才计划”资助按就高原则不重复享受。

从海安市申报国家“两院”院士，最终入选的，给予个人500万元奖励，给予培养单位200万元奖励；从海安市申报成为国家级人才（国家重大人才工程入选者、国家杰出青年科学基金获得者等）的，给予个人100万元奖励。在海安市范围内作为第一承担人申报获得国家自然科学奖、国家技术发明奖、国家科技进步奖二等奖以上的，给予个人100万元奖励；参与申报并获奖的，给予个人10万元奖励。

4.首套首购推广。对人才通过技术创新和成果转化形成的新产品新服务，只要符合市场准入和行业交易规则，可采用首购、订购等非招标采购以及政府购买服务等方式，给予大力推广应用。对新认定为国家、省级、南通市级重大装备（首台套）的分别奖励50万元、20万元、5万元。

5.企业成长奖励。高层次人才创办企业5年内累计地方财力贡献达500万元的，给予100万元一次性奖励，用于企业研发。对获得国家制造业单项冠军示范企业或单项冠军产品的人才企业，给予100万元奖励。对获评国家、省、南通市专精特新、科技“小巨人”等人才企业分别给予100万元、40万元、5万元奖励。对人才企业购置的新生产性设备，对照当年新型工业化奖励办法，按照上浮1个百分点的比例，给予企业设备投资奖励。

6.人才薪酬（个税）补贴。企业因强化管理、拓展海外市场、进行资本运作，引进年薪30万元以上管理型、紧缺型人才，连续三年给予10%的薪酬补贴，每家企业每年最高30万元。五年内人才实缴的个人所得税地方留成部分由市财政等额给予补贴，单个人才补贴不超过100万元。

7.柔性引才补贴。企业采取返聘、讲学、咨询、合作等多种形式聘请院士（含退休院士、外籍院士）为企业服务的，按实际支出费用的50%给予单个企业最高20万元薪酬补贴。

对企业柔性引进高校院所“星期天工程师”、高层次外国（境外）专家（包括海外工程师、设计师、规划师、咨询师等），经审核，一年内按专家薪资给予1∶0.5的配套补贴，单个人才补贴分别不超过10万元、50万元。鼓励区域农业服务中心柔性引进高校院所专家教授，由市财政给予补贴。

8.成果转化奖励。合理分配职务发

明成果转让收益，对国有企事业单位人员职务成果转化所得收益，按照不低于90%比例奖励科研负责人、骨干技术人员等重要贡献人员和团队。

二、强化金融服务支持政策

9.贷款融资保障。建立2000万元"科创贷"风险补偿专项资金，"科创贷"贷款利率上限不超过1年期贷款市场报价利率（LPR）+50个基点（BP），贷款期限不超过1年。合作银行对科技创新型企业、高成长性科技企业、科创板上市培育企业的贷款额度最高可分别达600万元、1000万元、2000万元。对"三新"（新产业、新科技、新人才）项目单笔600万元以下的银行贷款给予不超过70%的风险补偿。对入选各类人才计划的创业项目，三年内，按照银行贷款同期基准利率给予最高100万元贷款贴息。

10.科创基金投资。加大政府投资基金支持人才创新创业力度，对获"海安英才计划"资助的创业类个人或团队项目，由海安市科创基金择优给予股权投资，单个项目股权投资期限原则上不超过五年。

11.项目风险补偿。对备案投资机构投资海安市人才企业的天使投资项目，入库之日起五年内，因被投资企业清算、股权公开挂牌交易、股权转让等实现投资股权完全退出发生投资损失的，按照首轮投资的实际损失给予30%补偿，单个项目补偿不超过300万元。鼓励保险机构开办人才项目研发损失保险和人才企业产品质量保证保险，对由于科研人员出现意外、关键设备故障、知识产权纠纷以及人才企业产品不适用等造成的损失，保险机构提供理赔服务，市财政按照保费的40%给予补助，单笔分别最高补贴5万元、10万元。

12.协助上市奖励。鼓励引进市外股权投资、风险投资等金融机构投资高层次人才企业，对帮助海安市初创型人才企业成功在境内外证券交易所上市的，在上市时存续且最先投资的基金管理机构，每上市1家企业给予基金管理机构50万元奖励。

13.企业上市奖励。对首次公开发行股票申请材料取得中国证监会正式受理的科创企业，一次性奖励200万元；成功上市发行后，一次性奖励100万元。各类人才计划入选者创办的企业自设立之日起，对海安市新兴产业培育发挥较大作用，成功在境内外证券交易所上市（包括借壳）和"新三板"挂牌的，除享受市级企业上市和"新三板"挂牌政策外，对其首次成功融资后，在海安实际投资额超过融资额50%的，给予创业核心团队一次性奖励50万元。

三、青年人才集聚支持政策

14.青年人才创业支持。在海安市创业的高校毕业生，初次创业稳定经营6个月以上且正常申报纳税的，经审核给予5000~50000元初始创业补贴，吸纳城乡劳动者就业，签订1年以上劳动合同并连续缴纳6个月以上社保的，每有一人给予2000元吸纳就业奖励。鼓励商业银行提供青年创业特色金融产品，为青年人才办理小微贷款业务。

对三年内获得国家主管部门承办大赛一、二、三等奖并落户海安的青年人才创业项目，分别给予最高50万元、30万元、10万元"落地奖"。

15.青年人才见习（实习）保障。对符合海安市就业见习（实习）政策的高校毕业生，鼓励参加就业见习（实习）活动，由用人单位给予见习或实习学生不低于海安市最低工资标准的生活补贴，市财政按实际发放的75%对用人单位给予补助。市外高校师生受邀参加由海安市人才主管部门组织的人才招引活动，可提供食宿保障和交通补贴。

16.青年人才生活津贴。全日制普通高校大专（或技工院校高级工班）毕业生首次到海安市企业就业或自主创业，参加企业职工养老保险、缴费满6个月，户口落户海安的，35周岁以下的，三年内给予每月500元生活津贴。

全日制本科毕业生（或技工院校预备技师、技师班）、全日制硕士研究生（或副高级职称、高级技师职业资格）和全日制博士研究生（或正高级职称）首次到海安市企业就业或自主创业，参加企业职工养老保险、缴费满6个月的，三年内分别给予每月1000元、2000元、3000元生活津贴。

对企业进站博士后，全职在海安工作的，三年内给予每月5000元生活津贴。

17.青年人才驿站服务。在青年人才集聚的商圈、园区等地建立青年人才驿站，为到海安、回海安的应届毕业生提供免费定点住宿（一年内2次，每次不超过7天）、就业指导、社会融入等系列服务，打造一站式青年人才服务招引平台。

18.青年人才安居保障。在海安市就业且无住房、参加企业职工养老保险的具有全日制大专（或初级、国家职业资格三级）以上学历（或专业技术职务任职资格、技能等级）的毕业生，均可由所在企业通过全市人才公寓信息管理平台申请青年公寓；对全日制大专、全日制本科、全日制硕士研究生（或副高级职称、高级技师职业资格）、全日制博士研究生（或正高级职称），在海安首购商品房的，分别给予每平方米300元、400元、500元、600元购房补贴。

四、创新平台载体支持政策

19.企业平台建设奖励。企业联合两院院士共同建立省级院士工作站并实质运行的，经现场核查，给予50万元奖励。当年认定为国家技术创新中心、国家企业重点实验室给予100万元奖励；认定为省级企业重点实验室给予50万元奖励；认定为省级工程技术研究中心给予10万元奖励。行业龙头企业与江苏省产业技术研究院合作共建企业联合创新中心，经省产业技术研究院认定，给予20万元奖励。对通过省研发管理体系贯标的企业给予3万元奖励。对企业新建国家级博士后科研工作站企业设站单位、国家级博士后科研工作站分站企业设站单位、省博士后创新实践基地、省研究生工作站的单位，分别给予20万元、10万元、10万元、5万元一次性奖励。每年从运行情况良好的博士后科研工作站中，选取一定数目的优质设站单位，由市财政给予10万~20万元专项补助奖励。

20.新型研发机构奖补。支持园区与国内外顶尖研发机构或省产业技术研究院共建专业研究所，采取"拨改投"方式，按区镇（含科创园国有投资公司）新增现金投入（用于购置设备、软件、试验及运行费等）的50%给予支持。园区、企业与高校院所共建或自建独立法人新型研发机构，采取“拨改投”方式，按新购置仪器设备支出的30%给予支持。

21.载体绩效管理奖励。对经国家、省认定的企业加速器、科技企业孵化器、众创空间、双创示范基地等分别给予80万元、50万元奖励。对被认定为省农村科技服务超市、省以上星创天地的载体，给予10万元奖励。对行业龙头企业牵头设立的产业技术创新战略联盟，经国家、省认定，分别给予100万元、50万元奖励。对孵化器运营绩效星级等级为“五星”“四星”的，分别给予30万元、15万元奖励；对众创空间运营绩效星级等级为“五星”“四星”的，分别给予20万元、10万元奖励。

22.离岸机构运行补贴。鼓励总部设在海安的企业在高端人才集聚的城市设立非独立法人研发机构，对研发机构实质运行的，给予20万～100万元补贴。区镇、园区通过共建离岸加速器、产业化基地、招才引智工作站方式引才且取得实效的，市财政按合作支出费用的40%，给予区镇、园区每年最高50万元补贴。在向海安市输送高校毕业生超过一定规模的地区或海安市生源较多的地区建立区域性高校人才工作站或联络站，每站每年给予5万元工作经费。

23.离岸机构人才津贴。离岸研发机构聘用的与总部签订劳动合同，在离岸研发机构所在城市缴纳“五险一金”，在海安缴纳个税满6个月的研发人员，全日制本科毕业生（或技师职业资格）、硕士研究生（或副高级职称、高级技师职业资格）和博士研究生（或正高级职称），三年内分别享受每月1000元、2000元、3000元生活津贴。

五、引才培才荐才支持政策

24.社会引才奖励。加大高层次产业人才引荐奖励力度，对帮助引进诺贝尔奖、图灵奖、菲尔兹奖获得者，国家“两院”院士，发达国家院士的引才机构（企业）或个人分别最高给予一次性奖励30万元（创业）和20万元（全职创新）。

帮助引进的海内外高层次人才，每入选1名国家级人才工程，给予引才机构（企业）或个人一次性奖励10万元；每入选1名省“双创计划”，给予引才机构（企业）或个人一次性奖励5万元。企业委托猎头机构招引高层次创新人才或团队，市财政按服务费的30%给予企业补贴，每引进一人最高补贴5万元。乡贤为家乡引荐人才成效显著的，参照以上标准给予奖励。

25.企业招聘补贴。企业新招聘的市外高校毕业生以及蓝领技术工人，与企业签订1年以上劳动合同，参加企业职工养老保险，缴费满6个月的，按照每人1000元标准给予招聘补贴。

26.协助申报奖励。协助人才成功申报国家重大人才工程、省“双创计划”的，分别给予企业申报专员一次性奖励5000元、3000元。协助有效申报国家重大人才工程的，给予企业申报专员一次性奖励500元。

27.技术经纪人奖励。建立科技镇长团结对联系企业制度，将科技镇长团成员纳入技术经纪人队伍，对帮助企业引进高层次人才达成科技创新成果合作的技术转移机构、技术经纪人，按照技术合同实际成交额2%的比例给予奖励，每人最高不超过3万元。

28.行业人才培养。宣传文化、教体、卫健、人社等部门加强“海安名家”“海安名师”“海安名医”“海安名匠”等行业人才队伍建设，不断优化完善相关政策并制定具体实施细则。对引进的建筑、交通、金融、现代农业、城建规划、外经外贸、知识产权、服务外包以及国有企业等专业紧缺人才，享受同层次人才有关政策待遇，具体政策由各行业主管部门制定。

29.企业培才奖励。鼓励企业与高校合作，围绕就业需求，在普通高校、职业院校、技工院校开设全日制订单班，每班不少于20人规模的，按照实际支付费用给予企业培训补贴，人均每年最高补贴1000元，每家企业每年最高补贴10万元。

30.技能提升奖励。对于在海安市企业就业，参加职工养老保险，缴费满1年的在职职工，通过职业技能培训或实训，取得初级（五级）、中级（四级）和高级（三级）职业资格证书或职业技能等级证书的，根据职业工种按规定给予培训补贴和职业技能鉴定补贴。获得正高级、副高级专业技术资格的人员分别给予个人一次性奖励8000元、5000元。获得高级技师、技师职业资格的人员，分别给予个人一次性奖励5000元、4000元。

31.院校委培补贴。组织企业与海安中专、南通理工学院（海安校区）就读的经济困难学生签订委培协议，每月分别资助400元、800元生活费，市财政和企业各负担50%，学生毕业后在企业就业。

32.院校荐才奖励。南通理工学院、黑龙江工商学院等本地院校每年应届毕业生在本市就业达到500人（含）的基础上，不足1000人的部分，每增加1人，奖励1500元；超过1000人（含）不足2000人的部分，每增加1人，奖励2000元；超过2000人（含）不足3000人的部分，每增加1人，奖励3000元。

海安中专每年海安籍高职应届毕业生在本市就业人数达到70%的基础上，每增加10个百分点，按每人600元、800元、1000元的标准奖励给学校；外籍高职应届毕业生在本市就业人数达到30%的基础上，每增加1人，奖励1000元。

市外院校根据到海安市实际就业的学生人数（毕业生在海安市企业就业，参加企业职工养老保险，缴费满6个月），当年满20人的，按照每人1000元标准给予推荐就业奖励。

高校组织20人以上毕业学年学生到海安市企业见习（实习）满3个月的，给予每人1000元的推荐奖励。

六、人才服务保障支持政策

33.建立荣誉制度。坚持党管人才原则，建立人才荣誉制度，每年从全市各条战线评选10名左右海安市政府特殊津贴获得者，三年内，享受每月3000元的特殊津贴，增强人才荣誉感。健全领导联系服务专家制度，定期开展深入访谈、慰问、疗养等活动。每年举办“爱国·奋斗·奉献”人才培训班，注重吸纳高层次人才进入“两代表一委员”队伍，强化对人才的政治引领。大力宣传各类人才的创新创业成果和先进事迹，积极弘扬创业精神，激发创新活力，在全社会形成尊重人才、鼓励创新的浓厚氛围。

34.高效便捷落户。人才落户“零门槛”，具有全日制普通高校大专（或技工院校高级工班）及以上学历的应（往）届毕业生，将户口迁入海安市城区的，取消住房、就业等条件限制，可先落户后就业，并给予1000~5000元落户补助。定制高层次人才子女入学、配偶子女落户等专属服务。统筹推进人力资源服务信息化，建设线上申报办理落户、异地就业、档案转接收等手续的综合服务平台，实现就业手续全流程“不见面”办理。

35.人才购房优惠。采取新建、配建、改建等多种形式筹集人才公寓。对于高端人才购买销售型人才公寓的，按照人才层次在100~140平方米范围内给予一定的购房优惠，具体以人才优惠购房细则为准。完善人才优先购房制度，对新取得预（销）售许可的热点楼盘，随机抽取不少于项目当期预（销）售许可住房的20%，优先满足人才家庭首次购房。管理期内的高层次人才享受专属住房公积金贷款政策，自缴存住房公积金当月起，即具备申请住房公积金贷款条件，每户贷款最高额度可放宽到海安市个人住房公积金贷款最高限额的四倍。

36.生活服务保障。对符合条件的青年和人才提供“海安英才”一卡通服务，提供包括行政服务、医疗保障、旅游观光、文化休闲、交通出行和金融服务等服务内容，提供全周期人才服务，在指定体育场馆健身，可享受政策优惠，高层次人才可免费游览全市主要旅游景点。建立人才健康档案，高层次人才和对海安经济社会发展作出突出贡献的人才享受医疗“绿色通道”服务，可在指定医院每年享受最高2000元的定制化体检套餐。发挥群团组织作用，常态化开展相亲等联谊活动，加强青年的深度交流，帮助适龄青年解决婚恋问题。

【人才服务保障】 2021年，海安市实施人才安居保障工程，通过“优先购、周转租、安家补”等方式，满足人才全周期住房需求，相关做法在南通市人才安居建设现场推进会上做交流。落实人才医疗保障，与南通市第一人民医院签订高层次人才医疗服务合作协议。在政务服务中心设立人才服务窗口，开辟创新创业“绿色通道”，提供“一站式”服务，累计办理人才政策事项1826项，兑现资金2926万元。实行市领导挂钩联系高层次人才制度，营造良好的人才生态环境。制定海安人才服务专员制度，加大服务企业力度，宣传贯彻落实人才政策，助力企业招才引智。指导企业做好各类人才申报工作，2人入选省人力资源服务业第二期领军人才培养计划，3人入选中国留学人员回国创业启动支持计划，1人获高层次留学人才回国资助，江苏繁华应材科技股份有限公司王群华获江苏留学回国先进个人奖。全面加强与生源多、科研实力强、教育资源丰富的地区合作，与黑龙江工商学院签订“人才工作站”协议并挂牌，推动建立黑龙江省大学生就业创业上湖创新区实训基地，促进黑龙江工商学院大四学生约800人到海安实习。

【专业技术人员管理】 2021年，海安新增专业技术人员8948人，专业技术人员知识更新2.06万人，累计有各类专业技术人员10.83万人。有序开展专业技术人员继续教育，验证3000多人，完成教育系统、华新集团、苏中集团、中国天楹、海安综合工程5场中级评审会，全市取得正高级职称3人、副高级职称377人、中级职称1336人、初级职称3406人。中国天楹获批生态环境与环境工程专业技术中级评审权限。

（曹晓婕　王　敏）

科技载体

【概况】 2021年，海安市策应南通沿江科创带建设，全力推动海安高新区创建国家级高新区。海安高新区列2020年全省高新区第25位，比上年提升6个位次，并进入省级高新区前10位。7月24日，海安高新区科创园开园，建筑面积14万平方米，以科创园、电子信息产业园、时尚锦纶产业园、台商产业园等为支撑，形成“科创园+专业园”创新创业体系。加快新型研发机构建设，海安上海交通大学智能装备研究院、海安南京大学高新技术研究院获批省创新能力建设计划（新型研发机构奖补）项目，海安上湖创新区与太原理工大学合作共建太原理工先进制造与智能装备研究院。加强与省产业技术研究院对接，梳理23家行业龙头企业基本情况报省产业技术研究院，省产业技术研究院分批安排专家团队到中国天楹、铁锚玻璃、威尔曼科技、鹏飞集团和飞亚化工调研，洽谈合作共建企业联合创新中心相关事宜，与铁锚玻璃、飞亚化工达成初步共建意向。推动文凤集团牵头建设锦纶产业协同创新联合体。推进企业研发平台、科技创业载体建设，获批江苏省企业工程技术研究中心5家、省级众创空间2家。

【企业研发平台建设】 2021年，海安市实施企业研发平台提升工程，引导企业联合大院大所深度合作，深挖科技资源潜力，不断提升企业创新能级。江苏鹰球集团有限公司入选江苏省第二批企业研发机构高质量提升计划培育库。南通鼎鑫电池有限公司、江苏增光新材料科技股份有限公司、美亚药业海安有限公司、江苏铭利达科技有限公司、南通新源特种纤维有限公司获批江苏省企业工程技术研究中心，海安累计有江苏省企业工程技术研究中心75家，新增数列南通市第二位、总数列南通市第一位。8家企业获省企业工程技术研究中心绩效考评“优秀”等次，总数列南通市第一位，联发集团获省企业重点实验室绩效评估“良好”等次。推动企业研发成果社会化，中国天楹、铁锚玻璃、联发集团均建立独立法人研发机构。

【科技创业载体建设】 2021年，海安市持续推进大众创业、万众创新，构建“众创空间+孵化器+加速器”科技创业孵化体系，新引进孵化器、加速器项目

2021年4月15日，上湖中科创新广场孵化基地开园运营　　姜　明/摄

97个。上湖中科创新广场孵化基地开园运营。海安高创智谷科创园孵化器申报国家级科技企业孵化器，招引管理咨询、财税咨询、知识产权代理及维权机构各1家、创投公司2家，打造市场营销、融资、公共技术服务等一系列服务平台。推动建设创业功能、产业功能、文化功能和社区功能有机融合的众创社区建设，南大智谷众创空间、泛书房创客空间获批省级众创空间。江苏弘琪工业自动化有限公司参赛项目"具有天车对接功能的晶圆植球产线"获南通市"通创荟"科技创业大赛二等奖、第九届"创业江苏"科技创业大赛暨第十届中国创新创业大赛江苏赛区高端装备制造赛（行业赛）三等奖，并入围全国赛，海安市科技局获优秀组织奖。

2021年海安市省级以上科技计划立项情况表

表37　　单位：万元

序号	项目类别	项目（人才）名称	承担单位	争取资金
1	江苏省碳达峰碳中和科技创新专项资金（重大科技成果转化）项目	低阶煤绿色低碳洁净利用热解技术装备研发及产业化	江苏鹏飞集团股份有限公司	1600
2	江苏省创新创业平台载体	—	南大智谷众创空间	—
3	江苏省创新创业平台载体	—	泛书房创客空间	—
4	江苏省政策引导类计划（国际科技合作/港澳台科技合作）——重点国别产业技术研发合作项目	遮光剂调控超细玻璃棉真空绝热板热敏性的联合研发	南通远顺耐纤有限公司	80
5	江苏省创新能力建设计划——新型研发机构奖补	海安上海交通大学智能装备研究院新型研发机构奖补	海安上海交通大学智能装备研究院	70
6	江苏省创新能力建设计划——新型研发机构奖补	海安南京大学高新技术研究院新型研发机构奖补	海安南京大学高新技术研究院	60
7	江苏省企业工程技术研究中心	江苏省美亚核苷酸类药物及关键中间体绿色合成工程技术研究中心	美亚药业海安有限公司	—
8	江苏省企业工程技术研究中心	江苏省鼎鑫长寿命高能比锂电池工程技术研究中心	南通鼎鑫电池有限公司	—
9	江苏省企业工程技术研究中心	江苏省新源摩擦密封用特种纤维工程技术研究中心	南通新源特种纤维有限公司	—
10	江苏省企业工程技术研究中心	江苏省增光科技机场道面养护材料工程技术中心	江苏增光新材料科技股份有限公司	—
11	江苏省企业工程技术研究中心	江苏省铭利达汽车轻量化零部件压铸成形工程技术研究中心	江苏铭利达科技有限公司	—
12	江苏省科技副总	王奇瑞	海安交睿机器人科技有限公司	—

续表37

序号	项目类别	项目（人才）名称	承担单位	争取资金
13	江苏省科技副总	吴美妍	南通新源特种纤维有限公司	—
14	江苏省科技副总	徐嘉琪	南通市国光光学玻璃有限公司	—
15	江苏省科技副总	卢志华	江苏童医医疗器械有限公司	—
16	江苏省科技副总	杨　浩	江苏海辰科技集团有限公司	—
17	江苏省科技副总	汪　伟	南通华为电力设备有限公司	—
18	江苏省科技副总	陈海燕	南通科达建材科技股份有限公司	—
19	江苏省科技副总	王苏妍	南通宏洋化工有限公司	—
20	江苏省科技副总	薛　也	江苏四新界面剂科技有限公司	—
21	江苏省科技副总	赵君爱	江苏吉野电气有限公司	—
22	江苏省科技副总	史传国	江苏国瑞特环保工程技术有限公司	—
23	江苏省科技副总	邓拥军	海安普豪生物能源有限公司	—
24	江苏省科技副总	张　强	南通苏源恒炫电气有限公司	—
25	江苏省科技副总	李洪亮	南通远顺耐纤有限公司	—
26	江苏省科技副总	朱柏崴	南通欧特建材设备有限公司	—
27	江苏省科学技术奖（三等奖）	面向定制化的木门智能加工装备及应用	南通跃通数控设备股份有限公司	—
28	江苏省科学技术奖（三等奖）	5D/3F锦纶功能性超细丝束的关键技术及产业化	江苏文凤化纤集团有限公司	—
29	江苏省“双创团队”	—	南通龙洋水产有限公司	—
30	江苏省“双创团队”	—	江苏繁华应材科技股份有限公司	—
31	江苏省农业科技社会化服务后补助	海安设施蔬菜产业分店	南通穗邦农业科技发展有限公司	30
32	江苏省农业科技型企业	—	南通康之源中药材有限公司	—
33	江苏省农业科技型企业	—	江苏富海生物科技有限公司	—
34	江苏省星创天地	—	江苏丰海农业发展有限公司	—

（市科技局）

高新技术产业

【概况】 2021年，海安市大力发展机器人及智能制造、电子信息、节能环保、新材料、高端装备制造等重点产业，完成高新技术产业产值741.7亿元，比上年增长48.01%，占规模以上工业产值的40.25%。高新技术产业投资占比持续走高，完成高新技术产业投资244.06亿元，比上年增长14.65%，占全部产业投资的42.66%；完成高新技术制造业投资228.26亿元，占工业投资的57.07%。聘请26名行业内顶尖专家和海安专家担任产业科技创新专家委员，常态化开展产业服务指导工作。开展“揭榜挂帅”企业项目需求征集工作，中国天楹获南通市产业创新“揭榜挂帅”攻坚计划项目单一发榜项目立项，南通唯一，争取资金300万元；联发集团获南通市“揭榜挂帅”攻坚计划项目联合发榜项目立项，争取资金150万元。

【高新技术企业】 2021年，海安市深入实施高新技术企业培育“小升高”计划，坚持省级专家预审制，通过走访企业全覆盖、服务企业全流程、材料把关全方位，全力培育高新技术企业培育。建立高新技术企业培育库，全市申报高新技术企业258家，认定135家，通过率52.32%；净增高新技术企业28家，比上年增长7.49%；高新技术企业保有量402家，总数列南通市第一位。69家企业入选2021年度省高新技术企业培育库。推进科技型中小企业评价工作，全市注册企业705家，参评企业630家，入库企业623家。铁锚玻璃入选2021年

江苏省百强创新型企业。联发集团被省政府表彰为首届江苏省科技创新发展奖优秀企业。（市科技局）

科技成果

【省级以上科技计划项目】2021年，海安市获批省级以上科技计划项目立项34项，争取经费1840万元。鹏飞集团获江苏省成果转化“双碳专项”项目资金1600万元。南通远顺耐纤有限公司获江苏省政策引导类计划（国际科技合作/港澳台科技合作）项目支持资金80万元。海安上海交通大学智能装备研究院、海安南京大学高新技术研究院分获江苏省创新能力建设计划——新型研发机构奖补资金70万元、60万元。南通穗邦农业科技发展有限公司获江苏省农业科技社会化服务后补助30万元。

【2个项目获省科学技术奖】2021年，海安市获省科学技术奖2项。跃通数控实施的“面向定制化的木门智能加工装备及应用”项目获省科学技术三等奖。项目由跃通数控、中国矿业大学、中国林业科学研究院木材工业研究所联合实施，突破定制化木门高效加工、高精度加工、产线装备协同管控等关键技术，打破国外技术垄断；项目成果授权俄罗斯发明专利1件、中国发明专利26件，获国际PCT专利7件、软件著作权6件；项目在欧派家居、大自然家居、好莱客家居等高端家具生产企业推广229台（套），国内市场份额约占80%，出口加拿大、以色列、捷克、新加坡等10余个国家。文凤集团实施的“5D/3F锦纶功能性超细丝束的关键技术及产业化”项目获省科学技术三等奖。项目从原料聚合—切片改性—稳态纺丝的装备和技术全流程入手，开发节能环保、性能优异的5D/3F超细丝束用锦纶6切片；采用原位开环聚合技术，实现新型多维度无机纳米氧化锌/锦纶6有机杂化功能聚合物的组装及形态调控；通过自主设计超细丝束成形及同频动平衡调整设备，实现工艺参数的数据集成控制，形成锦纶功能性超细丝束的高速连续稳态纺丝，生产出集高端化、差别化、功能化于一体的超细锦纶6丝束；项目拥有多项知识产权，总体技术达国际先进水平，相关技术及产品入选省重点技术创新导向计划、省重点推广应用的新技术新产品。（市科技局）

科技合作

【概况】2021年，海安市以第八届“创新创业在海安”和“中科院专家走进海安”两大主题活动为抓手，持续开展“机关部门服务企业科技行”活动，引导企业与国内外高校院所开展精准对接，打造“政府搭台、校企唱戏”产学研合作模式。全市56个机关部门挂钩服务404家企业，先后组织企业到中国科学院系统、南京大学、上海交通大学、东南大学、苏州大学等40多家高校院所开展产学研对接活动100多次。实施产学研合作项目227项，其中30万元以上项目131项，实施原创性科技成果转化项目20项，实施国际科技合作项目10项。南通远顺耐纤有限公司“遮光剂调控超细玻璃棉真空绝热板热敏性的联合研发”项目获2021年省政策引导类计划（国际科技合作）项目立项。南通龙洋水产有限公司、江苏繁华应材科技股份有限公司入选江苏省“双创团队”，15人入选江苏省科技副总。举办系列创新主题活动，打造“科创新城”海安城市名片。6月18日，“枢纽海安·科创新城”全方位对接上海大会——科技暨金融、产业基金推介会在上海国家会展中心举行，会议推介海安科技暨金融、产业基金发展情况，为海通证券、东吴证券、金元证券的与会代表发放海安资本运作专家顾问聘书，与会人员观看《奋进新时代，创新正当时》科技成果宣传片，上湖创新区负责人做发展环境推介。

【“创新创业在海安”主题活动】2021年6月5—6日，第八届“创新创业在海安”主题活动在海安举行，中国科学院院士张淑仪、孙义燧、郑有炓、都有为、桂建芳，中国工程院院士叶声华、张洪程、马军等全国125所高校院所的325名专家教授，海安350家企业负责人，《经济日报》《中国日报》《科技日报》、西班牙《华侨快报》、瑞士《欧亚时报》等30余家国内外媒体记者参加活动。活动中，海安市科技创新委员会揭牌。开幕式上，从“创业顶格支持、柔性引才补助、优厚生活待遇、激发主体活力、鼓励成果转化、载体建设提升、助力科技服务、金融让利赋能”8个方面推介海安产业创新及政策环境，举行海安市科技创新委员会揭牌仪式，为21人颁发产业科技创新专家咨询委员会聘书，表彰创新型领军企业18家、科技兴市功臣12人，颁发人才创业项目“拨+投”资金10个，发布“高企融资服务直通车”专项活动，“科创贷”首批贷款项目、重大原创性成果项目、人才创业项目、高科技投资项目等40个项目现场签约，举行海安农商银行科技支行揭牌仪式。与会人员共同观看《枢纽海安 链动全球》专题片。

活动期间，专题举行4个专场科技成果发布会。6月5日，举行机器人及智能制造、装备制造产业成果发布会，海安市近100家装备制造企业负责人参加活动，浙江大学、济南大学、上海大学、西安建筑科技大学、太原科技大学等高校专家先后发布服务型制造研究院建设、中央空调智慧节能群控系统、数据采集和典型的组网方式、微服务架构打造数字经济生态平台、工业机器人系统与智能化冶金装备及软件系统开发等科研成果和项目。是日，举行电子信息、汽车及轨道交通、节能环保科技成果发布会，海安市相关行业企业负责人及技术骨干参加活动，浙江大学、南京农业大学、电子科技大学、北京中科慧眼科技有限公司的专家先后发布城镇易腐垃圾适度集中成肥与废水高效低耗处理技术、有机废弃物高附加值肥料化技术及产品、太赫兹数字编码相控凝视扫描系统、车载感知系统的现状及发展趋势等科研成果和项目。是日，举行新材料、现代建筑、现代家具科技成果发布会，海安市60多家相关行业企业负责人参加活动，江苏大学、南京航空航天大学、东南大学、南京林业大学等高校专家先后发布轻量化新型铝基材料及航空镍基单晶涡轮叶片成果、真空绝热板发展现状和趋势、高强高热阻发泡混凝土墙板及剪力墙结构、3D打印混凝土及其应用、家具设计产学研成果案例、家具产业制造技术科技成果等科研成果和项目。是日，举行纺织丝绸、时尚锦纶产业成果发布会，海安市70多家化纤、纺织、丝绸企业负责人及技术人员参加活动，东华大学、天津工业大学、青岛大学等高校专家先后发布清洁印染及印染废水处理、固体废弃物及土壤修复、基团功能强化的新型反应性染料创制与应用等研究项目。此外，各区镇开展产学研对接活动，海安企业和专家达成合作意向62个。

至此，"创新创业在海安"主题活动累计达成产学研合作项目近2000个，支付合作经费超12亿元。

【"两院专家走进海安"主题活动】 2021年12月25日，海安市举办第八届"两院专家走进海安"主题活动，俄罗斯自然科学院外籍院士李千目、中国科学院院士孙义燧等12名院士、中国科学院59家院所的200多名专家和省、南通市、海安市相关领导参加活动。活动期间，举办智能制造与自动化、新材料、节能环保、现代纺织等产业板块科技成果发布会及校企对接活动。海安企业和"两院"专家达成合作意向64个，与往年相比合作范围更广，除工业制造企业外，农业和建筑业企业也寻求合作。

（市科技局）

知识产权

【概况】 2021年，海安市实施知识产权战略，完善知识产权政策体系，加快赋予知识产权金融属性，将科技经费和工业项目资金向拥有自主知识产权的企业倾斜投入，对知识产权运用效益显著的企业予以奖励。完成高新技术企业知识产权贯标备案登记178家，12家企业获省知识产权贯标绩效评价考核合格，合格数量列南通市第一位。推进中国海安（家具）知识产权快速维权中心建设。PCT专利申请23件。专利授权总量7174件，其中，发明专利1084件、实用新型专利4385件、外观设计专利1705件。万人发明专利拥有量58.23件。跃通数控"一种木质门扇双面雕刻机"项目、兴华胶带"一种环保耐寒聚氯乙烯弹性体组合物的制备方法"、铭利达科技"冲模装置"项目获第二十二届中国专利优秀奖。海安被省政府表彰为全省2020年知识产权工作真抓实干成效明显地方，全省仅6个县（市、区）获此殊荣。

【知识产权质押融资】 2021年3月，海安市发布《海安市知识产权质押融资补助实施办法（试行）》，对为市内创新型中小微企业提供知识产权质押融资贷款的市内银行机构，按照知识产权质押融资额度的2%进行补助。全年，完成知识产权质押融资86笔，融资额度4.27亿元。推动知识产权金融"入园惠企"，组织银企对接活动，不断扩大知识产权质押融资覆盖面。5月14日，举行南通市知识产权金融"入园惠企"洽谈会暨海安政策发布专场活动，南通市各银行业金融机构、南通银保监分局、南通市市场监管局（知识产权局）和南通市内各县（市、区）知识产权局负责人，南通市主要园区、企业、知识产权服务机构代表参加活动。洽谈会上，中国银行南通分行等4家南通市级重点合作银行与江苏联发纺织股份有限公司等4家国家级开发区主导产业的重点企业分别签订授信协议，授信总额度1.5亿元；海安市4家重点合作银行与4家创新型中小微企业签订授信协议，授信总额度3300万元。同时，举办"知识产权运营与金融"专题授课，发布海安市知识产权金融政策。

【知识产权宣传培训】 2021年，海安市全面普及知识产权相关知识与政策，开展知识产权科普广场宣传咨询活动，组织企业参加知识产权培训，加大知识产权保护力度。1月13日，在海安开发区举办知识产权培训会，邀请省知识产权贯标审核员濮雪莲举办《企业知识产权管理规范》（国家标准）解读知识讲座，建行海安支行、昆山农商行海安支行等银行相关负责人介绍知识产权质押相关的金融产品，120余家科技型企业代表和相关金融机构负责人参加培训。4月20—26日，海安市开展"知识产权宣传周""世界知识产权日"主题活动，搭建理论知识传播集市、知识产权宣传集市、健康服务集市、版权维护服务集市、法律服务集市、科普服务集市，发放宣传手册，普及知识产权知识。海安开发区举办知识产权党史宣讲、"知识产权服务团"推介、典型案例发布、"正版正货"四不承诺、五星级商户颁奖五大特色活动。9月16日，开展保护种业知识产权专项整治行动动员培训会，各区镇（街道）种子员和种植大户代表200余人参加培训会。

（张益龙）

【知识产权法律服务】 2021年，海安市构建市、镇两级服务网络，推出企业法治体检等服务，全力提升知识产权法律服务。以律师知识产权业务委员会为依托，从担任科技企业法律顾问的律师中遴选20人组建知识产权法律服务团队。市人民法院、市人民检察院组织开展业务研讨活动3次，不断提升服务意识和能力。规范海安开发区、海安高新区两个园区公共法律服务分中心管理，充实知识产权法律服务内容，分类统计园区企业，健全定期服务、服务质量评估等制度，加大服务频次，引导律师及基层法律服务工作者帮助企业完善法人治理、知识产权保护等制度。各区镇（街道）公共法律服务中心结合辖区镇级园区、企业集中区等情况，推进法治化营商环境孵化中心等镇级服务平台建设，就近为企业提供知识产权保护法律服务。整合司法行政系统调解、公证、法治宣传等业务，围绕知识产权创造、运用、保护、管理和服务全链条，发布知识产权全链条服务项目清单，包含企业知识产权证据保全公证、法律风险管理指引、代理诉讼事务等21项服务。实施清单动态管理，与海安知名品牌法律顾问团队联合打造可供复制推广的项目品牌。结合各区镇（街道）辖区企业情况，推出"360度惠企法律服务行"等服务项目。滨海新区将知识产权保护融入行业调解室、法治小游园和法治驿站等平台，组织干警、法律顾问深入石材园区为企业提供专业服务；曲塘司法所结合“援法议事”工作，通过公开征题、企业荐题、职工点题等方式，推动涉企管理问题立项解决，成果转化率95%以上。将知识产权保护内容纳入企业法治体检表，进企实施专门体检300余家。实施“民营企业法治体检”项目，深入调研海安特色产业和企业法治需求，完善法治体检通用标准。全年，律师走访创新要素集中企业20多家，收集排查、帮助服务企业知识产权、投资融资方面法律风险服务需求26项，帮助企业化解各类风险、解决问题10余件。融入“产业链+法律服务”，围绕十大主导产业集群建立律师法律服务队。（范田晶）

2021年7月9日，海安雅周现代农业产业示范园的园艺大棚内，村民们在管护花卉　　姜　明／摄

科技服务

【农业科技服务】 2021年，南通穗邦农业科技发展有限公司“海安设施蔬菜产业分店”项目获江苏省农业科技社会化服务后补助，省财政支持经费30万元。获南通市市级基础科学研究和社会民生科技指导性项目立项25项。组织开展在研项目中期检查，获省级在研项目分批拨款40万元。2个省现代农业重点研发计划完成项目验收。指导涉农企业在科技创新方面补短板，新增省级农业科技型企业2家（南通康之源中药材有限公司、江苏富海生物科技有限公司），总数23家；指导17家省农业科技型企业参加资格复审。建强农业科技创新载体，江苏省长江特色鱼类技术创新战略联盟获绩效评价优秀，海安茧丝绸农村科技服务超市分店获年度考评优秀，雅周现代农业产业星创天地获批第五批省级星创天地。雅周现代农业产业星创天地依托扬州大学、苏州农业职业技术学院、雅周现代农业园、农业科技型企业以及农民专业合作社等，整合科技、人才、信息、金融等资源，面向大学生、返乡农民工、职业农民等创新创业主体，集中打造融合科技示范、技术集成、成果转化、融资孵化、创新创业、平台服务为一体的现代农业产业服务平台；建有省现代农业科技综合试验示范基地、院士工作站等科研平台4个，与5家科研院所（高校）建立产学研合作关系，确立“企业→高校科研院所（或国家工程中心等服务平台）+基地+农户→企业”创新运行模式；先后入驻项目21个，涉及稻米、蚕桑、果蔬、休闲观光等类型，带动200余户农户共同致富。（市科技局）

【气象服务】 2021年，海安市做好气象观测预报服务工作，农忙季节、防汛防灾等关键时点，准确及时进行气象预测、预报和预警，发布重要天气报告71期、农业气象服务材料165期、灾害性天气预警信号93期138次。启动应急响应命令6次，实行24小时领导带班、技术把关和预报值班双岗制度，确保应急响应命令实施。组建海安气象决策服务微信群，24小时无休，第一时间内为市领导、相关部门、各区镇等提供重要天气信息，提出防御建议。浒苔防控气象服务获市政府领导肯定。定期组织业务人员检查维护国家基本站和区域站设备，确保仪器设备运行良好、基础业务质量稳定，气象探测数据传输率、及时率、可用率均超过99%。每月定期组织业务人员召开业务学习会和质量分析会，每月组织断电、断网、设备故障等突发事件应急演练，气象观测水平稳步提高。（彭　伟　彭小燕）

【地震监测】 江苏省海安地震台为省级基本地震台站，位于海安市宁海南路82号，承担苏中及沿海地区中、小地震活动监测和地震前兆监测，下辖顾庄观测站和桑周观测站。2021年，海安地震台发挥群测群防网络在地震短临预报、灾情信息报告和普及防震减灾知识中的作用，持续保持技术、资金、管理、考核“四到位”，及时处置各种异常情况，全年无地震发生。年内，盐城市大丰区、常州市以及南通市如东海域等周边地区发生地震，海安震感明显，市地震台密切跟踪震情趋势，迅速做好应急准备工作，快速回应市民疑问。（刘　鑫）

海安523文化产业主题公园

文　　化

综　述

【概况】 至2021年年底，海安市拥有区镇综合文化服务中心13家，农家书屋231家，其中国家级示范农家书屋1家，省五星级示范农家书屋5家，市四星级示范农家书屋91家。博物馆、纪念馆7家。文物保护单位16处，其中，全国重点文物保护单位2处、省级5处、南通市级6处、海安市级3处。拥有省级非物质文化遗产项目7个、南通市级非物质文化遗产项目21个、海安市非物质文化遗产项目83个，省级非物质文化遗产代表性传承人5人、南通市级非物质文化遗产传承人7人、海安市级非物质文化遗产传承人68人。图书馆藏书量（不含图书馆分馆及农家书屋）49.62万册，全年阅读量78.41万人次，博物馆接待量34.96万人次。舞台艺术作品获省级奖项3件，市级奖项7件。全年送戏195场，送展览120场，送培训100场；举办农村（社区）艺术节231场，“行万里路、进千家门”惠民文艺演出924场。市文化服务平台累计组建80多支专业及民间文化志愿服务团队，参与志愿服务人数3000多人，累计开展“行万里路、进千家门”活动3000多场、“欢乐暖万家”活动1000多场、“欢乐大舞台”活动800多场、“乐一天”农民艺术节活动1000场、“群文大讲堂”5000多课时、“我是非物质文化遗产传承人”活动300多场、“大家悦读”活动160多场、“润物有声”活动80场、“剧说海安”活动49场、“艺说海安”活动120场、“公益电影轻骑队”活动20000多场，受服务人数超200万人次。海安市融媒体中心（传媒集团）116件作品在各级各类新闻竞赛中获奖，在南通市级以上媒体用稿用片1361篇（条），《一个标准全覆盖、一体管理全统筹，织就全媒信息传播网络安全网》被评为江苏省委宣传部优秀案例。全市拥有AAAAA级数字档案室2家、AAAA级2家，AAA级12家，AA级16家。史志工作成果丰硕，编纂出版《海安年鉴（2021）》《海安市情（2021）》《追梦足迹——海安党史百年》，修订再版《海安革命历史简明读本》《海安革命斗争史料集》，中央电视台国防军事频道《讲武堂》栏目到海安拍摄《敢教日月换新天——走进革命老区县海安》专题片，海安在全省学习贯彻《江苏省“十四五”地方志事业发展规划》研讨会和全省方志馆建设与方志文化宣传工作座谈会上做经验交流，《弘扬乡贤文化 彰显地情特色》获评江苏省2021年度市县地方志特色创新项目。

【文化产业发展】 2021年，海安市推进文化产业健康快速发展，523文化产业园、慧源文化传播集团通过江苏省级文化产业示范基地复核。扩大523“国家文化产业示范基地”平台效应，举办523文化艺术节暨“一带一路”国际文化交流节，为8家523文化产业示范基地分基地授牌。华艺集团举办“华艺杯”全国纺织非物质文化遗产扎染职业技能邀请赛决赛。完善文化产业招商考核指标体系和激励办法，举办文旅产业招商推介活动7次，新签约文化产业项目6个，其中，10亿元以上项目2个（立发古城项目、佳源吾安康养项目），亿元以上项目4个（金鳞甲第商业步行街项目、“四季朝歌”西泊田园综合体项目、大梦探索乐园项目、高沙土农耕文化园项目）。

【文化市场管理】 2021年，海安市强化文化市场监管，紧抓意识形态确保节目播出安全。开展广播、电视节目监看监听，规范广告播放数量和时长。加强应急广播管理，与各区镇签订责任状，落实应急广播安全播出责任。开展迎接中国共产党成立100周年广播电视和网络视听安全播出、安全传输、网络安全和设施安全大检查，重点检查宾馆酒店非法接收境外电视节目或超范围接收境外电视节目情况。市文化广电和旅游局、市公安局、市市场监督管理局、江苏有线海安分公司联合检查小商品市场和经营单位违规销售卫星地面接收设施情况，全面拆除老旧小区内非法安装和使用卫星电视地面接收设施，没收卫星电视地面接收设施42套。市文化广电和旅游局被省广播电视局表彰为2021年度江苏省境外卫星电视传播秩序专项整治工作成绩突出单位。

【文化志愿服务】 2021年，海安市文化服务平台创新“12345”文化志愿服务新模式，全力打通新时代文明实践文化志愿服务的“最后一公里”，每项活动集时代特色与乡土文化气息于一体，融合市、镇、村三级平台，搭建四支队伍，打造五大品牌，深入镇村（社区）、学校、企业等场所，常态化开展“花开新时代、文化暖万家”文化志愿服务。1月6日，文化服务平台专场示范活动在市文化艺术中心小剧场举行，活动表彰2020年度海安市优秀文化志愿者、优秀群众文化团队，发布新增的艺术名家大讲堂志愿服务队、海安杂技团志愿服务队、海安花鼓传承志愿服务队、海安龙舞传承志愿服务队、舞之源艺校志愿服务队、八月合唱团志愿服务队、“声”入人心朗诵志愿服务队、明日之星志愿服务队、广场舞导师团志愿队9个新时代文明实践文化志愿服务项目。大家“悦”读志愿服务队深入校园开展“百年·百场”活动，群文大讲堂志愿服务队依托海安市民艺术大学举办多种庆祝活动，欢乐暖万家志愿队和广场舞志愿服务队不定期派专业舞蹈老师深入街道、社区、村居开展红色广场舞培训，润物有声志愿服务队依托联合抗日座谈会会址、博物馆红色展厅和苏北第一届参政会会址纪念馆举办沉浸式党课。

【智慧广电乡镇（街道）建设】 2021年，海安市推进智慧广电乡镇（街道）建设，以行政村为单位，以“智慧村”和“高清村”为重点，试点打造大公镇仲洋村高清互动建设、立发办事处界墩村“智慧平台”建管用、孙庄街道仁桥村高清互动和应急广播建设等示范点位，8月25—26日，南通市智慧广电乡镇（街道）建设现场推进会在海安召开，会议专题辅导智慧广电乡镇（街道）建设评估标准和工作流程等，海安做经验交流，参会人员实地观摩海安智慧广电乡镇（街道）建设现场，了解海安市镇（街道）村网络覆盖、平台建设、终端供给和服务业态等建设成果。12月11日，立发办事处代表海安通过省广电局智慧广电乡镇验收小组现场复评，立发办事处和隆政街道率先获评省广电局智慧广电乡镇。

【523文化艺术节暨“一带一路”国际文化交流节】 2021年5月22日，中国·海安523文化艺术节暨“一带一路”国际文化交流节在王府邦瑞国际大酒店开幕。蒙古国、塔吉克斯坦驻华使馆大使，省文化和旅游厅、南通市和海安市相关领导和嘉宾参加活动。开幕式上，海安做文旅产业推介，现场签约立发古镇投资开发协议、大梦探索乐园投资合作协议、国家艺术品鉴证备案数据采集中心合作协议等12个文旅项目，为鑫缘集团等8家企业授牌523文化产业示范基地分基地，为中国工艺美术大师王国利、裴永中等10人颁发523文化产业示范基地顾问证书。与会领导和嘉宾到523文化产业园参观中外文化艺术作品展、文创产品展、立发古镇规划展示以及各区镇、街道文化民俗特色展。

【海安获评“中国文学之乡”】 海安文化底蕴深厚，人文资源丰富，从青墩新石器时代到发繇口春秋诸侯会盟，再到文天祥、陆舜等古代先贤云集荟萃；从近代韩国钧、魏建功、仲贞子等文人辈出，到苏中“七战七捷”不朽传奇，再到角斜“红旗民兵团”薪火相传。与此同时，海安文脉绵长、文人辈出、佳作纷呈，近代语言文字学家魏建功被誉为《新华字典》之父，蒋和森的《红楼梦概论》被红学界公认为具有里程碑意义的专著。海安先后涌现出夏坚勇、汪政、吴义勤、陈歆耕、刘旭东、丁捷、徐循华、陈驰、王勇等数十位知名作家。

海安文艺工作者围绕讲好海安故事、讲好海安人故事，创作一批富有海安文化特色的精品力作，歌曲《蓝天下》获全国“五个一工程奖”，舞蹈《一碗粥》等作品获省“五星工程奖”，话剧《索玛花盛开的地方》等作品获省“文华奖”，非物质文化遗产扎染作品《水浒一百零八人物图》获全国民间文艺最高奖“山花奖”。同时，从海安走出去的文化大家也取得令人瞩目的成果，夏坚勇历史散文《湮没的辉煌》获首届鲁迅文学奖，吴义勤所著的《当代新潮小说论》获全国优秀理论评论奖，丁捷所著的纪实文学作品《追问》《初心》《撕裂》系列三部曲引发社会热烈反响。海安优秀文化的凝聚力和感召力不断增强，海安特色文化的竞争力和影响力持续扩大。

2021年，中国作家协会中华文化基金会授予海安“文学之乡”称号，海安成为全国第八个获评“中国文学之乡”的城市，10月30日在海安市文化发展大会上举行授牌仪式。 （金 欣）

文化设施

【文化馆】 2021年，海安市拥有市级文化馆1座，文化分馆15座，家庭文化室200余家，村级文体活动室、共享工程服务点设置率100％，231个村（社区）全部建成综合性文化服务中心。市文化艺术中心（文化馆）是国家一级馆，被省文化和旅游厅确定为总分馆制先行建设单位，两馆总分馆覆盖率100%。全年，举办展览62个，组织文化活动273次，举办训练班结业人数14.55万人。

【博物馆】 2021年，海安市拥有市博物馆、青墩遗址博物馆2座公共博物馆，海安博物馆获评国家三级馆。公共博物馆累计拥有文化藏品1418件，其中二级品6件。公用房屋建筑面积7514平方米，其中，陈列展览用房6350平方米、文物库房450平方米。全年，举办展览8个，接待参观人数34.96万人次，其中未成年人参观人数9.8万人次。

【图书馆】 2021年，海安市拥有图书馆及图书馆分馆19家，其中，公共图书馆1家、图书馆分馆18家（文化站分馆10家，企业分馆5家，看守所、少年宫、检察院分馆各1家）。市图书馆是国家一级馆，被省文化和旅游厅确定为总分馆制先行建设单位，总分馆覆盖率100%。公用房屋建筑面积1.53万平方米，其中，书库300平方米、阅览室1300平方米；阅览室座位594个。市图书馆（不含图书馆分馆及农家书屋）总藏书量66.43万册，其中开架书刊16.56万册；采购新书1.71万册，征订报纸120种、期刊481种。全市新增持证读者9300余人，累计16.86万人。流通图书96.48万册次；总流通人次110.96万人次，其中书刊文献外借人次78.41万人次。书刊外借册次96.49万册次。全年，为读者举办讲座活动65次，参加人数1.23万人次；举办大型展览13次；组织各类读书用书活动14次。

【海安凤山书院24小时图书馆开馆】 海安凤山书院24小时图书馆位于新通扬河生态区凤山书院，2021年7月3日正式免费对外开放，这是海安图书馆继总馆一楼24小时图书室、黎明润景24小时城市书房后，打造的第三家面向社会公众免费开放、24小时自助式一体化服务的城市公共阅读空间。凤山书院图书馆总面积约150平方米，6000余册图书开放借阅，特设“红色专架”。除自助开门、自助办证、自助借还等自助服务外，新增人脸识别开门和借还功能，实现无线网络全覆盖，配备“歌德电子资源机”提供电子资源下载和阅读，与市图书馆实现通借通还。 （金 欣）

公共文化

【概况】 2021年，海安市高质量组织实施“三送”工程，完成送戏190场，送展览100场，送培训100场。市文化艺术中心开设公益培训班40个班次；大剧院高质量演出60场；“乐一天”农民艺术节完成231场；“万里千家”惠民文艺演出完成924场。成功举办“文明海安幸福家”海安春晚、海安市群众文艺创作节（剧）目会演、文化服务平台专场示范活动、“庆党的百年华诞·展海安红色记忆”、海安市首届乡贤大会暨青墩文化艺术节、市民文化季、海安市文化发展大会、第五届江苏省文华奖优秀舞台艺术作品展演等大型文化活动。市图书馆强化服务供给，不断创新服务内容，打造“2021百年·百场”“紫石讲坛”“名师讲堂”“书香润童心”等活动品牌，开展各类阅读推广活动近400场次，吸引数十万人参与。

【公共文化服务】 2021年，海安市组织文化志愿者送文化进基层活动，开展辅导培训、慰问演出等文艺志愿服务。举办“文化进万家”活动，丰富基层文化生活。1月26日，“凝心聚力再出发”2022年海安春节联欢晚会在市文化艺术中心大剧院上演，晚会分“闪闪发光的日子、饱含力量的记忆、凝心聚力再出发”三个篇章，涵盖歌曲、舞蹈、杂技、小品、情景说唱、戏曲等多种形式。2月27日，“梨园春光”元宵节戏曲专场活动在市文化艺术中心举办。围绕庆祝中国共产党成立100周年，举办“花开新时代——党史学习进万家”系列活动、“三微三心”（“微宣讲 守初心”“微聊会 聚人心”“微服务 暖民心”）系列活动，市文化服务平台深入村居开展志愿服务“我报到”活动。4月29日，“学习党史明初心，文化惠民暖人心”活动在闸东社区新时代文明实践点举办。市文化艺术中心推出“‘剧’说海安·红色情怀”文化公益活动，以小戏小品、曲艺、诗朗诵等艺术形式，演绎红色故事，先后走访慰问滨海新区富港村抗战老兵、老党员和隆政街道建设村抗美援朝老兵。国庆期间，市新时代文明实践中心文化服务平台组织多个志愿服务小分队，开展“花开新时代，欢歌颂祖国”庆国庆系列活动，非物质文化遗产传承志愿服务队、戏曲志愿服务队走进海安市七星湖幼儿园，开展“喜迎国庆 非物质文化遗产进校园”活动；海安图书馆大家“悦”读志愿服务队举办“新中国的诞生——1949年那些值得铭记的故事”展览；欢乐大舞台志愿服务队一天两场专题演出走到田间地头；万里千家志愿服务队走进社区，开展党史学习教育专题宣讲活动；农民乐一天志愿服务队走进基层，开展市第十四次党代会精神、交通安全等宣讲；艺术导赏汇志愿服务队组织市民免费观看江苏省文华奖舞剧作品《歌唱祖国》。此外，开展文化志愿者走进校园、“中国好人”刘宏燕家庭、少数民族留海家庭等特色主题活动，提升群众文化获得感、幸福感。开展专题培训活动，提升公共文化服务效能。4月13日，海安文化艺术中心组织志愿者到滨海新区文化站举办活动策划培训活动，邀请省“333工程”培养对象崔世莹授课。12月3日，江苏省千支优秀群众文化团队培育第二轮专家志愿者结对辅导活动在市文化艺术中心举行，采取节目表演、专家点评、座谈交流等方式，邀请专家志愿者葛志华、朱万川现场辅导2021年度江苏省“千支优秀群众文化团队”培育对象和海安市尚法文化剧社。

【社会文艺团队】 至2021年年底，海安市累计培育社会文艺团队400多支，总人数约1500人。海安花鼓艺术团、海安尚法文化剧社、海安洪家滩黄梅戏剧团、红旗艺术团等30多家优秀社会文艺剧团在文艺创作、新时代文明实践、文化惠民方面发挥重要作用。4月16日，洪家滩黄梅戏剧团参加南通伶工学社第十四季“百姓戏台周周演”活动。11月19日，海安市送戏曲进乡村公益性文艺

2021年2月5日，“文明海安幸福家”海安春节联欢晚会在市文化艺术中心举行　　市文广旅局／供图

巡演活动首场演出在南莫镇于桥村上演，洪家滩黄梅戏剧团演出黄梅戏剧目《荞麦记》，此后在全市15个镇和街道巡回演出。以老干部为主体的红旗艺术团依托角斜红旗民兵团史绩陈列馆、少年军校、角斜文化站等阵地，宣传党的方针政策，唱响红旗精神主旋律，庆祝角斜"红旗民兵团"命名55周年。

【市民文化季活动】 2021年，海安市持续打磨"市民文化季"品牌，市文化艺术中心开展"文艺演出、文化走亲、艺术引领、精彩赛事、展览展示、公益培训"六大类100余场文化活动，活动为期三个月，通过新华社、江苏公共文化云、海安播报、智慧海安等网络平台进行网络直播，累计在线观看人数100万人次。

（金　欣）

文学艺术

【概况】 2021年，海安市文艺界活力迸发，创作氛围浓厚，舞台艺术作品获省级奖项3件、南通市级奖项7件。在江苏省专业艺术领域政府最高奖第五届文华奖上，海安话剧《索玛花盛开的地方》获最高奖——文华大奖，杂技《逐梦空天——五人男女爬杆》、歌曲《你是民族英豪》获优秀节目奖（杂技组、声乐组最高奖）。音乐《你是民族英豪》《百年约定》入选文化和旅游部公共文化司主办的庆祝中国共产党成立100周年全国群众歌曲征集展示活动优秀作品，《你是民族英豪》获庆祝中国共产党成立100周年南通市群众文艺新作品音乐类特别奖。大型话剧《下河人家》获"戏剧中国"2021年度作品征集话剧类优秀作品奖；评书《门上那块牌》获南通市中国共产党成立100周年群众文艺作品征集三等奖；小品《猎杀》编创人员获江苏省第三届小戏小品展演优秀剧目奖、优秀编剧奖、优秀演员奖，小品《那顿年夜饭》演员获优秀演员奖。书画《第一面军旗》被中共中央办公厅收藏，《新四军军部旧址》被中国国家画院收藏，《唐氏天使》入选第五届江苏省文华奖优秀美术、书法作品展。卓牧闲的网络小说《杨港社区》获上海第五届现实题材网络文学征文大赛优胜奖。多项作品在南通市第三届文学艺术大赛中获奖，话剧《索玛花盛开的地方》、歌曲《你是民族英豪》获特别奖，诗歌《故园》、杂技《逐梦空天——男女集体爬杆》、中国画《三月暖阳》、草书《送瘟神》、儿童歌曲《水滴和米粒》、剪纸《新农村的幸福生活》、群舞《七战七捷显神威》获二等奖，杂技剧《征途》、小品《一碗面》、摄影《牛友马伴》《情深恩重》、民间工艺作品《戏狮罗汉》、群舞《道情》《天水茶》获三等奖，姜明、杭磊获新人奖。连环画《角斜"红旗民兵团"》《革命先驱》《千钧一石》入选《百年江海潮——红色绘本系列》。注重文艺人才培养，段武明（笔名卓牧闲）当选江苏省网络作家协会副主席，作为江苏作家代表参加中国作家协会第十次全国代表大会，获第四届"茅盾新人奖·网络文学奖"；段武明、仲明获评2020年度南通市优秀文艺家。

【文艺创作】 2021年，海安市文艺创作成果丰硕，结合中国共产党成立100周年，创作《情深恩重》《你是一面旗》《你是我永恒的向往》《你是民族英豪》《红船颂》等音乐作品，《接过手中枪》《天水茶》《道情》《忆味深巷》等舞蹈作品，《联抗轶事》《猎杀》《过江》等语言类作品，《海陵薪火永流传》《唐氏天使》等书画作品。卓牧闲小说作品《老兵新警》入选中国作家协会庆祝中国共产党成立100周年主题创作扶持项目，为全国16部入选小说中唯一的网络小说，也是江苏唯一入选作品，7月1日由作家出版社出版发行。出版"艺说海安"民间文艺丛书，包括《一船星辉——卢辉荣音乐作品》《且听风吟—海安民间说唱》《岁岁年年——海安民俗》《阡陌留韵——海安民歌》四册。出版发行《三角洲·青墩》（第21至24期）。编辑出版作品集《家在海安——海安人笔下的海安故事》。编印发放《海安市书法、美术、民间工艺作品集》。

【文学艺术奖评比】 2021年，海安市组织开展文学艺术奖评比，进一步推动社会主义文化大发展大繁荣，发掘和培养海安文艺人才。组织海安市群众文艺创作节（剧）目会演，1月9日在市文化艺术中心剧场举行决赛，72个作品参加初赛，39个节（剧）目入围决赛，其中，语言类作品10件、舞蹈类作品14件、音乐类作品15件。《你是民族英豪》《最美的脸》《故事》《道情》《水乡浣纱》等分别获非专业组一等奖。《双人技巧》《一碗面》获专业组一等奖。开展第九届海安市青墩文学艺术奖文学、书法、美术、摄影、民间工艺作品大赛评选活动，吴晓明散文集《岁月的味道》、周荣广小说《小凉山之恋》获文学类一等奖，夏剑锋书法《送瘟神》、徐海明小楷《逍遥游》、倪卫东篆刻《建党一百周年组印》获书法类一等奖，吴田玉中国画《黎明》、王成硕国画《高原的天空》、韦茜综合材料《儿时戏台》获美术类一等奖，吴田玉《耕耘（组照）》、翟慧勇《童心向党迎七一》、姜海《吐丝成茧》获摄影类一等奖，陈加园丝翎檀雕《花鸟四条屏》、顾鸣扎染《缬之绿》（衍生品2021年弄影品牌春夏系列）获民间工艺类一等奖。

【文艺界庆祝中国共产党成立100周年文艺活动】 2021年，海安文艺界举办庆祝中国共产党成立100周年系列文艺活动。5月28日，海安市"庆党的百年华诞，展海安红色记忆"专题文艺会演在市文化艺术中心小剧场举办，演出语言、音乐和舞蹈节目48个，现场评选出优秀组织奖和节（剧）目一、二、三等奖及展演奖若干。6月，海安文化艺术中心市民艺术大学举办"百年恰是风华正茂"庆祝中国共产党成立100周年系列活动，活动分器乐专场，太极、健身气功、舞蹈类专场，戏曲专场。6月9日，"百年礼赞"2021年全国美术作品邀请展在市文化艺术中心一楼美术馆举办，展出中国农工民主党内16位全国知名艺术家的46幅作品。7月20日，举办"党的光辉照我心"海安文化艺术中心庆祝中国共产党成立100周年活动中心团队专场展演，活动特邀海安籍国家一级演员王晓蓉演出。11月17日，江苏省庆祝中国共产党成立100周年"百年百场"优秀群众文艺作品巡演南通区专场在市文化艺术中心小剧场举行，参演节目由全国“群星奖”文艺作品、江苏省“五星工程奖”文艺作品和为庆祝中国共产党成立100周年活动新创作的群众文艺作品组成。

【张謇特展在海安举办】 2021年11月23日，由江苏省文物局主办，江苏省江海博物馆、海安市博物馆承办的“我国民族企业家的楷模张謇——实业报国教育兴邦特展”开幕式暨沈启鹏作品捐赠仪式在海安举办。展览至12月10日结束，分出生成长、开路先锋、投身实业、教育兴邦、地方自治、敦睦家风和学习传承七个部分，展出张謇相关书法作品、印章、书籍著作及其创办企业的相关合同、股票、商标等100余件（套）物品。活动中，国家一级美术师沈启鹏将其作品《爱国民主人士韩紫石》无偿赠予海安市博物馆。 （全 欣 谭承燕）

文化遗产保护

【概况】 2021年，海安市有文物保护单位16处，其中，全国重点文物保护单位2处、省级文物保护单位5处、南通市级文物保护单位6处、县级文物保护单位3处；其中，革命文物保护单位7处（国家革命文物保护单位1处、省级保护单位4处、县级保护单位2处）。全市有省级非物质文化遗产项目7个、南通市级非物质文化遗产项目21个、海安市级非物质文化遗产项目83个，有省级非物质文化遗产代表性传承人5人、南通市级非物质文化遗产传承人7人、海安市级非物质文化遗产传承人66人。推进非物质文化遗产和文物保护工作，苏北第一届参政会会址纪念馆、海安非物质文化遗产馆、魏建功纪念馆建成并对外开放。

【物质文化遗产保护】 2021年，海安市有青墩遗址、韩公馆2处全国重点文物保护单位，高凤英烈士墓、平倭家记碑、苏北第一届参政会会址、苏中七战七捷纪念碑、新四军联抗部队烈士墓5处省级文物保护单位，海安烈士陵园、韩国钧墓、吉家墩遗址、交运路13号明代住宅（谭氏民宅）、宋井、楠木厅6处南通市级文物保护单位，广福教寺大殿、角斜红旗民兵团史绩陈列馆、角斜清咸丰井3处海安市级文物保护单位。石板街、如来庵、草坝桥陈氏宅、角斜钱粮巷9号宋井、角斜衙门南路11号宋井、江苏省海安高级中学水塔、广福教寺遗址7处海安市第一批一般不可移动文物。继续推进青墩遗址保护利用工作，南京大学考古队完成青墩遗址、吉家墩遗址及周边区域的现场考古勘探、调查工作，并形成考古调查勘探报告，谋划启动青墩遗址再一次考古挖掘工作。10月20日，民进省委课题调研组到海安考察青墩遗址保护工作，并专题召开青墩遗址保护利用工作座谈会。

【非物质文化遗产保护】 2021年，海安市建立校园非物质文化遗产传承基地6个，组织海安花鼓、龙舞、扎染、剪纸等非物质文化遗产项目传承人进校园、进课堂传授技艺。4月21日，举办“海安市文化服务平台公共文化服务——非物质文化遗产龙舞辅导走进曲塘中学”活动，龙舞传承人杨培杰进行授课。12月20日，“花开新时代，文化暖万家”文化志愿服务平台“冬之暖”系列活动——“让孩子们爱上非物质文化遗产”活动在华艺集团举办。常态化开展非物质文化遗产传承进社区、进农村活动，市文化广电和旅游局实施“我为群众办实事——非物质文化遗产进村居、进校园”项目，举办以音乐、舞蹈、展览等多种形式的艺术类辅导和文艺演出活动。至年底，举办融入非物质文化遗产项目的“万里千家”惠民文艺演出、“乐一天”农民艺术节、“欢乐送百姓”等惠民演出500多场；非物质文化遗产专题展在滨海新区、李堡镇、大公镇、隆政街道等区镇（街道）巡回展出，剪纸、糖画、道情等非物质文化遗产传习活动多次在大公镇贲巷村、海安街道闸东社区、墩头镇毛庄村等社区（村）举办；4月22日至5月12日，海安市书画院在市文化艺术中心举办中国共产党成立100周年系列展——唐虎葫芦艺术展，展出唐虎约200件葫芦作品。打造元宵节、“文化和自然遗产日”两个常态化宣传平台，海安非物质文化遗产馆建成开馆。开展非物质文化遗产集市活动，宣传海安非物质文化遗产项目品牌，助力海安非物质文化遗产项目产业化。

海安市非物质文化遗产代表性项目名录

表38

级 别	批 次	年 份	序 号	名 称	类 别
江苏省级	第一批	2007年	1	海安花鼓	传统舞蹈
	第三批	2011年	2	南通扎染技艺	传统技艺
			3	南通勾针衣技艺	传统技艺
			4	海安苍龙舞	传统舞蹈
			5	海安罗汉龙	传统舞蹈
	第四批	2016年	6	莲花落	曲 艺
			7	糯米陈酒酿制技艺	传统技艺

续表38

级　别	批　次	年　份	序　号	名　　称	类　　别
南通市级	第二批	2010年	1	海安剪纸	传统美术
			2	角斜灯彩	传统技艺
			3	里下河号子	曲　艺
			4	唱麒麟	曲　艺
			5	唱凤凰	曲　艺
	第三批	2014年	6	里下河灶头画	传统美术
			7	胡集竹编技艺	传统技艺
			8	冰雪酒酿制技艺	传统技艺
			9	里下河小方糕	传统技艺
			10	九狮图	传统美术
			11	大凳舞	传统舞蹈
			12	河蚌舞	传统舞蹈
			13	陡锅米糰饼	传统技艺
	第四批	2017年	14	桑果黄酒酿造技艺	传统技艺
			15	木版年画	传统美术
			16	虬白龙的传说	民　俗
			17	水乡道情	曲　艺
	第五批	2020年	18	面　塑	传统美术
			19	说鹘子	曲　艺
			20	沙岗猪头肉烹制技艺	传统技艺
			21	红木雕刻技艺	传统技艺
海安市级	第一批	2016年	1	里下河农事谚语	民间文学
			2	江淮评书书帽	民间文学
			3	牵磨号子	民间文学
			4	踩高跷	传统舞蹈
			5	里下河踩高跷	传统舞蹈
			6	跳马伕	传统舞蹈
			7	跑　灯	传统舞蹈
			8	河蚌仙子（蚌戏渔翁）	传统舞蹈
			9	踏水号子	传统音乐
			10	张相芃民间音乐与道教音乐	传统音乐
			11	江淮评书书帽	曲　艺
			12	道　情	曲　艺
			13	徐春荣砖雕制作	传统美术
			14	西场碑石雕刻制作技艺	传统美术
			15	陆昌银糖塑制作工艺	传统美术

续表38

级　别	批　次	年　份	序　号	名　　称	类　　别
海安市级	第一批	2016年	16	徐家红木雕刻	传统美术
			17	丝翎檀雕	传统美术
			18	许如琪面塑制作技艺	传统美术
			19	陡锅米糏饼	民　俗
			20	东乡青苗会	民　俗
			21	虬白龙的信仰	民　俗
			22	灯　会	民　俗
			23	清明庙会	民　俗
			24	墩头春节礼俗	民　俗
			25	正月半炸麻串	民　俗
			26	端午节上凤山	民　俗
			27	通扬河两岸青苗会	民　俗
			28	说鹘子	民　俗
			29	曲塘都天会	民　俗
			30	老坝港渔船出海仪式	民　俗
	第二批	2017年	31	木版年画	传统美术
			32	糖　画	传统美术
			33	风干白条鱼	传统技艺
			34	金刚脐	传统技艺
			35	桑树果酒	传统技艺
			36	常家浆糟米饼	传统技艺
			37	仇湖糯米蜜汁藕	传统技艺
			38	沙岗徐二猪头肉	传统技艺
			39	雅周烧饼	传统技艺
			40	民族乐器制作（二胡）	传统技艺
			41	字画装裱	传统技艺
			42	“一滴香”小磨麻油	传统技艺
			43	青墩的传说	民间文学
			44	爱国老人韩紫石的传说	民间文学
			45	唱花名	民间文学
			46	说唱三十六盐场	民间文学
	第三批	2018年	47	海安面塑制作技艺	传统美术
			48	里下河婚俗	民　俗
			49	传统戏法	游艺、传统体育与竞技
			50	海安风筝	传统手工技艺
			51	葫芦画	传统美术

续表38

级 别	批 次	年 份	序 号	名 称	类 别
海安市级	第三批	2018年	52	王氏截根针灸疗法	传统医药
			53	夏治平中医针灸推拿	传统医药
	第四批	2019年	54	海安民间武术（王卫峰硬气功轻功）	游艺、传统体育与竞技
			55	瓦匋柳编	传统技艺
			56	何盈记包子	传统技艺
			57	李堡百页	传统技艺
			58	薛家小磨麻油	传统技艺
			59	麻虾酱	传统技艺
			60	雅周老鹅	传统技艺
			61	雅周香芋	传统技艺
			62	海安实木牌匾制作技艺	传统美术
			63	海安民间通俗线描画	传统美术
			64	傅家龙	传统舞蹈
			65	锣鼓书	曲 艺
			66	范堑的传说	民间文学
			67	乡贤许耀的传说	民间文学
			68	里下河捕鱼节	民 俗
	第五批	2021年	69	灯 谜	民间文学
			70	曹氏疮科肤愈散	传统医药
			71	海安石头画绘制技艺	传统美术
			72	海安古法制香技艺	传统技艺
			73	海安金缮技艺	传统技艺
			74	海安锔瓷技艺	传统技艺
			75	海安绳结编织技艺	传统技艺
			76	酒酿（浆糟）制作技艺	传统技艺
			77	陆家窑熏鱼制作技艺	传统技艺
			78	陆家窑水晶肴蹄制作技艺	传统技艺
			79	海安传统旗袍制作技艺	传统技艺
			80	海安鱼汤面	传统技艺
			81	海安桑皮纸制作技艺	传统技艺
			82	海安木杆秤制作技艺	传统技艺
			83	龙虎斗烧饼	传统技艺

海安市非物质文化遗产代表性传承人名录

表39

级别	入选批次	入选年份	序号	姓名	所属项目
江苏省级	第一批	2006	1	丁永生	海安罗汉龙
	第二批	2008	2	杨培杰	海安花鼓
	第三批	2010	3	焦宝林	南通扎染技艺
			4	谭薇薇	海安勾针技艺
	第四批	2014	5	仲美娟	海安苍龙舞
南通市级	第三批	2010	1	章仕虎	莲花落
			2	顾如铭	剪纸（海安剪纸）
	第五批	2017	3	王君璧（过世）	灯彩（海安灯彩）
			4	焦会茸	南通扎染
			5	陈永康	糯米陈酒酿制技艺
	第六批	2019	6	华江明	海安苍龙舞
			7	贲道宽	剪纸（海安剪纸）
			8	周　莉	南通扎染技艺
海安市级	第一批	2017年	1	张宪武	里下河号子
			2	李存才	水乡道情
			3	刘志龙（过世）	水乡道情
			4	刘和兵	水乡道情
			5	刘圣宝	海安糖画制作技艺
			6	徐宝南	海安红木雕刻技艺
			7	季加荣	民族乐器制作（二胡）技艺
			8	罗海林	海安木版年画制作技艺
			9	耿学彬	海安剪纸
			10	贲友明	海安剪（刻）纸
			11	贲道宽	海安剪（刻）纸
			12	周　莉	南通扎染技艺
			13	崔素梅	海安勾针衣技艺
			14	陈　蓉	海安字画装裱技艺
			15	申　超	海安字画装裱技艺
			16	薛仲斌	海安字画装裱技艺
			17	孙小琴	风干白条鱼制作技艺
			18	张宝庭	雅周烧饼
			19	常向东	常家浆糟米饼
			20	薛为民	“一滴香”小磨麻油
			21	徐正江	沙岗徐二猪头肉
			22	史国荣	金刚脐制作技艺
			23	唐晓红	桑树黄酒酿制技艺

续表39

级　别	入选批次	入选年份	序　号	姓　名	所属项目
海安市级	第一批	2017年	24	应继顺	海安红木雕刻技艺
			25	于四海	里下河小方糕
			26	薛祝良	唱凤凰
			27	董余坤（过世）	唱麒麟
			28	袁春霞	糯米蜜汁藕制作技艺
			29	王跃东	角斜灯彩制作技艺
			30	蒋荣华	江淮评书
			31	陈月琴	海安花鼓
			32	陈元华	罗汉龙
			33	华江明	苍龙舞
	第二批	2019年	34	王卫峰	海安民间武术（气功轻功）
			35	焦剑峰	南通扎染技艺
			36	严美玲	南通扎染技艺
			37	孙　龙	南通扎染技艺
			38	殷东华	何盈记包子
			39	王克来	海安红木雕刻
			40	王　凯	海安红木雕刻
			41	孙　雪	海安花鼓
			42	陈　颖	海安花鼓
			43	葛志华	海安花鼓
			44	张　静	苍龙舞
			45	吴锡友	桑果黄酒酿制作技艺
			46	李云玲	勾针衣
			47	解晓飞	勾针衣
			48	徐小亮	沙岗徐二猪头肉制作技艺
			49	花同圣	海安民间通俗线描画
			50	王瑞美	锣鼓书
			51	梅从兰	锣鼓书
			52	唐　虎	葫芦画
			53	张玉芳	瓦甸柳编技艺
			54	张干义	瓦甸柳编技艺
			55	许宏桂	傅家龙
			56	吴礼进	传统戏法（七彩戏法）
			57	陆美云	河蚌舞
			58	张素红	九狮图
			59	吕志明	陡锅米糨饼制作技艺

续表39

级　别	入选批次	入选年份	序　号	姓　名	所属项目
海安市级	第二批	2019年	60	孙玉华	板凳龙
			61	丁祥富	海安面塑制作技艺
			62	杨兴海	说鹘子
			63	王萍花	李堡麻虾酱制作技艺
			64	卢开运	雅周老鹅制作技艺
			65	沈小建	李堡百页制作技艺
			66	薛卫明	薛家小磨麻油制作技艺
			67	王小西	王氏截根疗法
			68	谢林稳	雅周香圩制作技艺

【海安市“文化和自然遗产日”系列活动】 2021年6月12日，“人民的非物质文化遗产人民共享”——海安市全国第16个“文化和自然遗产日”系列活动在市文化艺术中心举办，活动分非物质文化遗产集市、传承人培训班、非物质文化遗产传习、非物质文化遗产表演、中医专家义诊五大板块。东华大学副教授林峰做“非物质文化遗产产业的市场与传播暨海安非物质文化遗产之路构想”专题知识讲座。在非物质文化遗产集市，非物质文化遗产葫芦烙画传承人唐虎、海安剪纸传承人贲道宽向小朋友传习非物质文化遗产技艺。

2021年6月12日，“人民的非物质文化遗产人民共享”——海安市全国第16个“文化和自然遗产日”系列活动在市文化艺术中心举办。图为海安剪纸非物质文化遗产传承人贲道宽向小朋友传习非物质文化遗产技艺　　市文广旅局／供图

【苏北第一届参政会会址纪念馆】 苏北第一届参政会会址位于海安市中大街164号。会址坐北朝南，面阔5间，抬梁式砖木结构，前身为一佛庵，1936年辟为中山纪念堂。1940年11月15日，中共中央中原局书记刘少奇与新四军苏北指挥部总指挥陈毅在海安中山堂召开苏北临时参政会，刘少奇、陈毅、管文蔚、黄逸峰、韩国钧等人参加会议。苏北临时参政会是建立中国共产党领导下的苏北根据地抗日民主政权的标志，也是各民主党派、各阶层爱国人士组成广泛的抗日民族统一战线的标志。1982年3月，苏北第一届参政会会址被公布为省级文物保护单位。2021年，市政府投入560万元，修缮并建立苏北第一届参政会会址纪念馆。纪念馆建筑面积234.09平方米，其中布展面积168平方米，展出《陈毅诗词选》、会议文件、苏北临时参政会出席证等革命历史实物近百件。6月29日，正式对外开放。

【魏建功纪念馆】 魏建功纪念馆位于海安市城东镇西场办事处壮志村蓉和怡心园，由江苏海迅实业集团股份有限公司投资建设，总投资2580万元，建筑面积1860平方米，其中布展面积1560平方米，以“天行健”为展览主题，通过翔实的文字、丰富的图片、珍贵的手稿等，系统展陈“《新华字典》之父”魏建功生平经历、学术著作以及在音韵研究、普通话推广、古典文献学科创建、汉字简化等方面的学术成就。11月17日，魏建功120周年诞辰之际，魏建功纪念馆建成开馆。

【陈雷故居】 陈雷故居建于1933年，坐落于海安市区西大街（苏中地区保存较完好的清代古街），是一座二层砖木结构小楼，也是海安现存为数不多的百年古建筑。陈雷故居人文价值突出，陈雷一家是海安书香门第的代表，陈雷（1877—1938）原海安镇人，海安历史上有名的书画家，韩国钧称赞其书法别具神态，不署名就能识别书者；其长子陈熹在中华人民共和国成立前连任三任溧阳县县长，后任教浙江大学，次子陈嘉曾担任原中国人民解放军铁道兵师长，后任职于原铁道部，陈雷后人有3人曾担任大学校长，这在全国亦不多见。2021年年底，历时两年，投资300多万元的陈雷故居修复完工，并对外开放。

【海安非物质文化遗产馆】 2021年，海安市在文化艺术中心建立非物质文化遗产馆，馆舍面积400平方米，分序厅、舞蹈、音乐、曲艺、传统美术、手工技艺六大版块，以文字、图片、图书资料和实物，外加多媒体视频综合呈现和展出海安传统文化。10月28日，海安市非物质文化遗产馆举行开馆仪式，全面宣传推广海安非物质文化遗产。（全　欣）

【泛书房非物质文化遗产工坊】 2021年10月，海安泛书房非物质文化遗产工坊建成并对外开放，位于海安市城东镇迎宾路136号泛书房一楼，占地面积近2000平方米，分设补阙、四宫、侍廊、梨园、青墩、杏林六大主题空间。每个空间主题鲜明，补阙、四宫、侍廊、梨园、青墩、杏林分别为技艺类、科技类、书画类、曲艺类、美食类、中医类非物质文化遗产主题空间。搜集刺绣、印染、勾针、剪纸、竹编、灯彩、葫芦画、书画装裱、麻油、里下河方糕、麻虾酱、雅周香芋、李堡百叶、传统膏方、中医香囊、桑葚酒、糯米陈酒、花鼓、道情、龙舞等数十种非物质文化遗产产品，挖掘每个产品的背后故事，如仇湖白龙桥、青墩凤凰庄、立发发繇亭、水乡血糯米、隆政道士桥、海北止雨龙等，依靠“产品+故事”形成品牌。创新打造“海安故事、打包带走”主题概念，推出地方非物质文化遗产特产礼品装“海安伴手礼”，有“三塘什锦”“芝酥达礼”“泛饭”“凤舞青墩”等。以手作、参与、互动为主要营运模式，先后举办“海安非物质文化遗产，我们在行动”“针灸传奇”“姜温暖进行到底”“艾叶的秘密”“冰雪奇缘——海安非物质文化遗产冰雪酒”“非物质文化遗产与灯谜”等主题讲座10余场，开展印染、扎染、剪纸、绳编、刺绣、灯谜、烙画等非物质文化遗产体验活动20余次。

（钱舜华）

传　媒

【概况】 2021年，海安市融媒体中心（传媒集团）抢抓媒体变革先机，充分发挥媒体深度融合和聚合共振效应，以提高新闻舆论传播力、引导力、影响力、公信力为目标，以互联网思维、全媒体视角，不断提高新闻信息生产、传播、服务能力，力推媒体深度融合。海安市融媒体中心（传媒集团）获评2021年度江苏省县市新闻中心系统先进单位，《一个标准全覆盖、一体管理全统筹，织就全媒信息传播网络安全网》被评为江苏省委宣传部优秀案例。

海安市融媒体中心（传媒集团）以庆祝中国共产党成立100周年为主线，围绕贯彻落实习近平总书记视察江苏重要讲话指示精神以及习近平总书记在党史学习教育动员大会的重要讲话精神，统筹做好重大会议活动报道和主题宣传、成就宣传、典型宣传。先后开设“践行嘱托开新局——争当表率、争做示范、走在前列”“在习近平新时代中国特色社会主义指导下——新时代、新作为、新篇章”“奋斗百年路，起航新征程”“奋斗百年路，跑赢新赛程”“推进四个全面，实现五位一体”“打赢污染防治攻坚战”“深化科技体制改革，加快科技强市建设”“永远跟党走，致敬劳动者”“英雄战事周周看”等30多个栏目，深入宣传各级党组织和广大党员干部群众在各条战线、各个领域、各项工作中取得的显著成绩。组织开展“创新创业在海安”“2021国际河豚文化高峰论坛暨第十一届中国海安河豚节”“‘枢纽海安 科创新城’海安（上海）高质量发展恳谈会”“重走七战七捷路”等30多场融媒体新闻行动，制作推出图文、音视频等形式多样的融媒体产品，形成全方位、全覆盖、多样化宣传效果。全年，116件作品在各级各类新闻竞赛中获奖，其中，18件作品在中国县市区域媒体新闻作品竞赛中获奖，《“我去不了一线救人，能做的只有捐款了！”》等3件作品获一等奖；35件作品获省级奖项，《走向我们的小康生活——秋到农家》获江苏广播新闻奖连续（系列报道）特别奖，《丝路长风，悠悠“乐”韵》获2020年度江苏广播文艺音乐节目二等奖、中国广播电视大奖广播文艺类初评入围作品奖，《“青墩情未了”——2020中国海安青墩文化艺术节开幕式》等3件作品获江苏省广播电视类作品评比二等奖，《2020的海安，我想对你表白》等4件作品获江苏省县市新闻中心好新闻评选一等奖；45件作品获南通市级奖

2021年10月，海安泛书房非物质文化遗产工坊建成并对外开放，占地面积近2000平方米，分设补阙、四宫、侍廊、梨园、青墩、杏林六大主题空间。图为青墩美食类非物质文化遗产主题空间　钱舜华／摄

项，电视系列报道《扶贫必扶智、治贫先治愚，海安32年接力支教“小凉山”》获2020年度南通市新闻奖一等奖（县级融媒体唯一），系列报道《重走七战七捷路》获南通市“岗位大练兵、技能大比武”一等奖。另外，16件作品获其他新闻作品评选一等奖。11月，海安市融媒体中心（传媒集团）作品《江苏海安：“后浪”重走红色路，砥砺前行再出发》获评全国县级融媒体中心优秀作品双月赛三等奖。

【市外宣传】 2021年，海安市融媒体中心（传媒集团）在南通市级以上媒体用稿用片1361篇（条）。其中，《江苏海安：倡导乡风文明 绘就美丽画卷》等6条新闻在中央电视台新闻频道播出；《人民日报》用稿4篇、《光明日报》用稿1篇；“学习强国”学习平台录用稿件130多篇；《新华日报》用稿23篇（头版2篇）、江苏电视台用片54条（《江苏新时空》10条），荔枝网、我苏网、交汇点、视觉江苏等新媒体平台用稿400多篇；《南通日报》用稿158篇（头版13篇、头版头条44篇）、南通电视台《NTTV新闻》《城市日历》用片123条。

【移动新媒体运营】 2021年，海安市融媒体中心（传媒集团）围绕“海安发布”“海安播报”微信公众号，“悦海安”App以及“海安融媒”抖音等新媒体平台做文章，通过图文、短视频、直播、H5页面等形式，构建多层面、多形式、多渠道的立体传播格局，为用户提供丰富、及时的新媒体产品。“海安发布”微信公众号列全国县级媒体微信号百强榜第33位；“海安发布”“海安播报”视频号点击量“10万+”作品18个，其中，“超越梦想、迈向辉煌——海中学子跑操”点击量94万人次；策划推出“海安市第十四次党代会”“全市新一届村（社区）‘两委’班子集体出征仪式”“海安市科技发展大会”等政务类、“过大年！海安融媒带你看不一样的年范儿”“第十一届海安梨花节只等你来”“海安中学军训汇演直击”等社会热点类以及“黄柯村‘滞销菜’变身‘爱心菜’”“‘藕’遇许家庄村”等民生惠农类微直播活动，累计收看超百万人次。全年，新媒体平台发布点击量“万+”的作品248篇。“海安发布”“海安播报”微信公众号累计发布各类资讯2000篇，其中，“海安发布”阅读总量310万，平均每天阅读总数1.72万人次，头条平均阅读总数超万人次，粉丝超20万人。（徐瑞平）

社会科学

【概况】 2021年，海安市社科联有团体会员22个，涵盖政治、经济、文化、法学、教育等主要学科。加强社科普及示范基地建设，新修订《海安市社会科学普及示范基地管理办法》，面向全市开展海安市级社科普及示范基地复评与申报工作，市图书馆获评南通市级社科普及示范基地，新评选出角斜红旗民兵团史绩陈列馆、曲塘镇中心小学、海安市禁毒科普教育馆、中共营溪支部纪念馆等8家海安市级社科普及示范基地，全市社科普及示范基地总数20家，其中，省级1家、南通市级8家、海安市级11家。

【应用理论研究】 2021年，海安市社科联组织2021年度社科热点课题申报研究，评选重点课题3项、一般课题7项、立项不资助课题10项，全部结项。“创新发展 优先发展 健康发展 安全发展——海安市加快数字经济高质量发展研究”入选2021年度“江苏省社科应用研究精品工程”市县专项课题。“乡村振兴背景下的生产性非物质文化遗产项目发展问题与对策——海安市生产性非物质文化遗产项目发展调研报告”被立项为2021年度南通市社科热点课题（非物质文化遗产研究专项）一般课题。“长三角一体化背景下海安枢纽经济发展研究”“‘乡村振兴’战略背景下县（市）非物质文化遗产项目生产性传承保护与传播研究——以海安实践为例”被立项为2021年度南通市社科热点课题市县协作课题。发挥智库建言资政作用，《海安社科》发表《“碳达峰”背景下海安绿色发展路径探析》《海安市建筑业转型升级对策研究》《关于海安加快建设科技强市的研究与思考》《关于海安建设人才强市的调查与思考》等16篇社科调研报告，获市领导多次批示认可并组织专题研讨，编撰完成《智汇海安 2021年优秀调研成果选编》。海安智库发表《高起点 高科技 高水平 高收益——海安数字经济高质量发展构想》《海安绿色低碳循环发展的调研报告》《海安先进制造业与现代服务业深度融合路径与对策研究》等29项调研报告，编撰完成《2021年海安市工业经济发展研究中心、海安市工业经济智库调研成果汇编》。

【社科知识普及】 2021年，海安市社科联不断普及社科知识，推广“普及党史知识，传承红色基因”等网上有奖竞答活动。“共庆百年华诞 再创沧桑巨变”党史知识网上有奖竞答活动参与答题超3万多人次，有效推动党史知识“飞入寻常百姓家”。苏中七战七捷纪念馆、市图书馆等社科普及示范基地针对未成年人创新推出“红色情境思政课”“2021‘百年·百场’系列公益讲座”等特色品牌。市社科联拍摄制作党史知识普及系列短视频，参与“永远跟党走 学党史践初心”江苏社科普及短视频大赛，得票数列全省第二位。9月26日，召开社会科学普及工作联席会议，会议要求围绕党的创新理论、社会主义核心价值观、优秀传统文化和群众急需的人文社科知识等重点内容，创新推进社科普及工作。（郭　雷）

档　案

【概况】 2021年，海安市档案馆馆藏档案232个全宗，纸质档案42.35万卷、33.77万件，照片档案1.12万张，字画223幅，荣誉档案1335件。馆藏档案主要有民国档案、革命历史档案、中华人民共和国成立后档案，史志谱牒档案和人物、声像档案，科技、专门档案，实物档案等。不断优化档案查阅方式，提供函电代查、委托代查、预约查询、节假日预约查档等便捷服务方式，接待查档利用

5500人次，调阅档案9.01万卷次、1.33万件次，为社会公众落实待遇、明晰产权、编史修志等提供有力凭证。全市拥有AAAAA级数字档案室2家、AAAA级2家，AAA级12家，AA级16家。

【档案规范化建设】 2021年，海安市档案馆持续加强业务规范建设，制定下发《海安市2021年档案工作考核办法》，做好机关、团体、企事业单位2020年度文件材料集中归档指导，加强全市档案工作督查监管。3月，集中开展"企业档案服务月"活动，根据各区镇、街道报送的辖区定报企业业务指导需求表，举办企业档案培训班，建立企业档案服务群，及时释疑解惑。同时，根据企业需求，通过电话、网络、上门指导等形式帮助企业协调解决项目档案验收、企业上市、认证工作中的档案业务问题。加强党史学习教育文件材料归档指导工作，与党史学习教育领导小组办公室联合发文，对党史学习教育文件材料收集整理提出要求，并跟踪指导归档工作。加强精准扶贫档案调研指导，举办全市精准扶贫档案业务培训班，指导市扶贫办公室及各区镇（街道）做好扶贫档案收集整理工作。加强新冠疫情防控档案管理工作，持续跟踪指导疫情档案收集、整理工作，指导各专项组收集材料，为后续进馆工作做好准备。做好出生医学证明档案整理和扫描的指导工作。

【档案基础业务建设】 2021年，海安市档案馆对照"综合档案馆业务建设评价标准"，将业务工作任务细化分解、责任到人、任务到岗，全面推进档案接收征集、档案数字化、档案保管保护、档案查阅利用等基础业务工作。加强馆藏资源体系建设，发布迎接中国共产党成立100周年征集公告，征集重大活动、重大事件、重要人物等各类照片7210张、视频2520件；接收扶贫档案1475件、出生医学证明档案8710件进馆；整理完成江苏百件红色珍档（张爱萍将军手迹）的相关材料；完成馆藏到期文书档案永久、长期（1984—1990年）的划控开放工作，共划控17862卷，开放11526卷。强化爱国主义教育基地建设，挖掘馆藏红色档案资源，实施一楼展厅、利用大厅升级改造工程，打造"海安印迹"主题展览，接待各界参观人数500余人次。发挥中小学档案教育社会实践基地作用，组织开展"七彩的夏日""缤纷的冬日""童心向党快乐成长"和红色档案进校园等社会实践活动。

【档案信息化建设】 2021年，海安市档案馆实施远程查档服务项目，将查档服务向基层延伸，推进各区镇（街道）远程查档点建设，做好业务培训、网络连通、系统调试、协议签订相关工作，深入区镇、街道上门指导，实现区镇（街道）远程查档全覆盖，累计接待利用者1145人次。加强数字档案馆建设，做好馆室一体化档案管理系统更新维护工作，新增"具体查档目的"登记及统计功能，及时解决使用中出现的问题，确保系统安全稳定运行。强化馆藏档案数据规范化管理，全面核查馆藏档案目录数据，及时整改相关问题数据，更新TRS全文数据库，进一步提升档案利用查全率、查准率。及时接收各单位年度归档备份数据及电子文件中心归档数据，做好数据多套备份。

【档案法治化建设】 2021年，海安市档案馆贯彻落实新"档案法"《江苏省档案管理条例》，以"6·9"国际档案日活动为契机，采用线上、线下多途径宣传，线上利用"海安发布"微信公众号推送新"档案法"解读、平台发送宣传短信，线下通过组织中小学生走进档案馆参观、利用展板开展广场宣传、组织机关档案工作者参加"新修订档案法公益大讲堂""十四五全国档案事业发展规划公益大讲堂"线上直播培训、发放新"档案法"宣传手册等方式，提高社会公众档案意识。

【档案安全体系建设】 2021年，海安市档案馆加强档案库房日常温湿度监测和出入管理，每月7日定期开展安全检查，用好档案馆安防监控系统，不断优化人防、物防、技防"三位一体"档案安全防范体系，确保档案实体安全。开展数字档案馆系统二级等级保护测评，全面评估信息系统安全状况，及时修补漏洞、更新病毒库、完善安全策略，确保系统运行安全。定期开展温湿度调控设备、消毒设备、门禁设备、库房监控报警设备、消防设备以及档案阅览、复制设备等安全检查，确保设备安全。（王素兰）

史　志

【概况】 2021年，海安市委史志工委深入贯彻落实《江苏省地方志工作条例》，编纂出版《海安年鉴（2021）》《海安市情（2021）》《追梦足迹——海安党史百年》，修订再版《海安革命历史简明读本》《海安革命斗争史料集》，在《海安日报》"海安发布"等全媒体上开辟"纪念中国共产党成立100周年英雄·战事周周看""海安红色印记"专栏，协助中央电视台国防军事频道《讲武堂》栏目到海安拍摄《敢教日月换新天——走进革命老区县海安》专题片，多形式开展"红色海安"宣传教育。在全省学习贯彻《江苏省"十四五"地方志事业发展规划》研讨会和全省方志馆建设与方志文化宣传工作座谈会上，海安两次做经验交流。市委史志工委被省地方志办公室表彰为2021年度全省方志文化宣传工作先进集体和地方志系统政务信息报送先进集体。《弘扬乡贤文化 彰显地情特色》获评江苏省2021年度市县地方志特色创新项目。

【年鉴编纂】 2021年年初，海安市委史志工委制定年鉴编纂方案并以海安市委办公室、市政府办公室文件下发。3月底基本完成年鉴资料的征集，8月底完成初稿编辑，10月上旬完成统稿并送方志出版社审读。12月，方志出版社公开出版发行《海安年鉴（2021）》，同步推出《海安年鉴（2021）》手机版。《海安年鉴（2021）》卷首设影像海安、目录、特载、大事记，主体部分设27个类目，卷尾设附录、索引。全书222个分目，18个子分目，960个条目，表71张，随文插图98幅，计97.3万字，全面记述2020年度海安市基本面貌和各行各业的发展情况。在“两会”上发放给人大代表、政协委员及各部门负责人700册。李国良《浅论地方综合年鉴的创新——以〈海安年鉴〉为例》在第五届全国年鉴论坛上做交流发言，南通唯一。编辑32K袖珍异形开本口袋书《海安市情（2021）》，在2020年版本的基础上，整合规范栏目编排，创新设置特色板块，突出展示海安年度亮点和地方特色，4月初完成初稿编纂工作，7月出版发行，电子版同步正式上线。在首届乡贤大会、投资贸易合作洽谈会、“两院”专家走进海安等大型活动中发放1500册。“《海安市情》服务于市委、市政府举办的大型活动，为社会各界人士及海内外客商提供研究地情、投资置业的系统资料”的做法被《新华日报》交汇点新闻报道。“与时代同步伐 以服务促作为 创新打造即时性志鉴精品”入选全省即时性记录编纂工作推广交流会材料汇编。

【区镇志、部门（行业）志编修】 2021年，海安市委史志工委持续加大《江苏省地方志工作条例》宣传贯彻力度，加强区镇志、部门志编纂的业务指导和序时督查，制定差别化考核办法，推动全市镇村志编修工作分批次、有重点地展开。至年底，《角斜镇志》进入出版程序。《海安镇志》《西场志》进入终审稿修改完善阶段。《大公镇志》《南莫镇志》《白甸镇志》形成初稿。《曲塘镇志》《李堡镇志》《雅周镇志》初稿编纂中。《仲里广志》出版发行。《韩庄村志》内部出版。指导《海安公安志》编修。《江苏省名镇志·城东镇志》《江苏省名村志·泰宁村志》7月出版发行，分别成为南通首部出版发行的省名镇名村志，全书采用文字、图片、视频等形式，打造新型全媒体志书。

【党史资料征研与编纂】 2021年，海安市委史志工委继续加强海安地方党史研究，组织编纂《海安革命历史简明读本》，通过三个时期21个历史事件、12位与海安大地渊源深厚的党史人物、11位为海安人民翻身解放抛头颅洒热血的革命烈士、10个场馆和大事记，呈现在中国共产党领导下，海安人民经过艰辛探索和流血牺牲，取得新民主主义革命胜利的壮丽画卷，5月11日举行首发仪式。编辑出版《追梦足迹——海安党史百年》，全书近20万字，以大事记形式记录海安人民在中国共产党领导下的追梦历程，逐日记录366个“海安历史的今天”，7月出版。修订再版《海安革命斗争史料集》，抢救性整理有关海安历史的13本15辑资料，编辑成合集出版。撰写《“天下第一刺刀”——苏中七战七捷纪念碑》《共和国民兵建设的一面红旗——角斜“红旗民兵团”》报送《江苏地方志》“红色地名”专刊，海安成为全省100个红色地名材料编纂试点单位。

【党史宣传教育】 2021年，海安市委史志工委多措并举，加大党史学习宣传教育力度。全程协助中央电视台国防军事频道到海安拍摄《敢教日月换新天——走进革命老区县海安》专题片，片长48分钟，1月3日在中央电视台首播，全国10家，江苏唯一。选派3人作为市委党史学习教育宣讲团成员，到区镇、街道、学校、企业宣讲海安地方史和海安红色故事。与宣传部联合制作“航程——庆祝中国共产党成立100周年”专题图片展，6月30日开展。全程做好“重走七战七捷路”和“南通红色记忆”大型全媒体新闻行动宣传片采访、拍摄和沟通衔接工作。配合南通市电视台拍摄制作的《中国红·英雄城（苏中七战七捷）》在广州电视台播出。在《海安日报》“海安发布”等全媒体上开辟“纪念中国共产党成立100周年英雄·战事周周看”“海安红色印记”专栏，讲述海安革命历史故事，传承红色基因。在“学习强国”学习平台发表《王庆生与海安第一个中共支部——营溪党支部》《陈毅在海安》《邹韬奋在海安》，促进海安地方党史宣传。组织党史“六进”活动，全年向机关、学校、乡村、社区、企业、场馆赠送地方党史书籍近5000册。

【红色资源开发与利用】 2021年，海安市委史志工委加大海安红色资源基地建设工作力度，苏北第一届参政会会址纪念馆建成开馆。协助南通市委党史办公室制作《南通革命遗址、遗迹、纪念设施分布示意图》，苏中七战七捷纪念馆、角斜红旗民兵团史绩陈列馆、新四军联抗烈士陵园、海安烈士陵园入选南通市网上红色展馆。7月，上报新四军联抗烈士陵园、海安市烈士陵园（海安革命烈士纪念馆）、角斜红旗民兵团史绩陈列馆3家单位参评江苏省第三批党史教育基地。在新四军联抗烈士陵园循环播放《苏中抗战旗帜——新四军联抗部队历程》，作为现场教学必修课，增进党员干部、青少年学生对新四军联抗部队等红色历史的了解。

【海安市新四军研究会】 2021年，海安市新四军研究会组织会员收集一批海安籍或曾经在海安战斗过的老战士资料，撰写传记，宣扬新四军铁军精神，发表《从毛泽东的30份电文看苏中战役在新中国诞生中的战略地位》《粟裕与海安》《抗战时期苏中里下河地区的水网改造与水上游击队》等文章40多篇。6月28日，在“纪念中国共产党成立100周年·南通市新四军研究会成立10周年”座谈会上，海安市新四军研究会选送19部作品参展。联合市委史志工委、市教育体育局、市老区开发促进会开展纪念中国共产党成立100周年党史征文活动。9月29日，召开庆祝中国共产党成立100周年党史征文研讨会，市新四军研究会副秘书长何苏平做交流发言。做好华中新四军八路军总指挥部纪念馆展陈大纲的组织编撰和内容审核。11月17日，与海安市委史志工委共同承办纪念华中新四军八路军总指挥部成立81周年专题报告会，邀请新四军军事研究专家、《铁军》杂志社副总编辑刘顺发做专题报告。 （陈　萍）

海安市人民医院

卫生健康

HAIAN YEARBOOK 2022 海安年鉴

综　述

【概况】 2021年，海安市拥有医疗卫生机构398家，其中，医院51家，乡镇卫生院、社区卫生服务站29家，村卫生室207家，卫生防疫防治机构1家，妇幼卫生保健机构1家，门诊部、诊所109家。医疗机构总床位6405张，其中，医院床位5579张，乡镇卫生院、社区卫生服务站床位826张。卫生技术人员5817人，其中，执业医师、执业助理医师2504人，注册护士2279人。每村均设有医疗点，村卫生室人员816人，新型农村合作医疗覆盖面100%。

【医药卫生体制改革】 2021年，海安市出台《海安市全面推进紧密型县域医疗卫生共同体建设实施方案》，推进紧密型县域医疗卫生共同体实体化运行，建成市人民医院医共体、市中医院医共体，建立医共体理事会、监事会，制定医共体章程并出台相关管理办法。组建县域医共体高质量发展“五大中心”（医疗质控、人力资源、运营管理、医保管理、信息数据），制定编制人事、财务运行、医保支付、转诊、住院病人临床路径等管理办法以及常见病诊疗规范、分级诊疗首诊目录等制度。健全公共卫生体系，市疾病预防控制中心在区镇成立分中心，在所有公立医院设置公共卫生与医防协同科，完善社区（村）公共卫生委员会，启动市应急医院建设，新建社区卫生服务中心2个。推进农村区域性医疗卫生中心建设，李堡镇、南莫镇、曲塘镇、城东镇通过省级验收。优化医疗资源配置，选派4名医院骨干到成员单位乡镇卫生院担任院长和业务院长，派出专家400多人次开展远程诊疗和影像会诊3200余次。

【卫生基础设施建设】 2021年，海安市新建发热门诊4家，总建筑面积1.55万平方米，总投资0.79亿元，曲塘镇、城东镇、南莫镇中心卫生院发热门诊全面建成并交付使用，李堡镇中心卫生院发热门诊主体封顶进入装修阶段。市应急医院开工建设，总建筑面积1.66万平方米，总投资0.89亿元。市人民医院南莫院区门急诊病房综合楼建成并投入使用，总建筑面积1.33万平方米，总投资0.63亿元。白甸镇卫生院改扩建工程竣工验收并交付使用，总建筑面积3350平方米，总投资0.11亿元。市中医院急救中心、科研教学综合楼全面进入装修阶段，总建筑面积3.83万平方米，总投资2.27亿元。市上湖医院（市妇幼保健院）主楼及裙楼主体工程封顶，二次结构施工完成，总建筑面积14.8万平方米，总投资11.5亿元。

【医养融合发展】 2021年，海安市加大医养融合建设力度，21家公办养老机构全部建立标准化医务室，均就近与医疗机构签约，定期提供上门医疗服务。全市拥有医养结合护理院3家，设床位180张，为长期卧床的失能失智老年患者提供基础护理、专科护理。强化护理院行业监管，组织3家护理院参加南通市护理院规范建设信用等级评价，福康爱心护理院获评诚实守信（A级）护理院。推动老年友善医疗机构建设，全市16家医疗机构参与创建，12家通过验收，二级以上综合性医院、康复医院、护理院、一级医院均建成老年友善医疗机构，市中医院、高新区卫生院获评江苏省老年友善医疗机构优秀单位。　（刘胜男）

新型冠状病毒肺炎防控

【概况】 2021年，海安市委、市政府坚决贯彻落实中央决策部署以及省、南通市要求，坚持“外防输入、内防反弹”的防控策略，进一步健全常态化防控机制，全面压实“四方责任”（辖区党委和政府要明确属地责任，行业部门要负起主管责任，各单位要夯实主体责任，个人要做好自我管理），先后选派医务人员67人驰援疫区。精准管控重点人群和重点场所，有效督促重点商业场所、进口货物企业从业人员2903人接种疫苗并接受定期核酸检测。加快疫苗接种进度，市体育中心新冠疫苗接种点率先在南通建立攻坚党支部，吸纳各级医疗机构党员21人，成立“先锋队”、设立“示范岗”。立足“平战结合”要求，推进应急医院、发热门诊等工程建设，完善公共卫生应急管理体系，开展全员核酸检测演练1次。借助开展“5·12”护士节、“8·19”医师节等表彰评选活动，大力弘扬疫情防控精神，形成尊医重卫的良好风尚。

【应急体系建设】 2021年，海安市完善应急体制机制建设，组建流调溯源、环境消杀、检验检测专业队伍，形成“大数据+铁脚板+网格化”的工作模式。健全完善卫生应急专业队伍4支，落实24小时应急值班制，全年接报各类突发公共卫生事件及相关信息14起，达到突发公共卫生事件报告标准5起。开展突发事件风险评估59次，其中，周评估52次、专题评估7次。加快应急基础设施建设，投资3亿多元建设规范化定点救治医院1个、应急医院1个、公共卫生应急大楼4个、PCR实验室4间以及城东镇中心卫生院规范化发热门诊等，按要求配齐负压救护车8辆，建成市级核酸检测基地及健康驿站。组织卫生应急演练，坚持问题导向，演练内容涵盖病例报告、启动应急响应、流调溯源、风险区域管控与风险人员排查、人员转运、核酸采样检测、环境消杀等全链条全要素，强化联防联控机制组织指挥、部门联动、社会动员、现场处置、检验检测、物资保障等方面的综合能力。

【疫情防控】 2021年，海安市抓好常态化疫情防控，扎实做好疫情防范和应对工作。强化疫情监测预警。协同区镇（街道）及行业主管部门，落实高、中风险岗位从业人员核酸检测应检尽检工作。常态化监测调节生活必需品供应量，确保米面油、肉蛋奶等供应充足。在原双楼职业中学内建成城市核酸检测基地，配备检测设备22台（套），日检测量22万人份。在天楹集团内建成救护车洗消站，用于消毒转运可疑患者的救护车辆。强化重点人群排查管控。累计开展新冠肺炎协查、调查220起。规范入境人员健康管理，及时处理17家涉外企业、47名涉外人员归国信息。优化调整集中隔离观察点，及时启用储备隔离点4

家，设立入境人员专用隔离点2家、国内中高风险地区人员专用隔离点3家，全年隔离观察5013人。强化进口领域监管。进一步细化《海安市进口高风险非冷链集装箱货物（原材料）疫情防控工作方案》和《中欧班列（东盟—海安）疫情防控工作方案》，转发《南通市外贸企业进口高风险非冷链集装箱货物检测和预防性消毒流程的工作指南（试行）》，制定《进口高风险非冷链集装箱货物疫情防控演练方案》，与17家涉外企业签署《海安市对外投资合作企业疫情防控承诺责任书》。组织各企业在外人员参加境外“春苗行动”，涉外企业在外人员1905人，接种1765人。成立市级、区镇进口货物疫情防控工作专班，实行进口货物预报制，及时统计并上报进口货物和直接接触人员相关信息。落实各区镇属地责任和进口企业主体责任，执行“内外分开、专班管理”制度，做好进口货物检测、预消毒、环境消杀、员工防护、信息报送、医疗废弃物处置等工作。开展进口冷链食品集中监管仓驻点指导，落实第三方机构进行核酸采样检测和消毒工作，累计采集重点人员核酸样本12.7万份。

【疫苗接种】 2021年，海安市设集中接种点1个、流动接种点2个、固定接种点12个。至年底，全市累计接种新冠疫苗174万剂次，其中，3~11岁儿童第一针接种率96.02%、两针接种率85.65%；18岁以上人群第一针接种率87.79%、两针接种率85.49%；常住人口第一针接种率87.90%、两针接种率85.18%；重点人群第三针加强针接种率62.09%。

【全民核酸】 2021年8月7—8日，按照市委、市政府统一部署，海安市启动全民（含常住人口、流动人口等）核酸检测应急演练，组建核酸检测采样点250多个，同时配备管理、采样、登记、安保、社区工作人员以及志愿者2756人，采集核酸样本80.5万人份，3日内完成核酸检测，检验结果均为阴性。市市域治理现代化指挥中心联合电信海安分公司，对250多处采样点加装视频监控，并将视频信号接入指挥中心，方便第一时间掌握现场情况、及时调度指挥。各区镇（街道）派出转运车60辆、转运工作人员100多人，依托社区采样点、中转运输点、机构检测点三级运输调度网络，做好采、转、运等环节的衔接工作。

（刘胜男　田梦雯）

疾病预防控制

【急性传染病防制】 2021年，海安市加强传染病报告信息管理，54家传染病诊疗机构网络正常运行率100%，报告传染病报告卡2666张。序时开展发热住院肺炎病例监测、感染性腹泻监测、霍乱及其他致泻性弧菌监测、手足口病监测及禽流感监测，全年发现手足口聚集性疫情10起，均得到及时规范处置。市疾控中心将1~2周岁儿童水痘疫苗免费接种首次纳入2021年度“为民办实事”项目和“我为群众办实事”项目，降低儿童水痘突发公共卫生事件发生率。

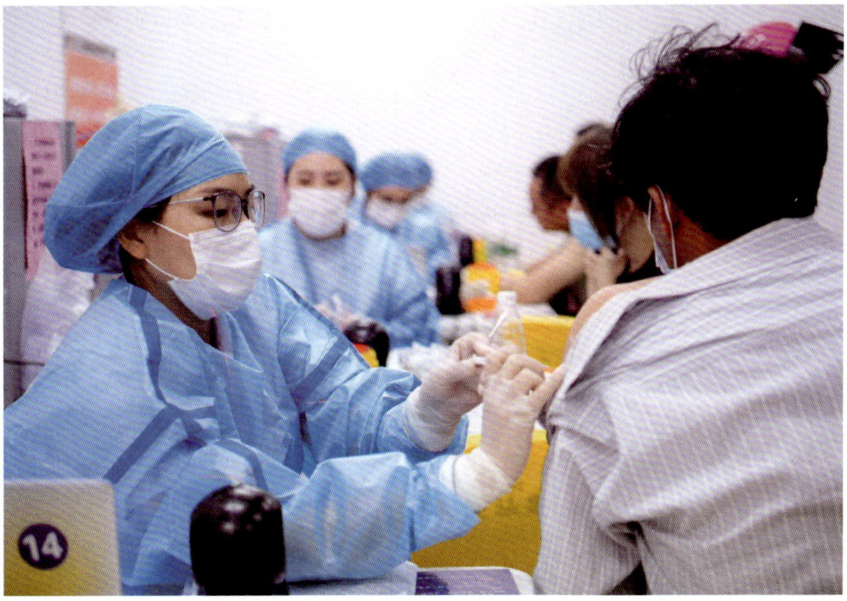

2021年，海安市科学有序推进新型冠状病毒疫苗全民免费接种工作。图为6月1日，医护人员为市民免费接种疫苗　市卫健委／供图

【慢性传染病防制】 2021年，海安市推进结核病健康促进行动，发现和治管活动性肺结核患者130例，肺结核发病率比上年下降35%，规范管理率100%、规则服药率100%。耐药肺结核发现、纳入治疗率100%。处置学校结核病预警信息14次、学校肺结核疫情5起，检查密切接触者754人次，发现潜伏感染者5例。完成3.13万名（含结核菌素检查5894人）入学新生及重点地区到海安学生结核筛查工作，发现学校肺结核1例、潜伏感染者30例，潜伏感染者预防性服药率100%，未发现关联病例。

【慢性非传染病防制】 2021年，海安市开展“健康科普秀、巡讲进万家”科普巡讲活动，组织参加第六届全国职业人群“万步有约”健走竞赛，人均期望寿命达83岁。新发肿瘤患者登记3722例，累计管理高血压患者9.8万人、糖尿病患者3.26万人，管理规范率60%以上。全年完成65岁以上老年人健康管理15.37万人，老年人健康管理率70.8%；完成国家心血管项目复筛702人，检出高危对象并干预随访202人，长期随访4113人。

【重点寄生虫病和地方病防制】 2021年，海安市开展重点寄生虫病综合防治工作，累计查螺环境245个，面积301.19万平方米，未发现活螺；完成海安居民和流动人员的1423人份血检和200人份粪检查病工作，牲畜查病156头，均未发现阳性感染对象。完善晚期血吸虫病确诊病人健康档案，实行个案管理，分别完成10例、1例晚期血吸虫病病人随访和救助申报工作。完成血检“三热”（临床诊断疟疾、疑似疟疾、不明发热病人）病人563人次，RDT（疟原虫快速诊断）检测443人，未检出疟原虫阳性病人。完成609名儿童蛲虫病监测及1028名常住居民肠道线虫感染监测，均未发现感染者。监测300户居民、200名8~10岁学龄儿童和100名孕妇家庭食用盐及尿碘水平，完成200名学生甲状腺B超检测工作，儿童甲肿率4.5%。

【艾滋病防制】 2021年，海安市正常开展HIV（艾滋病）自愿咨询检测（VCT）服务工作，四个VCT门诊接受自愿咨询检测924人次。全市艾滋病检测覆盖率25.54%，初筛抗体阳性49例，确证阳性40例。新报告HIV感染者39例，成功转介治疗35例，完成分子流行病学调查32例。做好HIV感染者及病人的定期随访管理工作，CD4（白细胞分化抗原4）与病载检测率96.13%，抗病毒治疗率95.77%。拓宽HIV人群筛查覆盖率，首次将老年人HIV检测纳入基本公共卫生服务健康体检范围。

【麻风病防制】 2021年，海安市随访存活麻风治愈者391人，随访率100%。各级推介筛查麻风可疑者477例，可疑线索报告率100%，现场筛查率98%；发现并向上级转诊疑似麻风病例17例，跟踪随访后均予以排除，现场核查率100%。12月7日，省疾病预防控制中心慢传所副所长、主任医师张连华带队到海安墩头中心卫生院、墩头镇疾控分中心及东湖村卫生室督导考核2021年麻风病防治工作并给予肯定。

【劳动卫生与职业病防制】 2021年，海安市卫健委落实劳动卫生和职业病防制监督责任，回顾性调查和随访尘肺病人43人，现场监测20家企业工作场所职业病危害因素，调查疑似职业病申报情况，对接触粉尘类职业健康检查进行个案核实。对医疗机构上报的食源性疾病病例信息开展监测，调查疑似食源性事件9起。每周开展进口冷链食品从业人员和相关环境采样，累计采集食品及包装样本1719份、环境样本1120份、进口冷链食品从业人员样本2898份。对48个省监测点、11个县监测点和11家游泳池开展水样监测，完成31家直饮水的采集检测及结果公示工作。

【精神卫生】 2021年，海安市加强与政法、公安、残联等部门的沟通协作，定期及时交换严重精神障碍患者治疗管理信息，联合开展精神异常可疑线索排查和年度健康体检，联合社区（村）组建“四帮一”（一名医生、一名民警、一名村或社区干部、一名监护人帮助一名患者）管控帮扶小组，根据患者危险级别分级分类开展健康随访管理。至年底，全市严重精神障碍患者登记率5.33‰，管理率和规范管理率均为98.83%，服药率83.71%，规律服药率69.17%。精神分裂症服药率89.71%，精神分裂症规律服药率77.16%，面访率94.06%；落实严重精神障碍患者监护责任以奖代补政策327人，发放监护补贴72.68万元；积极配合市残联落实江苏省贫困精神残疾人免费基本用药1397人；落实双向转诊，及时收治病情不稳定患者，全年收治各类精神障碍患者1194人次，集中住院治疗病情不稳定贫困患者491人次。为40名特困严重精神障碍患者家庭申请市红十字会救助。 （刘胜男）

基层卫生健康

【基本公共卫生服务】 2021年，海安市基本公共卫生服务项目补助标准提高至每人105元。制定完善《海安市2021年国家基本公共卫生服务项目实施方案》、绩效考核方案及考核细则，李堡卫生院、墩头卫生院代表南通市接受江苏省2020年基本公共卫生服务项目绩效考核，获省级考核组肯定。提升项目实施水平，完善基本公共卫生服务管理机制，按照实际完成服务数量和质量拨付资金，全年下拨项目经费7855.2万元，群众满意度98.96%。

【村卫生室及乡村医生管理】 2021年，海安市按照“保基本、强基层、建机制”的工作要求，加大基层医疗机构投入，深入推进镇村一体化管理。出台《市政府办公室关于印发海安市村卫生室服务能力建设评价工作实施方案的通知》，5家村卫生室获评省甲级村卫生室，44家达省级基本标准，数量居南通市前列。稳定优化乡村医生队伍，全市拥有乡村序列人员816人，均纳入乡镇卫生院工会管理，落实适龄乡村医生“五险一金”（养老保险、医疗保险、失业保险、工伤保险、生育保险，住房公积金）缴纳工作。开展乡村医生服务能力提升年活动，组织基层卫生人才能力提升项目、镇级规范化培训、全科医生务实进修、中医适宜技术务实进修、新入职人员岗前培训等系列活动，提升乡村医生执业水平和服务能力。

【家庭医生签约服务】 2021年，海安市做实做细家庭医生签约服务，全市常住人口签约率52.46%，重点人群签约率87.75%，首诊签约5.46万人、“点单式”签约4.81万人，市级专家下乡385人次，服务签约居民5375人。做好重点人群签约服务，率先推出高血压患者、糖尿病患者、高血压合并糖尿病患者、严重精神障碍患者、计生特殊家庭、结核病、老年人等健康管理服务包。全面推广家庭医生预约上门和家庭病床服务工作，全年建床46张，解决行动不便患者就医困难。城东镇中心卫生院南屏村家庭医生工作室、高新区中心卫生院洋港社区家庭医生工作室获评省示范家庭医生工作室。海安市被省卫健委确认为商业保险支撑家庭医生签约等服务模式创新试点单位，并通过省级评估验收。“学习强国”学习平台、中国江苏网、健康江苏等多家媒体平台报道海安家庭医生签约服务工作。 （刘胜男）

医政医管

【概况】 2021年，海安市出台《海安市医疗质量控制中心建设与实施方案（试行）》，组建由268名专家组成的医疗质量控制中心18个。出台《关于进一步加强卫生健康人才引进培养工作的实施意见》，开展第四批基层卫生骨干人才遴选，分别选出省、南通市、市基层骨干人才45人、91人、45人。深入推进改善医疗服务行动计划，充分应用“互联网+”技术，创新医疗服务模式，市人民医院、市中医院分别建成互联网医院。开展“互联网+”护理服务，完善管理制度、服务人员资质、护理服务项目信息和服务流程，全年完成上门护理服务1192例。完成一级以上医疗机构门（急）诊电子病历系统和市120急救指挥系统升级改造工作。强化重点专科建设，市人民医院创伤中心成为中国创伤救治联盟建设单位，肿瘤科通过省重点建设专科复评，增设癌症防治中心，儿科、普外科、骨科、胸外科等26个专科通过南通市级重点专科复评，肿瘤学、神经外科学被确定为南通市医学重点学科；市中医院针灸科通过省中医重点专科复核评审，中医内分泌、肛肠科等6个专科通过南通市级重点专科复评，脑病科获评南通市医学重点学科；市皮肤病医院皮肤科接受南通市重点专科评审。市医疗保障局率先推行医保经办“综合柜员制”，组建失能（失智）评定专家委员会，聘请正高级医疗专家复核现场初评意见。联合市残联开展“失能（失智）和残疾等级评定”一件事改革，累计联合评定2508人。联合市民政局开展供养困难人员照护保险申报及评定，经评定后集中供养困难人员享受照护保险待遇86人、分散供养困难人员享受照护保险待遇90人。6月，市基层卫生人员实训基地获评国家级基层卫生人才能力提升培训项目培训基地，江苏省仅3家，先后接待启东、江都、如皋等5家卫健委团队和市自媒体负责人、知名网友现场考察参观。

【医政管理】 2021年，海安市完成医疗机构准入及注销现场验收24家，机构内增设口腔科、康复科、妇科3家，增设口腔医院1家、血透中心1家，增设床位7家，注销机构6家。对全市60家一级以上医疗机构开展年中、年终医疗质量督查和不定期医疗质量抽查，抽查住院病历660份，点评处方6000张，通报不合理检查、用药、治疗行为，查处不良执业行为医疗机构7家，处罚10.82万元，没收违法所得0.88万元。建立短缺药品市级储备机制，设立短缺药品保障资金20万元。落实市级处方点评机制，举办市级处方点评1次、现场处方点评1次，公开点评培训不合理、不规范用药行为，培训人数500人次，门诊处方合格率86%以上。开展医院感染管理工作质量检测，指导全市5家医疗机构血液净化中心、消毒供应中心感染预防与控制工作，参加南通市新冠肺炎感染防控交叉检查，完成发热诊室感控流程设计。加强实验室生物安全管理，完成6家PCR实验室生物安全及资质验收。建立医疗废物信息管理系统，统一回收未被污染的输液瓶袋且全程二维码信息追溯，实现“闭环管理、定点定向、全程追溯”；定期收集医疗废物重量数据，专项督查医疗废物，防止医疗废物流失、泄漏、扩散。

【医药服务管理】 2021年，海安市推进定点医疗机构参加药品和医疗耗材集中带量采购工作，落地执行6批次228个集采中选药品价格，7批次19类国家及省市联盟采购医用耗材价格，药品和医用耗材平均降价幅度50%以上，集中带量采购节约医疗费用超5000万元。集采药品中，治疗高血压药品21种、糖尿病药品15种。三次下调核酸检测收费标准，适时调整、完善医疗服务项目价格290多项。

【专科联盟建设】 2021年，海安市加大对联盟基层医疗机构的技术帮扶、人才培训力度，发挥市人民医院、市中医院两大护理专科联盟作用。市人民医院护理专科联盟对17家成员单位开展调研和质量督导2次，培训49场次，其中，学术讲座培训43场次、技能培训6场次，培训人数1488人。市中医院护理专科联盟通过参加RCA（根本原因分析法）小组活动、现场演示中医养生功法等方式，提供案例分析和护理技术指导。对23家成员单位组织专科培训22场次，培训人数283人；现场质量督导51次，接受进修人数8人。

【中医药事业】 2021年，海安市制定《海安中医药传承发展创新工作意见》，促进中医药事业发展。加强中医药适宜技术推广和培训力度，开展中医中药中国行、中医适宜技术培训班、文明实践中医药健康行等活动，参与人数2000多人次。举办第十一届“中医药就在你身边”健康巡讲活动10场，受惠群众900余人。组织海安市首届“悠悠百草情，岐黄校园行”活动，先后被“学习强国”学习平台、《人民日报》等报道。市中医院在江苏—乌兹别克斯坦中医药中心远程视频会议上与乌兹别克斯坦塔什干尼加提医院开展中医药诊疗技术交流。海安市高分通过全国基层中医药工作先进单位复审验收。城东镇、李堡镇、白甸镇中医馆获评南通市四星级中医馆。全年共建成70家中医阁。

（刘胜男　吴谢晖）

爱国卫生

【概况】 2021年，海安市先后制定、印发《海安市国家卫生城市长效管理工作实施意见》《关于开展秋季爱国卫生运动助力新冠肺炎疫情防控工作的通知》《关于开展爱国卫生月和健康教育宣传月活动通知》等文件，推进基层爱国卫生运动。整治城乡卫生环境及农贸市场等重点场所卫生，持续实施1.01万户农户改厕工作。开展“文明健康，绿色环保”为主题的爱国卫生月活动，4月20日，南通市第33个爱国卫生月推进活动暨海安市国家卫生城市授牌仪式在市文化艺术中心广场举行。12月30日，市委、市政府召开健康海安建设推进大会，市委书记于立忠在大会上做全局性工作部署，并下发《落实健康中国行动推进健康海安建设实施方案》。

【健康教育】 2021年，海安市围绕基本公共卫生服务项目和中国公民健康素养促进行动，常态化开展居民健康教育和健康促进活动。编印健康教育处方、宣传画等26种51万份，每月更新并分发《健康之窗》宣传画，247个健康教育宣传栏累计更新内容2469次。开展全国第33个爱国卫生月“文明健康，绿色环保”主题广场宣传活动，市、镇两级开展肿瘤宣传周“关爱生命 科学防癌”、儿童接种日“接种疫苗，防控疾病，守卫健康，守护一生”、世界疟疾日“防止输入再传播，巩固消除疟疾成果”等卫生宣传日主题活动，咨询义诊活动73次，受众1.65万人次，镇、村两级举办健康教育讲座968场，受众5.32万人次。组织参加南通市“健康科普秀，巡讲进万家”健康科普评比活动，李堡中心卫生院金伟获评南通市健康宣讲高级讲师。规范使用江苏省健康教育信息化管理平台，累计完成居民健康素养学习评估4.91万人次。

【控烟工作】 2021年，海安市开展“控烟行动”，巩固无烟党政机关建设，新创建无烟党政机关55家，累计创成无烟单位252家。营造校园周边无烟环境，中、小学周边100米范围内的46户零售户全部注销或变更经营地址，100米至200米范围内的148户零售户全部登记在册，幼儿园周边50米范围内的5户零售户已注销2户。有序实施文明吸烟环境建设工程，建成吸烟室1个、吸烟区5个、吸烟点104个。加大控烟知识宣传，组织参加江苏省第五届“我为控烟发声”网上测评活动，5600多人次参与。

【病媒生物防制】 2021年，海安市规范开展病媒生物防制工作，江苏瑞海投资控股集团有限公司和中国检验认证（集团）有限公司联合成立海安瑞成环境科技有限公司，开展检疫处理、卫生除害等服务项目。开展春、夏季除“四害”（老鼠、麻雀、苍蝇、蚊子）工作，累计在全市2万个重点场所投放灭鼠毒饵30万包、灭蟑药4万余包、灭蝇药物35箱、设毒饵站4500只，不断降低“四害”密度，减少虫媒传染病发病率。

【卫生健康单位创建】 2021年，海安市推进省级健康镇村（社区）创建，大公镇获评江苏省健康镇，5个行政村、2个社区通过省级考评；2个省级卫生镇（李堡镇、雅周镇）、25个省级卫生村通过省级复评。市中医院、市皮肤病医院、曲塘镇中心卫生院创建健康促进医院，市中医院通过省级健康促进医院考评，市皮肤病医院和曲塘镇中心卫生院通过南通市级考评或复审。深化城区17家医疗单位文明管理，提升行业文明形象。 （刘胜男）

健康管理

【概况】 2021年，海安市贯彻落实《江苏省出生缺陷防治办法》，遵循预防为主、防治结合的原则，建立政府主导、部门协作、社会参与的工作机制，构建覆盖城乡居民，涵盖婚前、孕前、孕产期、新生儿各阶段的预防、筛查、诊断、治疗、康复全程服务的出生缺陷防治体系。加大出生缺陷防治宣传，市妇幼保健计划生育服务中心制作的出生缺陷防治宣教视频分别获江苏省、南通市出生缺陷防治科普作品征集大赛三等奖、三等奖，市人民医院获南通市二等奖。推动妇幼健康服务项目精细化管理，改善服务环境，为妇女儿童提供人性化、均等化医疗保健服务。参加南通市妇幼健康服务技能竞赛，市代表队获团体二等奖，4人分别获一、二、三等奖及优秀奖。妇女“两癌”（乳腺癌、宫颈癌）检查扩面提质，在优先保障贫困妇女和下岗女职工的基础上，面向全市区、镇（街道）常住海安、年龄35~64周岁的适龄妇女开展检查，同时为所有妇女宫颈癌检查提供TCT（宫颈脱落细胞）和HPV（人乳头瘤病毒）联合检测，提高检测早检率，降低假阳性率；在“健康海安”微信公众号增加“两癌”检查结果查询模块，方便受检者查询“两癌”检查信息。

【出生缺陷防治】 2021年，海安市开展出生缺陷三级预防免费项目，包括婚前医学检查、孕前优生健康检查、产前筛查、新生儿疾病筛查、新生儿听力筛查、新生儿先天性心脏病筛查。全市结婚登记3783对，4392人接受免费婚检，为1700对夫妇提供孕前优生健康检查服务。全市产妇数3057人，产前筛查2954人，筛查率96.63%。活产数3098人，先天性甲状腺功能低下和苯丙酮尿症筛查3092人，筛查率99.81%；听力筛查3091人，筛查率99.77%。助产机构出生新生儿数2991人，先天性心脏病筛查数2988人，筛查率99.90%。

【妇女儿童保健】 2021年，海安市活产数3098人，新生儿访视率99.39%。3岁以下儿童总数1.15万人，7岁以下儿童总数3.07万人，0~6岁儿童保健管理率98.47%。实施孕产妇健康管理，全市产妇数3057人，产妇建卡率100%，早孕建册率92.84%，产前5次检查率91.16%，孕产妇保健管理率98.52%，孕产妇系统管理率90.8%，住院分娩率100%，产后访视率98.03%。实施农村妇女增补叶酸预防神经管缺陷项目，新增服用叶酸2675人，叶酸服用率98.5%。实施妇女“两癌”检查，宫颈癌检查4.87万人，乳腺癌检查4.89万人。实施预防艾滋病、梅毒和乙肝母婴传播项目，为接受婚前保健服务的4392人和初次产前保健的孕妇3200人提供艾滋病、梅毒和乙肝检测、咨询服务。实施基本避孕服务，提供免费基本避孕手术3824例。

【老龄健康】 2021年，海安市开展老年健康促进行动，普及老年健康知识和中医养生文化；实施65岁以上老年人健康管理项目，完成老年人健康管理15.4万人，健康管理率74.2%；组织“百岁老人健康有约”活动，为192名百岁老人提供精准一对一医护服务，签约医生上门服务1336人次，市镇专家上门服务498人次。加强老年医学临床专科能力建设，5家二级以上公立综合性医院开始筹建并独立设置老年医学科，设床位85张，实现老年医疗服务模式转变和医疗、康复、护理、安宁疗护等接续服务发展；各综合医院在原有神经内科、呼吸内科、心血管内科等老年人居多的专科基础上增设适老设施设备，完善老年患者跌倒、坠床、压疮及误吸预案；增设老年医学门诊和评估室，开展老年综合评估等医疗服务，对老年患者高风险因素实现早期识别与干预。加强老年医学科人才队伍建设，市人民医院引进老年医学科神经内科方向研究生1人。市中医院与海安紫石康复医院建立固定合作关系，实现远程会诊及双向转诊。

【职业健康】 2021年，海安市推进职业健康工作，组织职业病防治法宣传系列活动，提升用人单位主体责任意识和劳动者健康、维权意识。开展粉尘危害专项整治行动，对列入整治名单的企业组织集中培训并逐一进行监督执法检查。加大风险隐患排查，及时处理疑似职业病人和职业病诊断中劳动者。开展健康企业创建和职业健康达人评选活动，2家企业获评省级健康企业，5人获评南通市健康达人。 （刘胜男）

卫生监管

【概况】 2021年，海安市开展以六大“放心”行动（放心游、放心学、放心医、放心美、放心养、放心生）为重点的卫生监督专项整治行动，开展生活饮用水、学校卫生、公共场所卫生、医疗市场、职业卫生、传染病防治等20个专项执法行动，组织打击非法行医和非法医疗美容、“碧波行动”“学校卫监行动”等专项检查和专项整治。市卫健委、市生态环境局联合制定《部门联合“双随机、一公开”监管工作方案》，利用江苏省市场监管信息平台，发布跨部门联合检查任务，年内开展联合检查2次。全年，查处一般行政处罚案件53起、简易行政处罚案件9起，罚没款98.7万元，1起案件移送公安部门，未出现行政复议变更或行政诉讼败诉。及时处理“12345”热线、上级转办等各类投诉举报案件26起，办结26起。

【卫生行政许可】 2021年，海安市办理卫生行政许可1660件，其中，公共场所329件，放射诊疗许可87件，医疗机构校验217件，护士执业注册433件，医师执业注册424件，母婴保健专项技术服务执业许可30件，医疗机构注册登记（变更）140件，均按时办结。

【职业健康与放射卫生监管】 2021年，海安市对1家职业健康检查机构、103家粉尘危害企业开展监督检查，发出限期整改意见书71份；查处职业卫生案件16起，罚款人民币69.8万元。做好职业健康闭环监管，开展职业卫生“回头看”，督促企业严格落实整改措施。全年，开展家具行业座谈会1次，召开职业卫生培训会2次，培训家具行业和粉尘危害行业的企业负责人和职业卫生管理员约600人次。开展放射防护管理工作全面自查，督促放射诊疗机构落实放射防护管理主体责任，12月21日，召开全市放射卫生知识培训暨放射诊疗机构放射防护管理专项整治工作推进会，300多人参加培训。

【医疗卫生监管】 2021年，海安市全面排查医疗质量和安全隐患、医疗机构及医务人员资质管理、医疗质量及医疗技术临床应用管理、医院感控管理等，立案查处有证医疗机构5家、医务人员2人，没收违法所得0.3万元，罚款7.9万元。推进依法执业自我管理系统应用工作，全市一级以上医疗机构按要求设立依法执业管理部门，建立管理员和协管员队伍，常态化使用“依法执业自我管理系统”开展全面自查、专项自查和日常自查工作。全年，报送非法行医线索15起，立案5起，没收违法所得1.07万元，罚款14万元，没收药品、医疗器械若干。

【公共场所与生活饮用水卫生监管】 2021年，海安市结合公共场所疫情防控、“双随机”检查等，开展专项检查1425户次，合格率90.5%。元旦、春节期间，检查各类公共场所822家，合格率93.4%。对全市12家使用集中空调通风系统的公共场所开展专项整治。组织监督抽检游泳场所11家，8家场所合格。按季度组织生活饮用水质卫生监测工作，全市设省监测点48个，其中，末梢水46个，二次供水2个，合格率100%；开展“双随机”监督检查涉水产品生产企业4家，合格率100%。

【传染病与消毒产品卫生监管】 2021年，海安市采取专项检查、联合检查、节假日期间重点单位巡查和抽查等多种形式，常态化开展医疗机构疫情防控监督检查工作。7月，组织检查全市基层、民营医疗机构55家；8月，专项督查全市一级以下医疗机构中78家诊所、48家卫生室，检查情况及时汇总上报给南通市卫健委。开展传染病防治国家随机监督抽查和分类监督综合评价工作，采取“双随机”方式检查38家医疗机构，其中，二级医院2家、一级医院7家、其他医疗机构29家，检查中发现关闭1家，实际评价37家，评价结果优秀1家、合格35家、不合格1家，立案查处不合格单位。全年，查处传染病防治相关案件4件，罚款1.02万元。开展新冠疫苗接种单位专项监督检查4次，累计检查新冠疫苗接种单位52家（次），包括2家临时疫苗接种点，实现疫苗接种单位专项监督检查全覆盖。开展节日消毒产品监督巡查和抽检，组织国际妇女节妇女卫生用品（卫生巾、卫生垫、卫生棉条等）、儿童节婴幼儿卫生用品（尿不湿、口手湿巾纸等）、重阳节成人卫生用品（纸尿裤、隔尿垫等）专项监督检查3次，均随机抽检5份产品，合格率100%。开展餐饮具集中消毒服务单位监督抽检2次，检查单位16家，1家不合格。

【学校卫生监管】 2021年，海安市开展学校传染病防控监督，督促各学校（幼儿园）制定并严格落实“两案九制”（疫情防控工作方案、新型冠状病毒肺炎疫情应急处置预案，传染病疫情及突发公共卫生事件报告制度、师生晨午检制度、学生因病缺课登记追踪制度、复课证明查验制度、学生健康管理制度、应急接种制度、传染病防控健康教育制度、通风消毒制度、环境卫生检查通报制度），按规定实施学生健康体检，通过“医校联动”为每校至少配备1名兼职校医。开展学校饮用水卫生监督，巩固“校园饮水健康保障工程项目”成果，随机抽检28所学校水样56份，合格率87.5%。推进学生近视防控“蓝盾护航”二期项目，投入资金600余万元改造公办中、小学校1566间教室照明设备。开展学校教学环境监测，课桌椅与学生身高匹配率较低，托幼机构窗地比、采光系数合格率80%、地面照度合格率

0%；校外培训机构窗地比合格率50%、采光系数合格率90%、墙壁反射比合格率50%，课桌面照度合格率20%、黑板照度合格率0%、防眩光措施合格率0%。

（刘胜男）

市级医院

【市人民医院】 海安市人民医院建于1950年，是三级乙等综合性医院、国家级爱婴医院、南通大学附属医院，先后获评全国卫生系统先进集体、江苏省卫生系统先进集体、江苏省十佳医院、江苏省文明医院、江苏省爱国卫生先进单位。2021年，医院占地面积9.8公顷，总建筑面积15.8万平方米，实际开放床位1286张。拥有职工1358人，其中高级职称268人，新增在职博士2人、硕士6人，招引硕士8人。年门诊82.33万人次，比上年增长20.2%；年急诊12.89万人次，比上年增长34.8%；收治病人5.95万人次，比上年增长4.4%；手术2.31万台次，比上年增长17.3%；三级、四级手术1.46万台次，比上年增长15.3%。医院依托“五大中心”（胸痛中心、卒中中心、创伤中心、危重孕产妇中心、新生儿抢救中心）构建区域协调医疗急救体系，拥有省重点建设专科1个，南通市重点专科26个、重点建设专科3个、护理重点专科3个。加强高层次人才培养，先后启动医生“结对带教”、护理后备人才选拔等活动，推进“海陵名医”工程，上报省“333高层次人才培养工程”第二层次培养对象2人、第三层次10人，南通市“226工程”培养对象7人。获批海安市高层次人才科研资助立项项目2项。

【市中医院】 海安市中医院1981年选址兴建，1983年4月独立建院，以中医为主、中西医结合，是一家集医疗、教学、科研、保健于一体的三级乙等中医院、国家级爱婴医院、国家中医住院医师规范化培训协同基地、南京中医药大学教学医院、南京中医药大学翰林学院附属医院，与新疆伊宁市维吾尔医医院缔结“友好医院”。2021年，医院占地面积3.3公顷，建筑面积11.5万平方米。设有27个病区，开放床位1000张。拥有17个 ·级临床科室，其中针灸科为“十二五”国家中医重点专科协作成员单位、全国第二批农村医疗机构中医特色专科（专病）、江苏省中医重点专科、南通市医学重点学科。医院拥有糖尿病、胆石症内病外治、甲状腺病、脾胃病等30多个具有中医特色优势的专科专病治疗科室，遴选针灸科创建国家级中医重点（建设）专科，脾胃病科、骨伤科创建省级中医重点（建设）专科。拥有卫生技术人员892人，其中，国家级名中医1人、省名中医3人。年门诊、急诊41.76万人次，出院3.3万人次。申报新技术、新项目21项，其中，省中医药管理局科技项目1项、南京中医药大学自然科学基金项目1项、省重大神经精神疾病研究重点实验室开放课题1项。发表医学类论文87篇，其中，SCI科学引文数据库3篇、科技核心（统计源）期刊10篇。马小平基层工作室到城东镇中心卫生院开展名中医基层巡诊工作，7名师承人员撰写学术经验论文2篇，获南通市科技局科技项目、南通市中医联盟科技项目立项。创建老年友善医院，市中医院以“优秀”等次入选省级中医医疗机构评审，南通唯一。医院各重点专科依托“苏州大学—海安市中医院协同创新中心”与苏州大学制定三年课题攻关计划，运用协同创新中心科研平台申报国家自然科学基金面上项目、省自然科学基金项目。协作申报“健肠止泻合剂”新制剂，在医院51个剂型中筛选1~2种畅销品种与药企开展合作，促成新药上市。开展抗疫中医药服务，联合医联体单位举办中医特色义诊、中医养生专题讲座、中医功法表演；助力扬州抗疫，发放省专家组推荐1号方840剂、清肺排毒汤983剂、益气抗毒方200剂、化湿祛邪方950剂、防疫香囊894个。

【市第三人民医院】 海安市第三人民医院始建于1976年，是海安市唯一一所市级二级甲等精神病专科医院。担负着海安市基本医疗、精神心理疾病、预防康复、科研教学、精神残疾鉴定、社区防治和基层精防人员培训等任务。医院分设南、北2个院区，北院区位于海安市闸北路12号，占地面积约1.33公顷，建筑面积2.56万平方米；南院区位于长江中路5-9号，业务用房约4500平方米。拥有职工201人，卫生专业技术人员152人，其中，高级、中级职称65人，初级职称94人，卫技人员占全院总人数比重75.62%。拥有核定床位120张，实际开放床位300张以上，其中，市民政局托管的优抚对象精神康复医院100张，市残联托管的苏馨精神卫生康复中心80张。设有精神科、精神残疾鉴定科、精神康复科、睡眠心理科、住院康复部（7个病区）及南院综合病区等临床科室，全年收治各类精神障碍患者1194人次，为1397名患者提供免费发药和健康体检服务。关爱妇女儿童心理健康，按照南通市妇联要求，在全市实施“心晴计划”的医院设立妇女儿童心理咨询服务中心，在各区镇设立心理工作室10个，5名专业人员定期开展点对点心理技术指导；规范设置儿童青少年心理健康门诊，推进心理健康建设；加强社会心理服务队伍建设，12月，市心理协会挂靠市第三人民医院。

【市皮肤病医院】 海安市皮肤病医院始建于1959年，前身为海安县麻风病医院，是南通市唯一一家提供涵盖皮肤病诊治、性病诊治、化妆品不良反应监测、过敏原检测和内科、外科、妇科、全科等基本医疗卫生服务的医院。医院是上海复旦大学附属华山医院皮肤科联盟合作单位、江苏省人民医院皮肤科临床协作中心、南通市中医院紧密型医联体同盟单位。医院分设总院、人民东路门诊部、人民西路诊所，总院位于海安市曙光东二路31号，建筑面积4000多平方米。2021年，医院成立海安市皮肤专科联盟，获评江苏省老年友善机构、南通市化妆品不良反应监测工作先进单位。拥有职工42人，专业技术人员40人，其中，高级职称5人、中级职称14人。设有皮肤科、医疗美容科等科室，特色专科有面部年轻化、皮肤美容、色斑、牛皮癣、白癜风、荨麻疹、痤疮、灰指甲、生发等。

（刘胜男）

海安市体育中心

体　　育

综　述

【概况】 2021年，海安市在全省县级体育重点工作督查中列第21位、南通市第2位，市教育体育局被国家体育总局评为2017—2020年度全国群众体育先进单位。继续落实全民健身战略和《体育强国建设实施纲要》，建立全民健身工作联席会议制度，拥有成员单位36家。3月10日，市政府牵头组织召开全民健身工作联席会议，会议传达上级体育工作文件精神，解读全民健身联席会议职责分工和市第四届全民健身运动会实施方案。办好体育赛事，承办省级赛事3项、南通市级赛事1项，举办第四届全民健身运动会等地方体育运动活动，助力地方社会经济发展。探索体育服务新模式，结合新时代文明实践，市健身体育服务平台开展健身体育服务活动30次，公益培训2.8万人次。全力发展体育产业，2家企业获省体育产业资金奖励270万元，完成体育彩票销售1.48亿元。推进体教、体卫、体警融合发展，先后印发“促进体医融合发展意见”“关于深化体教融合发展推动学校体育特色与学生运动特长建设的通知”等，促进教育强市、健康海安、平安海安、法治海安建设。

2021年海安市体育事业情况表

表40

指　　标	单位	2021年	比2020年增加数
体育馆	个	10	0
田径场	个	15	0
室内游泳池	个	11	1
室外游泳池	个	5	0
综合房馆	个	7	0
体操房馆	个	6	0
乒乓球房馆	个	204	0
健身房馆	个	278	1
棋牌房馆	个	127	0
台球房馆	个	21	0
小运动场	个	87	0
篮球场	个	360	3
小篮球场	个	114	0
排球场	个	50	0
门球场	个	5	0
职工人数	人	6	0
其中，专职教练员	人	1	0
举办各种运动会场次	次	18	2
举办单项比赛场次	次	65	3
举办全民健身活动次数	次	102	−12
体育彩票销售网点数	个	127	7
体育彩票总销量	万元	14838	629
参加南通市以上比赛获奖牌数	块	40	0
其中，金牌	块	54	42
银牌	块	53	40
铜牌	块	49	34

（市统计局）

【体育设施】 2021年，海安市新建5人制社会足球场3片，全面完成南通市委、市政府下达的三年22片社会足球场地建设任务，实际建成足球场23片。建成乡村体育公园11个，其中县级体育公园1个，胡集街道体育健身公园、白甸镇白甸村“和谐园”村民体育健身公园入选江苏省最美乡村健身公园，全省仅35个。捐赠乡村振兴体育健身器材1067件。新建健身广场3个、健身步道10.2千米、多功能体育运动场所6处，全市累计有晨晚练点1643个。完善农村“15分钟健身圈”服务功能，为乡村振兴示范村和先进村配置体育健身器材，全市人均体育场地面积3.81平方米。加强体育运动设施管护，制定《海安市教体系统深化农村公共基础设施管护体制改革的实施办法》，配合省体育局做好县级体育设施完好率抽查工作。11月25—29日，在全市开展农村公共体育设施管护情况专项督导。

【体育人才培养】 2021年，海安市新增社会体育指导员668人，累计有各级社会体育指导员4407人，其中，国家级24人、一级226人、二级356人、三级3801人。采用“线上+线下”模式，举行龙舞、砂板乒乓球、围棋、健身操、健身花鼓等三级社会体育指导员培训，584人参训。组织体质监测操作培训，培训国民体质监测员60人、科学健身指导师20人。开展健身体育志愿服务骨干培训，采取集中、分散相结合方式，培训舞龙、砂板乒乓球、健身花鼓等志愿骨干458人、防溺水志愿宣讲员40人。在全省首推体育专职教师“四证统一”（教师资格证、教练员证、裁判员证、社会体育指导员证）。体育教师参加技能大赛、优课评比、论文发表（评比），获奖项102人次。

【国民体质监测】 2021年，海安市继续开展国民体质监测工作，主要设置身高、体重、血压、骨密度测试、人体成分分析等监测项目，并根据监测结果开具运动处方。推动体质监测进基层，创新举办体质监测集市活动，免费为群众开具个性运动处方800多个，引导群众科学健身。完成国民体质监测6180人次，全市城乡居民体质测试合格率93.4%，经常参加体育锻炼人口占比40.54%。

（何春光）

群众体育

【概况】 2021年，海安市全面普及群众体育，按计划开展好“全民健身日”主题活动、职工体育运动会、农民体育运动会、老年人体育节等健身活动，持续打造大公农民体育、海安健身龙舞地方特色品牌。第四届全民健身运动会设11个部别，举办102场赛事活动，2万余人参赛；组团参加南通市第十二届运动会暨第三届全民健身运动会，获团体一等奖、体育道德风尚奖，市政府获开幕式文体展演优秀组织奖、市教育体育局获开幕式文体展演优秀展演奖。聚焦职工健身需求，开展趣味性体育运动，建工系统运动会吸引近300人参赛，“梦之蓝水晶版杯”女子乒乓球比赛吸引107人参加。依托市老年人体育协会（简称市老体协），开展太极武术、健身气功、海安花鼓、门球、乒乓球、柔力球、持杖健身走等适合老年人的传统与特色项目活动，丰富老年人体育生活。依托阳光乒乓球训练中心，打造残疾人乒乓球运动名片。市残联接受南通市残联委托，选拔残疾人运动员6人组队代表江苏省参加第十一届全国残疾人运动会暨第八届特殊奥林匹克运动会乒乓球项目（大众组）比赛，并组织近两个月集中强化训练，参赛运动员取得优异成绩，海安籍运动员李春蕾获听力残疾组女子单打亚军、陈卫龙获听力残疾组男子单打第5名，泰州籍运动员柏文丽获听力残疾组女子单打第7名。

【体育社团】 2021年，海安市新成立海安市龙狮运动协会、海安市跆拳道协会，累计有体育社团27家。市体育社会组织协同行政部门主办、承办、参加赛事取得佳绩。市健身气功协会获省“健身气功·六字诀”交流展示大赛优胜奖和体育道德风尚奖；市象棋协会获首届省象棋联赛团体第三名；市跆拳道协会组队参加南通市少儿跆拳道比赛，获金牌20枚和团体总分第一名；市乒乓球协会参加南通市第十二届职工部比赛获第二名；市足球运动协会代表海安参加南通市青少年滩涂足球邀请赛获亚军；此外，市篮球运动协会承办省小篮球联赛，市龙狮协会承办市首届舞龙大赛。

【大公农民体育】 2021年，海安市大公镇打造农民体育助推乡村振兴的“大公样本”，推进农民体育与休闲旅游融合发展，3月31日，“苏韵乡情”乡村休闲旅游农业（南通）专场推介暨海安市第十一届梨花节（第58届北凌农民体育运动会）在大公镇于坝村举办，运动会设扁担拔河、拔河、肩挑负重接力、自行车慢赛四个运动项目，吸引众多游客参赛。推进农民体育健身与乡村文化融合发展，打造陈进体育运动新时代文明实践点。10月10日，大公镇农民丰收节暨陈进体育运动新时代文明实践点揭牌仪式在大公镇曈口村小游园举行。是日，举行农民体育达人陈进第一百场马拉松出征仪式。

【老年人体育】 2021年1月23日，海安市老年人体育协会召开常务理事扩大会议。年内，获评省民政厅2021—2023年公益慈善优秀项目团队。组织各分会、各团队举办庆祝中国共产党成立100周年活动200多场。选拔老年人28人代表南通参加2022年江苏省老年春节联欢会。组织参加省老年人体育节，4月16日，省老年人体育节海安分会场启动仪式暨南通市太极拳俱乐部联赛在市体育中心举行，南通市9支太极拳代表队参加太极拳二十四式团体赛；5月25日，曲塘镇举办省老年人体育节曲塘分会场活动，中老年健身爱好者约800人参加活动。组队参加南通市太极系列、柔力球、旗袍秀、象棋、围棋等比赛和海安市农商行第八届全员运动会开幕式表演，旗袍代表队获南通市中老年人旗袍秀交流联赛优胜奖，参演节目《春天来了》获南通市中老年舞蹈项目交流活动“金梅花奖”，柔力球代表队获省柔力球俱乐部联赛（南通分站赛）优胜奖。通过举办交谊舞大赛、掼蛋比赛等，吸引更多中老年人参加全民健身运动。6月3日，老年人门球跨区联谊赛在海南村门球广场举办，东台市代表队、南通崇川代表队、如东代表队以及海安市邮政代表队、孙庄街道代表队参赛，参赛运动员60余人，年龄最大的80岁，东台代表队获团体总分第一。11月17日，第二届老干部交谊舞比赛在市老干部活动中心举办，全市19支舞蹈队60余人参赛，参赛选手们年龄在60~75岁之间。

【海安龙舞】 2021年，海安市将健身龙舞列入“十四五”期间体育重点建设项目，实施龙舞项目进校园、进乡村，不断传承非物质文化遗产。市健身体育志愿服务队组织全市各学校的体育老师等志愿骨干牵头，利用课后延时服务时间，开展舞龙项目进校园培训活动，推动各校学生舞龙健身社团形成规模。曲塘中学开设高一年级龙舞普修课，组建龙舞学生社团和教师龙舞队，牵头成立海安市中小学龙舞项目校际联盟，打造“龙文化”校园特色品牌。通过多种培训、展示评比、对外交流、赛事参与等途径，助推海安舞龙运动发展。5月8—9日，市健身体育服务平台邀请省龙狮协会专家7人，在市体育中心举办首届舞龙专业技能培训活动，舞龙项目的社会体育指导员200余人参训。8月，胡集街道龙舞队代表江苏省组队参加全国第十四届运动会广场龙舞自选套路比赛，获广场龙舞城市街道（社区）组季军和唯一的“最佳人气奖”。9月30日，海安市首届健身龙舞大赛在城南实验中学举行，18支队伍近200人参赛。10月17日，组织墩头镇等8个区镇近200人的九节龙展演队、海安中专260人的苍龙展演队、体育社会组织约60人的舞狮展演队参加南通市第十二届运动会暨第三届全民健身运动会开幕式民间歌舞《通江达海》项目文体展演，海安市政府获优秀组织奖，市教育体育局获优秀展演奖。10月18—19日，海安女子荷花舞龙队作为南通唯一代表参加省第八届农民体育节展示项目竞赛，获金奖。

【全民健身运动会】 2021年4—11月，海安市举办第四届全民健身运动会，设机关部、农民部、卫健部、职工部、教体部、老年部、残联部、建工部、公安部、妇联部、社体部11个部别，53项线上线下赛事项目，102场赛事活动，2万余人参赛。8月7日，启动"百年恰是风华正茂，百日迈向健康人生"第二届线上百日健身跑活动，活动历时100天，3172人报名。作为第四届全民健身运动会组成部分，活动采用官方微信公众号互动方式，参与选手使用"悦跑圈"跑步App，在海安境内任意地点通过"健身跑"或"健步走"的方式累计完成200千米，最先完赛的2021人获取完赛纪念礼包。活动期间，结合海安红色景点推荐10条红色跑步线路；围绕《中华人民共和国体育法》《江苏省全民健身条例》，开展八期有奖问答，普及群众健身、体育法律法规、健身跑知识、安全防疫等知识。29家媒体深度报道活动开展情况。12月13—18日，在全市34个分赛场举行第四届全民健身运动会网络赛，分为个人赛和团体赛，涵盖八段锦、五禽戏、广播操和广场舞四个项目，1000多人报名参赛，评选个人赛优秀奖50个、团体赛优秀奖6个。（何春光）

学校体育

【概况】 2021年，海安市推动学校体育特色与学生运动特长建设，指导所有学校结合实际，全面启动"一校一品""一生一运动项目"建设，实验小学武术"一校一品"特色展示活动被"学习强国"学习平台、《中国教育报》和江苏电视台宣传报道。南通支云足球俱乐部与海安中专打造体教融合新模式，海安中等专业学校设立南通支云驻海安训练基地，与南通支云足球俱乐部在校园足球文化、校内队伍建设等方面展开合作。8月10日，海安中专为南通支云U17精英梯队办理入学手续。全市体育特色学校创建覆盖率100%，累计建成全国校园足球特色学校18所、全国篮球特色学校5所、江苏省体育传统特色学校5所、南通市足球特色幼儿园14所，23所学校获评业余训练传统项目学校。成立足球、篮球、排球、乒乓球、田径、中华传统项目、海安地方原创特色项目七大体育校际共建联盟、21个项目子联盟。海安学生体质健康标准测试合格率95.21%。

【青少年体育活动】 2021年，海安市开展学生"阳光体育"活动，推进学校体育课程改革，保证中小学生每天1小时校园体育活动。以比赛促运动发展，举办中小学生田径、篮球、排球、乒乓球、足球等多场体育比赛，参赛学生数超4000人。组织参加南通市第十二届运动会中小学生部快乐体操、足球、篮球、排球、击剑、乒乓球、摔跤、跆拳道、田径比赛，获团体亚军；江苏省海安高级中学（简称省海中）、城南实验小学获南通市校园篮球联赛总决赛一等奖；省海中、海安中等专业学校、大公镇初级中学获南通市校园足球联赛总决赛一等奖。全年，学生参加南通市级以上校园足球、篮球、排球、乒乓球、健美操等比赛获一等奖15个，曲塘中学获"舞动中国—排舞联赛"特等奖。7月7—9日，省第二十五届中学生田径运动会（苏北片）在省海中举行，比赛设56个项目，苏北片区的51支代表队500多名运动员参赛。市阳光篮球俱乐部（篮球）获评江苏省第十四批省级青少年奥林匹克体育俱乐部。

【原创体育项目发展】 三门球、手足双门球作为海安原创体育项目，经过不断发展，形成完整的课程体系和竞赛规则，并向全国推广。至2021年，三门球运动在全国有合作组织近200多家，省海中建有三门球展示馆。5月3日，南京理工大学动商研究院院长、云南大学体育学院院长王宗平一行到省海中调研参观校园体育特色项目三门球。7月2—4日，省学生体协暨南通市教育局三门球教练员、裁判员培训会在省海中举行，全省近100名中小学体育教师参加培训。10月27日，市三门球项目校际联盟成立，全市19所学校加入三门球项目校际联盟，师生近3000人参加三门球教学研讨与竞赛交流活动。李堡初级中学编印手足双门球校本读本，利用乡村"复兴少年宫"发展手足双门球运

2021年7月9日，江苏省中学生田径运动会在江苏省海安高级中学举行，比赛设有田径、跳高、跳远等竞技项目　　姜　明/摄

动。12月9日，市手足双门球教练员、裁判员专题培训活动在市委党校举行，全市100余名教师参加活动，市教育体育局体育科科长、体育学科研训员王进做“学校体育创新的策略——兼谈手足双门球运动”讲座。（何春光）

竞技体育

【概况】 2021年，海安市有注册运动员117人，输送到南通市运动学校（队）8人、省队试训4人，注册教练员10人。参加比赛获金牌54块、银牌53块、铜牌49块，分别比上年增加42块、40块、34块，其中，参加省田径、跆拳道、乒乓球比赛获金牌4块、银牌8块、铜牌3块；参加南通市第十二届运动会获金牌50块、银牌45块、铜牌46块，同时获团体亚军；参加南通市少儿滩涂足球比赛获亚军。承办省青少年乒乓球县组锦标赛、省青少年游泳冠军赛、省青少年羽毛球县组锦标赛、南通市第十二届运动会暨第三届全民健身运动会乒乓球比赛等南通市级以上赛事。

【3项省级体育赛事在海安举办】 2021年，海安市承办省级体育赛事3项。5月1—4日，省青少年阳光体育运动联赛暨省青少年乒乓球锦标赛（县组比赛）在市体育中心举办，赛事分9岁组和10岁组，分别设置男、女单打两个比赛项目，这是省首届青少年乒乓球县组比赛、省内最高规格的青少年乒乓球赛事，全省30支代表队164名运动员参赛，赛前进行45秒双摇跳绳及3.5米移步专项测试。5月17—21日，省青少年阳光运动联赛暨“洲克·泳者之星杯”省青少年游泳冠军赛在市体育中心举办，这是省内最高规格的青少年游泳赛事，全省494名青少年运动员参加48（项）组别比赛，产生金牌149块。7月22—25日，省青少年羽毛球县组锦标赛在市体育中心举行，比赛分为9岁组和10岁组两个组别，分别设置男、女单打两个比赛项目，全省25支区县代表队153名运动员参赛。

【海安市少年儿童体育学校】 1992年，海安市少年儿童体育学校（简称市少体校）挂牌办学，1995年正式建校，位于海安市长江西路8号。2011年，实施县城教育资源整合、教师均衡配置政策，市少体校保持独立编制和财务，与紫石中学整合办学，学校位于海安市凤山北路18号，先后获评国家高水平体育后备人才基地、江苏省高水平体育后备人才单项训练基地、江苏省三星级业余体校等。2021年，学校占地面积0.16公顷，训练场馆面积740平方米，教职工3人，聘用教练员7人，开设田径、篮球、乒乓球、跆拳道4个项目，在训运动员131人，刘昀益、支浩澄、张子恒、王楠获评国家二级运动员。学校选拔运动员参加南通市第十二届运动会获金牌10块、银牌7块、铜牌10块；参加省田径锦标赛获金牌1块、银牌8块、铜牌3块，并获体育道德风尚奖。（何春光）

健身体育服务

【概况】 2021年，海安市健身体育服务平台继续开展“健身服务大超市，文明健康海安行”“十百千万，快乐健身”志愿服务系列活动，接续强化“一区一特色、一镇一品牌”，推动全民健身。在海安体育中心建成130多平方米的文明实践基地，围绕乡村振兴计划，开展送健身培训、送健身项目、送健身器材“三下乡”志愿服务活动。平台依托城乡2000多个健身服务点，将健身服务送到群众身边。新增体育场所6个，配备健身器材1000件。捐赠体育器械、安装健身设施、提供赛事经费保障200多万元。开展市级示范活动8次，每月实施1次专业技能培训和结对共建。组建11支志愿服务队伍，志愿者815人，全年志愿服务活跃度100%。

【体育惠民工程】 2021年，海安市健身体育服务平台按照“文明实践美四季”和“我为群众办实事”重点工作安排，持续推动健身体育服务到村到点。春节期间，针对留海人员推出“牛气冲天赛晒乐”活动，举办线上“我篮我秀”、线下“我游我赛”“羽动新春”等趣味活动，30多人获健身大礼包。制定“海安英才”健身服务优惠方案，做好人才健身服务保障工作。在6月23日奥林匹克主题文明实践活动和10月29日“千年文化耀乡村，健身服务兴青墩”活动中，展示田间操、健身花鼓、舞龙等健身服务成果；举办健身服务集市、体质监测集市，免费为百姓开具个性运动处方

2021年12月16日，海安市墩头镇社区教育中心体育志愿者走村串组开展体育惠民志愿服务活动，将体育健身技能、健身健康知识、体质检测服务送到群众身边

周　强／摄

800多个。继续做强做优“夕阳红健身”“微爱健童”等五大服务品牌，派送健身套餐进村组到田头、进机关到学校、进企业到敬老院50多次。深入全市敬老院，教会老年人“康乐养身操”，捐赠健身器材500多件；关心特困儿童、留守儿童身心健康，教会其一到两项体育技能；全面推进乡村振兴计划，辅导南莫镇青墩村做好乡风文明示范村创建工作，并向其捐赠体育器材、体育书籍，金额23万元。开展篮球、足球公益培训20多场，受益学生2000多人；深入学校、社区开展游泳公益培训、防溺水公益讲座30多场。

【服务阵地建设】 2021年，海安市健身体育服务平台继续统筹“线上”“线下”两个阵地，打造好群众身边“10分钟健身服务圈”体育工程，并将有关指标纳入教体系统健身服务考核当中。通过“健身服务”微信公众号、视频号、抖音、微视频等精心推出原创体育题材作品。全年，发布防溺水线上教程6期；开展“线上传技能，居家乐健身”活动，针对老年人、青壮年、中小学生等不同人群在“江苏省体育局”微信公众号、抖音号等发布“康乐健身操”“曳步舞”“韵律操”“瘦身操”等系列健身视频32期。加大全民健身场地设施供给力度，盘活全市公共健身资源。有序推进65所学校面向社会开放田径场、篮球场、排球场等体育场所；用好体育中心，为银行、学校、企业等开展趣味健身服务10多场，多次承办省青少年运动项目县组比赛，促进学校羽毛球、乒乓球、游泳、篮球等运动项目社团建设；实施滨海新区长角河河长制主题公园拓展项目，完成健身步道划设及沿途宣传栏、标识标牌建设。

【健身体育品牌建设】 2021年，海安市强化健身体育“一区一特色、一镇一品牌”建设，举办大公“农民体育”、滨海新区“军事体育”、南莫“农民乐一天”专题健身服务活动12场。大公农民拔河运动参加南通市级比赛成绩突出，申报“中国拔河特色乡镇”。实施“健身服务大超市，文明健康海安行”志愿服务项目，创建“微爱健童”结对共建、校园体育特色、工间操培训、田间操培训、“夕阳红”健身五大服务品牌。全年，市健身体育服务平台开展线上与线下健身服务253次，线上推出群众居家健身视频32期，线下“微心愿”圆单12件；开展市级展示活动8次；举办公益体育技能培训和防溺水讲座23场；开展主题节庆惠民活动13场，受益群众2.35万人。

【健身体育服务宣传】 2021年，海安市组建市、镇、村、组兼职健身体育服务宣传员队伍，开展宣传人员业务培训10场，宣传总结交流2次。线上通过市融媒体中心、自媒体和部门微信群、抖音等广泛宣传，线下通过联席会议、志愿服务活动等，提升海安健身体育服务影响力。全年，健身服务文明实践活动被中国文明网、“学习强国”学习平台、江苏电视台《江苏体育》栏目、交汇点等主流媒体报道70多次，发表体育服务宣传稿件145篇，其中，国家级7篇、省级26篇，《海安市健身体育志愿服务之歌》获评省优秀体育微视频。　（何春光）

体育产业

【概况】 2021年，海安市推动体育企业发展壮大，江苏克瑞迪机车有限公司“新型运动休闲全地形车制造项目”（体育装备制造创新类）、南通乐百年健康产业开发有限公司“乐百年小镇体育旅游与休闲项目”（体育旅游与休闲类）获批江苏省体育产业发展专项资金项目，分别获奖励资金100万元、170万元。落实体育惠民政策，促进体育消费回补和潜力释放，海安体育中心入选江苏省公共体育场馆开放使用综合试点场馆，全省仅14家；入选2021年度省体育消费券定点场馆，定点类型为一般定点场馆、青少年游泳培训定点场馆。全年，海安体育中心累计线上、线下发放场馆健身券1.33万张，免费开放羽毛球场4816片，节假日免费开放场馆11天，户外球场平均每天免费开放12小时。

【体彩销售】 2021年，海安市有城区及其市郊区销售网点76个、镇区集市及居民集聚区销售网点51个，体彩专管员站点服务行程约1.7万千米。全市体彩销售网点完成销售1.48亿元，比上年增长4.43%，增幅列全省第13位。

【海安体育中心】 2021年，海安市体育中心遵循“亲民、惠民、利民、便民”基本原则，户外健身广场、篮球场平均每天免费开放时间不低于12小时，全年累计免费接待健身人员1.5万人次；游泳馆、体育馆全年针对市民开放345天以上，累计免费开放180天，发放免费门票近5000张。举办公益培训班100余个，培训学员3000余人次；开设线上篮球、游泳等体育项目培训，累计点击量1.68万人次；举办公益讲座12次，受益人员超1000人次；开展各类公益体育文化活动50余场次，丰富群众体育文化生活。承办省级赛事、南通市级赛事各3项和海安品牌赛事5项，为机关和企事业单位提供群体赛事服务19次。8月8—29日，场馆因疫情暂停对外开放，配合市卫生健康委完成疫苗接种35.45万针。　（何春光）

海安花鼓

社会生活

HAIAN YEARBOOK 2022 海安年鉴

人口与家庭

【人口监测预警】 2021年，海安市有育龄妇女16.85万人，其中已婚育龄妇女11.80万人。采取各种节育措施人数8.60万人，已婚育龄妇女节育率72.9%。只有一个孩子的妇女人数8.21万人，领独生子女证人数7472人，领证率6.33%。全市办理生育服务登记3807个，其中，一孩2402个、二孩1363个、三孩42个。出生人数2779人，其中，女性1373人、男性1406人，人口性别比102.4；一孩1687人、二孩1008人、多孩84人，二孩以上占比39.29%。计划内生育人数2776人，计划生育率99.89%。

【生育政策落实】 2021年，海安市贯彻落实国家、省、南通市关于优化生育政策的要求，落实三孩生育政策及配套支持措施，推动实现适度生育水平，海安计划生育协会获评江苏计划生育协会工作成绩突出单位、省应对老龄化战略两项调查工作成绩突出单位。出台“关于促进城乡统筹改善居住条件的暂行办法”，在改善居住条件的购房群体中，对于常住居民子女未满18周岁（2022年2月28日前出生）的二孩、三孩家庭，购房时在市场价格基础上二孩家庭给予每平方米200元、三孩家庭给予每平方米400元的优惠。发展普惠托育服务体系，在南通市率先出台“关于促进3岁以下婴幼儿照护服务发展的实施意见”，将“推进婴幼儿照护服务，新增托育服务机构8所、幼儿园托幼班级13个”列入为民办实事项目。年内，新增备案托育机构10所、公办幼儿园托班5个、社会办幼儿园托班14个，发放补助经费16万元。全市累计有备案托育机构12所，其中，省级示范托育机构1所、省级普惠托育机构4所，南通市级普惠托育机构1所。

【计划生育扶助】 2021年，海安市新增农村部分计划生育奖励扶助对象4372人、特别扶助对象209人，持证退休职工一次性奖励对象7431人，持证老年居民一次性奖励对象86人；全市累计有农村奖励扶助对象7.86万人、特别扶助对象3732人、并发症补助对象488人，持证退休职工、持证老年居民一次性奖励人数7517人。全年，发放奖励扶助金1.3亿元，奖励扶助、特别扶助、退休职工一次性奖励、独生子女父母奖励等应奖尽奖，兑现率100%。落实计生特殊家庭联系人制度、家庭医生签约服务和优先便利医疗服务全覆盖，联合市民政局将失能、半失能的失独人员纳入政府购买居家养老上门服务对象。组织“亲情牵手”结对帮扶活动，在重要节日期间集中走访慰问计生特殊家庭。开展“暖心行动”，为2户失独家庭实施危房改造，为7户计生家庭提供波尔山羊28只，向10户困难家庭赠送彩色电视机，为全市失独对象2320人免费提供住院护理补贴保险，“圆梦养老”入住失独人员114人。9月，江苏省卫生健康委到海安调研计生特殊家庭扶助关爱工作。

（刘胜男）

就业创业

【概况】 2021年，海安市强化就业政策落实和就业服务提优，举办招聘会149场，其中网络招聘会55场。开发基层公益性岗位171个，对无法外出、无业可扶的农村低收入劳动力等就业困难人员进行托底安置。支持自主创业3248人，其中，农民人数2029人、大学生人数662人，创业带动就业1.49万人。组织城乡劳动者就业技能培训，失业人员1279人参加。实施招工引劳工程，招引高校毕业生、“蓝领”技能人才1.53万人。

【就业扶持】 2021年，海安市开展精准服务支持重点群体就业专项行动，审核认定就业困难人员3876人，开发基层公益性岗位171个托底安置低收入劳动力等就业困难人员，按时发放灵活就业社保补贴1500.8万元。支持高校毕业生就业创业，提供高校毕业生就业岗位8700个，引领大学生创业662人。带动农民工就业，组织新生代农民工6756人参加技能培训，扶持农民工自主创业2029人。向困难失业职工发放春节解困金416人32.2万元。及时足额发放30年老职工生活费、军转干部生活费、20世纪60年代初精简退职人员生活费等各项补助129.84万元。

【就业招聘】 2021年，海安市公共人力资源市场举办招聘会149场，其中网络招聘会55场，853家会员单位提供招聘岗位3.34万个。举办2021年新春网络招聘会，印制发放宣传资料5万份，351家用人单位提供岗位1.12万个。上线运行“江苏省智慧就业云平台”和“云智聘”微信小程序，提高招聘求职精准度。推广应用新版的“海安用工直通车”微信公众号，累计关注4.15万人，1.9万人次实现在线求职。

【招工引劳】 2021年，海安市出台《2021年用工保障服务工作意见和考核办法》和《关于做好春节期间用工保障服务工作的通知》，部署用工保障服务工作。做优企业用工保障，建立三级用工服务专员机制，精准对接全市规模以上企业528家。开展“招本土引周边”活动，推动区、镇（街道）二级人力资源市场建设。组织招才引智活动，成功举办企业人才合作对接交流会、“高校学生处长海安行”“筑梦未来 情系家乡”等活动，招引高校毕业生、蓝领技能人才等各类人才1.53万人。加强劳务合作，从陕西略阳、广西东兰等地招引129人到海安就业，与山西、湖南、重庆、四川、河南等地的9县（市、区）签订劳务合作协议。

【大众创业】 2021年，海安市加强创业孵化基地建设，出台《海安市创业孵化基地认定和管理实施细则》，重新认定创业孵化基地13家。开展“送创业政策上门”活动，走访服务创业主体2340家。加大创业扶持力度，发放富民创业担保贷款103人1545万元、创业者初始创业补贴139人69.5万元、吸纳就业奖励15人9.8万元。依托“创客驿站”，先后举办“创业服务大家谈”“创业意识培训师资培训班”等活动。组织创业培训和电商培训，培训失业人员1237人。推选、申报省级大学生优秀项目，5个项目获评2021年江苏省大学生优秀创业项目。组织参加“创响江苏”大学生创业大赛南通市初赛，获优秀组织奖。

（王　敏）

【残疾人创业就业】 2021年，海安市新增残疾人就业178人、培训438人。开展就业援助月系列活动，摸排辖区内原建档立卡低收入残疾人341人，建立就业困难残疾人信息库；开展入户走访慰问，汇总访谈问卷46份。举办“就业帮扶·真情相助”残疾人专场招聘会，落实残疾人就业28人。开展2020年按比例安排残疾人就业年审工作，年审企业372家，安置残疾人就业1816人。为残疾人应届毕业生8人提供“一人一策”就业帮扶服务，残疾人毕业生就业率100%。支持残疾人自主创业，发放创业补贴5人1.5万元。组织残疾人就业技能培训、农村实用技术培训，残疾人14人参加非物质文化遗产草编暨手机端电商业务培训班；常态化开展盲人按摩培训，选送盲人按摩师4人参加南通市按摩推拿技能提升培训班。（朱婷婷）

【妇女创业就业】 2021年，海安市成立巾帼创业创新导师工作站和女企业家高质量发展顾问团，聘任巾帼创业创新导师，成立巾帼“创二代”联盟。建立海安优秀女性人才库，入库人员113人。市妇联联合人社部门举办“三八架金桥·春风送岗位”女性专场招聘活动，80家企业与320名待业女性达成初步就业意向。组织女企业家协会成员到宿迁、徐州等地学习，开展“弘扬张謇企业家精神，争当‘张謇式’企业家”主题活动。推动职业技能提升行动，组织120名失业、建档立卡人员参加母婴护理、生活病源照护专项能力培训，近百人取得专项能力证书。邀请省、南通市专家开展母婴护理、居家保洁、健康饮食、庭院花卉种养等课题讲座13场，参训人数达千人。选送5个巾帼科技创业项目参与“通创荟”南通市巾帼科技创新大赛，获三等奖1个、优秀奖1个，市妇联获评优秀组织奖。（市妇联）

【青年创业就业】 2021年，共青团海安市委推进“青春四进”（青商企业进乡村，青年人才进乡村，青融资本进乡村，青年风尚进乡村）行动，连续开展青年直播助农活动6个月，申报青商企业联建项目8个，投资额1.5亿元，发放“新农菁英贷”45笔2250万元。持续擦亮“千名学子看海安·家雁归巢”品牌，寒、暑假期间组织海安籍大学生236人开展社会实践活动，先后举办政务参访、交流沙龙、志愿服务、实习分享、汇报演出等活动6期。实施海归青年“新引力”服务计划，新建南通市级海归青年服务站1个。推动青年科技创新“新创力”攀峰行动，发布企业技术需求5个，寻访“U35攀峰人才”2人，推荐青年科创型人才2人，实现人才科技成果与产业需求精准对接。

（共青团海安市委）

2021年10月20日，海安市举办非物质文化遗产草编暨手机端电商培训，提升残疾人就业技能　　姜　明／摄

【职业能力建设】 2021年，海安市实施职业技能提升行动，印发《海安市2021年职业技能提升行动考核办法的通知》，组织召开责任部门、技工学校、职业培训机构工作会议，开展职业技能培训2.6万余人次，拨付专账资金2400万元。按照《海安市企业新型学徒制工作实施细则》，采取企校双师带徒、工学交替培养等模式培养学徒，全年开设班级14个，培养学徒654人。加强技工教育，完成招生1269人，其中，海安技校315人、海陵技校954人。申报高技能人才重点项目，获批省“双创计划”高技能人才创新项目1个、省级乡土人才大师示范工作室1个、“江苏工匠”1个、南通市技能大师工作室1个、南通市企业首席技师2人。

【职业技能鉴定】 2021年，海安市开展职业技能等级认定，6512人取得职业资格证书，886人取得专项职业能力证书。新增高技能人才2127人，其中技师和高级技师316人。围绕海安“十大产业”（时尚锦纶、纺织丝绸、新材料、装备制造、汽车及轨道交通、电子信息、机器人及智能制造、节能环保、现代建筑、现代家具），举办职业技能竞赛15场次。推进等级认定机构备案，新增苏中建设、中国天楹等等级认定机构11家，覆盖建筑、机械、纺织等多个行业。

【劳动用工管理】 2021年，海安市继续推进集体合同和工资集体协商工作，975家25人以上企业签订集体合同，涉及职工14.85万人，2158家企业参与签订区域（行业）工资集体协商合同。规模以上企业劳动合同签订率99.85%，已建工会企业集体合同签订率98.81%。

集体合同及工资专项协议审查率100%。指导企业开展和谐劳动关系创建，1人获评2021年江苏省金牌劳动关系协调员，2家企业获评2021年江苏省优秀劳动关系和谐企业。通过电台、电视台、专题讲座、推进会等方式宣传《保障农民工工资支付条例》。市人社局对146个在建工程项目进行书面审查；联合市住建局、市水利局等部门分6次检查在建工程项目206家，下发整改通知书56份。开展夏季、冬季根治欠薪专项行动，检查用人单位3868家，涉及职工20.16万人。处理国务院平台大案、要案3件，涉及人员1012人1816.46万元。开展劳动保障监察，受理各类举报投诉案件1327件，立案查处147件，行政处罚6件，限期整改50件，按期处置率100%；"双随机"执法检查用人单位315家。组织劳动保障书面审查，审查各类用人单位9548家。开展人力资源市场秩序整顿、超时加班问题集中排查化解、女职工权益保护等各类专项行动，抽查、检查各类用人单位645家，涉及职工3.4万人。（王　敏）

收入与消费

【收入】 2021年，根据海安市城乡居民抽样调查数据显示，全市居民年人均可支配收入42973元，比上年增长10.5%。城镇常住居民年人均可支配收入54799元，比上年增长9.5%；农村常住居民年人均可支配收入28104元，比上年增长11.6%。城镇居民人均住房面积61.2平方米，农村居民人均住房面积68.6平方米。

【消费】 2021年，海安市实现社会消费品零售总额414.38亿元，比上年增长16.4%。其中，城镇消费品零售额345.32亿元，比上年增长16.3%；农村消费品零售额69.05亿元，比上年增长16.6%。居民年人均生活消费支出28029元，比上年增长20.5%。城镇居民年人均生活消费支出32105元，比上年增长17.9%；农村居民年人均生活消费支出22903元，比上年增长24.6%。

2021年海安市城乡居民人均可支配收入情况表

表41

指　　标	城镇居民人均可支配收入（元）	比上年增长（%）	农村居民人均可支配收入（元）	比上年增长（%）
可支配收入	54799	9.5	28104	11.6
一、工资性收入	31426	9.7	15604	11.0
二、经营净收入	9213	10.0	5940	12.8
三、财产净收入	4614	10.5	1104	9.2
四、转移净收入	9546	7.8	5456	12.5

2021年海安市城乡居民人均生活消费支出情况表

表42

指　　标	城镇居民		农村居民	
	人均生活消费支出（元）	比上年增长（%）	人均生活消费支出（元）	比上年增长（%）
合计	32105	17.9	22903	24.6
食品烟酒	9024	16.1	6735	21.7
衣着	2557	22.2	1264	22.0
居住	5521	11.5	4042	20.3
生活用品及服务	1897	15.7	1501	22.3
交通通信	4522	18.8	3305	31.0
教育文化娱乐	5503	24.7	3896	33.2
医疗保健	2121	23.3	1665	20.7
其他用品和服务	960	15.5	495	24.1

2021年海安市城乡居民耐用消费品拥有情况表

表43

指　标（每百户耐用消费品拥有情况）	单　位	城镇居民	农村居民
家用汽车	辆	70	41
摩托车	辆	8	5
助力车	台	206	215
洗衣机	台	113	107
电冰箱（柜）	台	130	144
微波炉	台	95	98
彩色电视机	台	216	186
空调	台	295	213
热水器	台	141	142
洗碗机	台	2	0
排油烟机	台	91	69
固定电话	线	46	43
移动电话	部	296	251
其中，接入互联网	部	268	209
计算机	台	111	67
其中，接入互联网	台	105	62
照相机	台	13	9
中高档乐器	架	16	6
健身器材	台	13	8
空气净化器（含新风系统）	台	17	1
吸尘器	台	44	14

（市统计局）

社会保险

【概况】2021年，海安市贯彻落实企业职工养老保险省级统筹实施方案，切换上线省人社一体化信息平台，严把缴费下限，规范实施补缴行为。推进职业年金改革，实现实账征收，做实退休人员年金“虚账”，归集职业年金2.85亿元。上线机关事业养老保险地方津补贴待遇补差系统，发放待遇补差8146万元。代发退休人员住房补贴和机关事业单位退休人员养老保险海安与南通地方津补贴待遇补差1.2亿元。完成500多名应进未进人员（军转干部、高层次人才、外地转入）的机关事业养老保险系统参保工作。市医疗保障局率先推行医保经办“综合柜员制”，组建失能（失智）评定专家委员会，聘请正高级医疗专家复核现场初评意见。联合市残联开展“失能（失智）和残疾等级评定”一件事改革，累计联合评定2508人。联合市民政局开展供养困难人员照护保险申报及评定，经评定后集中供养困难人员享受照护保险待遇86人、分散供养困难人员享受照护保险待遇90人。建立健全国谈药“双通道”用药保障机制，对“双通道”药品中使用周期长、疗程费用高的药品及创新药品，实行单独支付政策。参保人员在定点医疗机构、定点零售药店使用单独支付药品发生的符合规定的门诊费用，职工、居民基本医疗保险基金分别按75%、70%的比例报销；在定点医疗机构使用单独支付药品发生的符合规定的住院费用，职工、居民分别自付15%、30%后按住院规定报销。深化城乡居民高血压、糖尿病门诊用药保障和健康管理专项行动，全年享受待遇人数9.04万人次，累计金额469万元。推进退休人员社会化管理，新增企业退休人员7470人，退休人员社区管理服务率100%、档案接收率100%；组织3.5万名退休人员参加免费健康体检，体检周期率100%；走访慰问特困退休人员4308人，发放慰问金153.5万元。

（王　敏　吴谢晖）

【社会保障卡管理】 至2021年年底，海安市累计办理社保卡94.6万张，持卡率99.9%。升级社保卡服务，与建设银行海安支行、工商银行海安支行、农业银行海安市支行、邮政储蓄银行海安市支行、中国银行海安支行和海安农村商业银行建立合作，推动区镇全覆盖，实现办卡、人社和银行一窗式办理、一站式服务。拓展实体社保卡应用，涵盖人社业务身份凭证、信息记录凭证、个人社保权益信息查询、参保当地和异地就医结算、缴费和人社各项待遇领取及金融支付六大功能。拓展电子社保卡应用，电子社保卡与图书馆借书业务对接，全省唯一，并在第三届人社信息化创新应用展上展示。

【养老保险】 2021年，海安市企业职工养老保险参保人数22.04万人，新增参保人数2.35万人，其中，城乡居民社会养老保险转企业职工基本养老保险1.05万人、高校毕业生参保4077人。基金收入72.10亿元（含上级补助收入27.51亿元），基金支出71.62亿元（含上解上级支出45.66亿元），累计结余4.89亿元。享受离退休待遇人数10.45万人，发放基本养老金25.21亿元、丧葬抚恤金0.46亿元，养老金调整人均平均增幅5.7%。企业职工7470人办理退休手续，养老金按时足额发放率100%。

机关事业单位养老保险在编参保人数1.6万人，非编参保人数1732人。在编退休1.05万人，非编离退休3466人（含遗属及事改企人员）。在编参保人员基金收入7.89亿元（含财政补助收入3.82亿元），基金支出7.85亿元，累计结余1447.10万元；非编参保人员基金收入1.07亿元（含财政补助收入0.56亿元），基金支出1.04亿元，累计结余1473.87万元。

城乡居民基本养老保险参保人数14.31万人，其中按标准档缴费12.22万人。城乡居民基本养老保险基础养老金从每人每月160元提高到173元。全市约21.9万人享受养老金待遇，养老金领取率100%、发放率100%。基金收入9.32亿元，基金支出9.06亿元，累计结余12.77亿元。

【医疗保险】 2021年，海安市基本医疗保险参保率98.8%。职工基本医疗保险参保人数33.77万人（人数南通第一），参保结构最优；享受待遇人数385.09万人次，住院报销比例85%。基金收入14.43亿元，基金支出14.10亿元，累计结余17.31亿元。城乡居民基本医疗保险参保人数51.19万人，享受待遇人数259.19万人次，住院报销比例72%，比上年提高25%。

【工伤保险】 2021年，海安市工伤保险参保人数17.45万人。基金收入6519.58万元，基金支出8876.46万元，累计结余5584.30万元。完成工伤预防培训1480人，建筑业新开工项目工伤保险参保率100%。

【失业保险】 2021年，海安市失业保险参保人数16.75万人。基金收入9209.53万元（含上级补助收入82万元），基金支出4908.69万元（含上级支出243万元），累计结余2.35亿元。发放失业金1.27万人次2379.4万元，失业补助金6973人次490.99万元。实施企业稳岗返还政策，全市5008家企业享受稳岗补贴1467.73万元，涉及职工超10万人。

（王　敏）

社会救助

【概况】 2021年，海安市出台《海安市关于改革完善社会救助制度实施意见》，提高各类救助对象保障标准。建设特困供养人员照料服务体系，为失能（失智）人员统一申报照护保险，与所有新增分散供养特困人员签订关爱照料服务协议，将566名分散供养特困人员纳入政府购买“一助一”服务（57人纳入照护保险范围）、1585人纳入政府购买上门服务。发展慈善救助，实现市、镇、村（居）三级慈善机构全覆盖，实施“百户助困”“千户阳光”“情暖学子”等慈善救助项目，募集资金3300万元，救助困难群众1.2万人。推进低收入人口认定和动态监测，制定《海安市低收入人口认定和动态监测实施方案》《关于明确低收入人口集中认定工作相关事项的通知》，累计组织摸排7849户1.58万人，签署授权743户1941人，推送省级经济状况核对系统572户1562人。贯彻落实新版《江苏省居民最低生活保障工作规程》，每月为低保对象中的75名退役军人和听力语言残疾人增发补助金1.5万元。落实重病重残“单人保”、就业成本抵扣、缓退渐退等政策，全市有重病重残“单人保”140人，为2户重病患者家庭扣除就业成本，对20户低保对象实施缓退政策。开展低保专项治理，下发《关于进一步提升困难群众精准救助工作的通知》，入户抽查53个村的低保对象1182户、特困对象521人，推进存疑对象核实清理工作，实现困难群众“应保尽保、应救尽救”。定期摸排比对易致贫户、易返贫户等困难对象，及时将符合条件的困难群众纳入救助范围，至年底，将234名易返贫、易致贫人员中的67人纳入低保救助、11人纳入特困供养，对22人实施临时救助。

【基本救助】 2021年，根据自然增长机制和省、南通市统一要求，自7月1日起，全市城乡低保标准从每人每月710元提高到每人每月750元，农村特困人员供养标准从每人每月880元提高到每人每月975元，城市特困供养标准每人每月1795元。至年底，全市在册城镇低保对象242户347人，农村低保对象4868户6615人，农村特困供养对象3771人，城市“三无”（无劳动能力、无生活来源、无赡养人和扶养人）老人23人。其中，新增城乡低保对象259户369人、农村特困供养对象103人，核减城乡低保对象533户889人、农村特困供养对象314人。发放城镇低保资金251.1万元，农村低保资金4234.5万元，农村特困人员供养经费4251.8万元，城市“三无”老人供养经费51.2万元。推进城乡低保专项治理和特困供养规范化管理工作，开展社会救助兜底脱贫成果及低保专项治理“回头看”行动，清退不符合条件救助对象28户。建立健全分层分类社会救助体系，按照“四步走”（区镇街道先行摸排、集中收集操作疑问、市民政局组织培训答疑、规范化规模化全面铺开）思路，开展低收入人口集中认定，组织摸排困难群众7913户1.61万人，签署授权书1068户2810人，认定低保边缘家庭261户485人、支出型困难家庭13户39人。

【临时救助】 2021年，海安市发放救助金112.77万元，救助临时困难对象836人次。下拨临时救助资金20万元，用于因强对流天气造成房屋损坏的困难群众修缮房屋。元旦、春节期间，发放困难群众节日慰问金1.15万人次115.2万元；走访慰问"一村一户"困难群众238户，发放慰问金23.8万元。至年底，海安市善款存量2.2亿元。慈善总收入4283.4万元，其中2021年募集善款3278.6万元，资金增值收益1153万元；支出善款2253.1万元，救助困难群众3万多人次。

【流浪救助】 2021年，海安市救助站救助接待流浪乞讨人员74人次，其中，未成年人2人次，智障人员7人次，精神病人18人次，行动困难、肢体残疾7人次，护送返乡27人次，购票返乡29人次，亲属接回12人次，寻亲成功率100%。

（市民政局）

社会福利

【残疾人福利】 2021年，海安市提高困难残疾人生活补贴标准，低保内重残提高至每月262.5元，低保内非重残提高至每月187.5元，低保外重残根据个人收入与低保标准按每月750元补差发放，一户多残、依老养残每月450元，低保外无固定收入三、四级精神或智力残疾提高至每月150元，将重度残疾人护理补贴提标为城镇每月130元、农村每月90元。全年，享受生活补贴的困难残疾人8323人，补贴金额5191.74万元；享受护理补贴的重度残疾人6471人，补贴金额715.41万元。

【困境儿童福利】 2021年，海安市有困境儿童533人，其中，孤儿36人、事实无人抚养儿童147人、重病重残儿童350人，发放困境儿童生活补贴723.8万元。为14名符合条件的孤儿每人发放助学补贴1万元。成立未成年人保护工作领导小组。投入9.1万元新建县级儿童关爱之家8家，投入10.77万元购买南通同辰社工事务所、海安惠心志愿服务社、海安市珍爱社会工作服务中心3家社会组织参与困境儿童、农村留守儿童关爱保护工作和儿童关爱之家运营。

【老年人福利】 2021年，海安市有60周岁以上老年人口29.48万人，占总人口32.5%，其中，80~99周岁老人5.28万人，百岁老人164人。80周岁以上老人5.28万人享受高龄老人尊老金，累计发放尊老金、长寿金4074万余元。农村特困人员集中和分散供养总数3771人。市政府印发"关于推进养老服务高质量发展的实施意见"，市民政局安排资金45.83万元资助困难老人7638人参保"老年人意外伤害保险"。

机构养老　全市有各类养老机构31家，其中，公办社会福利院1家、农村敬老院20家、民办养老机构10家（康复医院1家、护理院3家、民营医院转型养老机构5家、普通型养老机构1家），养老床位4700张，实际入住老人近2500人。新增养老机构1家（立发办事处星湖养老院），设置床位200张。建成失能（失智）特困人员照护中心2家（胡集敬老院、福苑居养老中心）、区域性养老服务中心2家（角斜镇敬老院、曲塘镇敬老院）。推进医养融合，21家公办养老机构均建成标准化医务室，并就近与医疗机构签约，提供定期上门医疗服务。

社区养老　全市有社会化运营的社区养老服务机构26家，其中，日间照料中心4家、镇级居家养老服务中心7家、城市社区居家养老服务站13家、农民集中居住区居家养老服务站2家，日接待老人超过2000人次。实施街道日间照料中心提质工程，隆政街道日间照料中心完成升级改造。

居家养老　全市有社会化运营的居家养老服务中心（站）25家，日服务老人超1000人次。8家居家养老服务站开设助餐服务，签约配餐饭店2家。完成900户困难高龄老人的居家适老化改造，每户改造标准3000元。建立居家养老"一助一"服务制度，享受服务的老人近700人，发放照料服务补助100多万元。建设居家养老服务呼叫中心，配备线上话务员20人、线下服务员近700人，将全市所有80周岁以上老年人和农村重点空巢独居老人纳入政府购买服务范围，分类提供日常探视、生活照料、助医助行、代办帮办事项等居家养老上门服务。

2021年，海安市建设居家养老服务呼叫中心，为全市所有80周岁以上老年人和农村重点空巢独居老人提供居家养老上门服务。图为7月22日，海安市居家养老服务呼叫中心工作人员在接听电话

濮端建／摄

2021年海安市百岁老人一览表

表44

序号	姓　名	性别	出生日期（年－月－日）	家庭住址	序号	姓　名	性别	出生日期（年－月－日）	家庭住址
1	杨文奎	男	1913–02–17	李堡镇杨庄村27组	31	张会明	女	1918–01–17	雅周镇张莫天村17组
2	黄宝平	女	1913–06–11	胡集街道北景庄村9组	32	郏唐氏	女	1918–01–22	南莫镇兴南村10组
3	韩召云	女	1913–09–06	城东镇三角村9组	33	吴春芳	女	1918–02–28	李堡镇光明村14组
4	蒋桂英	女	1913–11–05	墩头镇新舍村26组	34	杨本英	女	1918–04–02	城东镇石庄村17组
5	王张氏	女	1914–03–15	城东镇葛家桥村19组	35	彭锦云	女	1918–04–04	海安街道东涵头6号
6	朱仲氏	女	1914–06–20	城东镇堑南村30组	36	冯宝金	男	1918–04–06	曲塘镇胡庄村11组
7	姚桂英	男	1915–07–13	曲塘镇万庄村16组	37	徐凤英	女	1918–04–28	城东镇泰宁村12组
8	王朋英	女	1915–10–15	城东镇南屏村23组	38	崔陆氏	女	1918–05–26	隆政街道德兴村17组
9	张玉平	女	1915–11–04	海安街道平桥村22组	39	陈远英	女	1918–07–13	大公镇星河村3组
10	王宝英	女	1916–03–05	曲塘镇大陈庄村2组	40	曹祥英	女	1918–07–26	角斜镇老庄村12组
11	陆文美	女	1916–05–06	孙庄街道界河村8组	41	朱桂芳	女	1918–09–20	海安街道凤山村15组
12	丁学贵	女	1916–06–02	孙庄街道夏岔村20组	42	章玉秀	女	1918–09–27	孙庄街道银杏村11组
13	田同桂	男	1916–06–06	城东镇界墩村23组	43	张加美	女	1918–10–14	孙庄街道银杏村17组
14	王宏生	男	1916–09–25	大公镇北凌村4组	44	何子英	女	1918–10–30	城东镇葛家桥村20组
15	吴松凤	女	1916–11–12	城东镇壮志村2组	45	任启茂	男	1918–11–21	孙庄街道仁桥村12组
16	刘高氏	女	1916–11–19	南莫镇邓庄村8组	46	柳在云	女	1918–12–21	南莫镇沙岗村3组
17	张邓氏	女	1917–01–03	曲塘镇中桥村22组	47	顾维芳	女	1919–01–16	曲塘镇兴花村13组
18	颜圣礼	男	1917–01–05	墩头镇凤阳村12组	48	周桂英	女	1919–02–08	曲塘镇银树村4组
19	吴玉凤	女	1917–01–27	李堡镇储洋村12组	49	康宜凤	女	1919–02–26	李堡镇新庄村21组
20	田桂英	女	1917–03–12	南莫镇邓庄村16组	50	朱伯香	男	1919–02–27	雅周镇东夏村29组
21	王则芳	女	1917–03–22	城东镇上湖村9组	51	李仁英	女	1919–03–01	大公镇王院村5组
22	胡桂英	女	1917–05–06	南莫镇高杨村15组	52	仲兆凤	女	1919–03–14	李堡镇丁所村15组
23	何世盈	男	1917–05–26	海安街道中大街16号	53	丁怀凤	女	1919–03–21	角斜镇顾陶村9组
24	薛仪太	男	1917–05–27	孙庄街道营溪村6组	54	曹桂兰	女	1919–04–13	墩头镇双新村10组
25	储赵氏	女	1917–06–14	角斜镇新坝村5组	55	江广清	女	1919–04–15	南莫镇林庙村9组
26	徐永英	女	1917–06–22	胡集街道田庄村15组	56	黄宝英	女	1919–07–19	胡集街道连港村14组
27	夏桂发	男	1917–06–27	曲塘镇大陈庄村29组	57	邓学凤	女	1919–07–28	海安街道安平中路69号
28	王连珍	女	1917–09–03	城东镇油坊头村19组	58	夏兰英	女	1919–07–31	李堡镇光明村16组
29	周如英	女	1917–10–07	曲塘镇李庄村14组	59	邓桂芳	女	1919–08–04	隆政街道联合村21组
30	杨勤美	女	1917–11–15	城东镇南屏村2组	60	梅广凤	女	1919–08–24	角斜镇沿口村2组

续表44

序号	姓　名	性别	出生日期（年-月-日）	家庭住址	序号	姓　名	性别	出生日期（年-月-日）	家庭住址
61	侯桂珍	女	1919-08-29	曲塘镇中池巷23号	91	杨玉英	女	1920-03-30	海安街道海陵新村
62	陆忠英	女	1919-09-13	城东镇石桥村19组	92	田宝年	男	1920-04-05	城东镇韩徐村14组
63	李十英	女	1919-09-22	角斜镇新坝村8组	93	李章古	女	1920-04-15	隆政街道联合村9组
64	范存凤	女	1919-10-02	城东镇石庄村6组	94	陈义堂	男	1920-05-10	墩头镇千步村10组
65	张桂英	女	1919-10-19	城东镇韩洋村11组	95	周宏英	女	1920-05-12	大公镇于坝村3组
66	杜元英	女	1919-11-08	大公镇贲巷村13组	96	许俊英	女	1920-05-27	墩头镇千步村20组
67	丁荣方	女	1919-11-10	城东镇壮志村	97	奚祥玲	女	1920-06-05	海安街道凤山村20组
68	俞春芳	女	1919-11-19	李堡镇堡河村3组	98	陈　英	女	1920-06-18	大公镇贲集村4组
69	黄桂兰	女	1919-12-01	南莫镇黄陈村28组	99	于有凤	女	1920-06-19	城东镇界墩村15组
70	高礼和	男	1919-12-03	城东镇洪旺村10组	100	王蔼凤	女	1920-06-23	城东镇戚庄村12组
71	林春芳	女	1919-12-18	角斜镇五凌村14组	101	陈友才	男	1920-06-28	曲塘镇李庄村8组
72	王德余	男	1919-12-25	墩头镇禾庄村5组	102	刘亚林	女	1920-06-29	雅周镇钱庄村14组
73	季仲达	男	1919-12-25	城东镇立发桥村12组	103	曹宝英	女	1920-06-30	白甸镇瓦甸村3组
74	周志兰	女	1920-01-10	白甸镇施溪村7组	104	任广兰	女	1920-07-09	大公镇贲集村23组
75	夏秀林	女	1920-01-11	雅周镇东楼村28组	105	汪国文	女	1920-07-09	雅周镇钱庄村2组
76	戴贤英	女	1920-01-15	大公镇群益村	106	夏子存	女	1920-08-15	胡集街道兴环村5组
77	陶永英	女	1920-01-19	大公镇贲巷社区	107	吴宝珍	女	1920-08-24	胡集街道周吴村14组
78	朱康荣	男	1920-01-20	孙庄街道营溪村14组	108	顾宝英	女	1920-08-26	隆政街道德兴村3组
79	唐维社	女	1920-02-01	南莫镇高杨村16组	109	刘正英	女	1920-09-01	墩头镇千步村23组
80	姜连玉	女	1920-02-09	海安街道人民巷12号	110	周　云	女	1920-09-01	南莫镇林庙村8组
81	王世英	女	1920-02-16	墩头镇禾庄村6组	111	张桂芹	男	1920-09-03	曲塘镇郭楼村10组
82	孔锦文	男	1920-02-16	城东镇嘉麟社区	112	袁兆凤	女	1920-09-15	城东镇爱凌村15组
83	周宏元	男	1920-02-19	雅周镇庞庄村14组	113	郃炳格	女	1920-09-22	海安街道城南新村
84	吴志兰	女	1920-02-23	角斜镇沿口村18组	114	华龙云	女	1920-10-01	白甸镇丁华村7组
85	钱桂芳	女	1920-02-25	隆政街道自由村26组	115	吉承芳	女	1920-10-05	胡集街道胡集村16组
86	吉和英	女	1920-02-28	曲塘镇刘圩村32组	116	王积云	女	1920-10-08	曲塘镇郭楼村9组
87	崔元珍	女	1920-03-01	大公镇嗲口村30组	117	明桂芳	女	1920-10-10	雅周镇鸭湾村2组
88	陈长庆	男	1920-03-01	墩头镇墩北村41组	118	孙其英	女	1920-10-20	李堡镇杨庄村1组
89	许逢真	男	1920-03-09	海安街道东宁桥南60号	119	邵怀英	女	1920-10-22	角斜镇滩河村25组
90	丁成峰	女	1920-03-21	海安街道金海国际花园	120	陈国萍	女	1920-10-22	城东镇新生村6组

续表44

序号	姓　名	性别	出生日期（年–月–日）	家庭住址	序号	姓　名	性别	出生日期（年–月–日）	家庭住址
121	顾云凤	女	1920–10–24	李堡镇曹园村3组	151	周祝美	女	1921–03–05	城东镇戚庄村9组
122	张得秀	女	1920–11–01	角斜镇江海村5组	152	潘桂英	女	1921–03–08	城东镇民桥村20组
123	王文英	女	1920–11–05	海安街道闸东路33号	153	宋年珍	女	1921–03–10	白甸镇官垛村22组
124	吉成英	女	1920–11–12	曲塘镇顾庄村10组	154	季宜凤	女	1921–03–18	李堡镇丁所村7组
125	闾成桂	男	1920–11–19	雅周镇鸭湾村22组	155	储有同	男	1921–03–19	城东镇界墩村14组
126	顾佩荣	男	1920–11–29	曲塘镇刘圩村34组	156	陈兴桂	女	1921–03–29	海安街道凤山村紫石花苑
127	张长凤	女	1920–12–05	城东镇洪旺村15组	157	刘万寿	男	1921–04–06	曲塘镇章郭村11组
128	许录英	女	1920–12–06	曲塘镇富民村20组	158	缪存英	女	1921–04–28	角斜镇五虎村12组
129	周韩氏	女	1920–12–09	南莫镇青墩村16组	159	徐希英	女	1921–05–09	角斜镇富港村11组
130	庞井英	女	1920–12–12	白甸镇傅舍村1组	160	张云芳	女	1921–05–11	城东镇开发新村
131	江景氏	女	1920–12–12	南莫镇砖桥村18组	161	刘加秀	女	1921–05–11	角斜镇汤灶村6组
132	付士芬	女	1920–12–15	白甸镇傅舍村5组	162	葛丙英	女	1921–05–13	孙庄街道通学桥村19组
133	朱有旺	男	1920–12–17	李堡镇李灶村16组	163	王美英	女	1921–05–15	孙庄街道营溪村14组
134	卞宝伍	男	1920–12–18	角斜镇双龙村13组	164	周宏伦	男	1921–05–17	大公镇于坝村28组
135	何志珍	女	1920–12–22	海安街道长江西路58号	165	赵保荣	女	1921–05–18	城东镇民桥村2组
136	钱仁凤	女	1920–12–27	雅周镇钱庄村7组	166	许其镇	男	1921–05–23	城东镇韩洋村26组
137	丁霞云	女	1920–12–31	孙庄街道韩庄村18组	167	张远英	女	1921–05–29	孙庄街道银杏村17组
138	万宝英	女	1920–12–31	孙庄街道仁桥村19组	168	王独英	女	1921–05–30	胡集街道园庄村17组
139	缪三珍	女	1921–01–03	角斜镇新坝村17组	169	许井如	女	1921–06–02	孙庄街道孙庄村21组
140	贾秀英	女	1921–01–05	胡集街道北景庄村13组	170	丁正芳	女	1921–06–03	城东镇立发桥村21组
141	董乔英	女	1921–01–06	曲塘镇万庄村21组	171	陆忠英	女	1921–06–11	城东镇石桥村18组
142	谢永之	男	1921–01–16	大公镇贲巷村4组	172	刘德英	女	1921–06–11	李堡镇桑周村19组
143	储祥付	男	1921–01–18	李堡镇丁所村11组	173	储有法	男	1921–06–14	城东镇三角村13组
144	徐友法	男	1921–01–19	南莫镇柴垛村27组	174	程绍珠	女	1921–06–15	胡集街道胡集村18组
145	李兴山	男	1921–02–09	李堡镇陈庄村17组	175	杭仁英	女	1921–06–23	墩头镇凤阳村5组
146	万成朋	男	1921–02–11	李堡镇富庄村3组	176	章　庆	男	1921–06–27	城东镇热港村20组
147	王爱廉	女	1921–02–12	城东镇嘉麟社区	177	唐文银	男	1921–07–13	孙庄街道夏岔村11组
148	闻宜方	女	1921–02–15	大公镇常河村10组	178	顾善珍	女	1921–07–20	角斜镇五凌村9组
149	仇长珍	女	1921–02–18	南莫镇兴南村4组	179	戴元美	女	1921–07–20	城东镇三丰村8组
150	陆惠兰	女	1921–02–23	海安街道江海西路新村	180	戴宜英	女	1921–07–22	胡集街道钟涵村16组

续表44

序号	姓　名	性别	出生日期（年－月－日）	家庭住址	序号	姓　名	性别	出生日期（年－月－日）	家庭住址
181	夏广英	女	1921-08-04	孙庄街道仁桥村19组	203	景友如	女	1921-11-08	雅周镇雅周村3组
182	刘永钦	男	1921-08-08	海安街道凤山村28组	204	曹桂英	女	1921-11-08	雅周镇周机村16组
183	王张氏	女	1921-08-09	大公镇王院村18组	205	吴志金	男	1921-11-09	角斜镇江海村5组
184	崔广英	女	1921-08-15	李堡镇储洋村20组	206	魏炳英	女	1921-11-15	胡集街道东庙村13组
185	王修珍	女	1921-08-17	胡集街道谭港村11组	207	韩若兰	女	1921-11-15	胡集街道拥徐村12组
186	陆本成	男	1921-08-23	孙庄街道黄柯村12组	208	毛俊英	女	1921-11-15	曲塘镇银树村4组
187	陈秀英	女	1921-08-29	墩头镇墩头村7组	209	姚兰英	女	1921-11-16	李堡镇李堡村15组
188	梅广英	女	1921-09-02	胡集街道钟涵村15组	210	王美鞠	女	1921-11-17	雅周镇金庄村23组
189	柯德英	女	1921-09-03	曲塘镇徐庄村15组	211	范锦芝	男	1921-11-17	曲塘镇创新村7组
190	周凤英	女	1921-09-07	曲塘镇兴曲村3组	212	郭明凤	女	1921-11-19	李堡镇蒋庄村11组
191	李十英	女	1921-09-09	李堡镇李西村6组	213	周克英	女	1921-11-19	大公镇马舍村25组
192	许祥凤	女	1921-09-17	李堡镇堡河村4组	214	江罗英	女	1921-11-25	南莫镇林庙村8组
193	贲云凤	女	1921-09-20	大公镇贲集村35组	215	张长根	男	1921-11-26	隆政街道德兴村20组
194	杨本英	女	1921-09-24	城东镇葛家桥村1组	216	刘广明	女	1921-12-06	城东镇新立村13组
195	徐宏英	女	1921-09-29	城东镇刘缺村19组	217	梅九如	男	1921-12-09	海安街道中大街
196	刘丙兰	女	1921-10-04	墩头镇千步村19组	218	史春英	女	1921-12-10	墩头镇墩北村1组
197	周信珍	女	1921-10-04	曲塘镇胡庄村25组	219	王桂英	女	1921-12-14	曲塘镇花庄村20组
198	张宏彬	男	1921-10-14	孙庄街道孙庄村6组	220	吉成松	男	1921-12-15	城东镇五坝村12组
199	夏美林	女	1921-10-15	雅周镇许家庄村9组	221	周克英	女	1921-12-21	大公镇群益村6组
200	董月清	女	1921-10-16	白甸镇邹冯村8组	222	陈秀文	女	1921-12-22	胡集街道青萍港村2组
201	梅广汉	男	1921-10-19	海安街道海化路27号	223	王桂英	女	1921-12-28	雅周镇钱庄村3组
202	陈怀英	女	1921-11-03	胡集街道连港村8组	224	王则英	女	1921-12-29	城东镇热港村21组

【福利彩票销售】 2021年，海安市福利彩票公益金收入总额622.73万元，其中，福利彩票公益金收入518.74万元、销售机构业务费收入103.99万元；支出总额407.85万元，其中，用于精神病人补助2.03万元、社会福利资助支出79.83万元、养老机构建设补助161.69万元、政府购买养老服务及运行补助137.07万元、居家和社区养老服务27.23万元。

（市民政局）

社会信用

【概况】 2021年，海安市全力推动依法、透明、高效的政务诚信市建设，市公共信用系统归集数据量269万条，比上年增长139%，列南通市第二位。推进“信易+”工作，联合市金融局、中国人民银行海安支行举办“信易贷”宣传推介活动10次，514人参加；分别累计为1476家企业、1.78万人发放信用贷款52.13亿元、13.43亿元。盘活生态资产，将企业环保信用评价结果融入信贷审批系统，市生态环境局在南通率先投放排污权抵押贷款4笔2000多万元。推进“信用+”办税便利化，市税务建立健全以“信用+税务风险”为基础的新型监管机制，通过短信、电话等方式为纳税人提供纳税信用预警提醒服务，全年发送提醒信息12万余条；开展“税易融”项目，累计发放信用贷款1.86亿元；实行“信用承诺+容缺办理”“信用等级+留存备查”等措施，638户纳税人因采取信用承诺或信用等级良好，享受提交办理业务材料减免化。海安连续两年获评江苏省县（市、区）政务诚信建设评价“一等次”。

【社会信用体系建设】 2021年，海安市出台《加快推进信用建设构建以信用为基础的新型监管机制的实施方案》《关于对涉农生产经营主体实施信用分类监管的意见》《医疗卫生信用分类监管办法（试行）》等制度，深化七大重点领域（政府采购、政府和社会资本合作、招标投标、招商引资、地方政府债务、统计、街道和乡镇政务诚信建设）政务诚信建设。强化信用数据归集，健全完善信用数据共享体制机制，公共信用信息共享平台全面接入政务信息共享交换平台，并建立常态化信息交换机制，实现不动产、志愿者等信用数据智能归集；召开“双公示”（对行政许可、行政处罚等信用信息作出决定后上网公示）数据报送培训会，全年标准化归集“双公示”数据2.1万条，双公示及时率、合规率均为100%。推进信用分类分级监管，市交通运输局、市卫健委、市委编办等单位部门在实施分类监管的基础上，对相关企业、机构开展重点检查和信用评价。

【信用状况认定】 2021年，海安市实行信用承诺、信用审查、信用报告制度，落实信用状况认定。开展信用承诺事项事中事后监管，依托“信用海安网”为企业免费提供网上查询报告，全年归集信用承诺信息2.26万条，出具法人、自然人信用查询或审查报告152份，覆盖企业1.2万家。发挥“红黑榜”引导作用，各职能部门对企业、单位开展信用评价，及时公开褒扬守信红名单、曝光企业和个人失信黑名单，除常规在“海安信用网”上定期发布外，在海安人流量聚集区张贴“红黑榜”，全年发布“红黑榜”86期，公布“红榜”935个、“黑榜”117个。

【信用管理和服务】 2021年，海安市将信用鼓励制度融入经济发展，在“新型工业化意见”中对信用表现优异企业进行鼓励并积极兑现奖励政策。加强企业信用建设，新增通过信用管理培训企业24家，省级、南通市级示范创建企业分别新增1家、2家。推进信用企业复评，组织9家信用示范企业（省级2家、南通市级7家）开展信用复评，8家企业通过验收。开展信用管理师报名工作，15人报名助理信用管理师。举办“信用服务送一线”线上培训活动，邀请两家银行机构推介信用贷款产品，146家企业参加信用修复培训。组织信用体检公益活动，为403家规模以上企业免费出具信用查询报告。 （仲伟杰）

【市场主体信用监管】 2021年，海安市完善新型监管机制，“双随机”（随机抽取检查对象、选派执法检查人员）抽查覆盖企业3527户（次），市级部门联合抽查扩展到29个行业部门。累计列入经营异常名录和严重违法失信企业名单企业538户，帮助企业完成信用修复2569条。搭建海安市收费监管系统，通过网络安全实时监测、收费检查等模块，进一步规范行政事业单位收费行为。协同推进“企业年报+条块结合”新模式，区域企业年报完成率99.9%。开展民生领域“铁拳”等专项执法行动，查办各类违法案件557件，移送公安机关19件，罚没款962万元。 （张益龙）

住房保障

【城市住房保障】 2021年，海安市加快棚户区改造，争取上级专项资金6190万元，新开工建设城市棚户区（危旧房）安置住房1766套。受理城镇低收入住房困难家庭住房保障申请5户，核减1户，4户公共租赁住房（廉租房）家庭通过申请。对4户2020年正常申报的经济适用住房轮候家庭进行摇号并完成交户。

【农村危房改造】 2021年，海安市推进既有建筑集中整治，分类分级制定疑似危险房屋监管与整治方案，排查农村房屋19.19万户，发现非自建房安全隐患27处、贫困对象住房93处。按照《农村危险房屋鉴定技术导则（试行）》，鉴定C级危房36户、D级危房8户，44户农村贫困户危房改造全部通过验收。合理制定农村危房改造对象危房改造拆除重建、加固改造分档补助标准，对所有危房改造任务按照每户100元的标准另安排危房鉴定、农户纸质档案、信息系统管理等项目成本支出费用，保障危房改造工作稳步推进。健全完善动态监测机制，严格落实一户一档的农村危房改造农户档案管理制度，批准一户、建档一户，建立危房改造农户纸质档案，对于符合条件的危房，及时发现，及时改造。及时落实补助资金发放，按照C级危房改造每户补助0.9万元，D级危房改造每户补助2万元的标准，市财政核拨专项补助资金47.82万元，补助金通过“一折通”打卡方式发放到补助对象手中。 （刘 鑫）

【住房公积金管理】 2021年，海安市住房公积金归集金额15.49亿元，净增缴存人数1.16万人，提取住房公积金9.64亿元。发放贷款1287笔4.7亿元，实现贷款连续14年“绝对零逾期”。开展“我为群众办实事”大走访活动，走访企业40多家，其中重点走访上市企业、拟上市企业32家，宣传公积金政策，收集并妥善处理企业、职工疑难问题13件。发挥银企联动作用，联合工商银行、中国银行等合作银行举办公积金拟建制企业座谈会，分别与160多家企业代表沟通互动并进行政策引导、制度宣传，助推公积金归集扩面。

（住房公积金海安管理部）

慈善事业

【概况】 2021年，海安市慈善总会实现慈善总收入4631.49万元，其中募集善款3417.09万元。资金增值收益1158.74万元。支出善款2817.7万元，救助困难群众3万多人次。9月3日，市慈善总会召开第四次会员代表大会，选举产生新一届领导机构，市人大常委会原主任孙进基当选新一届慈善总会会长、基金会理事长，南通市政协主席、市慈善总会会长黄巍东，副会长叶沈良等领导及海安市主要负责人参加会议。加强区镇慈善分会管理，及时完善补充分会组织；制定下发《区镇慈善分会重点工作考核实施意见》，4月，全面考核检查15个区镇分会，并将随机抽样检查延伸到重点村居，推进区镇分会慈善工作。支出15万元项目经费支持义工联、福缘大队和惠心社等慈善志愿服务组织开展公益活动，将志愿服务活动纳入慈善年度工作总体规划，联合开展"5·12"海安慈善日、"9·5"中华慈善日系列活动，"中华慈善日"期间，义工联等5家志愿服务组织发动服务者300人开展志愿服务活动，受到广泛好评。福缘大队"拥抱老兵"项目，惠心社"爱在芳华""爱心银龄"等项目获南通市文明办表彰。

【善款募集】2021年，海安市慈善总会以"5·12"海安慈善日为平台，开展机关事业人员"一日捐"慈善募捐活动，募集善款360万元，其中区镇机关事业人员捐款44.1万元。组织村居"互助"募捐，明确村居"互助"募捐与慈善日活动同步开展，要求村居慈善工作站在两年内实现南通市慈善总会确定的村村达40万元的目标，有条件的当年达标；引导并鼓励将慈善工作纳入村规民约，市慈善总会、市文明办、市农业农村局将慈善日活动纳入文明区镇、村居考核内容；在村居慈善工作站中开展星级评比和争创十佳慈善工作站活动，评出最佳慈善工作站15个、十佳慈善工作者15人。全年，村居慈善工作站募款1674.4万元，233个村居慈善工作站有193个村慈善基金超40万元，229个村居超30万元，分别占村居数的82.8%、98.3%。推进企业一日捐，下发《致全市企业家一封信》，向企业家通报全市慈善工作情况，动员企业家参与慈善事业，全市企业捐款1698.55万元。在确保基金安全增值的前提下，争取市政府支持，与相关国企签订合作协议，实施存量善款投资增值，实现善款投资增值收益1158.7万元。

【慈善救助】2021年，海安市慈善总会实施"百户爱心助困"项目，救助标准为每户5000元，发放救助金94.5万元；1月10日，举行救助金集中发放仪式，救助2020年确定的特困家庭189户。实施"情暖学子"项目，全年发放助学款106.5万元，帮扶标准为初中生每人每年2000元、高中生每人每年3000元、大学生和研究生每人每年4000元；8月27日，举行以海安街道贫困大学生为代表的助学金发放仪式，现场发放救助金19人7.6万元；受疫情影响，另有大学生144人、高中生101人、初中生50人通过银行卡发放方式接收助学款。实施"阳光之肾"项目，救助对象范围从低保家庭扩大到低保边缘户、建档立卡户以及机关事业人员中的困难户，救助标准为每人5000元；1月10日，在苏中七战七捷纪念馆报告厅举行海安街道受助人集中发放仪式，其余受助者通过银行卡方式发放，全年发放救助款669人328.7万元。开展"千户阳光"送温暖活动，支出善款71万元，为孤寡老人和困难群众购置节日慰问品2000份。加大村居救助力度，全年下拨村居慈善救助款1328万元，村均5.6万元，救助困难群众2万多人次；高新区谭港村、开发区泰宁村、李堡镇李灶村等6个村居年救助款超10万元。

【联动救助】2021年，海安市慈善总会联合相关单位开展帮扶活动，推进专项救助，联合区镇实施"月月浓情"项目，对遭遇天灾人祸及遇到特殊困难的家庭给予及时解困，资助1500人80万元。联合教育部门实施"园丁慰藉"项目，帮扶因病因残致贫的教职工家庭14万元。联合市妇联实施"贫困母亲"项目，支出救助款15万元。联合市卫健委、市红十字会实施"健康扶贫""生育关怀""博爱送万家"项目，支出救助款95万元，用于低保和建档立卡户大病救助、贫困失独家庭和计生后遗症对象及人道主义救助。联合市农业农村局实施"老区扶贫"项目，支出救助款60万元。联合市机关党工委、市邮政局、市癌友协会、团市委等单位，实施"慈善关爱""爱心包裹""癌友之家"等项目，支出善款60万元。实施慈善义工项目，支持义工联、福缘大队、惠心社、江海志愿者等慈善志愿服务组织开展助老、助医等公益服务，支出救助款15万元。联合市老年体协实施"慈善之声""夕阳红工作室"等项目，支出善款17万元，用于慈善文艺宣传和老年文体公益活动。为全市90~100岁的老年人购买意外伤害保险，支出善款30万元。配合省、南通市慈善总会实施"儿童大病救助""情暖江海"项目，进入救助程序的儿童12人，报支医疗费27.03万元；200人获"情暖江海"项目资助，支出救助款20万元。联合市民政局、市人民财产保险公司、市老年体协实施"美丽夕阳"等项目，成立老年文艺宣传队，支出善款12万元资助慈善文艺宣传活动；实施"夕阳南通保"项目，支出善款43万元。对口支援陕西省略阳县13万元。

【慈善宣传】2021年，海安市慈善总会依托市融媒体中心及《海安日报》、海安电视台、"海安发布"微信公众号等平台，报道慈善新闻、慈善动态、慈善先进典型及慈善募捐情况、慈善项目实施进度，扩大慈善宣传覆盖面。在"海安发布"发稿"慈善美篇""志愿服务美篇"20多篇，联办"慈善之光"征文活动，收到征文66篇。5月，编辑出版《十年善歌》和画册《情满海安》。构建慈善宣传平台，办好海安慈善网、《海安慈善》，《海安慈善》全年出刊6期、用稿120多篇，及时发布信息资讯，做好爱心人士捐赠情况、慈善项目实施进度和财务收支审计等公示工作。在江苏慈善网、南通慈善网等南通市级以上媒体发布海安慈善信息400多篇，其中，《慈善公益报》《中国社会报》《慈善》等国家级媒体用稿50多篇。修订完善慈善文艺宣传工作意见，慈善文工团全年创作排演节目18个，到镇、村（居）演出38场次。

（汤成林）

扶贫开发

【概况】 2021年，海安市老区开发促进会、扶贫开发协会（乡村振兴促进会）、南通市老区扶贫基金会海安办事处（简称“两会一处”）践行“弘扬老区精神、传承红色基因、助力共同富裕、促进乡村振兴”宗旨，高质量做好老区开发建设和乡村振兴工作。根据国家乡村振兴战略和形势发展需要，“海安市扶贫开发协会”更名为“海安市乡村振兴促进会”。10月15日，召开海安市老区开发促进会六届一次、乡村振兴促进会一届一次会员代表大会，选举产生市老促会六届、乡村振兴促进会一届理事会、监事会，南通市老促会、扶贫协会理事长秦厚德，海安市委书记于立忠出席会议并讲话。市老促会获评全国老区宣传工作特等奖、南通市乡村振兴与老区建设优秀单位。海安市委组织部、海安中等专业学校、市老促会滨海新区（角斜镇）、海安街道等14个单位获评全国老区宣传工作优秀奖。

【老区扶贫】 参见《乡村振兴·富民强村》

【学用红色书刊活动】 2021年，海安市老促会继续开展“致敬百年·四学四争”红色教育活动，通过汇编成册书面交流、大会交流、现场观摩、创演文艺剧目等形式交流红色教育心得体会，各村居干部、区镇街道机关部门企事业单位负责人、35岁以下年轻干部、学校师生等近2000人参加，征集红色教育心得1617篇。11月30日，海安市召开老区宣传工作暨“致敬百年·四学四争”红色教育心得交流会。参与组织“建党百年党史”征文活动，召开海安市庆祝中国共产党成立100周年征文研讨会，市老促会系统获一等奖1篇、二等奖4篇、三等奖6篇，占获奖总篇数61.1%。组织参加江苏省、南通市老促会“老区人民心向党”征文活动，报送稿件30篇，其中，3篇获评省级优秀征文，2篇分别获南通市二、三等奖，南通老区网用稿8篇，市老促会获评省级“老区人民心向党”征文活动组织奖。组织海安老区革命历史学习宣传活动，宣讲海安革命历史30多场，受众超6000人次。组织收看中央电视台《敢教日月换新天——走进革命老区县海安》专题节目，《海安老区》专题编发观后感。组织学习《海安革命历史简明读本》，在《海安日报》专栏发表读后感7篇。

【老区调研与宣传】 2021年，海安市老促会围绕“保护红色遗存、培育红色文化”、建立解决相对贫困长效机制、乡村全面振兴和“三农”工作等问题开展调研，形成调研报告18篇。7月，启动红色资源调研普查工作，形成“红色资源调研普查登记汇总”，落实《海安红色之源》编纂准备工作。全年，“四刊三网”（《中国老区建设》《大江南北》《铁军》《江苏老区》，中国老区网、江苏扶贫之窗、南通老区网）用稿369篇，“学习强国”学习平台用稿7篇。《中国老区建设》杂志专题介绍海安老区宣传经验做法。《海安日报》“弘扬老区精神 助力高质量发展”栏目发稿34篇。（陆志强）

关心下一代工作

【概况】 2021年，海安市关工委优化充实各级关工委班子成员257人，其中，海安市级17人，区、镇（街道）74人，村（社区）166人。市关工委被省关工委、省文明办表彰为优秀集体，获江苏少年网“对话2035的我们”活动优秀组织奖，被南通市关工委表彰为宣传工作最佳单位、南通市中小学生心理健康教育工作先进单位、“五老”网吧义务监督工作最佳单位。10月27日，海安市召开关工委成立30周年纪念会议，市委书记于立忠出席会议并讲话，会议表彰先进集体10个、先进个人10人、突出贡献者8人。市关工委在南通市级以上报刊、网站等媒体上发稿280多篇，其中，《薪火》杂志、《关心下一代周报》用稿16篇，江苏少年网用稿79篇。大公镇关工委刘桂平撰写的《爱拼才会赢》在国家级刊物《社区与教育》刊发。

【主题教育活动】 2021年，海安市关工委开展“颂建党百年 做时代新人”主题教育活动，引导青少年学党史、颂党恩、听党话、跟党走。活动评选主题教育先进单位5个，相关主题教育活动组织奖7个，优秀演讲者9人，优秀讲师13人，优秀讲稿作者12人。城南实验小学崔梓楠获江苏省“争做党的好少年”主题演讲比赛一等奖、南通市“寻访革命遗迹 传承红色基因 争做党的好少年”专题演讲比赛特等奖。

加强红色资源利用，全市各级关工委采取“读、写、演、诵、访、赛”等形式引导青少年学习建党精神，485名主题教育宣讲员宣讲630多场次，受众24.2万人次，青少年10.9万人参加主题教育各类活动。7月1日，各区、镇（街道）关工委、部分村（社区）关工委组织青少年收看庆祝中国共产党成立100周年大会实况转播，市关工委与海安街道关工委、海安街道海陵社区关工委及青少年40多人一起收看。白甸镇关工委组织青少年参观周垛村的洪家滩精神传承馆，劳模代表王利伟以“十涝十排建奇功”为题到全镇4所中小学，6个村开展巡回宣讲；滨海新区角斜小学依托角斜红旗民兵团史绩陈列馆，创建少年军校；孙庄街道关工委依托营溪第一支部纪念馆，开展“听一场解说、敬一次英烈、讲一段故事、述一下初心、观一场演出、学一本读本”情景教育，组织青年干部、中小学生到营溪第一支部开展“缅怀革命先烈 致敬百年征程”现场教学86场，4500多人次参加；隆政街道关工委利用大里“无名烈士纪念碑”、新四军联抗烈士陵园等红色教育基地，对青少年开展爱党、爱国、爱社会主义、爱家乡系列教育；市教育体育局关工委组建的社会主义核心价值观讲师团到中小学开展巡回宣讲33场，受众2.33万人，其中陆美云宣讲的《追忆“七战七捷”》获省教育关工委2021年社会主义核心价值观“精品教育项目”案例评选二等奖。

推动部门协同联动，海安街道复兴社区联合墩头镇宝祥村举办“童心向党，寻访家乡红色文化”系列活动；曲塘镇关工委主动协调市司法所、市妇联等单位部门，配合校外教育辅导站开展主题教育活动、新时代文明实践活动；李堡镇、雅周镇、曲塘镇、滨海新区等区镇（街道）关工委联合市妇联、市团委等部门，合力开展青少年教育工作；海安街道关工委联合高新区社区教育中心面向82家校外教育培训机构发放公开信，要求配合社区辅导站加强青少年道德教育和党史学习教育；滨海新区老庄村关工委、胡集街道谭港村关工委配合有关部门开展“乡村大舞台”“农民乐一天”等活动。

深化实践活动成果，各基层关工委将主题教育与新时代文明实践中心建设、乡村“复兴少年宫”活动、创建文明典范城市、安全发展示范城市等活动融合，评选“在家做好孩子，在校做好学生，在社会做好公民”市级“三好标兵”100人。海安街道凤山村吴兴宝工作室创办“文史阅展之家”“留守儿童家庭辅导站”“四点半课堂”，开展党史、国史宣讲120场次，吴兴宝家庭获评2021年全国最美家庭；隆政街道自由村关工委组织“我们的农田”志愿服务；大公镇关工委组织青少年参加主题教育征文评比活动，并将52篇优秀作品编辑成册印发至各村校外教育辅导站。

【校外教育辅导】 2021年，海安市推动校外教育辅导与“双减”政策相融合，雅周镇关工委发挥“五老”（老干部、老战士、老专家、老教师、老模范）44人的资源优势和32人的特长优势，助力学校课后延时服务；海安街道关工委利用学校延时服务时间到明道小学、海师附小做党史教育讲座；墩头镇关工委组织“五老”到吉庆小学、双溪小学、仇湖小学和墩头小学开展“玩转稻草”手工活动、“讲红色故事”活动、法治教育活动、“风雨之后有彩虹”心理团体辅导活动。推动区域教学特色化，大公镇关工委结合“一村一品”建设，组织书画、花鼓、写作培训活动；墩头镇千步村校外辅导站联合南京工业大学义务支教服务队，关爱教育留守儿童；雅周镇开展“节能环保”主题活动；胡集街道谢河村辅导站结合学生思想实际和生活实际，组织活动72次。抓好暑期校外辅导，雅周镇暑期夏令营活动做到村村“五保证”（保证活动场所、保证活动器材、保证教学资料、保证值班人员、保证活动经费），曲塘镇校外教育辅导站继续坚持联合办班与单独办班相结合，19个村（居）辅导站联合办班，联合办班村（居）数量占全镇68%以上。各区、镇（街道）关工委抓好全市235个村（社区）中心辅导站考核工作，16个考核子项目平均满分率91.14%，比上年增长6.43%。

【青少年关爱帮扶】 2021年，海安市关工委下发“关于关爱特殊群体未成年人工作意见”，开展青少年弱势群体、特殊群体关爱帮扶帮教活动，救助特困学生406人，发放救助金24.6万元。联合市妇联关爱留守儿童752人；墩头镇“苏宁爱心之家”举办“10年爱心路 苏宁两地情”十周年联谊活动，宁夏回族自治区固原市彭阳县师生及家长20多人应邀参加；曲塘镇李庄村关工委组织“五老”代理家长活动，与留守儿童22人签订“代理家长责任书”；白甸镇成立关爱“留守儿童”专门工作队伍，定期召开青少年服务管理工作会议。加强青少年法治教育，全市配备“五老”法治副校长89人，组织法治教育报告团117个，培养宣讲员408人，宣讲522场次，受众22万人次。做好“五失”（失足、失管、失业、失学、失亲）青少年结对帮教工作，组织“五老”305人结对青少年90人，帮扶转化率90%。推行关爱随迁子女常态化管理，组织“五老”结对关爱随迁子女3207人。助力乡村振兴，组织老科技工作者结对青年农民扶志、扶技、扶创业，市农业系统关工委被省关工委、省文明办表彰为关心下一代工作优秀集体。联合市文广旅局举办“五老”网吧义务监督员培训会，全市18家网吧配备“五老”网吧义务监督员36人。加强中小学生心理健康教育，“五老”221人结对关爱有心理问题的学生121人；联合市心理协会组织心理专家到区、镇（街道）开展心理健康教育业务讲座，先后培训“五老”骨干700多人。（李晓星）

2021年7月20日，海安市大公镇校外辅导站组织部分小学生到海安智能制造展览中心参观　　翟慧勇／摄

民政事务

【登记管理】 2021年，海安市婚姻登记依法办理结婚登记3783对，补领婚姻登记证1501本。自1月1日执行离婚冷静期后，办理离婚登记748对，比上年下降44.92%；补领离婚登记证120本。依法未办理收养登记。新登记社会团体7家，变更6家；新登记民办非企业4家，变更7家，注销7家。全市累计拥有注册登记社会组织861家，其中，社会团体193家，民办非企业单位668家。

开展非法社会组织专项治理行动，印发打击非法社会组织宣传品5000件，取缔非法社会组织4家；成立海安市社会组织综合党委。开展社会组织“双随机一公开”抽查，按照3%的比例随机抽取检查对象25家，逐一审查组织架构、内部制度和财务状况，并下发整改通知要求限期纠正。实施公益创投项目21个，累计开展活动62次，总受益人数1896余人次。

【殡葬管理】 2021年，海安市推进文明殡葬长效管理，实现逝者“死亡—火化—安葬”全程信息化跟踪，全市未发现一例装棺重葬行为。倡导文明节俭办丧，全市平均守灵时间由7天以上缩短为4天，平均安葬率85%。实施《海安市殡葬服务设施专项规划（2020—2030）》，规划各类殡葬服务设施130多处。加快推进“安福园”项目建设，规划建设骨灰堂、集中守灵中心，完成原火化区改造，实现市殡仪馆提档升级。建成镇级公益性公墓14处、骨灰堂8处、集中守灵中心1处、经营性公墓1处，生态葬区1处，村级集中安葬点19处。

【地名管理】 2021年，海安市依法开展地名管理，受理核准各类地名命名187个，其中，商用地名26个、公用地名161个。督促“大、洋、怪、重”等不规范地名和“有地无名”“一名多用”“一路多名”现象实施标准化命名。加大地名执法巡查力度，责成相关部门按标准设置道路地名标志牌4处，要求2家开发企业限期整改，按标准宣传标准地名。配合公安部门开展地名地址服务平台建设，提供地名信息、资料等200多条。推进地理实体标准命名工作，对主次干道、支路、住宅区等实施标准命名141个。加强地名文化建设，开展红色地名征集，完成10多个红色地名的资料整理和视频制作；角斜红旗民兵团史绩陈列馆、苏中七战七捷纪念馆入选首批100个红色地名，南通市仅6个。完成地名典志海安级词条编撰工作。

（市民政局）

民族宗教事务

【民族事务】 2021年，海安市做好少数民族群众精准帮扶工作，关注少数民族常住人口和流动人口基本情况，及时帮助生活有难、行动不便、求学就医遇阻的少数民族群众，以结对帮扶、项目帮扶、特色帮扶等多项措施促进“同奔共富”，常态化开展春节前少数民族家庭走访慰问工作。加强与少数民族地区交往，拓展教育帮扶、产业带动的优势和效果，提升民族工作影响力。在连续33年做好云南宁蒗支教的基础上，将支教工作拓展到广西、贵州等少数民族地区。鑫缘集团、苏中集团、达欣集团等企业利用自身产业优势，支持和带动少数民族地区经济社会发展，收到较好的社会反响。鑫缘集团获评第八批全国民族团结进步示范单位。开展“红石榴家园”创建工作，打造全覆盖、多层次、精准化少数民族服务管理网络，海安街道二里社区被省民族宗教委员会确定为全省首批民族工作“红石榴家园”，苏中纺织、明道小学创建全省第二批“红石榴家园”。全年，接受省内外团队到海安观摩交流民族工作10多批次。深化“民族团结进步宣传月”活动，开展送医下乡、技能培训、走访慰问、创业就业等活动。

【宗教事务】 2021年，海安市有宗教团体1个，即市佛教协会；经市政府批准的宗教活动场所16个，其中佛教13个、道教2个、基督教1个；宗教教职人员48人。规范宗教团体、宗教活动场所财务管理，健全、完善财务管理制度，组织佛教协会全体成员、各宗教活动场所负责人和财务人员等参加财务工作培训。开展“宗教活动场所安全月”活动，组织宗教活动场所安全工作业务培训，邀请专家对全市宗教活动场所负责人和安全员开展安全知识专题辅导、消防器材操作使用培训和消防应急疏散演练；开展宗教活动场所安全隐患排查整治，先后组织宗教活动场所安全检查12次，检查宗教活动场所87处（次），排查整改隐患211条，下发安全隐患整改通知书54份，及时整改到位；提升宗教领域安全防范意识，宗教活动场所全面完成技防监控系统建设。

【鑫缘集团获评全国民族团结进步示范区示范单位】 2021年1月19日，鑫缘集团被国家民族宗教委员会命名为第八批全国民族团结进步示范区示范单位，成为全省唯一一家获此殊荣的企业。鑫缘集团响应国家“东桑西移”发展战略，走出一条具有鑫缘特色的民族团结进步创建之路。率先在广西壮族自治区环江德保县、陕西省略阳县、四川省高县、重庆市黔江区等贫困县开展扶贫攻关，以点带面实施产业扶贫，因地制宜，精准帮扶，累计带动贫困地区5.8万户蚕农增收，帮助建档立卡低收入蚕农1.3万人脱贫致富。2020年，公司党委书记、董事长储呈平获全国脱贫攻坚奖奉献奖。

（王　姝）

海安市上湖创新区

公共安全

防灾减灾

【概况】 2021年，海安市遵循“两个坚持、三个转变”（坚持以防为主、防抗救相结合，坚持常态减灾和非常态救灾相统一；实现从注重灾后救助向注重灾前预防转变，从应对单一灾种向综合减灾转变，从减少灾害损失向减轻灾害风险转变）防灾减灾理念，推动各区镇（街道）建立防灾减灾救灾工作领导小组，夯实基层防灾减灾救灾工作组织建设。开展第一次全国自然灾害综合风险普查，实施“1+6+X”（由普查领导小组“1个口子”统筹协调，以六大灾种所涉及的6个普查主要参与部门协同推进，其他各相关部门和区镇共同参与，配以第三方专业技术团队共同开展）机构模式，完成公共服务设施和危险化学品自然灾害承灾体调查399个，政府和企业、社会减灾能力调查278个；抽取30个社区1273户家庭开展家庭减灾能力问卷调查；整理重大历史自然灾害（1949年以来）22起和年度自然灾害（1978年以来）12大类706起相关资料，收集调查表格2678份。加强自然灾害监测预警，建成海安市突发预警信息发布中心，建立市应急管理局、市气象局联动的灾害预警发布机制，全年发布灾害预警信息147次、决策灾害专报121期，通过短信平台发送预警信息61.8万条。5月12日，市新时代文明实践中心办公室联合市应急管理局在胡集街道园庄村举行“防范化解灾害风险，助力城市安全发展”2021年全国防灾减灾日文明实践主题活动，邀请市消防救援大队开展应急器材使用培训，市应急管理局向田庄村、园庄村两家试点村居捐赠家庭应急包，中国江苏网、南通发布报道活动开展情况。胡集街道田庄村获评全国综合减灾示范社区。

（倪　明）

【气象灾害防御】 2021年，海安市发布《关于将气象灾害防御纳入基层网格化服务管理的通知》，构建“气象+网格+应急”工作机制，打造气象协理（信息）员、基层网格长（员）、灾害信息员“三员合一”、融合共建的气象防灾减灾工作格局。推进基层防灾减灾体系建设，完善基层气象灾害预警信息接收和传播体系，增强防灾减灾能力。组织召开全市灾情管理工作暨气象信息员培训会，520余人参加培训。11月，海安市突发事件预警信息发布系统项目通过验收并正式投入使用。加强多部门协作联动，为市防汛指挥部和市人武部提供雨晴、天气预报信息342期；市气象局与市应急管理局、市市域治理现代化指挥中心签订合作协议，畅通预警信息发布渠道；联合市生态环境局发布重污染天气空气质量预报，建立联合会商、联合应对、联合发布信息的工作机制；与市融媒体集团、市文广旅局签订合作协议，通过发布电视游动字幕提醒、增加电台插播和专题节目实现灾害性天气气象动态预警及科普宣传，广播电台逐日发布一周天气趋势预报，应急广播系统大喇叭实时发布重大灾害突发气象预警信息。

（彭　伟　彭小燕）

【地震灾害防御】 2021年，海安市依据省、南通市自然灾害综合风险普查实施方案（地震灾害专篇）要求，落实专项经费预算，制定海安市地震灾害风险普查方案，并按有关要求推进相关工作。在“防震减灾宣传月”“唐山地震纪念日”“国际减灾日”等期间，深入社区、学校、广场，通过图板展示、举办讲座、播放电教片、悬挂横幅、张贴标语、发放地震科普折页等方式，向社会公众宣传防震减灾和自救、互救知识。编印防震减灾知识彩页7万多份，向城区市民免费发放。市少年宫抗震减灾科普馆正常开放，全年接待参观学生2000多人次。组织参加第五届全国防震减灾科普讲解大赛，获江苏赛区一等奖。

（刘　鑫）

【防汛抗旱】 2021年，海安市落实汛期监测预警，实行市、镇两级24小时防汛值班制度。汛前实施销号式除险消险，对暂不能除险处理的问题，逐一落实度汛应急措施；汛期启动防汛防台应急响应Ⅳ级2次、Ⅲ级3次、Ⅱ级1次。实施防汛急办工程，完成海堤堤身塌洞、贲家集水利枢纽工程管理所上下游块石护坡修复、通扬河沿线高低水系控制工程维修等薄弱工程修复工作。科学调度水利工程预排预降、抢排涝水，调度北凌新闸排水160潮次，排水量9.99亿立方米；调度市城市防洪工程排涝，累计运行2.21万台时，排涝流量1.17亿立方米；关注里下河各圩区及大公镇东部洼地区域天气趋势、雨情和河道水位上涨情况，适时关闭圩口闸、启动排涝站，实

2021年6月16日，海安市消防救援大队联合先锋救援中心在七星湖开展防汛抢险应急救援演练

市应急管理局／供图

现安全度汛。6月16日，市消防救援大队联合先锋救援队在七星湖开展防汛抗洪模拟实战演练，提升防汛应急处置能力和抢险救灾能力。（陈 菁）

【海洋灾害防治】 2021年，海安市加强海域风暴潮、海浪和海啸等海洋自然灾害防范能力，减少海洋自然灾害造成的损失，保障人民生命和财产安全。1月19—20日，江苏省紫菜协会、市农业农村局、滨海新区管委会等单位开展海洋渔业安全生产与浒苔防控海上联合督查，落实浒苔灾害防控监督。结合“世界海洋日”和“全国海洋宣传日”，开展“保护海洋生物多样性，人与自然和谐共生”主题宣传活动，宣传海洋灾害防治知识。5月12日，海安市举办全国防灾减灾文明实践主题活动，进行海洋灾害防御知识微宣讲。

【地质灾害防治】 2021年，海安市出台《海安市地质灾害防治“十四五”规划》，发布《2021年度海安市地质灾害防治工作方案》，结合国土空间规划编制工作，完成全市15.99平方千米新增规划建设用地地质灾害危险性区域评估，实现评估范围内项目地质灾害危险性免费查询。汛期，组织排查全市范围内建筑工地、学校和村庄等，对地质灾害隐患点逐一登记造册，并制定针对性防治方案和应急措施，严格落实24小时值班制度。全年，出具地质灾害危险性评估说明书78宗。

【森林灾害防治】 2021年，海安市坚持“预防为主、积极消灭”工作方针，完善重点绿化工程督查管护责任网格图，实现绿化工程责任全覆盖。推广使用“防火码”，“互联网+森林防火督查”系统实现联网。结合“安全生产宣传月”“全国土地日”，开展森林防火宣传活动，加强民俗用火、农事用火、秸秆双禁、生产生活用火监管。完善《海安市骨干林带长效管护工作考核办法》，明确骨干林带林下“无乱垦乱种、无乱堆乱放、无垒土起坟、无火点隐患，林带灌排水通畅”的防灾要求。推动林业有害生物防控，实施松材线虫病防控五年攻坚行动，做好松材线虫病秋季普查及系统录入工作；加强美国白蛾等检疫性有害生物监测防控，布置美国白蛾监测点30个，按月发放美国白蛾专用诱捕器。（赵海群）

产品质量安全

【农产品质量安全】 2021年，海安市开展乡镇农产品质量安全监管服务所标准化提升星级建设，按照“四星五有”标准设立专门办公室、检测室，大公镇农产品质量安全监管服务所获评江苏省五星级监管机构，获奖补资金9万元。实施“网格化+精准监管”，推行食用农产品合格证制度，开展农业规模主体入网监管行动，1783家农业规模主体被纳入农产品质量追溯监管平台管理。加强农产品绿色标准化生产，推进绿色优质农产品生产基地建设与管理，全市认证绿色优质农产品占比68%，比上年增长12%。强化科学监测，开展农畜水产品例行监测1638批次，合格率99.87%；监督抽检57批次，合格率98.25%；接受省、南通市农畜水产品例行监测543批次，合格率99.63%；接受省、南通市监督抽检70批次，合格率99.49%。3月20日，海安获评江苏省农产品质量安全县（市、区）。（张小青 储 亮）

【医疗器械安全监管】 至2021年年底，海安市拥有医疗器械经营企业528家。全面落实江苏省药品监督管理局加强新冠病毒疫苗监管“五个全面”工作要求，按时完成疫苗国家监管体系评估目录、自评报告以及台账的收集、整理和报送工作，制定疫苗质量安全清单，对疾控中心、12家接种单位、2家临时接种点开展新冠病毒疫苗储存运输监督抽查，检查疫苗配送、接种单位91家次，实现疫苗配送、接种单位第三轮监督检查全覆盖。召开疫苗运输和储存中疫苗质量安全培训会，督促全市所有接种单位针对存在问题自查自纠并签订《疫苗质量承诺书》，疫苗接种单位自查率和疫苗质量承诺率均为100%。开展新型冠状病毒核酸检测试剂专项监督检查，重点检查器械进货渠道、存储合规性和产品质量安全性，检查开展自主检测业务的医疗机构6家、委托第三方检测医疗机构52家。

【特种设备安全监管】 至2021年年底，海安市拥有特种设备生产单位76家、使用单位4551家，在用特种设备2.76万台。开展起重机械、燃气管道、气瓶等安全隐患排查专项行动，检查特种设备使用单位4735家，发现并督促整改各类安全隐患1226条。推进特种设备“不见面”受理开工告知3732份、使用登记6590台（套）、作业人员资格许可2712人次。（张益龙）

食品药品安全

【概况】 2021年，海安市紧盯重点企业、重点环节、重点品种，加强药品质量安全风险防控，确保安全风险高的企业监督检查不少于2次。组织元旦、春节等节日期间药品医疗器械和化妆品质量安全监督检查，排查药品安全风险隐患，检查药械经营企业150家，督促整改问题24家次。开展中药饮片质量安全、儿童化妆品、含兴奋剂药品零售、药品流通环节、医疗器械风险隐患排查等专项检查，检查零售药店125家、医疗机构32家，化妆品经营企业120家、医疗器械经营企业58家，查办药械妆违法案件69件，其中一般程序案件28件，当场处罚41件，罚款230.95万元。

【食品安全监管】 至2021年年底，海安市拥有食品生产企业189家、食品批发零售单位5799家。6月24日，海安市“食品安全宣传周”活动暨“食品安全你我同查”启动仪式在城南实验中学举行，引导食品行业市场主体严格自律，倡导社会各界参与食品安全治理。加强进口冷链食品疫情防控，规范集中监管仓管理，排查涉疫进口冷链食品1.07万吨。建成区镇食品（食用农产品）快检室5家，抽检食品（食用农产品）2.16万

2021年7月14日，海安市市场监管局开展“餐饮安全你我同查”活动　翟慧勇／摄

批次，抽检合格率98%以上。推进小作坊提升改造工程，7家食品小作坊获评江苏省名特优小作坊。

【药妆安全监管】 至2021年年底，海安市拥有药品零售企业290家、化妆品经营单位4800家。落实疫情防控药品监管，及时发布有关零售药店暂停或恢复销售“四类药品”（止咳、退烧、抗病毒、抗生素）等疫情防控措施，督促全市300多家零售药店“四类药品”销售实行信息化登记，累计检查零售药店527余家次、医疗机构321家次、疫苗接种单位99家次，收集上报购药信息超140万条。开展化妆品质量监督抽检工作，化妆品抽检22批次，抽检计划完成率100%。

【海安获评江苏省食品安全示范城市】 2021年，海安市贯彻落实“四个最严”（最严谨的标准、最严格的监管、最严厉的处罚、最严肃的问责）要求，加强食品安全监管，及时交办南通市创建国家食品安全示范城市省级跟踪评估暗访检查反馈的问题，并督促相关区镇（街道）、分局整改到位。对照《江苏省食品安全指数评价体系》，召开食品安全工作例会，对区街、相关部门食品安全工作进行督查，开展食品安全形势会商及风险交流活动，举办食品安全业务培训班2期。推进食品安全社会共治，聘请食品安全社会监督员37人。推广食品安全责任保险试点，重点单位食品安全责任保险覆盖率95%以上。加强食用农产品质量安全监管，“三品一标”（无公害农产品、绿色食品、有机农产品、农产品地理标志）产量占比49%。实行餐饮单位量化分级管理，量化分级管理率95%以上。6月22日，江苏省食品安全宣传周主场活动在南京举行，海安获评江苏省食品安全示范县（市、区）。　（张益龙）

交通安全

【概况】 2021年，海安市全面实施“平安畅行”工程，优化“16+2+X+1”（将城区划分为16个网格，每个网格安排专管民警2人，配交通辅警、交通安全劝导员、派出所辅警X人，以及1个农村交警中队协管）网格化勤务模式，保持对各类交通违法和不文明交通行为的高压严管态势，全市重大交通事故数比上年下降13.22%。推动“一村一辅警”农村道路交通安全管理力量建设，聘用专（兼）职驻村居辅警237人。依托“海安公安微警务”公众号推行普通货车禁区通行证“一网办”，全年为交通违法处理完毕的普通货车办理禁区通行证5000多份。简化驾驶证考试内容和程序，6月1日起，取消小型自动挡汽车、残疾人专用小型自动挡载客汽车科目二考试“坡道定点停车和起步”项目；压缩科目三考试预约时间，申请小型自动挡、残疾人专用小型自动挡载客汽车驾驶证的预约间隔时间由30日调整为20日，增驾大中型客货车驾驶证的预约间隔时间由40日调整为30日。10月27—28日，江苏省城市交通管理工作现场攻坚会在海安召开。

【交通秩序维护】 2021年，海安市围绕重点路段、重点时段、重点违法、重点车辆、重点驾驶人五大核心要素，开展老集镇区域交通秩序治理行动，施划和复新交通标线1.1千米，降低绿化高度路口5处、施划停车泊位136个。首条Z形斑马线在通榆路华中五金机电城附近正式启用。推进“畅通工程”，升级改造城区主干道10条，累计渠化路口11处、增设护栏50千米、改造“断头路”7处、打通拥堵节点18处。实施学校周边“微循环”改造，落实小区“右进右出”，安装机非分道隔离护栏46处。新增停车泊位7000多个，在有条件的小区周边道路设置夜间限时停放泊位，实行20时至次日8时免费停车机制。加快智慧交通建设，全市123个路口实现定制自适应控制策略，完成人脸识别三期项目验收，在城区重点路段增设雷视一体机。在城区易堵路口设置可变车道2个，新增直行待行区2处和行人自助过街装置。加强“两客一危一货”（两客：旅游的包车、三类以上班线客车；一危：运输危险化学品、烟花爆竹、民用爆炸物品的道路专用车辆；一货：重型货车）等重点运输企业安全监管，先后报废重型货车、重型挂车、农村面包车1145辆，15家商混公司、9家渣土公司被纳入智慧监管系统。加强停车秩序综合治理，落实监控抓拍、巡逻贴单、违停拖移等“一体化”管控措施，实行违法停车“快发现、快处置”、违停举报随手拍等机制，处罚恶意侵占公共停车位行为30余起，清理石球、标牌、非机动车等侵占车位设施1400多个。

【交通违法行为查处】 2021年，海安市进一步规范电动自行车登记管理，通过源头监管、路面查纠、宣传教育、联合执法、便民服务等方式持续开展无牌电动自行车上路行驶专项整治行动。曝光骑行非机动车不戴头盔、行人闯红灯等交通违法行为为1万余起。坚持打击“非标车”“炸街车”，累计查扣1000余辆。查处“三超一疲劳”（超速、超员、超载和疲劳驾驶）、涉牌涉证、非法改装、非法营运等违法行为为9125起。强化老集镇区域周边道路管控，严查“酒驾醉驾”违法犯罪行为，累计查处酒驾、醉驾400余起。

【交通事故处置】 2021年，海安市进一步优化交通事故联调快处机制，在构建主城区、开发区及李堡镇交通事故警保联动快处快赔快结机制的基础上，主动对接中国人民财产保险公司和太平洋保险公司，分别在曲塘中队、高新区中队、城北中队派驻警保联动专员参与事故现场处置。至年底，警保联动现场快速处理轻微交通事故4196起，其中，中国人民财产保险公司、太平洋保险公司联动出警数分别为2990起、1206起。

【交通安全宣传】 2021年，海安市联合市广播电台“与您同行”“行家说交通”栏目，开展常态化交通安全宣传教育。打造交通安全宣传大篷车，针对不同群体录制宣传广播，每天早晚高峰期深入国道、省道、农村道路车流量大和事故多发路段循环播放。推动交通安全宣传进校园，开设专题教育讲座。发布宣传稿件2100多篇，累计阅读量300多万次；开设微信视频号，制作发布宣传视频62个，浏览转载量破百万次。依托“海安公安微警务”公众号及各大新媒体平台、户外大屏，开辟宣传曝光专栏，加强警示教育。（王　晶）

网络安全

【网络信息安全管理】 2021年，海安市贯彻落实党中央、江苏省、南通市关于意识形态工作的决策部署，与各级党委（党组）签订“党委（党组）意识形态工作责任清单”。提升网络安全防范能力，组织2021年网络安全事件应急实战演练活动。市公安局联合市委网信办开展信息系统网络安全排查，联系45家次存在安全隐患的行政、企事业单位修补漏洞和隐患。加强网吧巡查管理力度，累计巡查网吧380多家次，重点检查网吧落实实名制登记、视频监控设备运行维护、影像资料保存期限、安全管理制度上墙及消防安全措施等情况，依法对11家未劝阻吸烟行为的网吧进行行政处罚。

2021年12月1日，海安市公安局交警大队民警在市教师发展中心附属小学海光校区向孩子们宣传交通安全知识　翟慧勇／摄

【网络违法犯罪打击】 2021年，海安市严打网络违法犯罪，重点侦办侵犯公民个人信息、黑客攻击破坏计算机信息系统、“网络水军”敲诈勒索、电信网络诈骗“两卡”等网络违法案件，破获涉诈案件210起，抓获犯罪嫌疑人483人。严厉打击侵犯公民个人信息犯罪，破获“10·26”侵犯公民个人信息案，抓获犯罪嫌疑人19人。做强反诈中心，组建反诈中心专业队伍打击电信网络诈骗“两卡”犯罪，抓获嫌疑人55人。开展防诈反诈“清楼清厂”集中宣传行动，有效劝阻案件50余起，及时止损500余万元，电信网络诈骗警情比上年下降54%。南通市打击治理电信网络诈骗违法犯罪现场推进会在海安召开。（王　晶）

【网络舆论环境净化】 2021年，海安市落实网络意识形态和网络安全工作责任制，完善网络舆情交办督办机制，执行网络舆情和网上民生热点舆情闭环管理制度。加强突发事件舆情源头治理，健全突发事件舆情处置“四项机制”（及时报告机制、分析研判处理机制、信息发布机制、责任倒查机制）。推动新媒体与镇（街道）网络宣传合作，15个镇（街道）党委结对15家新媒体实施“网络文化超市”政企合作项目，开展党史微宣讲、非物质文化遗产传承、防诈反诈知识宣传、网络有害信息举报、网络安全知识培训等活动。10月28日，海安市举办第十一届市领导网友见面会暨“海安十大网络正能量项目”发布会，壮大网络文明正能量。

【网络安全宣传】 2021年10月11日，海安市网络安全宣传周启动仪式暨校园日主题宣传活动在市实验小学教育集团东校区举行，活动以“网络安全为人民，网络安全靠人民”为主题，宣传网络安全法律法规，普及网络安全知识。市公安局通过微信、微博、论坛等平台发布网络安全宣传帖文1200多条，发动净网志愿者、网评员线上宣传300多次，开展“拍肩”警示50多次，依法集中或个别约谈自媒体10多次。（王　晶　景圣红）

【网络交易监管】 2021年，海安市立案查处网络交易违法案件22件，罚没款

38.32万元。监测网站、网店等主体812个（次），督促删除违法商品信息52条，责令整改网站29个（次）。指导辖区各平台学习《网络交易监督管理办法》《江苏省电子商务平台管理规范》，对入驻商家数量、证照管理、消费接处等开展监督检查，维护消费者合法权益。开展网络交易违法违规关键词排查，监测核实线索235条，及时核实处理“长江禁渔”线索1条。（张益龙）

消防安全

【概况】 2021年，海安市将消防工作纳入党委政府重要议事内容，落实党政领导每月会商（检查）消防工作制度，市委书记于立忠、市长谭真等领导带队检查、批示指示消防工作9次，市委常委会、市政府常务会、市长办公会专题研究消防工作12次，市委、市政府、市人大均将消防工作纳入督查考核和安全生产巡查重要内容。加大经费争取力度，争取正常业务经费2303.87万元、车辆器材专项经费2419万元，国家队指战员补发工资和绩效考核奖、专职队员新增工资553.62万元，全年财政预算5276.49万元。加强基础设施建设，新建省级二级政府专职消防站5个（白甸镇、南莫镇、雅周镇、大公镇、胡集街道）、城市小型消防站2个（海安街道、立发办事处），3个专职消防队（曲塘镇、李堡镇、滨海新区）迁址改造项目开工建设；市政府投入200万元为30个居民住宅小区、1400部电梯安装电动自行车禁入装置；新增市政消火栓48只，推广应用独立式感烟火灾探测报警器355只、简易喷淋装置48套、电动自行车智能化充电系统60套；市政府落实资金320万元新建包括模拟综合训练区、水上救援训练区、综合体能训练区在内的室内综合训练馆。推进队伍建设，海安市消防救援大队出台《干部考评办法（试行）》《消防员绩效考评实施办法（试行）》《海安大队执勤训练计划手册》《海安大队日常管理》等管理实施细则，建立健全《执勤车辆使用管理》等制度，按照1名监督员配N名执法辅助文员的模式成立内设科室13个；开展“5·15”警示教育月、收送红包专项整治活动、消防执法“微腐败”专项整治及消防装备采购领域廉洁风险专项整治行动；建立大队纪检督察组，每月开展伙食费、油料、饮酒管控等专项巡查，下发通报6次，批评教育和谈话提醒6人次。

【消防救援】 2021年，海安市消防大队坚持以实战需求为导向，以操法创新和技术革新、专职队联勤联训和微型消防站培训、岗位大练兵季度普考和集中比武等活动为主线，累计开展“863”模式（“8”是指完成下发一个文件、召开一次会议、列出一个清单、举办一期培训、制定一个预案、组织一次演练、购买一批物资、组建一支队八个规定动作；“6”是指构建双轨并行的组织、边界清晰的责任、科学严谨的预防、权威高效的指挥、通畅灵敏的值守、快速反应的救援六大体系；“3”是指实现应急救援统一指挥、统一值守、统一救援三个统一）熟悉演练600余次、无预案实战拉动12次，完善灭火救援预案146份。深化专业队伍建设，开展防盗门破拆、深井救援、水域救援、高速公路事故处置警戒器材和防汛抗洪应急救援装备培训等专项训练，组织安全督查员培训，选树体能达人、技术尖兵、攻坚班组、指挥能手，培养驾驶员和无人机飞手。成功处置“12·3”明鑫化工氟化氢泄漏事故。提升战勤保障水平，加强应急物资储备库、战勤保障分库、防疫保障储备库建设，明确专人管理各类器材装备，细化管理措施；每周利用车场日、周末对执勤车辆进行发动和油水电气及故障检查；定期维护保养常规器材和战勤保障物资，组织指战员学习使用方法、故障检查排除方法。

【消防执法】 2021年，海安市落实区镇（街道）消防管理服务所实体化运行机制，明确“1+2+3”人员配置标准，联合市域治理现代化指挥中心出台《海安市区镇街道兼职消防网格长派驻制度（试行）》，先行制定消防网格员配套奖励政策。推进消防安全专项整治三年行动、省级安全发展示范城市创建、工业园区（集中区）消防安全专项整治、“厂中厂”消防安全专项整治和消防安全“百日攻坚行动”等工作，对大型商业综合体和大型医疗建筑、高层建筑、人员密集等高风险领域开展隐患排查整治，全年累计检查单位3166家，督促整改火灾隐患4248处，责令“三停”（停产停业、停止使用、停止施工）单位30家，临时查封55家，罚款392万余元，提请政府挂牌督办重大火灾隐患8家。

【消防宣传】 2021年，海安市推进消防工作全面融入基层综合治理体系，制定

2021年5月12日，海安市墩头镇中心幼儿园联合墩头消防中队开展“防灾减灾”消防安全宣传活动　翟慧勇／摄

消防网格员配套奖励政策，规范基层网格排查和宣传工作。联合市融媒体中心利用农村小广播、小喇叭宣传农村消防安全知识。开展消防宣传“五进”（进社区、进学校、进企业、进农村、进家庭）活动，发挥消防宣传车作用，累计组织各类宣传活动167次，分发宣传资料20万余份，联合社区志愿者、网格员在入户排查登记时做好防火提醒和消防舆情引导。（单仁勇）

社会治安

【概况】 2021年，海安市开展“平安前哨”工程，规范化建成“平安前哨”指挥室和工作站，综合网格专职网格员配备率100%。推行驻村（居）辅警转隶网格员、网格事项准入、警网双向考核等制度，明确警网融合中社区民警、网格员工作职责。加强基层所队基础设施建设，李堡派出所、雅周派出所业务用房先后建成并投入使用。组织公安机关“枫桥式公安派出所”达标创建活动，城南派出所获评首批江苏省“学习枫桥经验优秀派出所”。

【防控体系建设】 2021年，海安市推进多元治理体系建设，建立基础管控中心，落实基础工作准入和派单制，社区民警依托一个App、一个平台实现基础工作完成率100%。深入开展治安复杂区域整治行动，建立专班责任包干制度，清理A类地区隐患15条、B类地区隐患4条、C类地区隐患32条。打造“政府主导+企业自建+群众参与”的智慧群租房集群管理模式，建立谭港邻里中心、亨特集团、田庄智慧群租房模板，安装车辆和人脸识别相机，关联分析人员轨迹，建成智慧群租房23处，吸附零散租赁流动人口7300多人。

【治安防控】 2021年，海安市推进三级消防重点单位、“九小”（小学校或幼儿园、小医院、小商店、小餐饮场所、小旅馆、小歌舞娱乐场所、小网吧、小美容洗浴场所、小生产加工企业）场所和城市燃气安全管理，开展“厂中厂”专项整治工作。推进烟花爆竹禁限放、城区犬类管理、小广告治理、棋牌室整治等工作，累计制作安装烟花爆竹禁限放标志1517个，捕获流浪犬2800多只，办理乱贴乱写小广告案件10余起。加强校园安全管理，排查整治安全隐患8大类172处，化解涉校矛盾纠纷5起，建成智慧校园基本版139所、智慧校园示范版6所。开展消防安全“百日攻坚”行动和冬春火灾防控，检查消防单位1万多家，整改消防安全隐患9500余处。推进危险化学品使用安全专项治理，排查登记剧毒危险化学品单位6家、易制爆危险化学品单位187家，均纳入监管。摸排寄递末端网点信息要素和从业人员，先后登记寄递企业5家、末端网点174家，整改安全隐患98个。（王　晶）

安全生产

【概况】 2021年，海安市开展安全生产执法检查1261家次，出具执法文书1.02万份，其中立案452件，处罚1022.32万元。实行生态环境和应急管理检查执法联动机制，市应急管理局获评全省行政执法先进单位。制定《海安市工业企业安全生产风险报告实施方案》，对企业负责人和安全管理人员近6000人开展全覆盖工业企业安全风险报告培训。组织工业企业进行安全风险报告，累计报告较大以上安全风险4678条，企业报告率100%。开展工贸企业安全风险报告“三级复查复核”和专项执法检查，检查企业5120家，发现安全隐患3428条，立案208件，处罚348.57万元，网上系统风险报告数、检查企业数、立案处罚数均列南通市第一位。推进省级安全发展示范城市创建，市安委办先后组织全员全要素督查检查4次，加强城市安全源头治理、风险防控、监督管理、保障能力、应急救援等建设。

【安全风险辨识管控】 2021年，海安市落实企业安全生产风险报告制度，调集专门执法力量，成立检查小组39个，对全市3500多家工业企业安全风险报告落实情况开展地毯式摸排，1081家规模以上企业全部完成安全生产风险网上报告，4084家规模以下企业全部完成核查报告工作。构建双重预防机制，实施“一图二单三卡八必须”（一图：安全生产风险分布图；二单：危险和有害因素排查辨识清单、安全风险分级管控清单；三卡：员工危害特性应知卡、安全职责承诺卡、处置方法应急卡；八必须：重大风险源必须掌握、应急措施必须具备、处置预案必须明确、防护措施必须完备、岗位人员危险应对必须熟练、企业负责人对风险点必须清楚、监管人员对应急举措必须掌握、监管部门对属地安全方案必须心中有数）风险辨识管控机制，实现一、二、三产业企业全覆盖。加强信息化建设，建立海安风控平台（工贸企业安全生产信息化监管），推进工贸行业隐患排查治理工作；市应急指挥中心增加会议终端1套，并配备移动布控球；市应急管理指挥信息系统完成数据对接，实现全面运行，构建安全生产、自然灾害“一张图”，为应急值守、信息上报、结构化预案、应急指挥调度等提供决策支撑。

【安全生产专项整治】 2021年，海安市每季度开展一轮以企业自查、区镇复查、市级复核为主要内容的大排查，全市大排查大整治三级复查复核率100%。全面推进高层建筑消防管理、建设工程监管、危险化学品使用、道路运输、海洋渔业、特种设备等重点领域专项整治工作，对3000台高层小区住宅电梯加装电瓶车禁入电梯系统；55个建设工程列入智慧监管范围；检查危化品使用单位3230家次，发现隐患4927条，完成整改4872条；查处超限货运车辆1107辆，卸驳载2369.81吨；检查海洋渔业船只和非法捕捞人员100多次，查出隐患36项，完成整改36项，立案查处14起，其中移送司法机关“两法衔接”（行政执法与刑事司法衔接）7起10人；用好江苏省特种设备监察管理系统，特种设备监察人员月登录率100%。专项整治开展以来，累计排查隐患9.11万个，其中重大隐患186个，已整改171

个；责令停产整顿104家，暂扣吊销证照4家，关闭取缔6家；移送司法机关7人，约谈警示178家，联合惩戒4家，行政处罚1593次，罚款2113万元。

【安全生产行政执法】 2021年，海安市坚持“三项制度”（执法公示、全过程记录、重大决定法制审核），落实“一案五制”（清单提醒、典型案例警示教育、被处罚企业承诺、执法回访、重点监管）制度，检查企业数1239家，出具执法文书1.2万份，排查并督促整改事故隐患1507条、重大事故隐患69条，总立案数543件。其中，事前立案数537件，5万元以上事前立案数27件，事故立案数6件；罚款总额1207.3万元，其中，事前罚款额1050.25万元，事故罚款额157.06万元；行政处罚申请听证程序案件1件，案件移送4件，查封扣押14起，停止供电1起，无行政违法。

【安全生产宣传培训】 2021年，海安市落实“谁执法谁普法”普法工作责任制，依托“尚法海安”“海安应急管理”微信公众号和“今日海安”头条号等新媒体，加强安全生产公益宣传；录制广播电台栏目“应急之声”21期，拍摄电视专题节目“安全365”10期，在《海安日报》开设“领导说安全”专栏，发表党政主要负责人署名文章38篇；开展“6·16”安全宣传咨询日活动72场，参与人数7670人次；集中学习观看《生命重于泰山》电视专题片480场，参与人数1.69万人次；组织安全宣传“五进”（进企业、进农村、进社区、进学校、进家庭）活动，其中，进企业宣讲270场、进农村宣讲101场，打造安全宣传阵地68个，开展社区安全应急演练48次，发放家庭安全应急包灭火器7批次；开展“百团进百万企业千万员工”宣讲活动，组织安全生产知识企业宣讲134场，覆盖企业2660家，员工6.7万余人参加。发放新“安全生产法”宣传册2万余册，开展新“安全生产法”培训、宣讲活动30余场次，组织生产经营单位主要负责人和安全管理人员7400人次参加专题测试，合格率92%。

【安全生产三年专项整治行动】 2021年，海安市出台“市委常委会成员、市政府领导班子成员2021年安全生产重点工作清单”“海安市有关部门和单位安全生产工作职责规定”，建立安委会“1+X”工作机制（在一个安委会框架内，另设16个专业委员会和16个专委办），对照企业主体责任重点事项清单20条、责任清单80条，落实企业安全生产主体责任实施方案，指导企业建立健全“班组日排查、车间周排查、厂企月排查”机制和“三个五分钟”（班前检查五分钟、班后交接五分钟、组长总结五分钟）交接班制度，实现隐患排查“自查、自改、自报、公示”闭环管理。推动问题整改销号，累计开展明察暗访、纪检监督150多次，下发交办、督办函120余件；完成2020年国务院督导组反馈涉及海安问题12条、江苏省督导组反馈问题隐患161条（2020年度149条，2021年度12条）、省安全生产第十一巡查组反馈问题3条、省委危化品巡视反馈问题58条的整改任务。严格监督检查，出台《海安市安全生产监督管理责任追究暂行办法》，全年对安全生产领域问题立案4起7人，处理相关责任人4人，诫勉谈话1人，提醒谈话3人；落实“安全检查日”“三项制度”（执法公示、全过程记录、重大决定法制审核）、“一案五制”（在一个行政处罚案件中，推行清单提醒、典型案例警示、被处罚企业承诺、定期回访、重点监管五项制度）等制度，累计连续开展安全检查日活动249次，全年开展安全生产执法检查1160家次，出具执法文书1.14万份，其中事前立案515件，事前罚款971万余元。

深化重点领域专项整治。海洋渔业方面，依托“智慧渔业”，对全市养殖企业和渔船建立“一企一档、一船一档、一人一档”，实施全过程动态考评管理；落实海洋渔船出海报告制度、渔业安全生产应急值班制度，常态化开展涉渔“三无”（无船名船号、无船舶证书、无船籍港）船舶治理专项整治行动，排查并清理“借名登记”渔船17艘，查获并集中拆解销毁涉渔浮子筏、快艇27只，非法渔具（网具）80多口，下发禁止离港通知书6份，做出行政处罚21起，移送司法机关案件7起10人。燃气安全方面，开展瓶装液化气、餐饮场所用气情况排查整治，推进瓶装液化气实名制购气，建成瓶装液化气运行用户管理系统，落实燃气入户安检制度；开展燃气安全检查督查、执法检查14次，检查燃气企业61家次，发现整改隐患398处，警示约谈企业6家，查处燃气违法储存行为15起、行政拘留15人，查处燃气企业违法违规供气行为2起，立案处罚燃气企业2家。建筑施工方面，运用省安管系统危大工程管理模块，加大危大工程重点监管，督促参建单位及时上传专家论证、

2021年6月16日，海安市举办安全生产宣传咨询暨主题签名活动　倪　明/摄

月度实施情况、监理单位巡视等内容，实行动态跟踪管理；加强起重机械安全监管，督促所有在建工地的大型起重机械安装远程安全监控系统（黑匣子），施工升降机安装人脸识别系统，塔吊司机室内安装远程视频监控，项目现场安装互联网视频监控系统；开展在建工程隐患排查整改，组织拉网式检查3次、专项督查4次，检查在建工程353个、项目983个次，查出安全隐患7867条，下发排除隐患整改通知书975份。危化品监管方面，全面排查各行业领域危险化学品生产、储存、使用、经营、运输和废弃处置等环节风险隐患，建立危险化学品安全风险分布档案；检查化工生产企业17家、危险化学品经营企业15家，发现并整改问题隐患2503条；检查危化品使用单位2249家次，发现隐患4936条，完成整改4892条，整改率99.1%；开展化工企业和剧毒易制毒易制爆领域集中执法，查处企业180家，行政处罚342.39万元。建筑安全方面，召开既有建筑安全隐患排查整治专项行动工作推进会，印发既有建筑安全隐患排查整治专项行动方案，建立“三员”（管理员、排查员、技术员）工作制度，累计排查疑似隐患建筑357处，录入建筑信息17.48万条；确认既有建筑隐患清单数112处，其中，城镇隐患建筑41处，农村隐患建筑71处（经鉴定确认A级1处、B级26处、C级29处、D级15处；完成整改27处，3处列入拆迁征收计划）。交通领域安全方面，开展农村公路临水等隐患治理工程，安装波形护栏7648米，分别在328国道事故多发道口、县乡村道桥梁安装红绿灯2套、限载标志1627套，2021年安防提升工程（一期）完工；开展“两客一危”（两客：从事旅游客运及公路客运的车辆；一危：从事危险化学物品方面的车辆）安全专项整治、道路超限超载治理、非法营运“打非清零”行动，定期巡查重点货运源头单位；整治铁路沿线环境安全隐患，对新长铁路、海洋铁路、宁启铁路及联络线的177座铁路桥涵限高防护架开展排查，安装限高防护架170个；出动联合治超人员6098人次，检查车辆7270辆，处罚1259辆，驳载货物2783.49吨，罚款55.44万元。

【省级安全发展示范城市创建】 2021年，海安市围绕城市安全源头治理、风险防控、监督管理、保障能力和应急救援等方面，结合安全生产专项整治“一年小灶”“三年大灶”、工业企业安全生产风险报告、危险化学品使用专项治理，有序推进江苏省安全发展示范城市创建工作。强化组织领导，成立由市政府主要领导任组长、分管领导任副组长、市安委会各成员单位主要负责人参加的领导小组，建立“1+2+30”（市创建办、2个创建责任区镇、30个涉及部门）工作架构，分解目标任务190项。强化问题导向，累计出动检查组3403个，检查单位2.08万家，排查并整改安全隐患7.26万项；重点行业领域专项整治立案1273件，停产整顿80家、暂扣吊销证照4家。强化管理增效，将创建工作列入全市绩效考核体系，实施专项考核；出台党政领导干部安全生产责任清单，修订部门监管责任清单，实施企业安全生产主体责任20项80条清单，实现“三责”（安全生产党委政府领导责任、部门监管责任、企业主体责任）联动。强化科技驱动，建成市域治理现代化指挥中心，完成45家部门、单位数据接入，梳理编制安全生产、政务、民生、交通等领域数据资源；建成应急管理综合应用平台、工贸行业风控平台、危险化学品“五位一体”（重大危险源监测预警、可燃有毒气体监测报警、企业生产全流程管理、生产人员在岗在位管理、企业安全风险分区管理）平台、智慧交通、交通运输源头管理“智源系统”等信息化平台；整合“12345”政府服务热线、数字城管、110非警务、“我的海安”App等渠道，建立城市安全问题公众参与、快速应答、处置、奖励机制，城市安全问题举报投诉办结率100%。强化宣传引领，构建“安全是福，共创共享”安全文化体系，依托公共场所大屏小屏、电视台、公交站台、公共宣传橱窗宣传安全知识；组织“百团进百万企业千万员工”安全生产宣讲，开展安全文化“六进”活动；发放“创建一封信”5万多份，组织家庭问卷调查1万多份，张贴创建宣传海报3万多份、宣传手册2万多册。

（倪　明）

应急管理

【概况】 2021年，海安市坚持预防与应急并重，加强应急管理体系、监测预警体系、救援队伍体系、应急保障和恢复重建体系等方面的建设，完成海安市生产安全事故灾难应急预案、特种设备安全事故应急预案、突发环境事件应急预案等30项常用应急预案的结构化配置工作。建成应急管理指挥信息系统和突发事件预警信息发布平台，与市公安局和各区、镇（街道）深化数据资源共享，为应急调度提供支撑。推进全国综合减灾示范社区创建，胡集街道田庄村创建工作获省级检查组肯定。推动区域应急管理协同发展，与泰州市姜堰区应急管理局签订“区域应急联动合作框架协议”，建立区域突发事件协同响应和增援调度机制、重大关联事故灾害信息共享机制，构建区域安全防范网络。做好防汛抢险工作，加强与市水利局、市气象局、市自然资源和规划局等部门的沟通协调，排查风险隐患，落实防范措施；河南特大雨水灾害期间，先锋应急救援中心队员16人转移和营救灾区群众362人。加强应急避难场所建设，做好体育中心、东洲公园等应急避难场所整改工作，推进体育公园、实验小学北校区应急避难场所建设。

【应急预案修订】 2021年，海安市制定《海安市基层应急预案体系建设工作实施方案》，编制市级总体预案和专项预案40件。各区镇（街道）按照“1+13+X+Y”（1件区镇或街道总体应急预案，13件共性专项应急预案，X件个性专项应急预案，Y件村居或社区现场处置方案、生产经营单位应急预案）的应急预案体系构架，编制总体预案17项、专项预案361项。编制村级现场处置方案236项，医院应急预案117项，学校应急预案1052项，企业应急预案3703项。

【应急救援演练】 2021年，海安市加强突发事件综合应对处置能力建设，督促市级部门和区、镇（街道）对修订

2021年11月27日，海安市在江苏飞亚化学工业集团举行突发环境事件应急演练暨辐射事故应急演练 孟益军/摄

的应急预案开展演练，增强预案实用性和可操作性。全年开展政府层面应急救援演练82次，参演单位32家，观摩人数7000多人。组织全市防汛抢险应急救援综合演练，先锋应急救援中心与市消防救援大队共同演练舟艇组装、翻舟自救、离心力救援、活饵救援等科目，被新华社等媒体宣传报道。

（倪 明）

【应急物资储备】 2021年，海安市制定《海安市应急物资储备管理办法》《海安市救灾物资使用管理联动机制》，开展涉及10个区镇、10个部门、7家单位的应急物资储备情况调查，建立“海安市物资储备组织体系一览表”，形成全市应急物资储备底册。推进应急救灾物资储备管理信息化、可视化建设，开发市应急物资管理信息化系统，建立集通信、信息、指挥和调度于一体的应急资源和资产数据库，实现专业队伍、救援专家、储备物资、救援装备、通信保障和医疗救护等应急资源统一管理、集中调度。根据应急物资的储存特点和市场供应情况，建立社会储备与专业储备相结合、政府储备与商业储备相结合、实物储备与生产能力和生产技术储备相结合的多元储备模式。做实实物储备，水利、卫生健康、交通运输、海事、城管、应急管理局等部门分别建立救灾应急物资储备库，各有关社区结合综合防灾减灾示范社区创建也分别建立救灾应急物资储备库。利用市场资源，开拓社会代储渠道，探索多样化救灾应急物资储备方式，与苏果超市、文峰超市等商超签订救灾应急物资供应协议，协议储备瓶装饮料、开袋即食食品、方便面、大米、雨具等应急救灾物资。调查摸底海安重要物资生产企业，建立起以生产力储备为主要支撑的商业储备方式，分别与大型企业建立起粮、油、肉等产品救灾供货协议；交通运输部门与14家企业签订生产技术代储协议，确保在发生灾害后能及时调用大型机械装备参与救援。新建860平方米应急物资仓库，投资160余万元采购帐篷、行军床、多功能睡袋、棉被、雨衣裤等通用类基本生活物资。投入173万元，完成30项应急救灾物资储备采购工作。全市各类物资储备充足，地方储备粮总规模3.5万吨、粮油总规模150吨、冻猪肉290吨；储备医用外科口罩1310万只、防护服1.4万件、隔离衣15.5万件；应对疫情影响，发放口罩122.17万只、防护服2.98万件、隔离衣3.14万件、条帽3.82万只、医用鞋套1.93万双、丁腈手套4.11万只、免洗手消毒凝胶1.07万瓶。

（杭永宏）

【救援队伍建设】 2021年，海安市按照“综合救援队伍管全面，专业队伍保领域，突击队伍起支撑，社会队伍补短板”的要求，构建大应急救援队伍力量体系。补足应急救援装备短板，市应急管理局向先锋应急救援中心捐赠一批总价值近10万元的包括冲锋舟、重型电镐、中型电镐、激流救生衣、水域救援靴等在内的水域救援和个人防护装备，增强社会应急救援队伍应急救援能力。搭建学习交流平台，支持先锋应急救援中心与市交运局地方海事处、市消防救援大队开展联合训练、演练，抽调先锋应急救援中心队员参与省防汛应急救援实战演练、南通市防汛抢险应急救援业务培训，提升应急救援技能和水平。

（倪 明）

曲塘新貌

街道 镇场

海安街道

【概况】 海安街道于2020年5月设置，由海安高新区原新陵、中心、镇南、宁海办事处及永安办事处下辖的闸东、新园、中坝社区重组而成。2021年，辖区总面积33.58平方千米，下辖3个村、17个社区，年末总户数11.61万户、总人口22.62万人。街道财政总收入6727.76万元，其中一般公共预算收入995.34万元；财政总支出6435.97万元。完成工业应税销售168.8亿元，服务业应税销售245.4亿元。新增定报企业4家，总数25家；新增开票销售超亿元企业1家（海安鑫淦合纤有限公司），总数13家。海安街道获评全省基层党员冬训示范街道、江苏省第七次全国人口普查工作先进集体。二里社区少数民族之家获评江苏省首批“红石榴家园”，海安唯一；海陵社区侨胞之家获评全省基层侨务工作示范点，海安唯一。星海社区、复兴社区获评2019—2021年度江苏省文明社区，2人获评“海安好人”。

【城乡建设】 2021年，海安街道紧扣居民小区，加快打造让老百姓满意的居住环境，累计投入3000万元实施老旧小区改造工程，完成4个小区雨污分流管网改造工程。68个小区争创省级垃圾分类达标小区，如意紫都、天澜湾等9个小区通过2020年省级垃圾分类达标小区验收。65个小区组建业主委员会，41个小区完成业委会改选。在31个小区建设充电桩1.64万平方米，泰华新村、中楹花苑、鹰球集团宿舍小区加装电梯9部，安装高层电动车禁止进入系统2010个，创成南通市无违建社区2个、无违建小区7个、“红色管家”2个、无违建示范点5个。结合创建文明典范城市，施划停车位1379个，更换公益广告2629处，打造文化墙3处。

2021年海安街道村（居）基本情况表

表45

村（居）	村（居）委会负责人	村（居）民小组数（个）	耕地面积（公顷）	经营收入（万元）
星海社区	蔡晓磊	52	—	—
旺池社区	吴蓓蓓	7	—	—
新桥社区	徐福彬	52	—	—
育才社区	王海华	9	—	—
镇南社区	亢　文	7	—	—
二里社区	邓忠健	10	—	—
复兴社区	马海莲	4	—	—
中大街社区	钱　进	6	—	—
闸东社区	徐志扬	45	—	—
新园社区	顾爱华	6	—	—
中坝社区	顾庆山	3	—	—
海陵社区	刘海燕	17	—	—
洋港社区	唐　涛	5	—	—
黎明社区	仲月梅	5	—	—
曙光社区	戎　娟	6	—	—
新宁社区	孙　阳	6	—	—
海光社区	李晓军	8	—	—
★平桥村	周智华	27	12	418
★三塘村	王茂根	11	29	237
★凤山村	赵　勇	11	40	359

说明：村（居）前标★的为村居合一

【生态建设】 2021年，海安街道狠抓“河长制”工作，组织街道、村（居）两级河长巡河3116次，解决河道问题418条；完成通扬河、界牌河、串场河等生态河道整治工程8项，通海河等3条生态河道通过省级验收，清淤河道4605米，岸坡返绿1.5万平方米。突出大气环境治理，PM2.5平均浓度每立方米32.4微克，比上年下降8.5%；重点抓好工地扬尘6个100%管控，全年巡查417次，整改扬尘问题453处。实施布点、连线、扩面提升工程，每季度开展最美小区、最美楼道、最美街巷评比活动，打造人居环境“示范带”“示范区”，建成城南花苑（一期）人居环境示范点。

【社会事业与民生保障】 2021年，海安街道完成20个村（居）“两委”换届工作；打造浙江商会“浙里美”、新奥燃气“小黄人”、美团“先锋在线”党建品牌，设立中大街步行街、美团等3处先锋憩息亭，设置星海“红广角”、饿了么“蓝骑士”远教客厅；党史学习教育“我为群众办实事”“点、干、评、晒”四项闭环工作法受到省、南通市党史学习教育巡回指导组肯定。歌曲《你是民族英豪》获江苏省文华奖。持续放大“365”志愿服务品牌，开展“姜”爱传递等各类新时代文明实践活动486场次。构建基层治理新格局，建立“网格+警格”双格联动机制，推进“平安前哨”工作站建设，如意紫都“智慧小区”建设初具雏形；开展反诈骗宣传，走访重点群体3.58万人，面宣面签8.29万户，电信诈骗案件比上年下降34.7%；凤山村“援法议事筑平台，法治乡村惠民生”获评江苏省城乡基层援法议事范例；街道获评南通市庆祝中国共产党成立100周年安保维稳工作先进集体。安全生产平稳有序，开展“百团进百万企业千万员工”宣讲活动13次，受众1500多人；排查整改各类安全隐患1.03万条，排查涉及“厂中厂”企业52家，对527家危化品使用单位实行日常检查、定期抽查、有效监管，排查使用燃气居民8.85万户、餐饮场所722处，108家商家完成“瓶改管”，实现燃气报警器安装全覆盖；409家（含贸易型）企业按时完成工业企业风险报告和应急预案录入工作；嘉宇特装设备有限公司通过省级二级安全标准化验收。城乡基本医疗保险覆盖率100%，精准帮扶计生特殊家庭人员357人。打造260平方米的街道退役军人服务站，福缘志愿者服务大队获评江苏省百家优秀退役军人志愿服务队。募集善款198.29万元，发放春节救助金103万元，累计受益1530人次。开展全员核酸应急演练，核酸采样登记15万人，核酸检测预登记14.76万人，接种疫苗14.41万人。完善为民服务中心窗口建设，办理民生实事14.6万件，群众满意度99.6%。建成1000平方米的日间照料中心，在24个小区内建成嵌入式居家养老服务站。

【经济社会发展大事】 2021年1月，二里社区少数民族之家获评江苏省首批“红石榴家园”，海安唯一。

9月，海安街道被省委宣传部、组织部表彰为2020年度全省基层党员冬训工作示范街道，海安唯一。

10月24日，海安街道选送的歌曲《你是民族英豪》获江苏省文华奖。

（王海新）

孙庄街道

【概况】 孙庄街道于2020年5月设置，由海安高新区原海南、仁桥、孙庄三个办事处重组而成。2021年，辖区面积65.45平方千米，下辖13个村，年末总人口4.29万人。辖区内拥有2所中学、2所小学、3所幼儿园，在校学生人数1275人，教职员工171人，另有2家幼托机构。拥有3所医院、2家养老机构。拥有各类工业企业272家，其中，规模以上企业59家，亿元以上企业22家，10亿元以上企业2家。辖区内有海安市重点打造的千亿级产业园——电子信息产业园。

2021年孙庄街道村（居）基本情况表

表46

村（居）	村（居）委会负责人	村（居）民小组数（个）	耕地面积（公顷）	经营收入（万元）
★通学桥村	张增林	33	231	181
陈港村	史桂东	16	80	155
★海南村	陈小云	33	133	203
黄柯村	王　勇	20	190	58
银杏村	张　磊	17	249	57
孙庄村	孙应山	27	192	96
★祖师庙村	韩良军	23	213	234
营溪村	金　君	14	170	112
谢庄村	陶　亮	20	183	74
夏岔村	程根军	24	233	155
韩庄村	江海贵	19	91	164
界河村	杜立新	17	231	59
仁桥村	周世春	21	215	119

说明：村（居）前标★的为村居合一

【农业农村发展】 2021年，孙庄街道新开工亿元以上农业项目1个，新竣工亿元以上农业项目1个、千万元以上农业项目5个。新增高效设施农业面积36.67公顷。新增蚕业农场1家，新扩桑园12.2公顷。建成万亩水稻全程机械化高产创建示范区。绿色优质小麦生产基地通过南通市验收。发放耕地地力保护补贴400.48万元、稻谷补贴173.15万元。组织农民实用技术培训近20场。百岁农庄获评全国休闲农业与乡村旅游AAAAA级企业，南通唯一。

【城乡建设】 2021年，孙庄街道提档升级海南、孙庄、仁桥3个老集镇，拆除违章建筑216处，面积8640平方米；拆除破落建筑15处，面积约760平方米，出新墙体近6000平方米，彩绘墙体5000多平方米；完成海南老集镇提档升级新建工程、海南路西侧道路绿化提升工程、南海大道路灯迁移工程，改善海南老集镇环境。提档升级夏岔村、黄柯村等6个村，建成近4平方千米的人居环境示范区域，受益农户2000余户；新增人居示范点6个，建成银杏村1500平方米小游园、夏岔村6000平方米农民广场、陈港村3000平方米小游园。11月，孙庄街道获南通市人居环境整治提升工作评估第一名。实施道路亮化工程8.2千米，新安装太阳能路灯207盏；投入46.4万元，维修辖区内破损道路、桥梁56处，合计2733.5平方米；辖区等级公路实现常态化养护，农村等级公路优良率90%以上，公路质量达标率100%；投资20多万元，实施安保工程标准化改造，更换安防警示牌50块、警示桩293根、减速垄137米、凸面镜10面；投资32.9万元，整改完善重点临水危险路段、宽路窄桥及安全标识、标志缺失路段12处；完成“农四路”提档升级4.83千米，改建桥梁2座，“农四路”双车道比例超过90%，实现道路硬质化全覆盖；三级公路双车道覆盖率100%，全面实现等级公路村村通，农村等级公路沿线绿化覆盖率100%。

【生态建设】2021年，孙庄街道完成仁桥、银杏、谢庄3个村的污水处理设施建设、1200户分散农户生活污水治理工程建设；提标改造孙庄污水处理厂，改造后日均处理污水能力1000立方米，配套建设污水管网4千米，将集镇区1000余户居民纳入管网，生活污水尾水生态化处置园建设完成；完成农村改厕1430户。新建仁桥工业园污水管网工程和仁桥工业园过河管道工程；推进电子信息产业园工程建设，新建相关基础设施配套工程7个。实施银杏村、谢庄村、韩庄村4条导流沟清淤护坡工程，全长约3.1千米；持续推进生态河打造，海南中心河、红胜河通过省级生态河道验收。新建城市三类标准化公共厕所4座，辖区累计有公厕13座。完成5家企业低VOCs清洁原料替代工作、4台锅炉低氮改造项目、8家机械行业企业治污设施升级改造、3家企业"一企一策"专项整治。加强对施工工地、码头堆场扬尘污染常态化监管，取缔码头堆场7家，整治提升码头堆场12家。

【社会事业与民生保障】2021年，孙庄街道城乡居民基本养老保险参保人数6776人，基本医疗保险参保人数4.29万人。完成企业职工"五险"扩面650人，净增352人。鼓励低收入家庭劳动力进入农场、合作社、福利企业劳动就业，新增就业151人。完成被征地农民对接社会保障255人。辖区有低保对象461人、集中供养对象75人、分散供养对象122人。不断加大教育投入，投入1850万元，新建仁桥中学3栋教学楼6000平方米；投入2940万元，新建孙庄幼儿园教学楼5300平方米。13个村慈善工作站募捐善款97.03万元。街道和13个村均高标准建立退役军人服务站，街道和谢庄、黄柯、营溪退役军人服务站获评五星级退役军人服务站。"金银杏·映初心"老干部特色品牌获评2021年度南通市优秀离退休干部党建品牌。创新社会治理体系，推动"警格+网格"融合，累计受理"12345"在线平台诉求2015件；处理强降水等各种极端天气等突发事件7件，救助受伤人员1人，联合孙庄供电所帮助700余户群众修复通电，移除伏倒树木500余棵，挽回直接经济损失56万余元；加强普法宣传，开展抖音普法宣传28次、"放学说法"普法宣传15次，举办"小司月法"法治讲座143场（次）；优化调整街道39个综合网格，每个网格配备1名专职网格员。全力维护辖区安全稳定，发放防诈骗宣传单3万多张，悬挂条幅30余条，开设反诈专题讲座3场（次）；对辖区内所有学校安全开展拉网式摸排；对7人以上的142家企业开展季度全面检查，排查各类安全隐患3000多项，并全部完成整改；开展"小化工"专项整治，排查企业271家、个体工商户和小作坊271家、小加工点2125家；做好海安风控平台信息录入与核查工作，9月前全面完成481家规模以下企业安全风险报告填报和"三级复查复核"；街道获评庆祝中国共产党成立100周年南通市安保维稳工作先进集体。

【经济社会发展大事】2021年1月18日，孙庄街道百岁休闲农庄被中国旅游协会休闲农业与乡村旅游分会评为2020年全国休闲农业与乡村旅游五星级企业，成为南通市此批唯一、海安市首家获此殊荣的企业。

8月，孙庄街道营溪村退役军人服务站入选江苏省"百家红色精品退役军人服务站"。（赵　孟）

胡集街道

【概况】胡集街道于2020年5月设置，由海安高新区原园庄、胡集、青萍三个办事处重组而成，204国道、328国道、新老通扬运河、如海运河、焦港河纵横交错。2021年，辖区面积66.82平方千米。下辖14个村和1个社区，年末总户

2021年胡集街道村（居）基本情况表

表47

村（居）	村（居）委会负责人	村（居）民小组数（个）	耕地面积（公顷）	经营收入（万元）
★园庄村	徐建明	20	—	253
★田庄村	曹为华	26	—	312
★谭港村	张　勇	21	—	533
★东庙村	丁稳扣	28	17	270
兴环村	周广荣	23	115	120
北景庄	杨　春	17	168	61
连港村	唐少伟	29	17	61
青萍港	夏　彬	22	168	85
周吴村	崔卫华	19	86	175
★光华村	张加斌	18	39	123
★胡集村	邓凤娟	23	189	88
★谢河村	李　军	21	154	98
钟涵村	曹为城	31	299	105
拥徐村	顾兴国	34	246	98
西园社区	曹龙铁	10	—	—

说明：村（居）前标★的为村居合一

数1.50万户、户籍总人口4.59万人、常住总人口4.96万人。辖区有金属熔融企业17家，粉尘涉爆企业37家，有限空间企业43家，烟花爆竹经营户44家，使用危化品企业169家。有时尚锦纶产业园、台商产业园两大专业园区。街道获评第四批江苏省生态文明建设示范镇、2017—2021年度南通市老区建设扶贫开发工作先进集体、南通市基层综合“防灾减灾能力提升”先进集体。周吴村获评全国“一村一品”示范村，谭港村、田庄村、园庄村、胡集村获评2019—2021年度江苏省文明村，西园社区获评2019—2021年度江苏省文明社区，谭港村被省党支部书记学院确定为江苏省基层党组织书记实训基地，西园社区获评2021年度南通市优秀志愿服务社区。街道获全国第十四届运动会群众赛事活动“最佳人气奖”和全国第十四届运动会群众展演广场舞二等奖，获评江苏省广场舞公益培训进社区进乡村活动先进街镇，体育健身公园入选2021年江苏省最美乡村健身公园（广场）。

【城乡建设】 2021年，胡集街道完成经三路、恒坤路、镇南路等4条道路新建、改造工程，新安装建工路、王楼南路路灯约200盏。围绕老集镇“减量化”要求，摸底排查田庄、胡集、青萍老集镇内集体资产，盘活闲置资产。对年代久远、存在安全隐患的，以拆除为主，新增小游园、停车位、活动场地等，提升群众生活质量；对尚可使用的，结合商业、休闲等需求，通过招商引资等手段，翻新装饰，焕发新活力。围绕老集镇基础设施提升，实施店招店牌改造、墙面出新、垃圾分类、道路提升、杆线入地等项目。至年底，胡集、田庄老集镇改造基本完成，垃圾亭、停车位、路牙、场地、空调外机罩等更新维护到位，同时按照规范要求落实长效管护。

【生态建设】 2021年，胡集街道深化“属地管理、分级负责、全面覆盖、责任到人”网格化环境监管体系，按村（居）设置环境网格15个，每个环境网格配备1名环境网格员，有效解决环境监管“最后一公里”问题。围绕水污染治理，推进农村小型污水处理设施和污水管网建设，完成恒海路、海福路、恒坤路、镇南路等5.5千米污水管网建设；新建公厕5座、改建2座；乡村振兴生态宜居村周吴村、生态宜居示范村胡集村进行分散农户污水管道施工约60千米，接管村（居）民约1800户；完成谢河村污水管道建设2.5千米，接管村民28户。

【社会事业与民生保障】 2021年，胡集街道民政定补对象精准帮扶率100%。帮扶最低生活保障对象423户358.2万元；帮扶分散供养特困人员108人103.9万元；对28户困难群众发放临时救助资金3.9万元；帮扶困境儿童28人38.7万元；享受尊老金3421人，发放资金261.8万元；补贴居家养老“一助一”服务对象66人8.38万元；帮扶“情暖学子”项目对象13人4.3万元；帮扶“千户阳光”项目对象110户；落实残疾人“两项补贴”610人321.8万元。全年，各村（居）慈善工作站累计募集善款约172万元，慈善基金总额842.19万元；10个村（居）慈善工作站获评五星级慈善工作站，谭港村慈善工作站慈善基金总额141.13万元，被市慈善总会评为十佳慈善工作站；慈善分会救助32人，救助金额1.37万元；村级慈善工作站救助2125人，救助金额77.84万元。加强退役军人保障工作，维护军人、军属合法权益。年发放优待金720余万元、优抚临时补助经4.2万元，发放义务兵家庭优待金85.8万元。开展持证残疾人基本状况调查1266人；加强残疾人康复服务，补贴儿童康复训练2人3万余元，实施白内障复明手术康复14人，提供贫困精神病人免费服药服务87人，为残疾人适配辅助器具66件，实施家庭环境无障碍改造8户；开展残疾人就业技能培训，多渠道助推残疾人就业。辖区内有计生特殊人员225人，落实计划生育特殊家庭联系人制度、家庭医生签约服务和就医绿色通道“三个全覆盖”工作，建立健全计生特殊家庭档案126例；街道与村（居）签订农村部分计划生育奖励扶助工作责任书；完成计划生育奖励扶助申报、审核以及年审工作，新增计划生育奖励扶助189人、持独生子女证退休职工484人和老年居民1人、计划生育特别扶助20人，年审计划生育奖励扶助4585人，其中，退出32人、迁入2人；完成计划生育奖励扶助系统与社保、殡仪馆系统信息比对工作，涉及4585人；完成独生子女残疾家庭的残疾证、独生子女证比对工作，涉及79人；追缴计划生育奖励扶助错发资金2.83万元；发放0周岁至14周岁独生子女父母奖励金2.96万元。组织35~64周岁妇女4332人开展“两癌”（宫颈癌、乳腺癌）筛查。组织49周岁至64周岁特殊家庭人员94人体检。完成一孩、二孩生育登记148例。

【经济社会发展大事】 2021年8月29日，胡集街道在全国第十四届运动会群众赛事活动展演项目广场舞比赛广场龙舞分项中获城市街道（社区）组二等奖。同时，街道获群众赛事活动“最佳人气奖”。

10月，胡集街道周吴村（花卉苗木）被农业农村部认定为第十一批全国“一村一品”示范村镇。

12月7日，胡集街道体育健身公园在江苏省第二届网络全民健身运动会闭幕式上被表彰为2021年江苏省最美乡村健身公园（广场），全省仅35个。

（余 钊）

隆政街道

【概况】 隆政街道办事处于2020年5月设置，由海安高新区原海北、隆政办事处及永安办事处下辖的三里闸村、大里村重组而成。2021年，辖区总面积51平方千米，下辖10个村，年末总户数1.35万户、总人口3.91万人，其中党员1910人。街道获评全省首批智慧广电街道。联合村获评省级民主法治示范村，三里闸村获评江苏省健康村、江苏省文明村，建设村获评江苏省卫生村、南通市文明村。海北村通过南通市乡村振兴示范村验收，获评海安市红旗村。

2021年隆政街道村（居）基本情况表

表48

村（居）	村（居）委会负责人	村（居）民小组数（个）	耕地面积（公顷）	经营收入（万元）
★大里村	程咣莱	34	200	260
★海北村	全　磊	40	234	229
★建设村	于银凤	27	282	89
★联合村	于　皓	23	280	84
★林桥村	吉宏伟	16	80	65
★隆政村	殷素萍	30	240	114
★新丰村	许小妹	23	170	89
★自由村	刘　杰	26	178	105
★三里闸村	奚　勇	19	5	460
★德兴村	于兆国	29	272	100

说明：村（居）前标★的为村居合一

【农业农村发展】 2021年，隆政街道完成乡村振兴项目22个，其中海北村亿元牡丹园项目落地开工。持续推进农村土地流转工作，辖区70%以上的粮食生产面积实现规模化经营，联合村成功申报高标准农田建设项目306.67公顷，生态健康养殖占比90%。完成土地复垦21.5公顷。大里村新增桑园4公顷，新丰村蚕茧总产值超过1000万元。农村“房地一体”不动产权登记发证工作有序推进。

【城乡建设】 2021年，隆政街道加强市容市貌管理，拆除隆政老集镇违章建筑54处，面积约1700平方米，美化、亮化店招店牌约650平方米；集中整治出店、占道经营65户，乱堆乱放54处，拆除广告牌25处；推进垃圾分类工作，取缔露天垃圾池3处，更换主干道垃圾分类桶近40个。强化农村基础设施建设，改造农村危房155户；累计建设、改造道路5.4千米，安装路灯180盏；维修道路5处，维修路灯11处；修缮农桥1座，新建闸站5座，改造钢门闸12座，拆坝建桥1座、建涵2座。创新实施三里闸村“智慧社区”工程，年底实现覆盖网格5个，服务村（居）民8000多人。

【生态建设】 2021年，隆政街道全面完成大气污染治理项目任务，9家锅炉低氮改造企业实现达标排放。落实“河长制”工作，更新河长制公示牌70块，清理沉船28艘、网具1口，投放以河养河鱼苗2.5吨，完成6条河道生态护坡建设，疏浚7条黑臭水体河道。1300户村民生活污水收集处理设施改造完毕，北三环污水设施泵站、隆政花苑泵站、隆政工业区污水管网建设全部建成并正常运营。持续开展农村人居环境整治行动，配备保洁人员84人、保洁车辆100多辆，推进村容村貌、农村垃圾、农业废弃物等综合整治，拓宽农作物秸秆综合利用途径，畜禽粪污资源化利用率100%，村小游园、村公厕全部建设到位，新投入使用村级公厕7座。开展清洁文明户、“最美庭院”等评选活动，提升乡风文明建设水平。辖区建成以龙湖山庄为中心，辐射德兴村、联合村部分区域，面积2.06平方千米的人居环境示范区域。

【社会事业与民生保障】 2021年，隆政街道完成村“两委”和人大代表换届选举工作。提档升级海北、三里闸村党群服务中心，建成海北党建馆，打造“林小桥”妇联党建、先锋憩息亭、远程教育示范点阵地，新增“远教客厅”2家，成立隆政街道幸福党建联盟。群团工作有力推进，10个村完成村妇联换届选举工作，丁玲华工作室获评南通最美三八红旗手（集体）工作室，改造“梦想小屋”2家。开展党史学习教育“我为群众办实事”和“两在两同建新功”主题实践行动，全面完成“集镇美如画”“我们的农田”等便民工程59个。持续深化新时代文明实践工作，开展送理论、送演出、送帮扶等专题活动510余次，为群众圆梦微心愿120余个，“451”志愿队获评南通市优秀志愿服务组织。推动文化事业高质量发展，乡村“复兴少年宫”全国试点建设有序推进，4个村建成乡村大舞台，丁家龙舞队获评青墩文化奖（集体奖）。法治

2021年9月9日，隆政街道大里村开展清洁文明户评比　　隆政街道／供图

建设亮点突出，新建大里村援法议事法治文化园，建成全市首家法学会工作站，打造海安首家少数民族公共法律服务站——“石榴籽”少数民族公共法律服务站，公共法律服务工作相关经验做法获中国法学会副会长张苏军批示并推广，累计创建省级民主法治示范村6个。民生保障扎实有力，新增转移农村劳动力65人，组织技能培训84人次，发放就业困难人员社保补贴160人118万元，提供残疾人适配辅助器具服务59人，补贴贫困家庭白内障复明手术5人，提供贫困精神病人免费服药服务11人，协助100多人办理残疾证。开展安全生产专项整治三年行动，采取“四不两直”（不发通知、不打招呼、不听汇报、不用陪同接待，直奔基层、直插现场）方式检查重点企业28家，发现问题隐患73个，并全部整改到位；开展节假日及重点时段安全检查督查工作，出具停工通知书26份，查出安全隐患249个，全部按期整改到位；建立健全应急预案体系，编制应急预案22个，组织应急救援演练4场（次）；开展安全宣传教育活动52次，发放宣传海报等2400份。

【经济社会发展大事】 2021年5月11日，海安市法学会隆政街道法学会工作站成立，这是海安市首家法学会工作站。

10月23日，海安市民族团结进步宣传月启动仪式在隆政街道海北医院举行，活动中举行“石榴籽”少数民族公共法律服务站揭牌仪式，这是海安首家少数民族公共法律服务站。

12月11日，隆政街道通过省广播电视局组织的智慧广电乡镇（街道）验收，获评全省首批智慧广电街道。

（周钰翔）

城东镇

【概况】 南通、盐城、泰州三大省辖市的结合部。文化底蕴深厚。境内的发繇口遗址为古邗沟（现通扬运河）的入海口，发繇亭遗址是春秋吴、鲁、卫、宋四国的会盟之地；立发桥遗存折射着苏北三十六盐场必经之地的繁华，成为江苏盐场文化的标志；“先有立发桥，后有如皋城”的传说考证着江海平原城镇发展的最早历史。交通区位独特。境内2条高速、2条国道、2条运河、3条铁路纵横交错。风景名胜有七星湖生态园、523文化产业园、蓉和怡心园、万缘宝塔等。主要特产有杏鲍菇、桑葚酒、茧丝绸等。2020年，海安市优化调整海安开发区和城东镇管理体制，实行“区街道（办事处）分设、职能分离”管理新体制，海安开发区聚焦经济、城市建设等方面发展，城东镇下设以服务社会民生为主的办事处。2021年，镇域面积170.93平方千米。下辖立发、洋蛮河、西场3个办事处，4个社区、31个村，年末总户数5.13万户、总人口14.79万人。实现地区生产总值313.95亿元，比上年增长9.88%。财政总收入31.78亿元，其中一般公共预算收入18.03亿元；财政总支出23.83亿元，其中一般公共预算支出5.79亿元。

2021年城东镇村（居）基本情况表

表49

村（居）	村（居）委会负责人	村（居）民小组数（个）	耕地面积（公顷）	经营收入（万元）
★油坊头村	葛亚明	26	134	220
★葛家桥村	蒋德荣	24	102	268
★南屏村	张　杰	23	—	213
★南阳村	陈　荣	26	37	256
★泰宁村	刘金兵	15	—	1129
嘉麟社区	傅卜芬	8	—	—
东城社区	石高山	7	—	—
★立发桥村	吕　军	25	3	172
★开屏村	韩　聪	19	—	237
★界墩村	崔荣稳	26	28	243
七星湖社区	韩加佳	18	—	—
★刘缺村	严　晗	27	163	136
★五坝村	杨　勇	32	268	136
★洋蛮河村	陈广圣	21	—	263
★韩洋村	张有华	28	341	117
★民桥村	徐　玲	22	142	129
★上湖村	张春燕	19	230	170
★韩徐村	田桂华	25	241	191
★农林村	刘培军	27	51	236
★品建村	姜小亮	21	234	174
★堑南村	张小松	30	297	173
★三角村	蔡　琴	18	21	191
★三丰村	吴宝笃	30	171	257
爱凌村	储瑞龙	18	233	80

续表49

村（居）	村（居）委会负责人	村（居）民小组数（个）	耕地面积（公顷）	经营收入（万元）
戚庄村	储友山	14	224	107
新立村	张怀栋	19	311	100
热港村	储亚平	27	394	55
丰产村	秦小波	17	159	396
石桥村	席玉富	24	139	273
★西场村	俞雪蛟	21	68	162
石庄村	陈亚冬	25	267	83
施秦村	陈　晶	21	200	65
洪旺村	李向阳	19	251	65
★壮志村	俞贵群	36	366	151
蓉塘社区	徐巧六	9	—	—

说明：村（居）前标★的为村居合一

【立发办事处】 立发办事处地处海安市城区东南部，铁路二级编组站海安火车站坐落于此，是海安“高铁新城第一站”。2021年，辖区总面积50.9平方千米，下辖七星湖、嘉麟、东城3个社区和泰宁、油坊头、葛桥、南屏、立发桥、界墩、开屏、五坝、刘缺、南阳10个村，户籍人口约6.3万人，百岁老人超过10人，是名副其实的长寿之乡。

农业农村发展　完成村营收入3018.11万元，实现135万元村全覆盖。新增土地流转面积135.44公顷，新发展新型经营主体22家，土地规模经营占比60%。农业机械化水平超95%。小麦平均单产416公斤，稳桑扩桑6.67公顷，生猪出栏1178头。新开工亿元以上农业项目3个，竣工亿元以上农业项目2个。

生态环境建设　全面实施农村人居环境大提升行动，新建4个人居环境示范点，提升4个人居环境“示范带”和“示范区”。完成34个储罐排查治理项目、12台锅炉提标改造项目、1个生物质锅炉在线监控项目、1家企业源头替代项目，全面排查和整治辖区内34家机械行业企业，完成3台50吨燃煤锅炉超低排放改造工程。开展区域水环境治理，清理河坡垃圾147处、漂浮物1.2吨、林下种植31处。强化污水处理管控力度，推进葛家桥村污水管网建设，687家“十个必接”（乡镇镇区机关、学校、医院、浴室、宾馆、饭店、农贸市场、垃圾中转站、居住区和工业区所排放的污水全部接入污水管网，进入乡镇污水处理厂）、“六小行业”（小旅店、小美发美容店、小歌舞厅、小浴室、小餐饮店、小食品经营店）单位建设污水管网。省考核南新桥断面达Ⅲ类水质。加大扬尘污染管控力度，取缔无资质砂石码头5家，拆除搅拌罐15个，实现砂石厂等建筑材料露天堆放全遮盖。开展家具行业整治，整顿提升13家。有序压降环境信访处理，设置350块公示牌，发放3万张联系卡；接到举报227件，查处227件，立案17件。

社会事业与民生保障　实现建档立卡人员新增就业17人。城乡居民基本养老保险参保做到应保尽保。组建由百姓宣讲团、百姓名嘴、“新声代”理论宣讲志愿者组成的10支宣讲队伍，开展基层理论宣讲100余场。高标准新建和改进乡村大舞台6个、农家宴服务中心8个。国华百盛园、523、万兴佳苑、华新三期居家养老服务站建成并交付第三方运营。村居慈善基金均获评五星级慈善工作站。成立海安首个试点社会工作站。创建全国示范型退役军人服务站，完成双拥一条街建设和双拥路改造工程。

【洋蛮河办事处】 洋蛮河办事处地处海安市城区东部，拥有沈海高速海安出入口、启扬高速海安南出入口，西临海安火车站，北近沈海高速海安北出入口，328国道、221省道穿境而过，栟茶运河贯穿东西。拥有幼儿园2所，小学、初中、高中、大学各1所，实现从幼儿教育到高等教育全覆盖。洋蛮河办事处形成北部产业兴旺、南部人文荟萃的“南隽北雄”发展局面。2021年，辖区总面积56.8平方千米，下辖堑南、品建、韩洋、韩徐、农林、民桥、上湖、三角、洋蛮河、三丰10个村。户籍人口约4万人。洋蛮河村获评2019—2021年江苏省文明村、南通市治理有效先进村，品建村获评江苏省卫生村、江苏省绿美乡村、江苏省民主法治村，韩洋村获评江苏省卫生村。

农业农村发展　完成村营收入1934.17万元，实现120万元村全覆盖。新增土地流转面积66.67公顷，新发展新型经营主体6家，土地规模经营占比72%。稳桑扩桑8公顷。生猪存栏6569头。推进206.67公顷高标准农田建设，品建村高标准农田示范区为全省高标准农田建设验收现场会提供示范。新开工亿元以上农业项目2个，竣工亿元以上农业项目1个。

生态环境建设　全面推进“点位长”制度，在海安率先开展大气“点位长”述职，加大监测点区域排查整治力度。开展大气污染综合治理攻坚行动，30家家具企业通过南通市级验收，39家建筑工地在管在控。抓好秸秆双禁，严格执行秋冬季重污染天气应急管控。区域水环境治理成效明显，清理54条河道沟塘垃圾、漂浮物9000吨，清理林下种植223.87公顷。强化“河长”巡河履职，加强对骨干河道及支流污染源排查整治，完成38个入河排污口封堵，完成东部家具艺术小镇河道整治工程，高标准打造6条生态样板河道。“六小行业”“十个必接”单位污水全面接管，安置小区实现雨污分流。开展3家企业土壤地下水自行监测，有效处置江苏骆氏减震件有限公司、海安市弘鑫焊材有限公司等危废垃圾。全面提升农村人居环境，新增4个人居环境示范点，完成农村改厕234座。

社会事业与民生保障　转移劳动力就业67人，新增建档立卡人员就业21人；新增扶持群众自主创业人数129人；开展失业人员、就业困难人员和新生代农民工技能培训近200人，打造带动低收入户增收产业项目点4个。企业职工累计参保1.21万人，净增1635人。加强食品安全监管，对270家食品流通单位，2家农贸市场，12家学校、幼育机构食堂开展常态化食品安全风险隐患排查。“我为群众办实事”139件项目全部办结。成立江苏万拓新材料科技有限公司、南通海陵肥料有限公司等13家“两新”组织党支部，建立南通理工学院侨务工作站，洋蛮河村“党建引领、品牌赋能、助力乡村振兴”项目为全市法治文化节提供观摩现场。退役军人“红色先锋”志愿服务大队获评2021年度全省“百支优秀退役军人志愿服务队”。

【西场办事处】 西场办事处西临沈海高速，东与李堡镇、南与如皋市东陈镇、北与大公镇接壤。南通首家省级南北共建合作示范区常安纺织科技园坐落于此，沈海高速、328国道、353省道等纵贯街道。一、二、三产业特色分明，形成南片现代农业、中部现代服务业、北部工业集聚区的产业发展格局。文化积淀深厚，语言文字学家、教育家魏建功，书画家、书画理论家范韧庵，诗人胡西宅，书画家仲许、仲贞子等文化名人蜚声中外；历史文化与现代文明相得益彰，拥有刘公平倭冢记石碑、仲贞子艺术馆；原西场镇获评江苏省民间艺术之乡——书法之乡。2021年，辖区面积约63.32平方千米，下辖蓉塘社区和爱凌、戚庄、新立、热港、丰产、石桥、洪旺、施秦、石庄、壮志、西场11个村。户籍人口约4.7万人。

农业农村发展　新增3.33公顷以上农业新型经营主体8个，新增土地流转面积166.67公顷。新扩桑园3.47公顷，蚕业示范园总规模30公顷，新发展农业家庭农场10家，其中蚕业农场2家。新增各类新型农机具65台（套），农业机械化水平超过90%。新培育南通市级农业龙头企业1家。完成村营收入1539万元，实现55万元村全覆盖。高标准打造乡村振兴示范带，壮志村、爱凌村通过南通市级乡村振兴示范村、治理有效先进村考核验收，丰产村、石庄村、新立村、西场村通过海安市乡村振兴示范村、先进村考核验收，各级示范村、先进村创建通过占比全市最高。壮志村、丰产村获评海安市红旗村、五星级村。

生态环境建设　完成15家机械加工企业废气专项整治工作，对20多处在建工程、11家码头砂石场加强扬尘管控，开展春节期间烟花爆竹禁限放工作。开展码头清理整治，依法取缔非法码头4家，规范提升码头5家。常安纺织园内30余家企业完成雨水排口规范化建设，常态化组织河道巡查。64家涉及危险废物企业运行江苏省危险废物全生命周期监控系统，加强危险废物产生、收集、贮存和转移全过程管控。有效化解各类环境信访146件。开展西场集镇区、壮志环境、秩序整治提升，集中拆除西场集镇区破旧、危险雨棚45处，拆除面积900平方米；拆除壮志集镇区破落违章建筑94处，拆除面积5000平方米；改造西场小学南侧废沟塘，建成生态游园。

社会事业与民生保障　实现劳动力转移就业85人，新增超龄人员就业350人，建档立卡人员就业20人。西场小学获评全国中小学中华优秀传统文化传承学校、江苏省中小学课程基地与学校文化建设项目学校，西场中学中考成绩居全市农村初中前列，教师蒋蓉所在滇西支教团队入选全国最美教师团队。魏建功纪念馆建成开馆。老促会西场分会获评2021年度全国老区宣传工作优秀奖。蓉塘社区获南通市科普示范社区。

【经济社会发展大事】 2021年1月19日，城东镇获评第三批江苏省生态文明建设示范镇村。

1月，《江苏名镇城东镇志》出版发行，这是江苏省首批、南通市首部全媒体志书。

4月，《江苏名镇泰宁村志》出版发行。

10月，城东镇入选2021年全国千强镇，列第62位，成为南通市唯一一家进入全国千强镇榜单前100位的乡镇。

11月17日，海安籍语言文字学家、教育家魏建功120周年诞辰。是日，魏建功纪念馆在西场蓉和怡心园建成开馆。

11月24日，城东镇新宁南路双拥一条街正式开街，这是海安市首个双拥一条街。

11月，西场小学入选第三批全国中小学中华优秀传统文化传承学校。

（陈颖毅）

2021年城东镇社会经济主要指标完成情况表

表50

项　目	计量单位	数量	项　目	计量单位	数量
一、基本情况			二、人口与就业		
区镇行政区域面积	平方千米	170.93	年末总户数	户	51252
居民委员会数量	个	4	年末总人口	人	147928
村民委员会数量	个	31	区镇从业人员数	人	83100
耕地灌溉面积（有效灌溉面积）	公顷	5774	第一产业	人	5344
农业机械总动力	千瓦	116628	第二产业	人	41836

续表50

项目	计量单位	数量	项目	计量单位	数量
第三产业	人	35920	限额以上社会消费品零售总额	万元	220657
三、区镇经济			商品交易市场数量	个	12
地区生产总值	万元	3139512	七、财政收入与支出		
第一产业	万元	119001	财政总收入	万元	317834
第二产业	万元	1758148	其中：一般公共预算收入	万元	180321
第三产业	万元	1262363	财政总支出	万元	238309
四、农业生产			其中：一般公共预算支出	万元	57911
农作物播种面积	公顷	12016	八、社会事业		
其中：粮食作物播种面积	公顷	9424	区镇公路里程	千米	630
市级以上农业龙头企业个数	个	21	金融机构网点数	个	25
市级以上农业龙头企业销售收入	万元	1073137	农民专业合作社数量	个	67
粮食总产量	吨	74216	农民专业合作社成员数	户	26372
肉类总产量	吨	7688	学校总数	个	12
禽蛋产量	吨	22808	在校学生总数	人	14804
水产品总产量	吨	3740	教师总数	人	1231
油料总产量	吨	2195	幼儿园、托儿所个数	个	14
蔬菜总产量	吨	75744	医疗卫生机构数量	个	58
水果（含果用瓜）总产量	吨	13959	医疗卫生机构床位数	床	1022
五、企业情况			执业（助理）医师数	人	290
法人企业数量	个	5520	自来水用水户数	户	45780
其中：规模以上工业企业	个	362	城乡居民基本养老保险参保人数	人	81885
法人企业从业人数	人	135643	城乡居民基本医疗保险参保人数	人	137205
其中：规模以上工业企业	人	37011	城乡居民最低生活保障人数	人	726
六、贸易与投资					

（市统计局）

曲塘镇

【概况】 曲塘镇是千年古镇，地处南通、泰州交界处，是“南通西大门”。交通发达，新老328国道、启扬高速贯穿东西，并设有曲塘高速道口，新老通扬运河、焦港运河在此交汇。2021年，镇域面积119平方千米，下辖26个村、2个社区（虹桥、团结）。年末总户数3.41万户、总人口8.65万人。实现地区生产总值138.75亿元，比上年增长9.85%。财政总收入6.39亿元，其中一般公共预算收入1.76亿元，财政总支出3.29亿元，其中一般公共预算支出1.12亿元。完成民营经济税收1.69亿元，占税收总额的96%，民营经济税收占比居全市前列；固定资产投资33.77亿元，比上年增长22%。完成外资到账670万美元，实现外贸进出口总值4.5亿元。曲塘镇列全国千强镇第316位，入选江苏省美丽宜居小城镇建设试点，连续六年获评南通市平安法治示范乡镇。

【农业农村发展】 2021年，曲塘镇实现农业总产值14.58亿元，比上年增长6.89%。完成千万元农业项目10个。流转土地3240公顷，建成以村集体为经营主体的新型合作农场8家。南通盛大饲料有限公司获评江苏省农业产业化龙头企业。有序推进水稻高质高效创建核心方建设，建设部级示范方2个、省级17个，累计400公顷，曲塘镇获评江苏省“味稻小镇”。实施三年扩桑行动计划，建成现代蚕业示范园1个。推进“引凤还巢”和全民创业，全镇26个村完成村营收入2732万元，村村超55万元。高标准推进刘圩村、罗町村乡村振兴示范村创建，同步推进郭楼村治理有效先进村以及周桥村、花庄村、胡庄村生态宜居先进村建设，相继建成刘圩村村域智慧党建治理指挥中心、“红色加油站”和罗町村红色村史馆、乡村大舞台。

2021年曲塘镇村（居）基本情况表

表51

村（居）	村（居）委会负责人	村（居）民小组数（个）	耕地面积（公顷）	经营收入（万元）
★曲园村	黄舜华	5	—	437
★曲塘村	王兆祥	22	157	152
★李庄村	王玉军	17	201	153
★徐庄村	顾　剑	16	221	82
★顾庄村	夏海峰	24	209	61
★花庄村	于友军	20	225	268
★刘圩村	卢星明	37	271	382
★创新村	周文华	23	237	62
兴曲村	洪忠东	24	332	126
江桥村	陈宝余	21	224	83
龙池村	周　靖	25	253	63
银树村	吕锡军	18	230	106
兴花村	周向群	18	205	89
万杨村	时玉梅	27	250	88
富民村	夏桂文	23	256	132
大陈庄村	王　平	33	333	113
罗町村	景圣忠	36	318	186
郭楼村	严忠华	25	247	230
中桥村	陈红玲	35	441	64
群贤村	顾平祥	41	368	87
章郭村	章士明	25	219	58
万庄村	丁日宏	26	269	268
周桥村	黄　峰	21	210	134
胡庄村	徐子勤	30	229	251
崔母村	孙如江	30	270	99
陆庄村	田　忠	22	207	70

说明：村（居）前标★的为村居合一

【工业经济发展】 2021年，曲塘镇实现工业总产值132.06亿元，比上年增长31.60%。工业应税销售143亿元，比上年增长10.21%。新增规模以上工业企业16家，累计113家；新增开票销售亿元企业6家，累计28家。完成工业投资约27亿元，比上年增长35.4%。江苏辛巴新材料科技股份有限公司在“新三板”挂牌，江苏泽宇森碳纤维科技股份有限公司上市工作稳步推进。

【服务业发展】 2021年，曲塘镇实现服务业应税销售48.3亿元，比上年增长20.63%。新增月度限额以上服务业企业11家、月度规模以上服务业企业5家。至康高端养老项目，春节后投入运营。好时健康养老项目9月开工建设；光阳燃气、威尔豪斯仓储物流项目；中大街古镇保护性开发项目启动部分配套改造工程建设。

【科技创新】 2021年，曲塘镇完成高新技术产业投资19.25亿元，比上年增长34.2%。完成产学研合作项目13个，其中，100万元以上项目2个、30万以上项目9个。南通双弘纺织有限公司参与实施的“再生聚酯纤维高品质纱线高效低耗纺纱关键技术及产业化”项目获评国家级科技成果鉴定。新增国家高新技术企业13家，累计33家。招引高层次人才9人；1人入选国家级人才，实现零的突破；1人获省创新创业大赛三等奖；2人入选“海陵英才”计划。

【招商引资与项目建设】 2021年，曲塘镇举办招商推介活动27次，组织43家企业参加海安名品展、跨境电商展、中国进口博览会等大型展会。签约亿元以上项目10个，其中10亿元项目3个，新增外贸进出口企业1家。开工亿元以上项目12个，其中10亿元项目2个。南通风可纳风机科技有限公司项目、海安德凯模塑有限公司项目获评南通市10亿元新开工重特大项目，南通远景电工器材有限公司项目通过南通市10亿元竣工达产项目验收。恒科众创城一期项目1号地块建设完工，2号地块部分厂房封顶，52个项目完成入园前预审。

【镇村建设】 2021年，曲塘镇制定“十四五”城镇开发建设计划，在镇区范围内排出4大区域25宗地，总面积80公顷，分年度开发建设。至年底，香溢华府商品房项目一期工程主体封顶，曲东花苑安置房项目一期工程完成施工图纸设计，缫丝厂地块与鑫缘茧丝绸集团股份有限公司、镇医院南侧地块与南通供销合作社达成合作意向。实施虹桥花苑等4个老旧小区雨污分流改造工程。推进人民路、金都路等约1万平方米的街头绿地建设，新建双楼路、中心北街约1万平方米的休闲小游园，提档升级老328国道、双楼路、章工路等6条主干道绿化20千米，联抗路改造提升工程全面完成，新楼路改造工程南段完工，联荣大桥建成通车，黄海大道西延工程、曲塘东桥改造提升工程有序推进。新划设停车位3000多个，曲塘新客运站投入运营。启动中大街老街保护性开发研究。

【生态建设】 2021年，曲塘镇建成人居环境点10个，加快推进郭楼村、周桥村6平方千米人居环境示范区建设，打造省、南通市人居环境示范村5个。完成农村公路环境整治，实现路田、路宅分隔73.4千米。新建村庄污水处理设施3座和污水管网8千米，实现工业园区、居住集中区、商业集中区管网全覆盖，在全市率先完成镇域范围内所有学校生活污水收集处理。持续加大扬尘治理力度，全镇22个在建工地全部安装智慧喷淋系统，36项大气污染防治计划项目全部完成。开展内河非法码头专项整治，17家取缔码头全部拆除。完成光明河、罗尔北河、海泰界河黑臭水体治理工程，香溢花城区域黑臭水体工程项目有序推进。采购分类垃圾亭18座、三轮清运车25辆、后装压缩车13辆、高压冲洗车6辆，配备保洁人员225人、专职督查人员9人，整建制推进农村垃圾分类工作。全年，办理环境信访件122件，比上年下降50%以上。

【社会事业与民生保障】 2021年，曲塘镇完成镇党委换届，曲塘镇党委获评江苏省、南通市先进基层党组织。围绕群众“急难愁盼”，实施镇级实事项目11项、村级实事项目134项，办结率100%。曲塘镇打造“理论集市宣讲超市”“老兄弟围聊会”“百灵鸟”等理论宣讲品牌，为南通市“四史”宣传教育现场推进会提供观摩现场。做实新时代文明实践，实施“‘典’亮文明星火、‘心’动美丽曲塘”项目，举办“中央一号文件进万家”等主题活动80多场次。全域推进文明典范城市创建工程，81%的村获评海安市文明村。在各级主流媒体发布曲塘发展动态300多篇（次），140篇文章和照片刊载于省级及以上主流媒体，其中，《发放春节大礼包 鼓励外地员工就地过年》在央视新闻、江苏新闻频道报道。老干部、工会、共青团、妇联、退役军人服务等工作取得新进展，深化“银发惠企先锋行”等10个老干部党建品牌，先后成立美申美克、辛巴玻璃等6家企业工会，组建200人的“青年突击队”“红色战狼营”队伍，镇妇联因地制宜开展调解工作，成立退役军人志愿者服务大队8个、服务小分队286个，8000多人常态化开展国防教育、应急救援、矛盾调解等志愿服务活动。镇人武部作为南通市唯一基层人武部在军分区做经验交流。镇司法所获评江苏省优秀司法所。曲塘镇城乡居民基本养老、医疗保险参保人数分别为11915人、49995人，城乡居民最低生活保障人数1246人。城镇、农村居民人均可支配收入分别为56050元、28160元。

【经济社会发展大事】 2021年1月22日，曲塘镇“荀农乡村名嘴孵化室”揭牌成立，这是南通市首家乡村名嘴孵化室。

4月29日，海安市退役军人“戎耀橄榄绿 传递志愿红”志愿服务主题活动在曲塘镇举行。

5月26日，南通双弘纺织有限公司、东华大学共同完成的“再生聚酯纤维高品质纱线高效低耗纺纱关键技术及产业化”项目通过中国纺织工业联合会组织的国家级科技成果鉴定。

6月19日，曲塘镇承办的海安市流动党员庆祝建党100周年暨党史学习教育专题活动在省会议中心举行，活动得到省委组织部领导肯定。

8月，曲塘中学教师刘晓江红学专著《明义题红诗研究》由香江人民出版社出版发行，全书设6章20节，21万字。

11月28日，曲塘镇客运新站正式投入运营。

12月16—31日，曲塘镇举办第八届羊肉美食文化节暨招商恳谈会，吸引客商62人参加活动，签约项目2个。

12月29日，曲塘司法所被省司法厅表彰为江苏省优秀司法所。

（常　俊）

2021年曲塘镇社会经济主要指标完成情况表

表52

项　　目	计量单位	数量	项　　目	计量单位	数量
一、基本情况			第一产业	人	8284
区镇行政区域面积	平方千米	118.94	第二产业	人	26830
居民委员会数量	个	2	第三产业	人	10872
村民委员会数量	个	26	三、区镇经济		
耕地灌溉面积（有效灌溉面积）	公顷	5329	地区生产总值	万元	1387485
农业机械总动力	千瓦	73582	第一产业	万元	70378
二、人口与就业			第二产业	万元	755039
年末总户数	户	34078	第三产业	万元	562068
年末总人口	人	86450	四、农业生产		
区镇从业人员数	人	45986	农作物播种面积	公顷	12167

续表52

项　　目	计量单位	数量	项　　目	计量单位	数量
其中：粮食作物播种面积	公顷	10480	其中：一般公共预算收入	万元	17620
市级以上农业龙头企业个数	个	6	财政总支出	万元	32918
市级以上农业龙头企业销售收入	万元	142380	其中：一般公共预算支出	万元	11230
粮食总产量	吨	83074	八、社会事业		
肉类总产量	吨	8334	区镇公路里程	千米	235.83
禽蛋产量	吨	13737	金融机构网点数	个	17
水产品总产量	吨	6573	农民专业合作社数量	个	93
油料总产量	吨	1687	农民专业合作社成员数	户	25892
蔬菜总产量	吨	45890	学校总数	个	8
水果（含果用瓜）总产量	吨	5603	在校学生总数	人	5392
五、企业情况			教师总数	人	673
法人企业数量	个	1692	幼儿园、托儿所个数	个	12
其中：规模以上工业企业	个	125	医疗卫生机构数量	个	43
法人企业从业人数	人	34758	医疗卫生机构床位数	床	310
其中：规模以上工业企业	人	8977	执业（助理）医师数	人	130
六、贸易与投资			自来水用水户数	户	29966
限额以上社会消费品零售总额	万元	51546	城乡居民基本养老保险参保人数	人	11915
商品交易市场数量	个	8	城乡居民基本医疗保险参保人数	人	49995
七、财政收入与支出			城乡居民最低生活保障人数	人	1246
财政总收入	万元	63874			

（市统计局）

李堡镇

【概况】 李堡镇是海安传统老三镇之一，地处海安、如皋、如东、东台四县（市）交界，古称赤岸，明朝为防倭寇设有七堡，李堡为七堡之首，后改称李堡，1949年设李堡镇。李堡是全国千强镇、江苏省重点中心镇、南通市中心镇，是国家火炬计划江苏海安锻压装备特色产业基地、全省唯一的出口锻压机械质量安全示范区。2021年，镇域面积94.5平方千米，建成区规划21.2平方千米，下辖18个村、2个社区（三贤、赤岸），年末总户数2.71万户、总人口7.34万人。年内出生人口248人，死亡人口867人。实现地区生产总值94.83亿元，比上年增长10.06%。财政总收入6.11亿元，其中一般公共预算收入1.34亿元；财政总支出2.94亿元，其中一般公共预算支出7966万元。实现外贸进出口总额5.81亿元，完成外资到账1006万美元。李堡镇获评省推进基层整合审批服务执法力量工作先进单位、省乡村振兴先进集体、省文明镇、南通市综合行政执法改革暨指挥中心建设示范镇、南通市平安法治示范镇。

2021年李堡镇村（居）基本情况表

表53

村（居）	村（居）委会负责人	村（居）民小组数（个）	耕地面积（公顷）	经营收入（万元）
陈庄村	徐福明	22	304	119
新庄村	许应忠	31	384	105
桑周村	刘昌斌	32	323	106
★丁所村	吴春桥	17	111	75
堡河村	陈许建	12	202	72
中凌村	杨真平	24	199	216
蒋庄村	杭海峰	38	275	113

续表53

村（居）	村（居）委会负责人	村（居）民小组数（个）	耕地面积（公顷）	经营收入（万元）
曹园村	张雨生	24	168	57
储洋村	于丽蓉	30	192	60
红旗村	秦成华	28	160	155
★李西村	仲维荣	38	157	116
富庄村	周　振	16	79	208
★李堡村	蒋海东	19	53	119
★杨庄村	张宇森	29	339	223
园墩村	吴晓建	18	259	59
光明村	陆虞飞	31	452	106
三里村	褚国权	15	254	62
李灶村	储祥华	28	379	153

说明：村（居）前标★的为村居合一

【农业农村发展】 2021年，李堡镇实现农林牧渔业总产值12.5亿元，比上年增长12%。新增农业龙头企业2家，新增亿元以上农业项目3个，新增高效设施农业166.67公顷，家庭农场68家、农民专业合作社35个，农业技术服务机构3个，4家企业13个产品通过“三品一标”（三品：品种培优、品质提升、品牌打造，一标：标准化生产）认证。实施乡村振兴战略，建成海安市（李堡）乡村振兴学院，成为南通市委组织部现场教学点。依托杨庄智慧农业园发展“数字农业”，组织直播带货活动100余场，网上销售总额超2亿元。率先探索“村村抱团、联合置业”模式，全镇完成村营收入2100万元，平均村营收入超100万元。李堡镇党委获评江苏省乡村振兴先进集体。光明村入选全国乡村特色产业亿元村。杨庄村获评全国乡村治理示范村，成为中央文明办新时代文明实践专题调研、南通市农村工作会议观摩、南通市乡村振兴大会等重要活动观摩点，村党总支书记受邀参加江苏省“百名示范”村（社区）书记座谈会，创建工作情况在省委党校培训班、南通市乡村振兴镇村书记培训班上做交流发言。

【工业经济发展】 2021年，李堡镇实现工业总产值45.25亿元，比上年增长21.93%；完成工业开票销售64亿元，比上年增长14%。新增规模以上企业12家，累计54家。净增开票销售超亿元企业3家，累计11家。规模以上企业实现开票销售约45亿元，比上年增长20%。完成工业技改设备投入1.2亿元。锻压机械产业园被认定为省小型企业创业创新示范基地，南通明诺电动科技股份有限公司（简称明诺电动）取得四轮电动改装资质，南通超力卷板机制造有限公司（简称超力卷板机）获评江苏省专精特新“小巨人”企业，南通市广益机电有限责任公司（简称广益机电）获评南通市专精特新“小巨人”企业，江苏凯奥净化科技股份有限公司（简称凯奥净化）、南通益纳森智能科技有限公司（简称益纳森智能科技）获评三星级上云企业，南通睿睿防水新技术开发有限公司参与1项行业标准发布。凯奥净化“新三板”挂牌主体完成迁址，实现李堡上市企业“零”的突破。企业完成首次注册商标申请107件，国内商标申请321件。

【服务业发展】 2021年，李堡镇实现服务业应税销售25.5亿元，比上年下降33%。依托“南工北居、一体两翼”城镇空间结构，不断提升服务业层次，培育年度新增限额以上贸易企业2家、月度规模以上服务业企业2家、限额以上批发和零售企业2家、餐饮企业1家。重点发展包场路、镇南路、新建中路等“商业街区”，打造四星级尊豪大酒店，完成御景湾规划设计，推动万隆广场业态优化、功能拓展、提档升级，形成大商圈格局。借助跨江融合企业家商会等平台，面向上海、苏州、深圳招引服务型总部项目落户。深挖李堡红色旅游资源，复建“李堡三捷”纪念碑，与杨庄智慧农业园、乡村振兴大讲堂等串点连线，形成红色李堡经典旅游线路。

【科技创新】 2021年，李堡镇实施产学研合作项目12项，江苏江海机床集团有限公司创建全市第二家院士工作站。获批高新技术企业5家。引进、转让发明专利80余件，技术合同备案登记额4.5亿元。广益机电申报的“自主导航精密变量施药机器人联合开发”通过江苏省国际科技合作项目验收。万洲胶粘制品（江苏）有限公司、益纳森智能科技、江苏春秋重型机械有限公司等企业获批知识产权质押融资超2600万元，获批“苏科贷”1200万元。精准推进人才招引，引进国家级人才1人、海外高层次人才7人、创业类高层次人才3人，白鹏飞入选第一批“海陵英才”计划，超力卷板机设立江苏省博士后创新实践基地。招引高校毕业生248人、蓝领技术人才220人。

【招商引资与项目建设】 2021年，李堡镇继续开展“重特大项目突破年”活动，签约落户10亿元重特大项目2个、5亿元重点项目1个、2亿元项目1个，外资项目1个。招引的奕森果脯加工项目、三羊宠物食品加工项目填补李堡镇在农产品加工领域的空白。加快项目建设，完成亿元以上新开工工业项目7个，竣工工业项目4个。全国最大的“工业中小企业集聚产业综合体”万洋众创城首期开工，并实现销售。明诺电动环卫项目、南通鑫振界智能科技有限公司智能机器人项目通过南通市考核验收。优化产业布局，做强实体集群，建立闲置厂房信息库并动态更新，盘活闲置低效用地16.6公顷，6家盘活资产类项目企业作为月度、年度新增规模以上企业。围绕“厂中厂”实施企业整治提升行动，清退企业5家，摸排闲置厂房近6万平方米。

【镇村建设】 2021年，李堡镇启动新一轮《李堡镇国土空间规划》《李堡新区控制性详细规划》编制，构筑“一心、两区、两轴、四廊、多点”（一心，即中心镇区，以镇区行政、商业、文化、教育等设施为载体打造李堡公共服务中心；两区，即以328国道为界线，分为堡北、堡南两大发展片区；两轴，即以328国道和226省道为依托，打造一横一纵两大城镇发展轴线；四廊，即以镇域主要河流为依托，融入区域生态系统，打造两横两纵的“井字形”生态景观廊道；多点，即构筑“镇区—农村居民点”两级城乡居民点结构）城乡空间结构，重点以镇政府为核心，推进南部书香教育街区、北部历史人文街区建设，以包场路为中轴线打造休闲商业街区，以人民路为中轴线打造红色农旅街区。围绕“一主城（李堡镇区）、一辅镇（丁所集镇）、20个村庄”发展格局，以项目建设推进主城区产城融合，以丁所老集镇改造推进新老镇区同步发展。以城市更新为着力点，盘活原御景湾项目3.23公顷和原和平药厂地块1.99公顷闲置土地，原弘文影剧院地块重新挂牌出让。扩容提质拉动房地产开发建设，锦盛花苑、锦灏华庭等项目商品房均售罄。有序推进丁所传统村落建设。

【生态建设】 2021年，李堡镇巩固污染防治攻坚战成果，新增污水管网13.15千米，打造生态河道13条4万余米，丁堡河省考断面水质持续保持Ⅲ类标准，全年优良天数比例84.4%。新增成片林316.67公顷，创成省级绿化示范村4个。加强集镇规范化管理，拆除违建雨棚134处2000多平方米，完成微空间治理3个，新建生态停车场2个、口袋公园2个，安装路灯720盏。杨庄村获评江苏省特色田园乡村。

【社会事业与民生保障】 2021年，李堡镇全覆盖推进课后服务，学生参与率98.6%；新区幼儿园通过南通市优质园验收，举办南通市科学基地研讨活动；李堡中心小学、丁所小学智慧校园提档升级；李堡中心小学新建校史馆，以花鼓项目创成“非物质文化遗产传统项目学校”；加大李堡初中改造投入，李堡初中重点高中录取率继续领先全市乡镇初中。李堡中心卫生院发热门诊大楼完成封顶。在南通率先建成社会治理综合体，接待各级各地观摩20余次，李堡镇获评江苏省推进基层整合审批服务执法力量工作先进单位，李堡司法所获评全国模范司法所。社会保障体系不断健全，新增就业岗位370个，新增企业职工保险431人，居保转职保1031人，农业合作医疗参保人数4.5万人，“慈善一日捐”捐款总额超120万元。

【经济社会发展大事】 2021年4月1日，南通市广益机电有限责任公司“一种喷雾机及其风送喷雾装置”获评第二十一届中国专利优秀奖。

4月15日，中央文明办调研组到李堡镇调研新时代文明实践工作，观看李堡镇“理论集市、宣讲超市”“志愿集市、服务超市”，观摩“习语金句名嘴讲”、李堡镇名嘴直播带货及“名嘴微宣讲”等活动。

4月23日，光明日报社主管的《教育家》杂志社、凤凰网、中国美育网、南通大学艺术学院等媒体和高校的专家、学者到李堡小学校史馆考察，并就“建设新李堡”举行座谈。

5月25日，省司法厅副厅长张亦军率工作组到李堡司法所开展队伍教育整顿工作调研。

6月1日，李堡镇启动“百年路·新赛程”党建活动月系列活动庆祝中国共产党成立100周年。

7月1日，李堡镇杨庄村党总支书记、村民委员会主任张宇森获评江苏省优秀共产党员，并在江苏省庆祝中国共产党成立100周年座谈会暨“两优一先”表彰会议上接受表彰。

8月13日，李堡镇启动丁家所传统村落街道治乱拆违工作，并于10月建成丁所老集镇商业新样板街，拓展延伸省级传统村落保护项目成果。

8月23日，李堡镇举行社会治理综合体新址启用仪式，建设成效放样南通。

9月15日，总投资25亿元的海安万洋众创城项目动工，首期建设用地约2.27公顷，建筑面积约2.8万平方米。

12月13日，南通超力卷板机制造有限公司获批设立江苏省博士后创新实践基地。

12月29日，江苏省银行业保险业服务乡村振兴“试点示范乡镇”揭牌仪式在李堡镇召开。

（闾　诚）

2021年李堡镇社会经济主要指标完成情况表

表54

项　目	计量单位	数量	项　目	计量单位	数量
一、基本情况			农业机械总动力	千瓦	57499
区镇行政区域面积	平方千米	94.49	二、人口与就业		
居民委员会数量	个	2	年末总户数	户	27125
村民委员会数量	个	18	年末总人口	人	73390
耕地灌溉面积（有效灌溉面积）	公顷	4543	区镇从业人员数	人	39336

续表54

项　　目	计量单位	数量	项　　目	计量单位	数量
第一产业	人	6167	六、贸易与投资		
第二产业	人	19663	限额以上社会消费品零售总额	万元	28750
第三产业	人	13506	商品交易市场数量	个	3
三、区镇经济			七、财政收入与支出		
地区生产总值	万元	948308	财政总收入	万元	61069
第一产业	万元	70755	其中：一般公共预算收入	万元	13419
第二产业	万元	494449	财政总支出	万元	29427
第三产业	万元	383104	其中：一般公共预算支出	万元	7966
四、农业生产			八、社会事业		
农作物播种面积	公顷	11365	区镇公路里程	千米	207
其中：粮食作物播种面积	公顷	7234	金融机构网点数	个	13
市级以上农业龙头企业个数	个	1	农民专业合作社数量	个	40
市级以上农业龙头企业销售收入	万元	4976	农民专业合作社成员数	户	13657
粮食总产量	吨	55268	学校总数	个	6
肉类总产量	吨	7507	在校学生总数	人	4125
禽蛋产量	吨	10692	教师总数	人	392
水产品总产量	吨	1816	幼儿园、托儿所个数	个	6
油料总产量	吨	1024	医疗卫生机构数量	个	28
蔬菜总产量	吨	179085	医疗卫生机构床位数	床	357
水果（含果用瓜）总产量	吨	7829	执业（助理）医师数	人	179
五、企业情况			自来水用水户数	户	28477
法人企业数量	个	1332	城乡居民基本养老保险参保人数	人	35097
其中：规模以上工业企业	个	56	城乡居民基本医疗保险参保人数	人	50314
法人企业从业人数	人	18215	城乡居民最低生活保障人数	人	493
其中：规模以上工业企业	人	3653			

（市统计局）

角斜镇

【概况】 角斜镇地处临海高等级公路与328国道交接处，是海安市唯一的临海区镇，也是南通沿海八个重点区镇之一。角斜镇是全国闻名的角斜“红旗民兵团”所在地、“海安花鼓”发源地，素有紫菜之乡、河豚之乡、鳗鱼之乡等美誉。2021年底，角斜镇行政区域面积146.22平方千米，其中滩涂面积33平方千米。年末总户数2.11万户、总人口6.10万人，下辖20个村、1个社区。实现地区生产总值72.99亿元，比上年增长9.78%。财政总收入9.18亿元，其中一般公共预算收入2.56亿元；财政总支出7.58亿元，其中一般公共预算支出0.97亿元。

2021年角斜镇村（居）基本情况表

表55

村（居）	村（居）委会负责人	村（居）民小组数（个）	耕地面积（公顷）	经营收入（万元）
川港村	黄　燕	4	29	106
范堑村	杨净川	28	318	128
建场村	殷小军	16	192	83

续表55

村（居）	村（居）委会负责人	村（居）民小组数（个）	耕地面积（公顷）	经营收入（万元）
五凌村	顾海燕	22	267	114
江海村	陈小松	19	158	89
五虎村	蔡小勤	19	213	71
★海港村	申 云	19	140	188
汤灶村	卞小建	27	362	76
双龙村	赵 华	19	293	89
角斜社区	徐 华	25	226	65
新坝村	许金群	27	297	86
来南村	殷成浩	23	371	125
滩河村	潘一龙	25	347	73
通港村	于 军	7	91	89
周庄村	李 兵	20	304	115
★沿口村	宗建华	21	228	112
顾陶村	刘 峰	30	322	130
富港村	王琪峰	30	265	150
老庄村	罗志宏	14	202	103
镇海村	吴晓建	2	21	70
金港社区	史 伟	6	—	300

说明：村（居）前标★的为村居合一

【农业农村发展】 2021年，全镇村营总收入1963.07万元，20个村村营收入55万元以上。新增千万元以上农业项目6个，其中亿元农业项目1个。江苏中洋生态鱼类股份有限公司获评南通市农业龙头企业。建成村集体为经营主体的新型合作农场9家，流转土地1713.33公顷。创新“党支部+合作社+农户+基地”经营模式，打造滩涂药材示范基地，建场村黄蜀葵促帮扶产业项目被人民网、“学习强国”学习平台报道。港丰农地股份合作社获评国家级示范合作社，志春家庭农场获评省示范家庭农场，智创家庭农场获评南通市示范家庭农场。富港村打造苏中地区首个乡村振兴村民集中居住示范区建设新模式，海港村、五凌村乡村振兴示范项目有序推进，富港村获评南通市乡村振兴示范村，海港村、五凌村分别获评海安市乡村振兴示范村、先进村。

【镇村建设】 2021年，角斜镇有序推进滨海新城建设，打造沿海生态景观带，温泉展示中心、强村加油站、家具邻里中心三期工程等重点城建工程相继建成。湖悦天境一期商住项目建成交付，二期6.67公顷土地挂牌成交。安置小区新城花苑建成，一期382户如期交房。六轨九年一贯制金港学校启动建设。供电培训中心土地摘牌。开展滩涂土地专项整治，回收占垦土地333.33公顷，交由金港社区管理，公开招租土地200公顷，增收近300万元。化解历史遗留问题，与广东益华集团投资有限公司签订玉龙湾项目合作解除协议，收回土地46.8公顷。推进分散农户生活污水治理1313户，完成市政污水管网建设13千米。改造海港工业园区道路、建富路、风景路，亮化道路15千米，整治爱武河、228国道沿线。富港村、建场村分别获评省绿化综合示范村、省绿美乡村。新坝村、镇海村、富港村通过南通市美丽宜居乡村验收。

【生态建设】 2021年，角斜镇空气质量优良天数率88%，PM2.5浓度平均每立方米26.4微克，空气质量排名全市第一。关停南通昌海建材有限公司24门轮窑生产线。栟茶运河省考断面年均水质达Ⅲ类标准，北凌河国考断面水质由Ⅴ类标准提升至Ⅲ类标准。承办南通市交界河道整治现场会，五凌村“水润海安”河长制文化公园提档升级。

【社会事业与民生保障】 2021年，角斜镇民生支出2664万元，占一般公共预算支出32.2%，完成民生实事项目10件19项。角斜小学综合楼竣工，角斜中心幼儿园户外软质场地更新加快推进，金港学校与市实验小学探索实施城乡集团化办学。角斜小学被教育部评为国防教育示范学校，通过南通市新优质学校验收；角斜中心幼儿园入选江苏省国防教育试点园。推进卫生城镇建设，全面落实基本药物制度，国家基本公共卫生服务项目完成率90%以上，群众满意度95%以上。城乡居民养老保险参保人数3.52万人，其中在职缴费人员1.61万人，已享受养老待遇1.90万人。全镇建档立卡低收入户929户1713人全部实现脱贫目标。在全市率先建成使用区域现代化治理指挥中心，角斜镇司法所创成全市首家大型司法所，承办南通司法系统现场会，解决群体性欠薪纠纷经验被《新华日报》推广宣传。唐志明先后获评“江苏好人”“中国好人”，周新、张远银获评“江苏好人”，张冬琴获评“南通好人”。

【经济社会发展大事】 2021年1月26日，角斜镇完成村党组织和村民委员会换届选举工作，选举出20个村第十二届村民委员会。

2月25—26日，角斜镇第二届人民代表大会第十一次会议召开。会议审议并通过《角斜镇人民政府工作报告》《角斜镇人大主席团工作报告》，审议《角斜镇2020年财政预算执行情况和2021年财政预算（草案）的报告》《角斜镇

2020年生态环境状况与环境保护目标任务完成情况报告》《角斜镇2021年突出环境问题清单的报告》《代表建议、批评和意见办理情况报告》，听取和票决《2021年政府实事工程项目》，选举产生镇人大主席和1名副镇长。

3月3日，老坝港滨海新区（角斜镇）红十字会成立，并召开第一次会员代表会议。

5月22—23日，中国共产党角斜镇第十七次代表大会第一次会议召开。

6月29日，由沿口、滩河、老庄、范堑、新坝村民间文艺爱好者组织的庆祝中国共产党成立100周年行街表演在角斜镇沿口集镇区举行，中央电视台新闻频道、江苏电视台报道活动情况。

9月20日，角斜镇举办"迎滨海乡贤 建美丽新区"首届乡贤家乡行活动，在外乡贤50余人参加活动。

9月29日，中共南通市委、南通市人民政府、南通军分区纪念角斜"红旗民兵团"命名55周年大会在海安文化艺术中心大剧场隆重举行。

9月29日，南通市司法所分类建设工作推进会第一站——大型司法所建设推进会在角斜镇召开，与会人员现场观摩滨海新区司法所建设情况。

11月30日，海安市富港村民集中居住示范区开工暨乡村振兴党委共建仪式在角斜镇举行。 （钱　磊）

2021年角斜镇社会经济主要指标完成情况表

表56

项　目	计量单位	数量	项　目	计量单位	数量
一、基本情况			水产品总产量	吨	15177
区镇行政区域面积	平方千米	146.22	油料总产量	吨	839
居民委员会数量	个	1	蔬菜总产量	吨	150012
村民委员会数量	个	20	水果（含果用瓜）总产量	吨	1894
耕地灌溉面积（有效灌溉面积）	公顷	4177	五、企业情况		
农业机械总动力	千瓦	77227	法人企业数量	个	1896
二、人口与就业			其中：规模以上工业企业	个	50
年末总户数	户	21060	法人企业从业人数	人	16778
年末总人口	人	61015	其中：规模以上工业企业	人	3334
区镇从业人员数	人	32751	六、贸易与投资		
第一产业	人	6953	限额以上社会消费品零售总额	万元	9730
第二产业	人	19603	商品交易市场数量	个	4
第三产业	人	6195	七、财政收入与支出		
三、区镇经济			财政总收入	万元	91779
地区生产总值	万元	729864	其中：一般公共预算收入	万元	25628
第一产业	万元	110030	财政总支出	万元	75794
第二产业	万元	338226	其中：一般公共预算支出	万元	9713
第三产业	万元	281608	八、社会事业		
四、农业生产			区镇公路里程	千米	269
农作物播种面积	公顷	11861	金融机构网点数	个	6
其中：粮食作物播种面积	公顷	8368	农民专业合作社数量	个	66
市级以上农业龙头企业个数	个	5	农民专业合作社成员数	户	18673
市级以上农业龙头企业销售收入	万元	191062	学校总数	个	5
粮食总产量	吨	62640	在校学生总数	人	2795
肉类总产量	吨	4658	教师总数	人	236
禽蛋产量	吨	17630	幼儿园、托儿所个数	个	6

续表56

项目	计量单位	数量	项目	计量单位	数量
医疗卫生机构数量	个	26	城乡居民基本养老保险参保人数	人	17189
医疗卫生机构床位数	床	108	城乡居民基本医疗保险参保人数	人	44102
执业（助理）医师数	人	62	城乡居民最低生活保障人数	人	483
自来水用水户数	户	20181			

（市统计局）

大公镇

【概况】 大公镇位于南通与盐城两市交界处，海安市区北郊，于1992年撤乡建镇。“大公”源自《礼记》中“大道之行 天下为公”。大公镇是全国农民体育运动之乡，名人有陈家驹、仲满、储春霞、洪梅等，乡村旅游景点有于坝万亩梨园，主要特产有“五水一高”梨、水晶羊肉。2021年，镇域总面积104.55平方千米。下辖12个村、3个社区。年末总户数2.15万户，总人口5.72万人；年内出生人口189人，人口出生率3.3‰；死亡人口702人，死亡率12.2‰，人口自然增长率-8.9‰。实现地区生产总值76.97亿元，比上年增长10.27%。财政总收入4.47亿元，其中一般公共预算收入1.24亿元。财政总支出2.93亿元，其中一般公共预算支出6370.69万元。固定资产投资21.09亿元。获评2020年度全省基层党员冬训工作示范镇、南通市基层乡镇统计规范化建设四星级单位、南通市农村产权交易先进集体。

2021年大公镇村（居）基本情况表

表57

村（居）	村（居）委会负责人	村（居）民小组数（个）	耕地面积（公顷）	经营收入（万元）
凌东村	王资呈	34	536	69
仲洋村	储呈梅	39	613	150
★北凌村	储开朋	22	405	69
星河村	贲友春	25	443	72
群益村	李元钧	31	355	101
★早稼村	周晓东	18	130	58
于坝村	杨　勇	31	200	153
贲巷社区	陆建兰	29	173	155
王院社区	管金军	33	285	132
喧口村	王小敏	31	285	58
贲集社区	王　勇	40	320	122
★古贲村	于春燕	27	329	82
★姜桥村	金山开	22	209	57
常河村	汤立均	30	373	101
马舍村	卢惠敏	28	459	59

说明：村（居）前标★的为村居合一

【农业农村发展】 2021年，大公镇完成农业总产值14.11亿元，比上年增长5.6%。粮食生产实现16年连增，蚕桑产业规模保持全市第一，推广畜禽生态健康养殖，年末生猪存栏4.2万头、年内出栏6.8万头。建成高标准农田306.67公顷。建成省级绿色优质稻麦生产基地5800公顷，海安红梅家庭农场等5家单位申报绿色食品种植面积2466.67公顷，镇农产品质量安全监管服务所获评省级农产品质量安全五星级乡镇监管服务所。引进农业亿元项目2个、千万元项目8个。加大农田水利工程建设，整治等级河道17条，疏浚河道22.5千米，新建护岸15.9千米。东部农业现代园建设加快推进，于坝、仲洋乡村振兴项目开工建设。全镇村营收入1438万元，实现55万元村全覆盖，其中7个村超100万元。

【工业经济发展】 2021年，大公镇拥有规模以上工业企业64个，规模以上工业总产值62.59亿元，比上年增长35%；工业应税销售81亿元，比上年增长18.5%。完成工业固定资产投资17.8亿元，工业技改设备投入1.2亿元。新增规模以上工业企业7家，其中月度新增规模企业6家。江苏鹏飞集团股份有限公司（简称鹏飞集团）获评江苏省首批服务贸易重点企业，是海安唯一一家获此殊荣的企业。企业上市工作有序开展，创能电气科技（南通）股份有限公司完成股改工作，南通弘宸电气设备制造有限公司签订入轨协议。加大工业用地绩效管理和“厂中厂”整治力度，建立工业企业资源集约利用综合评价体系，全面开展工业企业风险报告制度，132家企业均被纳入网格化管理。实现建筑业施工产值65亿元。

【服务业发展】 2021年，大公镇完成服

2021年8月17日，海安市大公镇组织志愿者帮助果农采摘、包装梨子，通过直播平台进行推广销售
翟慧勇／摄

务业应税销售17.43亿元，比上年增长23.12%。新增规模以上服务业企业3家，累计9家。营利性服务业营业收入完成1.37亿元。社会消费品零售总额、批发零售业销售额和住宿餐饮业营业额分别完成4.26亿元、23.04亿元、1.16亿元。完成服务业固定资产投资3.17亿元。加快推进农村电商发展，借助抖音、微信等平台，扩大特色农产品销售渠道。持续做优大公梨花节、北凌农民运动会特色旅游品牌。

【招商引资与项目建设】 2021年，大公镇实现外资到账733万美元。新招引项目3个。晧森装配式石晶新材料项目总投资超1亿美元，为大公镇引进的最大规模外资项目。新开工项目8个，其中亿元项目5个。20亿元鹏飞资源综合利用成套装备项目、10亿元弘盈色织超弹纤维项目通过省、南通市项目开工核查验收。鹏飞资源综合利用成套装备项目被列为省、南通市重大项目观摩点，全年确认投资12.34亿元。中昊港创·海安精工智造产业园启动建设，首批12家企业签约入园。新竣工项目4个。宏熙智能展示道具项目实现达产，完成年度考核开票销售6.3亿元，缴纳增值税801.9万元。盘活低效产业用地11.73公顷。

【科技创新】 2021年，大公镇完成高新技术产业产值25.56亿元，高新技术产业投资8.83亿元，拥有高新技术企业13家。完成产学研合作项目13个，科技成果转化项目2个。专利授权214件，其中发明专利35件。完成知识产权质押融资2000万元。完成技术合同备案登记50件，备案金额3.92亿元。规模以上企业研发活动数占规模以上企业数90%，企业研发投入占营业额2.8%。江苏天鹏机电制造有限公司、南通利元亨机械有限公司、上海智捷门业海安有限公司等6家企业通过省高新技术企业认定。引进“双创团队”1个，“双创人才”4人，其中，创业类人才3人、创新类人才1人，蓝领技能人才427人，高校毕业生97人。入选省“双创人才”1人。

【镇村建设】 2021年，大公镇启动镇区商业综合体、毛毯厂地块开发项目建设，镇区两侧道路整治提升、小游园街头绿地、道路、亮化等工程建设到位。实施北凌老集镇镇容镇貌集中整治，拆除违章建筑，更新沿街店铺招牌，更换地面道板砖并新建路牙，安装路灯122杆。完成安海路、于喧路绿化提升工程。人民路、北凌老集镇、古贲老集镇污水管网工程建成投入使用，累计建成污水管网3千米。有序推进于坝村1200户分散农户生活污水治理示范村项目建设。拆除集西桥。

【生态建设】 2021年，大公镇实施水环境综合治理，建设生态导流沟一期工程2千米，建成3处支流生态绿岛，实现市考以上断面平均水质优Ⅲ比例100%。完成锅炉提标改造、源头替代、VOCs治理等17个大气治理项目，2个机械企业专项整治项目、1个颗粒物无组织排放整治项目、1个锅炉提标改造项目及11个锅炉“回头看”整治项目通过验收。2块重点监测地完成土壤污染状况调查。关闭“散乱污”企业3家。

【社会事业与民生保障】 2021年，大公镇城乡居民养老保险、医疗保险参保人数分别为1.17万人、3.39万人，完成城乡居民养老保险转企业职工养老保险943人次。18周岁以上成年人接种首针新冠疫苗3.75万人。巩固脱贫攻坚成果，城乡居民最低生活保障人数361人，首批认定低收入人口家庭25户，推荐低收入户进公益性岗位21人、进企业务工21人，创建低收入户产业项目三星级示范点1个。在全省首创武装部和退役军人服务站“部站合一”一体化办公模式，建成全市首家军人荣誉室，8家村级退役军人服务站通过南通市五星级退役军人服务站验收。全市首家区镇专职消防救援站建成启用。代表海安接受全国文明典范城市创建测评，“邻里连心”志愿服务项目获南通市文明实践志愿服务大赛第一名，周云英获评南通市道德模范，周张羽展获评南通市新时代好少年，王家安、陈礼获评海安市首届新乡贤。省健康镇创建通过初步评估验收，连续三年获评南通市平安法治示范乡镇。

【经济社会发展大事】 2021年1月9日，大公镇完成15个村党组织换届选举工作，选举产生村党组织书记15人、村党组织委员会委员73人。

3月28日，中昊港创·海安精工智造产业园奠基暨首批入园企业集中签约仪式在大公镇举行。

3月31日，“苏韵乡情”乡村休闲

旅游农业（南通）专场推介暨海安市第十一届梨花节（第58届北凌农民体育运动会）在大公镇于坝村开幕。

4月19日，南通市商会高质量发展推进会暨镇街商会工作现场会在大公镇召开，250余人参加会议，与会人员参观大公镇商会、鹏飞集团、珀泰蓝智能卫浴科技（江苏）有限公司。

4月29日，省财政厅副厅长倪国强率队实地调研大公镇高标准农田建设项目。年内，省粮食和物资储备局二级巡视员张国钧、国家发展改革委经贸司副司长张江波分别于5月19日、5月25日率队到大公镇实地核查粮食安全责任制工作，主要查看王院村高标准农田建设（永久基本农田保护）项目区情况。

9月20日，大公镇首届乡贤大会在鹏飞集团举办，乡贤代表60余人参加活动。

11月19日，省政协学习委员会原主任刘松汉，省委党校马克思主义学院院长、教授布成良到大公镇调研"有事好商量"协商议事工作。

11月25日，海安市首家军人荣誉室在大公镇拥军楼揭牌。

（丰吕锐　孙李萍）

2021年大公镇社会经济主要指标完成情况表

表58

项　目	计量单位	数量	项　目	计量单位	数量
一、基本情况			油料总产量	吨	684
区镇行政区域面积	平方千米	104.5	蔬菜总产量	吨	51863
居民委员会数量	个	3	水果（含果用瓜）总产量	吨	7176
村民委员会数量	个	12	五、企业情况		
耕地灌溉面积（有效灌溉面积）	公顷	4686	法人企业数量	个	1301
农业机械总动力	千瓦	64446	其中：规模以上工业企业	个	71
二、人口与就业			法人企业从业人数	人	21911
年末总户数	户	21466	其中：规模以上工业企业	人	4554
年末总人口	人	57240	六、贸易与投资		
区镇从业人员数	人	24833	限额以上社会消费品零售总额	万元	53165
第一产业	人	4450	商品交易市场数量	个	2
第二产业	人	13993	七、财政收入与支出		
第三产业	人	6390	财政总收入	万元	44734
三、区镇经济			其中：一般公共预算收入	万元	12448
地区生产总值	万元	769748	财政总支出	万元	29298
第一产业	万元	73441	其中：一般公共预算支出	万元	6371
第二产业	万元	390571	八、社会事业		
第三产业	万元	305736	区镇公路里程	千米	228
四、农业生产			金融机构网点数	个	9
农作物播种面积	公顷	9217	农民专业合作社数量	个	56
其中：粮食作物播种面积	公顷	7664	农民专业合作社成员数	户	17230
市级以上农业龙头企业个数	个	7	学校总数	个	4
市级以上农业龙头企业销售收入	万元	36113	在校学生总数	人	1343
粮食总产量	吨	59724	教师总数	人	206
肉类总产量	吨	10221	幼儿园、托儿所个数	个	4
禽蛋产量	吨	17208	医疗卫生机构数量	个	21
水产品总产量	吨	2313	医疗卫生机构床位数	床	125

续表58

项　　目	计量单位	数量	项　　目	计量单位	数量
执业（助理）医师数	人	78	城乡居民基本医疗保险参保人数	人	33886
自来水用水户数	户	19643	城乡居民最低生活保障人数	人	361
城乡居民基本养老保险参保人数	人	11747			

（市统计局）

雅周镇

【概况】 雅周镇地处海安、如皋、姜堰、泰兴四市（区）交界处。2021年，辖区总面积83.3平方千米，下辖15个村，有居民2.07万户，常住人口5.28万人。年内出生人口152人，人口出生率2.9‰；死亡人口627人，死亡率11.8‰。实现地区生产总值47.8亿元，比上年增长9.7%。财政总收入1.34亿元，其中一般公共预算收入5862万元；财政总支出1.28亿元，其中一般公共预算支出5376万元。固定资产投资4.8亿元。实现外贸进出口总额1亿元。完成外资到账151万美元。

2021年雅周镇村（居）基本情况表

表59

村（居）	村（居）委会负责人	村（居）民小组数（个）	耕地面积（公顷）	经营收入（万元）
迮庄村	张正海	25	285	106
金庄村	万海建	25	309	57
★王垛村	陆宝虎（主持）	23	262	74
东夏村	王海洋	29	312	85
钱庄村	钱　进	28	271	75
★雅周村	徐吉明（主持）	17	154	101
鸭湾村	赵宝虎	23	311	77
杭窑村	高　琴	23	352	77
兴雅社区（东楼村）	尤兴彪	30	464	88
庞庄村	吕　蕴	39	418	125
周机村	卢卫忠（主持）	26	333	72
★张莫天村	陈　森	27	351	78
许家庄村	陈　华	22	276	158
张垛村	王海宁	30	168	63
迥垛村	邵太岗	22	296	151

说明：村（居）前标★的为村居合一

【农业生产】 2021年，雅周镇完成农业总产值10.6亿元，比上年增长4.5%。以一流农业园区创建带动全镇现代农业高质量发展，实施“种子芯片”工程，与润海农业发展有限公司合作建设海安市首家组培繁育中心，填补海安市植物、花卉与组培产业项目空白。中国工程院院士张洪程创新试验基地在园区挂牌，苏州农业职业技术学院校企合作示范基地落户园区，中国农业科学院蚕业研究所和蚕源种业公司签订战略合作协议。完成重大亿元农业项目开工3个、竣工2个，千万元农业项目开工4个、竣工4个，项目总量居全市前列。牧原养殖场、张莫天现代蚕业示范园等3个重大项目，接受省级重大农业项目查评。推进“三年扩桑”行动，新建蚕业农场14个，新栽桑园20公顷，张莫天现代蚕业示范园建成“十化”（蚕桑品种优良化、生产管理标准化、小蚕共育三龄化、大蚕上蔟自动化、桑蚕防病统一化、规模集中养蚕工厂化、桑树修枝机械化、加工干茧自动化、蚕茧收购仪评化、蚕茧质量优质化）现代蚕业示范区，为全省蚕桑产业高质量发展现场推进会提供现场观摩点。加快发展莲藕、葡萄、草莓等特色农产品生产，助力村民增收。培育乡村振兴先进村、示范村，许家庄村、迥垛村、兴雅社区完成建设任务。做好骨干林带管护工作，雅周镇获评江苏省苗木特色镇，东楼村获评江苏省苗木特色村，迥垛村获评江苏省绿美村庄示范村。

【工业经济发展】 2021年，雅周镇拥有规模以上工业企业37家。实现规模以上工业总产值17.6亿元，比上年增长3.4%。工业应税销售20亿元，比上年增长19%。工业技改项目设备投入2300万元，比上年增长4.5%。新增规模以上工业企业2家（江苏美梵生物科技有限公司、南通点丰金属制品有限公司），新增开票销售超亿元企业1家（南通市兆弟建材科技有限公司）。盘活闲置低效用地4.4公顷。企业上市挂牌工

雅周镇许家庄村发展莲藕种植产业，助力乡村振兴。图为2021年4月6日，村民在采摘莲藕 姜 明／摄

作有序推进，金固德包装材料南通股份有限公司完成股改，南通业盟新材料股份有限公司成功报会。

【服务业发展】 2021年，雅周镇实现服务业应税销售15.8亿元，比上年增长85.4%。营利性服务业收入6.1亿元，比上年增长37%。招引千万元服务业项目1个，市考核亿元项目、南通市考核5亿元项目各1个。新增月度、年度规模以上服务业企业各1家，年度限额以上服务业企业1家。

【科技创新】 2021年，雅周镇持续深化科技开放合作，完成全社会研发投入4500万元。实现高新技术产业产值5000万元，高新技术产业投资5400万元，拥有高新技术企业2家。完成产学研合作项目8个。申请发明专利5件，新增发明专利授权4件，所有高新技术企业完成省知识产权贯标备案。江苏涞森环保设备有限公司获批国家高新技术企业，南通中菱电力科技股份有限公司、南通海诚辐条股份有限公司、南通市凯思特保温制品有限公司、江苏涞森环保设备有限公司获评江苏省民营科技企业，南通久振机械制造有限公司获评南通市科技创新型企业。南通德和布业有限公司获批邮储银行700万元知识产权质押融资，南通永丰硕电力集成科技有限公司获批江苏银行300万元“苏科贷”。对接中国科学院老专家技术中心、南京中科睿鼎孵化器、复旦大学创业园等单位，招引可直接产业化科创项目。上海理工大学教授秦川“智慧乡村治理系统项目”注册落户，并承接2个项目。浙江宁波花卉类种源技术专家刘国英“特色花卉种源培育项目”签订协议，落户雅周现代农业园。向海安开发区、海安高新区推荐昆山现代物流人才项目、南京5G模组项目2个。招引“双创人才”3人、技能人才260人，引进海外人才4人（创新人才2人、青年人才2人）。

【招商引资与项目建设】 2021年，雅周镇实施精准化招商，在上海、苏州等地开展招商推介活动24场次，新招引项目6个，其中亿元项目4个。围绕打造新能源自行车产业集群，按照“链长制”的招商要求进行“补链、强链”，签约新能源自行车前叉、车架以及核心零部件花鼓等亿元项目4个，全镇累计落户新能源自行车项目9个。实现外资到账151万美元，康特勒科技项目被认定为南通市外资大项目。项目服务推行全天候服务、全过程代办制度，优化资源要素配置，保障优质亿元项目开工、竣工、投产。新开工项目6个，其中亿元项目2个。新竣工项目3个，其中亿元项目2个。完成技改项目预审、备案37个，完成技改项目新开工、新竣工各2个。完成嘉景铨、中煌、聚鑫达等5个亿元项目开工前期手续办理，亿元项目储备库初步建成。

【镇村建设】 2021年，雅周镇配合全市污水一体化管网工程（雅周—孙庄段）主体建设完工，建成王雅路污水管网工程、迴垛村和许家庄村分散农户污水处理设施980户、配套污水管网约3千米。全面排查路桥安全隐患，投入60余万元，集中整改14个村50处村内部临水道路安全隐患。完成“农四路”修复工程3800平方米，新建牧原路施工便道1.2千米，修复农桥6座。新建农村公共厕所3座，安装路灯220盏、路牙栅栏1590米，完成墙体美化1.1万平方米。推进文明典范城市创建，加强老集镇管理，拆除违章搭建、破落建筑20处，总面积2349平方米。配合国家重点工程中俄天然气管道施工项目建设，组织房屋征收25户，确保雅周境内全线无障碍施工。

【生态建设】 2021年，雅周镇环境质量不断提升，PM2.5平均浓度及空气质量优良天数比例均达标准水平。有序开展废气专项整治，完成7家企业的VOCs综合治理、10家企业锅炉整治“回头看”、10家机械企业和4家家具企业废气整治。加强扬尘污染防治管理，落实扬尘治理措施，全年使用雾炮车实施洒水降尘作业300余次。开展农村生态河道建设，投入10余万元，清理王雅河、双星河等4条河道100余处河坡种植、乱堆乱放、乱垦乱种等行为，栽植绿化（麦冬）植物约1.6万平方米。镇财政投入765万元，实施新华河农村黑臭水体整治、双星河农村生态河道建设、红旗河南段县乡河道疏浚整治、中小河流治理重点县项目（涉及9条河道）。推进农村“厕所革命”，新建388户，修缮73户。开展畜禽粪污资源化利用行动，重点监管全镇规模类养禽户76家、养羊户5家、生猪养殖户94家。开展农村环境综合整治“四清四化”（清垃圾、清杂物、清道路、清河道和绿化、美化、净化、亮化）专项行动，新增迴垛村、许家庄村等6个村级人居示范点。

【社会事业与民生保障】 2021年，雅周镇全力保障民生，新增城镇就业122人，转移农村劳动力102人，扶持群众自主创业142人，开发和利用保洁等基层公益性岗位安置就业困难人员16人再就业。新增2家就业见习基地，开展各类免费劳动技能培训5次，培训480余人次。城乡居民养老、医疗参保覆盖率分别在99%、98%以上。完成社保“居转企”865人。低保、五保、重残、困境儿童等困难群众实现应救尽救。慈善服务工作全市领先，“5·12”海安慈善日募集善款118.6万元，15个村居慈善工作站全部获批五星级。“双减”政策有效落实，全力保障课后延时服务。雅周中心卫生院推进家庭医生签约服务和江苏省点单式签约服务试点工作，基层卫生服务能力显著提升。深化警网融合，雅周派出所、雅周交警中队和雅周镇域治理现代化指挥中心“三合一”大楼启用，镇域治理现代化指挥中心、雅周派出所综合指挥室和平安前哨指挥室实现合署办公。常态化推进扫黑除恶专项斗争，多举措开展防诈骗宣传活动，全年发生电信网络诈骗案件11起，比上年下降22%。

【经济社会发展大事】 2021年3月8日，省委组织部公布江苏“全国红色村”试点名单，雅周镇东夏村入围，南通唯一。

3月31日，江苏省粮食和物资储备局党组书记、局长夏春胜到雅周现代农业园区考察现代稻麦和设施果蔬产业发展情况。

4月27日，雅周现代农业园蚕源种业基地引进全国首台产品智能化养蚕机（第三代）。

5月20日，雅周现代农业园与中国工程院院士、扬州大学教授张洪程在扬州大学签订海安市张洪程院士创新试验基地合作协议。5月21日，在雅周现代农业园摄影大赛开幕式暨项目集中签约仪式上举行揭牌仪式。

5月24日，雅周现代农业园以全省第一的名次创成江苏省省级现代农业产业示范园，全省仅17家，南通唯一。

6月5日，“创新创业在雅周”主题活动在雅周现代农业园举行。

10月22日，第二届海安市雅周现代农业园摄影大赛暨“金色满园，喜迎丰收”系列活动在雅周现代农业园森农生态园举行。

11月29日，雅周镇专职消防救援站建设项目开工仪式在雅周镇举行。

（张　荣）

2021年雅周镇社会经济主要指标完成情况表

表60

项　　目	计量单位	数量	项　　目	计量单位	数量
一、基本情况			农作物播种面积	公顷	8930
区镇行政区域面积	平方千米	83.3	其中：粮食作物播种面积	公顷	7145
居民委员会数量	个	1	市级以上农业龙头企业个数	个	1
村民委员会数量	个	14	市级以上农业龙头企业销售收入	万元	5638
耕地灌溉面积（有效灌溉面积）	公顷	4037	粮食总产量	吨	56214
农业机械总动力	千瓦	49491	肉类总产量	吨	7579
二、人口与就业			禽蛋产量	吨	5531
年末总户数	户	20692	水产品总产量	吨	1420
年末总人口	人	52827	油料总产量	吨	2975
区镇从业人员数	人	29404	蔬菜总产量	吨	42082
第一产业	人	6840	水果（含果用瓜）总产量	吨	918
第二产业	人	19051	五、企业情况		
第三产业	人	3513	法人企业数量	个	833
三、区镇经济			其中：规模以上工业企业	个	38
地区生产总值	万元	477710	法人企业从业人数	人	10341
第一产业	万元	52533	其中：规模以上工业企业	人	1876
第二产业	万元	230546	六、贸易与投资		
第三产业	万元	194631	限额以上社会消费品零售总额	万元	14367
四、农业生产			商品交易市场数量	个	3

续表60

项目	计量单位	数量	项目	计量单位	数量
七、财政收入与支出			在校学生总数	人	1409
财政总收入	万元	13354	教师总数	人	190
其中：一般公共预算收入	万元	5862	幼儿园、托儿所个数	个	4
财政总支出	万元	12842	医疗卫生机构数量	个	18
其中：一般公共预算支出	万元	5376	医疗卫生机构床位数	床	206
八、社会事业			执业（助理）医师数	人	77
区镇公路里程	千米	166	自来水用水户数	户	18528
金融机构网点数	个	6	城乡居民基本养老保险参保人数	人	29923
农民专业合作社数量	个	53	城乡居民基本医疗保险参保人数	人	47859
农民专业合作社成员数	户	16907	城乡居民最低生活保障人数	人	598
学校总数	个	4			

（市统计局）

南莫镇

【概况】 南莫镇位于海安市西北部，地处里下河地区，与盐城、泰州两市接壤，著有“鱼米之乡”“水乡明珠”之美称，于1934年设镇。境内有国家重点文物保护单位“青墩新石器遗址”，主要“名特优新”产品有“青墩”牌大闸蟹、食用菌等。2021年，镇域总面积74.2平方千米，下辖16个村，年末总户数1.86万户，总人口4.67万人。实现地区生产总值46.36亿元，比上年增长2.6%。财政总收入2.76亿元，其中一般公共预算收入6978万元；财政总支出2.64亿元，其中一般公共预算支出5681万元。固定资产投资12.94亿元，比上年增长38.8%，增长率居全市第一。实现外资到账158万美元，比上年增长5.5%。外贸进出口总额6500万元，比上年增长6.5%。

2021年南莫镇行政村（居）基本情况表

表61

村（居）	村（居）委会负责人	村（居）民小组数（个）	耕地面积（公顷）	经营收入（万元）
砖桥村	吕秀兰	26	246	57
★邓庄村	张幼纯	20	176	68
姜刘村	陈　华	21	204	59
校林村	朱晓伟	21	299	62
柴垛村	叶剑文	28	297	120
朱楼村	仇曙华	18	267	125
林庙村	王根宝	22	250	70
于桥村	田砚兵	21	161	113
严马村	刘爱芬	40	342	73
★兴南村	蒋世根	14	69	199
南莫村	赵立新	29	332	88
青墩村	钱　勇	26	274	68
★沙岗村	刘焱辉	23	186	97
唐庄村	韦进卫	22	187	75
高杨村	莫健松	24	226	85
黄陈村	黄太甫	34	420	148

说明：村（居）前标★的为村居合一

【农业农村发展】 2021年，南莫镇实现农业总产值8.49亿元，比上年增长6.93%。以智慧光热食用菌产业园项目、朱楼村千亩大棚西瓜种植项目、唐庄休闲观光采摘项目等重大农业项目为抓手，建成一批特色农产品生产基地，形成南莫镇农业特色品牌。新建蔬菜基地13家。新扩桑园58公顷，新建蚕业农场10家。乡村振兴持续发力，招引千万元以上农业项目11个，其中亿元以上农业项目2个，江苏博旭农业项目开工在建；培育规模电商1家；完成村级集体经营性收入1470.29万元，实现村营收入55万元以上村全覆盖。唐庄村、青墩村入选南通市首批乡村振兴先进村培育名单，兴南村入选海安市乡村振兴示范村培育名单。

【工业经济发展】 2021年，南莫镇实

现工业总产值62.86亿元，比上年增长12.33%。实现工业开票销售57.5亿元，比上年增长21.05%。完成工业投资11.71亿元，比上年增长37.3%；工业技改设备投入1.1亿元，比上年增长1.85%。推进“1226”重点企业培育工程，新增亿元工业企业3家，总数10家。新增规模以上工业企业12家，总数64家。新增南通市智能车间、南通市专精特新“小巨人”企业各1家。

【服务业发展】2021年，南莫镇实现现代服务业应税销售13.65亿元，比上年下降30.71%；营利性服务业营业收入3.88亿元，比上年增长431%，增长率居全市第一；社会消费品零售总额9501万元，比上年增长19.4%。完成服务业投资1.14亿元，比上年增长69.6%，增长率居全市第一。新增规模以上服务业企业1家、限额以上贸易企业4家。星驰电影院装修完毕。水乡花园二期开盘，三期项目以及商业广场、特色农副产品市场进入前期相关手续办理阶段。

【科技创新】2021年，南莫镇完成高新技术产业投资10.70亿元，比上年增长96.1%，增长率居全市第一。引进原创性成果转化项目2个，新增产学研合作项目9个，其中与“双一流”高校合作项目6个。发明专利保有量128件。获批“苏科贷”700万元，知识产权质押融资1500万元。新增国家级高新技术企业3家（江苏星光波纹管有限公司、南通瑞诚高分子材料有限公司、江苏雄凯过滤技术有限公司），省民营科技企业2家（江苏立晟德新材料有限公司、江苏雄凯过滤技术有限公司），培育南通市科创企业1家。5家企业进入省科技服务交易平台，实现技术合同登记备案94笔，合计4.4亿元。招引海外人才6人、“双创人才”1人、高层次创新创业人才6人。智能柔性打磨机器人项目入选江苏省“双创计划”人才项目，全市唯一。

【招商引资与项目建设】2021年，南莫镇围绕长三角一体化发展战略，实施精准招商、专业招商、产业链招商，签约亿元项目3个、10亿元项目1个。开展“重特大项目突破年”活动，新开工亿元以上工业项目5个，完成南通市考核确认新竣工、达产10亿元项目各1个。智慧光热食用菌产业园建设项目总投资约1亿元，占地面积23公顷，建设全国首座利用太阳能光热效应的智慧菇房。

【镇村建设】2021年，南莫镇全面启动国土空间规划、控制性详细规划，完成“多规合一”实用性村庄规划编制。实施老集镇改造工程，建成人民东路法治小游园、兴南路廉政小游园等街头绿地4个，西园沟路、镇北路、新园路、严马工业园区污水管建成并投入使用，完成扬兴路、西园路、建设西路提升改造工程，拆除破落建筑、乱搭乱建27处。212乡道南娄线竣工通车，建成“四好农村路”通居工程2.6千米，新安装路灯203盏，“四好农村路”建设代表海安在南通市做交流发言，相关经验做法被交通运输部肯定，南莫镇获评南通市“四好农村路”示范镇。实施水利工程6个，改造圩口闸钢闸门39座，拆建闸站13座，加固圩堤3处140米。完成土地增减挂钩27.73公顷，盘活闲置低效用地7.93公顷。唐庄村被认定为第四批江苏省传统村落。

【生态建设】2021年，南莫镇依托353省道、曲白线以及集镇区域，实施布点、连线、扩面提升工程，打造“有线路可游、有景点可赏”人居环境“示范带”“示范区”。在16个村全部建成人居环境示范点基础上，新增邓庄、唐庄、高杨、黄陈、青墩、沙岗、南莫、林庙8个人居环境提升示范点，受益农户2600多户。实施农村人居环境整治行动，提升农村生活污水处理能力，完成镇级污水处理厂提标改造，新建镇村污水管网3.56千米，12个村庄污水处理设施实现专业运行维护，改厕1195户。系统推进村容村貌、农村垃圾、农业废弃物等综合整治，拓宽农作物秸秆综合利用途径，畜禽粪污资源化利用率100%；实施市场化保洁承包服务，配备保洁人员153人；整建制推进农村垃圾分类工作，在农村生产垃圾处置等关键环节上打造新样板；每季度开展“星级文明户”“最美农家小院”评比，引导群众参与村庄环境整治。“河长制”工作强力推进，建设唐庄村“河长制”主题公园；高标准打造生态河道30条，整治样板河道28.4千米；完成生态幸福河道建设3条6.92千米；疏浚河道4条2.36千米；治理黑臭水体3条1.53千米；实施新通扬运河整治提升工程，新通扬运河、海溱河断面水质指标优Ⅲ比例100%。南莫镇获南通市人居环境提升综合考核第一名。

2021年，海安市南莫镇通过“合作社+农户”形式，将秸秆加工成草绳销售，助力农民增收。图为4月6日，海安澄鑫草制品专业合作社内村民在搬运草绳

向中林／摄

【社会事业与民生保障】2021年，南莫镇投入8000多万元建成市人民医院南莫院区门急诊病房综合楼，投入1500万元建设南莫卫生应急综合楼。镇为民服务中心获评南通市“百优为民服务中心”。居民养老保险及医疗保险覆盖率均达98%以上。社保扩面专项工作完成率100%。南莫中学2021年高考本科达线率92.3%，居全市同类学校之首，中考普通高中录取率居全市前列。投入350万元建成镇域治理现代化指挥中心。探索推进“红网”工程，构建党建引领基层治理新格局。常态化推进扫黑除恶斗争，电信网络诈骗案件比上年下降48.3%。镇人民调解委员会的调解案例《被“斩”的房顶》被司法部《人民调解》杂志刊载。开展消防安全突出风险整治攻坚行动，南莫镇获评2021年度南通市消防工作先进镇。

【经济社会发展大事】2021年3月27日，南莫镇智慧光热食用菌产业园建设项目开工奠基。

4月10日，海安市公共卫生应急体系南莫卫生应急综合楼建设项目奠基。

6月5—6日，第八届“创新创业在海安”主题活动南莫专场活动举办。

6月15日，中国石化化工销售股份有限公司华北分公司石化联心项目与江苏联心材料科技有限公司在南莫镇签署“石化联心合作框架协议”。

6月17日，南莫镇首届乡村振兴科技文化集市活动在南莫镇青墩遗址广场举行。

6月18日，“枢纽海安 科创新城”全方位对接上海南莫分会场活动在上海举行。

12月6日，“寻梦水乡 蟹逅青墩”文旅节在南莫镇青墩遗址广场开幕。

（刘馨璐）

2021年南莫镇社会经济主要指标完成情况表

表62

项　　目	计量单位	数量	项　　目	计量单位	数量
一、基本情况			肉类总产量	吨	2743
区镇行政区域面积	平方千米	74.2	禽蛋产量	吨	5928
居民委员会数量	个	0	水产品总产量	吨	3568
村民委员会数量	个	16	油料总产量	吨	767
耕地灌溉面积（有效灌溉面积）	公顷	2985	蔬菜总产量	吨	47113
农业机械总动力	千瓦	51541	水果（含果用瓜）总产量	吨	7810
二、人口与就业			五、企业情况		
年末总户数	户	18573	法人企业数量	个	1114
年末总人口	人	46687	其中：规模以上工业企业	个	53
区镇从业人员数	人	24787	法人企业从业人数	人	12890
第一产业	人	5246	其中：规模以上工业企业	人	2371
第二产业	人	13451	六、贸易与投资		
第三产业	人	6090	限额以上社会消费品零售总额	万元	9667
三、区镇经济			商品交易市场数量	个	3
地区生产总值	万元	463614	七、财政收入与支出		
第一产业	万元	43973	财政总收入	万元	27612
第二产业	万元	231943	其中：一般公共预算收入	万元	6978
第三产业	万元	187698	财政总支出	万元	26448
四、农业生产			其中：一般公共预算支出	万元	5681
农作物播种面积	公顷	6947	八、社会事业		
其中：粮食作物播种面积	公顷	5637	区镇公路里程	千米	163
市级以上农业龙头企业个数	个	1	金融机构网点数	个	6
市级以上农业龙头企业销售收入	万元	3870	农民专业合作社数量	个	24
粮食总产量	吨	45286	农民专业合作社成员数	户	10237

续表62

项　　目	计量单位	数量	项　　目	计量单位	数量
学校总数	个	4	执业（助理）医师数	人	114
在校学生总数	人	1873	自来水用水户数	户	17483
教师总数	人	291	城乡居民基本养老保险参保人数	人	15370
幼儿园、托儿所个数	个	3	城乡居民基本医疗保险参保人数	人	35008
医疗卫生机构数量	个	20	城乡居民最低生活保障人数	人	413
医疗卫生机构床位数	床	168			

（市统计局）

白甸镇

【概况】 白甸镇地处南通、盐城、泰州三市结合部，东毗墩头镇，南接南莫镇，西、北分别于盐城市东台市溱东镇、时堰镇、安丰镇隔河相望。远古时代白甸地区曾是大草甸，白茫茫的一片，故名“白甸”。白甸名人有李近之、李文瑞、志开法师等，主要特产有优质大米、牧原猪肉、鲢鱼、鳙鱼、红膏蟹、小龙虾、草莓、葡萄、无花果、鱼圆、小方糕等。2021年，镇域面积53.1平方千米，下辖10个村。年末总户数1.07万户、户籍总人口2.81万人；年内出生人口78人，出生率2.56‰；年内死亡人口350人，死亡率11.49‰；人口自然增长率-8.93‰。全镇实现地区生产总值36.40亿元，比上年增长9.57%。财政总收入1.41亿元，其中一般公共预算收入7667万元；财政总支出1.44亿元，其中一般公共预算支出5030万元。完成进出口贸易总额1.4亿元。完成固定资产投资7.47亿元。完成注册外资1371万美元，实际到账外资62万美元。白甸镇获评全国千强镇。

【农业农村发展】 2021年，海安市实现农业总产值5.87亿元，比上年增长15.55%。建立水稻优质高效示范片200公顷，“南粳9108”推广普及率90%。春奎小黄瓜获江苏“好黄瓜”特等奖。推进白甸村、周垛村、傅舍村、施溪村建设乡村振兴示范村、先进村，实施30个项目总投资5550万元，五大类84项建设指标完成率超96%。4个村直接领办新型合作农场，海安润泽家庭农场获评南通市示范家庭农场。3人获评市乡村振兴农业带头人。累计返还村级二、三产税收262万元，所有村集体经营性收入超55万元，其中，白甸村超150万元，傅舍村超200万元。全面完成“政经分离”（村委会和农村股份经济合作社账户分设、资产分管、核算分离），白甸村、傅舍村率先实现按股分红。

2021年白甸镇村（居）基本情况表

表63

村（居）	村（居）委会负责人	村（居）民小组数（个）	耕地面积（公顷）	经营收入（万元）
★白甸村	郭永耕	29	235	151
★傅舍村	赵志宏	15	141	206
刘季村	沈志发	30	350	117
朱于村	张　军	10	177	50
官垛村	沈　军	25	347	85
丁华村	付国华	21	254	57
邹冯村	俞爱娟	20	245	56
周垛村	苏秀平	17	327	79
施溪村	李勇军	25	305	122
瓦甸村	付大忠	12	148	100

说明：村（居）前标★的为村居合一

【工业经济发展】 2021年，白甸镇实现工业总产值29.59亿元，比上年下降18.55%；完成工业开票销售40亿元，比上年下降0.95%。新增规模以上工业企业6家，累计36家。南通科星化工股份有限公司（简称科星化工）获全国企业文化优秀成果一等奖。南通贝思特机械工程有限公司（简称贝思特机械）被认定为海安市质量标兵企业，全市仅11家，白甸首家。南通赫鼎金属制品有限公司成功开辟东欧市场。贝思特机械、欧特（南通）工程机械有限公司、江苏升辉环保工程有限公司分别与安徽江淮汽车集团股份有限公司、山河智能装备股份有限公司、徐州工程机械集团有限公司开展战略合作。江苏正红彩印有限公司行业市场份额大幅提升，年销售额比上年增长40%。南通森马纺织实业有限公司投入千万元购置自动络筒机、细纱机等先进设备。江苏四新界面剂科技有限公司、南通亚威机械制造有限公司在“新四板”挂牌。

【服务业发展】 2021年，白甸镇实现服务业应税销售2.39亿元，比上年下降86.7%。营利性服务业收入1.96元，比上年增长51.63%。江苏龙顺米业有限公司、海安春园家庭农场实现农产品线上销售超100万元。瓦甸小城镇综合体项目、总投资4亿元的西泊田园综合体项目有序推进，青少年教育实践基地及亲子研学项目建设加快，相关功能区基建初具雏形。洪家滩樱桃园酒店对外营业。成功举办第五届甸上好声音大赛。

【科技创新】 2021年，白甸镇完成高新技术产业投资2.96亿元，累计有高新技术企业19家。新增产学研合作项目12个，其中30万元以上项目8个。南通远顺耐纤有限公司被认定为南通市企业工程技术研究中心，与南京航空航天大学签订1000万元合作项目（长寿命高效节能真空绝热板用超细玻璃棉芯材研发及产业化项目），获省国际科技合作项目立项支持。科星化工通过2021年度省级工程技术研究中心验收，与常熟理工学院合作研发国际前沿的金属表面处理技术。引进国家级人才1人，申报5人；引进省“双创计划”人才3人；入选“海陵英才”计划1人。南通恩普热能技术有限公司获海安“拨+投”人才创业项目资助。

【招商引资与项目建设】 2021年，白甸镇签约电动自行车车架生产及整车组装项目和秸秆制草纤维项目，江苏千悦机场设备有限公司、华美包装（南通）有限公司等5个亿元项目落户。储备重特大项目3个、重点亿元项目16个、重要外资项目7个。盘活江苏君越机械科技有限公司等厂房2家，约1.5万平方米。完成2个10亿元项目、3个5亿元项目、2个优质亿元项目的项目预审、项目备案、环评编制、施工图审查等前期准备工作。农业项目取得突破，牧原现代化楼房猪舍投入使用，甸上休闲农业园竣工投产，投资1.2亿元的亚果梦园开工建设，新增龙顺大米加工扩建项目等千万元农业项目4个。工业设备投入5071万元，完成2500万元的设备类开工、竣工项目2个，5000万元的设备类开工、竣工项目1个。

【镇村建设】 2021年，白甸镇推进“多规合一”实用性村庄规划编制工作，完成村庄规划海安市级评审。完成拆旧挂钩14.67公顷，占补平衡11.67公顷，盘活闲置低效用地6宗8.63公顷。推动农村不动产确权登记，受理7210宗，受理率96%，公示6424宗，公示率86%。合理处置7宗欠缴出让金地块，盘活用而不足土地1宗。完成204国道连接线“四好农路+”工程，园区1号路、4号路竣工，“农四路”通居工程、运盐河二桥工程和农村临水道路安保工程稳步推进。完成农村道路亮化工程5.87千米，新安装路灯384盏。取缔非法码头7处，基本完成2家企业码头规范提升工作。完成中俄天然气管道工程清障工作。

【生态建设】 2021年，白甸镇打好污染防治攻坚战，狠抓中央、省环保督察反馈问题的整改落实，发放便民服务卡、设立环境信访公示牌，全力化解群众反映的热点难点信访问题。持续打好“蓝天、碧水、净土”保卫战，PM2.5平均浓度有效压降，空气环境质量稳步提升；全面落实“河长制”，15条生态河道建设有序推进，骨干河道水质常态保持Ⅲ类水平，瓦南河为全市水质自动监测站首个检测出Ⅱ类水质的断面。垃圾分类工作全省放样。强化村庄污水处理设施建设，新建污水主管网3千米，新增6家企业接入主管网，开展1200户分散农户污水治理工程。

【社会事业与民生保障】 2021年，白甸镇实施镇村民生实事项目18个。常态化开展新冠肺炎疫情防控，疫苗首针接种率先完成目标任务，加强针接种有序推进。城乡居民养老、基本医疗保险覆盖率分别为99.5%、98.8%。完成城乡居保转企保550人。重视和关心弱势群体基本生活保障，累计发放低保金177.27万元，投入45万元提档升级怡静阁骨灰堂，完成农村改厕535户。水乡文化影响深远，甸上号子传习所获批江苏省社会教育学习体验基地，海安唯一；白甸镇综合文化服务中心获海安青墩文化奖（集体）；白甸镇侨联小组获评市优秀侨联小组。教育工作成绩突出，97人参加中考，8人被江苏省海安高级中学录取，2人进入该校创新班；白甸镇初级中学综合楼、新宿舍楼竣工使用；白甸镇中心小学获南通市中小学生排球比赛（小学女子组）一等奖。白甸村和谐园获评省最美乡村健身公园。镇卫生

2021年，海安市白甸镇实施“清水工程”，打造“岸清、水绿、河畅、景美”的里下河“水美乡村”。图为3月22日，河道保洁员在打捞水草、垃圾漂浮物

翟慧勇／摄

院主体改扩建工程建成并投入使用，投入300多万元添置16排CT装机和彩超机。高效运行镇域治理现代化指挥中心，排查、处置各类隐患2000余件，化解纠纷521件。继续推进防范电信网络诈骗专项行动，深化社会治安防控体系建设，建成镇村公共法律服务“半小时圈”。有效化解3家企业金融风险问题，全力化解中央环保督查信访积案，维护社会稳定。持续开展“百团进百万企业千万员工”“书记镇长说安全”活动，全年未发生生产安全亡人事故。

【洪家滩“十涝十排”纪念地入选省水利遗产】 洪家滩地处里下河东南边缘溱东凹陷东南边缘，地势低洼，易发生洪涝灾害。1965年入秋以后，先后受涝10次。9月5—7日，洪家滩连续62个小时暴雨，周垛村150.13公顷农田，仅0.93公顷没有被淹，水深超1米的41.87公顷。周垛村家家出动、户户上阵，“十涝十排”创造抗洪夺取丰收的奇迹。《新华日报》连续报道洪家滩抗洪抢险事迹，中央新闻记录电影制片厂专题拍摄《洪家滩保卫战》。70年代，洪家滩进行综合治水，修筑圩堤，建筑涵闸，彻底解决水患问题。2021年8月24日，白甸镇周垛村建成洪家滩精神纪念馆，传承发扬“志壮心雄、迎难而上、战天斗地、敢于胜利”的洪家滩精神。纪念馆总投资50万元，建筑面积200平方米，布展面积150平方米，年接待参观人数约1200人。12月，洪家滩“十涝十排”纪念地入选首批省级水利遗产名录。

【经济社会发展大事】 2021年1月19日，白甸西泊湿地公园（自驾车旅居车营地）项目在白甸镇政府四楼会议室正式签约。项目总投资约5亿元，选址西泊乡村旅游集聚区（官垛村三组），占地面积约66.67公顷，规划建设旅居生活区、帐篷露营区、自驾集散区、综合服务区等，填补海安周边特色住宿的空白。

6月19日，“正红杯”白甸镇第五届甸上好声音歌手大赛决赛在西泊旅游区广场举行。大赛于4月启动，6月12日举行初赛，63人参赛，遴选20人进入决赛。

8月7—8日，白甸镇开展新冠肺炎核酸检测实战演练，全镇设立10个监测点，检测2万多人。

8月24日，洪家滩精神传承馆开馆。

10月8日，南通大学艺术学院海安白甸号子采风基地揭牌仪式在南通大学艺术学院举行，海安白甸号子传承表演者10余人受邀参加活动，其中，李贵章、裴桂荣受聘为南通大学艺术学院南通民间音乐研究所研究员，张宪武、王亚、陈广林、周爱军、颜开虎、周红莲受聘为南通大学艺术学院南通民间音乐研究会会员。

10月，中国中小城市发展指数研究课题组、国信中小城市指数研究院发布“2021年全国千强镇”名单，白甸镇列863位，首次进入榜单。

11月20日，白甸镇商会与启东市合作镇商会缔结友好商会签约仪式在启东市合作镇政府会议室举行。

11月，洪家滩“十涝十排”纪念地入选首批省级水利遗产名录。

（裴桂荣）

2021年白甸镇社会经济主要指标完成情况表

表64

项　目	计量单位	数量	项　目	计量单位	数量
一、基本情况			第二产业	万元	196621
区镇行政区域面积	平方千米	53.05	第三产业	万元	143923
居民委员会数量	个	0	四、农业生产		
村民委员会数量	个	10	农作物播种面积	公顷	4012
耕地灌溉面积（有效灌溉面积）	公顷	2525	其中：粮食作物播种面积	公顷	3244
农业机械总动力	千瓦	29065	市级以上农业龙头企业个数	个	2
二、人口与就业			市级以上农业龙头企业销售收入	万元	7713
年末总户数	户	10668	粮食总产量	吨	25367
年末总人口	人	28128	肉类总产量	吨	12332
区镇从业人员数	人	15137	禽蛋产量	吨	2867
第一产业	人	2982	水产品总产量	吨	3320
第二产业	人	8580	油料总产量	吨	1005
第三产业	人	3575	蔬菜总产量	吨	24235
三、区镇经济			水果（含果用瓜）总产量	吨	2660
地区生产总值	万元	363989	五、企业情况		
第一产业	万元	23445	法人企业数量	个	1034

续表64

项目	计量单位	数量	项目	计量单位	数量
其中：规模以上工业企业	个	42	农民专业合作社数量	个	19
法人企业从业人数	人	12168	农民专业合作社成员数	户	10002
其中：规模以上工业企业	人	3142	学校总数	个	4
六、贸易与投资			在校学生总数	人	802
限额以上社会消费品零售总额	万元	20038	教师总数	人	108
商品交易市场数量	个	2	幼儿园、托儿所个数	个	2
七、财政收入与支出			医疗卫生机构数量	个	14
财政总收入	万元	14117	医疗卫生机构床位数	床	68
其中：一般公共预算收入	万元	7667	执业（助理）医师数	人	38
财政总支出	万元	14419	自来水用水户数	户	10769
其中：一般公共预算支出	万元	5030	城乡居民基本养老保险参保人数	人	6495
八、社会事业			城乡居民基本医疗保险参保人数	人	16074
区镇公路里程	千米	99	城乡居民最低生活保障人数	人	269
金融机构网点数	个	4			

（市统计局）

墩头镇

【概况】 墩头镇地处海安里下河地区，东与海安高新区、大公镇、盐城东台市接壤，南与曲塘镇、南莫镇相连，西北与白甸镇相接。相传唐代薛仁贵征东前屯兵一高土墩上（现墩头庄），并于西大河利用阻水墩设点将台，点将台像土墩之头，故名“墩头”。1986年1月，墩头改乡设镇，2004年7月，仇湖、吉庆两镇并入。墩头镇先后获评全国环境优美乡镇、国家生态示范镇、江苏省卫生镇、江苏省生态文明示范镇、南通市首批市级中心镇、化纤纺织之乡、生态农产品之乡、江苏省“味稻”小镇等。境内景点有白龙寺、联抗烈士陵园等。名人有清末数学家杨冰，全国道德模范、全国优秀共产党员张云泉等。“名特优新产品”有水稻、莲藕、葡萄、西瓜、桃等。2021年，镇域面积115.56平方千米。下辖18个村，年末总户数2.27万户，总人口5.81万人。实现地区生产总值77.71亿元，比上年增长10%。财政总收入2.32亿元，其中一般公共预算收入6916万元；财政总支出2.23亿元，其中一般公共预算支出7547.87万元。固定资产投资12.69亿元。实现外贸进出口总额3.15亿元。完成外资到账289万美元。

2021年墩头镇村（居）基本情况表

表65

村（居）	村（居）委会负责人	村（居）民小组数（个）	耕地面积（公顷）	经营收入（万元）
★墩头村	景　梅	20	276	110
★墩西村	徐海涛	15	223	72
★新海村	朱昌荣	24	386	82
吉庆村	卢　君	20	228	122
墩北村	崔一明	41	555	75
杜楼村	庞爱中	17	289	66
双新村	蒋俊兵	23	234	119
双溪村	周晓健	24	247	57
新舍村	张成刚	41	479	60
东湖村	刘　翔	32	495	58
仇湖村	杨晓林	32	376	115
西湖村	朱德根	21	244	68
禾庄村	李云峰	23	292	62
凤阳村	吴义桂	17	200	56

续表65

村（居）	村（居）委会负责人	村（居）民小组数（个）	耕地面积（公顷）	经营收入（万元）
千步村	朱桂荣	34	376	58
宝祥村	邓荣平	45	526	61
毛庄村	韩德庆	26	373	69
长垎村	邓爱娟	29	305	62

说明：村（居）前标★的为村居合一

【农业生产】 2021年，墩头镇完成农业总产值14亿元，比上年增长9%。新开工亿元以上农业项目1个、千万元以上农业项目4个，新竣工农业项目3个。新增省级示范农场2家、南通市级1家、海安市级7家。升和家庭农场“季烨升和”西瓜获江苏省西瓜好品牌特等奖。宝祥村高标准农田建设项目通过验收，千步村高标准农田建设项目有序推进。乡村振兴示范村仇湖村、先进村墩头村按规划建设。创新推动“渔业+光伏”产业融合发展，打造“水上发电、水下养鱼”的绿色发展模式。

【工业经济发展】 2021年，墩头镇拥有规模以上工业企业57家。实现规模以上工业总产值63.90亿元，比上年增长7.2%。完成工业开票销售62.3亿元，比上年下降9.91%，其中，规模以上企业开票销售49.2亿元，比上年增长17%；亿元以上工业企业开票销售32.7亿元，比上年增长20%。完成技改设备投入6100万元，新增月度规模以上工业企业5家。高技术制造业投资占比68.3%，比上年增长7.6%。南通鑫弘电梯产品有限公司完成入轨工作，沃德丰汽车用品（南通）有限公司与东吴证券签订财务顾问协议。

【服务业发展】 2021年，墩头镇完成服务业一般纳税人应税销售5.76亿元，比上年下降38.03%。营利性服务业收入1799.29亿元，比上年下降74.93%。新培育月度规模以上服务业企业2家、年度1家，批发零售住宿和餐饮类月度规模以上企业3家、年度1家。新开工亿元服务业项目1个、千万元项目1个。乐百年小镇固定翼飞机起降点成功首飞，温泉度假酒店完成外装工程，白龙寺重建工程主体竣工，新四军联抗人物馆正式开放，孝亲疗养院加快建设。举办海安市第八届乡村旅游节暨墩头镇第六届荷花艺术节。

海安市墩头镇发展“渔光互补”模式，建设水面光伏电站。图为2021年4月6日，工人在现场施工　　翟慧勇／摄

【科技创新】 2021年，墩头镇完成全社会研发投入2.13亿元。实现高新技术产业产值11.91亿元，高新技术产业投资8.36亿元，获批国家级高新技术企业5家，海安沃德纤维科技有限公司获评南通市科创型企业。完成产学研合作项目9个，其中100万元项目1个，对接上海、双一流项目5个。申请发明专利46件，新增发明专利授权28件。获批“苏科贷”1100万元，知识产权质押融资2000万元，技术合同备案3.1亿元。引进国家级人才项目申报人选5人，1人入选，实现零突破；引进省“双创人才”申报人选3人，1人入选“海陵英才”计划。

【招商引资与项目建设】 2021年，墩头镇举办各类招商活动16次，签约亿元项目6个。完成新批工商注册外资5650万美元，到账外资289万美元。坚持“优质亿元项目为基础、10亿元项目求突破”的项目建设新格局，重抓项目服务、项目推进和督查考核，确保重大项目快开工、早竣工、快投产。推进建设用地增减挂钩，验收入库31.13公顷，完成占补平衡23.53公顷，表土剥离再利用5.11公顷，盘活低效闲置用地8.73公顷，保障重大项目用地和开工。新开工10亿元项目2个、亿元项目2个。新竣工亿元项目2个。

【镇村建设】 2021年，墩头镇加快编制全镇总体规划和国土空间规划。镇区基础设施功能建设提速，幼儿园完成征地报批，便民服务中心完成施工图设计。推进集镇管理常态长效，新增勾臂箱20处，更换、新增垃圾桶44个。仇湖集镇改造工程方案编制完成，新农贸市场主体竣工。保障群众安全出行，修建通组路5千米，维修破损路面5000多平方米，加装桥梁栏杆200多座，10处内河非法码头全部拆除到位，桥儿港桥、仇湖大桥建成通车。加快配套管网建设，完成古南路1.5千米污水管网及1200户分散式生活污水处理建设。完成成片造林建设4公顷。改造钢闸门51座，疏浚河道3条，拆建闸站25座，培修圩堤5.6千米，实施生态河板桩护坡建设16.8千米、木桩护坡建设3.2千米。

【生态建设】 2021年，墩头镇开展区域水环境治理，仇湖大桥省考断面达优质Ⅲ类水标准。"以河养河"生态保洁实现全覆盖，清洁水面各类漂浮物、水生植物430余吨。拆除河道阻水设施网具1940个，清理违章建筑1处。全面实施生态河打造工程，推进26条二、三级河道建设生态河道。加大扬尘污染管控力度，砂石露天堆放实现全遮盖。大气自动监测站常态化运行，PM2.5浓度和优良天数比例均达全年目标，空气质量居全市前列。建立环境信访问责制度，环境信访比上年下降28.4%。夏秋两季秸秆禁烧全年无火点。

【社会事业与民生保障】 2021年，墩头镇推进教育资源一体化管理，成立小学教育集团。卫生资源不断优化，应急医院开工建设。居家养老服务中心正式投入使用，2家敬老院和4家民办养老机构规范运营。加大居保续缴和社保扩面工作力度，社保扩面新增377人，社保"居转企"967余人。开展新生儿免费疾病筛查、妇女"两癌"筛查2300余人。慈善事业加快发展，18个村均实现慈善基金超40万元。社会救助全面提标，发放城乡低保金362万元、残疾人两项补贴456万元、特殊群体临时救助5万元。深化社区建设，建成"议事协商"示范点2家，72家"邻里乐吧"实体运作。文体活动日益丰富，举办各类文化惠民活动420场。

【经济社会发展大事】 2021年1月23日，墩头镇获评2020年江苏"味稻小镇"，是全市唯一获此殊荣的区镇。

3月13日，墩头镇小学教育集团举行授牌仪式，墩头镇小学教育集团由墩头校区、仇湖校区、吉庆校区和双溪校区组成。

3月27日，"百年传伟业 振兴开新篇"海安农路新征程启动仪式在乐百年小镇举行，发布海安农路"枢纽先锋、五彩农路"品牌。

4月25日，乐百年小镇飞行基地举行首飞仪式。乐百年飞行基地是南通地区首个固定翼飞机起降点，由多弗国际控股集团与龙城飞鹰航空发展有限公司共同投资建设，包含跑道、机库、综合楼等基础设施。

5月，新四军联抗人物馆建成开放，新四军联抗纪念馆获评AAA级旅游景区。

7月，墩头镇"小小宣讲团"创新做法入选"中国共产党在江苏历史展"。党史学习教育活动期间，墩头镇成立"小小宣讲团"，通过"小故事、小物件、小视频"等小角度，以小见大进行党史宣讲。

9月23日，海安市应急医院开工仪式在墩头镇举行。

10月23—30日，以"梦圆水乡·乐聚百年"为主题的中国·海安第八届乡村旅游节暨墩头第六届荷花艺术节在乐百年健康小镇举办。

11月18日，南通富尔达科技有限公司智能门窗生产项目开工奠基仪式在墩头镇现代科技产业园举行，项目占地总面积3.4万平方米，建筑面积7万多平方米，总投资10.8亿元。

12月，墩头镇曹庄战斗纪念馆建成并开放。 （邵婷婷）

2021年墩头镇社会经济主要指标完成情况表

表66

项目	计量单位	数量	项目	计量单位	数量
一、基本情况			三、区镇经济		
区镇行政区域面积	平方千米	115.56	地区生产总值	万元	777111
居民委员会数量	个	0	第一产业	万元	76258
村民委员会数量	个	18	第二产业	万元	385372
耕地灌溉面积（有效灌溉面积）	公顷	6102	第三产业	万元	315481
农业机械总动力	千瓦	65200	四、农业生产		
二、人口与就业			农作物播种面积	公顷	11172
年末总户数	户	22709	其中：粮食作物播种面积	公顷	9206
年末总人口	人	58067	市级以上农业龙头企业个数	个	7
区镇从业人员数	人	32370	市级以上农业龙头企业销售收入	万元	60788
第一产业	人	5583	粮食总产量	吨	72946
第二产业	人	18768	肉类总产量	吨	5159
第三产业	人	8019	禽蛋产量	吨	16598

续表66

项　　目	计量单位	数量	项　　目	计量单位	数量
水产品总产量	吨	7410	八、社会事业		
油料总产量	吨	1451	区镇公路里程	千米	196
蔬菜总产量	吨	64964	金融机构网点数	个	9
水果（含果用瓜）总产量	吨	7818	农民专业合作社数量	个	51
五、企业情况			农民专业合作社成员数	户	16374
法人企业数量	个	968	学校总数	个	7
其中：规模以上工业企业	个	61	在校学生总数	人	1228
法人企业从业人数	人	13584	教师总数	人	211
其中：规模以上工业企业	人	3304	幼儿园、托儿所个数	个	4
六、贸易与投资			医疗卫生机构数量	个	28
限额以上社会消费品零售总额	万元	21023	医疗卫生机构床位数	床	206
商品交易市场数量	个	3	执业（助理）医师数	人	74
七、财政收入与支出			自来水用水户数	户	22393
财政总收入	万元	23238	城乡居民基本养老保险参保人数	人	19892
其中：一般公共预算收入	万元	6916	城乡居民基本医疗保险参保人数	人	43500
财政总支出	万元	22347	城乡居民最低生活保障人数	人	583
其中：一般公共预算支出	万元	7548			

（市统计局）

海安农场

【概况】 海安农场位于海安市区东北，北与东台市富安镇相邻，东、西、南均与大公镇接壤。2021年，海安农场下辖农业管理区2个，居民委员会1个，代管行政村（天鹅村）1个。辖区国有企业有江苏省海安农场有限公司、苏垦农发股份有限公司海安分公司、江苏省大华种业有限公司海安分公司、苏垦农业服务有限公司海安分公司，民营企业有江苏铭安电器有限公司农场基地、南通海林染整有限公司、江苏玉艺扬纺织有限公司、南通1号食品有限公司等。年末总户数902户，总人口2352人，其中，农场402户919人，天鹅村500户1433人。实现区域国民生产总值1.44亿元，营业收入11.39亿元，其中国有营业收入386万元；实现国有净利润88万元。

【产业发展】 2021年，海安农场聚力培育主导产业，建设高效农业园，项目计划占地面积15.33公顷，以葡萄种植和麦稻粮食作物种植为主，年内投资150万元建设2公顷的大棚葡萄园。盘活存量土地资源，加大租金清缴力度，收取各类土地房屋租金60万元。适时更新林地品种，出售林苗12.3万元。苏垦农发海安分公司采取完善业绩考核机制、严格执行内控制度、健全质控体系等措施，实现粮食总产1.01万吨，水稻单产0.63吨。苏垦农服海安分公司稳定拓展客户，提升技术服务，完成销售额3005万元，实现利润100万元。凯惠海安项目部在做好场域内电力服务基础上向外拓展业务，承接造价320万元的滨海新区配电工程，争取海安市供电公司农网线路设施运维费用36万余元。

【社会事业与民生保障】 2021年，海安农场救助困难职工居民123人次，发放救助金11.86万元；发放低保对象、失独家庭、重残人员救助金17.7万元；为优抚对象24人发放优抚金22万余元；为80周岁以上老人207人发放尊老金14.9万元；常态化帮扶对象6户，帮扶资金1.62万元；慰问党员34人次1.91万元。推进小城镇建设提档升级，投入948万元实施集镇区污水管网、垃圾场升级改造、进场标志牌以及部分生产区道路硬质化等惠民工程。推行“垃圾不落地”环境工程，在居民区投放垃圾桶400个。召开第七届居民委员会居民代表第一次会议。全面实施文明殡葬整治行动，争取地方文明殡葬改革经费3万多元。持续开展慈善募捐活动，募集善款4.58万元。建好“退役军人之家”，做好现役和退役军人服务工作。

（丁丽萍）

海安好人馆

人物　荣誉

新任市领导

于立忠

海安市委书记，海安经济技术开发区党工委书记。

1971年2月生，江苏南通人。1994年8月参加工作，1992年6月加入中国共产党。大学学历，硕士学位。1990年9月，江苏农学院作物栽培专业大学学习；1994年8月，港闸区幸福乡政府办工作人员；1995年12月，港闸区幸福乡保桥村党支部书记、经济合作社社长；1996年2月，港闸区幸福乡副乡长；1997年5月，共青团港闸区委书记；1998年7月，港闸区财贸局局长；2001年10月，港闸区财贸局局长，计经委党组成员、副主任；2001年11月，港闸区财贸局局长，计经委副主任，供销总社党组书记、主任；2003年2月，港闸区政府法制办主任；2003年3月，港闸区政府党组成员、政府办主任、法制办主任；2005年1月，港闸区秦灶镇党委书记、港闸经济开发区管委会副主任、东区管委会常务副主任；2005年8月，港闸区秦灶街道党工委书记、港闸经济开发区管委会副主任、东区管委会常务副主任；2007年11月，如东县政府副县长；2008年1月，如东县政府副县长、党组成员（其间：2008年1月至2010年12月，扬州大学农业推广专业学习并取得硕士学位）；2011年6月，如东县委委员，县政府副县长、党组成员；2012年1月，如东县委常委、县政府副县长、党组成员；2012年3月，如东县委常委、政法委书记；2015年4月，如东县委常委，洋口港经济开发区党工委书记；2016年7月，如东县委常委，县政府常务副县长、党组副书记，洋口港经济开发区党工委书记；2017年9月，海安县委副书记，县政府党组书记、副县长、代县长；2018年1月，海安县委副书记，县政府县长、党组书记；2018年6月，海安市委副书记，市政府市长、党组书记；2021年1月，海安市委书记；2021年6月，海安市委书记，海安经济技术开发区党工委书记。

江苏省第十三届人大代表；南通市第十五届人大代表。

谭　真

海安市委副书记，市政府市长。

1984年5月生，江苏建湖人。2006年8月参加工作，2004年7月加入中国共产党。省委党校研究生学历。2002年9月，南通大学电气工程学院电气工程及其自动化专业大学学习；2006年8月，如皋港经济开发区党政办公室工作人员、团工委副书记；2007年8月，共青团如皋市委副书记；2007年11月，如皋经济开发区党工委委员、管委会副主任；2007年12月，共青团如皋市委书记、党组书记；2009年12月，如皋市石庄镇党委副书记、镇长（其间：2010年3月至2010年7月、2010年11月至2010年12月，主持镇党委工作；2007年9月至2010年6月，江苏省委党校党的学说与党的建设专业研究生学习并毕业）；2010年12月，如皋市石庄镇党委书记、镇长、人大主席（其间：2011年6月，如皋市委候补委员）；2011年12月，如皋市石庄镇党委书记；2012年9月，共青团南通市委副书记、党组成员，如皋市石庄镇党委书记；2012年10月，共青团南通市委副书记、党组成员（其间：2010年3月至2013年3月，东南大学公共管理专业学习并取得硕士学位；2013年10月至2014年9月，共青团中央学校中学处副处长）；2016年11月，崇川区副区长；2017年2月，崇川区副区长、党组成员；2020年1月，崇川区委常委，区政府党组副书记、副区长，开发区党工委书记、三级调研员；2020年5月，崇川区委常委，区政府党组副书记、副区长，三级调研员；2020年7月，崇川区委常委，区政府筹备组副组长，三级调研员；2020年8月，崇川区委常委，区政府党组副书记、筹备组副组长，三级调研员；2020年9月，崇川区委常委，区政府党组副书记、副区长，三级调研员；2021年1月，海安市委副书记，市政府市长。

共青团第十六届全国代表大会代表；南通市第十次党代会代表。

严长江

海安市委常委，市政府常务副市长。

1974年1月生，江苏海安人。1994年7月参加工作，1993年8月加入中国共产党。省委党校研究生学历。1994年7月，海安县青萍乡团委书记；1996年10月，海安县李庄乡纪检委员、纪委副书记兼联合村党支部书记（其间：1994年9月至1997年7月，中央党校经济管理专业大专学习并毕业）；1998年12月，海安县胡集镇组织委员；2001年12月，海安县双楼镇党委副书记、纪委书记（其间：2001年9月至2004年7月，江苏省委党校经管专业大学学习并毕业）；2004年8月，海安县曲塘镇党委副书记、纪委书记；2006年3月，海安县白甸镇党委副书记、镇长；2007年11月，海安县曲塘镇党委副书记、镇长；2009年6月，海安县曲塘镇党委书记（其间：2007年9月至2010年7月，江苏省委党校党的学说与党的建设研究生学习并毕业）；2011年3月，海安县政府办公室主任，县行政服务中心党组书记、主任；2013年4月，海安县政府办公室主任、县行政服务中心党组书记；2014年1月，海安县委办公室主任；2014年8月，海安县政府副县长、党组成员，县委办公室主任；2014年12月，海安县政府副县长、党组成员；2016年7月，海安县委常委，县政府副县长、党组成员；2016年8月，海安县委常委、宣传部部长，县政府副县长、党组成员；2017年1月，海安县委常委、宣传部部长；2018年6月，海安市委常委、宣传部部长；2019年2月，海安市委常委、海安经济技术开发区党工委常务副书记；2019年3月，海安市委常委、海安经济技术开发区党工委常务副书记，城东镇党委书记；2021年7月，海安市委常委，市政府常务副市长。

南通市第十二次党代会代表。

郝三旺

海安市委常委、市政府副市长。

1978年4月生，陕西富平人。1999年8月参加工作，1998年12月加入中国共产党。省委党校研究生学历。1997年9月，西安公路交通大学文秘专业大专学习；1999年8月，海门市公路管理站工作人员；2002年1月，海门市政府无线电管理办公室秘书；2002年6月，海门市政府办公室秘书；2002年12月，海门市政府办公室综合一科副科长；2004年2月，海门市政府办公室综合一科科长；2005年1月，南通市委办公室（研究室）工作人员（其间：2003年8月至2005年12月，中央党校经济管理专业大学学习并毕业）；2006年12月，南通市委办公室（研究室）副科级秘书；2008年7月，南通市委办公室综合一处副处长；2011年12月，南通市委办公室综合二处处长（其间：2010年9月至2013年7月，江苏省委党校经济管理专业研究生学习并毕业）；2016年5月，南通市委办公室副主任；2017年11月，南通市发展改革委党组成员、副主任；2020年9月，南通市发展改革委党组成员、副主任，海安市委常委（挂职）；2021年7月，海安市委常委、市政府副市长。

卢　林

海安市委常委、宣传部部长。

1985年8月生，安徽广德人。2007年7月参加工作，2004年12月入党。研究生学历。2003年9月，河海大学机电工程学院工业设计专业大学学习；2007年7月，海安县海安镇工作人员；2008年10月，海安县海安镇团委书记（其间：2009年3月至2009年10月，海安县委组织部干部科借用）；2009年10月，海安县委组织部干部科科员；2011年5月，海安县委组织部干部一科副科长、县远程办副主任（其间：2011年6月至2012年1月，南通市委组织部办公室借用；2012年1月至2012年8月，挂职崇川区虹桥街道党工委副书记）；2012年6月，崇川区委组织部科员；2012年8月，共青团崇川区委书记（其间：2013年9月至2015年12月，南京师范大学公共管理专业研究生学习并毕业）；2014年6月，共青团崇川区委书记，南通园博园（滨江公园）管理处主任、党支部书记；2015年8月，崇川区虹桥街道党工委副书记、办事处主任；2017年2月，崇川区任港街道党工委副书记、办事处主任；2017年8月，共青团南通市委员会副书记、党组成员（其间：2020年6月至2020年9月，挂职通州区政府副区长）；2020年9月，海安市政府副市长、党组成员，市红十字会会长；2021年7月，海安市委常委、宣传部部长。

南通市第十一届政协委员。

张勇华

海安市委常委、开发区党工委副书记、城东镇党委书记。

1976年11月生，江苏海安人。1999年9月参加工作，1999年6月加入中国共产党。省委党校研究生学历。1996年9月，江苏司法学校法学专业大专学习；1999年9月，海安县李堡镇工作人员、定职丁所村团支部书记（其间：2002年8月，挂职杨庄村党支部副书记）；2003年3月，海安县角斜镇科技副镇长（其间：2001年9月至2003年12月，江苏省委党校法律专业大学学习并毕业）；2005年3月，海安县角斜镇镇长助理；2006年5月，海安县老坝港镇副镇长；2007年11月，海安县海安镇副镇长（其间：2009年6月至2009年9月，挂职上海市杨浦区延吉街道办事处副主任）；2010年11月，海安县海安镇党委副书记；2011年3月，海安县胡集镇党委副书记、镇长，海安工业园区党工委副书记、管委会副主任；2011年10月，海安高新区党工委副书记、管委会副主任，海安镇党委副书记（正科职）；2012年3月，海安高新区党工委副书记、管委会常务副主任，海安镇党委副书记（正科职）（其间：2010年9月至2013年7月，江苏省委党校政治经济学专业研究生学习并毕业）；2014年2月，海安高新区党工委副书记、管委会主任，海安镇党委副书记、镇长；2016年1月，海安高新区党工委副书记、管委会主任，中城街道、南城街道、北城街道、西城街道党工委副书记、办事处主任（其间：2014年2月至2016年7月，江苏警官学院法学专业大学学习并毕业）；2017年4月，海安高新区党工委书记；2019年11月，海安高新区党工委书记（副处职）；2021年7月，海安市委常委，海安开发区党工委副书记、城东镇党委书记。

陈兴俊

海安市人大常委会副主任、党组成员。

1969年5月生，江苏海安人。1991年8月参加工作，1991年5月加入中国共产党。大学学历。1987年9月，苏州大学物理系物理教育专业学习；1991年8月，海安县海陵职业中学教师、团委书记；1997年1月，海安县委组织部办事员；1999年5月，海安县委组织部组织员；2000年12月，海安县委组织部副科级组织员；2001年12月，海安县委组织部干部科副科长、副科级组织员；2005年11月，海安县委组织部组织科科长、副科级组织员；2006年3月，海安县委组织部组织科科长、党联办副主任；2007年4月，海安县委组织部部长助理、党联办副主任；2008年9月，海安县委组织部副部长、党联办副主任；2010年8月，海安县委组织部副部长、党联办主任；2014年12月，海安县政府办公室主任；2017年2月，海安县委办公室主任；2017年12月，海安县委办公室主任、改革办主任；2018年6月，海安市委办公室主任、改革办主任；2019年2月，海安市委办公室主任、改革办主任、研究室主任、机要局局长，市国家保密局局长、档案局局长；2020年6月，海安市委办公室主任、改革办主任、研究室主任、机要局局长，市国家保密局局长、档案局局长，一级主任科员；2021年1月，海安市人大常委会副主任、党组成员，市委办公室主任、改革办主任、研究室主任、机要局局长，市国家保密局局长、档案局局长；2021年3月，海安市人大常委会副主任、党组成员。

周小军

海安市政府副市长，市发展改革委主任、党组书记，市粮食和物资储备局局长，市工业和信息化局局长，市政协常务委员会委员。

1977年4月生，江苏海安人。1996年8月参加工作，1995年12月加入中国共产党。省委党校研究生学历。1993年9月，江苏省人口学校计划生育管理专业学习并毕业；1996年8月，海安县双楼镇计生办工作人员；1998年1月，海安县双楼镇计生助理（其间：1998年8月至2000年12月，中央党校函授学院经济管理专业学习并毕业）；2002年7月，海安县纪委监察局纪检监察员；2006年3月，海安县城东镇副镇长；2007年3月，海安县曲塘镇党委副书记、纪委书记；2007年10月，共青团海安县委书记；2009年3月，海安县孙庄镇党委副书记、镇长，海安工业园区党委副书记、管委会副主任；2010年11月，海安县白甸镇党委书记、人大主席（其间：2008年9月至2011年7月，江苏省委党校函授学院区域经济学专业研究生学习并毕业）；2012年1月，海安县白甸镇党委书记；2014年12月，海安县委组织部副部长（正科职）；2016年11月，海安县委组织部副部长、“两新”工委书记；2017年1月，海安县委组织部副部长、两新工委书记，县政协常务委员会委员；2018年6月，海安市委组织部副部长、两新工委书记，市政协常务委员会委员；2018年7月，海安市总工会主席、党组副书记，市政协常务委员会委员；2018年10月，海安市总工会主席、党组副书记，江苏海安商贸物流产业园党工委副书记、管委会主任，市政协常务委员会委员；2020年2月，海安市发展改革委主任、党组书记，市粮食和物资储备局局长、工业和信息化局局长，市大数据中心党组书记，市政协常务委员会委员；2020年5月，海安市发展改革委主任、党组书记，市粮食和物资储备局局长、工业和信息化局局长，市政协常务委员会委员；2020年6月，海安市发展改革委主任、党组书记，市粮食和物资储备局局长、工业和信息化局局长，市政协常务委员会委员，一级主任科员；2021年8月，海安市政府副市长，市发展和改革委员会主任、党组书记，市粮食和物资储备局局长、工业和信息化局局长，市政协常务委员会委员。

孙　康

海安市政府副市长、党组成员，市委政法委副书记，市公安局党委书记、局长、督察长。

1977年6月生，江苏如皋人。1997年12月参加工作，2001年9月加入中国共产党。大学学历。1994年9月，南京高等金融专科学校金融专业中专学习；1997年1月，自由职业；1997年12月，如皋市公安局柴湾派出所工作人员（其间：1997年9月至2004年12月，江苏省委党校经济管理专业大专学习并毕业）；2004年5月，如皋市公安局柴湾派出所副所长（其间：2002年8月至2004年12月，中央党校法律专业大学学习并毕业）；2005年6月，如皋市公安局柴湾派出所所长；2006年12月，如皋市柴湾镇党委副书记、柴湾派出所所长；2009年1月，如皋市公安局九华中心派出所教导员；2009年12月，如皋市公安局九华中心派出所所长；2010年12月，如皋市九华镇党委副书记、九华中心派出所所长；2014年12月，如皋市九华镇党委副书记、镇长（其间：2012年9月至2017年6月，北京大学法学专业大学学习并毕业）；2020年1月，如皋市江安镇党委书记；2021年5月，海安市政府副市长、党组成员；2021年6月，海安市政府副市长、党组成员，市委政法委副书记，市公安局党委书记、局长、督察长。

曹　铖

海安市政府副市长、党组成员，市红十字会会长。

1986年5月生，江苏南通人。2008年8月参加工作，2006年12月加入中国共产党。研究生学历。2004年9月，南京农业大学资源环境与城乡规划管理专业大学学习；2008年8月，南通市规划局通州分局规划服务中心工作人员；2009年8月，南通高新区规划局工作人员；2009年12月，南通高新区团工委书记；2012年2月，南通高新区党群工作局局长（其间：2013年9月至2021年6月，南京农业大学公共管理专业研究生学习并毕业）；2014年12月，南通高新区党群工作局副局长（机构升格）；2015年10月，共青团通州区委副书记、党组成员；2017年3月，共青团通州区委书记、党组书记；2019年2月，共青团通州区委书记、党组书记，东社镇党委副书记、镇长；2019年10月，通州区东社镇党委副书记、镇长；2020年9月，通州区东社镇党委书记；2021年5月，海安市政府副市长、党组成员；2021年7月，海安市政府副市长、党组成员、市红十字会会长。

卢忠平

海安市政协党组副书记、副主席，三级调研员。

1966年10月生，江苏海安人。1986年7月参加工作，1997年10月加入中国共产党。中央党校大学学历。1984年9月，江苏省税务学校统计专业学习并毕业；1986年7月，海安县统计局工作人员；1994年12月，海安县统计局综合股股长；1997年10月，海安县委办公室工作人员；1998年12月，海安县委办公室信息调研科副科长；2000年12月，海安县委办公室督促检查科科长、副科级秘书；2002年3月，海安县委办公室主任助理；2003年3月，海安县委办公室副主任；2004年8月，海安县南莫镇党委书记、人大主席；2006年3月，海安县南莫镇党委书记；2007年3月，海安县海安镇党委副书记、镇长；2008年5月，海安县海安镇党委书记；2008年9月，海安县海安镇党委书记，海安工业园区党工委书记、管委会主任；2009年3月，海安县海安镇党委书记，胡集镇党委书记，孙庄镇党委书记，海安工业园区党工委书记、管委会主任（其间：2009年6月明确副处级）；2011年3月，海安工业园区党工委书记、管委会主任，海安镇党委书记；2011年10月，海安高新区党工委书记、海安镇党委书记；2012年3月，海安县政府副县长、党组成员（其间：2015年12月至2016年1月兼任海安县市场监督管理局局长、党委书记）；2016年7月，海安县委常委，县政府副县长、党组成员；2018年6月，海安市委常委，市政府副市长、党组成员；2020年1月，海安市委常委，市政府副市长、党组成员，三级调研员；2020年9月，海安市委常委，市政府党组成员，三级调研员；2020年11月，海安市政府党组成员，三级调研员；2021年1月，海安市政府党组成员，市政协党组副书记、副主席，三级调研员；2021年8月，海安市政协党组副书记、副主席，三级调研员。

朱　斌

海安市政协党组成员。

1964年8月生，江苏如皋人。1981年7月参加工作，1989年10月加入中国共产党。中央党校大学学历。1981年7月，海安县轻工机械刀片厂团支部书记、助理工程师；1990年7月，海安县纪委监察局纪检监察员；1998年3月，海安县纪委监察局办公室副主任；2000年5月，海安县纪委监察局办公室副主任、副科级纪检监察员；2001年10月，海安县纪委监察局信访室副主任、副科级纪检监察员；2003年8月，海安县纪委监察局干部室主任；2005年5月，海安县纪委监察局执法室主任、纪委常委；2007年4月，海安县纪委执法室主任、纪委常委、监察局副局长；2007年11月，海安县纪委常委、监察局副局长；2008年12月，海安县纪委副书记、监察局副局长；2010年9月，海安县纪委副书记、监察局局长；2018年3月，海安县纪委副书记、监委副主任；2018年6月，海安市纪委副书记、监委副主任；2020年3月，海安市经济技术开发区党工委委员、纪工委书记；2021年11月，海安市政协党组成员。

院士风采

万宝年

中国科学院院士。

1962年6月生，江苏海安人。1978年9月至1982年7月，在扬州师范学院物理系学习，获理学学士学位；1982年8月至1985年7月，在中国科学院等离子体物理研究所等离子体物理专业学习，获理学硕士学位；1985年8月至1987年8月，在中国科学院等离子体物理所等离子体物理专业攻读博士学位；1988年4月至1991年9月，在德国维尔茨堡大学物理系激光物理和气体动力学专业，获理学博士学位；1993年6月至1996年9月，任中国科学院等离子体物理研究所副研究员；1996年10月至2005年2月，分别担任中国科学院等离子体物理研究所研究员、托卡马克物理实验室主任等职；2005年3月起，任中国科学院等离子体物理研究所所长。他长期从事等离子体物理诊断和实验研究，在HT-7超导托卡马克物理实验中获系列重大成果，带领实验团队在高性能、稳态、长脉冲等离子体研究方面取得多项原创性成果，发表论文50余篇。曾获安徽省科技进步一等奖、中科院科技进步二等奖。2021年，当选为中国科学院数学物理学部院士。

刘加平

中国工程院院士。

1967年1月生，江苏海安人。东南大学首席教授，土木工程材料专家，混凝土收缩裂缝控制和超高性能化领域的学术带头人。1986年至1990年，在重庆建筑工程学院建筑材料及制品专业（现重庆大学材料学院建材系）学习；1992年至1995年，在东南大学学习，获硕士学位；2005年至2008年，在南京工业大学材料学专业学习，获博士学位。他长期致力于“收缩裂缝控制”“超高性能化”两个核心领域的研究，创新超高性能混凝土技术，建立减缩抗裂、力学性能提升和流变性能调控3个关键技术群，发明系列功能材料，成功应用于港珠澳大桥等110余项重大工程。以第一发明人获授权发明专利91件、国际专利14件，发表SCI（科学引文索引）、EI（工程索引）收录论文258篇，主、参编标准或规程22项。成果获国家技术发明二等奖1个、国家科技进步二等奖4个。突破收缩裂缝控制的国际难题，引领超高性能混凝土的工程化应用，为土木工程建设做出贡献。2021年，当选为中国工程院土木、水利与建筑工程学部院士。

先进人物

王　健

全国残疾人工作先进个人。

1980年3月生，江苏海安人。1999年9月参加工作，2003年7月加入中国共产党。在职研究生学历。1994年7月，上海水产学校航海驾驶专业学习（其间：1996年10月至1998年12月，上海复旦大学计算机信息管理专业大专学习）。1999年4月，海安县南莫镇水产站技术员。1999年9月，海安县白甸镇水产站技术员。2003年6月，海安县曲塘镇工业岗位。2004年11月，海安县曲塘镇工业、科技、安全助理（其间：2003年8月至2005年12月，中央党校法律专业本科学习）。2007年10月，共青团海安县委副书记。2008年5月，共青团海安县委副书记、县政府驻浙江招商局局长。2010年8月，共青团海安县委书记、县政府驻浙江招商局局长。2010年11月，共青团海安县委书记（其间：2012年5月至2012年11月，挂职海安县高新区党工委副书记、管委会副主任）。2012年11月，海安县民政局党委书记（其间：2012年6月至2015年7月，江苏省委党校中共党史专业研究生学习）。2016年1月，海安县残联党组书记、理事长。2018年6月，海安市残联党组书记、理事长。

王健任海安市残联党组书记、理事长期间，始终恪守“人道、廉洁、服务、奉献”职业道德，爱岗敬业、甘于奉献，以细致入微的工作态度、务实创新的工作作风，带领全市残联系统干部为残疾人做好事、办实事、解难题。作为县级残联主要负责人，他将残疾人脱贫攻坚作为一项重大政治责任扛在肩上，带领残联系统党员干部团结奋战、攻坚克难、精准发力，打赢残疾人脱贫攻坚战。“十三五”末，全市2253户建档立卡低收入残疾人家庭全部脱贫，1300多名残疾人被纳入最低生活保障范围，全面落实成年无业重度残疾人按“单人户”纳入低保，残疾人共奔小康目标如期实现。

王健带领残联党员干部坚持以人为本，问题导向，横向发力，苦练内功，着力提升残联组织服务“软实力”，真正起到“康复一人，造福一家，和谐一方”的积极作用。他以改革创新为动力，以残疾群众满意为根本标准，在残疾评定、残疾人证管理、康复机构管理、辅助器具适配、托养服务等方面，创新方法手段，优化简化流程，为残疾人提供规范化、便捷化服务，提高资金使用绩效，赢得残疾人一致好评。他在全省残联系统率先推进信息化建设，构建“以残疾人为中心”的智慧数据信息平台，开发贴近实际工作和便于数据整合的信息系统，实现基层工作人员“一网通办”，残疾人服务管理“一库通管”，打通服务群众“最后一公里”。

王健密切联系群众，尽心尽力为残疾人解决实际困难，每年为残疾人解决生活、就业等各类问题80多件。他办事公正严明，积极推动全市残疾人集中就业企业专项整治，规范集中就业企业的用工行为，切实发挥税收政策促进残疾人就业的作用，保障残疾人合法权益。

2021年7月，王健被国务院残疾人工作委员会表彰为全国残疾人工作先进个人。

王益娟

全国公安机关成绩突出女民警。

女，1988年10月生，江苏海安人。2010年8月，参加公安工作；2016年11月，加入中国共产党。大学本科学历。扎根社区11年间，王益娟创新模式，组织辅警、网格员、平安法治志愿者开展组团式服务管理，实现群防群治“零死角”；倾力服务，打造“幸福海陵”智慧警务区，实现基层治理“大平安”；借助“智慧警务”平台不断创新工作方法，被称为社区里的“智慧管家”。先后被表彰为江苏省“最美巾帼奋斗者”“五一巾帼标兵”，南通市“社区民警标兵”“双带型党员标兵”“十大平安卫士”，立个人三等功3次，获嘉奖8次。

王益娟主动作为，打造“幸福海陵警民守望”警务特色品牌。2017年起，她在海陵公园广场“搭台唱戏”，和同事自编自演小品《马扁子健康讲座》等文艺节目，常态化开展“幸福海陵 警民守望”警民共治联防宣传活动。海陵公园广场也因此被命名为海安市首个警民守望广场。她还根据各小区、商圈的特点开设警民守望联系点，定期开展活动。以“幸福海陵 警民守望”为蓝本的“幸福村居·警民广场”警务活动在海安遍地开花，丰富多彩的自我推荐活动得到群众的认可，成为深受百姓欢迎的警务特色品牌。

王益娟心系百姓，倾力搭建温馨睦邻“心桥梁”。在日常走访过程中，她主动为群众提供居住证办理、证件代取等“跑腿”服务，让群众办事“最多跑一趟”简化为“不用跑”。考虑到小区里入户走访经常遇不到人的情况，王益娟率先在海陵社区的小区住宅、商铺等试点安装二维码门牌2000余个，通过“i社区”移动警务平台与群众实现双向互采互知，邀请群众和她预约上门时间。她还采取错时工作制，利用下班高峰期、周末时间段，在小区、广场等人员较集中的区域摆摊设点，与更多的群众接触，警民熟悉度不断提升。

王益娟敢想敢做，着力打造社区智慧管理“新模式”。2018年起，她在海陵社区核心商业区倾力打造“幸福海陵”智慧警务区，联合社区干部、物业、城管、市场监管等多元力量，充分发挥各主体人熟、地熟、事熟的优势，以街面巡逻为载体，及时发现、介入纠纷源头，快速调解，形成“五位一体”纠纷溯源快处模式。她将商圈内相邻商户串联成组，十铺一联盟，轮流值班，相互照应，形成“十户联盟、百店联动、千人联防、人人参与”的群防群治格局。海陵核心商业区的矛盾纠纷类警情比上年下降13.5%，街面商铺的刑事发案率比上年下降6.7%，逐步形成“数据智采、巡调一体、警格联动、多元共治”的智慧警务模式，开辟了融合共治的社区警务管理工作新局面。

王益娟勇于创新，升级平安工程走出区域治理“新路子”。2018年，借助海安市委政法委推进网格化社区治理的机遇，她积极探索“警格+网格”双网融合模式，通过集中采集、动态更新、共享共用等工作机制，实现网格内“人、地、事、物、组织”等各类信息数据“全面、准确、鲜活、有效”，为社会治理精准化、服务管理精细化提供基础支撑。2020年7月，她立足实际、创新发展、先行先试，以海陵警务室为试点，打造“王益娟平安前哨工作站”，实行警务工作与网格工作捆绑作业，累计排查治安、安全隐患近百余处。相关经验做法在全省平安前哨工程建设现场部署会上推广。

2021年3月，被公安部、全国妇联表彰为全国公安机关成绩突出女民警。

肖　峰

全国公安系统二级英雄模范。

1968年1月生，江苏海安人。中共党员。大学本科学历。1989年8月，参加公安工作；2001年9月，调任海安看守所所长。担任看守所所长20年间，肖峰坚持“以人为本、科学筹划、文化引领、信息支撑、规范执法、精细管理”管理理念，在他的带领下，看守所多次获评监管领域全国性荣誉，连续18年获评“一级看守所”，4次荣立集体二等功，先后获评全国公安监管部门执法规范化建设示范单位、全国看守所管理机制创新先进单位、全国公安监管部门监管信息技术应用示范单位、全省安全文明示范监所等。

自我革命，他是打破监所高墙的第一人。肖峰在全国率先探索实施“监所管理公开”，每个监室都在公示栏张贴“权利告知”“投诉规定”等18项公开内容，监管民警该做什么、做到什么样、在押人员享有哪些权利、考核积分情况等等，全都一目了然。成立在押人员民主监督委员会，创建在押人员家属、律师微信群，将在押人员的一切表扬奖励、保外就医等敏感执法环节的推荐权、考核权、监督权都交给在押人员自己，家属或律师要想了解在押人员的改造表现和生活，只需点开在押人员家属、律师微信群，就可随时查看。实行执法内容全公开、执法行为全公开、执法监督全公开，看守所领导无权参与、影响和干预民警执法。同时，他主动接受全体民警和在押人员对自己工作的监督，所内一切重大决策公开透明，看守所的钱用在哪里，全体民警有知情权。

真情感化，他是唤醒迷途灵魂的工程师。“人权保障、人格尊重、人性重塑、人文关怀”，是肖峰在多年监管工作实践中总结出的对在押人员实施人性化管理的全新理念。每天，他都深入监室与在押人员交心、嘘寒问暖，及时答复在押人员提出的合理要求和建议。他在全省率先推行医疗卫生专业化运作模式，定期为在押人员开展健康检查，充分保障在押人员的合法权益；他为在押人员开设“零利润”超市，安装监室电视、空调、太阳能以及电热水器，有效改善在押人员的生活条件；他亲自过问在押人员的一日三餐，在食品采购、材料清洗、烹饪蒸煮、仓库保管等环节上做到常检查、常监督，要求食堂按季节及气候变化及时制订营养食谱，为少数民族和年老体弱人员提供特殊饮食；为减轻外地罪犯家属负担，他在全省首开亲情网络视频会见的先河；为增强在押人员体质和丰富在押人员文化生活，他组织在押人员每天跑健身操，每周开展文体竞赛，每月进行书法、征文、手抄报比赛和读书交流，营造健康向上、和谐有序的改造氛围。

以身为范，他是始终干在前列的“领头雁”。肖峰坚持每天第一个到看守所上班，上班的第一件事就是了解前一日监室安全情况，再将所有监室巡查一遍，然后再回放监控检查民警工作质态和监室秩序，最后召集晨会听取各岗位民警工作汇报、总结部署当天工作。每天傍晚民警们下班了，在押人员吃完晚餐休息了，他叮嘱完值班民警后才下班回家。这样的工作模式即便是周末、节庆长假也不例外。每年除夕夜，他都在所里与值班监管民警和在押人员一起度过，这么多年，没休过公休假，下班也永远保持待命状态，只要一接到看守所值班民警的电话报告，无论什么时候他都立即奔到看守所，直至将每一起意外和突发事件处理完成才放心。

誓守疫线，他是向“疫”而行的“急先锋”。抗击疫情关键时刻，肖峰带头冲锋监区抗疫一线，连续120多天封闭在所没有回家。他知重负重、担当作为，严格抓好监所疫情防控、安全管理和生活保障，与在押人员交流谈话2200余人次，解决合理需求180余起，确保疫情零感染和监所零事故。有序组织恢复常态规范管理和现场讯问会见，配合市人民法院在办公区建立支云科技法庭。疫情期间，无一在押人员超期羁押、无一起影响正常刑事诉讼的案件。

2003年12月，肖峰获评南通市严打整治斗争先进个人。2005年1月，立个人三等功。2006年12月，获评全国公安监管场所优秀所长。2010年12月，立个人二等功。2011年12月，获评全国公安监管部门信息技术应用先进个人。2015年2月，当选“海安十大法治人物”，并记个人三等功。是年9月，再次立个人三等功。2017年5月，获评南通市先进工作者。2018年2月，获评“江苏好人”。2019年4月，获评“中国好人”。是年5月，获评“全省公安监管系统排头兵”。2021年6月，被公安部授予“全国公安系统二级英雄模范”称号。

周 卫

全国县域农业农村信息化发展水平评价工作先进个人。

1963年10月生，江苏海安人。1985年，毕业于南京工学院（现东南大学）计算机科学与工程系，获工学学士学位。同年，考入该校新成立的生物医学工程系就读，研究方向为计算机视觉与神经网络。1988年毕业，获工学硕士学位。此后，先后就职于南京医学院（现南京医科大学）、南京黎明电子科技公司、深圳金科网络工程公司，从事教学、科研和软件开发等工作。2006年5月回到家乡，就职于海安县农牧渔业局（现海安市农业农村局），从事农业信息化工作。其结合自身在计算机软件和网络方面的专业知识和经验，全面研究农业信息化工作，先后在省级以上学术刊物上发表专业文章5篇。2014年，获评电子信息高级工程师。2017年，被省农业信息中心聘用为“12316”信息服务专家。

周卫长期深入基层为涉农主体提供信息服务，主要负责网站信息维护、“12316”惠农短信发布、农业物联网技术应用推广和农产品电子商务。组织实施省级农业物联网、智能农业和农产品电商项目10多个，主持和参与“四电合一”农业信息综合平台、“12316”三农热线工作站、智慧园区管理平台、智能农业与物联网应用示范点、信息进村入户（益农信息社）、“互联网+”农产品出村进城、寻味海安和透明农场等项目建设。采取上门指导和集中培训等方式，组织开展农产品电商培训16场次，累计培训2500多人次，并受邀至泰兴、如皋等地开展电商培训，发展农产品电商200多家，做大做强40多家。

2013年，周卫被省农业委员会表彰为农业信息工作先进个人；2011—2017年，先后被省农业信息中心表彰为优秀信息员4次；2017年，被农业部信息中心表彰为“12316”最受农民欢迎的优秀信息员。累计获省科学技术进步奖四等奖1次（第二完成人），省农业技术推广奖二等奖1次（第八完成人），南通市农业技术推广奖三等奖2次（第一完成人）。

2021年，周卫被农业农村部信息中心表彰为全国县域农业农村信息化发展水平评价工作先进个人。

陆 华

首批全国农机使用一线“土专家”，

全国粮食生产先进个人（粮食生产者）。

1981年11月生，江苏海安人。中共党员。2000年，海安农业机械化学校毕业后，先后在原海安县吉庆农机站、墩头农机站工作，从事农业机械修理。他勤学善思，很快成为远近闻名的机械操作手和农机修理工。2009年，从农机站离职，联合当地农机手，牵头成立海安县绿华农机专业合作社。身在农业生产一线，陆华始终把“想机手所想、急机手所急”作为自己的行为准则，积极推广农机应用新技术、新机具，努力为海安及周边地区农机手提供技术指导和维修服务，甘为农民当“工匠”，每年维修各类农机千余台。2006年，获省农机专业技能竞赛第三名，被省总工会授予“操作能手”称号，被省农机局表彰为农机系统技能标兵。2010年9月，获省农机专业技能竞赛第一名，获评江苏省五一创新能手、江苏省农机系统技能标兵。2010年，获评南通市五一创新能手。2011年4月，获江苏省五一劳动奖章。

2014年，海安推广实施农业生产全托管，陆华创办海安五一家庭农场。陆华实干敬业、与时俱进、乐于奉献，逐渐成长为一名优秀的新型职业农民。2017年，获评江苏省乡土人才“三带”新秀、新型职业农民标兵和“海安十大工匠”。平时生产中，陆华积极为周边农户提供育秧、插秧一条龙和植保施肥作业等，带领农户共同致富，受到群众一致好评。随着农场发展，500多名农户通过土地流转获取田亩租金，还有不少农民到农场打农事“钟点工”增加额外收入，实现“顾家”“赚钱”两不误。2021年5月，当选海安市第十四次党代会代表。

“粮食生产既要追求产量，还需追求品质。”身在农业生产一线的陆华深谙其道。他勤奋钻研，参加各种农技培训学习，不断加强自身知识积累，坚持理论与实际相结合，掌握稻、麦高产栽培一系列技术。他注重以现代农业科技为依托，充分应用农业机械化技术，响应国家深入推进农业结构战略性调整，转变种植理念，大力发展生态农业，实现水稻生产的优质高产增效。2021年，海安五一家庭农场种植规模138.67公顷，主要从事稻、麦、油菜生产，拥有各种农机装备65台（套）；建有粮食烘干中心610平方米、仓储中心510平方米、农机库及配件间310平方米、农资配送间100平方米、农产品加工间200平方米；实现全程机械化生产，稻、麦亩产分别为670公斤、425公斤；成为“海安大米”产业联盟副理事长单位、“海安大米”品牌国家地理标志授权使用单位，“优美优”牌大米获评“海安大米”种植基地优质产品品鉴活动金奖。

2021年3月，陆华入选首批全国农机使用一线“土专家”；12月，被农业农村部表彰为全国粮食生产先进个人（粮食生产者）。

练亚琴

全国妇联系统先进工作者。

女，1969年5月生，江苏海安人。中共党员。1987年9月，参加工作；2008年起，练亚琴投入农村基层妇联工作。在她的不懈努力与积极带领下，滨海新区（角斜镇）4次被南通市妇联评为先进集体，9次被海安市妇联评为先进集体。

练亚琴勇担当甘奉献，投身妇女事业。2014年起，先后走访困难妇女、创业妇女、女职工、留守妇女3万余人，足迹遍及20个村393个村民小组和66家企事业单位。以节日为契机，把各类关爱对象融入丰富的活动中。端午节，留守、空巢妇女相聚敬老院；“六一”节，留守儿童在天乐湖嬉乐谷、大丰荷兰花海赏景交友；母亲节，单亲、失独母亲一起漫步黄海森林公园。

练亚琴分对象架平台，做实妇联工作。她坚持从严管理，加强业务培训，打造一支有信仰、有信念、守纪律、勇担当的基层妇女干部队伍。新冠肺炎疫情发生后，她团结带领基层妇联干部、巾帼志愿者等同心抗疫，先后组织女企业家向南京、扬州等地捐资捐物。她关注弱势群体，开展法律法规专题培训、主题宣传、案例调处等活动，当好妇女儿童维权的“娘家人”。深入推进巾帼创建活动，建立38个志愿者服务队。实施“爱心”助学活动，资助学生1.36万人54.20万元，组织“爱心妈妈”结对帮扶300多人。

练亚琴求创新展特色，彰显工作成效。2014年，开展失独家庭和孤儿结对认亲活动，“失独不独、孤儿不孤”成功做法在南通市推广。2015年，创建滨海新区“海上妇女之家”，组织巾帼志愿者远赴海上为海上女工300多人送培训、送演出、送物资，打通服务妇女“最后一公里”。2016—2017年，实施“N+1”暖心计划行动，组织全区妇女干部、教师、心理工作者等与留守儿童及其家庭结对帮扶，制定个性化援助计划。2019年，实施“幸福人生工作坊”——关爱留守妇女项目，举办幸福交流、幸福讲堂、幸福提升等活动，关爱留守妇女。

练亚琴先后4次被南通市妇联表彰为先进个人，10次被海安市妇联、共青团海安市委表彰为先进个人，5次受海安市委、市政府嘉奖。2017年8月，获评江苏省妇联系统先进工作者。2021年2月，获评江苏省“三八红旗手”。是年12月，被全国妇联表彰为全国妇联系统先进工作者。

好人群像

中国好人

唐志明 1957年生，海安市角斜镇滩河村村民。2005年，同村一位村民临终前，将两个智力障碍的儿子托付给唐志明。虽然没有血缘关系，但唐志明16年来坚守承诺，帮助该村民家庭收种粮食、改造危房，帮助兄弟俩料理日常生活，逢年过节为他们购买新衣服、改善伙食。兄弟俩先后6次生病住院，都是唐志明将他们及时送去医院救治并照顾到出院。在他的精心照顾下，兄弟俩一直过着安稳的生活。2021年2月，唐志明当选“江苏好人”。11月，当选“中国好人”。

江苏好人

周　新　张远银 周新，1948年生；张远银，1957年生，二人均为海安市滨海新区周庄村村民。2021年1月8日清晨6点半，室外气温低至零下9度，周新在送孙女上学的路上听到呼救声，只见一老一小在河里挣扎，便立即停车跳入河中施救。冰冷刺骨的河水很快将他的手脚冻得没了知觉，他咬牙坚持，托举着二人往岸边游。这时，路过的张远银看到了，丢开电动车就冲进河里帮忙，终于将落水者都营救上岸。2021年2月，周新、张远银当选“江苏好人”。

南通市道德模范

周云英 女，1936年生，海安市大公镇嗹口村村民。1954年结婚后，周云英便和丈夫一起照顾生活不能自理的智障小叔子。他们将小叔子当孩子般照料，衣食住行样样操心。1993年，丈夫去世后，照顾小叔子的重担便落在周云英一个人身上，而小叔子年纪也渐渐大了，后来还患上了严重的白内障，周云英每天帮他喂饭、洗漱、洗衣服，用善良和担当诠释“长嫂如母”。2021年11月，周云英当选第二届南通市道德模范。

南通好人

朱盼盼 女，1990年生，海安市孙庄街道营溪村人。2021年11月6日，在浙江宁波街头，前车司机将一堆垃圾扔到地上，紧随其后的车主朱盼盼停车将垃圾捡起放到自己车上。这一幕被监控设施拍下，火遍全网，有关话题冲上热搜第一，《人民日报》、新华社、中央电视台集体点赞这位南通姑娘，网民纷纷称赞她“人美心善”。2021年，朱盼盼当选第四季度“南通好人”。

张冬晴 女，1985年生，海安市滨海新区川港村人。2016年，张冬晴年仅31岁的丈夫缪冬冬在海上英勇救人后陷入昏迷，成了植物人，张冬晴义无反顾地承担起照顾丈夫的重任。五年来，她不抛弃、不放弃，用自己的实际行动书写了“执子之手、与子偕老”的感人故事。2020年，张冬晴获评“海安好人”，相关事迹被改编成诗音画。2021年，张冬晴当选第四季度“南通好人”。

海安好人

2021年，海安市继续开展“我推荐，我评议身边好人”活动，汇聚道德力量，引领文明风尚。23人当选“海安好人”，其中，5人当选敬业奉献“海安好人”；5人当选助人为乐“海安好人”；4人当选孝老爱亲“海安好人”；4人当选见义勇为“海安好人”；5人当选诚实守信“海安好人”。

2021年“海安好人”一览表

表67

姓 名	类 别	单位与职业	姓 名	类 别	单位与职业
何锦富	第一季度诚实守信典型	海安街道居民	吉成如	第三季度诚实守信典型	墩头镇宝祥村村民
朱德梅	第一季度孝老爱亲典型	城东镇西场办事处壮志村村民	周云英	第三季度孝老爱亲典型	大公镇嗹口村村民
马瑞琴	第一季度助人为乐典型	孙庄街道通学桥村离休干部	张嘉山	第三季度助人为乐典型	城东镇西场办事处壮志村村民
颜夕芳	第一季度助人为乐典型	墩头镇仇湖初中教师	阙圣贵	第三季度敬业奉献典型	市审计局计算机中心主任
吴 薇	第一季度敬业奉献典型	市融媒体中心记者（生前）	宰保才	第三季度见义勇为典型	城东镇洋蛮河办事处洋蛮河村村民
缪义成	第二季度诚实守信典型	李堡镇杨庄村村民	王世霖	第四季度诚实守信典型	隆政街道退休干部
李秀华	第二季度孝老爱亲典型	城东镇立发办事处嘉麟社区居民	薛 建	第四季度孝老爱亲典型	曲塘镇居家养老服务站站长
史春喜	第二季度助人为乐典型	墩头镇墩头村村民	张 华	第四季度助人为乐典型	大公镇于坝村村委会副主任
梅九如	第二季度敬业奉献典型	市中医院原副主任中医师	刘根全	第四季度敬业奉献典型	白甸镇农社局局长
于爱芬	第二季度敬业奉献典型	市少先队总辅导员	甫小龙	第四季度见义勇为典型	滨海新区个体工商户
于爱荣	第二季度见义勇为典型	海安街道海光社区居委会委员	葛志生	第四季度见义勇为典型	滨海新区滩涂养鱼户
马永林	第三季度诚实守信典型	墩头镇宝祥村村民			

先进人物表

2021年海安市获评全国先进个人一览表

表68

姓　名	工作单位	称　号	授予单位	授予时间
王益娟	市公安局	全国公安机关成绩突出女民警	公安部	2021-03
李圣伟	市农业农村局	2021年网上冬训“十百千”行动优秀学员	农业农村部管理干部学院	2021-05
肖　峰	市看守所	全国公安系统二级英雄模范	公安部	2021-03
章本林	市水利局	全面推行河长制湖长制工作先进工作者	水利局	2021-06
王　健	市残联	全国残疾人工作先进个人	国务院残疾人工作委员会	2021-07
杭亚军	市审计局	2021年度《中国内部审计》杂志宣传工作先进工作者	中国内部审计协会	2021-07
周　卫	市农业农村局	2021年全国县域农业农村信息化发展水平评价工作先进个人	农业农村部信息中心	2021-11
练亚琴	老坝港滨海新区管委会	全国妇联系统先进工作者	人力资源社会保障部、全国妇联	2021-12
唐志明	角斜镇滩河村	中国好人	中央文明办	2021-12
陆　华	墩头镇千步村	全国粮食生产先进个人（粮食生产者）	农业农村部	2021-12

2021年海安市获评省先进个人一览表

表69

姓　名	工作单位	称　号	授予单位	授予时间
王琪峰	老坝港滨海新区管委会	2021年江苏省先进工作者	省委、省政府	2021-04
茆根明	市自然资源和规划局			
杭小建	南通市达欣工程股份有限公司	江苏省劳动模范	省委、省政府	2021-04
严圣军	中国天楹股份有限公司			
黄海军	西蒙电气（中国）有限公司			
戴亚琴	中国银行股份有限公司海安支行			
史加庆	江苏省苏中建设集团股份有限公司			
储瑞龙	城东镇爱凌村村委会			
于清荣	海安市俞万家庭农场			
康　健	市发展改革委	全省脱贫攻坚暨对口帮扶支援合作先进个人	省委、省政府	2021-10
张　宇	市农业农村局			
张宇森	海安市李堡镇杨庄村村委会	江苏省优秀共产党员	省委	2021-06

续表69

姓　名	工作单位	称　号	授予单位	授予时间
薛庆龙	江苏联发纺织股份有限公司	江苏省优秀党务工作者	省委	2021-06
林志勇	市财政局	全省财政系统先进工作者	省财政厅	2021-01
张远银	角斜镇周庄村	江苏好人	省文明办	2021-02
周　新	角斜镇周庄村	江苏好人	省文明办	2021-02
唐志明	角斜镇滩河村	江苏好人	省文明办	2021-02
刘昌海	市人民法院	全省优秀法官	省高级人民法院	2021-02
练亚琴	老坝港滨海新区管委会	2020年度江苏省“三八红旗手”	省妇联	2021-03
张　进	市公安局	全省公安“十佳百优”刑警	省公安厅	2021-03
何泽进	市公安局	新时代江苏公安交警标兵	省公安厅	2021-04
储慧文	市人民法院	全省法院舆论引导工作先进个人	省高级人民法院	2021-05
许晓莉	市人民法院	全省法院党建工作先进个人	省高级人民法院	2021-06
崔　淳	市人民检察院	全省检察机关“守正有为检察人”	省人民检察院	2021-06
华　艳	市人民检察院	全省控告申诉检察业务能手	省人民检察院	2021-06
周　兵	市城管局	“中建安装杯”第十二届全省住房城乡建设系统乒乓球比赛优秀运动员	省住房和城乡建设厅	2021-06
张和兰	大公镇政府	江苏省农产品质量安全监管员	省农业农村厅	2021-06
邱　郡	中国邮政集团有限公司江苏省海安市分公司	江苏邮政优秀共产党员	中国邮政集团有限公司江苏省分公司	2021-06
林　晨	中国邮政集团有限公司江苏省海安市分公司	江苏邮政优秀共产党员	中国邮政集团有限公司江苏省分公司	2021-06
黄立中	中国邮政集团有限公司江苏省海安市分公司	江苏邮政优秀共产党员	中国邮政集团有限公司江苏省分公司	2021-06
丁拥纲	中国邮政集团有限公司江苏省海安市分公司	江苏邮政优秀共产党员	中国邮政集团有限公司江苏省分公司	2021-06
洪善晨	中国邮政集团有限公司江苏省海安市分公司	江苏邮政优秀共产党员	中国邮政集团有限公司江苏省分公司	2021-06
许玮玮	中国邮政集团有限公司江苏省海安市分公司	江苏邮政优秀共产党员	中国邮政集团有限公司江苏省分公司	2021-06
蒋婷婷	中国邮政集团有限公司江苏省海安市分公司	江苏邮政优秀党务工作者	中国邮政集团有限公司江苏省分公司	2021-06
王　强	市图书馆	江苏省中科杯“重温百年党史 传承红色基因”党史学习竞赛优秀奖	省图书馆学会、省高等学校图书馆情报工作委员会	2021-06
段志勤	大公镇政府	全省计生协工作先进个人	省计生协会	2021-07
马　静	市人民检察院	全省未成年人检察业务能手	省人民检察院	2021-09
韩春生	市纪委监委	江苏省纪检监察系统先进工作者	省纪委监委、省人力资源和社会保障厅	2021-11
段志勤	大公镇政府	江苏省“暖心之星”	省卫健委、省计生协会	2021-11
王小敏	大公镇政府	江苏省第七次全国人口普查先进个人	省统计局	2021-11
马培培	大公镇政府	江苏省第七次全国人口普查先进个人	省统计局	2021-11

续表69

姓　名	工作单位	称　号	授予单位	授予时间
张袁媛 蔡琪琪	市图书馆	长三角地区公共图书馆阅读马拉松大赛特别贡献奖	上海图书馆、南京图书馆、浙江图书馆、安徽省图书馆	2021-11
储呈梅	大公镇仲洋村村委会	全省“百名示范”村（社区）书记	省委组织部	2021-12
丁发根	市公安局	全省公安内保和地铁公交安保系统先进典型学习标兵	省公安厅	2021-12
韩兆林	市公安局	2021年度空军招收飞行员政治考核工作先进个人	中国人民解放军东部战区空军政治工作部、省公安厅	2021-12
华　艳	市人民检察院	2021年度江苏省检察机关优秀办案检察官	省人民检察院	2021-12
王卫国	海安铁联物流有限公司	2021年全省物流行业先进个人	省发展改革委	2021-12

2021年海安市获评南通市先进个人一览表

表70

姓　名	工作单位	称　号	授予单位	授予时间
赵秋明	市发展改革委	2020年度南通全面建成小康社会暨决战“过万亿”先进个人	南通市委、市政府	2021-02
林志勇	市财政局			
何　玮	市社会保险管理中心			
杨育振	市生态环境局			
张碧龙	市行政审批局			
陆秋艳	市商务局			
冒石宏	李堡镇政府			
吕永华	曲塘镇政府			
钱　兴	南莫镇政府			
刘海亭	李堡镇政府			
储瑞龙	城东镇爱凌村村委会			
韩良军	孙庄街道祖师庙村村委会			
王　勇	大公镇贲集村村委会			
徐　娟	曲塘镇政府			
陈　华	雅周镇许家庄村村委会			
吉　锋	海安高新区管委会			
陈继光	城东镇石桥村村委会			
王家安	江苏鹏飞集团股份有限公司			
王桂华	南莫镇政府	南通市拥军优属模范个人	南通市委、市政府，南通军分区	2021-02
张梅华	海安街道			

续表70

姓　名	工作单位	称　　号	授予单位	授予时间
纪育民	海安市裕丰渔业服务有限公司			
胡建生	曲塘镇政府			
吴宝笃	城东镇三丰村村委会			
周小军	市发展改革委			
颜开虎	白甸镇政府	南通市优秀共产党员	南通市委	2021-06
刘建东	江苏省海安高级中学			
江海贵	孙庄街道韩庄村村委会			
仲月军	海安开发区管委会			
张宇森	李堡镇杨庄村村委会			
孙　康	市公安局			
王瑞根	南通双弘纺织有限公司			
储瑞龙	城东镇爱凌村村委会			
储呈梅	大公镇仲洋村村委会			
刘万春	市委宣传部	南通市优秀党务工作者	南通市委	2021-06
储开华	江苏瑞海投资控股集团有限公司			
吴桂华	江苏亚星波纹管有限公司			
丁　勇	海安开发区管委会			
陈　华	雅周镇许家庄村村委会			
笪鸿鹄	江苏省苏中建设集团股份有限公司			
刘宏燕	“中国好人”刘宏燕工作室	第三届“南通慈善奖”最具爱心慈善行为楷模	南通市政府	2021-09
张树林	市慈善基金会	第三届“南通慈善奖”优秀慈善工作者	南通市政府	2021-09
许亚洲	城南实验中学	南通市第十八届园丁奖	南通市政府	2021-09

高级人才名录

2021年，海安市新增高级人才395人，其中，38人取得正高级职称，357人取得高级职称。

正高级职称人员

正高级工程师（高层次和急需紧缺人才）

卞　童

正高级工程师（纺织）

卞晓云

正高级经济师（高层次和急需紧缺人才）

薛庆龙

正高级社区卫生工作者

解丽芳　缪文才　顾　军
王忠进　丁世新　章　斌
蒋万梅　韩晓芳　吕小平
唐拥军　唐凌军　张为玲
黄久锋　高晓红　翟吉松
黄顺英　李祖权　汪宝俊
贲小生　于　晖　纪艳华
罗　亮　王　楠　刘月萍
陈　瑜　秦希成　周万慧
曹丽华　钱小红　陈学林
丁帮玲　周　静　陈　惠

正高级教师（中小学和中职校）

徐　健

正高级工程师（机械）

赵非平

高级职称人员

高级工程师（纺织）

于银军　杨正华

高级工程师（高层次和急需紧缺人才）

孙钟华　李国新

高级教师中小学（非乡村幼儿园）
奚　华　顾海燕　许春生
陈树梅　程龙云　丁亚妹
孙向红　武小强　徐松海
阙东进　陆晓燕　周　慧
张　燕　吕　慧　庞德军
吴吕勇　于　勇　张鉴高
陈崇凌　范崇庆　卞亚斌
任宏梅　卢建生　涂祥俊
马　贞　季凤茂　郭海娟
夏　云　姚国艳　吴东杰
韩　铭　张　萍　崔晓蕾
于小丽　董晓娟
高级教师中小学（乡村幼儿园）
王生龙　肖春霞　圣松美
毛兆荣　钱　静　姚红霞
唐　凡　朱映红　徐於军
许祥进　崔溢峡　张小荣
温春建　郭金花　孙宏军
张　维　王春和　王希希
陈秀华　陈晓武　许　蓉
李阳海　黄岫云　秦　霞
卢国蓉　郭　颖　徐友珠
吴　宏　王丽华　顾　荣
张小香　储　云　刘　华
宣　静
高级讲师（中等职业学校）
曹　勇　陈雪峰　马圣良
高级人力资源管理师
陈　燕　唐伶俐　赵日富
高级农艺师
王　敬　崔颖钊　冯增兰
张小青
高级兽医师
孙国华　段爱明　孙益林
王祖俊　黄典兰　韦存莉
于宽敬　刘礼进　沈汤红
濮建华　吴金春
高级工程师（生态环境）
徐小刚　陈　丽
思想政治副研究员
缪爱莲　狄锦春　张红娟
高级工程师（石油化工）
王声培
高级讲师（党校）
杨红梅
高级工程师（交通运输）
王　锋

高级会计师
谢金露　费春霞　陈怀云
李文智　于　杨　杨素华
高级社区卫生工作者
徐静秋　周小敏　刘洪彬
顾建宁　康登华　刘华华
杨彩萍　陈小乐　贲小华
夏圣君　刘　华　周玉凤
王海云　沈志兰　马祥云
吴新新　崔恒东　刘小芳
钱后梅　周建勇　盛荣芬
贲晓燕　顾玉年　曹旭东
秦龙圣　邓长兰　丁晓龙
周晓玲　房　艳　殷仁芳
夏杰敏　吕玉凤　王玉宏
左亚琴
高级工程师（建设）
李　蓉　张　庆　马顺民
吴建飞　刘婧婧　沈永生
梁仁群　张宝弟　缪红兰
李　超　严　华　仓　健
王晓林　许生华　朱一平
薛　竣　徐毛毛　周俊逢
张　雷　许海峰　钱　俊
陈延鑫　孔凡骏　焦长春
朱小军　陆传勇　蒋建华
闻建新　吉加君　王　刚
洪　萍　施　群　季晓燕
李忠宏　丁华勇　成　华
左文銮　黄　明　徐保华
董广根　周　超　常树平
周　俊　孟贝红　张恒富
申小龙　钟小东　钱邦令
刘龙斌　张建勇　许海波
曹为华　陈爱进　周仲清
吉　光　许金军　杨庆军
奚本国　徐长庚　夏进猛
徐祝军　徐　阳　张　生
于勤川　徐仁忠　刘红强
王　赛　汤曹华　史传圣
魏　巍　张小飞　韩良平
季小列　冯　玲　朱玉俊
方庆广　李建波　张彬彬
吴相兵　朱志友　郑国祥
张太虎　钱　林　程　军
金圣华　沙百权　景祝进
许炜炜　张红桂　张小林
罗永斌　崔永华　王铁华

陈继蓉　夏富国　朱亚东
田　霞　周娟娟　王小钧
张　顺　蔡定华　周振兴
姜红生　刘会军　陈进荣
孙占富　夏宝君　任善富
丁国海　丁　伟　史友梅
倪建伟　祝晓彬　陈凡杰
王　昕　周　洁　张卫东
刘汉飞　严　进　陆　群
茅　春　夏爱明　王海波
张新露　吴小华　宋金瑞
马开满　陈　凯　丁　钧
王　祥　张　坤　孙　建
蒋元根　嵇　勇　张海松
孙金奋　江兴祥　李孝杰
陈永明　吴裕杰　李井运
严　伟　熊　健　马祥琪
顾静静　郑华军　郑　奎
朱丽华　曹华春　刘　俊
陈玉祥　麻　黎　康亮亮
汤　勇　肖连生　梅从斌
李志刚　顾庚贵　李　明
李　群　梅从荣　刘德银
时富来　张怀凯　陈　林
焦亚华　孙　伟　王晓东
于小立　吉小泉　陆海俊
沈清尹　薛钤中　蒋根龙
李卫东　张　斌　孙　宇
曹兆稳　王文贵　陈　晖
高　斌　张贤军　赵　雷
蒋卫丰　殷　明　崔国华
孙锦松　丁　斌　沈兆兵
杨柳清　陈兴梅　陆　宏
唐　彦　匡　新　何小芳
储小玲　陈宏斌　王　峰
贾恩林　黄忠裕　沈玲云
王　成
高级教师（非乡村中小学和中职校）
徐国平　徐志宏
朱永侃　陆晓林
高级教师（乡村中小学和中职校）
戴小红
高级工程师（机械）
曹恒泰　杨学进
储小虎　陈和根
高来志　王　飞
李德松　王金东

先进集体表

2021年海安市获得主要荣誉一览表

表71

获奖单位	荣誉称号	授予单位	授予时间
海安市	全国绿色种养循环农业试点县（市）	农业农村部、财政部	2021-04
海安市	国家电子商务进农村综合示范县（市）	商务部	2021-07
海安市	全国农业社会化服务创新试点县（市）	农业农村部	2021-11
海安市	中国文学之乡	中华文学基金会	2021-11
海安市	“四好农村路”全国示范县（市）	交通运输部公路局	2021-11
海安市	全国农业社会化服务创新试点县（市）	农业农村部办公厅	2021-11
海安市	2017—2020年度平安中国建设示范县（市、区、旗）	平安中国建设协调小组	2021-12
海安市	2021年度畜牧业统计监测工作综合考评优秀生产监测县、优秀市场监测县	农业农村部畜牧兽医局	2021-12
海安市	江苏省2020年度推进高质量发展先进县（市、区）	省委、省政府	2021-03
海安市	全省脱贫攻坚暨对口帮扶支援合作先进集体	省委、省政府	2021-10
海安市	江苏省农产品质量安全市	省食品安全委员会	2021-03
海安市	江苏省书香城市建设示范市	省全民阅读活动领导小组	2021-04
海安市	开展农村人居环境整治成效明显的地方	省政府办公厅	2021-05
海安市	完成高标准农田及高效节水灌溉建设任务较好的地方	省政府办公厅	2021-05
海安市	推动科技政策落实和科技体制改革成效明显的地方	省政府办公厅	2021-05
海安市	实施知识产权战略成效明显的地方	省政府办公厅	2021-05
海安市	2020年度江苏省自然资源节约集约利用资金奖励地区	省自然资源厅	2021-05
海安市	2020年农田水利工程管护第二等次	省财政厅	2021-08
海安市	江苏省美丽宜居城市建设试点城市	省住房和城乡建设厅	2021-09
海安市	全省基层党员冬训工作示范市	省委组织部、省委宣传部	2021-09
海安市	现代农业发展专项资金绩效评价先进县（市）	省农业农村厅	2021-10
海安市	农业科技创新与推广专项资金绩效评价先进县（市）	省农业农村厅	2021-10
海安市	农业公共服务专项资金绩效评价先进县（市）	省农业农村厅	2021-10
海安市	农业生态保护与资源利用专项资金绩效评价先进县（市）	省农业农村厅	2021-10
海安市	高标准农田建设管护工作较好县（市）	省财政厅、省农业农村厅	2021-10
海安市	2020年度预算绩效管理工作开展情况优秀县（市）	省财政厅	2021-12

2021年海安市机关部门、企事业单位获得省部级以上表彰的荣誉一览表

表72

获奖单位	荣誉称号	授予单位	授予时间
雅周镇东夏村	全国“红色村”试点	中央组织部、财政部	2021—03
城东镇葛家桥村	全国民主法治示范村（社区）	司法部、民政部	2021—03
市河长制办公室	“助推绿色发展 建设美丽长江”全国引领性劳动和技能竞赛全面推行河（湖）长制先进单位	水利部	2021—05
市自然资源和规划局	地理信息科技进步奖二等奖	中国地理信息产业协会	2021—07
市化纤业总商会	全国“四好商会”	全国工商联	2021—08
市城管局、市税务局	节约型机关	国家机关事务局、国家发展改革委、财政部等	2021—08
胡集街道	全国第十四届运动会群众赛事活动“最佳人气奖”、群众展演广场舞二等奖	国家体育总局	2021—08
市审计局	全国审计通联工作先进单位	中国时代经济出版社、《中国审计》编辑部	2021—09
李堡镇杨庄村	第二批全国乡村治理示范村	农业农村部	2021—09
李堡镇光明村	全国乡村特色产业亿元村	农业农村部	2021—10
李堡司法所	全国模范司法所	司法部	2021—10
市生态环境局	2021年度《中国环境报》宣传工作先进单位	中国环境报社	2021—10
市公安局城南派出所、城北派出所、城东派出所	一级公安派出所	公安部	2021—11
市公安局曲塘派出所、李堡派出所、大公派出所、雅周派出所	二级公安派出所	公安部	2021—11
雅周现代农业园	全国农村创业园区（基地）	农业农村部	2021—11
市畜牧兽医站	全国星级基层农技推广机构	农业农村部科技教育司	2021—11
市法治宣传领导小组办公室	2016—2020年全国普法工作先进单位	中央宣传部、司法部、全国普法办公室	2021—12
市军事运输供应站	全国重点军用饮食供应站	退役军人事务部、中央军委后勤保障部	2021—12
中国邮政集团有限公司江苏省海安市分公司	交通运输公益文化建设优秀单位	中国交通企业管理协会、交通行业优秀企业管理成果评审委员会	2021—12
曲塘镇党委	江苏省先进基层党组织	省委	2021—06
市农业农村局、市对口帮扶略阳县联络组	全省脱贫攻坚暨对口帮扶支援合作先进集体	省委、省政府	2021—10

2021年海安市机关部门、企事业单位获得省直单位表彰的荣誉一览表

表73

获奖单位	荣誉称号	授予单位	授予时间
市畜牧兽医站	全省畜产品稳产保供先进单位	省农业农村厅	2021-01
海安高新区人民法庭	全省优秀人民法庭	省高级人民法院	2021-02
市委依法治市办公室	2020年度依法治省工作成绩突出单位	省委全面依法治省委员会办公室	2021-02
市畜牧兽医站	2020年全省动物疫病信息报送工作优秀单位	省动物疫病预防控制中心	2021-02
市司法局	2020年度高质量发展先进司法局	省司法厅	2021-02
市农业农村局	全省农业农村系统首届农业法治文化节活动优秀组织奖	省农业农村厅办公室	2021-02
中国邮政集团有限公司江苏省海安市分公司田庄营业所	2020年度江苏邮政合规管理标杆网点	中国邮政集团有限公司江苏省分公司	2021-03
蒋浩家庭	最美家庭	省妇联	2021-03
市自然资源和规划局	2019—2020年全省自然资源信访工作成绩突出集体	省自然资源厅	2021-03
市自然资源和规划局	2020年度全省自然资源法治建设工作成绩突出单位	省自然资源厅	2021-04
市自然资源和规划局	2020年度学会工作先进单位	省土地学会	2021-04
海安市现代农业产业示范园	首批省级现代农业产业示范园	省农业农村厅、省财政厅	2021-05
市自然资源和规划局	全省系统自然资源所标准化建设成效显著单位	省自然资源厅	2021-06
大公镇仲洋村党总支部	江苏省基层党组织书记实训基地	省党支部书记学院	2021-06
大公镇农产品质量安全监管服务所	五星级乡镇农产品质量安全监管机构	省农业农村厅	2021-06
市税务局	优秀“戎耀之家”	省退役军人事务厅	2021-07
市总工会	2020年度县以上工会财务会计工作竞赛评比县（市、区）总工会一等奖	省总工会	2021-07
李堡镇杨庄村	第七批次江苏省特色田园乡村	省住建厅	2021-07
南通常安能源有限公司	2020年度省级节水型企业	省水利厅	2021-08
贲家集水利枢纽工程管理所	2020年度省级节水型机关	省水利厅	2021-08
市文化艺术中心	2021年度江苏省“最美公共文化空间”打造对象	省文化和旅游厅	2021-08
大公镇	全省基层党员冬训工作示范镇	省委组织部、省委宣传部	2021-09

续表73

获奖单位	荣誉称号	授予单位	授予时间
海安街道	全省基层党员冬训工作示范街道	省委组织部、省委宣传部	2021-09
市工业和信息化局	第六届“创客中国”暨2021年江苏省中小企业创新创业大赛优秀组织奖	省工业和信息化厅	2021-09
海安青墩遗址博物馆	江苏省华侨文化交流基地	省侨联	2021-09
市文化广电和旅游局	江苏省第三届“戏剧小戏小品”优秀组织单位	省文联、省戏剧家协会	2021-10
市图书馆	江苏省文化和旅游系统先进集体	省人力资源和社会保障厅、省文化和旅游厅	2021-10
雅周镇	省级耕地保护激励单位	省自然资源厅	2021-10
海安高新区、海安开发区	第四批江苏省大众创业万众创新示范基地	省发展改革委	2021-10
市农业系统关工委、市文明办、墩头镇关工委	全省关心下一代工作优秀集体	省关工委、省文明办	2021-10
市人民法院司法行政装备科	全省法院信息化工作先进集体	省高级人民法院	2021-10
市公安局政治处	民警“好娘家”	省公安厅	2021-10
市总工会	在困难职工解困脱困工作中做出优异成绩的集体	省总工会	2021-10
市图书馆	长三角地区公共图书馆阅读马拉松大赛优秀组织奖	上海图书馆、南京图书馆、浙江图书馆、安徽省图书馆	2021-10
雅周现代农业园区管理办公室	2021年度全省数字农业农村基地（管理型）	省农业农村厅	2021-11
雅周镇金庄村	江苏省第七次全国人口普查先进集体	省统计局	2021-11
曲塘司法所	江苏省优秀司法所	省司法厅	2021-12
海安市人民检察院派驻政法一体化办案中心检察室办案组	2021年度江苏省检察机关优秀办案团队	省人民检察院	2021-12
市发展改革委	2021年全省物流行业先进集体	省发展改革委	2021-12
市农业农村局	省级财政农业相关专项资金部门绩效自评价优秀单位	省农业农村厅	2021-12
雅周镇	江苏省苗木特色镇	省林业局	2021-12
雅周镇兴雅社区（东楼村）	江苏省苗木特色村	省林业局	2021-12
红星灌区	2021年度省级节水型灌区	省水利厅	2021-12
城南实验中学	2021年度江苏省公共机构节能低碳示范单位	省机关事务管理局、省发展改革委、省工业和信息化厅、省财政厅	2021-12

续表73

获奖单位	荣誉称号	授予单位	授予时间
市退役军人“红色先锋”志愿服务支队、海安街道福缘志愿服务大队、城东镇洋蛮河办事处退役军人“红色先锋”志愿服务大队	江苏省“百支优秀退役军人志愿服务队”	省退役军人事务厅	2021-12
市文化广电和旅游局	2021年度江苏省境外卫星电视传播秩序专项整治工作成绩突出单位	省广播电视局	2021-12

2021年海安市机关部门、企事业单位获得南通市级表彰的荣誉一览表

表74

获奖单位	荣誉称号	授予单位	授予时间
市发展改革委、市自然资源和规划局、市应急管理局、市统计局、市地方金融监督管理局、墩头镇政府、白甸镇政府、曲塘镇政府、海安开发区管委会、海安高新区管委会、老坝港滨海新区管委会、曲塘镇刘圩村村委会、隆政街道三里闸村委会、城东镇洋蛮河村村委会	2020年度南通全面建成小康社会暨决战“过万亿”先进集体	南通市委、市政府	2021-02
海安街道、角斜镇	南通市双拥模范乡镇（街道）	南通市委、市政府，南通军分区	2021-02
城东镇油坊头村、南莫镇朱楼村、大公镇贲集村	南通市双拥模范村（社区）	南通市委、市政府，南通军分区	2021-02
市退役军人事务局、市税务局、市卫健委	南通市拥军优属模范单位	南通市委、市政府，南通军分区	2021-02
南通市达欣工程股份有限公司党委、市委组织部党总支、市税务局机关党委、市公安局李堡派出所党支部、海安街道凤山村党总支、曲塘镇党委、城东镇七星湖社区党总支、江苏鹏飞集团股份有限公司党委、市供电公司党委	南通市先进基层党组织	南通市委	2021-06
江苏铁锚玻璃股份有限公司、江苏海安农村商业银行股份有限公司	第三届“南通慈善奖”最具爱心捐赠企业或单位	南通市政府	2021-09
曲塘镇、李堡镇、雅周镇、白甸镇、南莫镇	2019—2020年度南通市文明乡镇	南通市委、市政府	2021-12
城东镇爱凌村、石桥村、三丰村，胡集街道田庄村，孙庄街道通学桥村，隆政街道建设村，大公镇仲洋村、于坝村，墩头镇新海村，白甸镇傅舍村，南莫镇邓庄村、朱楼村，李堡镇蒋庄村、红旗村，曲塘镇罗町村、刘圩村，雅周镇许家庄村，角斜镇富港村、五凌村，海安街道凤山村	2019—2020年度南通市文明村	南通市委、市政府	2021-12
海安街道复兴社区、新桥社区、中大街社区、中坝社区、旺池社区、育才社区、洋港社区、曙光社区、海光社区、新园社区，城东镇七星湖社区、嘉麟社区	2019—2020年度南通市文明社区	南通市委、市政府	2021-12

续表74

获奖单位	荣誉称号	授予单位	授予时间
市委办公室，市人大办公室，市政府办公室，市政协办公室，市委组织部，市委宣传部，市纪委监委，市委政法委，市委统战部，市农业农村局，市委老干部局，市司法局，市统计局，市科技局，市财政局，市自然资源规划局，市人社局，市税务局李堡税务分局、墩头税务分局、北城税务分局、第一税务分局、第二税务分局、城东税务分局，市机关事务服务中心，市生态环境局，市委编办，江苏银行海安支行，市人民医院，市教育体育局，市住建局，市水利局，人民银行海安市支行，市发展改革委，市民政局，市卫健委，联通海安市分公司，邮储银行海安支行，城东镇中心卫生院，江苏有线海安分公司，市交通运输综合执法大队，市文广旅局，浙商银行海安支行，市社会福利院，市气象局，市博物馆	2019—2020年度南通市文明单位	南通市委、市政府	2021-12
南通双弘纺织有限公司、南通市达欣工程股份有限公司、南通科星化工有限公司、江苏省苏中建设集团有限公司、江苏金洲粮油有限公司、江苏福克斯电气集团有限公司、中国天楹股份有限公司、江苏铁锚玻璃股份有限公司、江苏鹏飞集团有限公司、南通中菱电力科技股份有限公司、南通林润置业有限公司、江苏信拓建设（集团）有限公司、江苏明江阀业有限公司、南通明诺电动科技股份有限公司、华新建工集团有限公司	2019—2020年度南通市文明单位（“两新”组织）	南通市委、市政府	2021-12
城南实验小学、实验小学、西场小学、开发区实验学校、明道小学、教师发展中心附属小学、曲塘镇中心小学、雅周镇中心小学、南莫镇中心小学、李堡镇中心小学、老坝港小学、海陵中学、城南实验中学、西场初级中学、李堡镇初级中学、雅周镇初级中学、老坝港初级中学、市立发中学、海安中专、江苏省海安高级中学、南莫中学、实验中学、李堡中学	2019—2020年度南通市文明校园	南通市委、市政府	2021-12

（海　鉴）

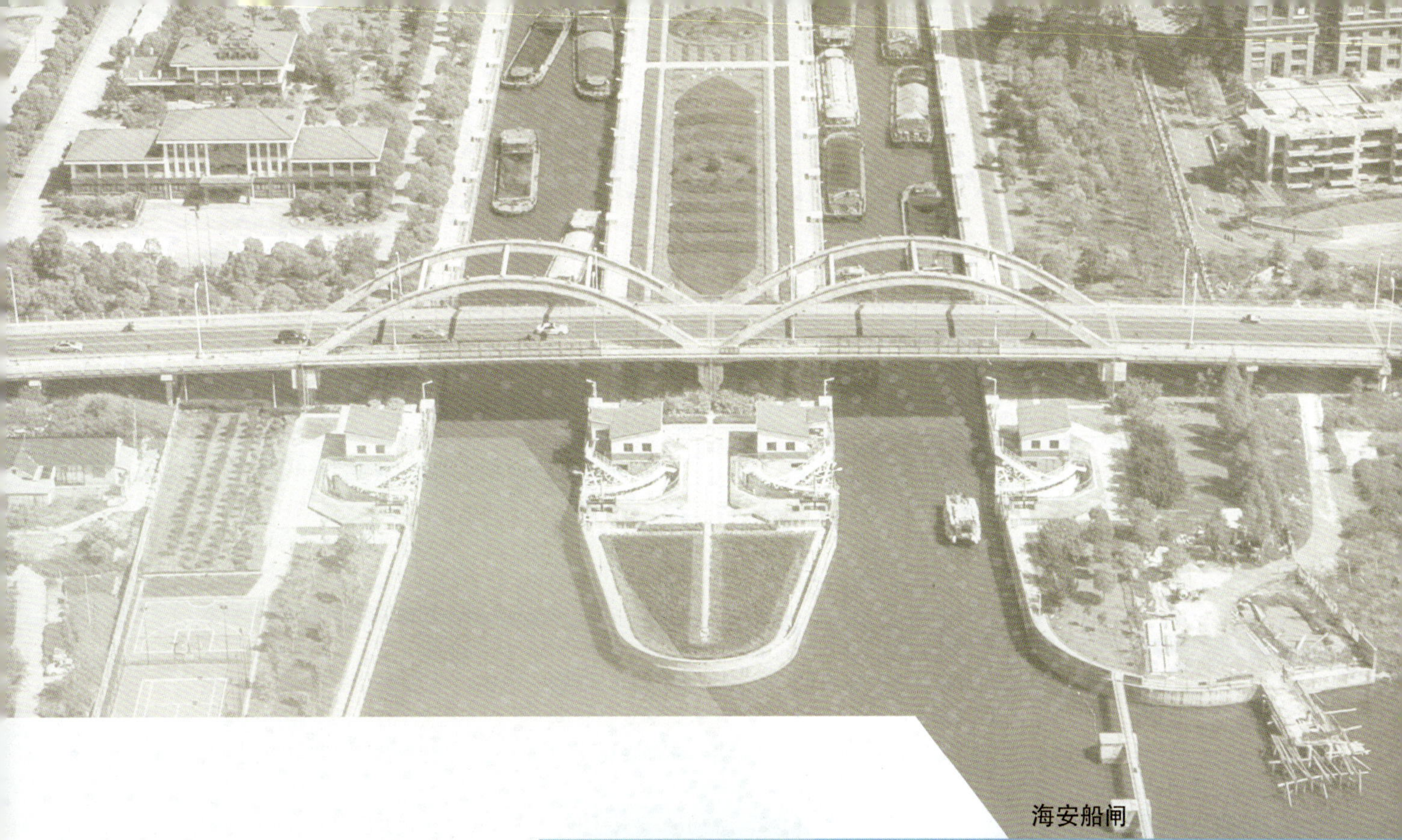

海安船闸

附 录

HAIAN YEARBOOK 2022 海安年鉴

海安市组织机构与负责人

市领导机构

中共海安市委员会

书　记　顾国标（1月免）
　　　　于立忠（1月任）
副书记　谭　真（1月任）
　　　　吴　炜（挂职，6月免）　张　浩
常　委　顾国标（1月免）　于立忠
　　　　吴炜（挂职）　张　浩
　　　　严长江　夏鹏飞
　　　　王荣贵（7月免）
　　　　杨春红（女）　王巧荣
　　　　张明星　郝三旺
　　　　卢　林（7月任）
　　　　张勇华（7月任）

海安市人民代表大会常务委员会

主　任　张亚曦
副主任　陈兴俊（1月任）　储开泉
　　　　屈祖平（1月免）　张忠宏
党组书记　张亚曦
党组副书记　储开泉
党组成员　陈兴俊（1月任）
　　　　　屈祖平（1月免）　张忠宏

海安市人民政府

市　长　于立忠（1月辞）
　　　　谭　真（1月任）
副市长　严长江（7月任）
　　　　郝三旺（7月任）
　　　　吴　炜（挂职，6月免）
　　　　葛志祥（6月辞）　丁兴育
　　　　夏卫军　张元春（9月辞）
　　　　刘志国（10月辞）
　　　　戴晓晨（6月辞）
　　　　卢　林（7月辞）
　　　　周小军（8月任）
　　　　孙　康（5月任）
　　　　曹　铖（5月任）
　　　　马小飞（挂职，11月任）
党组书记　于立忠（1月免）
　　　　　谭　真（1月任）
党组副书记　陈鹏军（1月免）
　　　　　　严长江（7月任）
党组成员　郝三旺（7月任）
　　　　　卢忠平（8月免）
　　　　　葛志祥（6月免）
　　　　　张元春（9月辞）
　　　　　卢　林（7月辞）
　　　　　孙　康（5月任）
　　　　　夏卫军　曹　铖（5月任）
　　　　　周小军（8月任）
　　　　　宋　燕（女，挂职）

政协海安市委员会

主　席　李春旺
副主席　卢忠平（1月任）　彭为杰
　　　　蔡祝平　赵剑波
　　　　王　怀　李如生
党组书记　李春旺
党组副书记　张明星（8月任）
党组成员　王　怀　李如生
　　　　　张　华（10月免）　葛志祥
　　　　　朱　斌（11月任）

市纪检监察、武装、审判、检察机构

中共海安市纪律检查委员会

书　记　杨春红（女）
副书记　王启涛（7月免）　韩春生
　　　　徐　毅（7月任）
常　委　韩春生　祝增福（5月免）
　　　　张加勤（女）
　　　　单　全　丁金林
　　　　印创新（5月任）

海安市监察委员会

与市纪律检查委员会合署。
主　任　杨春红（女）
副主任　王启涛（7月辞）　韩春生
　　　　徐　毅（7月任）
委　员　鲁珍明　丁金林（5月任）
　　　　印创新（5月任）
　　　　钱文亮（8月任）

市纪委监委内设机构

纪委监委办公室
主　任　季军华
纪委监委干部管理监督室
主　任　张　敏（女）
纪委监委党风政风监督室
主　任　陆存梅（女，5月任）
纪委监委信访室
主　任　左晓庆（女，9月任）
纪委监委案件监督管理室
主　任　华秀芳（女）
纪委监委监督审查技术室
主　任　洪　娟（女）
纪委监委第一审查调查室
主　任　仲云子（3月任）
纪委监委第二审查调查室
主　任　王小伟（12月任）
纪委监委第三审查调查室
主　任　陈宇春
纪委监委第四审查调查室
主　任　唐小祥
纪委监委第五监督检查室
主　任　张海涛
纪委监委第七监督检查室
主　任　丁金林
副主任　樊　华（3月免）
　　　　郁　磊（12月任）
纪委监委第八监督检查室（第一派出监察员办公室）
主　任　何学富（3月任）
副主任　王桂明（8月免）
　　　　何学富（3月免）
　　　　杨　勇（8月任）
纪委监委第九监督检查室（第二派出监察员办公室）
主　任　钱文亮（8月免）
　　　　鲁珍明（8月任）
副主任　吴丽华（女）
纪委监委第十监督检查室（第三派出监察员办公室）
主　任　姜小兵
副主任　施小军（5月任）
纪委监委第十一监督检查室（第四派出监察员办公室）
主　任　于志军
副主任　缪爱华
综合电子监察中心
主　任　赵丽丽（女）
市纪委监委派驻纪检监察组
派驻市委办纪监组
组　长　徐海明（8月免）

刘卫锋（8月任）

派驻人大机关纪监组

组　长　王　剑（12月免）

派驻政府办纪监组

组　长　吕继虎（3月免）

万蓓佳（女，8月任）

派驻政协机关纪监组

组　长　王劲松

派驻组织部纪监组

组　长　刘卫锋（8月免）

凌　峰（8月任）

派驻宣传部纪监组

组　长　王立新

派驻政法委纪监组

组　长　程华波

派驻法院纪监组

组　长　王佳旺（8月免）

王桂明（8月任）

派驻检察院纪监组

组　长　朱文生（8月免）

徐永全（8月任）

派驻发展改革委纪监组

组　长　陆殿勇

派驻市场监管局纪监组

组　长　徐永全（8月免）

丁小震（8月任）

派驻教育体育局纪监组

组　长　秦丽平（女）

派驻公安局纪监组

组　长　管秀祥

派驻财政局纪监组

组　长　王　立

派驻住房和城乡建设局纪监组

组　长　崔益宏

派驻交通运输局纪监组

组　长　戎世春（女）

派驻卫生健康委纪监组

组　长　王　云（女）

派驻民政局纪监组

组　长　凌　峰（8月免）

徐海明（8月任）

派驻城建集团纪监组

组　长　储瑞斌（10月免）

派驻市级机关纪监工委

书　记　朱圣红（女，10月免）

海安市人武部

党委第一书记　于立忠

海安市人民法院

院　长　任智峰（6月辞）

秦昌东（6月任）

副院长　许金海　周国庆

孙卫华　崔　淳（挂职）

专职委员　毛中海　王永进（3月任）

党组书记　任智峰（6月免）

秦昌东（6月任）

党组副书记　许金海

海安市人民检察院

检察长　夏琪斌

副检察长　秦建军　钱义华　陈　彦（女）

陆晓妹（女，挂职，3月任）

刘晶晶（女，挂职，9月任）

专职委员　李　锋

党组书记　夏琪斌

党组副书记　秦建军

陆晓妹（女，挂职，3月任）

市委工作机构及直属单位

办公室

市委工作机关，挂市委研究室、市委机要局、市国家保密局、市国家密码管理局、市档案局牌子。市委全面深化改革委员会办公室设在市委办公室。

主　任　陈兴俊（3月免）

章晓丽（女，3月任）

副主任　王群飞

王晓聪（3月免）

曹　骥（8月免）

王代军（3月任）

顾成勇（3月任）

薛　军（9月任）

研究室

在市委办公室挂牌。

主　任　陈兴俊（3月免）

章晓丽（女，3月任）

专职副主任　王　旭（3月免）

蒋泳波（9月任）

全面深化改革领导小组办公室

在市委办公室挂牌。

主　任　陈兴俊（3月免）

章晓丽（女，3月任）

专职副主任　薛　军（9月免）

解　峰（10月任）

机要局

在市委办公室挂牌。

局　长　陈兴俊（3月免）

章晓丽（女，3月任）

专职副局长　顾元清（3月免）

王代军（3月免）

骆者亮（5月任）

国家保密局

在市委办公室挂牌。

局　长　陈兴俊（3月免）

章晓丽（女，3月任）

专职副局长　陈京京（10月任）

国家密码管理局

在市委办公室挂牌。

局　长　陈兴俊（3月免）

章晓丽（女，3月任）

档案局

在市委办公室挂牌。

局　长　陈兴俊（3月免）

章晓丽（女，3月任）

专职副局长　杨光俊（12月免）

接待办公室

市委、市政府直属事业单位，相当正科级建制。

主　任　周　晔

副主任　陈希韩（12月任）

组织部

市委工作机关，挂市委非公有制企业和社会组织工作委员会、市委党建工作领导小组办公室、市委市级机关工作委员会、市公务员局牌子，设市考核工作委员会办公室、市党员干部现代远程教育管理办公室。

部　长　张明星

常务副部长　陈锦璜（12月免）

吴　兰（女，12月任）

副部长　景　凯（12月免）

陈　焱　张　虎

吴　兰（女，12月免）

于长海（12月任）

部务委员　于长海

王桂江（3月任）

非公有制企业和社会组织工作委员会

在市委组织部挂牌。

书　记　吴　兰（女）

副书记　丁国富（8月任）

市级机关工委

在市委组织部挂牌。

书　记　于长海
专职副书记　景圣余（5月免）
梅从圣（8月任）

党建工作领导小组办公室

在市委组织部挂牌。
主　任　王桂江（9月任）
专职副主任　王桂江（3月免）
徐智鹏（3月任）

考核工作委员会办公室

设在市委组织部。
专职副主任　杨成龙

党员干部现代远程教育管理办公室

设在市委组织部。
主　任　曹晓婕（女）

宣传部

市委工作机关，挂市精神文明建设指导委员会办公室、市新闻出版局（版权局）、市互联网信息办公室牌子，设市委网络安全和信息化委员会办公室。
部　长　王荣贵（7月免）
卢　林（7月任）
常务副部长　刘万春（10月免）
张志刚（10月任）
副部长　陈　琳（10月免）
杨国来（3月免）
涂祖凤（女，10月任）
徐　勇（9月任）
程卫国（10月任）

精神文明建设指导委员会办公室

在市委宣传部挂牌。
主　任　杨国来（3月免）
张志刚（3月任）
专职副主任　刘友斌

新闻出版局

在市委宣传部挂牌。
局　长　陈　琳（3月任，10月免）

网络安全和信息化委员会办公室

在市委宣传部挂牌。
专职副主任　刘文奇（女，9月任）

统一战线工作部

市委工作机关，挂市民族宗教事务局、市政府侨务办公室牌子。
部　长　张明星
常务副部长　王晓波（8月免）
黄婧婧（女，8月任）
副部长　陈文进（9月任）

民族宗教事务局

在市委统战部挂牌。
局　长　王晓波（8月免）
陈文进（9月任）
副局长　刘和军
郑　伟（挂职，12月任）

市政府侨务办公室

在市委统战部挂牌。
专职副主任　钱秀玲（女）

政法委员会

市委工作机关，市国家安全办公室与其合署。
书　记　王巧荣
常务副书记　张元根（5月任）
副书记　葛志祥（6月免）
孙　康（5月任）
徐　泷（3月免）
张长春　张　建（3月任）

国家安全委员会办公室

与市委政法委合署。
主　任　张元根
专职副主任　温淑平（8月任）　张　建

机构编制委员会办公室

市委工作机关，挂市事业单位登记管理局牌子，归口市委组织部管理。
主　任　陈　焱
副主任　周　东（10月任）　陈文进

事业单位登记管理局

在市委机构编制委员会办公室挂牌。
局　长　陈　焱

台湾工作办公室

市委工作机关，挂市政府台湾事务办公室牌子。
主　任　刘建华
副主任　周　兵　朱素荣
薛　杰（挂职）
周建宇（挂职）
朱树春（挂职）
张　明（挂职）

巡察工作办公室

市委工作机关，设在市纪委。
主　任　王启涛（12月免）
印创新（12月任）
副主任　王宝刚
第一巡察组
组　长　丁祥宏
副组长　盛宝稳（8月免）　姜　锋
高金珠（女，12月任）
第二巡察组
组　长　王长荣（女）
副组长　陈仁旭（3月免）
陈兴明（8月任）
曹爱民（9月任）
第三巡察组
组　长　张庆寿
副组长　刘海军　赵呈平
郑淑华（女，12月任）
第四巡察组
组　长　李　澄
副组长　杭兴华　邓锡存
汪刚文

老干部局

市委工作机关，挂市委离退休干部工作委员会牌子，归口市委组织部管理。
局　长　张　虎
副局长　杨训荣　张庆华

离退休干部工作委员会

在市委老干部局挂牌。
党工委书记　张　虎
党工委副书记　严俊明（3月任）

史志工作委员会

市委直属参公事业单位。
主　任　杨　斌
副主任　唐仲荣　陈　远（女，5月任）

党　校

挂市行政干部学校牌子，市委直属参公事业单位。
校　长　张　浩
常务副校长　王宝勇
副校长　程卫国（5月免）　朱　栋
朱素华（5月任）

党校校务委员会

主　任　张　浩
委　员　王宝勇　程卫国（5月免）
朱　栋　朱素华（5月任）

档案馆

市委直属事业单位。
馆　长　吴　晶（女）
副馆长　陆海鸥（女）
崔益丰（8月免）
杨　莉（女，8月任）

融媒体中心

市委直属事业单位，市传媒集团与其合署。
总编辑　周颖亚（女，3月任，12月免）
陈　琳（3月免）
张　斌（12月任）
主　任　周颖亚（女）
副主任　陆志强（3月免）　周龙彬

张　斌（12月免）
徐世华　杨　鹏
周花荣（8月任）
徐耘昊（12月任）

传媒集团

与市融媒体中心合署。

董事长　陈　琳（3月免）
周颖亚（女，3月任）
总经理　周颖亚（女，12月免）
张　斌（12月任）
副总经理　陆志强　周龙彬　张　斌
徐世华　杨　鹏
周花荣（8月任）
徐耘昊（12月任）

融媒体中心（传媒集团）党委

书　记　陈　琳（3月免）
周颖亚（女，3月任）
副书记　周颖亚（女，3月免）
张　斌（8月任）

市人大常委会工作机构

办公室

市人大常委会研究室、市人大常委会信访督办室与其合署。

主　任　李仁平
副主任　周　锋
韩世洋

研究室

与市人大常委会办公室合署。

主　任　印丽琳（女）
副主任　周时兰（女，10月辞）
彭　翔（12月任）

信访督办室

与市人大常委会办公室合署。

主　任　郭恒俊（10月辞）
储祥兰（女，10月任）

监察和司法工作委员会

主　任　许应军
副主任　张媛媛（女）

财政经济工作委员会

主　任　吉临兆（10月辞）
钱祥健（10月任）
副主任　陈光明

人事代表工作委员会

主　任　周　道（10月辞）
沈宏华（10月任）
副主任　邱　元（3月任）

环境资源城乡建设工作委员会

主　任　童明昆（3月免）
姚　峰（10月任）
罗正锡（3月任）
副主任　何继生（10月辞）
储鹏飞（12月任）

农业和农村工作委员会

主　任　王希桂（10月辞）
花　平（10月任）
副主任　盛秋卉（女）

教科文卫工作委员会

市人大常委会民宗侨台工作委员会与其合署。

主　任　崔世平（10月辞）
吉清海（10月任）
副主任　马艺文（女）

民宗侨台工作委员会

与市人大常委会教科文卫工委合署。

主　任　张　育（10月辞）
何继生（10月任）
人大专职委员　陈关飞（3月辞）
钱　钧
吴忠林（3月辞）
刘万春（10月任）

市人民政府工作机构及直属单位

办公室

政府工作部门，挂市政府研究室、市政府外事办公室牌子，市委外事工作委员会办公室设在市政府办公室。

主　任　夏卫军（3月免）
杨国来（3月任）
副主任　张志刚（3月免）　吴叶青
吴海荣（3月免）
单　全（9月任）
顾成勇（3月免）
吕继虎（3月任）
杨光俊（3月任）
于　萍（女，10月任）
周　平（女，挂职）
张羽翼（女，挂职）
陈兴斌（挂职）

研究室

在市政府办公室挂牌。

主　任　夏卫军（3月免）
杨国来（3月任）
专职副主任　蒋爱明

外事办公室

在市政府办公室挂牌。

主　任　夏卫军（3月免）
杨国来（3月任）

市委外事工作委员会办公室

设在市政府办公室。

专职副主任　于　萍（女）

发展和改革委员会

政府工作部门，挂市粮食和物资储备局、市工业和信息化局牌子。

主　任　许金龙（9月任）　周小军
副主任　吉拥海　康　健
王　勇（3月免）
王丽君（女，10月任）
杨　华（12月任）
张晨曦（女）
陆从俊（3月任，12月免）
陈　皞（8月任）
尹阳东（挂职）
总工程师　冯海平
党组书记　许金龙（9月任）　周小军
党组副书记　吉拥海
副科职干部　黄元成

粮食和物资储备局

在市发展和改革委员会挂牌。

局　长　许金龙（9月任）　周小军

工业和信息化局

在市发展和改革委员会挂牌。

局　长　许金龙（9月任）　周小军
专职副局长　陈　皞（8月免）
赵秋明（8月任）

教育体育局

政府工作部门。设市政府教育督导室。市委教育工作委员会与其合署。

局　长　章晓丽（女，3月免）
王　晨（3月任）
副局长　吉清海（10月免）
祝和娟（女，8月免）
朱圣红（女，10月任）
万芝锋
崔益丰（8月任）
秦丽平（女，10月任）
党组书记　章晓丽（女，3月免）
王　晨（3月任）
党组副书记　吉清海（10月免）
朱圣红（女，10月任）
杭　华

市委教育工作委员会
与市教育体育局合署。
党工委书记　章晓丽（女，3月免）
　　　　　　王　晨（3月任）
党工委副书记　吉清海（10月免）
　　　　　　　朱圣红（女，10月任）
纪工委书记　秦丽平（女，3月任）

科学技术局
政府工作部门。
局　长　罗正锡（3月免）
　　　　任　镇（3月任）
副局长　任　镇（3月辞）
　　　　王晓聪（3月任）　刘礼文
　　　　陈进荣　王　亮（挂职）
党组书记　罗正锡（3月免）
　　　　　王晓聪（3月任）
党组副书记　孙　祥

公安局
政府工作部门。
局　长　葛志祥（6月免）
　　　　孙　康（6月任）
督察长　葛志祥（6月免）
　　　　孙　康（6月任）
副局长　杨　军（8月免）　季峥嵘
　　　　于志海　杨宝虎　杨林根
　　　　李志明（8月任）
　　　　王霖玉（女，挂职）
　　　　钱志勇（挂职，11月任）
政　委　章群峰
党委书记　葛志祥（6月免）
　　　　　孙　康（6月任）
党委副书记　章群峰　杨宝虎

民政局
政府工作部门。
局　长　袁加根（5月免）
　　　　于俊卿（5月任）
副局长　于俊卿（5月免）
　　　　顾庆瑜（3月免）
　　　　曹瑞敏（女，3月免）
　　　　王俊华（5月任）
　　　　臧网华（5月任）
党组书记　袁加根（5月免）
　　　　　于俊卿（5月任）
党组副书记　于俊卿（5月免）

司法局
政府工作部门，设市委全面依法治市委员会办公室。
局　长　周　平（女）
副局长　谢志军（9月任）
　　　　许金龙（3月任，9月免）
　　　　周　林　黄德春
　　　　芦　霞（女）
党组书记　谢志军（9月任）
　　　　　许金龙（3月任，9月免）
　　　　　徐向东
党组副书记　周　林

市委全面依法治市委员会办公室
设在市司法局。
主　任　王巧荣
专职副主任　张英存

财政局
政府工作部门，挂市政府国有资产监督管理办公室牌子。
局　长　段海峰
副局长　周月琴（女，3月免）
　　　　崔　惠（女）
　　　　许秀平（8月免）
　　　　刘兴逢　林志勇（8月任）
党组书记　段海峰

国有资产监督管理办公室
在市财政局挂牌。
主　任　段海峰

人力资源和社会保障局
政府工作部门。
局　长　沈宏华（10月免）
　　　　顾维斌（10月任）
副局长　王　鲲　钟晓卫　王筱莉（女）
党组书记　顾维斌（10月任）　沈宏华
党组副书记　王　鲲

住房和城乡建设局
政府工作部门，挂市人民防空办公室、市地震局牌子。
局　长　许金龙（3月免）
　　　　刘成亮（3月任）
副局长　贾伯根　曹瑞敏（女，3月免）
　　　　邓卫东　杨　勇
　　　　李德余（3月任）
总工程师　夏永琴（女）
党组书记　许金龙（3月免）
　　　　　刘成亮（3月任）
党组副书记　贾伯根　杨　勇（3月任）
　　　　　　钱晓兵（5月任）

人民防空办公室
专职副主任　刘　浩（聘，3月任）

建筑工程管理局
局　长　贾伯根

市住房和城乡建设局
副科职干部　储祥文
　　　　　　徐培鸿（女）

城市管理局
政府工作部门，挂市综合行政执法局牌子。
局　长　许祥法
副局长　周晓建　黄晓兵　沈卫星
　　　　缪　行（10月任）
党组书记　许祥法

综合行政执法局
在市城市管理局挂牌。
局　长　许祥法

交通运输局
政府工作部门。
局　长　崔　剑
副局长　陈　昕（8月任）
　　　　高卫东（3月免）
　　　　章再兵（5月任）
　　　　孙常青（9月任）
　　　　高　菲（女，9月任）
党组书记　陈　昕（8月任）　徐　毅
党组副书记　高卫东
总工程师　曹劲松（女）

水利局
政府工作部门。
局　长　顾维斌（10月免）
　　　　陈　峰（10月任）
副局长　邓　琴（女）　吴建国
　　　　孙小进（5月任）
党组书记　顾维斌（10月免）
　　　　　陈　峰（10月任）
总工程师　张宏林

农业农村局
政府工作部门，挂市政府扶贫工作办公室、市乡村振兴局牌子，设市委农村工作领导小组办公室。
局　长　臧　忠
副局长　王虎林（5月免）
　　　　张　杰（5月免）　杜明军
　　　　张　宇　曹剑华
总畜牧兽医师　董　飞
党组书记　臧　忠
党组副书记　王虎林　于木军

乡村振兴局
在市农业农村局挂牌。
局　长　臧　忠
副局长　于木军

市委农村工作领导小组办公室

设在市农业农村局。

专职副主任　陆爱红（女，3月免）
　　　　　　徐　艳（女，5月任）

商务局

政府工作部门。

局　长　冯永进（12月免）
　　　　陆秋艳（女，12月任）

副局长　陆学祥（3月免）
　　　　陆秋艳（女，12月免）
　　　　李　玮　史霞兵
　　　　周先宇（5月任）

党组书记　冯永进（12月免）
　　　　　陆秋艳（女，12月任）

党组副书记　陆学祥（3月免）
　　　　　　史霞兵（5月任）
　　　　　　于雪晴（12月任）

投资服务中心

市商务局下属正科级事业单位。

主　任　陆秋艳（女，12月免）
　　　　于雪晴（12月任）

副主任　梅　军　周先宇　杨晓飞

文化广电和旅游局

政府工作部门，挂市文物局牌子。

局　长　华志刚

副局长　吴秋月（女）　王　飞

党组书记　华志刚

党组副书记　周颖亚（女）

文物局

局　长　华志刚

专职副局长　范小磊

卫生健康委员会

政府工作部门。

主　任　卢礼华（女，3月免）
　　　　吴金祥（3月任）

副主任　季永东　蔡红卫（女，3月免）
　　　　仲重阳　刘爱明
　　　　陆从兵（5月任）
　　　　景亚莉（女，5月任）

党组书记　卢礼华（女，3月免）
　　　　　吴金祥（3月任）

党组副书记　季永东

退役军人事务局

政府工作部门。

局　长　韦宝军

副局长　臧网华（5月免）　吴文中
　　　　祝春涛　李存根（9月任）

党组书记　韦宝军

应急管理局

政府工作部门，设市安全生产委员会办公室。

局　长　凌　勇

副局长　王建群　陈银君　周卫东
　　　　顾宏俊

总工程师　曹　进

党委书记　凌　勇

党组副书记　王建群

安全生产委员会办公室

设在市应急管理局。

专职副主任　罗进明

审计局

政府工作部门，设市委审计委员会办公室。

局　长　杭亚军

副局长　吉远忠　陆　飞
　　　　孙真宝（5月任）

党组书记　杭亚军

总审计师　胡广君

市委审计委员会办公室

设在市审计局。

专职副主任　许稳兰（女）

行政审批局

政府工作部门，挂市政务服务管理办公室牌子。

局　长　钱祥健（10月免）
　　　　单　蓓（女，10月任）

副局长　曹　青（女）　张海斌
　　　　丁爱武　印军荣

总规划师　沈林玲（女，3月免）
　　　　　张　锦（女，5月任）

党组书记　钱祥健（10月免）
　　　　　单　蓓（女，10月任）

政务服务管理办公室

在市行政审批局挂牌。

主　任　钱祥健（10月免）
　　　　单　蓓（女，10月任）

专职副主任　储　海

市场监督管理局

政府工作部门，挂市知识产权局牌子。

局　长　朱志亮（5月免）
　　　　袁加根（5月任）

副局长　陈　洪（女）
　　　　金晓晋（9月辞）
　　　　杨姝莉（女）　顾　斌
　　　　蒋克荣（9月任）

食品药品安全总监　王　磊（3月任）

总工程师　韦红梅（女，9月任）

党组书记　朱志亮（5月免）
　　　　　袁加根（5月任）

党组副书记　金晓晋（9月任）

知识产权局

在市场监督管理局挂牌。

局　长　袁加根（5月任）

统计局

政府工作部门。

局　长　花　平（10月免）
　　　　谢国华（10月任）

副局长　刘海凝（女）　王　庆
　　　　宣　严（女，挂职）

总统计师　王丽君（女，10月免）
　　　　　顾　钧（10月任）

党组书记　花　平（10月免）
　　　　　谢国华（10月任）

党组副书记　邓木林
　　　　　　宣　严（女，挂职）

医疗保障局

政府工作部门。

局　长　杨云根

副局长　葛铁宏　童　军

党组书记　杨云根

党组副书记　葛铁宏

信访局

政府工作部门，市委信访局与其合署。

局　长　张羽翼（女）

副局长　张　杰（5月任）　崔元兵
　　　　程广元　罗桂潜

督查专员　景　春（5月免）
　　　　　钱海兵
　　　　　王文林（10月任）

党组书记　张　杰（5月任）

地方金融监督管理局

政府工作部门，挂市政府金融工作办公室牌子。

局　长　仲伟平（3月免）
　　　　王　勇（3月任，10月免）
　　　　陆从俊（12月任）

副局长　崔海德

党组书记　仲伟平（3月免）
　　　　　王　勇（3月任，10月免）
　　　　　陆从俊（12月任）

金融工作办公室

在市地方金融监督管理局挂牌。

主　任　仲伟平（3月免）
　　　　王　勇（3月任，10月免）
　　　　陆从俊（12月任）

机关事务服务中心

市政府直属事业单位。

主　任　陈　峰（10月免）
　　　　陈兴斌（10月任）

副主任　祝增福（5月任）　景存甫
　　　　崔世华

党组书记　陈　峰（10月免）
　　　　　陈兴斌（10月任）

党组副书记　祝增福（5月任）

市政府投资项目工程建设中心

市政府直属事业单位。

主　任　唐仁圣

副主任　邓壮志　周　健（女）

党组书记　唐仁圣

社会矛盾纠纷调处中心

市政府直属事业单位。

主　任　周　林

副主任　包珊龙
　　　　高金珠（女，5月任，12月免）
　　　　申振铎（12月任）

市域治理现代化指挥中心

5月，市大数据中心更名为市市域治理现代化指挥中心，原市大数据中心领导职务自然免除。市政府直属事业单位，相当正科级。

主　任　丁　乙

副主任　钱晓兵（5月免）
　　　　王　慧（9月免）　王国华
　　　　徐晓辉　陈子锋（5月任）
　　　　周柏平（9月任）

党组书记　王巧荣（8月免）
　　　　　葛志祥（8月兼任）

党组副书记　钱晓兵（5月免）　丁　乙

政协海安市委员会工作机构

秘书长　张　华（10月免）
　　　　景　凯（10月任）

办公室

主　任　季永华

副主任　韩　鹏　顾东升

提案委员会

主　任　范建铭

经济科技和农业农村委员会

主　任　陈　琳（10月任）　景世泽

副主任　黄存书

委员工作委员会

主　任　朱昌军

副主任　于爱均　缪卢珊

教文卫体和文史委员会

主　任　汪　宁（3月免）
　　　　祝和娟（女，8月任）

环境资源和城乡建设委员会

主　任　王晓波（8月任）

副主任　史礼根

社法民宗和港澳台侨委员会

主　任　于清山

副主任　戴智勇（10月任）

垂直管理单位

南通市海安生态环境局

局　长　吴金祥（3月免）
　　　　周海军（8月任）

副局长　柳培文（2月免）　周　晖
　　　　吕红梅（女，11月免）
　　　　杨文峰　沈林玲（女，2月任）

党组书记　吴金祥（3月免）
　　　　　周海军（8月任）

党组副书记　柳培文（8月任）

江苏省海安地震台

台　长　于　华

副台长　徐连胜

国家税务总局海安市税务局

局　长　薛海俊（2月免）
　　　　傅晓军（2月任）

副局长　王　欣（5月任）　张东栋
　　　　解应贵（3月免）
　　　　刘　平（11月免）
　　　　唐圣俊（10月免）
　　　　蒋雪俊（8月免）
　　　　陆　进（6月免）

党委书记　薛海俊（2月免）
　　　　　傅晓军（2月任）

纪检组长　王　欣（5月免）
　　　　　吴　华（5月任）

海安市自然资源和规划局

挂市林业局、市海洋局牌子。

局　长　茆根明

副局长　唐友根　季宜海　陶　明
　　　　夏　晶

总工程师　丁荣坤

总规划师　崔晓鹏（10月任）

党组书记　茆根明

国网江苏省电力有限公司海安市供电分公司

总经理　唐玉婷（女）

副总经理　周奕兵　吴金明　李其军
　　　　　徐海军（1月任）

党委书记　周奕兵

党委副书记　唐玉婷（女）

纪委书记　徐　华（女，8月任）

中国电信集团有限公司海安分公司

总经理　储晓慧（女）

副总经理　丁　赵　杨晓红（女）
　　　　　穆蔡倩（女，12月任）

党委书记　储晓慧（女）

纪委书记　杨晓红（女）

中国邮政集团有限公司江苏省海安市分公司

总经理　邱　郡（9月免）

副总经理　邓壮忠
　　　　　王则亚（女，4月免）
　　　　　沈　荣（4月任）
　　　　　陈允球（7月免）

党委书记　邱　郡（9月免）

纪委书记　王则亚（女，4月免）

海安市气象局

局　长　郁　健

副局长　赵成诚　葛　鹏

江苏省盐业集团南通有限公司海安分公司

经　理　袁忠汉

副经理　王　新（9月免）
　　　　季红星（8月任）

海安市烟草专卖局、南通市烟草公司海安分公司

局长、经理　刘　群（12月免）
　　　　　　王鸿俊（12月任）

副经理　花培均

副局长　刘　生（12月免）

党组书记　刘　群（12月免）
　　　　　王鸿俊（12月任）

中国人民银行海安市支行

行　长　汤晓枫

副行长　陈冯军　章美娟（女）

党组书记　汤晓枫

中国工商银行股份有限公司海安支行

行　长　彭　瑞

副行长　夏晓黎　姜　晓

党委书记　彭　瑞

纪委书记　周光磊

中国银行股份有限公司海安支行

行　长　缪　杰

副行长　戴亚琴（女）
　　　　吴庆霞（女）

方　念　蒋小蔓（女）
党支部书记　缪　杰

中国建设银行股份有限公司海安支行

行　长　施汉平
副行长　蔡晓虹（女）　徐晓成
章仕斌
党委书记　施汉平

中国农业银行股份有限公司海安市支行

行　长　曹　煜
副行长　张　梅（女）　黄红军
王云阳　周书学
党委书记　曹　煜

江苏海安农村商业银行股份有限公司

董事长　钱海标
行　长　江炜鑫
副行长　秦宏卫　冯增荣　严德明
吴海燕（女）　邓晓程（女）
监事长　金　泳
党委书记　钱海标
党委副书记　江炜鑫

中国农业发展银行海安市支行

行　长　赵　雨
副行长　程　伟　袁　蕾（女）
党支部书记　赵　雨

中国人民财产保险股份有限公司海安支公司

经　理　张　华
副经理　李　峰
党支部书记　张　华

中国人寿保险股份有限公司海安支公司

经　理　陈莉莉（女）
副经理　鲍红梅（女）　陈　亮
经理助理　徐培根
党支部书记　陈莉莉（女）

中国人寿财产保险股份有限公司海安支公司

经　理　蔡宏建
副经理　顾逸峰
党支部书记　蔡宏建

市群众团体组织

总工会

主　席　李如生（5月免）
杨海燕（女，5月任）
副主席　柴宝清（女，5月免）
王　华（女）
刘学亮（10月任）
张　驰（挂职）
党组书记　柴宝清（女，5月免）
杨海燕（女，5月任）

共青团海安市委员会

书　记　徐　立（11月免）
姜朔昶（11月任）
副书记　张　成（5月免）
张亦凡（3月任）
阙晓燕（女，5月任，原职级不变）
樊　瑶（女，挂职）

妇女联合会

主　席　杨海燕（女，5月免）
刘冬梅（女，5月任）
副主席　马冬花（女）　金　华（女）
陶慧文（女，挂职）
党组书记　杨海燕（女，5月免）
刘冬梅（女，5月任）

供销合作总社

主　任　徐幼松
副主任　吉让余（3月免）　梁晓东
韩　俊（5月任）
许幼虔（女，3月任）
党组书记　徐幼松
党组副书记　吉让余（3月免）
韩　俊（5月任）

供销合作总社理事会

主　任　徐幼松
副主任　吉让余（3月免）
韩　俊（5月任）
许幼虔（女，3月任）
监事会主任　梁晓东

科学技术协会

主　席　孙　祥
副主席　金　涛（5月任）
申承秀（女，不驻会）
储呈平（不驻会）

归侨侨眷联合会

主　席　刘冬梅（女，5月辞）
景圣余（5月任）
副主席　王婷婷（女，11月任）
周杰祥（不驻会）
陈　飞（不驻会）
王良明（不驻会）
崔建军（不驻会）
柴　靖（不驻会）

工商业联合会（总商会）

主席（会长）　蔡祝平
副主席（副会长）　吕建华（3月辞）
于爱均（9月辞）
黄婧婧（女）
储雪松（9月任）
范志军（9月任）
储呈平（不驻会）
薛庆龙（不驻会）
卞　童（不驻会）
王家安（不驻会）
申承秀（女，不驻会）
周经成（不驻会）
杨忠国（不驻会）
笪鸿鹄（不驻会）
李春涛（不驻会）
陈友华（不驻会）
仲跻和（不驻会）
孙秀芳（女，不驻会）
副会长　曹洪新（不驻会）
常　琦（不驻会）
陈　敏（不驻会）
周和春（不驻会）
王卫东（不驻会）
王传威（不驻会）
林克文（不驻会）
殷文元（不驻会）
贲友兰（女，不驻会）
党组书记　黄婧婧（女）

残疾人联合会

理事长　王　健
副理事长　沈广军
包丽梅（女，3月任）
党组书记　王　健

哲学社会科学界联合会

主　席　涂祖凤（女）
副主席　涂开生
奚海宁（女，12月任）
程卫国（12月辞）
康　健（不驻会）

文学艺术界联合会

主　席　徐　进
副主席　叶晨玲（女）
葛志华（不驻会）
陈　稷（不驻会）

红十字会

会　长　卢　林（7月辞）
曹　铖（7月任）
常务副会长　季永东
副会长　陈松梅（女）
王群飞（不驻会）

于长海（不驻会）
吴　兰（女，不驻会）
于俊卿（不驻会）
周月琴（女，不驻会）
章群峰（不驻会）
张建平（不驻会）
朱时林（不驻会）
王　晨（不驻会）
吴金祥（不驻会）
监事长　崔世平（不驻会）
副监事长　王　云（女，不驻会）

法学会

会　长　王巧荣
常务副会长　张元根
副会长　刘海建（9月任）
于清山（不驻会）
周　平（女，不驻会）
秦建军（不驻会）
张长春（不驻会）
毛中海（不驻会）
章群峰（不驻会）
张英存（不驻会）
许应军（不驻会）

市企事业单位

江苏省海安高级中学

校　长　吕　建
副校长　董裕华　吴明山　周　峰
罗湘军（挂职）
顾玉华（8月任）
党委书记　吕　建
纪委书记　顾玉华（8月任）
校务委员会主任　杨　斌

江苏省海安中等专业学校

挂江苏广播电视大学海安学院、海安双楼中等学校、海安市技工学校、海安市建筑工程学校牌子。

校　长　杭　华
副校长　董　辉　唐素云（女）
徐培根（3月免）
张　兵（3月任）
唐永红
党委书记　杭　华
党委副书记　刘东明（3月免）
徐培根（3月任）
纪委书记　刘东明（3月免）
徐培根（3月任）

海安市人民医院

院　长　吕书军
副院长　董德平　刘晓峰　颜永进
储建华　杨小华（5月任）
党委书记　张建平
党委副书记　吕书军　董德平（3月任）
纪委书记　鲁小敏（女，3月任）

海安市中医院

院　长　吉华亮
副院长　魏爱淳（8月免）　周建军
葛　飞　王亚军（3月任）
于建忠（9月任）
党委书记　朱时林
党委副书记　吉华亮　徐通生

江苏瑞海投资控股集团有限公司

董事长　张　健
总经理　郭玉祥（3月任）
副总经理　缪卫国　周晓勇（10月免）
张自力（10月免）
徐振东（10月任）
财务总监　王良斌
党委书记　张　健
党委副书记　储开华（10月免）
郭玉祥（3月任）

海安市城建开发投资集团有限公司

董事长　蒋爱东
总经理　鲁德平（3月免）
钱　锋（3月任）
副总经理　曹兆稳　钱　锋（3月免）
刘　群（3月任）
桑培梅（女）
茆荣飞（3月任）
党委书记　蒋爱东　鲁德平（3月免）
党委副书记　钱　锋（3月任）

海安市水务集团有限公司

董事长　蒋爱东
总经理　周玉宇（10月任）
副总经理　韦安华（10月免）
周玉宇（10月免）　屈　正
章　颖（女，10月任）
严春进（10月任）
党委书记　蒋爱东

海安产业投资控股有限公司

董事长　王　勇（10月任）
总经理　韦安华（10月任）
副总经理　张海森（10月任）
丁广乐（10月任）
朱树春（10月任）
党委书记　王　勇（10月任）
党委副书记　韦安华（10月任）
周和春（10月任）

中投融资担保海安有限公司

董事长　周和春
总经理　周和春
副总经理　张振梅（女）
徐　敏（女）
监事会主席　周　彪

海安市保安服务集团有限公司

董事长　赵松山
总经理　赵松山（12月免）
王　剑（12月任）
副总经理　吉加德　吉　皓
党委书记　赵松山
党委副书记　王　剑（12月任）

区镇机构

海安经济技术开发区（城东镇）

海安经济技术开发区党工委、管委会，分别为南通市委、市政府派出机构，由海安市委、市政府代为管理，规格为正处级。

党工委

书　记　于立忠（6月任）
常务副书记　严长江（7月免）
张勇华（7月任）
副书记　任永峰　吴建华
委　员　张英来　王晓晖
陈崇进　郁　江
朱志亮（5月任）
仲月军（6月任）
王启涛（11月任）
田卫军
朱　斌（10月免）

管委会

副主任　任永峰　张英来
王晓晖　陈崇进
郁　江
朱志亮（5月任）
仲月军（6月任）

纪工委

书　记　朱　斌（10月免）
王启涛（11月任）
副书记　张增云（女）
陈闽安（9月任）

党政办公室（区域治理现代化指挥中心、网格化服务管理中心、组织人事局、审计办公室）
主　任　杨小进
副主任　丁　勇
　　　　高金珠（女，5月免）
　　　　陈兴峰
　　　　李晓亮（5月任）
　　　　陶　艳（女，9月任）
经济发展局
局　长　谢国华（8月免）
副局长　季小云　胡　恺
　　　　韩忠兰（女）
　　　　王卫东（9月任）
科技和人才工作局
副局长　季婷婷（女）
财政局
局　长　田卫军
副局长　王　进　薛　珉
　　　　李　由（挂职）
建设局
局　长　包如峰
副局长　黄　红（女）　袁　飞
　　　　包华海
招商局
局　长　于雪晴（12月免）
副局长　程　森　雷晓刚（5月免）
　　　　薛　杰
　　　　陈　晨（5月任）
投资促进局（重大项目推进管理办公室）
局　长　孙宝军
副局长　张小飞（女）
　　　　倪　明
　　　　蒋向军（10月任）
现代服务业局
局　长　何　伟
副局长　丁建峰（12月免）
　　　　杨　进（9月任）
　　　　李　进（9月任）
安全生产监督管理局
局　长　许　鹏（3月免）
　　　　刘祥根（5月任）
副局长　刘祥根（5月免）
　　　　王卫东（9月免）
　　　　蒋政纲（5月任）
　　　　唐仕全（9月任）
行政审批局
局　长　储瑞明
副局长　万继文
　　　　马梦展（女）
　　　　费海霞（女）
海安开发区高科技创业园管理办公室
主　任　贲道明
副主任　姚　峰（10月免）
　　　　曹　华（挂职）
江苏海安软件科技园管理办公室
主　任　杨　军（9月免）
副主任　洪　俊
　　　　黄　峰（9月任）

江苏海安商贸物流产业园

党工委
书　记　吴建华
副书记　冯永进（兼，12月免）
　　　　高卫东（3月任）
　　　　郁　江（兼）
委　员　周克荣（女，3月免）
　　　　李海燕（女）
　　　　王存宝
管委会
主　任　冯永进（兼，12月免）
　　　　郁　江（兼）
副主任　周克荣（女，3月免）
　　　　李海燕（女，3月任）
　　　　王存宝（聘，3月任）
纪工委书记　周克荣（女，3月免）
江苏海安保税物流中心管委会
主　任　吴建华（3月免）
　　　　高卫东（3月任）
副主任　李海燕（女，3月免）
　　　　王存宝（3月免）
　　　　程　伟（3月任）

上湖创新区（中意海安生态园）

党工委
书　记　陈崇进
副书记　杨　治
　　　　邰生华（12月免）
　　　　丁建峰（兼）
管委会
主　任　杨　治
副主任　季成伟
　　　　马守军
　　　　曹卫东（3月任）
纪工委书记　储瑞勤

城东镇

中共城东镇委员会
书　记　严长江（7月免）
　　　　张勇华（7月任）
副书记　任永峰
　　　　景爱喜（女）
　　　　孙宝军
纪委书记　姜飞燕（女）
宣传委员　杨惠平（女）
统战委员　钱　鹏
政法委员　钱　锋
镇人民代表大会
主　席　张书伟
镇人民政府
镇　长　任永峰
副镇长　李　峰
　　　　金育红
　　　　李鹏飞
　　　　陈蓉蓉（女）
　　　　陈　辉
　　　　朱圣东

海安高新技术产业开发区

海安高新技术产业开发区党工委、管委会为海安市委、市政府派出机构。5月，重新核定高新区“三定方案”，设党工委副书记3名（其中1名由管委会主任兼任），管委会副主任4名，按有关规定设纪工委书记1名，级别均为正科职。设置9个内设机构，分别为党政办公室（区域治理现代化指挥中心、网格化服务管理中心、组织人事局、审计办公室）、经济发展局、科技和人才工作局、财政局、建设局、招商局、投资促进局（重大项目推进管理办公室）、安全生产监督管理局、行政审批局，按有关规定设纪工委副书记2名，级别均为副科职。原高新区党工委、管委会领导班子副职职务自然免除。
党工委
书　记　张勇华（7月免）
　　　　邓加忠（10月任）
副书记　鲁　斌（10月任）
　　　　邓加忠（11月免）
　　　　仲月军（7月免）
　　　　陆建银（挂职）
　　　　陈　昕（8月免）
　　　　尤　建（8月任）

曹　骥（8月任）
陈　丽（女，挂职）
党工委委员　尤　建（8月免）
孙卫华　刘来稳
秦海建　吉　锋
张　锋（5月任）

管委会

主　任　邓加忠（11月辞）
鲁　斌（11月任）
副主任　尤　建（8月免）
刘来稳
秦海建
吉　锋（9月任）
陆建银（12月任）

纪工委

书　记　孙卫华
副书记　邓卫红（女）
秦长军

党政办公室（区域治理现代化指挥中心、网格化服务管理中心、组织人事局、审计办公室）

主　任　何咸平

经济发展局

局　长　郜国圣

科技和人才工作局

局　长　刘晓燕（女）

财政局

局　长　秦海建（兼）
副局长　邓加巍（挂职）

建设局

局　长　吴建华

招商局

局　长　张　锋（12月免）

投资促进局

局　长　王　宇（9月任）
吉　锋（9月免）

安全生产监督管理局

局　长　张　露（10月免）
万　青（12月任）

行政审批局

局　长　邹广芳（女）

海安高新区高科技创业园管理办公室

主　任　陆建银（12月免）
张　锋（12月任）
副主任　吉亚玲（女）
王　亮
张　俊（9月免）
史益华
吕　伟（9月任）
岳晴晴（女，挂职）

老坝港滨海新区（角斜镇）

老坝港滨海新区党工委、管委会为海安市委、市政府派出机构，与角斜镇实行“区镇合一”管理体制，根据授权和委托，统筹辖区内经济社会事务。

党工委

书　记　王　晨（3月免）
周树群（3月任）
副书记　周树群（3月免）
丁小军（5月免）
陶　华（12月免）
王　旭（3月任）
金爱兵（12月任）
委　员　韩　俊（5月免）
郭　龙（5月免）
金爱兵（12月免）
张　吉
周美琴（女）
韩晓祥（5月任）
缪陈志（5月任）
高瑞祯（12月任）

管委会

主　任　周树群（3月辞）
王　旭（11月任）
副主任　韩　俊（5月免）
金爱兵
张　吉
周美琴（女）
韩晓祥（5月任）
缪陈志（5月任）

纪工委

书　记　郭　龙（5月免）
洪柳柳（5月任）

角斜镇

中共角斜镇委员会

书　记　王　晨（3月免）
周树群（3月任）
副书记　周树群（3月免）
陶　华（12月免）
王　旭（3月任，主持工作）
金爱兵（12月任）
组织委员　缪　杰
宣传委员　李　逸
政法委员　高瑞桢（12月免）
单蒙蒙（女，12月任）
统战委员　苏国华
人武部长　张增强

镇人民代表大会

主　席　何　隽（10月辞）
陶　华（10月任）

镇人民政府

镇　长　周树群（3月辞）
王　旭（11月任）
副镇长　韩　俊　金爱兵
张　吉　周美琴（女）
缪陈志（5月任）

中共角斜镇纪律检查委员会

书　记　郭　龙（5月免）
洪柳柳（5月任）

曲塘镇

中共曲塘镇委员会

书　记　吉祖荣
副书记　刘小松　丁小军
陈万荣（5月任）
陈　忱（5月免）
彭红宇（挂职，11月任）
组织委员　刘桂倩（女，5月免）
张　晶（女，5月任）
宣传委员　周学锋（5月免）
余　澄（女，5月任）
统战委员　黄　鑫（5月免）
杨德志（5月任）
政法委员　成存孝（5月免）
张　琦（5月任）
人武部长　徐从兵

镇人民代表大会

主　席　陈锦璜
副主席　黄宝红（女）

镇人民政府

镇　长　刘小松
副镇长　贾伯平（5月辞）
陆从兵（5月辞）
丁帮钧（5月辞）
范　鼎（5月任）
杨　啸（5月任）
潘国华（女）
贲智峰
周学锋（5月任）
黄　鑫（5月任）

中共曲塘镇纪律检查委员会
书　记　杨　啸（5月免）
　　　　贲顺荣（5月任）

李堡镇

中共李堡镇委员会
书　记　许　栩（8月任）
副书记　丁小军
　　　　陈万荣（5月免）
　　　　顾爱群（女）
　　　　陈　忱（5月任）
组织委员　缪陈志（5月免）
　　　　　钟伟伟（5月任）
宣传委员　闾　诚（女，5月任）
统战委员　徐旭东（5月免）
　　　　　施　青（女，5月任）
政法委员　唐忠军（5月免）
　　　　　王吉军（5月任）
人武部长　王国根（5月免）
　　　　　王　林（5月任）
镇人民代表大会
主　席　仲浩然
副主席　张　华（5月辞）
　　　　徐旭东（5月任）
镇人民政府
镇　长　丁小军
副镇长　顾登峰（5月辞）
　　　　冒石宏
　　　　成雅秋（女）　吴　兵
　　　　郭小飞　郭　龙（5月任）
　　　　嵇桂荣（5月任）
中共李堡镇纪律检查委员会
书　记　陆存梅（女，5月免）
　　　　徐　敏（女，5月任）

大公镇

中共大公镇委员会
书　记　刘成亮（3月免）
　　　　金山存（3月任）
副书记　鲁　竞
　　　　杭小燕（12月免）
　　　　阎　超（12月任）
组织委员　谈晓燕（女，5月任）
　　　　　倪亚冬
宣传委员　谈晓燕（女，5月免）
　　　　　徐　译（女，5月任）
统战委员　贺栋梁（5月免）
　　　　　薛秋魁（5月任）
政法委员　朱玉龙（5月免）
　　　　　倪亚冬（5月任）
人武部长　朱玉龙
镇人民代表大会
主　席　王　军（10月辞）
　　　　何　隽（10月任）
镇人民政府
镇　长　鲁　竞
副镇长　顾德桐（5月辞）
　　　　沈　军　黄明磊
　　　　曹　阳　姜朔昶（11月辞）
　　　　吉冠宇
中共大公镇纪律检查委员会
书　记　李红梅（女）

墩头镇

中共墩头镇委员会
书　记　周亚东
副书记　陆从俊（3月免）
　　　　杨　华（12月免）
　　　　吴海荣（3月任）
组织委员　王　伟
宣传委员　邵婷婷（女）
统战委员　费国平（5月免）
　　　　　陈　赟（5月任）
政法委员　赵星星（5月免）
　　　　　周志祥（5月任）
人武部长　顾海亮（5月免）
　　　　　周叶青（5月任）
镇人民代表大会
主　席　申如东
镇人民政府
镇　长　陆从俊（3月辞）
　　　　吴海荣（3月任）
副镇长　王志栋
　　　　陈　晨（5月辞）
　　　　张艺凡（女）
　　　　顾海亮
　　　　刘柱倩（女，5月任）
中共墩头镇纪律检查委员会
书　记　郁　磊（5月免）
　　　　杨　燕（女，5月任）

白甸镇

中共白甸镇委员会
书　记　秦广荣（5月免）
　　　　蒋增鹏（5月任）
副书记　陆枳彤（女）
　　　　崔　君
组织委员　施佳男（女）
宣传委员　徐　峰
统战委员　郭　勇（5月免）
　　　　　周葛莉（女，5月任）
政法委员　刘　臻（5月免）
　　　　　杜晓颖（女，5月任）
人武部长　赵延民（5月任）
镇人民代表大会
主　席　华留春
镇人民政府
镇　长　陆枳彤（女）
副镇长　章再兵（5月辞）
　　　　曹　鹏（5月辞）
　　　　钱　炜（女）
　　　　孙小进（5月辞）
　　　　郭　勇（5月任）
　　　　刘　臻（5月任）
　　　　郁　磊（5月任，12月辞）
中共白甸镇纪律检查委员会
书　记　贲顺荣（5月免）
　　　　贲可梁（5月任）

南莫镇

中共南莫镇委员会
书　记　余星星
副书记　杨　睿（11月免）
　　　　王俊华（5月免）
　　　　徐　立（11月任）
　　　　曹剑峰（5月任）
组织委员　薛钧尹（女）
宣传委员　季　然（5月免）
　　　　　严俊颖（11月任）
统战委员　马　君（女，5月任）
　　　　　王亚芳（女）
政法委员　王金根
人武部长　毛国平
镇人民代表大会
主　席　吴剑英（女）
镇人民政府
镇　长　杨　睿（11月辞）
　　　　徐　立（11月任）
副镇长　王芳芳（女）
　　　　蔡晓群（3月任）
　　　　何　儒（10月辞）
　　　　徐　立（3月辞）
　　　　张　成（5月任）
　　　　徐其军（10月任）

中共南莫镇纪律检查委员会

书　记　丁小震（5月免）

　　　　凌　琳（女，5月任）

雅周镇

中共雅周镇委员会

书　记　鲁　斌（11月免）

　　　　杨　睿（11月任）

副书记　颜　荔（女）

　　　　苗德强

组织委员　高玲玲（女）

宣传委员　许海如（5月免）

　　　　季　然（5月任）

统战委员　吉顺莉（女，5月免）

　　　　刘　柳（女，5月任）

政法委员　万海建

人武部长　周顺济（5月免）

　　　　吉远亮（5月任）

镇人民代表大会

主　席　陈苏六

镇人民政府

镇　长　颜　荔（女，3月任）

副镇长　钱祥生（5月辞）

　　　　鞠汶佑

　　　　范　鼎（5月辞）

　　　　张　宇（挂职）

　　　　周顺济（5月任）

　　　　许海如（5月任）

　　　　卢海鹏（5月任）

中共雅周镇纪律检查委员会

书　记　施小军（5月免）

　　　　张廷耀（5月任）

海安苏台农业合作示范区管理办公室

挂海安雅周现代农业园区管理办公室牌子，与雅周镇政府合署办公。

主　任　张　宇

副主任　梅　进

海安街道

党工委书记　徐爱军

副书记　闫　彦（女，10月免）

　　　　张　露（10月任）

　　　　岳加华

组织委员　纪　臻（女）

宣传委员　王文之

统战委员　黄俊杰

政法委员　崔　葳

人武部长　陆　建

人大工委主任　季拥军

办事处主任　闫　彦（女，10月免）

　　　　张　露（10月任）

办事处副主任　解利稳

　　　　唐　勇（5月免）

　　　　陈友德

　　　　王　正（5月任）

　　　　王　慧（9月任）

纪工委书记　张晓艳（女）

胡集街道

党工委书记　单　蓓（女，10月免）

　　　　孙　坚（10月任）

副书记　孙　坚（10月免）

　　　　王希成（9月免）

　　　　闫　彦（女，10月任）

组织委员　王　宇（9月免）

　　　　王　良（女，9月任）

宣传委员　王　良（女）

统战委员　王　宇（9月免）

　　　　成存孝（9月任）

政法委员　杨　明

人武部长　王贤峰

人大工委主任　周龙法

办事处主任　孙　坚（10月辞）

　　　　闫　彦（女，10月任）

办事处副主任　顾　斌

　　　　贲栋斌

　　　　王　伟

　　　　徐龙俊（10月任）

纪工委书记　邓宝林

孙庄街道

党工委书记　蒋增鹏（8月免）

　　　　闫文海（8月任）

副书记　闫文海（8月免）

　　　　陈方明（9月任）

　　　　贲　越

组织委员　周　静（女）

宣传委员　赵　孟（女）

统战委员　张　斌

政法委员　张红玲（女）

人武部长　丁爱华

人大工委主任　周海冰

办事处主任　闫文海（8月免）

　　　　陈方明（9月任）

办事处副主任　丁爱华　周德进

　　　　卢桂根

纪工委书记　吉　磊

隆政街道

党工委书记　郭玉祥（3月免）

　　　　顾仁军（8月任）

副书记　王　军（10月任）

　　　　顾仁军（8月免）

　　　　李存根（9月免）

　　　　王希成（9月任）

组织委员　张　伟

宣传委员　田美娟（女）

统战委员　吉顺莉（女，5月任）

政法委员　吕　伟（9月免）

　　　　张　俊（9月任）

人武部长　范建峰

人大工委主任　储祥兰（女，10月辞）

　　　　周时兰（女，10月任）

办事处主任　顾仁军（8月免）

　　　　王　军（10月任）

办事处副主任　孙常青（9月免）

　　　　王　正（5月免）

　　　　徐培林

　　　　涂祥俊（10月任）

纪工委书记　钱祥升（5月任）　朱素华

开发区立发办事处

主　任　杨　军

副主任　李　峰　金育红

　　　　陈兴军　周秀文（女）

开发区洋蛮河办事处

主　任　王国权

副主任　李鹏飞　陈蓉蓉（女）

　　　　许志刚　间　玺

开发区西场办事处

主　任　许　鹏

副主任　陈　辉　许应忠　朱圣东

　　　　傅　军

国营海安农场

场长、党委书记　邱海涛

党委副书记　吴小鹏

总经理　吴小鹏

纪委书记　周国才

说明：组织机构及领导人名单不作为干部任免依据

（市委组织部）

文　献

奋进新时代　跑赢新赛程
在全面建设社会主义现代化新征程中勇立潮头

——在中国共产党海安市第十四次代表大会上的报告

市委书记　于立忠

（2021年7月26日）

各位代表、同志们：

中国共产党海安市第十四次代表大会，是在全市上下奋力开启“十四五”新征程、庆祝中国共产党成立100周年的重要时刻，在“两个一百年”奋斗目标历史交汇的关键节点，召开的一次十分重要的大会。会议的主要任务是：认真总结第十三次党代会以来的工作，研究确定今后五年的奋斗目标和主要任务，选举产生中共海安市第十四届委员会和纪律检查委员会，动员全市各级党组织和广大党员干部群众奋进新时代、跑赢新赛程，在全面建设社会主义现代化新征程中勇立潮头。

现在，我代表中共海安市第十三届委员会向大会作报告，请予审议。

过去五年的主要成绩和基本经验

过去的五年，在党中央、省委和南通市委的正确领导下，全市上下坚持以习近平新时代中国特色社会主义思想为指导，深入贯彻习近平总书记视察江苏重要讲话指示精神，开拓创新、砥砺奋进，成为海安发展史上综合实力提升最快、高质量发展效率最高、城乡面貌变化最大、人民群众获得感最强的时期之一。

这五年，我们携手共同逐梦，高水平全面建成小康社会，第一个“百年梦”如愿实现。这五年，我们保持应有定力，共同克服贸易战、新冠疫情等多重不利因素，在大战大考中交出高分答卷。这五年，我们完成华丽蜕变，成功撤县设市，在海安发展史上留下浓墨重彩的一笔。这五年，我们展示全新面貌，创成全国文明城市、国家卫生城市，海安发展能级全面提升。这五年，我们始终创先争优，高质量发展、项目建设、营商环境、党的建设等各项考评持续位居南通前列、全省第一方阵，高质量发展综合考评在南通实现五连冠，连续两年被表彰为全省推进高质量发展先进县（市）。这五年，我们高扬发展大旗，走出了一条经济发展速度快、生态环境质量优、群众幸福指数高，既体现时代特征、又富有海安特色的发展之路，高质量发展成为时代最强音。

——*五年来，我们全力稳增长、促转型，综合实力大幅提升。*截至“十三五”末，全市地区生产总值、固定资产投资、社会消费品零售总额分别达1221.6亿元、536.9亿元、356亿元，年均增长7.7%、10.5%、7.2%，增幅高于全省、南通平均水平。产业结构持续优化，三次产业占比由7.4∶54.5∶38.1调整为5.9∶52.6∶41.5。工业经济蓬勃发展，应税销售突破2000亿元大关，江苏长江以北县级城市总量第一；拥有百亿级企业3家，50亿级企业7家，获评国家级制造业单项冠军示范企业5家、国家级专精特新“小巨人”企业5家，规模企业、亿元企业、新三板挂牌企业数连续多年稳居南通第一。服务业提质增效，应税销售达1820亿元，是2015年的2.4倍；商贸物流园蝉联全国优秀物流园区、最具价值内陆港。建筑业持续壮大，总产值达1800.9亿元，年均增长12.3%；累计获鲁班奖38项、国优奖33项、詹天佑奖31项，被评为全省建筑产业现代化示范城市。农业现代化水平持续位居全省第一方阵，实现粮食生产全省十五连冠；雅周现代农业园成功创建首批省级现代农业产业示范园。国家创新型县（市）、全省科技创新体制综合改革试点城市建设取得显著成效，高新技术企业总数达374家，五年净增255家，全社会研发投入占比、高新技术产业产值占比均居全省第一方阵，连续四年被表彰为全省推动科技政策落实和科技体制改革成效明显地区；县域人才综合竞争力全省第五、江苏长江以北第一。质量强市成绩斐然，新增中国质量奖提名奖1个、省长质量奖提名奖3个，获批国家知识产权强县工程示范县（市），万人发明专利拥有量南通第一。“高质量发展争第一、百强排名进二十”稳步推进，在全国县域经济综合竞争力百强榜、最具投资潜力中小城市百强榜、制造业百强县（市）排名中分别列第24位、第7位、第12位，分别前移35位、2位、27位。

——*五年来，我们积极抓项目、推改革，发展活力不断增强。*持续开展“重特大项目突破年”活动，新开工亿元以上产业项目682个、竣工415个。50亿、100亿级重特大项目实现历史性突破，24个项目入选省级重大项目，入选项目数全省县级城市领先，在南通市19次项目建设考评中18次夺得流动红旗。机器人及智能制造、电子信息、粮食物流等十大专业园区健康发展，成为承载重大项目、引领产业转型、推动经济发展的主阵地。对外开放水平持续提升，完成进出口总额673.9亿元，年均增长12.2%。进境肉类指定监管场地获批运营，填补苏中地区空白。主动策应国家"一带一路"倡议，成功开行中欧（海安—东盟）国际班列、铁海快线班列。全力突破发展瓶颈，土地节约集约利用和闲置土地处置工作获国务院表彰。金融服务实体能力明显增强，贷款余额达1411.2亿元，是2015年的1.9倍，各项贷款余额、占比均居南通前列，金融生态环境综合排名全省第六。常态化开展招工引劳，新增高校毕业生、蓝领技能人才近8万人。持续深化"不见面审批（服务）"改革，连续五年在全省营商环境评价中位居前列。党政机构改革任务全面完成，机关效能明显增强。开发区获批江苏自贸试验区联动创新发展区，高新区获批省级高新区，商贸物流园省级服务业综合改革和曲塘镇省级经济发达镇行政管理体制改革通过验收。

——*五年来，我们注重强功能、提品质，城乡面貌焕然一新。*全力推进现代化中等城市建设，全市城镇化率达68.8%，提高12.7个百分点，城乡建设投入超500亿元，成为全省构建滨海特色城镇带7个中等城市之一，城市建设品位和内涵得到省委娄勤俭书记充分肯定。不断提升城市发展能级，100平方公里城市框架全面拉开，50平方公里城市核心区功能更加完善，图书馆新馆、博物馆新馆、青墩遗址博物馆、城市规划展览馆建成开放。全面启动上湖创新区（中意生态园）、新通扬河生态区建设，两大新区成为展示城市形象、推动城市发展的新增长极。省级综合交通枢纽优势持续放大，海启高速、通榆路快速通道、353省道、连申线航道等一批重点交通工程相继建成，宁启铁路动车组、沪苏通铁路、盐通高铁开通运营，海安全面拥抱"高铁时代"。污染防治攻坚成效显著，空气质量优良天数比率、PM2.5平均浓度实现"双达标"。水环境质量实现历史性好转，市考以上断面平均水质优Ⅲ比例达91.7%，通过全国河湖管护体制机制创新试点县验收。金属表面处理中心、印染产业集成中心、家具产业喷涂中心等一批"绿岛"项目全面实施。镇村人居环境整治三年行动取得明显成效，在全省率先通过调度销号。

——*五年来，我们着力办实事、施法治，民生事业跨越发展。*城乡居民人均可支配收入分别达50044元、25176元，比"十二五"末分别增长45.3%、52.1%。成为江苏长江以北唯一人口净增长县（市）。持续实施民生实事工程，每年民生投入占一般公共预算比重均超80%。脱贫攻坚任务全面完成，成为全省建立解决相对贫困长效机制试点县（市）。保障体系更加健全，城乡基本养老、基本医疗保险覆盖率达97.6%、98.7%，均居南通第一。教育事业蓬勃发展，教育现代化省级监测得分创历史新高；教育保障力度持续加大，新建各类学校23所，成功引进2所高等院校，教育教学质量省市领先。宁蒗支教群体被授予江苏"时代楷模"荣誉称号，获评全国脱贫攻坚先进集体。"健康海安"建设扎实推进，公共卫生服务体系不断完善，成功创建国家慢性病综合防控示范区；医疗救治水平稳步提升，人民医院、中医院通过三级乙等医院复评。文化事业和文旅产业繁荣发展，文化艺术中心被评为第八届全国服务农民、服务基层文化建设先进集体，歌曲《蓝天下》荣获全国"五个一"工程奖。统一战线不断巩固壮大，成功创建全国民族团结进步示范市。平安海安、法治海安建设全面深化，连续16年获评江苏省平安县（市）。扫黑除恶专项斗争取得胜利，群众安全感、法治建设满意度保持全省前列。市域治理现代化指挥中心在南通率先建成运行，实现专职网格员全覆盖，网格规范达标率全省第一。信访矛盾攻坚化解成效明显，获评全国信访工作"三无"县（市）。安全生产专项整治扎实推进，建成全国工贸行业安全生产标准化样板区，安全事故起数、死亡人数均逐年下降。实现全省双拥模范城六连冠。

——*五年来，我们从严强作风、管队伍，党的建设全面加强。*全面落实新时代党的建设总要求，推动全面从严治党向纵深发展，经验做法全省交流。认真抓好宣传思想工作，连续七年荣获全省基层党员冬训工作示范市，市委理论学习中心组获评全省县以上党委（党组）理论学习中心组示范点。"两学一做""不忘初心、牢记使命"等党内集中教育放样省市，形成常态化制度机制。认真开展党史学习教育，挖掘海安红色资源，建成一批党史学习教育基地，不断激发助推发展的"红色动能"。雅周镇东夏村入选全国"红色村"试点，南通唯一。全国新时代文明实践中心建设试点工作通过省级评估验收，"百姓名嘴30×50"孵化工程受到中宣部表彰。融媒体中心建设率先通过省级验收。高质量推进基层党组织标准化建设，"两新"组织党建工作经验做法全省放样。流动党员管理入选中组部试点，"风筝""云端"工作法全省示范。曲塘镇党委获评江苏省先进基层党组织。深入实施干部选拔任用"晒绩比选""成绩单+综合考评"机制，领导干部政治素质考察工作全省试点。大力推进"261"年轻干部培养选拔计划，高素质专业化干部队伍建设持续加强。圆满完成镇党委和村（社区）"两委"换届。深化运用"三项机制"，大力推行"四大行动""两个担当"，常态化开展"谈优谈差"，在全省率先推行科级干部荣誉退休制度，为干部澄清正名典型案例全省通报表扬。严格落实中央八项规定及其实施细则精神，集中整治形式主义、官僚主义，作风建设成果不断巩固深化。深入实施"清风惠民"项目，有效治理基层"微腐败"。一体推进不敢腐、不能腐、不想腐，反腐败斗争压倒性胜利持续巩固。政治生态监测评价纳入全省试点，政治生态优化工程经验做法全省推广。持续深化政治巡察，从体制机制上解决了一批制约高质量发展、弱化基层从严管党治党等方面的突出问题，实现十三届市委巡察全覆盖。高标准完成省委巡视海安和南通市委环保、安全、基层减负等专项巡视巡察整改任务，整改成效赢得省委巡视办充分肯定。纪委监委获评"全省带头建设模范机关工作走在前列纪检监察组织”。人大工作与党委同向，与政府同行，与人民同心，不断创新地方人大监督实践，以“小切口”强化闭环监督做法全省推广；政协“有事好商量”协商议事室实现全覆盖，形成协商议事海安样板。老干部工作连续八年南通第一，“五联五共”老干部社区党建工作入选全省创新典型案例。

奋斗蕴含艰辛，经验弥足珍贵。五年来的负重奋进，五年来的不懈求索，给了我们诸多有益的启示：

——必须始终坚持把新发展理念作为重要指引。五年来，面对新时代新任务新要求，我们坚持创新、协调、绿色、开放、共享的发展理念，不断破解发展难题，持续厚植发展优势。实践证明，只有完整、准确、全面贯彻新发展理念，才能实现更高质量、更有效率、更加公平、更可持续、更为安全的发展。

——必须始终坚持把改革创新作为根本动力。五年来，我们保持锐意创新的勇气、敢为人先的锐气、蓬勃向上的朝气，以一往无前的“亮剑”精神在区域竞争中打开一片天地。实践证明，只有努力破除制约发展的体制机制障碍，全面、深入、持久地推进改革创新，才能以思想的领先保证发展的率先。

——必须始终坚持把生态和安全作为发展底线。五年来，我们始终践行绿色发展理念，全力打好污染防治攻坚战，努力实现环境质量根本好转；始终坚持生命至上、人民至上，持续开展安全生产专项整治，积极营造安全稳定发展环境。实践证明，只有筑牢生态和安全两座屏障，才能让我们静下心来，一心一意谋发展，聚精会神搞建设，努力实现行稳致远。

——必须始终坚持把改善民生作为执政之本。五年来，我们自觉践行以人民为中心的发展思想，把增进民生福祉、促进人的全面发展作为各项工作的出发点和落脚点，充分激发人民群众的积极性、创造性，人民群众的获得感幸福感安全感持续加强。实践证明，只有坚持发展依靠人民、发展为了人民、发展成果由人民共享，才能赢得最广大群众的真心拥护。

——必须始终坚持把苦干实干作为不懈追求。五年来，我们始终保持昂扬的精气神，一张蓝图绘到底，一任接着一任干，四套班子拧成一股绳，区镇部门你追我赶，全市上下争作贡献。实践证明，只有充分调动广大党员干部的积极性，始终保持奋发有为、勇争一流的精神状态，才能形成干事创业的强大合力。

——必须始终坚持把党建引领作为根本保障。五年来，我们纵深推进全面从严治党，持续实施党建“十大工程”，全面激发各级党组织的创造力凝聚力战斗力。实践证明，只有在加强党的全面领导上聚焦用力，才能不辱使命，肩负起海安新一轮发展的历史重任。

风雨兼程、春华秋实！五年的成绩来之不易，这是党中央和省委、南通市委正确领导的结果，凝聚着全市广大党员和干部群众的辛劳与智慧，饱含着广大企业家和社会各界人士的心血与汗水，倾注了各级领导和老同志的关心与支持，也离不开历届市委打下的坚实基础。特别是各位党代表，和我们风雨同舟、一路同行，共同见证和创造了海安的发展成就。在这里，我代表中共海安市第十三届委员会，向长期以来关心、支持和参与海安经济社会发展的同志们、朋友们，表示衷心的感谢，致以崇高的敬意！

在肯定成绩、总结经验的同时，我们也清醒地看到，当前经济社会发展仍然存在一些矛盾和问题，主要表现在：宏观经济形势复杂多变，实体经济发展面临一些困难，资源要素制约进一步加剧；产业结构向价值链高端攀升速度不够快，龙头型企业还不多，开发园区集聚度、支撑度、贡献度亟待提高；城乡基础设施建设仍有短板，乡村振兴和小城镇建设还需要持续发力；民生领域存在一些薄弱环节，社会治理还有待完善；党的建设还存在一些不足，少数党员干部的眼界、能力与高质量发展的要求还有差距，高压态势下腐败存量还未清底，增量仍有发生，等等。针对这些问题，我们将高度重视，不遮掩、不回避、不懈怠，带着责任，带着使命，破解难题，奋力前行。

今后五年的指导思想和奋斗目标

海安是江海文明的起源，积淀着博大厚重的文化底蕴，孕育了灿若星辰的名人先贤，成就了“海陵胜地”的美名盛誉。改革开放以来，一代又一代海安儿女谱写了开拓进取的壮丽篇章。特别是党的十八大以来，我们高举习近平新时代中国特色社会主义思想伟大旗帜，全面贯彻新发展理念，以越是艰险越向前的坚韧毅力，敢教日月换新天的豪情壮志，成功改写了区域经济版图，从曾经南通的“小六子”一跃成为高质量发展的“排头兵”。今天，我们接过历史的“接力棒”，又站在了一个新的起跑线上。

——站在新的起跑线上，我们肩负时代新使命。党的十九届五中全会系统谋划部署了“十四五”时期经济社会发展，擘画了我国未来五年以及十五年的发展蓝图。省委、南通市委也因地因时因势，科学谋划，描绘了现代化发展蓝图。迈向现代化，开局五年尤为关键。我们既肩负着为海安全面建设社会主义现代化新征程谋篇布局、领航定向的历史使命，又肩负着全面完成“十四五”规划，为2035年远景目标打牢基础的历史重任。进入新发展阶段、贯彻新发展理念、融入新发展格局，我们既要长远谋划，更要干在当下，再来一次全面领先的“精彩诠释”，再造一个高质量发展的“沧桑巨变”。

——站在新的起跑线上，我们适逢战略新机遇。当前，“一带一路”“长三角一体化发展”“长江经济带”“沿海发展”等重大战略机遇在海安交汇叠加，我们站在了发展的风口上。“十四五”期间，科技创新战略地位更为凸显、“新基建”构筑发展新引擎、绿色经济成为鲜明的发展导向，这些都与海安发展内涵和特质高度契合。迈向现代化，作为南通发展重要板块，我们信心更足、后劲更强，必须主动拥抱“万亿时代”，在服务通州湾发展、沿江科创带建设等领域积极作为、乘势而上，让宝贵机遇成为跨越发展的“助推器”。

——站在新的起跑线上，我们面临发展新挑战。从宏观环境看，世界百年未有之大变局正加速演变，不稳定不确定因素明显增多；我国正处于改革发展的转型时期，各种矛盾和纠纷潜在交织。从海安自身看，资源承载有限、空间容量不足日益成为制约发展的不利因素；区域竞争日益激烈，到了不进则退、慢进亦退的发展关口。我们要深刻把握世界格局之变、发展阶段之变、治理体系之变，于危机中育新机、变局中开新局，努力再创海安发展新奇迹。

——站在新的起跑线上，我们攒足奋进新势能。经过40多年的改革开放，海安产业基础更为坚实，科教优势更为突出，基础设施更为完善，城乡发展更为均衡，文化魅力更为彰显，民生保障更为有力，综合实力步入全省前列。海安广大党员干部在应对风险挑战中总结了成功的探索经验，在走在前列的进程中凝聚了强大的发展合力。更为重要的是，我们在学习百年党史中汲取了磅礴的智慧和力量，必将激发出更为强大的凝聚力、战斗力、竞争力，带领我们奋勇向前，不断从胜利走向新的胜利。

未来五年，海安发展的指导思想是：高举中国特色社会主义伟大旗帜，深入贯彻党的十九大和十九届二中、三中、四中、五中全会精神，坚持以习近平新时代中国特色社会主义思想为指导，深入落实习近平总书记在庆祝中国共产党成立100周年大会上的重要讲话以及视察江苏重要讲话指示精神，统筹推进“五位一体”总体布局，协调推进“四个全面”战略布局，坚定不移贯彻新发展理念，坚持稳中求进工作总基调，以推动高质量发展为主题，以深化供给侧结构性改革为主线，以改革创新为根本动力，以满足人民日益增长的美好生活需要为根本目的，紧紧围绕“枢纽海安、科创新城”的发展定位，加快构建现代化经济体系，深入推进治理体系和治理能力现代化，全力打造枢纽海安、智慧海安、健康海安、平安海安、宜居海安，加快建成产业强市、文化强市、教育强市、科技强市、人才强市，努力建设现代化中等城市、创新型工商城市，向着实现第二个百年奋斗目标迈进。

未来五年，我们将立足“一个定位、两个维度、七个更高”战略定位，在全面建设社会主义现代化新征程中勇立潮头。

具体而言，“一个定位”就是“枢纽海安、科创新城”，这是未来海安发展的战略引领；“两个维度”就是“构建现代化经济体系、推进治理体系和治理能力现代化”，这是迈向现代化的两大战略支撑；“七个更高”就是更高质量推动经济发展、更高层次激发创新动能、更高起点深化改革开放、更高标准改善人民生活、更高品质建设美丽海安、更高效能推进市域治理、更高水平加强党的建设，这是“五个海安”“五个强市”的内在要求，也是未来奋斗的战略目标。战略引领、战略支撑、战略目标，既各有侧重又相辅相成，共同构成完整、立体、科学的海安发展战略定位，描绘出未来发展的美好蓝图。

一、奋进新时代、跑赢新赛程，要进一步明晰海安发展定位

一座城市有一座城市的气质和风骨，深深融入我们的发展史、奋斗史，既能触摸历史、又能拥抱未来，随时间推移和时代变迁而与时俱进。“枢纽海安、科创新城”是海安最鲜明的发展特质和最生动的城市画像，必将引领我们造就和遇见更加美好的明天。

*要始终坚持枢纽海安的发展导向。*枢纽优势是海安极为重要的发展优势。10年来，我们立足优势、放大优势，“枢纽海安、物流天下”品牌全面叫响。展望未来，随着南通新机场、通州湾新出海口、八大过江通道等一系列重大交通基础设施的加快推进，以及苏中苏北高铁调度指挥中心落户海安、国际货运班列融入全省“4+1”国际班列运行体系，海安正加速成为京沪第二通道重要节点，枢纽优势进一步彰显。未来之海安，依托货运站、高铁站、二级编组站等陆港固有优势，以及周边丰沛的海港空港资源，完全有能力打造布局完善、协同高效的综合交通枢纽，公铁水无缝对接的区域物流枢纽，交通、产业、城市联动一体的融合发展枢纽，网络互联、数字共享的现代信息枢纽，加速成为承东启西、连南贯北，长三角核心区重要的陆港城市、国家物流枢纽城市，与南京、徐州共同构建江苏物流枢纽大三角。枢纽地位的凸显，不仅是人流、物流、资金流的加速集聚，枢纽、物流、产业的加速转换，枢纽经济、总部经济、数字经济等新兴业态的加速布局，更将带来一场经济上、地理上、生活方式上的革命，奏响海安发展最强音。

要进一步明晰科创新城的发展路径。“十四五”期间高质量发展，主要看后劲，关键靠创新。一直以来，我们始终高举创新大旗，持续深化国家创新型县（市）和全省科技创新体制综合改革试点建设，努力探索出一条适合海安市情、符合发展潮流，以创新驱动为主要增长动力的市域经济发展新路径。实践充分证明，海安因科技而兴、因创新而进，走的就是一条创新驱动之路、内涵提升之路、以质取胜之路。迈向现代化、开启新征程，我们要领悟创新思想新要义，让创新的理念在海安根植，创新的要素在海安集聚，创新的思维在海安迸发。要构筑全域创新新格局，把科技创新由传统制造业向农业、服务业、社会事业等领域延伸，引导科技创新与安全发展、生态文明、乡村振兴、社会治理等方面精准对接。要丰富创新发展新内涵，深入推进技术创新、模式创新、管理创新、服务创新，让创新融入政府、企业、社会等各个层面，走出一条从“产业海安”到“科教海安”再到“创新海安”的转型发展之路，全力建设创新创造的科创新城。

二、奋进新时代、跑赢新赛程，要深刻把握现代化发展内涵

构建现代化经济体系、推进治理体系和治理能力现代化，从经济发展、社会治理两个方面，回答了“什么是现代化”“怎样建设现代化”的重大课题。县域发展是中国发展的“底座”，海安作为全国较为发达的地区，有责任也有能力在现代化新征程中开新篇、展新貌、拓新局，打造县域现代化发展的海安样本。

*全力构建现代化经济体系。*现代化，首先体现在经济发展上。构建现代化产业体系。分别实现工业、农业、服务业、建筑业的现代化，努力形成“四位一体”、融合发展的现代化产业架构，全面融入国际国内开放体系，形成配套完

善、布局合理、区域协同的产业发展格局。与此同时，积极构建土地、金融、人才、技术、服务等传统要素的市场化供给机制，不断提升城市能级、数字赋能、信息技术等未来要素的现代化供给能力，努力实现要素资源向现实生产力的高效转化。构建现代化科技创新体系。当前，经济高质量发展决定性因素已经发生根本改变，正由传统要素驱动向创新驱动转变。加快完善以企业为主体、市场为导向、产学研深度融合的科技创新体系，将海安打造成为创新型企业孕育地、科技成果转化最佳地、创新人才集聚地。敏锐洞察数字经济对未来发展的强大赋能，探索布局数字经济新业态、数字评估新体系、数字交易新平台，推动数字经济和实体经济深度融合。构建绿色低碳可循环发展体系。始终坚持绿色低碳可循环发展，积极策应“碳达峰”“碳中和”国家重大战略决策，全过程推行绿色规划、绿色设计、绿色投资、绿色建设、绿色生产、绿色能源、绿色流通、绿色生活、绿色消费。加快构建绿色循环发展体系、减能降排体系、可回收利用体系、生态资源交易体系，促进生产生活方式全面绿色转型。

深入推进治理体系和治理能力现代化。现代化，应该是人民幸福、社会和谐的现代化。构建全域治理体系。更加注重顶层设计，健全党委领导、政府负责、民主协商、社会协同、公众参与、高效处置的现代化市域治理体系。以社会治理为统领，一体推进城市治理、乡村治理、社区治理、网络治理、安全生产治理、生态环境治理等，将现代治理的理念和要求注入经济社会发展全领域、全过程。拓展社会治理方式，在运用法治、经济、行政等多种手段规范社会行为的同时，不断强化诚信体系建设，在全社会形成公平正义、法治规范、诚信互信的良好氛围。实现五治融合发展。坚持政治引领，带领全市人民沿着正确的道路阔步前行，让讲政治、顾大局、爱祖国成为所有党员干部群众的思想自觉、行动自觉。坚持法治保障，推动全民学法、尊法、守法、用法，让法治成为融入海安人血液的优秀特质。坚持德治浸润，全力打造“志愿之城”“诚信之城”“德善之城”“公益之城”，让社会主义核心价值观深入人心。坚持共治共享，充分发挥好包括社会力量在内的各个治理主体的作用，让每一个公民、每一个社会组织都成为社会治理的参与者、管理者、受益者。坚持智治支撑，完善“大数据+指挥中心+治理单元”机制，让大数据、人工智能等新技术成为防控社会风险的“最强大脑”。厚植基层治理根基。把抓基层、打基础作为长远之计和固本之举，不断推动社会治理重心下移，全面提升区镇（街道）的行政执行能力、为民服务能力、议事协商能力、应急管理能力、平安建设能力。深刻把握城市化快速发展和城乡关系重构的客观规律，认真研究城市社区、农村社区、撤并社区等不同治理单元的发展特征，创新基层治理模式，统筹推进、分类施策，全方位提高市域治理体系和治理能力现代化水平。

三、奋进新时代、跑赢新赛程，要努力实现“七个更高”战略目标

一个定位、两个维度，归根到底还是要落实到发展上来。展望未来五年，海安现代化发展积厚已成势，登高还望远，奋进不停步，要努力实现“七个更高”战略目标。

——*更高质量推动经济发展*。地区生产总值年均增长7.5%左右，一般公共预算收入超100亿元，工业应税销售达4000亿元，服务业应税销售达3300亿元，建筑业施工产值突破2500亿元，经济总量在南通位次实现前移，发展质量和效益显著提高，综合实力和竞争力明显增强，现代产业体系更加完善。

——*更高层次激发创新动能*。创新型城市、人才强市建设取得重大进展，全社会研发投入占比、高新技术产业产值占比、万人发明专利拥有量等指标位居全省第一方阵，高新技术企业总数超700家，人才综合竞争力稳居全省前列，全面建成全省创新驱动发展示范区。

——*更高起点深化改革开放*。体制机制创新取得重大进展，高质量发展、高效能治理、高品质生活的体制机制更加完善，市场化法治化国际化营商环境建设取得明显成效，经济社会发展活力进一步增强，更高水平开放型经济新体制基本形成。

——*更高标准改善人民生活*。居民人均可支配收入年均增长6.8%左右，中等收入群体比重明显提高，就业更加充分更有质量，公共服务体系优质均衡，多层次社保体系更加完善，教育现代化走在前列，高质量公共卫生健康体系基本建成，养老服务体系不断完善，人口结构更加优化，人民群众生活日益美好。

——*更高品质建设美丽海安*。城乡融合发展走在前列，基本实现城乡协调发展、共同繁荣，城镇化率达75%左右。国土空间布局持续优化，生产生活方式绿色转型步伐加快，资源节约集约利用水平明显增强，生态环境质量根本改善，宜居宜业质量显著提升，人文特色进一步彰显，美丽江苏海安样板建设取得标志性成果。

——*更高效能推进市域治理*。社会主义民主法治更加健全，系统完备、运行规范、智能高效、富有特色的现代化市域治理体系基本建成，防范化解重大风险的体制机制更加完善，发展安全保障更加有力，群众安全感和法治建设满意度显著提高。

——*更高水平加强党的建设*。党的全面领导落实到经济社会发展各领域，总揽全局、协调各方的能力不断增强。社会主义核心价值观深入人心，全社会文明程度显著提高。坚持全面从严治党，政治生态不断优化，管党治党水平整体提升。大统战格局持续完善，工青妇等群团组织桥梁纽带作用愈加凸显。

今后五年的主要工作任务

发展继往开来，使命催人奋进。未来五年，我们要坚持发展第一要务不动摇，统筹做好各项工作，重点抓好以下七个方面：

一、坚持产业强市不动摇，培育经济增长新优势

深入实施工业立市、产业强市战略，加快构建现代产业体系，全力打造长三角北翼最具竞争力的产业高地。

大力发展先进制造业。坚持"主导产业聚优、传统产业提档、前瞻产业布局",不断提升十大产业发展能级,积极拓展航空航天、核工业、生物医药等领域,努力形成百亿级、千亿级现代化产业集群。明确重点产业发展定位,纺织丝绸产业打造具有较强竞争力的新兴国际纺织之都,装备制造业培育布局"一带一路"、辐射全球的龙头型装备制造产业。深入实施大企业培育工程,加快形成以百亿元企业为塔尖、10亿元企业为骨干、亿元企业为基础的企业梯队,努力培育500亿元级特大型企业。建设"单项冠军名城",培育一批由精益生产向智能制造发展的"隐形冠军""单项冠军"。加快企业上市步伐,做大资本市场"海安板块"。深入推进质量强市建设,全面推行"首席质量官"制度,形成高端品牌"海安方阵"。加强企业家队伍建设,培养一批"张謇式"企业家。

加快发展现代服务业。以现代物流、旅游休闲、健康养老三大主导产业为基础,金融服务、科技服务两大特色产业为支撑,努力构建"3+2+N"现代服务业发展体系。大力发展枢纽经济,着力培育"枢纽偏好型"和"枢纽引致型"产业。推动商贸物流园再出发,建强保税物流、期货交割、多式联运、跨境电商、大宗物资交易等功能平台,全力争创国家骨干冷链物流基地。加快服务业与制造业深度融合,引进培育一批优质工业设计、文化创意、认证服务、软件服务外包企业。统筹布局现代商圈、园区商圈、特色街区和商业综合体,鼓励发展总部经济、楼宇经济、首店经济、夜间经济。积极发展现代旅游业,不断叫响"河豚之乡、休闲海安"品牌,打造华东特色旅游度假区、长三角知名生态休闲城市和苏中旅游集散地。

全面发展现代建筑业。加快建筑业转型升级,建设全国一流、全省领先的建筑强市。鼓励建筑业跨界发展,推动建筑业和实体经济、新兴产业深度融合。深入实施"绿色建筑+"工程,加强装配式建筑、绿色建筑和智能建造技术集成应用。拓展建筑业发展空间,开拓国际国内两个市场,主动进军海绵城市、智慧城市、地下综合管廊建设,参与开发市政工程、轨道交通等新老基础设施建设项目。组建建筑业服务中心,形成行政审批、法务保障、人才支撑、金融服务为一体的综合性服务平台。加快建筑科技产业园建设,打造科技型建筑高企梯队。实施品牌提升战略,鼓励建筑企业创优夺杯,做强"海安建造"品牌。

培育壮大战略性新兴产业。聚焦机器人与智能制造、节能环保、新材料等重点领域,主动谋划人工智能、区块链、量子通信等战略性新兴产业,不断提升产业整体规模和综合竞争力。抢抓特高压、工业互联网等"新基建"发展机遇,打造新一轮基础设施投资的新增长点。大力发展数字经济,支持企业"上云",推行"首席信息官"制度,推动企业"两化"深度融合。积极推进智慧城市、智慧政府建设,建设互联网二级节点,促进5G与城市管理、医疗、教育、交通、环保等领域融合发展。

做优做强国资国企。有序推进国企改革三年行动,健全国有企业法人治理结构,构建产权清晰、权责分明、政企分开、管理科学的现代企业制度。深耕关乎国计民生的公共领域,努力提供优质公共服务。主动进军前瞻性、战略性产业和未来产业,抢占发展制高点。科学布局城市建设、乡村振兴、园区开发、金融服务等重要领域,全方位助力经济社会高质量发展。积极发展混合所有制经济,促进国有企业转换经营机制,切实增强国有经济活力,实现国有资产保值增值。

二、坚持创新驱动不动摇,打造科技赋能新引擎

坚持把科技创新摆在发展全局的核心位置,深入实施科技强市、人才强市战略,打造全省创新驱动发展示范地区。

营造一流创新生态。发挥科技创新委员会统筹作用,壮大基层创新管理服务力量,构建全域创新发展格局。健全完善"1+13+1"政策体系,推动各项机制落地见效。持续开展"创新创业在海安""两院专家走进海安"等主题活动,实现企业与高校院所精准对接,提高科技成果产业化和市场化水平。高水平推进开发区、高新区、上湖创新区等创新核心区建设,增强创新策源功能。放大科技银行效应,构建银行支撑、担保支持、创投优先、财政扶持"四位一体"的科技金融运行机制。深入实施知识产权战略,实现高新技术企业、科技创新型企业发明专利全覆盖。

突出企业创新主体。加快推进省级以上产业技术创新战略联盟建设,构建以龙头企业、中等规模企业、科技型小微企业为主体的创新型企业梯队。加大高企培育力度,培育一批具有核心竞争力的"独角兽""瞪羚"企业。健全产学研一体化创新机制,加强对产业关键环节、核心技术等"卡脖子"难题的攻关力度,集中开发一批前瞻性、原创性重大成果产品。实施企业研发机构高质量提升计划,加快建设机器人、磁性材料、先进制造与智能装备等高新技术研究所,打造更多高水平研发平台。

努力建设人才强市。深入推进新一轮"海陵英才"计划,不断丰富"人才新政40条"内涵,确保人才综合竞争力稳居全省第一方阵。持续实施"海陵名家、名师、名医"工程、"海陵乡土人才培育工程"等人才项目,加快建设专业型、复合型高素质本土人才队伍。拓宽人才招引渠道,着力引进"带资金、带项目、带技术"的高层次人才返乡、来海创新创业。创新人才招引模式,在上海、深圳等发达城市建立离岸实验室、孵化器、加速器,构建引才引智、创业孵化、专业服务综合平台。完善外来人才居住、保险、子女入学等服务保障体系,打造全省一流人才发展环境。

三、坚持开放开发不动摇,激发改革发展新活力

积极融入"双循环"新发展格局,持续推进内外联动,实现更大范围、更宽领域、更深层次的对外开放。

拓展对外开放空间。加快开放型城市建设,加强与友好城市的经贸、文化等全方位交流,实现互利共赢。深化"一带一路"经贸合作,支持优势产业、重点企业"走出去",培育一批具有国际竞争力的跨国企业。注重外经贸融合发展,不断提升海安制造在全球的知名度、美誉度,让企业"走出去"带动产品"走出去"、品牌"走出去"、服务

"走出去"。抢抓"长三角一体化发展"战略机遇，全方位融入苏南、全方位对接上海，争当长三角一体化发展"排头兵"。深入推进沿海地区高质量发展，主动融入国家陆海内外联动、东西双向开发新格局，形成独具特色的沿海发展新优势。全力推进海关通关一体化，支持保税物流中心（B型）高质量发展，积极创建综保区，加快申建国家一类铁路口岸。以开发区获批江苏自贸试验区联动创新区为契机，打造国际合作和对外开放样板区。

强势推进项目建设。牢固树立"项目为王"理念，全力以赴抓招商、坚定不移抓项目。深入实施市场化招商、产业链招商、共享平台招商，巩固欧美、日韩等招商阵地，更大力度主攻京津冀、长三角、粤港澳等热点地区，实现项目招引和利用外资高质量发展。持续开展"重特大项目突破年"活动，着力招引一批投资规模大、产业层次高、创新能力强、税收贡献多的龙头型、基地型项目，推动百亿级重特大项目持续突破。全面提升项目管理和服务水平，畅通项目推进"绿色通道"，推动项目早建成、早达效。坚持"亩均论英雄"，构建以质量、效益为核心的资源集约利用综合评价机制，实现节地水平和产出效益"双提升"。

大力发展园区经济。深化园区体制机制改革，构建"企业化管理、市场化运作、差异化分配"发展机制，全面释放开发园区发展活力。不断提升国家级开发区、省级高新区发展能级，推动开发区在"国家队"中争先进位，高新区创成国家级高新区。进一步优化街道管理机制，根据街道所处区位和服务对象实际，在发展城市经济、推动乡村振兴、推进基层治理等方面实现更大作为。更大力度推进省级滨海新区建设，加快打造沿海绿色产业、建设滨海特色城镇，形成美丽生态风光。推动中意生态园提档升级，建设全省领先、国际国内有影响的政府间合作共建生态园。做优做精十大专业园区，电子信息产业园全力建设华东具有核心竞争力的特色制造基地和创新基地、常安纺织园加速成为全国生态综合集成改革试点发展效益示范园区，台商产业园创建国家级海峡两岸合作园区，粮食物流产业园争创全省有位次的一二三产融合发展型园区，不断提高各类专业园区产业集聚度和产出效益。

打造一流营商环境。以长三角最佳营商环境为目标，不断提升市场化、法治化、国际化营商环境发展水平。深化"放管服"改革，加快推进"互联网+政务服务"，构建事前指导、宽进严管、全程服务的监管体系。围绕营商环境评价体系，聚焦税收征管、审批服务、市场公平等关键领域，形成一批有成效、有影响的示范典型。积极引进各类创投基金、私募基金、产业引导基金，加快完善供应链金融服务体系，为企业发展构建强大的金融支撑。全面落实普惠性和结构性减税降费政策，认真解决企业用工、融资等各类难题，助力企业高质量发展。建立常态化、规范化、制度化政企沟通渠道，构建亲清政商关系。

四、坚持乡村振兴不动摇，实现"三农"工作新突破

深入实施乡村振兴战略，促进农业高质高效、乡村宜居宜业、农民富裕富足，农业现代化水平持续走在全省前列。

全面提升农业产业质效。高度重视粮食安全，坚决遏制耕地"非农化"、严格管控农地"非粮化"。坚持以工业理念发展现代农业，推动优质稻米、现代蚕桑等五大优势产业转型升级。以重大农业项目为抓手，培育一批国家级、省级农业龙头企业，打造与海安产业相配套的农业全产业链。突出农业科技创新，建设一批特色农产品生产基地，形成一批农业特色品牌，建成海安农产品特色展馆，争创全国农业科技现代化先行县。大力发展深加工农业，增加农产品附加值。创新农产品营销模式，提高线上线下融合销售比例。推进农业生产全程机械化，集中连片建设高标准农田，加快实施防汛抗旱、农田水利等重点工程建设，夯实现代农业发展基础。以创建国家级农业产业园区为引领，推动雅周现代农业园提档升级，构建"1+N"产业园区发展格局。

大力推进乡村建设行动。全面落实乡村振兴重大战略，实现产业振兴、人才振兴、文化振兴、生态振兴、组织振兴。全力培育乡村振兴示范村和先进村，推动全市乡村振兴示范"串点连线成片"。加大镇村道路、桥梁、污水管网等基础设施建设力度，努力实现城乡一体化。扎实开展新一轮人居环境整治五年行动，全面提升农村人居环境水平。加强农村建房和宅基地管理，引导适度集中居住。完善各类涉农人才政策，扶持一批乡土人才项目，推广一批"三带两助"乡土人才示范点，为乡村振兴提供强有力的人才支撑。

不断加快强村富民步伐。深刻理解农村承包地和宅基地三权分置内涵，稳步推进集体经营性土地入市，促进生产生活要素有效流通，激活农村沉睡资产。积极推进全民创业，加大二三产项目招引力度，形成多层次、多样化的全民创业新格局，培育一批重点创业主体。加大新型职业农民发展力度，大力培育新型合作农场、种粮大户等经营主体，构建科学合理评价机制。着力完善持续稳定增长机制，不断壮大村级集体经济。以获评全省建立解决相对贫困长效机制试点县（市）为契机，推动巩固拓展脱贫攻坚成果同乡村振兴有效衔接。

五、坚持城乡一体不动摇，构建统筹协调新格局

以美丽海安为统领，加快建设"环境优美、功能完善、品位现代、文化彰显、生活便捷、管理精细"的现代化中等城市。

着力丰富城市功能内涵。转变城市发展理念，推动城市建设由外延型向内涵型、功能型向生态型、管理型向服务型转变。坚持规划引领，构建"城乡一体、各具特色、层次分明、布局科学"的城乡规划体系。围绕生态园林、交通畅通、功能提升、市民安居，高质量实施一批城建重点工程；持续完善和优化城市空间形态，推动城市建设向地下拓展、向空中延伸。积极推进新区建设，上湖创新区（中意生态园）、新通扬河生态区基本建成，争创省级美丽宜居城市示范点。高起点规划建设"高铁新城"，打造城市新增长极。做好城市更新文章，在老旧小区改造、城中村改造、微空间治理、小区物业管理等方面下更大功夫，构建满足不同层次居民需求的住房保障和供应体系。注重建管并重，以“绣花”功夫推动城市精细化管理。更加注重城市的宜居品质和吸附功能，不断提升城市对各类人群特别是年轻人的吸引力，建设青年友好型城市。

打造江苏东部综合枢纽。全面提升内联外通功能，努力实现所有区镇10分钟到达高速、20分钟到达城区、30分钟到达周边，1小时畅行沪苏通、2小时通达全江苏、3小时覆盖长三角。依托铁路节点优势，全力策应新长铁路电气及扩容改造，加快推进高铁枢纽东广场和铁路第二物流基地规划建设，着力形成“才”字形铁路网络。大力推进公路网络建设，认真做好东如高速、临海高速建设服务保障工作，形成三纵一横“卅”字形高速路网；推进328国道西段南移、354省道东延等重点工程建设，提高干线公路运行效率。进一步放大水运优势，提升港航资源利用效率。加快通用航空发展步伐。推动农村公路建管养运一体化协调发展，争创“四好农村路”全国示范县（市）。加强与周边海港、江港、内河港、空港的合作，持续提升“公铁水、海陆空”联运功能。

全面提升镇域发展能级。坚持规划引领、产业支撑，引导各区镇久久为功、多元特色发展，建设各具魅力的重点中心镇和特色小城镇。曲塘、李堡致力打造现代化新型小城市。大公加快融入主城区步伐。墩头、南莫、白甸围绕“新鱼米之乡”的时代风貌，建设既保留传统韵味、又彰显时代精神的里下河水乡田园特色魅力区。雅周努力成为全省乡村振兴样板区。持续巩固“八个一”建设成效，注重资源整合、部门联动，不断完善城镇基础服务功能。优化镇村空间布局，分类有序推进撤并集镇整治提升。扎实推进美丽乡村建设，积极开展特色田园乡村创建，注重村庄原始风貌的保留，让农村看得见红墙黛瓦，载得住美丽乡愁。

建设环境优美宜居家园。深入打好污染防治攻坚战，系统推进水环境、大气环境、土壤环境综合治理，实现生态环境质量根本好转和持续稳定。加快绿色低碳循环发展，推进产业绿色升级、园区循环化改造，把资源能源消耗、排放总量约束作为生态环境保护“红线”。推进低碳城市建设，加快传统高耗能行业转型升级，建设一批太阳能、风能、生物质能等清洁能源项目，努力创建一批国家级和省级清洁能源示范项目、示范单位。大力倡导绿色生活方式，全面推进垃圾分类，营造节约适度、绿色低碳、文明健康的社会氛围。

六、坚持现代治理不动摇，开创和谐稳定新局面

深入推进治理体系和治理能力现代化，创造安全的政治环境、稳定的社会环境、公正的法治环境。

不断提升治理效能。充分发挥各级党组织核心作用，厘清机关部门、区镇街道、村（社区）之间的治理权责，建立完善的权力清单、责任清单和服务清单。发挥村（居）民委员会、业主委员会、物业委员会等自治组织的重要作用，推进“有事好商量”协商议事室建设常态长效，实现民事民议、民事民办、民事民管。强化义工联、见义勇为基金会、行业协会和商会等社会组织的作用发挥，引导社会组织主动参与乡村振兴、公益服务、民生保障等领域。注重治理资源整合、力量融合、功能聚合、手段综合，推行扁平化管理，全面提高社会治理快速响应、精准落地能力。深入总结疫情防控的宝贵经验，注重“一个网格抓管理”，全面推行“大数据+网格化+铁脚板”，不断提升社会治理服务效能。

深化平安海安建设。全面贯彻落实总体国家安全观，统筹抓好政治安全、经济安全、金融安全、意识形态和文化安全，筑牢安全发展屏障。认真开展安全生产专项整治三年行动，高水平创成省级安全发展示范城市。坚持和发展新时代“枫桥经验”，畅通群众诉求表达、利益协调、权益保障渠道。持续强化网络综合治理，妥善处置各类舆情，牢牢掌握网络舆论斗争主导权。深入实施“雪亮工程”，积极打造“智慧小区”“智慧校园”，不断提升社会治安智能防控水平。常态化开展扫黑除恶斗争，依法打击电信网络诈骗、危害食品药品安全等违法犯罪活动，群众安全感持续保持全省前列。加强突发公共安全事件、公共卫生事件的监测预警和应急处理，健全反恐防暴、防灾减灾救灾等应急响应制度，增强全社会抵御风险、抗击危机的能力。

加快法治海安建设。注重法治引领，努力建成区域制度完善、执法严格高效、司法公正权威、法治氛围浓郁、社会和谐稳定的高水平法治海安。抓好法治政府建设，提升重大行政决策科学化、民主化、法治化水平，争创全国法治政府建设示范县（市）。全面实施行政执法“三项制度”，深化府院联动，支持公益诉讼，积极推进行政复议体制改革，不断提升执法司法公信力。建立健全法治宣传教育体系，放大行政机关负责人出庭应诉、法治文化节等特色品牌效应，争创全国“八五”普法先进县（市）。

七、坚持改善民生不动摇，满足人民群众新期待

始终坚持以人民为中心，抓住人民群众最关心最直接最现实的利益问题，推动改革发展成果更多更公平惠及全市人民。

努力实现共同富裕。深刻把握从全面小康走向共同富裕着力点，构建多元立体的增收机制，公平完善的收入分配体系，城乡一体的公共服务供给，扩面提质的社会保障制度，千方百计扩大中等收入群体比例，千方百计提升低收入群体的收入水平，努力实现先富带动后富，使全市人民共享现代化发展成果。坚持“全覆盖、保基本、多层次、可持续”，完善现代化城乡居民基本养老保险、基本医疗保险制度，稳步提高社保待遇，城乡基本养老保险覆盖率达到98.6%以上。关注和扶持弱势群体，加快发展社会救助、社会福利和慈善事业，努力实现应助尽助、应享尽享，社会事业全面健康发展。

深化教育强市建设。坚持把教育摆在优先发展的战略位置，全面加强党对教育工作的领导，以“六个一流”为目标，建设全国有声誉、全省居前列、系统有影响、群众有好评的教育强市，

率先实现教育现代化。推进学前教育普惠健康发展，义务教育优质均衡发展，高中教育高品质多元发展，教育教学质量持续保持江苏、南通领先。提升职业教育发展层次，为海安产业强市培育更多技能型人才。加大高校落户支持力度，促进高校与地方产业深度融合，实现高校资源数量质量双提升。规范民办教育，创新继续教育，重视老年教育，关爱特殊教育，推动家庭教育，促进全民教育，构建全方位教育格局，建设学习型城市。

聚力文化强市建设。紧扣举旗帜、聚民心、育新人、兴文化、展形象的使命任务，全面构建现代化公共文化服务体系，加快构筑思想文化引领高地、道德风尚建设高地、文化精品创作高地、文化产业发展高地，争创"中国文学之乡""中国楹联之乡"。充分挖掘青墩文化、非遗文化、红色文化、大运河文化等特色文化资源，持续擦亮海安花鼓、海安龙舞等地方特色文化品牌。实施文化精品创作培育工程，推出更多体现海安特色、具有时代特征的精品力作。提升文化产业发展水平，壮大文旅市场主体，培育一批优质文化企业，高效激发文化市场消费潜力。充分发挥523文化产业园、博物馆、图书馆等载体平台作用，科学布局"24小时城市书房"，打造更多文化阵地。

全力打造健康海安。慎终如始，毫不松懈抓好常态化疫情防控，巩固群防群控工作格局。策应国家关于深化医药体制改革最新导向，推动医疗卫生事业从以治病为中心向以人民健康为中心转变。加快紧密型县域医疗卫生共同体建设，建立"市级医院为龙头、乡镇卫生院为纽带、村卫生室为基础"三级联动的市域医疗服务网络。积极推行远程医疗服务，推广"互联网+医疗健康"应用。支持中医药传承创新发展。巩固国家卫生城市创建成果，全面开展新时代爱国卫生运动，引导市民养成文明健康生活方式。大力发展体育事业，广泛开展全民健身运动，提高全民健康水平。高度重视"一老一小"问题，积极应对人口老龄化，推行机构、社区、居家、照护相结合的链式养老服务。加快托育机构建设，扩大普惠型托育服务供给。认真落实三孩生育政策，引导适龄人群及时生育，构建支持家庭生育的制度体系和社会环境。

一以贯之全面加强党的建设

事业发展，关键在党。全市各级党组织要自觉履行党要管党的政治责任，深入把握全面从严治党各项要求，不断提升党建工作科学化水平，为全市经济社会高质量发展提供坚强政治保障。

一、突出政治引领，始终坚持正确方向

对党绝对忠诚。始终把政治建设摆在首位，自觉遵守政治纪律和政治规矩，不断提高政治判断力、政治领悟力、政治执行力，切实增强"四个意识"，坚定"四个自信"，做到"两个维护"。深入学习贯彻习近平新时代中国特色社会主义思想，尤其是总书记在庆祝中国共产党成立100周年大会上的重要讲话精神，武装头脑、指导实践。深刻领会伟大建党精神的科学内涵和时代价值，把伟大精神熔铸到血液里，永远继承下去、发扬光大。巩固深化"不忘初心、牢记使命"主题教育成果，推动常态化、制度化建设。认真开展党史学习教育，引导广大党员干部弘扬光荣传统、赓续红色血脉、汲取奋进力量。不断加强青少年爱国主义教育，用好红色资源、讲好红色故事，培养社会主义接班人。

强化守正创新。切实加强和改进新时代思想政治工作，严格落实党委（党组）意识形态工作责任制，牢牢掌握工作领导权和主动权。发挥新型主流媒体作用，壮大理论宣讲队伍，打造理论宣讲高地，让党的创新理论"飞入寻常百姓家"。积极践行社会主义核心价值观，在全社会形成崇德向善、见贤思齐的良好风尚。全力创建全国文明典范城市，不断丰富创建内涵，形成文明创建新经验。深入推进全国新时代文明实践中心试点建设，促进新时代文明实践工作常态化、规范化、专业化。

凝聚发展合力。加强全委会、常委会自身建设，充分发挥党委统揽全局、协调各方的领导核心作用。严肃党内政治生活，认真执行民主集中制，不断提升科学决策、民主决策、依法决策水平。全力支持人大、政府、政协、审判机关、检察机关、监察机关依法履职、开展工作。完善大统战工作格局，全面凝聚港澳台侨和广大乡贤力量，助力高质量发展。持续深化工青妇等群团组织桥梁纽带作用，不断加强党管武装、双拥、老干部、关心下一代、老区开发、党校等各项工作，汇聚起万众一心、奋勇前进的强大合力。

二、注重固本强基，打造坚强战斗堡垒

夯实基层基础。深化党组织标准化建设，推动基层党建全面进步全面过硬。农村党建要围绕抓党建促振兴，打造党建引领乡村振兴品牌，形成示范效应。社区党建要充分发挥街道"大工委"、社区"大党委"作用，探索社区物业党建联建。非公企业和社会组织党建要突出有形有效覆盖，加强商圈、市场、园区以及商会等区域型、综合型党组织建设。国有企业党建要持续深化"三强三优"强企先锋行动，把党的领导有效融入企业治理。机关党建要紧扣"三个表率"模范机关创建，推动机关党建、行业（系统）党建与中心任务、业务工作融合发展。

激发队伍活力。深化村党组织书记专职化、社区书记职业化、"两新"党务工作者专业化"三化"管理，开展"海纳'雁'能助振兴"干部挂职活动，培优基层党建"带头人"。实施"拓源提质"计划，加大重点群体党员发展力度，不断提升发展质量。严实教育管理各项举措，全面锻造硬核党员队伍。持续推进群众事务党员干部代理等特色工作，建立"1+10+100"党员联系机制，叫响"红先锋"党员队伍品牌。深化流动党员"风筝""磁铁""云端"工作法，发挥流动党员助力家乡发展、参与基层治理的先锋表率作用。

强化机制保障。以党建"十大工程"为抓手，健全完善考评体系，提升党建工作整体水平。聚焦书记项目，建立市级统筹、书记领题、基层参与三级联动机制，形成一镇街一品牌、一村居一亮点。坚持典型引路、示范带动，以"海陵先锋”基层党建品牌为统领，积极建设100个党建示范点，推动“党建+产业+文旅”深度融合，打造一批党建美学精品，擦亮“南通创一流、全省有影响”的党建名片。

三、激励担当作为，锤炼过硬干部队伍

坚持事业为上。坚持把政治标准、政治表现作为首要考量，引导党员干部旗帜鲜明讲政治。严格落实“20字”好干部标准，确保愿干事、真干事、干成事的干部早发现、早任用。深入实施“五评一判”政治素质考察行动，着力优化干部选拔任用流程，确保德配其位、才配其位。积极拓宽优秀年轻干部“入口”，定期实施专项遴选，注重“墩苗”历练，在重大斗争一线、艰苦复杂地方、吃劲负重岗位经风雨、壮筋骨、长才干，让党的事业“薪火相传”。

从严考评管理。坚持“以实绩论英雄”，不断完善以“成绩单+综合考评”干部考评机制，促进比学赶超、担当作为。贯彻落实“三项机制”“两个担当”，健全表彰奖励、荣誉退休制度，常态化开展“谈优谈差”活动，激发干部干事创业热情。严格遵循“三个区分开来”要求，加大容错纠错、澄清保护力度，真正为勇于负责的干部负责、勇于担当的干部担当、敢抓敢管的干部撑腰。推进干部教育培训供给侧改革，围绕政治理论素质和能力水平提升，开展经常性教育培训，切实提高干部的本领和水平。

淬炼过硬作风。增强敢为人先、一马当先的使命感，始终弘扬“见第一就争、见奖杯就夺、见红旗就扛”的精气神，敢与强的比、敢跟快的赛、敢同勇的争，确保各项工作在南通“保二争一”、全省进入第一方阵。增强时不我待、只争朝夕的紧迫感，坚持“今天再晚也是早，明天再早也是晚”，始终保持一往无前的奋斗姿态、风雨无阻的精神状态，不等不靠不观望，落实落实再落实、实干实干再实干。增强事不避难、义不逃责的责任感，奔着问题去、迎着困难上，在破解难题、化解矛盾中推动发展，以自己的“辛苦指数”换取群众的“幸福指数”。

四、全面从严治党，营造清朗政治生态

夯实管党治党政治责任。坚持把抓好党建作为分内之事、必尽之责，严格落实“月度观摩、季度巡查、年度考核”工作机制，推进各级党委（党组）主体责任、书记第一责任人责任、班子成员“一岗双责”和纪委监督责任全面有效联动，督促各个责任主体知责负责、担责尽责。加强对全市各级党组织落实全面从严治党主体责任情况的监督检查，着力发现和解决责任不明确、不全面、不落实等问题，坚定不移把全面从严治党引向深入。持之以恒贯彻落实中央八项规定及其实施细则精神，驰而不息查纠“四风”，力戒形式主义、官僚主义，为基层干事创业减负松绑。

推动政治监督落细落实。坚持把“两个维护”作为政治监督的根本任务，做到党中央、省市委决策部署到哪里，监督检查就跟进到哪里，确保政令畅通、令行禁止。强化领导干部日常监督管理，实施“嵌入式”政治监督，重点加强对“一把手”和领导班子的监督，推动政治监督具体化、常态化。严格执行请示报告制度，引导党员干部自觉执行政治纪律、遵守政治规矩。认真开展政治巡察，注重发挥巡察综合监督作用和联系群众纽带功能，综合使用专项巡察、“机动式”巡察和巡察“回头看”等方式，强化整改落实和成果运用，高质量推进十四届市委巡察工作。

保持惩治腐败高压态势。深刻把握腐败问题的政治本质和政治危害，将严惩腐败与深化改革、完善制度、促进治理贯通起来。坚持有案必查、有腐必惩，大力整治基层“微腐败”和不正之风，常态化惩治涉黑涉恶腐败和“保护伞”，不断增强群众在正风反腐中的获得感。精准运用“四种形态”，综合发挥惩治震慑、惩戒挽救和教育警醒的功效，实现“惩治极少数”与“管住大多数”有机结合。坚持把查办案件与强化监督管理、修复政治生态结合起来，有效构建靠制度管权、管事、管人的长效机制，一体推进不敢腐、不能腐、不想腐，不断巩固发展反腐败斗争压倒性胜利。

各位代表、同志们，我们现在所处的，是一个船到中流浪更急、人到半山路更陡的时候。曾经，我们攀越了许多“高山峻岭”；未来，我们仍需“翻山越岭”。回望过往的奋斗路，我们心潮澎湃；眺望前行的奋进路，我们豪情满怀。让我们更加紧密地团结在以习近平同志为核心的党中央周围，在省委和南通市委的坚强领导下，以敢为人先的魄力、善谋新篇的智慧、勇于担当的豪气、踏实务实的作风，抢抓机遇，团结拼搏，奋进新时代、跑赢新赛程，在全面建设社会主义现代化新征程中勇立潮头，奋力开创海安更加美好的明天！

名词解释：

伟大建党精神：坚持真理、坚守理想，践行初心、担当使命，不怕牺牲、英勇斗争，对党忠诚、不负人民。

国家级专精特新“小巨人”企业：专注于细分市场、创新能力强、市场占有率高、掌握关键核心技术、质量效益优的优质中小企业。

“隐形冠军”企业：长期专注并深耕于某一细分行业的产品研发和生产，具有显著竞争优势和创新能力，细分市场占有率或出口额占据国内乃至国际前列的企业。

“单项冠军”企业：长期专注于制造业特定细分产品市场，生产技术或工艺国际领先，单项产品市场占有率位居全球前列的企业。

“独角兽”企业：在中国注册的、具有法人资格，成立时间不超过十年，获得过私募投资且尚未上市，估值超过10亿美元的企业。

“瞪羚”企业：以科技创新或商业模式创新为支撑，进入高成长期的中小企业。

枢纽偏好型产业：对枢纽位置、软硬件基础、集散能力等较为敏感的产业，如电商快递、总部经济、高端制造等。

枢纽引致型产业：能进一步完善枢纽功能，强化枢纽地位的相关产业，如商务会展、服务贸易、物流地产等。

“1+13+1”科创政策体系：《关于深化科技体制改革加快建设科技强市的意见》文件总纲；强化科技管理体系机制、

政府采购支持创新产品机制、拓展科技型企业投融资机制等13项工作机制；《关于加快创新驱动推动经济高质量发展的政策意见》。

互联网二级节点：工业互联网标识解析体系的中间环节，提供标识注册、标识应用、标识解析等方面的技术服务，向上对接国家顶级节点，向下直接面向行业或企业的节点。

“三带两助”乡土人才示范点：带领技艺传承、带强产业发展、带动群众致富，助力脱贫攻坚、助推乡村振兴。

行政执法“三项制度”：行政执法公示制度、执法全过程记录制度、重大执法决定法制审核制度。

教育强市“六个一流”目标：一流的领导体制、一流的教育体系、一流的办学条件、一流的师资队伍、一流的教育质量、一流的教育效应。

三项机制：鼓励激励、容错纠错、能上能下机制。

四大行动：思想引领、素质提升、创先争优、关爱暖心行动。

两个担当：干部为事业担当、组织为干部担当。

“三强三优”强企先锋行动：争创政治引领力强、推动发展力强、凝聚保障力强“三强”型党组织，争当政治素质优、工作业绩优、群众评价优“三优”党员标兵。

“20字”好干部标准：信念坚定、为民服务、勤政务实、敢于担当、清正廉洁。

五评一判：个人自评、群众测评、单位鉴评、政治理论考评、多维座谈访评、联合把关研判。

政府工作报告

——2022年1月11日在海安市第十七届人民代表大会第一次会议上

市长 谭 真

各位代表：

现在，我代表市人民政府向大会报告工作，请予审议，并请政协委员和其他列席人员提出意见。

2021年及本届政府工作回顾

2021年，是全面实施“十四五”规划的开局之年，也是海安经济社会迈进新征程，取得长足发展的一年。面对复杂严峻的国内外环境和疫情冲击等多重挑战，我们坚持以习近平新时代中国特色社会主义思想为指导，在省委、省政府和南通市委、市政府以及海安市委的正确领导下，在市人大、市政协的监督支持下，紧紧团结和依靠全市人民，贯彻新发展理念，落实高质量发展要求，统筹推进疫情防控和经济社会发展，较好完成了市十六届人大五次会议确定的目标任务，实现了“十四五”良好开局。预计完成地区生产总值1380亿元，增长9.3%，两年平均增长7.5%；在减税降费6亿元的基础上，实现一般公共预算收入69.5亿元，增长7.8%；固定资产投资572亿元，增长6.6%，其中工业投资410亿元，增长25%；社会消费品零售总额417亿元，增长16%；城乡居民人均可支配收入55300元、27950元，分别增长10.5%、11%；万元地区生产总值能耗同比下降。在全国工业百强县（市）、创新百强县（市）榜单中分别列第20位、第11位。

——实体经济稳中有进。制造业提质增效，“5123”工业大企业培育成果显著，预计实现工业应税销售2380亿元，总量南通第一；工业规模企业、亿元企业分别达1142家、312家。新增国家制造业单项冠军1家、国家专精特新“小巨人”企业4家、国家中小企业公共服务示范平台1家。数智赋能全面推进，完成技改投入26亿元，星级上云企业累计58家，创成省级智能车间4家、绿色工厂3家。新增省智能制造民参军科技创新服务平台1个。新三板挂牌企业总数达17家。海安工商总会、工业经济联合会正式成立。现代服务业加快转型，首店经济、直播经济等新业态不断涌现，预计实现应税销售1400亿元。新增规上服务业企业48家，东华软件入选省专精特新软件企业培育库。获批国家电子商务进农村综合示范县（市）。现代农业高效发展，相继获批全国绿色种养循环农业试点县（市）、农业社会化服务创新试点县（市）。雅周现代农业园获评省级现代农业产业示范园。天成集团入选国家重点农业龙头企业，鑫缘集团成为国家级农业国际贸易高质量发展基地。粮食丰产丰收，总产12.47亿斤，再创新高。“海安大米”入选省区域公用品牌。获评省农产品质量安全县（市）。村集体经济稳步增长，实现村营收入2.5亿元，获评全国“一村一品”示范村、乡村特色产业亿元村各1个。建筑业稳健发展，预计实现施工产值1900亿元。新增鲁班奖、詹天佑奖各4项，国优奖、中国安装之星奖各1项。

——内生动能加速释放。坚持科技创新核心地位，成立科技创新委员会，构建“1+13+1”政策体系，国家创新型县（市）建设和省级科技创新体制综合改革高位推进。招引培育科创类项目35个，新认定高新技术企业135家，总数突破400家。新增省级工程研究中心、企业技术中心各5家，产学研合作项目227个，原创性科技成果20项。铁锚玻璃入选省创新型企业百强，联发集团获评省科技创新发展奖优秀企业。引进国家级领军人才10人、高层次创新创业人才171人。入选国家级人才4人，省“双创人才”13人、“双创团队”2个，“江苏工匠”1人。新增海安籍院士2人。

质量强市取得突破，中洋集团喜获中国质量奖提名奖，联发集团、天楹集团分获省长质量奖、省长质量奖提名奖。主导或参与制定国家、行业标准12项，建成省级以上标准化试点示范项目4个。新增省级知识产权贯标企业18家，万人发明专利拥有量达56件。要素保障精准有力，建立工业企业资源利用绩效综合评价体系，助推企业转型升级。完成土地增减挂钩5790亩，盘活闲置低效用地3643亩，获省自然资源节约集约利用资金奖励。金融服务便捷高效，截至2021年11月末，各项贷款余额1609亿元，其中制造业贷款余额318亿元，占比20.5%，均居南通第一。科技银行、区域现金处理中心挂牌运营，供应链金融先试先行。启动国企改革三年行动，优化国资布局，明确主营方向，全面构建“5+N”发展格局。组建产业投资控股公司，整合基金、担保、保理、应急转贷、股权投资等业务，有效解决企业资金需求。持续深化“放管服”改革，全链审批赋权事项精准衔接，“拿地即开工”大力推行，企业开办服务评价连续两年全省第一。府院联动协同高效，依法稳妥处置停产歇业企业，充分运用公益诉讼打击土地违法行为。

——发展活力持续迸发。枢纽效应更加凸显，铁路物流基地到发量130万吨，凤山港集装箱吞吐量1.7万标箱，保税物流中心进出区货物值3.2亿美元。海安—东盟方向中欧班列常态化开行，成功纳入国铁集团图定计划。进境肉类指定监管场地投入运营，填补苏中地区空白。上海港集团ICT（海安）项目落地开航，全面打通海港运输通道“最后一公里”。外资外贸稳定增长，完成外贸进出口总额190亿元，外资到账3.6亿美元。南通市跨境电商综合试验区海安产业园正式获批。鹏飞集团获海关AEO高级认证。西蒙电气获省跨国公司功能性机构认定，实现外资总部经济零的突破。项目建设持续领先，新开工亿元以上项目89个、竣工51个、达产30个，其中10亿元以上项目新开工27个、竣工16个、达产8个。“链长制”招商、共享平台招商深入开展，签约20亿元以上项目7个，杰士德精密导轨、白金滤光片等一批重大项目成功落户。产业集群持续壮大，新增国家级、省级产业示范基地各2个，省级双创示范基地3个。专业园区功能不断增强，常安纺织园智慧监控平台上线运行，电子信息产业园金属表面处理中心建成试运行，台商产业园获批两岸（海安）中小企业产业合作示范园，南通唯一。

——美丽海安日益添彩。现代化中等城市、创新型工商城市建设步伐加快，全国文明典范城市创建有序推进，入选省美丽宜居城市建设试点。开展城市更新行动，组建更新服务中心，建立更新项目库，丝厂区域更新示范先行。城市规划展览馆对外开放，党校综合楼落成投用。黄海路通扬河桥及宁海路南延、草坝路等3条市政道路建成通车。多点规划布局人才公寓，在建安置房87万平方米。片区开发如火如荼，上湖创新区中科创新广场孵化基地开园运营，上湖医院主体封顶，黑龙江工商学院长三角产教融合（立发）园区正式启用；新通扬河生态区生态廊道精彩亮相，海安外国语学校投入使用，特色步行街等项目开工建设；高铁新城、西南科教新城完成初步规划。综合交通网络日益完善，328国道快速化改造工程进展迅速，火车站出站通道建成使用，新长铁路工务段顺利进驻。新购公交车29辆，投放共享电动单车5000辆。农路提档升级30公里、亮化改造150公里，成为“四好农村路”全国示范县（市）。样板化改造老旧小区2个，获评省物业管理示范小区3个。智慧小区管理平台上线运行，1800部电梯加装电动车禁入系统。优化垃圾处置收费办法，环卫智能化监管平台投入使用。小城镇建设有序有力，整治撤并集镇13个，滨海新区沿海生态景观带建设稳步推进，曲塘镇入围省美丽宜居小城镇建设试点，获评省特色田园乡村、传统村落各1个。生态环境质量持续改善，PM2.5平均浓度32微克/立方米，创有监测记录以来历史最优，市考以上断面水质优Ⅲ比例自污染防治攻坚战以来首次达100%。城乡污水处理一体化高效推进，新建污水管网70公里，建成1.8万户农村生活污水处理设施。新增成片林800亩，创成省级绿美村庄5个。

——民生答卷温暖人心。全力保障改善民生，预计全市一般公共预算中民生投入115.8亿元，占一般公共预算总支出83%。15项民生实事全面完成。新增就业、再就业1.3万人，就业培训“云眸工程”全省试点。新增企业职工参保2.3万人，城乡居保转企保1万人。城乡低保、社会救助、抚恤优待和残疾人“两项补贴”等标准稳步提高。教育强市建设步伐稳健，新建、改扩建各类学校11所，新增学位近7000个，实现空调、护眼照明、智慧黑板等设施全覆盖。教育教学质量持续领跑，高考高分段人数保持全省领先。“双减”政策有效落实。健康海安建设扎实推进，医药卫生体制改革深入开展，紧密型医共体加快建设，基层卫生服务能力显著提高。获评省健康促进医院、省健康镇各1家。落细落实常态化疫情防控措施，推进公共卫生应急能力建设，筑牢人民健康防线。“一老一小”保障不断强化，民办养老机构总数达10家，新增备案托育服务机构10家。文化强市建设再结硕果，话剧《索玛花盛开的地方》等3件作品获省文华奖，获评“中国文学之乡”。海安博物馆升格AAAA级景区，魏建功纪念馆等一批场馆建成开放。省双拥模范城创建稳步推进，创成全国示范型退役军人服务站13所。扎实开展政法队伍教育整顿，常态化推进扫黑除恶。打击电信网络诈骗专项整治成效明显，发案率同比下降37%。连续两年获评全国信访工作“三无”县（市）。食药安全治理能力不断提升，创成省食品安全示范县（市）。深入开展安全生产专项整治三年行动，积极创建省级安全发展示范城市，本质安全水平持续提升。

——自身建设切实加强。隆重举行庆祝建党一百周年系列活动，扎实开展党史学习教育，建成苏北第一届参政会会址纪念馆、“四史”教育馆等红色场馆。成功举办角斜“红旗民兵团”命名55周年纪念活动。区域治理联动指挥精准高效，归并整合政务热线36条，办理群众诉求综合满意率南通第一。依法行政制度体系日益健全，重大行政决策程序不断规范。综合行政执法、行政复议等体制机制改革深入实施。行政机关负责人出庭应诉率连续15年100%。“援法议事”深入开展，“八五”普法全面启动。主动接受市人大及其常委会法律监督、工作监督和市政协民主监督，坚持重大事项向人大报告和政协通报，办理人大代表建议379件、政协提案235件，办结率、满意率均达100%。认真落实党组主体责任，持续改进政府工作作风，扎实推进巡视巡察、督查督导问题整改落实。内审机制不断健全，行政监察和审计监督全面加强。从严从紧控制“三公”经费等一般性支出。落实上级重大政策措施真抓实干成效明显，高标准农田建设、科技创新、知识产权、农村人居环境整治4项工作获省政府通报表扬。

积极支持工会、共青团、妇联、工商联、侨联、残联、慈善总会、关工委、科协、老科协、老促会、见义勇为基金会、新四军历史研究会等群众团体开展工作。人武、机构编制、人防、消防救援、机关事务、史志、档案、供销、外事、侨务、民宗、老干部、防震减灾、气象等工作取得新的成绩。海关、新长车务段、供电、邮政、通讯、烟草、保险等部门和红十字会、商会、行业协会等组织为地方高质量发展作出新的贡献。

各位代表，2021年各项目标任务的顺利完成，为本届政府工作画上了圆满句号。回望走过的五年，我们攻克了一道道难关，打赢了一场场硬仗，也见证了一次次精彩：如愿实现撤县设市，一举创成全国文明城市，顺利跻身国家卫生城市，成功获评“平安中国”建设示范县（市），全面拥抱“高铁时代”，同心共圆“大学之梦”，连续两年被表彰为全省推进高质量发展先进县（市），等等。这一个个功成与巨变的背后，饱含的是不渝的初心、如磐的意志、争先的胆气、为民的情怀。

五年追赶跨越，我们始终保持“不进则退、慢进亦退”的清醒认识，不待扬鞭自奋蹄，交出了一份走在前列的精彩答卷。地区生产总值跃上千亿台阶，高水平全面建成小康社会。工业应税销售在江苏长江以北县级城市率先突破2000亿元大关，实现总量翻番。规上企业、亿元企业数分别增长40%、60%，百亿级企业从无到有，达到3家。新增“国字号”制造业单项冠军、专精特新“小巨人”企业11家，国家级产业基地、示范基地19个，成为全省制造业创新转型成效明显地区。商贸物流园蝉联全国优秀物流园区、最具价值内陆港。建筑业产值年均增长12.3%，获评全省建筑产业现代化示范城市。农业现代化水平持续位居全省第一方阵，实现粮食生产全省十六连冠。重大项目相继落地，“二期现象”竞相涌现。在全国县域经济综合竞争力、最具投资潜力中小城市百强榜中位次大幅前移，分别列第24位、第6位。

五年接续奋斗，我们始终遵循“改革者进、创新者强”的科学指引，敢为人先立潮头，闯出了一片活力焕发的崭新天地。体制机制、科技创新等领域改革取得一系列重大进展。政府机构改革任务全面完成，机关效能明显增强。创新组建建筑业服务中心、区域农业服务中心、区域医疗卫生中心。开发区获批江苏自贸试验区联创区、获评国家知识产权示范园区，高新区获批省级高新区、获评国家绿色工业园区，曲塘镇省级经济发达镇行政管理体制改革通过验收。十大专业园区功能承载力、投资吸引力、辐射影响力全面跃升。常安纺织园生态环境政策集成改革试点全省放样。土地节约集约利用和闲置土地处置获国务院表彰。营商环境评价持续位居全国、全省前列。连续四年被表彰为全省推动科技政策落实和科技体制改革成效明显地区。县域人才综合竞争力稳居全省前五、江苏长江以北第一。

五年汗水浇灌，我们始终秉持“以人为本、共建共享”的为民情怀，一张蓝图绘到底，打造了一方美丽宜居的幸福家园。城乡面貌精彩蝶变，功能布局日益完善，上湖创新区、新通扬河生态区基本成型，小城镇建设亮点纷呈，城镇化率达68.8%，被省政府确定为构建滨海特色城镇带中等城市。综合交通枢纽优势持续放大，通榆路快速通道、海启高速（海安段）、盐通高铁等一批重点交通工程相继建成，中欧班列、铁海快线班列成功开行，同步接入“一带一路”。切实保障幼有所育、学有所教、病有所医、老有所养，民生事业更具温度。城市吸附能力稳步提升，常住人口实现正增长，江苏长江以北县级城市唯一。天更蓝、水更绿、空气更清新、环境更优美，建成一批水美村庄、绿美村庄，宜居城市与美丽乡村交相辉映。

五年和衷共济，我们始终赓续“携手并肩、闯关越坎”的团结精神，汇聚最强正能量，谱写了一曲政通人和的时代强音。面对突如其来的新冠肺炎疫情，全市上下众志成城、守望相助，政企同心、共克时艰，夺取疫情防控和经济社会发展“双胜利”。全体劳动者弘扬“劳动光荣、创造伟大”的时代精神，展现新风貌、创造新价值；广大企业家传承“爱国报国、实干创新”的“张謇精神”，彰显大情怀、体现大担当；党员干部激昂“海纳百川、创新争先”的“海安精神”，挑战最极限、攀登最高峰，形成了同频共振、同向同行的生动局面。一批“道德模范”“时代楷模”引领海安新风尚，一批文艺作品、原创精品传播海安好声音，7人入选中国好人榜，22人当选省级以上先进工作者、劳动模范，宁蒗支教群体荣膺全国脱贫攻坚先进集体、江苏“时代楷模”称号，歌曲《蓝天下》荣获全国“五个一工程”奖，获评全国民族团结进步示范县（市）。

各位代表，盘点过往，我们感怀付出的艰辛和收获的喜悦。这些成绩的取得，得益于市委的坚强领导、科学决策，得益于市人大、市政协的有效监督、鼎力支持，得益于历届政府的开拓进取、励精图治，得益于全市干部群众的同心同德、团结协作。在此，我代表市人民政府，向全市人民，向所有关心、支持、参与海安建设发展的社会各界人士和海内外朋友，致以崇高的敬意和衷心的感谢！

五年风雨路，实践出真知。回顾本届政府的工作，我们深刻体会到：必须旗帜鲜明讲政治。只有时刻牢记总书记嘱托，坚决听从党中央号令，坚定不移用新思想定向领航、向新思想寻策问道，做到上级有要求、我们见行动，才能保证海安发展找得准方向、经得起挑战、把得住机遇。必须矢志不渝谋发展。只有走出一条从“产业海安”到“科教海安”再到“创新海安”的转型发展之路，不断开辟紧跟时代步伐、符合海安市情的发展新路径，持续破解发展难题、夯实发展根基、积蓄发展后劲，才能跑出“海安速度”，续写更多奇迹。必须用心用情惠民生。只有始终把人民摆在最高位置，“舍千百小家、为百万大家”，真心办实事、真情暖民心，用干部的“辛苦指数”换取群众的“幸福指数”，才能持续释放“海安温情”，赢得群众信任。必须担当实干勇争先。只有始终弘扬“见第一就争、见奖杯就夺、见红旗就扛”的精气神，人人争做行家里手、个个争当“拼命三郎”，不以事艰而退避、不以任重而畏缩，才能争第一、创唯一，把各项事业干成功、干出彩。这些宝贵经验，是我们过去成功的秘诀，也是制胜未来的法宝，必须倍加珍惜、长期坚持。

各位代表，正视发展问题，才能找准突破的路径。从当前全市经济社会发展情况看，仍然存在一些不足：对标上海、苏南等先进地区，我们仍需开阔视野、拓宽眼界，进一步转变发展理念；产业结构向价值链高端攀升速度不够快，龙头型企业还不多，科技创新力、要素集聚力和产业竞争力亟待提升；绿色低碳转型、本质安全水平对照高质量发展要求还有差距；优质公共资源配置不够均衡，民生保障和社会治理领域存在薄弱环节，等等。对此，我们一定要咬紧牙关、刀刃向内，采取有力措施，切实加以解决。

今后五年展望

跨越风华正茂的百年，我们迈入全面建设社会主义现代化新征程。综观世界，百年变局加速演进，外部环境更趋复杂严峻和不确定，国际大宗商品价格大幅波动，单边主义、保护主义对全球产业链、供应链产生较大冲击。放眼国内，受输入性通货膨胀、人口老龄化等多重因素影响，经济发展面临需求收缩、供给冲击、预期转弱三重压力。但经济稳中向好、长期向好的基本面没有变。聚焦江苏，作为制造强省、开放大省、资源小省，三重压力影响更为直接、更为明显。但在推动高质量发展中打下了雄厚基础，实体经济、科教人才、营商环境等优势进一步凸显。环顾周边，区域之间呈现出竞争加剧、合作加速的双重新特征，标兵渐远、追兵渐近的形势日趋紧迫，只有跳出一域、对标最强，才能不断创造一流、成为一流。当前，海安面临“一带一路”“长三角一体化发展”“沿海发展”等重大战略交汇叠加机遇，加之产业基础坚实、科创链条完备、枢纽优势突出，我们有信心更有决心率先而动、领先而为，让宝贵机遇成为跨越发展的“助推器”。南通市第十三次党代会赋予海安“建设长三角重要陆港城市、国家物流枢纽城市”的目标定位。海安市第十四次党代会发出“奋进新时代、跑赢新赛程，在全面建设社会主义现代化新征程中勇立潮头”的动员令。站在新的历史起点上，我们要牢记谆谆嘱托、践行光荣使命，远谋近施、接续奋斗，在应对挑战中抢抓机遇，在应对变局中开创新局，努力再创海安发展新辉煌。

今后五年政府工作的指导思想是：全面贯彻习近平新时代中国特色社会主义思想，高举中国特色社会主义伟大旗帜，深入贯彻习近平总书记对江苏工作重要指示精神和党中央重大决策部署，坚持稳中求进工作总基调，统筹推进“五位一体”总体布局、协调推进“四个全面”战略布局，统筹发展和安全，把握新发展阶段，贯彻新发展理念，构建新发展格局，坚持以人民为中心的发展思想，促进共同富裕，紧紧围绕“一个定位、两个维度、七个更高”战略部署，全力打造“枢纽海安、科创新城”，加快构建现代化经济体系，深入推进治理体系和治理能力现代化，向着实现第二个百年奋斗目标迈进。

今后五年的奋斗路径和目标是：

——全力提质效，让经济发展更稳健。地区生产总值年均增长7.5%左右，全国百强排名进入前二十。一般公共预算收入年均增长7.6%左右。数字经济与先进制造业、现代服务业深度融合，战略性新兴产业形成规模效应，现代化产业体系更加完备。研发经费支出占地区生产总值比重达3.1%，亩均产出、亩均税收实现翻番。

——着力强能级，让城乡建设更协调。现代化中等城市、创新型工商城市基本成型。上湖创新区、新通扬河生态区、高铁新城等片区相互策应，区镇特色更加鲜明，城镇化率达70%以上。常住人口年均增长0.5个百分点以上，实现人口净流入。综合枢纽体系更加完善，交通、产业、城市联动一体融合发展，长三角重要陆港城市、国家物流枢纽城市辐射带动作用不断凸显。

——致力优生态，让区域环境更美丽。优化产业结构、能源结构，加强生态修复与环境保护，提升生态环境监管治理能力，系统推进绿色低碳转型。万元地区生产总值能耗水平全省领先，PM2.5平均浓度降至30微克/立方米以下，空气质量优良天数比例达到89%，全市主要河道达优Ⅲ水质，创成国家生态文明建设示范县（市），美丽江苏海安样板建设取得标志性成果。

——倾力补短板，让人民生活更幸福。居民人均可支配收入年均增长7.5%左右，城乡居民收入差距指数缩小到1.89∶1，中等收入群体比重明显提高，共同富裕先行示范。社会事业与经济发展水平同步提高，多层次保障体系更加健全，现代化教育强市建设走在前列，高质量公共卫生健康体系基本建成，养老托育服务体系不断完善，人口结构持续优化，人民生活更加美好。

——聚力抓治理，让文明程度更彰显。社会主义核心价值观更加深入人心。文化事业繁荣发展，文化产业实力壮大，现代公共文化服务体系基本建成，争创全国文明典范城市和全省文化发展先行示范区。民主法治更加健全，社会公平正义进一步彰显，安全保障更加有力，市域治理体系和治理能力现代化水平全面提高，社会大局和谐稳定。

各位代表，未来五年的发展愿景令人期待，未来五年的奋斗目标催人奋进。只要我们坚定信心决心，在市委的坚强领导下，在市人大、市政协的监督支持下，紧紧团结依靠全市人民，同舟共济、拼搏奋进，就一定能把困难挑战变成海安干部的成长磨砺，就一定能把发展目标变成海安人民的民生福祉，就一定能把宏伟蓝图变成海安大地的美好现实！

2022年工作任务

千里之行，始于足下；五年宏图，重在开局。今年是党的二十大召开之年，也是全面落实省、南通、海安党代会部署的开局之年，我们将全面贯彻落实市委十四届二次全会决策部署，加快建设“枢纽海安、科创新城”，全力推动全市经济社会高质量发展走在前列。今年全市经济社会发展的主要预期目标是：地区生产总值增长确保7%、力争7.5%；一般公共预算收入确保75亿元、力争76亿元；工业应税销售增长确保15%、力争18%；规上工业总产值增长20%以上，增加值增长12%以上；规上服务业重点行业营业收入增长15%以上；固定资产投资增长6.5%左右，其中工业投资增长12%；研发经费支出占地区生产总值比重达2.75%；居民人均可支配收入与经济增长保持同步；城镇登记失业率控制在3%以内；生态环境质量持续改善；万元地区生产总值能耗和主要污染物减排完成上级下达任务。

围绕上述目标，我们将重点在九个方面精准发力、务求实效。

一、坚持创新引领，打造更具驱动力的科创赋能引擎

始终将创新作为第一动力，深化科创体制改革，打造全省创新驱动发展示范区，推动科技强市、人才强市建设成势见效。

*激发创新主体活力。*全面开展“三高两新”行动，加快推进产业链创新链融合。健全科创企业孵化培育和递进升格体系，新招引、培育科创类项目80个；新认定高新技术企业162家，净增55家，力争总数突破450家，保持南通领先。支持重点企业组建协同创新联合体，承担国家重大科技项目和省级专项，“揭榜挂帅”攻坚关键核心技术。新增产学研合作项目200个、原创性科技成果20个、国际科技合作项目6个。用好研发费用加计扣除政策，高新技术产业产值占比提高2个百分点。持续开展标准化建设提升行动，主导或参与制定国家、行业、地方标准8项。

*构筑创新人才高地。*充分放大“人才强市36条”吸附效应，确保人才综合竞争力稳居全省前五。引进产业领军人才团队10个、高层次创新创业人才100人、财政资助人才项目40个，入选国家级人才、省“双创人才”数量南通领先。优化“柔性引才”“飞地引才”模式，在上海、深圳等地建立离岸加速器，引进海外高端人才、专业人才60人。培育高技能人才1500人、职业技能人才6000人。探索引进合伙人制度，实行科研成果作价入股、科技项目经费“包干制”等合作模式，赋予高端人才更大自主权。完善人才培养激励和评价机制，为人才提供全链条服务。

*提升创新整体效能。*深化科技创新委员会协调联动机制，高质量通过国家创新型县（市）建设评估。不断提升两区科创园承载力，引进高科技制造业项目20个，新增省级以上科创载体2家。鼓励重点企业携手科研院所共建新型研发机构，新增企业联合创新中心2家、省级企业工程技术研究中心3家。实施企业研发载体质量提升工程，新增省级以上企业技术中心3家。做大科技银行规模，完善投贷联动模式，确保“苏科贷”等科技贷款达6亿元。高效运作科创基金，探索开展研发费用、专利执行、首台（套）重大装备等保险业务，保障科技成果高效转移转化。提升科技成果市场化运作水平，完成技术合同成交额40亿元。加强知识产权保护，新增省级以上知识产权贯标企业10家，万人高价值发明专利拥有量13.5件。

二、坚持产业强市，打造更具支撑力的现代产业体系

焕新传统产业，培育未来产业，构建质态更优、效益更高的现代化产业体系，着力打造长三角北翼最具竞争力的产业高地。

*开展全产业数智赋能。*围绕“产业数字化、数字产业化”，大力推动数字化改造、智能化生产，促进数字技术与实体经济深度融合。加快信息化基础设施建设，新增5G基站900个，5G+互联网应用62个。推动规上工业企业实施智改数转，确保技改投入30亿元，新增国家级两化融合贯标企业5家，南通市级以上智能车间3家、首台（套）重大装备6个。创建南通市级以上工业互联网平台、标杆工厂各1家，新增星级上云企业20家。布局数字农业，新增省级智慧农场10家、农业物联网应用示范点10个。推广数字建造，参与国家建筑业工业互联网标识二级节点体系建设。

*推动制造业攀高走强。*坚持制造业高质量发展主攻方向，争创全省第一批制造业高质量示范区。积极策应南通市工业企业三年倍增行动，启动“5123”大企业领航工程，新增规上工业企业150家，净增亿元企业20家。全力打造“单项冠军、专精特新”双名城，新增省级以上制造业单项冠军、专精特新“小巨人”企业10家。深入开展“产业强链”行动，实施千亿集群培育工程，形成超千亿级、500亿级、百亿级集群规模效应，争创省级新型工业化产业示范基地1个，持续提升产业基础高级化、产业链现代化水平。更大力度推进央地合作、军民融合，助力企业靠大联强、提速发展。启动企业上市三年行动计划，精准推动优质企业对接北交所等多层次资本市场，新增主板上市企业1家、新三板挂牌企业5家。深入推进质量强市战略，新增省、南通市质量奖各1个，江苏精品2个。

*加快服务业转型升级。*开展现代服务业繁荣发展三年行动，推动生产性服务业专业化发展，向价值链高端延伸，新增省级领军企业1家。加快先进制造业主辅分离，促进两业深度融合，新增省级以上两业融合示范企业2家、示范园区1个。聚焦重点区域布局楼宇经济、总部经济、平台经济，招引一批电商、软件研发、客服中心等项目，打造信息技术和业务流程外包服务集聚区。推动生活性服务业高品质、多样化，积极培育医疗健康、养老托育、家政服务等消费热点，大力发展首店经济、体验经济、宅经济。持续开展“消费促进”系列活动，常态化举办房产、汽车、农产品等展销会，进一步激发消费潜力。

*增强建筑业核心优势。*持续巩固国内市场，积极进军国际市场，不断拓展城市更新、新老基建、乡村振兴等领域，

力争实现施工产值2000亿元。实施智慧建筑产业三年行动，推广应用精益建造、绿色建造等技术，试点建设被动式超低能耗建筑，新增鲁班奖、国优奖3项。引导优质建筑企业在设计咨询、工程建设、运营维护等领域延长产业链、健全供应链。完善建筑企业现代管理制度，提升抗风险能力和市场竞争力。做优建筑业服务中心，提供全面高效的服务保障。

三、坚持集聚集约，打造更具爆发力的内生增长动能

坚定不移扩大有效投资，更高效率配置资源要素，不断提升载体平台能级，持续厚植高质量发展后劲。

*高擎项目为王大旗。*坚持引建并重、量质并举，严格落实项目预审制，全力推动产业项目质量、重大项目数量、有效投资总量实现新跃升。大力开展“招商引资突破年”活动，深入推进“链长制”招商、共享平台招商，招引亿元以上工业项目80个，其中10亿元以上20个。充分放大两岸（海安）中小企业产业合作示范园品牌效应，落细落实“惠台政策60条”，引进台资项目100个。强化新兴服务业项目招引，新增亿元以上服务业项目25个。加强项目建设全生命周期服务管理，全力推进白金滤光片、东材新材料四期等一批重特大项目开工建设。新开工10亿元以上项目不少于20个，其中20亿元以上高端制造业项目5个以上；新竣工10亿元以上项目15个、达产10个。

*优化资源要素配置。*深入推行资源利用绩效综合评价，落实差别化政策，推动存量资源流向重大项目和优质企业。积极推进用能权、排污权等市场化交易，赋予资源要素金融属性，最大化提升资源利用效益。进一步推进工业用地提质增效，探索弹性出让、混合用地等模式，严格执行控制价和容积率最低标准，提高投资强度和产出效益。强化土地综合整治，实施占补平衡2000亩、增减挂钩4000亩，盘活闲置低效用地4000亩。加强府院联动，综合运用市场、法律、行政等手段，着力破解闲置、低效资源处置难题。深化银政企合作机制，设立信保贷基金，做优融资担保、应急转贷、商业保理等金融服务。做强供应链金融平台，延伸服务领域，形成示范效应。强化财政金融政策联动，积极运用“拨改投”等方式，引进各类创投基金、私募基金、产业引导基金，撬动更多社会资本协同支撑产业发展。

*丰富平台载体功能。*不断提升专业园区集聚度、辐射度、贡献度。常安纺织园深化生态环境政策集成改革试点，扩大绿色金融覆盖面。机器人及智能制造产业园发挥产业创新联盟作用，加快科创服务中心、万石智能制造产业园建设，建强特色产业集群。时尚锦纶产业园深化与中纺院、东华大学等科研院所合作，强化新产品开发应用，推动产业链迈向中高端。电子信息产业园用好金属表面处理中心比较优势，全力招引头部企业，争取纳入省生态环境政策集成改革试点。开发区、高新区台商产业园完善生产生活功能配套，聚力攻坚优质台资项目，形成规模效应。粮食物流产业园加快基础设施建设，招引一批优质农产品物流、加工、贸易企业。上湖创新区丰富园区内涵，集聚一批科创类项目。

四、坚持改革开放，打造更具竞争力的一流发展环境

深度融入“双循环”新发展格局，持续深化“放管服”改革，推动开放合作向更大范围、更宽领域、更深层次拓展。

*枢纽联动强实力。*聚焦“长三角重要陆港城市、国家物流枢纽城市”，注重规划研究，加强重大交通工程争取和对接，更大力度建设枢纽海安。完成328国道快速化改造，全力推进328国道西段南移、新长铁路海安段扩能改造等工程。做优期货交割库平台，力争新获批交割品种2个。加快万吨冷链港项目建设，打造国家级骨干冷链物流基地。放大进境肉类指定监管场地比较优势，积极争取水果等跨境物流品种，不断提升保税物流中心能级。全面融入省“4+1”国际班列运行体系，常态化开行“海安—越南”中欧班列，探索开通“海安—老挝”中欧班列。整合铁海快线、上海港ICT项目资源，放大多式联运优势，加快“沪海同港化”进程，实现铁路物流基地到发量150万吨、凤山港集装箱吞吐量2万标箱、保税物流中心进出区货物值3.2亿美元。

*开放开发聚合力。*加快跨江融合步伐，积极主动参与长三角城市群分工，与上海、苏州等地在产业协同、园区共建等方面深化紧密合作。更高水平扩大对外开放，健全外商服务机制，强化外资高端制造业项目招引，推动外资到账实现新突破。实施“5520”重点外贸企业培育计划，新增10亿元、5亿元企业各1家，亿元企业4家。抢抓跨境电商综合试验区政策机遇，招引、培育大型跨境电商综合服务平台，引导传统企业通过线上拓展全球市场，力争外贸进出口总额突破200亿元。做优外经合作综合服务平台功能，鼓励制造业、建筑业抱团出海，实现境外投资中方协议额1亿美元、境外承包劳务营业额1.3亿美元。

*深化改革添活力。*开展“营商环境提升年”行动，最大限度减环节、减材料、减时限，打造全省一流营商环境，全面叫响“海心安”服务品牌。纵深推进“不见面审批”改革，主动融入长三角政务服务联网体系，实现更多事项“一网联办”“跨域通办”。深化江苏自贸试验区联创区建设，复制推广经验做法，精准承接赋权事项。强化包容审慎监管，健全信用联合奖惩机制，管出公平和安全。传承弘扬“张謇精神”，完善促进民营企业成长的培育体系，继续组织新生代企业家到机关部门挂职锻炼，提升经营管理水平。深化国有企业改革，加快健全现代企业制度，完善国有资产监管体制，确保营业收入、利润总额分别增长10%。

五、坚持内外兼修，打造更具吸引力的现代中等城市

围绕更美丽更宜居，积极开展城市更新，加快补齐公共服务、基础设施短板，提高精细管理水平，全力建设“滨海现代化之城”。

*因地制宜打造特色片区。*科学编制国土空间规划，完善重点区块城市设计，统筹推进片区整体开发。充分尊重居民意愿，有序做好城市更新。探索历史文化街区保护性开发，保留城市记

忆。上湖创新区统筹推进同方飞立科创园等项目，加快建设黑龙江工商学院长三角产教融合园区，开工建设天楹国际总部集聚区。新通扬河生态区加快安置房建设，统筹推进特色步行街、道教文化中心等工程。高水平开发西南科教新城，高起点规划高铁新城，塑造产城融合新样本。支持小城镇特色发展，推进撤并集镇整治全覆盖。滨海新区加快建设产业、风光各具特色的沿海生态景观带，曲塘镇、李堡镇致力打造现代化新型小城市。大公镇加速融入主城区。墩头镇、白甸镇、南莫镇着力建设里下河水乡田园特色魅力区。雅周镇努力成为全省乡村振兴样板区。

*开放包容提升城市能级。*完善功能、提升品质，加快推进工人活动中心、残疾人服务中心等重点工程，建成邮政物联大厦。启动中坝路南延下穿铁路工程，改造长江路世纪大桥，新建高庄路西延等市政道路。建立多层次住房供给体系，新开工安置房2800套，新增人才公寓300套、青年公寓600套。持续完善教育、医疗、托育、养老等公共服务，推进公共邻里中心建设，打造"15分钟便民生活圈"。优化公交线网和站点设置，实现城区主干线智能化公交站亭全覆盖，探索引进共享电动汽车。大力培育现代商圈、特色街区，丰富"吃住行游购娱"配套。

*精细绣花提高管理水平。*做精做细城市管理，做美做靓城市形象，积极创建全国文明典范城市。持续开展城市"双修"，整治街区4个，改造老旧小区22个，支持有条件的老旧小区加装电梯。实施智慧停车三期工程。开展违章建筑等领域"三整治、三提升"行动。提标垃圾分类治理，建成可回收物智能化分选中心，推广地埋式垃圾收集模式，规范垃圾处置费征收。推动物业服务标准化，引入高品质物业品牌。推广智慧小区建设试点经验，实现新建小区接入智慧管理平台全覆盖。配强城市管理力量，探索"非接触式执法"等新模式。

六、坚持示范带动，打造更具影响力的乡村振兴品牌

深入实施乡村振兴战略，全力促进农业高质高效、乡村宜居宜业、农民富裕富足，奋力打造"苏中新鱼米之乡"。

*致力农业更强。*做优做精"五个一"优势产业，高标准建成五大区域农业服务中心，提升农业综合生产能力，确保稻麦单产全省十七连冠，生猪等农副产品稳产保供。切实保障粮食安全，坚决遏制耕地"非农化"、防止"非粮化"。突出龙头引领和大型企业招引培育，新增重大农业项目29个，农业产业化国家级头部企业1家、省级示范联合体1个。推进设施农业"机器换人"，争创全国农业科技现代化先行县（市）。建设特色农产品体验销售馆，做优"寻味海安"品牌，提升区域公用品牌影响力。健全市镇村三级物流网络，新增农产品电商40家，建成村级智能化电商服务站10个。持续发力观光农业、都市农业和高效精品农业，积极推动雅周现代农业园提档升级。

*致力农村更美。*坚持规划引领、因地制宜，通过两年时间培育南通市级乡村振兴示范村8个、先进村20个。持续推进农田水利重点工程建设，新建高标准农田5.3万亩，建成生态河道11条。巩固"四好农村路"全国示范成效，实施农村公路亮化工程150公里，改造农桥40座。推动城镇基础设施向农村延伸、公共服务向农村覆盖，深化农村公共基础设施管护体制改革。有序改善农民住房条件，引导适度集中居住，规范宅基地建房管理。接续开展农村人居环境整治提升五年行动，争创村居环境整治国家级标准化试点。全面推进美丽田园乡村建设，新增省级绿美村庄5个。

*致力农民更富。*完善多渠道利益联结机制，确保农村居民人均可支配收入增幅高于城镇。深化农村集体产权制度改革，健全农村产权交易体系，稳步开展集体经营性土地入市试点。壮大农村集体经济，保障集体收益分配权，实现村营收入超2.6亿元。优化农业经营制度，推动农村土地经营权规模化流转，发展新型农业经营主体，新增省级示范农场5家、省级以上合作示范社3家。创造更多"家门口"就业机会，提供一批卫生保洁、环境绿化、后勤服务等公益性岗位。培育乡村振兴生力军，新增星级乡土人才、农业带头人100人以上，新型职业农民150人。

七、坚持绿色转型，打造更具承载力的美丽生态环境

把碳达峰、碳中和纳入生态文明建设整体布局，深入打好污染防治攻坚战，全面推动绿色低碳转型，更高品质建设美丽海安。

*在治理中改善生态。*完善生态环境治理体系，深化落实点位长制、河长制、断面长制、滩长制，推动环境质量不断提升。强化PM2.5和臭氧协同控制，及时预警管控重污染天气，全时全域管控空气质量，确保PM2.5平均浓度低于32微克/立方米，优良天数比例达85%。开展入河排污口排查监测溯源整治，推进生态缓冲带建设，保持市考以上断面水质优Ⅲ比例100%。抓好关闭搬迁企业遗留地块土壤环境排查整治修复。加强现代感知、大数据等技术运用，提升监测监管水平，及时应对处置突发环境事件。抓好省环保督察反馈问题整改，全力化解各类环境信访问题。

*在建设中保护生态。*加快环境基础设施扩容升级，推广生态环境政策集成改革试点经验，提升环境承载力。加速城乡污水处理一体化进程，新建污水管网40公里，扩建污水处理厂2座。因地制宜推广农村生活污水处理模式。注重水生态保护修复，对北凌河、丁堡河等5条重点河道实施活水畅流改造，源头改善水环境质量。持续推进"绿岛"项目，加快建设公共印染中心、污泥处置中心。探索小微企业危废暂存点管理模式，完善工业固废全程监控和集中收集体系，危废处置利用率达100%。不断提升碳汇能力，净增成片林200亩以上，森林抚育3800亩。

*在转型中凸显生态。*严把"两高"项目准入关，推动绿色低碳循环发展，建设低碳城市、无废城市。开展节能降碳技改三年行动，推广应用绿色低碳技术，新增省级以上绿色工厂2家，通过清洁生产审核企业25家。推行环保体检服务，开展环保信任企业评选。强化环保信用等级评价结果运用，严格执行生态环境损害赔偿制度。积极发展绿色低碳产业，建立绿色发展领军企业培育

库，做大做强节能环保产业板块。全面推进屋顶分布式光伏建设试点。倡导全社会简约适度、绿色环保生活方式，让绿色成为靓丽标识和鲜明底色。

八、坚持共建共享，打造更具亲和力的幸福美好家园

紧抓人民群众最关心最直接最现实的利益问题，提高保障，改善民生，让发展成果更多更公平惠及全体人民。

聚力推动共同富裕。开展新一轮富民增收行动，扩大中等收入群体比例，提升低收入群体收入水平。促进高质量就业创业，加强就业服务和职业技能培训，新增就业、再就业1.4万人，新增市场主体保持南通前列。健全工资合理增长机制，稳步增加居民财产性收入和经营性收入。推进社保扩面提质，新增企业职工参保2万人。引导有条件的用人单位建立企业年金制度，推动发展个人商业养老保险。完善社会保险、医疗保险和社会救助衔接制度，兜牢困难群众基本生活底线。巩固拓展脱贫攻坚成果，深化省级解决相对贫困长效机制试点。加强退役军人服务保障，支持发展妇女儿童、残疾人、红十字等事业，积极打造"慈善之城"。

聚力建设教育强市。持续加大教育基础设施投入，加快凤凰城幼儿园、南屏小学、实验中学异地迁建等工程推进，争创省义务教育优质均衡发展县（市）。深化办学体制改革，加强城乡学校结对共建，做优集团化办学品牌。分层次、系统化培养教育人才，激发教师队伍整体活力。全方位推进中高考课堂教学改革，教学水平持续保持省市领先。推动南通理工学院、黑龙江工商学院等高校与海安产业深度融合。规范民办教育，办好特殊教育和社会教育。深入推进"双减"工作，提供更加优质的课后延时服务。贯彻实施"家庭教育促进法"，促进未成年人全面健康成长。

聚力构筑文化强市。发挥文化发展基金撬动作用，新增规上文化企业12家，文化产业增加值占地区生产总值比重超6%。集聚文创策划、数字媒体等创意产业，推动文创设计与地方产业深度对接。推进文旅商融合发展，加快乐百年健康小镇等项目建设。不断提升青墩文化知名度，充分挖掘非遗文化、红色文化等特色资源，擦亮海安花鼓、海安龙舞等特色品牌，完成华中新四军八路军总指挥部纪念馆和粟裕纪念馆布展。支持文艺创作，推出一批在全国有影响的特色原创精品。强化思想道德建设，大力选树和宣传道德模范典型。完善市镇村三级文化服务网络，健全现代化公共文化服务体系。

聚力打造健康海安。注重优质医疗资源均衡布局，积极推动人民医院、中医院创建三甲医院。持续深化医药卫生体制改革，加强紧密型医共体建设，健全完善分级诊疗体系。鼓励区镇、社区卫生机构开展中医、康复等特色医疗服务。推行医保按病种、床日收付费机制，规范药品耗材集中带量采购。积极应对人口老龄化，围绕"一老一小"，打造高品质康养社区和托幼一体化机构，确保护理型床位占比65%以上，每千人拥有0~3岁婴幼儿托位数5.5个。注重加强青少年视力保护。广泛开展全民健身运动，争创全省健康促进县（市）。做优做强大健康产业，加快推动生物医药、中药制剂、健康食品等规模化、产业化发展。

九、坚持融合共治，打造更具凝聚力的和谐稳定社会

牢固树立大安全观，持续巩固"平安中国"示范县（市）建设成果，全力提升市域治理体系和治理能力现代化水平。

筑牢疫情防控铜墙铁壁。慎终如始抓好常态化疫情防控，全面压实"四方责任"，落细落实"外防输入、内防反弹"各项措施。规范入境人员健康管理，加强进口冷链等重点领域监管，织密扎牢涉外疫情防控网络。精准管控重点人群和重点场所，规范做好隔离点管理和院感防控工作。立足"平战结合"要求，推进应急医院、发热门诊等工程建设。加快疫苗接种进度，构筑全民免疫屏障。完善公共卫生应急管理体系，常态化开展培训演练，打造快速精准、处置规范的流调队伍，提升应急处置能力。

提高市域治理现代化水平。扎实开展社会治理现代化试点，加强市域治理现代化指挥中心建设，增强数据共享、预警预判、联动指挥、行政问效等核心功能，打造一流"城市大脑"。深化拓展"大数据+网格化+铁脚板"治理机制，实现"网格吹哨、部门报到"。推进区镇社会治理综合体建设，传承发展"枫桥经验"，加强调解、仲裁、行政执法等与司法衔接联动。健全区镇多元解纷综合服务中心运行机制，实现"三升三降三可控"，争创全国信访工作示范县（市）。

营造安全稳定和谐局面。推进"平安前哨""智慧强基"建设，健全"情指勤舆"一体化作战体系，创建全国社会治安防控示范城市。常态化推进扫黑除恶，深入开展"净网"行动，全力打击电信网络诈骗、非法金融等违法犯罪。贯彻新《安全生产法》，压实安全生产责任，深化安全生产专项整治三年行动，从严抓好"厂中厂"整治等工作，创成省级安全发展示范城市。强化食品药品安全监管，维护人民生命健康。不断增强城市韧性，开展自然灾害综合风险普查，科学布局城市生命线、应急救援和物资储备系统，提升防灾减灾救灾能力。持续强化国家安全、宗教事务、保密通讯、反走私、根治欠薪等工作。

全力建设人民满意的服务型政府

一分部署，九分落实。面对新形势、新使命、新期盼，我们将以更高的标准、更好的状态、更实的举措，进一步加强自身建设，切实做到有定力、敢担当、善创新、重落实、守底线，不断提升人民群众的满意度。

对党忠诚书写初心。始终将政治建设摆在首位，坚持用习近平新时代中国特色社会主义思想武装头脑、指导实践、推动工作。严守政治纪律和政治规矩，不断提高政治判断力、政治领悟力、政治执行力，自觉践行、忠诚捍卫"两个确立"，增强"四个意识"、坚定"四个自信"、做到"两个维护"。切实加强政府系统党的建设，严格落实意识形态工作责任制，把党的领导和制度融入政府治理各领域各方面各环节。扎实开展"两在两同"建新功、"三提三争"开新篇行动，以履职担当的作为扛起"争当表率、争做示范、走在前列"

的光荣使命。

依法行政规范治理。始终将法治建设抓在手上，争创全国法治政府建设示范县（市）。坚持法定职责必须为、法无授权不可为，严格依照法定权限和法定程序行权履职。依法接受市人大及其常委会监督，主动接受市政协民主监督，自觉接受司法、监察、社会和舆论监督。深入开展行政执法机关“厚植为民情怀、提高执法水平”主题教育，切实提升行政执法队伍能力素养。全面准确贯彻实施新修订的“行政处罚法”，严格规范行政强制、行政确认、行政裁决等具体行政执法行为。巩固行政复议体制改革成果，持续做好行政机关负责人出庭应诉工作。扎实开展“八五”普法。深入落实政务和信息公开，让权力在阳光下运行。

勤政务实笃定前行。始终将“人民至上”放在心中，“沉下去”服务企业、服务群众、服务基层。深入开展“机关作风建设提升年”行动，不断提升政府工作效能。对市委决定的事项、人大作出的决议、政协提出的建议，大力弘扬“马上就办、真抓实干”的作风，以“钉钉子”精神推动各项决策部署落地见效。健全政府系统推进、协调、督查机制，强化跟踪问效、行政问责。着力增强政府系统履职尽责能力素质，打造一支眼界视野更宽、干事激情更足、责任担当更实的干部队伍。加快数字政府建设，深度融合线上线下政务服务，不断提升公共服务与社会治理数字化、智能化水平。

清正廉洁筑牢底线。始终将纪律规矩挺在前面，深入推进全面从严治党，坚决执行《中国共产党廉洁自律准则》《中国共产党纪律处分条例》，严格落实中央八项规定及其实施细则精神和省市委具体办法，压紧压实“一岗双责”。规范执行财政预算，严控“三公”经费支出，积极化解政府性债务。聚焦工程建设、融资债务、资金管理、政府采购等重点领域，强化行政监察、政务督查，深入推进审计全覆盖，从源头预防和治理腐败。突出抓好关键领域和环节，严惩群众身边的不正之风和腐败问题。坚持用制度管权、管事、管人，不断优化干部清正、政府清廉、政治清明的良好生态，建设人民满意的廉洁政府。

各位代表，蓝图绘就千般景，奋楫争先再远航！一代代海安人用平凡的双手创造出不平凡的业绩，也必将以坚定的脚步奔赴辽阔的远方！让我们更加紧密团结在以习近平同志为核心的党中央周围，在中共海安市委的坚强领导下，进一步凝聚和激发全市人民的智慧和力量，踔厉奋发、笃行不怠，建功新时代、建设新海安，全力打造“枢纽海安、科创新城”，加快建设“五个海安”“五个强市”，为实现高质量发展走在前列不懈奋斗，以优异成绩向党的二十大献礼！

调研报告

新实践谱写新篇章　新理念引领新征程

——党的十八大以来海安经济社会发展成就综述

党的十八大以来，面对错综复杂的国际形势、艰巨繁重的改革发展稳定任务，海安上下坚持以习近平新时代中国特色社会主义思想为指导，坚持稳中求进工作总基调，践行新发展理念，突出高质量发展导向，深化供给侧结构性改革，积极应对疫情防控重大挑战，经济社会取得一系列新成就。

一、新实践谱写新篇章，经济发展实现新跨越

（一）综合实力跃上新台阶

十八大以来，海安主要经济指标实现历史性跨越，多项成绩实现“首次”突破。

经济总量迈上台阶。全市地区生产总值突破千亿级大关，由2012年的488.17亿元增长至2021年的1343.09亿元，年均增速达9.3%。社会消费品零售总额从2012年的190.22亿元增长至2021年的414.38亿元，是2012年的2.2倍。工业应税销售达到2370.10亿元，在南通率先突破2000亿元大关。财政总收入从2012年的100.14亿元增长至2021年的265.08亿元，一般公共预算收入从2012年的37.53亿元增长至2021年的69.50亿元。

发展速度领先全市。十八大以来，海安经济保持较快增长态势，主要指标增速好于全南通市。地区生产总值年均增长9.3%，高于南通0.5个百分点。固定资产投资年均增长13.8%，高于南通2.2个百分点。一般公共预算收入年均增长6.4%，高于南通1个百分点。进出口总额年均增长8.5%，高于南通0.3个百分点。

人均水平大幅跃升。人均地区生产总值连年跃上新水平，2017年突破10万元，达到每人10.6万元，2021年达到每人15.4万元，是2012年的2.7倍；

图1　2012—2021年海安GDP总量及增速

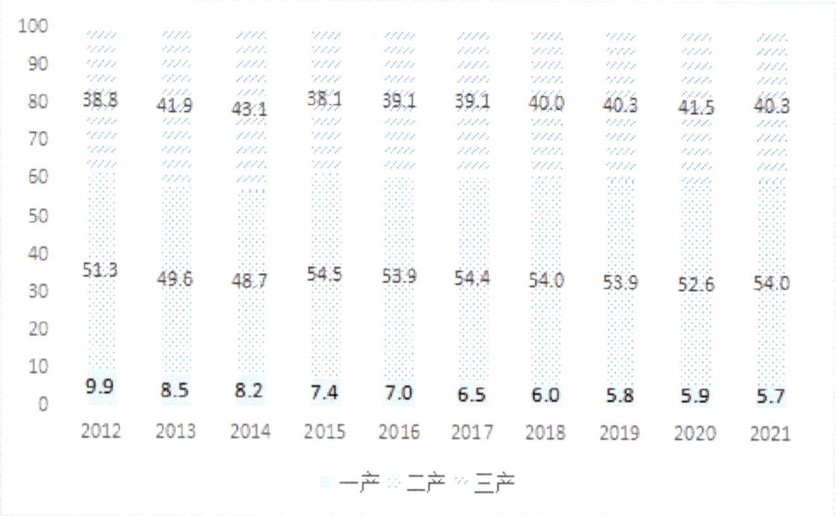

图2　2012—2021年海安三次产业增加值占比情况

2021年人均财政收入每人3.04万元，是2012年的2.7倍；人均住户存款2019年突破10万元，2021年达到12.69万元/人，是2012年的2.6倍。

（二）经济结构呈现新趋势

十八大以来，海安经济发展由高速增长向中高速转型，经济结构加快调整，三次产业结构由2012年的9.9∶51.3∶38.8调整为2021年的5.7∶54.0∶40.3，显现出一产比重趋于下降，二、三产比重明显上升的趋势。

农业基础地位更加稳固。2021年，海安实现农林牧渔业总产值142.90亿元，是2012年的1.6倍，年均增长5.6%。2021年实现粮食总产62.37万吨，粮食单产全省"十六连冠"，粮食生产总体稳定，"压舱石""稳定器"地位更加巩固。农业现代化水平稳居全省第一方阵。

工业主体地位更加凸显。十八大以来，海安工业经济发展态势良好，2021年海安规模以上工业企业数1146家，较2012年净增338家。实现工业增加值625.67亿元，是2012年的3.0倍，年均增长10.2%。从占比看，2021年工业增加值占GDP比重为46.6%，较2012年提升4个百分点，对GDP增长贡献率达48.9%。

服务业引领作用更为突出。十八大以来，海安聚焦经济转型升级，引导服务业向中高端迈进，现代服务业发展稳健快速，多个行业迸发活力亮彩。2021年实现服务业增加值541.05亿元，是2012年的2.9倍，年均增长10.1%，增速快于第二产业增速0.5个百分点，快于地区生产总值增速0.8个百分点。

（三）发展后劲得到新提升

固定资产投资较快增长。十八大以来，海安大力推进项目建设，积极培育发展新动能，投资建设成果丰硕，发展后劲有效增强。2021年，海安实现固定资产投资536.88亿元，十年间年均增长13.8%，增速保持南通前列。从投资结构看，三产增速快于二产，第三产业完成投资169.80亿元，年均增长17.0%，分别快于全部投资和二产投资3.2、4.8个百分点。

消费需求不断扩大。十八大以来，海安积极实施扩大内需政策措施，消费潜力有效释放，消费升级势能持续增强。2021年，海安实现社会消费品零售总额414.38亿元，十年间年均增长10.6%。分行业看，批发零售业、住宿餐饮业年均分别增长10.4%、11.8%，消费方式也趋于多样化、个性化，互联网相关消费成为新的增长点。

外需市场稳中有进。十八大以来，海安积极策应"一带一路"，对外开放水平持续提高，实际利用外资总额和质量逐年提升。2021年，海安实现进出口总额209.51亿元，十年间年均增长8.5%。实际利用外资3.61亿美元，年均增长4.1%。

二、新理念引领新征程，发展方式奏出新旋律

（一）"创新"动能不断积聚，创造潜能得到激发

科技实力量质齐升。与2012年相比，海安净增高新技术企业335家，总数达到402家。2021年，全社会研究与试验发展经费支出（R&D经费支出）36.58亿元，占GDP比重为2.99%，较2012年提高0.79个百分点，科技创新水平进一步提高，成为全国首批创新型县（市）建设城市。

创新人才加速聚集。海安坚持实施人才强市战略，实行"海安英才"高层次人才引进计划，十年间先后引进高层次创新创业人才812人，新增新业态新

就业群体以及高技能人才、专业技术人才4.1万人。培养国家级人才11人、省“双创人才”92人、省“双创团队”9个，数量南通领先，区域人才综合竞争力跃居全省前列。

创新成果不断涌现。2021年年末，海安专利授权量达7174件，其中发明专利授权量达1084件，分别是2012年的1.4倍和20.5倍，发明专利授权量占比由2012年的1.0%提高至15.1%。2021年年末，全市有效发明专利拥有量5066件，万人发明专利拥有量达到每万人58.23件，居南通第一，是2012年的32.7倍，年均增长47.3%。

（二）社会事业“协调”发展，公共服务水平持续提升

教育资源优化布局。2021年，海安各类学校总数达148所，较2012年增加20所。幼儿园由48所增加到67所。在校学生8.87万人，较2012年增长30.8%。教职工人数由8007人增加到9289人。教育资源均等化稳步推进，学前教育、义务教育、残疾儿童入学、初中三年巩固率均保持在100%，中高考核心指标均居省市前列。

医疗卫生服务增强。全市各类医疗卫生机构由2012年的189个增加到2021年的398个。医疗机构床位数由2012年的3791张增加到2021年的6405张。卫生技术人员数由2012年的3459人增加到2021年的5817人，其中医生数和护士数分别达2504人和2279人，较2012年分别增长44.7%和83.5%。每村均设有医疗点，新型农村合作医疗覆盖面100%。公共卫生服务能力的持续增强，为群众医疗卫生需求提供了重要保障。

文化事业繁荣发展。2021年，海安拥有区镇综合文化服务中心13家；农家书屋231家，较2012年增加24家；博物馆、纪念馆7家，较2012年增加3家；文物保护单位16处，较2012年增加2处；拥有省、南通市级非物质文化遗产项目28个，较2012年增加14个。AAAA级旅游景点2个，AAA级旅游景点5个；图书馆藏书量49.62万册，较2012年增加32.9万册。文化事业取得长足发展，人民精神文化生活日益丰富。

图3　2012—2021年海安城乡居民人均可支配收入

（三）“绿色”发展深入人心，生态文明建设成效显著

能源利用效率显著提高。十八大以来，海安三次产业用能结构逐步优化，三次产业用能比重由2012年的8.5∶75.1∶16.4调整为5.5∶71.3∶23.2。能源加工转换效率不断提高，供热效率、发电效率分别提高26.6、22.6个百分点。单位GDP能耗每万元0.2237吨标准煤，较2012年年末累计下降57.3%。绿色清洁能源发电量增长较快，光伏发电量从2014年的3841万千瓦时到2021年52293万千瓦时，七年间年均增长45.2%。启动碳排放达峰行动，严格落实能耗“双控”机制，推动经济结构、能源结构和产业结构低碳转型。

生态文明建设不断深化。海安大力实施生态文明建设清水工程，以持续改善河道水质为重点，扎实推进“清水工程”、河长制、以河养河等系列工程，严格执行环境准入制度。获评国家节水型社会达标市。建成区绿化覆盖率达44.4%，较2012年提升4.9个百分点，成功创建全国绿化模范城市。污水处理率95.5%，较2012年提升7.9个百分点。金属表面处理中心、家具产业危废暂存中心等一批“绿岛”项目全面实施。

环境质量持续改善。海安PM2.5平均浓度从2014年的每立方米65微克下降到2021年的每立方米31.9微克，空气质量优良天数比率从69.5%上升至84.1%。市考以上断面优Ⅲ比例从最初的零达标提升至100%，全面消除劣V类水体。土壤环境安全得到保障，受污染耕地安全利用率和污染地块安全利用率均达到90%以上。

（四）“开放”步伐持续加大，新发展格局不断构建

商贸流通扎实推进。星湖001、万达广场、财富客厅等大型知名现代都市商业综合体密集开业，为海安城市商业注入了新鲜血液，增添了新的活力，极大地丰富和繁荣了全市商贸流通市场。积极策应“互联网+”新常态，培育出一批电子商务示范企业、村、社区，成功获评江苏省农村电商示范县（市）。持续推进实施“菜篮子工程”“家政业提升工程”“老字号培育工程”三大民生工程，满足民众消费需求。

开放水平不断提升。抢抓“一带一路”、长三角一体化发展等重大机遇，全面融入苏南、接轨上海，更高水平开放型经济新体制基本形成。高铁“海安号”列车驰骋长三角，率先开行长三角地区至东盟国际货运班列、沪苏通铁海快线班列，南通海关海安办事处、铁路海关监管场站、保税物流中心（B型）等一批对外开放平台相继建成。中国直播经济产业峰会暨中国主播海安行、投资贸易合作洽谈会、高质量发展恳谈会、海安名品境外展等重大活动成果斐然，海安影响力、美誉度持续提升。

双向开放取得进展。面对复杂的国际环境，全市积极应对，攻坚克难，对外贸易规模总体保持平稳，2021年实现进出口总值32.43亿美元，是2012年的2.2倍。2021年年末，海安拥有外商投资企业421家，较2012年增加152家。2012—2021年，全市累计利用外资新签协议509个，实际利用外资累计30.71亿美元。

（五）发展成果人民“共享”，民生福祉显著提高

居民收入保持增长。2021年，海安全体居民人均可支配收入42973元，是2012年的2.2倍，年均增长9.2%。分常住地看，城镇居民人均可支配收入在2020年突破5万元，2021年达到54799元，是2012年的2.1倍，年均增长8.5%；农村居民人均可支配收入28104元，是2012年的2.3倍，年均增长9.7%，农村居民收入增速高于城镇居民1.2个百分点。2021年，城乡居民人均可支配收入比为1.95，较2012年缩小0.20。

消费水平持续增强。2021年，海安城镇和农村居民人均生活消费支出分别为32105元、22903元，分别是2012年的1.9和2.3倍，年均分别增长7.5%、9.7%。八大类消费呈现全面增长。其中，城镇家庭中用于居住类的支出增长最快，年均增幅达到21.1%，增速居八大类消费之首；用于医疗保健类的支出年均增长11.8%，居民对身体健康的重视程度日益提高。

生活质量普遍提高。2021年，海安在岗职工平均工资93210元，较2012年的45596元翻了一番，年均增长8.3%。2021年，海安城镇和农村居民恩格尔系数分别为28.1%、29.4%，较2012年分别下降3.9、7.5个百分点。2021年，海安居民人均居住支出4866元，居住消费领跑增长，居民住房改善意识增强，居住环境持续改善。城镇和农村人均住房建筑面积分别达61.2、68.6平方米，分别较2012年增加17.1、17.4平方米。

回顾既往，在以习近平同志为核心的党中央坚强领导下，全市上下锐意进取、砥砺奋进，经济社会发展经受住了各种重大挑战和考验，在新起点上取得了新成就，经济稳健运行，结构调整优化，城乡协调发展，生活持续改善，高水平全面建成小康社会取得决定性成就，“十三五”圆满收官，“十四五”良好开局。看似寻常最奇崛，成如容易却艰辛。展望未来，任重道远，面对新的机遇，海安将以改革创新为根本动力，以满足人民日益增长的美好生活需要为根本目标，积极服务构建新发展格局，努力开创“枢纽海安、科创新城”高质量发展新局面，奋力谱写美丽海安、共富发展新篇章，朝着实现第二个百年奋斗目标迈进！

（市统计局）

发展智力密集型新兴服务业
打造产城融合生态链

智力密集型新兴服务业是以智力资本为主要生产要素，大量积聚智力型员工，以智力、知识、技术、技能、创新、创造、经验、信息为核心生产要素的产品和服务的产业，主要涵盖软件和新一代信息技术、信息传输、工业设计、工程设计、商务、金融、文化等领域，是引领城市经济增长、加速产城融合，增强城市青年人才吸引力、提高就业规模与质量的新引擎、新动力，是城市经济与产业转型的必然选择。如何抓住转化优势，推动产城融合，打造产业生态链？课题组进行了深入研究与探讨。

一、产业特点与现实意义

智力密集型新兴服务业，通常表现为技术服务为主、“人脑+电脑”的“脑袋经济”，以办公或实验为主的“楼宇经济”，具有产城融合、创新驱动、生态绿色等特点与属性。

一是产城融合的生态链。智力密集型新兴服务业是一种新型产业模式，强调的是产业园区的功能，一个产业园区就是一个集研发、生产、居住、消费、生态“多位一体”的城市新区。产业即城市，城市与产业和谐共生、互动融合。汇聚各类行业、各种层次需求的服务业，满足产业集聚区人居最基本的消费需求，破解传统的“经济孤岛”结构，有效解决产业链条中的各种配套问题，拉伸城市发展框架。长沙58科创小镇是最典型的案例之一，集聚了6000多名互联网从业人员，培育了一批网红店、行业小巨人，成为集办公、公园观光、餐饮休闲等于一体的新型城市社区。

二是跨界融合的创新性。软件已经成为各个行业和社交生活智能化、信息化的基础技术。一件成熟的软件产品，必须深谙多个行业领域的关键与基础。以工业企业管理软件为例，通过财会、人力、生产、物流、销售等各种要素的“物理聚合”，催生“化学反应”，形成简洁有序、快捷高效的软件系统，实现无盲区全覆盖管理，节约运行成本。车间生产线的智能化，更需要软件、材料、设计、光电等多个专业领域的跨界融合。针对不同企业、不同行业的需求，每一次个性化的解决方案都是一次创新，推动产业技术的进步与革新。

三是产业主体的年轻化。产业的前沿性，决定了其岗位特点适合青年人，有利于产业创新人才的培养，有利于城市与产业的年轻化。海安软件科技园的南通东华软件公司现有员工63人，本科学历95%以上，平均年龄27岁；西信科技公司员工170人，技术员工90%以上，平均年龄29岁；泰康人寿新业务中心有员工110人，平均年龄28岁；3家企业月薪万元以上的员工约150人，约占44%。城市与产业因年轻才“长青”，他们不仅是产业持续发展的主力军，更是城市青春活力的生力军。

四是单位产出的“颜值高”。该产业以人的智力资本为核心，人是创造价值的核心要素。国内知名手机营销总部的高管年产值不低于每人3000万元，以员工个人为单位计算产值。海安软件科技园按照企业租用办公面积计算年产值，10多家企业年税收突破每平方米1000元，有的高达每平方米3000元，单位产出论“英雄”成为衡量企业发展质态的主要指标。

二、现有基础与发展经验

海安是长江以北发展软件和服务外包起步最早的县级城市，产业发展近年来持续向好，海安开发区在全省47家省级服务外包示范区年度综合评价考核中列第14位，长江以北前列；海安软件科技园连续三年被中国国际投资促进会表彰为“中国数字服务暨服务外包领军企业特色园区”，长江以北唯一。

一是坚持定位更务实。在产业发展定位上，充分发挥枢纽优势，以切合发展实际为出发点和落脚点，承载苏南、沪浙等区域非核心产业转移以及北广深知名企业布局。在项目审核评判上，坚持形象与效益并举，从项目资金实力、市场潜力、人才竞争力、科技创新力等方面综合考评。近年来，新增年开票销售超千万元企业9家、纳税超百万元企业5家，预计2021年软件企业累计开票销售2.6亿元。

二是人才保障更精准。不遗余力推进“人才蓄水池”建设，IT实训由低端向中高端、由百余人到五百人以上，实现持续转型发展，初步建立较大规模的人才实训场、储备库。支持东华软件公司取得办学资质，11月承担首批58名IT本科准毕业生、为期3个月的实训工作。支持蓝图职业技术培训学校并购重组，新建3000平方米的省级服务外包人才基地，12月500多名高校准毕业生入驻，预计年实训规模超过1000人。以人才“磁场”推动产业聚集，近两年入选“海陵英才”计划7人、省“双创计划”2人。

三是科技创新更强劲。近年来，新增国家高企8家、省高企入库4家、省技术先进型服务企业3家；2021年新增软件企业5家，入库科技型中小企业库18家。入选省工业互联网服务资源池单位1家、南通市级3家，入选总数领先周边。新增省级实验室1家、南通市工程技术中心2家、南通市服务业创新示范企业2家。获评南通市优秀工业App奖、省“腾云驾数”优秀产品各1件，省互联网十大创新力产品前20强1件，预计2021年取得软件著作权、软件产品150件。

四是政策撬动更有力。用好用足产业发展专项资金，增强企业发展信心、撬动发展活力。近年来，每年企业发展奖励约400万元，其中科技创新约占30%，争取省级以上服务外包专项资金约200万元，催生了一批优质企业。2021年，新增省专精特新软件企业培育库入库1家，占南通入选总数的1/4；新增南通市级现代服务业高质量发展领军企业1家，海安唯一。累计获评省“腾云驾数”优秀软件和信息服务企业3家，通过CMMI3级国际资质认证2家。品德网络科技率先通过“两化融合管理体系”A级评定。

三、禀赋优势与存在问题

沪苏通公铁大桥的通车，海安高铁枢纽优势愈加凸显。按照每100千米（约1小时车程）沿线一座高铁新城的发展规律，海安有基础、有条件，发展智力密集型新兴服务业势在必行。只有看到发展大势、自身优势与不足，才能够推动产业发展行稳致远、进而有为。

（一）高铁枢纽成势，动能转化须抢先。“靠江靠海靠上海”，既是优势，也承受着上海大都市虹吸效应的劣势。沪苏通城际的通车是把“双刃剑”，既有青年才俊涌入，也有流失。但在时空距离上，让海安融入苏南、沪浙等发达地区，为承载产业布局提供了有力支撑和无限可能。

如何加快枢纽优势转化，避免高铁“过路经济”现象？海安处于南通、扬州、盐城一百千米城际“T”型的交汇点上、沪苏通城际的北端终点上，将主动承载长三角产业的分工布局，成为上海大都市圈北翼的枢纽门户、卫星城市。随着通苏嘉城际等重大战略项目的实施，海安在长三角北翼的优势日益明显，东华软件等上市公司、行业百强的落户，海安开发区在省级服务外包示范区综合评价中排名连续晋级，为高铁新城的开发建设与产业发展提供了基础。

（二）产业基础稳固，数字赋能须加速。海安工业、建筑业、农业在全国全省排在前列。这几年来，市委、市政府大力推进智能制造、5G工业互联网，涌现出联发、天成等典范企业，但仍有部分企业和行业技术领域空白，特别是软件开发、检测维护等具有技术含金量的服务产品占比偏小，尤其在技术出口方面，一直处于“弱项”。这为全市5G工业互联网发展提供了市场与潜力。软件产业要植根于本土。海安三次产业基础雄厚，在工业设计、工业软件、工程设计、检验检测、供应链管理、智慧农业等板块方面大有可为、大有作为。联发集团成立联发信息科技公司、联发高端纺织技术研究院，提供软件和信息技术、检验检测技术等服务，成为全省工业互联网示范企业，值得借鉴与推广。

（三）高职院校集聚，人才落地须抢“鲜”。高校资源丰富，是产业发展的优质土壤。同时，大多数知名IT培训机构发源于苏南、上海等发达地区，且人才抢手。如皋的成功经验之一，就是引进青软实训、中软国际，为产业发展注入大量的人才。IT培训是产业生态链上的重要环节，既是高校毕业生的岗前“练兵场”，更是高校匮乏地区引入人才的关键“一招”。南通理工学院、黑龙江工商学院的落户，让海安拥有了珍贵的高校资源，成为产业发展的独特优势。同时，2021年海安站客流量增幅60%，海安籍大学生“回巢”呈百位数增长，人才流动和回流成为推动产业发展的重要因素。此外，要看到，高校毕业生落地海安的只有1家，目前2家IT培训机构的实训规模相对较弱，人才可选性短缺，是掣肘产业发展的关键。

（四）成本优势缩小，承载引力须增强。沪苏通城际的开通，拉近时空距离，凸显成本优势，但也在缩小成本差距，尤其是用工成本。2021年，海安IT工程师月薪最高收入接近于上海平均的1/2。虽然如此，但成本仍然是当下海安的重要优势之一。租金、薪资等都是项目落地的重要因素，企业布局必定考虑与选择，特别是密集型办公的数据标注、动漫、客服、区域运行中心等项目。

发达地区基础性、非核心业务的溢出，为海安带来了承载机遇。同时，海安营商环境排名全省前列，科技创新、人才政策等要素愈加接近，产业承载更有底气和能量。但在项目服务上，既要看得见“西瓜”，也要瞅得见“芝麻”，要避免陷入标准化服务的“官僚”模式。此外，产业发展基金规模偏小，技术人才短缺，基础配套项目空白，产业规模不大、骨干企业不强、离岸业务极少、技术原创本土化偏弱，年轻人喜好的高档工作生活消费场所缺少等等，产业高质量发展迈上“超车道”任重道远。

四、产业发展的相关建议

（一）在顶层设计上优化提升。一是推进体制方面。将智力密集型新兴服务业提升到优先发展战略地位，集成全市资源要素倾斜支持，举全市之力推动发展。借鉴“管委会+开发投资公司”模式，结合高铁新城规划建设，划定区域，独立核算，封闭运行，促进产业加速发展。二是规划布局方面。统筹整合，推动软件科技园、科创园等专业园区彰显主题，错位竞争。规划盘活城中城郊闲置厂房，鼓励社会资本投入，设计改造，开办园区，兴建与之配套的茶餐休闲、主题公寓等，形成青年集聚、创新活跃、产城融合的新业态、新社区。三是考核体制方面。由于产业涉及行业领域丰富，各行各业特点不同，发展规律自然不同。要细化领域，循序渐进，分类考核，避免“眉毛胡子一把抓”、简单粗暴“一刀切”和违背规律的“揠苗助长”。

（二）在产业人才上攻坚难点。根据IT人才流动率70%、客服人才流动率80%的规律测算，需要数千人甚至万人以上的人才集聚，才能够基本满足产业的发展。一是加大高职院校的招引。再招引2~3家毕业生落地的高校，与名牌高校院所共建研究生院，鼓励新建民办高职，建立规模化、多层次的产业人才“蓄水池”。二是加大IT培训机构的培育。推动东华软件人才培训基地总部建设，支持蓝图职业技术学校做大做强，在条件成熟的基础上，鼓励其新建校区。再招引1~3家知名IT培训机构，支持将中西部地区高职院校毕业生引入海安。三是加大人才政策的扩面提效。好政策是有温度的，代表一个城市的情怀。在政策受益面上，更多地惠及大专生、非应届生，向产业中坚（间）群体倾斜；在人才项目评选上，更多地向新技术、新领域倾斜。在人才补贴上，简化流程，缩短时间，让审批速度与政策温度同频，让年轻人看到在这座城市生活的希望。

（三）在项目招引上加速转变。一是在理念认识上加速转变。既不能用工业思维要求，更要区别于传统服务业，坚持“放水养鱼”与“有所为而有所不为”的原则，税收、开票销售、社保、科技创新等诸多指标中“得其一以上者”。二是在招引方式上加速转变。既要重视新兴业态的招引，也要重视行业技术论坛的合作。以电竞项目为例，赛程长达半年，带动地方消费服务、互联网直播、游戏开发、电竞培训、网红等多个产业。另外，IT界的技术峰会就像“朝圣”。通过峰会论坛的举办，扩大海安影响，让技术、信息、项目、人才向海安汇聚。三是在项目合作上加速转变。要适应新的合作模式，以有利于发展为导向，应对个性化要求，成立合作平台，控制风险，实现项目落地效益最大化。四是在强基补链上加速转变。在互联网端口项目上出实招，在芯片、集成电路等重点项目上下功夫，在IDC等基础项目上做文章。对于关键性的补链项目，以产业发展的最大值为原则，针对行业特点，择其擅长、选其先进。

（四）在配套设施上大兴快上。工作有氛围、交流有圈子、消费有去处、生活有乐趣，才能引得进、留得住人才。一是加快生活配套建设。加快园区邻里中心建设，新建高品质的青年公寓，从物业、快递等专业化的细节入手，提升配套服务品质。让“在海安赚钱、在海安消费”成为良性循环和消费习惯，大力发展“周末经济”“夜间经济”“网红经济”，打造青年人喜好的夜间消费一条街，新建大型水上游乐场、高端游乐场等，满足多元化消费需求。二是加快公共平台建设。加快软件、服务贸易等行业协会的建立，推动企业集聚，加强行业交流，引领高质量发展。培育建设软件测试中心、实验室等公共技术平台，满足产业发展的技术需求。三是加快产业政策更新。紧扣产业发展大势，加快政策更新，及时修改完善，让政策支持切合产业最新动态。探索建立产业发展基金，增加专项资金规模，以政策资金的“滴灌”撬动产业的“膨化”。

（五）在产业培育上力度加码。一是优先支持本土化。探索成立国资控股的软件产业公司，统筹外包全市软件开发、大数据、计算机等业务。建立白名单库，与符合条件的软件企业签订战略合作协议。二是鼓励支持市场化。鼓励社会资本投资写字楼，新建高档园区。引进58科创等自带风投创投基金的知名运营商，运营高档写字楼，盘活老旧厂房。推动法律、财务、知识产权、产权交易等商务发展，打造质态优良的产业生态链。三是加快推动数字化。植根优势产业，推动检验检测、工程设计、工业设计、工业软件等板块发展壮大，促进数字化转型，提高技术服务的规模占比。鼓励制造业龙头企业建立独立的研发设计中心、检验检测中心，支持软件企业与制造业有效对接，推进智能化车间、信息化管理。四是科技创新常态化。支持智力密集型企业积极申报科技项目、知识产权、双软认证、国际资质、网络文化许可等，对软件著作权、动漫著作权、软件产品等在政策上予以倾斜，在评选考核上予以一视同仁，充分激发企业科技创新的主观能动性。

（徐元生　陈　楷　汤成林
执笔：魏少芹　洪　俊）

海安市项目用地
规划建设指标分类管理初步探讨

一、海安市项目用地规划建设指标分类管理现状

（一）“十三五”期间全市项目用地情况

“十三五”期间，海安市项目用地共计35899.5亩，其中，工业31088.47亩，住宅3104.06亩，服务业1706.97亩。具体到年份，2016年8393.01亩，其中，工业8098.02亩，服务业254.97亩，住宅40.02亩；2017年7200.32亩，其中，工业6758亩，服务业237.72亩，住宅204.59亩；2018年5991.05亩，其中，工业5542.21亩，服务业219.9亩，住宅228.94亩；2019年8476.83亩，其中，工业6281.8亩，服务业815.9亩，住宅1379.13亩；2020年5838.29亩，其中，工业4408.44亩，服务业178.47亩，住宅1251.38亩。具体到区镇，开发区累计供地13663.53亩，其中，工业11873.96亩，服务业783.82亩，住宅1005.74亩；高新区8734.98亩，其中，工业6962.44亩，服务业380.81亩，住宅1391.73亩；滨海新区4457.29亩，其中，工业3955.4亩，服务业202.37亩，住宅299.51亩；曲塘镇2937.65亩，其中，工业2856.71亩，服务业6.29亩，住宅74.65亩；李堡镇1344.99亩，其中，工业1275.45亩，服务业36.27亩，住宅33.25亩；大公镇1697.93亩，其中，工业1623.54亩，服务业51.2亩，住宅23.37亩；墩头镇1034.76亩，其中，工业619.14亩，服务业196.45亩，住宅219.16亩；白甸镇605.05亩，其中，工业555.72亩，服务业32.7亩，住宅16.63亩；南莫镇767.44亩，其中，工业724.99亩，服务业2.45亩，住宅40亩；雅周镇655.89亩，其中，工业641.13亩，服务业14.77亩。

“十三五”期间海安市供地情况统计表

表75　　　　单位：亩

年度 / 区镇	2016			2017			2018			2019			2020			合计
	工业	住宅	服务业	工业	住宅	服务业	工业	住宅	服务业	工业	住宅	服务业	工业	住宅	服务业	
开发区	3175.30	0	59.58	1961.34	118.27	158.07	2490.07	0	128.07	2714.47	326.58	370.24	1532.79	560.89	67.86	13663.53
高新区	2113.72	32.11	152.42	1964.81	86.32	65.95	929.54	228.94	31.66	1026.10	574.14	90.08	928.26	470.22	40.71	8734.98
滨海新区	1020.87	0	0	982.79	0	2.62	808.94	0	0	624.83	184.59	146.23	517.98	114.92	53.52	4457.29
曲塘镇	735.14	0	0	494.47	0	0	437.37	0	0	474.63	74.65	0	715.10	0	6.29	2937.65
李堡镇	254.51	7.91	36.06	248.95	0	0	442.51	0	0	191.61	0	0.21	137.86	25.35	0	1344.99
大公镇	384.60	0	3.62	451.28	0	0	57.99	0	21.63	581.57	0	22.77	148.10	23.37	3	1697.93
墩头镇	124.11	0	0	138.49	0	11.08	74.44	0	0	197.12	219.16	185.37	84.98	0	0	1034.76
白甸镇	122.18	0	0	87.51	0	0	114.82	0	31.71	136.83	0	1	94.40	16.63	0	605.05
南莫镇	89.76	0	0	234.70	0	0	133.45	0	2.45	132.73	0	0	134.35	40.00	0	767.44
雅周镇	77.84	0	3.29	193.66	0	0	53.09	0	4.39	201.92	0	0	114.63	0	7.09	655.89
合　计	8098.02	40.02	254.97	6758.00	204.59	237.72	5542.21	228.94	219.90	6281.80	1379.13	815.90	4408.44	1251.38	178.47	35899.50

（二）海安市项目用地规划建设控制性指标

2018年年底，江苏省国土资源厅出台《江苏省建设用地指标（2018版）》，具体明确各类项目用地指标。建设用地指标由控制性指标、定额性指标和指导性指标三类指标构成。控制性指标为基本准入条件，主要包括地均固定资产投资、容积率、建筑系数、绿地率、行政办公及生活服务设施用地比例。定额性指标与项目的设计生产规模或设计建设规模相对应，用于测算具体项目用地规模；此外，为突出集聚集约导向，还首次新增了“地均税收”这一指导性指标。

自2019年起，海安市将项目用地、亩均投入强度、亩均税收等要求明确到工作意见和考核办法中。2019年，每1亿元土建类项目建筑面积不少于1万平方米，设备投资不少于4000万元，用地控制在20亩左右，承诺亩均税收开发区、高新区不低于每亩30万元，曲塘镇、李堡镇、大公镇不低于每亩20万元，滨海新区、墩头镇、白甸镇、南莫镇、雅周镇不低于每亩15万元。2020年，亿元项目用地压缩到15亩左右，容积率1.3以上，设备投入标准降低至2000万元。为节约用地，对以下三类项目也认定亿元项目：一是对租用厂房、设备达2000万元的项目；二是设备虽然不足，但开票销售达6000万元，实缴增值税

江苏省工业项目建设用地控制性指标

表76

序号	行业	容积率		地均固定资产投资：万元/公顷（万元/亩）			地均税收：万元/公顷（万元/亩）	行政办公及生活服务设施用地比例	绿地率	建筑系数	备注
		用地容积率	高标准厂房	苏南	苏中	苏北					
1	农副食品加工项目	≥1.2	≥1.6	≥4350（290）	≥3600（240）	≥2850（190）	≥40.5（2.7）	≤7%	≤14%	≥45%	—
2	食品制造项目	≥1.2	≥1.6	≥4350（290）	≥3600（240）	≥2850（190）	≥96（6.4）	≤7%	≤14%	≥45%	—
3	酒、饮料和精制茶制造项目	≥1.2	≥1.6	≥4350（290）	≥3600（240）	≥2850（190）	≥181.5（12.1）	≤7%	≤15%	≥43%	—
4	烟草制品	≥1.2	≥1.6	≥4350（290）	≥3600（240）	≥2850（190）	≥3450（230）	≤7%	≤15%	≥43%	新上不供地
5	纺织项目	≥1.3	≥1.6	≥4350（290）	≥3600（240）	≥2850（190）	≥69（4.6）	≤7%	≤15%	≥40%	—
6	纺织服装、服饰项目	≥1.5	≥1.6	≥4350（290）	≥3600（240）	≥2850（190）	≥90（6）	≤7%	≤15%	≥45%	—
7	皮革、毛皮、羽毛及其制品和制鞋项目	≥1.3	≥1.6	≥4350（290）	≥3600（240）	≥2850（190）	≥84（5.6）	≤7%	≤15%	≥45%	—
8	木材加工和木、竹、藤、棕、草制品项目	≥1.0	≥1.6	≥4050（270）	≥3300（220）	≥2550（170）	≥40.5（2.7）	≤7%	≤15%	≥40%	—
9	家具制造项目	≥1.0	≥1.6	≥4050（270）	≥3300（220）	≥2550（170）	≥42（2.8）	≤7%	≤15%	≥50%	—
10	造纸和纸制品项目	≥1.0	≥1.6	≥4350（290）	≥3600（240）	≥2850（190）	≥81（5.4）	≤7%	≤15%	≥50%	—
11	印刷和记录媒介复制项目	≥1.0	≥1.6	≥4950（330）	≥4200（280）	≥3450（230）	≥73.5（4.9）	≤7%	≤15%	≥50%	—
12	文教、工美、体育和娱乐用品制造项目	≥1.2	≥1.6	≥4350（290）	≥3600（240）	≥2850（190）	≥70.5（4.7）	≤7%	≤12%	≥50%	—
13	石油、煤炭及其他燃料加工项目	≥0.7	≥1.6	≥4950（330）	≥4200（280）	≥3450（230）	≥517.5（34.5）	≤7%	≤12%	≥38%	—
14	化学原料和化学制品制造项目	≥0.6	≥4950（330）	≥4200（280）	≥3450（230）	≥96（6.4）	≤7%	≤12%	≥38%	—	—
15	医药制造项目	≥1.0	≥1.6	≥6300（420）	≥5550（370）	≥4800（320）	≥450（30）	≤7%	≤15%	≥40%	—
16	化学纤维制造项目	≥1.0	≥1.6	≥6300（420）	≥5550（370）	≥4800（320）	≥106.5（7.1）	≤7%	≤13%	≥40%	—
17	橡胶和塑料制品项目	≥1.1	≥1.6	≥4950（330）	≥4200（280）	≥3450（230）	≥69（4.6）	≤7%	≤15%	≥40%	—
18	非金属矿物制品项目	≥0.9	≥1.6	≥4050（270）	≥3300（220）	≥2550（170）	≥36（2.4）	≤7%	≤13%	≥40%	—
19	省黑色金属冶炼和压延加工项目	≥0.9	≥1.6	≥5700（380）	≥4950（330）	≥4200（280）	≥52.5（3.5）	≤7%	≤13%	≥35%	—
20	有色金属冶炼和压延加工项目	≥0.9	≥1.6	≥5700（380）	≥4950（330）	≥4200（280）	≥88.5（5.9）	≤7%	≤13%	≥35%	—
21	金属制品项目	≥1.0	≥1.6	≥4950（330）	≥4200（280）	≥3450（230）	≥63（4.2）	≤7%	≤13%	≥40%	—
22	通用设备制造项目	≥1.0	≥1.6	≥5700（380）	≥4950（330）	≥4200（280）	≥115.5（7.7）	≤7%	≤13%	≥40%	—
23	专用设备制造项目	≥1.0	≥1.6	≥5700（380）	≥4950（330）	≥4200（280）	≥103.5（6.9）	≤7%	≤13%	≥40%	—
24	汽车制造项目	≥1.0	≥1.6	≥6300（420）	≥5550（370）	≥4800（320）	≥358.5（23.9）	≤7%	≤13%	≥40%	—
25	铁路、船舶、航空航天和其他运输设备制造项目	≥1.0	≥1.6	≥6300（420）	≥5550（370）	≥4800（320）	≥81（5.4）	≤7%	≤13%	≥40%	—
26	电气机械和器材制造项目	≥1.0	≥1.6	≥5700（380）	≥4950（330）	≥4200（280）	≥184.5（12.3）	≤7%	≤13%	≥40%	—

续表76

序号	行　业	容积率		地均固定资产投资：万元/公顷（万元/亩）			地均税收：万元/公顷（万元/亩）	行政办公及生活服务设施用地比例	绿地率	建筑系数	备　注
		用地容积率	高标准厂房	苏南	苏中	苏北					
27	计算机、通信和其他电子设备制造项目	≥1.3	≥1.6	≥7200（480）	≥6450（430）	≥5700（380）	≥306（20.4）	≤7%	≤14%	≥40%	—
28	仪器仪表制造项目	≥1.2	≥1.6	≥5700（380）	≥4950（330）	≥4200（280）	≥133.5（8.9）	≤7%	≤14%	≥40%	—
29	其他制造项目	≥1.1	≥1.6	≥4050（270）	≥3300（220）	≥2550（170）	≥72（4.8）	≤7%	≤14%	≥40%	—
30	废弃资源综合利用项目	≥1.0	≥1.6	≥4050（270）	≥3300（220）	≥2550（170）	≥46.5（3.1）	≤7%	≤14%	≥40%	—
31	金属制品、机械和设备修理项目	≥1.0	≥1.6	≥6300（420）	≥5550（370）	≥4800（320）	≥85.5（5.7）	≤7%	≤14%	≥40%	—

占开票销售的0.8%以上；三是用地10亩以上，亩均税收开发区、高新区不低于每亩30万元，曲塘镇、李堡镇、大公镇不低于每亩20万元，滨海新区、墩头镇、白甸镇、南莫镇、雅周镇不低于每亩15万元。

（三）海安市项目用地出让定价标准、现状及周边情况

1.海安市项目用地出让定价标准

土地定价一般有三种形式。一是零地价，即把地方政府所得的土地价款通过税收返还、技改投入、科技扶持等奖励给被引进单位。二是成本价，包括土地征收过程中支付的村组补偿、劳力安置、对接保障及上缴省市等费用，一般未考虑拆迁、土地前期开发和相关指标交易等其他成本。三是评估价，依据土地用途以及其他影响土地价格的区位、面积、配套、规划设计要求等因素，委托中介机构评估并报经自然资源部备案的价格。

目前，海安市工业用地挂牌出让起始价是按照征收成本价和评估价来确定，一般情况取高者。成本价低于最低保护价的未利用地征收和集体建设用地转国有建设用地征收的情况，以最低保护价每亩9.6万元作为挂牌起始价。2020年，海安市两区工业用地平均挂牌价为每亩16.91万元，其他区镇工业用地平均挂牌价为每亩16.65万元，全市综合平均挂牌价为每亩16.8万元。服务业用地挂牌出让起始价是按照市区商业和建制镇商业基准地价，再结合评估基准日、土地使用年期、土地开发水平和容积率等不同设定条件，分别进行期日修正、土地使用年期修正、土地开发水平修正和容积率修正，最后再按照土地用途进行用途修正。

2.周边地区土地出让定价情况

如皋、如东、通州在不低于工业用地最低保护价的基础上，以评估价为基础实行浮动，服务业用地都以评估价为基准进行差异化调整。启东市发文确定“工业用地产业项目类、工业用地标准厂房类出让起始地价不得低于每亩19.2万元。”“投资额在1亿元人民币或1000万美元以上的重大工业用地产业项目类、工业用地标准厂房类出让起始地价，不得低于每亩13.6万元。”海门区按照评估价格出让，评估价格综合考虑征地成本、拆迁成本等费用，保证工业用地的出让金额与成本总和的收支平衡，工业用地的出让价格一般基本在每平方米330元（每亩22万元）。南通开发区按照市不动产登记中心出具的评估价，照分区确定基准地价并综合考虑产业门类实行差别化的地价政策。

二、项目用地规划建设分类管理矛盾分析

（一）项目用地出让价格偏低

1.任务数量过多。长期以来，海安市以做大总量为发展的主要导向，招商引资、项目建设以数量为主要任务指标，有力推进了海安市经济总量的快速发展。尤其是2016年以来，南通市开始对产业项目实施赛马制考核，进一步提高了对项目数量和体量的要求。但优质项目永远是稀缺资源，由于要完成数量的任务和体量的要求，我们在招商过程中往往处于谈判的弱势地位，在地价上作出让步，甚至一批低质项目也能够落户且能够享受土地优惠政策；少数体量不达标的项目反而还需要做工作多拿地多建厂房。

2.招商恶性竞争。招商引资协议没有统一的标准化格式，投资协议不能根据发展要求及时更新，约束性条款不明或刚性不够；一些区镇在招商引资中竞相压低地价甚至以零地价出让土地，工业用地低成本过度扩张助长了大量低水平重复建设，破坏了公开公平、竞争有序的市场环境，也造成了国有土地资产流失，损害了农民的土地财产权益。

3.优惠过于宽松。从2020年海安市工业用地综合平均挂牌价格来看，每亩16.8万元的平均价格虽然较周边地区相比偏低，但总体差距不大。主要原因在于补充协议过多过滥，土地返还、税收返还等优惠政策要求过低，一批项目只要开工就能土地款返还，形成税收再低都能够“两免三减半”（企业可享受从获利年度起2年免征、3年减半征收企业所得税的待遇）。拿地成本低、闲置低效代价小，客观上助长了业主圈地的冲动。

（二）服务业项目用地缺乏全过程管理

1.标准笼而统之。近年来，海安市服务业项目用地一直以商服用地基准地

价，根据零售商业用地、批发市场用地、餐饮用地、旅馆用地、商务金融用地、娱乐用地、其他商服用地等7大类用途进行修正系数修正，再综合期日修正、土地使用年限修正、土地开发水平修正、容积率修正等综合因素修正。但服务业涉及门类较多，根据统计分类生产性服务业和生活性服务业共细分为27个行业，若参照市政府《关于公布海安市城镇基准地价更新成果的通知》（海政发〔2019〕50号）来对服务业项目用地定价，软件信息、电子商务、检验检测等新兴服务业项目用地无相关参照标准。

2.新兴服务业支持不够。随着国家转型升级不断深入，信息服务、文化创意、大数据、云计算等新兴服务业不断发展，该类项目以低能耗、用地少、产出高的特征，成为推动地方经济发展的有效催化剂，激发经济高质量发展。广州、深圳、上海、昆山等地都已出台相关支持政策和用地标准，而海安市对于信息服务、文化创意、大数据、云计算等新兴服务业项目用地暂未出台相关扶持和优惠政策，基本上都是参照商务金融用地再进行“一事一议”，明确该类项目用地标准，出台相关政策，对招引该类项目有着积极作用。

3.用地缺乏监管。服务业项目用地投资大、周期长、收益慢，对该类项目基本上都以“一事一议”的形式，配套其优惠和奖励政策。但对服务业项目约束和监管，仅限于在预审过程中，对投入强度和产出等设定了一定的条件，有的甚至没有设定附加条件，加之后期相关部门和区镇对约定附加条件缺乏监管，项目业主受大环境发展、个人经济实力等影响，部分项目出现停滞不前、用地闲置、产出不高等情况。

三、初步建议

（一）优化定价机制

工业项目用地最终土地拍卖底价=基准地价×修正系数×专家论证系数。市资源规划局根据《市政府关于公布海安市城镇基准地价更新成果的通知》（海政发〔2019〕50号），参照周边地区定价水平确定基准地价，根据地块功能、用地性质确定修正系数。发改委牵头负责组织专家对新增用地项目进行评估论证，结合项目产业方向、建设规模、投资水平、集聚集约、建设周期、产出效益等投资协议刚性指标，考虑企业实力、品牌、科技、智能车间创建、新增就业等加分指标和能耗、排放、产能及环保安全、征信记录等扣分指标，对项目进行百分制评分，得分在90分以上的为优质项目，专家论证系数为1；得分在80~90分之间的为鼓励类项目，专家论证系数为1.1；得分在70~80分之间的为支持类项目，专家论证系数为1.2；得分在70分以下的为限制类项目，专家论证系数为1.3及以上，原则上不安排供地；需占用海安市排放、铸造产能指标的，专家论证系数上浮0.1。

服务业项目用地细化差别化地价修正系数，完善特定用途基准地价体系。现代服务业项目土地出让时，区别不同行业和特点，按照现代服务业用地差别化地价修正系数表进行修正，实行差别定价，在此基础上，对项目自持比例、优先发展业态、项目投入产出再进行差别化修正系数修正。项目自持比例修正系数，对符合用地准入标准的服务业用地，按对应系数修正出让起价，根据整体持有比例，每提高10个百分点，起价修正系数下降0.03；优先发展业态修正系数，对符合用地准入标准，在企业总部、金融办公、科技研发等三类项目用地，起价修正系数下降0.01；项目投入产出修正系数，对符合用地准入标准，在海安年度缴纳税收额在500万元（含）以上、单位用地税收不低于每亩20万元，且100%整体持有的服务业用地，按对应土地用途的系数修正出让起价。年度缴纳税收额每提高100万元，起价修正系数下降0.01；对影响全市经济社会发展的特别重大的现代服务业项目，实行“一事一议”。

（二）明确优惠标准

一是优惠的原则，所有投资项目在未达到优惠起点标准之前原则上不得享受地价优惠政策，修正系数、专家论证系数上浮部分不得作为奖励返还，优惠后地价不得低于国家最低保护价及修正系数、专家论证系数上浮部分之和。

二是优惠的时点，比较南通市行业最低标准和项目亩均税收地方留存部分超过[亩均综合成本（含拆迁、土地前期开发和相关指标交易等成本，下同）－亩均出让价]*融资利率时的临界点，就高确定优惠政策起点标准。比较项目的承诺亩均税收和项目亩均税收区镇留存部分超过（亩均综合成本－亩均出让价）*融资利率时的临界点，就低确定全额享受优惠政策标准。

三是优惠政策的兑现，在项目亩均税收首次达到优惠起点时兑现三分之一；在项目亩均税收首次达到全额享受优惠政策标准时再兑现三分之一；在项目连续三年达到全额享受优惠政策标准后，再兑现剩余三分之一。

四是享受优惠政策的时限。用地规模在50亩以内的，自开工之日起第三年为考核起点，第五年仍未达到优惠起点的取消奖励；用地规模50~100亩、100~200亩、200亩以上的，考核起点时间分别为4年、5年、6年，取消奖励时限分别为6年、8年、9年。

（三）严格契约监管

一是完善协议条款，投资服务中心、资源规划局分别牵头组织发改委、住建局、税务局、司法局等相关部门，对全市招商引资协议、土地出让协议和项目监管协议拟定标准化条款，明确项目产业方向、建设规模、投资水平、集聚集约、建设周期、产出效益等刚性指标，约定智能车间创建、新增就业、能耗、排放、产能等参考指标，并明确违约责任。招商引资协议约定条款须纳入土地出让协议和项目监管协议，作为土地出让定价依据和项目事中事后监管依据。

二是实施全程监管，发改委牵头负责工业用地绩效评价管理信息系统建设，对项目实施动态管理。会同相关部门全力消除“信息孤岛”，整合企业用地、开票销售、税收、就业、环保、安全、信用等相关数据。对顺利实施的项目兑现优惠奖励，对未能履约到位的项目督促整改。

三是严格惩戒措施，对协议约定周期内未能如期开发的地块，在督促后一年内仍未能开工建设的，列入闲置用地全部或部分收回，其中未开发部分土地无偿收回。对未能完成承诺设备投入并认定竣工的项目，不得享受技改设备投入等财政政策。对项目在超出奖励时限后实际形成亩均税收仍未达到南通市行业标准、项目亩均税收地方留存部分超过（亩均综合成本-亩均出让价）区融资利率2个标准中低者，列入低效用地盘活计划。

（四）鼓励灵活用地

一是鼓励用地弹性出让。业主可先租用土地进行开发、建设和经营。在约定的租赁期内，达到协议约定的投资强度、亩均税收等标准的，办理土地租后出让手续，按租期起点年价格标准缴纳土地出让价款，并享受相关优惠政策。根据产业生命周期和企业发展状况，在最高年限范围内差别化确定出让年限，按比例缴纳土地出让价款。

二是鼓励入驻标准厂房。鼓励成长型小微企业通过租赁标准厂房或政府收储的低效闲置工业厂房生产经营，租赁厂房面积1000平方米以上（含本数，下同）不足5000平方米、5000平方米以上不足10000平方米、10000平方米以上，按每平方米分别给予40元、70元、100元一次性租金补助。租赁期最长5年内，项目达到协议约定的投资强度、亩均税收等标准的，办理产权分割转让手续。

三是鼓励土地作价入股。对优质项目，可由区镇平台国有公司以新增用地或政府收储的土地、厂房作价入股。在协议期内，项目达到约定的投资强度、亩均税收等标准的，国有平台公司按原价退出股权。不达标准的，可协商签订补充协议，也可协商收回土地和厂房。

（市发展改革委）

文章题录

2021年中央级媒体有关海安报道题录（选录）一览表

表77

日　期	标　　题	媒　　体	版面、频道	作　者
1月29日	倡导乡风文明 绘就美丽画卷	中央电视台	新闻频道	柳　卿
2月8日	多地发过年补贴 就地过年暖意浓	中央电视台	新闻频道	许小健
4月1日	万亩梨花竞相开 乡村振兴迎客来	中央电视台	新闻频道	许小健
5月14日	开展党史宣讲 让党史学习教育走深走实	中央电视台	新闻频道	柳　卿
7月1日	龙舞花鼓舞动对党的热爱	中央电视台	新闻频道	翟慧勇
10月14日	海上捉蟹突遇涨潮 5人被困 警民联手施救	中央电视台	财经频道	许小健
10月16日	国家级非遗融合技能创新 用时尚设计体现传统技艺	中央电视台	新闻频道	田长彬
11月26日	大雾来袭能见度不足50米 境内高速昨日封闭9小时	中央电视台	财经频道	许小健
12月17日	江苏海安警方破获非法制售假减肥药案件	中央电视台	财经频道	汪　徽
2月2日	图片新闻：“武”动寒假	人民日报	2版	翟慧勇
2月7日	图片新闻：瞧，表演多精彩	人民日报	4版	姜　海
2月19日	图片新闻：西场招聘	人民日报	19版	翟慧勇
2月19日	图片新闻：新年新期盼 加油好好干	人民日报	6版	向中林
3月7日	图片新闻：江苏莱特凯机械公司员工在车间作业	人民日报	11版	姜　明
5月11日	图片新闻：党员志愿者田间助春防	人民日报	19版	翟慧勇
6月21日	图片新闻：生态湖滨 城市绿心	人民日报	10版	翟慧勇
6月24日	图片新闻：童心向党 儿童舞台剧演绎红色故事	人民日报	7版	翟慧勇
7月1日	图片新闻：童心向党迎“七一”	人民日报	15版	翟慧勇
7月9日	图片新闻：铁路货运量持续快速增长	人民日报	6版	翟慧勇
9月7日	图片新闻：黄蜀葵开出增收“幸福花”	人民日报	12版	翟慧勇
10月1日	图片新闻：江苏海安祝福祖国	人民日报	3版	翟慧勇

续表77

日　期	标　　题	媒　　体	版面、频道	作　者
11月26日	图片新闻：白甸巡河	人民日报	12版	翟慧勇
1月27日	图片新闻：选购饰品迎新年	人民日报·海外版	11版	翟慧勇
2月1日	图片新闻：外资企业生产忙	人民日报·海外版	3版	翟慧勇
2月19日	图片新闻：工人在立发街道一家纺织公司内忙碌	人民日报·海外版	3版	向中林
3月1日	图片新闻：帮助老人开启智慧生活	人民日报·海外版	8版	翟慧勇
3月22日	图片新闻：海安经济技术开发区一家企业的员工在车间生产零部件	人民日报·海外版	10版	姜　明
4月5日	图片新闻：海安隆政街道植保促增收	人民日报·海外版	3版	姜　明
4月17日	图片新闻：曲塘纺织车间	人民日报·海外版	3版	向中林
4月27日	图片新闻：外资企业生产忙	人民日报·海外版	6版	翟慧勇
4月27日	图片新闻：传统大鼓击响校园	人民日报·海外版	4版	翟慧勇
5月4日	图片新闻：智慧能源体验厅里了解“碳中和”	人民日报·海外版	8版	翟慧勇
5月19日	图片新闻：非遗“花鼓”进校园	人民日报·海外版	4版	翟慧勇
5月25日	图片新闻：智能农机装备助力秋收秋播	人民日报·海外版	5版	翟慧勇
6月1日	图片新闻：江苏海安实现充电桩乡镇全覆盖	人民日报·海外版	8版	翟慧勇
6月5日	图片新闻：麦田里的节俭课堂	人民日报·海外版	8版	翟慧勇
7月8日	图片新闻：开足马力生产脱氧剂订单	人民日报·海外版	4版	翟慧勇
7月16日	图片新闻：田间管护忙（大公镇）	人民日报·海外版	6版	翟慧勇
7月16日	图片新闻：工人在曲塘镇一纺织公司车间的生产线上忙碌	人民日报·海外版	3版	翟慧勇
7月20日	图片新闻：江苏海安开足马力生产忙	人民日报·海外版	3版	翟慧勇
8月11日	图片新闻：“渔光互补”推动乡村绿色发展	人民日报·海外版	11版	翟慧勇
9月14日	图片新闻：新学期 动起来	人民日报·海外版	12版	翟慧勇
9月15日	图片新闻：帮助老人跨越“数字鸿沟”（海安街道星海社区）	人民日报·海外版	8版	翟慧勇
9月17日	图片新闻：一纺织公司车间内，工人在生产线上忙碌	人民日报·海外版	3版	翟慧勇
10月12日	图片新闻：帮助老人跨越“数字鸿沟”（海安街道星海社区）	人民日报·海外版	5版	翟慧勇
10月14日	图片新闻：帮助老人跨越“数字鸿沟”（孙庄街道韩庄村）	人民日报·海外版	6版	翟慧勇
10月25日	图片新闻：稻田里节俭课堂	人民日报·海外版	6版	翟慧勇
10月29日	图片新闻：“志愿服务队”秋收帮扶忙	人民日报·海外版	6版	翟慧勇
11月4日	图片新闻：采收蔬菜保供应	人民日报·海外版	4版	翟慧勇
12月3日	图片新闻：江苏海安宣传党的十九届六中全会精神	人民日报·海外版	5版	翟慧勇
2月5日	图片新闻：海安建行员工服务客户	中国日报	13版	徐劲柏
3月4日	图片新闻：美容过年	中国日报	—	徐劲柏
3月17日	图片新闻：海安建设场景	中国日报	—	徐劲柏
3月25日	图片新闻：田间忙	中国日报	5版	向中林
4月17日	图片新闻：海安超市	中国日报	—	徐劲柏

续表77

日　期	标　　题	媒　体	版面、频道	作　者
9月3日	图片新闻：走访小企业	中国日报	13版	徐劲柏
12月11日	图片新闻：海安建设工地	中国日报	—	徐劲柏
12月16日	图片新闻：海安房博会	中国日报	—	徐劲柏
5月28日	江苏海安耕地质量稳步提升	农民日报	7版	陈　斌
5月31日	从“百万雄鸡下江南”到百业兴旺百村靓——江苏海安市农业农村高质量发展纪实	农民日报	头版头条	孙书云
8月19日	江苏上半年农村产权交易金额118亿元	农民日报	3版	孙宝谭
1月18日	图片新闻：春节将至年货市场生意红火	国际商报	1版	徐劲柏

2021年省级媒体有关海安报道题录（选录）一览表

表78

日　期	标　　题	媒　体	版面、频道	作　者
1月9日	海安“一张蓝图”建设农村人居环境	新华日报	1版	顾爱东
3月11日	海安“全域作战”打造科技强市	新华日报	头版	蔡　诚
4月5日	海安：锻造永动力 领跑新赛程	新华日报	头版头条	梅丛婧
9月12日	海安：教育“高原”上再起高峰	新华日报	头版	张海伦
11月2日	探索“复兴少年宫”建设江苏样本	新华日报	头版	蔡　诚
11月21日	争创全省文化发展先行示范区——海安以文化滋养幸福生活	新华日报	头版	卢　锋
12月12日	“三张清单”确保问题真解决群众真满意——海安闭环督办推进实事见效	新华日报	头版	顾爱东
2月1日	话剧《索玛花盛开的地方》开启巡演	江苏卫视	江苏新时空	柳　卿
6月4日	习近平总书记回信在江苏各地引发热烈反响	江苏卫视	江苏新时空	张海鹏
6月7日	2021年江苏高考首日平稳顺利 准备充分 平安健康高考有保障	江苏卫视	江苏新时空	许小健
6月30日	致敬百年风华 讴歌幸福生活 各地各部门多种形式庆祝建党百年	江苏卫视	江苏新时空	许小健
7月15日	江苏在“两新”领域扎实开展党史学习教育	江苏卫视	江苏新时空	田长彬
7月20日	江苏打造高质量发展“新沿海”	江苏卫视	江苏新时空	柳　卿
9月2日	“双减”全国试点 南通新学期不一样	江苏卫视	江苏新时空	张海鹏
10月10日	世界精神卫生日 关注青少年心理健康 为成长保驾护航	江苏卫视	江苏新时空	黄荣华
12月9日	“天宫课堂”第一课今天开讲 江苏中小学生感知宇宙奥秘体验探索乐趣	江苏卫视	江苏新时空	柳　卿
12月30日	贯彻落实省第十四次党代会精神环省行：南通篇	江苏卫视	江苏新时空	顾一磊
2月23日	海安市的西瓜种植户纷纷趁着晴好天气移栽幼苗，确保今年有个好收成	江苏新闻广播	新鲜农村专题	朱海蓉
2月28日	海安品建村：项目引领共同致富 骨干林管护提升人居环境	江苏新闻广播	新鲜农村专题	朱海蓉
3月20日	春令美食——海安进团	江苏新闻广播	新鲜农村专题	范馨予

续表78

日　期	标　　题	媒　体	版面、频道	作　者
3月25日	春令美食——李堡麻虾酱	江苏新闻广播	新鲜农村专题	范馨予
6月6日	海安小麦单产12年保持全省第一	江苏新闻广播	新鲜农村专题	朱海蓉
6月10日	海安市春茧开秤收购，今年收购价达到每公斤63元至65元的历史新高	江苏新闻广播	新鲜农村专题	朱海蓉
9月7日	新生态农场主挂职村干部 助推“领头雁”振翅高飞	江苏新闻广播	新鲜农村专题	朱海蓉
9月24日	美食地图——雅周圆子	江苏新闻广播	新鲜农村专题	朱海蓉
10月25日	海安美食——孙氏白条鱼	江苏新闻广播	新鲜农村专题	范馨予

（刘文奇）

海安市主要经济指标在全省位次

2021年海安市地区生产总值在全省县（市）位次一览表

表79

位次	县（市）	绝对量（亿元）	比上年增长（%）	位次	县（市）	绝对量（亿元）	比上年增长（%）
1	昆山市	4748.06	7.8	21	仪征市	910.71	7.6
2	江阴市	4580.33	8.1	22	宝应县	841.41	7.5
3	张家港市	3030.21	8.0	23	新沂市	781.43	10.1
4	常熟市	2672.04	9.2	24	句容市	736.75	9.3
5	宜兴市	2082.17	8.8	25	睢宁县	675.81	8.7
6	太仓市	1574.05	9.7	26	建湖县	665.52	8.5
7	如皋市	1432.41	8.5	27	射阳县	663.31	8.1
8	启东市	1345.94	8.4	28	涟水县	650.48	13.2
9	海安市	1343.09	9.1	29	阜宁县	645.45	7.2
10	丹阳市	1324.01	11.0	30	东海县	632.85	9.1
11	泰兴市	1273.44	9.9	31	泗阳县	596.31	9.0
12	如东县	1272.24	8.9	32	泗洪县	584.42	8.7
13	溧阳市	1261.30	10.1	33	滨海县	565.14	8.4
14	沭阳县	1162.10	8.6	34	扬中市	550.77	11.1
15	靖江市	1142.38	10.6	35	丰　县	538.05	9.5
16	邳州市	1108.22	9.5	36	盱眙县	501.94	11.2
17	兴化市	1020.94	9.5	37	灌南县	452.57	8.4
18	东台市	986.07	8.9	38	响水县	446.33	6.0
19	高邮市	929.31	7.8	39	灌云县	424.02	10.3
20	沛　县	926.36	8.9	40	金湖县	386.51	10.1

2021年海安市人均地区生产总值在全省县（市）位次一览表

表80

位次	县（市）	绝对量（元）	位次	县（市）	绝对量（元）
1	江阴市	257177	21	东台市	110963
2	昆山市	225856	22	建湖县	109191
3	张家港市	210966	23	响水县	97176
4	太仓市	188486	24	兴化市	90517
5	扬中市	174405	25	沛　县	89634
6	靖江市	172019	26	射阳县	87318
7	仪征市	170737	27	盱眙县	82624
8	宜兴市	161835	28	阜宁县	81265
9	常熟市	158894	29	新沂市	80942
10	溧阳市	158674	30	涟水县	78636
11	海安市	153980	31	邳州市	76307
12	如东县	144597	32	灌南县	73961
13	启东市	139548	33	泗阳县	71801
14	丹阳市	133752	34	沭阳县	69280
15	金湖县	133694	35	滨海县	68890
16	高邮市	130935	36	泗洪县	67956
17	泰兴市	128048	37	睢宁县	62369
18	宝应县	123320	38	东海县	60531
19	如皋市	116201	39	灌云县	58696
20	句容市	115099	40	丰　县	57800

2021年海安市一般公共预算收入在全省县（市）位次一览表

表81

位次	县（市）	绝对量（亿元）	比上年增长（%）	位次	县（市）	绝对量（亿元）	比上年增长（%）
1	昆山市	466.90	9.1	12	海安市	69.50	7.7
2	江阴市	273.94	5.5	13	如东县	68.50	14.1
3	张家港市	264.10	5.5	14	靖江市	67.51	11.0
4	常熟市	230.80	8.0	15	沭阳县	62.01	21.6
5	太仓市	190.00	11.0	16	东台市	60.26	10.4
6	宜兴市	142.39	11.6	17	句容市	57.64	5.1
7	泰兴市	93.12	9.0	18	沛　县	50.74	10.0
8	溧阳市	87.33	18.3	19	仪征市	48.21	0.4
9	启东市	77.81	8.0	20	邳州市	47.34	7.8
9	如皋市	77.81	8.1	21	兴化市	46.16	11.3
11	丹阳市	71.11	11.1	22	新沂市	43.71	16.6

续表81

位次	县（市）	绝对量（亿元）	比上年增长（%）	位次	县（市）	绝对量（亿元）	比上年增长（%）
23	睢宁县	42.69	10.9	32	东海县	30.01	21.6
24	高邮市	39.00	2.9	33	灌南县	27.19	13.6
25	扬中市	38.01	8.6	34	滨海县	26.56	9.0
26	建湖县	34.53	9.1	35	涟水县	26.49	10.5
27	射阳县	33.87	9.6	36	灌云县	25.33	12.0
28	丰　县	33.02	10.0	37	金湖县	25.30	7.5
29	泗阳县	31.98	19.8	37	响水县	25.30	9.5
30	泗洪县	31.78	16.4	39	宝应县	25.14	1.1
31	阜宁县	30.43	7.5	40	盱眙县	20.60	6.8

2021年海安市规模以上工业增加值增长率在全省县（市）位次一览表

表82

位次	县（市）	比上年增长（%）	位次	县（市）	比上年增长（%）
1	涟水县	39.5	21	常熟市	14.7
2	盱眙县	27.5	22	启东市	14.5
3	灌云县	24.9	23	太仓市	14.3
4	金湖县	24.2	24	海安市	14.1
5	睢宁县	21.9	25	新沂市	13.8
6	滨海县	20.2	26	邳州市	13.5
7	东海县	20.1	27	如皋市	13.4
8	溧阳市	19.5	28	宝应县	13.0
9	东台市	18.3	29	沛　县	12.6
10	射阳县	18.2	30	句容市	12.5
11	建湖县	18.1	31	昆山市	12.4
11	沭阳县	18.1	32	仪征市	12.0
11	泗阳县	18.1	33	宜兴市	11.3
14	泗洪县	17.6	34	兴化市	11.2
15	丹阳市	17.4	34	泰兴市	11.2
15	扬中市	17.4	36	如东县	10.9
17	丰　县	16.0	37	灌南县	8.2
17	阜宁县	16.0	38	江阴市	8.1
19	高邮市	15.2	39	张家港市	7.0
20	靖江市	14.8	40	响水县	5.7

2021年海安市实际使用外资及港澳台资在全省县（市）位次一览表

表83

位次	县（市）	绝对量（亿美元）	比上年增长（%）	位次	县（市）	绝对量（亿美元）	比上年增长（%）
1	昆山市	12.25	16.9	21	高邮市	1.65	9.9
2	江阴市	7.96	−13.5	22	宝应县	1.50	49.3
3	常熟市	7.59	20.4	23	丰　县	1.50	40.3
4	张家港市	5.68	29.0	24	睢宁县	1.48	0.3
5	太仓市	5.65	22.1	25	金湖县	1.43	14.0
6	宜兴市	4.90	8.7	26	句容市	1.42	20.3
7	泰兴市	4.27	13.6	27	东台市	1.23	10.5
8	启东市	3.85	12.3	28	灌南县	1.22	40.7
9	如东县	3.79	11.6	29	灌云县	1.21	147.6
10	溧阳市	3.62	8.4	30	东海县	1.20	20.0
11	海安市	3.61	0.7	31	沭阳县	1.19	8.4
12	靖江市	3.52	45.2	32	射阳县	1.10	20.8
13	如皋市	3.24	2.9	33	扬中市	0.99	34.7
14	邳州市	3.24	10.5	34	泗阳县	0.81	−27.6
15	新沂市	2.31	11.0	35	盱眙县	0.72	−42.1
16	仪征市	2.30	−8.0	36	滨海县	0.67	10.9
17	沛县	2.26	12.8	37	阜宁县	0.59	158.1
18	兴化市	2.23	32.6	38	响水县	0.48	23.3
19	丹阳市	2.02	8.9	39	建湖县	0.24	8.8
20	涟水县	1.75	30.5	40	泗洪县	0.21	−76.4

2021年海安市社会消费品零售总额在全省县（市）位次一览表

表84

位次	县（市）	绝对量（亿元）	比上年增长（%）	位次	县（市）	绝对量（亿元）	比上年增长（%）
1	昆山市	1625.70	16.3	12	海安市	414.38	16.4
2	常熟市	1214.20	17.7	13	邳州市	408.70	22.9
3	张家港市	800.10	16.2	14	溧阳市	388.98	22.5
4	江阴市	704.84	4.4	15	新沂市	368.33	28.5
5	宜兴市	588.62	14.9	16	丹阳市	358.07	18.5
6	沛　县	563.40	31.8	17	沭阳县	356.41	16.3
7	如皋市	532.55	16.3	18	泰兴市	323.85	17.9
8	睢宁县	517.52	22.6	19	丰　县	318.95	22.7
9	太仓市	510.50	20.1	20	东台市	300.90	22.5
10	启东市	482.57	16.7	21	兴化市	295.27	23.0
11	如东县	477.80	17.4	22	阜宁县	278.53	21.6

续表84

位次	县（市）	绝对量（亿元）	比上年增长（%）	位次	县（市）	绝对量（亿元）	比上年增长（%）
23	滨海县	276.29	21.6	32	句容市	177.85	16.5
24	射阳县	274.27	23.4	33	泗阳县	177.81	16.6
25	东海县	268.39	10.1	34	宝应县	170.46	6.9
26	靖江市	243.16	23.1	35	扬中市	156.49	17.4
27	建湖县	231.35	23.1	36	金湖县	131.74	9.4
28	涟水县	224.73	9.7	37	响水县	124.20	18.3
29	高邮市	185.20	7.9	38	仪征市	123.51	7.8
30	泗洪县	183.59	17.1	39	灌南县	99.00	9.0
31	盱眙县	181.34	9.9	40	灌云县	81.14	6.8

2021年海安市居民人均可支配收入在全省县（市）位次一览表

表85

位次	县（市）	绝对量（元）	比上年增长（%）	位次	县（市）	绝对量（元）	比上年增长（%）
1	昆山市	67871	9.1	21	建湖县	35165	9.1
2	江阴市	67555	9.2	22	金湖县	34539	9.8
3	张家港市	66101	9.0	23	盱眙县	33235	9.8
4	常熟市	65755	8.8	24	邳州市	32742	10.1
5	太仓市	64890	9.2	25	射阳县	32578	9.3
6	宜兴市	55852	9.5	26	宝应县	32327	9.3
7	扬中市	53720	9.3	27	沛　县	32242	10.3
8	溧阳市	49521	9.7	28	东海县	30908	9.9
9	丹阳市	48075	9.4	29	滨海县	30795	9.3
10	靖江市	47400	10.2	30	阜宁县	30492	9.1
11	句容市	44497	9.3	31	新沂市	29686	10.2
12	启东市	44191	10.2	32	响水县	29603	9.4
13	海安市	42973	10.5	33	沭阳县	28700	10.1
14	泰兴市	42628	10.6	34	涟水县	28470	10.3
15	如东县	41551	10.1	35	泗阳县	28430	10.3
16	如皋市	41545	10.4	36	泗洪县	27760	10.2
17	仪征市	40255	9.2	37	睢宁县	27579	10.1
18	东台市	39645	9.2	38	丰　县	27545	10.4
19	兴化市	37862	10.3	39	灌南县	26773	9.9
20	高邮市	35549	9.2	40	灌云县	26218	10.0

（市统计局）

海安博物馆

索 引

说　明

一、索引采用主题分析索引方法，按事物事件主要内容提炼主题词，依据首字汉语拼音字母同音字同词语顺序排列。

二、主题词后的数字表示内容所在的页码，有几个数字的表示同一主题的内容在不同的页码，数字后面的a、b、c分别表示从左至右主题词所在栏别。

A

B

C

D

E

F

G

H

J

K

L

M

N

P

Q

R

S

T

W

Z